U0743462

· 中国物流与采购联合会系列报告 ·

中国物流
重点课题报告

2012

中国物流与采购联合会
China Federation of Logistics & Purchasing

中国物流学会
China Society of Logistics

China Logistics Key Projects Report (2012)

中国财富出版社
CHINA FORTUNE PRESS

图书在版编目（CIP）数据

中国物流重点课题报告.2012／中国物流与采购联合会，中国物流学会编．—北京：中国财富出版社，2012.10

ISBN 978－7－5047－4455－5

Ⅰ.①中…　Ⅱ.①中…②中…　Ⅲ.①物流—研究报告—中国—2012　Ⅳ.①F259.22

中国版本图书馆 CIP 数据核字（2012）第 210502 号

策划编辑	马　军	责任印制	何崇杭　王　洁
责任编辑	葛晓雯　马　军	责任校对	孙会香　梁　凡

出版发行	中国财富出版社		
社　　址	北京市丰台区南四环西路 188 号 5 区 20 楼	邮政编码	100070
电　　话	010－52227568（发行部）	010－52227588 转 307（总编室）
	010－68589540（读者服务部）	010－52227588 转 305（质检部）
网　　址	http：//www.clph.cn		
经　　销	新华书店		
印　　刷	中国农业出版社印刷厂		
书　　号	ISBN 978－7－5047－4455－5/F·1752		
开　　本	787mm×1092mm　1/16	版　次	2012 年 10 月第 1 版
印　　张	40.25	印　次	2012 年 10 月第 1 次印刷
字　　数	979 千字	定　价	160.00 元

《中国物流重点课题报告》（2012）

编 委 会

《中国物流重点课题报告》（2012）

编　委　会

《中国物流重点课题报告》（2012）

编 辑 人 员

主　　编：贺登才

成　　员：周志成　黄　萍

联系方式：
联合会研究室：010 – 58566588 转 133、135、132
网　　　址：中国物流与采购网（www. chinawuliu. com. cn）
电子信箱：yanjiushibj@ vip. 163. com

前　言

改革开放 30 多年以来，我国经济经历了较长时期的持续高速增长阶段。这种大国持续高速增长的现象在人类历史上并不多见，故被称为"中国奇迹"。物流业作为重要的生产性服务业，同样保持了长期高速增长态势，特别是自 2001 年以来物流业增加值获得了 14.8% 的年均增长率，高于同期 GDP 增速，物流业对国民经济的支撑和保障作用日益加强。

从 2010 年下半年开始，我国经济下行压力加大。有研究机构指出，我国潜在经济增长率将逐步放缓，未来一二十年将从"持续高速增长阶段"进入"中速增长阶段"。这是后发国家在追赶发达国家过程中，经济发展水平达到一定程度时的普遍现象，也是贯彻科学发展观，转变经济发展方式的必然要求。物流业如何应对经济增速趋缓带来的挑战和机遇、加快转变发展方式、推动产业升级、寻找新的增长动力，是一项非常紧迫和重要的任务。

物流业要顺应新时期我国工业化、城市化、国际化、信息化、绿色化要求，加快从追求数量和规模扩张的粗放式增长方式向质量和效益提升的集约化增长方式转变。物流产业转型升级，必须依靠科技进步和管理创新，建立以企业为主体的产学研结合创新体系。中国物流学会作为全国性行业学术研究社团组织，多年来致力推动物流领域产学研结合发展。截至目前，学会已经设立了 104 个产学研基地，引导企业成为创新主体，加快培养适用人才；产学研结合工作会议已连续举办五年，搭建了产学研经验交流和项目对接平台；企业、高校、科研院所主动发挥自身优势，积极探索校企联合办学、科技联合攻关等产学研结合创新机制。

作为产学研结合工作的一项重要创新，中国物流学会自 2006 年起开始征集"中国物流学会研究课题"，得到了广大会员、产学研基地、各地物流研究、教学机构及相关企事业单位的关注和支持。到目前，已先后完成研究课题近千项，一批成果已获政府、企业采纳和应用。多年来，联合会、学会与相关部门建立了长期委托研究机制，有针对性地开展行业政策研究。其中，部分研究成果已转化为具体政策或行业标准。自 2007年起，我们从学会课题和部委委托课题两个渠道，精选其中的精品，按年度编辑出版《中国物流重点课题报告》。

按照惯例，我们选编了《中国物流重点课题报告（2012）》（以下简称《报告》），这是连续第六年出版的《报告》，集中展示了联合会、学会上一年度的研究成果。成果来源集中在两个方面：一是联合会、学会承担的部委委托课题研究报告；二是从获得"2011 年度中国物流学会课题优秀成果奖"的 100 篇结题报告中遴选。《报告》作为上述两类成果的结集，也是产学研结合的重要成果。《报告》所选篇章都是近期社会经济和行业企业比较关注的热点问题，具有较强的理论创新性和实践指导性，体现了产学研结合引导行业发展的思路，可为政府、行业和企业提供决策参考或经验借鉴，也可作为广大院校和科研单位学习参考用书。

《报告》所选研究课题报告共15篇，分为五个篇章。《报告》首次设立年度重点报告篇，重点发布对行业发展具有战略引领作用的重量级研究报告。本年度有两篇重点报告入选，即《工业物流发展现状、问题、规律及对策研究》和《物联网技术在物流业的发展与政策研究》，分别从工业物流和物联网技术两个角度，为行业转型升级提供战略选择和实现途径。《报告》根据获奖课题选题内容，设立了四个专题研究篇。分别是：物流企业战略与管理研究篇，内容涉及物流企业成长模型、大型国有企业发展战略、中小型轿运企业战略优化、上市公司核心竞争力评价等；物流配送模式创新和体系建设研究篇，内容涉及中小制造企业共同配送及管理模式、汽车零部件配送中心作业管理、应急物流配送体系等；区域物流规划和发展研究篇，内容涉及成都经济区物流一体化、辽宁区域物流竞争力、宁波市打造全国性物流节点城市路径；绿色物流与低碳物流研究篇，内容涉及物流系统碳足迹管理、铁路快运一体化低碳物流服务模式、碳税对物流业的影响和对策等。

《报告》的出版，是各地物流研究、教学机构及相关企事业单位的关注和支持的结果；是来自院校、研究机构、企事业单位、政府有关部门和行业协会，产学研各界共同参与的结晶。在此，我们向所有关心、支持和参与本书课题研究及编辑出版的各方面人士表示衷心的感谢！

当前，我国物流业处于转型发展的重要战略机遇期，离不开产学研各界的智力支持。要继续巩固深化产学研结合的良好局面，加快创新产学研结合的机制和体制，推动我国自主创新能力的提升。要进一步突出企业的主体地位，激发高校、科研院所的创新活力，引导建立产学研战略合作伙伴关系。要推动政府加大投入引导和政策支持，激发科研人员服务企业的积极性，促进科研成果的转化。要继续加大产学研基地的支持力度，发挥企业的积极性和主动性。要开发产学研供需对接服务，搭建企业与高校、科研院所之间的项目对接平台。今后，《报告》将继续收录物流领域"产学研结合"的优秀报告，积极推动产学研结合发展。对于本书的不足之处，也请读者同人提出宝贵意见和建议。

当前，各项经济数据表明，我国经济增长阶段的转换期已经开始。随着物流运行增速趋缓，长期掩盖在高速粗放式增长下的一系列矛盾和问题日益突出。中国物流与采购联合会、中国物流学会，将继续团结广大热心物流研究的各界人士，开拓产学研结合思路，创新产学研结合模式，真正建立以企业为主体、院校为依托、市场为导向、产学研相结合的创新体系，打造"中国物流首选智库"，为我国物流业的转型发展提供智力支撑和人才保障。

编　者

2012 年 8 月

目 录

绿色物流与低碳物流研究

附 录

年度重点报告

工业物流发展现状、问题、规律及对策研究[*]

内容提要： 工业物流是工业企业生产经营的重要组成部分，是推动工业发展方式转变和产业结构升级的重要手段。当前，我国正处于从工业大国向工业强国发展的战略机遇期，发展工业物流，以服务创新支撑产业升级发展，有助于企业挖掘"第三利润源"，有助于产业加快向服务型制造转型，有助于社会物流服务体系升级发展。开展工业物流发展现状、问题、规律及对策的系统研究已经成为工业及物流业发展的迫切需要。

2010 年，工业和信息化部运行监测协调局立项委托中国物流与采购联合会启动了《工业物流发展现状、问题、规律及对策研究》，以我国典型行业物流发展研究为突破，分析了钢铁业、有色金属业、石化业、机械制造业、汽车业等十个典型行业的工业物流发展现状、特征、问题及对策，建立了工业物流发展问题——对策矩阵，结合物流与供应链管理等理论，重点分析了工业企业在供应、生产、销售与回收等供应链环节中的物流发展对策，最终提出了我国工业物流发展的总体对策、重点任务和政策措施。

一、工业物流的内涵分析

工业是我国国民经济的主导部门，是国家财政收入的主要来源，其发展对我国的国力兴衰有举足轻重的作用。在我国社会主义市场经济下，工业企业作为独立的经济实体，必须根据价值规律和供求规律办事，追求最大化经济效益；而物流是专门研究如何以最佳的经济效益完成物质流动的一门科学。本章通过分析研究工业物流的内涵，对于合理组织工业物流各环节活动、提高工业物流运作效率、降低成本、促进我国工业转型升级将提供重要的理论基础。

（一）我国工业概况分析

1. 工业的概念及基本构成

（1）工业的概念

工业（Industry）是指从事自然资源的开采，对采掘品和农产品进行加工和再加工的物质生产部门。具体包括：①对自然资源的开采，如采矿、晒盐等（但不包括禽兽捕猎和水产捕捞）；②对农副产品的加工、再加工，如粮油加工、食品加工、缫丝、纺织、制革等；③对采掘品的加工、再加工，如炼铁、炼钢、化工生产、石油加工、机器制

---

[*] 本课题为财政部、工业和信息化部、国资委 2011 年度委托行业协会课题。

造、木材加工等，以及电力、自来水、煤气的生产和供应等；对工业品的修理、翻新，如机器设备的修理、交通运输工具（如汽车）的修理等。

（2）工业的基本构成

关于工业的构成，在我国《国民经济行业分类》（GB/T 4754—2002）中将我国工业做了四个层次的划分，如表1所示。

表1　　　　《国民经济行业分类》（GB/T 4754—2002）对工业的分类

门类	大类	中类	小类
采掘业	6	15	33
制造业	30	169	482
电力、燃气及水的生产和供应业	3	7	10

表1说明我国工业行业共分为39个大类，其中制造业占到30类，可见我国工业以制造业为主体，工业行业细分如图1所示。

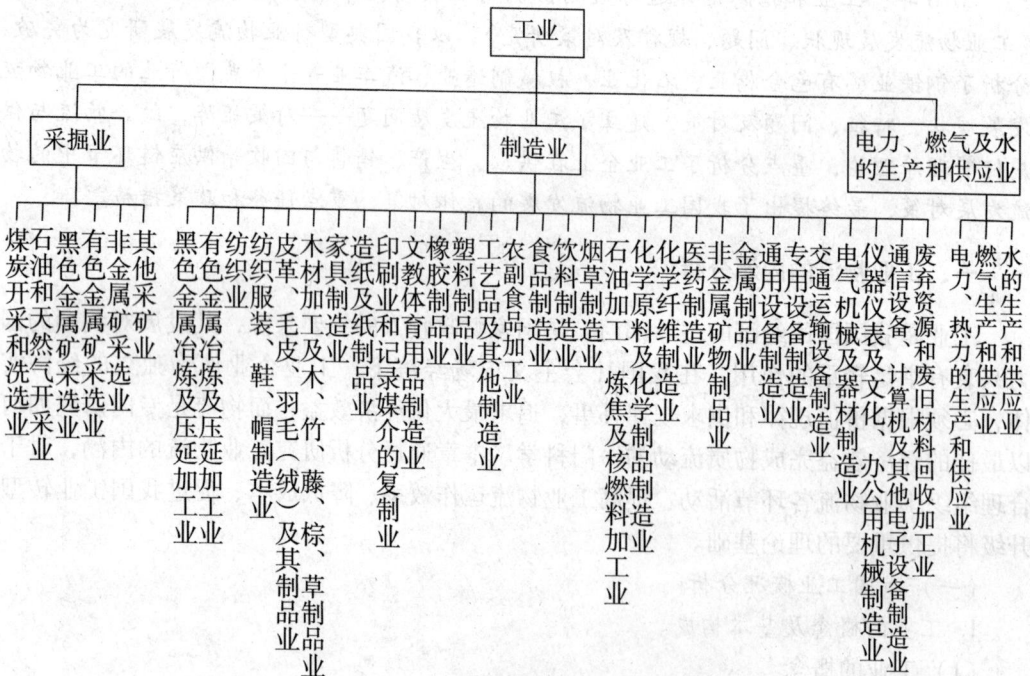

图1　《国民经济行业分类》中工业包含门类示意图

2. 我国工业的主要发展阶段

我国工业是社会分工发展的产物，新中国成立以来主要经历了优先发展重工业、轻重工业调整、全面市场化转型、新型工业化四个发展阶段。

（1）优先发展重工业阶段（1949—1978 年）

新中国成立以后，中国并没有沿袭其他国家从轻纺工业起步的工业化道路，而是采取了从重化工业起步的超常规发展道路。

新中国的工业化历程开始于 1953 年国民经济发展第一个五年计划的实施，在高度集中的计划管理体制下，我国成立了大批国有企业，进行大规模的重工业投资和建设。中国用了近 30 年的时间，初步建立起了独立的、相对完整的工业体系，工业化由起步阶段逐步进入到初级阶段。

在这一时期，尽管工业增长速度较高，但国民经济在这一阶段发展不平衡，经济效益差，因为片面强调重工业的发展，导致轻重工业之间、工业与第三产业之间资源配置不合理。

（2）轻重工业调整阶段（1979—1992 年）

20 世纪 70 年代末，为了解决严重的经济结构不合理问题，我国开始对工业化发展战略进行重大调整，纠正过分强调发展重工业的做法，转而采取消费导向型工业化发展战略，注重市场需求导向，优先发展轻工业。这一时期，以纺织工业为代表的轻工业获得了快速发展。

这一阶段，轻重工业逐步协调增长，二者之间的互动机制逐步形成，重工业对轻工业生产所需的原料和机械设备的生产和供应能力明显增强，轻工业则通过开拓产品市场，相应增加了对重工业产品的需求。经济结构失衡的状况在不断调整中趋于均衡，资源配置方式由单纯的计划手段转向计划手段与市场调节相结合，国民经济由封闭走向开放，工业化总体历程也由初级阶段向中级阶段推进。但这一阶段也出现了新的结构性矛盾，主要是由于加工业的超高速发展，在 20 世纪 80 年代末和 90 年代初，能源、交通、原材料等领域普遍出现紧缺，基础工业和基础设施成为制约国民经济发展的"瓶颈"因素。

（3）全面市场化转型阶段（1993—2002 年）

从 1992 起，我国实行了经济体制改革，开始由计划体制向市场体制全面转型，我国经济领域再次出现了重工业走强的势头，工业增长重新转向以重工业为主导。这一阶段，我国以电子信息产业为代表的技术密集型产业快速发展，重化工业加速发展。20 世纪 90 年代中后期，传统消费品工业的改造升级促使设备投资大量增加，以解决能源、交通、原材料等领域的制约瓶颈为目的形成了对装备工业的巨大需求，高加工度的重工业快速发展，重工业占工业总产值比例稳步提高。而 2000 年之后，重化工业进一步快速发展，这一时期消费结构明显升级并由此推动产业结构向高度化演进。

（4）新型工业化阶段（2003 年以后）

2002 年，中共十六大在总结我国工业发展和工业化经验的基础上，根据我国国情正式提出了"我国应该走新型工业化道路"。我国开始了探索以信息化带动工业化，以工业化促进信息化，力争走出一条科技含量高、经济效益好、资源消耗低、环境污染少、人力资源优势得到充分发挥的新型工业化路子。

3. 工业在国民经济中地位和作用分析

工业是唯一生产现代化劳动手段的部门，它决定着国民经济现代化的速度、规模和水平，在当代世界各国国民经济中起着主导作用。

（1）工业是增加我国国际竞争力的战略性产业

在全球经济一体化的背景下，各国竞争力的比较主要反映在其创造增加值和国民财富持续增长的能力上，我国以经济资源的全球配置为基础参与世界产业分工与合作，无论是从进出口贸易规模来看，还是从科技水平来看，工业囊括行业门类众多，科技含量和创新潜力巨大，是提升我国国际竞争力的战略性产业。

（2）工业是国民经济中最重要的物质生产部门

工业是国民经济各部门进行技术改造的物质基础，从行业构成来看，工业所涉行业既有为国民经济各部门提供先进的技术装备的高端重工业，也包含为国民经济各部门提供能源和原材料的基础性行业，同时又能满足人民生活需要提供各种消费品，更为关键的，工业是加强国防的重要条件。根据国家统计局的公布数据，2010 年我国 GDP 是397983 亿元，其中工业增加值 160030 亿元，占 GDP 的比重为 40.2%，可见工业是国民经济重要的物质生产部门。

（3）工业是提升我国科学技术水平的主力军

国民经济的发展要求整体提升我国的科技创新和自主研发能力，而工业经济的发展离不开科技创新水平和自主研发能力的提升，例如船舶制造业、电子信息业、石化产业等，因此工业在推动提升国民经济实力的同时，必然在我国的科技创新和成果转化中扮演着冲锋陷阵的主力军角色。

（4）工业是推进我国城镇化进程的主动力

"十二五"时期是全面建设小康社会的关键阶段，也是工业化的跃升期、城镇化的加速期。工业化是城镇化的经济支撑，城镇化是工业化的空间依托。我国在建设新型工业化道路的同时，利用对城镇化发展的承载优势，以工业化带动城镇化，为我国城镇人口就业、促进地方经济发展提供了主要渠道，推进了我国的城镇化进程。从图 2 可看出，我国第二产业的就业人员数量由 2005 年的 18084 万人上升到 2009 年的 21684 万人，第二产业就业人口在全国所有就业人口中的占比也从 2005 年的 23.20% 上升到 2009 年的 27.80%，作为第二产业中主要行业的工业在解决城镇人口就业方面所起到的作用是不容忽视的。

（5）工业是我国经济转方式、调结构的主战场

我国工业主要以能源工业、钢铁工业、机械工业等基础工业部门为主，这些行业长期以来依靠物质资源消耗，资源环境成本较高，据工业和信息化部统计，目前我国消耗了全球 46% 的钢铁、16% 的能源、52% 的水泥，但仅创造了全球 8% 左右的 GDP。此外，高耗能行业能源消费量约占工业能源消费总量的近 80%，高耗能行业的快速增长带动我国工业能源消耗总量的不断增加，因此工业必然是未来我国经济转方式、调结构的主战场。

（二）工业物流的基本概念分析

工业物流是现代物流业发展中的新概念，通过对相关文献的分析可以发现，不同国家、部门及学者对工业物流概念的认识不尽相同，对包含工业企业物流，工业物流企业在内的工业物流的相关概念尚缺乏明确的界定。研究分析工业物流的基本概念，分析其

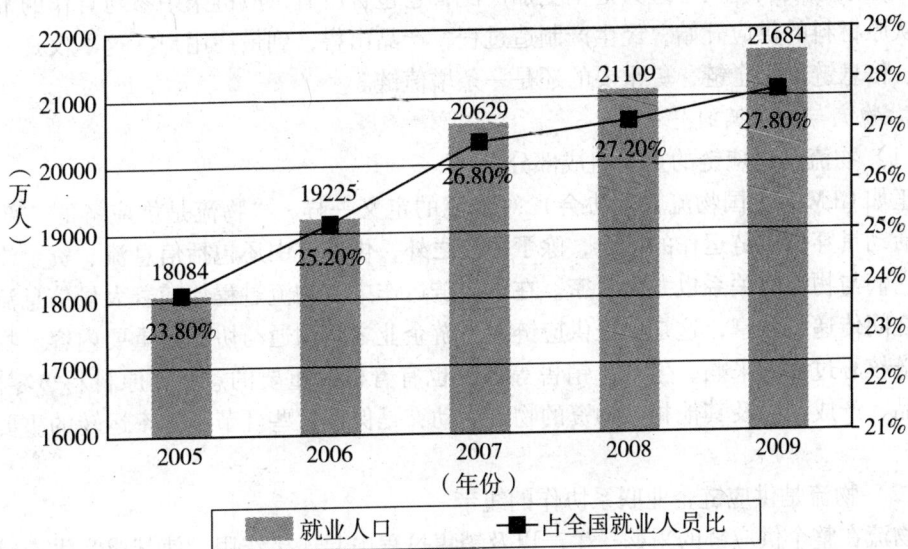

图2　我国第二产业就业人员状况

特征与功能，是对包括工业企业供应链管理在内的诸多问题进行深入研究的基础。

1. 物流与供应链的概念

（1）物流概念分析

根据我国国家标准《物流术语》（GB/T 18354—2006）中的定义："物流是指物品从供应地到接收地的实体流动过程，根据实际需要，将运输、储存、装卸、搬运、包装、流通加工、配送、信息处理等基本功能实施有机结合"。它包括供应物流、销售物流、生产物流、回收物流、废弃物物流五大类。

（2）供应链概念分析

我国发布实施的《物流术语》（GB/T 18354—2006）对供应链的定义是："生产流通过程中，涉及将产品或服务提供给最终用户所形成的网链结构。"它更加注重围绕产品和服务而形成的企业网络，它跨越了企业界限，考虑从全局和整体的角度来提高产品的竞争力。

根据美国生产与库存控制协会（APICS）第九版字典中的定义："供应链管理是计划、组织和控制从最初原材料到最终产品及其消费的整个业务流程，这些流程衔接了从供应商到顾客的所有企业。供应链包含了由企业内部和外部为顾客制造产品和提供服务的各职能部门所形成的价值链"。APICS 关于供应链定义的前半部分说明供应链管理所涉及的理论源于产品的分销和运输管理。供应链涵盖了从原材料供应商，经制造商到最终用户的整个产品的物流。

我国学者马士华编著的《供应链管理》一书中，对供应链的定义是：供应链是围绕核心企业，通过对信息流、物流、资金流的控制，从采购原材料开始，制成中间产品以及最终产品，最后由销售网络把产品送到消费者手中的将供应商、制造商、分销商、零售商直到最终用户连成一个整体的功能网链结构模式。他认为，供应链实质是一个新型的企业结构模式，只不过其范围更加广泛，它包含所有供应链条中参与合作的节点企业，从原材料的供应开始，经生产制造过程，产品出售，到最终用户。这不仅是一个物料链、信息链、资金链，更重要的还是一条增值链。

2. 物流与供应链的关系

（1）物流是供应链的重要组成部分

正如 CLM（美国物流管理协会）对物流的定义一样，"物流是供应链的一部分"，物流活动贯穿供应链运作的始终，除了物流之外，供应链中还包括信息流、资金流、商流，它们与物流的关系也尤为紧密。在供应链运作中，物流过程伴随着大量信息流，在企业之间传递与共享，这是保证供应链上下游企业之间沟通与协作的重要内容。物流对供应链核心过程的采购、生产、销售等环节也有着极为重要的意义，原材料、零部件、半成品、产成品以及其他相关物资的物流活动，是保证这些环节高效率运转的重要基础条件。

（2）物流是供应链企业联系协作的纽带

物流在整个供应链的采购、生产以及销售过程中起连接作用，使其成为供应链上下游企业之间合作的重要内容和纽带。工业企业和物流企业都属于该供应链中的节点企业，各企业之间通过资金流、商流、信息流、物流连成一个整体的功能网链结构，各供应链节点通过物流服务联结在一起，物流在各供应链企业间起着桥梁和纽带作用，同时为各制造企业降低生产成本、加快资金周转、提高企业核心竞争力起到重要的推动作用。企业的物流管理是提升企业核心竞争力的重要手段，而供应链管理作为物流管理的延伸和拓展，日益在工业产业链的发展中产生着巨大的经济效益。

（3）物流与供应链存在着本质区别

从物流与供应链的定义我们可以看出，物流和供应链之间存在着本质的区别：物流是商品、服务、相关信息的流动、实施及控制的过程，而供应链是围绕核心企业，将供应商、制造商、分销商、零售商直到最终用户连成一个整体的功能网链结构，前者是流动、实施及控制过程，后者是一个网链结构，因此二者在本质上是两个不同的概念。

3. 工业物流的概念分析

目前，工业日渐呈现出服务化的趋势，工业和物流业的关系变得越来越紧密，但迄今为止，关于工业物流的概念还很少，以下是关于工业物流的几个有关定义：

定义1（郭维城）　工业运输是指工业企业为保持生产经营活动的正常进行而自行组织的物资运输。按活动范围可以分为厂内运输和厂外运输，前者指在工业企业范围内，车间与车间之间，车间与工厂仓库之间，厂内仓库之间以及车间内部工段之间，仓库内部的各种原材料、半成品、成品和其他物资的运输活动。后者指企业外单位之间的运输活动，包括从发货站、厂外仓库、火车站、码头等处将原材料运往工厂或将工业企业销售的成品、半成品运往物资部门和消费者企业，通常与全国统一的运输网有密切的联系。

定义2（耿娟）　工业企业物流可理解为是以工业企业的经营为核心的物流活动，是具体的、微观的物流活动，属于微观物流领域。工业企业物流研究的是从原材料进厂，经过储存、加工、制造、装配到成品出厂并运送到消费者手中的整个过程中物料的储存、流转和移动，是工厂一切生产活动的基础。工业企业物流又可分为不同的具体物流活动，如：工业企业生产物流、工业企业供应物流、工业企业销售物流、工业企业回收物流、工业企业废弃物物流等。

定义3　钢铁物流是以"钢铁"为载体，以"物流"为运作，以"信息"为核心，集钢材贸易、电子商务、三方物流为一体，资金流、信息流、物流相互促进、相互融合，涵盖建筑行业、冶金行业、信息产业、现代物流四大行业的交叉行业。钢铁物流运行模式分为三大模块：原材料采购运输—钢铁生产物流—产成品销售物流。

定义4　医药物流不是简单的药品进、销、存或药品配送。所谓的医药物流就是指：依托一定的物流设备、技术和物流管理信息系统，有效整合营销渠道上下游资源，通过优化药品供销配运环节中的验收、存储、分拣、配送等作业过程，提高订单处理能力，降低货物分拣差错，缩短库存及配送时间，减少物流成本，提高服务水平和资金使用效益，实现的自动化、信息化和效益化。

定义5（邹辉霞）　供应链物流强调物流是供应链不可分割的组成部分，是供应链中不可缺少的关键流程，对物流的管理需要立足于具体的供应链，从全局的角度统筹安排物流计划并实施管理。从现代管理理念的视角，供应链物流是供应链系统中的重要流程，它被包容在供应链计划的整体决策中，涉及物流外包还是自营的决策、物流协同管理以及物流的网络设计等。

定义6（叶素文）　农业物流是指以农业生产为核心而发生的一系列物品从供应地向接收地的实体流动和与之有关的技术、组织、管理活动，也就是使运输、储藏、加工、装卸、包装、流通和信息处理等基本功能实现有机结合。农业物流是以满足顾客需求为目标，对农业生产资料与产出物及其相关服务和信息，从起源地到消费地有效率、有效益的流动和储存进行计划、执行和控制的全过程。它包含两个物流体对象——农业生产资料和农产品。它是由农业生产资料和农产品的采购、生产、流通、加工、包装、运输、储存、装卸、配送、分销、信息沟通等一系列运作环节组成，并在整个过程中实现了农业生产资料和农产品保值、增值和组织目标。

定义7（周翔，王耀球）　工业物流产生于美国，它的理念是：以集中采购为主，零部件加工为核心，为工业企业产品出口搭建平台，引导仓储、运输、配送企业发挥协同作用，提高社会资源的综合利用效率，降低企业间的互动成本，面向全球工业企业提供延伸和成套服务的系统工程。

上述定义从不同角度对工业物流的内涵进行了分析，从中可以看出工业物流作为工业与物流业两大产业融合的内涵和本质。对工业物流相关概念的定义主要关注在制造业上，对这些不同的定义，如果我们对它们的核心思想进行抽取，可以勾勒出这样一个概念框架：工业物流的基础是工业和物流业为载体的整个产业链，主体是工业企业，核心是集中采购和零部件加工，条件是现代物流技术、供应链管理理念和信息化水平，目的是提高社会资源的综合利用效率以及工业企业的核心竞争力，落脚点是一项为工业企业提供延伸和成套服务的系统工程。

工业物流是以工业企业内部价值链和整个产业价值链网络系统为基础，以采购与工业生产为核心，通过物流连接和驱动产业价值链网络经营过程中的每一部分，组织以现代物流技术和信息化水平为主导的集成化供应链，引导生产、仓储、运输、配送企业发挥协同作用，促使资金流、信息流、物流相互促进、相互融合，提高社会资源的综合利用效率，面向全球工业企业提供延伸和成套服务的系统工程。它是指供应链中的每个节点企业，从工业原材料进厂，经过储存、加工、制造、装配到成品出厂并运送到消费者手中的整个过程中物料的储存、流转和移动，它是整个工业生产活动的基础。

基于上述分析，在此给出工业物流的定义：

工业物流是工业企业供应链运作过程中的相关物品从供应地到接收地的实体流动过程，根据工业企业的实际需要，将运输、储存、装卸、搬运、包装、流通加工、配送、信息处理等基本功能实施有机结合。

（三）主要研究思路

报告主要研究思路如图 3 所示。

二、我国工业物流发展的现状分析

随着我国工业化进程的不断加快，工业物流的发展越来越受重视，了解我国工业物流发展状况，能够有利于分析发展进程中存在的问题，为工业物流更好、更快的发展提供保障。本章首先对我国工业物流总体发展情况进行了分析后，分别对我国钢铁、汽车、纺织等十个重点工业行业的发展状况，东北、沿海、中部和西部等地区工业物流的发展状况以及典型工业企业物流的发展状况进行了分析，最后通过国外工业企业物流发展情况，得出国外工业物流发展经验对我国的启示，以保障我国工业物流平稳较快的发展。

（一）我国工业物流发展总体情况分析

我国正处于工业化中期，正值从工业大国向工业强国发展的战略机遇期，随着产业结构调整与转型升级的不断推进，生产性服务业特别是物流业受到各级政府的广泛关注。2010 年，从中央到地方、从行业到企业都形成了对工业物流的高度重视，发展环境不断优化，逐步形成合理有序、科学高效、保障有力、覆盖广泛的工业物流服务体系。

1. 各级政府重视并积极推动工业物流发展

中央各部委为促进工业物流的发展，出台了一系列支持和促进措施，同时各地区各部门积极落实和制定相关政策措施，政策环境得到不断完善。近年来，工业物流发展受到各级政府的广泛重视，其发展环境不断得到优化。

（1）中央各部委积极推动工业物流发展

2009 年 3 月，国务院发布的《物流业调整和振兴规划》指出，将大力实施重点领域物流工程，要加强石油、煤炭、重要矿产品及相关产品物流设施建设，建立石油、煤炭、重要矿产品物流体系；加强对化学危险品物流的跟踪与监控，规范化学危险品物流的安全管理；推动汽车和零配件物流发展，建立科学合理的汽车综合物流服务体系；鼓励企业加快发展产品与包装物回收物流和废弃物物流，促进资源节约与循环利用。工业重点领域物流发展将得到进一步推动，并有望成为物流发展新亮点。

工业物流的概念及内涵分析

我国工业概况分析 → 工业物流基本概念分析 ← 物流与供应链的概念

工业物流的总体发展情况

| 政府层面 | 整体发展情况 | 物流外包发展 | 两业联动 | 信息化 | 现代化 |

典型地区工业物流发展现状

东北地区 沿海地区 中部地区 西部地区

典型行业工业物流发展现状

钢铁业 有色金属 石化业 机械制造 汽车业
船舶业 纺织业 食品业 家电业 电子信息

典型物流模式发展现状

企业自营物流 企业物流外包

典型行业工业物流发展存在的主要问题

工业物流的共性问题 | 一般管理层面 | 操作执行层面 | 政策制定层面 |

产业链存在的主要问题 | 一体化运作不力 | 网络化经营不足 |

我国工业物流发展必要性分析

我国工业物流发展紧迫性分析

我国工业物流发展重要性分析

我国工业物流发展对策

工业物流基本特征分析

降低工业物流成本

我国工业物流发展的指导思想 | 我国工业物流发展的基本原则 | 我国工业物流发展的主要思路 | 我国工业物流发展的总体目标

提高供应链运行效率

要素层

| 主线 推进工业物流向供应链发展方式转变 | 主导 工业企业 | 主体 物流企业 | 主脑 政府 |

| 引领 先进信息技术及装备 | 突破 提升工业企业物流管理水平 | 重点 促进工业与物流业融合发展 |

对策层

| 供应物流 | 生产物流 | 销售物流与售后服务 | 回收与废弃物物流 | 供应链物流 |

重点任务层

| 统筹优化工业与物流业布局 | 推动工业物流社会化发展 | 提高物流企业服务能力 | 加强工业物流信息化建设 |

| 推进工业对物流业的反哺 | 建立工业物流运行监测和应急保障体系 | 探索专业和新型工业领域物流的发展 | 开展工业物流发展试点示范项目 |

保障措施层

| 加强组织协调 | 统筹规划建设 | 加大政策支持 | 加强规范引导 |

| 完善统计体系 | 加快人才培养 | 加强研究工作 | 加强交流推广 |

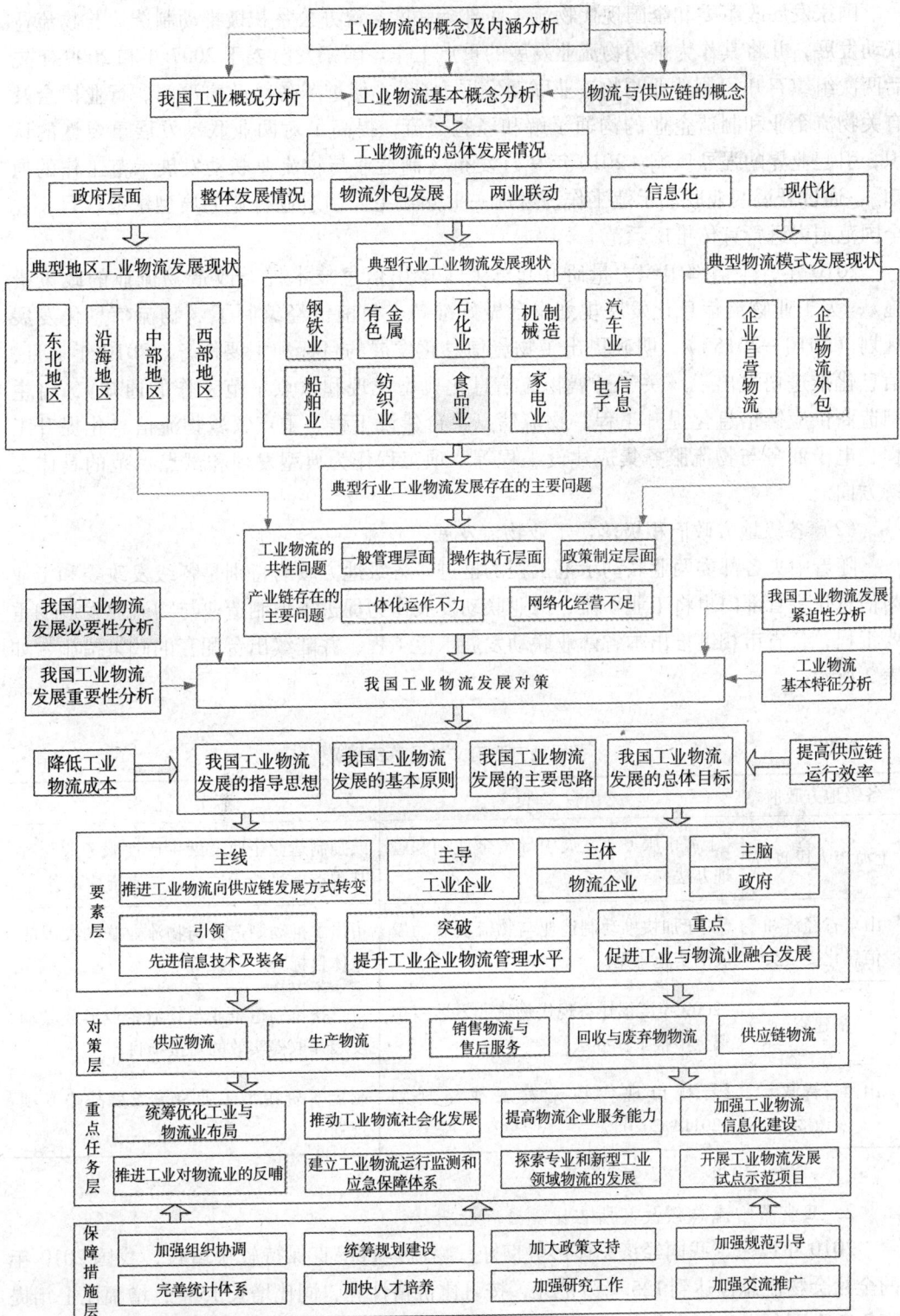

图3　工业物流发展对策研究思路图

国家发展改革委和全国现代物流工作部际联席会议办公室积极推动制造业与物流业联动发展，并将其作为推动物流业发展的重点工作。国家发改委于 2007 年和 2009 年先后两次组织召开"制造业与物流业联动发展大会"，促进了各级政府部门、行业协会及有关物流企业和制造企业的沟通了解和经验交流，提高了对两业联动发展重要性的认识，引起业界的强烈反响。2010 年 9 月发布《制造业与物流业联动发展示范工作的通知》，通过开展两业联动示范工作，遴选一批涵盖主要制造业行业的典型示范项目，在全国范围内进行宣传推广示范。

2010 年，工信部组织力量研究起草了《运用信息技术提升改造物流业的政策措施》，为工业物流信息化发展规划出台做好准备，目前已经编制了《物流信息化发展规划（2010—2015）》，明确提出了物流信息化发展的目标和主要任务。2010 年 1 月，信息化推进司发出了《关于开展物流信息化典型发现和试点示范工作的通知》，将主制造商供应链信息化提升工程、物流信息平台建设工程、重点领域物流信息化提升工程、电子商务与物流服务集成建设工程等八项工程作为典型发现和试点示范的具体支持方向。

（2）各级地方政府积极落实工业物流发展

随着中央各部委两业联动示范工程的推进，各级地方政府特别是各级发改委和工业与信息化主管部门也将工业物流、两业联动发展作为促进本地制造业与物流业发展的重要工程，各省市相继推出本省两业联动发展示范工程，并陆续出台配套的政策措施，如表 2 所示。

表 2　　　　　　　　　　各级地方政府文件及落实情况

各级地方政府	出台文件	落实情况
上海市人民政府	《上海市服务业发展引导资金使用和管理办法》	鼓励制造业企业发展生产性服务业，对其重点项目给予适当补贴或贷款贴息
山东省经济和信息化委员会	《关于加快推动制造业与物流业联动发展的实施意见》	指出了推动制造业与物流业联动发展的总体目标
福建省	《2009 年度福建省现代物流业发展专项资金申报工作办法》	重点扶持制造企业与物流企业形成联动发展并取得实效的对接项目
山西省晋城市发改委	《晋城市现代物流发展战略规划（2011—2020）》	制定了资源型工业物流发展战略专项规划

2. 工业品物流总额及其所占比例逐年上升

2010 年以来，我国经济总体形势良好，物流运行一直保持较快增长，我国 2010 年的全社会物流总额达到 125.4 万亿元，按可比价格计算，同比增长 15%，增幅比上年提高 3.7 个百分点；社会物流总费用与 GDP 的比率为 17.8%，同比下降 0.3 个百分点，物流运行效率有所提高。"十一五"期间我国物流运行形势总体良好，工业品物流总额连年上升，如表3所示。

表3 "十一五"期间工业品物流总额数据

物流总额		2006 年	2007 年	2008 年	2009 年	2010 年
社会物流总额	数额（万亿元）	59.6	75.2	91.5	96.65	125.4
	增速（%）	24.00	18.40	16.80	7.40	15.00
工业品物流总额	数额（万亿元）	51.7	66.1	79.9	87.4	113.1
	占比（%）	86.72	87.85	87.28	90.44	90.19
进口物流总额	数额（万亿元）	2.1	4.4	6.9	6.9	9.4
	占比（%）	3.45	5.89	7.54	7.10	7.50
其他物流总额	数额（万亿元）	5.9	4.7	4.7	2.4	2.9
	占比（%）	9.82	6.26	5.18	2.46	2.31

注：其他物流总额指农产品、再生资源及单位与居民物流总额。

数据来源：中国物流与采购联合会。

由表3可知，我国工业品物流在社会物流发展中仍然占据主导地位，且其总额逐年增加。另外，2010年工业品物流总额占社会物流总额的比重达到90%以上，与2009年的90.44%的比例基本持平，反映出在国际金融危机影响下，工业品物流仍然是拉动社会物流总额增长的重要力量。

3. 制造业物流外包的规模和程度持续提高

近年来，随着市场竞争压力的加大和经济活动的全球化与区域化，制造企业不得不专心于自己的核心业务，专注于成本降低和运行效率的提高，集中于发展核心竞争力，而将部分非核心业务外包。根据国家发改委和南开大学现代物流研究中心于2010年1~4月的有关调查数据得到我国工商企业物流业务外包总体情况，如图4所示。

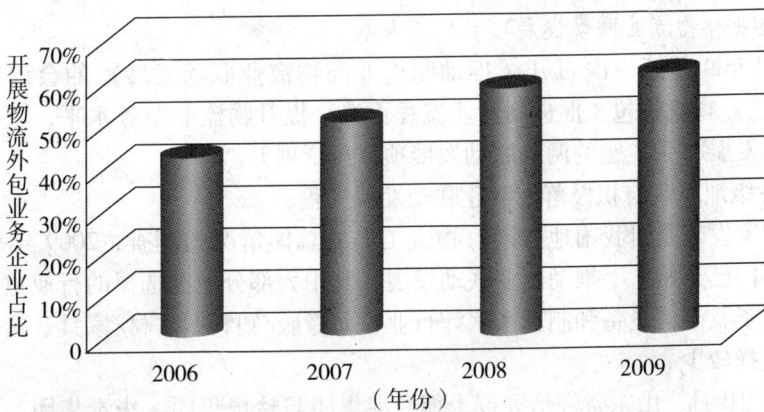

图4 工商企业采用物流业务外包的比例

由图 4 可知：近年来我国开展物流外包业务的工商企业比例逐年上升，可见我国工商企业已逐步认识到物流外包是企业降低物流成本、专注于核心竞争力的有效途径。因为目前我国的工业企业仍然是中小型企业占主导，其自营物流的能力有限，物流业务要依靠物流外包来完成，而大型制造企业近年来也逐步认识到物流外包及与物流业联动的利益所在，与物流企业的战略合作日益加强，于是呈现出了制造业物流外包规模逐渐扩大的趋势。

根据国家发改委和南开大学现代物流研究中心于 2010 年 1～4 月的相关调查数据，得到我国工商企业物流业务外包的总体情况，如图 5 所示。

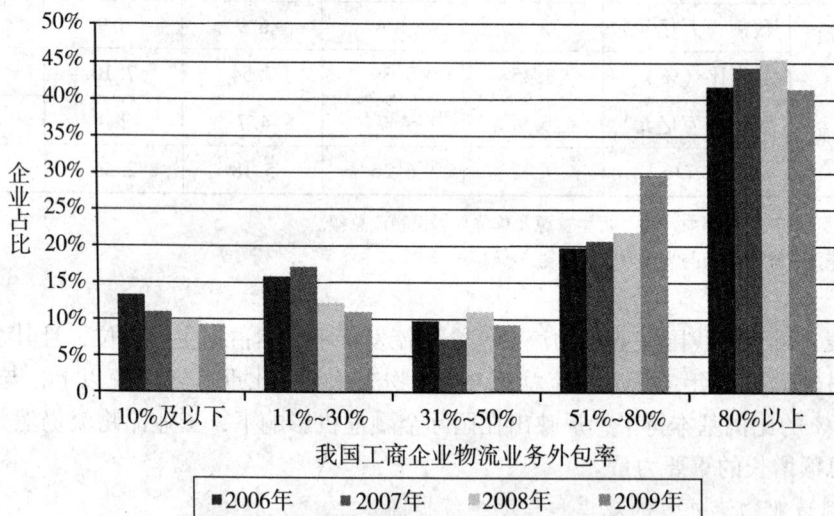

图 5　我国工商企业物流业务外包情况

由图 5 可知，2009 年我国工商企业物流外包比例主要集中于 50%～80% 和 80% 以上，比例分别为 29.8% 和 41.1%；外包比例在 50% 以下的为 29.1%，较 2008 年下降了 3.9 个百分点，呈现出了物流外包程度持续提高的局面。

4. 制造业与物流业联动发展项目广泛开展

从 2007 年 9 月第一次召开《推动制造业与物流业联动发展》的会议以后，我国"以推动制造业物流外包，促进制造业流程再造，提升物流业服务水平，引导制造业与物流业共同发展"为主题的两业联动发展项目广泛展开。

（1）各级地方政府积极落实两业联动发展工程

根据国家发改委对我国地方政府物流工作的总体情况的调查，2009 年有 70.6% 的地方政府部门已开始着手推动两业联动发展，其中大部分地区选择的行业主要集中于机械制造、电子及通信设备和制药及医疗行业，而橡胶/塑料、木材/家具、造纸和金属制品等行业选择较少。

2010 年 10 月，山东省经信委授予烟台港集团与玲珑集团、华泰集团、威海北洋电气集团等 40 家制造、物流企业"山东省制造业与物流业联动发展示范企业"称号；在《关中—天水经济区发展规划》中，西安被列为全国内陆型经济开放、开发战略"一高地四基地"，西安将选择在制造业与物流业融合联动方面进行试点。其中，以制造业为依托建设专业的物流集群，进一步完善功能布局与网络，提高产业集中度，进一步提高专业化和示范化水平，扶持龙头企业与示范企业，扩大物流外包范围是两业联动的主要工作之一；江苏常州经信委下发《关于推进制造业与物流业联动发展的实施意见》，提出围绕常州五大产业发展主题，建立联动发展的工作机制，创造联动发展的宽松环境，营造联动发展的良好氛围。

以上都从不同程度上反映出，我国各地方政府在贯彻落实两业联动相关政策方面的积极性和主动性，随着两业联动的深入发展，我国制造业和物流业发展水平不断得到提高，这将为我国工业物流的发展创造良好的前提条件。

（2）我国典型行业两业联动频现亮点

随着两业联动政策贯彻的不断落实，2010 年我国典型行业两业联动工作不断取得新进展，联动效果取得新突破，我国部分典型行业两业联动情况如表 4 所示。

表 4　　　　　　　　　　2010 年我国典型行业两业联动情况

典型行业	两业联动实例	联动效果
钢铁业物流	2010 年 2 月，青钢集团与青岛港集团近日签署长期战略合作协议，双方将在矿石、钢铁等物资的装卸、仓储、运输业务上进行全方位合作	青钢集团大大降低企业物流营运成本，青岛港的港口吞吐量和收入进一步增加
汽车业物流	2010 年 4 月，重庆长安汽车股份有限公司与长久物流集团旗下重庆特锐物流公司签订物流服务合同；2010 年 12 月，东风日产、广州风神物流和中铁特货签署战略协议，成立广州东铁汽车物流有限公司	提升了物流保障和市场供应能力，为我国汽车生产企业、3PL 企业、铁路运输企业共同开展商品车铁路运输，树立良好的示范
机械制造业物流	2010 年 5 月，中国远洋运输集团与中国第二重型机械集团签署战略合作协议，共享资源和技术，加强综合运输和物流等领域合作；12 月，中国北车股份有限公司与中国外运股份有限公司签署了物流战略合作框架协议，开展国内外全方位综合物流战略合作	双方可以共享对方优势资源，全面提高服务品质和经营效率，增强双方的市场地位和综合竞争力，达到双赢目的
船舶业物流	2010 年 9 月，长航集团与广东省粤电集团签署战略合作协议，双方将在航运物流、修造船业务、燃油供应、船员培训服务和船舶管理等方面加强合作	降低了物流成本，提高了生产效率和市场竞争力
石化业物流	2010 年 12 月，中国石化与招商局集团、中远集团、中海集团、中外运长航集团四大航运集团在京签署润滑油合作协议，在原有的战略合作框架下细分合作内容、提升合作水平、共同打造航海大动脉	"国油国运、国油国用"的能源战略，提升中国能源安全

由表 4 可见，我国许多典型行业通过两业联动，降低了制造企业的物流成本，加快了资金周转，提高了产品的质量和生产效率，增强了企业的核心竞争力；同时也拉动了我国物流企业的发展，促进了其物流服务水平的提升。

5. 工业物流信息化和现代化水平不断提升

（1）物流信息化加快发展

所谓物流信息化就是利用信息技术整合物流业务流程与物流资源，实现信息标准化和数据库管理、信息传递和信息收集电子化、业务流程电子化，进而实现规模化经营、网络化运作管理过程。随着我国近几年物流业的蓬勃发展，物流信息化受到了普遍重视，物流行业信息化投资规模不断扩大，物流信息技术装备水平有了较大提高。目前已有 70.5% 的企业建立了管理信息系统，仓储管理、运输管理、采购管理、客户关系管理等系统得到普遍应用。物流企业通过与客户的信息共享、流程对接，加快融入客户供应链体系。

另外，在整合海关、交通、商检、质检等电子政务服务的基础上，出现了应用网上交易、金融、检测、配送等集成化电子商务服务的信息平台。企业资源计划（ERP）和供应链管理（SCM）软件应用开始普及，RFID 等物联网技术在车辆监管、物品定位管理、自动识别分拣和进出库安防系统等方面开始应用。根据《中国现代物流发展报告（2010）》的调研数据，我国工商企业采用的信息技术如图 6 所示。

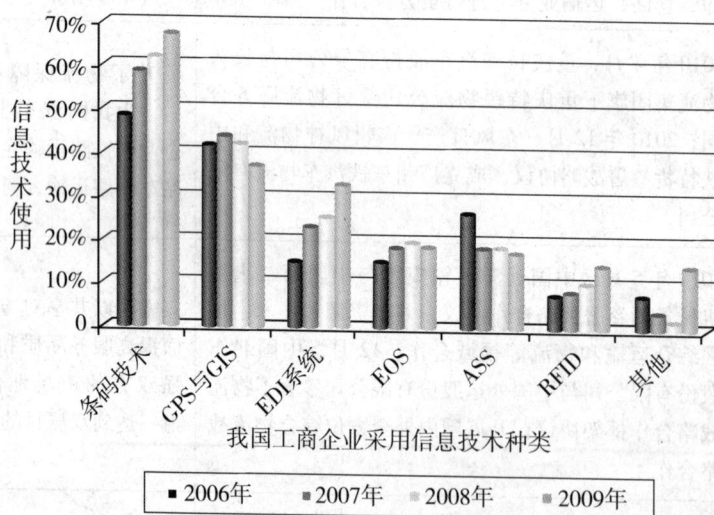

图 6　工商企业采用的物流信息技术

数据来源：南开大学现代物流研究中心. 中国现代物流发展报告（2010）. 北京：中国物资出版社，2010.

（2）先进物流技术得到推广

整体上看，在物流装备和先进技术方面，仓储保管、运输配送、装卸搬运、分拣包装、自动拣选等专用物流装备广泛应用；条码技术、智能标签技术、配载配送和路径优化技术等得到推广。随着中国政府对二氧化碳排放的控制，低碳物流技术发展较快，尤其是冷库建设把节能降耗作为重点；冷链运输中保温与制冷问题、内燃叉车尾气排放问题、托盘租赁与循环使用问题、货运车辆节能降耗问题都将成为未来物流技术关注的焦点，国家将会出台系列政策推进物流作业中的节能降耗，从而给相关的物流技术装备企业带来市场机遇。

近些年，一些企业已经认识到现代物流理念的先进性及重要性，开始在物资管理领域引入现代物流管理技术与装备，取得了良好的经济效益。如：神华集团物资公司已经在全集团普及物流知识，开始大规模更新改造或新建现代自动化立体仓库，引入现代物流技术装备，完善和优化企业物资采购、储存与配送系统，取得了良好成效。此外，一些电力、铁路、钢铁等传统行业物资管理部门，也纷纷引进现代物流技术与装备，建设现代化物资立体仓库，大大改善和降低了企业库存，提升了物资的利用率。

随着物流业的快速发展，国家也陆续出台了鼓励物流企业做大做强的系列政策，物流企业面临着产业升级、服务技术手段提升的需求。此外，企业劳动力成本的提高、物流网点的优化也使企业更多的采用现代物流技术装备来代替人工搬运，借助先进的自动化物流设备来提升服务水平，借助现代物流信息化手段做好物流管理，因此，先进物流技术的推广和应用给工业物流的发展带来了较大的利好。

（3）物联网成为制造业物流的新的推动力

继 2009 年物联网被确定为国家战略型新兴产业之后，2010 年 3 月，第十一届人大会第三次会议上温家宝总理在《政府工作报告》中指出"加快物联网的研发应用"，抢占经济科技制高点，物联网正式进入国家战略层面。

物联网概念是在"互联网概念"的基础上，将其用户端延伸和扩展到任何物品与物品之间，进行信息交换和通信的一种网络概念。作为制造业物流技术的重要组成部分，2010 年物联网技术迅速升温。目前中国已经把物联网明确列入《国家中长期科学技术发展规划（2006—2020 年）》和 2050 年国家产业路线图。因此，2011 年物联网技术将获得快速发展，并在制造业物流领域逐渐发挥积极的作用。

2010 年，物联网受到了前所未有的重视，成为工业物流发展的强劲推动力。在家电行业，众多品牌都推出了自己的物联网方案。例如，海尔物联网家庭方案中的物联网冰箱不仅可以储存食物，而且可以通过与网络连接，实现冰箱与冰箱里的食物、与超市里的食物、与人类之间自由沟通。在工程机械行业，各大品牌工程机械公司将安装 GPS 作为标准配置，用户只需要按规程操作机械，其余所有问题，如保养、维修、修理、更新、再制造均由供应商来完成，真正实现了售出的工程机械，终生管理、终生服务，这在徐工、三一重工、中联重工等知名机械企业正广泛地应用。在汽车行业，物联网的应用涉及各个环节，电子追踪零件信息、依托 3G 网络及物联网技术实现车辆远程控制等。

6. 工业物流发展有关基础性工作逐步加强

（1）建立物流标准体系

2005 年国家标准化管理委员会、国家发展和改革委员会等八部委联合印发了《全国物流标准 2005—2010 年发展规划》，提出了我国物流标准化的指导思想和制修订任务。确立了以"物流技术、物流信息、物流管理、物流服务"为主体结构的物流标准体系。我国物流标准体系框架如图 7 所示。

按照《全国物流标准 2005—2010 年发展规划》的要求，加大了标准的制修订力度，

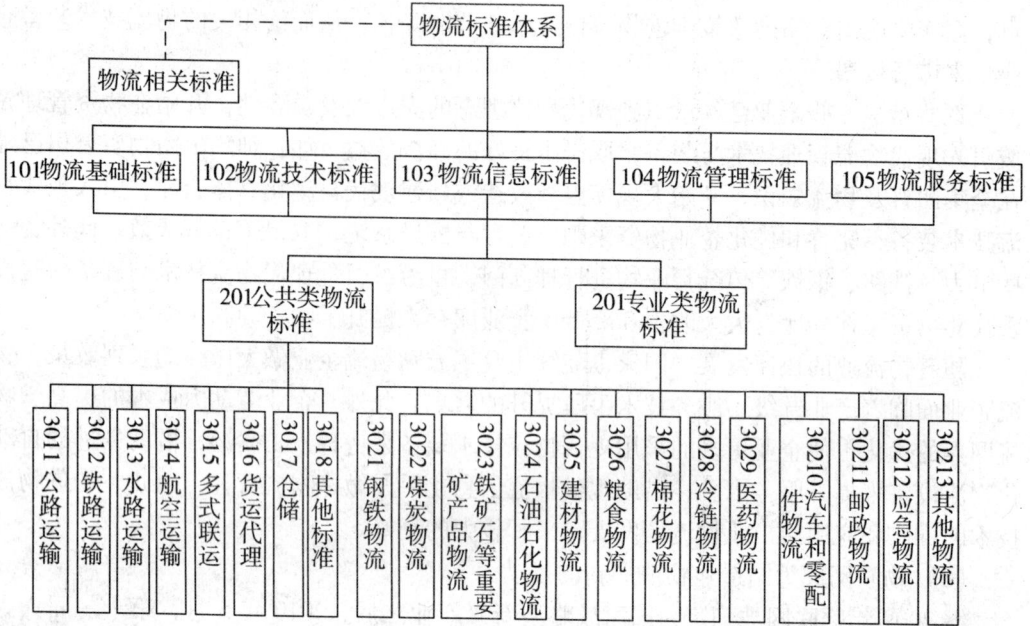

图7 物流标准体系框架

重要物流标准制修订工作全面展开，截至目前，我国已发布物流标准267项，包括国家标准188项，行业标准79项。其中，物流技术标准105项，物流信息标准97项，物流管理标准51项，物流服务标准14项。这些标准对于加强物流业规范化管理，提高行业整体发展水平，促进物流业与制造业的联动发展发挥了重要作用。

近年来，政府部门、行业组织、生产流通企业积极推进物流标准的贯彻实施，取得初步成效。如：物流企业分类与评估标准经过近几年的实施，对引导和规范物流企业发展起到非常重要的作用，已得到政府部门、物流企业、市场客户的肯定和重视；实施新修订的通用平托盘标准，为从根本上促进我国通用平托盘规格的统一，提高物流效率，进一步在我国建立托盘共用系统奠定了基础；国际货运代理标准的实施，对进一步规范国际货运代理服务，提高服务质量，推动更多企业走出国门起到了重要作用；条码、电子数据交换报文等标准在物流领域的推广实施，促进了物流信息采集、识别和管理的统一，加快了物流信息化的发展。物流标准的实施，对于提高物流服务质量，推动物流企业健康发展，规范物流市场发挥了积极作用，产生了良好的社会效果。

（2）物流企业信用评级工作进展顺利

经全国整顿和规范市场秩序办公室和国务院国资委批准，中国物流与采购联合会已于2007年3月正式启动了物流企业的信用评级试点工作。信用专家委员会根据企业申报材料，按照《物流企业信用信息管理办法》《物流企业信用评级管理办法》等规定，评出信用A级物流企业，并向社会公布。

截至2010年5月，共有122家全国性的商会协会参与，评出AAA级信用企业3024家，AA级信用企业714家，A级信用企业125家，覆盖了机械、电子、石化、电力、农业、水利、建筑、医药等大部分工业行业和领域。

（3）物流统计核算工作成效显著

2007年，由国家发改委、国家统计局和中国物流与采购联合会联合制定的《社会物流统计核算与报表制度》由试行方案转为定期制度，由国家统计局批准颁布实施。目前在由联合会进行全国物流统计核算的基础上，该项工作正向省市拓展，已有20多个省市自治区开展了物流统计核算工作，有12个省市正式发布物流统计数据。中国物流与采购联合会的全国生产资料市场监测体系和产业监测预警系统发挥重要作用，制造业和非制造业采购经理人指数定期发布，引起了政府有关部门和社会广泛关注。

（二）我国典型工业行业物流发展状况分析

1. 钢铁行业物流发展状况分析

（1）钢铁业物流概述

钢铁工业作为一个原材料的生产和加工部门，处于工业产业链的中间位置，它的发展与国家的基础建设以及工业发展的速度关联性很强。在钢铁产品流通领域内，现代物流意味着包括钢材在内的生产资料和生活资料等所有物质资料从供给者到需求者的物理性活动，是为了满足消费者需求而进行的对原材料、中间库存、最终产品及相关信息从起始地到消费地的有效流动及存储的计划、实施与控制的过程。

（2）钢铁行业物流运行状况分析

①供应物流现状。我国目前对于进口矿的依赖程度很大，但由于专业性的铁矿石码头不足，配套的铁路运输和大型海运货轮也满足不了需要，经常出现压船、压港、压库，在这方面降低物流费用的空间是很大的。

②生产物流现状。我国有些企业对于生产物流还没有充分重视起来。生产物流主要是保证钢铁生产流程的整体效率和效益，尽量减少中间库存，特别是对于连铸、连轧等流程来说，减少中间库存对于节约能源、降低成本具有极大的意义。

③销售物流现状。首先，钢铁生产企业的销售物流，以本厂的产品销售为主，为客户提供增值服务。目前钢厂的主要做法为：一是发展加工配送中心；二是钢厂与大客户建立战略合作伙伴关系，为客户提供供应链服务。其次，流通企业扩展物流服务，把钢铁贸易与物流和配送结合起来，提高了市场竞争力。

（3）钢铁业物流典型特征

①钢铁运输方式呈现复杂多样化。钢铁产品单位重量大、运距长等特点，决定了其运输物流消耗大、运量大、运距长、运输方式复杂多样等，因此要综合水路、铁路和公路运输，根据不同运输线路、货主对时效性的要求，选择不同的运输方式。

②货物仓储布局与保管要求较高。保证收、发、管作业的连续性和互不干扰，合理安排并尽量扩大货物储存面积；避免钢材受机械性损伤，防止产生锈蚀现象。

③流通加工配送可促进贸易发展。钢材在流通过程中通常需要钢材加工配送中心实施钢铁剪切加工，然后将成品放置在仓库或堆场内，进入仓储和运输的领域，最终实现"剪切加工和快速配送"的钢铁物流模式，将物流的各个环节高效的连接在一起。

④货物装卸工具种类多、技术高。钢材产品的仓储和运输需要配备钢材装卸专用机械如铲车、门吊、轮吊等，其技术性要求比较高，发展也比较快。

⑤依靠信息技术提升市场竞争力。钢铁经营企业可以通过电子商务与互联网对信息的可得性、透明性和互动性优势，将进出口贸易的主要流程引入计算网络，通过网上交易，降低贸易的单证处理成本，节约生产费用，提升企业在国际市场的竞争力。

（4）钢铁行业前50强企业分布

报告整理我国钢铁企业前50强，并通过统计企业所在省市情况绘制出我国钢铁企业50强分布图，如图8所示。

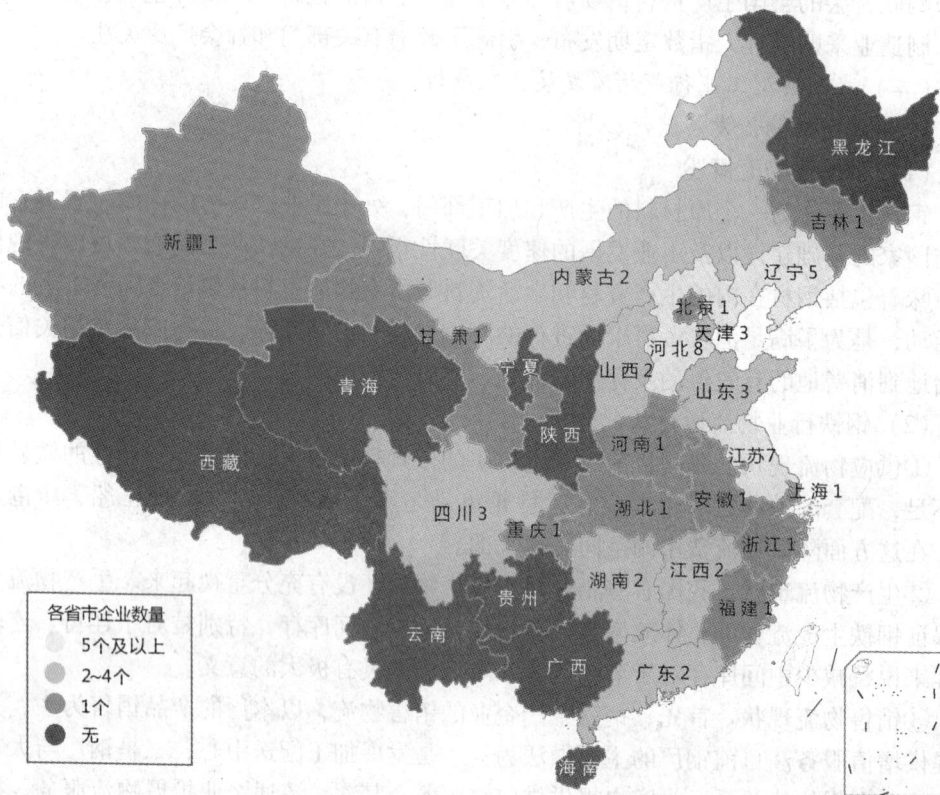

图8 2009年我国钢铁企业50强分布图

由图8可知，我国钢铁企业前50强主要分布在河北、江苏、辽宁等省份，分别有8家、7家、5家，河北省占比为16%，有9个省市占有量为0，剩余19个省市也或多或少分布有大型钢铁企业，总体分布相对均匀。

2. 有色金属行业物流发展状况分析

（1）有色金属业物流概述

有色金属业从行业定义上说，主要是指通过熔炼、精炼、电解或其他方法从有色金属矿、废杂金属料等有色金属原料中提炼有色金属，并对冶炼的产品进行压延加工或利用这些金属与一种或几种其他元素构成合金的生产活动。

有色金属产业是集原材料采购、冶炼铸造、加工制造、产品销售为一体的产业链，主要有两方面物流需求：有色金属产品的储存、包装、运输、配送及装卸搬运，冶炼原材料的采购、储存、包装、运输及装卸搬运，以及相应的物流设计和信息服务。

有色金属行业物流涵盖有色金属行业生产经营全过程，是产业链的重要组成，形成了一个纵横交错，遍布全球的巨大物流链，其中矿产资源领域的物流和国际物流是有色金属物流的两大板块。

（2）有色金属业物流典型特征

①原材料及产成品多为大宗商品。有色金属行业的产成品多为大宗商品，且以期货定价，与国内外市场融通，除了拥有基本商品的属性外，还有较强的金融属性。大宗商品以其数量大、面广、流通费用高的特点，在整个社会物流中始终占据着重要的位置。大宗商品由于产销量大，企业多采用生产物流自营的形式实现物流业务。

②行业对物流运输交货期要求高。有色金属物流运作状况及运输时效性事关有色商品的交货期，从而影响了同一经营行为的不同经营收益效果。因为交货期决定了其定价时的作价期，而不同作价期有不同的升贴水和价格行情，以及由此带来的汇率和利率的变动组合，这又因国内外货币走势的不同而不同。

③物流产品货值较高且大进大出。有色金属行业基本金属的流通特点是大进大出，货值很高。比如在国内远期结售汇（DF）和无本金交割远期外汇交易（NDF）业务操作中，境内外美元对人民币的报价差，在不同时期分别会对进口或出口业务产生比较效益的机会，不同的到期日就有不同的报价，而到期日往往取决于物流的交货期。如果没有物流的配合，相关避险和增值业务就很难成功操作。

④重点提高行业国际物流竞争力。提高有色金属行业物流的国际竞争力有助于保障国家资源安全。保障有色金属产业安全，不仅要在国外控制资源，而且要确保资源能及时以合理的价格运到国内、产品能及时运出。发展壮大物流业，形成适合产业发展的物流服务，打破国外物流业在国际原材料及特殊副产品运输中的垄断地位，有助于保障有色金属产业的资源安全，增加资源的保障能力。

（3）有色金属业前50强企业分布

根据2009年度按销售收入排序前50名有色金属企业所公布数据，中国铝业公司、金川集团有限公司、江西铜业排名三甲。通过确定前50强企业所在省市，绘制出我国有色金属企业50强分布图，如图9所示。

由图9可知，我国有色金属企业主要分布在河南、山东、浙江等省份，其中河南省分布最多达8家。

3. 石化行业物流发展状况分析

（1）石油化工行业物流概述

石油化工行业在我国作为重要的资源和基础原材料行业，经济总量大，具有很高的产业关联度，在国民经济中历来占有举足轻重的地位。在我国工业化、信息化的发展过程中，石油化工行业发挥着重要的作用。

石油化工行业物流是石油化工原材料、产品或半成品从供应地向接收地的实体流动中，将运输、储存、装卸、搬运、包装、流通加工、配送、信息处理等基本功能有机结合来实现用户要求的过程。我国加入WTO后，石化行业受到很大冲击，因此提高石油化工行业物流服务和管理水平对增强我国石油化工业的国际竞争力具有重要意义。

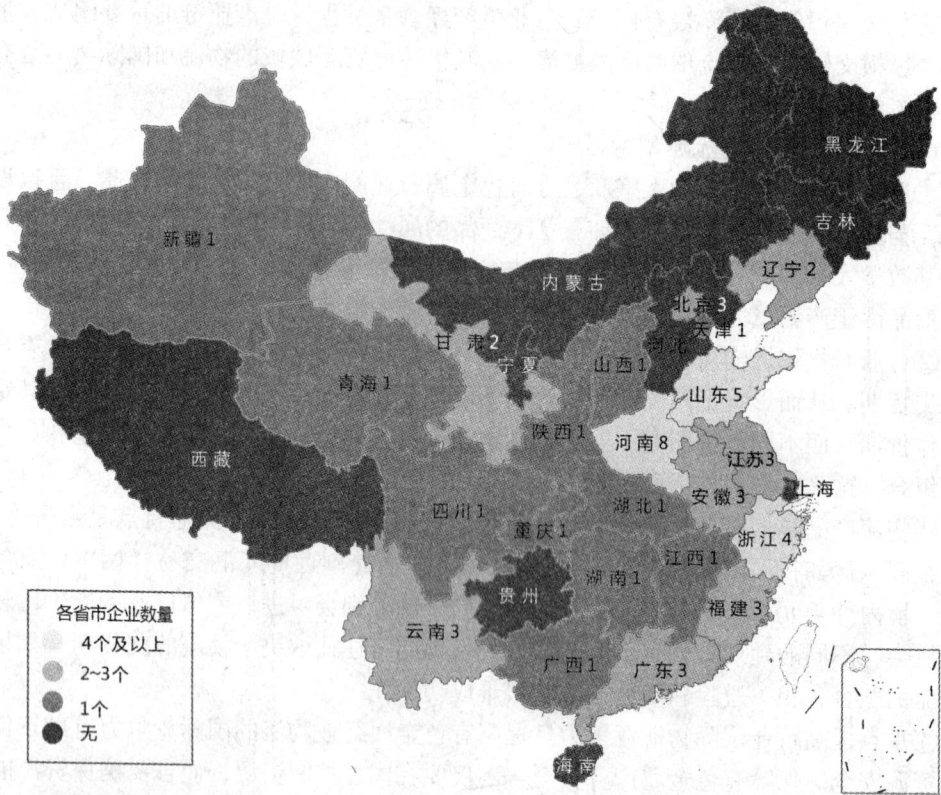

图 9　2009 年我国有色金属企业 50 强分布图

（2）行业物流运输设施建设不断加快

管道运输设施建设。随着西气东输、陕京二线、冀宁联络线、甬沪宁原油管道、茂昆成品油管道、兰成渝成品油管道、西部原油及成品油管道等大型管道工程的建成投产，我国油气管道工业得到了极大发展。目前，我国石油管道建设主要围绕进口俄罗斯原油、哈萨克斯坦原油、土库曼斯坦原油以及中缅石油的输送情况新建和改扩建的相应管道；另外，还有围绕海上进口油和国内原油情况新建和改扩建相应的管道。2009 年以来，随着兰州—郑州成品油管道、昆明—大理成品油管道、河间—石家庄原油管道、胶州—日照天然气管道等油气管道投产，我国油气管道已突破 7 万公里。

陆路运输设施建设。公路作为石油石化产品运输的重要路线日益成为石油石化产品的产、炼、运、销一体化产业链上的重要一环，发挥了非常重要的作用。铁路部门也一直加大对诸如石油石化产品在内的重点物资的运输力度，采取"五定"班列和大宗直达列车的方式保证运输。

水路运输。我国内河航道通航里程达到 12 万公里，随着国民经济的稳定快速发展，对石油石化物资运输量也有所增加。

（3）行业物流的地理格局有所调整

主要集中于沿海的大格局不会动摇，但是随着内地化工产业的发展，如新疆、甘肃、四川、广西等地石油化工产业的快速发展，以往"一边倒"的状况会有一定程度的改变。

（4）国内区域性物流中心加速形成

国内石化产业基地和港口纷纷兴建石化物流园区，如：上海市化工物流园区、天津市静海县唐官屯物流园区、扬州长江石化物流中心、福建泉港石化物流园区、中化国际石化物流园区、江苏丹徒经济开发区石化工业物流园区等。最新如2011年1月24日，贵阳西部化工物流中心项目启动。据统计，沿江六省市目前在建或者拟建的化工园区多达20多个。

（5）行业物流的内资龙头企业开始形成、影响凸显

我国加入WTO后，国际化工物流商（如荷兰皇家孚宝、欧德油储、思多尔特等）在我国的业务网络得到进一步完善，同时，国内化工物流龙头企业开始形成，如：中化国际，中外运。

（6）石化行业前50强企业分布

根据2009年中国化工企业500强排行榜公布情况，我们整理后取前50强并结合各企业所在省市绘制出我国化工企业50强分布图，如图10所示。

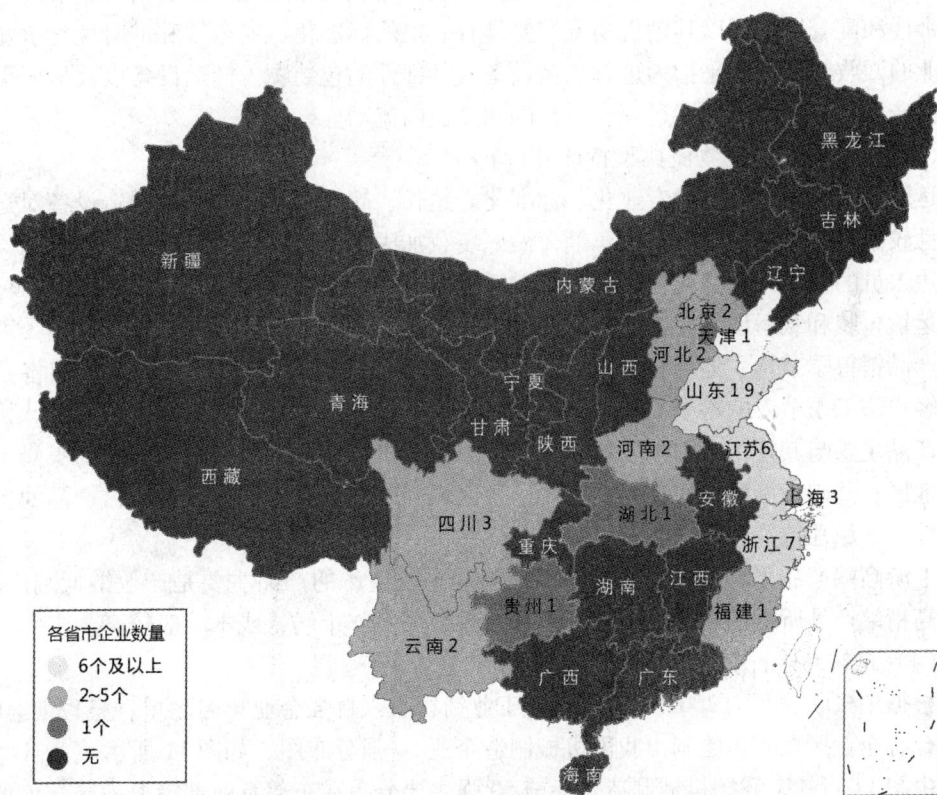

图10　2009年我国化工企业50强分布图

由图 10 可知，我国化工企业前 50 强主要分布在东部沿海地区，如山东、浙江、江苏三省份就有 32 家，占比 64%，其中山东省占了 19 家，占比 38%；而其他 18 个省份占有量为 0；因此总体来看呈现出较为明显的集聚状况，企业的地区分布很不均匀。

4. 机械制造业物流发展状况分析

（1）我国机械制造业发展状况

机械制造业的产品近年来一直保持产销基本平衡，产品的销售仍以内需为主，产品需求主要集中于交通运输设备制造业产品、电器机械及器材制造产品、通用设备制造产品。目前国内机械制造企业主要分布在江苏、广东、山东、山西、浙江、上海等省份，以中小企业为主，且其自主创新能力薄弱，专业化生产水平低。

（2）机械制造行业物流概述

机械制造行业物流主要分为供应物流、生产物流、销售物流和逆向物流。因其原材料规格品种繁多，体积和质量跨度大，交货周期越来越短且交货状态多样化，数量需求相差巨大，所以其供应物流所包含的运输、储存、装卸、包装、流通加工、配送、信息处理各个要素都有其特殊性。机械制造行业的内部生产制造结构既庞大又复杂，且各个物流环节的衔接都很紧密，物流对象也具有很大差别，因此其生产物流主要是负责将原材料、辅料或零部件准时、准量地送达生产现场。机械设备带有明显的销售季节性、消费连带性和配套性，所以其销售物流需要具有一定的标准化、安全性和准时性。机械制造行业的回收物流主要是指为进行机械设备或零部件的包装物、储运设备以及折旧设备的再制造而对其回收再利用过程中引起的物品逆向流动。

（3）机械制造行业物流典型特征分析

运输包装和载运设备的专业化、标准化。超长、超宽、超载的机械制造设备对运输安全性较高，要求利用专业运输车辆，做好装载加固工作后再运输，保证运输时的设备和周边人员的安全；而高端、精密设备对运输的专业化要求则较高，需要专业化、标准化的运输包装和载运设备，以防影响其精度和质量。

产品销售季节性、地域性特征强。很多机械设备如各类工程机械产品的销售受气候、客户施工季节影响略呈季节性特征，其销售具有淡旺季。在销售的地域性上，机械制造产品主要与其使用者的地域相吻合，例如装载机的销售主要集中在我国的煤炭工业发达地区、基础设施建设快速发展地区以及区域经济的中心地区。因此机械产品的销售季节性、地域性特征很强。

上游高端产品采购成本高。我国机械制造企业生产的产品主要是产业链低端产品，而其高精端产品所需的零部件由外资品牌占领，属卖方市场，成本一般较高。

（4）机械制造行业前 50 强企业分布

根据中机联发布的 2009 年中国机械工业销售收入百强企业排名名单，整理前 50 强并结合各企业所在省市绘制出我国机械制造企业 50 强分布图，如图 11 所示。

由图 11 可知，我国机械制造企业前 50 强主要分布在东部及南部沿海地区，该地区的浙江、广东、上海、江苏、山东、辽宁六个省份就占了 36 家，占比 72%。而在西北西南等地区的 16 个省份无企业进入机械制造企业 50 强。因此我国机械制造企业前 50 强总体分布是不均匀的。

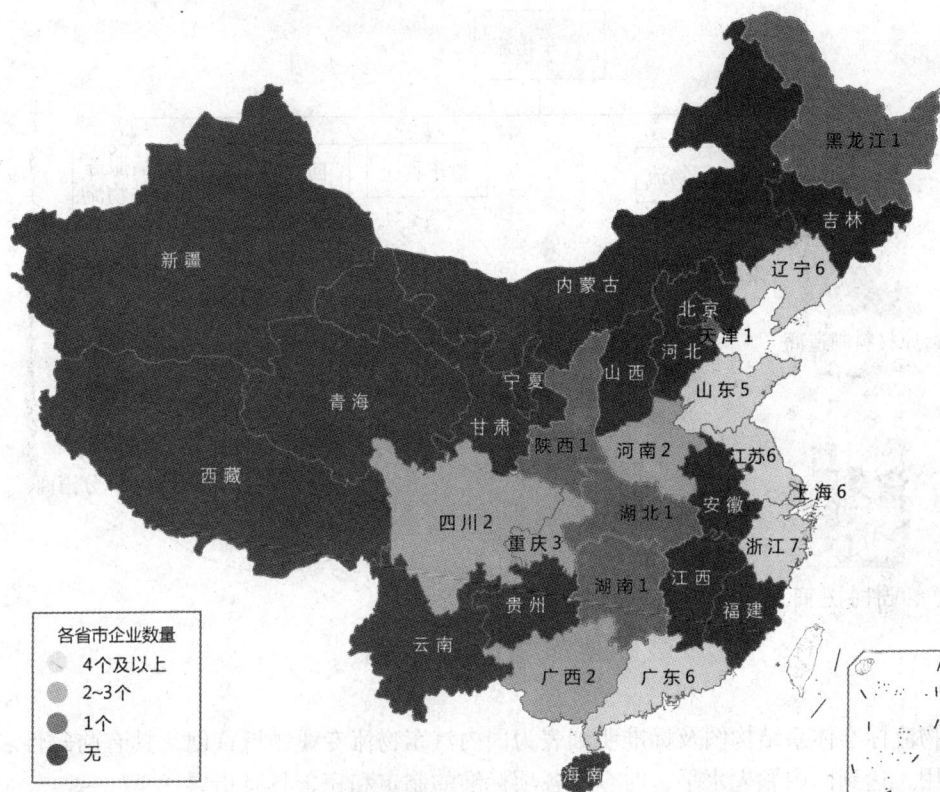

图 11　2006 年我国机械制造企业 50 强分布图

5. 汽车行业物流发展状况分析

汽车行业作为我国工业重要行业之一，是最典型的成熟行业和垄断竞争型行业，其产业关联度很大。近些年，尤其是《汽车产业调整和振兴规划》出台后，汽车行业越来越受到关注，汽车行业的振兴能带动诸多相关行业的发展，所以，汽车产业的蓬勃发展必将给汽车物流业带来勃勃生机。

（1）汽车业物流概述

汽车物流是指以最小的总费用，按用户的需求，将汽车零部件、备件、整车从供给地向需求地转移的过程，按业务流程划分，汽车物流的各个环节主要包括零部件入厂物流、整车物流、回收物流、售后服务备件物流，汽车物流流程如图 12 所示。

（2）汽车业物流现状

目前，我国已经形成以一汽集团为核心的东北汽车物流产业集群；以北汽、天津一汽为核心的京津汽车物流产业集群；以东风汽车为核心的武汉汽车物流产业集群；以上汽集团为核心的上海汽车物流产业集群；以广汽集团和东风日产为中心的广州汽车物流产业集群；以长安为中心的西南汽车物流产业集群。我国汽车业物流市场中民营企业的比重较大，但是受到资金的制约，规模和服务水平还不是很高。在标准化建设方面，由中物联汽车物流分会组织的《我国汽车物流标准化发展规划研究》课题，核心内容是

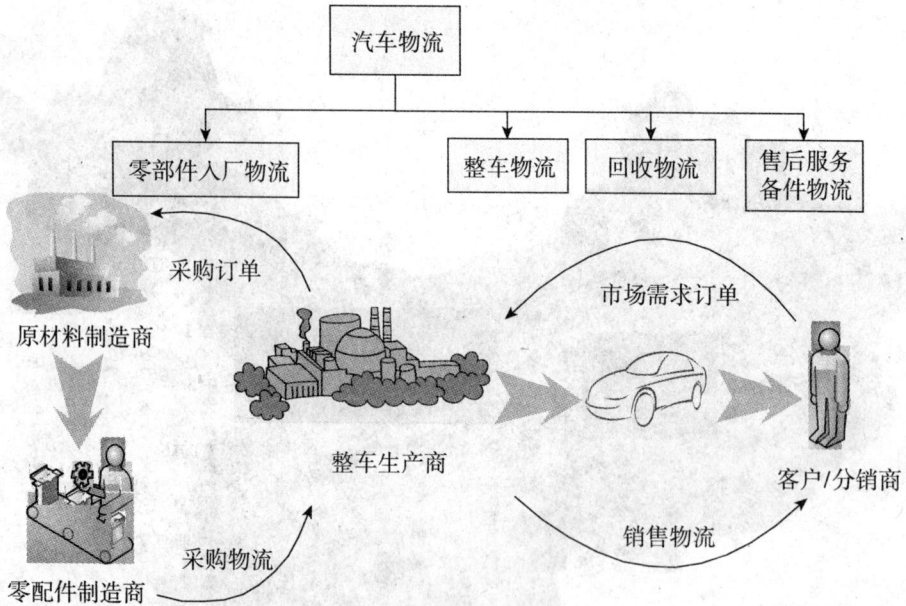

图 12 汽车物流流程图

汽车物流标准体系结构图及标准明细表为国内汽车物流专业领域首创，具有前瞻性和示范作用，达到国内领先水平，对今后各项标准的制定和完善具有指导意义。

（3）汽车业物流典型特征

汽车物流具有注重产业链优化发展，资本、技术和知识高度密集，物流技术复杂，物流服务专业等典型特征。

①注重产业链优化发展。汽车企业为了提高企业核心竞争力，更加注重优化产业链，全面涉及汽车零部件入厂、整车销售、售后服务备件等汽车供应链所有环节外包。从各环节的分项物流向供应链一体化方向发展，承接上游相关行业，以及下游分销商和最终用户的运营模式不断完善，优化了整个产业链的发展。

②高度密集型行业。汽车物流是集资本密集型、技术密集型、知识密集型为一体的密集型行业，由于汽车产品是高附加值产品，所以对汽车物流的要求要比一般产品物流要求高，汽车物流需要大量专用的运输和装卸设备，需要实现"准时生产"和"零库存"，需要实现整车的"零公里销售"。

③技术复杂型行业。汽车产成品和零部件的种类繁多，零部件包装技术要求高，整车运输难度大。其中零部件物流的技术相对复杂，为保证汽车生产所需零部件按时按量到达指定工位，需要不断进行方法创新和技术改进；汽车的高度集中生产带来产成品的远距离运输以及大量的售后配件物流，这些都对汽车物流技术提出了较大的挑战。

④服务专业型行业。汽车物流的技术复杂决定了物流服务必须具有高度专业性，供应物流需要应对 JIT 生产提供完善的信息服务等；生产物流需要专业的零部件分类方法；销售物流除了整车运输、仓储以外，需要建立完善的物流网络进行配送，以及服务

人员具备相应的汽车保管、维修专业知识。

（4）汽车业企业分布

根据 2009 年我国十大汽车公司排名，中国一汽集团（长春）、上汽集团（上海）、东风集团（湖北武汉——2003 年 9 月从总部十堰迁往武汉）、长安集团（重庆）位列前四。根据企业所在省市绘制出我国 28 家汽车企业分布图，如图 13 所示。

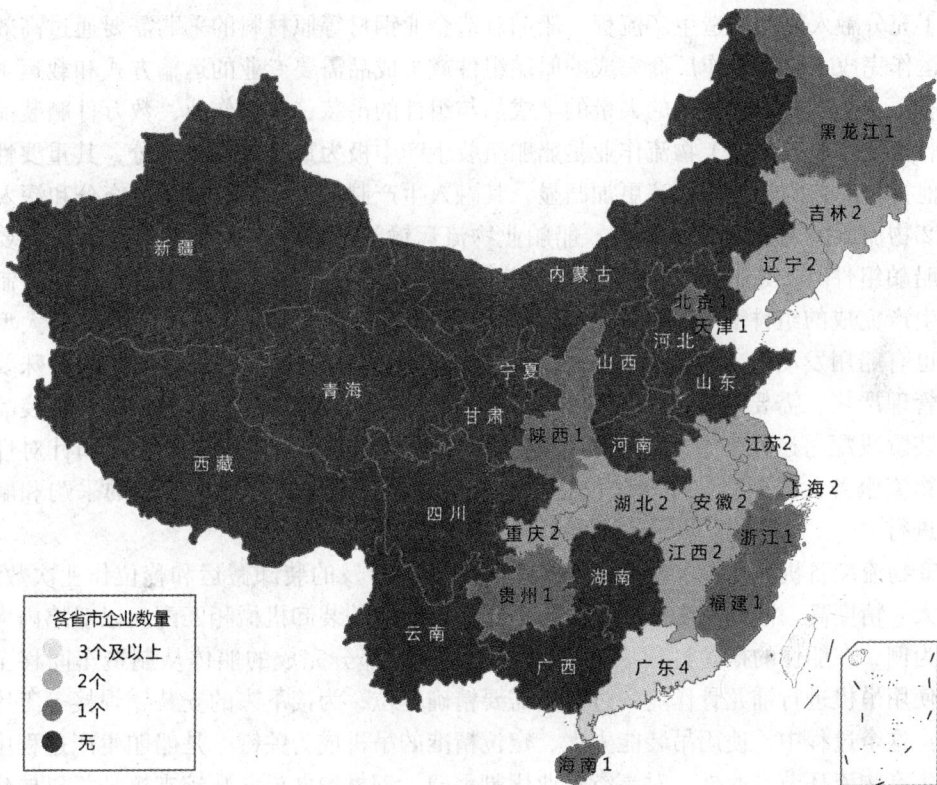

图 13 2010 年全国 28 家汽车企业分布图

由图 13 可知，我国汽车制造企业主要分布在东南沿海和东北三省等工业地区，西部地区分布较少，呈现出企业集聚分布于经济发达地区的状况。

6. 船舶行业物流发展状况分析

（1）船舶业物流概述

船舶业物流是指为船舶工业提供从原材料供应、船舶生产制造到销售的船舶工业生产全过程的物流服务。船舶业物流涵盖范围广泛，深入船舶制造过程中的供应、生产等多个环节，主要包括钢材等原材料的采购和仓储，船舶组件、半成品、舾装品的运输、配送与仓储，对钢材等原材料的流通加工，对原材料、组件、半成品、舾装品等的包装，以及供应、生产和销售环节全程的信息服务。

近年来，我国船舶工业得到了迅速发展，造船完工量、承接新船订单量等指标增长迅猛。船舶工业的高速发展离不开现代物流的有力支撑。作为船舶工业配套服务的基础和核心环节，科学高效的现代物流有利于船舶制造企业加快应用现代造船模式，缩短造船周期，降低采购成本，并带动船舶制造企业与上下游企业共同发展。

（2）我国船舶业物流典型特征

相比其他行业物流管理，船舶工业物流更加注重供应与生产环节，旨在降低供应与生产环节的物流成本，提高物流运作效率，达到运输量最少、运输距离最小和运输时间最短的精益化物流，实现造船成本、周期和效率的最优化目标。

①充分融入船舶制造生产流程。船舶制造企业钢材等原材料的采购需要通过高效的物流运作完成；交由协作厂商完成的船舶组件或半成品需要专业的运输方式和载运工具送至船厂；生产过程中涉及的大量的半成品与组件的吊装、移位作业，数万件舾装品的配送、安装作业等，以上物流作业是船舶组装生产中极为重要的组成部分，其重要性相比其他行业的采购和生产物流更加凸显，其融入生产制造流程的程度更加充分和深入。

②物流服务专业化要求较高。船舶业物流运输、配送的专业化要求较高，主要体现在船舶组件与半成品的运输和船舶舾装品的配送上。由中小型船厂和专业装备制造厂商生产完成的组件和半成品既有超大型船用螺旋桨等体积巨大、形状特殊的大型组件，也有船用发动机、中高压发电机等高精尖端的精密装备，运输和仓储的特殊要求多、管理严格，需要专业配套的物流服务予以支持；在舾装品的配送方面，舾装品按照安装阶段配送途径多，舾装品的采购和作业指示困难，需要进行专业化和针对性的配送物流服务，根据舾装作业阶段特征组织舾装品的配送，方便舾装品的采购和舾装作业进行。

③物流装备机械化要求较高。船舶制造过程中涉及的装卸搬运和移位作业次数多、吨数大、精度高，需要高度机械化、自动化和智能化的装卸机械相匹配。以船坞内大型吊机为例，在船体的搭建过程中，需要大型吊机将部分完成的船体从制造车间移至船坞，使用吊机进行铺龙骨作业的过程中需要精确定位，为接下来的安装、焊接等工序做准备。这个过程中，使用吊装能力大、定位精准的吊机成为关键，是船舶生产过程中关键的生产物流环节。此外，对高空作业用脚手架、钢材抛丸机、数控支撑杆等机械化装备的要求也在日益提高。

④物流组织联盟化要求较高。构建物流联盟、形成物流平台，可以充分发挥整体优势和规模效应、应对钢铁价格波动风险并降低采购成本，降低船舶产品成本，增强我国船舶行业综合竞争力。因此，我国船舶工业企业构建联盟并形成物流平台十分必要，也正逐渐打造物流联盟。此外，我国船舶制造企业地区集中度较高，产品结构基本相同，钢材等原材料采购也有类似的特征。达成物流联盟进而形成统一的物流平台因而也具有良好的基础和条件。

（3）船舶业前50强企业分布

根据2009年我国船舶制造利润50强企业排名以及各企业所在省市绘制出我国船舶制造企业利润前50强分布图，如图14所示。

由图14可知，我国船舶制造企业主要分布在东部沿海地区，例如江苏、浙江、山东三省就占了一半以上，达33家，占比66%；而中西部及内陆的21个省份占有量却为0，这与船舶制造行业的特殊性有关，沿海地区水资源丰富，而内陆地区不利于船舶业

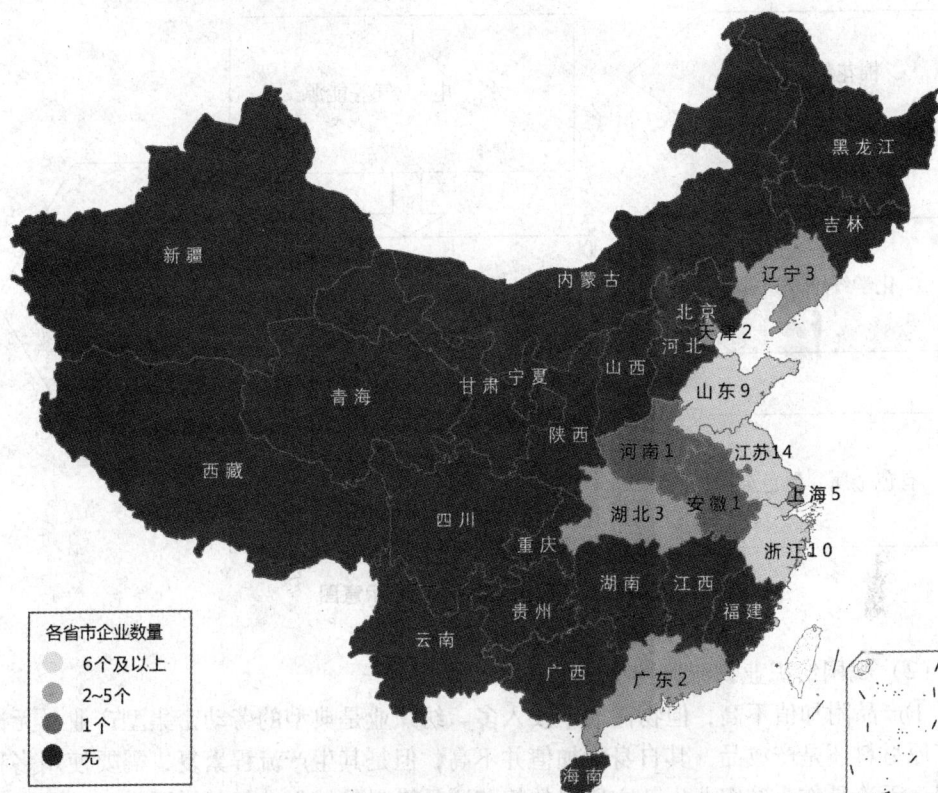

各省市企业数量
- 6个及以上
- 2~5个
- 1个
- 无

图14　2009年我国船舶制造企业利润50强分布图

的发展，但河南、安徽、湖北三省也有大型造船企业分布，如河南信阳的淮滨县江淮船业有限公司，由于淮滨县位于河南省的东南部，淮河中上游，水资源相对充足；淮滨县江淮船业有限公司是在2004年吸纳了8家私营船厂入股组建而成的民营股份企业，主要经营造船业；该公司拥有造船业240个，年生产能力1000～4500吨位钢质货船500艘，是河南省造船业的龙头企业。另外位于安徽芜湖的中国长江航运集团江东船厂依托长江水域，发展迅速，也具有较大规模。

7. 纺织行业物流发展状况分析

（1）纺织业概述

纺织行业是将初级的棉、毛、丝绸等原材料经过一定的加工手段后形成服装等日用品的原料的工业行业。我国纺织工业经过改革开放30多年的持续发展，已经形成了上下游配套较完善、生产规模大、产品品类较齐全的产业体系，成为全球最重要的纺织制造基地。其产业链如图15所示。

从纺织行业发展状况来看，当前我国纺织业主要面临以下几个主要问题：①产业布局不尽合理，纺织工业能力的近80%集中在东部沿海地区，而西部地区相对落后；②自主创新能力薄弱，纺织对外依存度较高；③节能减排任务艰巨；④行业集中度偏低，中小企业数量占绝大部分。

```
┌─────────────────┐        ┌──────────────────────────┐
│  棉花种植业      >        │  水、电 、气等能源        │
└─────────────────┘        └──────────────────────────┘
                                        │
                                        ▼
┌─────────────────┐        ┌──────────────────┐      ┌──────────────┐
│  化学纤维制造业  >        │    纺织业        >      │  纺织服装    >
└─────────────────┘        └──────────────────┘      └──────────────┘
                                        ▲
                                        │
┌─────────────────┐        ┌──────────────────────────┐
│  有色金属、黑色金属 >     │    纺织设备制造业         │
└─────────────────┘        └──────────────────────────┘
```

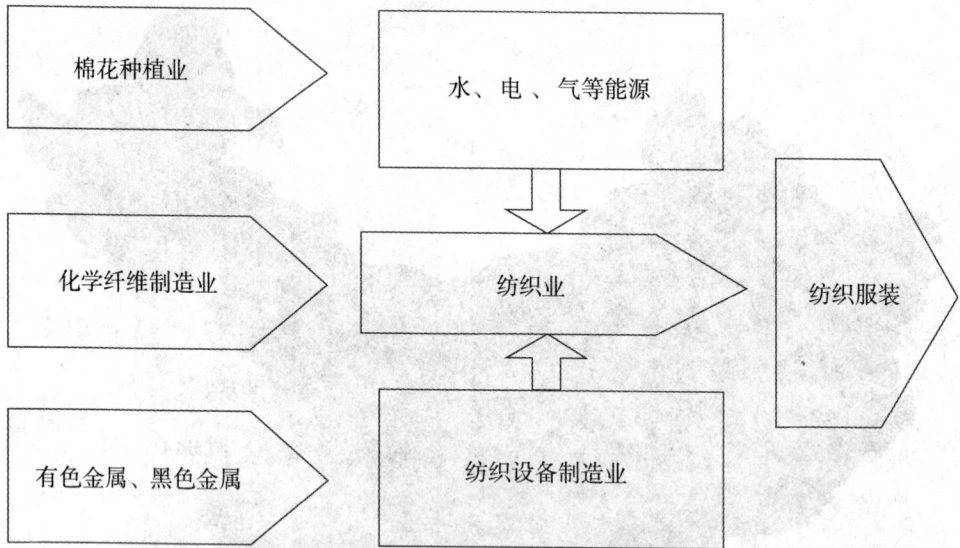

图 15　纺织工业产业链示意图

（2）我国纺织业物流典型特征分析

①产品附加值不高，但物流成本投入多。纺织业是典型的劳动密集型产业，无论是生产原材料还是产成品，其自身附加值并不高，但是其生产流程繁复，需要使用多种原材料，无论是作为纺织业生产主原料的棉花还是染料等辅料一般都需要经过长距离的运输才能到达生产企业或集群所在地，而这种生产状况创造了极大的物流服务需求市场，因此物流成本投入增加。

②原料和产品有易燃易污等特点，储运条件要求特殊。纺织企业生产所需的棉花、化纤等原材料，以及棉布、毛料、丝绢等产成品都具有较低的燃点，要求在生产和物流过程中对明火严格控制，另外，纺织品还要避免接触水、油等污染物，因此在仓储过程中需要保持库区和货架的清洁性，在运输过程中常采用集装箱或槽罐车等载运工具。除此之外，热、湿、氧、光等因素能使纺织材料在不同程度上加速老化、发霉、褪色等，所以应根据不同纺织品的特性控制相应的仓储条件。

③季节性需求特征强，物流运行效率要求高。纺织品具有时尚性、季节性、多样性、品牌性、个性化的特点，但是由于纺织企业不是直接面对最终消费市场，而是为服装行业提供中间产品，因此企业要保持利润就要使生产处于不间歇、工序之间衔接紧密的状态，生产物料供应必须及时准确才能使生产工艺流程运转效率高。

④中小型纺织企业占主导，需要提供专业化物流服务。由于纺织行业的进入与退出壁垒较低，所有大部分纺织生产企业规模并不大。就目前中小型纺织企业生产能力、技术能力来说，单靠生产工艺创新生产出新产品来保持绝对市场和经济效益低位是不现实的。因此企业最直接利润的取得还在于加强企业原材料的采购和内部物流管理，保证生产的连续性和及时性运转，降低库存成本。

（3）纺织行业前50强企业分布

根据 2009 年我国纺织企业排名以及企业所在省市情况绘制出我国纺织企业 50 强分布图,如图 16 所示。

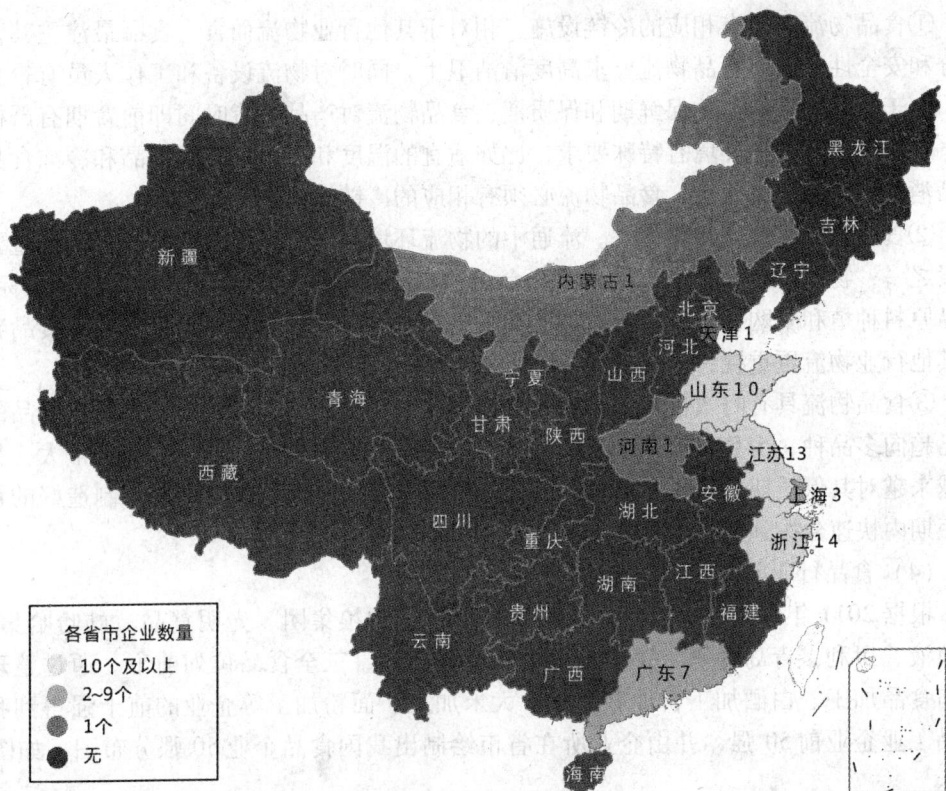

各省市企业数量
10个及以上
2~9个
1个
无

图16　2009 年我国纺织企业 50 强分布图

由图 16 可知,我国纺织企业前 50 强主要分布在浙江、江苏、山东、广东、上海等东南沿海地区,仅浙江、江苏、山东就占有 37 家,占比 74%。中西部及内陆的 23 个省市占有量却为 0,因此我国纺织企业总体分布十分不均匀。

8. 食品行业物流发展状况分析

(1) 我国食品行业发展状况

我国食品行业产品主要包括粮食、肉制品、食用油、乳制品、调味品、食糖、焙烤食品、饮料、酒、烟草等。随着人们消费结构的多元性变化,方便食品、绿色食品、保健食品迎来巨大市场。目前我国食品企业以中小企业为主导,且行业的集中度较低。近年来,我国食品行业越来越注重食品的绿色生产及加工;流程型制造行业,生产及产品不可逆;食品各子行业间相关度大;行业利润空间小;食品安全是行业发展的关键因素。

(2) 食品行业物流概述

食品行业物流主要是指粮食、植物油、糕点、糖果、肉类、蛋品、乳品、水产品、罐头、加工盐、调味品等其他食品从其原料供应到生产再到流通销售的过程中，对其进行的运输、储存、流通加工、配送、装卸、保管、信息处理等一系列活动。

（3）食品行业物流典型特征分析

①食品物流必须有相应的冷链设施。相对于其他行业物流而言，食品最注重其营养成分和安全性，因此食品物流要求高度清洁卫生，同时对物流设备和工作人员有较高要求；由于食品具有特定的保鲜期和保质期，食品物流对产品交货时间即前置期有严格标准；食品物流对外界环境有特殊要求，比如适宜的温度和湿度；生鲜食品和冷冻食品在食品消费中占有很大比重，食品物流必须有相应的冷链设施。

②食品物流重视一体化模式。流通中的物流环境与运作是影响食品安全十分重要的因素之一，物流设施和工作人员需符合食品卫生法的相关规定。由于食品的安全标准，食品原料种植和采购、生产、流通加工和配送每一环节都影响食品安全卫生，食品物流较其他行业物流更重视一体化模式。

③食品物流具有时效性和多样化。人们食品消费结构的多元化发展，使得食品的销售已趋向多品种、少数量模式。一般食品的附加值并不高，而品种数量却非常大，且人们越来越对其保质期、品质、口感、营养价值要求高，所以就需要将加工制造好的食品在短期内快速分拨到所有地方。

（4）食品行业前 50 强企业分布

根据 2011 年中国十大食品企业排行榜可知：中粮集团、光明食品、娃哈哈集团、五粮液、伊利、青岛啤酒、茅台、雨润、新程金锣、三全食品位列前十。通过整理我国肉食品加工、白酒加工、油脂加工、大米加工、面粉加工等企业的前十强得到我国食品工业企业前 50 强，并由企业所在省市绘制出我国食品企业 50 强分布图，如图 17 所示。

由图 17 可知，我国食品企业主要分布在山东、河南、安徽、北京、上海等地，上述 5 个省市就占有 24 家，占比 50%；而西部地区较少，总体分布不均匀。

9. 家电行业物流发展状况分析

（1）家电业物流概述

家电物流是指家电企业在从零部件组织到成品交付用户手中，直至家电售后物流和废旧家电回收在内的整个供应链过程中，对零部件、半成品、产成品等物品所涉及的物流活动进行组织与管理。

（2）家电行业物流整体运作状况

①物流服务仍以传统业务方式为主，运输与仓储占据物流服务的大部分业务。从服务内容和方式看，我国的物流企业中大多数仍以局部的、分段的物流服务为主，能够提供全过程物流服务的企业仍然不多。

②物流设施与技术现代化水平还不高，与发达国家相比，我国的物流设施与技术水平仍有很大的差距，现代化物流集散和储运设施不足，能够有效连接不同运输方式的大型综合货运枢纽和服务于区域经济或城市内部的各种物流基地、物流中心的建设明显滞后，物流标准化程度低，不同运输方式的装备和物流器具之间的标准都不一致，影响各种物流功能和要素之间的有效衔接与协调发展，抑制物流效率的提高。

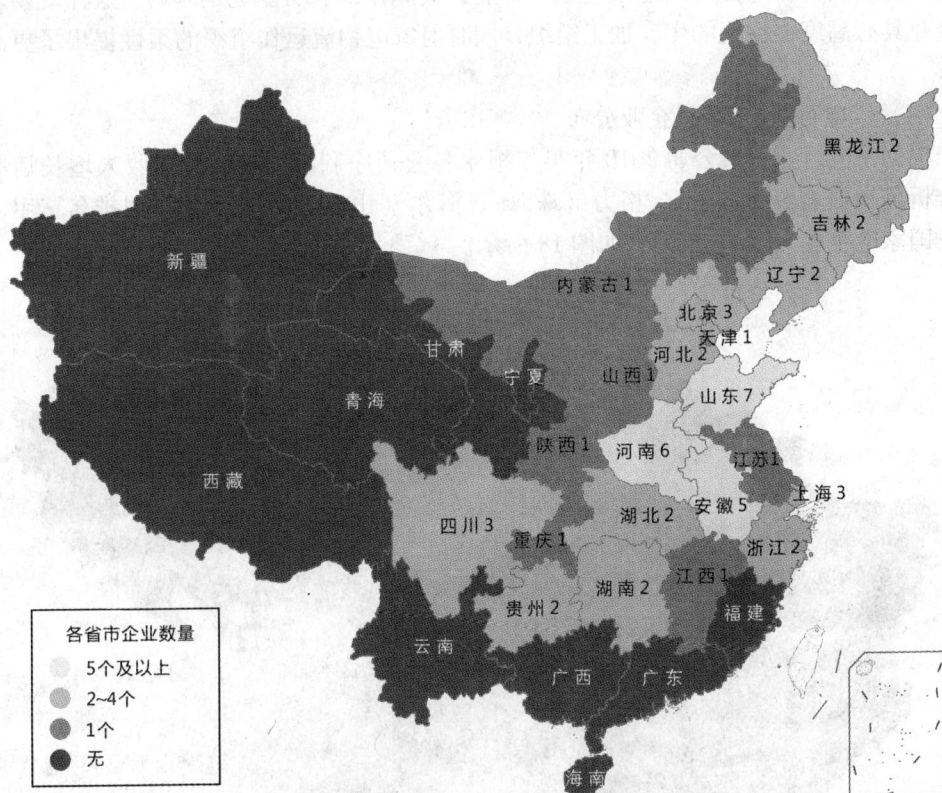

图17　2009 年我国食品企业 50 强分布图

③我国家电企业物流成本高，物流发展滞后。我国家电企业物流成本相当高，与之相比较，我国家电企业的物流管理水平、运行成本都相当高，这几乎抵消了我国的劳动力成本低的比较优势。

④现代物流观念和供应链思想已得到我国家电企业重视。

（3）家电业物流典型特征

①家电物流对象的单品价值高。家电物流运作对象的单品价值一般较高，多数有精密的电子器件，运输过程颠簸与装卸不慎都可能造成电器故障与损坏。故家电物流运作过程中的运输与装卸搬运环节的要求较高，在仓储环节一般不能直接堆码，需采用高位货架等。

②家电物流组织季节波动性强。家电物流组织具有季节波动性的特点。如空调的销售旺季（4～7 月），每天的出入库量很大，配送即时率与准时率要求比较高。大多家电产品在"五一"、国庆、春节等节日前后销量通常会猛增，物流需求比平常增加很多，如何对所需车辆、仓库资源进行合理配置，对作业人员进行合理安排等，都是家电物流运作组织需要考虑的重要问题。

③家电物流运作直接与订单管理密切相关。家电生产计划多由订单拉动，而牛鞭效应会增加家电库存的增加，但由于型号等不同需求原因，库存调节功能在家电领域有所

降低，对于实行零库存模式的家电生产企业，其库存调节功能更是薄弱，这样就要求生产企业具有高度柔性化的生产加工组织，同时对家电物流运作组织的柔性提出了更高的要求。

（4）家电行业前50强企业分布

根据家电行业上市公司2010年半年报中各公司净利润增长和营业收入增长情况进行分析可知：美的（广东）、格力（珠海）、海尔（山东）三大企业集团排名三甲。绘制我国家电企业50强分布图，如图18所示。

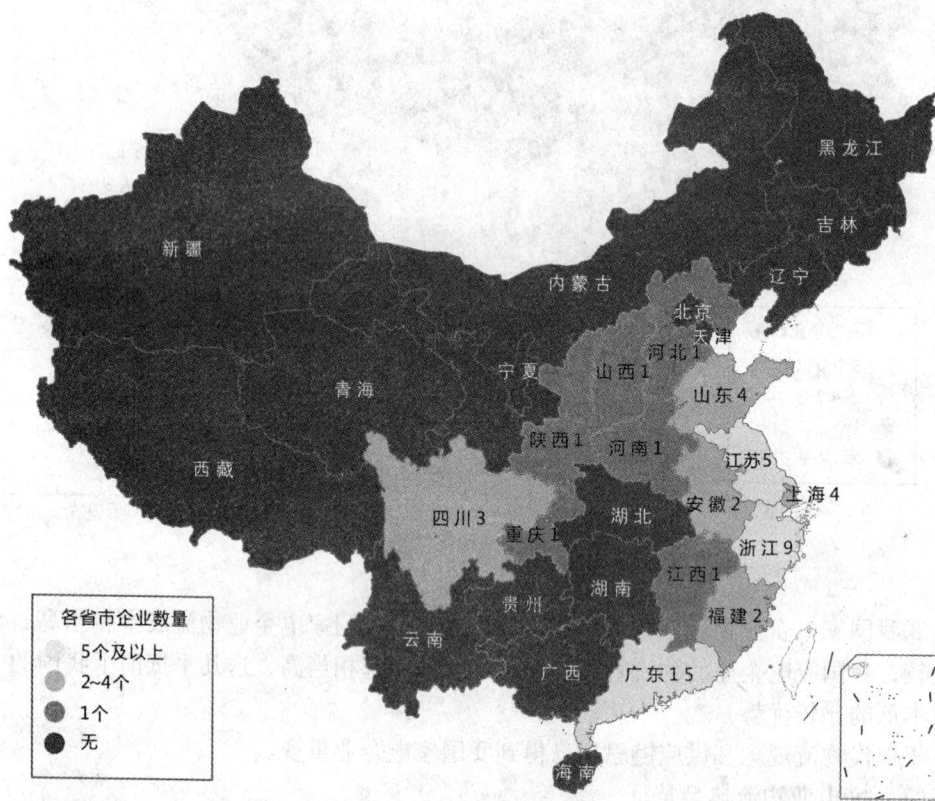

图18 我国家电企业50强分布图

由图18可知，我国家电企业前50强主要分布在广东、浙江、江苏等沿海发达地区，上述三个省市就占有29家，占比58%；而在我国的西北、东北及西南地区分布较少，总体分布不均匀。

10. 电子信息业物流发展状况分析

（1）电子信息行业物流概述

随着我国电子信息产业发展实力增强，电子信息行业物流已经成为现代物流服务以及高端物流服务需求和发展的重点，成为改变经济增长的重点关注领域。电子信息行业物流是电子信息产品从供应地向接收地的实体流动中，将运输、储存、装卸、搬运、包装、流通加工、配送、信息处理等基本功能有机结合来实现用户要求的过程。目前，我国已成为电子信息产品的"世界工厂",提高其物流服务和管理水平对增强我国电子信息产业的国际竞争力具有重要意义。

（2）电子产品区域物流中心开始出现

我国以电子信息百强企业为核心的区域产业集群逐步形成。如：在百强企业中，长江三角洲、珠江三角洲、环渤海湾三大地区共有77家，以百强企业为骨干的三大电子信息产业基地的销售收入、工业增加值、利润总额占全行业的比例均超过85%。9个国家信息产业基地实现收入超过3万亿元，发挥着重要的示范效应。

（3）行业逆向物流发展加快

电子废旧物品的处理和回收利用。国家统计局的调查资料显示，近几年我国处在电子产品更新换代高峰期，各种电子设备的报废量在大幅度增加，电子废物增长量不断加大。

（4）电子信息行业物流典型特征

电子信息行业是技术、资金密集型行业，产品种类繁多且升级换代较快，市场竞争较为激烈，在电子信息行业物流发展的过程中，有着自己的特点，而且电子信息产品对物流服务的要求具有相应的典型特征。

①产品对物流条件的要求较高。电子信息产品中包含大量的电子元器件，价值含量高且容易破损，这一特性对电子信息产品的库存、运输等物流环节提出了很高的要求。第一，电子信息产品由于电子元器件固有的一些储存特点，对仓库的温湿度、磁性、通风防潮、防腐等要求高；第二，电子信息产品容易破损，且产品附加值高，导致其毁损成本高，因而对装卸和运输的安全要求很高。

②针对电子信息终端产品的准时制，物流系统得到充分运用。由于电子信息终端产品是创新型产品，技术更新快、产品生命周期短。为保证产品生产与配送的效率，降低成本，提高生产柔性，实现"以销定产"的快速反应机制，电子信息终端产品生产企业通常采用准时制管理理念进行采购、生产与配送。在生产和流通过程中，电子信息终端产品生产企业借助先进的物流技术和信息技术的支持，根据销售预测确定所需要的各种原材料的型号和数量，按照该型号和数量从原材料仓库提取原材料，将原材料发放到生产线进行生产，生产线生产完成后把成品直接放置在发货区等待发货，其物流流程如图19所示。

（5）电子信息行业前50强企业分布

根据工业和信息化部公布的2010年电子信息百强企业名单，整理前50强及其所在省市绘制出我国电子信息企业50强分布图，如图20所示。

由图20可知，我国电子信息企业前50强主要集中在江苏、广东、北京、上海、浙江等经济发达地区，仅广东、江苏两省就有24家，占比48%。由于电子信息产业是资金、技术密集型产业，物流时效性要求高，因此在我国中西部经济欠发达、交通运输条件不太完善的地区分布较少，我国企业地区分布的不平衡现状严重影响着我国电子信息产业的快速发展。

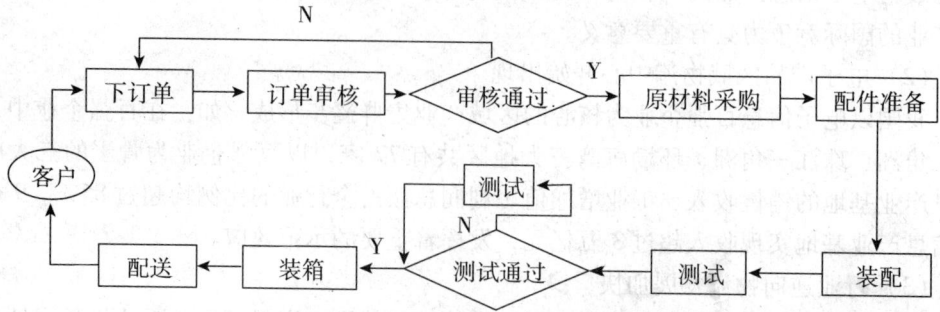

图19 电子信息终端产品的 JIT 物流

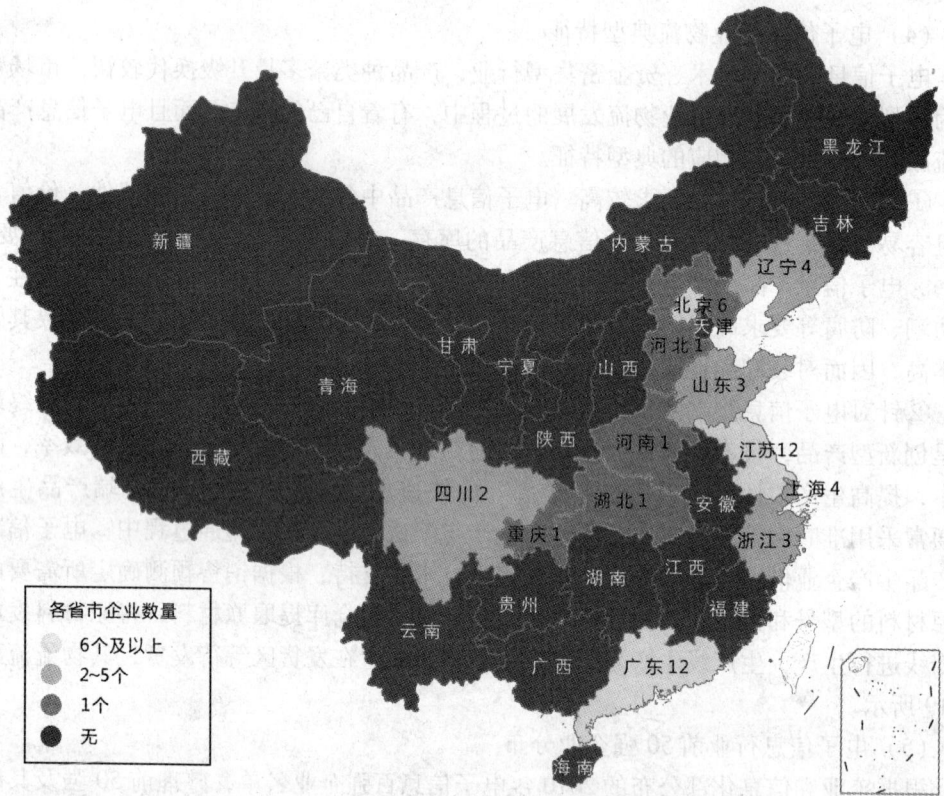

图20 我国电子信息企业 50 强分布图

11. 我国典型工业企业分布

通过对钢铁、有色、石化、机械制造、汽车、造船、纺织、食品、家电、电子信息十大典型行业的 478 家企业分布情况的研究，可以我国典型工业企业分布状况，结合前面 478 家典型工业企业所在省市的调查情况我们绘制出我国典型工业企业分布图，如图21 所示。

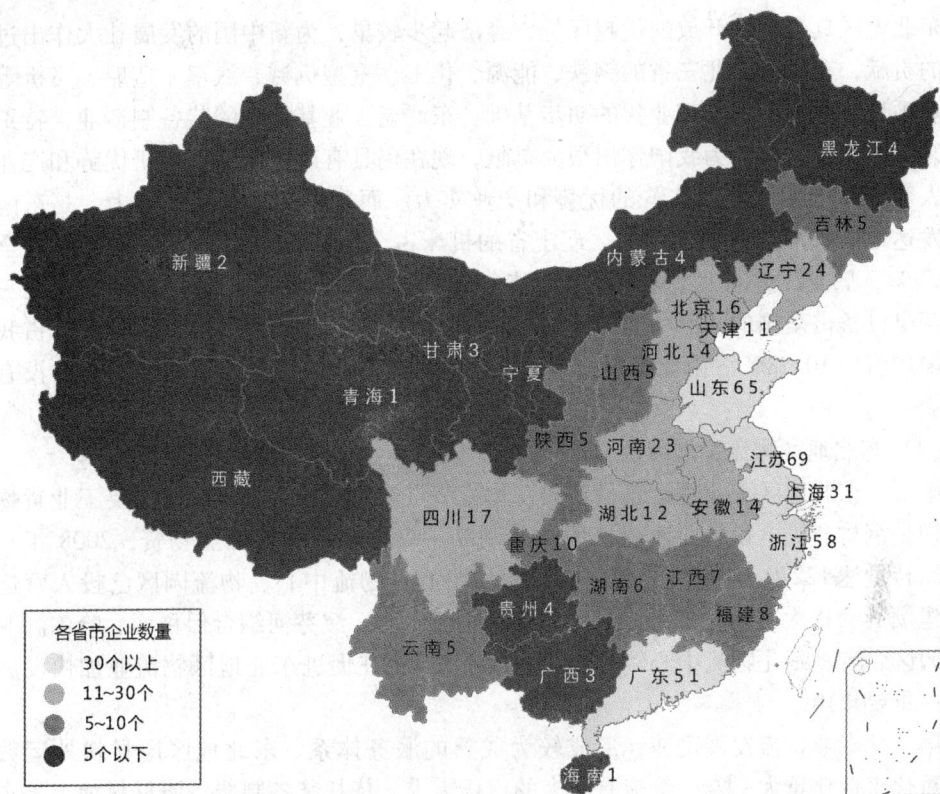

图 21 我国典型工业企业分布图

由图 21 可知，我国工业企业主要分布在江苏、山东、浙江、广东、上海等沿海地区，这五个地区就有 274 家，占比 57.3%；而在我国的西北内陆及西南的部分地区分布很少，因此，工业企业的总体分布仍然呈现东南部较多，西北部较少的"一边倒"状况。

我国地区经济发展的不平衡性，严重影响着我国工业的发展。"十二五"期间，随着国内产业空间布局的调整，我国钢铁、汽车、化工、机械装备等重化工业将向沿海地区集聚，劳动密集型企业将向内陆地区集聚，如此，我国中西部制造业产业布局将不断得到完善，交通运输条件也将不断提高，这将为我国工业物流进一步发展奠定坚实基础。

（三）我国典型地区工业物流发展状况分析

2005 年，国务院发布《地区协调发展的战略和政策》报告，并提出"十一五"期间内地划分为东部、中部、西部、东北四大板块及八大综合经济区的具体构想。

1. 我国东北地区工业物流发展状况分析

东北地区包括东北综合经济区，即辽宁、吉林、黑龙江三省，是我国重型装备和设备制造业、能源原材料制造业重要生产基地。

（1）东北地区工业发展特点分析

东北地区具有对外开放的优越区位，经济起步较早，为新中国的发展壮大作出过历史性的贡献，布局在东北三省的钢铁、能源、化工、重型机械、汽车、造船、飞机等重大工业项目，奠定了中国工业化的初步基础。东北老工业基地中的装备制造业，特别是重大装备制造业，曾经为我国作出很大贡献，现在仍具有产业优势、科研优势和产业技术工人等"基础性技术群体"的优势和产业实力。而这些优势和巨大潜力，是东南沿海等发达地区所不具备的。例如，辽宁省的机床占全国的11%，吉林省的汽车占全国的11.5%，黑龙江省的大型火电和水电装备分别占全国市场的33%和50%，东北三省的输变电设备占全国的40%。2010年，东北三省的工业增加值16443.31亿元，占我国工业增加值的10.28%。由此可见，东北地区的工业产业的重型结构的局面至今没有大的改变。

（2）东北地区物流发展状况分析

第一，东北地区工业货运总量较大，物流节点初具规模。东北地区主要工业货物运输品种是钢材、机电设备、木材、原油及制品、煤炭及制品等工业物资，2008年三省货运周转量达12270.14亿吨公里。一批保税中心、物流中心、物流园区已投入营运或加紧建设（大连大窑湾保税港区、沈阳保税物流中心、绥芬河综合保税区、哈尔滨龙运物流园区、吉林石化物流中心等），这些物流节点将在促进东北地区物流业加快发展方面发挥重要作用。

第二，专业物流发展迅速，形成较为成熟的服务体系。东北地区原材料外运数量多、重化工业比重大，专业物流有较大的市场需求，依托装备制造、原材料加工等东北地区优势产业发展起来的第三方物流企业与生产企业形成了良好的协作关系。例如吉林九天储运与中石油吉林化工、沈阳石蜡石化等企业建立长期合作关系，已成为东北地区知名的液体危险化学品运输企业。一批生产制造企业主辅分离成立的专业物流企业初具规模。以一汽为例，主要物流业务由一汽物流有限公司承担，该公司有58公里铁路专用线、50辆铁路货车、3个电气集中车站。

第三，沿海港口基础设施建设提速，吞吐量有较大幅度增长。辽宁沿海经济带规划发布后，各港口基础设施建设提速，如锦州港规划建设2亿吨的吞吐能力，营口港2010年力争吞吐量突破2亿吨。各港口积极开展合作，加强资源整合。大连港集团已成为锦州港集团第二大股东，营口港与盘锦港成立合资公司，共同开发建设盘锦新港区。2009年大连港、营口港、锦州港、丹东港吞吐量分别达2.04亿吨、1.76亿吨、5200万吨、4350万吨，与2008年相比分别增长10%、16.7%、12.2%、26%。

第四，国际物流通道建设取得一定进展，东北亚地区物流合作前景看好。东北地区依托对俄、蒙、朝边境口岸众多、周边国家经济发展互补性较强的优势，积极构建畅通的国际物流通道并保持常态化运营，推动国际物流业务实现跨越式发展。内蒙古与黑龙江积极对接，构建满洲里—海拉尔—哈尔滨—绥芬河—俄罗斯西伯利亚铁路的国际物流通道；建设巴新铁路和两伊铁路，打通由锦州港出海的中蒙俄国际物流通道。吉林与俄罗斯积极接洽，推动珲卡铁路口岸尽快恢复运营；与朝鲜罗津港签订了一号码头10年租赁合同，已完成一期改造工程，正在改造珲春—罗津港的通道，努力推动利用罗津港实现大宗货物"借港出海"。黑龙江开通了绥芬河—海参崴—上海不定期航线，吉林开通了珲春—俄扎鲁比诺—韩国束草定期航线、珲春—俄扎鲁比诺—日本新泻、图们—朝鲜清津—上海不定期航线，借道俄、朝口岸的"陆海联运"得以启动。

2. 我国沿海地区工业物流发展状况分析

我国沿海地区具体包括北部沿海综合经济区（包括北京、天津、河北、山东）、东部沿海综合经济区（上海、江苏、浙江）、南部沿海经济区（福建、广东、海南）三大经济区。

（1）沿海地区工业发展特点分析

北部沿海综合经济区现已形成以北京、天津两个直辖市为中心，以青岛、烟台、秦皇岛等沿海开放城市为支撑点的工业发展格局。由于长期受惠于计划经济，在历史上就打下了雄厚的工业基础，特别是重工业基础。近年来，该区域以优势的教育、科技资源带动了高科技产业发展，新兴的电子信息、生物制药、新材料等高新技术已成为这一地区的主导产业。目前，有全国最大的电子信息产业科研、贸易、生产基地之誉的北京中关村地区，已集中了软件开发及信息技术的各类优秀人才，惠普、松下、微软等均在北京设立了研发中心。天津开发区发展也较为迅速，IT制造业在全国处于领先地位，摩托罗拉、三星等国际跨国公司已在天津开发区形成相当大的生产规模。河北省目前已形成制药业等特色经济发展区域，而山东半岛也已成为我国重要的家电、电子生产基地。总的来说，环渤海地区已经形成了富有特色的高技术产业带，为我国工业的发展将起到巨大的推进作用。

东部沿海综合经济区一直以制造业为主导，且制造业的结构升级显著，已形成以高新技术产业为主导、先进制造业为主体、现代服务业为支撑的产业发展新布局。长江三角洲沿海地区规划明确提出要充分利用现代技术、加快改造传统产业，积极发展大型机械、整机装备、汽车、船舶和成套设备等产业，建成具有国际影响力的纺织产业中心、服务制造中心、轻工日用品生产基地和轻纺贸易中心。

南部沿海经济区是我国重要的高新技术产品制造中心，是外向型经济发展的基地。在改革开放的30多年里，广东社会经济的发展取得了世人瞩目的成就，已形成电子信息、电器机械、石油化工、纺织服装、食品饮料、建筑材料、医药、森林造纸和汽车九大支柱产业，这些产业的迅猛发展，对广东经济的支撑作用非常明显。福建省在进入21世纪以来，工业也得到了快速发展，纺织服装、鞋帽制造等传统优势产业快速发展。

（2）沿海地区物流发展状况分析

第一，区域物流一体化的趋势日益明显。2008年8月，国务院审议通过了《进一步推进长江三角洲地区改革开放和经济社会发展的指导意见》，同年12月，国务院审议通过了《珠江三角洲地区改革发展规划纲要（2008—2009）》。可以说，区域物流发展、区域物流合作已经成为东部沿海地区物流服务业的典型特征。

第二，保税港区的建设速度在不断加快。保税港区是自由港在我国的一种特殊表现形式，是我国目前最为开放的经济区域。截至2010年年底，国务院共批复了14个保税港区。从空间分布来看，11个保税港区位于我国东部沿海地区，有上海洋山保税港区、天津东疆保税港区、海南洋浦保税港区、宁波梅山保税港区、深圳前海湾保税港区、广州南沙保税港区、张家港保税港区、烟台保税港区、福州保税港区等。这充分说明了东部沿海地区保税港区发展步伐加快，保税港区已经成为东部地区发展国际物流的重要战略资源。

3. 我国中部地区工业物流发展状况分析

中部地区包括黄河中游综合经济区（陕西、山西、河南、内蒙古）和长江中游综合经济区（湖北、湖南、江西、安徽）两个经济区。

（1）中部地区工业发展特点分析

长江中游综合经济区是以钢铁和有色冶金为主的原材料基地，同时，武汉国家光电子信息产业基地正在迅速崛起，成为推动沿江具有特色的高科技产业带的重要推动力；由十堰东风、武汉神龙、南昌江铃、景德镇昌河组成的汽车走廊，武钢、鄂钢组成的钢铁工业带，沿江的安庆、九江、武汉、岳阳、荆门组成的石化工业带，以武汉、长沙、南昌、合肥为中心的机械工业走廊产业集团也已形成相当规模。黄河中游综合经济区是我国最大的煤炭开采和煤炭深加工基地、天然气和水能开发基地、钢铁工业基地、有色金属工业基地、奶业基地。

（2）中部地区物流发展状况分析

①物流运作效率偏低，难以充分支撑"两型社会"的发展要求。中部地区作为国家重要的能源产出地区，资源消耗和环境污染问题在全国来说显得更加突出，在这种情况下，国家在中部的改革试验区提出"两型社会"建设目标，是一种具有全局意义的战略考虑。武汉城市圈、长株潭城市群两个中部试验区的获批，将成为"两型社会"的重要示范基地和产业结构调整的一个重要的突破口。但从当前中部地区物流业发展总体状况来看，虽然现代物流业发展取得了一定成果，但是由于受中部地区基础设施条件、物流企业专业化、规模化等因素影响，其整体发展水平与东部沿海地区相比还存在一定差距，物流运作效率较低，难以实现对社会资源的有效利用及对新兴工业化的有效支撑。

②物流标准化和信息化建设有待进一步加强。物流标准化和信息化作为现代物流业发展的重要基础，对促进物流系统功能发挥，增强各环节衔接效率，降低物流运作成本具有重要作用。目前我国中部地区物流标准化和信息化程度仍相对较低，物流技术标准和作业标准不统一、物流信息标准混乱、企业信息化程度低等问题普遍存在，这就导致物流业各环节对接困难、多式联运规模难以扩展，在一定程度上制约着工业物流甚至是物流业的发展。

4. 我国西部地区工业物流发展状况分析

西部地区包括大西南综合经济区（云南、贵州、四川、重庆、广西）和大西北综合经济区（甘肃、青海、宁夏、西藏、新疆）两个经济区。

（1）西部地区工业发展特点分析

大西南综合经济区目前已形成以重庆为中心的重化工业和以成都为中心的轻纺工业两大组团，大西北地区是我国重要的能源战略接替基地。首先，西北地区是我国石油工业的战略接替区，也是全国最大的天然气库（我国四大气区有三个在西北）。油气化工、天然气化工、盐化工成为西北工业发展的典型代表，尤其是以天然气为原料的大型化肥工业。其次，西北地区的有色金属、稀有金属和黄金矿产资源在全国具有突出优势，带动西北地区有色、稀有金属为重点的冶金工业进一步发展。最后，特殊的光、热、水、土条件，使得西北地区棉花、畜产品、瓜果、啤酒花、蔬菜等农产品资源尤其丰富且独具特色，为西北发展纺织和食品工业提供了充沛的原料来源。

（2）西部地区物流发展状况分析

①物流基础设施相对薄弱，运力成为发展瓶颈。随着西部大开发战略的不断深入实施，西部地区的工业得到了较快发展，工业产品产量日益攀升，但是公路、铁路、航空等交通运输方式却难以满足日益增长的运输需求。例如在新疆地区依然存在铁路一车难求的现象。

②现代物流意识淡薄，第三方物流发展水平有待提高。由于西部地区物流基础设施相对薄弱，这就造成了西部物流企业在如何走出去的问题上投入大量的人力、财力，无暇顾及现代的物流发展理念。另外，西部地区工业企业大多保持着传统经营模式，物流业务外包意识不强。

（四）我国典型工业物流发展模式分析

我国工业企业的发展越来越重视企业核心竞争力的提升，将专注点主要集中在新产品开发、制造工艺改造、作业流程设计、运营管理等方面，而对于工业企业来说物流是非主要业务，但又是企业发展重要部分。目前，我国工业企业的物流发展大体上可以分为工业企业自营物流和工业企业物流外包等两种方式。

1. 工业企业自营物流分析

自营物流是指工业企业自身经营物流业务，通过整合内外部资源，成立专门的物流部门或者物流运作团队，制订物流战略和运作计划，组织人员、设施、设备和技术等资源。自营物流可以使企业掌握物流过程的控制权，降低物流服务的交易成本，加强企业与用户之间的联系，但会增加企业的投资负担，削弱企业的市场竞争力，自营物流模式优缺点如表5所示。

表5　　　　　　　　　　　**自营物流模式的优缺点**

自营物流模式的优点	自营物流模式的缺点
①对各环节的统筹掌控能力较强，易于生产和其他环节紧密配合； ②能够对物流系统进行有效控制，降低交易风险； ③能够创造企业品牌效应； ④可以合理规划调整管理流程，调整物流作业效率，减少物流费用	①增加了企业的投资负担，削弱了企业抗风险能力； ②抑制了企业核心业务的快速发展； ③需要很强的物流信息化平台的开发建设能力； ④需要培养专业的物流人才，增加人员成本

当前我国大部分制造企业在起步阶段多倾向于自营物流，通过企业手段而不是市场手段配置物流资源。

典型事例：鄂尔多斯——国内销售配送网络建设

羊绒是一种非常稀有的特种动物纤维，资源非常稀缺，又由于羊绒原料、成品价格昂贵，销售的季节性极强，花色品种变化多，市场竞争激烈。鄂尔多斯内销目前已经拥有了强大的信息和配送体系，成功地支持着这个中国羊绒第一品牌的高效运作。鄂尔多斯国内销售已经建立起中国绒纺行业最大的销售网络、配送网络、信息网络。现拥有遍布全国各地的经营网点2000多个，配送网络40多个，是目前中国最大的服装销售网络和配送网络。

鄂尔多斯在一级市场配送体系下建起了二级市场配送体系。集团20多家生产企业加工的产品首先进入储运中心进行分拣，规模庞大的一级自营配送体系按地域、经济、规模原则完成较长距离的配送，将成品直接配送到设在全国省会城市的地区配货中心。各地区配货中心（一般300公里为半径进行设置最为经济）根据售出信息及时配货，将市场所需产品立即配送到各网点终端，完成二级配送。一二级配送体系完全按照内部市场链机制，与业务系统、财务系统全部实行契约化管理、有偿服务，按合同契约进行内部市场的第三方物流运作。

2. 工业企业物流外包分析

工业企业的物流外包是为了增强企业的核心竞争力，将主要精力集中在核心业务上，其优缺点如表6所示。

表6 外包物流模式的优缺点

外包物流模式的优点	外包物流模式的缺点
①企业精力集中于核心业务； ②减少企业固定资产投资，加速资本周转； ③能够充分利用第三方物流企业的信息技术和网络资源； ④是企业运作柔性和对市场的敏锐性提高	①降低了企业物流服务水平； ②减少了企业自身的利润； ③物流外包可能导致企业对物流关键环节失去控制； ④会产生企业技术和信息资源风险、外包可靠性等其他风险问题

工业企业的物流外包，由于各企业情况不同，物流外包的方式也不尽相同，有的企业将供应、生产、销售等供应链各环节完全外包出去或者某个环节的运输、仓储等所有物流业务的外包；有的企业只将其中的部分环节或者是部分功能外包出去；还有的企业原来是自营物流，后通过剥离重组成立子公司，将物流业务剥离，这些外包方式都有利于提升工业企业竞争力，主要从外包程度和外包物流承担主体划分，基本可以将物流外包模式进行划分，物流外包模式分类如图22所示。

（1）各种外包方式简述

①完全外包方式。完全外包物流模式即企业为集中资源、节省管理费用、增强核心竞争力等，将其某一环节或者所有环节的全部物流业务，以合同的方式全面委托给专业的物流公司（第三方物流）的运作模式。物流外包也是一种企业对物流的合同或契约经营模式，是长期的、战略的、相互渗透的、互利互惠的业务委托和合约执行方式。

②部分外包方式。部分外包物流方式与完全外包方式的区别就在于工业企业将其某一环节或者所有环节的部分物流业务以合同的方式全面委托给专业的物流公司（第三方

```
                     ┌─────────────┐
                     │  物流外包模式  │
                     └─────────────┘
   按外包程度                        按承担物流
   划分                             业务主体划分
```

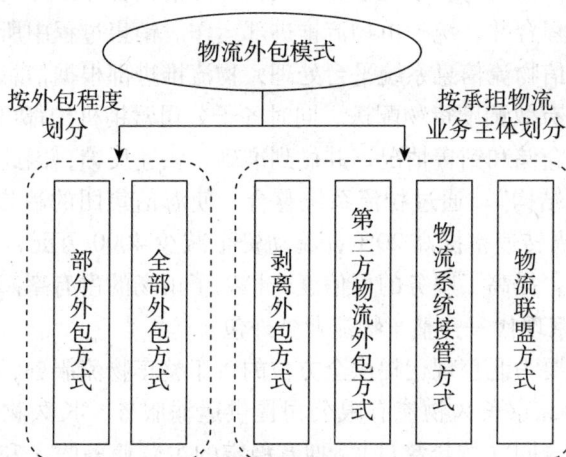

图22　物流外包模式分类

物流）的运作模式。

③剥离外包方式。剥离外包方式是指工业企业最初将物流业务作为企业运作的一部分，由工业企业完成，随着物流业务量的增大，物流服务功能的不断完善，促使工业企业成立子公司进行运营，并通过剥离重组，将物流子公司剥离出去，为自身企业和其他企业提供专业的第三方物流服务。

④第三方物流外包方式。第三方物流外包方式是指企业将业务外包给第三方物流企业，由第三方物流企业提供运输、仓储、包装、流通加工等基础性业务和报关报检、物流金融等物流增值拓展服务。

⑤物流系统接管方式。物流系统接管也叫物流社会化，企业将物流系统全部卖给或承包给第三方物流供应商或者第四方物流供应商，由供应商提供物流整体解决方案，接管企业的物流系统，并雇用原企业的员工。

⑥物流联盟方式。物流联盟（Logistics Alliance）是指两个或两个以上的经济组织为实现特定的物流目标而采取的长期联合与合作，其目的是实现联盟参与方的"共赢"。物流联盟具有相互依赖、核心专业化及强调合作的特点，是一种介于自营和外包之间的物流模式，可以降低前两种模式的风险。企业之间不完全采取导致自身利益最大化的行为，也不完全采取导致共同利益最大化的行为，只是在物流方面通过契约形式形成优势互补、要素双向或多向流动的中间组织。

（2）物流外包典型事例

典型事例1：海信集团——打造物流一体化整合方案

海信集团在总结长期经营和市场运作过程中存在的不足时，深刻意识到增加企业效益的重要的利润来源之一是优化整合企业采购、销售的整个过程。在海信集团现代物流整合项目的招标中，兰剑物流科技技压群雄，承接了此项整合任务的设计和实施，并为其开发海信化物流信息平台，以"信息管理带动物流管理"。

兰剑物流科技经过实地考察，再结合海信实际情况和具体要求，提供了建立准时制采购、生产、配送的一体化物流系统解决方案：将海信销售体系与物流体系分离，三大子公司的物流业务流程合并，统一由物流推进部运作。销售过程中所发生的各种订单和业务处理都要通过海信物流信息系统平台处理，物流推进部根据信息平台数据，结合各地 3PL 的运输能力，有效调度货物配送。同时各子公司营销机构都可以通过物流信息平台直观、实时地了解仓储和销售情况，并做到准确、快速反馈，因此信息平台将成为海信集团的主要"承重结构"。通过物流系统整合，使海信集团的缺货损失费减少了 0.8 亿~1.2 亿元，资金周转速率提高 20%，流动资金减少 4000 万元，同时增强了海信对用户的承诺的可靠性，提高了服务的可信度，扩大了市场的占有率。

典型事例 2：北京现代——整车物流业务外包

长久物流本部主要为北京现代提供全方位的轿车整车物流服务，北京现代汽车产量的 50% 左右，全部由北京长久物流有限公司提供运输服务，长久物流本部长期与北京现代汽车签订了服务合同（按年签订），拥有稳定的主营业务收入和良好的现金流。长久物流拥有完善的网络体系，包括遍布全国的运输资源网络、健全的信息网络以及完善的组织网络，利用长久物流的"自有、联营、协作"运营模式，通过采用公路为主、水铁为辅的多式联运方式，建立合作交流机制，为北京现代提供物流服务。

典型事例 3：海尔——子公司负责集团物流运作

剥离外包物流系统的企业中，最典型的就是海尔集团。1999 年海尔成立了物流推进本部，下设 3 个事业部，分别为采购事业部、配送事业部、储运事业部，同时成立了 36 个区域配送中心，并在青岛本部建立现代化的"国际物流中心"，从而建成覆盖全国的物流网络。2009 年，海尔电器收购青岛海尔物流全部股权，后者将为海尔电器提供更为有效的物流解决方案。海尔市场链流程再造与创新过程中，JIT 采购配送中心整合海尔集团的采购与配送业务，形成了极具规模化、网络化、信息化的 JIT 采购及配送体系，推行 VMI 模式，建立与供应商的战略合作伙伴关系，实现与供应商的双赢合作。

（五）发达国家工业物流发展情况分析

对工业企业来说，20 世纪 80 年代制胜的武器是品质管理，20 世纪 90 年代制胜的武器是企业流程再造，到了 21 世纪的新经济时代，制胜的武器是速度和效率。在国际上，物流产业被认为是国民经济发展的动脉和基础产业，其发展程度成为衡量一个国家现代化程度和综合国力的重要标志之一。

1. 发达国家工业物流发展状况

从国际上看，工业和现代物流发展是互动的，密不可分的。而且工业发展水平越高，越离不开现代物流的支撑。工业的发展是物流发展的基础，物流的发展又是工业发展重要推动力量。国外发达国家工业起步早、实力雄厚，其工业物流也随之迅速发展。

（1）美国工业物流发展状况

美国的工业化经历了 100 年的历程，取得了巨大成就，其工业长期雄居世界第一，目前美国已进入了高度发达的后工业化时代，并随着科技进步和经济发展步伐加快，以及世界经济一体化的趋势，国际贸易量大大增加。为了促进产品的销售，美国公司通过建设自身的全球网络，建设信息平台，采用精益化和敏捷化的运作方式，取得了很好的成绩，并且第三方物流（TPL）在美国得到了迅速发展。进入20世纪90年代以来，近70%的企业将物流业务交由第三方物流公司或与外部企业缔结战略联盟来加以运作，只有30%的企业实行物流自营，并且主要采用物流服务部或物流子公司的形式。

（2）英国工业物流发展状况

英国作为最早一批进入工业化的国家之一，20世纪70年代，生产企业直接向零售商供货是一种重要的流通渠道，占到零售额的71%。但从80年代起，专属物流服务方式开始形成，即物流公司通过与工业企业签订协议，提供运输车辆服务，同时也提供仓储服务，也就是物流业务外包，目前，越来越多的物流公司开始提供全物流服务，大型车进行干线运输，而小型车辆进行配送，因此需要中转设施进行作业。为了降低物流成本，英国的一些企业开始试行利用单元装载方式进行。单元装载系统是指利用可以移动的车体取代仓库作业的方式。在英国，一些企业通过采用该方式而减少了仓库的建设，从而可降低物流费用。

（3）日本工业物流发展状况

日本政府十分重视物流行业发展，在1997年《综合物流施策大纲》和2001年《新综合物流施策大纲》中已经明确指出物流已经开始在经济全球化、环境保护和改善国民生活等更高层次上追求全体最适化。日本物流从制造业开始，推动了日本物流技术不断进步和整体水平稳步提高。自20世纪90年代以来，日本企业将国内工厂大举向海外转移。这些促进了日本制造业生产方式的变革，逐渐由大批量生产转向多品种小批量生产，并采取柔性生产方式，能够对产品的品种、规格、数量的市场变化做出迅速敏捷的反应。要适应市场竞争的变化和制造业生产方式的变革，仅靠单个企业提供物流往往是不够的，必须通过企业间的战略合作追求物流全体最优，以满足日益快速和个性化的物流需求。

2. 国外工业物流发展经验对我国的启示

国外工业物流发展早于我国，已经取得了一定的成绩，这为我国发展工业物流提供了宝贵的经验。

（1）运用物流先进理念

现代物流的发展不仅仅是技术手段的创新，更多的是物流理念的不断变更。首先是物流服务更加趋向全球化。20世纪90年代形成了经济全球化。国际化采购、国际化生产、国际化销售格局的形成，随之而来的是国际化物流。如果没有顺畅的国际物流，国际贸易不会扩大，跨国生产和全球采购难以实现。日本在1997年公布的《综合物流施策大纲》和2001年公布的《新综合物流施策大纲》中，已经把物流在经济全球化、环境保护和改善国民生活等更高层次的追求作为物流发展的重要方向。

其次是精益物流和敏捷物流理念。精益物流理论符合现代物流的发展趋势，强调消除浪费，持续改进，与精益生产相同，由于高新技术的出现和更新越来越快，产品的生命周期日益缩短，企业面临着一个不断变化，不可预测的竞争环境。这就要求企业有较强的适应市场变化的能力和技术开发能力。敏捷物流的产生源于全球供应链运作的需要。在现代社会中，企业竞争日益以速度取胜，如沃尔玛公司的全球连锁分销体系、戴尔公司的快速反应网络就是为了提高对市场的反应速度而设立的。目前，国外的精益物流和敏捷物流的发展也处于不断发展的阶段，我国物流的发展需要不断向这个方面发展，才能逐步实现物流全球化，并向供应链一体化方向前进。

（2）强化物流能力整合

随着现代物流的全球化运作，企业的规模扩大势在必行，但仅仅依靠内部扩张是无法实现这一目标的。因此，国外物流企业通过集约化、协同化，实现外部扩张已成为国际现代物流发展的一个鲜明趋势。所以要求企业不断整合物流能力，其主要表现：一是大力建设物流园区，物流园区是多种物流设施和不同类型的物流企业在空间上集中布局的场所，是具有一定规模和综合服务功能的物流集结点。物流园区的建设有利于实现物流企业的专业化和规模化，发挥它们的整体优势和互补优势。目前，日本已建成 20 个大规模的物流园区，物流园区总量已经达到 86 个，德国从 20 世纪 80 年代开始在全国规划建设了 40 个物流园区，目前已经有 20 多个全国性的物流园区建成并投入使用。二是物流企业兼并与合作，增强了企业的竞争力，例如，英国金鹰物流公司与国际物流公司合并创办 Exel 物流公司，将前者的运输能力和进口产品供应设施管理经验与后者的零售中心和流水线作业的物流管理专业能力结合起来，强化了三大市场增长因素，带来了高收益。德国国营邮政并购了美国大型的陆上运输企业 AEI，把自己的航空运输网与 AEI 在美国的运输物流网合并统一，增强竞争力。美国的 UPS 并购了挑战航空公司，将自己在美国最大物流运输网与挑战航空公司在南美洲的物流网相结合，实现南北美洲两个大陆一体化的整体物流网络。物流企业间的国际联合与并购，必然带动国际物流业加速向全球化方向发展，而物流业全球化的发展趋势，又必然推动和促进各国企业的联合和并购活动。

（3）创新物流服务模式

世界经济的一体化，使得市场需求更加瞬息万变和竞争环境日益激烈，要求物流业务中的所有成员和环节在整个流程上的业务运作衔接更加紧密，以便对这些成员和环节的业务处理过程中的信息进行高度集成，实现供应链的协同化运作，缩短供应链相对长度，使供应链上的物流业务更流畅、产出率更高，响应速度更快，更加接近客户的需求。目前，我国工业物流的发展主要趋向于第三方物流模式和自营物流模式，然而，刚被世界物流界普遍认同的第三方物流，对整合社会所有的物流资源以达到最大效率难以胜任。所以需要探索更好的物流模式进行发展，例如物流联盟的发展和第四方物流的发展，根据摩根斯坦利银行的分析，第四方物流突破了单纯发展 3PL 的局限性，真正做到了低成本、高效率和实时运作，实现社会资源的最大整合。

（4）注重信息技术应用

物流的信息化是指商品代码和数据库的建立、运输网络合理化、销售网络合理化、物流中心管理电子化、电子商务和物品条码技术应用等。各种信息平台、信息系统等信息处理和条码技术、射频标识技术在物流中广泛运用，将使信息实现共享，信息传递更加方便、快捷、准确，大大增强运输、保管、装卸搬运、包装、流通加工、配送等物流各环节的功能，使物流与商流、资金流、信息流融为一体，提升生产、流通和消费的综合效益，利于实现物流跨越式发展。除了信息化之外，物流新技术得到广泛应用。智能化交通运输、无人搬运小车、机器人堆码、无人操作叉车、自动分类分拣系统、无纸化办公系统、模块化技术、仿真技术等现代物流技术，都将进一步提高物流机械化、自动化和智能化水平，提高供应链管理质量，使物流进入新的发展阶段。

美国联邦快递（FedEx）公司1973年开始营运，是全球规模最大的快递运输公司。营运的主要特点是充分利用并发挥电子信息与网络化技术。沃尔玛对零售信息系统进行了非常积极的投资，在信息技术的支持下，沃尔玛能够以最低的成本、最优质的服务、最快速的管理反应进行全球运作。沃尔玛的全球采购战略、配送系统、商品管理、人力资源管理、天天平价战略等方面的成功都是建立在沃尔玛利用信息技术整合优势资源，信息技术战略与传统物流整合的基础之上。

（5）打造绿色物流体系

物流虽然促进了经济的发展，但是物流的发展同时也给城市环境带来负面的影响。为此，21世纪对物流提出了新的要求，即绿色物流。所谓绿色物流，就是指在物流过程中抑制或消除物流对环境造成或可能扩大的危害，同时实现对物流环境净化，减少资源消耗，使物流资源得到最充分利用。绿色物流是现代物流业可持续发展的需要，是应保护环境和有效利用资源而生的。

绿色物流主要包含两个方面，一是对物流系统污染进行控制，即在物流系统和物流活动的规划与决策中尽量采用对环境污染小的方案，如采用排污量小的货车车型，近距离配送，夜间运货（以减少交通阻塞，节省燃料和降低排放）等。发达国家政府倡导绿色物流方面已经做了很多的工作，美、德、法等国企业绿色物流的发展过程中，政府的引导和监管起着重要的作用，都制定了相关的法规与政策予以制约和激励。而且美国政府通过引导与监管手段，大大提高了本国企业的环保意识。可口可乐等企业在绿色包装、绿色供应链等方面都取得了实质性的成效。这些国家的逆向物流系统较完善，使得产品退货、废旧产品回收、包装回收、回收利用等方面获得了较大的收益与效益。二是运用新技术降低物流资源耗费。通过供应链管理新概念和新技术的应用，不断创新物流发展模式，实现物流资源的可持续发展。绿色物流就是以绿色环保思想为指导，广泛应用绿色技术设备，对绿色商品实行绿色储存、绿色运输和绿色包装的物流运作和物流管理新模式。

三、我国工业物流发展的主要问题分析

近些年，随着工业的快速发展，工业物流也取得了长足的进步，但同时也存在诸多问题。工业领域内各行业的物流问题既具有其行业特性，又能体现出工业物流发展过程中所存在问题的共性之处。本章通过分析钢铁、汽车、家电等十个典型行业物流发展中存在的问题，找出工业物流其共性之处，进而从工业产业链的角度进一步挖掘阻碍工业物流发展的深层次问题。

（一）我国典型行业工业物流存在的主要问题分析

1. 钢铁行业物流存在的主要问题分析

从整体看，我国钢铁物流的快速发展还处于较低层次的运作阶段，在产业集中度、成本控制能力、信息化程度以及专业化程度等方面发展还相对较为落后，无法满足生产和消费需求的迅速增长。

（1）物流发展滞后于行业发展

钢铁物流产业集中度远远低于钢铁生产领域甚至消费领域，既难以与日趋向集团化发展的钢铁生产企业相匹配，也难达到下游用户所要求的服务水准。钢铁产业和钢铁物流产业兼并重组不同步，难以为大型企业提供综合性物流服务，加大了钢铁生产和物流领域的规模差异。

（2）流通渠道冗长、各环节衔接不畅

钢材产品从生产到终端用户的流通渠道过于冗长、分级不清，除了长途运输外，还要加上多次短途搬运，使交易成本较高，市场价格控制能力削弱。我国钢铁物流在各环节之间缺乏有效的衔接和协调，阻碍了我国钢铁物流产业物流效率的提高和成本的压缩。

（3）供需错位导致时效和成本压力

我国大部分钢材产能分布在华北地区，而钢铁主要的下游客户则大多分布在以长三角为中心的华东地区和以珠三角为中心的华南地区，钢铁供应和需求的错位导致我国钢铁物流产业整体承受着巨大时效和成本上的压力。钢铁物流成本居高不下，严重影响了钢铁企业利润率，出现了"增产不增收"的局面。

（4）钢材加工配送发展滞后

虽然我国目前有300余家钢材加工配送中心，但80%的加工中心规模比较小，自动化水平低，无法发挥专业分工的优势。我国钢材在流通中深加工的比例仅为15%左右，缺乏深加工使我国钢材的附加值没有得到体现，上下游没有形成紧密的共同发展关系，钢材的综合成材率和劳动生产率较低。

（5）钢铁物流技术装备落后

仓储设施大多是普通平房仓库，现代化立体自动化仓库设施较少，仓储空间利用率不足。物料出、入库机械化程度低，人工搬运车及普通起重设备占到70%以上，很多仍采取手工装卸。另外这些企业运输、仓储手段单一，车辆可承载的货物种类有限。

（6）钢铁物流信息化程度低

绝大部分钢铁物流中心的信息技术大多数处于传统的物流管理水平上，很多仍为手工式记账，条码技术、GPS及EDI等物流信息技术也没有大规模的使用。大部分钢铁物流企业对外仍用纸媒介来传递信息，信息平台尚未形成网络化对接，与现代钢铁物流要求差距还很大。

2. 有色金属行业物流存在的主要问题分析

（1）专业化行业物流发展较弱

有色金属产业和行业物流在增加值、年均增速以及投资额方面都不成比例，行业物流发展落后于有色行业发展。面临宏观经济企稳回升和有色金属市场需求旺盛，能够与整个行业供应链配套的物流企业明显不足。且目前物流企业大多只能提供运输中转或仓储等单一业务形式，少有直接为有色金属行业提供专业化服务的第三方物流企业，物流企业与有色金属企业难以形成紧密的合作关系，这限制了企业自营物流外包和专业化物流企业做大做强。

（2）物流运作粗放且成本较高

有色金属矿石或矿粉及产成品多属于大宗货物，应尽可能采用铁路或水路运输，但目前，我国铁路运能不足，运输稳定性较差，水路运输网不尽完善，公路运输占较大比例，但是，油价上升及过路费用等使公路长途运输成本大幅增加，运输运作较为粗放。在原材料采购和产成品销售方面，企业单纯使用库存手段降低采购成本，实际造成总成本与总风险提高。受国际金融影响，有色加工企业在矿石、矿锭价格低时大量购入，使冶炼、延压企业库存压力过大。同时又由于产业布局的特殊性，容易造成不必要的物流浪费，甚至增加产业整体的风险。

（3）一体化物流运作能力不足

有色金属行业中物流各环节孤立，服务质量提升困难。企业自营物流及行业物流企业只能提供单一环节的物流服务，使物流各环节相对孤立，货物在整个供应链中流通不畅，难以实现高质量的全程物流服务和一体化物流运作。目前，自营物流为主的行业物流状况不利于协调产供销矛盾和市场供应平衡，不利于社会资源配置，不利于行业物流市场和社会物流运作环境的优化和畅通。

（4）物流企业缺乏国际竞争力

由于国内的有色金属行业产业集中度不高，不能形成有效的行业联盟，行业缺乏统一的对外途径。如冶炼生产的副产品硫酸，因为物流原因很难进入国际市场，铜精粉等也因为缺乏专业运输船队，谈判处于被动方向，风险也较难控制。并且我国进口原材料只要是海路运输，基本都是 CIF 价，且对船期卖方有选择权，使得进口的船期和运价都受制于人。

（5）增值性物流服务发展缓慢

有色金属行业产品具有大宗商品属性和期货属性，有条件向物流金融等领域拓展增值服务，但目前，企业自办采购物流，物流向金融等增值服务拓展能力不足。目前行业物流以自营为主，其物流运作实力有限，在有色金属产业链的全程物流方面能力较弱，难以掌握有色金属期货市场的运作规律，难以将有色金属物流向金融方面拓展。

3. 石化行业物流发展存在的主要问题分析

（1）物流观念落后，基础设施陈旧

很多石化企业对物流在企业发展中的地位和作用缺乏足够的认识，物流标准化和规范化建设严重滞后，缺乏物流的法律法规意识。石化企业物流基础设施和装备还比较落后，运输手段单一，运输网络也不完善；运输基础设施的配套性和兼容性较差，多年来投入不足，石化物流产业发展还比较缓慢。从总体上来看，与现代物流企业相比，仍然比较落后，还不能满足现代石化企业对物流的需求。在物流仓储方面，设施陈旧，空间利用率低，库房利用不合理，物料进出库的设备简单、落后，这些都影响了物流产业水平的提高。

（2）物流市场化程度低，第三方物流发展缓慢

石化企业物流的市场化程度较低，各企业的物流单位都进行独立的经济核算，各企业的机构设置、运转机制不同，多数石化企业都拥有自己的供应部门、运输公司或大型车队，各自为政的经营方式造成了目前我国石化企业物流产业的统筹化、市场化程度较

低。设备购置和人员配备重复现象严重，有效的物流资源利用率较低，加之缺乏统筹，使物流成本加大，经济效益较差。原本应该由社会物流公司承担的职能现在仍然由企业内部物流单位承担，从而导致第三方物流市场薄弱，影响了第三方物流的进一步发展。

（3）物流信息化程度较低

目前，我国多数石油化工物流企业信息手段落后，物流信息收集、处理和跟踪的效率较低，企业尚缺乏对各方物流信息的全面、准确和动态的把握，无法实现内外部物流一体化运作，更难以实施数字化的物流运作管理，对信息技术的应用程度还不高，物流的各个环节之间还缺乏有机的联系，对物流活动的控制还属于事后控制，一些企业还停留在传统物流的水平。

（4）石化行业物流专业人才缺乏

目前，我国石化企业很多物流从业人员素质不高，缺乏现代物流管理知识，认为物流业就是指简单的物资供应系统。各石化企业中物流专业人才较少，而且知识结构单一，主要都是面向社会物流，石化企业需要的物流人才不仅要有专业的物流知识和管理技能，而且还要了解石化企业的流程和熟悉石化物流的特点，需要复合型物流人才。多年来，我国对石化行业物流人才的培养体系仍不健全，不仅高等教育方面相关物流专业起步较晚，而且物流的职业教育几乎是空白，远远不能满足石化企业发展的需要。

4. 机械制造业物流发展存在的主要问题分析

（1）物流专业化配套水平与其产能不相匹配

目前我国多数机械制造业企业依然采用原计划经济下的物流管理方式，各自追求"小而全、大而全"，"产、供、销一体化"，"仓储、运输一条龙"，主要采用自营物流，物流过程浪费惊人，不利于社会化专业分工，使得现代物流的专业化流通和集约化经营优势难以发挥，规模经营、规模效益难以实现。而且，我国的机械制造企业是中小企业占主导，企业的自营物流专业能力较差，而我国第三方物流仍处于落后水平，因此就目前我国的机械制造物流专业化配套水平与企业的工业产能不相匹配，造成了产能大，而物流专业配套能力小的供需失衡的局面。

（2）物流基础设施能力不足

机械加工业企业运输设施普遍不足，专用物流设备和工具依然落后。包装技术、包装设备、包装材料急需改进，而仓储设施从总量来说较多，但仓储设施的陈旧，仓储管理水平落后，对社会仓库资源的利用率也不高；机械设备的专业运输能力不足、运输效率低，储运损失率高，成本高形成了机械制造业物流发展的"瓶颈"。

（3）物流环节资源浪费较大

目前，我国机械制造业物流资源浪费巨大。一是成本浪费。经专家测算，我国直接物流成本占机械制造业总成本的30%以上，库存积压、物资多余消耗、产成品物流损伤、设施设备空置等问题缺乏有效控制。二是时间浪费。从原材料到产成品的转换过程中，95%为物料停顿时间，其余5%为工装及其前后时间，真正创造产品价值的时间仅占整个周期的1.5%。三是空间浪费。机械制造业的各种仓库与存储的面积占全厂生产面积的40%～50%。四是效率浪费。机械制造业的物流格局和路径设计不合理，无效搬运占70%左右，物流专业功能及管理不完善，企业物流与社会物流衔接脱节，物流信息混乱、物流管理失控等低效率情况普遍。同时，虽然机械制造企业在原料采购、储存、产品销售具有诸多相似之处，但各企业物流条块分割和部门分割、重复建设等问题，使全社会难以形成综合性物流服务，无法形成规模型配送，造成仓储、配送资源的浪费，经济效益差。

（4）信息化建设滞后

由于利益冲突和信息不畅通等原因，区域内总的制造企业相互不能实现沟通，造成余缺物资不能及时调配，大量物资滞留在流通领域，导致资金沉淀，发生大量仓储费用；而且区域内机械制造企业多而散，各企业之间缺乏相互沟通的中介平台，使得企业之间的协同效应发挥受限。另外，目前政府管理部门的信息共享，企业间商务交易的网络平台建设都刚刚起步，实际应用十分有限，很难适应现代化物流的实际需求。

（5）集中采购平台尚未形成

从行业规模来看，以整个东北地区为例，目前东北地区的机车、高精度机床、制冷空调设备、轴承以及部分专用设备等机械制造业一半以上集中于辽宁省，互感器、冶炼设备产量分别占东北三省的97.7%和52.1%。然而目前辽宁省内机械制造企业多而散，采购环节多采用招标采购，各企业之间缺乏相互沟通的采购中介平台，不能把分散的采购需求汇集起来，采购成本居高不下，没有很好的发挥物流的节约化和规模化优势。

（6）生产物流现场管理不够优化

由于长期不重视原材料品种结构的调整，使企业所需原材料品种不对路的矛盾十分突出，出现了大量材料代用，增加了工艺路线的复杂性。同时原材料不能定尺交货，也严重影响用户企业原材料的利用率。从机械加工企业内部管理来看，企业超定额领料情况十分严重，在制品管理失控，废钢铁流失严重等，都成为制约企业物流现场管理水平提高的重要因素。

5. 汽车行业物流发展存在的主要问题分析

近些年，汽车物流的发展快速，形成了东北、京津、武汉、上海、广州和西南等六个汽车物流产业集群，并在标准化体系建设上取得了显著的成绩，注重整车物流、零部件入厂物流、回收物流、售后服务备件物流等各环节的协调发展，不断完善以汽车为核心的供应链一体化，拥有一批专业的汽车物流企业。在取得了一定成绩的同时，还存在着很多的问题需要解决。

（1）物流业务外包程度低

我国现行的主体汽车物流模式是供产销一体化的自营物流，即汽车产品原材料、零部件、辅助材料等的购进物流、汽车产品的制造物流与分销物流等物流活动全部由汽车制造企业完成。一些企业未将物流业务全部外包，整车物流、零部件入厂物流、售后备件物流等部分没有全部外包，降低了企业的核心竞争力。

（2）零部件物流存在的问题

首先，进口件的采购比重过大。生产筹措阶段和运输周期变的很长，供应链缺乏柔性，从而导致供应链流程时间长，物流组织难度加大。其次，国产件供货商过于分散。我国供货商分布在全国各地，沿海城市几乎都有汽车零部件制造厂，汽车物流供应链战线长达数千公里，这给汽车物流带来很大的不便。再次，零部件入厂物流管理中存在包装问题。汽车零部件包装存在其自身的一些特性导致对物流器具的要求较高，如网箱、托盘、运输纸箱的规格不一致，标准化问题急需解决。最后，汽车售后服务备件物流资源整合性差。由于主机厂壁垒，使得难于共享仓库、共享运输，物流商之间缺少合作，导致网点、线路重复，大部分售后备件需要从指定厂商购买，造成了资源浪费。

（3）整车物流存在的问题

首先，挂车长度不统一。目前，采用罚款方式治理超载超限是我国交通管理的主要政策，执法部门罚款现象严重，并且在这种无序竞争下，部分企业更是在增加车辆长度情况下，制造出了超长超宽现象。现在新修订的7258文件将中置轴挂车区别于全挂车和半挂车，作为独立序列进行管理；公安部门将根据公告，将取得公告的中置轴挂车按半挂车办理注册登记；中置轴挂车组成的列车长度将达到20米，可以在高速公路上行驶，但目前工作正在协调中，并没有完全落实。其次，运输方式不平衡。随着能源价格的持续上涨，物流机械的经济性是大势所趋，铁路在远距离运输的优势已经凸显，而中国丰富的水路资源也得到汽车物流行业的青睐，目前铁路、水路的运量持续增长，但是市场份额却没有明显提高，推动多式联运已经成为当务之急。再次，汽车物流利润较低。汽车物流并不像汽车生产企业、汽车销售企业那样在增长中，获得了应得的利润。由于2010年三次上调的汽柴油价格、不断攀升的劳动力价格、已成习惯的超载超限罚款、生产企业不断压缩的物流成本支出等导致了汽车物流利润较低。最后，汽车物流市场价格混乱。由于轿车标准问题，造成整车物流行业价格混乱，已经成为影响物流企业和制造企业合作、物流企业良性竞争以及行业健康发展的大问题。

（4）汽车物流市场流向不均衡

第一，二手车整车物流发展缓慢。随着新车交易量以及汽车保有量的提高，二手车交易也得到了快速的增长，但由于二手车交易起步较晚，市场秩序较为混乱，恶性竞争较多，同时在交易中存在地方政府部门干预较多、市场信息不对称、市场门槛较低等因素，使得市场上二手车物流发展缓慢，造成整车物流市场对流不足，形成高额的物流成本。第二，汽车回收集中性不强。我国大量应当报废拆解的机动车散布于社会各个角落，未能回收拆解，成为交通安全和环境保护的隐患，也是油料资源和再生资源的浪费。究其原因主要有：新车价格相对高，报废车因销售价和维修费用低，不上保险、不用车检等因素，销售有市场；消费者的法律观念、安全意识、环保意识淡薄；报废车重新流入市场管理和执法力度不足等。

6. 船舶行业物流发展存在的主要问题分析

船舶业配套物流体系没有随着船舶工业的迅猛发展而形成，行业物流缺乏统一的协调组织，仍然存在船企生产物流精益化管理不足；运输、仓储等物流业务专业化和外包程度不高；专用设备开发利用不足；缺乏行业物流集中采购平台，原材料采购成本偏高等诸多问题。

（1）船舶生产物流管理精益化程度不优

我国船舶业物流管理精益化仍然欠缺，体现在仓储、运输等物流服务管理较为粗放，信息化管理水平不高，没有建立物流标准化体系等多个方面。当前船舶制造企业采购的钢材主要是露天堆存，没有形成按照生产流程和钢材使用工序堆存钢材的机制，导致钢材多次搬运，浪费时间和人力；信息系统和信息技术使用不足，物料管理系统没有延伸到采购环节，对钢材等原材料、舾装品、船舶组件等没有编码管理，不利于原材料库存管理和舾装品配送安装的有序进行；没有形成统一的行业物流标准，原材料、舾装品的载运、包装和仓储等规格没有统一。

（2）船舶组件、半成品物流专业化水平不高

目前我国船舶组件、半成品等的运输主要依靠驳船等小型船舶或公路运输车辆，运输效率和投入产成比较低。此外，船用锚绞机、发动机、雷达设备、通信设备等专用设备以及其他船舶专用设备和船舶零部件往往体积巨大、形状特殊或精密程度较高，使用通用型的汽车、船舶等载运工具不仅由于专用化程度不高导致空间利用率低，而且可能不能满足运输安全需要和其他特殊物流要求。

（3）船舶业物流专用设备开发利用不足

船舶制造的相关装备能力不足一直是制约我国船舶制造效率的环节之一，其中船坞内大型吊机、钢材抛丸机等生产物流装备的能力不足是重要体现。装备能力的不足主要体现在装备自动化、机械化水平不高，精准控制和定位水平较低。此外，我国船舶业物流设备自主研发能力仍然不足，大型化和高度自动化的吊装设备、流通加工设备等设备的研发设计环节薄弱，主要仍然需要依靠进口，依存度较高。

（4）没有形成行业物流集中采购平台

目前我国船舶工业行业集中度已经较高，但各大主要造船企业仍然各自为战，没有形成统一的集中采购平台。面对钢材等原材料价格的波动，各大企业缺乏有效的应对手段，信息共享不及时，造成不必要的采购成本损失，加大了行业风险；行业企业没有通过集中采购平台形成联盟，对上游钢铁行业影响力弱，同样加大了采购风险；缺乏物流集中采购平台的引导，对原材料供应商了解不够，可供选择的供应商较少，增加了供应商选择的风险。

为切实加快我国船舶业物流的科学发展，通过物流作业和服务的改进增强我国船舶工业的国际竞争力，我国船舶业物流应当从加强组织协调、构建船舶行业物流平台、加大先进物流装备的研发应用和推进我国船舶工业第三方物流建设等多个方面加以改进，为我国船舶工业发展做好支撑和推动作用。

7. 纺织行业物流发展存在的主要问题分析

（1）企业自身物流体系不健全，一体化程度低

我国大部分纺织企业的物流部门只承担个别物流功能的职责，物流企业处于以运输、仓储为主要内容的粗放型经营阶段，物流一体化运作程度较低，缺乏高效、快速的一体化物流体系。

（2）集中采购平台尚未形成，不能满足生产需求变化要求

企业自行对原材料进行采购，但是由于原材料需求的多样化和订单波动性较强，时而因缺乏对生产和销售的较准确预测而导致采购不足或过剩的现象，造成生产中断或原材料积压，增加其库存成本；时而因缺乏与供应商及时有效的协商，造成供货过早或过晚的现象，致使资金周转不灵或影响正常生产。究其原因是未将库存风险转移给专业化、集中化的采购商，由第三方物流提供商承担多家企业的原材料采购，集零为整，按

需配送到纺织企业生产线，这样就能及时、高效的满足生产需求。

（3）仓储管理方式粗放，运作效率和效益不高

在仓储库存方面，受传统"大而全、小而全"自给自足组织生产理念和经济体制的影响，各纺织企业一般都拥有占地较多、设备落后的大型仓库，但是这些物流设施选址和建设盲目性较强，缺乏长远规划。再加上这些仓库大都缺乏有效的管理，原材料、半成品和成品间的不合理调度经常导致进出库出错和混乱，不仅影响了正常的生产运作，降低了应有的生产率，同时也增加了生产成本并产生产品积压。

（4）自营物流配送效率低，不能适应行业的季节性波动

企业都各自拥有一定数量的运输车辆，然而因为纺织服装行业的季节性特点，往往会出现车辆供需不平衡的现象。当销售旺季时，现有车辆则不能满足及时送货的要求；而销售淡季时，则又会出现过剩闲置的情况。因此在增加运输成本的同时造成了配送期限不稳定的现象。

8. 食品行业物流发展存在的主要问题分析

食品物流在运作中常存在难度大、交货期长、送货不准时、配送成本较高、突发性运作"瓶颈"、运输过程中的责任难以区分和销售部门投诉不断等问题。总的来看，我国食品行业物流主要存在以下方面的突出问题。

（1）物流成本偏高

目前我国食品行业特别是生鲜食品的物流成本普遍偏高，约占到总流通成本的70%左右。一方面，食品物流具有"多品种、小批量"的配送特点。另一方面，为了保证服务质量，企业不得不采取自营物流的方式实现对物流配送过程的可控性。这些因素直接导致了现阶段食品行业物流成本偏高，如运输费用高、淡季仓储面积大，其运营费用高等。

（2）流通中的安全保障有待加强

随着人们生活水平的不断提高，食品的结构更加多元化，人们对食品的要求也越来越细。人们不但要求产品新鲜，还要求生产无污染，不但要求食品种类多样，还要求配送及时，这就与食品物流的发展很不相符。而且，食品本身是一种特殊的商品，它的质量和安全与其所处的温度、卫生条件、流通时效性都密切相关，因此食品安全问题贯穿于食品的生产和流通过程，从食品原料种植和采购，到生产、流通加工和配送等每一环节都会影响到食品安全。以往我们仅仅是对食品生产环节存在的安全问题有所关注，而忽略了在食品流通环节极易发生的安全问题。当下农副产品的物流链来路不明、货源不确定，没有标准化管理、监督不力、流通中各功能环节衔接不畅往往是导致食品安全问题产生的"罪魁祸首"。

（3）冷链物流操作标准化水平低

在软硬件设备方面，尤其对于要求颇高的冷链物流，第三方物流公司的基础设施常常不能完全满足食品物流的要求，不少冷冻库房的接货台都没有达到封闭的标准，难以保证对温度的控制。不同的是，一些生产企业在标准方面有许多不错的做法。以光明乳业为例，他们有一套严格、先进的冷链物流操作标准。标准规定，鲜奶在快速冷却，经检验合格后，就必须进入全程冷链，装进冷藏车进行运输，全程温度控制在0℃~4℃，

但这样的标准仅停留在企业内部管理层面。

(4) 发展受限于我国的第三方物流发展

据调查显示，我国的第三方物流能提供的综合性服务还不足总体需求的5%。我国第三方物流企业的现有服务内容多数仍停留在货物代理、仓储、库存管理、搬运和干线运输等方面，能提供综合性、全过程、集成化的现代物流服务的寥寥无几。

由于目前整个物流行业的标准尚未确立，食品行业中社会化的第三方物流市场还没有完全形成，食品物流作为一种行业物流，同样缺乏相应的准入标准，以及物流配送环节中的卫生条件、时间标准等。这直接导致了第三方物流服务中订单处理时间长、满足率低、交货不及时、服务态度差、货损率高等不良现象的长期存在。

(5) 我国食品供应链建设东西部差距大

对于外国经济贸易界来说，我国的食品市场对外开放的大门敞开，当然是一个可以争取到更多牟利机会的喜讯，但是目前我国食品物流供应链存在的严重缺陷却令人惊愕。这些缺陷主要体现在尽管正在抓紧开发，但是仍然极端落后的我国西部地区，我国大部分农村地区，特别是偏僻山区的贫困，内地交通运输基础建设陈旧落后，特别是不少地区的交通运输长期布局不合理，建设速度一时没有跟上，导致阻塞仍然频繁发生，我国东西部地区收入高低差别太大等现象。

9. 家电行业物流发展存在的主要问题分析

家电行业在"家电下乡"政策的刺激下，面对金融危机取得了非常好的销售业绩，与之配套的物流服务业有了长足的进展，但部分问题依然突出，具体表现如下：

(1) 物流成本过大导致家电行业物流发展后劲不足

这一问题主要表现在四个方面：首先，家电制造企业受行业利润率低的影响，不断将成本压力转移给物流企业，出现了家电采购物流环节以价格为主导因素的现象。虽然目前的运作成本有所下降，但是隐性的成本上升则在未来几年里将逐步显现，甚至由于过多的强调成本，而忽视了物流服务的质量，从而会给家电销售带来更多的负面影响。

其次，家电物流运作的风险程度不断加大。平板电视的销量目前正呈快速上升的趋势，一车货物的货值也较早先CRT传统电视增加了4倍之多，相应的运输保险成本也随之上升，但是大多数的物流公司在中短途运输中并没有购买或者没有足额购买运输保险，这种做法无形中加大了物流公司的运营风险。

再次，油价上调将进一步挤压家电行业物流的利润。2011年4月国家发改委再次上调油价，这无疑会造成物流企业的运营成本进一步增大、物流利润进一步减小的现象。

最后，"假日经济"导致物流成本居高难下。据统计，周六、周日家电零售商的出货量超出平时3倍，节日的出货量是平时10倍以上，这种物流的不均衡给家电零售商物流资源造成很大的浪费，使物流成本居高难下，同时因为销售预测、备货变得无章可循，也给顾客服务质量提升带来了巨大的障碍。

(2) 家电制造企业进厂物流外包程度较低

一直以来，家电物流主要从事产成品的销售物流，包括产品下线到销售终端的一系列环节，而家电企业的进厂物流主要由企业自己管理和运营。只有少数家电企业在推行原材料供应商管理库存（VMI）管理过程中，将进厂物流的部分环节外包给了第三方物流公司。从各家电企业自己运营进厂物流来看，由于没有实现资源共享和规模经营，进厂物流的运营成本还有较大的下降空间。

（3）家电制造企业库存水平较高

首先，钢材等原材料价格的上涨使家电企业采取大量囤积原材料的方式来化解成本上涨的压力；其次，生产与销售信息对接不畅影响产成品库存水平，经销商为确保在旺季不缺货，往往向上游企业加大订单的数量，订单变动程度比零售数量的波动大的多，而生产企业为了满足订单需求，自然将加大对零部件供应商的采购量，最终导致原材料及产成品库存量加大。

（4）家电行业物流服务网络不健全

这一问题可以从三个方面反映出，首先，"家电下乡"活动将家电物流的运营网络不健全、运营成本高等不足暴露出来。一方面是目前绝大多数家电物流服务商缺乏全国性的服务网络，多数企业只是服务家电物流的一个环节或地域；另一方面，"家电下乡"的服务涉及很多农村偏远地区，农村基础设施问题也是家电物流企业所必须面对的。因此出现了部分地区的"家电下乡"产品的零售价超过国家最高限价的现象，这充分说明我国物流服务网络不健全，家电物流服务还处于较低的层次。

其次，电子商务快速发展使家电物流服务面临着小批量、多批次的困难，但受物流配送网络的制约，目前主要集中在北京、上海等一线城市，在其余的二线、三线城市自下订单至收到货物通常需要较长的时间，电子商务的发展暴露出家电物流服务网络的不完整性，而且也反映出家电物流在一定程度上制约着家电电子商务的发展。

最后，我国家电物流不能有效支撑海外家电市场的拓展。从目前我国物流市场供应商来看，仅有中远物流依托全球的海运优势，分别成立美洲、欧洲、西亚、日本、韩国公司，虽然为我国家电制造企业的海外扩张提供一定的物流支持，但绝不足以支撑我国家电制造企业的进一步海外扩张。尤其是欧美国家对于家电回收的要求之高，必须要求我国物流企业能够为海外提供相应的物流服务支持。

（5）废旧家电回收体系不完善

目前我国大多数回收企业的规模较小，大部分回收企业缺少长期稳定的废旧家电产品来源，回收业务缺乏专业性。市场不够规范，缺少相应的法规来约束，缺乏政府扶植，回收企业的回收工艺和回收技术还相当落后，目前的回收方式对环境存在着威胁。这些企业各自为政，相互之间缺乏有机的合作，也造成社会资源的极大浪费。

10. 电子信息业物流存在的主要问题分析

近年来，我国电子信息行业物流已经取得了明显的进步，但仍然存在一些亟待解决的问题。

（1）电子信息行业物流市场多部门、条块化管理严重

遍布全国的电子信息企业分销网络需要物流企业提供跨地域的服务，但复杂的行业监督环境、条块分割的管理制度，使物流企业跨地域经营需要办理多种证照，并且手续复杂，不利于物流企业跨地区经营物流业务，阻碍了我国电子信息产品物流的发展。同时，我国物流法律法规还不完善，相关程序和手续比较烦琐，这种管理体制造成了物流链条上许多衔接不畅的现象，不利于电子信息产品物流规模效益的发挥，增加了物流成本。

（2）电子信息行业物流信息化状况有待改进

物流网络、服务能力和运作成本是物流供应商赢得客户的基础，而一套完整的物流信息系统是提供高质量准确服务的重要支撑，它能够满足顾客多样化、个性化需求。目前我国已有一部分物流企业采用了包括通信网络、条码、RFID、GPS、物流自动化系统、物流管理信息系统等先进的信息技术来改进企业管理、提升运营效率，但已全面采用物流信息化企业管理的企业只占到行业总数的 39% 左右，大部分企业仍采用人工操作等传统方式，物流信息化整体水平很难满足企业高效运营和社会发展的需求，因此电子信息行业物流的信息化状况有待完善。目前，较为常用的信息系统有 EC、EDI、ERP、WMS、TMS、射频标签系统、GPS/GIS 等。

（3）电子信息行业物流难以形成完整的物流供应链

电子信息行业的物流服务主要可分为：基础物流服务、增值物流服务和物流咨询服务三部分。而我国目前大部分物流业务集中在基础性物流服务，服务项目单一，增值服务不多，咨询服务更是曲高和寡，系统性和一体化服务较少，各服务之间衔接性需求仍然有所欠缺，难以形成完整的物流供应链。

（4）电子信息供应端物流难度较大，原材料物流系统缺乏弹性

电子信息行业产品的不确定性需求使得制造商无法及时下达原材料订单、及时获得所需的原材料，当最终产品的需求发生波动时，制造商的需求预测与实际发生偏离，从而导致订单量过多或者不足，带来不必要的成本和更长的供货提前期。目前，许多电子信息终端产品制造商都根据订单安排产品的生产和流通活动。而在电子原材料的生产和供应方面，电子原材料生产企业通常采用批量生产方式，根据需求预测排定主生产计划进行推动式生产；在流通方面，电子原材料物流系统缺乏弹性，不能有效地响应多样化的客户需求，导致整个产品供应链的物流效率低下。

（5）电子信息行业销售物流缺乏高效可行的配送模式

销售物流大致分为两个部分：一是从分拨中心到达代理商仓库的分拨物流；二是直接到达消费者的配送物流。虽然分拨物流的运作发展非常迅速，技术手段也不断提高，但是直达消费者的配送物流基础设施相对落后，还没有很好的形成规模经济，对客户配送速度的要求，难以满足。因此能否找到比较高效可行的配送模式是电子信息行业物流供应商拓展低端市场急需解决的问题。

（6）逆向物流发展仍不完善

目前，逆向物流管理主要是维修备件的物流管理。由于 IT 维修备件具有不连续和不确定性，库存品种繁多且服务地区分散，因此配件物流中心往往因为客户的突发性和急需性，承受极大地库存压力。另外，电子垃圾无序回收、原始落后的拆解处理造成资源浪费、环境污染严重，这给地区、社会的可持续发展提出了巨大的挑战。因此建立专业的电子垃圾处理体系成为我国目前电子产品逆向物流发展的趋势。

（二）我国工业物流存在的主要共性问题分析

通过分析上述各行业物流发展所存在问题可以看出，各行业物流发展问题有相当一部分是重叠的。本节便针对这些共性问题从三个层面，即一般管理层面问题、操作执行层面问题、政策制定层面问题，进行归类分析，如表 7 所示。

表7　各行业问题汇总表

编号	分类	问题	细项问题	钢铁	有色金属	石化	机械	汽车	船舶	纺织	食品	家电	电子信息	汇总
1		物流外包比例偏低	①对物流认识不足 ②企业经营方式转变缓慢	√	√	√	√			√	√			6
2		售后物流服务能力较弱	①回收物流体系未建立 ②备件物流整合能力差 ③售后服务流程不明确			√	√		√		√	√	√	6
3		运输方式不平衡	①未建立社会化综合运输体系 ②铁路、水运利用率较低 ③多式联运发展缓慢	√	√	√	√		√	√	√	√	√	9
4	管理层面	专业物流人才缺乏	①工业企业物流人才较少 ②物流企业专业化人才水平不高	√	√	√	√	√	√	√	√	√	√	10
5		缺乏国际竞争力	①远洋运输时大型船舶国外控制严重 ②国际物流网络建立不完善	√	√	√	√		√		√	√	√	8
6		科学研究不足	①专业立项不够 ②各行业物流分项研究不足	√	√	√	√	√	√	√	√	√	√	10
7		物流观念落后	①受"重生产、轻流通"传统观念影响 ②受"大而全、小而全"传统模式影响 ③管理层对物流认识不足	√		√	√	√	√	√	√	√	√	9
8	操作层面	生产零部件和原材料包装复杂	①包装材质节约不足 ②包装规格标准不统一 ③包装技术先进性不足 ④包装器具回收再利用较弱 ⑤包装标识识别较差					√	√		√	√	√	5

续表

编号	分类	问题	细项问题	钢铁	有色金属	石化	机械	汽车	船舶	纺织	食品	家电	电子信息	汇总
9	操作层面	供应物资库存量不科学合理	①商业投机风险大 ②防范风险能力差 ③资金周转过长 ④物流金融开展缓慢	√	√	√	√	√	√			√	√	8
10		仓储管理方式粗放	①仓库布局及分区不够合理 ②管理方法不科学 ③出入库作业有交叉 ④自动化、机械化、信息化水平低 ⑤仓储作业流程不规范 ⑥仓储评价指标不科学	√	√	√	√		√	√				6
11		信息化程度较低	①信息技术应用不够广泛 ②物流信息系统有效对接不足 ③行业物流信息服务平台缺乏	√	√	√	√	√	√	√	√	√	√	10
12		物流运作过程中存在安全隐患	①超载超限存在交通安全事故隐患 ②操作及作业不规范 ③货物保价保险不齐全 ④缺乏应急预案 ⑤缺乏监测预警			√					√	√		4
13		运输费用高、效率低	①外部环境因素影响较大 ②缺乏多式联运 ③运输方式分工不科学，铁路运输能力不足 ④运输路线不科学 ⑤运输组织不合理、空驶率较高、配载不优化	√	√	√	√				√			5

续表

编号	分类	问题	细项问题	钢铁	有色金属	石化	机械	汽车	船舶	纺织	食品	家电	电子信息	汇总
13		运输费用高，效率低	⑥规模化、集约化运输程度不高 ⑦进出口通关效率低 ⑧提前期长，反应速度慢	√	√	√	√				√			5
14	操作层面	现场管理不够优化	①生产管理人员缺乏物流理念 ②生产布局、流水线不合理 ③厂区布局不合理 ④生产工艺不合理导致物流效率低 ⑤物流运作与先进的生产工艺不配套 ⑥科学管理方式运用不广泛 ⑦物流管理考核不足 ⑧工位管理与物流作业不协调 ⑨装备的专用性与通用性结合不足	√	√	√	√	√	√	√	√	√	√	10
15		物流企业利润低，成本高	①生产企业物流外包过度压价 ②运输方式选择不当 ③物流企业竞争激烈	√		√		√			√	√	√	6
16		产品再销售物流滞后	①再销售环节关注不够 ②没有完善再销售物流体系					√	√			√	√	4
17		专业化物流装备不足	①专用载运工具运用较少 ②技术装备开发不足、技术不先进、结构不合理	√	√	√	√	√	√	√	√	√	√	10
18		缺乏高效可行的配送模式	①物流模式配套性不足 ②运作效率偏低 ③共同配送性较弱					√		√		√	√	4

续表

编号	分类	问题	细项问题	钢铁	有色金属	石化	机械	汽车	船舶	纺织	食品	家电	电子信息	汇总
19	操作层面	产品回收集中性不强	①缺乏专业化、网络化回收体系 ②企业再利用技术水平不高，直接导致回收物流发展滞后		✓		✓	✓	✓	✓	✓	✓	✓	6
20		工业物流运行节奏不稳定	①行业间物流发展不平衡 ②缺乏政策引导	✓	✓	✓	✓	✓	✓	✓	✓	✓	✓	10
21	政策层面	标准化程度低	①物流设施设备、包装信息、作业流程等标准化体系建立迟缓 ②标准体系的落实性较差 ③国际对接不足 ④行业、部门间标准对接较差	✓	✓	✓	✓	✓	✓	✓	✓	✓	✓	10
22		行业、地域发展不平衡	①地区物流发展与经济发展不平衡 ②地区政策支持有差距	✓	✓					✓	✓		✓	5
23		专业化程度有待加强	①物流服务功能单一 ②配套增值服务较少	✓	✓	✓	✓	✓	✓		✓	✓	✓	8
24		供应物流成本较高	①原材料进口供应比重过大 ②供货过于分散	✓		✓	✓	✓	✓				✓	7
25	产业链	企业部门之间统筹协调	①生产设计与采购部门协调性较弱 ②企业部门之间存在壁垒				✓	✓		✓			✓	3
26		服务网点数量偏少、物流网络不完善	①网络规划布局不清、节点层次不清、通道连接不畅 ②区域布局不合理 ③城乡布局不协调 ④缺乏与既有物流设施的有效衔接			✓	✓				✓	✓	✓	5

1. 一般管理层面问题分析

一般管理层面的问题指，工业企业在其经营发展的过程中由于采取不当的管理理念，或者管理手段而对企业的良性生产经营造成影响的问题。

（1）物流观念落后，外包比例偏低

据统计，我国工业企业中，原材料物流的36%和46%分别由企业自身和供应商承担，由第三方物流企业承担的仅18%；产成品物流中，由企业自营或企业与第三方物流企业共同完成的比例分别为24.1%和59.8%，完全由第三方物流企业承担的仅占16.1%。这个数据与国外发达国家相比便可明显看出差距，如图23所示。美国、日本以及欧洲平均外包比例都已超过70%，其中德国的外包比例甚至达到90%。可见物流外包是工业物流发展的一个必然的趋势。

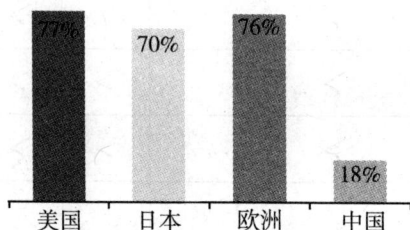

图23 我国制造业外包比例与发达国家对比情况

造成这种现象的主要原因有二：首先，目前我国多数制造业企业依然采用原计划经济下的物流管理方式，各自追求"小而全、大而全"，"产供销一体化"，"仓储、运输一条龙"的物流运作模式，导致制造企业仍然热衷于自营物流，主观上排斥社会化物流方式的选择。其次，企业自营物流环节缺乏协作，物流浪费惊人，如纺织和装备制造企业都各自拥有一定数量的运输车辆，然而因其销售具有一定的季节性特征，往往会出现车辆供需不平衡的现象。当销售旺季时，现有车辆则不能满足及时送货的要求；而销售淡季时，则又会出现过剩闲置的情况。因此这不仅增加了运输成本，而且造成了配送期限的不稳定，运输配送效率极低。

由此看出，企业的自营物流并不利于社会化专业分工，这会使得现代物流的专业化流通和集约化经营优势难以发挥，规模经营、规模效益难以实现。另外，目前我国只有少部分制造企业实行物流的完全外包，大多数企业采用混合物流，只是把运输、搬运等简单作业外包。物流企业处于以运输、仓储为主要内容的粗放型经营阶段，物流一体化运作程度较低，缺乏高效、快速的一体化物流体系。

（2）工业企业专业化物流人才缺乏

物流企业在长期的发展中，由于处于政府的附属地位，思想观念落后，自身发展意识淡薄，忽视对人才的引进，造成企业物流改进落后于生产工艺的改进，影响企业生产效率，使企业先进生产力无法得到充分发挥。图24反映了2006—2009年工商企业最需要的物流人才的企业比例情况。

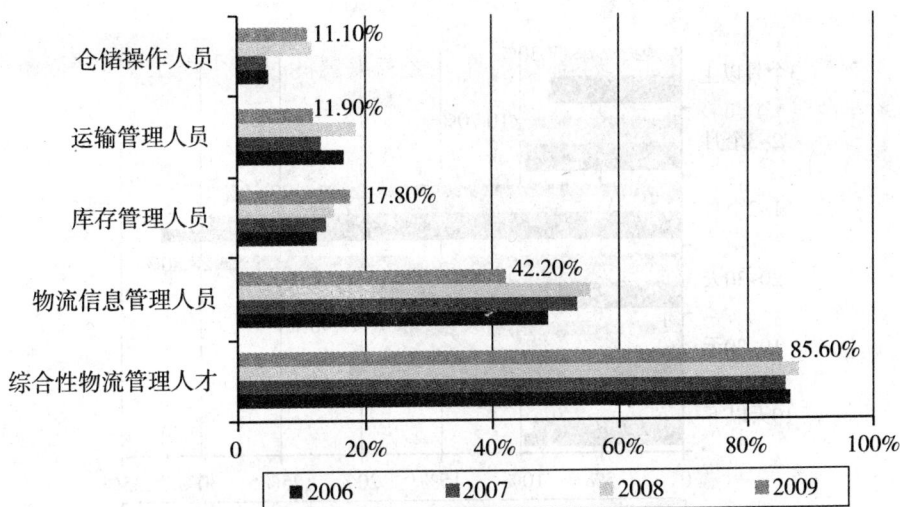

图24 2006—2009年我国工商企业最需要的物流人才的企业比例情况

目前高端物流管理人才缺乏一直是工业行业的重要问题，未来几年这种矛盾会更加突出，这是我国经济发展阶段所决定的。物流作为工程学、管理学和社会学交叉学科。解决人才短缺矛盾需要行业组织、高校和企业共同努力，高端人才要注重对企业高层管理人员的再教育，提高业务认识和管理水平；中端执行层管理人员要从高学历专业人才与继续教育结合培养；低端操作层面，要加强校企合作，将教学与企业实践深入结合。

（3）工业企业物流缺乏国际竞争力

目前我国多数行业在生产过程中所需要的零部件过度依赖于国外进口，例如铁矿石、电子产品生产所需要的芯片等，当国际贸易受到一定冲击时，国际物流无法迅速实现原材料在空间位置的有效移动，势必会影响到工业企业的正常生产。同时，大型船舶大多被海外市场所控制，供应链的控制力不强，不利于我国工业企业在国际中的竞争力提升。

2. 操作执行层面问题分析

操作执行层面的问题指工业企业在其物流活动的开展方面所存在的问题。具体来说可以从以下几个方面反映：

（1）科学研究匮乏，先进物流技术方法没有得以充分运用

首先，原材料及产成品库存量不科学。工业企业在其生产运作过程中常常选择以囤积原材料的方式，利用仓储成本抵消因原材料市场价格波动而造成的生产成本上涨，或者存储一定产成品以避免销售波动。但是库存水平过大则无法适应市场需求变化、过小则会降低抵御风险的能力，因此，在实际操作中，多数工业行业企业原材料库存水平过大，造成资金占压比重大，资金周转时间过长。图25及图26分别反映了我国工业企业原材料库存周期以及产成品库存周期的情况，从图中可以看出70%的工业企业库存周期均在1个月以上。

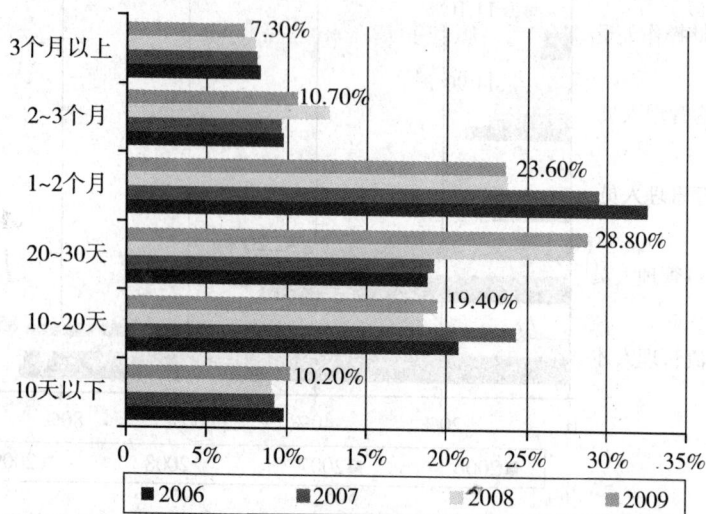

图25 我国工业企业原材料库存期变化图

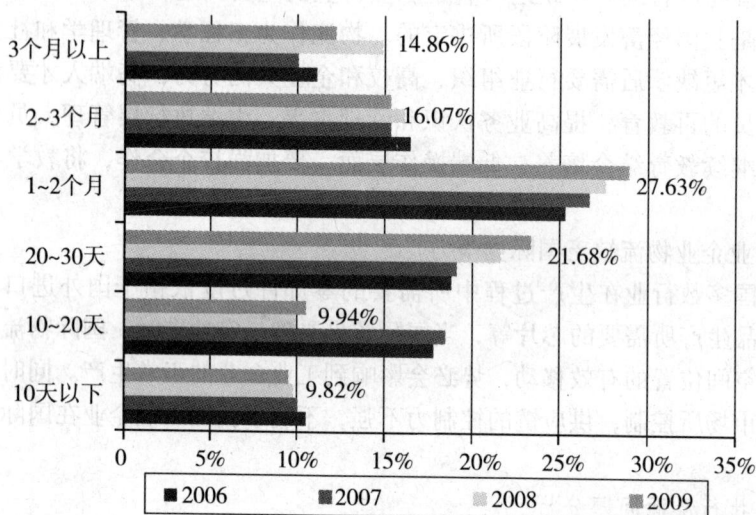

图26 我国工业企业产成品库存期变化图

其次，工业企业仓储管理粗放。工业企业仓库的有效利用率不高，仓库布局与分区不够合理；管理方法不科学，出入库作业有交叉，自动化、机械化、信息化水平低；货位安排与管理不合理，不便于货物查找的方便性；仓储作业流程不规范，采购与仓储部门协调不足；仓储信息不透明，仓储评价指标不科学、局限性较大，不能适用于其他方面。

最后，现场管理不够优化。大多行业生产管理人员缺乏物流理念，生产布局、流水线布置不合理导致物流效率低，物流运作与先进的生产工艺不配套、科学管理方式运用不广泛，例如 BOM、平衡计分卡、看板、MRP、MRPII、ERP 等先进方法未得以广泛应用。同时，工位管理与物流作业不协调，物料堆存的不科学往往导致空间利用率偏低。物流服务功能单一，与精益生产、敏捷制造不相适应，每一个流程再造必须需要相应的物流进行支持，应加大对其的关注度。

（2）物流信息化程度运用低

建立一个高速畅通、动态互联的物流信息系统，是第三方物流企业保证其各项职能相互协调并保持高效，实现与其他企业联盟进而使得物流服务综合化的必要条件。很多物流企业仍采用最原始的信息传递和控制方法，服务信息系统不健全，大大影响了物流服务的准确性。其中仓储管理、配送管理、运输管理等基础性功能仍然是物流信息系统应用的主要方面，而一体化服务等增值性较高的管理模块在第三方物流信息系统中的应用还较少；一些现代化的物流手段：条码技术、全球卫星定位系统（GPS）、射频识别装置（RF）、电子数据交换系统（EDI）等，使用不是很广泛，物流企业和客户不能充分共享信息资源，没有结成相互依赖的伙伴关系，影响物流企业与用户的沟通和协作，阻碍第三方物流服务效率的提高，如图27所示。从图中可以看出，传统的运输、仓储管理模块仍是第三方物流企业信息系统的主要模块，可见第三方物流企业的信息化水平还停留在一个较基础的层面。

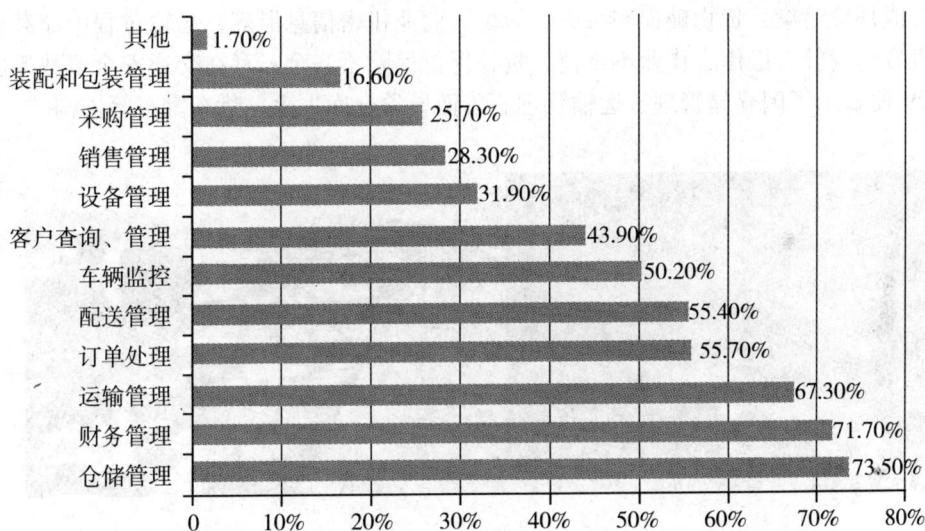

功能	百分比
其他	1.70%
装配和包装管理	16.60%
采购管理	25.70%
销售管理	28.30%
设备管理	31.90%
客户查询、管理	43.90%
车辆监控	50.20%
配送管理	55.40%
订单处理	55.70%
运输管理	67.30%
财务管理	71.70%
仓储管理	73.50%

图27 我国物流企业信息系统可实现的功能

（3）专业化的物流技术装备缺乏应用

工业企业在进行原材料或产成品的仓储、运输等物流活动中，常常需要专业化的物流技术装备。如图28所示，显示了部分专业化的物流技术装备在我国物流企业所配备的情况，运输实时监控的GPS设备仅有10%的物流企业使用，保温冷藏车的拥有率仅有11%，通过这些数据便可以得出我国专业化的物流技术装备缺乏广泛应用这一结论。

（4）物流运作过程中存在安全隐患

首先，从行业的特征角度来看。化工行业物流运作过程中，运输产品具有易燃易爆

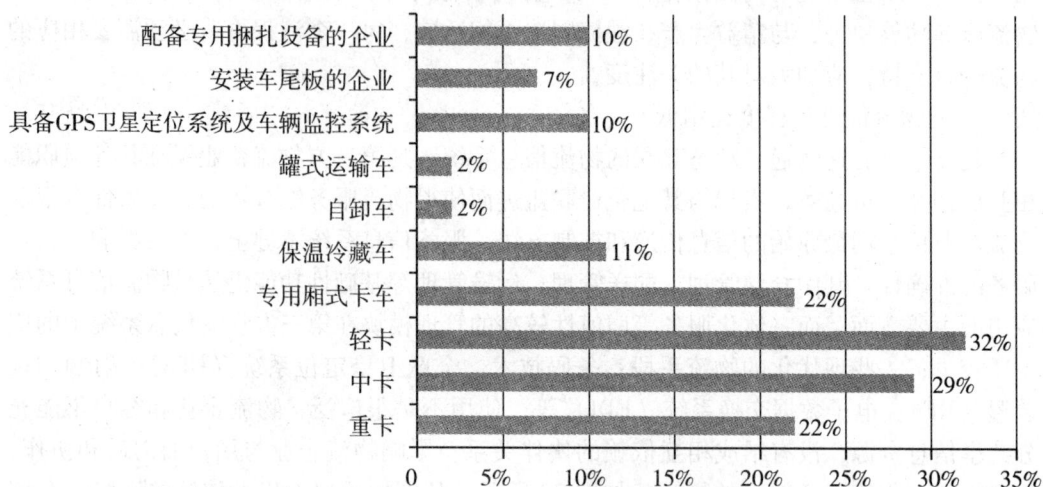

图28　2009年企业物流运输装备供给情况

性，物流运作操作难度系数大。其次，从物流操作过程中，部分产品运输过程中存在遗撒泄漏造成环境污染，货物破损与丢失、短少，商业机密信息泄露，运输过程中超载超限，司机疲劳驾驶，操作、作业不规范，货物保价保险不齐全，存在交通安全事故等隐患。图29便显示了因仓储管理、运输管理不善而导致仓库失火、货车翻车等惨剧。

图29　物流运作中所发生的安全事故

（5）生产企业物流外包过度压价

受部分行业利润率低的影响，部分工业企业将降低成本的压力进一步转嫁给物流环节，于是出现了工业企业采购物流环节以价格为主导因素的现象。同时，2011年4月7日国家发改委再次上调油价，这无疑会造成物流企业的运营成本进一步增大、物流利润进一步减少的现象。据统计，油价目前已经占物流企业总成本的40%左右。此次油价上调将进一步挤压物流企业的利润，物流企业更多的在研究如何超载提高收入，如何加大车辆的装载量来提高利润等方面，而没有更多的精力提高物流服务水平及提升服务能力。同时，人力成本上涨，过路过桥费高，违规罚款，乱收费，缺乏多式联运，运输结构分工方式不科学，铁路运输能力不足，运输路线不科学，运输组织不合理、空驶率较高、配载不优化均导致这一问题的产生。

（6）工业产品回收系统有待加强

目前我国尚未建立起完善的工业产品回收体系，例如，据发改委粗略估计我国废旧铅蓄电池有组织的回收率不足30%。图30更是反映了我国工业固体废物产生量与处置量相差甚大。

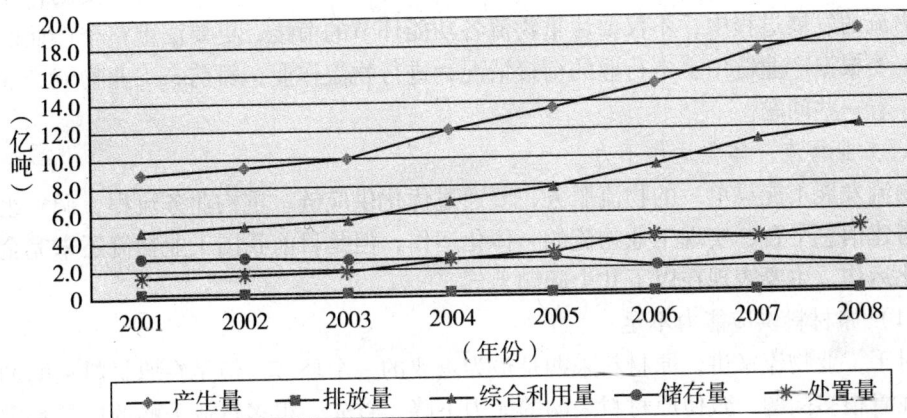

图30　2008年全国工业固体废物产生、处理及排放量年际变化

3. 政策制定层面问题分析

政策制定层面的问题，指因政府政策法规没有跟进而造成的工业物流发展缓慢的问题。具体来说可以从以下几个方面反映：

（1）缺乏对工业企业物流技术改造的政策扶持

目前我国对工业企业在仓储、运输等基础设施的配套性和兼容性较差，而国家或地方政府在物流领域的科技进步、设施改造和技术改造支持力度较小，使其无法迅速得以发展，这一问题在西部地区尤为明显。

（2）政府缺乏行业强制性标准

目前我国对于物流设施设备的标准化、信息标准化、作业流程标准化大多是建议性标准，没有强制约束，标准制定涉及部门多、执行难度大。

首先，与物流相关的现有产业标准体系起步较低，缺乏系统性。目前我国各主要行业迅速成长，并且形成了各自的标准化体系，如铁路、公路、民航、工业部门在建物流系统时，或自行制订，或选择不同的物流标准，形式多样、版本不一。这些标准缺乏协调运作机制，如在信息技术方面，由于货物条码标准不统一，有的物流公司要为每件进出仓库的商品更换条码标志，造成了成本核算以及人力、时间、效率等多方面的损失。

其次，现行的标准化管理体制制约着物流各相关产业标准之间的统一性和协调性。按照中国现有的标准化管理与运行体制，在物流标准化的管理方面，除了国家统一的标准化管理机构外，还有交通、铁路、民航、工业产业等行业的政府管理部门。各个产业的标准化专业技术组织与科研机构分散在各个政府部门和行业中，导致了在实际的运作过程中，不同部门之间缺乏有效的协调和沟通。

最后，物流市场的有效需求不足以对物流标准化的实施构成较大影响。由于物流在我国仍然是一个成长中的服务行业，还远远未形成一个成熟的独立产业，不但物流产业的市场化程度很低，与潜在需求相比，物流市场的需求非常不足。调查显示，中国第三方物流的实际营业额与物流市场潜在的需求相比，只占一个很小的比例。

（三）我国工业物流产业链存在的主要问题分析

各工业行业具有产业关联度高的特性，每个行业在产业链条上有着重要的作用。在工业物流的发展过程中，不仅要注重物流各功能环节的衔接，更要注重整个产业的发展情况，要根据产业链中上下行业的衔接情况，进行物流作业，目前，工业物流产业链中也存在着一些问题。

1. 工业物流一体化运作不力

物流发展不能靠单一的物流服务，要通过优化供应链、重构业务流程、调整组织结构、搭建信息平台，实现工业物流的一体化运作，但是目前我国工业物流还未完全形成一体化运作，主要表现在以下几个问题上。

（1）原材料供应能力不足

对于工业物流来讲，原材料采购是最为重要的一个环节，但是在原材料采购的过程中存在着很多问题，致使原材料采购的能力下降。首先，很多行业采购的原材料需要大量进口，其中包括钢铁行业的铁矿石进口、汽车核心零部件的进口、电子产品的芯片等材料的进口等，虽然国家鼓励进口，但是进口原材料过多就会对生产、销售、物流等诸多环节等造成很大的影响，大型船舶海外运输受海外控制较为严重，国际物流的控制能力较弱，受到岸价格和离岸价格规定的影响，进口原材料的采购存在很多不确定因素，致使采购准时性等不能保证，国外物流与国内物流衔接不畅，物流运作一体化难以实现。其次，原材料采购集中度不足，缺乏统一的采购平台，并且像汽车等行业的零部件供货较为分散，致使物流运输的路线或长或短，供给能力较弱。

（2）行业部门统筹规划较弱

物流是衔接供应链上下游产品流通的重要保障，对于工业企业来说，一个行业的物流运作与其他行业的物流运作息息相关，例如钢铁行业与汽车行业，钢铁行业作为原材料工业，其产成品是汽车行业的重要原材料，这就要求工业物流的发展需要上下两个行业通过物流运作来进行贸易交流，但是目前各行业之间并没有建立统一的物流平台，未形成产业之间的物流体系建立，导致物流运作时出现上下衔接不畅等问题。

另外，企业内部的部门之间也存在统筹不协调导致物流运作能力差的问题，例如设计部门与采购部门缺乏有效的沟通，导致物流运作不能有效进行，降低了物流效率，增加物流成本。

（3）物流服务功能较为单一

从第三方物流企业提供的服务范围和功能来看，当前第三方物流服务企业提供运输和仓储等基础性服务的比例较大，第三方物流企业的收益85%来自基础性服务，而在流通加工、物流信息服务、库存管理、物流成本控制、物流服务的持续改进等物流增值服务方面，尤其在物流方案设计以及一体化物流服务等更高层次的物流增值服务尚处在发展阶段，所占比例极少，这类服务的收益仅占了15%；生产企业的第三方物流服务主要集中在干线运输，其次是市内配送；商业企业的第三方物流服务主要集中在市内配送，其次是仓储，再次是干线运输。物流综合性服务和增值服务尚处于起步阶段，还未有较大的发展。造成这类现象的主要原因在于高水平的第三方物流企业比较少，且大多数第三方物流企业缺乏市场开拓、创新的力度，增值服务等高层次的服务模式尚未能得以普遍推行。

从表8可以看出，第三方物流企业的服务种类仍然集中在几个传统物流业务上，而一些高附加值增值服务的比例相对较低，干线运输和配送所占比例基本在38%左右，而物流信息管理、物流系统设计等高附加值增值服务所占比例基本低于20%，可见，在未来的一段时间里，传统的物流服务仍居主导地位。综合物流服务的发展还需要一段较长的时间。

表8 我国工商企业物流外包的业务种类 （单位:%）

	2005 年	2006 年	2007 年	2008 年
干线运输	31	32.7	30.8	39.28
配送	20.8	25.4	32.1	37.36
物流信息管理	2	3.5	8.2	17.54
仓储保管	18.8	15.1	16.7	11.92
包装与流通加工	3	5.2	6.7	11.88
物流系统设计	5	7.9	8.3	10.61
库存管理	—	9.2	6.4	6.72
其他	0.6	2.9	1.1	1.24

从服务水平和服务质量来看，第三方物流作为一个典型的服务行业，在发展过程中首先要解决服务质量的问题，只有优质服务的物流商，才能具有进一步发展的空间。第三方物流企业数量少，规模较小，直接影响到第三方物流企业的服务质量，主要体现在：服务的稳定性差；响应速度慢；服务价格高；不能满足临时需求；企业信用差等方面。据调查，企业对第三方物流服务的满意度较低，只有54%的生产企业和53%的商业企业对第三方物流服务表示满意，因此，第三方物流服务质量亟待提高。

图31和图32分别反映了我国工商企业物流外包的种类以及我国物流企业所能提供的服务类型。

2. 工业物流网络化经营不足

物流发展应当依靠较强的物流网络平台，保证物流运输的高效运作，但是目前工业物流未形成网络化经营。

（1）网络建设不够完善

第三方物流企业服务范围小，服务网点少，交通运输不畅，企业之间、企业与客户

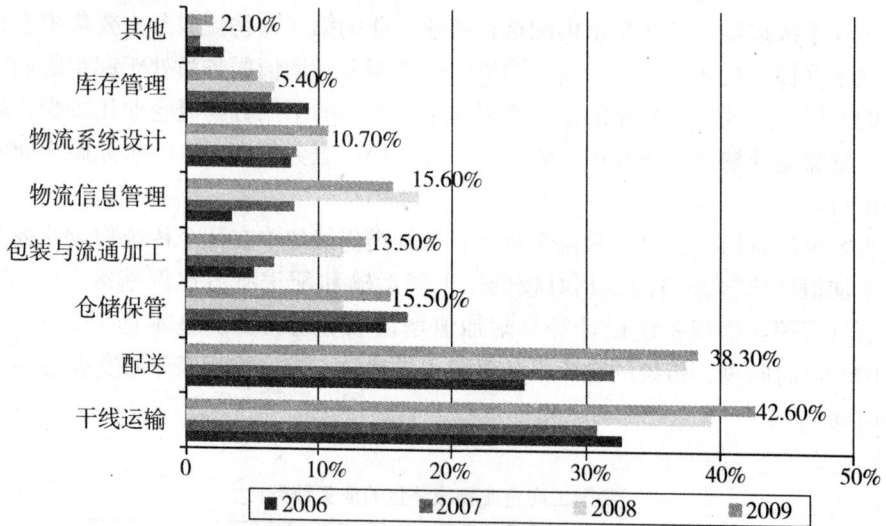

图31　我国工商企业外包物流业务的种类

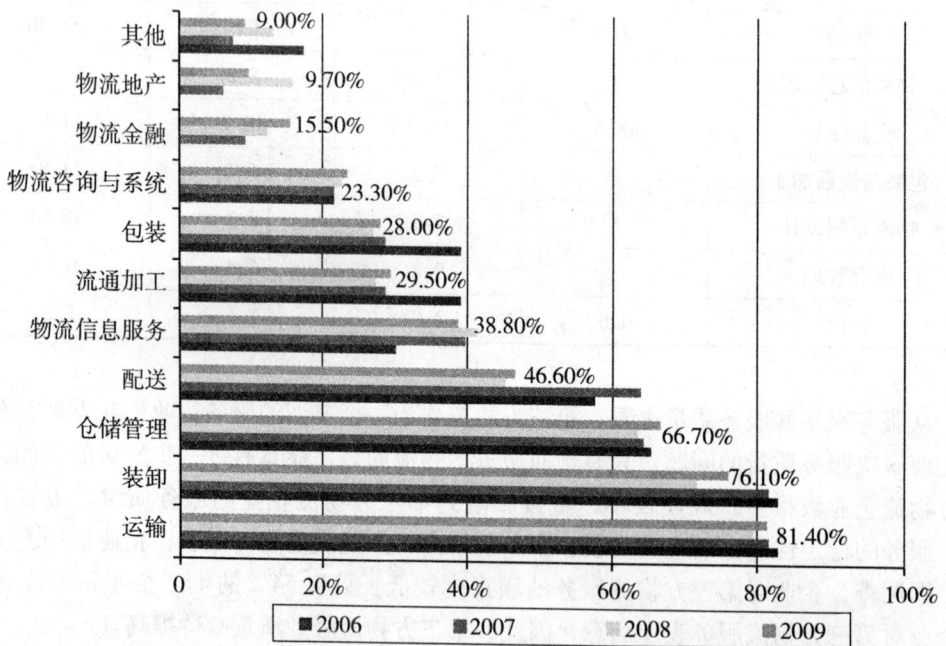

图32　我国物流企业提供的服务类型

之间缺乏合作，物流企业和客户没有结成相互依赖的伙伴关系，物流服务仅限于一些固定的客户群体，服务范围局限于几个分散的网点，辐射面较小；大多数物流企业只能提供单项或分段的物流服务，物流功能主要停留在储存、运输和城市配送上，不能形成畅通的物流渠道；而物流的基础设施如路网、港口、机场、物流中心等物流节点的建设投入不足，在很大程度上影响到第三方物流企业服务渠道的拓宽和服务网络的建设。

从图 33 可以看出服务网点在 10 个以下的占总数的 21.67%，网点数量为 11 ~ 20 个的占总数的 29.07%，21 ~ 50 个的占总数的 37.33%，51 ~ 100 个占总数的 9.1%，而 100 个以上的仅占总数的 2.83%，可见第三方物流企业服务范围还比较小，服务网点分散、数量较少，这是第三方物流企业服务渠道不畅、服务网络不健全的较为重要的一个方面。

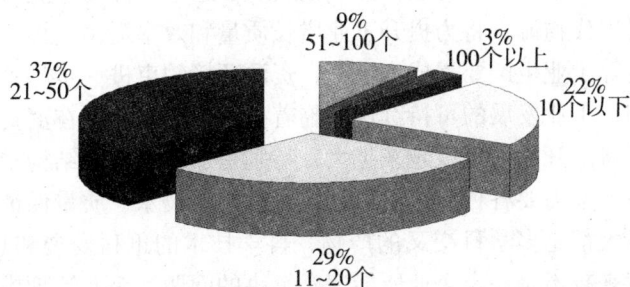

图 33 2008 年我国第三方物流企业服务网点数量占比情况

（2）网络整合能力较弱

目前物流网络整合能力还不足，主要原因是未建立畅通的物流通道，全国区域布局不合理，城乡布局不协调，缺乏与既有物流设施的有效衔接。网络整合能力弱就导致了物流运作诸多问题。首先，产品在销售物流之后，目前物流网络更加注重产成品物流销售，但是产品再销售物流体系未建立，在汽车行业中较为明显，二手车市场未有专业的物流公司进行服务，没有二手车的流通网络。其次，导致产品集中回收不强，产品回收物流网络未有资源整合，导致部分产品回收集中性不强，未能建立回收的网络体系。再次，售后备件物流资源整合能力不足，很多产品的售后备件具有不可替代性，导致了备件物流的复杂多样，没有健全的备件物流网络为其服务，致使备件物流发展缓慢。

四、我国工业物流发展的形势分析

"十二五"是全面建设小康社会的关键时期，是深化改革开放、加快转变经济发展方式的攻坚时期，也是实现工业转型升级，加快走向中国特色新型工业化道路的重要战略机遇期。工业物流发展的机遇与挑战并存，加快工业物流发展不仅是有利于国家、人民、行业、企业全面协调可持续发展的重大战略举措，还是新形势下促进产业升级、获取竞争优势的紧迫任务。

（一）我国工业物流发展的必要性分析

1. 工业经济平稳较快增长带来旺盛的工业物流需求

改革开放 30 多年来，我国经济快速发展，工业综合实力稳步提升。"十二五"期间，我国国民经济将继续保持平稳较快发展，预计 GDP 年均增长 7%；工业化快速推进，预计规模以上工业增加值年均增长 10% 左右，工业规模将进一步扩大；城镇化加快推进，人民生活持续改善，城乡居民消费持续升级；市场化、国际化深入发展，深化工业领域改革，扩大工业对外开放，国际合作与交流增多；我国已经成为世界制造业中心和商贸中心，由工业特别是现代制造业的采购、生产、销售等环节产生的货运、仓储和管理等物流需求日益增加，为工业物流发展提供了广阔的空间。

2. 工业发展方式转变对工业物流发展提出更高要求

加快经济发展方式转变是"十二五"时期工作主线，工业是转变经济发展方式、调整经济结构的主战场，而大力发展生产性服务业是工业产业结构优化、发展方式转变的战略重点。大力推动服务产品与服务模式创新，促进生产性服务业与先进制造业的有机融合，大力发展现代物流，将为提升工业增长质量和效率提供支撑。尤其是随着劳动力、原材料、土地等工业生产要素成本上升，资源环境约束进一步趋紧，自然灾害频发等不确定因素增加，工业发展的可持续性面临着重大挑战。特别在消费者需求不断多样化的时代下，产品研制开发的难度越来越大，特别是那些大型、结构复杂、技术含量高的产品在研制中一般都需要各种先进的设计技术、制造技术、质量保证技术等，不仅涉及的学科多，而且大都是多学科交叉的产物，科学技术的迅猛发展和学科的不断细化，使得产品的研发越来越不是一家企业所能完全解决的问题。企业管理模式逐步由"大而全、小而全"的纵向一体化向横向一体化转变，企业要集中力量加强产品研发和市场拓展来不断提高核心竞争力，提高对供应链的控制力，企业将物流业务外包给专业的物流服务商，要求物流与供应链运作协调联动，这就要求工业物流发展要不断创新理念、方法、技术和模式，着力提高社会化、专业化、信息化、一体化服务水平，以物流带动促进工业发展。

3. 全球经济一体化趋势加强导致企业竞争方式改变

经济全球化和区域经济一体化的不断深入发展，企业的经营管理环境发生了重大变化，全球化运营和区域间的协调与融合已成为企业适应新经济形式的重要发展趋势，企业必须进行更广范围内的资源优化配置，从而实现运营成本的降低和竞争优势的发挥。随着企业竞争范围不断扩大和竞争压力逐渐增加，单一企业已无力在错综复杂的市场形势下有效满足市场，因而必须将企业管理范围外延并与上下游关联企业实现有效联盟，将传统的松散型关系转变成为紧密型的战略合作伙伴关系，由此供应链管理应运而生。其中，物流作为供应链的重要组成部分，企业优化配置资源、降低成本和发挥竞争优势的重要途径，不仅仅是企业竞争、抢占市场的手段，也逐步发展成为企业合作、寻求共赢的联系纽带。

4. 技术进步和客户需求个性化带动物流管理革新

以信息技术为代表的现代生产技术在企业中的应用，带来了生产工艺的改革与进步。计算机辅助设计、计算机辅助制造、柔性制造系统、自动分拣系统、自动识别技术等在世界各国尤其是工业发达国家的生产和服务中得到广泛应用。生产工艺的改革与进步要求物流服务体系做出适应性改革与调整。例如，精益生产的启动必须从物流服务体系的设计、改造开始，以物流的改革来推动企业系统整体效益的提高，并依赖物流系统管理的不断进步带动精益生产的全面实施。又如，准时制生产同样需要物流系统改革的支持。以汽车制造为例，当前流行的混流生产方式是以顾客需求为导向的，车辆生产顺序有很大的随机性，车辆生产指令和零部件的安装指示通过及时通信来传递，留给工厂准备的时间很有限，如何对应成千上万的汽车零部件的准时化供给，物流服务体系在实现这一管理方式上起着承上启下的作用，是尤为重要的关键环节。物流系统规划和服务方案设计实施的好坏直接关系到生产能否顺利进行，关系到企业在市场中的竞争地位，也直接决定了供应链成本的高低。同时，随着人民生活水平的日益提高和经济的快速发展，客户需求也发生了重大变化，对产品性能质量需求更高，对产品价格需求更加价廉，在满足物质需求的基础上更加追求品质和多样性，个性化需求特征明显，从而也带动了工业企业物流服务方式的变化，对物流服务质量、价格及时效性、可靠性、灵活性要求更高。

5. 工业和物流融合发展是发达国家工业化普遍规律

在工业化初期，由于生产力水平不高，工业企业均是以注重生产为主，物流对工业生产呈现绝对的从属性；而在工业化中后期，随着生产力提高，工业物流发展就显得尤为重要。从发达国家工业化发展进程来看，促进工业和物流融合是经济发达国家的普遍做法，无数事实可以证明生产性服务业特别是物流业是保障工业可持续发展的强劲动力，是支撑推动工业向更高水平发展、建设工业强国的基本因素，也是消除工业发展中不平衡、不协调、不可持续发展问题的重要手段。同时，发达国家工业物流发展经验例如运用先进物流理念、强化物流整合能力、创新物流服务模式、注重信息技术应用、打造绿色物流体系等方面也为我国工业物流发展提供了很好的借鉴与启示。

（二）我国工业物流发展的重要性分析

工业物流作为工业活动的重要组成部分，在降低工业成本、提升企业竞争力、推动产业升级、促进发展方式转变等方面发挥着至关重要的作用。一个工业企业，纯生产时间只占全部生产流程总时间的10%，而各种物流时间占90%；一个工业产品，生产成本只占10%，而采购与物流成本占90%；一个工业产品，生产利润只占总利润的10%，而物流与销售利润占利润的90%，这三个"90%"充分说明现代工业与物流业的关系非常密切。离开工业，物流业的发展可能是"无源之水"；反之，离开物流业的支撑，工业也如同"无轮之车"。

1. 有利于提升工业企业竞争力

随着社会的不断进步与发展，尤其是市场环境的日新月异，现代物流作为一种先进的管理技术和组织方式得到了广泛应用，物流管理对工业企业的重要性不断凸现，主要表现在以下方面：

（1）支撑运营、保障产销活动正常开展

工业企业的生产、销售等活动涉及对有关原材料、零部件、半成品及最终产成品的运输、仓储、包装、加工等物流环节，以保证企业生产、销售等活动及时、高效进行。物流管理的水平，直接影响到企业产销活动的质量。尤其是在追求个性化、柔性和精益性的商品生产和库存最小化的背景下，又对物流活动的及时性、准确性和稳定性提出了更高要求。

（2）适应竞争、提升企业客户服务水平

高水平的客户满意度是企业赖以生存的基础。当代企业间竞争已从单纯依靠产品转向产品和服务相结合的方式，价格、质量、品种、时间、信誉和环保是影响客户对产品和服务需求的重要因素。工业企业除自身核心产品外，还要向客户提供高水平的服务，物流是极为重要的环节，不仅是企业满足不同层次市场需求、实现差别化营销的重要方式和途径，同时也是客户接触企业、感知企业、选择企业的重要窗口和环节。

（3）降本提效、挖掘企业利润新增长点

随着生产制造技术和管理方法的日渐完善与成熟，通过降低原材料消耗和提高劳动生产率，来增加利润的空间正逐步缩小，企业已逐渐认识到通过加强物流管理、降低物流成本、挖掘企业利润是工业发展的新增长点，特别是在日益激烈的市场竞争下，更是成为企业生存发展的迫切要求。

（4）构建桥梁、推动供应链企业间协作

物流与信息流、资金流之间有着密切联系，尤其是物流在贯穿整个采购、生产、销售过程中的支撑作用，使其成为供应链上下游企业之间合作的重要内容和纽带。供应链环境下的物流管理已经超越单个企业，而强调供应链企业间的合同协作。对整个供应链中所有企业实施物流一体化管理，可以帮助企业与供应链上下游企业形成战略合作伙伴关系，从而提高供应链效率，加快贸易循环，增加流动资金。

2. 有利于提升物流企业服务能力

工业是物流业发展的需求基础，也是促进物流业又好又快发展的强大动力，主要表现在以下方面：

（1）释放需求、创造物流发展的基础条件

工业品物流总额占社会物流总额的 90% 以上，但其只有 60% 左右的工业企业实现外包，工业物流领域市场空间巨大。工业企业逐步将原材料采购、运输、仓储等物流服务业务分离出来，让专业物流企业承担，为第三方物流企业发展创造必要的市场发展空间。同时工业企业开放自备物流设施、整合集聚现有分散的物流基础设施和资源，将进一步为物流业发展创造有利条件。

（2）满足需求、提高专业化物流服务能力

近年来，我国物流企业取得快速发展，产业规模不断扩大，但满足现代工业企业需要的专业服务能力还不强。在运输和仓储等服务领域，同质化倾向严重，粗放式经营、低水平竞争愈演愈烈。工业企业在物流增值服务、一体化服务，特别是在物流方案设计及供应链全程服务等方面有着较高的要求，物流企业为工业企业提供服务时，不仅需要具备相应的行业物流条件，还需要增强物流专业化和个性化的服务能力。一些运输、仓储、货代、快递等传统物流企业加快转型发展，围绕工业企业需求的专业化物流加快发展，汽车、家电、电子、医药、烟草、图书等行业的物流配套服务能力正在逐步形成。此外，供应商管理库存、物流金融、卡车航班、越库配送、保税物流、邮政物流等服务新模式得到推广运用，促进了各类物流企业创新发展。

（3）深入供应链、提高一体化物流服务能力

工业物流环节较多，又具有各自的行业特点，是物流运作中最为复杂的领域。物流企业充分发挥网络、资源、技术和规模等优势，积极介入工业企业的采购、生产、销售全过程，整合相关业务，为企业提供全方位物流服务和完整物流解决方案，构造具有竞争优势的供应链，从而提升自身一体化物流管理能力，通过优化社会物流资源配置，提高全社会的物流运作效率，实现物流业服务能力和水平的整体提升。

（4）技术支持、提高物流行业现代化水平

工业可以充分发挥自身技术优势，与物流企业共同搭建物流技术研发平台，共同开展物流技术装备研发工作，为工业物流的发展提供技术保障。积极研发进一步满足制造企业物流需求的新型技术装备，加强信息技术的应用，可大大提高物流行业自身信息化和现代化水平。

3. 有利于提升工业经济可持续发展能力

（1）促进产业融合优化发展

加快新型工业和现代物流业发展步伐，引导传统产业优化升级，推动产业结构优化，促进产业融合发展。通过物流业对社会物流资源的有效配置和充分利用，与重点工业产业形成完整的产业链和供应链，形成产业结构调整和振兴的融合，从整体上提高我国产业综合竞争力。

（2）促进区域经济协调发展

一方面，统筹新型工业化产业示范基地、经济开发区、出口加工区、高新技术产业园区等产业集聚区与物流业合理布局，将大大增加地区产业发展的协调性和经济社会发展的可持续性。另一方面，随着国家生产力布局调整的加快推进，东部沿海地区发达工业产业向中西部地区转移，如富士康、惠普等大型制造业已到内地投资建厂，物流作为承接产业转移的重要手段，其地位和作用将日益突出。

（3）促进经济发展方式转变

国际金融危机反映出我国长期以来积累的产业结构性矛盾，在当前保增长取得初步成效的情况下，必须把产业结构调整放在更加突出的位置，物流业是生产性服务业的重要组成部分，对服务业的拉动作用十分显著，是促进产业结构调整的有效途径。推动制造业与物流业联动发展，释放制造业物流需求，对于加快物流业发展，扩大物流业规模，提高服务业比重，优化产业结构，转变发展方式，使经济增长由主要依靠工业带动向三次产业协同带动转变具有重要作用。

（三）加快我国工业物流发展的紧迫性分析

1. 是构建新型工业体系、现代物流服务体系的双重任务

坚持走中国特色新型工业化道路，走出一条科技含量高、经济效益好、资源消耗低、环境污染少、人力资源优势得到充分发挥的新型工业化路子，需要建立结构优化、布局合理、技术先进、清洁安全、产业链完善、吸纳就业能力强的现代产业体系。而建设与工业发展相适应的工业物流服务体系，支持工业又好又快发展，是构建全面协调可持续发展的现代产业体系的必然要求。同时我国现代物流服务体系的完善也迫切要求加快工业物流发展，提高物流的社会化、专业化、信息化、一体化、国际化发展水平，提升物流业的整体竞争力。

2. 是降低工业物流成本、转变工业发展方式的迫切要求

我国是一个工业大国，工业企业长期以来一直"重生产、轻流通"，自营物流比例较高，物流成本过高问题突出。目前社会物流总成本与GDP的比率约为18%，高出发达国家1倍左右，其中工业物流总额占到全社会物流总额的90%左右，工业产品物流成本约占到总成本的30%，高出发达国家3倍左右。这些问题的存在不仅影响了工业企业

和产品的竞争力，更在宏观层面上影响了工业经济运行效率，降低工业物流成本、提高工业运行质量的要求十分紧迫。只有加强工业物流工作，实现对工业领域物流成本的有效管理和控制，才能从根本上降低工业成本，彻底转变发展方式，为工业经济平稳较快发展提供强大支撑。

3. 是提升核心竞争能力、促进工业转型升级的基础支撑

传统的纵向一体化管理模式容易造成核心企业负担过重。提高核心竞争力，促使工业企业物流业务从主业中剥离出来，外包给专业的物流服务商。近年来，我国工业物流外包的规模和程度持续提高，但总体来看自营物流比例仍较高。目前我国工业已经进入到"转方式、调结构"的关键时期，面临的形势复杂、发展的任务重，应当牢牢抓住"十二五"这一重要的战略机遇期，将转变工业发展方式深化到工业的各个行业和各家企业，加快工业转型升级。今后一段时间，钢铁、汽车、纺织、装备制造业等相关行业兼并重组步伐加快，在兼并重组过程中，物流能力与业务重组是重要的组成部分，物流外包的需求和释放速度也将进一步加快，工业与物流业联动和融合发展趋势更加明显，将促进工业由中国制造到中国创造、由生产型制造向服务型制造、从低价值链向高价值链转变。

4. 是推进两化深度融合、加快物流业现代化的重要途径

党的十七大和十七届五中全会提出大力推进信息化与工业化深度融合，这是"十二五"时期工业和信息化领域至关重要的一项工作。实现两化深度融合，需要加强信息业生产经营和管理的主要领域、主要环节的有效应用，而推动工业物流信息化正是对此工作的深入落实和具体体现。同时，先进的信息技术在物流业广泛应用，工业利用自身技术优势研发适应物流需求的各类装备，这也为加快物流业现代化、提高物流整体服务水平提供了重要保障。

5. 是工业参与国际竞争、全面建设工业强国的必要保障

受国际金融危机冲击，发达国家纷纷谋划经济结构的深度调整，实施以先进制造业为核心的"再工业化"，谋求振兴制造业，扩大出口，这必将挤压我国的出口市场。新兴经济体和发展中国家也在加速发展具有自身比较优势的产业和技术，与我国传统优势产业的国际竞争将更加激烈。我国的产业升级和新兴产业的发展正面临着发达国家遏制和发展中国家追赶的双重挑战。另外，在21世纪的市场环境下工业企业还面临着产品研制周期缩短、快速满足消费需求，交货期不断缩短，库存压力不断增长等多重挑战。为抢占市场先机、在国际竞争中抢占制高点，大型工业企业更加关注提升核心竞争力，必将集中优势资源于产品研发和市场拓展，而企业配置全球资源和拓展销售市场都需要以全球性服务网络和高水平物流服务为支撑，以此加强对供应链、产业链和价值链的控制力，提高企业核心竞争力和国际竞争力，参与更大更激烈的国际竞争，逐步树立我国在世界工业体系中的强国形象。

五、我国工业物流的发展思路与目标

在分析未来国家经济社会发展和工业转型升级等重要形势的基础上，根据工业物流的基本特征，结合我国工业物流发展实际和当前工业物流发展中存在的主要问题，

借鉴现代物流与供应链管理等先进理念，提出了工业物流发展的主要思路及目标建议。

（一）工业物流的基本特征分析

根据典型工业行业物流特征分析，归纳总结得出工业物流的基本特征主要有以下三方面：

1. 供应链一体化

工业物流的供应链一体化特征包括：采购、生产、运输、仓储等活动的功能一体化；在地理上分散的供应商、基础设施和市场之间的空间一体化；在战略层、战术层、运作层三个层次一体化。

2. 专业化程度要求高

工业涉及的行业领域众多，生产方式较为复杂，且不同行业的差别较大，因此物流服务必须与工业生产要求相适应，为不同行业提供专业化、个性化的服务，特别的，精益生产、敏捷制造等先进生产技术的应用又对物流服务水平提出了更高要求。

3. 网络化特征强

工业企业原材料和零部件供应关联企业多，物流运作涉及多个工业企业服务网络叠加；并且随着企业竞争范围扩大，企业自身获取资源和市场拓展向着区域化、全国化、国际化方向发展。

（二）我国工业物流发展的指导思想

工业物流发展指导思想的提出以国家有关经济社会、工业和物流业发展的重要文件精神为基础：

2002 年　《全面建设小康社会，开创中国特色社会主义事业新局面——在中国共产党第十六次全国代表大会上的报告》

2006 年　《中华人民共和国国民经济和社会发展第十一个五年规划纲要》

2007 年　《胡锦涛在中国共产党第十七次全国代表大会上的报告》

2009 年　《物流业调整和振兴规划》

2010 年　《转变工业发展方式 提高核心竞争力 为建设工业强国奠定坚实基础——全国工业和信息化工作会议张德江副总理讲话》

2010 年　《加快工业转型升级 推进两化深度融合 走中国特色新型工业化道路迈出新步伐——全国工业和信息化工作会议李毅中部长讲话》

2011 年　《中华人民共和国国民经济和社会发展第十二个五年规划纲要》

2011 年　《关于加快推进信息化与工业化深度融合的若干意见》

我国工业物流发展的指导思想是：

深入贯彻落实科学发展观，以工业转型升级需求为导向，以降低工业物流成本、提高供应链运行效率为目标，以推进工业物流向供应链发展方式转变为主线，以工业企业为主体，以物流企业为支撑，以市场需求为引导，以政府部门为推动，以先进信息技术和科技进步为引领，以提升工业企业物流管理水平为突破，以工业企业物流流程再造、物流业务外包、工业与物流业联动为重点，优化发展环境，逐步建立现代工业物流服务体系，提升工业企业核心竞争力，为加快中国特色新型工业化进程提供物流服务保障。

（三）我国工业物流发展的基本原则

1. 政府引导，企业运作

政府部门要加强引导、协调和鼓励工业物流发展，营造良好的发展环境；发挥市场配置资源的基础性作用，突出企业的主体地位，充分调动工业企业和物流企业联动发展的积极性。

2. 科学规划，加强协调

适应工业生产力布局要求，结合工业物流发展需求，针对主要问题，找到共性的解决手段和途径，科学制定工业物流发展总体规划和专项规划，加强工业与交通物流设施、城乡基础设施等规划、建设与发展的协调和衔接。

3. 整合资源，改造提升

充分利用社会物流资源并加快整合工业系统内部货运、仓储等存量资源，注重改造提升、完善配套、拓展功能来发展工业物流，提升基础设施和技术装备的现代化水平，防止盲目投资和重复建设。

4. 深化协同，促进融合

深化物流与供应链采购、生产、销售各环节的协调运作，发挥物流的桥梁纽带作用，加强供应链上下游企业之间的合作；促进工业和物流要素融合，加强工业企业与物流企业联动发展。

5. 分类指导，分步推进

结合行业特点和企业实际，探讨适应不同地区、行业、企业工业物流的发展模式、发展时机和发展目标，实施分类指导服务，分步推进各项工作，有序引导工业物流健康规范有序发展。

6. 重点突破，以点带面

以典型地区、重点行业、重要领域、薄弱环节为突破口和关键，推动工业物流先行发展；发现和培育一批工业物流示范企业和项目，带动引导行业发展，促进工业物流整体水平提升。

（四）我国工业物流发展的主要思路

我国工业物流发展的主要思路可概括为：引导企业、形成集群、建立机制、寻求突破。

1. 引导一批工业企业提高物流管理水平

引导工业企业转变"重生产、轻流通"的思想，引入现代物流与供应链管理等理念，科学规划物流服务系统，积极开展物流管理方法、技术和模式创新，持续优化赶超行业先进水平。

2. 形成基于物流一体化运作的企业集群

加强工业企业产供销一体化，加强大型工业企业带动引导作用，加强中小企业集群与大型企业协作配套，加强工业企业与物流企业联动发展，形成"专、精、特、新、大"相结合的工业物流发展企业集群，推进基于供应链的物流一体化运作，提高供应链整体运行效率和效益。

3. 建立一套工业和物流业融合发展机制

建立推动工业物流需求释放、物流要素融合、两业联动发展的机制，通过物流支撑工业转型升级、工业促进物流业现代化，提高两业融合发展能力，促进我国工业由大变强。

4. 寻求一系列工业物流项目发展新突破

寻求典型地区、典型工业行业、重要领域等一系列工业物流项目发展新突破，开展工业物流发展试点示范项目，引导支持工业企业在两业联动、两园融合、对标达标、创新提升、技术研发等项目中积极发展、寻求突破，打造出一系列具有中国特色的工业物流发展的试点示范项目。

（五）我国工业物流发展的总体目标

我国工业物流发展的远期和近期目标如下：

1. 近期发展目标

到 2015 年：

——确立现代物流在工业领域的战略地位，工业物流发展环境明显改善；

——工业物流社会化、专业化、信息化、一体化、国际化逐步程度提高，物流外包比例扩大，工业物流费用占 GDP 的比例下降；

——工业和物流业布局合理性、要素融合性、运作协调性大大增强；

——供应链企业之间合作得到加强，逐步培育起工业物流发展企业集群；

——打造一批工业物流示范工程，形成 200 个工业供应链示范项目、100 个工业物流示范企业和 50 个工业物流示范园区。

2. 远期发展目标

基本建立布局合理、功能完善、技术先进、衔接顺畅、便捷高效、低碳环保的新型工业现代物流服务体系，具有较强的物流一体化运作能力和国际竞争力。

六、我国工业物流发展的总体对策分析

工业物流的发展正在向供应链一体化方向发展，从产、供、销等环节的角度分析工业物流运作的特点，从而提出在工业物流各环节的发展对策。本章针对管理层面、操作层面、政策层面以及产业链四个层面中提出的问题，从供应链各环节的角度重新将这些问题分类梳理，并提出相应的发展对策，为提高工业物流一体化综合能力提供保障支持。

（一）供应链环境下工业物流的主要环节分析

当今企业界最重要的变化之一是企业所面对的竞争不再是单个企业之间的竞争，而是供应链与供应链之间的竞争，物流与供应链管理已经成为竞争优势的重要来源。工业作为我国的支柱产业，对促进我国国民经济的发展起着举足轻重的作用。为了更好地迎接全球化所带来的挑战、提升我国工业的整体竞争力，有必要从供应链的角度对工业的发展进行研究，找出工业供应链各物流环节运作的主要特征。

从供应链的环节来看，工业物流主要包括供应物流、生产物流、销售物流、回收物流和废弃物物流五个环节，其相互关系如图 34 所示。下面便针对这个五个环节的物流

特征进行深入的分析与探讨。

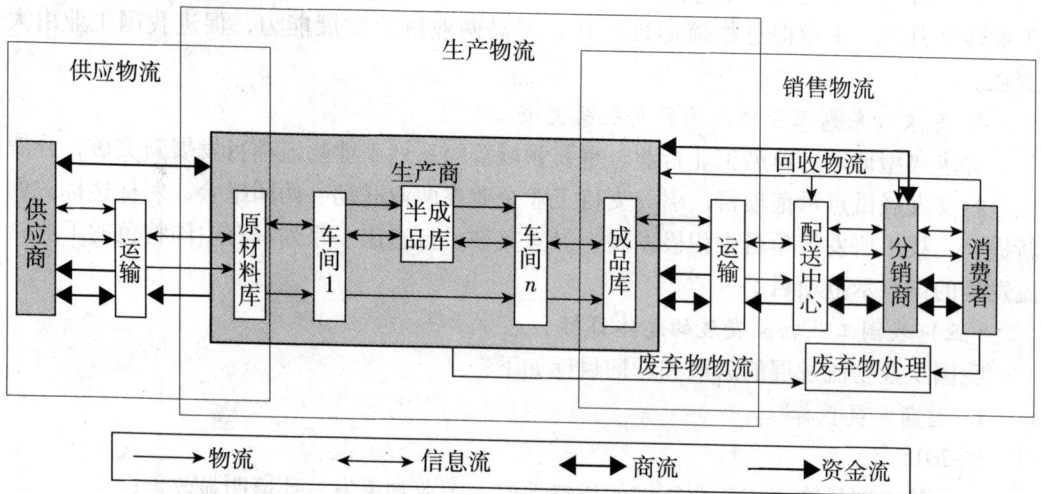

图34 供应链环境下工业物流主要环节的关系示意图

1. 供应物流

（1）工业企业供应物流的内涵

工业企业供应物流是指采购生产过程中所需要的原材料、配件等原材料，以及因保证生产而形成的库存而进行保管维护的物流活动。供应物流是工业企业内部协调职能与外部交换职能的统一，内部协调职能指工业企业内部输入、作业、输出之间相互制约的关系；外部交换职能是指与供应商之间的相互影响的复杂的交换关系。

供应物流流程可以用5个环节加以简化描述，其相互关系如图35所示。当前对工业企业供应物流流程具有趋势性影响的因素主要表现在两个方面：第一，经济全球化的影响——随着全球经济一体化的发展趋势日益明显和跨国公司全球战略的逐步推行，全球采购已成为其重要的组成部分；第二，电子商务的发展成为众多工业企业延伸自己采购业务的手段。

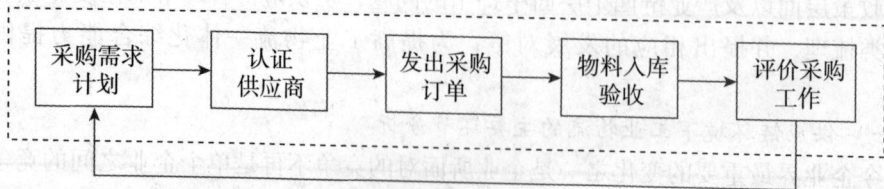

图35 供应物流流程简图

供应物流作为工业供应链的"龙头"环节，不仅要实现原材料的及时供应、保证工业企业的准时生产，又要降低物资的采购成本，其作用十分重要。衡量其运作的质量好坏通常采取"5R"准则，即：适当的时间（Right Time）、适当的数量（Right Quantity）、适当的质量（Right Quality）、适当的价格（Right Price）、适当的供应商（Right

Supplier)。

（2）工业企业供应物流的模式

随着工业企业生产方式以及生产流程的不断改进，供应物流的模式也在不断的推陈出新，目前比较常见的模式有订货点采购模式、MRP 采购模式、JIT 采购模式、VMI 采购模式、电子采购模式等。

订货点采购是由采购人员根据各个品种需求量和订货提前期的大小，确定每个品种的订货点、订货批量和订货周期、最高库存水平等。又可以分为定量订货法采购和定期订货法采购。这种采购模式是以需求分析为依据、以填充库存为目的，兼顾满足需求和库存成本控制，操作简单，但是受市场随机因素干扰较大、对市场反应不够灵敏。

MRP 采购是由采购人员采用 MRP 应用软件，制订采购计划而进行采购。这种模式依然是以需求分析为依据、以满足库存为目的。由于计划较为精细与严格，所以它的市场反应灵敏度及库存水平都比订货点采购模式有所提高。

JIT 采购又称准时化采购，是一种完全以满足需求为依据的采购方法。需求方根据自己的需要，对供应商下达订货指令，要求供应商在指定的时间，将指定的品种按指定的数量送到指定的地点。JIT 采购可以做到灵敏地响应用户的需求，又使得用户的库存量最小甚至为"零"，是一种比较科学、比较理想的采购模式。

VMI 采购是在供应链思想下，采购不再由工业企业操作，而是由供应商进行操作，工业企业只需要把自己的需求信息向供应商连续及时传递，由供应商根据这些预测工业企业未来的需求量，并根据这个需求量制订自己的生产计划和送货计划，工业企业的库存量大小由供应商自主决策的采购模式。VMI 采购模式最大的受益者是工业企业，它使得工业企业从烦琐的采购活动中脱离出来，甚至连库存管理、运输进货等活动都交由供应商或物流企业承担。供应商能够及时掌握市场信息，灵敏地响应市场需求变化，减小库存风险，提高经济效益；但这种采购模式对企业信息系统、供应商及物流企业的业务运作要求较高。

电子采购是指在电子商务环境下的采购模式。采购人员通过互联网寻找供应商、在网上进行商务洽谈、网上订货，甚至网上支付货款，最终实现送货或进货作业。

（3）工业企业供应物流的管理活动

供应物流最终要实现生产原材料准时、高效地从供应商处转移到工业企业处，这一过程通常包括三个环节——采购进货物流、物资接运入库、物资进货验收。

目前多数工业企业所采取的采购进货物流可以归纳为三种方式：自提进货、供应商送货、委托外包进货，委托外包就是把进货管理的任务和进货途中的风险都外包给第三方物流公司，它有利于发挥第三方物流公司的自主处理、联合处理和系统化处理的优势，有利于降低工业企业的物流运作成本。

物资接运入库主要实现及时、准确地提取入库的原材料，主要有四种方式：车站或码头提货、仓库内专用线接货、工业企业自行提货、库内接货。其中库内接货与委托外包一脉相承，是由第三方物流企业直接将物资送达工业企业仓库或生产车间的一种方式。

物资进货的验收是物资在入库前，仓库按照一定的程序和手续，对物资的数量和质量进行检查，以验证它是否符合订货合同规定的一项工作。

2. 生产物流

（1）工业企业生产物流的概念

工业企业生产物流是指伴随企业内部生产过程的物流活动，即按照工厂布局、产品生产过程和工艺流程的要求，实现原材料、配件、半成品等物料在工厂内部供应库与车间、车间与车间、工序与工序、车间与成品库之间流转的物流活动。

生产物流是与整个生产工艺过程相伴而生的，实际上已构成了生产工艺过程的一部分。其过程大体为：原材料、燃料、外购成件等物料从企业仓库或物料的"入口"，进入生产线，再进一步随生产加工过程并借助一定的运输装置，在一个一个环节的"流"的过程中被加工，并随着时间进程不断改变自己的实物形态（如加工、装配、储存、搬运、等待状态）和场所位置（各车间、工段、工作地、仓库），直到生产加工终结，再"流"至成品仓库。

（2）工业企业生产物流的特征

一个合理的生产物流过程应该具备以下基本特征，才能保证生产过程始终处于最佳状态：

①连续性、流畅性：空间上要求生产物流具有连续性的特点，指生产过程中各个环节在空间布置上应合理紧凑，使物料的流程尽可能短，没有迂回往返的现象；时间上要求生产物流具有流畅性的特点，指物料在生产过程的各个环节的运动应保持流畅状态，没有或很少有不必要的停顿和等待现象。

②平行性：在制品应在数道相同的工作地（机床）上加工流动，并且一批在制品在上道工序还未加工完成时，已完成的部分在制品已经转到下道工序加工，这样可以大大缩短产品的生产周期。

③比例性、协调性：生产过程中的各个工艺阶段之间、各工序之间在生产能力上要保持一定的比例以适应产品制造的要求，防止某环节能力过大而造成浪费、或某环节能力过小而造成生产瓶颈。

④准时性：在需要的时候按照需要的数量生产所需要的零部件。

⑤柔性：指加工制造的灵活性、可变性和可调节性，即在短时间内以最少的资源从一种产品的生产转换为另一种的生产，从而适应市场的多样化、个性化要求。

（3）工业企业生产物流的类型

从生产的专业化角度来看，生产物流可以分为单件生产、大量生产、成批生产。单件生产指生产品种繁多，但每种产品仅生产一件，生产重复度低；大量生产指生产品种单一，产量大，生产重复度高；成批生产介于上述两者之间，即品种不单一，每种产品都有一定批量，生产具有一定的重复性。

从物料流向的角度来看，生产物流可以分为项目型生产物流、连续型生产物流、离散型生产物流。项目型生产物流指生产系统所需要的物料进入生产场地后，几乎处于静止状态；连续型生产物流指物料均匀、连续地在车间运行，并且生产的产品和使用的设备、工艺流程都是固定与标准化的，工序之间几乎没有在制品存储；离散型生产物流是指产品由许多零部件构成，各个零部件的加工过程彼此独立，且制成的零部件通过部件装配和总装配最后成为产品，整个产品的生产工艺是离散的，各个生产环节之间要求有一定的在制品储备。

3. 销售物流

（1）工业企业销售物流的内涵

工业企业在产品制造完成后需要及时组织销售物流，使产品能够及时、协调、完好地送达客户指定的地点，因此，工业企业销售物流是指工业企业售出产品和流通企业出售商品的物流过程。这一过程通常有五个环节的活动构成：产成品包装、产成品储存、订单处理、发送运输、装卸搬运。

销售物流的质量高低可以从多种因素进行衡量。首先便是订货时间，指客户确定对某种产品有需求到需求被满足之间的时间间隔，通常由订单传送时间、订单处理时间、订货准备时间、订货装运时间构成，任何一项时间的无故延长均可能导致产品销量的大幅下降；其次是可靠性，指安全的将货物送达客户指定的地方，对于某些高附加值的工业产品来说，可靠性往往比时间更加重要；最后是沟通，与客户沟通是监控客户服务可靠性的关键手段，设计客户服务水平必须包括与客户的沟通，及时的沟通有力合理安排下一步的生产计划并改进产品。

（2）工业企业销售物流的合理化途径

实现销售物流的合理化是通过对物流系统整合性能力的加强，使得市场需要的产品能在较短时间内到达目标市场，实现对市场销售最大的产品物流能力支持，赢得最大的时间效益和空间效益。通常包括以下几种方式：

①提高运输工具的实载率：即提高运输工具的实际载运量与理想载运量的百分比。要提高运输工具的实载率，就要减少运载工具返程和启程空驶的状况，减少非满载行驶的时间，充分利用其额定能力。

②运用社会化运输体系：工业企业自备车辆、自行运输往往不能形成规模，难以构成闭合完整的运输网络，往往会出现空驶、运力选择不当、不能满载等浪费现象。而当专业化的第三方物流企业形成了完善的社会化运输体系后，工业企业便可以将这一部分业务进行外包，通过统一地组织运输，实现规模效益，避免多种不合理的运输。

③推行共同配送：提倡部门之间、企业之间、集团之间和行业之间进行合作，共同利用运力，协调运输计划，实行共同配送。

④采用多种现代化运输方式：依靠科技进步是实现运输合理化的重要途径，如专用散装及罐车解决了粉状、液状物运输损耗大、安全性差等问题，大型半挂车解决了大型设备整体运输问题，集装箱高速直达运输加快了运输速度等。采用新的运输模式如多式联运、托盘化运输、智能化运输、门到门运输等，将极大提高运输效率，为工业企业赢得市场份额奠定基础。

4. 回收物流

随着市场竞争日益激烈以及消费者权益保护法规的日益完善，企业返品的数量和频率越来越高，工业企业回收物流已成为企业管理的重点课题。商家和厂家竞相推出各种优惠的退货条件，在我国目前浓厚的"买方市场"商业氛围下，"商家先行赔付"、"无理由退货"、"异地退货"等各种方便的退货措施不断出现，这些优惠措施在消费者购物的同时，也造成了大量的返品产生。因此，回收物流对于工业企业的经营显得越来越重要。

（1）工业企业回收物流的内涵

工业企业回收物流是指工业产品销售后的不合格物品返修、退货以及周转使用的包装容器从需方到供方回收与合理再利用的实体流动过程。工业企业外部包装容器、废旧产品等的回收物流已经逐渐成为工业企业增创回收利润、合理利用物资及提高顾客满意度的一个来源。

（2）回收物流在循环经济中的作用

国家"十一五"发展规划纲要提出"坚持开发节约并重、节约优先，按照减量化、再利用、资源化的原则，在资源开采、生产消耗、废物产生、消费等环节，逐步建立全社会的资源循环利用体系"的要求以及"建立生产者责任延伸制度，推进废纸、废旧金属、废旧轮胎和废弃电子产品等回收利用，到2010年，工业固体废物综合利用率要达到20%"的目标。

回收物流作为逆向物流，与正向物流一起构成循环物流体系。首先，回收物流是循环经济的支撑。循环经济的流程是一个周而复始的系统，流程中包括了回收、回收物的处理、可再利用资源再投入到生产的逆向物流，最终形成可再利用的资源。只有构建起顺畅的回收物流，才能形成完整的循环流程，再生资源才能高效、低成本循环，否则将不能形成完整的产业链条，循环经济将不能实现。其次，回收物流的发展是循环经济发展的保障。在目前逆向物流管理组织和技术水平上，大量的物质没有得到很好循环利用或根本无法循环利用。随着政策的推动以及现代社会逆向物流技术和组织手段的不断进步，以前不能够回收利用的废旧物资也逐步变成了可以回收利用的资源，这就进一步扩大了循环经济的覆盖面，提高了资源利用的效率，促进了循环经济的发展。

5. 废弃物物流

随着社会化大生产的高度发展，社会上每时每刻都在产生大量的废旧物资。工业企业作为产生废旧物资的主要来源，对废旧物资的回收更应该起到积极的作用，在实现企业自身利益的同时，发挥积极的社会效益。

（1）工业企业废弃物物流的概念

废弃物是指在生产、流通和消费过程中产生的基本上或完全失去使用价值、无法再重新利用的最终排放物。工业企业废弃物物流是指将经济活动中失去原有使用价值的物品，根据实际需要进行收集、分类、加工、包装、搬运、装卸、储存等，并分送到专门处理场所时所形成的物品实体流动。抑制废弃物对环境造成的危害是废弃物物流管理的主要目的。

（2）工业企业废弃物物流的特征

了解工业企业废弃物物流的相关特征，将利于工业企业有针对性的对其进行管理，通常废弃物物流具有如下几个特征：

①分散性：废弃物物流的产生过程，或始于生产领域，或始于流通领域，或始于生活消费，正是这种多元性，使其具有分散性。从废弃物物流的形式上可以看出，开始的时候数量少、种类多，只有在不断汇集的情况下才能形成较大的流动规模。正是这一特

点，使废弃物物流的可利用性常常被人们忽视。

②缓慢性：产品流动是沟通产品生产与产品消费的桥梁和纽带，无论从生产者还是从消费者来看，都希望这一流动过程越快越好。但是废弃物物流不同，尽管物流物资还存在潜在的价值，但是人们把使用价值的需求往往不放在废旧物资上，同时废旧物资往往不能立即满足人们的需要，它需要经过加工、改制等环节，时间较长，并且其收集与整理也是一个复杂的过程，这便决定了废弃物物流的缓慢性。

③混杂性：废弃物物流在形成阶段是很难分辨产品的，各种废旧物资混杂在一起。

（3）工业企业废弃物物流对再制造的重要作用

以中国 2020 年 GDP 预计达到 4 万亿美元计算，如果以美国现有资源化的水平作为中国 2020 年目标，则资源化产业年产值将达到 640 亿美元。资源化的环保作用突出，因为对废旧产品进行再制造，可以减少原始矿藏开采提炼以及新产品制造过程中造成的环境污染，能够极大地节约能源、减少温室气体排放。正因为如此，再制造业在发达国家发展迅速，并已成为相当成熟的行业。每年全世界仅再制造业节省的材料就达到 1400 万吨，节约的能量相当于 8 个中等规模核电厂的年发电量，而能拨动节约"大循环"的再制造业在我国才露尖尖角。全球 73000 多家再制造企业，我国仅有其中的 2 家，不足十万分之三。

废弃物再利用是为了重新体现产品价值而将废弃物回收、处理、利用的过程。资料显示，废旧家电中含有大量可以回收再利用的黑色金属、有色金属等资源。废旧家电的回收利用为美国提供了 10% 的再生钢铁，与通过采矿、运输、冶炼得到的新钢材相比，可减少 40% 的用水量、节约 90% 的原材料、74% 的能源，因此，对废旧家电进行回收和资源化处理是一条典型的可持续发展和循环经济之路，具有巨大的经济和社会效益。海尔以强化废旧家电的回收和资源化为突破口，提高废旧家电回收利用技术水平和提高再生产品附加值，并加快静脉产业园建设。该项目可回收铜、铝、铁、不锈钢、贵金属、塑料等可利用再生资源 8381 吨，可利用零部件折合整机 2000 套。海尔的静脉产业园形成了更深层次的资源产业链：废家电金属—冶炼厂—金属原材料—新家电。青岛海尔建成了中国第一个国家级废旧家电回收处理示范基地，并成为中国第一个绿色环保教育示范基地，成为我国废旧家电环保处理的标杆，同时将大大提升广大国民的环保意识和国内的环保技术水平。

（二）工业供应物流发展的对策分析

从本节开始，我们将按照上述分析的工业供应链的五个环节，并结合第三章针对十个典型工业行业梳理出的工业物流发展过程中的问题提出相应的建议，十个典型行业在一定程度上已经形成一条完整的供应链结构，它们之间体现了产业高关联度特性，如图 36 所示。

工业物流发展中所存在的各种问题可以按照供应链各环节进行进一步归类，有助于更加有针对性的提出工业物流发展的对策建议，如图 37 所示。

工业物流的发展应当更加注重供应物流环节，在一般的制造业企业中，采购成本占销售额的 60% 以上，显然，采购是一个潜在的节约成本的主要领域。另外，采购也能增进产品和流程的设计，并有助于将新技术更快地应用于产品和服务，针对我国工业供

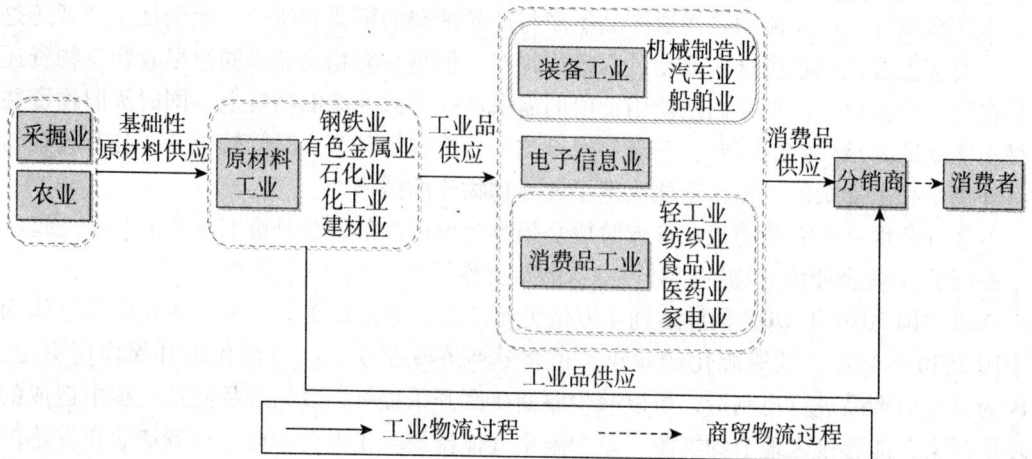

图 36 工业典型行业产业链关系图

应物流中存在的问题，提出了相应的发展对策。

1. 鼓励工业企业推行集中采购

企业采购可以分为集中式采购和分散式采购，可根据采购物品特性进行采购方式选择。若企业所需的原材料或零部件的通用性高、供应商集中度高等，那么采取集中采购更为有利，工业生产中，对于钢材、石化等大宗原材料的采购应当采取集中采购模式，搭建集中采购平台，为物资供应提供保障。集中采购是所有的采购任务由一个专门部门负责，工业生产中，对原材料、零部件采取集中采购模式，降低分散采购的风险和成本，为物资供应提供高效、可靠保障。

（1）搭建集中采购平台

搭建集中采购平台可以实现工业企业统一订货、统一定价、统一付款，更为重要的是集中采购平台可以使采购过程透明化、高效化，增强采购环节的公平程度。

（2）建立采购联盟，整合物流资源

首先，加强整合供应商资源，通过与供应商进行谈判，建立合作关系，当供应商过多，会造成资源浪费，运输成本高等问题，供应商过少，又会增加采购风险，造成供货中断，需要适度选择供应商数量。其次，加强网络资源整合，集中采购需要有强大的运营网络作为支撑，通过运用现有物流节点资源，优化采购通道，建立采购联盟，一次完成采购过程，最大限度地降低采购成本，促进企业生产效益。

（3）推行电子采购方式

通过加强电子采购的运用，减少烦琐的书面工作，有效提高采购效率，增加采购公平性。基于电子商务理论，利用快速发展的互联网，实现网上采购、结算等业务，建立采购通道，进入全球采购链条之中。同时要扩大供应物资的电子采购范围与规模，建立各行业的电子采购公共信息平台，完善电子采购，缩短采购提前期，提高采购的响应速度。

		1 物流外包比例偏低
	管理层面	2 售后物流服务能力较弱
		3 运输方式不平衡
		4 专业物流人才缺乏
		5 缺乏国际竞争力
		6 科学研究不足
		7 物流观念落后
		8 生产零部件和原材料包装复杂
		9 供应物资库存量不科学合理
		10 仓储管理方式粗放
	操作层面	11 信息化程度较低
		12 物流运作过程中存在安全隐患
		13 运输费用高、效率低
		14 现场管理不够优化
		15 物流企业利润低、成本高
		16 产品再销售物流滞后
		17 专业化物流装备不足
		18 缺乏高效可行的配送模式
		19 产品回收集中性不强
		20 工业物流运行节奏不稳定
	政策层面	21 标准化程度低
		22 行业、地域发展不平衡
		23 专业化程度有待加强
	产业链	24 供应物资成本较高
		25 企业部门之间缺乏统筹协调
		26 服务网点数量偏少，物流网络不完善

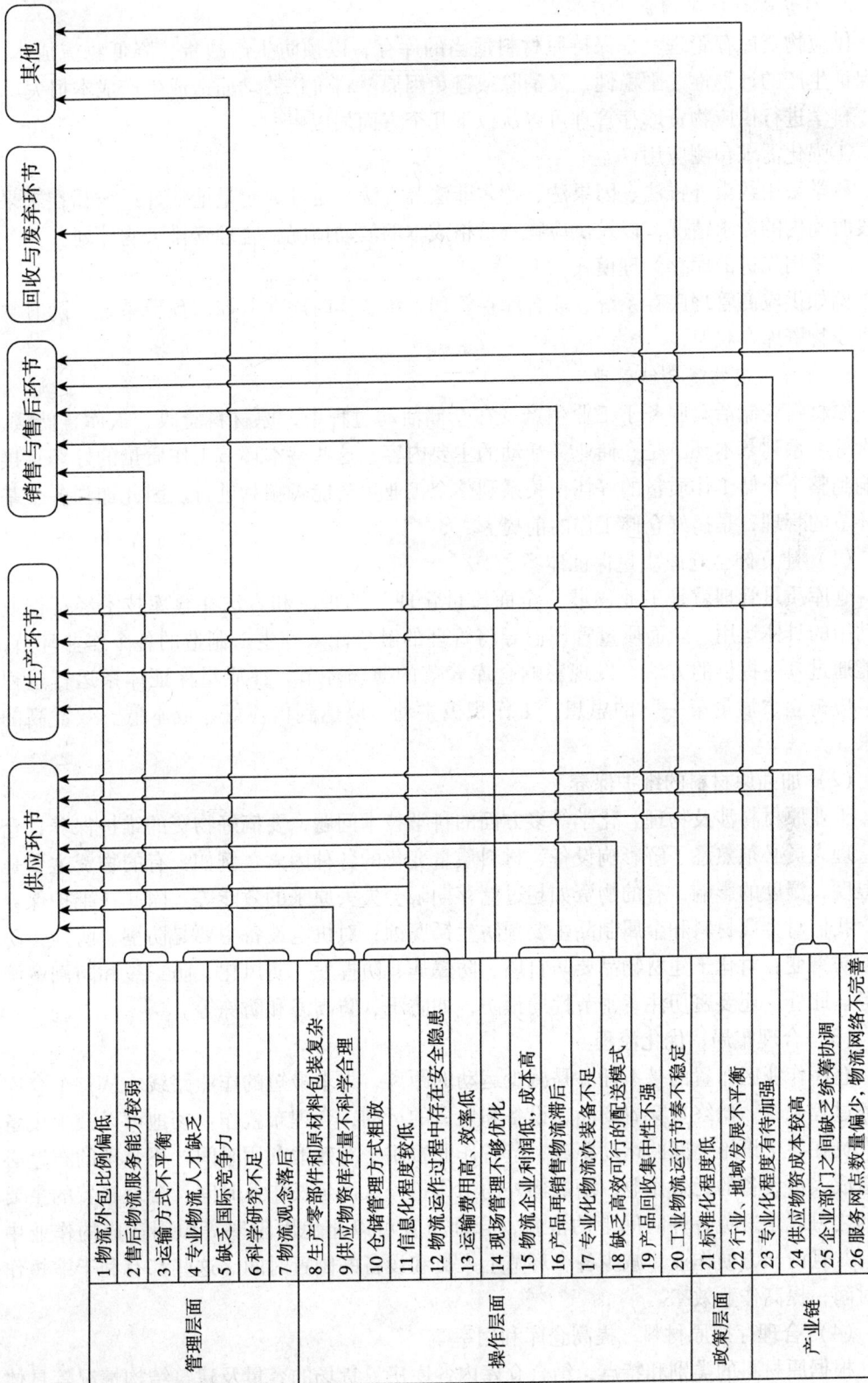

图37 供应链各环节的问题汇总图

2. 科学进行供应物资库存管理

供应物资库存管理就是保持原材料适当的库存，以预防生产缺货，降低物流成本，既保证生产的计划性、平稳性，又消除或避免因原材料价格波动而造成生产成本损失。

科学进行供应物资库存管理可以从以下几个方面加以考虑：

①强化需求预测应用

科学采用约束外推法、因果法、德尔菲法等方法，定性或定量地估计产成品在未来一段时间内的需求情况，以及供应物资价格成本的波动情况，合理安排采购计划。

②采用先进的库存管理模式

例如供应商管理库存系统、联合库存管理系统、实时库存监控和预警系统，随时掌握供应物资库存状况。

3. 加强供应物资仓储管理

原材料仓储活动服务于工业生产，在仓储活动过程中，原材料验收、入库、储藏、出库等一系列基本环节是仓储业务活动的主要内容，这些基本环节工作质量的好坏直接影响到整个仓储工作质量的好坏，关系到整个工业生产能否顺利进行。因此加强各个基本环节的管理，是搞好仓储工作的前提。

（1）建立健全仓库质量保证体系

仓库质量管理就是工业领域"全面质量管理"的理论和方法在仓库技术经济作业活动中的具体运用。全面质量管理倡导将管理的触角深入到生产制造的各个作业环节，并能通过其所提供的方法，发现影响仓库着落的薄弱环节。在质量保证体系运行过程中，应树立"质量第一"的思想，工作积极主动，以达到供应好、成本低、效益高的要求。

（2）加强原材料的维护保养

工业原材料涉及物理、化学等多方面的科学技术问题，要搞好物资的维护保养，仓储管理人员必须熟悉了解影响设备、材料质量变化的各种因素。例如：有的物资主要是受温度、湿度的影响，有的物资如超过储存期限会失去原来的效能等。因此在维护保养中，我们对金属材料和金属制品主要预防生锈腐蚀；对机电设备主要是防潮、防尘、防震、防霉变；对化工建材物品要防自燃、防爆炸、防挥发、防风化、防二裂和防潮解溶化等。此外，还要密切注意季节性的预防，如防汛、防高温和防冻等。

（3）合理布局，优化流程

仓库作业区布置的基本任务是减少运动的距离，力求最短的作业路线。从整个仓库业务过程来看，始终贯穿着商品、设备和人员的运动，合理布置作业场地可以减少设备和人员在各个设施之间的运动距离，节省作业费用、有效地利用时间。不合理的布置必然造成人员设备的无效作业，增加额外的工作量，从而延长作业时间。合理布置的主要目的之一就是避免各种时间上的浪费，合理布置可以避免因阻塞等原因造成的作业中断，并且由于方便作业，减少各个环节上人员和设备的闲置时间。这些都有利于缩短作业时间，提高作业效率。

（4）合理存放原材料，提高仓库利用率

根据原材料的类别和特点，结合仓库内各库房、货场的容量及建筑结构情况等具体条件，对不同品种、规格、型号、牌号、等级、批次的原材料应分开堆码，为了确保存放和便于保管，能上架的物资尽量上架，并进行统一编号。对于灭火方法、温湿度要求不同的原材料，不能放在一起。

4. 优化生产供应物资配送方式

生产供应物资应根据工业企业所采用的生产技术而采用合适的配送方式。传统的管理模式下，一个生产制造型企业往往接受了企业的长期预测分析或销售订单后，生产车间根据需求会先从企业内部仓库领料，而库存中的需要外协的物料往往都是提前几个计划时期就向供应商发出采购请求，这样就造成了库存积压的问题。

生产供应物资配送就是从供应商仓库或生产企业自有仓库出发，按照生产要求，对供应物资进行拣选、组配等作业，并按时送达生产车间。合理的配送方式不仅可以减少生产车间原材料的库存积压，同时为生产提供安全、准时等可靠性保障。

与现代生产方式相配套适应的配送方式常有：

①准时配送。准时配送是按照用户的要求，在计划的时间内或者在用户随时提出的时间内，实现用户所要求的供应。准时配送大多是双方事先约定供应的时间，互相确认时间计划，因而有利于双方为接货等工作进行准备工作。采用准时配送，可以派生出零库存方式、即时配送、到线配送等多种新的配送方式。

②即时配送。即时配送是准时配送的一个特例，是完全不依靠计划时间而按照用户偶尔提出的时间要求，进行准时配送。这种方式一般作为应急的方式采用。在网络经济时代，由于电子商务的广泛开展，在电子商务运行中，由消费者所提出的服务要求，大多缺乏计划性，而又有严格的时间要求，所以，在新经济环境下，这种配送有被广泛采用的趋势。

③传统工业改取料制为送料制。例如，某生产制造企业采取原材料"套餐供应"，将一道生产工序所需要的不同型号的螺母、按生产工艺所需的数量分类放置在一个供应盒（供应单元）中，这样便降低了生产过程差错率，提高企业生产效率。

（三）工业生产物流发展的对策分析

物流活动是与整个生产工艺过程紧密相连的，实际上已构成了生产工艺过程的一部分。事实证明，物流能够大幅度降低工业企业生产的总成本、加快企业资金周转、减少库存积压，提高企业生产效率。

引起生产物流的主要问题是生产技术，生产物流的发展要适应生产技术的改造和提升。生产工艺是企业生产活动中的核心，生产工艺的先进程度决定了企业生产效率和产品质量，也是企业发展的核心竞争能力，因此，要加快我国工业企业发展，逐步减少我国工业企业与国外先进工业企业的竞争差距，就必须鼓励工业企业采用先进生产模式，从根本上推动我国工业跨越式发展。当前广泛应用的先进制造系统和先进制造生产模式已多达33种：准时生产模式（JIT）；敏捷制造系统（AU）；柔性制造系统（FMS）；计算机集成制造系统（CIMS）；精益生产模式（LP）；清洁生产模式（CP）；高效快速重组生产系统；虚拟制造模式（VM）等。同时已有不少世界级先进企业正在开发下一代制造和生产模式如：并行工程和协同制造（HM）、生物制造（BM）、网络化制造和下一代制造系统（NGMS）等。

本节针对我国工业企业生产物流中存在的问题，提出相应的发展对策。

1. 提升物流服务对生产工艺的配套适应性

企业对生产工艺进行改进，同时要求对物流服务进行相应的改进，每一个流程再造都需要有相应的物流活动进行支持。目前而言，工业生产领域已形成了一系列诸如精益生产、敏捷制造等先进生产模式，但与之呼应的先进物流管理技术和先进物流服务模式则未能得到广泛应用，物流运作与先进生产工艺的不配套，物流作业与工位管理的不协调，滞后的物流服务方式明显制约着企业生产效率的提高。因此，可以从以下三个方面进行考虑：

（1）积极引入第三方物流进入生产线

围绕生产线，实现生产操作和物流在生产线上的协同作业，达到生产与物流的无缝衔接与深度融合。

（2）提高物流管理水平

通过推广运用 ERP、KANBAN、MRP、MRPII、5S 等先进科学管理方式，提高物流管理水平，进而保证先进生产方式的良好运作，节约生产资源、提高生产效率。

（3）创新物流服务模式

创新物流服务模式，拓展物流服务功能，以加强物流运作与生产工艺衔接，如改进生产性配送服务，提供与准时制生产相适应的物流配送功能。

2. 优化工业企业内部设施与物料堆存空间布局

工厂布置是指在工厂范围内，各生产手段的位置确定，各生产手段之间的衔接和以何种方式实现这些生产手段；具体来讲，就是机械装备、仓库、厂房等生产手段和实现生产手段的建筑设施的位置确定。在工厂布置时要依据具体的生产工艺和物流过程进行，物料在车间之间的运动，物料在车间内部的运动，各存储、搬运设施的选择及位置的确定以及搬运路线、存储方式等。

通常采用 SLP 方法对工厂进行布局，具体内容包括：①生产区域、仓库区域、料场区域及管理区域的相对位置的确定和占地面积的确定；②生产区域中的车间位置及占地大小的确定；③车间内部各个设备的选择和确定；④仓储区域中库房位置及占地规模的确定；⑤仓库的装备布置。

在工厂布置时要依据具体的生产工艺和物流过程进行，物料在车间之间的运动，物料在车间内部的运动，优化布局。归纳起来主要体现在两个核心上，即：

①优化生产区域、仓储区域、料场区域及管理区域的布局；

②提高生产区域、仓储区域、料场区域及管理区域的空间利用率。

从而实现工业企业集约化经营、内涵式发展。

3. 加强工业企业生产计划与物流作业计划的对接

生产计划与物流计划的对接可以保持工业企业内部各部门之间的生产步调一致性，避免生产不稳定或中断以及半成品在生产流线上的积压。

实现二者的有效对接应从三方面入手：

（1）编制合理的生产计划

企业生产计划是企业生产运作管理的依据，也是生产运作管理的核心内容。它是指企业未来生产活动的安排，从性质上可以分为年度计划和生产作业计划。其编制主要包含以下几个方面：

①物料清单（BOM）。它是描述产品结构的文件，表明了产品组件、零件、原材料之间的结构关系以及所需要的数量。BOM 的作用非常重要，它为很多环节和工作提供数据和产品信息，是联系 MPS 和 MRP/MRPII 的桥梁，可为核算成本、制定价格提供依据；为外协配件和产品提供配料依据。

②主生产计划（MPS）。MPS 是确定每一个具体产品在每一个具体时间段的生产计划，企业的物料需求计划、车间作业计划、采购计划等都来源于主生产计划，它在 ERP 系统中起着承上启下的作用，实现从宏观计划到微观计划的过渡和连接。

③物料需求计划（MRP）。由 MPS 驱动 MRP 的运行，是对 MPS 的各个项目所需的全部制造件和全部采购件的网络支持计划和时间进度计划。

④能力需求计划（CRP）。主要用来检验物料需求计划是否可行，以及平衡各工序的能力与负荷。

（2）采取有效的物流作业方式

首先应该加强对提前期的管理，供应链环境下的生产控制中，提前期管理是实现快速响应用户需求的有效途径。缩短提前期，提高交货期的准时性是保证供应链获得柔性和敏捷性的关键。

其次应该加强在制品库存管理。库存在应付需求不确定性时有其积极的作用，但是库存又是一种浪费。在供应链管理模式下，实施多级、多点、多方管理库存的策略，对提高供应链环境下的库存管理水平降低制造成本有着重要意义。

（3）强化物流信息系统与企业 ERP 系统对接

通过实现物流企业物流信息系统与工业企业 ERP 系统对接，可以实现信息的有效传递，物流企业可以直接了解工业企业的运行状况，提高物流运作效率。

4. 提高生产过程中在制品及产成品的包装水平

包装水平的提高应本着材质节约性、器具循环性、标识可识性以及规格标准化。在这基础上，应大力推广强化可回收包装器具使用、采用环保低耗的包装材质、加强出口物资的包装标识、推广生产线上的配餐制。

（四）工业销售物流与售后服务发展的对策分析

销售是依靠畅通的销售渠道、完善的销售网络，利用各种运输方式，将产品从制造企业运输到消费者或下个制造企业的一个过程，工业销售产品主要包括两种类别，一种是生产性工业产品，另一种是生活性工业产品，前者主要是作为其他工业产品的原材料，后者是保障居民生活日常活动的消费品，属于商贸物流的范畴，不属于本报告的研究范畴。

1. 积极开展共同配送

由于运输是物流中最重要的功能要素之一，合理化运输是指选择合理的运输方式、运输路线、运输工具，用最短的路径、最少的环节、最快的速度和最少的劳动消耗组织运输活动，获取最大的经济效益。另外，在进行配送时，要采用共同配送等配送模式，提高物流整体效率。

（1）优化运输配送路径

完善配送网络，优化运输组织，加强企业协作，优化运输路径，提高车辆实载率。积极采用直达运输，越过物资仓库环节或铁路、水路等交通中转环节，将物品从产地或起运地直接运到目的地或销地。

（2）采用多种运输方式

首先，合理选择运输方式，积极开展多式联运。随着铁路运能的逐步释放，工业物流可将原有依赖公路运输逐步转移到采用铁路运输，减少能耗，并且减低物流费用，提高物流运输的安全性。并且加强多式联运，加强各种运输方式的衔接，提高整体运输效率。其次，形成规模化、集约化运输。通过积极实行配载运输，提高技术装载量，充分利用运输工具载重量和容积，合理安排装载的物品及载运方法以求合理化，轻重混合运载。

（3）合理运用运输工具

尽可能提高运输工具实载率，充分利用运输工具的额定能力，减少车辆空驶和不满载行驶的时间，减少浪费。充分发展社会化的运输体系，实行专业化分工，统一安排运输工具，避免对流、倒流、空驶、运力不当等多种不合理形式。针对工业产品特性，积极发展先进的运输技术和运输工具。采用散装运输、集装箱运输、冷藏运输方式，保证运输质量，减少货物损耗，并且通过流通加工，使运输合理化。

（4）采用先进配送模式

可以采取共同配送的配送模式，可以在一个配送中心内进行统一计划、统一调度，联合多个工业企业共同组织实施配送活动，通过作业活动的规模化降低作业成本，提高物流资源的利用效率。

2. 提高工业企业售后服务能力

由于售后服务备件与销售市场保有量密切相关，因此这个市场与生产不同，具有面向全国市场、网点数量多、终端需求量小、备件品种多等特点。所以要加强资源的整合，将各供应商资源整合，强化集中服务能力，提高备件物流水平。

（1）完善售后物流服务网络

目前，售后服务备件领域的第三方物流企业发展滞后，并不意味着没有相关物流业务。经过多年的发展，许多工业企业，尤其是汽车生产制造企业已在全国范围内设立了独立的中转库，但彼此之间没有共享备件物流的资源，需要加强物流商之间的合作，致使网点、线路有效利用，减少资源浪费。强化多企业合作、共享物流资源，是备件物流领域今后发展的关键之一。建议在全国范围内设立独立中转库，共享备件物流资源，加强各企业间合作，有效利用网点、线路，减少资源浪费。

（2）优化售后服务流程，实现快速响应

组建包括设计人员在内的售后服务小组，及时了解顾客的需求，迅速采取有效措施进行解决。

（3）强化可替代备件的销售

由于工业发展迅速，产品更新换代速度快，尤其是高技术型电子产品的更新速度尤为突出，电子产品售后备件可能需要明确可替代产品的类型，在开展售后物流时，应当考虑整合可替代产品的种类，方便产品销售。

（五）工业回收与废弃物物流发展的对策分析

传统的工业发展模式是不可持续的，工业的发展必须走生态化之路，工业生态化是21世纪工业发展的必然选择。因此以绿色物流为手段，在工业行业推行绿色供应链管理，在社会层面上推动绿色物流的循环运作，并配以激励与监督机制，必将有助于推进我国工业生态化发展。

1. 建立工业回收与废弃物物流体系

从供应链系统的角度而言，完整的物流系统包含正向物流系统和逆向物流系统，它们构成了闭环的系统。根据前文中关于工业回收物流和工业废气物流的定义可知，回收物流及废气物流同样应该包含着信息处理、运输管理等子系统。

（1）信息处理系统

首先，鼓励采用条码技术来加强对回收及废弃物物流信息的管理，提高信息处理效率。其次，简化回收订单处理流程，尽快把分散的回收物品种类、所在地区、回收价格等信息进行确认。这样可以极大地降低回收与废弃物物流的不确定性，提高回收效率。并通过信息的采集帮助工业企业了解产品特性，从而逐步的改善产品的设计，提高产品的生产质量，增强我国工业的国际竞争地位。

（2）运输管理系统

工业领域的回收及废弃物物流通常属于非经济批量，甚至是单件产品，例如家电、电子信息产品等。因此回收过程中的库存及运输成本在整个逆向物流成本中占较大比例。所以应鼓励工业企业联合物流企业、经销商，采取联合运输方式，充分发挥规模经济的优势，合理地安排回收作业的日程表以及车辆的调度，提高车辆的满载率，降低运输成本。

2. 明确回收与废弃物物流的执行主体

工业领域回收与废弃物物流的管理成本相对较大，其物流环节同样需要经过运输、仓储等环节，这可能会与工业企业的正向物流相冲突。目前我国逆向物流领域的研究及实践才刚刚起步，如果工业企业再进行回收与废弃物物流，势必与正向物流发生冲突，从而使回收及废弃物物流萎缩甚至是消失。因此，由工业企业联合物流企业及其供应链上的几个零售商，形成以物流企业为主体的工业领域回收及废弃物物流的主体结构才是目前比较理想的方案。这样，既可以利用工业企业的专业技术，又能利用大型零售商遍布各地的销售网点及物流企业的仓库、运输体系等，其特色就是能使物流和信息流直接在接受地点同时完成。同时使得工业企业、物流企业、商贸企业做到风险共担，利益共享。

3. 建立集中式的工业废品处理中心

鼓励工业企业建立集中式的工业废品处理中心，返品或工业废弃物被集中在此处，经分类、加工之后再进入工业再循环制造的下一环节。

集中式的工业废品处理中心主要实现四个功能：一是接收工业系统内工业返品或废弃物；二是按照工业返品或废弃物的现实状况进行分类并做相关处理；三是对工业返品及废弃物涉及的资金往来进行统一结算；四是对工业返品状况及产生原因、变动趋势等信息进行综合统计分析，并及时向工业提交相关报告。

通过集中式的工业废品处理中心，可以大大减轻工业企业和零售商的工作量，有利于收集、掌握与返品相关的商业动态，提高库存周转速度，使工业返品及废弃物能够得到最好的处理方式，从而使工业企业利润最大化。

（六）基于供应链的工业物流发展对策分析

随着科学技术特别是信息交流及交通运输技术的迅猛发展，企业面临的竞争已经不单纯是企业与企业之间的竞争，而是供应链与供应链之间的竞争。企业生产经营中除了应该加强各环节的物流活动管理之外，更应该从企业发展的战略角度，基于供应链思想制定物流整体发展思路。本节就从两个方面提供相应的参考依据。

1. 加强完善工业企业供应链关系管理

传统企业业务关系常建立在交易基础上，但在供应链环境中有必要建立持续长久的"伙伴关系"，这种关系赋予了供应链各成员大量的责任——创新、共担风险、共享利益，有利于在全球性竞争中取胜。

（1）强化供应链伙伴关系

①供应商关系管理（SRM）

在当今全球化的市场竞争中，与供应商建立良好的关系是保持竞争优势的重要条件，也是采购战略的重要组成部分。尤其是在企业实施全面质量管理、JIT 生产与存货系统相结合时，减少供应商数量、与供应商建立良好关系显得更加重要。与少量的供应商建立合作伙伴关系或战略联盟，可使企业能以最优的采购总成本在较长时间内获得适量的有质量保证的原材料的零部件供应。

②客户关系管理（CRM）

在一个典型的供应链管理中，产品从供应链的始端供应商流通到终端客户，在这一过程中为了减少成本并改善服务水平，必须考虑到供应链不同层面的相互关系，而客户关系管理是供应链管理中除供应商管理外的又一重要关系管理。随着客户需求不断个性化，客户关系管理在供应链管理中的地位变得越来越重要，良好的客户关系管理是企业能够更好满足客户需求，提升企业竞争力的重要途径之一。

③物流服务商关系管理

随着供应链管理思想在我国企业中的不断发展，越来越多的企业已经开始意识到加强与物流服务商关系管理的重要性，企业为了提升自身的核心竞争力不断寻求与物流服务商关系管理的最佳策略，主要体现在这么几个方面：一是与物流服务商建立战略合作伙伴关系；二是加强交流沟通；三是建立管理组织；四是进行绩效考核；五是有效利用物流服务商的层次结构。

④核心企业关系管理

供应链中的核心企业除了能创造特殊价值，长期控制比竞争对手更擅长的关键性业务工作外，还要协调好整个供应链中从供应商、制造商、分销商直至最终用户之间的关系，控制好整个增值链的运行。为了能够管理好整个供应链，核心企业必然要成为整个供应链的信息集成中心、管理控制中心、物流中心。

（2）建立企业战略联盟

战略联盟是风险共担、收益共享的两家企业之间的长期合作关系，共同的目标会带来正常交易所不会有的更多的资源承诺，为合作双方带来长期的战略利益。合作战略发展和持续的改进工作也与联盟关系成功和满意度高度相关，通常维系战略联盟关系可以从三个角度进行考虑：一是取得高层管理的支持；二是选择合适的供应商；三是建立信任，广泛沟通与信息共享。

2. 鼓励工业企业物流外包

（1）扩大物流外包服务比重

鼓励工业企业集中主业，整合物流资源，逐步将非核心的运输、仓储、配送等物流业务分离外包给第三方物流企业，利用物流企业的网络化、规模化和集约化经营优势，有效降低物流运作成本，减少工业企业的物流投资，提高物流运作效率，提升客户总体满意度。

鼓励企业成立专业物流服务公司，将企业自营的运输、仓储、包装、配送等业务从主业中分离出来，组建独立核算，产权清晰，自负盈亏的专业服务公司。鼓励工业企业与专业物流企业的合作，通过股权合资、战略联盟等方式组建物流服务公司，共享合作伙伴的专业知识，深化企业物流运作模式变革，在满足企业物流服务的基础上承接社会物流业务。

（2）选择合理的物流外包模式

各企业应结合自身物流业务的特点，选择适当的外包模式。可以选择部分外包模式、委托管理企业物流方式、完全外包方式等。

（3）建立工业企业与物流企业的信任与合作机制

供应链的本质是将各节点企业的核心竞争力进行整合，所以，合作是供应链正常运行的基础，是供应链管理的核心。而信任是合作的基础，有合作的地方都需要信任。换句话说，信任可以促进供应链伙伴间的合作，减少供应链的交易成本，提高它快速反应的能力。但是，企业中的人际关系管理通常被认为是供应链管理中最困难的部分，因为供应链中参与的企业都是独立的利益主体，往往存在利益分配的矛盾。合作的难度超过了单个企业内部各部门之间的合作。所以，成功的供应链管理最重要的组成部分就是供应链伙伴之间的信任关系。

（4）建立信息共享机制

信息共享是供应链成本管理的基础，供应链的协调运行需要建立在各个节点企业的高质量的信息传递和共享的基础之上。信息共享能使供应链上的所有节点企业更好地制订生产、销售和库存等计划，能使目标成本法顺利实施，并且使得企业在降低成本的同时能提高最终用户的满意度并达到促进供应链各成员间相互信任的目的。

3. 完善工业物流服务网络

强化工业企业对发展现代物流服务网络的认识，不断完善总体规划和布局，高水平推进物流基础设施建设，建立社会化、信息化的现代工业物流服务网络。

首先，鼓励国内大型工业企业规划布局物流中心、配送中心等物流基础设施，依托信息化手段和现代化技术，集中分散的仓库资源，改造落后的仓储设施，统筹协调企业原材料采购、零部件调配、商品存储和配送等物流业务，加快建设多层次、多功能、专业化物流服务节点。其次，加强物流主通道建设，做好区域物流布局与工业布局的统筹协调，通过工业物流的集约经营和功能整合，推进工业产业集群在空间内的布局优化和运作协调。最后，支持国际化工业企业通过多种方式，整合国际物流资源，建立覆盖全球的物流网络。

4. 鼓励工业企业基于供应链思想实施流程再造

流程再造与供应链管理相互促进、相互制约，均是提升整体竞争力的必要因素。供应链的大环境对企业进行业务流程重组有很强的推动力，企业只有不断审视自身的流程，进行企业再造、优化才能适应供应链的大环境，才能使供应链管理的优势发挥出来。在企业流程再造过程中必须要考虑整体供应链管理的要求，如果某企业的内部流程不能与整个供应链效率相匹配，不仅会影响整个供应链的运行效率，企业自身的价值更无从实现。进行流程再造过程中应充分借鉴已成型的方法，例如迈克尔·哈默的四阶段模式、乔·佩帕德和菲利普·罗兰的五阶段模式、威廉姆·J. 凯丁格的六阶段模式等。

工业企业应着力从以下两个方面进行流程再造：

（1）加强企业内外结合，全面整合物流资源

这是物流业务再造的有效途径。物流业务的再造必须全面进行，内外结合，防止片面化。从企业内部的物流再造来看，主要进行物流功能再造、物流组织再造和物流管理再造。通过再造，要剔除冗余的功能，实行扁平化的组织机构，并积极利用先进的管理技术和管理思想，统筹规划，提高物流的运作效率。从企业的外部再造来看，要局部业务再造和整体业务再造相结合，不仅要整合运输、仓储等单个物流功能，而且要用系统整体观念设计和管理物流运作的全过程。

（2）提供整体性的业务流程再造方案

这是实施物流业务再造的基本思路。通过对传统物流业务流程的分析，找到物流运作的瓶颈和潜在优势，然后对整个物流资源进行优化和整合，使采购、运输、库存等物流流程达到一体化的最佳配置，系统化地、全程地分析不同部分、不同环节的协调与配合，不断减少中间环节，提高应变能力，从全局的高度改造企业整体的物流流程。

5. 完善工业企业绩效考核体系

目前被广泛应用的绩效管理方法主要是关键业绩指标法（Key Performance Indicator, KPI）和平衡计分法（Balance Scorecard, BSC）。这两项方法已在世界各国的生产考核管理领域得以广泛应用。其中，部分世界级公司已开始将绩效管理相关方法应用于供应链物流管理，脱离了只局限于物流部门内部，通过对简单功能性指标进行分析来衡量物流绩效的方法，进而从公司整体及供应链的角度，从供应链物流整体运作效果来衡量和控制物流绩效，监督物流资源的配置情况。

为保障工业企业生产活动和物流活动高度协调和无缝衔接，有必要将企业物流活动纳入至企业生产考核体系，从系统的角度对企业生产活动和物流活动进行一体化考核。根据国内外物流企业或企业物流部门的机构设置、物流组织定位以及国外物流公司的最佳实践，可以从供应链物流能力考核、公司物流绩效考核以及物流部门绩效考核等三个层面对供应链物流的整体过程和主要环节进行综合考核。通过将物流活动考核纳入生产

考核体系，有利于实现物流精细化管理，深入分析企业物流各个环节运作水平，有利于加强企业对自身物流活动的管理监控能力，降低企业物流外包风险，有利于为企业物流持续改进提供决策指导，保证物流活动与生产活动相协调。

6. 加强供应链中工业企业的全面质量管理

（1）实现网络管理的系统化和自动化

由于供应链上各成员企业技术规范、组织结构、管理方式以及文化的不同，保证各成员企业负责的质量过程在时序和逻辑上的衔接成为一个非常重要的课题，对企业的过程接口、信息接口和协调机制都提出了新的要求，需要工作流管理系统的支持，以实现复杂的过程网络管理的系统化和自动化。

（2）切实将全面质量管理扩展到整个供应链上

现代企业管理理论强调通过组织结构扁平化提高运作效率，并通过交叉职能增加交流与协调。在供应链环境下，这种职能交叉跨越了企业边界。

①加强全过程的质量管理

为保证和提高产品和服务质量就必须把影响质量的所有环节和因素都控制起来。为此，全过程的质量管理包括了从市场调研、产品设计开发、生产作业，到物流、销售、服务等全部有关过程的质量管理。为此，全面质量管理强调必须体现以下两个基本思想，即：预防为主、不断改进的思想，为顾客服务的思想。

②加强全员的质量管理

只有全体员工参加质量管理，才能生产出顾客满意的产品。要实现全员的质量管理，应当做好三个方面的工作：一是抓好全员的质量教育和培训；二是要制订各部门、各级各类人员的质量责任制，明确任务和职权，各司其职，密切配合，以形成一个高效、协调、严格的质量管理工作系统；三是要开展多种形式的群众性质量管理活动。

③加强全企业的质量管理

从组织管理的角度来看，上层管理要侧重于质量决策，制订出企业的质量方针、质量目标、质量政策和质量计划；中层管理则要贯彻落实领导层的重要决策，确定出本部门的目标和对策；基层管理则要求每个职工都要严格地按标准、按规范进行生产，相互间进行分工合作、互相支持协助。

从质量职能角度看，为了有效地进行全面质量管理，就必须加强各部门之间的组织协调，并且为了从组织上、制度上保证企业长期稳定地生产出符合规定要求、满足顾客期望的产品，最终必须要建立和健全企业的质量管理体系。

④加强多方法的质量管理

为了实现 TQM 的目标，应综合应用各种先进的管理方法和技术手段，善于学习并引入国外先进企业的经验，例如：KJ 法（亲和图法）、PDPC 法（过程决策程序图法）、QFD（质量功能展开）、FMEA（故障模式和影响分析）。

（3）加强企业之间的质量协同与合作

现代质量理论认为，设计过程是产品质量形成的最重要的环节。产品制造、物流和使用过程中存在的质量问题，与产品设计有很大的关系。产品设计除了要满足最终顾客的需求外，还需要充分考虑其他过程的限制与要求。

因此，设计部门与相关职能部门要进行广泛交流与协调。网络、通信和因特网的发展为成员企业之间的合作与协同提供了技术基础。

（4）加快面向质量价值的业务过程重构

面向企业内质量管理的职能部门划分，已经不能适应供应链环境下质量管理的要求。需要对部门进行重组并重新配置各种资源。另外，需要对整个供应链上的各种活动进行质量价值分析，提出各种冗余的不增值活动。一种方法是强调源头控制和缺陷预防，另一种方法是要求供应商提供质量保证或进行第三方质量认证。

（5）强化对供应商与制造商进行质量管理以及对分销商的技术支持

①对供应商进行质量管理的具体方法

可以从四个方面加以考虑：一是合作研究开发；二是合作方式创新；三是培训和技术支持；四是对供应商进行有效的选择与管理。

②对制造商进行质量管理的具体方法

基于质量的供应链管理战略下，设计活动不只是制造商的事，而是制造商与供应商共同的责任，同时也要考虑到分销物流效率。分销商有必要设立进货时间表，将供应商每天的送货时间合理分配在不同的时间段，分销商应充分利用供应商的配送系统，提高物流效率。

③为分销商提供技术支持

核心企业和分销商可以联建营业厅，为分销商提供技术支持，帮助分销商对员工们进行培训，以提高总体服务质量。

7. 提高供应链中工业企业的风险防范能力

（1）加强供应链风险管理与防范

当今世界科技、经济迅速发展，任何一条供应链都面临着复杂多变的环境，同时也面临着各种风险，这是不能避免的。提高供应链中工业企业的风险防范能力可以对各种不确定的风险做出有效反应，增加供应链的柔性，在全球竞争中脱颖而出。提高风险防范能力应包括对供应链风险的识别、估计、处理对策选择、评价以及监控等。

可以从两个方面加以考虑：一是提高供应链风险估计水平；二是强化供应链风险处理能力，具体包括缓解风险、躲避风险、远离风险、包容风险。

（2）提升供应链风险监控水平

主要有四个方法：一是制定科学的风险监控标准；二是采用系统的管理方法；三是建立有效的风险预警机制；四是做好应对风险的应急预案。

8. 加强工业企业部门协调机制建立

企业采购是依据企业生产活动的物资需求，采购品种数量、规格、价格等都应考虑企业生产部门、管理部门的需求，建立部门之间有效的协调机制，有利于合理化采购，避免采购过剩或不足，如图38所示。

（1）建立采购部门与生产部门协调机制

首先，加强采购计划联合制订。采购计划需要采购部门和生产部门联合制订，充分利用先进的ERP管理模式，实时了解生产动态，适应生产实时变化的需求，实时了解产品配件的情况，并建立采购的应急预案，即使应对生产变更情况。其次，采购部门参

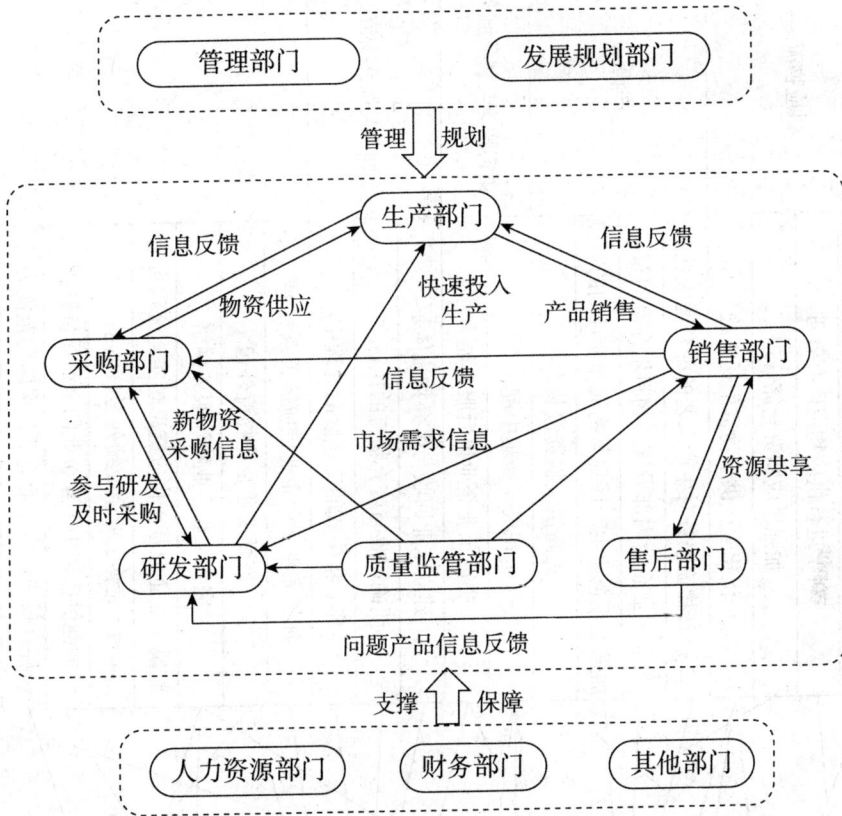

图38 工业企业部门间关系图

与产品开发，在产品设计阶段，采购人员越早参与物料的选型工作，就能越早地为设计部门提供多种备选的物料，成本节约越多，同时，提早采购，能加速产品上市。

（2）售后部门与设计部门的协调联动

采购产品出现问题时，质量监管部门应即使给予反馈；在收货、检验过程环节中的信息流出现问题，采购部门应及时予以纠正。

（七）基于供应链的工业物流一体化发展规律分析

通过上述对策的分析，可以梳理出工业物流发展存在的问题与对策之间关系，如图39所示。

工业物流一体化是指以工业物流系统为核心的由工业生产企业经由物流企业、销售企业，直至消费者的供应链的整体化和系统化。伴随着工业企业和现代物流的发展，工业物流一体化呈现出由内向外，由点及网，由单个企业延伸到整个供应链的发展趋势及规律，即物流一体化程度不断加深和完善。在这一过程中，有如下几个发展规律：

1. 物流功能系统化

为了提高工业物流运作的整体效率，降低物流总成本，处于供应链上的各企业的物流部门以及物流服务提供商在各自的业务范围和权限内，综合运输、储存、装卸搬运、

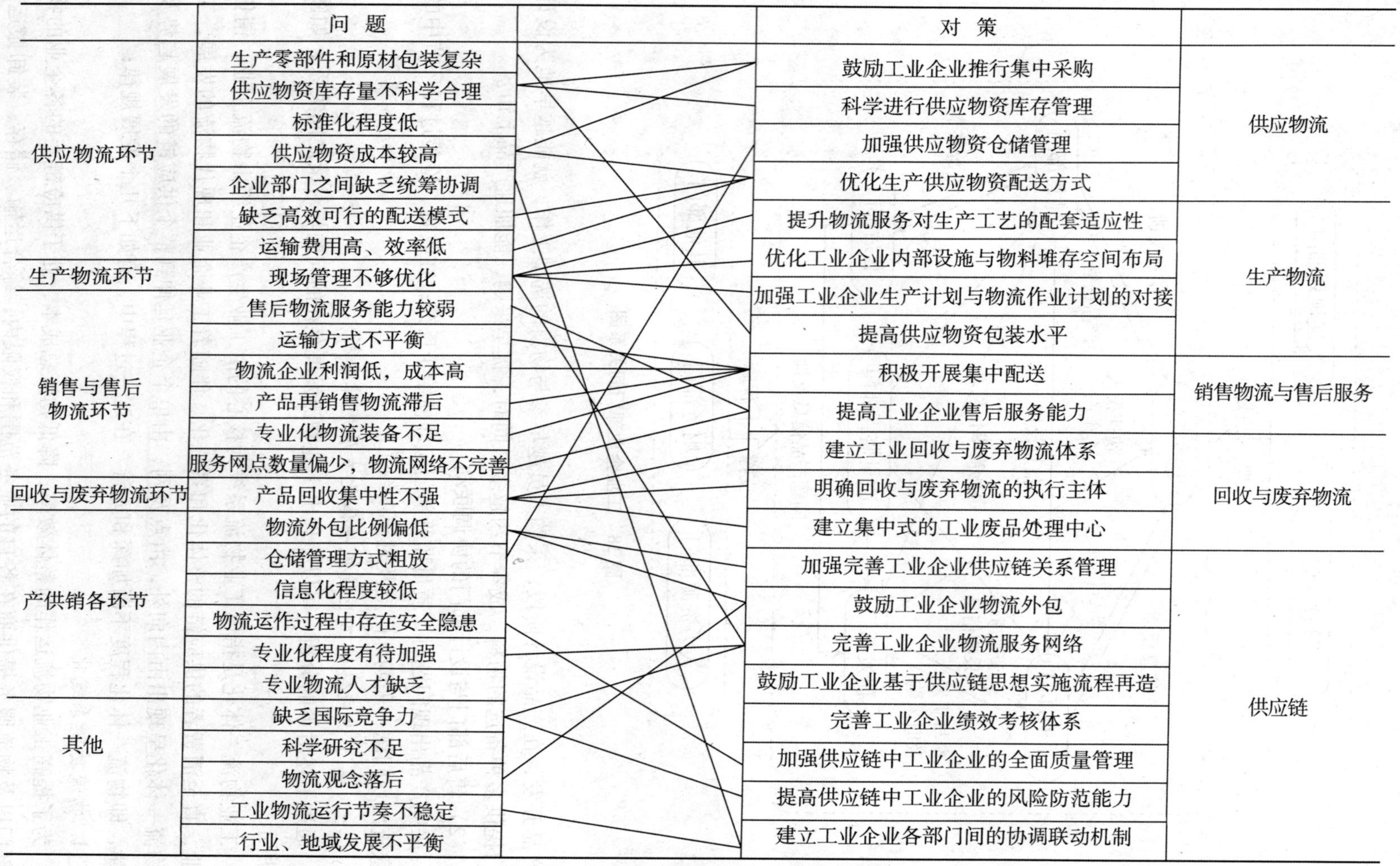

问题环节	问题	对策	对策对应
供应物流环节	生产零部件和原材包装复杂	鼓励工业企业推行集中采购	供应物流
	供应物资库存量不科学合理	科学进行供应物资库存管理	
	标准化程度低	加强供应物资仓储管理	
	供应物资成本较高	优化供应物资配送方式	
	企业部门之间缺乏统筹协调	提升物流服务对生产工艺的配套适应性	生产物流
生产物流环节	运输费用高、效率低	优化工业企业内部设施与物料堆存空间布局	
	现场管理不够优化	加强工业企业生产计划与物流作业计划的对接	
	售后物流服务能力较弱	提高供应物资包装水平	
销售与售后物流环节	运输方式不够平衡	积极开展集中配送	销售物流与售后服务
	物流企业利润低、成本高	提高工业售后服务能力	
	产品再销售物流滞后	建立工业回收与废弃物流体系	回收与废弃物流
	专业化物流装备不足	明确回收与废弃物流的执行主体	
	服务网络网点数量偏少，物流网络不完善	建立集中式的工业废品处理中心	
回收与废弃物流环节	产品回收集中性不强	加强完善工业供应链关系管理	供应链
	物流外包占比例偏低	鼓励工业企业物流服务外包	
产供销各环节	仓储管理方式粗放	完善工业企业物流服务网络	
	信息化程度较低	鼓励工业企业基于供应链思想实施流程再造	
	物流运作过程中存在安全隐患	完善工业企业供应链绩效考核体系	
	专业化程度有待加强	加强供应链中工业企业的全面质量管理	
其他	缺乏国际竞争力	提高供应链中工业企业的风险防范能力	
	专业物流人才缺乏	建立工业企业各部门间的协调联动机制	
	科学研究不足		
	物流观念落后		
	工业物流运行节奏不稳定		
	行业、地域发展不平衡		

图39　工业物流发展存在的问题与对策对应图

包装、流通加工、配送、信息处理这些物流功能要素，进行系统分析和系统管理，呈现出物流功能系统化发展规律。

2. 采购平台集成化

为了降低分散采购的风险和时间成本，专注核心竞争力的维持和提升，工业生产企业将上游原材料（零部件）采购环节外包给专业化第三方物流企业，由其负责信息收集、询价议价、请购订购、进货检收、整理付款等全程原材料（零部件）的集成化采购过程。

3. 营销渠道复合化

把原材料供应商到终端零售商等所有环节视为一条完整的产业价值链，生产企业通过平衡价值链上的成员利益，通过垂直一体化渠道、混合渠道等渠道系统设计方式整合下游营销渠道，并由专业化物流服务提供商统一负责整合以后的渠道客户物流需求。

4. 企业资源共享化

为了实现资源优化配置，生产企业通过战略合作或剥离资产的方式，与物流服务企业共享仓储设施、货运车辆等物流设施设备资源，而具体物流运作交由专业化第三方物流企业负责，生产企业自身着力加强生产管理，物流企业根据生产节奏及时、准确地为生产线提供物料配送。

5. 产业运作联盟化

为了扩大同一领域的合力和影响力，以工业生产企业为主导的产业链成员或者同行业企业通过优势互补，在信息、资金、客户资源等方面结成互相协作的战略态势，从而扩展发展空间，提高产业竞争力。

6. 需求计划协调化

为了保证工业生产持续、稳定的进行，工业物流企业密切关注生产企业的物流需求计划（Logistics Requirement Planning），物料需求计划（Material Requirement Planning），企业资源计划（Enterprise Resource Planning）以及下游销售环节的配送需求计划（Distribution Requirement Planning），通过高效的信息系统进行有机对接和系统集成，从而实现生产节奏与物流服务的协调统一。

七、我国工业物流发展的重点任务分析

促进工业物流的发展，离不开工业企业的主导和物流企业的推进，更离不开政府、行业协会、科研院所等机构的综合推动。工业物流发展各主体要素应统一目标、明确主线，协同配合，努力促进工业物流的稳定快速发展，提高工业物流运作的专业化和社会化，以工业发展推动物流进步，以物流发展带动工业升级。

（一）统筹优化工业与物流业布局

物流服务包含在工业生产制造过程中，工业的发展也离不开物流服务。为保证工业的良性有序运转，需要在空间上辅以配套的物流服务作为支撑，统筹协调好工业与物流业的空间发展布局。物流服务贯穿于供应链各环节的运作过程中，要提高工业物流的运作效率和质量，应重点加强工业基地物流基础设施的建设；在对工业基地进行选址布局时，应兼顾工业基地内部及其周边的物流资源要素；加强工业物流园区的规划建设；整合聚集物流基础设施，建立产业物流集聚区。

1. 加强重点工业基地物流基础设施建设

建立与重点工业区域、工业企业配套的物流节点。根据市场需求、区域工业布局、商品流向、资源环境、交通条件、区域规划等因素，建立一批与重点工业区域、典型工业企业相配套的物流节点，注重工业园区与物流节点的联合规划和配套建设。按照典型行业重点物资运输的主要流向及物流发展的需要，依据《综合交通网中长期发展规划》、《中长期铁路网规划》、《国家高速公路网规划》、《全国沿海港口布局规划》、《全国内河航道与港口布局规划》及《全国民用机场布局规划》，加强物流基础设施建设，完善物流网络布局，促进各种运输方式的衔接和配套，提高资源使用效率和物流运行效率。

注重工业园区与物流节点的联合规划和配套建设。加强工业企业与物流节点的协作联动，以提高工业整体的物流运作能力。以工业行业物流特点及相关产业发展的协调发展为基础，科学合理进行功能规划及选址布局，针对区域工业经济发展现状及需求，分析区域物流资源分布、物流量及其分布，充分进行选址论证、定位分析、功能设计、布局规划，完善园区及节点周边配套交通建设及优化，加强信息系统建设和对接，建立支持保障体系，制定建设发展实施方案。积极发挥工业园区与物流节点的经济开发功能和物流组织管理功能，加强联合规划及配套建设，满足工业发展对区域物流管理与运作需要的物流基础设施，提高就近生产、区域生产组织所需要的企业生产和经营能力。

加强重点工业区域的物流基础设施建设，提高物流基础设施之间的衔接性。完善物流基础设施网络建设。进一步加强西部地区的工业物流基础设施建设，提高其配套能力；加大东北地区物流节点建设规模，支持其沿海港口基础设施建设，鼓励各港口积极开展合作，加强资源整合；积极构建东北地区畅通的国际物流通道并保持常态化运营，推动国际物流业务实现跨越式发展。加强与周边区域连接的进出通道建设，建设和完善与国内国际市场连接的物流通道，发挥公路运输短途衔接及配送作用，形成各运输方式协调发展的高效便捷、有机衔接的系统化运输网络，打造综合物流运输体系。加强各类运输设施衔接。加快发展多式联运，加强集疏运体系建设，促进各种运输方式的衔接和配套，实现铁路、港口码头、机场及公路运输的"无缝对接"。提高物流设施的系统性、兼容性，减少物流空载率，降低物流成本，提高物流效率。

2. 兼顾物流资源优化工业空间规划及选址布局

兼顾内外部物流资源进行工业园区的选址布局。在物流园区、交通枢纽、物资集散和口岸地区等综合物流基础设施周边建立工业园区，以提高工业园区的物流配套水平。

优化已建工业园区的物流流程及内部功能分区。根据工业园区内部的生产企业布局及其之间的物流流程，结合园区内的车间场地、仓储布局和配送路径等因素，对物流设施设备进行合理布局，调整优化园区内的功能分区，提高工业物流各功能之间的协调及其运作效率。

将物流能力纳入新型工业化产业示范基地的审批条件。通过形式审查、专家评审与司局审查相结合等方式，对工业基地或工业园区内的配套物流能力及周边或与其联动的物流企业进行评价审核，并保证工业基地的选址布局与相应的物流服务能力配套。

3. 加强工业物流园区规划建设发展

工业物流园区是工业物流发展的重要要素，特别是在工业基地、交通枢纽、物资集散和口岸地区，均需要综合配套的物流基础设施，包括具有一定规模的物流中心或物流园区。完善工业物流节点规划及网络构建，打破行政区划的界限，按照工业经济区划和物流业发展的客观规律，积极推进和加深各工业区域之间在物流领域的合作，引导工业物流资源的跨区域整合，建立跨区域合作的物流园区、配送中心、分拨中心，逐步形成区域一体化的物流服务格局。积极发展基于工业物流园区的集中采购、联合库存和电子商务等现代工业物资流通方式，采用先进的物流管理手段和技术提高工业物流园区的整体运作水平。发展工业企业供应链各环节所需物资从工业物流园区到需求地的直销和配送，减少中间物资供应和销售的冗余环节，提高物流运作效率，保证生产的顺利进行，降低该环节的工业物流费用。

4. 整合聚集物流基础设施，建立产业物流聚集区

通过摸清社会物流资源的基本情况，对我国整体物流设施建设及供应链各环节的物流设施设备现状开展调研工作，以充分了解我国工业物流资源能力。加强从中央到地方的垂直管理，进行全国性物流资源的总体规划与布局。广泛采用先进的物流技术和加大对物流技术装备的研发力度，加快现有物流资源的升级、改造和淘汰步伐，淘汰落后低效的物流设施设备，降低物流费用，提高物流运作效率，加快物流设备的更新换代步伐，优化升级物流资源的内部结构。采用兼并收购、建立工业物流企业战略联盟、工业基地范围内的区域物流联盟，建立跨企业边界的信息共享机制等方式，并加强科学评价，实现同行业的企业之间、产业链上下游企业之间的一对一、一对多、多对一、多对多等多形态协同方式，从而更好的实现资源整合优势，促进社会物流资源有效运用。

整合物流产业链上的物流节点资源，建立产业物流聚集区。在空间布局上，依托高新技术园区、经济开发区、已建的物流园区、物流中心等，建立区域内物流节点的联络协调机制和物流经营网络，形成覆盖整个区域内外的完善的物流网络，发挥产业链、各种产业要素的集中和规模效应。还要注重辅之以适当的政策引导和发展环境，促使工业物流发展所需要的各种资源的有效配置。

政府应加强对现有资源的有效整合，充分利用既有的基础设施，做好与工业企业和工业园区的物流市场需求调研，兼顾工业企业物流运作和物流园区实际发展的需要，科学合理规划工业物流园区规划和发展、防止出现盲目重复建设。

（二）推动工业物流社会化发展

工业企业物流是工业物流的市场主体，其发展状况和规模决定整个工业物流领域的发展水平，也是提高工业物流水平的最终落脚点。从发达国家发展经验看，工业企业逐渐将资源、能力集中在核心生产制造业务，将为生产服务的物流业务剥离外包，交由专业物流公司经营，以提高自身的核心竞争力，做专做强，发展其核心优势。我国工业企业自营物流居多，不利于核心竞争力的提高和发展。因此，加快工业企业物流资源整合，引导工业企业物流社会化发展，培育和发展专业化工业物流企业，鼓励企业自营物流业务外包，有序释放企业内部物流需求，以工业企业物流能力与业务重组为手段，促进工业企业物流发展。

1. 积极引导工业企业释放物流需求

进一步推广现代物流管理，努力扩大工业物流市场需求。运用供应链管理和现代物流管理理念、技术与方法，实施采购、生产、销售和物品回收物流的一体化运作。倡导工业企业集中于核心生产技术和能力，有序释放企业内部物流需求，以工业企业物流能力与业务重组为手段鼓励其逐步剥离或外包物流业务，逐步将自营的原材料、配件、产品的供应、仓储、运输等物流服务业务分离外包，由专业物流企业承担，提高其供应链的物流效率，节约物流费用。

工业企业物流资源整合是指为适应不断变化的市场环境的需要，在科学合理的制度安排下，借助现代科技特别是计算机网络技术的力量，将工业企业内部有限的物流资源与社会分散的物流资源进行无缝化对接，形成以企业核心竞争力为主要目标的物流资源动态运作。

优化工业企业内部物流管理。引入现代物流和供应链管理理念，有效提高资金和物流设施设备利用效率，降低物流成本，较大地提高经济效益。企业物流资源的整合其实质就是再造企业物流流程，实现以职能为中心的管理运作向以资源优化配置为中心的现代管理运作转变。

推动工业企业与物流企业互动发展，促进供应链各环节有机结合。以物流和供应链管理思想为指引，以实现企业物流系统的利润最高、高效优质、整体最优为目标，以运输、储存、装卸、包装、流通加工、配送和物流信息等供应链环节为切入点，紧扣工业企业的供应、生产、销售物流需求进行流程再造和资源整合，整合企业内部供应链物流资源，降低库存，加速周转，提高对市场的响应速度，整合上下游企业物流资源，提高对物流资源的知识管理能力，以国内市场为基础，逐渐拓展并整合国际物流资源。优化生产物流设施设备布局，使其与生产工艺配套，保证生产物流过程合理并连续，与生产各环节加工能力相匹配；引导工业企业有序释放生产工序间的物料配送、分拣等物流业务，对其进行剥离外包，使工业企业将精力主要集中于生产业务，提高生产物流环节的运作效率，降低物流费用。

2. 积极引导工业企业整合物流能力

鼓励生产企业改造物流流程，有序整合企业内部物流资源。以物流和供应链管理思想为指引，以实现企业物流系统的利润最高、高效优质、整体最优为目标，以运输、储存、装卸、包装、流通加工、配送和物流信息等供应链环节为切入点，紧扣工业企业的供应、生产、销售物流需求进行流程再造和资源整合，整合企业内部供应链物流资源，降低库存，加速周转，提高对市场的响应速度，整合上下游企业物流资源，提高对物流资源的知识管理能力，以国内市场为基础，逐渐拓展并整合国际物流资源。

建立工业企业物流资源的管理协调机制，规范资源整合的具体运作和物流作业流程再造，研究并确立科学合理的物流作业绩效评价标准体系，以此进行物流具体运作组织和管理，降低物流资源整合成本及损失，提高工业企业物流资源整合质量。

3. 支持工业企业物流社会化拓展

对于具有物流资源整合实力的工业企业，鼓励并支持其进行整合兼并社会物流资源，培育和发展面向社会的工业企业物流，向社会化物流市场进行拓展，进行规模化、集约化发展。

在工业企业物流资源整合基础上，对于具有物流资源整合实力的工业企业，鼓励并支持其进行整合兼并社会物流资源，培育和发展面向社会的工业企业物流，提高自身物流服务水平，向社会化物流市场进行拓展，参与社会物流竞争，提高市场竞争力，进行规模化、集约化发展。

引导工业企业物流能力与业务重组，将企业物流部门剥离，成立社会第三方物流企业，进入社会物流市场，独立经营，进行社会化物流运作，培育新的利润增长点，参与社会物流竞争，自负盈亏。

有效引导工业企业内部物流的社会化发展，并逐步整合社会物流资源，向专业化、网络化物流服务供应商发展。一方面，鼓励工业企业将其内部物流业务独立化，按照现代物流产业发展特点和需要，实现规模化和集约化经营，以提高物流业的整体业务能力和水平；另一方面，企业内部物流部门或物流企业在保证原有服务质量的基础上向社会化物流服务发展，不断推出新的服务品项，积极延伸服务区域，与市场上其他专业物流公司竞争，不断增强企业竞争能力。

对于工业企业整合重组分离出来的有效物流资源，支持其组建专业的物流公司，实行专业化经营，向社会提供物流服务。在根据市场需求规划新建物流企业的同时，更要注重对现有物流基础设施的整合利用。支持国有大型优势物流企业通过资产划转、增资扩股、加盟连锁和委托管理等方式对现有分散的物流基础设施进行整合。简化物流企业集团内部兼并重组的审批程序，减免相关税费，推动物流企业加快内部资源整合。鼓励工业企业自备物流设施，为社会提供开放式服务。制定相关的规划和标准，逐步淘汰不符合标准的老旧设施，促进其升级改造。

工业企业重组、产业布局优化后，可将多家企业相同的物流需求联合起来进行专业化和规模化运作，形成足够规模的工业物流市场，以支持物流企业进行专业化投资，形成行业内有实力的第三方物流企业，满足工业企业对物流专业化、集约化的要求，由此带动专业化行业物流发展。可以由行业大型工业企业的物流子公司、物流机构进行兼并重组，成立行业物流公司，满足专业化、网络化的物流服务需求，提高规模化、集约化经营能力。

4. 鼓励企业自营物流业务外包

工业企业的战略重组和供应链延伸与完善，需要专业技术比较完善、专业运作经验比较丰富的物流服务提供商，利用第三方物流开辟新的利润源。

引导和鼓励工业企业与第三方物流企业建立长期合作关系，鼓励工业企业有序释放内部物流需求，逐渐将自营物流业务外包，积极扩大物流市场需求。鼓励工业企业逐步将原材料、配件的采购，产品仓储、运输等物流服务业务分离出来，由专业物流企业承担。注重对工业物流发展的正确引导。通过政策宣传导向和运作经验交流，正确引导工业企业的物流需求和物流企业的服务供给进行对接，倡导和鼓励工业企业，逐步将生产制造领域以外的原材料采购、运输、仓储和产成品流通领域的加工、整理、配送等业务有效分离出来，按照现代物流的要求进行整合或重组，或者采取运作经验交流等方式，拓宽工业企业物流外包的理解和重视，积极推进物流业务外包及建立信任机制。

引导企业通过社会招标的方式与物流企业建立战略性伙伴关系，将企业物流业务委托出去，交给专业物流公司承担，充分利用社会化的物流设施和服务。加大支持中小工业企业的物流发展。推动改善中小工业企业的物流服务质量和服务方式，完善信用担保体系，积极拓展融资渠道；支持中小工业企业加强技术改造和技术创新，提升现代物流管理水平；积极与国内外物流供应商协作，鼓励企业物流业务外包，促进中小企业在核心竞争力和"专、精、特、新、大"等方面发展；加大中央财政对中小企业物流发展的资金支持。

注重对工业物流发展的正确引导。通过政策宣传导向和运作经验交流，正确引导工业企业的物流需求和物流企业的服务供给进行对接，倡导和鼓励工业企业，逐步将生产制造领域以外的原材料采购、运输、仓储和产成品流通领域的加工、整理、配送等业务有效分离出来，按照现代物流的要求进行整合或重组，或者采取运作经验交流等方式，拓宽工业企业物流外包的理解和重视，积极推进物流业务外包及建立信任机制。

（三）提高物流企业服务能力

加强物流企业与工业企业的网络布局协同，通道连接。努力整合物流企业的物流网络资源，增强物流企业对工业企业的采购网络、供应网络、配送网络、销售网络的协同性，利用物流企业优势的网络资源，实现两业的网络布局协同，通道连接，提高工业物流的供应链一体化高效运作，提高物流企业的服务网络的配套水平，提升其整体的服务能力。

加强物流企业与工业企业的业务操作协同，运作衔接。引导工业企业或与其联动的物流企业对工业企业的物流业务流程进行优化再造，并由物流企业针对流程提出整体的物流解决方案，加以实施，使物流企业的服务操作满足工业企业的物流业务需求，以实现两业的业务操作协同，运作无缝衔接。

加强物流企业与工业企业的信息系统协同，数据对接。鼓励物流企业与工业企业开展联动合作项目，加大双方的物流信息系统投资力度，采用先进的物流技术、信息技术、接口技术、数据库技术和信息系统，以实现双方信息系统的共享对接，增强双方物流信息及业务沟通的透明度，提高物流企业整体的物流运作水平，促进工业物流的信息化升级。

（四）加强工业物流信息化建设

信息化建设是提高工业物流运行质量和运作效率的重要支撑，信息化建设包括4个层面，首先是广泛应用先进信息技术设备，在此基础上，建立完善工业企业与物流企业协同运作的物流信息系统，进而完善企业信息系统与其他企业、政府、运输部门、海关等信息系统间的互联互通和信息高效，建立面向行业物流的物流公共信息平台，以及探索物联网技术在工业物流领域应用。

1. 广泛应用先进信息技术设备

先进信息技术设备的应用是工业物流技术升级和流程再造的前提，围绕工业物流实际运作需求，运用电子数据交换技术、可视化技术、货物跟踪技术、全球定位系统、地理信息系统、智能交通系统等先进信息技术与相关设备，再造物流作业流程，提高物流运作效率和质量，提高供应链高效运作，增强整个供应链的经营决策能力。根据信息技术功能，主要有物流跟踪技术、动态信息采集技术、数据交换技术、通信技术、信息安全技术等。

广泛应用物流跟踪定位技术。物流跟踪主要是指对物流的运输载体及物品运输过程进行跟踪。物流跟踪技术主要有：传统无线通信手段的被动跟踪，基于射频识别技术（RFID）的阶段性跟踪，以及基于全球定位系统（GPS）的货物实时跟踪。通过跟踪定位设备、地理信息系统（GIS）、跟踪服务平台和物流监控管理系统以及信息通信机制和识别技术，对货运车辆与货物的运输情况进行实时掌握，使货主及车主随时了解车辆与货物的位置与状态，保障整个物流过程的有效监控与快速运转。

广泛应用物流动态信息采集技术。在全球供应链管理环境下，对及时掌握货物的动态信息和品质信息，提高物流服务可得性与可控性提出了更高要求，实时物流理念尤为重要。物流动态信息采集技术是实时物流的基础，包括条码技术、语音识别、便携式数据终端、射频识别技术（RFID）、信息分类编码技术等。通过物流动态信息采集技术，正确、快速读取动态货物或载体的信息，如货物名称、数量、重量、质量、出产地、移动载体信息等，继而加以利用，提高物流的运作效率和信息的全程掌握。

充分利用通信技术、数据交换技术及其他先进技术。包括无线通信、电子数据交换（EDI）、智能技术、识别技术、条码技术、空间定位技术、地理信息技术、自动化控制技术。工业企业及物流企业合理地利用信息技术及其他交叉学科技术，有助于提升企业的物流信息综合管理水平。此外，应用安全防范技术，保障企业的物流信息系统或平台安全、稳定地运行，是企业信息化建设的重要组成。

2. 完善企业物流信息系统建设

在运用先进信息技术设备提升物流运作效率的基础上，工业企业及物流企业建立面向基于供应链一体化的工业物流信息系统，采用网络技术连接物流流程再造的各个工作单元，构建物流企业物流运作网络，并与工业企业的 ERP 系统进行对接，协调和管理各种物流资源。

完善工业企业生产物流信息系统。基于供应链管理思想，完善生产物流信息系统，实现对生产所需原材料的电子采购，生产流程中物资管理，产成品、半成品及原材料、零部件的库存管理。辅助高层管理战略决策的战略规划系统、物流部门关系所需的管理控制信息系统，保证作业能有效的高效率的作业控制系统。对整个管理模式进行以信息化为中心的重新设计，包括资源结构调整、人力资源结构调整、业务流程重新整理等，更需要在实施过程中实时监控与调整。实现资源整合、信息共享、协调行动等具体目标。

完善物流企业物流信息系统。提高物流业务的效率并降低成本的同时，提高对顾客的服务水平。掌握订单信息并进行存储，掌握物的移动并进行传送，为顾客提供实时查询物流信息，科学管理控制各项计划和实施，准确及时获得各种反馈信息。包括的功能子系统有：物品管理子系统、存储管理子系统、配送管理子系统、运输与调度子系统、客户服务子系统、财务管理子系统、人力资源管理子系统、质量管理子系统等。

实现物流企业信息系统与工业企业生产物流信息系统对接。满足客户对物流服务的可靠性、送达及时性、交付一致性的要求，以及内部物流经济性、可靠性、可维护性、灵活性、可扩展性、安全性。信息管理所要做的是对整个管理模式进行以信息化为中心的重新设计，包括资源结构调整、人力资源结构调整、业务流程重新整理等，更需要在实施过程中实时监控与调整。

推动中小物流企业的信息化建设。物流信息系统应该充分利用信息化的优势，提高物流各环节信息化程度，顺畅沟通信息，减少库存，节约运力，削减物流成本，赢取生存机会。提升信息化管理观念，让中小物流企业管理者加入到建设进程中，明确企业的未来发展目标，认识到信息化是提升企业未来竞争力的重要手段。对信息化的成果和过程有个合理的预期。理清行业企业现有物流模式和操作流程，制定行业物流模式标准和操作流程优化的目标和实施流程优化的流程。

3. 搭建工业物流公共服务平台

加强工业企业物流信息系统、物流企业物流信息系统与各种运输方式、政府部门、金融机构、各类口岸、工业行业其他企业、物流行业企业等相关信息系统之间的互联互通和信息共享，鼓励并引导有条件的行业企业信息系统发展成为地区内乃至跨区域的行业物流公共信息平台，提高行业企业物流服务和运营管理的信息化水平，逐步形成覆盖广泛的物流信息公共服务网络。

制定工业物流信息交换标准。尽快制定物流信息技术标准和信息资源标准，建立物流信息采集、处理和服务的交换共享机制。加快推进 EDI、WMS、GPS 等成熟技术在物流领域的应用。推动工业物流信息化标准建设，统一行业产品编码标准，信息的采集、传输、存储和共享标准，物流作业流程标准，管理规章制度标准。标准规划和制定要充分考虑行业企业的实际情况，并遵循统一国内国际标准。

加快行业物流公共信息平台建设。推动行业物流信息平台建设，鼓励企业间物流系统的信息共享。积极推进与商务、金融、税务、海关、邮政、检验检疫、交通运输、铁路运输、航空运输和工商管理等政府部门的物流管理系统对接，有序时间信息互联互通和信息共享，扶持一批物流信息服务企业成长。企业直接使用公共物流信息平台可以利用其庞大的资料库以及开放性的商务功能实现企业自身的信息交流、发布、业务交易、决策支持等的信息化管理。

推进典型工业行业物流平台工程。行业物流信息平台包含六大功能，保证货物运送的准时性；货物与车辆跟踪，提高交货的可靠性；提高对用户需求的响应性；提高政府行业管理部门工作的协同性；提高资金配置的合理化。加快建设有利于信息资源共享的行业和区域物流公共信息平台项目，重点建设电子口岸、综合运输信息平台、物流资源交易平台和大宗商品交易平台。鼓励企业开展信息发布和信息系统外包等服务业务，建设面向中小企业的物流信息服务平台。

建立工业物流综合服务平台。整合产业基地、工业区以及物流园区、专业物流基地资源，建设一体化、一站式的行业物流综合服务平台，提供仓储、运输、采购、流通加工、配送、货代等基本服务，以及金融、咨询、策划、电子商务等高端物流服务；发展货运交易、配载信息服务，推进物流电子口岸建设；推进区域性物流公共信息平台建设试点工作，完善信息化行业标准和服务规范；逐步构建覆盖广泛的现代物流公共信息平台，广泛采用信息网络技术将制造商、供应商以及货主、用户联结起来，实现对物流各个环节的实时跟踪、有效控制和全程管理，达到资源共用、信息共享。

4. 探索物联网技术在工业物流领域应用

推进物流网技术在工业物流领域中的研发和应用。物联网把新一代信息技术充分运用在各行各业之中，通过射频识别（RFID）、红外感应器、全球定位系统、激光扫描器等信息传感设备，按约定的协议，把任何物体与互联网相连接，进行信息交换和通信，以实现对物体的智能化识别、定位、跟踪、监控和管理的一种网络。针对工业物流的技术需求，在技术、产品、市场等领域进行物联网在工业物流领域研发应用的专项调研及研讨，组织行业共性技术研究并开展成果转化服务。

突破物联网关键核心技术，实现科技创新。结合工业物流及物联网特点，在突破关键共性技术时，研发和推广工业物流领域的应用技术，加强工业领域物联网技术解决方案的研发和公共服务平台建设，以应用技术为支撑突破应用创新。对象的智能标签。通过二维码，RFID 等技术标识特定的对象，通过智能标签还可以用于获得对象物品所包含的扩展信息。利用多种类型的传感器和分布广泛的传感器网络，可以实现对某个对象的实时状态的获取和特定对象行为的监控，通过 GPS 标签跟踪车辆位置，通过交通路口的摄像头捕捉实时交通流程等。物联网基于云计算平台和智能网络，可以依据传感器网络用获取的数据进行决策，改变对象的行为进行控制和反馈。

制订中国物联网发展规划，全面布局。重点发展高端传感器、MEMS、智能传感器和传感器网节点、传感器网关；超高频 RFID、有源 RFID 和 RFID 中间件产业等，重点发展物联网相关终端和设备以及软件和信息服务。物联网在实际应用上的开展需要各行各业的参与，并且需要国家政府的主导以及相关法规政策上的扶助，物联网的开展具有规模性、广泛参与性、管理性、技术性、物的属性等特征。

推动典型物联网应用示范，带动发展。通过应用引导和技术研发的互动式发展，带动物联网的产业发展。重点建设传感网在公众服务与重点行业的典型应用示范工程，确立以应用带动产业的发展模式，消除制约传感网规模发展的瓶颈。深度开发物联网采集来的信息资源，提升物联网的应用过程产业链的整体价值。

加强物联网国际国内标准，保障发展。开展产品与技术的推广应用及试点示范工作，推动行业相关标准制定。做好顶层设计，满足产业需要，形成技术创新、标准和知识产权协调互动机制。面向重点业务应用，加强关键技术的研究，建设标准验证、测试和仿真等标准服务平台，加快关键标准的制定、实施和应用。积极参与国际标准制定，整合国内研究力量形成合力，推动国内自主创新研究成果推向国际。

（五）以工业进步推动物流业发展

整个社会物流系统主要以工业物流体系作为支撑，现代先进水平的物流技术在工业领域的应用，不但有利于带动工业经济的产业升级，提高工业运行效率和水平，更能够通过工业进步，以先进物流技术推动和促进物流业发展。

1. 提升机械制造水平，推进物流装备现代化

支持机械制造企业对物流装备的研发和投入，不断提升工业领域的物流技术装备现代化水平，加强对运输仓储、装卸搬运、分拣包装等物流设施设备的研发和优化，加大对物流领域清洁设备、节能环保设备、废弃物回收设备等绿色物流技术的研发制造，积

极探索工业企业及供应链战略联盟企业的仓储、运输、包装、分拣、装卸等技术装备在常态物流与应急物流中的联合运用。加快自动化立体仓库、托盘化单元装载运输方式等自动化、机械化设施设备的研发应用。加强高端物流装备及其核心零部件的研发制造。

提高工业领域的物流自动化设备技术的集成和应用。一是应用自动化拣选设备，配备可视的分拣提示设备，与物流管理信息系统相连，动态地提示被拣选的物品和数量，提高了货物拣选的准确性和速度。二是应用自动分拣设备，用条码或电子标签附在被识别的运输单元上，由装有识读设备的分拣机分拣物品，使物品进入各自的组货通道，完成物品的自动分拣。三是应用立体仓库和与之配合的巷道堆垛机。

2. 运用工业先进技术，提高物流运作水平

提高工业领域先进技术在物流领域中的拓展应用。加大对各行业产品专业化的运载设备、仓储设施的研发和生产力度，加强储运设施设备的投资建设，提高物流技术装备水平，努力实现各行业物流作业的机械化和自动化。鼓励企业应用现代物流管理技术，大力推广工业产品的集装技术，提高运载设备的专业化和标准化水平；运用先进材料，提高包装水平。完善并推广物品编码体系，广泛应用条码、智能标签、无线射频识别（RFID）等自动识别、标识技术以及电子数据交换（EDI）技术，发展可视化技术、货物跟踪技术和货物快速分拣技术，加大对RFID和移动物流信息服务技术、标准的研发和应用的投入。积极开发和利用全球定位系统（GPS）、地理信息系统（GIS）等运输领域新技术，加强物流信息系统安全体系研究，促进集装技术、单元化装载、跟踪定位、自动识别等技术研发应用。

逐渐建立并完善我国在物流设备与工具方面的有关政策，即对物流设备与工具标准化的规范与推进，以及对开发、引进先进适用物流设备与工具的组织及其行为给予必要的支持与援助。并从长远发展的战略角度给予对低公害物流设备与工具开发、应用的支持政策。

（六）建立工业物流运行监测和应急保障体系

建立工业物流运行监测和应急保障体系，加强工业物流运行的综合协调和监测分析，完善各行业及主要工业品的物流运行监测与协调，抓好预测预警和生产要素的保障协调，完善应急物流管理预案，重点保障重要工业品和生活必需品的生产供应，掌握工业物流的运行状况和实时监测，提高工业物流的生产促进和应急保障能力。工业物流运行统计监测预警体系由两部分构成：工业物流运行监测与协调体系，工业领域应急物流及预警体系。

1. 建立工业物流运行监测与协调体系

工业物流运行监测与协调体系是一套科学监测并协调我国工业物流运行情况的体系，反映国民经济运作、掌握工业物流发展的重要依据，是反映工业物流运行效率和效益的主要参考，通过建立合理的工业物流运行监测与协调体系，有利于对工业物流运行水平和质量进行经济衡量与解释，特别是典型行业的工业物流运行监测与协调，具有更为重要的研究价值和实际意义。

完善运行监测指标体系。工业物流运行监测指标体系主要内容主要有：各行业物流成本，包括物流费用、物流支出；物流成本构成，运输成本、保管成本和管理成本；工

业物流规模，物流经营规模、产出、投入分析，物流总额，物流业务收入，物流增加值，物流基础设施等；主要工业品物流量，包括货运量、货运周转率、仓储量、装卸量、货运流向等数据指标。从统计对象维度，为总量、行业和企业统计分析的三维统计指标体系。

健全运行监测与协调工作机制。遵循合理性和可操作性原则，数据结果要能够科学合理地反映工业物流发展的现状和与国民经济的关系；各项指标应具有合理性、完整性，并且相互关联；各项数据结果要有充分的统计依据。各项权数和系数必须建立在已有的统计数据基础上，在统计调查研究的基础上，尽快完成工业物流统计评价指标体系设计。

完善运行监测信息直报系统。拓展和完善企业、地方网络体系，形成中央、地方、协会、企业"四位一体"的运行监测与协调及协调联动机制，逐步实现各个主体要素网络对接，有序推进数据信息直报和数据共享机制，尽快启动面向行业物流的相关统计工作，组织完成工业物流统计指标体系的研究和统计监测体系的建设。

加强工业物流日常运行监测分析。以工业产品及其原材料物流信息为切入点，分析典型地区、重点领域的工业物流运行状况，完善工业物流运行监测网络和预警预测体系，强化工业物流运行综合协调工作。积极应对诸如自然灾害、突发事件对工业物流运行的影响，加强对工业经济及工业物流发展的分析研判，着力协调并解决工业物流运行中的问题，提高工业物流对工业经济促进作用，实现工业行业稳定较快发展。

完善重点行业物流定期监测制度。以重点行业及其物流产品为监测对象，以日报、旬报、月报为构成，定期报送工业物流运行动态，反映工业物流运行中的微小变化，通过深入剖析各类信息数据，分析其潜在问题及影响，研究提出措施意见，积极发挥协调管理作用。加大对新兴产业和中小企业的物流监测分析力度，密切关注原油、煤炭等主要原材料和出厂工业品的物流运作及供需变化。

建立健全工业物流运行监测网络。组织建立各级政府主管部门、相关行业协会、重点研究机构以及重点调度企业相联系的工业物流运行监测网络及信息交换平台，实现各主体要素信息交互功能。以工业物流运行状况为抓手，积极跟踪和掌握两化融合、军民结合、产业转移、淘汰落后产能、工业园区建设、信息安全等领域进展情况，全面反映工业物流运行中出现的新情况和新变化。

加强工业物流协调管理和信息引导。加强重要生产要素物流的协调管理，与有关部门沟通联系，召开典型行业、典型地区的生产要素物流协调会，协调解决能源、原材料、装备制造、高技术等重点生产要素的运输、仓储、多式联运、国际物流等工业物流问题，针对工业物流状况，及时发现工业经济运行中出现的诸如产能过剩、重复运输等问题，加强对一些热点问题和前瞻性问题的研究和信息引导。

2. 建立工业领域应急物流及预警体系

工业领域应急物流包括两方面含义：一是企业层面，要建立工业危险品生产及物流过程中的安全保障及应急措施，包括成立危险品事故应急救援工作组，准确评估事故危险性、及时制定应急措施，及时调度现场救援所需物资和设备，建立应急物流专用车辆的维护管理和动态调用机制。二是国家层面，应建立自然灾害、军事冲突等突发事件下的应急物流及预警体系，完善应急物流信息化建设，建立工业领域应急物流及预警系统，提升企业应急物资生产和供应能力，建立企业应急物资联合储备机制，加大对应急物流设施设备研发、生产和应用。

从功能和对策方面看，主要有三方面：一是指对于工业危险品生产及物流过程中的应急保障措施，二是应急状况下医疗卫生、食品饮水、帐篷棉被等应急物资的及时生产、储备、运输和供给，三是应急设施设备的生产、研发和应用。建立工业领域应急物流及预警体系，包括应急物流预警系统的建立、工业领域应急物流管理工作完善和工业领域应急物流能力提升三部分。

建立工业领域应急物流预警系统。信息系统建设是提高应急物流相应的重要手段，建立应急物流预警系统，加强政府与重点应急物资生产企业、相应物流企业的信息系统，以便在突发事件发生时能够紧急调配物资。建立多层次的政府应急物资储备体系，保证应急调控的需要。加强应急物流设施设备建设，提高应急反应能力。选择和培育一批具有应急能力的物流企业，建立应急物流体系。

完善工业领域应急物流管理工作体系。完善部门、区域、企业之间工业产品的应急保障及物流协调机制，健全工业突发事件信息报告制度。完善突发事件工业产品保障应急物流预案，指导各地编制本地区工业产品保障应急物流预案。加强工业系统防范各类突发事件的应急物流管理工作，做好重点灾害、重点区域和关键物流环节的监督检查。开展工业应急物流管理培训，编制发布工业应急物流管理年度评估报告。

不断提高工业领域应急物流能力。开展应急物流产业调研，研究制定促进工业领域应急物流发展的政策措施。搭建应急物流设施设备推广交流平台，大力推广救援装备、灾害感知设备等先进适用的应急工业产品。编制自然灾害、事故灾难等突发事件应急工业产品推荐指南，选择相关企业开展动态储备。同时，积极承担国防动员各项任务。根据民航、水利、卫生等部门的需求开展相关应急工业产品的保障协调。

（七）探索专业和新型工业领域物流的发展

加强钢铁、有色金属、石化等行业所需原材料及产品的物流设施建设，建立相应物流体系。在钢铁、船舶、汽车及零部件、烟草及食品等重点领域内推广现代物流管理，运用供应链管理与现代物流理念、技术与方法，实施采购、生产、销售和物品回收物流的一体化运作。特别是推动汽车和零配件物流发展，建立科学合理的汽车综合物流服务体系。加强对石油化学危险品物流的跟踪与监控，规范石化危险品物流的安全管理，并加强油气码头和运输管网建设，提高油气物流能力。加强食品质量安全标准体系建设，发展食品供应链一体化运作，重点发展食品冷链物流。实行医药集中采购和统一配送，推动医药物流发展加大对战略性新兴产业发展的配套物流支撑，鼓励工业企业加快发展产品与包装物回收物流和废弃物物流，促进资源节约与循环利用。鼓励和支持物流业节能减排，发展绿色物流。引导建设钢材深加工基地和钢材配送服务中心，鼓励钢铁物流企业间兼并重组，培养一批钢铁物流龙头企业。加快煤炭物流通道建设，以山西、内蒙古、陕西煤炭外运为重点，形成若干个煤电路港一体化工程，完善煤炭物流系统。完善机械和汽车行业的零部件采购网络，支持建立企业联合采购平台。

（八）开展工业物流发展试点示范项目

为了更好地促进工业物流的发展，相关政府需引导支持工业企业在两业联动、两园融合、对标达标、创新提升、技术研发等方面做出努力，打造出一系列具有中国特色的工业物流发展的试点工程。

1. 两业联动工程

开展两业联动示范工作，对已开始进行联动发展的典型工业企业取得的显著联动成效进行大力宣传推广，引导更多的工业企业与第三方物流企业建立联动双方的战略合作伙伴关系，工业企业将物流业务整合分离外包，物流企业为工业企业提供定制化的解决方案、服务流程和规范，信息系统对接等创新技术，显著提高工业物流外包的比例，提高工业企业的市场竞争力，带动物流业服务能力的整体提升，促进我国工业和物流业的产业升级和结构优化，提高国民经济运行的质量和效益。

加强对工业物流分离外包的指导和促进，支持工业企业改造现有业务流程，促进其物流业务分离外包，提高核心竞争力。培育一批适应现代工业物流需求的第三方物流企业，提升物流业为工业服务的能力和水平。随着物流业主动深度介入工业，参与工业的生产、供应和销售的全过程，将促进工业企业，特别是大型工业企业重视和应用供应链一体化管理与技术。推动工业物流需求社会化，整合工业集聚区的物流功能，支持物流企业增强一体化服务能力，促进工业与物流业信息标准对接，组织制定两业联动发展的相关政策措施，促进现代制造业与物流业深度融合。

2. 两园融合工程

注重工业园区与物流园区联合规划和配套建设，加强运作的协调性，发挥工业园区与有关物流设施相互促进发展的双向优势。综合利用已有、规划和在建的物流基础设施，加强工业园区（产业园区）与辐射范围内的物流园区之间的联动协作，建立沟通协作机制，整合资源，建立合作平台，实现信息共享，接口对接。工业园区与物流园区联合选址、集中布局，以促进物流园区与工业园区融合，打造新型工业化产业示范基地产业服务中心和物流服务基地、银河培训工程、物流岗位资格认定等项目子工程。该工程应具有一定的行业和区域代表性，形成集聚明显、特色鲜明、发展前景较好、综合实力较强的产业园区联盟，这对于促进所在区域经济增长和产业结构优化升级将起到积极的推动作用，是我国走新型工业化道路、实现工业由大变强的重要承载任务。

3. 对标达标工程

加强工业物流标准化工作，加大对国家已经颁布的各种与物流活动相关的国家标准和行业标准的推广贯彻落实力度；对工业企业的物流运作开展物流效率、物流费用、基础设施、操作规范、两业联动的信息共享对标、达标工作，并对工作进行动态比较、持续改进、不断创新，树立正确的对标观念，建立有效的对标体系和对标机制，切实抓好"对标、追标、达标、创标"等各个阶段的工作，以全面质量管理为突破口，强化工业全行业标准化基础工作，促进工业物流运营水平的整体提升。

4. 创新提升工程

鼓励开展工业物流的创新提升工程，摒弃工业物流传统的低位运作模式，促进其向创新驱动转型、绿色低碳转型、智能制造转型、服务化转型、内需主导及消费驱动转型，在物流的创新支持下，全面优化工业结构、技术结构、产品结构、组织结构、布局结构，促进工业结构的整体优化提升。

鼓励实施战略性新兴产业物流提升发展工程。依托优势企业，统筹技术开发、工程化、标准制定、市场应用等环节，推动其与其他工业行业物流要素的整合及技术集成，促进战略性新兴产业的发展推动"两化"深度融合，提升工业物流整体服务能力。利用现代物流技术、信息技术等高新技术改造传统工业，引导工业和物流资源利用方式向集约高效、清洁安全转变，鼓励工业物流向绿色低碳发展。

按照循环经济发展的要求，加大绿色物流装备、设施和节能仓库的推广使用力度。进一步完善综合运输体系，优化各种运输方式的比例。合理组织、配置物流资源，优化物流配送路径，降低运载车辆空驶率。大力采用和推广多式联运，实现各种运输方式之间的有效衔接。引导建立服务于工业的逆向物流体系，促进资源的循环利用。从销售末端应用入手，推广托盘共用系统，率先推动托盘共用体系建设。鼓励物联网技术在工业物流中的推广应用，提高我国工业物流现代化、智能化水平，推动智能物流发展。

5. 技术研发工程

为适应工业与物流业融合发展的趋势，使两业在相互促进中得到提升，要引导物流新技术的开发和应用，尤其是要引导工业企业或第三方物流企业采用低碳物流技术，响应国家节能减排可持续发展的战略要求。重点支持供应链一体化原材料或产品跟踪定位、智能交通、物流管理软件、移动物流信息服务等关键技术攻关，提高物流技术的自主创新能力；鼓励对先进物流设备的研制，提高物流装备的现代化水平。

鼓励工业物流共性技术装备和专用技术装备的研发，加强物流技术装备的通用性和循环利用，努力实现基础设施智能化，减少物流运作费用，提高工业物流运作效率，带动工业的产业升级。

6. 物流信息化工程

依托新型工业化产业示范基地物流信息化水平评估工作，推进有关物流信息化示范工程。国家新型工业化产业示范基地是指以可持续发展为前提，以产业集聚为主要特征，以工业园区为主要载体，主导产业特色鲜明、水平和规模居全国领先地位，在产业升级、"两化融合"、技术改造、自主创新、军民结合、节能减排、效率效益、安全生产、区域品牌发展和人力资源充分利用等方面走在全国前列的产业集聚区。信息化水平较高是示范基地具备的基本条件，依托示范基地物流信息化水平评估，促进主体园区物流信息化建设，完善物流信息基础设施，企业在生产制造、电子商务、物流配送等物流及供应链环节的信息化应用达到国内同行业先进水平。

八、我国工业物流发展的保障措施分析

我国工业物流发展需要良好的环境支持，而各项政策措施是其必不可少的重要保障。为了实现工业物流又好又快发展，本研究认为应从以下几方面尽快研究、制定并出台与工业物流发展相关的政策措施。

（一）加强组织协调

各级工业和信息化主管部门和相关行业协会要统一思想，高度重视工业物流发展工作。中央政府层面，由工业和信息化部协调国家发展改革委、商务、财政、国土资源、工信、铁道、交通、海关等相关部门，及时解决工业物流发展中的突出矛盾和重大问题。各单位、各级职能部门要在各司其职、各负其责的基础上，加强在摸清工业物流需求、政策规划制定、重大项目审理、标准规范制定、项目建设实施等方面的协调配合，形成合力。积极发挥行业协会联系政府、服务企业、促进行业自律的重要作用，建立健全有效的联系沟通机制，搭建政府与企业联系的桥梁和纽带。同时，加强行业自律，为制定规划、规范市场行为、统计与信息、技术合作、人才培训等提供有力支撑。

（二）统筹规划建设

在"十二五"工业转型升级总规划的基础上，科学制定工业物流"十二五"专项规划，与相关规划加强衔接，为总规划的顺利实施提供物流保障。有序制定分典型行业工业物流规划，将其纳入相应工业体系的专项规划中。要注重新型工业化产业示范基地、工业园区、产业聚集区与港口、铁路物流中心、公路货运枢纽、机场、物流园区、保税区、口岸、城乡基础设施的联合规划和配套建设，注重布局的协调性。

（三）加大政策支持

通过现代物流工作联席会议等多种途径，主动加强与各级政府和相关行业主管部门的沟通协调，积极争取工业物流发展的土地、财税、投融资政策支持。加大对工业企业物流技术改造的政策扶持，将工业物流项目纳入技术改造项目导向目录，对工业企业在物流领域的科技进步、设施改造和技术改造，提供技术改造专项资金支持。将物流业纳入国家重点支持的高新技术领域，支持符合条件的物流企业申报高新技术企业认定，经认定的物流企业享受国家政策规定的人才激励、财税优惠、政策倾斜等优惠政策。切实减轻工业企业发展负担，积极申请两化深度融合项目、国家生产性服务业发展、西部物流发展、中小企业发展资金等政策支持，探索更有效的财政支持方式。各地工业和信息化主管部门要结合本地区实际，抓紧制定本地区工业领域现代物流发展的优惠政策，进一步创造良好的发展环境。对于工业物流试点示范行业、企业、基地和城市要信息上给予引导，政策上给予支持，方法上给予指导，资金上给予引进，宣传上给予帮助。

（四）加强规范引导

清理整顿不适应行业发展的规章制度，出台有利于工业物流发展的法律法规。扶持企业做大做强，严格执行国家和地方价格政策，规范工业物流服务价格和收费行为，杜绝违规收费现象，建立规范的工业物流市场秩序。完善工业物流标准体系，加快工业物流标准的制（修）订工作，引导通用标准在工业领域的应用，加强现有物流设施的标准化改造，鼓励企业采用标准化物流设施和设备，做好不同标准的协调和统一。

（五）完善统计体系

加强工业物流统计基础工作，开展工业物流统计理论和方法研究，建立健全工业物流统计指标体系。完善工业物流统计调查和信息管理制度，分行业、分地区开展工业物流统计调查。加强工业物流工作的考核和评价力度，为分析工业物流发展的成绩和问题提供客观依据，为工业企业物流经营管理状况分析、绩效考核评价、重大问题决策等方面提供参考支持。

（六）加快人才培养

采取多种形式，加快工业物流人才的培养。发展多层次的工业物流教育体系和在职人员培训体系，依托高校、科研院所和企业培训资源，组织编写工业物流培训知识读本，建立工业物流的培训和实训基地，加快培养各工业行业领域的专业技术人才，大力引进工业和物流领域复合型人才，开展国有大中型工业企业物流总监培训。尽快组建工业物流专家组，发挥专家组在政策建议、专业咨询、理论指导、技术支持等方面的重要作用。完善工业物流从业人员资格认证制度及认证体系，鼓励国内相关组织和工业企业开展人才培训的国际交流与合作。

（七）加强研究工作

鼓励"产、学、研、用"相结合，充分发挥科技对工业物流发展的支撑、引导和推动作用。对于战略性、关键性问题开展加大科技专项研究力度，着力突破工业物流发展的核心关键技术，着力突破制约产业发展的共性技术，促进重大技术成果工程化、产业化。要调动工业企业和物流企业的积极性，大力加强企业物流创新能力建设，引导创新要素向企业集聚，使企业成为研发投入、标准制定和创新成果应用的主体。

（八）加强交流推广

通过开展企业及行业协会座谈会等形式了解工业物流发展情况、交流总结发展经验。重点宣传推广一批在整合物流资源、创新物流模式、改进物流工艺、降低物流成本、提升供应链管理水平、增强企业竞争力等方面发挥突出作用的典型示范企业或项目。积极通过媒体、网络等形式扩大推广范围和深度，营造工业和物流业融合发展氛围。

课题组成员名单

课题负责人： 贺登才　中国物流与采购联合会副会长　中国物流学会副会长

课题组成员： 张晓东　北京交通大学交通运输学院副教授　中国物流学会常务理事

周志成　中国物流与采购联合会研究室副主任

黄　萍　中国物流与采购联合会学会工作部副主任

姜超峰　中国物资储运协会会长

秦四平　北京交通大学交通运输学院副教授

王　佼　北京交通大学交通运输学院硕士研究生

史秀鹏　北京交通大学交通运输学院硕士研究生

孙　杨　北京交通大学交通运输学院硕士研究生

王　沛　北京交通大学交通运输学院硕士研究生

张晋姝　北京交通大学交通运输学院硕士研究生

郑永行　北京交通大学交通运输学院硕士研究生

施颖晶　北京交通大学交通运输学院硕士研究生

赵　娜　北京交通大学交通运输学院硕士研究生

曹森木　北京交通大学交通运输学院硕士研究生

参 考 文 献

［1］中华人民共和国国家统计局．中国统计年鉴［K］．北京：中国统计出版社，2010．

［2］中国社会科学院工业经济研究所．2008 中国工业发展报告——中国工业改革开放 30 年［M］．北京：经济管理出版社，2008.

［3］中共中央文献研究室．三中全会以来重要文献选编［M］．北京：人民出版社，1982.

［4］中华人民共和国国家统计局．2010 年国民经济和社会发展统计公报［R］．2011.

［5］张晓东，韩伯领．供应链管理原理与应用［M］．北京：中国铁道出版社，2008.

［6］郭维城．经济大辞典［M］．上海：上海辞书出版社，1989.

［7］耿娟．工业企业物流网络规划［D］．西安：西安建筑科技大学，2007.

［8］陶瑞，余元冠．中小型钢铁物流企业发展战略选择［J］．物流技术与应用，2008（11）.

［9］紫甘蓝．打造现代医药物流面临的挑战及应对措施［DB/OL］．http：//cio. it168. com/a2010/0908/1100/000001100922_ all. shtml.

［10］邹辉霞．供应链物流管理［M］．北京：清华大学出版社，2009.

［11］叶素文．物流经济地理［M］．杭州：浙江大学出版社，2010.

［12］周翔，王耀球．工业物流的发展研究［J］．中国储运，2006（5）.

［13］中国物流与采购联合会网站，www. chinawuliu. com. cn.

［14］南开大学现代物流研究中心．中国现代物流发展报告 2010［R］．北京：中国物资出版社，2010.

［15］袁涛．制造业物流业加快联动发展——首批示范工程项目重在推进制造企业物流供应链一体化管理［N］．大众日报，2010 - 05 - 24.

［16］刘伟华，葛美莹．2010 年制造业物流发展回顾与 2011 年展望［R］．2011 中国物流发展报告会材料汇编.

［17］北京世经未来投资咨询有限公司．2010 年钢铁行业风险分析报告［R］．国家发展改革委中国经济导报社，2011.

［18］李翔．钢铁行业物流发展思路［J］．中国储运，2009.

［19］国家发展改革委中国经济导报社．2010 有色金属行业风险分析报告［R］．2010.

［20］钱静．有色金属产业振兴与发展物流业［J］．中国有色金属，2009（10）.

［21］雾峥．我国食品物流业亟待大力振兴［J］．中外物流，2007（1）：18 - 19.

［22］董千里．物流运作管理［M］．北京：北京大学出版社，2009.

［23］国家发展改革委东北振兴司．东北地区物流业发展现状、问题与建议［EB/OL］．http：//www. cbismb. com/articlehtml/20135997. htm.

［24］王柱．鄂尔多斯内销自营物流案例简介［EB/OL］．中国物流与采购网，http：//www. chinawuliu. com. cn/oth/content/200505/200517186. html.

［25］青岛海信集团案例［EB/OL］．中国物流与采购网，http：//www. chinawuliu. com. cn/oth/content/200407/200413856. html.

［26］中国物流与采购联合会，中国物流学会．中国生产资料流通发展报告 2009—2010［M］．北京：中国物资出版社，2010.

［27］中国物流与采购联合会．我国钢铁加工配送发展规模偏弱［J］．中国物流与采购联合会会员通讯，2007.

［28］杨辉，张长森．钢铁企业生产物流合理化研究［J］．商业时代，2009.

［29］我国石化企业物流产业的现状分析及对策［DB/CD］．中国行业研究网：http：//www. chinairn. com. 2007.

［30］李舜萱，陈海燕，常连玉．促进制造业与物流业联动发展［J］．研究与探讨，2009（3）.

［31］东北财经大学公共政策研究中心．生产型服务业突破辽宁省装备制造业发展瓶颈的有效路

径［J］. 东北财经大学学报，2009（4）.

［32］迟颖. 伊利、蒙牛：物流是发展原动力［J］. 物流与供应链，2010（5）：57－58.

［33］张签名. 2009 年食品行业物流发展回顾与 2010 年展望［R］. 中国物流发展报告 2009—2010，2010.

［34］朱天聆. 2008 年家电行业物流发展回顾与 2009 年展望［R］. 中国物流发展报告 2008—2009，2009.

［35］卢立新. 2004 年家电物流发展回顾与 2005 年展望［R］. 中国物流发展报告 2004—2005，2005.

［36］朱天聆. 2009 年家电行业物流发展回顾与 2010 年展望［R］. 中国物流发展报告 2009—2010，2010.

［37］物流信息化—"7 点"破局信息化之技术落后制约物流业发展［EB/OL］. 百度文库.

［38］两业联动：从拥有走向控制——访中国物流与采购联合会副会长兼秘书长崔忠付［N］. 中国信息报，2010.

［39］胡政. 观念落后制约企业物流外包［N］. 现代物流报，2009.

［40］南开大学现代物流研究中心. 中国现代物流发展报告 2009［M］. 北京：中国物资出版社. 2009.

［41］中国物流技术协会信息中心. 2009 中国物流装备业调查分析与展望［R］. 2009.

［42］中华人民共和国环境保护部. 2008 年环境统计公报［Z］. 2008.

［43］马飞雄. 我国发展第三方物流企业的制约因素分析［EB/OL］. 中国物流协会：http://www.chinawuliu.com.cn/oth/content/200708/200724469.html.

［44］崔介何. 物流学［M］. 2 版. 北京：北京大学出版社，2010.

［45］中华人民共和国国民经济和社会发展第十一个五年规划纲要.

［46］龚英. 我国逆向物流大有可为［EB/OL］. 中国物流招标网，http://www.clb.org.cn/qiye-fangtan/2008－02－28/24641.html.

［47］FRED E MEYERS，MATTHEW P STEPHENS. 制造设施设计和物料搬运［M］. 2 版. 北京：清华大学出版社，2006.

［48］戴怡富. 工业生态化是我国新世纪工业发展的必然选择［J］. 生态经济，2001（8）：15－17.

物联网技术在物流业的发展与政策研究[*]

内容提要： 物联网被称为继计算机、Internet 之后，世界信息产业的第三次浪潮。物流行业作为十大产业振兴规划中的唯一服务业，从 1998 年就开始推行 RFID 技术。物联网技术与物流业的融合发展，不但有助于推动技术本身的革新，更有助于物流产业的健康、可持续发展，并将深刻地改变物流业的业务模式。为消除物联网技术在物流业发展中的诸多制约因素，满足物联网技术在物流业发展战略目标的要求，需要从管理机制、市场机制、技术及标准、安全体系及示范工程等方面制定相应的实施对策。

一、物联网及 RFID 技术的发展动向、趋势研究

物联网被称为继计算机、Internet 之后，世界信息产业的第三次浪潮，是将信息化技术的应用更加全面地为人类生活和生产服务的信息化大升级。通过物联网技术，可以把人类社会与物理世界更好地连接起来，人与人之间的信息交换进一步延伸和扩展到物与物之间的信息交换和信息处理。物联网应用于各行各业可以提高经济效益，降低成本，让世界变得更"智慧"。然而，物联网的进一步推广应用目前仍存在亟待解决的关键问题。物联网技术的发展动向是值得关注和研究的问题。

（一）物联网的定义与发展历程

1. 物联网的定义

物联网（Internet of Things，IOT），自被提出至今，很多专家和组织从不同的角度、专业和领域给出了它的定义，但至今还缺乏一个清晰的定义。总结和归纳这些定义，可以从两个层面来认识物联网：广义物联网和狭义物联网。

广义物联网指利用条码、射频识别、传感器、全球定位系统、激光扫描器等信息传感设备，按约定的协议，实现人与人、人与物、物与物在任何时间、任何地点的连接，从而进行信息交换和通信，以实现智能化识别、定位、跟踪、监控和管理的一种网络系统。

狭义物联网指利用产品电子代码（EPC）、射频识别（RFID）等技术，通过网络实现物品互联互通，可在任何时间、任何地点，对任何物品进行识别与管理的网络。

广义物联网的系统构成包括三个层次：末端设备或子系统（感知层）、通信连接系统（网络层）以及管理和应用系统（应用层），不同层次都有相应的关键和支撑技术，具体如图 1、图 2 所示。

---

[*] 本课题为财政部、工业和信息化部、国资委 2011 年委托行业协会课题。

物联网应用

中间件

应用层

- 应用服务器
- 云计算
- 解析服务
- 网络管理
- Web服务

网络层

- 数据网/通信网
- 专业网络
- 物联网网关
- 物联网网关

感知层

- RFID
- 传感器
- 全球定位系统
- 条码
- 激光扫描
- 其他感应设备

智能物流 智能医护 智能家居 智能交通 智能农业 智能物流 智能环保 其他应用

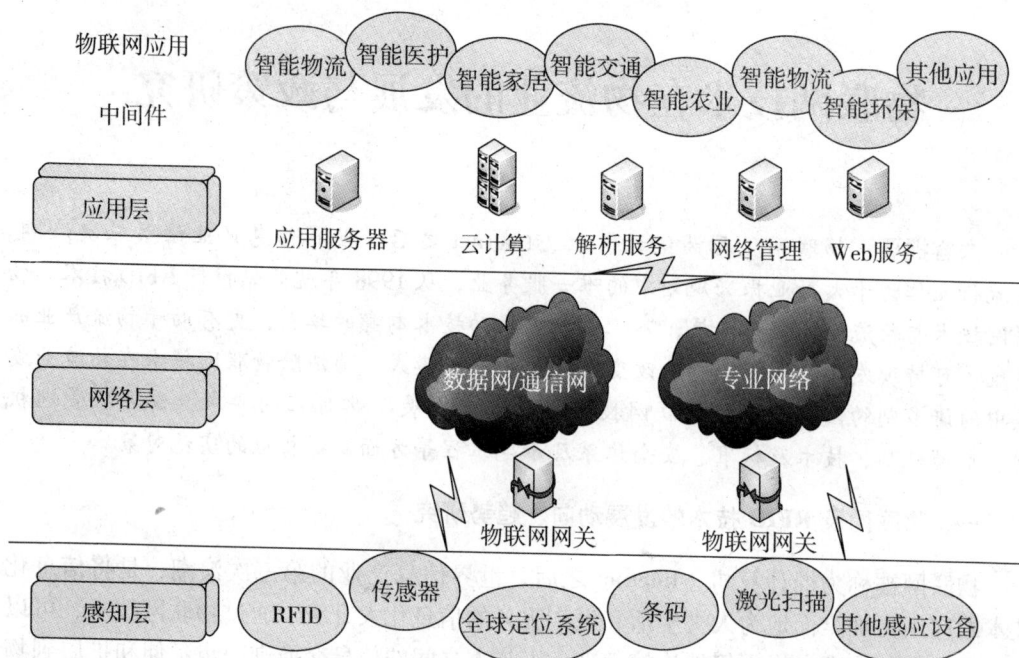

图1 物联网系统构成

2. 物联网发展历程

物联网的发展历程可以分为概念形成与演变阶段、技术试验与研发阶段和推广应用阶段。

（1）概念形成与演变阶段

①1995年，比尔·盖茨在其著作《未来之路》一书中提及物联网的基本思路。

②1999年美国麻省理工学院（MIT）首次提出物联网的概念，是指把所有物品通过射频识别（Radio Frequency Identification，RFID）等信息传感器设备与互联网连接起来，实现智能化识别和管理的网络。

③2003年，SUN公司发表文章《Toward a Global "Internet of Things》介绍了物联网的基本工作流程并提出解决方案。

④2005年11月17日，在突尼斯举行的信息社会世界峰会（WSIS）上，国际电信联盟（ITU）发布《ITU互联网报告2005：物联网》，正式提出了物联网概念。该报告中指出物联网包括人与物、物与物之间的连接，即在任何时间、任何地点、任何物品间都可以进行通信。

（2）技术试验与研发阶段

①美国

1998年，美国麻省理工学院的研究人员提出将Internet与RFID技术有机结合后，他们联合大学、企业，对基于EPC的物联网相关研究实行分工工作，系统地开展研究，提出最初的由射频标签（RFID）、阅读器、Savant软件、对象名称解析服务（ONS）、

```
┌──────────┐    ┌─────────────────────────────────────────────┐
│  应用层   │────│ 物联网和用户（包括人、组织和其他系统）的接口。应用 │
└──────────┘    │ 范围：绿色农业、工业监控、公共安全、城市管理、远程 │
                │ 医疗、智能家居、智能交通和环境监测等各个行业      │
                └─────────────────────────────────────────────┘
```

	有线网络	—	IPV4网络
			IPV6网络
网络层	无线网络		2G网络
			3G网络
	云计算平台		4G网络
			WIFI
	网络管理系统		
	信息中心		低频RFID
	RFID		高频RFID
			超高频RFID
感知层	条码		一维条码
			二维条码
	传感器		
	图像识别技术		
	智能嵌入技术		
	纳米技术		
	GPS		
	激光扫描技术		

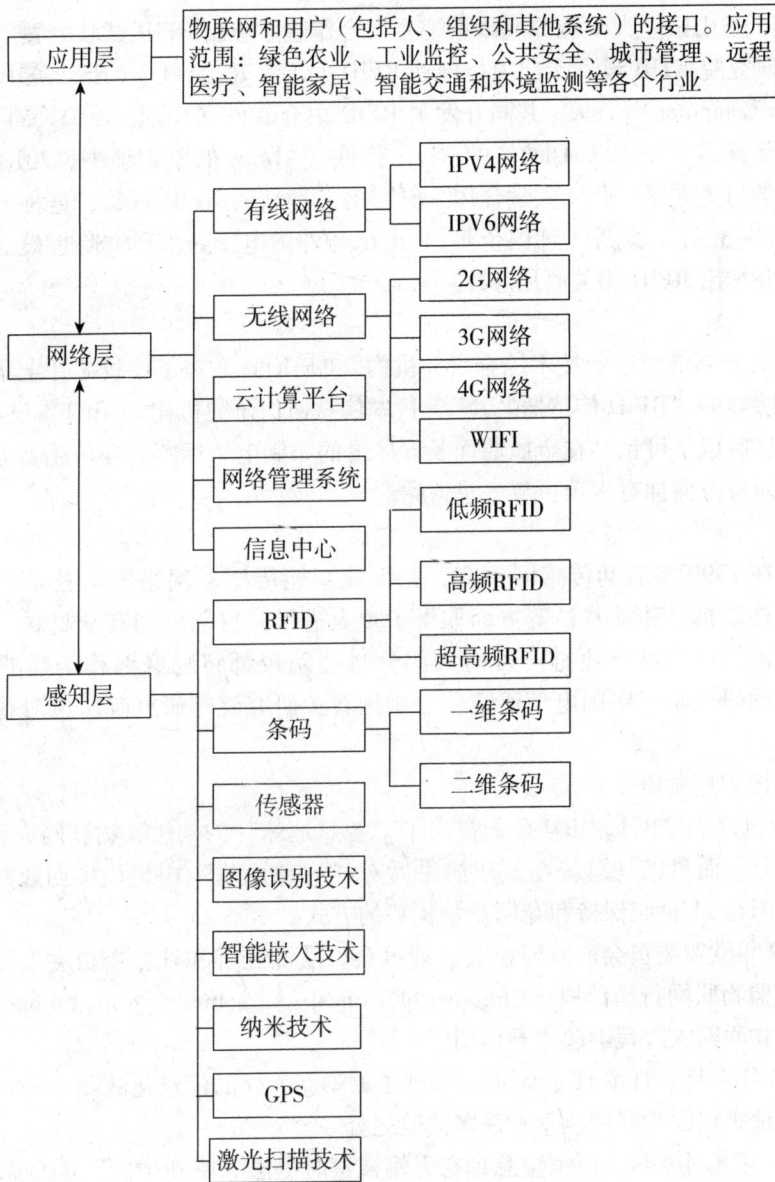

图2 物联网技术分类示意图

物品标记语言服务器（PML－Server）五部分组成的 EPC 系统雏形。

②欧盟

欧洲合作研发机构校际微电子中心（IMEC）利用 GPS、RFID 技术已经开发出远程环境监测、先进工业监测等系统，该机构还利用在微电子及生物医药电子领域的领先技术，研发具有可遥控、体积小、成本低等功能的微电子人体传感器、自动驾驶系统等技术。此外，欧洲智能系统集成技术平台（EPoSS）出台了专门文件，指出各阶段物联网技术研发、产业化、标准化等工作的重点。

③韩国

2005 年，釜山国立大学和 Sun 微系统公司合作建立釜山 RFID 试验中心。2006 年韩国电子通信研究院 ETRI 设立专门项目推动 RFID 发展，其后，LG GNS 与韩国电脑服务公司（Korea Computer service）共同开发了 RFID 中介软件（REMS v2.0），目前该软件已经获得国际标准组织 EPC Global 的 RFID 软件（ALE）的鉴定证书。2010 年，韩国Suncheon 大学与美国得克萨斯大学合作，研究出一种新的 RFID 标签，这种标签可以直接打印到塑料包装上。此外，韩国企业 SK 电讯与韩国电子通信研究院也设立共同研发项目，开发并推出 RFID 相关商用芯片。

④日本

2005 年日本新能源产业技术综合研究机构（NEDO）发表了一枚芯片上集成无线标签和各种传感器的"RFID 传感器芯片"。日本信息通信研究机构（NICT）已在 RFID 方面经开发并试制成了可粘贴在金属曲面及人体上的布制电子标签。在传感器方面，日立公司已经在研发方面拥有多项世界先进成果。

⑤中国

中科院在 1999 年启动传感网研究，在无线智能传感器网络通信技术、微型传感器、传感器终端机、移动基站等方面取得了重大进展，目前已拥有从材料、技术、器件、系统到网络的完整产业链。目前大部分科技院校都将物联网作为重要的研究方向。中国移动研究院、中国电信研究院、中国普天研究院等研究院所也对物联网进行了深入研究。

（3）推广应用阶段

① 2009 年 1 月 23 日，IBM 公司提出了"智慧地球"的构想，物联网成为其中不可或缺的一部分。而奥巴马总统在就职演讲后对"智慧地球"构想积极回应，表示物联网技术是美国在 21 世纪保持和夺回竞争优势的方式。

② 2009 年欧盟委员会向欧盟议会、理事会、欧洲经济和社会委员会及地区委员会递交了《欧盟物联网行动计划》（Internet of Things – An action plan for Europe），以确保欧洲在建构物联网的过程中起主导作用。

③ 2009 年 7 月，日本 IT 战略本部颁布了日本新一代的信息化战略——"I – Japan"战略，与当前提出的物联网概念有许多共通之处。

④ 2009 年 8 月 9 日，温家宝总理在无锡视察时提出"感知中国"的概念。

⑤ 2009 年 9 月 11 日，"传感器网络标准工作组成立大会暨'感知中国'高峰论坛"在北京举行，会上成立了传感器网络标准工作组，为我国将来开展传感网标准制订工作，参与国际标准化、把握信息化浪潮奠定了基础。

⑥ 2009 年 9 月 21 日，工信部在相关会议上，首次明确提出要进一步研究建设物联网、传感网，加快传感中心建设，推进信息技术在工业领域的广泛应用，提高资源利用率、经济运行效益和投入产出效率等。

⑦ 2009 年 10 月 13 日，韩国通过了《物联网基础设施构建基本规划》，将物联网市场确定为新增长的动力，计划在 2013 年之前创造 50 万亿韩元的物联网产业规模。

⑧ 2009 年 11 月 3 日，温家宝总理在人民大会堂发表了题为"让科技引领中国可持

续发展"的讲话，将"物联网"并入信息网络发展的重要内容，并强调信息网络产业是世界经济复苏的重要驱动力。

⑨ 2010 年 3 月 9 日，中国"物联网标准联合工作组"筹备会议在北京召开。2010年 5 月，物联网标准联合工作组正式成立。

⑩ 2010 年物联网被正式列为我国五大新兴战略性产业之一，写入"政府工作报告"。

⑪ 2011 年我国"十二五"规划明确提出，物联网将会在智能电网、智能交通、智能物流、智能家居、环境与安全检测、工业与自动化控制、医疗健康、精细农牧业、金融与服务业、国防军事十大领域重点部署。

（二）物联网的应用领域

物联网应用于各个行业领域，可以提高各个行业的业务系统信息化水平，提高经济效益，大大节约成本，为人们的生活带来极大的方便。主要应用领域有智能运输（库存、车队、监控、导航、识别、货物）、智能建筑（设备、安全、节能）、数字化医疗（设备、监床、辅助诊断、病程）、遥感勘测（大地勘测、森林、地震、海洋）、环境保护（污染检测、报警）、消防（联动、消防栓、定位、调试）、军事（侦查、监控、定位、评估）、煤炭（通风、瓦斯、救灾定位）、金融（电子支付、实时信息）、水务（水质、水量、污染、安全）、林业（防火、勘察、报警）、电力（抄表、监控、节能）、农业（大棚、土壤、灌溉、环节、跟踪）、气象（降水、防洪、远程设备）、石化（险情、油井、运输、管线）、供应链（交易、订单、跟踪、识别）、移动 POS（物流、零售、自动服务）、工业自动化（生产、安全、防灾、水电油气）、公共安全（照明、信号、应急、灾害、识别）等。

目前，应用比较广泛的有智能物流、智能医疗、智能交通、防伪、电子支付等行业。

1. 智能物流

智能物流可以打造集信息展现、商贸会展、电子商务、物流配载、仓储管理、园区安保等功能为一体的物流园区综合信息服务平台。也可以对整个供应链的每一个环节进行跟踪。基于 RFID 的仓管系统的一种整体的设计方案如图 3 所示。

2. 智能医护

医护领域的物联网应用主要在人体的监护和生理参数的测量等方面，可以对人体的各种状况进行监控，将数据传送到护理人或有关医疗单位。图 4 为厦门锐顺 RFID 医疗流程应用的示意图。

3. 智能交通

智能交通系统包括公交行业无线视频监控平台、智能公交站台、电子票务、车管专家、智能铁路运输管理和公交手机一卡通等业务。图 5 为一种铁路运输管理系统方案。TMIS 是一种基于广义物联网的铁路运输管理信息系统，主要包括确报、货票、运输计划、车辆、编组站、货运站、区段站、分局调度、货车实时追踪、机车实时追踪、集装箱实时追踪、日常运输统计、现在车及车流推算、军交运输等子系统。

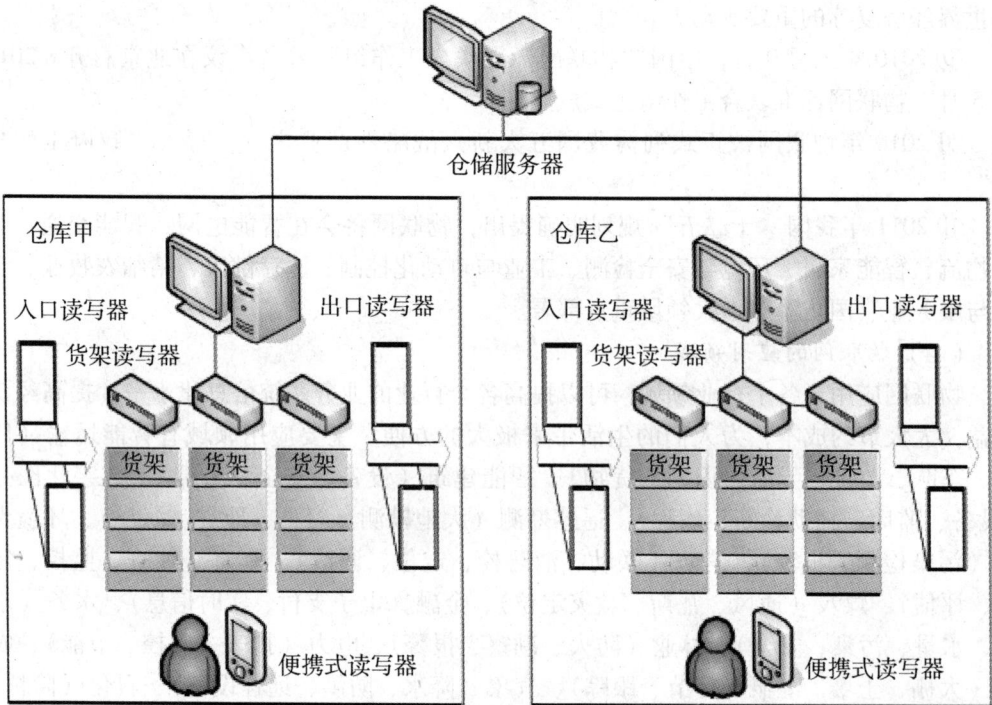

图 3　一种基于 RFID 的仓管系统

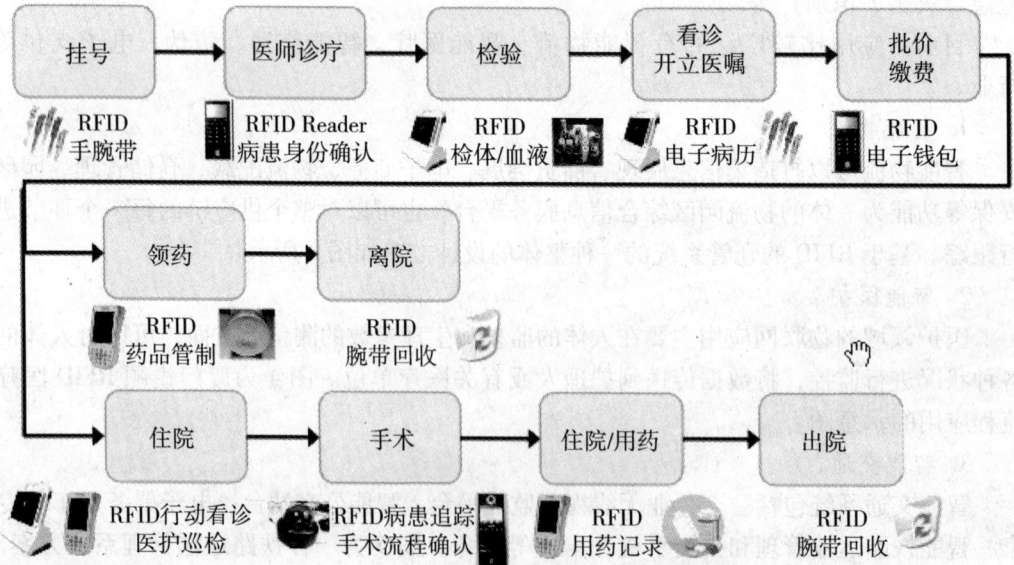

图 4　厦门锐顺 RFID 医疗流程应用示意图

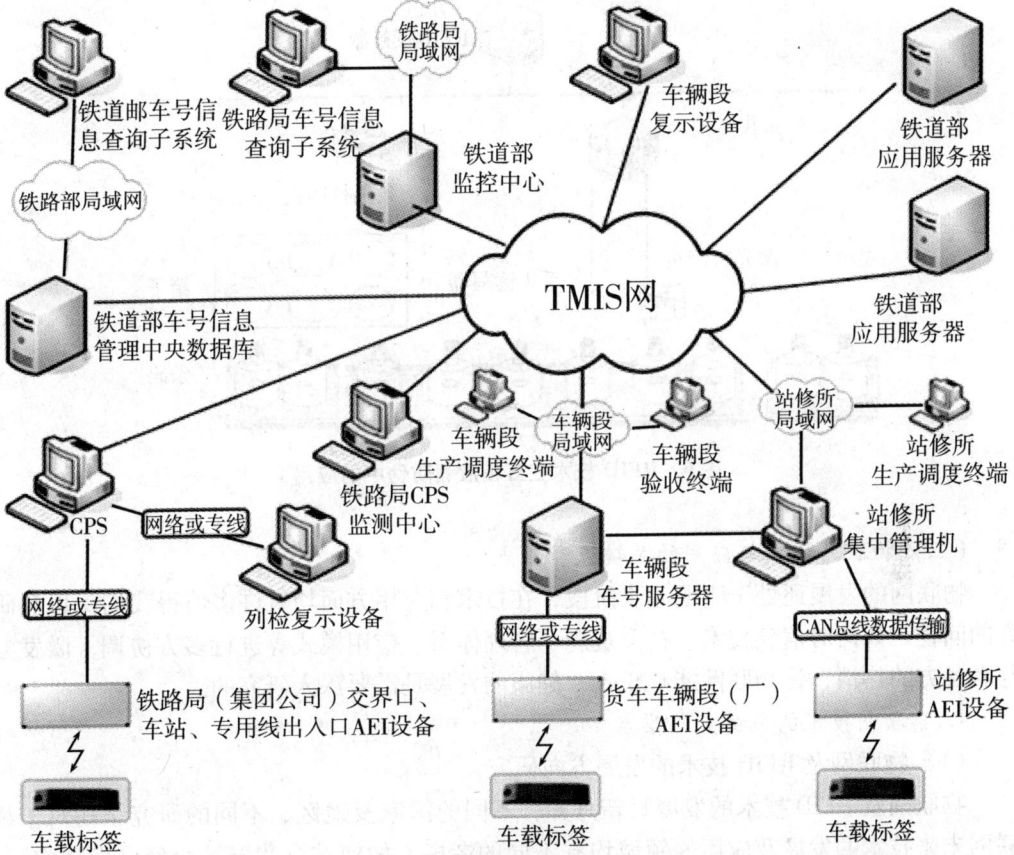

图5 一种铁路运输管理系统方案

4. 防伪

常见的防伪技术有全息图案、变色墨水、产品和包装上面的隐蔽标记，然而，这些技术或产品一些已经被破解，有了仿造的手段，从而不能真正起到防伪的作用。物联网技术对于物品具有良好的追踪性，用于防伪领域可以弥补其他技术的缺陷。RFID 技术防伪已经有了实际应用方案。图6 为 RFID 技术在五粮液酒防伪中的应用。

5. 电子支付

电子支付与现金支付相比，有很多优势，发展非常迅速。而基于物联网的电子支付平台与传统的电子支付相比，拥有更多的便利性，应用更为广泛。中国移动厦门 E 卡通手机支付是一种典型的应用。移动 E 通卡是基于移动 RFID 技术实现的多功能移动电子商务服务，将传统的 E 通卡应用集成到手机中，从而实现手机 SIM 卡、公交卡、银行卡、企业管理卡四卡合一，一卡多用的作用，只需要掏出手机，就可以顺利地在公车、轮渡等处轻松刷卡，甚至还可以购物消费。

未来的物联网将深入到我们生活的各个领域。

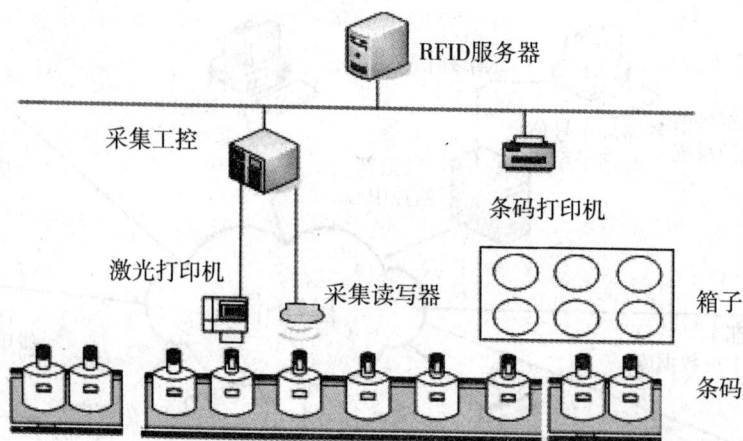

图 6　RFID 技术在五粮液酒防伪中的应用

（三）物联网技术与应用的关键点、难点

物联网的发展还处于刚刚起步阶段，在技术和应用方面均有许多值得我们深思和研究的问题。如何对信息技术、社会观念、管理体系、应用模式等进行多方协调，激发参与者各方的热情，让物联网能够长效、健康的发展是需要深入研究的。

1. 物联网技术的关键点与难点

（1）物联网及 RFID 技术的发展方向研究

物联网及 RFID 技术的发展日新月异，不同的国家及地区、不同的研究结构对于物联网未来技术的发展及应用的领域均有不同的考虑，如何结合我国社会经济发展实际，尤其是结合物流行业的发展，确定物联网及 RFID 技术的发展方向值得思考。

（2）物联网技术应用与物流业务方式转变研究

物联网技术的应用，对于物流业务方式的影响是深远的，物流活动的许多环节、物流作业的方式均会发生变化，其中，变化的规律及方式如何，值得深入研究。

2. 物联网应用的关键点与难点

（1）行业及技术标准的确定

标准化体系的建立是发展物联网产业的首要先决条件。技术及行业标准的出台可以大大规范物联网应用。如何结合我国的实际情况，制定出符合中国国情的行业标准值得关注。

（2）信息安全问题

RFID 是物联网的基础技术之一。RFID 标签可以远程读写和被追踪。涉及一些国家或者企业以及个人的重要信息，就有可能遭到泄露、破坏或修改。其他物联网技术同样会遇到类似的问题。如何能保证信息的安全，是关乎到物联网能够顺利发展的重要问题。

（3）政策法规的建立

物联网的发展不仅仅是一个技术问题，可能涉及政治法律和各种安全问题。而且它牵涉到各个行业，各个产业，需要多种力量的整合。这就需要国家的产业政策和立法上要走在前面，要制定出适合这个行业发展的政策和法规，保证行业的正常发展。如何立法，如何引导物联网健康发展，都是需要深入探讨的问题。

（4）新经济模式的推广

物联网的发展，必然导致新的商业业态的出现。目前，物联网本身还没有形成成熟的商业模式和推广应用体系。在推动物联网技术与应用时，谁来承担成本是一个很大的问题。因此，在未来物联网建设过程中，如何确立商业模式与设计现代制造流程变得异常关键，值得我们深思。

（5）管理机制的形成

物联网是一种高新技术，它的推广应用涉及各个行业，各个产业。这就需要政府部门的支持、协调和管理，并制定出适合这个行业发展的政策和法规，保证行业的正常发展。如何建立相应的管理协调机构和行业协会值得我们思考。

（四）物联网技术的发展方向

物联网并不是一项单一的技术，而是多种技术的综合应用网络。物联网的系统可以认为由感知层、网络层和应用层组成。物联网技术的发展方向主要有以下几个方面：

1. 标签体积微型化

标签体积微型化指生物技术、微机械技术、纳米技术、超微电子技术等综合应用于标签的生产中，从而使标签成为体积小、功能齐全的智能标签。微型标签体积小，甚至可植入人体。图7所示为一种微型标签。

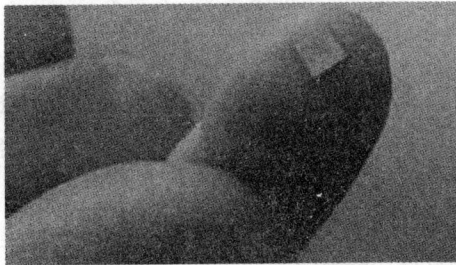

图7　一种微型标签

2. 标签材料多样化

标签的制作材料根据不同的应用，制作材料也不同。主要制作材料如下：

（1）硅RFID标签。这种标签采用硅芯片，铝、铜，其成本较高。图8为一种硅RFID标签。

（2）印制RFID标签。这种标签的天线填充了银质墨水，射频部分由连接片、电容器元件组成。如：印制EAS/验证标签。图9为一种印制RFID标签。

（3）聚合物/塑料RFID标签。这种标签用聚合物逻辑电路代替硅。其基本元素包括场效应晶体管、天线、整流器，使用喷墨和（或）平板印刷技术，将标签和打印的标记/包裹整合在一起。它是成本非常低的标签。

图 8　一种硅 RFID 标签

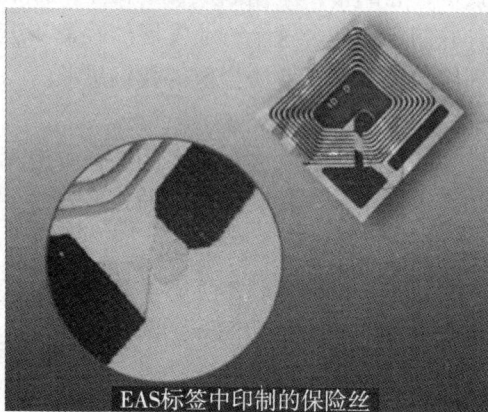

EAS标签中印制的保险丝

图 9　一种印制 RFID 标签

（4）纳米 RFID 标签。这种标签的特点是分子级别的磁场效应晶体管构造出分子级别的逻辑电路，使用纳米颗粒（纳米碳管晶体管）形成逻辑电路和纳米线。它比 CMOS 芯片更小更便宜。

3. 标签天线灵活化

针对不同应用的射频标签，采用不同形式的射频标签天线，因而也会具有不同的性能。灵活标签优化布置与设计可以使标签贴在任何物品的任何地方，在任何需要时进入工况。

图 10 为西谷公司的唤醒标签工作情况，在没有接收到唤醒工作指令时，并不发射任何射频信号，因此并不造成任何"电磁污染"。标签按需工作，工作时也不再是简单的仅仅上报自身 ID 号，而是随时与连接管理中心的读写器保持一种双向通信的状态，可以随时根据各种不同指令来工作。

4. 网络化

物联网的基础仍然是互联网，某种意义是互联网的新拓展，但又有全新的意义，其用户端延伸和扩展到了任何物体与物体之间，进行信息交换和通信。实现对物体的智能化识别、定位、跟踪、监控和管理的一种网络。标签、读写器无处不在，形成一个巨大的网络。图 11 所示为物联网的一种网络拓扑结构。

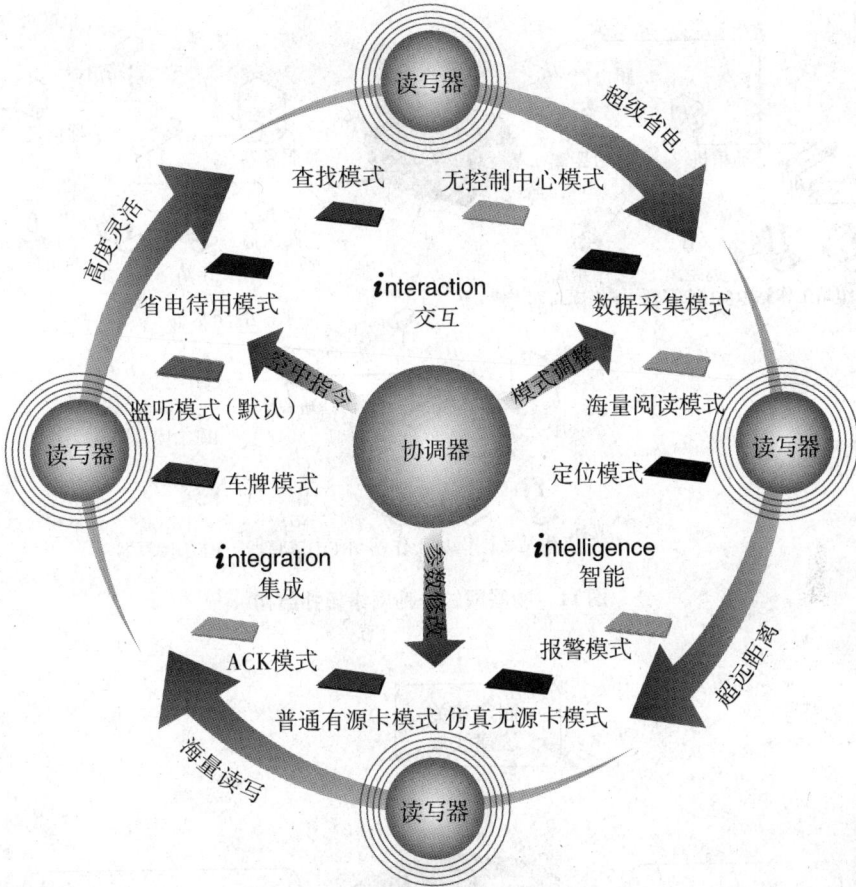

图10　西谷公司的唤醒标签工作情况

5. 传输数据的安全化

传输数据面临的安全包括信息泄露、恶意追踪、非授权访问和各种攻击。通过制定相关的法律法规、物理方法以及安全认证机制等方面来解决安全及隐私问题。常见的安全及隐私问题的解决方案如图12所示。

6. 数据海量化、处理智能化

物联网是一个智能的网络，面对采集的海量数据，必须通过智能分析和处理。云计算（Cloud Computing）是一种新兴的商业计算模型。它将计算任务分布在大量计算机构成的资源池上，使各种应用系统能够根据需要获取计算力、存储空间和各种软件服务。云计算平台是一个强大的"云"网络，连接了大量并发的网络计算和服务，可利用虚拟化技术扩展每一个服务器的能力，将各自的资源通过云计算平台结合起来，提供超级计算和存储能力。通用的云计算体系结构如图13所示。

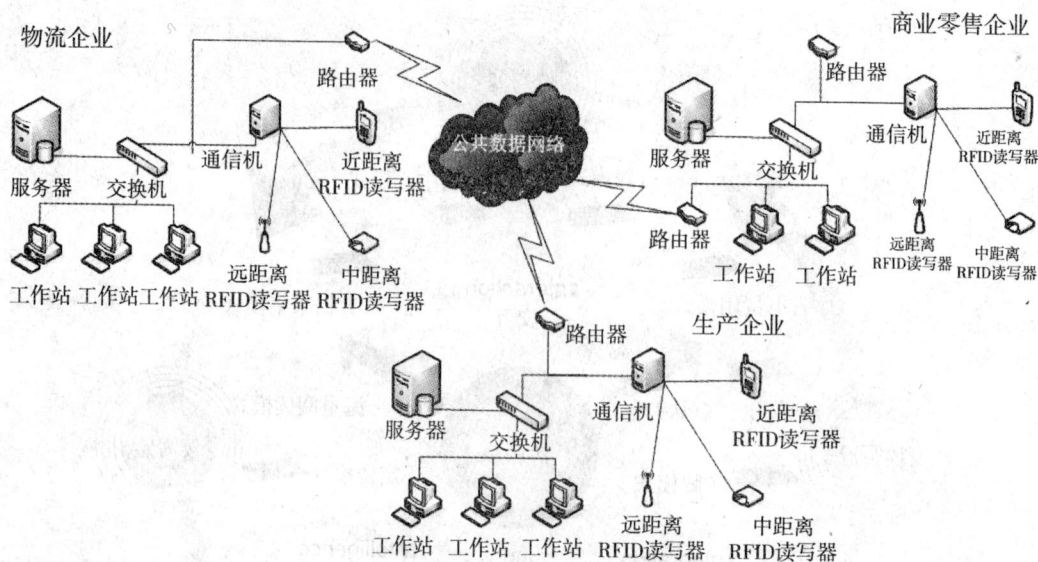

图11 物联网的一种网络拓扑结构

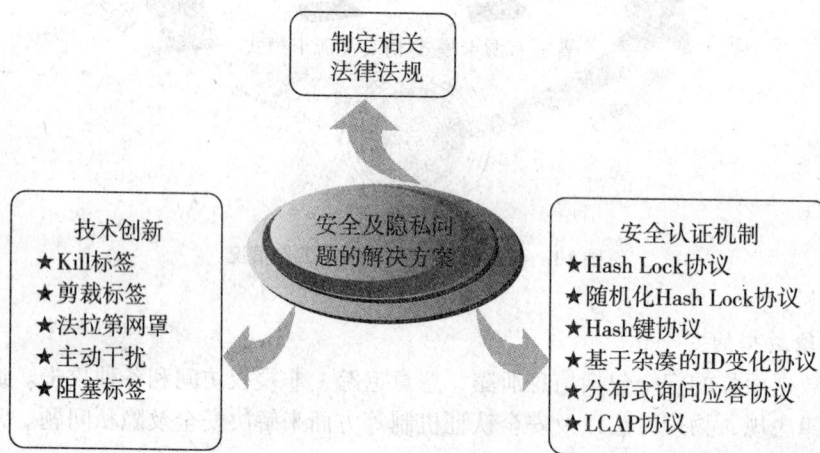

图12 常见的安全及隐私问题的解决方案

二、物联网技术应用与物流业务方式转变研究

物流行业不仅是国家十大产业振兴规划的其中一个，也是物联网应用的重要领域。早在1998年，物流领域就开始推行RFID技术，从2003年开始全面推动基于RFID/EPC的物联网技术应用。物流业的发展需要现代信息技术的支撑，物联网技术的采用，对物流活动效率的提升、物流成本的控制以及物流管理的信息化、智能化水平的提高有重要而深远的影响。物联网技术与物流业的融合发展，不但有助于推动技术本身的革新，更有助于物流产业的健康、可持续发展。

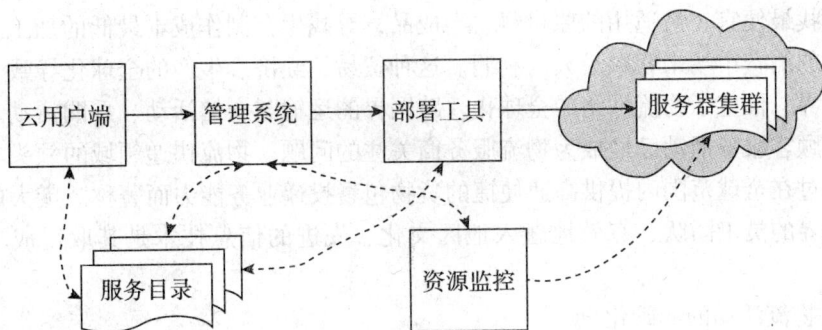

图13 通用的云计算体系结构

（一）物流业发展趋势及对信息技术的需求分析

物流业作为融合运输业、仓储业、货代业和信息业等的复合型服务产业，是国民经济的重要组成部分，涉及领域广，吸纳就业人数多，促进生产、拉动消费作用大，在促进产业结构调整、转变经济发展方式和增强国民经济竞争力等方面发挥着重要作用。物联网技术在物流业发展中有着广泛的运用前景，并将极大地变革物流业未来的发展方向。

1. 物流业发展的趋势与特征分析

在经济全球化、市场一体化的信息时代，物流的作用日渐突出，广受世界各国的重视。随着观念的更新和技术的进步，物流业呈现出以下新特征：

（1）物流服务全程化

物流提供从采购原材料开始到制成中间产品以及最终产品，直至最后由销售网络把产品送到消费者手中的全过程的服务，不仅包括仓储、运输、信息、包装、装卸、搬运等基本物流服务，还包括物流咨询及系统方案设计等其他服务，是一种全过程、全方位的服务。

（2）物流管理信息化

物流从潜隐状态中凸现出来，是生产力发展的需要。从某种意义上讲现代信息技术的发展是物流演变成专业的社会活动的直接原因。无论在现代的制造过程中，还是在现代经营管理中，或是在消费领域中，越是信息化程度高就越需要物流的支撑，所以离开了信息的物流是不存在的。随着现代通信网络、计算机技术的日新月异，物流的需求越来越大，需求的信息化特征越来越显著。

（3）物流作业自动化

随着竞争的加速和满足服务的需求，物流的效率显得越来越重要，自动化的管理与作业成为物流活动的重要方式，而物流技术的快速发展为物流作业活动的自动化提供了可能，自动输送装备、自动传输带、自动拣选装备、自动存储装备的批量运用，有效降低了人工作业强度、减少了作业的差错率、提高了作业效率，实现了物流作业的自动化。

（4）物流网络全球化

全球经济的一体化改变了企业传统的采购、生产、销售活动，许多企业开始在全球范围内寻找最便宜、最适用的原材料、半成品，寻找生存制作成本最低的加工工厂、寻找最广阔的消费市场来获取最大的利润。这种贸易、经济、生产的全球化导致了物流活动的跨国界，催生了物流网络的全球化。跨国界的运输与仓储活动、采购活动、信息处理活动、顾客服务活动已经成为物流服务商关注的问题。物流快递领域的领头羊联邦快递正是通过在全球范围内提供高速便捷的货物包裹投递业务能力而著称。庞大的运输网络、跨国界的员工团队、有效地融入地区文化、先进的信息技术是其取得成功的重要保证。

（5）物流活动的低碳化

我国物流业存在的问题主要表现为空驶率高、重复运输、交错运输、无效运输等不合理运输现象较为普遍，各种运输方式衔接不畅，库存积压过大，仓储利用率低，物流设施重复建设现象严重，物流信息化程度低等。为应对气候变化，我国政府承诺到2020年单位国内生产总值二氧化碳排放量比2005年下降40%～45%。在这种形势下，物流作为高端服务业的发展，也必须走低碳化道路，着力发展绿色物流服务、低碳物流和智能信息化。

2. 物流业信息化与物联网的关系分析

物流信息技术是指运用于物流各环节中的信息技术。根据物流的功能以及特点，物流信息技术主要包括计算机技术、网络技术、信息分类编码技术、条码技术、射频识别（RFID）技术、电子数据交换技术、全球定位系统、地理信息系统等。物联网有四个关键性的应用技术：RFID（Radio Frequency Identification），传感器，智能嵌入技术以及纳米技术。射频识别（RFID）技术是物联网中非常重要的一项技术，也是目前比较先进的一种非接触识别技术。以简单RFID系统为基础，结合已有的网络技术、数据库技术、中间件技术等，构筑一个由大量联网的阅读器和无数移动的标签组成的，比Internet更为庞大的物联网成为RFID技术发展的趋势。

虽然物联网产业在我国处于刚刚起步的阶段，但RFID技术与应用已有十多年的时间了。在"物联网"的构想中，RFID标签中存储着规范而具有互用性的信息，通过无线数据通信网络把它们自动采集到中央信息系统，实现物品（商品）的识别，进而通过开放性的计算机网络实现信息交换和共享，实现对物品的"透明"管理。作为物联网的核心基础之一，RFID产业能否健康发展将直接关系到物联网系统在物流信息化建设与发展中的成效。

3. 物联网技术对物流业信息化的影响

在物流领域来看，物联网只是技术手段，目标是物流的智能化。因此，不能单纯地把物联网看成是一种技术创新，更要关注其对信息化的方向生产的重要影响，物联网技术的运用，将改变物流业信息化建设中的建设模式。

第一，物联网时代的信息化建设，在信息源端，要把社会资源纳入规划。过去一切信息靠自身投资来采集，建成完全封闭的系统，这样的时代过去了，物联网时代将是一个信息空前丰富，需要用整合的方式加以组织和利用的时代，同时也是开放自身信息去寻求利益的时代。技术层面关注如何采集信息，应用层面关注如何整合应用，目前看来是后者的难度在制约物联网的发展，因此不是采集信息的技术在推动物联网的发展，而是整合信息的成功在推动物联网的发展。与此同时，社会信息的公共服务层面亟待发展，主要是技术标准和游戏规则。

第二，在互联互通的环节，信息系统开放与安全的矛盾越来越突出。信息化固然有利于透明化，但是如果信息关联着价值和责任，不透明可能正是需要的，这就是信息的安全性所在。因此，在物流信息化过程中透明化总是相对的，而各种形式的不透明、不对称才是绝对的，在绝大多数情况下安全性重于透明化，是决定透明化分寸的前提。在实践中已经出现了一些既开放又安全的探索，涉及技术、法规、管理、商业模式等各方面的创新，非常值得关注。因为在原有的状态下，开放与安全是基本均衡的，没有创新就不可能打破现有的均衡，实现新的均衡。创造开放与安全的新的均衡将是物联网发展的一条主线。

第三，在信息加工应用一端，各类集中的数据中心建设是成败的最终标志。经过数据采集、互联互通以后会进入数据加工和智能化应用的阶段。未来，数据挖掘、知识管理等技术和相应的人才将可能成为物联网发展的瓶颈。另外，由于网络结构趋于集中化，即呈现神经网络模型特征，信息的集中管理、加工、服务会越来越明显，因此数据中心的建设将成为成败的关键。因为物联网的发展只能是局部开始，逐渐整合，因此各类数据中心的建设与发展将成为所有矛盾的焦点，技术标准、商业模式、流程管理、成本效益等，最终表现为数据中心能否成功、成长。与此同时还有相应体系环境的变革，因为此类数据中心将冲击现有的管理体制，如属地管理、行业分类、有限责任、税收监管等，都需要有新的创新才能适应物联网时代的要求。

4. 物流业务对物流信息化的需求及信息化的发展趋势

物流业的发展、物联网技术的应用催生了对信息技术的新要求，传统的 IC 卡、POS 系统、红外自动识别系统、全球卫星定位系统，由于覆盖范围小、信息采集难、信息传递慢、定位精度低、抗干扰性弱等问题，已经很难完全满足全程化、实时化、精细化、智能化的物流管理要求。

未来，物流业务对物流信息技术的需求主要表现在：实现全程物流作业过程的透明化管理；实现信息的快速采集、海量处理及多种信息源的融合处理；实现物流决策的快速、准确、高效；实现物流管理的精细化及准确性；实现特殊工况（高速、强电磁、低温、危险）条件下的物流的自动化管理；实现应急状态下的物流管理与控制；有效降低物流成本、减少物流作业环节的污染与能耗，适应低碳物流、绿色物流的发展要求。

为此，在物流信息化的发展方面，必须注重以下几个重要趋势。

第一，开放性。过去建信息系统就是把自己的流程和资源管好。现在不行了，一定要建一个开放的系统，也就是说采集信息完全靠自己投资和管理的时代快要过去了。必须要有社会信息、外部信息的交换共享，同时还要有自身信息向社会发布的机会。因为我们的管理，在前期基本上是按照二八法则定位的，也就是说企业的 KPI 指标、服务水平，只要求把自己的事情管好，大体上就能达到80%的水平。其他因素可能很多但影响很少，就是一些车、人、仓库，把他们管好了，服务水平的80%就有保证。但是要再上一个台阶就困难了，要知道道路的情况，交通拥挤的情况，天气的情况等，这些情况对于自身进一步提高 KPI 非常重要，从80%到90%，从90%到95%，没有外部系统的沟通是不可能做到的。所以在进一步提高时，二八法则就要调整，要掌握更多的资源。因此，一定要建开放性的平台，这种开放性是提高运营水平的一个必然的趋势。

在这个开放的过程中会有一些热门技术，像定位技术、传感器技术等，将会成为实现开放性的技术手段。同时，也要认识到制约开放的主要问题是安全性。过去不能开放，或者开放的步子小，主要是担心系统不安全，所以在未来的发展中，系统的开放性和安全性会有矛盾。这个矛盾在传统的情况下怎么平衡？在新的情况下怎么平衡？这样的变化制约着整个系统开放性的发展。现在要解决安全的问题，一要靠技术，二要靠流程，要重新设计，三要靠法律，四要靠内部管理。安全的问题也在不断变化，包括对安全问题的认识、理念、承受程度都在变化。这种变化使开放和安全之间的平衡状态不断调整，这会促进自身系统逐渐开放。在新的时代要建开放性的系统，而开放性的系统和安全性之间怎样平衡，考虑这两方面的关系，以及涉及的技术、资源等，这是影响开放性要考虑的因素。

第二，动态化。适应快速变化的外部环境，提升精细化管理要求，这是目前企业发展的重要需求。IBM 在智慧供应链的研究报告中，认为传统的供应链模式已经不能满足要求了。IBM 总结已有的供应链模式有两个特征：一是制定专业化的解决方案，二是很好的执行这个方案，这两方面构成了传统的供应链模式。只要能做一个很好的专业化方案，同时能够很好地执行方案，就是有竞争力的物流公司或者供应链公司。现在这样不行了，因为除了有一个好方案外，还要有实施的调整能力。要根据外部情况的变化，随时判断和调整，这就能够"动起来"。所以要使管理系统适应外部快速发展的复杂环境，动态化一定会提到日程上来。当需要系统动态化的时候，定位信息将成为基础。什么叫定位信息，就是采集的信息里有两个基本要素，一个是时间和空间，时空是一个概念，时空是一个信息，还有一个是识别信息，是这个车，还是这个人，还是这个货。识别信息，加上时空信息混合在一起就叫做定位信息，这将成为物流动态管理的信息源。所以要实现动态管理，必须要有这样三个基础，要有可识别的技术，要有时空记录的技术。这三者捆绑起来就成为一个基本信息。当然这上面可以加载其他管理信息，可以加温度、压力、湿度等信息。用传感技术捆绑，捆绑在什么信息上，就对什么作动态管理。所以，识别信息加时空信息成为一个捆绑的信息源，可以形成动态信息的公共服务，现在已经出现了非常多这样的位置服务公共信息平台。再一个就是运输网络的监管动态化和服务社会化将决定物流管理动态化的进程。要解决动态化从什么地方用起，可以先从交通运输的动态管理用起，首先对车辆和集装箱等这些运动中的设备和人进行监管。从这里开始做起，能够建立动态管理的公共服务，并且把这种服务释放到社会上去，很多物流公司就可以用来监管动态的货物运输。所以当前动态服务最看好的市场，或者最基础的市场，是运输的监管服务以及向社会开放的公共服务。

第三，集中性。现在各大企业都在加强信息化建设，其中一个重要的特征就是集中管理。因为信息化应用于网络资源的整合，应用于流程的管理，这个趋势越来越明显，效率非常高。这种集中管理有利于提高信息的处理能力和服务能力，信息如果不集中是无法加工和提升的。同时，信息加工服务的人才是稀缺的，只有集中起来才能够投资建设数据中心。所以，会看到信息管理的集中化是近期非常重要的特征。同时会看到促进信息服务外包的技术，云计算的服务等也在近期迅速变化，加上技术人才需求上升，这些都是近期看到集中性带来的变化。

第四，关键技术。从技术角度来看，要关注几项技术。一是采集信息技术、传感器或者叫识别技术。包括 RFID、磁卡等，还有采集过程的传感器，有温度、安全等传感器，甚至包括视频、音频等。二是移动通信技术，包括 3G 网，甚至 4G 网，属于移动的无线通信技术，将会得到快速的发展。三是智能终端，与其他行业的信息化相比，物流信息化中特有的两个装备，一是机载终端，二是手持终端，起着移动信息平台的作用。既有搜集信息，又有通信、传感等很多功能。机载终端主要是跟物走，手持终端是跟人走。在网络发展过程中，会看到物的管理是怎么样变化，人的管理是怎么样变化，最后都会提炼固化在两个智能终端上。研究这两个智能终端的差异性，将反映物联网时代物品和人的管理方式。四是位置服务，基于位置的服务现在非常流行，当然 GPS 也是，它是比较传统的，现在位置服务中发展最快的是通过智能手机对人的服务。由于人走到哪里，所有的时间、地点和手机信息是捆绑在一起的。通过智能手机可以提供这样的服务，如提示周围半公里的电影院、咖啡馆等个性化的服务，这是基于位置的服务，现在手持终端，在手机上成为发展非常快的技术。目前，在机载终端用得还比较少，但也是非常快的趋势。五是商业智能技术，一旦管理转移到依赖于信息加工、信息处理，即利用商业智能技术进行加工和处理信息，实现决策、实现增值，这方面的技术将会热门起来。

第五，数据中心。数据中心常常是被忽视的领域，但是在物联网推进过程中，遇到的各种困难可能没有统一的答案，只有一个个案例出现，这些案例体现的是数据中心经济实体的成功。现在最成功的案例，发展最快的实体，恰恰都是数据中心类型的。国内有阿里巴巴，阿里巴巴认为自己就是数据公司，其他都不做。国外有谷歌公司、苹果公司，都是发展非常快的，对世界冲击非常大，实际上都是数据公司。他们解决了实践中碰到的标准问题、流程问题、人才问题、体制问题，这些问题是自己解决的。解决的标准就是他们成功了。所以要想等这些问题都去解决后再去推动物联网可能不行，要鼓励产生这样的数据中心。所以，如何解决数据中心的发展，是下一步信息化，或者物联网时代急需解决的课题。特别是目前在体制上，很不适应数据中心的诞生，因为它是跨部门、跨行业的。可能既做 IT，又做广告，又做销售，又做各种各样的事情，甚至做金融服务，按照传统的分类去管理的话，数据中心将无法诞生。所以现在需要有一种体制去鼓励这种新型的经济实体的发展。

（二）物联网技术在物流业务环节中的重点应用

物联网对物流活动及物流管理的影响，主要体现在实现物流过程中的可视化监控、物流仓储及运输过程中物品的精确定位、物流管理中各类信息的实时传感、物流管理中智能化决策以及制造业物流中的流程控制等。

1. 可视监控

为实现对物流活动中的"物"的监控，常采用的技术包括视频识别技术、RFID 技术、GPS 技术等。监控的状态可以是动态的运输、装卸搬运过程，也可以是静态仓储过程，也可以是订单从生成到被顾客接收的全过程。监控的内容可以是图像信息、位置信息、作业信息。

物联网监控往往由终端监控设备、无线数据发送模块、后台处理监控系统三块组成。物联网技术的兴起和发展也打破了传统视频监控固守的狭窄领域，引入了更深层次、更高程度的信息化的管理，建立起能够共享的管理平台，解决了各部门间的互联互通的问题；另外，物联网将使原有的安防监控系统上升到更为智能化的层面，无论从视频的采集、管理还是应用，都将通过智能技术更有效地进行处理。

视频监控联网从物理位置上延伸了人的视觉系统，但还是没有摆脱人，而物联网则不但从物理位置上延伸了视觉系统，而且拓展了感知功能，甚至能摆脱对人的依赖，使自动智能地处理事件变为可能。物联网的发展弥补了传统视频监控联网的不足，扩展了视频监控的监控对象范畴，把获取的信息从视频扩展到所需要的各种内容，例如位置、状态等，使得在处理问题解决问题的时候，掌握的信息更加全面、准确。

可视化监控功能所采集的信息不仅能用于监控物品状态，更能为物流过程的调度指挥提供支撑。以物流配送监控过程为例，利用可视监控能实现以下主要功能：

（1）车辆跟踪。利用 GPS 和电子地图可实时显示出车辆的实际位置，对配送车辆和货物进行有效的跟踪。

（2）话务指挥。指挥中心可以监测区域内车辆的运行状况，并对受监控车辆进行合理调度，实行通话管理。

（3）信息查询。为客户提供主要物标。在电子地图上根据需要进行查询，显示其位置。同时监测中心可以利用监测控制台对所在位置进行查询，车辆信息则以数字形式在控制中心的地图上显示出来。

（4）紧急救援与应急物流。通过定位和监控管理系统可以对遇有险情或发生事故的车辆进行紧急援助。监控台的电子地图可显示求助信息和报警目标，规划出最优援助方案，促使人们对事故进行应急处理。图 14 为某公司建立的可视化监控与调度管理系统。

物联网技术可全程监控产品从生产作业到仓储环节，再从仓库环节配送至每个顾客的整个过程的货物的细节信息，并通过互联网传输给数据中心，完全实现了从车间到顾客的物流管理的全程可视化，其对物流管理及物流活动的影响是提高物流管理的安全性、可靠性，提高顾客的过程感知程度，实现物流各作业环节的无缝对接，提高物流作业效率，为物流作业的智能化提供支撑。

2. 精确定位

为实现对物流活动中的"物"进行定位、追踪，常采用的技术包括全球卫星定位技术、GIS 地理信息系统技术、RFID 技术、无线传感器网络技术等。定位的对象主要包括仓库内部、超市内部、柜内、箱内、车内的物品以及物流作业过程中的车辆、集装箱、托盘。定位的内容主要是物品、车辆、装载设备的精确的位置信息。

目前已有的全球卫星定位技术能实现全球范围内的定位，定位精度可达到米级，经过差分后，可使定位精度达到厘米级，该技术目前仅限于室外无遮挡的环境，对于室内及地下尚不能完全覆盖，物流活动的作业范围往往覆盖了室内外，单纯依靠定位技术很难解决物流作业过程中的精确定位需要。为此，利用物联网技术中的 RFID 技术和无线

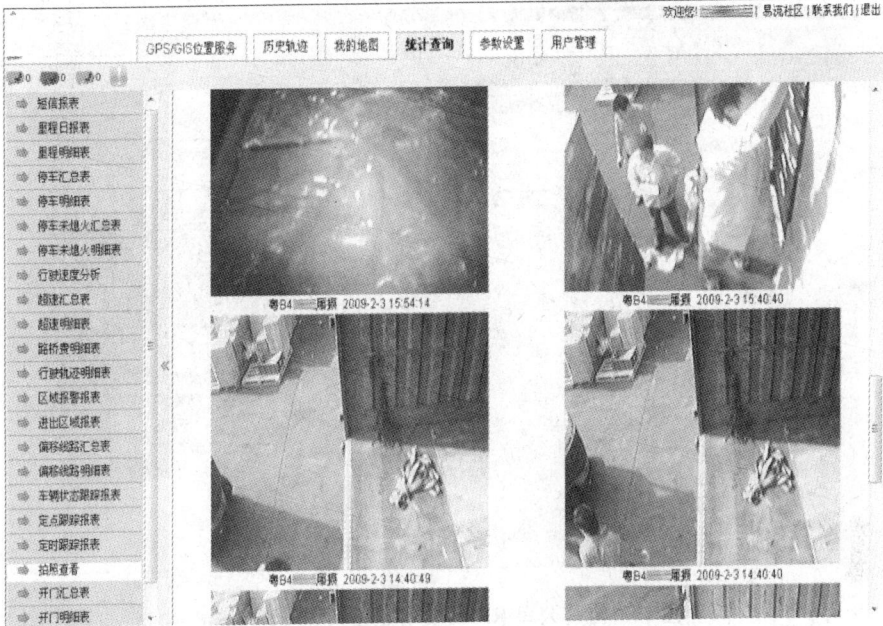

图14　某公司的可视化监控与调度管理系统

传感器网络技术，根据射频传输特性，借助最大似然估计定位算法，可实现与环境无关的精确定位技术，能够同时适用于室内外不同环境下进行精确定位，功耗小，速度快。

以汽车制造行业的精确定位为例。BMW 德国雷根斯堡集装厂采用一套 RFID 实时定位系统（RTLS），将被集装的汽车与作业工具相匹配，根据车辆的识别码（VIN）自动实现每辆车的定制化装配。由 Ubisense 提供的这套 RTLS 系统使汽车制造商可以在长达 2 公里长的装配线将每辆车的位置精确定位到 15 厘米内，如图15 所示。

RTLS 于 2009 年 1 月全面应用，使 BMW 可以识别每一辆经过集装线的车辆的位置和所有装配该车的工具。具体工作原理为：当一辆 BMW 汽车空壳进入集装线，工人将其 VIN 码编入一个 Ubisense UWB RFID 标签，并将标签（含磁性后背）贴在汽车车盖上。标签接着通过一系列短信号（6~8GHZ）发送汽车 VIN 号；约有 380 台 Ubisense 阅读器安装在装配线上方，获取读取距离内任何 UWB 有源标签发送的 VIN 码，并帮助系统识别每个标签的位置。另外，系统还测量每个信号的角度，以便更好地识别每个标签的位置。每一件工具也粘贴一张类似的 UWB 标签，根据工具是否移动，以不同速率发送其 ID 码。如果工具静止不动，标签停止发送 ID 码，直到有人将它取起。当阅读器捕获标签的 ID 码，通过电缆连接将数据发送到后端数据系统。TAS 软件接着集成标签位置和现有的 IBS 工具控制系统，后者发送正确的命令到贴标车辆的应用工具。

精确定位的技术的应用可准确跟踪条码阅读器和叉车、减少核查的环节，使得仓库管理变得灵活，实现连锁经营管理的信息集成化与补货的实时化，提高物流作业效率、

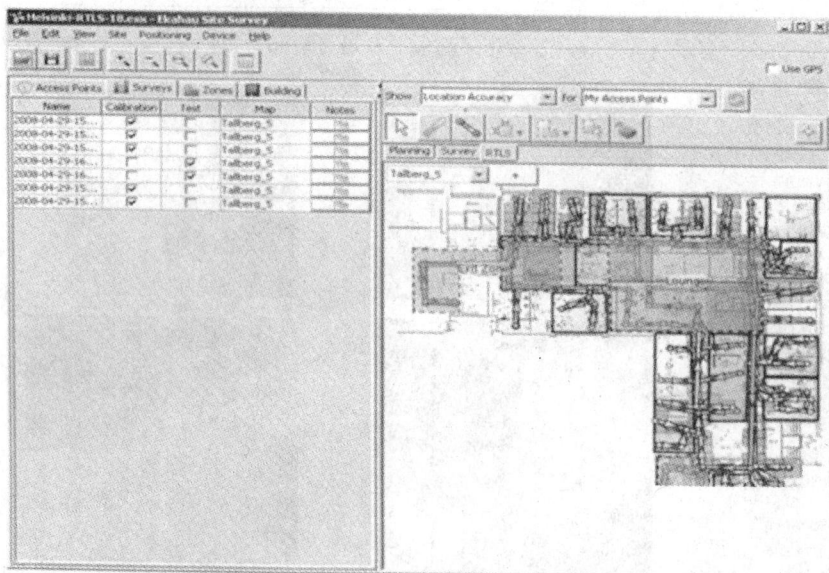

图 15　宝马公司 **RFID** 实时定位系统（RTLS）

减少误差。

3. 实时感知

为实现物品，尤其是特殊物品的性能及状态进行感知与识别，常采用的技术包括传感器技术、RFID 技术与 GPS 技术等。实时感知的内容包括温度、湿度、压力、容量等。常见的传感器包括温度、压力、湿度、光电、霍尔磁性传感器以及各类智能传感器。

温度传感器包括热敏电阻，半导体温度传感器，以及温差电偶。热敏电阻主要是利用各种材料电阻率的温度敏感性，根据材料的不同，热敏电阻可以用于设备的过热保护，以及温控报警等。半导体温度传感器利用半导体器件的温度敏感性来测量温度，具有成本低廉，线性度好等优点。温差电偶则是利用温差电现象，把被测端的温度转化为电压和电流的变化；由不同金属材料构成的温差电偶，能够在比较大的范围内测量温度，例如 $-200℃ \sim 2000℃$。（如图 16 所示）

智能传感器（smart sensor）是一种具有一定信息处理能力的传感器，目前多采用把传统的传感器与微处理器结合的方式来制造。在传统的传感器构成的应用系统中，传感器所采集的信号通常要传输到系统中的主机中进行分析处理；而由智能传感器构成的应用系统中，其包含的微处理器能够对采集的信号进行分析处理，然后把处理结果发送给系统中的主机。智能传感器能够显著减小传感器与主机之间的通信量，并简化了主机软件的复杂程度，使得包含多种不同类别的传感器应用系统易于实现；此外，智能传感器常常还能进行自检、诊断和校正。

图 17 显示的是 Honeywell 公司开发的 PPT 系列智能压力传感器的外形以及内部结构。

热敏
电阻

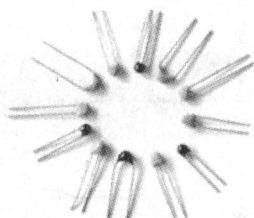

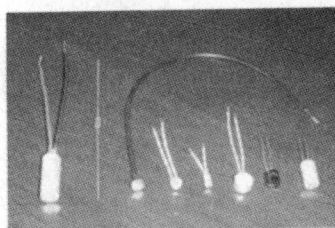

半导体温度
传感器

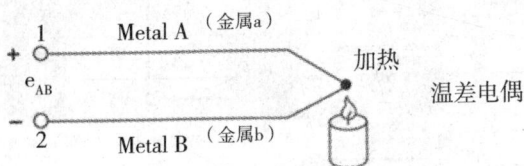

1 Metal A （金属a）

$+$

e_{AB}

加热

温差电偶

$-$

2 Metal B （金属b）

图16 各类温度传感器

PPT系列智能压力传感器

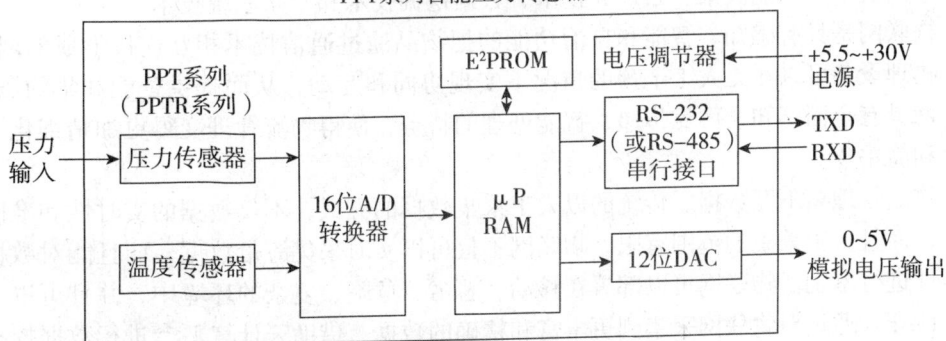

PPT系列
（PPTR系列）

压力
输入

压力传感器

16位A/D
转换器

温度传感器

E²PROM

电压调节器

+5.5~+30V
电源

μP
RAM

RS−232
（或RS−485）
串行接口

TXD
RXD

12位DAC

0~5V
模拟电压输出

传感器内部结构

图17 智能压力传感器

　　无线传感器网络（Wireless Sensor Networks，WSN）则是一种重要的感知手段，它是由部署在监测区域内大量的廉价微型传感器节点组成，通过无线通信方式形成的一个多跳的自组织的网络系统，其目的是协作地感知、采集和处理网络覆盖区域中感知对象的信息，并发送给观察者，图18为某公司开发的油量感知系统。

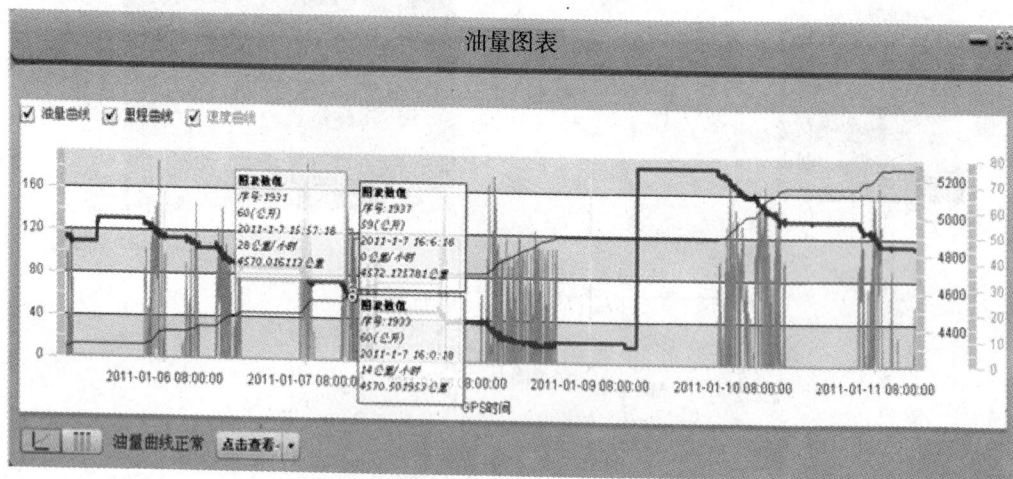

图18　某公司开发的油量感知系统

WSN的典型应用包括：仓库环境监测，满足温度、湿度、空气成分等环境参数的分布式监控的需求，实现仓储环境智能化；WSN还可以应用于运输车辆与在运物资的全程跟踪与监测，传感器节点能够实时监测每个物资在运输途中的位置和状态，向监控中心发送物资的流向和状态信息，这种基于无线传感器网络的物流监控系统可以使管理者能更有效地管理和控制物流过程，确保产品的品质。

4. 智能决策

为实现物流作业过程中的大量运筹与决策的智能化；以物流管理为核心，实现物流过程中运输、存储、包装、装卸等环节的一体化和智能物流系统的层次化，必须综合运用物联网技术与智能决策、云计算技术、数据挖掘技术和专家系统技术。

物联网是具有感知、智能和自治功能的把物品通过通信技术相互连接形成的网络。这些物理设备可以在无人工干预的情况下实现协同和互动，从而提供智能和集约服务。物联网具有全面感知、可靠传递、智能处理的特点，使得物流管理变得更加精细化、智能化和简单化。

物流管理离不开数据。传统的以人工采集数据的方式，不仅数据的实时性和准确性较差，而且人工采集的范围有限。物联网不仅可以实时采集海量数据，而且能对数据的真实性进行鉴别。物联网可以部署在移动、恶劣、危险、复杂的环境中，并且可以实现无人值守。通过对物联网采集到更丰富和精确的数据，借助云计算平台进行数据挖掘与决策等，可以进一步提高物流管理的协同能力。此外，将前端海量数据采集的实时性与后端云计算平台强大的处理能力相结合，可以简化管理流程，提高管理效率。

目前，我国物流系统能够实现对物流过程智能控制与管理的还不多，物联网及物流信息化还仅仅停留在对物品自动识别、自动感知、自动定位、过程追溯、在线追踪、在线调度等一般的应用。专家系统、数据挖掘、网络融合与信息共享优化、智能调度与线路自动化调整管理等智能管理技术应用还有很大差距。

智能决策下物流活动的智能性体现在：

（1）实现监控的智能化，主动监控车辆与货物，主动分析、获取信息，实现物流过程的全监控；

（2）实现企业内、外部数据传递的智能化，通过 EDI 等技术实现整个供应链的一体化、柔性化；

（3）实现企业物流决策的智能化，通过实时的数据监控、对比分析，对物流过程与调度的不断优化，对客户个性化需求的及时响应；

（4）在大量基础数据和智能分析的基础上，实现物流战略规划的建模、仿真、预测，确保未来物流战略的准确性和科学性。

智能物流是信息化高度发展的一个更高阶段，它给物流活动带来最根本性的变化包括有效降低决策失误、实现物流活动的前置化、有效降低物流作业成本，重要应用领域包括道路、车辆、集装箱的全程监管以及食品、药品以及危险化学品的物流管控。

5. 高速识别

为实现高速运动下物流作业中各类车辆、箱体信息的快速识别，常用的物联网技术主要是 RFID 技术。RFID 是一种非接触式的自动识别技术，它通过射频信号自动识别目标对象并获取相关数据，识别工作无须人工干预，可工作于各种恶劣环境。RFID 技术可识别高速运动物体并可同时识别多个标签，操作快捷方便。RFID 技术在高速识别中的运用领域主要是高速公路及铁路。

在高速公路的多义性路径应用场合中，RFID 可以实现如下主要功能：

（1）在路网入口处，桌面读写机具向电子标签写入车辆入口信息；在路径标识处，路侧天线设备会实时向电子标签中写入车辆所经过的路径的编码信息；

（2）在路网出口处，桌面读写机具读出电子标签中的车辆入口信息和车辆行驶路径信息，从而实现精确的收费和拆分，从而实现高速公路列车的快速通行。

在高速公路的铁路车号自动识别系统应用中，RFID 的技术原理在全路 45 万辆部属货车、12 万辆企业自备车和 15000 台机车的底部安装记载有车辆、机车基本信息的电子标签，在全路 560 多个主要车站（包括路局分界站、分局分界站、编组站、大型区段站、大型货运站等）的进/出站信号机附近，安装自动的机车、车辆标签信息接收设备（AEI），当列车通过车站信号机附近，AEI 将立刻采集到机车、车辆电子标签的信息，并将信息传到与之相连接的控制处理计算机（CPS）中，形成列车报文信息，实时采集和上报机车、车辆的车号、车次、属性和位置等信息，如图 19 所示。

该系统改变了几十年来铁路口念笔记的传统的车号抄录方式，使得铁路运输管理效率大大提高，在铁路货车使用费用清算中实现了精确统计货车数量，对铁路列车、车辆管理实现了"实时追踪管理"，提高列车正点率 30% 以上。

物联网技术在高速识别领域的运用未来还将从车辆转向车上装载的货物，实现对车载货物的名称、类别、到发区间等信息的采集，为货物的实时追踪提供支撑，提高物流作业的精细化水平。

6. 流程控制

物料跟踪和生产过程跟踪是以 RFID 技术为代表的物联网的应用点之一。企业通过

图19　某公司开发高速公路车号识别系统

将物联网应用于原材料采购、库存、销售等领域，不断完善和优化供应链管理体系，既可提高供应链效率，又可降低成本。RFID技术通过与ERP系统的结合应用，可实现制造业作业流程的优化控制。

例如：在钢铁厂的生产过程中，对生产机车或设备的自动定位控制是很重要的。在以往的控制方案中采用的各种技术存在受环境和物体表面影响大或读取数据的距离有限或造价和运行费用高等缺陷。而RFID技术对环境适应能力强，可抵御灰尘、油污、振动或遮挡物等的干扰，实现全天候工作。并且电子标签内可存储的数据多，数据读取距离远，数据读取精确度高。这些技术特点使得RFID技术可以很好地应用在生产过程自动控制中，真正实现智能化工厂的目标。

RFID技术在钢铁行业的应用主要体现在：

（1）生产线的实时控制。产品整线生产信息管理的表面放置电子标签，可读取产品在生产流水线上通过每一道工序的信息和数据，并将该信息转化成计算机能识别的数据格式后提供给监控平台，以实现生产线上的产品自动跟踪管理。RFID系统在整个工作过程中可做到基本不需要人工参与，系统自动化程度高，电子标签可反复读写100000次以上，因此能节省大量人力和物力。

（2）物料跟踪和生产过程跟踪。物料跟踪和生产过程跟踪是以RFID技术为代表的物联网应用点之一。钢铁企业可以通过将RFID应用于原材料采购、库存、销售等领域，从而不断完善和优化供应链管理体系，既可提高供应链效率，又可有效地为企业降低成本，提升市场竞争优势。由于钢铁企业在生产和运输过程中都有很多难点，铁水的高温对环境和电子设备的要求极高就是其中比较突出的问题，不仅容易造成热量的损失，还会提高成本，降低效率。基于钢铁行业对RFID技术的特殊要求，首钢就成功地利用

RFID 技术实现了对铁水包的跟踪，即"一包到底"工艺。该工艺是将高炉生产出来的铁水，经过必要工艺流程处理后，通过 RFID 跟踪测距，以不更换铁水包的生产组织模式，直接兑入转炉冶炼的铁水运输方式。与目前钢铁企业较普遍采用的鱼雷罐车铁水运输方式相比，此项技术低碳环保优势明显，是物联网在钢铁企业生流程控制方面的初步应用，如图 20 所示。

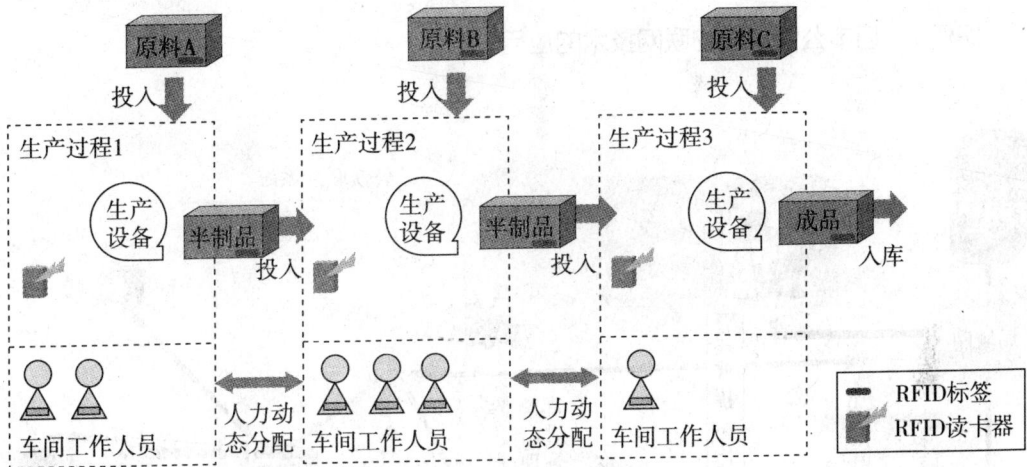

图 20　基于 RFID 生产流程控制图

（三）物联网技术对物流业务方式转变的影响分析

物联网技术在物流业发展中的重要影响，对物流活动及物流管理带来的最深刻的影响主要表现在：

第一，物流活动过程更为透明，可视监控技术的应用能够全程监控物流作业全过程，精确定位能够实现物流装卸搬运、拣选过程的准确、高效，实时感知技术能远程实时监控物流作业的各种状态。

第二，物流管理手段更为智能，智能决策技术及流程控制技术的运用能使物流管理手段更智能，传统的物流管理手段主要依靠人力来完成各项物流作业，信息技术主要起到辅助支撑的作用，现代物流管理手段依托数字化网络为核心的信息技术，在物流活动透明化的基础上，通过对海量数据的挖掘与处理，通过物联网应用层的各种软件来实现智能化决策。

第三，物流作业技术更为先进，物联网技术中传感器的运用能够替代以往的人工、机械化的监测与监控作业；RFID 技术的运用能提高作业设备的利用效率。

物流过程、管理手段与作业技术的变革将改变物流业务运作的已有模式，使得物流活动更加可靠、可控与可执行，有效降低物流作业成本，提高物流服务水平，拓展物流活动空间、范围，有助于实现物流业与制造业、商贸业无缝连接。

三、物流管理中物联网的应用案例及启示

物联网技术诞生以后，在物流、零售、制造业、服装业、军事、资产管理、交通等

众多领域有了广泛的应用。在物流管理中有着很多成功的物联网应用案例，本章从运输、仓储、生产物流、综合应用等几个方面介绍了几个国内外的典型案例，并分析对物联网技术在物流业发展中的启示。

（一）运输案例及启示

物联网提供了良好的信息采集平台，运用这个平台将有助于运输的统一调度，增加物流过程的透明度，提高运输效率，节约成本。

案例 1　日本公铁联运物联网技术的应用

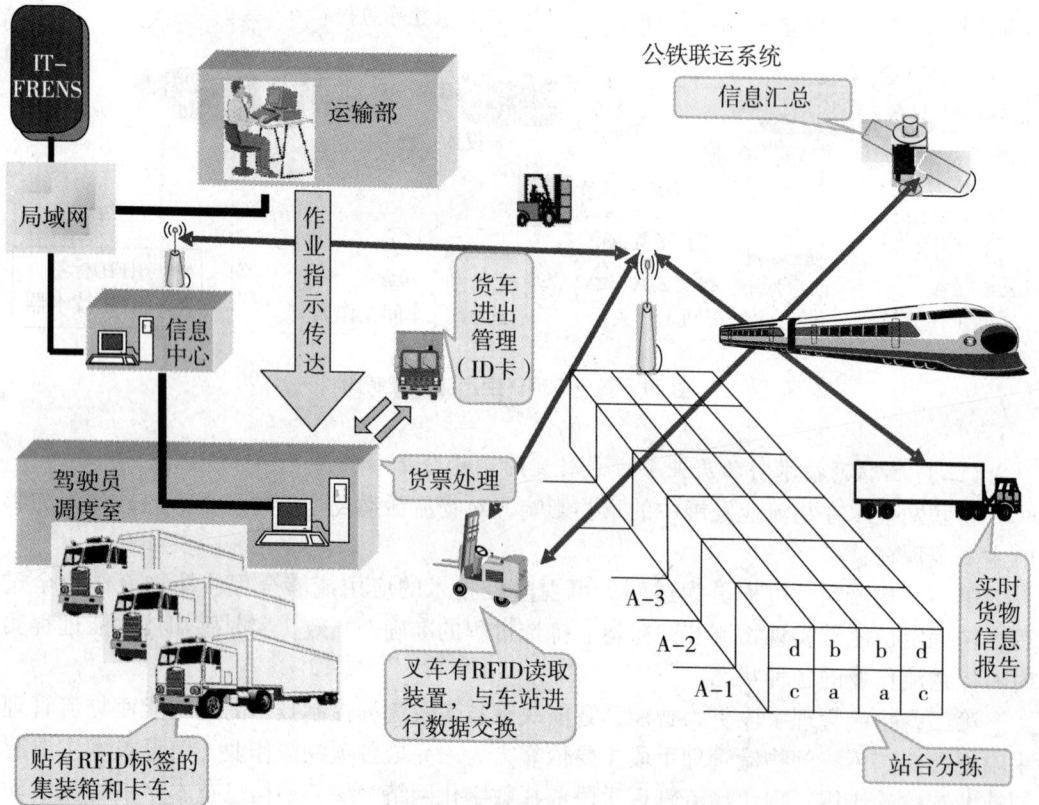

图 21　日本公铁联运系统中物联网的应用

日本在公铁联运中大量应用 RFID 等物联网技术，如图 21 所示。货物的实时信息通过无线网传输到信息处理中心。信息处理中心管理大量数据，并进行调度。货物在站台进行分拣，叉车装卸货物时，因为叉车上有 RFID 读写器，可以读取货物的 RFID 的标签信息，能够与车站进行信息和数据交换。货车在进出堆场时，也通过物联网来管理，卡车和集装箱上都贴有 RFID 标签，通过信息中心的调度，司机都可以确定需要拉的货物以及货物的位置，而且在出场时需要进行一个验证，当通过自动验证 RFID 标签无误以后，货车就可以出场。这些流程全部都是自动进行，减少了人工的核对，提高了效率。

通过 RFID 等物联网技术，货主还可以对货物实时跟踪，获得相关信息。

可见日本通过建设这样一个物联网平台，极大地提高了生产效率，提升了服务水平。

案例 2　德国 AG 邮政运输 RFID 解决方案

2002 年，德国邮政在全国 33 个货运中心应用 RFID 技术建立自动识别系统，实现了邮件自动跟踪功能。该系统包括安装 66 个读写终端，大约 11000 个标签（用来自动识别集装箱）。应用无线射频识别系统可以全自动控制货运中心集装箱的出入，并且可以指导集装箱的运输方向，使集装箱被运送到正确的装载地点。

德国邮政建立了机动车和邮递物的无线射频识别系统。这是一个包括有源标签的系统（靠内部电池供电进行读或写）。特别是在艰苦的工业环境的应用方面中有很大的发展空间。

每一辆有标签的卡车和邮递物都可以被识别。一个标签的内存包括一个 48 位的固定代码，这个代码有一个不变的标签 ID 号。另外还有 56 字节的存储空间可供用户自定义。数据内存可以完成超过 10 万次写循环。

系统作业过程如下：

（1）首先对卡车和邮递物进行确认，然后驾车进入，装载货物。天线安装在货运中心的入口和出口的大门上，该系统的读写频率为 868MHZ。当一台卡车到达货运中心的入口处时，自动识别系统通过天线读取标签的固定代码，运用精密的防冲突运算法则（即在同一时刻可以识别多个物体）系统可以同时识别出卡车和邮递物。与此同时，主机记录车辆和邮递物已到达。然后电脑开出收据，发送到通信塔。当司机进入装载中心前，他就知道他应该在哪里卸货或者他应该在哪里装载分配给他的集装箱。

（2）正确的核对以后，包裹就可以顺利地运出。当卡车离开货运中心的时候，在出口处的一个读写终端将核对这辆卡车和邮递物的数目，并且把得到的数据与主要控制站所提供的目标数据进行对比。确认后大门就会自动打开。如果邮递物或是卡车的路线未被确认，那么大门始终是关闭的。

（3）不断跟踪和追踪。在德国邮政，所有的邮递物都要由 OIS – U 自动识别系统进行的持续追踪。有了这套控制系统，每一个单独的邮递物都给定了一条准确的路线。用这种方法，德国邮政可以准确地追踪到每次出货的路线和对应的集装箱。

从上面的例子可以看出，物联网在运输方面在 21 世纪初（德国邮政）就有了比较成功的应用，而且随着技术的发展，应用的范围越来越广泛，应用的规模也越来越大（日本公铁联运案例）。

物联网技术应用于运输环节主要有如下优势：

（1）对货物的快速识别。利用 RFID 技术为核心的物联网技术，可以快速识别货物，而且不开箱就可以检测出货物信息。在运输的几个关键环节都可以提高效率，降低物流成本。

（2）对货物的追踪。物联网的技术给货物的追踪带来了很大的便利。无论是德国邮政的案例，还是日本国铁的案例，利用物联网技术，系统都可以追踪货物的运输路径，从而提高运输的透明度，提高物流的服务水平。

（3）自动化程度提高，减少出错。物联网技术应用于运输后，可以大大提高整个运输流程的自动化水平，减少了人工的干预，降低了人为错误的发生次数。

物联网技术也给运输带来了一定的挑战：

（1）安全问题。RFID 信息可以远程读取，那么信息的泄露就有了可能。RFID 标签是可以改写的，如果有人恶意修改了标签信息，会给运输带来不可估量的后果。如何避免非法读写 RFID 标签，是一个需要亟待解决的问题。

（2）标准的制定。从日本公铁联运案例中可以看出，如果没有一个统一的标准，联运的各个系统之间的数据交换就会非常困难。

（3）投入成本比较高，投资回报率比较低，对于物联网的推广有一定的经济阻力。虽然技术的发展使得 RFID 的成本有所下降，但是物联网技术的基础投资成本比较高，投资回报率比较低，所以成功的案例大多是一些比较大的公司或者是国营性质的企业。

（二）仓储案例及启示

RFID 技术的优点可以实现非接触识别，可以实现一次识别多个物品，可以适应各种恶劣的环境等，它在物流仓储中的运用将产生明显的效果。

案例1　艾利丹尼森服装零售业 RFID 应用案例

艾利丹尼森公司提供 RFID 解决方案，产品包括压敏标签物料、零售服饰标签及品牌系统、无线射频识别嵌体和标签、办公室用品、特殊胶带，以及各种专门为汽车、工业和耐久性产品而设的卷标等，位列美国《财富》500 强企业之一。他们为 American Apparel 设计 RFID 服务仓储方案，并实现了对单品和服装的跟踪。

American Apparel 在 13 个国家共设有 180 家商店，主要生产服装。公司采用了 RFID 标签进行单品级贴标和产品追踪。2009 年 10 月，American Apparel 与 Vue、摩托罗拉和艾利丹尼森在纽约哥伦比亚大学的商店里开展了一个试点项目。American Apparel 采用 Vue 的 TrueVue 软件平台来管理电子产品代码和库存数据，利用摩托罗拉阅读器收集数据，艾利丹尼森的标签实现货品追踪。American Apparel 采用 RFID 系统的主要目标是提高库存的精确度，更好地在销售场地上存放衣物。采用这套系统后，公司很快就看到了收益：销售场地的零缺货和商店里所有衣物盘点的更快实现。之前商店的盘点需要 4 个工人花 8 个小时来完成，现在只需 2 个工人花 2 个小时就可以完成，这样员工就有更多的时间来协助顾客购物，完成其他任务。

American Apparel 在服装库存方面与其他服装零售店采用的方式也不一样。American Apparel 每一款衣服的尺寸和颜色是非常多的；一款服装的某种颜色、某个尺寸在销售场地上只展出一件，但要确保衣物的所有类别都要在销售场地上展示出。这就意味着一旦卖出一件衣服，销售场地便找不到一模一样的衣服。为了及时补货，员工必须定时地从收银台获取销售清单，并从仓库里取出所缺的衣物。

系统工作流程如下：

（1）在试点商店里，安装在收银台的一个阅读器读取每件售出衣服的 RFID 标签，并将数据传送给 Vue 软件，软件在库存室里一台计算机屏幕上触发警报。工作人员接着取出被售出衣物。当衣物被带到销售地时，安装在库存室和销售场之间的阅读器天线读取标签，将信息送给软件，软件接着记录货物新的位置。

（2）当货物离开配送中心，安装在仓门上的摩托罗拉 XR440 固定阅读器将读取每个货箱外面的手工粘贴的 EPC Gen 2 货运标签，并将它与箱内所有衣物标签的 EPC 码相对应。所有的这些数据、货箱和衣物的 EPC 码、读取事件（包括时间和阅读器位置）都将发送到 TrueVue 软件平台上。

（3）当零售店接收到贴标货箱，另一个摩托罗拉 XR440 固定阅读器将收集 EPC 数据，并将数据发送给商店的 Vue 软件。软件将收到的货品与工厂事先送到的单子进行对应。接着，Vue 软件将货品补充到商店库存里。

（4）员工们采用摩托罗拉 MC9090 - G RFID 手持机定期地对销售场地的所有货物进行盘点。

（5）贴在商店的告示牌让顾客了解 RFID 标签的应用及其库存追踪目的。

目前，标签在收银处会被回收，重新利用。

案例 2　香港珠宝金行仓库应用案例

香港某珠宝金行采用物联网技术以后，显著提高了仓库管理水平。

2007 年，某物流专业技术团队通过前期的现场考察与调研，发现此公司的物料仓库有以下特点：

（1）位于第 25 层用于存放货品的仓库面积 1000 多平方米，面积较小；

（2）仓库位置在商业办公大楼上，每层整体层高为 3 米左右，最低高度只有约 2.8 米，仓库的高度较低；

（3）仓库入库暂存区与出库待发区、拣货区与正常品存放区在同一个位置上，区域划分不太明显；

（4）香港仓库里的品种总数非常多；

（5）据了解，10 个品种约需要拣货时间 30 分钟，平均拣货时间长，效率较低；

（6）出入库频率高的品种有 20 多种，与仓库里的品种总数相比，比例太过悬殊。

改造方案如下：

（1）在仓库的入口处配置 1 个阅读器，4 个阅读器天线，此天线分别放在仓库门口的上下左右，以保证 RFID 标签经过时能被识别到；

（2）配置一台 RFID 标签打印机，此打印机能迅速解决物品入库没有 RFID 标签的物品无法识别的问题；

（3）配置基于 RFID 技术的物联网并融合计算机网络，以便能及时处理 RFID 标签被多次识读与多个 RFID 标签碰撞等问题；

（4）配置接口软件，以便与仓储管理过程中其他相关的软件无缝对接；

（5）根据情况配置一台自动贴标机，这可实现整个入库验收与出库分拣等工作的完全自动化；

（6）配置 1 台 RFID 手持终端，可实现在库内随时查询物品相关信息的目的，也可用于仓库内盘点；

（7）根据实际需要可在叉车上配置一个车载终端，指引库内叉车司机选择最佳路线拣取物品；

（8）配置一个移动式阅读器天线，用于库内盘点作业。

改造后，该公司的物料仓库区域更加明显，仓库操作流程更加清晰，运作效率大大提高。

从上面的例子可以看出，采用 RFID 等物联网技术，应用于库存管理以后，带来如下好处：

（1）使用 RFID 技术，物品入库验收时间短、效率高；

（2）使用 RFID 技术，仓库物品盘点准确快捷；

（3）使用 RFID 技术，仓库物品查询方便迅速；

（4）使用 RFID 技术，仓库拣货效率明显提高；

（5）使用 RFID 技术，仓库内物品存放安全。

物联网技术应用于库存，从上面的案例中可以得出如下经验：

（1）物联网技术的标准应该先行。从案例 1 中可以看出，物联网技术的应用集成了多家公司的技术：RFID 采用艾利丹尼森公司的，读写器采用摩托罗拉公司的，TrueVue 软件平台来自于 Vue 公司。这些不同的公司的技术要能够整合，那么标准的制定是项目能够成功的基本保证之一。

（2）整个供应链中的应用还需要更大的推动力。案例 1 中 American Apparel 的 RFID 标签只用于公司内部，RFID 的标签的重新利用都比较方便。如果在整个供应链中应用 RFID 技术，那么成本和收益的分配是一个亟待解决的问题。

（3）RFID 在一些附加值比较高的行业中更容易推广。案例 2 中的珠宝行业附加值高，那么对于物联网比较高的建设成本，忍耐度也比较高，而且 RFID 技术除了提高工作效率外，还可以提高库存的安全水平，对于珠宝这类高价值的产品有着显著的实际意义。

（三）生产物流案例及启示

在生产物流中，仅由人工管理数量庞大的零、部件和复杂、众多的制造流程，是效率低下的，也是难以完成的。大量应用物联网技术，可以极大地提高管理水平，提高生产效率，降低成本。

案例1　Ford 汽车公司汽车组织案例

Ford 汽车公司墨西哥工厂每年大约生产 30 万 ~ 40 万辆小客车和卡车。该工厂采用 JIT 制度，库存与自动化生产线上物料供给必须配合车辆装配进度，工厂对车辆装配进度的实时追踪与监控是用人工方式实现的，从焊接车间开始，经过车身喷漆区、部件或总成组装区，一直到最后的整车组装。人工追踪生产进度的基本手段是采用条码或纸制识别卡，而它们又非常容易被毁坏、调换或遗失。因此，经常会造成生产作业出现错误操作，如物料不能及时配送到正确位置等，致使生产过程不断出现生产管理、物料管理和品质管理等方面的问题。

Ford 汽车公司墨西哥工厂 2002 年开始采用 RFID 技术解决此类问题。首先，在组装车辆的托架下面安装可回收、可无限重复使用的 RFID 标签，然后为每台组装车辆编制相应序号，并用读写器将此序号写入 RFID 标签中，标签随着装配输送带一同前行。其次，将读写器安装在生产线地板下面的防爆尼龙盒中，根据需要分别在车体焊接部门、喷漆部门、组装部门放置适量的读写器。当承载组装车辆的托架通过读写器时，读写器就可自动获取标签中的数据并经网络传送到中央电脑作业系统中，该系统对这些实时数据进行一系列分析，使工作人员及时了解物料配送、制造成本、产品质量以及生产技术等多方面的现场运作情况。对异常情况，该系统还可立即通过分析提出相应解决方案，这就有效避免了由人工处理易产生错误的弊端。

由于 RFID 标签与读写器之间传输的信号易受金属阻隔或反射，因此标签不能安装在正组装的车辆上，否则会影响读写器正常获取数据的效果。Ford 公司墨西哥工厂用特殊材料制成托架，使安装在这种托架上的 RFID 标签能与读写器进行有效的数据传输。

Ford 公司墨西哥工厂在汽车整车装配环节应用 RFID 技术有如下效益：

（1）RFID 标签代替了条码或纸制识别卡，使工厂基本实现了无纸化操作；工作人员更新整车装配进度、确认每一工序基本步骤是否正确完成以及落实物料供应情况更加高效；RFID 标签的重复使用还可节省大量成本。

（2）RFID 技术是远距离非接触式的，能够自动获取数据以及可承受恶劣工作环境（如脏污、油渍、高温与完全覆盖的油漆等），且无须限定 RFID 标签附着位置。这些特点使工厂能准确获取相关数据并传送至应用系统对数据进行实时在线分析和处理，实现了对车辆装配进度的自动实时追踪与有效监控。

案例 2　PINC 无源 RFID 集装箱跟踪系统

利用 RFID 对货物进行定位是物联网技术的一个热点，也是一个难点。利用有源设备进行定位比较多，而利用无源 RFID 来进行定位的案例比较少。加拿大 PINC 公司设计了一套无源 RFID 集装箱跟踪系统。

该系统借助集装箱堆场牵引车作为移动式 RFID 读卡器，每辆牵引车配备有一只 GPS 接收器，WiFi 芯片组，PINC 监控器和 RFID 读卡器。RFID 天线安装在驾驶室顶部，可覆盖面积约为 40 ~ 50 英尺。无源 RFID 电子标签可以安放在拖挂车业主处，也可以置于闸口处。每当牵引车进出 PINC 闸口时，闸口处读卡器对无源 RFID 电子标签进行读取，随后，当牵引车按照其正常工作模式在堆场内行驶时也会不间断地读取标签信息。PINC 公司新研究出一种算法，可以将位置信息与其他诸如牵引车行驶方向及已知堆场库存等信息进行比较，从而进行精确定位。

该系统特点如下：

（1）采用无源 RFID 电子标签，以低廉的价格为客户提供一套适用于配送中心内集装箱定位跟踪应用系统要求的解决方案。通常，无源电子标签的成本比有源标签便宜得多。

（2）该跟踪系统利用安装在堆场牵引车上的 GPS 装置，通过"堆场猎狗"（Yard Hound）应用软件可以生成大量包括运行距离、闲置时间以及拖挂车每次运行所需时间等有关堆场生产力的信息。

（3）"堆场猎狗"应用软件也集成了冷藏箱温度等其他信息，同时，还能够通过网络应用软件观察整个集装箱堆场情况。

（4）在配送中心，要求牵引车司机通过 PINC 驾驶室监控器检查拖挂车/集装箱的状态、确认货物装载无差错、检查损害状态以及其他特别细节。由此，配送中心的操作人员能够更有效地管理车队，提高对拖挂车驾驶员作业的监控水平。根据实际应用情况，使用该系统，投资回报期小于 1 年。

从上面的例子可以看出，在生产物流中，RFID 技术已经有了很多应用。物联网技术能够明显提高生产效率。从这些案例中，我们可以得到如下一些经验：

（1）RFID 等物联网技术的推广受到成本的很大影响。定位是物联网技术的一个比较大的应用方面。但是定位一般使用的是有源标签，而有源标签的价格远远高于无源标签。案例 2 中虽然利用无源标签可以定位，但实际上的应用还是有一定的限制（需要与牵引车行驶方向及已知堆场库存等信息进行比较），定位精度也有限。促进技术的进步，降低 RFID 等物联网关键技术的成本是推广物联网应用的一个关键点。

（2）RFID 技术在一些高附加值的产业中应用比较多。目前的成功案例多来自于汽车、飞机等高附加值、高技术含量的产业（例如案例 1 就是汽车行业）。我国可以在这些行业中先行推广物联网的应用。

（四）综合性案例及启示

物联网技术的应用十分广泛，可以贯穿于物流的各个领域。

案例1　四川凯路威电子有限公司 RFID 冷链物流温度管理系统

冷链物流管理泛指温度敏感性产品在生产、储藏、运输到消费前得各个环节中，始终处于规定的低温环境下，以保证物品质量，减少物流损耗的一项系统工程。冷链由冷冻加工、冷冻储藏、冷藏运输以及配送、冷冻销售四个方面组成。冷链运输的管理是比较困难的，缺乏有效的管理方法，无法有效地实时监管，也无统一数据系统支持。利用物联网技术够有效地解决这个问题，如图 22 所示。

系统特点：

（1）带温度传感器的 RFID 标签和应用程序集成在一个系统中，操作简单；RFID 标签可重复使用，内置高能锂电池供电，电池寿命长（5 年）；RFID 标签可以远距离读写（最远 30 米），不需要脱离物品；RFID 标签提供 ID 码，可以连续记录温度数据，有准确时间记录，容易责任界定，方便信息追溯。

（2）可以快速把握生鲜度管理中最重要的运输途中的温度情况。

（3）符合食品安全监管 HACCP 要求。

（4）温度指标可动态设定、方便使用。

系统工作流程：

系统工作方式比较简单，将温度传感器采集的温度定时写入 RFID 标签的芯片中，当 RFID 标签接收到 RFID 读写器天线信号时，将 RFID 芯片内的温度数据上传给 RFID 读写器，交给后端系统来处理。在实际应用时，可以结合 GIS 和 GPRS 实时上传数据，

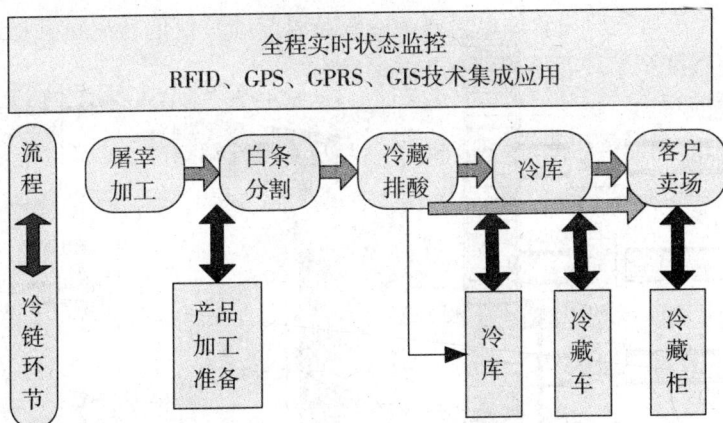

图 22　冷链物流管理流程

也可以一次性上传批量数据，生成温度变化图。

案例 2　远望谷物流烟草行业周转托盘管理系统应用案例

远望谷公司（http：//www.invengo.cn/main.asp）是国内比较有名的物联网解决方案提供商。远望谷公司新开发 5 个项目，总投资 7.92 亿元。在铁路、烟草、图书、牧畜等市场有着很多开发方案。

托盘是供应链中最基础也是最主要的货物单元，它已经广泛应用于生产、仓储、物流、零售等各个供应链环节。深圳市远望谷信息技术股份有限公司的物流周转托盘RFID 解决方案是专为供应链实际应用设计的，如图 23 所示。

系统由托盘电子标签、阅读器、天线、移动式读写设备、后台管理软件组成。

工作流程如下：

（1）成品货箱入库：带电子标签的空托盘进入托盘入口，由读写设备对电子标签进行读写测试，保证性能达到标准的电子标签进入流通环节。条码扫描系统对检验合格的成品货箱上的条码进行扫码、装垛，读写器将经过压缩处理的整个托盘货箱条码信息写入电子标签中，实现条码与标签的关联，并将信息传给中央管理系统。

（2）仓储环节进行托盘货箱变更或零散货箱拼装：采用 RFID 移动式读写设备把调整后的货箱数据与标签的重新关联，将新的信息写入标签，同步更新中央数据库。

（3）托盘出库：通过固定式 RFID 读写设备及地埋式天线采集电子标签信息，并上传至中央管理系统，系统验证后将数据解压形成货箱条码信息，实现与扫描系统的对接。

（4）配送中心接收：托盘在阅读区停留 2～3 秒就可以完成整个托盘上的货箱的扫码，无须拆垛单件扫码再装垛。

该方案采用无源电子标签，寿命长，免维护，可以很好地嵌入塑质托盘，不易在托盘运输过程中受到碰撞、磨损。此外，电子标签可重复写入数据，有利于解决托盘货物调整，拼装等仓储物流问题，标签能循环使用，大幅度节约了成本。

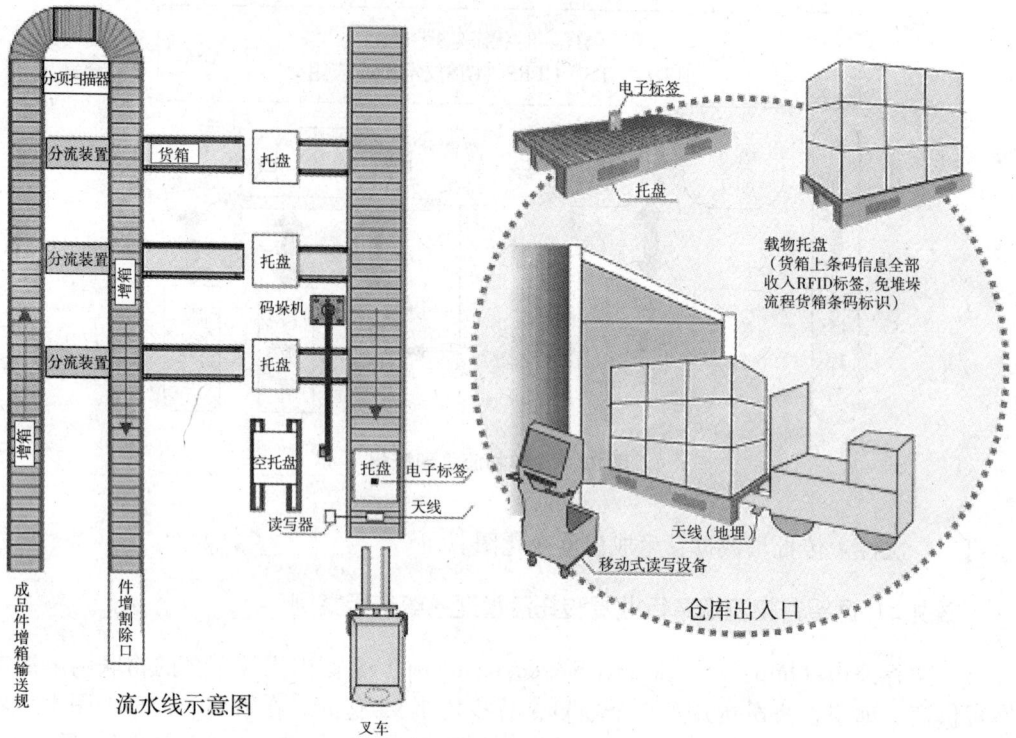

图23　RFID 托盘管理系统

系统实现远距离识别，读写快速可靠，能适应传送带运转等动态读取，并且适应卷烟生产厂等工业生产环境（件烟的堆垛），具有较好的抗金属干扰能力，可以克服卷烟金属箔包装对 RFID 识别的影响，符合现代化物流的需要。

本方案采用远距离 RFID 技术，极大地提高了出入库扫码的速度与准确性，提高了物流的运行效率，解决了拆托盘、装托盘带来的劳动力成本上升、现场控制困难等难题。

案例3　沃尔玛 RFID 应用案例

沃尔玛在内部大量应用 RFID 技术，获得了很大的成功。采用 RFID 等物联网技术以后，沃尔玛的供应链管理又朝前领先一大步。一方面，可以即时获得准确的信息流，完善物流过程中的监控，减少物流过程中不必要的环节及损失，降低在供应链各个环节上的安全存货量和运营资本；另一方面，通过对最终销售实现的监控，把消费者的消费偏好及时地报告出来，以帮助沃尔玛调整优化商品结构，进而获得更高的顾客满意度和忠诚度。

2003 年，当沃尔玛开始推广 RFID 技术，开始要求其前 100 家最大的供货商在 2005 年之前必须在商品包装上粘贴 RFID 芯片。随着时间的过去，RFID 的推广已经到了越来越多的供货商、越来越多的商店和配送中心。2006 年 1 月，沃尔玛希望前 200 ~ 400 名的供货商开始采用 RFID 托盘管理和包装箱管理进行商品供货。此外，沃尔玛还计划有 600 家零售店和 12 家配送中心加入到使用 RFID 的行业中来。

2005 年 11 月，阿肯色州州立大学（University of Arkansas）利用 6 个月的研究，总结了沃尔玛对 RFID 的应用，发现：

（1）采用 EPC 标签以后，商品缺货率减少了 16%；

（2）采用 EPC 标签后，对于缺货商品的补货速度比采用条码技术快了 3 倍；

（3）采用 RFID 技术的商店的缺货补货效率比没有采用 RFID 技术的商店提高了 63%。

专门的研究机构桑德福与博恩思坦公司（Sanford C. Bernstein & Co.）估计一旦沃尔玛全面实施 RFID，每年将节省 80 亿美元的资金。

但是沃尔玛在推广 RFID 中遇到了很大的阻力。

（1）沃尔玛的 RFID 计划一直在变，这给供应商也带来了很多不便。

（2）部分供应商在规定时间内并没有完成 RFID 的推广任务。

（3）沃尔玛的供应商很明显地分为了两派：少部分供应商积极配合沃尔玛，将 RFID 集成到他们的发货系统中，大多数供应商则采取拖延战术。

（4）沃尔玛的计划带有很大的强迫性。

（5）成本是该技术进入零售领域最致命的障碍。如果从成本核算的角度考虑，RFID 对于供应商来讲还是太昂贵了。

（6）RFID 缺乏统一技术标准。目前的技术还不能保证所有的标签和阅读器实现兼容。因此，在沃尔玛的仓库中，也许需要不止一种阅读器，以此来分别处理来自不同硬件提供商生产的不同标签。

（7）标签和阅读器的性能问题还要较长时间才能得到解决。

分析以上的案例，可以发现：

（1）RFID 技术能够提高物流过程的透明度，对于一些特殊物品，例如对温度要求比较高的物品（例如案例 1），能够实时采集状态信息，保证运输过程中的安全性和可靠性。那么在运输药品（疫苗）、危险品、肉类等需要实时监测状态（温度、压力、湿度等）的物品时，可以大量采用 RFID 等物联网技术来提高物流服务水平。从而杜绝 2010 年山西疫苗在运输过程中变质导致严重后果的问题的再次发生。

（2）由于成本问题，RFID 在高附加值的产业中应用比较多。在国内，高档烟和高档酒应用 RFID 的案例是比较多的（例如案例 2）。

（3）沃尔玛的 RFID 在内部的应用获得很大的成功。但是沃尔玛在向其供应商推广 RFID 时，受到了很大的阻力。强迫供应商使用有待成熟的 RFID 技术，部分供应商不认为会从中受益，所以会采取一定的抵制。因而我们在推广物联网技术时，需要考虑技术成本的分担以及推广模式。

（4）物联网的技术本身还不够成熟，这也是物联网要发展必须要突破的一个瓶颈。

以上案例分析可以看到物联网技术（RFID 技术）已经在交通运输、仓储管理、冷链物流、生产物流等方面都有了广泛的应用，而且极大地提高了物流的效率，降低了成本，并提高了服务水平。

同时，上述案例在应用过程中，也存在亟待解决的一些问题：

（1）物联网信息安全问题：如何避免非法读写 RFID 标签以及保证信息的安全性，需要建立完备的法律法规、机制体制加以保证。

（2）标准的统一与协调问题：物联网在技术、通信、产业发展中存在多种标准，数据的标准、技术的标准、行业的标准如何协调一致，是行业健康发展的保证之一。

（3）技术成本的分担与推广使用模式问题：在物联网技术的应用过程中，谁来负责设施设备的投入、收益如何承担是困扰物联网应用的重要制约要素。同时，在技术的推广模式方面，是由上游的制造商或是由下游的消费者来推动又进一步影响技术成本与收益的构成。

（4）技术应用中的资源的配置不充分问题：为发挥物联网技术的示范效应，政府在政策、资金、项目等资源配置方面采取何种模式需要进一步明晰。

四、物联网技术在物流业发展中的战略分析

为了推动物联网技术的快速发展和产业应用的不断深入，发达国家在投入大量的人力、物力、财力进行技术研发和科技攻关的同时也不断出台推动物联网产业发展的各项政策。物流业作为我国物联网技术重点部署的应用领域，也应充分考虑政策支持和保障。

（一）发达国家物联网产业发展战略与规划

1. 美国物联网产业推动战略

2009 年 1 月 7 日，IBM 与美国智库机构信息技术与创新基金会（ITIF）共同向奥巴马政府提交了《The Digital Road to Recover：A Stimulus Plan to CreateJobs，Boost Productivity and Revitalize America》，提出通过信息通信技术（ICT）投资可在短期内创造就业机会，美国政府只要新增 300 亿美元的 ICT 投资（包括智能电网、智能医疗、宽带网络三个领域），便可以为民众创造出 94.9 万个就业机会。2009 年 1 月 28 日，在奥巴马就任总统后的首次美国工商业领袖圆桌会上，IBM 首席执行官建议政府投资新一代的智能型基础设施。

该提议得到了奥巴马总统的积极回应，奥巴马把"宽带网络等新兴技术"定位为振兴经济、确立美国全球竞争优势的关键战略，并在随后出台的总额 7870 亿美元《经济复苏和再投资法》（Recovery and Reinvestment Act）中对上述战略建议具体加以落实。《经济复苏和再投资法》希望从能源、科技、医疗、教育等方面着手，透过政府投资、减税等措施来改善经济、增加就业机会，并且同时带动美国长期发展，其中鼓励物联网技术发展政策主要体现在推动能源、宽带与医疗三大领域开展物联网技术的应用，如图 24 所示。

能 源 （约500亿美元）	改善能源效率（energy efficiency）： ·电力提供系统：智慧型电网（smart grid） ·建筑物：住宅节能化（weatherization）、节能家具 ·建置现代化公共基础设施
宽 频 （72亿美元）	·宽频技术机会计划（Broadband Technology Opportunities Program）——47亿美元 拓展宽频服务的范围，支援学校、图书馆、医院、大学等组织，并支持创造就业机会的设施及公共安全机构鼓励宽频的持续采用、扩充公共电脑中心的容量 ·乡村公共服务计划（Rural Utilities Service Program）——25亿美元 提供宽频基础建设的贷款，如农村地区的电信公司、行动营运业者等建设宽频基础建设的贷款服务
医 院 （约100亿美元）	·加速健康资讯科技（Health Information Technology, HIT）的推广 ·加强个人隐私权的保障

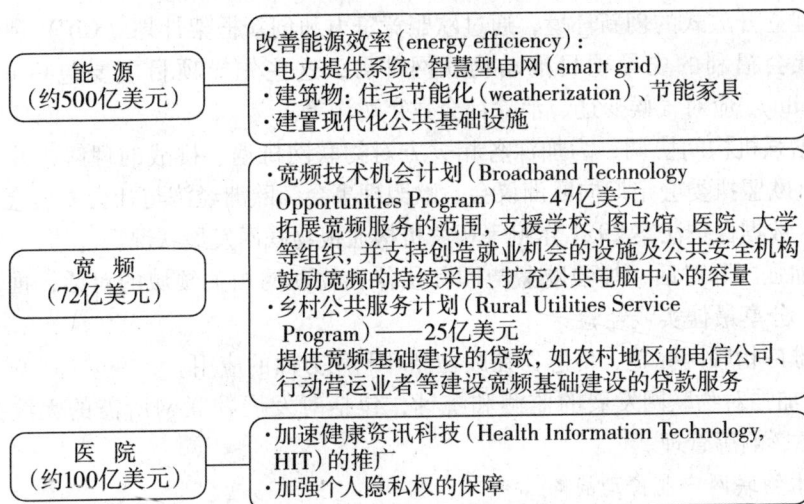

图 24　2009 年美国《经济复苏和再投资法》中与物联网相关政策

2. 欧盟物联网产业推动战略

2009 年，欧盟执委会发表了题为《Internet of Things – An action plan for Europe》的物联网行动方案（欧盟物联网行动计划），描绘了物联网技术应用的前景，并提出要加强欧盟政府对物联网的管理，消除物联网发展的障碍。

该行动方案主要提出以下政策建议：

（1）加强物联网管理，包括：制定一系列物联网的管理规则；建立一个有效的分布式管理（Decentralised Management）架构，使全球管理机构可以公开、公平、尽责的履行管理职能。

（2）完善隐私和个人数据保护，包括：持续监测隐私和个人数据保护问题，修订相关立法，加强相关方对话等；执委会将针对个人可以随时断开联网环境（the Silence of the Chips）开展技术、法律层面的辩论。

（3）提高物联网的可信度（Trust）、接受度（Acceptance）、安全性（Security）。

（4）推广标准化，执委会将评估现有物联网相关标准并推动制定新的标准，持续监测欧洲标准组织（ETSI、CEN、CENELEC）、国际标准组织（ISO、ITU）以及其他标准组织（IETF、EPC global 等）物联网标准的制定进度，确保物联网标准的制定是在各相关方的积极参与下，以一种开放、透明、协商一致的方式达成。

（5）加强相关研发，包括：通过欧盟第 7 期科研框架计划项目（FP7）支持物联网相关技术研发，如微机电、非硅基组件、能量收集技术（Energy Harvesting Technologies）、无所不在的定位（Ubiquitous Positioning）、无线通信智能系统网（Networks of Wirelessly Communicating Smartsystems）、语义学（Semantics）、基于设计层面的隐私和安全保护（Privac and Security by Design）、软件仿真人工推理（Software Emulating Human Reasoning）以及其他创新应用，通过公私伙伴模式（PPP）支持包括未来互联网（Future

Internet）等在内项目建设，并将其作为刺激欧洲经济复苏措施的一部分。

（6）建立开放式的创新环境，通过欧盟竞争力和创新框架计划（CIP）利用一些有助于提升社会福利的先导项目推动物联网部署，这些先导项目主要包括 e - health、e - accessibility、应对气候变迁、消除社会数字鸿沟等。

（7）增强机构间协调，为加深各相关方对物联网机遇、挑战的理解，共同推动物联网发展，欧盟执委会定期向欧洲议会、欧盟理事会、欧洲经济与社会委员会、欧洲地区委员会、数据保护法案 29 工作组等相关机构通报物联网发展状况。

（8）加强国际对话，加强欧盟与国际伙伴在物联网相关领域的对话，推动相关的联合行动、分享最佳实践经验。

（9）推广物联网标签、传感器在废物循环利用方面的应用。

（10）加强对物联网发展的监测和统计，包括对发展物联网所需的无线频谱的管理、对电磁影响等管理。

3. 日本物联网产业推动战略

20 世纪 90 年代中期以来，日本政府相继制定了 E - Japan、U - Japan、I - Japan 等多项国家信息技术发展战略，从大规模开展信息基础设施建设入手，稳步推进，不断拓展和深化信息技术的应用，以此带动本国社会、经济发展。其中，日本的 U - Japan、I - Japan 战略与当前提出的物联网概念有许多共通之处。

2008 年日本总务省提出"U - Japan xICT"政策。"x"代表不同领域乘以 ICT 的含义，一共涉及三个领域——"产业 xICT"、"地区 xICT"、"生活（人）xICT"。将 U - Japan 政策的重心从之前的单纯关注居民生活品质提升拓展到带动产业及地区发展，即通过各行业、地区与 ICT 的深化融合，进而实现经济增长的目的。"产业 xICT"也就是通过 ICT 的有效应用，实现产业变革，推动新应用的发展；"地区 xICT"也就是通过 ICT 以电子方式联系人与地区社会，促进地方经济发展；"生活（人）xICT"也就是有效应用 ICT 达到生活方式变革，实现无所不在的网络社会环境。

作为 U - Japan 战略的后续战略，2009 年 7 月，日本 IT 战略本部发表了"I - Japan 战略 2015"，目标是"实现以国民为主角的数字安心、活力社会"。I - Japan 战略中提出重点发展的物联网业务包括：通过对汽车远程控制、车与车之间的通信、车与路边的通信，增强交通安全性的下一代 ITS 应用；老年与儿童监视、环境监测传感器组网、远程医疗、远程教学、远程办公等智能城镇项目；环境的监测和管理，控制碳排放量。通过一系列的物联网战略部署，日本针对国内特点，有重点地发展了灾害防护、移动支付等物联网业务，如图 25 所示。

4. 韩国物联网产业推动战略

自 1997 年起，韩国政府出台了一系列推动国家信息化建设的产业政策。为实现建设 U 化社会的愿景，韩国政府持续推动各项相关基础建设、核心产业技术发展，RFID/USN（传感器网）就是其中之一。韩国政府最早在"U - IT 839"计划就将 RFID/USN 列入发展重点，并在此后推出一系列相关实施计划。目前，韩国的 RFID 发展已经从先导应用开始全面推广，而 USN 也进入实验性应用阶段。

在此基础上，2009 年韩国通信委员会出台了《物联网基础设施构建基本规划》，将

促进活用

将ICT根植于生活中
创造性利用ICT以获得新的价值

问题解决
期待实现

先导的活用

促进e化

电子商务与
电子化政府

问题解决

e-JapanⅡ应用及活用

U-Japan创造价值

e-Japan基础建设

"无所不在"的网络

基础建设准备

窄频　　　宽频　　"无所不在"网络

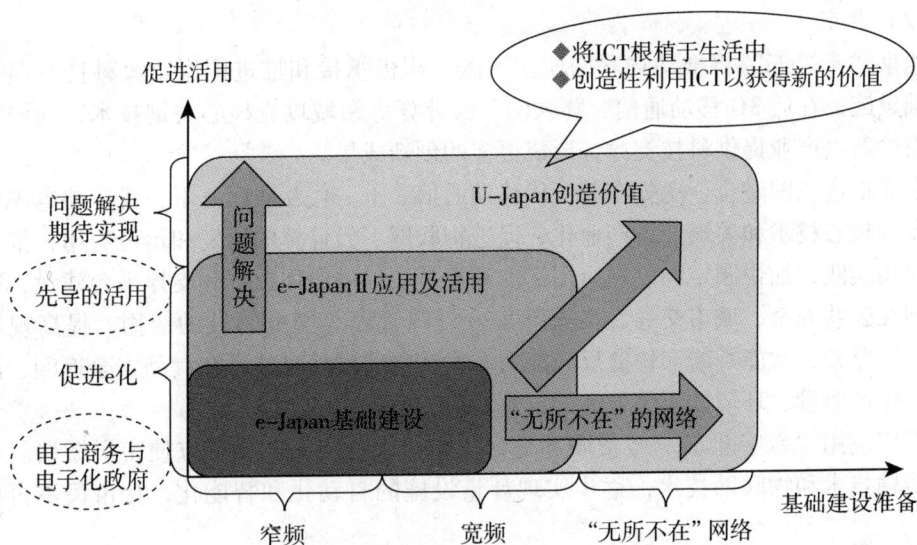

图25　日本物联网战略规划与演进

物联网市场确定为新增长动力，到2013年物联网产业规模将达50万亿韩元。《物联网基础设施构建基本规划》提出到2012年实现"通过构建世界最先进的物联网基础实施，打造未来广播通信融合领域超一流信息通信技术强国"的目标，并确定了构建物联网基础设施、发展物联网服务、研发物联网技术、营造物联网扩散环境等4大领域、12项详细课题。

（二）我国物联网产业发展战略与规划

1. "十二五"规划对物联网战略要求

2011年3月16日，《中华人民共和国国民经济和社会发展第十二个五年规划纲要》正式发布。其中强调了战略性新兴产业的重要地位，明确提出，"十二五"期间，战略性新兴产业增加值占国内生产总值比重达到8%左右，并提出物联网将会在智能电网、智能交通、智能物流、智能家居、环境与安全检测、工业与自动化控制、医疗健康、精细农牧业、金融与服务业、国防军事十大领域重点部署。

同时各地方政府颁布的"十二五"规划也对物联网产业的发展进行了全面准确的定位，清晰地规划了城市物联网未来五年的发展目标和增长点。其中具有代表性的是以下十个城市。

（1）无锡

无锡"十二五"将建成物联网标准体系和专利池。无锡"十二五"规划纲要明确指出要培育壮大新兴产业，重点发展壮大物联网、云计算等战略性新兴产业。以国家传感网创新示范区为主要载体，重点在新型传感器、核心芯片、系统集成、应用软件开发、网络运营和信息服务等领域集聚具有较大规模的企业，建立集技术创新、产业化和市场应用为一体的较为完整的物联网产业体系。并着力实施物联网人才引进工程，推进国家云计算服务创新发展试点城市建设，重点实施一批示范工程，到"十二五"实现新兴产业"双倍增"计划目标。

（2）北京

北京"十二五"将推动物联网应用实践。积极承接和推进国家重大科技专项和科技基础设施，在后3G移动通信、物联网、云计算等领域攻克核心关键技术，为国家布局战略性新兴产业提供科技支撑，形成更多的创新成果。

全面推进三网融合，率先在新一代移动通信、下一代互联网、下一代广播电视网等领域突破核心技术和关键设备产业化，促进物联网、云计算的研发和示范应用，推动物联网应用实践，加快制定物联网应用标准和规范，促进应用数据和支撑平台建设，推进物联网在公共安全、城市交通、生态环境、资源管理等服务领域的应用，提高现场感知、动态监控、智能判断和快捷反应能力。发挥物联网信息技术在食品安全追溯、药品监管、生产监管、环境监测等方面的支撑功能，打造"安心工程"。

推广应用"数字北京"缴费服务平台，整合各种支付方式，方便市民缴费。利用远程传输技术和物联网技术，逐步实现计量设施的自动化和智能化，让市民不再抄表缴费。

（3）重庆

重庆"十二五"将建设城市物联网基础平台。"十二五"期间，重庆将重点发展电子信息产业，形成物联网产业集群，打造国家电子信息产业基地。

重庆物联网应用试点工程、"智能重庆"工程均列入信息基础设施重点工程，"智能重庆"工程包括：智能电网、智能交通、智能医疗、智能家居、智能物流、智能环保；物联网应用试点工程：建设基于物联网技术和下一代移动通信技术的城市物联网基础平台，推进物联网在工业、交通、物流、医疗、家居等有关领域的应用。

同时重庆将建设宽带城市，加快3G网络建设，升级改造广电网络，建设下一代广电网络（NGB）。建设国际重要的离岸云计算数据处理中心，构建高速数据通道，积极推进宽带电信网、下一代互联网和数字电视网的共建共享和高层业务应用融合。建设基于物联网技术和下一代移动通信技术的城市物联网基础平台，推进物联网应用试点。建设重庆数字媒体中心和综合信息服务平台。

（4）广州

广州"十二五"将重点推进"智慧广州"建设。广州"十二五"规划明确提出，要积极推进"智慧广州"建设，实现"三网融合"，推动物联网等新一代信息技术与制造业、服务业全面融合，推进天河智慧城和南沙智慧岛建设。

大力实施提升自主创新能力行动计划，加快构建区域创新体系，积极推进智慧广州建设，到2015年初步建成国家创新型城市。以网络化、信息化、智能化为目标，推进信息化与工业化、城市化融合发展。完善信息基础设施建设，实现"三网融合"，强化网络与信息安全保障，构建宽带、融合、泛在的国际化信息网络枢纽。实施重点智能工程，实现城市建设管理向智能化提升。整合政务信息资源，建设一批智能化业务处理和在线服务平台，建设智慧型电子政府。普及智慧生活模式，加强农村信息化建设，构建覆盖城乡的便民服务智能化体系。推动物联网、互联网、电子商务等新一代信息技术与制造业、服务业全面融合，促进制造业智能化、服务业高端化。组织实施一批关键技术攻关和产业化重大专项，大力发展软件和信息服务、数字内容创意和网络文化产业。

（5）上海

上海"十二五"将推进物联网产业自主发展。"十二五"期间，上海将实施物联网、智能电网等一批专项工程，建设战略性新兴产业应用示范区，促进物联网技术、智能电网等科技成果的规模化应用，并有序推进"三网融合"，构建适应云计算、物联网发展的基础设施环境，大力推进物联网产业自主发展。

实施一批专项工程，围绕战略性新兴产业发展重点，抓紧实施民用航空、海洋工程装备、云计算、物联网、智能电网、大规模集成电路、半导体照明、新能源高端装备、生物制品与医疗器械等一批具有引领带动作用的专项工程。坚持以示范应用带动产业发展，加快培育一批行业龙头企业。

（6）宁波

宁波"十二五"将全力加快创建智慧城市。以全国电子商务试点城市建设为契机，以智慧应用为导向，以智慧产业发展为重点，促进信息化与工业化、城市化的融合，力争到2015年，智慧应用体系、智慧产业基地、智慧基础设施等建设取得明显成效，智慧城市模式创新和标准化建设走在前列，宁波信息化水平继续保持全国领先。

（7）深圳

深圳"十二五"将建设物联网传感网络平台，依托国家超级计算深圳中心，整合存储资源和运算资源，打造面向应用的城市公共云计算平台。建设物联网传感信息网络平台、物联信息交换平台和应用资源共享服务平台。支持运营商加快建设高端数据中心、大型托管中心、网络运营中心等信息服务基础设施。加快三网融合试点城市建设，鼓励广电、电信业务双向进入，支持融合型业务发展，提高信息资源与网络资源使用效率，建设国家"三网融合"示范市。

（8）杭州

"十二五"期间，杭州将重点发展物联网、云计算等，打造"物联网经济高地"，全面推进"三网融合"产业的发展，重点扶持新业态、新应用产业的发展，积极建设节能、低碳、环保型智能电网，建设"智能杭州"。同时将"物联网技术"列入十大科技重大专项，未来五年，杭州物联网将实施十大重点项目（基地），预计目标产值达1000亿元。

物联网十大重点项目（基地）：基于传感网的能源领域应用技术研究（中国电子科技集团公司52所）、智能医疗保健管理系统（中国电子科技集团公司52所）、杭州海康威视数字技术股份有限公司智能交通解决方案项目、聚光科技（杭州）公司物联网安全监测项目、华数物联网数据处理统一公共服务平台项目、物联网经济示范区（滨江）、中科院杭州射频识别技术研发中心、余杭创新基地物联网园区、电信光纤到户工程、中国联通杭州管线传输（无线）网络建设。

（9）武汉

武汉"十二五"将实现车联网全覆盖。武汉将重点发展新一代移动通信、新型显示器件、地球空间信息、软件及服务外包等产业，培育物联网、云计算、三网融合、网络增值服务等新型产业，打造区域性信息服务及服务外包基地。到2015年，新一代信息技术产业产值达 1600 亿元。

推进物联网建设。引进和运用物联网、云计算等信息技术，实施智能交通、智能电网、智能安防设施、智能环境监测、数字化医疗等物联网示范工程。实现车联网全覆盖。拓展"武汉通"应用功能，基本覆盖居民衣食住行的小额消费，促进与身份信息管理互联。

（10）天津

天津"十二五"将建成无线传感网。"十二五"期间，天津将以巩固基础、强化优势、培育新兴、抢占高端为方向，做强移动通信、新型元器件、数字视听三大优势领域，壮大高性能计算机服务器、集成电路、嵌入式电子、软件四大潜力领域，培育物联网、云计算、信息安全、人工智能、光电子五大新兴领域，加快形成新一代信息技术产业优势，带动产业高端发展。大力发展物联网，启动一批智慧城市建设示范试点工程，推进物联网和云计算在政府、行业和公共领域的广泛应用，建成无线传感网。

2. 物联网专项发展规划

国家和地方政府不仅在"十二五"规划中对物联网产业的发展和技术创新做了重点部署，而且为了更加规范、科学的引导物联网产业发展部分省、市政府还专门出台了物联网专项发展规划。

（1）省、市政府出台的物联网专项规划

①江苏省的物联网专项规划

江苏省于 2009 年正式出台了《江苏省物联网产业发展规划纲要（2009—2012年）》，纲要中明确提出了江苏省物联网产业的发展目标是力争通过 3～6 年的时间，将无锡建设成为国际知名的传感网创新示范区，将江苏省建设成为物联网领域技术、产业、应用的先导省，引领物联网产业持续快速发展。其中分别从产业规模、产业竞争力、人才队伍、示范应用四个方面提出了具体目标。

A. 产业规模

至 2012 年，完成物联网特色化产业基地建设，形成全省产业发展的空间布局和功能定位，销售收入超过 1500 亿元，集聚规模以上企业 1000 家以上，形成年销售额超十亿元的龙头企业 10 家以上，孵化一批具备较强竞争力的创新型中小企业，培育上市企业 10 家以上。至 2015 年，销售收入超过 4000 亿元。

B. 产业竞争力

至 2012 年，新引进和设立国家级科研机构与研发中心 10 家以上，掌握一批国内领先、国际先进的物联网关键核心技术，专利受理超过 2000 项，其中发明专利超过 1000项，并在国际和国内相关标准制定中发挥关键作用。至 2015 年，形成完备的物联网标准体系和专利体系。

C. 人才队伍

加快物联网领域的人才培养和引进，形成合理的人才结构和梯队。至 2012 年，引进和培养物联网领军人才 100 名，初步显现产业发展与人才集聚的联动效应。至 2015 年，聚集技术和产业领域高端人才，将江苏省建设成为全球一流的物联网人才高地。

D. 示范应用

至 2012 年，以相对成熟的物联网应用领域和项目为切入点，建设智能工业、智能环保、智能交通等十大示范工程。至 2015 年，在全省大规模推广成熟的物联网应用，将江苏省打造成为全球有影响力的物联网应用先行区。

②浙江省的物联网专项规划

浙江省人民政府于 2010 年正式出台了《浙江省物联网产业发展规划（2010—2015年)》。纲要中明确提出了未来 5 年全省物联网产业的发展目标与重点投入领域。

A. 总量规模

力争到 2015 年，物联网产业领域集聚一批优势骨干企业，形成完备的产业链体系，全省物联网企业年主营业务收入突破 2000 亿元，年均增幅超过 25%。其中年主营业务收入超 50 亿元的物联网企业 4 家以上，超 10 亿元的企业 20 家以上。

B. 示范应用

每年安排一批物联网技术应用示范工程，力争到 2015 年，在智能交通管理、智能安全防范、智能生产制造、智能电网监控、智能卫生医疗、智能生活服务、智能安全生产管理、智能环保节能等领域实施应用示范工程 30 项以上，为物联网技术标准体系建立和大规模商业化应用创造条件。

C. 技术创新

每年重点组织 20 项以上关键技术攻关项目，力争到 2015 年，基本形成与物联网产业发展相匹配的技术支撑体系，成为全国领先的物联网关键技术创新和标准化建设基地。

D. 重点领域

重点发展领域包括传感器与无线传感器网络领域、网络传输与数据处理领域、软件开发及系统集成标准化领域、物联网应用及内容服务提供领域。

③北京市的物联网专项规划

目前《北京市政府部门物联网应用发展初步规划》已经形成，主要依托现有电子政务基础，建立开放、共享的政务物联网架构体系，提高政府部门行政效能和决策能力、降低行政管理成本、提升智能化城市管理服务水平，逐步形成政府各部门按照统一的标准规范应用物联网技术实现信息共享、业务协同的新局面。并提出了包括公共安全、城市运行管理、生态环境、城市交通、农业、医疗卫生、文化在内的 7 大应用领域，如图 26 所示。

同时，部分与物联网发展密切相关的通信运营商为了适应用快速变化的物联网市场也纷纷制定本公司的物联网发展规划。

④成都市的物联网专项规划

成都市于 2010 年颁布《成都市物联网产业发展规划》，并提出在以下 6 个重点领域开展物联网示范应用。

A. 智能交通。采用浮动车、视频识别、地感线圈、微波等感知技术，搭建交通信息综合采集系统技术环境，数据应用共享平台和交通运输管理控制系统，推动物联网技术在交通信息采集、信号控制、指挥调度、交通诱导等方面的示范应用，实现交通管理智能化。

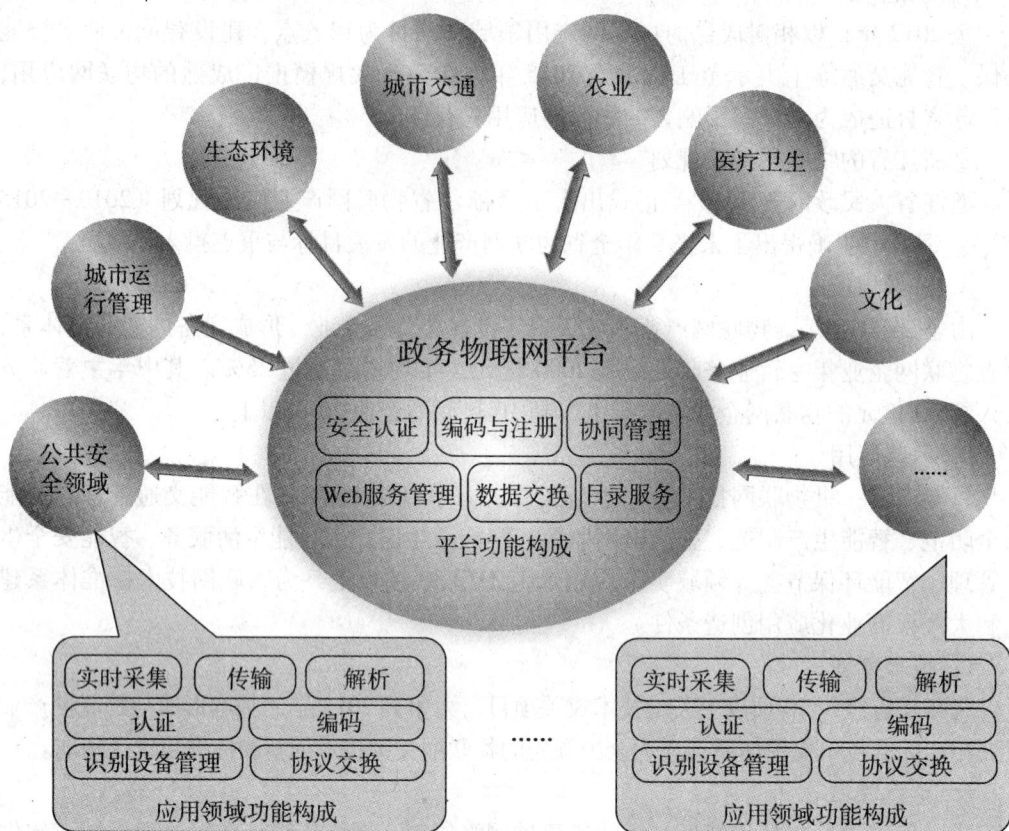

图26 北京市政务物联网主要应用领域与系统架构

B. 食品安全。在生猪等食品安全溯源示范应用的基础上，扩大基于 RFID 标签的食品安全可追溯物联网体系建设，建成全市统一的综合食品溯源管理基础平台，数据资源平台和呼叫服务平台，实现对食品生产，流通过程的全程追溯和安全监管。

C. 环境监测和灾害预警。采用物联网技术，建设污染源智能监控系统，环境质量智能监测系统，水资源监测系统，山洪灾害防治及防汛预警系统，中心城区排水管网监测管理系统，构建环境智能监控（测）体系，实现对各类环境要素信息的自动获取和智能处理。

D. 现代物流。推进 RFID，视频识别和传感技术在企业生产、配送、仓储、供应链管理等物流主要作业环节的示范应用，实现物流信息的自动采集，标识与识别以及货物可靠配送，安全保管和可视化跟踪。建设物流信息平台和公共信息交换机制，实现货物运输、仓储、堆场等物流资源的统一协调和优化配置。

E. 城乡管理。围绕市容环境，城市安防和城市资源管理等领域，利用物联网技术，强化监管部门对管理服务对象的信息采集、传输、处理、分析和反馈，实现物联化的实时监测，数字化追踪和智能化管理。

F. 安全监管。综合应用 RFID、视频识别、定位追踪、传感器组网等技术，在重大危险源，城市燃气管网，电力高压走廊和其他危险环境等领域建立安全监测信息体系，实现对危险源的自动识别、定位、追踪和状态监控。

（2）通信运营商出台的物联网专项规划

中国移动于2010年公布了公司《物联网业务发展规划》，规划中提出构建"一个平台、四个关键要素、三类重点应用"的物联网业务发展目标，同时确定了未来重点研发的应用系统，主要包括电梯卫士、企业安防、车务通、神州车管家、物流调度追踪、关爱通、爱贝通、路灯管理、自动售货、基站监控、危险源监控、船舶调度、直放站监控等，如图27所示。

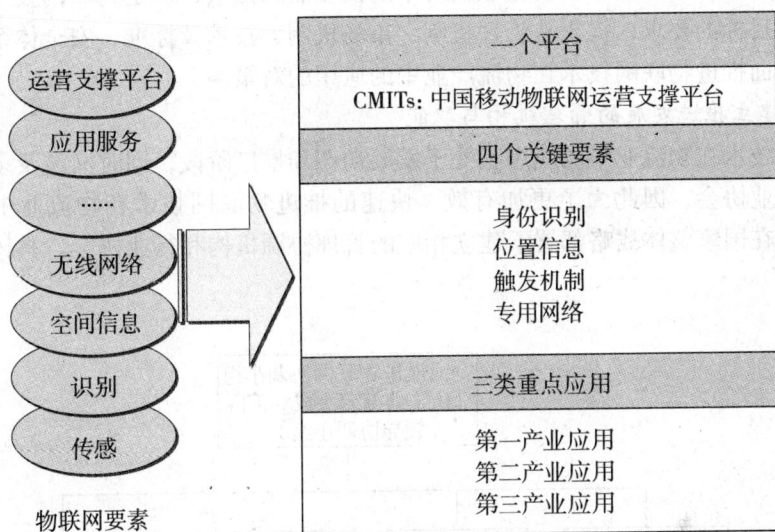

图27　中国移动公司物联网建设总体架构

（三）物联网技术在物流业发展中的战略目标

1. 总体战略目标

在"十二五"期间，以现代物流的发展需求为导向，以物联网技术的发展趋势为引导，通过技术创新、模式创新、机制创新，攻克一批关键核心技术、构建一个标准体系、形成一批骨干企业、抓好一批示范应用、打造一个产业链条，实现物流业的信息化、全程化、智能化、低碳化，促进提升制造业和商贸业的现代化水平，服务于转变经济增长方式和改善民生，推动我国社会经济的科学发展。

2. 阶段性目标

为保障总体战略目标的实现，需确定与之相适宜的阶段性发展目标。

第一阶段：（2011—2013年）

推动物联网技术的重点示范工程建设，完成关键技术与设备的测试推广工作，完成核心物流作业的物联网技术应用。

第二阶段：（2014—2015年）

推动物联网技术研发与应用的产业化进程，形成功能完善的信息化、全程化、智能化、低碳化的物流网络和服务体系，完成相关技术标准、应用标准的编制与贯彻工作。

第三阶段：（2016—2020 年）

形成物流业与物联网技术良性互动的局面，全面带动现代制造业、现代商贸业的精细化、智能化发展，推动我国社会经济的可持续发展。

五、推进物联网技术在物流业中应用的对策研究

考虑物联网技术的最新发展动向及物流业发展对信息需求的新要求，参考借鉴国外发达国家在物联网技术推进过程中的经验与启示，结合我国物流产业的发展实际及国情，为有效消除物联网技术在物流业发展中的诸多制约因素，满足物联网技术在物流业发展的战略目标的要求，提出从管理机制、市场机制、技术及标准、安全体系及示范工程等方面全面推进物联网技术在物流产业中的应用的对策。

（一）建立推进发展的管理机构与职能

物联网技术在物流业中的应用正处于发展初期和推广阶段，同时又涉及多个行业主管部门和行业协会，因此为了更加有效、快速的推进物联网技术在物流业中的深入应用，应首先在国家整体战略部署下建立相应的管理协调机构和行业协会。具体方式如图28 所示。

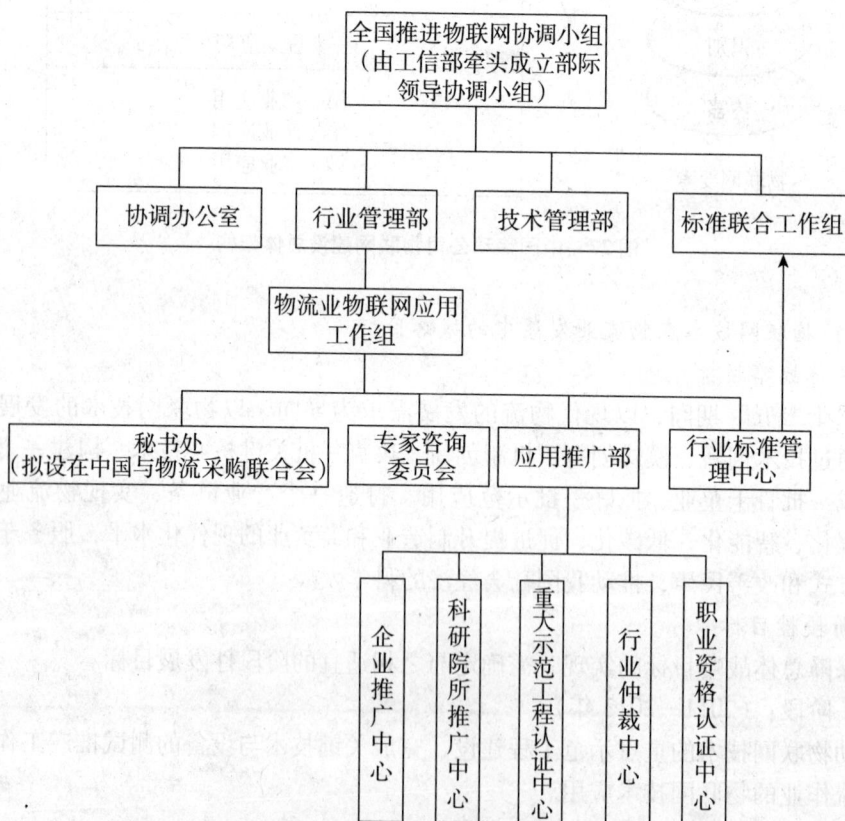

图28 推进物联网在物流业发展的管理与协调机构组织结构

目前，国家部委层面已经由工信部牵头成立了部际领导协调小组，即全国推进物联网协调小组，负责全国物联网整体战略制定、技术创新、应用推广、标准制定和政策保障工作，为便于工作有效推进，建议在全国推进物联网协调小组下设协调办公室、行业管理部、技术管理部和标准联合工作组。在行业管理部下设物流业物联网应用工作组，负责物联网技术在物流业中的应用推广、标准制定、示范工程认定和人才保障等工作。工作组下设秘书处、专家咨询委员会、应用推广部、行业标准管理中心，其中秘书处负责主要日常事务的管理和协调工作，为便于管理建议秘书处设在中国物流与采购联合会；专家咨询委员会主要负责为政府、企业提供专家咨询和整体解决方案以及应急情况下决策支持；应用推广部负责企业应用推广、科研院所推广、重大示范工程认证、行业仲裁和职业资格认证等工作；行业标准管理中心负责相关标准的制定与管理，并与标准联合工作组进行有效对接。

（二）完善物联网应用产业链的市场机制

在物联网在技术在物流业的应用推广过程中，建立使整个产业链参与主体利益共享和风险分担的合理、高效、灵活的商业模式显得尤为重要，如果没有这种创新的物联网商业模式将很难调动产业链中各个环节和企业的参与积极性，将影响到技术应用的深度和广度。

目前，物联网应用的产业发展处于推广初期，市场参与主体还比较零散，商业模式还不是特别清晰，存在多种商业模式共生共存的局面。但从总体上分析，参与物流网产业的主体可以分为设备提供商、应用开发商、系统集成商、平台运营商和最终用户，如图29所示。因此，要建立物联网共赢的商业模式，实现整个产业链的协调优化，首先应该解决上述市场参与主体之间的利益共享问题、风险分担问题和成本分配问题。

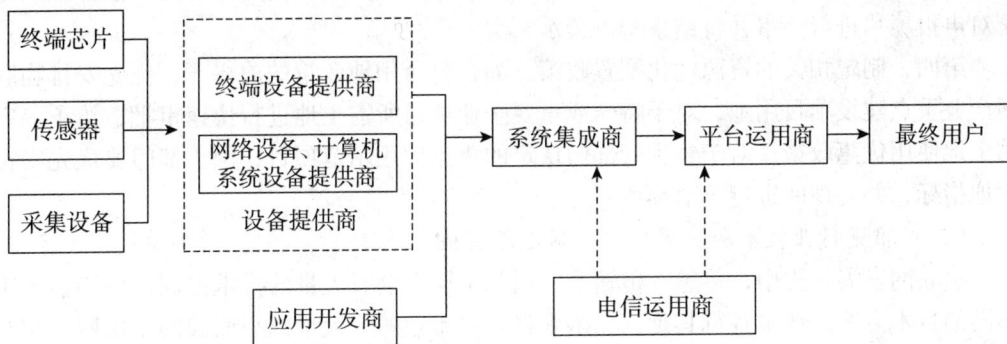

图29　物联网产业链的市场参与主体

因此，为了更加快速有效的推进物联网技术应用的商业模式建立，并形成良好的市场氛围和政策环境，应重点做好以下几项工作：

第一，完善市场监管体系，创造良好的外部环境。政府需要制定相应的政策，并协调各方工作，形成公平、开放、竞争、有序的市场运行条件，保障资源的有效配置，促进物联网技术在物流业应用的健康、快速发展；同时加强价格管理，建立价格报批制度，通过制定基准价格和浮动范围保障市场上下游的价格处于合理范围；对相应企业提供的技术和服务进行监督管理，目的是为了规范服务标准，提高企业的市场竞争力，并同时兼顾市场公平的原则。

第二，制定物联网技术在物流业应用的专项资金支持和管理办法。资金的使用应突出支持企业自主创新，体现以企业为主体、市场为导向、产学研用相结合的技术创新战略，符合国家宏观经济政策、产业政策和区域发展政策，坚持公开、公正、公平的原则，确保专项资金的规范、安全和高效使用。资金安排上重点应关注物联网应用产业规划、基础应用平台建设、重点应用示范基地、产业发展、物联网人才培养等方面。

（1）对物流技术装备的应用与研发予以补贴。包括对运营车辆加装 GPS 系统、对于集装箱、高压气瓶等加装电子标签（RFID）、托盘共用系统以及对快递公司购买使用手持移动终端等。

（2）对单项商品物联网技术给予支持。对事关食品安全的食品冷链系统使用物联网技术给予补贴，可先从猪肉、禽蛋等品种做起，建立可追溯系统；对药品和生物制剂等，事关人民生命安全的领域使用物联网技术，给予财政补贴；对于危险化学品，事关社会安定的领域使用物联网技术，给予财政补贴。

（3）鼓励处于供应链上游的生产制造企业完成产品的标签安装和信息录入工作，由供应链成员共同承担所产生的成本费用，政府补贴部分成本。

第三，制定物联网技术在物流业应用的重点应用示范基地培育与认定管理办法。重点应用示范基地应具备以下基本条件，即具有一定的产业规模；已经编制完成较为科学的基地发展规划；建立了良好的配套基础设施；具有较强物流服务能力；核心技术或产品拥有自主知识产权，已形成技术标准或规范。基地的认定程序应由企业自主提出申请，由各省工信厅组织申报材料初审和筛选并上报工信部，最终分年度由工信部组织专家对申报项目进行评审并将结果予以公示。

第四，制定相关的资源优化配置政策。如在符合用地政策的前提下，优先安排物联网产业重点建设项目用地，对于特殊或重要企业项目所需土地进行快速审批，给予一定的土地使用优惠政策；对于经主管部门认定的重点应用示范项目，国土部门要优先安排用地指标，并合理的进行土地预留。

（三）推进行业技术和应用标准的制定与实施

物联网发展过程中，传感、传输、应用各个层面会有大量的技术出现，可能会采用不同的技术方案。如果各行其是，那结果将是灾难性的，大量的小而破的专用网，相互无法连通，不能进行联网，不能形成规模经济，不能形成整合的商业模式，也不能降低研发成本。因此，尽快统一技术标准，形成一个统一的管理机制，这是物联网发展要面对的基础性关键问题。标准的制定工作涉及政府、技术研发方、推广方、使用方多个主体，需要有专门的部门来进行管理和协调，并制订统一的行动计划。

为推动物联网技术和应用标准的制定与实施，建议在全国推进物联网协调小组的行业标准管理中心的指导下，在全国标准化技术委员会下设立物联网技术标委会，加强物联网国际国内标准研究，做好顶层设计，满足产业需要，形成技术创新、标准和知识产权协调互动机制。积极参与国际标准制定，整合国内研究力量形成合力，推动国内自主创新研究成果推向国际，具体到物联网技术在物流领域的应用而言，建议做好以下几项重点工作：

第一，加强面向物流行业的业务应用的关键技术的研究，重点解决传输层的多网融合技术研究、感知层的智能传感器研究以及应用层的面向物流业务各环节的应用终端及智能信息处理与云计算技术的研究，以实现物联网技术在应用层的实际落地，并发挥相应的经济效益。

第二，建设面向物流行业的标准验证、测试和仿真等标准服务平台，以加快行业关键标准的制定、实施和应用。

第三，加快物流行业标准与国际物联网标准的对接，加强与全国物流标准化技术委员会的沟通与合作，就物联网技术在物流领域的技术与应用标准的制定共同起草一个专项规划，确定"十二五"期间需要出台的标准及出台时间。

第四，充分利用物联网发展专项资金，积极用好该项资金在标准研究与制订、应用示范与推广方面的扶持范围，加快物联网技术在物流领域的技术推广与标准制定各项工作。

（四）建立物联网技术与应用的信息安全保障体系

根据物联网自身的特点，物联网除了面对移动通信网络的传统网络安全问题之外，还存在着一些与已有移动网络安全不同的特殊安全问题。这是由于物联网是由大量的机器构成，缺少人对设备的有效监控，并且数量庞大，设备集群等相关特点造成的，这些特殊的安全问题主要有以下几个方面。

第一，物联网机器/感知节点的本地安全问题。由于物联网的应用可以取代人来完成一些复杂、危险和机械的工作，所以物联网机器/感知节点多数部署在无人监控的场景中。那么攻击者就可以轻易地接触到这些设备，从而对它们造成破坏，甚至通过本地操作更换机器的软硬件。

第二，感知网络的传输与信息安全问题。感知节点通常情况下功能简单（如自动温度计）、携带能量少（使用电池），使得它们无法拥有复杂的安全保护能力，而感知网络多种多样，从温度测量到水文监控，从道路导航到自动控制，它们的数据传输和消息也没有特定的标准，所以没法提供统一的安全保护体系。物联网目前的传感技术是有可能被任何人进行感知的，它对于产品的主人而言，有这样的一个体系，可以方便的进行管理。但是，它也存在着一个巨大的问题，其他人也能进行感知，比如产品的竞争对手。这就需要在安全上下工夫，形成一套强大的安全体系。

第三，核心网络的传输与信息安全问题。核心网络具有相对完整的安全保护能力，但是由于物联网中节点数量庞大，且以集群方式存在。因此会导致在数据传播时，由于大量机器的数据发送使网络拥塞，产生拒绝服务攻击。此外，现有通信网络的安全架构都是从人通信的角度设计的，并不适用于机器的通信。使用现有安全机制会割裂物联网机器间的逻辑关系。

第四，物联网业务的安全问题。由于物联网设备可能是先部署后连接网络，而物联网节点又无人看守，所以如何对物联网设备进行远程签约信息和业务信息配置就成了难题。另外，庞大且多样化的物联网平台必然需要一个强大而统一的安全管理平台，否则独立的平台会被各式各样的物联网应用所湮没，但如此一来，如何对物联网机器的日志等安全信息进行管理成为新的问题，并且可能割裂网络与业务平台之间的信任关系，导致新一轮安全问题的产生。

为完善物联网技术与应用的信息安全保障体系，建议工信部联合相关部委首先建立物联网技术安全问题相关的法律法规。其次，从安全认证机制、加密机制等角度出发，在已有的互联网安全机制的基础上，建立适合物联网技术要求的安全认证机制。最后，通过技术创新，从源头加强对信息采集、发布、储存、销毁等各环节的内在控制。

（五）加快推进物联网技术在物流领域的示范工程

为加快推进物联网技术在物流业中的发展与应用，建议工信部联合发改委、科技部、财政部、教育部等相关部门，面向重点领域、重点行业、重点地区，开展示范应用工程建设，为物联网在物流产业发展培育良好的市场环境。

在重点领域方面，主要建设物联网技术在食品冷链、全程供应料可视化监控、物品定位、高速识别等的典型应用示范工程，确立以应用带动物流产业向智能、安全、可控化方向发展，消除制约物联网关键技术规模发展的瓶颈。

在重点行业方面，主要面向关系国计民生的食品医药行业、交通运输行业、高端制造行业开展示范工程建设，并鼓励企业、行业协会、科研院所联合攻关，构建产学研平台来共同推动工程建设。例如：集装箱海公铁多式联运技术研究开发与应用作为国家科技部"十二五"期间重点支持的在现代服务业中的应用开发及集成示范类项目，是物联网技术在物流领域应用的重要领域与先导方向，可以由集装箱制造业、物流业、港口码头及科研院所共同推进，重点解决集装箱作业过程中的快速识别、精确定位、对位与优化调度问题。

在重点区域方面，主要选择 3～5 个物联网技术发展基础条件好、物流产业发展具有一定规模的城市作为物联网技术在物流业发展中的试点城市，通过中央与地方政府共同建设的形势，推进物联网技术在物流业领域的综合运用，以点带面，突破技术、资金与政策约束，形成一批效益与前景好的应用项目、技术标准体系，引领物流业的快速发展。

课题组成员名单

课题负责人： 戴定一　中国物流与采购联合会专家委员会副主任、中国物流学会常务副会长

李　张　锦　西南交通大学物流研究院院长　教授

课题组成员： 贺登才　中国物流与采购联合会副会长

李国旗　西南交通大学讲师/博士

牟能冶　西南交通大学讲师/博士

高红梅　西南交通大学博士研究生

卫　龙　西南交通大学博士研究生

黄　萍　中国物流与采购联合会学会工作部副主任

参 考 文 献

[1] 张锦. 物流规划原理与方法 [M]. 成都：西南交通大学出版社，2009.

[2] 中国物流技术协会信息中心，等. 物联网技术在物流业应用现状与发展前景调研报告 [R]. 2010.

[3] 华夏物联网，等. 中国物联网与现代物流发展报告 [R]. 2010.

[4] 戴定一. 物联网与智能物流 [R]. 在 2011 年中国物流发展报告会，2011－04－27.

[5] 戴定一. 物流信息化的发展趋势 [R]. 2010 中国物流与采购信息化推进大会暨物流企业 CIO 峰会，2010－10－31.

[6] 戴定一. 物流业应理性应用物联网 [N]. 现代物流报，2010－6－8.

[7] 戴定一. 重视物联网发展对物流信息化的影响 [EB/OL]. 中国商用汽车网，2010－09－25.

[8] 鲁忠武. GPS 在现代交通运输中的应用 [EB/OL]. 计算机世界网，2008.

[9] RFID 世界网. 宝马（BMW）在装配线采用 RFID 系统精确定位车辆和工具 [EB/OL]. http：//www. asmag. com. cn/technic/hyxx_ detail. aspx？aid＝19994，2009－08－07.

[10] 百度文档. 物联网概论：物联网感知层技术 [EB/OL]. http：//wenku. baidu. com/view/ab05cf260722192e4536f611. html，2011－05－10.

[11] RFID 中国网. 物联网技术在钢铁行业"后 ERP 时代"的应用浅析 [EB/OL]. http：//info. ec. hc360. com/2012/12/090929375266－3. shtml，2010－12－19.

[12] 朱红儒，齐晏鹏. 物联网安全问题不容忽视 [N]. 人民邮电报，2010－02－04.

[13] 张琪. RFID 在现代邮政物流中的应用现状 [J]. 解决方案，2008（3）.

[14] 王申. 全球品牌标签领导者——艾利丹尼森 RFID 标签应用案例介绍 [J]. 特别报道，2010（2）.

[15] 阮清方. RFID 在仓储中的运用及典型案例剖析 [EB/OL]. 中国储运网. http：//www. chinachuyun. com.

[16] 胡志刚，樊宏. RFID 技术在汽车产业链中应用案例及效益分析 [J]. 物流科技，2007（5）.

[17] 刘安峰. 基于 RFID 和传感器技术的业务可视化及信息化管理成功案例 [J]. 解决方案，2007（2）.

[18] RFID 世界网. http：//solution. rfidworld. com. cn/2010_ 3/2010324154095234. html.

[19] 远望谷拟上马 5 个物联网项目 [J]. 企业动向，2010（2）.

[20] 许世博，邓延洁，曹文胜. RFID 技术在集装箱码头的应用示范 [J]. 水运科学研究，2009，9（3）.

物流企业战略与管理研究

物流企业持续成长模型及机理研究[*]

内容提要：20 世纪 80 年代末以来，知识经济、信息经济和网络经济的作用趋于明显，企业的平均生命周期正在逐渐缩短，企业如何实现持续成长的问题更加突出。在信息技术和经济全球化的推动下，现代物流在全球范围内蓬勃兴起，但是由于我国物流企业起步晚、技术落后等原因，使得现有大多数企业的物流成长模式不仅远不能适应竞争激烈的全球市场，甚至已经严重制约了企业的健康发展。然而国内关于物流企业持续成长的理论研究并不多，一些理论和模型适用性和针对性都不强，分析和论述不够全面。因此，亟须进行物流企业持续成长模型和机理研究。

本研究在对国内外企业成长理论研究的基础上，结合物流企业的特点提出了基于竞争优势理论的物流企业持续成长阶段模型，物流企业竞争优势转变模型以及企业多元化成长，探讨了物流企业持续成长的机理，通过对代表性物流企业成长轨迹的案例研究，描述了物流企业成长轨迹、动因、障碍，建立了物流企业持续成长的机制和成长模式，为物流企业持续成长进行战略路径选择提供了理论依据。

一、绪论

（一）研究背景及意义

1. 研究背景

物流作为一个新兴产业，在现代社会生活中的作用日益突出。2010 年全国物流总费用占国内生产总值比重约为 18%，2011 年上半年中国社会物流总费用为 3.7 万亿元，同比增长 18.5%。数据显示，西方发达国家物流成本占 GDP 的比重一般为 8%~10%，我国物流成本比世界平均水平高 1~2 倍，如果能降低 1 个百分点，就相当于为企业节约出近 4000 亿元的效益。

随着经济的快速发展和改革开放的深入，在信息技术和经济全球化的推动下，现代物流业在我国蓬勃兴起，并对社会经济生活发挥着越来越大的作用。在政策的支持下，随着国际经济全球化的发展，我国物流企业如雨后春笋般大量涌现，部分地区物流企业呈现茁壮成长的势头。但是，由于我国物流业起步晚，法律法规不健全，市场混乱，很多物流企业在成长发展过程中出现了竞争力弱、成长模式落后等现象，尤其是近年来物流企业经营环境存在着重大事件交织发生、第三方物流市场需求没有释放、物流市场竞争激烈、资本市场表现不佳、政策落实力度不够等现象。在这种经济形势和市场环境

* 本课题（2011CSLKT012）荣获 2011 年度中国物流学会课题优秀成果奖二等奖。

下，我国大多数物流企业的成长模式不仅远不能适应竞争激烈的全球市场，而且已经严重制约了企业自身的健康发展。因此，建立物流企业的持续成长模型并对物流企业持续成长机理进行分析具有极为重要的意义。

2. 研究意义

当前，我国物流企业正处于快速成长阶段，制约企业成长的各种问题不断出现，不仅影响着企业自身的生存发展，而且制约着整个社会物流成本的降低。基于物流企业的实际，吸收和借鉴国内外企业成长理论的研究成果，揭示物流企业可持续成长的一般模型和机理，不仅可以为完善物流企业成长的理论研究提供科学依据，而且为物流企业的生存和进一步发展提供应对性措施。

（1）理论意义

①归纳梳理国内外企业成长理论

对企业成长问题的关注和研究，最早可以追溯到亚当·斯密的劳动分工理论。此后，各个经济学流派都从不同的角度涉及企业成长问题，但是，企业成长问题一直处于主流经济学之外。到了 20 世纪 80 年代后期，随着社会经济可持续发展理论的兴起，企业的持续成长问题才得到人们的关注，但相关的理论仍比较分散。通过研究梳理国内外企业成长理论，为物流企业持续成长模型的建立及成长机理的研究提供理论支撑。

②充实和完善企业成长理论

物流被视为"第三利润源泉"、"经济领域未开垦的黑大陆"、"企业脚下的金山"、"冰山的一角"，在世界各国受到越来越多的重视。在经济全球化的背景下，现代物流业的发展为采购全球化、生产一体化和市场全球化的全球供应链带来了深刻影响，覆盖了从技术开发、采购、生产到销售的整个环节。物流企业在经济发展中的作用越来越突出。构建物流企业持续成长模型，分析物流企业持续成长的机理，对于完善和充实现代企业成长理论具有十分重要的理论意义。

（2）实际意义

①实现物流企业的持续成长

我国物流业发展还不健全，市场竞争日益复杂和环境的不确定性给物流企业的发展带来了重重困难。通过研究，为物流企业学会如何在激烈的竞争环境中找准位置，建立竞争优势从而实现健康、快速、持续的成长提供了支持。指导物流企业对维持成长的驱动因素进行识别和利用，总结适合自身的持续成长规律，趋利避害，从而实现自身的持续成长。

②促进物流企业国际化的发展趋势

当今社会经济是全球化的经济，很多企业已走出国门建立起跨国企业。国际贸易的发展和跨国公司全球战略的推行对物流企业提出了更多的要求。更多的原材料、产品、人员和资本开始在全球范围内流动和配置，社会分工的细化使得很多企业将非核心业务外包，这些都迫使物流企业进行战略选择，扩大发展规模，呈现国际化的发展趋势。本研究为物流企业国际化的发展道路奠定了基础。

③提高物流产业的竞争力和持续发展力

无论从与全球经济接轨角度还是从中国市场对物流服务的需求角度来看，中国都有必要促进物流产业的发展。然而，国内企业对物流服务需求明显不足，现代物流的观念尚未在工商企业中普及，对现代物流认识有待提高，绝大多数物流企业存在工作质量不高，服务内容有限，服务方式和手段比较原始和单一等问题。通过研究有利于促进和提高物流产业的发展，提升物流产业在国际上的竞争力，为物流产业的持续发展提供助力。

（二）研究对象的界定和认识

1. 企业成长

"成长"源于生物学，是指动植物由小变大、由弱变强，直至成熟和衰老的过程。后来，人们将"成长"一词广泛用于可以拟人化事物的演化过程，也就是从某种意义上说，企业就像自然界的许多有机体一样，是具有生命周期的。一个完整的企业生命周期，要经过从无到有、从小到大、从大到强的成长过程。概括说来，企业的成长就是从市场份额、赢利、机制、人员、资本以及组织整合等方面的小规模、低水平向大规模、高水平不断扩大的过程。

企业成长不同于企业发展和企业增长。不仅具有量的扩张，还包括质的变化。量的扩张包括销售额的增加、资产的增长、人员的增加等，而资源结构改善、业务领域变化、组织变革等结构性变动属于企业质的变化。在企业成长的过程中，企业可以在现有行业、现有产品、现有业务领域内，通过不断做大做深来挖掘机会；可以通过开发新技术、新产品来扩大企业现有产品线，占领更多细分市场；也可以新建或并购与目前经营领域相关的业务，以谋求更大的市场覆盖优势；还可以抓住机会实行低成本扩张，从市场容量小的行业逐步渗透到市场容量更大的行业，实现企业的多元化经营态势。

2. 影响企业成长的因素

企业在成长过程中会受到多种因素的影响，外部因素如技术、行业环境、市场环境，内部因素如企业自身的资源、管理、组织结构、文化等。这些因素即可以成为企业成长的动力，也可能成为企业成长的障碍。

（1）技术和市场因素

企业的成长过程不可避免地要受到所处时期的市场、技术的制约和影响，包括生产和流通技术、市场规模、行业规模、交易费用等。技术决定一个企业的规模，现代化的工厂远胜于手工作坊的生产规模，计算机系统管理下的"无人工厂"的产出和投入规模也超过了机器化时代。在技术相同的条件下，企业的成长空间由市场规模决定，市场规模越小企业竞争越激烈，越不利于企业的成长。

（2）管理和组织因素

组织结构和管理模式的演变是企业成长的重要因素。目前企业的组织形式有独资企业、合伙企业和股份制企业。企业成长到一定规模后，组织结构不在适应成长的需要，管理效率下降，企业就会调整组织结构，降低组织费用，提高管理效率。现代企业组织结构的变化反映了企业由单个资本积累到不同资本积累以及由资本横向扩张、纵向扩张到混合扩张的过程。企业管理从家族式的管理向规范化管理转变，由直线型管理向扁平化管理、由集权到授权的转变。

（3）知识和创新因素

知识和创新是企业持续成长的源动力。知识是人们对客观世界的规律性认识，基于知识的资源相对于基于属性的资源对企业国际性成长能产生更快、更持续的影响，促进企业的成长。创新是在现有知识基础上更新和改变，是企业成长过程中不可或缺的力量。创新包括技术、制度、管理、组织、金融和市场等一系列活动的创新。企业短期的成长是比较容易的，要实现持续的成长就需要树立创新型企业文化，通过多种形式的创新形成竞争优势，推动企业的内部变革和发展。

（三）研究思路、内容、方法及创新点

1. 研究思路

首先，基于物流企业持续成长的实际，吸收和借鉴国内外企业成长理论的研究成果，总结归纳出物流企业持续成长的理论基础。其次，基于竞争优势理论，分析物流企业的竞争优势以及竞争优势的来源、形成和构建，建立了物流企业持续成长阶段模型、竞争优势转变模型和多元化成长模型。最后，借鉴代表性物流企业成长轨迹，研究物流企业成长的持续成长轨迹，分析物流企业持续成长的动因、障碍，为企业持续成长模式的战略路径选择提供了理论依据。

本研究的技术路线如图1所示：

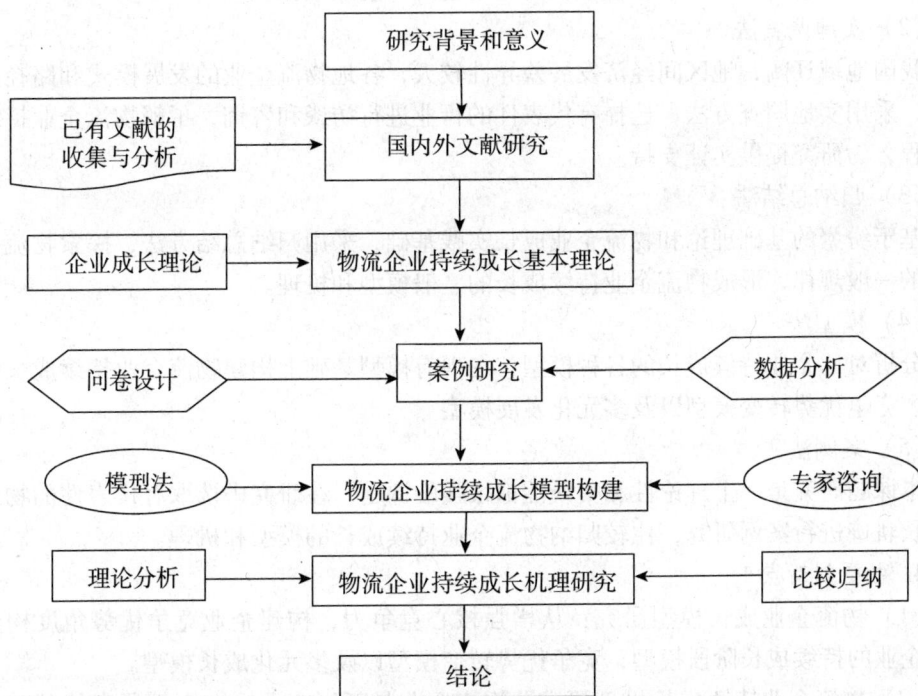

图1　技术路线图

2. 研究内容

本文的研究内容主要分为以下五部分内容：

第 1 章，绪论。本部分包括研究背景、研究意义、研究思路、研究内容、研究方法和主要创新点，并对本研究的研究对象进行了初步界定。

第 2 章，企业持续成长理论文献综述及理论基础。对国内外企业持续成长理论的文献进行归纳和评价，为物流企业持续成长的研究奠定基础。

第 3 章，物流企业持续成长模型构建。基于竞争优势理论分析物流企业的竞争优势来源、形成以及核心竞争力的构建，在此基础上构建物流企业持续成长模型：物流企业持续成长阶段模型、竞争优势转变模型和多元化模型。

第 4 章，物流企业持续成长机理研究。理论联系实际，描述物流企业持续成长的持续成长轨迹，分析物流企业持续成长的动因、障碍。

第 5 章，总结。本部分通过对本研究的主要观点进行总结，指出本研究的不足之处以及对下一步研究方向的展望。

3. 研究方法

本研究主要侧重定性分析，采用了多种研究方法，主要有：

（1）文献综述法

在研究过程中通过阅读大量文献资料，查询网络资源信息，总结和归纳主要的企业成长理论，分析国内外关于企业成长的理论基础和观点主张。

（2）实地调查法

我国地域辽阔，地区间经济发展差异性较大，各地物流企业的发展模式和路径各具特色，采用实地调查方法，选择有代表性的行业进行访谈和咨询，了解物流企业持续成长历程，为研究提供实证支持。

（3）归纳总结法

基于纷繁的基础理论和物流企业成长实践基础，采用归纳总结方法，探索物流企业成长的一般规律，形成物流企业持续成长的一般模型和机理。

（4）模型法

分析对比企业持续成长的各种模型，在现有模型基础上构建物流企业持续成长阶段模型、竞争优势转变模型以及多元化发展模型。

（5）案例法

本课题研究是一个理论性和实践性都很强的课题，在研究中选取有代表性的物流企业成长轨迹进行案例研究，比较归纳物流企业持续成长的模型和机理。

4. 主要创新点

（1）物流企业成长模型研究：从增强核心竞争力，构建企业竞争优势角度构建了物流企业的持续成长阶段模型，竞争优势转变模型以及多元化成长模型。

（2）物流企业持续成长机理研究：物流企业是新兴产业，在案例研究的基础上对其持续成长的轨迹、动因、障碍、机制以及成长模式等机理进行了研究。

二、企业持续成长理论文献综述及理论基础

（一）国内外企业持续成长理论文献综述

1. 国外企业持续成长理论文献综述

企业成长的思想可以追溯到古典经济学，企业的成长问题理应备受经济学家关注。然而，企业成长理论的研究却长时间徘徊于主流经济学之外，相关理论也比较分散，其发展历程如下表所示。

企业成长理论综述

理　论	代表人物	主要观点
分工与规模经济	亚当·斯密（1776）	企业规模取决于市场规模与劳动分工程度
经济进化理论	马歇尔（1890）	企业成长取决于内、外部经济
企业边界理论	科斯（1937）	企业的产生是为了节约市场交易成本，当管理费用等于交易费用时达到企业的最大制度规模
内在成长理论	潘罗斯（1959）	以单个企业为研究对象，以企业资源、企业能力、企业成长为研究框架，认为企业能力决定企业成长的速度、方式和界限
企业边界理论	威廉姆森（1975）	从资产专用型、不确定性和交易效率三个维度定义了交易费用，在此基础上分析了企业边界确定的原则，同时还从企业核心技术角度提出企业"有效边界"的概念
企业规模调整理论	斯蒂格勒（1975）	企业成长的动力和原因就在于对规模经济及外部经济的追求
制度变迁理论	钱德勒（1977）	从组织制度上企业分为古典企业和现代企业，企业制度变迁由古典企业向现代企业转变过程中，伴随着企业规模的扩张而出现的，也是维持和促进规模扩张的必要条件。由于企业成长带来部分市场交易内部化，由此带来企业内部行政协调机制的发展。内部组织变革是企业成长的重要方面
经济演化理论	纳尔逊、温特（1982）	企业成长是在利润最大化的目标下，通过调整产量从非最优规模到实现最优规模的过程
资源基础理论	伯格·沃纳菲尔特（1984）	企业是由一系列资源组成的集合，企业的竞争优势来自于企业所拥有的资源，尤其是一些异质性资源。企业成长是一个动态的过程，是通过创新、变革和强化管理等手段积累、整合并促进资源增值进而追求企业持续成长的过程
企业产权理论	哈特（1986）	强调资产所有权的重要性，明确了企业纵向一体化的含义，认为纵向一体化的水平取决于一方或另一方当事人控制专用型资产的程度，并且提出了物质资产专用性和人力资产专用性对于纵向一体化具有不同的意义

续 表

理 论	代表人物	主要观点
知识基础理论	哈罗德·德姆塞茨（1988）	企业是一个知识的集合体，企业的知识存量决定了企业配置资源等活动的能力，从而使企业最终在产出及市场竞争中体现出优势
企业成长的战略理论	迈克尔·波特（1997、2001）	竞争是企业成败的关键所在，竞争优势是推动企业成长的主导力量。企业的竞争优势由企业的在位竞争者、潜在竞争者、替代品、供应商及购买者五种竞争力量所决定
能力基础论	普拉哈拉德和哈默尔（1990）	企业的竞争优势来自于企业配置、开发与保护资源的能力，即企业核心能力。强有力的核心能力的存在决定了企业有效的战略活动领域，能产生出企业特有的生命线，保证企业获得持续成长

企业成长理论的发展与企业所处的生存环境和企业的战略选择密切相关。20 世纪 80 年代初主要着眼于企业所处的产业的结构及企业内部的结构来寻求企业生存的规律，发展战略选择倾向于外部要素决定论，这时影响力最大的是钱德勒的企业成长理论。20 世纪 80 年代末，人们开始关注企业的内部的要素，发展战略选择倾向于内部资源决定论，资源基础观的影响力开始上升。20 世纪 90 年代以来，随着核心竞争力的概念的提出，资源基础观的影响力被凸显出来。随着资源基础观的进一步发展，出现了知识基础观、演进经济学。20 世纪 90 年代中后期演化理论的影响力开始上升。整个八九十年代，企业发展战略理论充满着"竞争"的概念，中后期出现了"竞争的衰落"的声音，崇尚"合作"，组织生态理论随之兴起，影响力不断增强。科斯开创的现代企业理论的体系比较成熟，在解释企业的规制中比较有力，但不能解释企业能力的来源，所以这种理论自 20 世纪 80 年代至今虽然被人们的重视，影响力却一直不是最大。目前，资源基础论的影响力有所下降，但仍占第一位，现代企业理论的影响力保持不变，演化理论的影响力开始与现代企业理论看齐。在将来较长时段内，资源基础论仍有重要的影响力，演化理论的影响力会稳步上升，而组织生态理论可能会被企业自组织理论代替。

2. 国内企业持续成长理论文献综述

国内目前没有形成系统性的企业持续成长论。有代表性的理论主要有：

（1）内生企业成长论

蒋一苇教授从生物演化的角度探讨企业性质，将企业视为一个"有生命的细胞"。杨杜的《企业成长论》中对此进行了系统地论证。以企业系统内部为主，提出了一种内生成长的企业成长论，以经营资源为关键，从经营资源的数量、性质、结构和支配主体四个方面考察企业成长，运用实证和比较方法，对企业成长过程和成长机制进行分析。

（2）企业持续发展论

刘立刚借鉴社会可持续发展目标函数的内容与含义，运用系统动力学的思想建立了企业持续发展的"五力"理论，即提升力、引导力、支撑力、扩张力和阻力。但其理论研究室建立在企业人工复合体的前提下，混淆了企业可持续发展的目标以及实现目标的手段，也没有分析影响企业可持续发展的相关因素。

（3）矛盾管理学

矛盾管理学认为，企业整体效能优化和可持续成长是现代企业管理的主题，是企业的最高宗旨和核心价值观。运用矛盾分析方法，研究了企业成长过程中的基本矛盾、主要矛盾与各种重大关系，揭示了矛盾的发展与转化是推动企业及管理发展的动力，企业可持续成长过程，实质就是不断处理和化解矛盾的过程。但它没有论述企业各种矛盾产生的根源，同样难以运用到实践中。

（4）企业生态学理论

我国企业成长理论很多都是采用生态学的思想和方法进行研究。学者唐海滨运用生物学、生物进化、系统科学等理论，研究了企业的起源和进化、企业生存机理、企业成长及其发展。沿用企业生命力的主线，分析了企业的新陈代谢机能，指出企业活力的基础是自负盈亏为核心的企业经营机制。学者杨忠直建立了企业生态学理论。将企业作为有生命的系统，运用生态学、经济学和系统科学等原理，论述了企业系统生存、生存竞争、企业进化、商业生态系统、商业生态工程与可持续发展。

（5）环境决定论

傅红岩强调竞争环境对企业成长的影响，在计划经济体制和市场经济体制的"二元成长"模式下，通过运用公共选择理论、网络理论、新制度经济学等理论工具对市场结构和企业成长问题进行了深入地研究。提出在中国建立企业成长的有效竞争机制，发展大企业的核心竞争力，充分利用专业化分工、规模经济和范围经济利益的企业分布格局，消除低水平重复建设和过度竞争，只有这样，企业的成长才是真正的成长。

（6）企业族群能力理论

郑建伟基于集体效率的企业族群能力理论，提出基于知识的企业族群能力，通过分析集体效率、社会资本和空间距离对企业族群成长的影响，得到结论：更高的集体效率、更大的关联强度、更丰富的社会资本和空间接近程度，导致企业族群知识的生产、获取和利用更有效率，加速企业族群知识积累，提高族群的成长能力可以形成企业族群独特的竞争优势。族群能力理论是在产业集群化发展下，通过外部因素来推动企业的成长。

（7）企业家精神理论

张玉利认为小企业的成长面临的最大障碍是管理障碍。我国小企业是改革开放和深化经济体制改革的产物，经济体制转型使小企业走上了机会型的成长道路，多元化经营模式和简单的规模扩张使企业管理难度加大，市场经济体制与传统经营模式、经营理念之间的矛盾极大地约束了小企业发展。他强调企业家型企业是快速成长企业的主要源泉，以揭示企业创业与成长过程中的理性为目标，以企业家精神、产业环境与战略、组织运行机制为分析框架，分析论证企业创业初期的快速成长、企业成长转型和企业再成长的内在变化规律，提出培育组织能力和强化公司企业家精神是推动企业持续成长的关键措施。

（二）国内外企业持续成长理论基础

外生性成长理论和内生性成长理论是影响企业成长的两个方面，长期以来，管理学界一直在企业外部环境的限制性和企业内部选择性之间存在着争论。

1. 企业外生性成长理论

企业外生性成长理论是以企业规模或寿命、企业员工数量、就业率、生产率等指标来测度企业成长，对成长机制和企业自身能力缺乏足够的重视，从本质上看是一种静态的成本分析。

企业外生性成长理论认为企业的边界和生产率由外生变量决定，即给定的技术、成本结构和市场供需条件等，其代表性学派是新古典经济学和新制度经济学。企业生存于环境之中，不可能脱离环境而独立存在，资源、能力、环境构成了企业成长过程中的三种约束，围成了企业的成长空间。以系统论的观点来看，企业是一个与外部环境时刻发生密切联系的自组织系统：企业的运营过程需要从外部环境中获得顾客需求、竞争状况、技术动态、政策法规等有关信息，需要从外部环境中获得所需要的各种资源，如生产要素等；企业的产品和服务必须通过市场提供给顾客。即作为实体存在的企业，通过不停的物质输入和输出循环实现企业生命的维持和壮大。

外部环境是对企业经营绩效产生持续影响或潜在影响的各种外部力量总和。外界环境发生变化既可能给企业带来发展的机会，也可能给企业带来威胁，可能会影响企业的绩效和系统的复杂性，从而使企业的组织结构和形态发生变化。外部环境是不断变化的，只有那些随环境变化及时调整结构与功能的系统，才能适应不断变化的环境而继续生存下去。

2. 企业内生性成长理论

最早的企业内生性成长的思想可以追溯到亚当·斯密的"企业内劳动分工理论"，马克思的观点则进一步深化了企业内部分工与成长的联系机制，认为专业化分工和专业化知识的积累具有内在的联系，而且会创造出一种"社会力量"。潘罗斯被公认为是企业内生性成长理论的开创者，认为企业内部拥有的资源状况是决定企业能力的基础，企业能力决定了企业成长的速度、方式和界限。

企业内生性成长理论的核心思想归纳为：企业内部存在的未被利用的剩余资源是其成长的基本条件，由企业拥有的内部资源状况决定了企业成长的速度、方式和界限，企业成长是内部各种因素综合作用的自然结果，是企业内部各子系统自组织的动态演进过程。企业各部门在组织演化过程中通过竞争性合作、集体学习、自主创新等自组织机制形成内生性比较优势，从而构成了促进企业成长的核心资源和内在动力。在此基础上，企业通过与外部环境的互动，交换能量（例如消化吸收资金、技术和管理经验等）形成具有自我创新、自我提升的发展模式，称为企业的"内生性成长模式"。

在企业内生性成长理论中，企业成长涉及企业生产要素规模的变化以及要素质量的变化，强调了内部环境与外部条件对于企业成长的重要性，竞争、产业突变、企业内的创新、市场上的产品需求、要素供给、价格等因素都是影响企业成长的重要因素，是一种把企业恢复到现实中的具有创新意义的成长观。企业内生性成长理论的主要分支包括资源基础理论、能力基础论、企业内生成长论、企业演化理论以及现代组织生态学等。企业依靠其特殊的异质、不可模仿的资源形成独特的竞争优势，促进其内部成长。

当然内部成长理论也存在其缺陷，具体体现为：过分强调企业内部而对企业外部重视不够，由此产生的企业战略不能适应市场环境的变化；对企业不完全模仿和不完全模仿资源的确定过于模糊，操作起来非常困难，而且这种战略资源也极容易被其他企业所模仿。

（三）企业成长基本模型

1. 葛雷纳的企业成长五阶段模型

哈佛大学教授拉瑞·葛雷纳（Larry E. Greiner）提出的五阶段模型主要描述企业成长过程中的演变与变革的辩证关系，很好地解释了企业的成长，进而成为研究企业成长的基础。他利用五个关键性概念（组织年龄、组织规模、演变的各个阶段、变革的各个阶段、产业成长率）建立了组织的发展模型。他提出了两个关键的概念：演变（Evolution）与变革（Revolution）。"演变"反映企业的平稳成长过程；"变革"反映企业组织的动荡过程。他强调组织的成长阶段，把组织成长分为五个阶段：创业阶段、集体化阶段、规范化阶段、精细化阶段、合作阶段。在该模型中，不同阶段企业管理的重点、组织结构、高层管理的风格、控制体系和管理人员的报酬重点各有所不同。

2. 弗莱姆次的企业成长七阶段模型及爱迪思的十阶段模型

弗莱姆兹将企业的成长划分为七阶段，这七个阶段分别为：新建阶段、扩张阶段、专业化阶段、巩固阶段、多元化阶段、一体化阶段以及衰落或复兴阶段。

爱迪思则把企业的成长分为十阶段，具体包括：孕育期、婴儿期、学步期、青春期、盛年期、稳定期、贵族期、官僚化早期、官僚期和死亡期。

3. 企业共生理论及共生效应下的企业成长模型

王宇露、石冶在《企业共生理论及共生效应下的企业成长模型的构建》一文中提出为了推动企业共生，实现企业持续快速成长，借鉴生物共生理论，界定了企业共生的内涵及企业共生系统的构成要素，分析了企业共生型的决定因素及优劣评判标准，探讨了企业共生的循环运作生理机制及共生进化原理，阐述了企业共生给企业成长带来的经济效应，并构建了共生效应下的企业成长模型。

4. 基于创造性拼凑与价值创新视角的创业企业成长模型

南开大学商学院博士张敬伟在《基于创造性拼凑与价值创新新视角的创业企业成长模型研究》中揭示了创造性拼凑是研究创业企业成长的一个新视角，价值创新揭示的是高成长企业的成长逻辑。文章在综述相关文献的基础上，把创造性拼凑与价值创新两个思路的成长模型融合起来，构建了创业企业成长的整合模型，为勾画创业企业成长的内在逻辑做出了有益的探索。

三、物流企业持续成长模型构建

（一）企业成长的竞争优势理论

竞争优势能给企业带来持续的超越竞争对手的能力，企业是各种要素的集合，拥有多种竞争优势，形成竞争优势群。因此，可以把企业看成是一个有机的、动态演化的竞争优势集合，企业的不断成长就是竞争优势集合的不断持续，这就是企业竞争优势基础观。彭罗斯和沃纳菲尔特等把企业看做是生产性资源的集合体，认为企业资源是竞争优势的源泉；普拉哈拉德和哈默尔认为企业是能力的集合体，并把竞争优势归因于核心能力的获取；波特在原有理论的基础上，提出企业是一个零散但内部关联的经济活动的集合体，并认为竞争优势来源于企业能以独特的方式开展一些能为顾客创造价值的活动。企业持续竞争优势既可以是内生的，由内部核心能力决定，也可以是外生的，由外部环境条件赋予，是企业系统化的综合能力，由外部要素和企业自身条件共同决定，具有持久的生命力。

根据表现状态和重要性的不同，可以把竞争优势集合中的元素分为现实优势和潜在优势两种，而现实优势又可分为主导优势和辅助优势，主导优势和辅助优势的动态更新和互动最终表现为企业总体优势的不断持续。其中主导优势主要体现了企业的总体定位和核心目标，是竞争优势集合的核心部分，其数量少并表现出相对静态性和长期性。主导优势一旦被确立，就很少会因为一些原因被更新或主动破坏，但产业突变、技术替代等突发情况的出现会给企业的成长带来巨大的变革。企业可以拥有一个或同时拥有多个主导优势，一般通过建立企业强势市场防御体系来使之持续。辅助优势是用来支持企业定位和主导优势的优势。相对于主导优势，辅助优势数量较多，具有相对动态性和短期性等特点。为适应企业环境的变化和应对竞争对手的挑战，企业需要不断更新现有的辅助优势集，即表现为企业的不断演变。在竞争异常激烈的情况下，特别是处于超竞争环境，企业必须主动破坏一些辅助优势，建立一系列的短期优势，以阻止竞争对手的模仿和冲击。潜在优势是因缺乏发挥作用的某些基础或环境不适合等原因能够但尚未真正表现出来的优势。一旦企业具备或拥有潜在优势发挥作用的全部条件，潜在优势就可以转化为现实优势，成为主导优势或辅助优势。

（二）物流企业的竞争优势

1. 物流企业竞争优势分析

竞争来源于生物学"优胜劣汰"法则，建立竞争优势是物流企业确立竞争力体系、实现战略制胜的基础，也是物流企业实现一体化物流目标，创建和培育物流企业核心竞争力，在市场竞争中获得持久竞争优势的基础和必要条件。物流企业是以为客户提供物流服务来获取企业最大价值的经济实体，并以此为主要途径获得生存与发展，其中最有代表性的是第三方物流企业。

物流需求多是派生需求，加之需求的多样性、层次性和个性化等特点，其需求种类、数量、质量和要求一般较难把握。在参与市场竞争的众多物流服务提供商中，创建竞争优势是物流企业构建优于竞争者战略的基础条件。从物流企业满足客户物流价值最大化的角度出发，物流企业不仅需要针对客户在相关物流提供者之间的价值抉择中制定出"略胜一筹"的物流价值增值战略，还需要与竞争对手较量"竞争战略成本"，优化"资源配置效率"，在不同的资源供应商中进行价值抉择和供应商管理，在资源供应商、第三方物流企业和客户企业之间就形成了物流系统价值增值过程，即一体化物流价值链。在一体化物流价值链中，客户、物流企业、竞争对手以及关联资源供应商之间相互进行物流价值和物流成本的比较，遵循"优胜者胜出"准则，只有在价值和成本方面更有吸引力的企业才能参与到物流价值链中，不断完善和发展企业（如图2所示）。

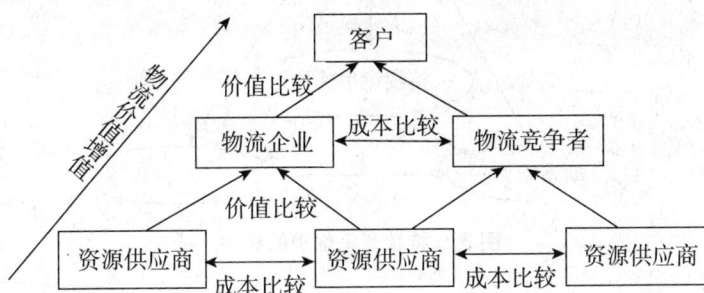

图2　物流企业竞争优势比较

2. 物流企业竞争优势的来源

物流企业的竞争优势表现在其价值和成本上，根据企业内生成长理论和外生成长理论，企业的竞争优势来源于企业内部和外部的各个要素。物流企业根据其所处的行业市场、政府政策、技术条件等外部环境下，以市场为导向，建立企业竞争者、购买者、供应商、替代者、潜在竞争者等在内的五种竞争力量模型，在行业市场结构中寻找一个恰当的市场定位。同时，企业结合内部异质性的、难以模仿的、效率高的专有资源形成企业不断发展的动力。在内部和外部要素共同作用下，建立"动态能力"观的战略理论框架。"能力"是在物流企业生产经营过程中形成并稳定下来的专有活动，体现在整合、重构内外部组织资源等方面的自身胜任技能；"动态"则是要求物流企业为适应不断变化的市场环境，所必须具有的不断调整、更新这种自身胜任的能力。依"能力观"可将物流企业资源划分为四个层次：第一层是企业所购买的生产要素和获得的公共知识；第二层是企业的专有资产；第三层是企业的能力，即将企业的生产要素和专有资产有机地整合起来的组织机制和管理活动；第四层是企业能力的创新。

近年来，随着物流企业外部环境变化越来越快，企业间的竞争愈加激烈，企业的动态能力也就成为竞争中最关键的能力，动态"能力观"强调企业必须不断整合企业的组织、技术、文化等动态资源，增强企业价值创新的观念，使企业不断地获得持久的竞争优势。那么动态能力结合价值创新和动态资源就构成了物流企业持续成长的三个动力。其中，动态资源和动态能力是实现持续成长的基础性要素，而持续价值创新则是根本要素，持续价值创新必须以动态资源、动态能力为基础，同时反过来又对动态资源和动态能力起支撑与加强作用，三者相互作用，形成物流企业的持续竞争优势。其具体过程如图3所示。

形成物流企业竞争优势的内在能力资源不仅包括企业获取各种资源或技术并将其集成、转化为企业技能或产品的能力，还包括企业组织、调动各生产要素进行经营运作，使企业各环节处于协调统一高效运转的能力。核心竞争力主要包括三个要素：一是技术体系，即有形的技术系统和无形的技术知识系统，包括企业特有的技术与技能以及技术学习与理解能力；二是管理体系，即正式或非正式的企业内部管理控制系统，包括合理

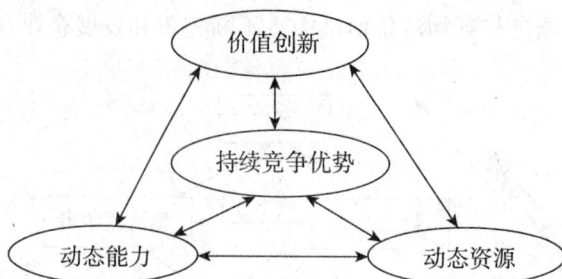

图3　持续竞争优势的建立

的激励机制、内部培养计划以及管理方式等；三是价值观念与企业文化，即企业内部占统治地位的态度、行为和规范。这三方面相互作用决定了企业的核心竞争能力，使企业能够适应市场需求产生竞争优势。三个要素构成的核心竞争力是物流企业赖以建立竞争优势、奠定市场地位的关键能力，是物流企业参与竞争的主力支撑和掌握市场主动的动力源泉。

物流企业基于内部和外部的独特资源，建立起其特质性的竞争优势，形成企业相对于同行业优质的物流设计能力、动态监控能力、资源整合能力、服务提供能力。基于高级物流理念平台的物流设计、运作和监控特征是集成管理，其中包括物流流程集成、信息集成、资源集成过程，对客户外在表现为一体化物流服务的提供能力。其中，一体化物流方案设计能力几乎完全是内隐，全程动态监控能力和资源整合能力基本处于临界状态，即部分外部可显，其中部分信息具有共享特点，而物流服务运作能力则完全是外显的，绩效指标直接关系到履约效果，其行为过程也会受到社会监督。物流企业核心竞争力的构成如图4所示。

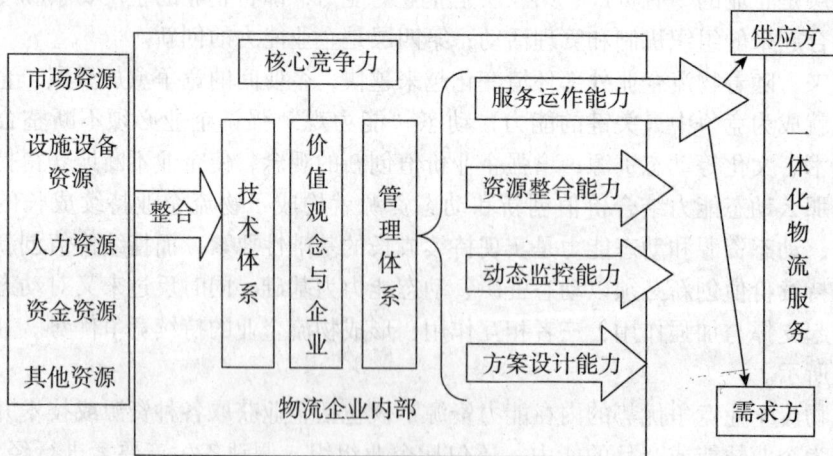

图4　物流企业核心竞争力构成图

3. 物流企业核心竞争力的形成条件

（1）适应动态能力创新的组织、行为机制

核心竞争力是物流企业持续竞争优势的源泉，但它本身不会自动转化成竞争优势。实现竞争优势还需要一套可以凝聚员工的核心价值观、组织文化、制度机制，将其与业务能力相融合。因此，培育物流企业核心能力要拓展到技术、组织、管理和服务的许多领域，通过创新构成一个新的有机整体。因此，应运用系统相互作用的观点将定位、资源、能力、组织、管理、文化等战略要素进行整合，不断提升企业的核心竞争力，获得竞争优势，形成不可模拟和复制的独特竞争力。

（2）建立统一、和谐的企业文化、价值观

核心竞争力是在一个组织内部经过整合了的知识和技能，尤其是关于怎样协调多种要素和整合不同技术的知识和技能。一体化物流知识、技能、资源等分散在企业内部不同的管理部门、经营组织、战略经营单位，甚至包括企业外部不同经营主体和组织。怎样协调一体化物流的多种物流技能、整合不同物流技术、资源的知识和技能，取决于建立统一和谐的企业文化，具体体现在统一价值观下的经营思想、经营行为。因此，物流企业整合知识、技能和资源首先要使各个部门、战略经营单位、管理者和员工有统一的价值观，在和谐的企业文化氛围中运作，相应的战略联盟单位也应有相近的文化与价值观，否则也会导致合约的不完满，物流企业在目标一致性的前提下，保持物流运营与管理的一贯性、连续性。

（3）正确定位并获取物流战略要素资源

正确进行物流服务定位、获得专项资源、提升创新能力是物流企业获得竞争优势的关键条件。首先，物流企业要对市场进行细分，形成自身独特的市场定位；其次，物流企业不仅要在专有资产难以复制和模仿性、企业能力效率性和经济性方面做文章，而且应不断提升整合组织文化、技术、资源效果的能力，在各有关战略资源要素间形成协同效应一体化的物流方案设计能力及其实现能力方面下工夫。最后，在整合内外各方面的要素的基础上，不断增强创新能力，行他人所未行，想他人所未想，站在客户的角度为客户提供一体化增值服务。

4. 物流企业核心竞争力的构建

在激烈的市场竞争中，增强核心竞争力对物流企业实现快速增长有着非常深远的意义，物流企业主要围绕以下几点来构建自身的核心竞争力：

（1）致力于为企业创造效益的同时为客户创造价值

效益，是市场经济时代永恒的主题。效益的提高决定着公司的前景和可持续发展的未来，决定着企业能否拥有更强的市场竞争力，也是企业回报股东、回报客户、回报社会的基础。坚持科学发展，充分利用现有资源，大力推进技术创新和管理创新，不断增强企业的综合实力，保证赢利水平的持续增长。同时应注意到客户对物流企业服务的满意度直接影响着企业的发展前景。企业应运用其独有的资源优势、网络优势、技术优势和人才优势，用最专业的人提供最专业的服务，通过服务手段、服务技术和服务模式的创新，追求企业价值与客户价值的一致性，为客户提供增值服务，同步提升客户价值与企业价值。

（2）开展人性化增值服务

如今我国物流企业数量繁多，规模各异，要想在激烈的市场竞争中脱颖而出占有一席之位，就必须在传统服务项目的基础上展开人性化的增值服务，作他人所未作，想他人所未想，做到以人为本，为客户提供优质满意的服务。在不断扩大服务范围和丰富服务内涵两方面下工夫，与客户结成利益共同体，从客户的角度考虑问题，使客户真正享受物有所值、物超所值的高质量服务，在激烈的市场竞争中始终拥有客户的信任，形成一个忠实的客户群。

（3）以技术优势谋求竞争优势

企业发展到一定规模后要走高端竞争之路，服务和价格都是可以模仿的，但技术是模仿不了的。物流企业要想实现持续的成长就必须在技术上下工夫，争取以技术优势谋求竞争优势。积极引进或自主开发国内领先、国际同步的核心物流技术，建立一支素质过硬的专业化人才队伍，通过满足不同客户的个性化需求，为客户量身定制物流解决方案，实现与客户共同成长的目标，为实现自身的永续发展提供强大支持和保障。

（三）物流企业持续成长模型

1. 物流企业持续成长阶段模型

通过研究企业各种成长模型，可以看到企业成长大都分为几个阶段，物流企业也不例外，其成长也是分阶段的。要实现物流企业的持续成长就是要在企业衰退期，甚至在衰退期之前就要开始着手寻找新的生机，突破现有资源限制，实现复兴再次增长。但物流企业有其自身的特点，主要体现在：首先，物流企业属于流通企业，以提供服务作为其主要业务而不是生产销售具体产品，不能按产品生命周期角度考虑问题；其次，我国的物流企业面临的竞争环境与一般生产企业不同，其竞争优势的构建也有所不同，这是一般企业成长模型未予以考虑的；最后，现有的企业成长模型大多只提供了企业成长的各个阶段及其特征，并未就如何突破企业衰退阶段进行详细说明，更没有专门针对物流企业的相关论述。

物流企业要满足顾客需求、解决顾客问题以及提高顾客满意度和企业美誉度都是通过物流服务来实现的，参考巴罗的销售—服务关系示意图，当物流企业客户服务水平提高到最有利于竞争的水平时所带来的收入总额对物流企业的发展阶段进行划分（如图5所示）。

在入门阶段，物流客户服务水平较低甚至没有，销售收入很少。在边际收益递减阶段的初期，随着物流客户服务水平的提高，特别是差异化物流服务的提供，获得的竞争优势有力地刺激了销售额的增加，增长速度较快，但在该阶段的后期，当物流服务水平提高到一定程度以后，销售额的增长速度会变慢。在收益下降阶段，继续提高物流客户服务水平反而会适得其反，导致销售额的下降。

根据企业的销售和服务水平的不同，参考关于企业成长阶段的划分模型，可以将物流企业的成长划分为六个成长阶段，如图6所示。

孕育期和求生存期，中小物流企业的服务水平较低甚至没有，大型企业的服务缺乏差异化，企业首要解决的问题不是成长而是生存。当达到高速发展期，物流企业开始从差异服务和增值化服务角度形成主导产品，销售额迅速增加，部分中小企业甚至发展达

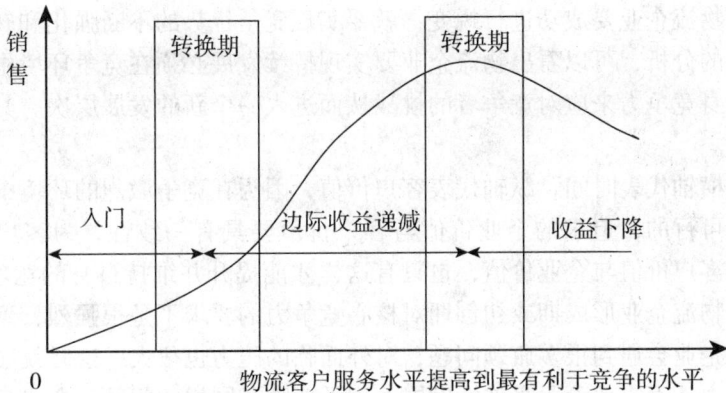

图 5   物流企业销售—服务关系示意图

到大企业的规模。进入成熟期后，企业成长速度放缓，利润达到最高，大中型物流企业开始提供从采购到制造、仓储、包装、配送、回返及再循环的全过程服务，形成集电子商务、物流、金融、保险、代理等于一身的综合性服务。成熟期的企业要不断形成新的竞争优势，进行蜕变以便开始一个新的循环，否则企业就会进入衰退期（如图 6 中虚线所示），经营不好的企业甚至就此从行业中主动消失。

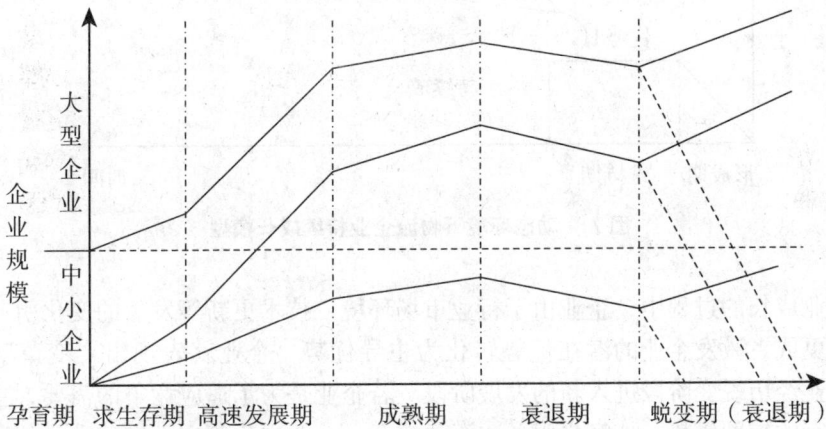

图 6   物流企业成长阶段性模型

2. 物流企业竞争优势转变模型

对物流企业而言，企业之间的竞争表面上看是服务产品的竞争，实质上是能力的竞争，即满足顾客需求、为顾客解决问题的能力以及提高顾客满意度和企业美誉度的竞争。在服务过程，物流企业要逐步实现由基本服务向增值服务方向的延伸，提供一体化物流服务，集成整合供应链以及管理增值。如宅急送开展的集仓储、分拣、包装等一体的综合物流服务，中外运、敦豪（DHL）、联邦快递（FedEx）和联合包裹（UPS）开展的一站式服务。

成熟期的物流企业要成功进行蜕变，就要实现竞争优势的不断强化和转变。对物流企业竞争优势的分析，可以看出物流企业要实现持续发展必须在竞争环境中及时发现机遇努力提升自身竞争力来应对竞争者的挑战从而进入一个新的发展层次。其成长模型可用图7来表示。

该模型的横轴代表时间，纵轴代表客户价值，因为在竞争激烈的环境中只注重企业自身价值是不可行的，追求的企业价值与客户价值要具有一致性，为客户提供增值服务，同步提升客户价值与企业价值，也只有这样才能提升并维持自身的竞争力。从图7中可以看到在物流企业形成期或初创期对核心竞争力的要求不是很强烈，到了企业成熟期后期，物流企业会遇到很多瓶颈问题，对外面临的压力也很大，这时就必须创造竞争优势提升竞争力从而实现阶段突破性发展。到了新阶段同样的问题还会出现，因此企业又得寻找新优势实现新突破，这样周而复始在曲折中前进从而实现企业不断持续成长。

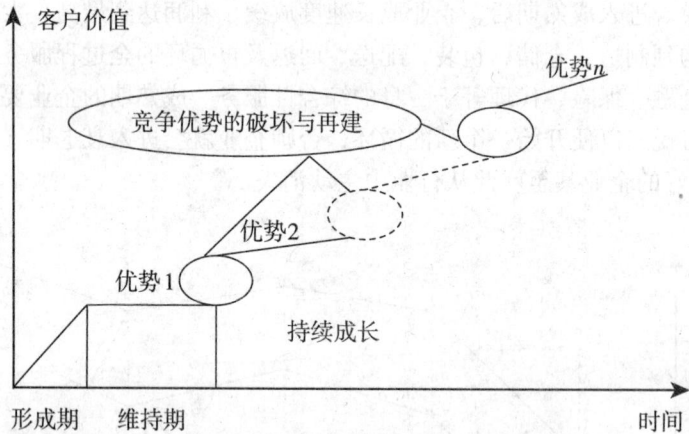

图7　动态环境下物流企业持续成长模型

在企业成长的过程中，企业由于行业市场环境、技术更新等发生的变化引起的主导优势的变更或者激发企业的潜在优势转化为主导优势，企业就表现出"变革"式的成长，即企业经历蜕变阶段进入新的发展阶段。若企业是为了适应竞争的需要，主动打破和更新现有的辅助优势，从客户服务、资源整合、企业文化等方面潜移默化的进行变化就是企业"演变"式的成长，表现为企业在各个阶段的演变和发展过程，并没有跨越企业的发展阶段。通过这两种形式，使企业的竞争优势不断破坏和再建，实现整体成长。

3. 物流企业多元化成长模型

在上述物流企业成长阶段模型中的蜕变期，物流企业开始寻找新的竞争优势，通过不断预测生存环境的变化，调整自己的经营决策，使企业效益达到最大化，实现企业的持续成长。在企业决策的过程中，很多企业，尤其是大中型企业开始进行多元化经营或者跨国经营，因此物流企业的规模经历了从一个具有单一产品结构、单一功能的企业成长为一个具有复杂的多样化经营的大企业联合体。如图8所示，物流企业由开始的简单功能或者通过兼并、收购在其他地区或行业控制子公司，或者通过垂直一体化形成独特的主营业务功能，或者通过内部成长形成跨部门企业。然后，物流企业随着资本的不断积累，若希望继续扩张可通过扩大规模经济或者不相关多元化形成全球性持股的多功能全球性跨国企业。此时物流企业可以在全球范围内提供从采购到制造、仓储、运输、装卸搬运、包装、配送、流通加工及再循环的全过程服务以及物流信息的传递和处理过程服务，形成集电子商务、物流、金融、保险、代理等于一身的综合性服务提供者。全球化的经济运行环境为物流企业在全球范围内的持续成长提供了广阔的发展空间，也是物流企业持续成长的总趋势。

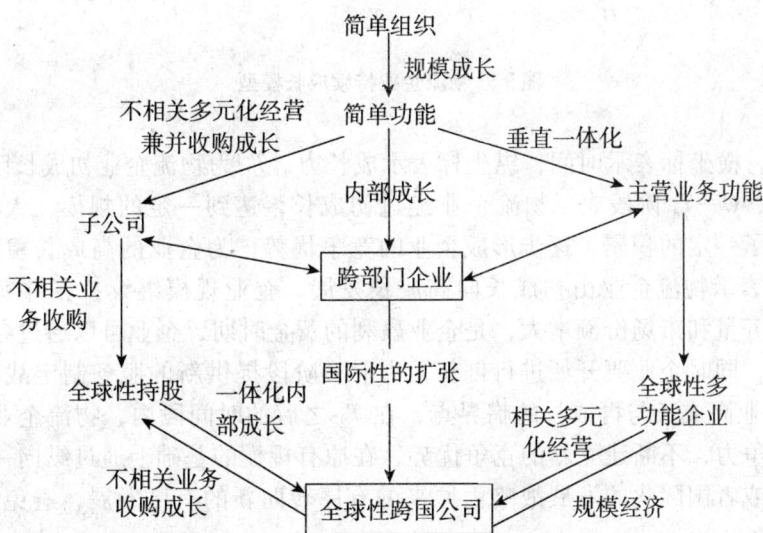

图8 物流企业多元化成长模型

四、物流企业持续成长机理研究

（一）物流企业持续成长轨迹研究

由物流企业持续成长阶段模型可以看出，企业的生命周期表现为一个从孕育、创立、成长到成熟、衰退的动态演进的复杂过程。但许多优秀企业却超越了这一企业生命周期，实现了持续成长。可以看出，它们都有一个共同点：在企业经历成熟期后，在内部成长力和外部环境的共同作用下又进入一轮新的、更高的成长阶段。根据物流企业生命周期各阶段变化的分析，物流企业经过成长阶段后完全可以通过自身的调节在衰退来临之前避免死亡，在企业文化的引导下，通过物流管理创新，物流技术创新和组织结构创新等手段实现企业的持续成长。据此，把物流企业的持续成长阶段划分为3个阶段，即初成长阶段、高成长阶段与再成长阶段，如图9所示。

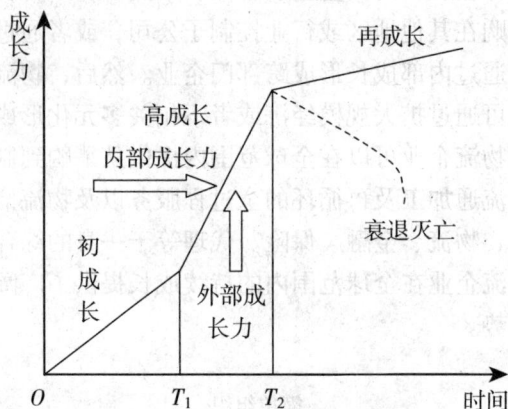

图9 物流企业持续成长模型

图9中，横坐标表示时间，纵坐标表示成长力。T_1 为物流企业初成长阶段与高成长的临界点，O—T_1 阶段表示物流企业经过初成长，达到一定的规模，人力、技术、资本都形成了一定的积累，逐步形成企业的竞争优势，为企业的高成长奠定了基础。T_1—T_2 阶段表示物流企业由初成长向高成长发展，企业规模继续扩张并实现规模经济，物流业务量和市场份额增大，是企业赢利的黄金时期，企业可以通过各种措施延长这一时期，同时企业要开始进行创新，为下一阶段提供新的服务制定战略和计划；T_2 为物流企业高成长与再成长的临界点，在 T_2 之后的时间段内，物流企业在打破原有的核心竞争力，不断建立新的竞争优势，在原有规模的基础上通过纵向一体化、不相关多元化或者国际化的发展战略由原来的有序转向新的有序发展，避免衰退灭亡，实现持续成长。

（二）物流企业持续成长的障碍分析

在经济全球化和激烈的市场竞争中，物流企业成长过程中总是会遇到种种问题，这些问题可能是客观原因造成的，如整个行业市场的变化，这些是企业无法改变的；可能问题则是企业自身造成的，如管理不善，资源利用不合理等，这些问题往往是可以被克服和改善的。归纳起来，制约物流企业持续成长的因素主要包括以下几个方面：

1. 企业家素质低

高素质的企业家是一种稀缺资源。改革开放 30 多年来，中小企业是市场经济发展的主体，虽然中小企业中涌现出了不少杰出的企业家，但整体上看，具有能与企业成长需求相适应的企业家比例偏低，尤其是物流企业，大多是业主型经营者，缺乏系统的专业管理知识和技能，由此引发了中小企业很多管理问题：缺乏明确的战略和对未来发展的规划，常常为眼前的短期利益所左右；凭借经营者的直觉进行决策，沿用创业初期的机会导向模式，盲目进行与自身资源和能力不相适应的业务活动，使有限的资源不能发挥出应有的价值和效益；企业主要职务由家族成员担任，经营决策权集中于企业主；企业以伦理道德来代替经济行为规范，优秀人才难以有施展才华的舞台和自我发展的空间；组织职能不明确，管理失控，内部缺乏竞争机制，缺乏共同的价值观和具有凝聚力的企业文化等。

2. 创新能力弱

在激烈的竞争中，当物流企业进入成熟期后要想保证稳定不变的市场份额并不是一件轻松的事，这就要求企业积极创新，发现新机遇，创造新服务项目，增加服务项目附加值。相当一部分企业的高层管理人员对技术创新的认识不够，对科技带动企业发展的认识不足，资金投向上没有把科技开发当做大事来抓。重规模抢速度，轻技术含量，普遍看重企业当前利益，而不顾长远利益，导致技术创新能力严重不足。大部分中小物流企业在资金、技术、人才、信息等方面不具备优势，严重制约企业的技术创新，导致企业缺乏自主开发能力，创新水平较低。另外，信息的缺乏、市场调查与预测分析不够，致使很多有价值的信息没有反馈到企业的管理层中，影响了企业的经营和创新战略决策，使企业失去了许多创新发展的机会。物流企业还缺乏适合技术创新的人才成长的机制，没有形成有效的技术创新激励机制、优胜劣汰的竞争机制和监督与约束机制，现行的人事制度也不利于企业吸纳和留住科技人才。技术创新能力弱已成为影响我国企业成长的最大软肋，企业由创业阶段过渡到成长阶段，创新优势减少而管理逆势却在增加，严重制约了物流企业的健康成长。

3. 人才匮乏

目前，大多数物流企业规模较小，股东和家族成员在企业里担任要职，但随着企业规模的扩大，这些曾为企业的创立和发展立下汗马功劳的"开国元勋"的能力已经不足以跟上企业的发展，但是却依然在重要岗位上按照传统思想管理企业，外聘的优秀管理人员就很难进入公司管理层，先进的管理制度得不到很好地实施，甚至导致优秀的外聘成员感到失落继而外流，限制着企业的进一步成长。

同时，由于我国很多企业创立初期往往就存在产权关系不清、内部管理混乱、人才观念落后等问题，当企业发展到一定对规模，这些问题就会进一步凸显出来，不仅不利于企业引进人才，甚至连自身拥有的人才都有流失的可能。众所周知，21世纪经济是知识经济时代，新经济时代的企业竞争实质上就是人才的竞争，因此，现代企业中从属于人的知识资源、智慧资源、能力资源已成为创造财富最为关键的资源。为此，物流企业应根据自身的经营目标，集中一批具备一定能力的人，不断产生新思想、新创意、新设计和新技术，从而不断开辟新市场，使企业获得持续的竞争优势。

4. 融资困难

改革开放30多年来，物流企业经过初步的发展，目前很多企业已基本完成了资本的原始积累过程，上升到了一个新的快速成长阶段，但在这一阶段中仅仅依靠企业的自有资金已远远满足不了企业快速发展的需要。当前，影响企业发展的最突出问题就是资金不足，尤其是民营中小企业问题更为严重。国务院发展研究中心的一项针对民营中小企业小额类的调查表明，有66.9%的民营中小企业将资金不足作为第一位的发展问题。民营中小物流企业由于实力小、资信差，目前融资渠道十分狭窄，基本是内部融资，依靠自我积累滚雪球式发展，致使企业很难形成规模化的发展，许多有赢利、有项目的企业由于难以筹措到必需的资金而不能最大规模地发挥其能力。由于我国信用体系不健全，中小企业的财务不够透明以及偿债担保能力有限，使间接融资困难；发行企业债券的严格要求让中小企业望尘莫及，主板市场的高准入门槛将中小企业拒之门外，风险投资也因缺乏资本市场支持而未能快速发展并全面服务于物流企业的发展。

5. 法律政策约束缺乏

法律的完善程度是衡量企业成长环境好坏的重要指标之一。现代物流业是一个新兴产业，已经开始得到政策的引导和扶持。20 世纪 90 年代以来，国家相继出台了《关于促进我国现代物流业发展的意见》《全国物流标准 2005—2010 年发展规划》等政策，制定了中国物流标准体系，对于提高物流的现代化水平、促进现代物流的发展起到了一定的积极作用。但是，从整体上看，物流政策还未形成完整的体系，且落实力度很难尽如人意。如果不能得到很好地解决这些问题，物流企业的发展将受到严重制约。其主要表现在以下方面：

（1）缺乏指导整个物流产业发展的战略性、纲领性的产业政策

现行法规较多是专门针对运输业的法规，包括公路、铁路、海运、港口、货代等。但是，没有一部能整合不同行业资源、具有整体性的法规。部门垄断、行业垄断、地区垄断等阻碍了现代物流业的发展。

（2）缺乏相关的支持配套政策

要加大和促进物流业的发展，需要相应的配套政策的支持，但是目前配套政策很不完善，主要体现在缺乏融资政策、产权转让政策、市场准入和退出政策、社会保障政策等，使得有关政策只是停留在纸面，缺乏实际操作性。

（3）政策导向的目标重点不明确

目前国家政策对物流业在一段时期内的发展目标重点并没有明确体现，造成物流发展的盲目性，地方各级政府不分具体情况一哄而上，物流园区、物流基地等相继上马，有些已陷入进退两难的境地。

（4）缺乏鼓励物流技术创新的政策

物流关键技术包括硬技术和软技术，如条码技术、电子数据交换、卫星定位系统、高速快捷的运输方式和运输规划等，对于提高物流运营效率至关重要。而我们目前对于鼓励物流技术创新的政策落实得很不充分，应尽快推动物流业企业对关键技术的广泛应用，以技术进步来推动物流业的高效发展。

（三）物流企业持续成长机制研究

"大力发展现代物流业"是新世纪、新阶段调整经济结构，转变经济增长方式，贯彻科学发展观的重要举措，是落实"十一五"规划的重要内容。要实现物流企业的持续成长，突破企业成长过程中的障碍，需要企业内外部的共同作用，不仅需要政府打造一个有利于企业持续成长的经济体制和文化氛围，一个稳定物流行业发展规范，也需要企业自身不断提高核心能力，增强创新观念，采取积极的人才战略，实现融资多元化。

1. 建立利于物流企业持续成长的市场环境

在市场经济条件下，企业是市场竞争的主体，也是发展的主体。物流企业要在开放的全球竞争环境下持续成长，需要政府提供一个稳定的市场环境，帮助企业克服一

些依靠自身难以解决的体制障碍，制定法律法规保障企业能够在市场中公平竞争，建立一个大力弘扬诚信、创新与敬业等企业家精神的文化氛围。主要包括以下几个方面：

（1）扶持发展民营物流企业

民营企业在物流企业中占很大的比重，政府要扶持民营物流企业，将支持民营物流企业发展纳入国家物流发展规划，加强对民营物流企业发展动态的监测和分析，及时向社会公布有关产业政策、发展规划、投资重点和市场需求等方面的信息，加强部门之间的协调配合，形成促进民营物流企业健康发展的合力。

（2）实施有利于企业做强做大的合理税收政策

税收是国家宏观调控、维护经济秩序的有效手段，可以通过扩大税收试点物流企业范围，放宽集团型物流企业自开票纳税人资格的限制，物流业务环节实行从低统一税率，允许物流环节费用抵扣增值税，设立物流业务专用发票等方式鼓励物流业发展，切实解决物流企业所得税统一缴纳，内外资企业统一税率等问题，为物流企业的做强做大提供支持。

（3）支持物流企业规模经营、网络发展

政府管理部门应切实贯彻平等准入、公平待遇的原则，打破行政垄断和地方封锁，推进行业准入政策与管理的公开化、公平化、程序化和规范化，放宽设立分支机构的限制，为物流企业的连锁经营、网络化发展创造公平的竞争环境。鼓励物流企业参与国有经济结构调整和国有企业重组，通过并购和控股、参股等多种形式，参与国有企业和集体企业的改制。

（4）创造快捷方便、收费合理的交通环境

交通运输是物流行业发展的生命线，要妥善解决配送车辆进城和停靠装卸的问题，进一步降低公路收费标准，严肃治理超载，坚持统一口径、统一标准、统一行动，严肃查处乱收费、乱罚款的情况。

2. 加强物流行业的规范和管理

作为一个新兴行业，在行业标准方面难免有所欠缺，虽然近几年国家在加强物流行业管理方面出台了不少政策，要规范物流企业的发展稍显不足。

（1）完善和贯彻实施物流行业标准。无规矩不成方圆，物流企业要想在行业中走的长远，就需要不断完善和积极实施行业标准，加紧推行《物流企业分类与评估指标国家标准》，推进物流企业规范的提升。

（2）加强物流行业统计工作。目前，全国社会物流统计制度虽已建立，但企业物流和物流企业的物流统计工作还比较薄弱，应逐步建立和完善物流企业统计制度，以便于企业明确自己在行业中的地位和差距，也有利于政府实施更有针对性的政策。

（3）推进社会诚信体系及企业信用制度建设。建立符合物流企业特点的信用征集体系、评级发布制度以及失信惩戒机制，推进建立企业信用档案工作，建立和完善物流企业信用档案数据库，为物流企业的持续发展奠定基础。

（4）建立技术研发和创新基地。可以在大型物流企业中建立物流技术研发和创新基地，推动产学研相结合，既可以鼓励物流企业的自主创新，又可以加强政府对物流企业的行业指导与服务作用。

（5）设立物流服务格式合同。要组织力量，研究推出适合物流业务需要的物流服务格式合同，并取得法律地位，以维护物流市场的正常秩序和物流企业的合法权益。

3. 培养物流企业核心竞争能力

核心竞争力已成为企业持续竞争的优势之源，是企业的营利性和成长性的基础。随着市场经济的逐步完善，物流企业将进入核心能力的竞争阶段。经济全球化的浪潮将物流企业的发展推上了国际市场角逐的风口浪尖上，企业面临着新的机遇和挑战，企业要想在此背景下成为竞争的优胜者，就必须不断适应环境，与时俱进，培育应对经济全球化的企业核心竞争力。

核心竞争力的形成有三种方式：一是通过外部知识联盟或联合，二是内部挖掘，三是企业并购。但无论哪种方式都与专业化密切相关，因为企业核心能力的形成往往与企业现时拥有的资源、过去的经验和经验的积累密切相关。因此，物流企业可以从以下几个方面来培养核心竞争力：

（1）集中企业资源从事某一领域的专业化经营，如海尔物流专注于家电物流的发展，在这一过程中逐步形成在经营管理、技术、品质、服务、销售等诸多方面与同行的差异，打响企业的品牌。

（2）寻找自身的潜在能力，真正了解自己，扬长避短，发挥企业的地域、市场、技术、服务等方面的优势，逐步建立稳定的客户群。

（3）从竞争对手和市场空缺中寻找机会，建立比较优势。

（4）在经营、管理和服务等方面形成良好的基础，把不断强化企业管理、转变经营理念放在第一位，在此基础上努力培养核心竞争力，培养和提高市场竞争力，不断拓展可持续成长的空间。

4. 提高物流企业学习和创新能力

企业核心能力生成的过程也就是企业知识创新和不断学习的过程。物流企业在持续成长过程中，要将组织学习过程视为一个持续的知识创新过程，并从知识管理和知识创新的角度研究组织变革和学习的各个方面和维度，为企业的改革实践开拓空间和前景。作为新兴行业，物流企业要在降低物流成本和提高服务质量中寻找一个平衡点。这就需要企业根据自身的特点，确定一套符合自身的科学管理方法和手段，保持在制度、技术、管理和服务上持续创新，包括提升管理理念、变革组织结构、完善管理制度、创新管理方法等，以适应不断变化的市场需求。

（1）企业的学习和创新能力的提高首先是要看企业家。企业家是企业的领导核心，正如德鲁克所说："在竞争性经济中，管理者的素质及其工作能力，决定着一个企业的成败衰亡。"物流企业在创业初期，业务范围相对集中，企业家对经营管理决策的影响重大，也是推动企业发生深刻变革和不断学习创新的根本动力。企业家素质的提升主要靠不断加强自我学习和自我培训，积极和大胆地进行探索、实践和总结，自身有努力学习的意识和强烈欲望，善于自我扬弃，开放思维，保持好的心态，抵制住外界的诱惑。

（2）建设学习型组织。要改善企业内部员工的心智模式，改善组织行为，建立共同愿景、团队学习和系统思考的思维意识，通过制订长远的计划，将建立学习型创新型组织与日常经营活动结合起来，增强员工学习意识。

（3）建立扁平化组织。扁平化组织有利于增强应变能力和学习能力，增强责任感。通过灵活的组织结构使企业团队能够及时掌握市场动态，抓住市场机会，在加快个人成长的同时，增强组织的创新能力。

（4）建立有利于创新的企业文化。我国物流企业发展水平还比较低，很多企业还停留在制度管人甚至人管人的阶段，但是要实现企业的持续成长归根结底要用文化进行管理。因此，企业要建立鼓励创新的企业文化，以文化约束员工。

5. 全面落实物流企业人才战略

人才是企业持续成长的重要因素，物流企业要树立以人为本的管理思想，充分发挥管理者和员工的潜能和创造性。物流企业是服务性行业，员工的素质和服务水平直接影响着顾客对企业的评价，是企业对外提供服务、树立良好形象至关重要的一环。基于此物流企业可采取以下措施提高员工素质和工作积极性：

（1）实施灵活的物流人才政策，通过高校毕业生招聘、定向委培等途径为企业持续发展储备人才。

（2）在设计薪酬时以人的能力为基础，从多方面完善绩效考核制度，为员工设计正确的晋升渠道，体现企业组织不同层级的管理者和员工所具有的不同价值，使员工觉得自身价值得到实现，工作更积极努力。

（3）建立灵活的培训机制。企业可以建立以充实员工工作内容、提高工作能力、增强自我管理机会为目的的灵活多样的职业培训机会，如不定期请人到企业来举办技术讲座，与高校进行联合办学和委托办学等。

（4）创立符合本企业特色的企业文化，以企业服务理念影响员工，充分挖掘员工工作热情，树立企业良好的口碑。

6. 拓宽物流企业融资渠道

资金是制约企业发展的重要一环，为物流企业发展营造一个宽松的融资环境，实现融资渠道的多元化，加快金融改革和创新步伐，以适应物流企业融资需求。发展金融要素市场，优化资源供给环境需要政府、社会以及企业的共同作用。

（1）拓宽企业直接融资渠道。政府要鼓励符合条件的物流企业上市融资，或依照国家有关规定发行企业债券。鼓励物流企业以股权融资、项目融资等方式筹集资金。

（2）逐步完善国家金融要素市场，包括信用体系的健全和企业担保制度的建立以及证券市场的发展。探索建立针对物流企业为主的信用担保机构，依靠社会基金的发展和资金中介机构的完善，推进资本市场建设，发展中小金融机构，为物流企业技术进步、开拓市场提供资金保障。

（3）物流企业积极开展增值服务和融资创新。物流企业可以通过开展仓单质押监管和代收货款等涉及金融方面的增值服务获取资金支持。依靠企业自身不断创新融资渠道，节约消费资金，增加研发投入，改善信用状况，争取间接融资，寻求风险基金支持，充分利用外部资金。

（四）物流企业持续成长模式分析

要应对复杂多变的竞争环境，实现物流企业的持续成长，有多种经营模式可供选择，不同阶段和规模的物流企业可以根据自身发展的特点采取一种或多种经营模式。

1. 并购

物流企业并购是指在市场经济体制条件下，两个或更多的企业根据特定的法律制度所规定的程序，通过签订一组市场合约的形式合并为一个新物流企业的行为。并购方式有横向并购、纵向并购和混合并购。横向并购即生产同类产品或提供同类服务的物流企业之间的并购；纵向并购是指对上下游企业间的物流资源进行整合形成一个垂直一体化的物流体系，要求企业将提供产品或物流服务的厂家（商家）和客户纳入管理范围，并作为物流管理的内容，实现从原材料到最终消费者的对物流进行一体化管理的过程。物流企业的混合并购是指处于不同产业部门、不同市场，且这些产业部门之间没有特别的生产技术联系的企业间的并购。

目前，大物流企业的成长多采用并购的方式实现企业的持续成长。并购模式下物流企业持续成长机理如图 10 所示，我国大物流企业的产生与成长发展都是在一个极为特殊的时代背景下进行的，以现代企业制度、政府的引导和推动以及企业家管理为支撑点，依托于中国的改革开放的不断推进、市场体系的不断完善，通过并购重组的方式来实现，企业持续成长驱动力充分，技术、资金和人力资源充足，这也是目前规模较大的物流企业的一般成长模式。

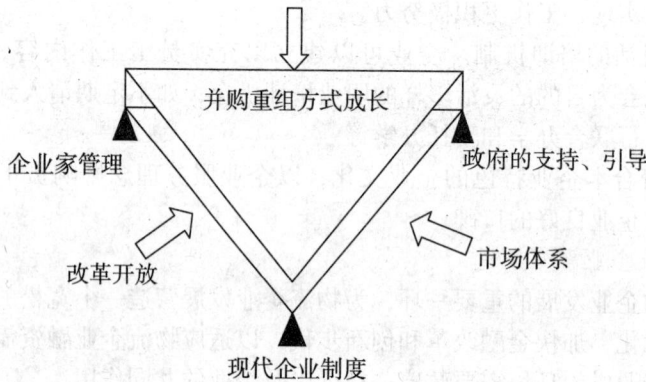

图 10　并购模式下企业成长机理模型

2. 联盟

物流联盟是以合作为基础的企业战略联盟，是指两个或多个物流企业之间，为了实现自己的战略目标，通过各种协议、契约而结成的优势互补、风险共担、利益共享的松散型网络组织。其实质就是物流供应商借助现代信息技术，在约定的时间、空间位置按约定的价格向物流消费者提供约定的个性化、专业化、系列化物流服务。

现代社会的竞争是价值链之间的竞争，物流企业间通过联盟形成物流供应链上各企业价值链和价值系统的优化配置，在更大规模、更大范围和更高层次上创造竞争优势。物流联盟不仅可以运用成员企业内部的资金、人才、有形和无形资产等资源形成在市场、生产、采购和技术等方面的潜在竞争优势，更重要的是能通过企业外部资源的整合，实现核心能力的互补，达到规模效应、范围效应、共生效应，以达到物流企业的快速的扩张和持续成长。

3. 连锁经营

基于目前物流企业自身实力有限，资金不足，经营模式单一等问题，很多物流企业尤其是快递企业普遍采取连锁经营的模式来扩大企业的经营规模，降低经营成本。连锁经营的物流企业拥有自己的商标品牌以及各种专有技术，通过特许经营的方式在其他地区扩大企业自身的影响力，树立并宣传企业形象，与此同时向加盟方收取特许经营费用。连锁经营按照常见的模式可分为直营连锁、自愿加盟和特许加盟3种。

连锁经营模式不仅能使物流企业实现快速扩张，集中汇集各项资金及资源，更可贵的是在企业内部可以实现资源共享，通过整合物流资源为客户提供优质、全程的服务。如目前民营快递企业就是采用加盟的经营模式。各个网点通过加盟的方式形成一个网络组织，加盟后的每个网点都是独立的，和总公司签订合作协议，使用同一个品牌，自负盈亏，国内的申通、圆通等快递企业都采取这种模式。这种加盟制有利于企业铺展网点、迅速扩大规模，但总公司对各网点的管控能力明显不足，一旦某个网点经营不善很容易影响整个企业的声誉。

4. 一体化服务模式

一体化服务要求物流企业在原有的服务基础上提供更加细致全面的物流服务。物流作为服务性行业，服务供应商只用正确分析客户的需求才能为客户提供满意的物流服务。从发达国家物流成长的情况来看，物流对价值链上下游企业的物流需求反应速度越来越快，前置时间越来越短，物流速度越来越快，商品周转次数越来越多，因此准时、快速、灵活、安全成为新时期物流企业发展的目标。企业要细化客户需求、寻找商机、增加服务附加值从而获得更多的客户资源。

现代物流强调物流服务功能的恰当定位与服务的完善化、系列化，除了传统的储存、运输、包装、流通加工等基本服务外，企业还可以向上下游扩展至市场调查与预测、采购及订单处理、配送、物流咨询、物流方案的选择与规划、库存控制与建议等。增值一体化的服务不仅可以增加企业利润来源，更可以树立企业品牌，形成个性化品牌定位，打造企业差异化的服务定位服务于客户。

五、结语

（一）本研究的主要观点

近年来，随着物流业的蓬勃发展和物流需求的不断增加，物流企业的发展受到越来越多的重视，物流企业的持续成长问题也开始得到广大学者的关注。本研究在国内外企业成长理论研究的基础上对物流的持续成长模型和机理进行了研究。基于竞争优势理论，构建了基于竞争优势的物流企业持续成长阶段模型，物流企业竞争优势转变模型以及物流企业多元化成长模型。强调物流企业的核心竞争力是物流企业持续成长的关键，企业要提高整合内外部资源的能力，建立创新型企业文化，以技术创新谋求竞争优势，提供人性化增值服务，使企业与客户建立长期伙伴关系，实现企业持续成长。本文还探讨了物流企业持续成长的基本轨迹，分析了物流企业持续成长的障碍，并提出了相关对策，为物流企业持续成长进行战略路径选择提供了依据。

（二）本研究的不足之处

国内外关于企业成长理论和企业成长模型的研究还是比较多的，但细化到对物流企业成长理论的研究就比较少了，虽然一些理论和模型也适用于物流企业的成长，但其针对性不强，分析和论述都不够全面具体，因此可供参考的文献资料有限，本研究难免有某些局限之处，主要集中在以下几点：

（1）物流企业持续成长模型的构建主要以竞争环境为前提，以核心竞争力为基础，重点侧重在创建竞争优势上的成长模型，对其他因素的考虑涉及较少。

（2）物流企业持续成长机理研究方面主要以物流企业自身为主，涉及的研究范围较窄，加之我国目前市场环境极其复杂，研究的理论性和政策性比较强，在指导企业实践过程中可能存在一定局限性。

（3）由于我国物流起步较晚，发展历程复杂多样，各物流企业都有其自身特点，而外国物流企业的对策建议很多并不适合中国国情，所构建的模型很难覆盖和适用于所有物流企业。

（三）下一步研究方向展望

物流企业持续成长是建立在外部竞争优势和内部核心能力基础之上的。由于外部竞争优势来源（来自产业、市场等）的广泛性和内部核心能力生成（生成于文化、结构、流程、惯例等）的复杂性，决定了企业持续成长的约束因素是非常广泛而又复杂的。如何搜寻其中的关键因子以及其对其他因素的涵盖、支配与统率功能，进而对物流企业的持续成长做出合理解释将是物流企业持续成长理论研究的新范式，也是下一步的研究方向。

由于我国物流企业形式复杂，各地区经济发展差异性也比较大，企业发展过程中影响和制约因素千差万别，模型差异很大，如何更加细化的研究各个企业的成长轨迹从而构建出一个适应于所有物流企业的持续成长模型也是下一步研究的难点。

课题组成员名单

课题负责人： 魏国辰　北京物资学院商学院院长、中国物流学会常务理事
主要完成人： 宋晓欣　北京物资学院商学院副教授
　　　　　　　杨宝宏　北京物资学院商学院副教授
　　　　　　　冯　华　北京物资学院商学院副教授
　　　　　　　葛立清　北京物资学院
　　　　　　　杨　莉　北京物资学院

参 考 文 献

[1] 阿里·德赫斯. 长寿公司——商业"竞争风暴"中的生存方式 [M]. 北京：经济日报出版社，1998：1 – 14.

[2] 芮明杰. 中国企业的发展战略选择 [M]. 上海：复旦大学出版社，2000：2 – 3.

[3] 蒋学伟. 持续竞争优势 [M]. 上海：复旦大学出版社，2002：140 – 141，7，83 – 84.

[4] 项保华，叶庆祥. 企业竞争优势理论的演变与构建——基于创新视角的整合与拓展 [J]. 外国经济与管理，2005，27（3）：19 – 26.

[5] 王永贵. 21 世纪企业制胜方略：构筑动态竞争优势 [M]. 北京：机械工业出版社，2002：74 – 75.

[6] 袁斌. 动态竞争的战略主题及核心能力的提升路径 [J]. 中国管理科学，2004，12（2）：112 – 117.

[7] 杨杜. 企业成长论 [M]. 北京：中国人民大学出版社，1996：80 – 86.

[8] 韩太祥. 企业成长理论综述 [J]. 经济学动态，2002（5）：11 – 13.

[9] 李维安. 现代企业活力理论与评价 [M]. 北京：中国财政经济出版社，2002：71 – 78.

[10] 董俊武，黄江圳，陈震红. 基于知识的动态能力演化模型研究 [J]. 中国工业经济，2004（2）：76 – 85.

[11] 王核成. 基于动态能力观的企业竞争力及其演化研究 [D]. 杭州：浙江大学，2005.

[12] 瓦拉瑞尔 A. 泽丝曼尔，玛丽·乔·比特纳，德韦恩 D. 格兰姆勒. 服务营销 [M]. 4 版. 张金成，白长虹，等，译. 北京：机械工业出版社，2006：196 – 209.

[13] 何明珂. 物流系统论 [M]. 北京：高等教育出版社，2004.

[14] 李政. 企业成长的机理分析 [M]. 北京：经济科学出版社，2005：101 – 105.

[15] 董千里. 物流企业竞争优势及竞争力体系的构建 [J]. 物流技术，2005（9）：7 – 9.

[16] 彭罗斯. 企业成长 [M]. 赵晓，译. 上海：上海人民出版社，2007.

[17] 徐全军. 现代企业成长理论研究状况分析 [J]. 山东经济，2009（5）：54 – 63.

[18] 刘英会，惠军华. 中小企业成长性理论探析 [J]. 商场现代化，2011（636）.

[19] 刘力刚. 企业持续发展论 [M]. 北京：经济管理出版社，2001.

[20] 李占祥. 矛盾管理学 [M]. 北京：经济管理出版社，2000.

[21] 唐海滨. 企业生命论 [M]. 北京：中国财政经济出版社，1993.

[22] 杨忠直. 企业生态学引论 [M]. 北京：科学出版社，2003.

[23] 周晖. 企业生命模型研究 [M]. 北京：中国财政经济出版社，2004.

[24] 王建军. 外部环境与企业成长关系研究 [J]. 管理学家学术版，2010，2.

[25] 王宇露，石冶. 企业共生理论及共生效应下的企业成长模型构建 [J]. 上海电机学报，2008（6）：36 – 38.

[26] 赵轶. 中小企业成长障碍与对策研究 [J]. 科技管理研究，2010（17）：138 – 140.

[27] 蒋一苇. 企业本位论 [J]. 中国社会科学，1980（1）.

[28] 刑建国. 可持续成长型企业的基本约束条件及其战略重点 [J]. 中国工业经济，2003（11）：55 – 62.

[29] 龙江. 物流成长与创新 [M]. 北京：中国物资出版社，2005：82 – 83.

[30] 江军，潘懋. 现代物流 [M]. 北京：北京大学出版社，2003.

[31] POTER ME. Towards a Dynamic Theory of Strategy [J]. Strategic Management Journal, 1991

(12)：45 - 117.

[32] D'AVENI R A, ROBERT GUNTHER. Hyper competition：Managing the Dynamics of Strategic Maneuvering [M]. New York：The Free Press, 1994.

[33] J B BARNEY. Gaining and Sustaining Competitive Advantage [M]. 2nd ed. NJ：Prentice Hall, 2002.

[34] ERIC FLAMEOUTS, WEI HUA. Searching for Competitive Advantage in the Black Box [J]. European Management Journal, 2003, 21 (2)：222 - 236.

[35] ALAN M RUGMAN, ALAIN VERBEKE. A Final Word on Edith Penrose [J]. Journal of Management Studies 41：2004：22 - 23.

关于大型国有物流企业发展战略的研究[*]

内容提要：进入 21 世纪中国获得的第一份贺礼就是"加入 WTO"，但随之而来的是中国的产业被逐渐推向了激烈的国际竞争，于是国外大型企业疯狂的向我国产业链渗透，而作为产业基础行业的物流更是备受关注。随着加入世贸组织，我国分销权、运输市场、基础设施建设等逐渐向世界开放，我国的物流业将和世界一流的物流企业同台共舞。我国物流业起步晚、资金实力薄弱、管理水平落后，如何能在这场激烈的竞争中取胜受到了党中央的高度关注。2009 年国务院《物流业调整和振兴规划》明确提出到 2011 年我国将培育一批具有国际竞争力的大型综合物流企业集团。本文主要研究作为国有大型物流企业应该在此情况下如何发展，同时大型物流企业怎样通过自身的发展建立我国全球供应链体系从而引领我国的产业走向国际，搭建现代信息化"丝绸之路"。

一、研究综述

（一）课题研究背景

改革开放以来，伴随着中国交通事业的快速发展以及物流业务的井喷式增长，国有大型物流企业也实现了营业额的持续快速增长。随着我国加入 WTO，国有物流企业改革的步伐也在逐步加快，国内的贸易和物流市场的竞争也日趋激烈。

近年来跨国物流企业争先恐后地来到中国，更严酷的竞争已经来到中国国有大型物流企业的面前。如何把握发展的机遇，抢占市场，在未来的竞争中赢得主动，是国有大型物流企业必须面对和思考的问题。

（二）课题研究目标

本文试图通过对企业战略制定的经验加以总结归纳。从企业战略制定要解决的核心问题和关键问题入手，结合战略分析的已有理论，在分析我国近代大型国有物流企业现状和发展趋势的基础上创造出适合我国当前形势下大型国有物流企业战略研究的理论工具，并通过举例说明其实用性。该方法论研究的最终目的是帮助我国大型国有物流企业在加入世贸组织以及经济全球化背景下制定适合自身发展的战略，推动我国物流业的大力向前发展，延伸我国在国际产业链中的分工，最终在激烈的国际竞争中取得胜利。

（三）课题研究内容

（1）物流市场空间。

（2）找出并发现当前我国物流业发展的机遇与面临的威胁。

（3）找出当前国际大型物流企业发展的规律和特征。

（4）分析出当前我国大型物流企业的优劣势。

---

* 本课题（2010CSLKT207）荣获 2011 年度中国物流学会课题优秀成果奖三等奖。

（5）通过分析找出当前我国国有大型物流企业如何利用自身的优势和避免劣势并在激烈的竞争中取得胜利。

（四）课题研究的方法

（1）PEST 宏观环境分析。

（2）竞争对手分析法。

（3）波特五力分析模型。

（4）企业内部资源分析法。

（5）核心竞争力分析模型。

（6）定性和定量相结合做预测分析。

二、国有大型物流企业认识

（一）当前大型国有物流企业代表

由于我国社会体制是社会主义公有制，因此我国国有企业在国民经济和生产中起到主导性作用。我国国有大型物流企业也是我国物流行业的主力军，随着中国经济实力增强和对外开放力度的进一步提高，我国的物流业不但面临国内的物流企业的竞争，还面临国际物流业的强力冲击。计划经济体制为我国大型国有物流企业留下了一些诸如组织结构臃肿、财务混乱、效率低下、服务意识不强等历史性问题，在竞争日益激烈的今天研究我国大型国有物流企业的发展战略具有十分重要的意义。

1. 中国远洋运输（集团）总公司

中国远洋运输集团是 53 家中央直属企业之一，《财富》世界 500 强排名 327 位，目前，中远集团拥有和控制各类现代化商船近 800 艘，5600 多万载重吨，年货运量超 4 亿吨，远洋航线覆盖全球 160 多个国家和地区的 1600 多个港口，船队规模稳居中国第一、世界第二。其中集装箱船队规模在国内排名第一、世界排名第六；干散货船队世界排名第一；专业杂货、多用途和特种运输船队综合实力居世界前列；油轮船队是当今世界超级油轮船队之一。

2. 中国外运长航集团有限公司

中国外运长航是国务院国有资产监督管理委员会直属管理的重要国有骨干企业之一，是以综合物流和航运为主营业务的大型国际化现代企业集团。中国外运长航的综合物流业务包括：海、陆、空货运代理、船务代理、供应链物流、快递、仓码、汽车运输等，是中国最大的国际货运代理公司、最大的航空货运、国际快件代理公司和第二大船务代理公司。中国外运长航的航运业务包括：船舶管理、干散货运输、石油运输、集装箱运输、滚装船运输等，拥有和控制各类船舶运力达 1800 余万载重吨，是我国第三大船公司、我国内河最大的骨干航运企业集团、我国唯一能实现远洋、沿海、长江、运河全程物流服务的航运企业。中国外运长航的其他主要业务还包括：船舶制造及修理、燃油贸易、旅游等。

3. 中国海运（集团）总公司

中国海运是中央直接领导和管理的重要国有骨干企业之一，是以航运为主业的跨国经营、跨行业、跨地区、跨所有制的特大型综合性企业集团。中国海运主营业务设有集装箱、油运、货运、客运、汽车船运输、特种运输等专业化船队；正在开展 LNG 业务。相关业务有码头经营、综合物流、船舶代理、环球空运、船舶修造、船员管理、集箱制造、供应贸易、金融投资、信息技术等产业体系。中国海运在全球 90 个国家和地区，设有中国香港、北美、欧洲、东南亚、西亚五个控股公司；境外产业下属 90 多家公司、代理、代表处，营销网点总计超过 300 多个。

4. 中国物资储运总公司

中国物资储运总公司是具有 45 年历史的专业物流企业，在全国中心城市和重要港口设有子公司及控股公司 70 多个，凭借巨额的存量资产、完备的硬件设施、优质的服务品牌，形成了以分布在全国主要中心城市的 63 个大中型仓库为依托，以铁路、公路、水路、航空等运输方式为纽带，覆盖全国、辐射海内外的综合物流服务网络和全天候、全方位、全过程综合配套的多维立体服务体系，为客户选择合理的运输方式、便捷的运输路线、最低的物流成本，提供最佳的物流服务。

5. 中铁物资集团有限公司

中铁物资集团有限公司（以下简称中铁物资集团）隶属于世界 500 强企业——中国铁建股份有限公司，中铁物资集团总部设在北京，下辖东北、华东、中南、西北、西南、华北、华南等 10 多个全资子公司、3 个控股子公司以及 3 个参股子公司；在鞍山、包头、攀枝花、武汉、徐州等地设有 20 余个分支机构；拥有中国铁建在全国 25 个交通枢纽城市的 31 处大型仓储基地、133 万平方米物流场地、4 万余延铁路专用线及 32550 立方米成品油储存能力组成的物流网络的强大依托。中铁物资集团受铁道部委托承担部分铁路建设项目物资供应、组织和管理工作，主营铁路运输、建设所需的钢轨及配件、油料、大型基建项目所需钢材、水泥等相关物资贸易，工程物流、仓储配送等业务，涉及贸易、物流、国际、加工、资源、资本运作六大业务板块。

（二）我国大型国有物流企业共性

我国国有大型物流企业战略的研究有别于研究一个企业或者一个行业的战略研究，这既不是一个企业也不能代表一个行业，它是物流行业中的一个特殊群体，这个群体有着众多特殊且共有的性质。首先，它们都隶属于国家；其次它们很大，是大型的；再次，它们属物流行业；最后这个群体本质上不是政府机构，也不是福利机构而是企业。其具体特征如表 1 所示：

表 1　　　　　　　　我国国有大型物流企业的特征

要素	特　征
国有	国有"身份"决定了其使命和目标特殊，它需要代表国家、人民的根本利益
	有较强的政府背景，容易和政府部门沟通协商解决问题
	一般是国民经济的支柱行业，具有一定的垄断性
	受计划经济体制影响严重，组织臃肿结构不灵活，对市场反应迟钝
	具有较高的信誉，容易融资
	有国家财政支撑，可集中力量办大事

续 表

要素	特 征
大型	财力物力雄厚，具有较强的竞争力
	业务范围广，具有较高的稳定性
	经营网络基本形成，拥有一批忠实的客户
	已经具有一定的品牌效应
物流	对信息技术依赖程度较高
	得到近年来政府一系列利好政策的支持
	服务半径大，近则国内分销，远则漂洋过海环绕全球
	起步晚，市场需求释放缓慢但是发展潜力巨大
	基础性服务业
企业	以赢利为目的
	独立性，虽隶属国家但在运作管理中还是以独立法人的身份参与市场竞争
	经济性，经济组织而非福利机构及事业单位，独立核算追求经济效益
	商品性，具有产品，同时自身也是产品

（三）我国国有大型物流企业现状

将物流企业的属性分为三大类（如图 1 所示），根据企业三种属性表现的强弱程度将物流企业划分为八类经营模式，各类物流企业的特点、优势、劣势及发展前景如表 2 所示：

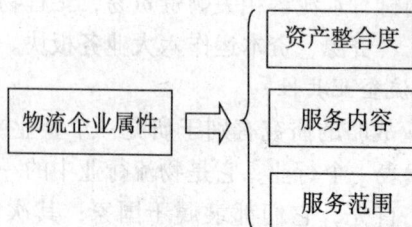

物流企业属性 ⟹ { 资产整合度 / 服务内容 / 服务范围 }

图 1　物流企业三大属性

表 2　　　　　　　　　　　　八种物流模式

模式	物流特征	优势	劣势	可行性及前景	代表企业类型
功能物流模式	资产型、低集成、范围广。单一服务功能	可实现规模效应，拓展潜力大	功能单一、附加值偏低	极高、普遍存在	运输、仓储、基础设施服务提供商
功能代理模式	非资产、低集成、范围广。客户分布广泛、物流服务层次低	服务范围广、服务种类多	附加值低、竞争激烈	高、有生存的空间但发展潜力小	报关代理、航运代理

模式	物流特征	优势	劣势	可行性及前景	代表企业类型
集中物流模式	资产型、低集成、范围窄。拥有单一领域的资产和物流网络	可在细分领域提供精细物流服务	小领域集成服务、附加值低	高、具备核心渠道，有成长潜力	快运、铁运、冷链等
集中代理模式	非资产、低集成、范围窄。小规模、窄领域、单一功能	满足差异化需求	市场规模小、难做大	普遍存在但很难做大	无典型
综合物流模式	资产型、高集成、范围窄。专注少数行业、依托于相关资产	在少数领域提供高集成服务	与行业景气度关联度大	前景十分可观	专业采购、分销增值服务商
综合代理模式	非资产型、高集成、范围窄。经营资产有效整合社会资源	无须大规模投资	与行业景气度关联度大，整合能力要求高	前景可观	专业采购、分销增值服务商
广度物流模式	资产型、高集成、范围广。规模庞大、资产雄厚、强大管理能力	可为多行业客户提供高集成度物流服务	投入高、运作难度大、作业成本很高	极低、机会不存在	无典型
广度代理模式	非资产、高度集成、范围广、轻资产。强大信息管理和组织协调能力	为多个行业的企业提供高集成度的物流服务	要求极高的整合能力、风险环节较多	可行、模式一旦确立潜力很大	综合供应链服务业企业

　　将各种属性分布在坐标系三个维度上，按照各种属性不同程度的组合构成八种不同的物流企业经营现状模式：集中物流模式、功能物流模式、广度物流模式、综合物流模式、综合代理模式、集中代理模式、广度代理模式、功能代理模式。

　　根据我国目前物流业发展的现状，当前我国大型国有物流企业基本都是从传统仓储运输业过渡过来的，因此有大规模的固定资产；服务范围较广阔，大多数都在从事进出口贸易的物流服务；由于我国当前物流业还处于起步阶段，物流服务的整合度低，即集中度较低。因此，我国当前国有大型物流企业的经营模式偏向于功能型物流模式。这种模式功能单一附加值较低但是由于其可扩展性强，因此可实现规模效应拓展潜力巨大。我国大型国有物流企业发展的战略目标是从物流固定资产提供商向物流经营人的角色转变，实际上是向广度代理模式转变，将我国大型国有物流企业打造成综合供应链服务企业。

　　如图2所示，由功能型物流模式向广度代理模式需要在物流服务模式集中度和资产整合度上下工夫。不断扩大服务集中度，提高服务能力；通过提高服务能力，扩大品牌影响力，不断整合社会物流资源，逐渐从资产型物流模式向代理型物流模式过渡，最终实现广度代理模式。

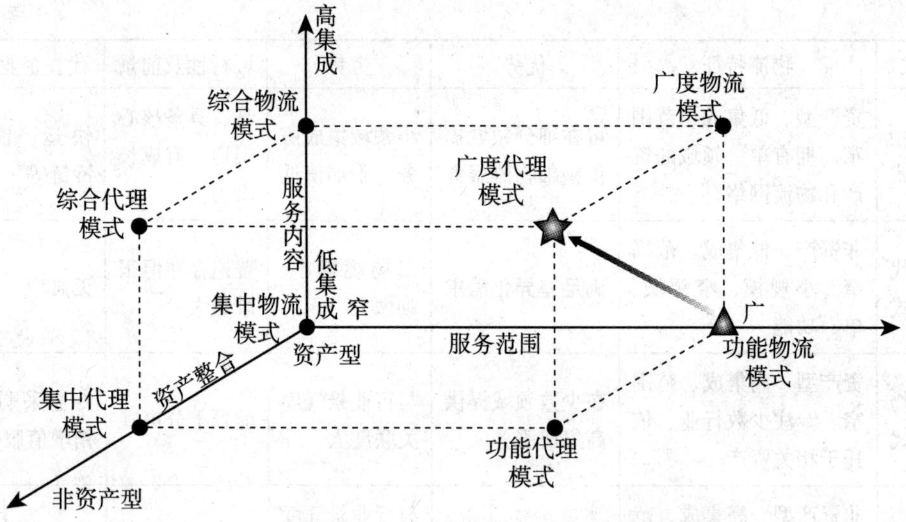

图2　国内物流业从功能物流模式迈向广度代理模式

模型来源：中国人力资源网

通常每个行业都要经历一个由成长到衰退的发展演变过程，这个过程便称为行业的生命周期。一般地，行业的生命周期可分为初创期、成长期、成熟期和衰退期，如图3所示。

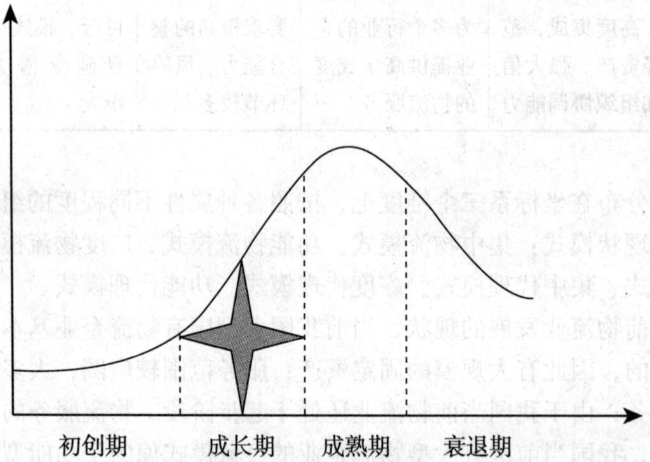

图3　行业成长周期

根据我国当前物流业发展的基本情况可以判定当前我国物流业正处于成长期。在这一时期，拥有一定市场营销和财务力量的企业逐渐主导市场，这些企业往往是较大的企业，其结构比较稳定。由于市场前景良好，投资于该产业的厂商大量增加，特别是中国加入WTO后一大批国际先进的物流企业进入中国，给中国物流业带来了先进理念的同时也带来了激烈的竞争。这些竞争将迫使物流服务逐步从单一、低质、高价向多样、优质和低价方向发展。

在成长期，企业应采取：改进服务质量和增加新服务的系列和特色，增加新服务的侧翼服务；进入新的细分市场；进入新的细分渠道；努力扩大产销量，适当降低价格，以吸引对价格敏感的客户购买产品等，确保企业获得高速发展，为行业进入成熟期后更为激烈的竞争做好准备。在行业成长期，企业是采取利润导向还是市场份额导向，是企业战略决策的一个重要问题。选择利润导向固然可以获得可观的利润，但是从保持持久竞争优势的角度来考虑，扩大市场份额更为重要。

另外我国物流经过最近几年的发展也有了一定的基础，具体表现在：

（1）经济基础得到了大力的发展，完成了第一阶段的飞跃，已经成为全球第二大经济体。

（2）物流基础设施逐步得到了完善，运输瓶颈逐步被消除。特别是在经历了 2008 年全球金融海啸后中央增加了 4 万亿元固定资产投资，使我国物流基础设施得到了大力的发展，为物流业的发展铺平了道路。

（3）制造业正面临着巨大的国际竞争，成本压力表现的日益明显，制造业已经意识到物流的巨大潜力，将逐渐释放物流的市场需求。

（4）近几年来物流的相关政策措施逐步出台，为物流业的发展奠定了良好的基础。

从产业发展的周期来看我国现阶段的物流业正处于成长期，充满了光明的前景，而且发展的动力很强。

（四）国有大型物流业宏观环境分析

1. 政策环境

（1）世贸组织（WTO）将中国推向全球化竞争

2001 年 12 月 11 日我国正式加入世贸组织，成为世贸组织第 143 个正式成员国。自此，我国逐渐被推向全球化竞争环境中。加入 WTO 主要从以下三个方面对我国物流业产生影响：电子商务、制造业的分销、物流服务行业，如图 4 所示。

（2）东盟自由贸易区打开南向广阔市场

2010 年 1 月 1 日贸易区正式全面启动，自贸区建成后，东盟和中国的贸易占到世界贸易的 13%，成为一个涵盖 11 个国家、19 亿人口、GDP 达 6 万亿美元的巨大经济体，是目前世界人口最多的自贸区，也是发展中国家间最大的自贸区。依据我国与东盟 WTO 成员国的谈判承诺，对东盟产品的关税水平在 5 年之内将削减 34% ~47%，快于中国关税平均削减的速度。

（3）组织机构逐步完善

①中国物流采购联合会。2001 年经国务院批准，中国物资流通协会更名为中国物流采购联合会与各相关行业共同推动物流业的发展。

②全国现代物流工作部际联系会议。现代物流业是跨行业跨部门的新型复合型产业，业务范围涉及生产、流通、运输、代理、仓储、信息等诸多领域。为加强综合组织协调，促进政府部门间的协作配合，努力营造有利于物流发展的良好环境。2005 年 2 月，经国务院批准，由发改委牵头组建了全国现代物流工作部际联系会议，涉及海关、税务、交通、质检、工商、中国物流采购联合会及运输部门等。

③各地物流办相继成立。进入 21 世纪各地区逐渐成立了物流办等机构，说明物流业的发展已经受到各级地方政府的高度重视。

```
┌─────────────────┐
│   WTO 影响      │
└─────────────────┘
```

电子商务物流	制造业的分销权	物流服务行业
加入WTO后我国将允许外国公司直接拥有我国网络公司49%~100%的股份，并允许相关银行、运输和服务领域的开放，这极大地刺激了全球网络公司以收购和兼并投资的方式涌入我国	我国首次向外国公司提供分销权，取消现行的法规限制，并于三年内逐步取消大部分产品的分销服务限制，外国人可以分销进口产品和在我国制造的产品分销权将在我国目前限制最严格的批发运输维修等领域中实施，在3~4年内想取消分销辅助服务（租赁、速递、货物储运、仓储、广告、技术检测分析、包装等）的限制，并允许国外的分销辅助提供商将建立100%的全资拥有的分支机构	我国承诺在包括租赁、速递、货物储运货仓、技术检测和分销包装服务等方面的服务将在3~4年内逐步取消，在此期间，国外的服务商可以建立100%全资拥有的经营机构。加入WTO三年后外国公司可以拥有卡车货运服务的公司，进入WTO十年后将允许外资公司完全持股从事货运代理，第三方物流和客户中介服务公司六年后可以拥有提供铁路服务的公司

```
┌─────────────────┐
│   我国物流业     │
└─────────────────┘
```

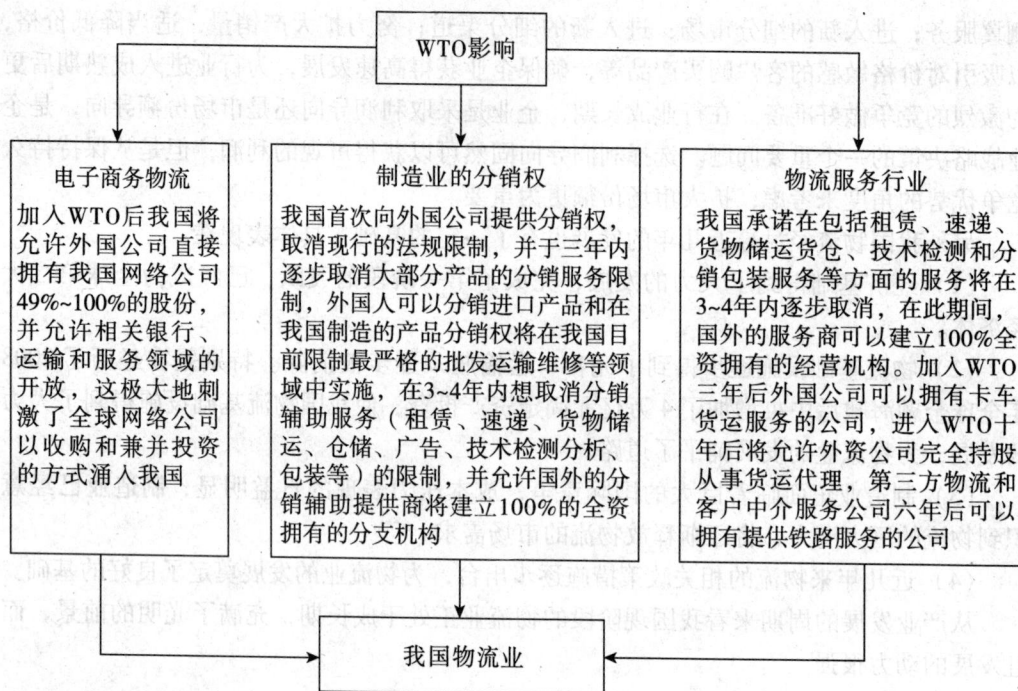

图4　加入世贸组织对中国物流业的影响

（4）我国相关政策陆续出台

① 2001 年 3 月国家经贸委及六部委联合印发《关于加快我国现代物流的若干意见》明确了加快我国现代物流发展，对于优化资源配置，调整经济结构，改善投资环境，增强综合国力和企业竞争能力，提高经济运行质量与效益，实现可持续发展战略，推进我国经济体制与经济增长方式的根本性转变，具有非常重要而深远的意义。

② 2004 年 8 月，经国务院批准，国家发改委等九部委联合发布《关于促进我国现代物流业发展的意见》将指导意见细化增强了政策的可操作性。

③ 2006 年 3 月，全国人大四次会议批准的《国民经济和社会发展"十一五"规划纲要》提出，"大力发展现代物流业"。现代物流产业地位在国家层面得到确立，我国现代物流业进入全面快速持续发展的新阶段。

④ 2008 年 3 月国务院办公厅下发《关于加快和发展服务业若干政策措施的意见》从加强规划和产业政策引导的角度深化服务领域的改革，提高服务领域的开放水平大力培育知名品牌和领军企业。

⑤ 2008 年 12 月 30 日国务院办公厅发出《关于搞活流通扩大消费的意见》，《意见》的提出对我国农村物流业粮食储存、食品流通体系都有十分重要的意义。同时对大型物流企业和提高物流现代化水平提出了要求。

⑥ 2009 年 3 月 10 日国务院正式发布《物流业调整和振兴规划》旨在避免物流业受到金融危机的过分冲击，同时对制造业提供带动、支撑和联动作用。随后逐步颁发了各部门及各地区的实施细节。

⑦进入 2011 年国家逐步颁发了行业物流业调整和振兴规划，这表明国家对物流业的高度重视。

⑧《国民经济和社会发展"十二五"规划纲要》明确提出要借鉴国际先进管理理念、制度、经验，促进体制创新和科技创新，扩大金融、物流等服务业对外开放，发展服务外包，引进优质资源，提高服务业国际化水平。

2. 经济环境

（1）经济全球化推动物流全球化

当今世界随着科学技术的进步，人类物质文明和精神文明得到了前所未有的满足。但是世界资源的分布不均匀阻碍了人类物质文明和精神文明的进一步提高。人们迫切的需要资源和信息共享来实现人类新一轮的发展。这就导致了当今社会企业原材料的采购、生产制造及销售地往往分布在全球不同的地区和国家。而信息技术的发展（电话、互联网、电视网络等）为实现全球经济一体化提供了充分的条件。在此基础上跨国公司的进一步发展，国际组织的自身发展和完善特别是它们在促进和保障全球经济稳定和发展方面的功能强化使区域经济迅速向全球经济一体化发展，使经济全球化成为了当今世界发展的主题。

（2）国民经济飞速发展带来物流业发展的强劲动力

经过 20 年的改革开放和经济的持续发展，特别是进入 21 世纪我国经济飞速发展的十年，这十年间中国经济保持 9.2% 的平均增长率，国内生产总值的不断提高为物流业的发展带来了广阔的空间和物质保障，如图 5 所示。

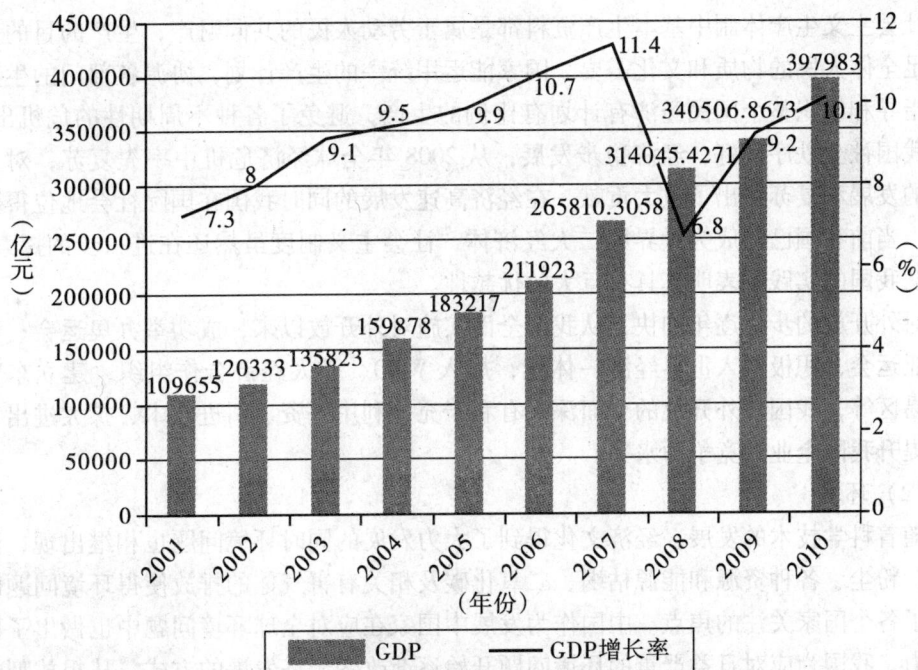

图 5　国民经济高速发展

10 年间我国 GDP 在全球排名稳步前进（如表 3 所示）：

表 3 国民经济总收入世界排名

年份	2001	2002	2003	2004	2005	2006	2007	2008	2009	2010
世界排名	6	6	6	6	4	4	4	3	3	2

（3）经济结构转型将大力发展战略新兴产业

由于新中国成立较晚，历史上受到帝国主义掠夺和侵略较严重，解放后又长期受到计划经济的束缚，经济结构存在严重不合理的因素，这些不适合社会生产力发展的不合理因素阻碍了我国经济的进一步发展。因此，"十二五"规划中明确提出要坚持把经济结构战略性调整作为加快转变经济发展方式的主攻方向。构建扩大内需长效机制，促进经济增长向依靠消费、投资、出口协调拉动转变。加强农业基础地位，提升制造业核心竞争力，发展战略性新兴产业，加快发展服务业，促进经济增长向依靠第一、第二、第三产业协同带动转变。其中作为发展战略新兴产业之一的产业基础服务业——物流业将迎来发展的春天。

3. 社会环境

（1）社会体制

从总体上看，我国现行的中国特色的社会主义体制有极高的优越性，是符合当前我国的社会生产力发展要求的。具体表现在：

社会主义生产体制中基本生产资料都是属于劳动人民的共同财产，生产的目的是为了满足全体人民的物质和文化需要。国家能运用统一的生产计划，协调各部门的生产关系，指导和组织整个国民经济有计划有比例的生产，避免了各种不周期性的危机出现。当前我国社会秩序良好，经济稳步发展，从 2008 年全球经济危机中率先复苏，对全球经济的发展和复苏作出了重大贡献。在经济高速发展的同时我国在国际社会地位得到了提高，当前我国已经成为世界第二大经济体，社会主义制度虽然还在进一步的探索中，但是从我国的实践中表明其具有巨大的优越性。

对外开放的步伐逐年加快，从我国全面实施对外开放以来，成功举办奥运会、世博会、亚运会，积极融入世界经济一体化，加入 WTO、亚太经济合作组织，建立东盟自由贸易区等，我国对外开放的全面深入有利于充分利用外资、引进技术、扩大进出口贸易、提升我国企业的竞争力水平。

（2）环境

随着科学技术的发展，经济文化得到了大力发展的同时环境问题也相继出现，温室效应、粉尘、各种资源和能源枯竭、二氧化碳及相关有害气体的排放使得环境问题已经成为了各个国家关注的焦点。中国作为发展中国家在应对全球环境问题中也做出了巨大的努力。我国为应对日益严重的环境问题开始逐渐改变经济发展的方式，从粗放型经济向资源节约型转变，实施可持续发展战略。

因此，当前我国在物流业的发展中十分注重土地资源的合理利用，尽可能的减少尾气排放，减少污染，减小空载，尽量将货物集中运输节约能耗。

（3）消费者构成

在中国，物流消费者在产业链中分布较为广泛，大体上可以分为：原材料供应商、生产制造商、批发零售商、电子商务运营商、第三方物流及最终消费者。

（4）对国外产品的态度

在改革开放 30 年以来，我国不断扩大对外进出口贸易，和世界互通有无，国外的产品在中国已经大面积的被中国人所接受，一大批的国际知名品牌在中国设立分公司，也赢得了广阔的市场。随着改革开放的深入 UPS、DHL、Maersk 等国际知名物流公司进入我国，其市场份额正不断扩大。与此同时我国对国外其他领域的产品也提供了公平的竞争平台，市场份额逐年扩大。总体上看我国近十年来进口总额统计如图 6 所示：

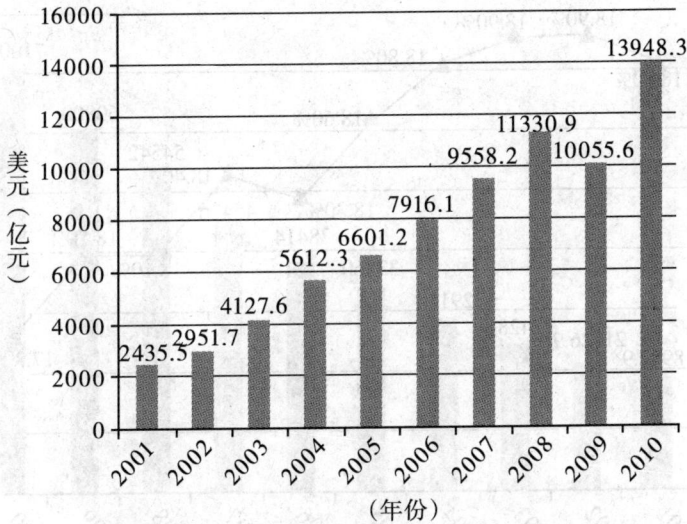

图6　10年来我国进口总额统计

由以上图 6 统计分析可以看出我国对外进口总额逐年稳步上升，除受全球金融危机影响 2009 年有所降低以外几乎呈直线上升。因此，用线性拟合模型预测 2011—2015 年我国的进口贸易：

$$y = ax + b$$

式中：y——进口总额；

　　　x——年序，其中 2001 年为 1，2002 年为 2；依次类推 2011 为 11；2015 为 15；

　　　a、b——待定系数，可以通过最小二乘法求得，a = 1227.3；b = 703.35。其表达式为：

$$y = 1227.3x + 703.35$$

最后求解出的见表 4：

表4   预测2011—2015年中国进出口总额

年份	2011	2012	2013	2014	2015
进口总额	14203.65	15430.95	16658.25	17885.55	19112.85

4. 技术

计算机技术、信息技术、自动化技术等近年来在我国得到了大力发展。虽然信息化和国外比较起来还有一定的差距但是我国的信息化技术正处于高速发展期，无线射频、条码、通信网络等技术逐渐成熟。

（五）物流市场空间分析

1. 国内物流业市场

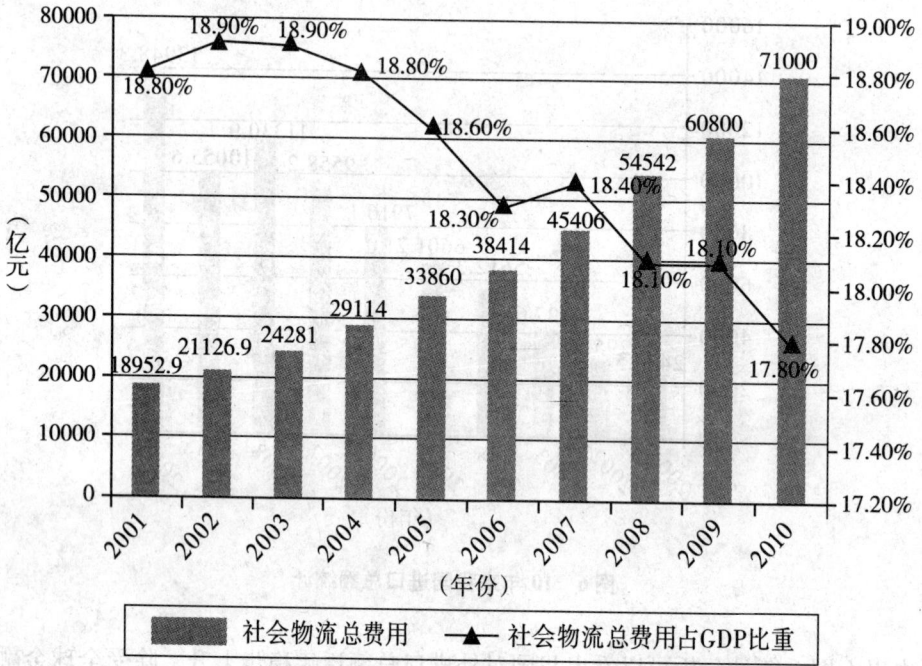

图7　物流总费用及目前我国物流成本占GDP的比重

由以上图7统计分析可以看出我国物流总费用逐年稳步上升，对前十年的社会物流总费用做统计分析可以看出其增长趋势符合指数曲线增长规律。因此，用指数曲线拟合模型预测2011—2015年我国的进口贸易：

$$y = ae^{bx}$$

式中：y——物流总费用；

    x——表示年序，其中2001年为1，2002年为2；依次类推2011为11；2015为15。

    a、b——为待定系数，可以通过最小二乘法求得，$a = 15871$；$b = 0.1503$。

      其表达式为：

$$y = 15871e^{0.1503x}$$

最后求解出的见表 5：

表 5　　　　　　　　　　　　　预测 2011—2015 年物流费用

年份	2011	2012	2013	2014	2015
物流费用	82913.14	96360.23	111988.2	130150.8	151259

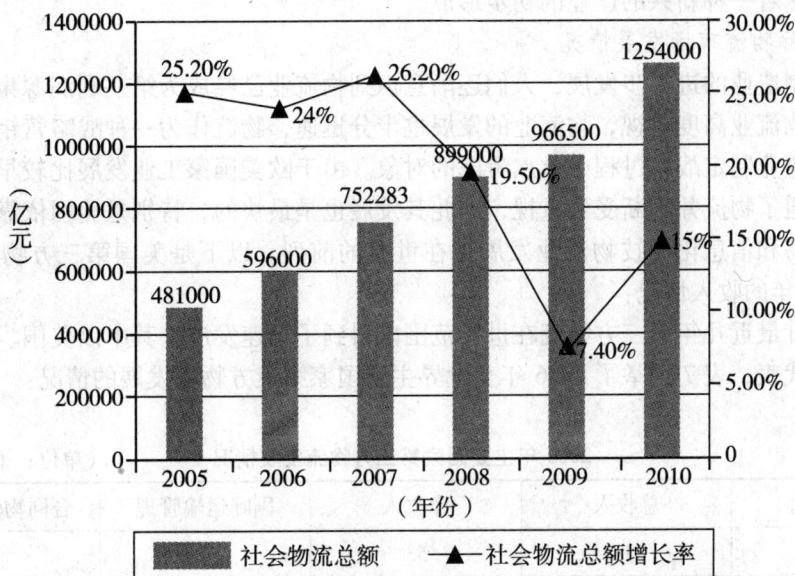

图 8　社会物流总额及增长率

由以上图 8 统计分析可以看出我国物流总额逐年稳步上升，除受全球金融危机影响 2009 年有所降低以外其他年份几乎呈直线上升。因此，用线性拟合模型预测 2011—2015 年我国的进口贸易：

$$y = ax + b$$

式中：y——进口总额；

　　　　x——表示年序，其中 2001 年为 1，2002 年为 2；依次类推 2011 为 11；2015 为 15。

　　　　a、b——为待定系数，可以通过最小二乘法求得，a = 146378；b = 312475。

　　　　　　　其表达式为：

$$y = 146378x + 312475$$

最后求解出的见表 6：

表 6　　　　　　　　　　　　　预测 2011—2015 年社会物流总额

年份	2011	2012	2013	2014	2015
社会物流总额	1922633	2069011	2215389	2361767	2508145

由以上定量数学模型预测和定性分析不难得出以下结论：

在 2011—2015 年社会货运总量有望达到两百万亿以上，而物流产生的费用也将随之有望达到十五万亿元，其市场空间巨大物流发展前景光明。我国物流业有望迎来类似于美国、日本 70 年代中后期的"黄金十年"。

产业进入萌芽的标志：一是有无一种全新的产品出现，有无独立从事此产品或服务经营的厂家出现，二是这种产品是否具有广阔的发展前景和庞大的市场潜力。当两者都有时就意味着一种新兴的产业的初步形成。

2. 国际物流市场发展情况

随着制造业的进一步发展，人们逐渐意识到物流业已经成为第三利润源泉，全世界各国都对物流业高度重视，物流业的发展也十分迅速，物流作为一种战略营销的一部分正在成为企业制定战略过程中重点考虑的对象。由于欧美国家工业发展比较早，因此他们率先知道了物流并不断受到重视，因此其发展也是最快的，特别是美国依靠其巨大的进出口贸易和信息化科技物流业发展走在世界的前列。以下是美国第三方物流业 1996 年到 2006 年的收入情况：

据统计最近几年第三方物流在世界范围内得到了飞速发展，其中以美国、欧洲第三方物流为代表，表 7 列举了 2006 年全世界主要国家第三方物流发展的情况：

表 7　　　　　　　　2006 年主要国家第三方物流发展情况　　　　　（单位：十亿美元）

国　别	总收入	净收入	国际运输管理	合同物流交易额
美国	114	53	42	72
欧洲	139	68	41	98
日本	37	17	7	30
中国	30	15	10	20
其他亚太地区	18	9	6	12
其他美洲地区	24	12	8	16
其他	29	14	10	19
总计	391	188	124	267

数据来源：Astronomy & Astrophysics.

从表 7 的分析可以看出第三方物流在发达国家已经发展的相当成熟，有利促进了地区经济的发展。特别是美国、欧洲其第三方物流总收入相当可观，据 A&A 的研究成果，在 2006 年全世界第三方物流收入值世界排名中美国以 1140 亿美元位居第一，而欧洲净收入与合同物流收入则排名第一，中国在第四位。就美国 1996—2006 年的情况来看第三方物流的市场总收入呈飞速增长趋势，年均复合增长率 14.4% 以上，而且位列世界财富 500 强的大型企业基本上都是 3PL 的主要客户。行业发展基本上汇集在汽车和科技等方面。

从以上调查分析结果可以看出当前的物流业的服务需求主要集中在前五种服务

上，而未来则主要集中在可视性工具、RFID、合作管理等上面，物流服务需求明显在向信息化的方向发展。值得关注的是射频识别技术未来的使用率高达56%，是目前的三倍，如图9所示。

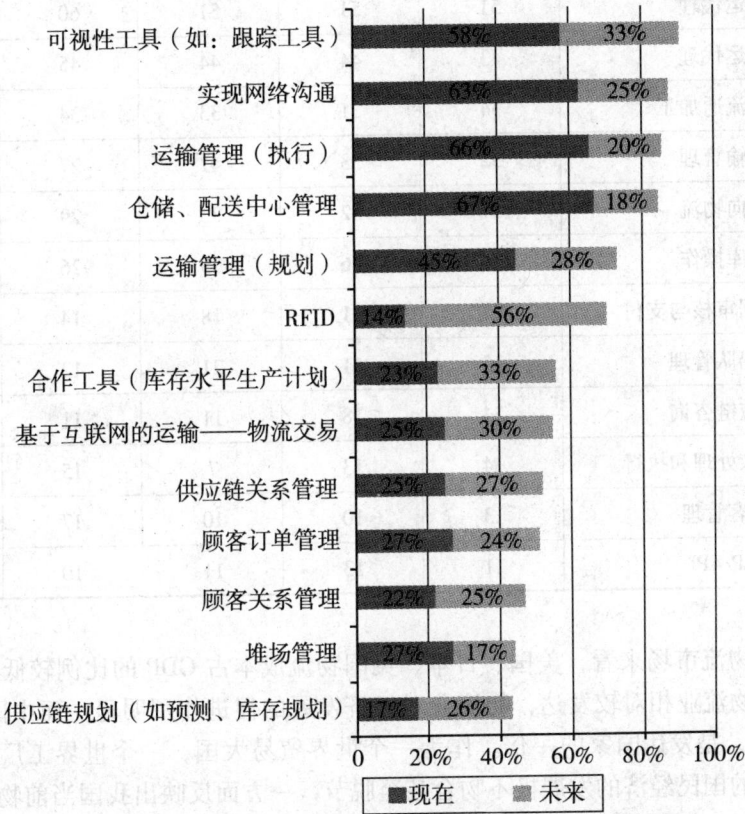

图9　目前、未来使用3PL提供技术的调查比例

资料来源：3PL study 2007.

从以上分析可以看出第三方物流企业承担的外包业务运输、仓储以及海关上较专业的单证处理业务。欧亚地区业务量明显较大，进一步说明欧亚地区正在成为世界的制造中心，在未来有理由相信其市场空间会进一步扩大，如表8所示。

表8　　　　　　　　　　3PL 承接的外包的主要业务在不同地区的比重

物流外包服务	全球	北美	欧洲	亚太	拉丁美洲
国内运输	83	73	91	85	79
国际运输	79	68	87	89	71
仓储	69	71	68	73	60

物流外包服务	全球	北美	欧洲	亚太	拉丁美洲
海关清关经纪	67	65	58	78	64
货运代理	51	51	51	60	38
海运代理	43	44	44	45	47
简单流通加工	34	31	33	34	41
运输管理	32	33	41	27	24
逆向物流	31	32	33	29	29
越库操作	31	36	35	26	25
货运单据审核与支付	25	51	18	14	10
车船队管理	15	11	21	12	13
供应链咨询	14	18	11	11	17
订单录入处理和执行	14	13	7	15	28
顾客管理	13	10	10	17	18
LLP/4PL	11	13	11	10	10

从全球物流市场来看，美国、日本、英国物流成本占 GDP 的比例较低都在 10% 左右，说明其物流业相对较发达，物流业对经济发展的促进作用明显。而中国这一指标，达到了 18%，是发达国家的一倍。作为一个世界贸易大国，一个世界工厂其物流业的发展与我国的国民经济的发展极不吻合甚至脱节，一方面反映出我国当前物流业的发展相对滞后，另一方面说明我国物流业的发展空间巨大，如图 10 所示。

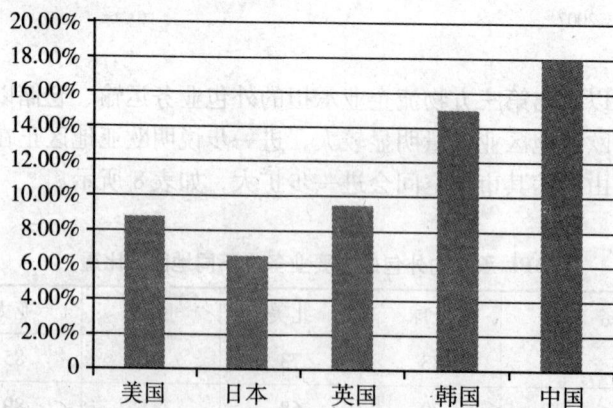

图 10　当前美、日、英、韩及中国物流成本占 GDP 的比重

（六）当前我国大型国有物流企业 SWOT 分析

根据前面的分析，对当前我国大型国有物流企业的内外环境用 SWOT 法做一个汇总分析（如表 9 所示），进一步认识当前我国大型国有物流企业的现状。并归纳出我国大型国有物流企业当前如何利用自身优势和机遇同时避免劣势和自身的缺点。

表9	我国大型国有物流企业 SWOT 分析
astrengths（优势） • 物流资源丰富价格低廉，具有较强竞争力 • 业务网络初具规模，且具有一定规模，财力较雄厚同时有国家财政作保障 • 具有较强政府背景，和政府各部门关系密切，对国外企业来讲提高了其进驻门槛 • 文化底蕴优势，了解国内客户需求和习惯，降低供需双方沟通成本 • 制造业大国，进出口量大	weaknesses（劣势） • 市场经济体制不完善，物流要素呈拉锯状态，全国统一物流市场尚未形成 • 受计划经济影响我国企业"大而全、小而全"现象明显，使需求释放缓慢，资源极度浪费 • 物流企业缺乏战略意识，管理理念和方式落后 • 没有实行标准化、服务质量差 • 技术水平落后、管理水平低 • 专业物流人才缺乏
opportunities（机会） • 经济持续高速发展，进出口贸易迅速扩大为物流市场提供了充分保障 • 中国积极融入世界经济一体化，加入 WTO、构建了东盟自由贸易区等 • 国家高度重视物流业的发展，颁布了一系列政策措施 • 信息化的高度发展为现代化物流提供了技术保障 • 国际大型物流企业给我国物流企业带来了新的理念和管理技能 • 电子商务的发展拓展了市场空间	threats（威胁） • 加入 WTO 后入驻中国物流市场带来了激烈竞争 • 国内民营物流企业大规模成长，增强了国内物流市场的竞争 • 自营物流的竞争

1. 企业应该怎样利用优势和机遇

我国大型国有物流企业和其他物流企业最大的优势在于本土优势和政府背景，我国大型国有物流企业要在激烈的国际竞争中取得胜利必须打好这两张牌。首先企业经历了较长时间的发展，已经和我国的制造业和零售业之间形成了天然的网络，错综复杂的网络、显性和隐性的联盟为行业的进驻提高了壁垒；而且本土大型物流企业也最能理解我国的文化和实际需求，能准确地为客户提供更贴切的服务，沟通的效率更高。其次，我国大型国有物流企业都有复杂的政府背景，都属于国资委，其企业的性质和使命相同，容易和政府部门形成联盟，无论是从信息化还是从政策体制上都可能进行充分的合作。以上这些优势是我国大型国有物流企业独具的、对发展我国当前物流业有十分重要的意义。我国大型国有物流企业应该加强企业和顾客的战略联盟、创新和政府各部门合作的模式，特别是最近几年我国政府高度重视物流业的发展，我国大型国有物流企业应把握机遇充分利用政府职能部门和信息平台等资源，不断完善自身的服务体系提高服务质量，并不断向国外先进物流企业学习提升自己的管理和经营能力，只有这样才能抓住由 WTO 带来的巨大市场空间并在这场激烈的竞争中取得胜利。

2. 我国大型国有物流企业怎样避免劣势和威胁

我国大型国有物流企业主要面临的劣势来自国内物流业发展较晚，体制不健全，同时受计划经济影响，大而全小而全的现象严重，物流需求无法得到完全释放。另外我国物流企业由于起步晚，经营管理能力不高，理念不够先进也是我国物流业的劣势。其威胁主要来自国外大型物流企业和民营物流企业，国外大型物流企业大多数经历了几十年甚至上百年的发展，品牌知名度高，资金雄厚，网络管理健全和经营能力强。而我国民营物流企业是近几年才发展起来的，其发展势头强劲，市场化运作效率高、资源配置能力强。我国大型国有物流企业除充分利用自身优势把握机遇外，还应细分市场，根据自身实际情况制定合理的战略，大力培养人才，提高经营管理的能力，抓住时机快速成长。由于我国是世界上的制造业大国，进出口量大，已经充分参与到了全球产业链并形成了供应链网络中的一部分。为此，我国大型国有物流企业应在充分利用这一点为我国制造业服务的同时巩固自己的品牌和市场地位。

（七）我国国有企业的性质和历史使命

我国国有企业是全民投资设立的企业，应自觉体现国家意志和人民利益，国有企业在某种程度上，有一点像是我们整个企业群体里面的基础设施。基础设施说它自己好、赚钱、有经济效率，这是一个目标；但更重要的是它要对于其他的企业，为整个国家产业健康的、有序的、有竞争力的发展状态的形成发挥职能和承担责任。归根结底，国有企业是国家设立的，它要体现国家的意志、人民的意志，而不仅仅是企业自己的微观经营目标。

（八）国际标杆物流企业发展经验

20 世纪 70 年代以来，世界产业结构调整，发达国家纷纷将劳动密集型产业，特别是制造业向发展中国家转移，而自己迅速发展生产性服务业，从而获取经济控制力。在这个过程中西方发达国家逐渐都意识到物流在生产中的重要地位，并赋予继资源、劳动力之后的"第三利润源泉"。特别是美国等世界发达国家不但将物流业运用在生产、生活中，还将运筹学原理用于物流中构建军事后勤体系，极大的巩固了国防，大力促进了国家的发展。国际物流企业基本服务类型如表 10 所示。

从发达国家物流企业发展的自身情况来看，主要呈现以下发展规律：

A. 制造业成本和竞争压力是推动现代物流业发展的源动力。

B. 政策是推动物流业发展的重要因素。

C. 物流硬件的完善是现代物流业发展的重要基础。

D. 第三方化是物流业发展的重要特征。

表 10　　　　　　　　　　　　国际物流企业基本服务类型

专门服务提供商				解决方案提供商
仓储	运输	货运代理	包裹快递	方案类
1. 自由仓库设施 2. 提供自由、公共合同仓储服务	1. 自由运输工具 2. 自行控制运输线路和运输成本	1. 有些拥有仓库等设施 2. 大多数为轻资产型	1. 自由转运中心 2. 自由运输车辆和飞机等运输工具	1. 增值服务 2. 供应链协调 3. 解决方案提供者
EXEL USCO TIBBET&BRITAN	MAERSK APL RYDER	SCHENKER/BAX MASA EMERY	UPS TNT FedEx	UPS DHL IBM ACCENTURE

目前，中国物流市场的跨国物流公司基本上可分为两类，一类是在空运、速递的基础上发展起来的，如 UPS、TNT、FedEx 等；另一类则是以海运为主，逐步向综合物流发展，以马士基和美集为代表。

国际企业进入中国物流市场的策略分析：

国际企业进行跨国经营的手段主要有贸易式进入、契约式进入和投资式进入三种，结合国内和国际物流业的特点，国际企业将相继地采取特定的策略进入中国的物流市场。

（1）贸易式进入

贸易式进入是通过向目标国家出口产品或服务而进入该市场，是非资本性进入。国际企业以贸易方式进入中国物流市场较早，主要是提供物流设备及装备，包括通信、网络、计算机等软硬件的供给。这类进入方式的特点是形式简单，竞争对手明确，但由于产品的价值增量较小而缺乏持久的竞争力。

（2）契约式进入

契约式进入是国际企业通过与目标国家的法人之间订立长期的、非投资性的无形资产转让合同而进入目标国家，是一种"非股权安排"（Non – Equity、Arrangement）。契约式进入的主要方式包括授权经营、技术协议、服务合同、管理合同、分包合同等。契约式进入在宾馆、餐饮等服务性行业十分普遍，但在物流业，至少目前还尚未形成气候，究其原因，大致包括：①尽管物流管理在发达国家已趋于成熟，但在我国仍属于新事物，此间存在的利润空间十分巨大，因此，国际企业均倾向于自主经营，以便迅速撇脂；②我国物流市场的发育较为滞后，并且国内物流企业之间恶性竞争现象较为普遍，对外资存在抵触情绪，因此，物流的契约式合作风险很大；③我国的物流标准尚未与国际标准接轨，成为契约式进入的主要障碍。可以预见，当中国的物流业发展到一定阶段，契约式进入将随着其进入障碍的降低而成为国际企业开拓中国市场的重要手段。

（3）投资式进入

即通过直接投资进入目标国家，将资本连带本企业的管理技术、销售、财务以及其他技能转移到目标国家，建立受本企业控制的分公司或子公司。投资式进入是目前我国物流企业所面临的主要竞争方式，主要分为：①购买航线。②建立物流设施。新加坡港务集团是世界上最强的集装箱码头管理机构之一，集装箱年吞吐量多年来一直稳居全球前两位，早有进入中国内地之心，这个心愿终于在广州港身上实现。③追随进入。2002年年初日本著名的物流公司商船三井MOL宣布，与富士胶卷在苏州成立合资物流及仓储公司，为富士胶卷提供中国地区的物流服务。商船三井和富士胶卷的这种模式代表了很多国外物流公司进入中国的情况，进来的时候首先抓住自己所熟悉的客户，例如，UPS和摩托罗拉是长期全球战略伙伴，到了中国，UPS顺理成章地就成为它的物流服务供应商。④设立分公司。20世纪90年代，全球最大的4家速递公司DHL、TNT、UPS、FedEx都在我国设立了分公司，与中国邮政EMS展开激烈的竞争。1995—1999年间，中国邮政国际速递业务年均增长率仅为2%，其中有些年份还出现了负增长。而DHL、TNT、UPS的业务增长速度都在20%以上，DHL、TNT近几年的业务增长速度已达到40%左右。⑤成立合资物流公司。2002年11月，由华联超市物流公司与秋雨环球物流股份有限公司共同投资7250万元，成立的首个中外合资第三方商业物流项目在上海启动，标志着外资对中国第三方物流市场的进入。

三、战略方法篇——战略自动生成模型

（一）国有大型物流企业战略制定综述

企业的发展战略是企业长期发展的总体规划，是企业在对社会环境、市场环境以及企业自身基本情况的分析的基础上制定的。通过制定企业愿景、战略目标及企业使命等使企业明白其发展的意义和发展的方向，通过一系列细化的战略战术使企业明白其发展的思路。企业的战略往往是企业发展多方面战略的总称，一般而言，企业的战略包括企业竞争战略、企业营销战略、企业发展战略、品牌战略、融资战略、技术开发战略、人才开发战略、资源开发战略等。

企业战略制定的总体思路如图11所示：

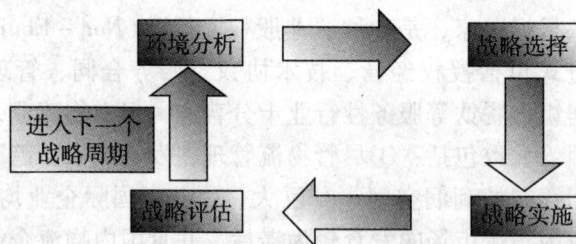

图11 企业战略制定总体思路

具体战略执行的过程是根据企业所处的外部环境和内部环境来做的，从行业对企业战略制定的流程来看，基本流程具有统一性，在结合传统战略制定方法的基础上，本文将提出以下更加贴近于我国大型国有物流企业实际的战略制定流程。

（二）我国国有大型物流企业战略管理流程

针对我国大型国有物流企业的特征，并结合战略制定的基本流程，做出如下关于国有大型物流企业的战略制定的思路，如图 12 所示。

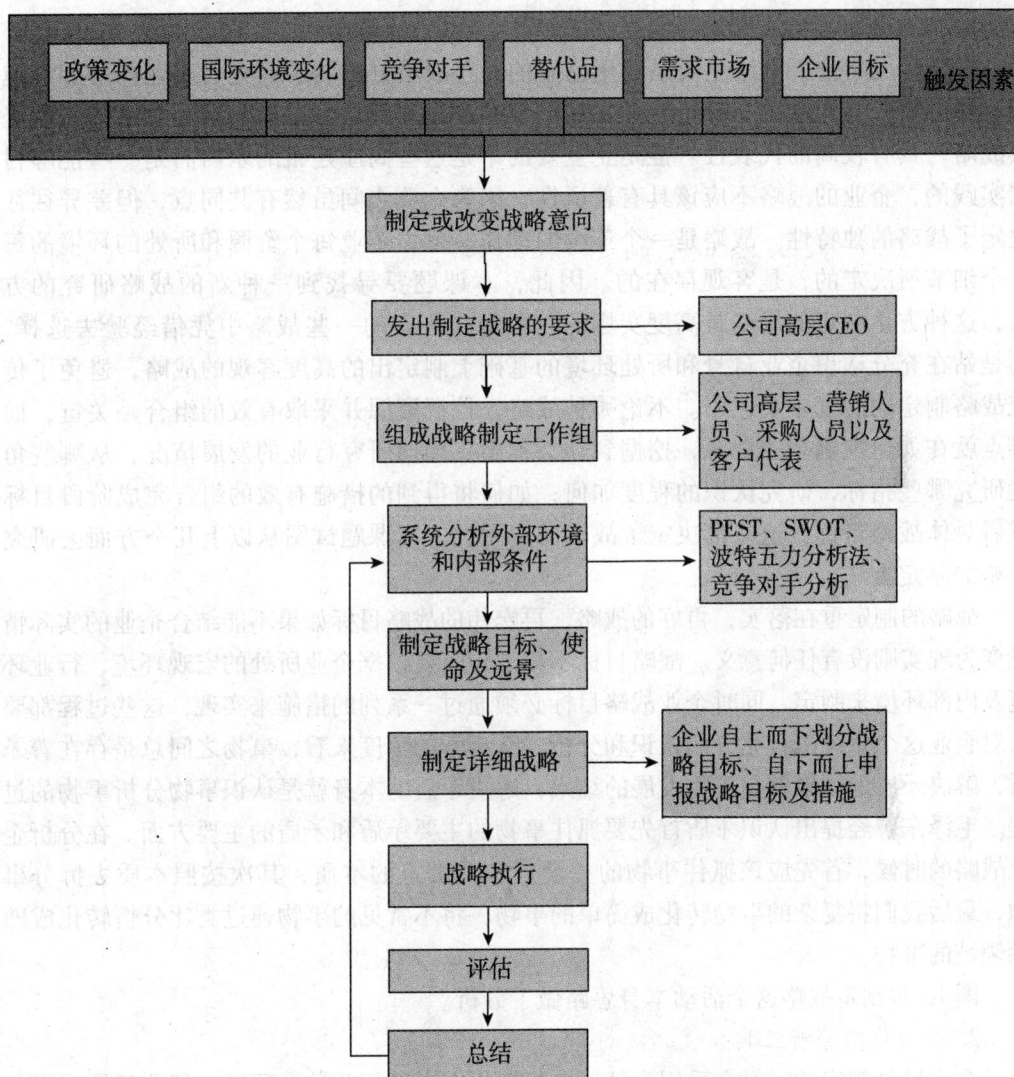

图12　我国大型国有物流企业战略制定基本流程

我国国有大型物流企业具有较大的规模，理念在国内物流企业中比较起来也有较强的优势，战略管理在这些大型企业中一般都受到了高层的重视。一般而言企业战略制定的发起可能是因为企业所面临的环境发生了巨大的变化，或者企业的竞争对手采取了有效的战略，而发起人可能是企业的高层管理人员，但是企业战略制定的要求往往需要公司 CEO 发起，因为，企业战略制定具有一定的持久性，而且影响到企业一切的经营活动，应该受到企业上下高度的重视。而且企业战略也不是一成不变的，企业往往在执行的过程中不断的修正并加强战略，以使企业的战略和发展更好的吻合，因此战略制定的时候要制定相应的评价体系，以不断改善和提高战略的可操作性，在这个过程中可以借用 PDCA 模式来实现。

（三）企业战略制定核心及分析工具组合模式

1. 战略分析思维方式

传统的战略分析方法主要是运用已有的一些战略分析的工具先对企业内部和环境做一番分析，在此基础上选择企业发展的战略，这些战略多是教科书上总结的一些经典战略，具有较高的代表性。但是企业要的不是这些高屋建瓴的东西而是一些能够付诸实践的，企业的战略不应该具有普适性，因为企业之间虽然有共同点，但差异往往决定了战略的独特性。战略是一个连续的动作，是由企业每个资源和所处的环境的每一个细节所决定的，是客观存在的。因此，本课题要寻找到一种新的战略研究的方法，这种方法制定的战略是高度实用的，不是在已有的一些战略中凭借经验去选择，而是站在充分认识企业自身和所处环境的基础上制定出的高度客观的战略，避免了传统战略制定的高度主观色彩。不论哪种战略，挖掘资源并采取有效的组合是关键，而难点就在如何挖掘企业资源，挖掘到什么程度；如何研究行业的发展情况，从哪些角度研究哪些指标，研究认识的程度如何；如何将得到的措施有效的组合完成阶段目标或者总体战略目标，这些都决定了战略的实用性，本课题试图从以上几个方面去研究战略的制定方法。

战略的制定重在落实，再好的战略、再宏伟的战略目标如果不能结合企业的实际情况变为现实则没有任何意义。战略目标不可乱定，要根据企业所处的宏观环境、行业环境及内部环境来制定，同时企业战略目标必须通过一系列的措施来实现，这些过程都要求对企业这个系统进行充分的认识和分析。从哲学的角度来看，事物之间总是存在着矛盾，解决矛盾的结果就是事物发展的结果，解决矛盾的本身就是认识事物分析事物的过程。毛泽东曾经提出认识矛盾首先要抓住事物的主要矛盾和矛盾的主要方面。在分析企业战略的时候，首先应该抓住事物的关键点和关键点的本质，其次按照本质去拆分事物，最后我们将复杂的事物转化成简单的事物，将不常见的事物通过类比分析转化成熟悉领域的事物。

图 13 对制定战略这个活动本身思路做了分析。

2. 企业战略分析工具

企业战略制定的时候会采用多种经典的分析方法对相关社会环境、行业环境、竞争对手及企业内部环境进行分析，最终制定自己的战略，这些经典的方法主要包括 PEST、迈克尔波特五力竞争分析模型、SWOT 分析法、价值链及产业链分析法。这些方法之间的内在关系是什么，各种工具使用的环境和输出的结果是什么，这些决定了我们该如何有效的去使用这些工具。通过对集中主要的战略分析工具的分析并结合战略制定的特点，我们将这些工具之间的关系用图 14 来表示。

（四）大型国有物流企业战略制定标准操作流程（SOP）

1. 内外环境分析

通过对战略分析经常使用的经典工具的分析，发现各分析工具之间有着很多联系。

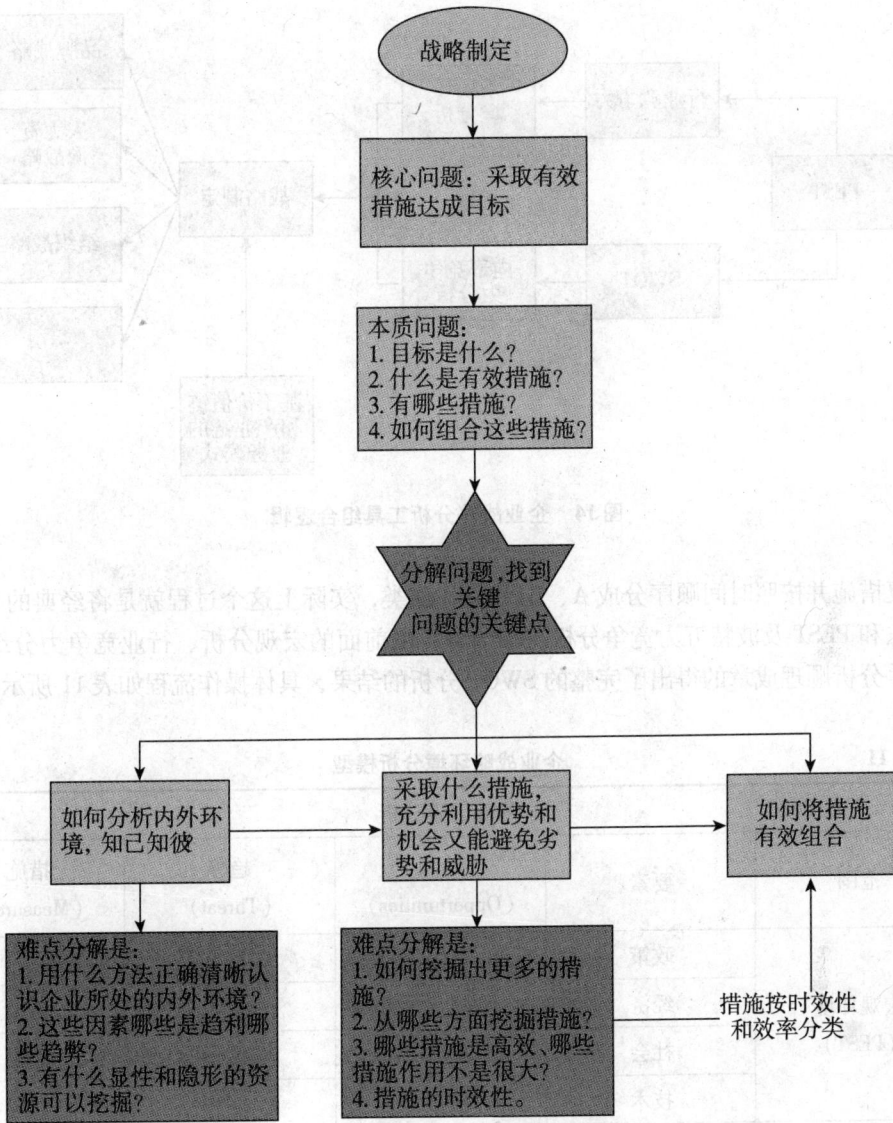

图 13 我国大型国有物流企业战略制定的思想

如何将各种工具有效的组合，在适当的地方使用，同时紧密的结合企业的实际情况是制定战略的关键。PEST 分析法是对宏观环境的分析，主要包括政策、经济、社会、技术四个指标，而行业的竞争力分析是对行业的竞争对手、替代产品、买家和卖家的议价能力的分析，这两种方法的每一个指标分为趋利和趋弊两类，实际上趋利因素即为企业所面临的机遇而趋弊的因素往往成为其威胁。这是行业分析和 PEST 分析与 SWOT 分析法的联系。对企业内部各指标分析得出该企业的优势和劣势。

在制定措施的时候如果待分析完后统一采取措施，往往考虑问题不周，以至于采取措施的有效性较低。因此，在制定战略的时候应该针对每一个指标的趋利条件和趋弊条件制定相应的措施，使之能充分利用趋利因素而回避趋弊因素，最后将所有措施汇总合并和去

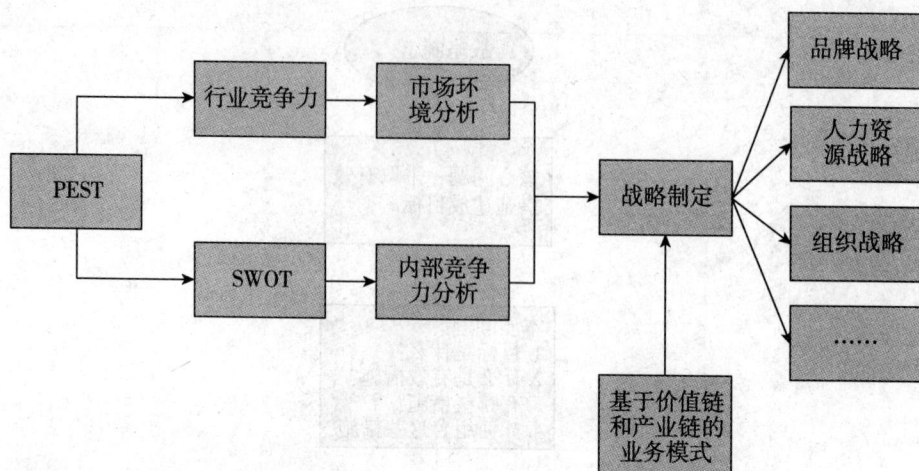

图 14　企业战略分析工具组合逻辑

除重复措施并按照时间顺序分成 A、B、C、D 四类，实际上这个过程就是将经典的 SWOT 分析法和 PEST 及波特五力竞争分析法相结合，由前面的宏观分析、行业竞争力分级及竞争对手分析顺理成章的得出了完整的 SWOT 分析的结果，具体操作流程如表 11 所示。

表 11　　　　　　　　　　企业战略环境分析模型

外部因素分析				
范围	要素	趋利（Opportunities）	趋弊（Threat）	措施（Measures）
宏观环境（PEST）	政策			
	经济			
	社会			
	技术			
行业环境	潜在进入者			
	买方议价			
	供应商议价			
	替代品			
主要竞争对手分析	规模			
	市场占有率			
	品牌			
	财务			
	目标			

内部因素			
要素	优势 （Strength）	劣势 （weaknesses）	措施 （Measures）
生产			
财务			
营销			
人力资源			
组织结构			
市场占有率			
信誉			
其他			

通过以上分析解决了战略分析中的一个难点，即如何准确清晰进行内外环境的分析，并通过对每一个指标的分析得出了相应的措施，为后面的战略分析奠定了坚实的基础。

将上表中1、2、3列的内容分类整理得出SWOT分析结果如表12所示。

表12　　　　　　　　　　　　　SWOT分析中各种资源组合措施

		外　　部	
		O（机会）	T（威胁）
内 部	S（优势）	SO 机会和优势完美结合，应该采取的战略是：最大限度的使用优势抓住机会，企业将迎来快速成长期	ST 内部优势和外部威胁组合，应该采取的战略是：充分利用自身优势降低威胁
	W（劣势）	SO 劣势和机遇组合型，应该采取的战略：利用机会回避弱点	WT 劣势和外部威胁组合，此种情况企业可谓是内外交困，企业应该采取的战略是收缩合并战略

各种措施按照可实施的时间段、效率以及各种措施之间的关联度（如图15所示）将所有的措施分类如下：

战略制定最核心的问题有两个，第一个是从内外环境的分析充分认识自己企业、行业以及宏观环境的情况，对于这一点的难点是如何能正确清晰的认识环境，做到这一步已经为下一步的战略分析做好了充分准备。

完成上述步骤后，根据对宏观环境、行业环境、内部资源、竞争对手的分析，结合我国大型国有物流企业的性质、使命制定出我国大型国有物流企业的战略总目标。将总

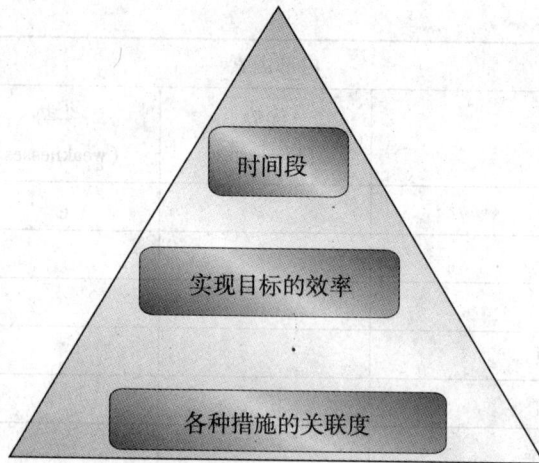

图 15 措施分类的标准层级

体战略目标分阶段划分成阶段性目标（如表 13 所示）。

表 13 措施分类

A 组	B 组	C 组	D 组
阶段 1（目前）	阶段 2（1~3 年）	阶段 3（4~7 年）	阶段 4（7~10 年）
阶段目标：	阶段目标：	阶段目标：	阶段目标：
1.	1.	1.	1.
2.	2.	2.	2.
3.	3.	3.	3.
4.	4.	4.	4.

2. 战略自动生成模型

通过前面对我国大型国有物流企业特征性质的分析，结合对战略分析的模型制定出我国大型国有物流企业的战略分析模型。基本思路是通过对我国物流外部环境的总体分析把控，再结合对自身资源及竞争对手的分析制定出适合自身的发展目标、远景及使命。在前面章节中我们已经对各种内外环境资源做了充分分析，明确了哪些是对企业战略有利的因素哪些是对企业战略不利的因素，并对每种影响因素制定了相应的措施，这些措施都是为了尽可能的利用优势资源和避免不利的因素。同时前面章节最后又将所有的措施按照时间先后顺序分类。在本章节中的战略模型中只需要将这些战略措施依次放入各阶段，以适当的方式组合使用便能顺利的实现各阶段的战略目标。而每一个阶段的战略目标的实现本身又成为了下一个阶段战略目标的新的资源，依次进行下去便形成了需要的战略，将这种模型取一个名字叫做企业战略生成模型（Automatically generated model of corporate strategy），如图 16 所示。

措施3*

人才战略 资源开发战略 技术战略

第4阶段总体战略目标（终极）

竞争战略 品牌战略 财务战略

营销战略 发展战略 其他

措施组D

措施3 措施2 措施1 ……

第2阶段目标成为新资源

人才战略 资源开发战略 技术战略

第3阶段总体战略目标

竞争战略 品牌战略 财务战略

营销战略 发展战略 其他

措施组C

措施3 措施2 措施1 ……

措施2*

第2阶段目标成为新资源

人才战略 资源开发战略 技术战略

第2阶段总体战略目标

竞争战略 品牌战略 财务战略

营销战略 发展战略 其他

措施组B

措施3 措施2 措施1 ……

措施1*

第1阶段目标成为新资源

人才战略 资源开发战略 技术战略

第1阶段总体战略目标

竞争战略 品牌战略 财务战略

营销战略 发展战略 其他

措施组A

措施3 措施2 措施1 ……

巩固前期各阶段目标

巩固前期各阶段目标

巩固前期各阶段目标

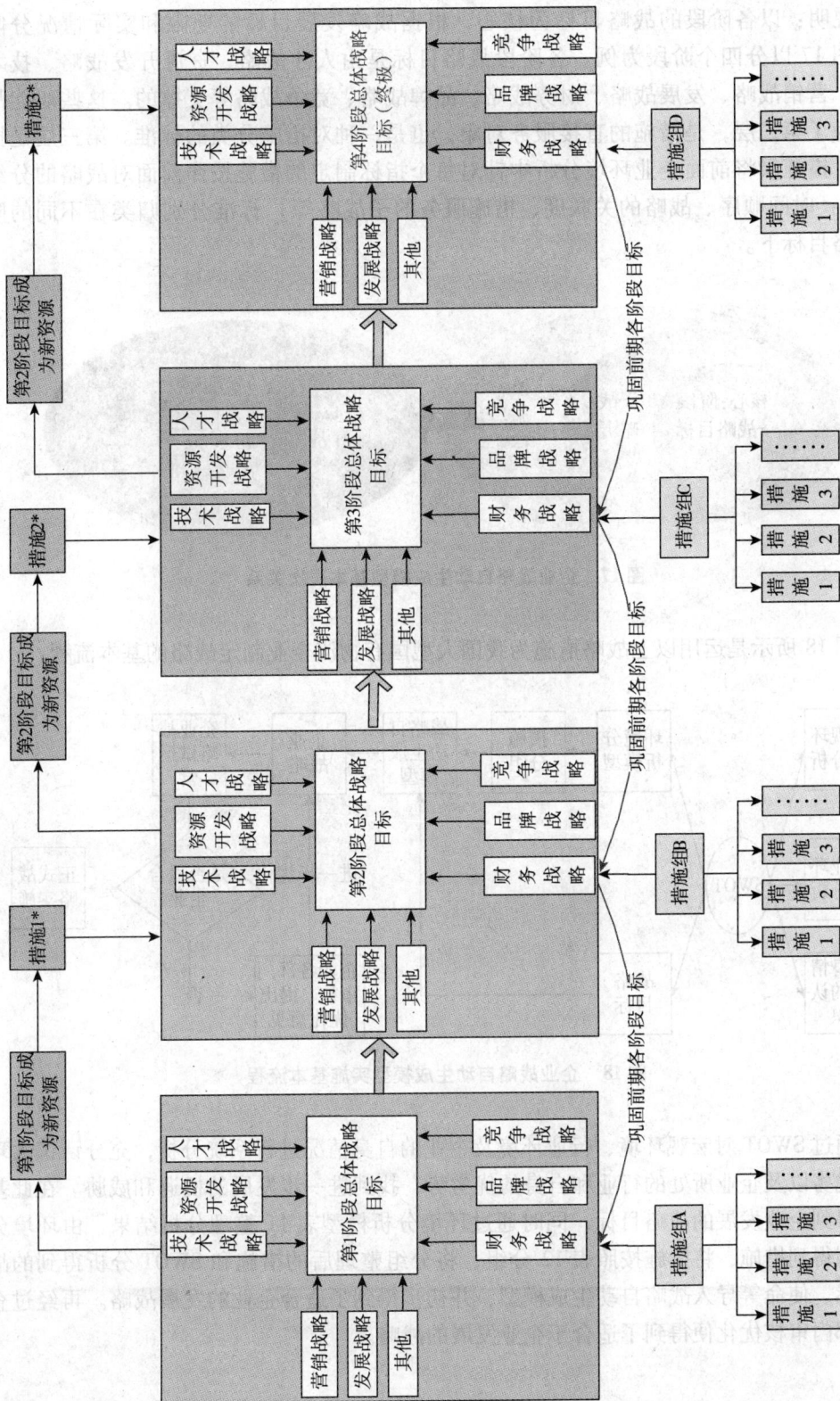

图16 企业战略生成模型

— 223 —

说明：以各阶段的战略目标为核心，根据战略发展目标的期限和实际情况分阶段，图17以分四个阶段为例。各阶段战略目标是由人才战略、资源开发战略、技术战略、营销战略、发展战略、财务战略、品牌战略、竞争战略等支撑的。这些职能战略作为了第二层，是措施的直接服务对象，也是一种对措施分类的标准。第三层是措施层，措施层将前面企业环境分析中针对每个指标制定的措施按照前面对战略的分组（标准：时间顺序、战略的关联度、措施服务的子战略等）标准分别归类在不同的阶段战略目标下。

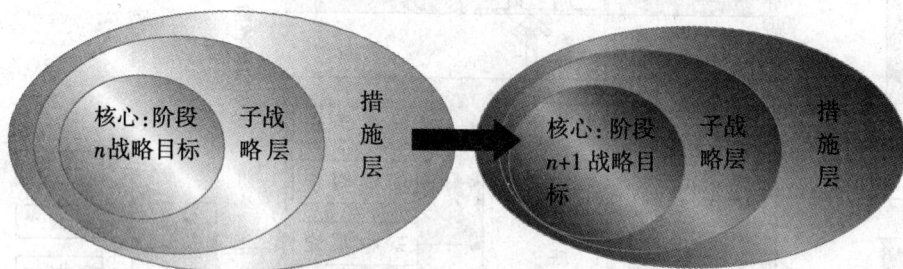

图17　企业战略自动生成模型基本层次关系

图18所示是运用以上战略措施为我国大型国有物流企业制定战略的基本流程：

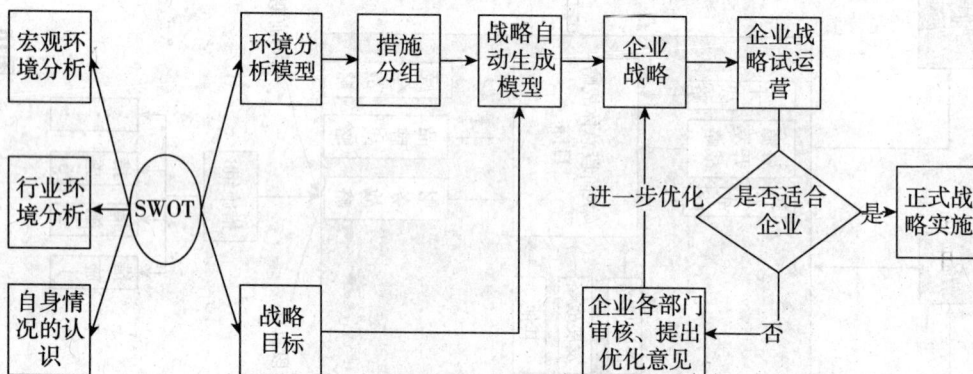

图18　企业战略自动生成模型实施基本流程

通过SWOT对宏观环境、行业环境及企业的自身情况进行系统分析，充分认识大环境的优劣以及企业所处的行业和自身的优劣势，找到进一步发展的机遇和威胁。在此基础上得到企业发展的战略目标，同时通过环境分析模型表11整理分析结果，由环境分析模型得到措施，将措施按照表12分组，将分组整理后的措施和SWOT分析得到的战略目标、使命等导入战略自动生成模型，并初步得到了适合企业的发展战略。再经过企业各部门审核优化便得到了适合于企业发展的战略。

四、运用举例

（一）中国远洋运输集团环境分析

由前面分析了我国大型国有物流企业的基本情况，我们通过对中国远洋运输集团做一个简单的战略分析来说明以上战略分析模型的应用方法。由于目前没有中国远洋运输集团内部具体数据，所以只能从对外公布的一些情况中加以分析，此分析过程完全按照本课题所研究的战略制定模型来做，旨在说明其实用性和有效性。

中远集团拥有和控制各类现代化商船有 800 余艘，5700 多万载重吨，年货运量超 4 亿吨，远洋航线覆盖全球 160 多个国家和地区的 1600 多个港口，船队规模位居中国第一、世界第二。其中集装箱船队规模在国内排名第一、世界排名第五；干散货船队世界排名第一；专业杂货、多用途和特种运输船队综合实力居世界前列；油轮船队是当今世界超级油轮船队之一。中远集团在全球范围内投资经营着 32 个码头，总泊位达 157 个，根据 Drewry 2009 年 7 月发布的最新统计，2008 年中远集团所属中远太平洋的集装箱码头吞吐量继续保持全球第五位。

中远集团拥有丰富的物流设施资源，控制各种物流车辆超过 4000 台，包括具有 289 个轴线、最大承载能力达 8000 吨的大件运输车，堆场 249 万平方米，拥有和控制仓库 297 万平方米，在家电、化工、电力、融资等领域为客户提供高附加值服务，为青藏铁路、天津空客、印度电站等国内外多个重大项目提供物流服务，创造多项业界记录。

中远集团在国内的多家船舶修造基地，拥有含 30 万吨级、50 万吨级的各类型船坞 16 座，业务涉及大型船舶和海洋工程建造、改装及修理，生产设备装配水平、生产管理水平国内领先，技术能力、生产效率及生产成本等指标居世界前列。年修理改造大型船舶 500 余艘，年造船能力 840 万吨，是中国最大的修船企业及技术最先进的造船企业。

中远集团已形成以北京为中心，以中国香港、美洲、欧洲、新加坡、日本、澳洲、韩国、西亚、非洲等九大区域公司为辐射点的全球架构，在 50 多个国家和地区拥有千余家企业和分支机构，员工总数约 13 万人，其中驻外人员 400 多人，外籍员工 4000 多人，资产总额超过 3000 亿元人民币，海外资产和收入已超过总量的半数以上，正在形成完整的航运、物流、码头、船舶修造的全球业务链[①]。

1. 中远外部情况分析

（1）宏观环境

①政治

趋利：A.《物流业调整和振兴规划》将物流业上升到国家战略层面。B.“十二五”规划中明确提出要调整产业结构，产业结构向第三产业倾斜，大力发展战略性新兴产业。C. 国务院出台我国物流产业“国八条”扫除物流业发展障碍。D. 中国和东盟各国建立了自由贸易区，零关税将扩大对外贸易。E. 中外运属于央企，具有深厚的政府

---

① 资料来自《中远集团 2009 年可持续发展报告》。

背景。

趋弊：A. 当前物流业重复征税问题严重。B. 路桥收费偏高。C. 道路限制多。D. 加入 WTO 竞争激烈。

措施：A. 抓住机遇，加大投资力度，根据国家趋利宏观政策重新制定企业的发展战略。B. 积极和有关部门协调税收和限行问题，尽可能从多方面降低成本。C. 掌握世贸组织规则，积极参与国际竞争，提升品牌形象和服务能力。

②经济

趋利：A. GDP 持续稳定增长。B. 全球经济一体化日益深入社会经济发展中。

趋弊：A. 国际贸易争端较多。B. 全球经济未完全摆脱国际金融危机的影响。

措施：A. 选择合适的市场空间，减小贸易争端和金融危机对企业的影响。B. 把握机遇直面挑战。

③社会

趋利：A. 社会主义公有制体制，集中力量办大事。B. 对外开放不断深入。C. 潜在消费者分布于产业链各环节，潜在需求量大。

趋弊：A. 环境压力日趋增加。B. 市场经济体制不够健全。C. 理念落后，物流需求释放缓慢。

措施：A. 积极和政府职能部门、金融机构等合作建立以快速物流和金融物流为一体的核心竞争力。B. 提高物流服务能力，刺激物流市场空间的释放。

④技术

趋利：A. 信息技术发展迅速。B. 物联网技术日趋成熟。C. 电子商务迅速发展。

趋弊：A. 信息化发达程度还不够。B. 物流规划管理技术不强。

措施：A. 向国际知名物流企业学习信息技术的运用。B. 建立公用信息平台为其他物流企业提供平台，从而实现企业从重资产向轻资产的转型。C. 努力向国际先进的物流企业学习管理技能，并结合自身实际情况制定出适合自身的管理方案。

（2）行业环境

①潜在进入者

趋利：A. 规模经济限制了大量潜在竞争对手进入。B. 资本需求大，普通民营企业很难进入。C. 由于长期合作的相互了解提高了转换成本。

趋弊：产业链的延伸带来强大的国际竞争对手，竞争对手少，但是很强大。

措施：通过进一步扩大经营规模，提高经营管理的技能，提高服务能力，加强行业壁垒的形成，阻止竞争对手的大规模进入。

②买方议价

趋利：服务购买方一般按照船公司报价缴费，一般无议价能力。

趋弊：买方可能会通过重新选择合作的船公司，迫使船公司之间打价格战。

措施：A. 定价结合行情的前提下尽量和自己核心客户商议定价，或变相返利以稳定市场，谋求进一步稳定的发展。B. 和其他船公司竞争要避免打价格战，以提高服务能力作为取胜的主要措施而不是一味的降价。

③供应商议价

趋利：设施设备供应商议价能力较弱。

趋弊：A. 能源供应商有较高的议价能力。B. 劳动力成本逐渐上涨。

措施：A. 加强流程管理，降低能源消耗，引进现代化信息系统和自动化设备降低能源成本和人力资源成本。B. 和其他船公司形成战略联盟，组建全球海运设备采购组织提高议价能力。

④替代品

趋利：受成本因素的影响，铁路、公路和航空运输要替代海运的可能性较低。

趋弊：A. 近年修建的泛亚铁路、欧亚大陆桥等将可能瓜分海运部分市场。B. 某些时效性要求高的货物可能会向空运转移。

措施：A. 抓住海运低成本的优点，并尽一切可能降低成本凸显这一优势，挖掘客户资源。B. 和公路、铁路以及航空运输企业建立战略联盟优势互补实现多式联运，可稳定市场的同时更好的为客户提供服务。

（3）主要竞争对手分析

①规模

趋利：主要竞争对手有中国中海集运、日本商船三井、丹麦马士基、新加坡美国总统轮船等。从事散杂货运输业务的规模不大，甚至没有。

趋弊：竞争对手大都是世界上航运巨头，其排名都位于全球航运业前20位。

措施：A. 避免正面竞争，在自己擅长的散杂货领域做精，以稳定市场。B. 在特定领域和国际航运巨头开展合作，学习经营管理经验的同时可以提升其品牌价值。

②市场占有率

趋利：主要竞争对手在散杂货运输业务中市场占有率较小。

趋弊：在集装箱航运中竞争对手市场占有率高。

措施：A. 通过加大对散杂货运输的投入扩大规模，进一步提升管理能力，从而提高企业的核心竞争力。B. 通过物流金融、供应链服务等增值业务逐渐扩大企业在国际产业分工中的参与程度，从而扩大市场占有率。

③品牌

趋利：国内客户对国外物流企业品牌的信任还不如对中远品牌的信任。

趋弊：国际上有强大的品牌效应。

措施：品牌是竞争对手无法复制的优势资源，是核心竞争力的浓缩，中远应该进一步通过建立优质的服务体系打造高信誉品牌，解决物流业中普遍存在的信誉问题。

④财务

趋利：具体不详。

趋弊：良好。

措施：建立完善的财务管理体制，实行信息化管理提高效率，加强跟金融机构的合作，完善财务运作机制。

⑤目标

趋利：具体不详。

趋弊：中海集运：打造中国集运航母。

2. 中远内部情况分析（如表 14 所示）

表 14　　　　　　　　　　　**中远内部环境分析**

内部因素

	趋利（Opportunities）	趋弊（Threat）	措施（Measure）
生产	服务散杂货特殊市场，竞争力小	管理能力不高	抓住核心业务，提高散杂货的运输管理能力，提高核心竞争力
财务	财力雄厚（如有具体数据可做详细分析）	具体不详（如有具体数据可做详细分析）	通过国家财政以及自身雄厚的财力物力开展一系列新技术的研究，扩大投资领域，提高服务能力
营销	细分市场，针对性强	散杂货市场空间有限	继续发挥细分市场的优势，实行差异化的竞争
人力资源	较丰富（如有具体数据可做详细分析）	具体不详（如有具体数据可做详细分析）	和咨询公司、院校等共同培养具有先进物流理念的物流人才，提高企业竞争力
组织结构	分公司各自为政	庞大稳定	增加组织的灵活性以适应瞬息万变的市场
市场占有率	高（如有具体数据可做详细分析）	竞争激烈（如有具体数据可做详细分析）	抓住核心业务不放，同时扩大业务范围
信誉	高（如有具体数据可做详细分析）	具体不详（如有具体数据可做详细分析）	进一步和客户建立深层次的合租关系
其他	国企背景	受国际反倾销和地方保护主义的影响	利用国企背景和政府职能部门及金融机构建立更深层次的合作关系，提升核心竞争力。定位好市场空间

有以上分析得出中远航运的 SWOT 分析（如表 15 所示）：

根据 SWOT 分析法，针对于优势、劣势、机会与威胁的不同组合形式应该采取不同的战略措施。表 16 所示是不同组合的战略措施：

将各种措施按照可实施的时间段、效率以及各种措施之间的关联度分类如下：

表 15 　　　　　　　　　　　中远 SWOT 分析

strengths（优势）	weaknesses（劣势）
●做了良好的市场定位，在散杂货市场上优势明显 ●具有强大的品牌效应 ●物流资源丰富价格低廉，具有较强竞争力 ●业务网络初具规模，且具有一定规模，财力较雄厚同时有国家财政作保障 ●具有较强政府背景，和政府各部门关系密切，对国外企业来讲提高了其进驻门槛 ●文化底蕴优势，了解国内客户需求和习惯，降低供需双方沟通成本	●市场经济体制不完善，物流要素呈拉锯状态，全国统一物流市场尚未形成 ●受计划经济影响我国企业"大而全、小而全"现象明显，使需求释放缓慢，资源极度浪费 ●物流企业缺乏战略意识，管理理念和方式落后 ●没有实行标准化、服务质量差 ●技术水平落后、管理水平低 ●专业物流人才缺乏 ●国际原油价格持续上涨
opportunities（机会）	threats（威胁）
●经济持续高速发展，进出口贸易迅速扩大为物流市场提供了充分保障 ●中国积极融入世界经济一体化，加入 WTO、构建了东盟自由贸易区等 ●国家高度重视物流业的发展，颁布了一系列政策措施 ●信息化的高度发展为现代化物流提供了技术保障 ●国际大型物流企业给我国物流企业带来了新的理念和管理技能 ●电子商务的发展拓展了市场空间 ●制造业大国，进出口量大	●加入 WTO 后入驻中国物流市场带来了激烈竞争 ●国内民营物流企业大规模成长增强了国内物流市场的竞争 ●自营物流的竞争 ●国际铁路的开通以及航空运输业的不断发展可能和海运竞争有限的市场空间

表 16 　　　　　　　针对优势、劣势、机遇、威胁的战略措施

		外　　部	
		O（机会）	T（威胁）
内 部	S （优势）	SO 机会和优势完美结合，应该采取的战略是：最大限度的使用优势抓住机会，企业将迎来快速成长期	ST 内部优势和外部威胁组合，应该采取的战略是：充分利用自身优势降低威胁
	W （劣势）	SO 劣势和机遇组合型，应该采取的战略：利用机会回避弱点	WT 劣势和外部威胁组合，此种情况企业可谓是内外交困，企业应该采取的战略是收缩合并战略

1. A 组［阶段 1（目前）阶段目标：快速物流］

（1）和银行合作，客户和企业在合作银行实行货款、税费网上结算，同时为客户提供方便的物流金融服务，实现互惠互利。

（2）利用其强大政府背景和海关商检、运输、税务等政府职能部门合作，建立快速通关系统。

（3）建立先进的信息化系统，和合作的银行、政府职能部门联网，实行电子商务办公，提高物流效率的同时最快的获得有效信息。

（4）紧抓散杂货运输，将其打造成为核心竞争力，进一步加强其管理提高竞争壁垒。

2. B 组［阶段 2（1~3 年）阶段目标：网络化物流］

（1）由于前一个阶段打造了快速物流系统这正好和现代物流对效率的要求，因此可利用该特色和国内零售业、制造业建立长期的合作联盟，不断整合社会资源。

（2）通过并购、联盟等方式和国内物流联盟整合社会运输资源。同时可以和货代公司形成联盟进一步扩大市场份额。

（3）通过自建、投资、租赁等方式建立物流基础设施网络，完善网络硬件设施，提高物流运行效率扩大市场。

（4）通过自身雄厚的资金和政府的财政政策支持建立物流业公共信息服务平台，服务自身的同时服务于整个物流业，降低中小型物流企业成本，提高整个国家物流业的竞争力。

3. C 组［阶段 3（4~7 年）阶段目标：现代综合物流］

（1）此阶段企业的重点是国际环境的竞争。企业应该引进先进的经营管理技能，充分利用国外不同环境的优势资源提高服务能力。

（2）通过和咨询公司、院校合作培养优秀的物流人才，同时引进国际上优秀的物流人才，提高经营管理能力。

（3）引进自动化设备降低人力资源成本，利用发达国家先进的信息化平台完善自己的信息化网络。

（4）由于国内物流行业标准不统一，企业身为国有企业可以和相关政府职能部门合作制定相关的物流行业的标准，同时建立企业内部的标准操作流程。

4. D 组［阶段 4（7~10 年）阶段目标：全球供应链经营］

（1）将市场空间分为三大部分，国内市场、欧美日主要贸易国以及东盟自由贸易区。对不同的地区采取不同的市场策略。

（2）根据各个国家地区的特点和当地的铁路、公路、航空等运输企业联盟形成多式联运综合物流体系，提高服务能力。

（3）进一步延伸企业在国际产业链中的分工，从传统的运输企业向物流经营人过渡，逐步转变成物流经营人的角色。

（4）将经营重点转向供应链系统，建立全球采购网络，打造全球供应链系统服务于制造业。

（二）战略发展远景、使命及战略目标

1. 战略发展远景

打造中国产业航母，发展全球供应链，做全球专业物流经营者。

全球供应链是指在全球范围内组合供应链，它要求以全球化的视野，将供应链系统延伸至整个世界范围，根据企业的需要在世界各地选取最有竞争力的合作伙伴。全球供应链管理强调在全面、迅速地了解世界各地消费者需求的同时，对其进行计划、协调、操作、控制和优化，在供应链中的核心企业与其供应商以及供应商的供应商、核心企业与其销售商乃至最终消费者之间，依靠现代网络信息技术支撑，实现供应链的一体化和快速反应，达到商流、物流、资金流和信息流的协调通畅，以满足全球消费者需求。全球供应链是实现一系列分散在全球各地的相互关联的商业活动，包括采购原料和零件、处理并得到最终产品、产品增值、对零售商和消费者的配送、在各个商业主体之间交换信息，其主要目的是降低成本扩大收益[①]。

2. 使命

服务制造业，回报社会。

3. 战略发展目标

通过对市场宏观状况、竞争对手、自身的内部情况等进行了综合的分析，为了我国国有大型物流企业能在全球物流市场的竞争中取胜并引领我国的生产制造业走向全球，根据市场经济的特征提出未来五年到十年的发展目标与阶段性策略，以统一思想明确目标。

中远集团总体战略目标：做全球物流资源整合平台。

为了实现该总体战略目标，拟分四个阶段来实施。

第一阶段目标：结合现有市场规模和政府背景等资源打造快速反应物流系统。

第二阶段目标：通过第一阶段打造的特色扩大市场，打造网络化物流系统，进一步扩大规模。

第三阶段目标：通过前一阶段进一步稳固了市场占有率扩大了规模，在此基础上企业引进先进的管理技术、信息化技术及自动化技术打造国际现代化综合物流系统。

第四阶段目标：第四阶段是企业发生腾飞的时候，企业通过其强大的品牌效应和巨大的市场网络从功能性物流过渡到广度代理物流模式。企业将成为全球物流资源整合平台，实现全球采购打造全球供应链体系。

（三）战略制定

可以把物流看做一条链，它贯穿三方（供应方、物流提供方、销售方）、连接四业（生产制造业、仓储业、运输业、营销业）、包含六大要素（运输、保管、搬运、包装、流通加工、物流信息），如图 19 所示。

当前物流的先进性主要体现在四个方面，即专业化与系统化、信息技术为支撑的高技术化、全球一体化、电子商务与服务整合。由以上分析我们将如图 20 所示的各阶段的措施按照战略自动生成模型的原理组合成中远的发展战略。

将以上战略模型简化后得到如图 21 所示的战略模式。

---

① 观点来自：Hishleifer，1956。

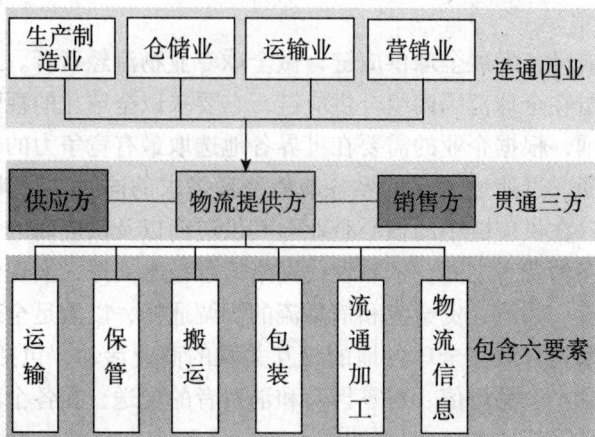

图19 物流在产业链中的纽带作用

全球供应链系统包括信息链、供需链、物流方案解决以及供应链、金融等业务。

由于该报告研究的不是某个企业的战略而是一个特殊群体的战略。这个群体有其共性但是也各具实际情况，因此制定其战略不能一概而论。从共性上来看我国当前的物流市场主要分为国内市场和国外市场，从市场资源上来看美、日、韩是我国当前主要的贸易出口国，而东盟自由贸易区的建立无疑会带来潜在而巨大的市场空间，从竞争对手来看，主要来自欧、美、日、韩。各自的环境不相同，因此，根据具体情况制定不同的战略有助于战略的可操作性，如图22所示。

具体分不同竞争对手和地区制定以下战略（如表17所示）。

表17　　　　　　　　　　　　　　**不同市场的不同营销战略**

	东盟自由贸易区	美、日、韩、欧等主要出口国
国内	目前国内东盟还没有强势竞争对手进入，应抓住时机和贸易区企业联盟，构筑防线以守为攻	已经有强势对手进入，竞争日趋激烈，宜巩固品牌加强服务质量，以守为攻
国外	物流市场潜力巨大，且竞争力弱，应利用政策和产业优势采取横向一体化战略，强势进入，以攻代防	竞争激烈且国外物流企业品牌和网络体系成熟进入壁垒高，宜充分利用我国出口贸易采取后向一体化战略

至此我们根据前面所研究的战略的制定方法为中远制定了发展战略，但是我们必须指出此战略虽然对中远的发展具有一定的指导意义，但是由于对其内部的资源掌握不全面，同时本课题的重点在研究战略制定的方法上，因此上面以中远为例重点旨在说明本文所研究的战略制定的方法的实用性而非中远发展战略本身。

| 第1阶段目标成为新资源：中远已经具有快速反应、金融税务管理及政府高效配合等资源 | 措施1*:快速物流为企业和制造业及其他物流业联盟提供了基础 | 第2阶段目标成为新资源：形成了规模效应，建立了良好的品牌、市场得到进一步的拓展、资金更加雄厚 | 措施2*：为第三阶段采用现代化的设备以及引进优秀的人才奠定了基础 | 第3阶段目标成为新资源：具有了和国际物流市场接轨的标准、管理思想、技术以及资金实力 | 措施3*：扩大国际市场，利用网络建立全球供应链及分销系统，从物流承运人转向经营人 |

| 技术战略 资源开发战略 人才战略 营销战略 发展战略 其他 1阶段：快速物流系统 财务战略 品牌战略 竞争战略 | 技术战略 资源开发战略 人才战略 营销战略 发展战略 其他 2阶段：综合网络物流系统 财务战略 品牌战略 竞争战略 | 技术战略 资源开发战略 人才战略 营销战略 发展战略 其他 3阶段：现代综合物流系统 财务战略 品牌战略 竞争战略 | 技术战略 资源开发战略 人才战略 营销战略 发展战略 其他 4阶段：全球供应链系统 财务战略 品牌战略 竞争战略 |

措施组A　　　巩固前期各阶段目标　措施组B　　　巩固前期各阶段目标　措施组C　　　巩固前期各阶段目标　措施组D

| 1.和银行合作，客户和企业在合作银行实行货款税费网上结算，同时为客户提供方便的物流金融服务，实现互惠互利 | 2.利用其强大政府背景和海关商检、运输、税务等政府职能部门合作，建立快速通关系统 | 3.建立起先进的信息化系统，和合作的银行、政府职能部门联网，实行电子商务办公，提高物流效率，同时最快的获得有效信息 | 4.紧抓散杂货运输，将其打造为核心竞争力，进一步加强管理提高竞争壁垒 | 1.可利用效率特和内零售业、制造业建立长期的合作联盟，不整合社会资源 | 2.通过并购、联盟等方式和国内物流联盟同时可和货代公司形成联盟，进一步扩大市场份额 | 3.通过自建、投资租赁等方式建立物流设施网络，完善网络硬件设施提高物流运行效率扩大市场 | 4.通过自身雄厚资金和政府的政策支持建立物流业公共信息平台，服务自身的同时为整个物流业 | 1.此阶段企业的重点是国际环境的竞争。企业应该引先进的经营理能，充分利用国外不同环境的优势资源提高服务能力 | 2.通过和咨询公司、院校合作培养优秀的物流人才，同时引进国际上优秀的物流人才，提高经营管理力 | 3.引进自动化设备降低人力资源成本，利用发达国家先进的信息化平台完善自己信息网络 | 4.身为国有企可以和相关政府职能部门制定相关的物流行业的标准，同时建立企业内部的标准操作流程 | 1.将市场空间分为三大部分国内、欧美日主要贸易以及东盟自由贸易区。对不同的区域采取不同的市场策略 | 2.根据各个国家地区的特点跟当地的铁路、公路、航空等运输企业联盟形成式多联综合物流系统，提高服务能力 | 3.进一步延伸企业在国际产业链中的分工，从传统的运输企业向国际经营过渡，逐步转变成物流经营人的角色 | 4.将经营重点转向供应链系统，建立全球采购网络，打造全球供应链系统服务于制造业 |

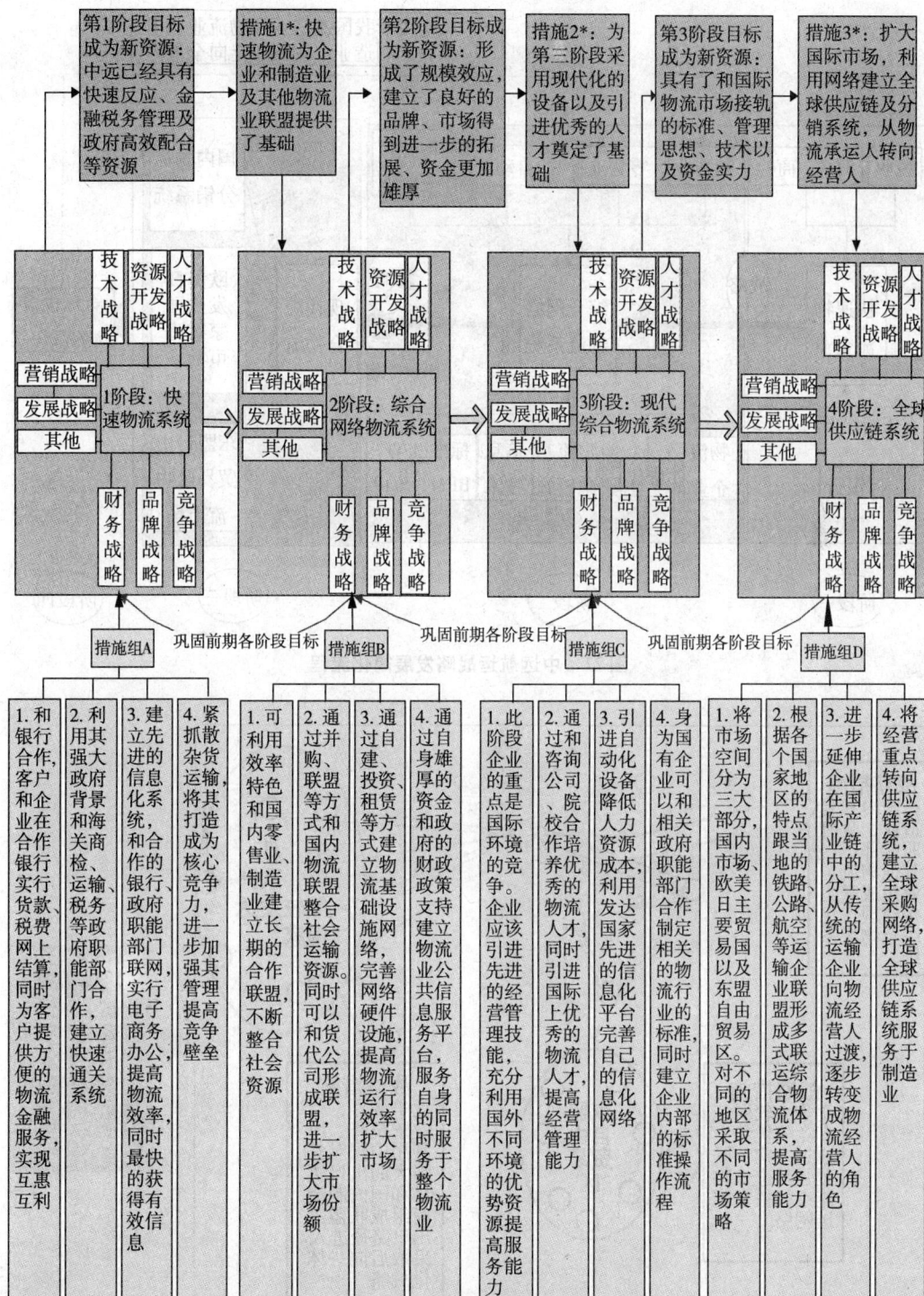

图20　中远发展战略及分阶段实施策略

反作用于我国制造业和物流业，引领我国制造业、物流业走向全世界

| 税收 | 海关、商检 | 制造业 | 零售业 | 自动化 | 国际物流企业 | 国内物流分销系统 |

快速物流企业

战略1

综合网络物流系统

战略3

现代综合物流

欧美日发达国家物流市场

全球供应链系统

在银行结算互利

银行

| 物流企业 | 货代 | 物流基础设施 | 信息技术 | 标准: ISO、BPM、SOP | 东盟自由贸易区物流市场 |

阶段一　　　　阶段二　　　　阶段三　　阶段四

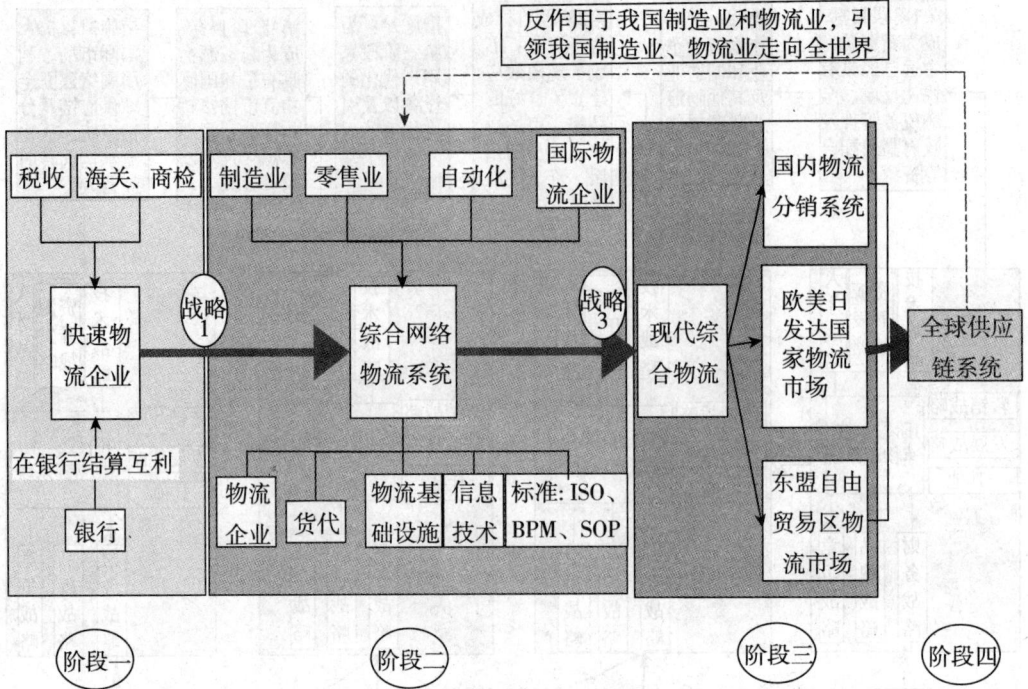

图21　中远航运战略发展简化流程

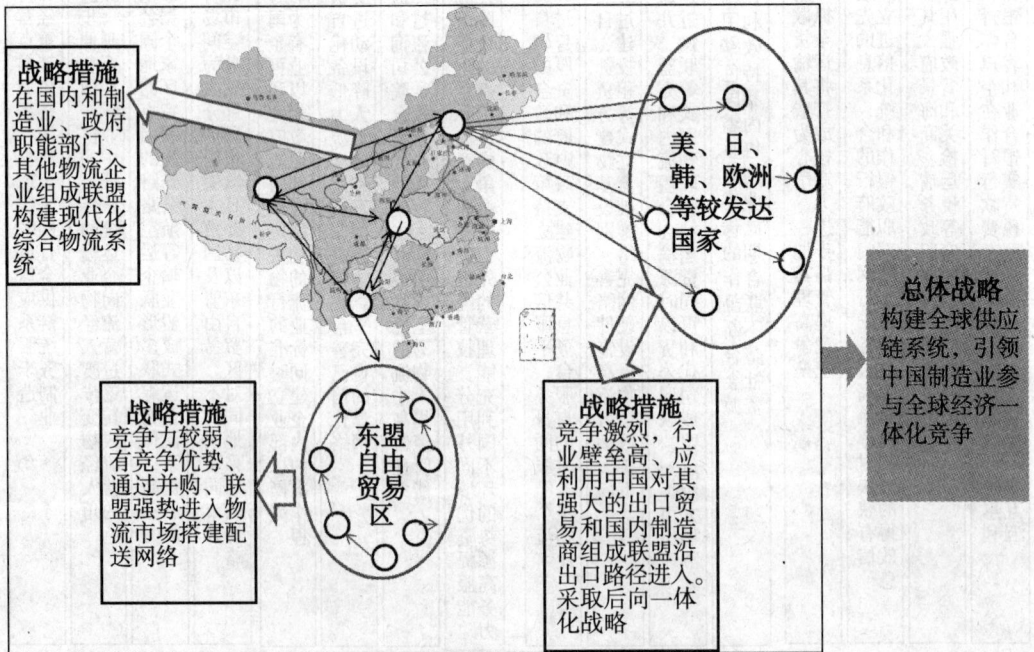

战略措施
在国内和制造业、政府职能部门、其他物流企业组成联盟构建现代化综合物流系统

美、日、韩、欧洲等较发达国家

总体战略
构建全球供应链系统，引领中国制造业参与全球经济一体化竞争

战略措施
竞争力较弱、有竞争优势、通过并购、联盟强势进入物流市场搭建配送网络

东盟自由贸易区

战略措施
竞争激烈，行业壁垒高，应利用中国对其强大的出口贸易和国内制造商组成联盟沿出口路径进入。采取后向一体化战略

图22　中远不同市场应采取不同措施

（四）市场营销战略

1. 营销战略概述

所谓营销战略就是各业务单元在目标市场上为达到各种营销目标所采取的广泛的原则。主要包括三个部分：目标市场战略、营销组合战略以及营销管理战略。从营销管理的角度来看营销战略的基本过程分为三个阶段，营销战略计划、营销战略的执行及营销战略的控制。其中控制一般有年度计划控制、目标利润控制以及战略控制三种。

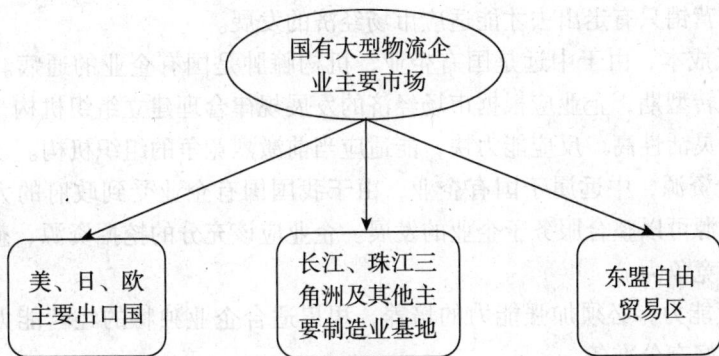

国有大型物流企业主要市场

美、日、欧主要出口国　　　长江、珠江三角洲及其他主要制造业基地　　　东盟自由贸易区

图23　中远市场定位

2. 我国大型国有物流企业的市场定位

由于我国物流业尚处于起步阶段，各种理念和管理及技术水平都还不成熟，面对国际大型物流企业总体上应该采取避强策略，选取最适合我国当前国有大型物流企业的市场空间，当自身健全后再实施全球物流企业的正面竞争。当前我国大型国有物流企业应该以中等客户为主，向他们提供企业发展最需要最贴切的物流服务，把降低物流成本、提高服务质量作为宗旨。市场空间上选择三大服务市场如图23所示，首先我国是全球的制造业大国，每年的出口贸易巨大，而出口的主要对象是美、日、欧等发达国家，我国制造业和这些国家的企业有着千丝万缕的联系，"出口贸易开路，物流铺轨"物流服务的发展反过来又提高制造业的服务质量，构建制造业和物流业互相促进的局面。另一块市场是国内分销市场，我国是一个人口大国，2010年我国物流总额125.4万亿元，物流总费用7.1万亿元，占GDP的18%。市场空间很大，而且有强大的政府背景和长期运营建立的网络，因此在国内迅速抢占分销市场是重要的切入点。最后我国已经和东盟各国建立了自由贸易区，此贸易区是当前世界上人口最多、贸易额最大的三大经济体之一，其广阔的物流市场是不言而喻的，而且这些国家都是发展中国家竞争相对较小，自由贸易区对我国来讲物流市场前景十分光明，我国拥有其他国家无法拥有的资源具有核心竞争力，抢占东盟自由贸易区物流市场同样是我国发展现代物流业的切入点，其风险较小成功概率大，而且对我国的经济发展有十分重要的意义。

3. 营销战略具体建议

（1）强化服务质量，由于航运市场的特殊性，中远已经早早的加入到了国际激烈的竞争环境中，面临着诸如马士基、联邦快递、丹沙中福等全球领先的物流企业，它们有发展时间长，理念先进，管理能力强，资金雄厚等优势。要在这场激烈的竞争中取得胜利，作为服务性行业的物流业中远应该强化服务质量，为客户提供满意的服务。同时积极加入全球质量认证体系的行列中，严格按照 ISO 9000 管理企业的服务质量，提高企业的信誉。

（2）转变思想观念，我国经历了较长时间的计划经济时代。人们的思想意识往往还停留在等客户上门来的层次。而在当前激烈的市场竞争环境中，必须变被动营销为主动营销，企业营销只有走出去才能适应市场经济的发展。

（3）降低成本，由于中远是国有企业，机构臃肿是国有企业的通病。当前我国国有企业正处于转型期，企业应根据市场经济的发展规律合理建立组织机构，逐渐将臃肿的机构转变为灵活性高、反应能力快，能适应当前激烈竞争的组织机构。

（4）整合资源，中远属于国有企业，由于我国国有企业受到政府的大力支持。因此，很多的资源可以整合服务于企业的发展。企业应该充分的挖掘资源、整合资源，构建自己的核心竞争力。

（5）培育能力，必须加强能力的培养，积累适合企业独特的经营能力，为全面抢占国际市场做好充分准备。

（五）人力资源战略

人力资源战略的宗旨是：吸引人、留住人、发展人。其工作内容一般包括岗位设计、人员招聘、人员配置、培训和发展、绩效评估与激励等。

（1）针对中远这样的大型国有物流企业已经使用了比较先进的信息系统，在招聘用人的时候要注意人员的整体素质并加强企业对员工的培训，提高他们对信息化系统的理解能力。并通过严格公正的考核机制，激励员工提高服务意识，密切的关注公司战略制定及执行情况，为战略的制定和执行培养人才。

（2）根据战略推进及业务开展调整考核标准，提供内部员工培训满足业务发展对人力资源的要求。吸引甄选外部专业人才，高级管理人才，为招聘决策提供基础。

（3）通过培训、转岗等对人力资源进行优化，不断吸引外部优秀人才，为进一步的战略发展做准备。

通过人力资源工作，引导员工的目标和企业的发展目标相一致。

当前作为国有企业的中远面临着权力集中，领导拍板，人力资源部门的职能没有得到充分的发挥的问题。企业的人力资源工作应以企业的发展为核心，有利于企业的可持续发展是人力资源工作的基本前提，在此基础上人力资源部门的工作应作为企业发展的保障。企业不断壮大的过程中面临对人员的扩编、人员更替，同时由于企业的发展对人员素质要求不断提高，也对人力资源部门提出了要求，如图24所示。

（六）资本运作战略

中远作为国有大型物流企业具有很多资源可以整合。在前面的环境分析中国已经将企业可以整合的资源进行了总结：

（1）做了良好的市场定位，在散杂货市场上优势明显。

（2）具有强大的品牌效应。

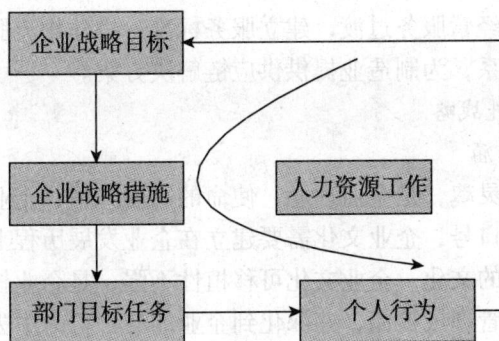

图24 人力资源工作内容

(3) 物流资源丰富价格低廉，具有较强竞争力。

(4) 业务网络初具规模，且具有一定规模，财力较雄厚同时有国家财政作保障。

(5) 具有较强政府背景，和政府各部门关系密切，对国外企业来讲提高了其进驻门槛。

(6) 文化底蕴优势，了解国内客户需求和习惯，降低供需双方沟通成本。

(7) 经济持续高速发展，进出口贸易迅速扩大为物流市场提供了充分保障。

(8) 中国积极融入世界经济一体化，加入WTO、构建了东盟自由贸易区等。

(9) 国家高度重视物流业的发展，颁布了一系列政策措施。

(10) 信息化的高度发展为现代化物流提供了技术保障。

(11) 国际大型物流企业给我国物流企业带来了新的理念和管理技能。

(12) 电子商务的发展拓展了市场空间。

企业在这些优势资源的基础上制定有效的发展战略，不断将这些资源加以运用创造财富，创造新的资源。其实战略的制定就已经将整合资源的具体措施考虑进去了，总的来说还是，立足本土，充分利用政府资源、国家经济发展的成果和已有的网络不断整合国际物流资源，积极参与国际物流业的竞争，为使企业早日实现其战略目标。

（七）服务战略

就中国远洋集团现状而言，中远的服务战略应该分三个阶段去实现。

第一阶段：

(1) 进行培训和学习，培养物流服务意识。

(2) 加强员工对信息系统的培训，让员工进一步了解和掌握信息系统。和客户共享信息，让员工能更好的为客户提供便利，提供服务。

(3) 建立服务标准，加强服务质量监管，不断升级服务水平。

第二阶段：

(1) 通过和政府职能部门之间的信息共享打造快速物流服务，更好的服务于客户。

(2) 扩大服务范围，利用其雄厚的资金为客户提供物流金融的服务。

(3) 为客户提供简单的流通加工服务。

第三阶段：

本阶段企业已经拥有了巨大的业务网络，资金雄厚，品牌效益明显，企业应将传统的承运服务逐渐向物流经营服务过渡，建立服务标准，搭建物流服务平台，不断整合资源，构建全球供应链体系，为制造业提供供应链解决方案。

（八）企业文化改进战略

1. 中远企业文化内涵

企业文化是企业的灵魂，是企业理念、使命的高度升华，企业文化不是写在墙上的标语也不是挂在嘴边的口号，企业文化需要建立在企业发展历程上，没有企业发展的点点滴滴就没有企业自己的文化，企业文化可移植性不强，是企业核心价值之一。真正有效的企业文化是由企业管理层提倡，并深化到企业的各种行为中去，灌输到所有员工的头脑中，体现在企业一切的管理风格和制度中。

中远作为我国第一家远洋运输企业，自建立以来企业就以振兴国家为己任，努力奋斗为国家建设提供强有力的保障。中远是物流业中的骄傲更是民族的骄傲，中远的发展和国家的发展始终结合在一起，这是中远集团自成立以来积淀的独特文化，如表18所示。

表18	中远企业文化内涵
文化因素	内　　　容
企业目标	搭建全球物流服务平台，构建国际供应链体系
企业宗旨	不断追求领先，努力提高服务
企业精神	以信息技术和管理技术为支撑，以创新的服务理念实现腾飞
核心价值观	诚信服务，以人为本
企业理念	以市场为导向，以国民经济的发展为基点，不断的提升品牌价值

2. 中远企业文化实施

根据以上分析，中远的企业文化战略应该分为三个阶段来实施（如图25所示）：

五、结尾篇

（一）课题研究的结论

该课题研究了我国大型国有物流企业的宏观环境、行业环境以及主要竞争对手。对当前我国大型国有物流企业的现状做了深入的分析和研究，并在此基础上针对我国大型国有物流企业的基本特征研究了在加入世贸组织，国际物流业竞争日益激烈的背景下我国大型国有物流企业的战略制定的方法——战略自动生成模型。该模型是在认真研究传统战略制定的方法的基础上，结合当前我国大型国有物流企业的基本特性研究出的战略制定的方法。最后，以中远为例进一步说明了战略自动生成模型的使用方法和实用性。该模型是对战略制定方法的高度总结，结合了我国当前国有大型物流企业的基本特征，针对性强，同时模型中合理使用了经典的战略分析的方法，如 PEST、SWOT、迈克尔·波特的五力分析法等，是对前人工作的高度总结，在使用这些经典分析工具的时候，课第三阶段：
通过制度建设的
改进，新的价值
观的构成，企业
文化的群体意识
开始形成，企业
文化逐渐被员工
和顾客所认同，
企业文化将迅速
转化成企业独有
的无形资产，增
强企业的核心竞
争力

基本形成

贯彻实施

思想发动

第二阶段：
将企业文化深化
到企业的各项规
章制度和企业的
经营目标中，真
正让企业文化在
企业的经营管理
中产生作用

第一阶段：
回顾历史，重新
提炼出更为精确
的企业文化，并
强势宣传灌输

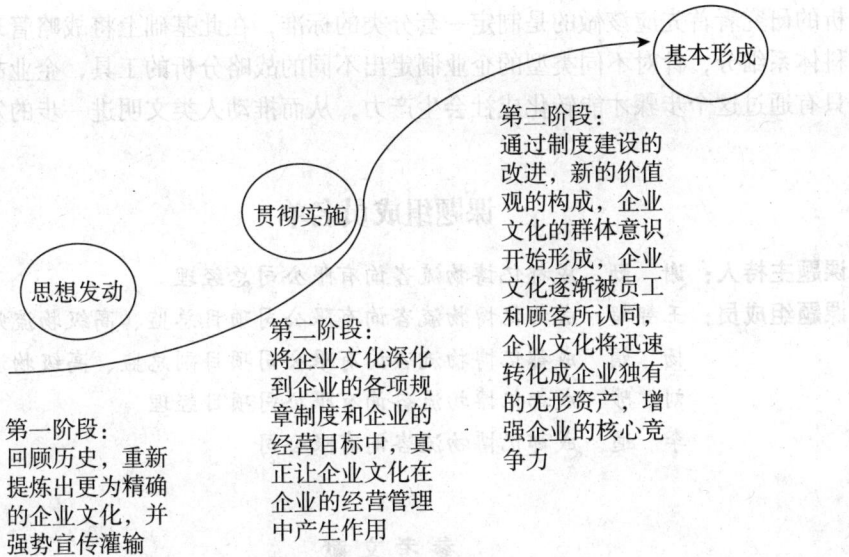

图 25　企业文化实施的步骤

题努力的寻找各种方法的内在逻辑关系，充分把握各种方法的实用范围和优缺点，将其巧妙的运用到了战略自动生成模型中，使得该战略分析模型有极高的可行性。

（二）研究评价方法

企业战略具有很强的个性化，针对不同的企业管理者，战略方法有差异，因为不同的人思考问题的方式方法不一样，见识也不一样，对其他管理者可能是好的战略不一定对另一个管理者是好战略；另外同样的战略在不同的时期可能也不同，因此制定战略后对战略进行科学的评价是非常有必要的，是战略实施前最后的审视。因此，企业战略的评估意义十分重大。一般说来，战略评估必须回答这样几个关键问题：企业的战略计划是否合理？是否前后一致？企业组织是否具备必要的能力来执行它，也就是说，拟订的战略计划是否具有可行性？

（三）讨论与建议

首先，课题中提出的战略自动生成模型本身还只是停留在雏形阶段，能不能将该理论进一步优化，尽量避免战略制定中的主观倾向，是发展该模型的关键。但该模型对进一步揭开战略制定的神秘面纱，提升我国大型国有物流企业管理人员的战略意识有重要意义，同时能有效的指导我国大型国有物流企业的战略制定。在战略制定的时候建议认真分析研究所列出来的优势、劣势、威胁和机遇，因为战略目标就是由这些环境分析得出的，众所周知战略目标在企业战略制定中有特殊的意义，是一切活动的风向标，但是战略自动生成模型还是不能完全解决战略目标的制定，战略目标的制定还是停留在经验和理论结合的阶段。因此，战略目标的制定还可以做进一步的研究。

其次，本文虽然将我国大型国有物流企业战略制定的方法做成工具模型，使得更多的人能使用战略管理的理论成果，但战略自动生成模型只能起到抛砖引玉的作用，企业战略是一个庞大的学科体系，不是一个模型就能全部总结出来的，未来对企业战略制定的方法的研究应该是分行业、分地区、分企业甚至有更多的分类的方法。因此，作为战略分析的研究者首先应该做的是制定一套分类的标准，在此基础上将战略管理这门庞大的学科体系细分，针对不同类型的企业制定出不同的战略分析的工具，企业战略管理的研究只有通过这个步骤才能转化成社会生产力，从而推动人类文明进一步的发展。

课题组成员名单

课题主持人：　谢　勤　成都亿博物流咨询有限公司总经理
课题组成员：　王智超　成都亿博物流咨询有限公司项目总监、高级物流师
　　　　　　　　杨　娟　成都亿博物流咨询有限公司项目副总监、高级物流师
　　　　　　　　刘　陟　成都亿博物流咨询有限公司项目经理
　　　　　　　　李　通　成都亿博物流咨询有限公司

参 考 文 献

[1] 戢守峰，李雪欣. 现代物流企业经营战略 [M]. 北京：科学出版社，2006.

[2] 李瑞芬，刘瑞涵，等. 北京物流企业财务管理战略 [M]. 北京：中国农业科学技术出版社，2009.

[3] 刘寅斌，刘晓霞，熊励. 物流战略规划与实施 [M]. 北京：电子工业出版社，2008.

[4] 杜培枫. 国际大型物流企业战略转型与业务整合研究，招商局集团有限公司博士后科研工作站.

[5] 周文燕，陈辉华，刘微明. 企业战略管理理论的发展 [N]. 首都大学学报：社会科学版，第 25 卷第 1 期。

[6] 2010 年中国物流业风险分析报告 [R]. 国家发改委，中国经济导报。

[7] 谭宏. 竞争与策略——迈克尔·波特的物种竞争力分析模型分析 [J]. 渝西学院学报，Nov. 2005，Vol. 4，No. 6。

[8] 张雪占，栾斌. 浅谈我国第三方物流企业的 SWOT 分析 [J]. 人文社会科学专辑，No. 2009，Vol. 35.

[9] 陈用华，邹树梁，王铁骊. 论战略联盟合作伙伴的核心竞争力及其构建 [J]. 南华大学学报，2003.

[10] 文放怀. 中小企业精益六西格玛实施战略研究 [J]. 贝恩德国际战略管理咨询 CEO.

中小型轿运物流企业战略优化与发展模式研究[*]

内容提要： 本课题以占绝对数量的中小型轿运物流企业为研究对象，在全面深入调研我国整车物流市场发展状况以及轿运物流企业发展现状的基础上，运用 PEST 分析和五力模型分析法对中小型轿运物流企业所处的战略环境进行了分析，并找出其发展存在的关键问题以及原因，再结合国外先进的理念、物流技术和手段，从战略高度对企业的发展提出优化的途径，以期对促进中小型轿运物流企业的可持续发展提供有益的参考和建议。同时，汽车产业也是湖北省的支柱产业之一。武汉轿运物流对于武汉汽车制造业的发展起着十分重要的支撑作用。每年，神龙、东本和二汽制造的几十万辆商品车都通过轿运物流经销到全国各地。本课题的研究对促进湖北省轿运物流以及汽车产业的发展也有着现实指导意义。

一、前言

（一）研究背景

1. 中国汽车产业正处于历史上持续最长的高增长时期

与传统的汽车产业强国相比，目前中国汽车产业在成本、市场、资本等多个方面具有明显的比较优势，正处于历史上持续最长的高速增长时期。根据中国汽车工业协会发布的统计数据显示，2010 年我国汽车产销分别达到 1826.47 万辆和 1806.19 万辆，同比增长分别为 32.44% 和 32.37%，产量创下新高，而销量则一举超越美国于 2000 年的 1740 万辆销量纪录，再创全球新高。其中，乘用车产销分别为 1389.71 万辆和 1375.78 万辆，同比增幅分别为 33.83% 和 33.17%；商用车产销 436.76 万辆和 430.41 万辆，同比增长分别为 28.19% 和 29.90%。近年来，我国宏观经济持续快速增长，居民生活水平稳步提高，由于人口众多，人均汽车保有量仍然很低，2010 年我国汽车千人的保有量 58 辆，还不到世界平均水平的一半。巨大的购买潜力陆续变成拉动我国汽车工业快速增长的动力，汽车工业也成为国民经济的重要支柱产业。预计我国汽车工业在今后十年里仍将呈现一个快速增长的发展态势。

2. 汽车物流发展潜力大，整车物流需求将会随着汽车产量的增加而增长

我国汽车产业的快速发展是我国汽车物流业快速进步的原动力。作为汽车产业的连接点，汽车物流具有广阔的发展前景，可以说，汽车物流在我国还属于一个朝阳产业，真正意义的汽车物流才刚刚起步。有数据显示，欧美汽车制造企业的物流成本占销售额的比例为 8%，而日本汽车制造商更是达到了 5%，相比之下，我国汽车制造商的物流成本占到了销售额的 15%，这既说明了我国汽车物流发展的落后，同时也表明了我国

---

* 本课题（2011CSLKT147）荣获 2011 年度中国物流学会课题优秀成果奖二等奖。

汽车物流巨大的发展空间。2010年我国汽车工业总产值达到了4.05万亿元，按15%的比例计算，我国汽车物流总额约为6075亿元，若物流成本降低1%，就会节约物流费用60.75亿元，如果我国的物流成本能够降到国际水平的8%，其利润空间将会有2835亿元，这是一个相当大的数据。可以说，汽车物流是一个具有潜力的物流子行业，它的发展同时也会带动我国汽车行业的发展，降低汽车制造成本，提高我国汽车产业的竞争力。

随着我国汽车消费市场的快速扩大以及我国汽车的大量出口，整车物流需求将会随着汽车产销量的增加而增长。

3. 中小型轿运物流企业经营风险上升，面临诸多困难

汽车产业的高速发展对汽车物流市场产生了巨大的需求，大量中小型汽车物流企业涌进汽车物流领域。随着汽车市场竞争的进一步加剧，汽车生产商对汽车运输成本有了进一步的要求。同时，随着汽车物流市场的日益饱和，汽车物流业也开始进入资源整合阶段，尤其表现在整车领域。伴随汽车整车价格不断下降，原材料价格的不断上升，汽车生产企业逐渐将成本转移至第三方物流企业。在汽车制造商成本转移、原油价格上涨、行业内部竞争加剧的背景下，如何降低运输成本，提高运力资源的使用率成为汽车物流企业特别是中小型汽车物流企业赖以生存发展的重要课题。

作为商品车运输的轿运物流业，对拉长汽车制造产业链，带动第三方服务业，具有十分重要的意义。但由于受燃料、路桥费、钢材、轮胎、汽车配件及劳动力和土地等要素价格上涨影响，再加上上游企业的经营压力、压低价格、延长账期影响，公路罚款日趋严重，使物流企业资金链趋紧，经营风险上升。当前，轿运物流业所面临的困难概括起来就是：客户要求高、运营成本高、市场波动大、经营风险大、服务价格低、企业利润低。

（二）研究目的和意义

汽车的供应链很长，轿运企业所从事的整车物流只是其中的一环。这一环一旦溃乱，国家的汽车物流业必遭重创——资金积压、销售受阻、链条受损，这进而会影响汽车产业的发展。当前，由于油价上涨，车辆通行费不降反升，轿运半挂车的营运成本持续上升，生产厂家又不断降低运价，轿运物流企业的经营已经处于十分困难的局面。

本课题以占绝对数量的中小型轿运物流企业为研究对象，在全面深入调研我国整车物流市场发展状况以及轿运物流企业发展现状的基础上，运用PEST分析和五力模型分析法对中小型轿运物流企业所处的战略环境进行了分析，并找出其发展存在的关键问题以及原因，再结合国外先进的理念、物流技术和手段，从战略高度对企业的发展提出优化的途径，以期对促进中小型轿运物流企业的可持续发展提供有益的参考和建议。

同时，汽车产业也是湖北省的支柱产业之一。武汉轿运物流对于武汉汽车制造业的发展起着十分重要的支撑作用。每年，神龙、东本和二汽制造的几十万辆商品车都通过轿运物流经销到全国各地。本课题的研究对促进湖北省轿运物流以及汽车产业的发展也有着现实指导意义。

（三）国内外研究现状

1. 国外研究现状

国外有关本课题的研究主要体现在企业战略方面。西方理论界把企业战略视为经营战略，根据其基本思想和研究重点的不同可分为五个主要学派：资源配置学派、目标战略学派、竞争战略学派、创新战略学派、人本战略学派。各战略理论均认为企业战略应包含几个关键的战略要素，即环境、组织及目标、战略资源获取和使用的行动方案、战略阶段和措施等。

2. 国内研究现状

国内有关本课题的研究主要体现在两个方面：汽车物流和中小型第三方物流企业发展战略方面。

田林、伍娜（2010）在《中国汽车物流业现状及发展策略研究》中，分析中国汽车物流业现状的基础上指出了其存在的问题，并提出了促进中国汽车物流业发展的可行性建议。张雪青（2010）在《我国汽车物流发展浅析》中分析了目前我国汽车物流发展存在的问题，并有针对性的提出对策：加快第三物流市场的培育；在科学规划的基础上对物流基础设施进行整合、建设；提高信息化管理水平；树立品牌意识。樊逸敏（2010）在《中国汽车物流行业竞争环境简析》中综述了中国汽车物流行业当前的发展情况和面临的竞争环境，并通过波特五力模型对该行业中潜在的五种竞争来源进行分析，从而对中国汽车物流行业所面临的竞争环境和发展前景提出自己的观点。

肖红、朱艳玲（2007）在《我国中小型物流企业发展分析》一文中从降低物流成本的角度分析了企业的发展。文章通过 SWOT 战略分析，提出我国物流企业要把握时机，提升自己的实力，做到"强强联合，提高中小型物流企业综合竞争力，争取与物流巨头合作的机会。"李国旗、龚迪（2007）在《中小型物流企业发展战略问题研究》中比较清晰地就发展战略提出了自己的见解。文章分别就"定位战略、经营战略以及重大战略决策问题"对我国物流企业发展战略进行了详细分析，并提供了策略分析与设计过程中几种常用方法，具有实践性和操作性。方芳（2009）在《第三方物流企业战略选择》一文中分析我国第三方物流市场环境的基础上，对第三方物流企业可选择的经营战略进行了探讨。

（四）研究内容

1. 主要内容

本课题以中小型轿运物流企业作为研究对象，以企业发展战略作为研究的切入点，主要从以下五个方面展开研究：

（1）导论。主要介绍本课题的研究背景、目的和意义、国内外研究现状、主要研究内容与创新点以及采用的主要研究方法。

（2）中小型轿运物流企业的发展现状分析。在对我国整车物流发展以及轿运物流企业发展现状进行总结描述的基础上，重点对中小型轿运物流企业发展存在的关键问题进行了较深入的研究，并对其内在及外在原因进行了分析总结。

（3）中小型轿运物流企业的战略选择与优化。主要采用 PEST 分析和五力模型分析法，对中小型轿运物流企业所处的战略环境进行了较为全面的分析，并以此为基础对公司层战略和业务层战略进行了设计与优化。

（4）中小型轿运物流企业战略发展模式的选择。为了实现第三部分提出的企业发展战略，本部分进一步提出了可供企业选择的三种发展模式，即合作发展、差异化发展及内涵式发展模式。

（5）实例分析。湖北东方物流服务有限公司是湖北省武汉市的一家中小型的轿运物流企业，该企业为本课题组所在院校的合作单位。为了验证本课题的研究成果，我们将该企业作为研究样本进行了深入而细致地调研，并借助SWOT定性和定量分析帮助企业调整企业发展战略，优化企业发展模式，预期可以取得良好效果。

（6）结论及建议。就本课题研究结果进行总结并指出了今后的研究方向及建议。

2. 本课题的创新点

在吸收前人研究成果的基础上，本课题力求在某些方面有所创新，主要体现在以下三个方面：

（1）轿运企业所从事的整车物流是汽车供应链的一环，这一环一旦溃乱，国家的汽车物流业必遭重创。目前国内研究大多以第三方物流企业或者汽车物流为研究对象，本课题以众多中小型轿运物流企业为研究对象，并对其发展环境进行深入而全面的剖析进而提出相应的对策和建议，具有一定的独创性和现实指导意义。

（2）没有战略就没有企业持续的竞争优势。本课题从企业战略的高度提出促进中小型轿运物流企业发展的对策，能帮助企业从根本上分析自身存在的问题并找到解决问题的方法，实现企业的可持续发展，具有较强的借鉴作用。

（3）本课题为校企合作研究项目，研究成果能帮助合作企业解决发展中存在的实际问题，并能为其他同类企业发展提供有益的参考。

（五）研究方法

为了力求全面而清晰地阐述问题，本课题主要采用以下研究方法：

（1）调查法。为了解当前轿运物流企业生存和发展的实际情况，我们通过实地走访和问卷调查的形式，为课题的研究提供第一手资料。

（2）文献法。他山之石可以攻玉。在课题研究过程中，我们还查阅国内外大量的文献资料，以帮助更全面、更深入地分析和解决问题。

（3）实证研究法。在课题的第五部分，我们借助SWOT定性和定量分析法，结合湖北东方物流服务有限公司的发展实际情况对前面的研究结果进行论证。

二、中小型轿运物流企业发展现状

（一）我国整车物流发展现状

1. 整车物流需求分析与物流规模

（1）整车物流需求分析

①汽车产地分析。我国汽车生产较集中，汽车生产集中于六大生产基地，同时，在生产基地中又集中于几个重点城市。从我国内地主要汽车企业分布图（如图1所示）中可以看出，我国汽车生产基地主要为以长春为中心的东北地区、以北京为中心的华北地区、以上海为中心的华东地区、以武汉为中心的华中地区、以广州为中心的华南地区以

及以重庆为中心的西部地区。

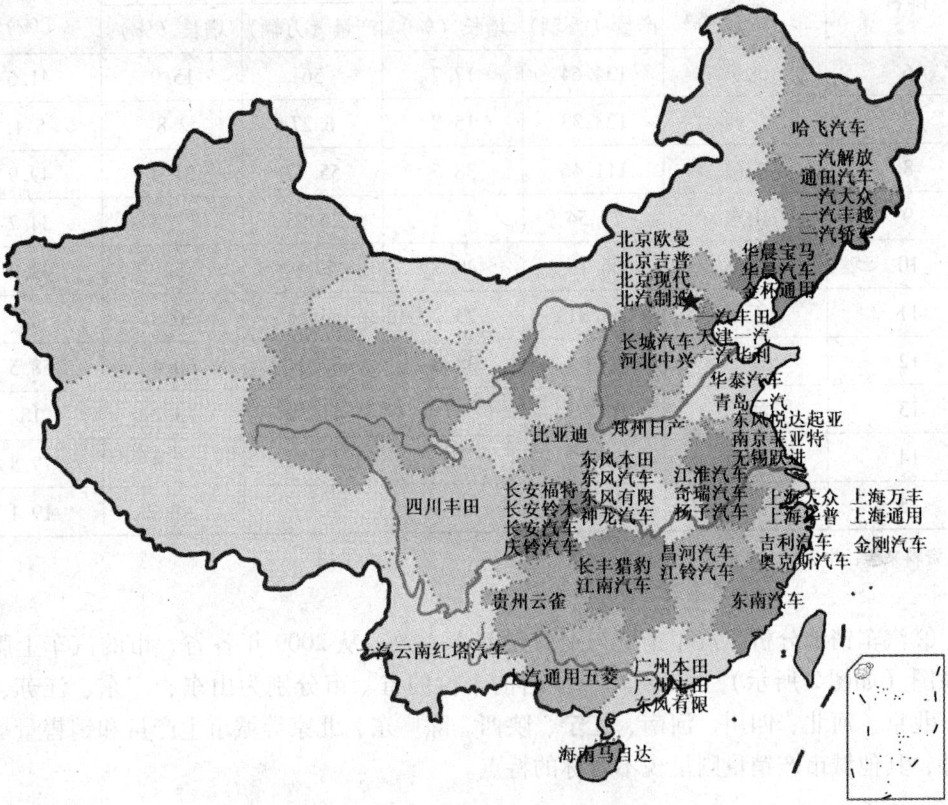

图1 我国内地主要汽车企业分布图

从我国各地区 2010 年 1~11 月汽车、轿车产量排行榜（如表 1 所示）来看，汽车总产量排名前十位的省、直辖市为上海、吉林、广东、重庆、湖北、广西、安徽、山东、江苏。与我国汽车产业基地分布格局基本吻合。

表1　　　　　　　2010 年 1~11 月中国各地区汽车、轿车产量排行榜

排名	地区	汽车总产量		其中：轿车产量		轿车比重（%）
		产量（万辆）	增长（%）	产量（万辆）	增长（%）	
1	上海	154.56	39.1	144.42	33	93.4
2	吉林	151.51	38.4	104.26	35.7	68.8
3	广东	144.31	25.1	101.46	12.9	70.3
4	重庆	143.57	36.5	75.37	36.7	52.5
5	湖北	140.54	47.9	47.21	46.9	33.6

排名	地区	汽车总产量		其中：轿车产量		轿车比重（%）
		产量（万辆）	增长（%）	产量（万辆）	增长（%）	
6	北京	134.64	17.7	56	15.9	41.6
7	广西	123.33	15.8	6.27	2.8	5.1
8	安徽	111.46	38.5	55.62	31.4	49.9
9	山东	77.54	47.1	26.93	77.3	34.7
10	江苏	66.15	49.8	27.9	52	42.2
11	天津	65.81	23.2	56.56	20.8	86
12	辽宁	63.65	38.6	37.21	60.4	58.5
13	河北	62.69	37	11.29	73.2	18
14	陕西	59.32	34	47.34	28.9	79.8
15	江西	36.12	45.4	6.89	-3.2	19.1

资料来源：中国汽车工业协会

②汽车销地分析。汽车销量与上牌量基本一致。从 2009 年各省、市的汽车上牌量示意图（如图 2 所示）可以看出，排名前十位的省、市分别为山东、广东、江苏、浙江、北京、河北、四川、河南、辽宁、陕西。除广东、北京等城市生产量和销售量均很大外，其他城市产销量则呈现不对称的特点。

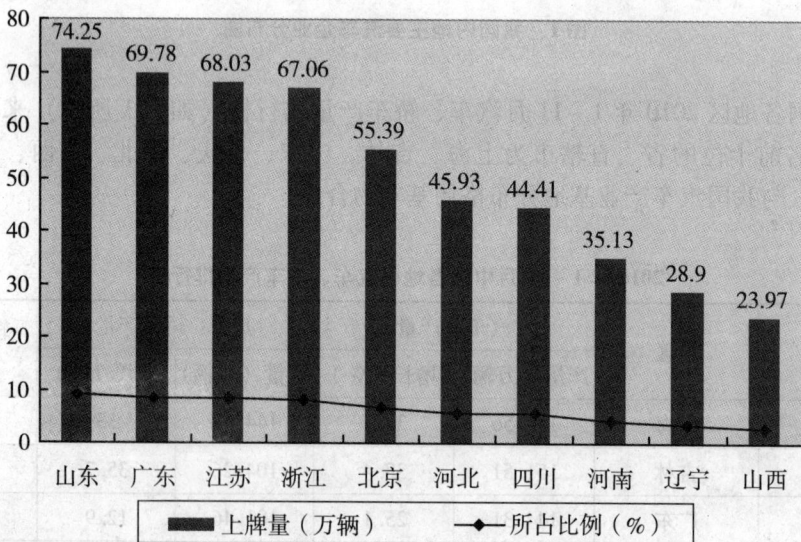

图 2 2009 年各省、市汽车上牌量示意图

数据根据网络资料整理。

③汽车产销流量对称分析。从全国来看，我国汽车生产和销售区域呈现不对称的特点。通过对 2009 年中国各地区的汽车产量和上牌量进行对比分析得出结论，除西北地区外，其他六地区汽车流出量均大于流入量，其中华南地区的不平衡率最高。从汽车流入流出总量来看，依次为华东、华北、华南、东北、西南、华中、西北，汽车物流需求量与汽车流动总量（包括流入和流出）成正比，所以我国汽车物流规模依次为华东、华北、华南、东北、西南、华中、西北。详见 2009 年我国七大区汽车流入、流出分布图（如图 3 所示）。

汽车产销的非对称性为我国汽车行业物流的发展提供了空间，也为我国汽车物流多式联运的发展提供了机遇。

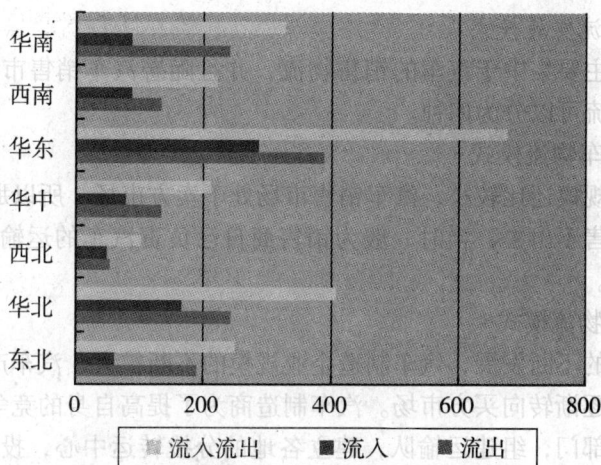

图 3 2009 年我国七大区汽车流入、流出分布图

数据根据网络资料整理，数据单位为万辆。

（2）整车物流规模

①全国整车物流总体规模。2009 年，我国汽车产销量 1300 万辆。2010 年中国汽车产、销量增长惊人，再次创出新高。据中国汽车工业协会统计，全年汽车产销量分别增长 32.44% 和 32.37%，达到 1826.47 万辆和 1806.19 万辆。由于我国汽车生产商采取"零库存"的存货管理理念以及以 4S 店为主的汽车销售模式，所以，汽车生产出来以后基本上都运往 4S 店，所以通常以汽车的销量来衡量整车物流规模。以此核算，我国 2010 年整车物流规模为 1806.19 万辆。并且在整车物流中，从汽车类型来看，商用车共销售 430.41 万辆，占整车物流规模的 23.8%，乘用车共销售 1375.78 万辆，占整车物流规模的 76.2%。

我国整车出厂物流市场收入主要来源于三个方面：运输收入、仓储收入和 PDI（PreDelivery Inspection，发前准备）收入。从乘用车来看，其中运输收入占据了乘用车出厂物流市场的 80% ~90%，仓储和 PDI 收入占 8% ~10%。根据《中国物流发展报告（2008—2009）》中的数据显示，2008 年我国商品车运输市场规模已经达到了 97 亿元。

②区域间整车物流规模[①]。从汽车物流范围划分，其中，我国国内汽车物流又可以分为省内汽车物流、跨省汽车物流和城市间汽车物流。2007 年，我国各省、直辖市、自治区之间汽车流出数量为 1949226 辆，跨省汽车流入数量为 315729 辆，跨省汽车流入流出总量为 2264955 辆。其中，跨省汽车流出数量最多的 6 个地区为浙江、重庆、安徽、广东、上海、江苏，跨省流入汽车最多的是北京、天津、辽宁、广东、上海、江苏、吉林，其中流入流出汽车总数最多的是浙江、重庆、北京、安徽、广东、上海。这与各地区的产销量以及产销需求差异息息相关。

各省、直辖市、自治区之间汽车流入流出的规模构成了我国汽车跨省物流的规模，因此可以看出我国 2007 年跨省汽车物流总规模为 2264955 辆，物流规模最大的几个省份、直辖市为浙江、重庆、北京、安徽、广东、上海。

2. 我国整车物流发展模式

汽车整车物流主要集中于汽车的销售物流，并且随着汽车销售市场的变换而变化。总体来看，汽车物流可以分为四种。

（1）传统的整车物流模式

早期汽车产业规模还比较小，汽车销售市场处于卖方市场，所以那时的汽车制造商不用担心汽车会销售不出去，当时一般为销售商自己负责汽车的运输，即到厂家提货，制造商不负责送货。

（2）自营整车物流模式

随着汽车产业的不断发展，汽车制造企业规模的不断扩大，汽车产量大幅增加，销售市场由卖方市场逐渐转向买方市场。汽车制造商为了提高自身的竞争力，开始改变服务质量，设立物流部门，组建运输队，建立各地的分拨转运中心，投资建设仓储设施，由公司自己的物流力量完成整车的配送。

（3）第三方物流模式

随着第三方物流行业的发展，以及汽车制造企业之间的竞争进一步加剧，专业的第三方物流公司逐步进入汽车物流市场，逐渐占据了汽车整车物流领域，同时，汽车制造企业原有的物流部门逐步从母公司分离出来，成为独立的法人，整车物流模式逐渐出现了有第三方物流参与下的物流模式。

（4）混合模式

从目前国内的整车物流情况来看，当前国内的整车物流的模式是一种混合模式，既有实行自营物流模式的，又有将部分物流业务外包给专业的第三方物流公司的物流模式。

现行的整车物流模式流程如图 4 所示：

① 数据来源于 2010—2015 年中国汽车零部件行业深度评估及投资前景预测报告. 盛世华研企业管理公司，2010（4）。

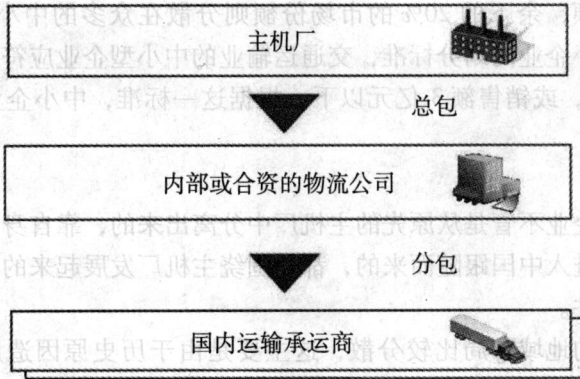

图 4　整车物流模式流程图

汽车制造企业（主机厂）的汽车下线后，由销售部的储备科运送到整车库场中，进行汽车销售前的入库存储和必要的维护保养。

当销售公司下达销售指令后，营运公司（物流公司）与销售部的储备科进行车辆及单据交接。营运公司负责联系车队（国内运输承包商）进行车辆的运输，由各车队的车辆负责进行向全国各个经销网点的运输。

在这个整车物流体系中，汽车装配车间是整车销售物流的起点，销售部的储备科是整车运输前的仓储层，营运公司是仓储和运输的衔接者，充当运输组织管理的角色，各运输车队构成了干线运输层，是运输任务的执行者，全国各地分拨中心或销售地点形成了销售物流的终点。整车运输物流的价值链如图 5 所示。

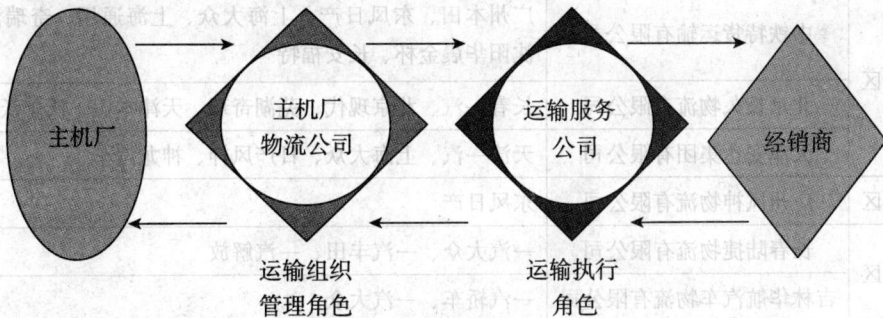

图 5　整车运输物流的价值链

（二）轿运物流企业发展现状

1. 企业规模

汽车整车物流的进入门槛不高造成目前行业群体数量多，单个企业控制车辆规模少。据统计，行业目前拥有轿运车 4 万辆左右，从业企业则达 400～500 家。市场上颇具规模的汽车物流企业大约有 10 余家，如安吉物流、长久物流、一汽物流、安达物流、中铁特货、深圳长航、风神物流、东风车城、长安民生等，这 10 余家企业占据了约 80% 左右的市场份额，余下的 20% 的市场份额则分散在众多的中小型轿运企业手中。根据我国目前对中小企业的划分标准，交通运输业的中小型企业应符合如下条件：职工人数为 3000 人以下，或销售额 3 亿元以下。根据这一标准，中小企业占据着轿运物流企业的主体地位。

2. 地区分布

我国整车物流企业不管是从原先的主机厂中分离出来的，靠自身发展起来的，还是随着国外的主机厂进入中国跟随而来的，都是围绕主机厂发展起来的，地域布局是整车物流合作的先天条件。

我国汽车产业的地域布局比较分散，这主要是由于历史原因造成的。目前，全国 32 个省、直辖市、自治区中 27 个有整车生产企业，整车产量较小的省份也存在配件生产企业。中国主机厂分散的布局为整车物流企业实现对流运输、整车在中转中心重新配载、不同物流企业共用仓储等合作提供了条件。

从总体来看，对应于我国汽车生产基地（以长春为中心的东北地区、以北京为中心的华北地区、以上海为中心的华东地区、以武汉为中心的华中地区、以广州为中心的华南地区以及以重庆为中心的西部地区），各地区形成了以大型汽车物流公司为核心的物流群。各地区主要汽车物流公司见表 2。

表 2　　　　　　　　　　　　　**主要整车物流企业地区分布**

地区	汽车物流企业	主要客户
华东地区	安吉天地汽车物流有限公司	上海大众、上海通用、上汽通用五菱、一汽、德国宝马
华北地区	中铁特货运输有限公司	广州本田、东风日产、上海大众、上海通用、奇瑞汽车、沈阳华晨金杯、长安福特
华北地区	北京长久物流有限公司	长春一汽、北京现代、芜湖奇瑞、天津本田、沃尔沃
华北地区	天津安达集团有限公司	天津一汽、上海大众、日产风神、神龙汽车
华南地区	广州风神物流有限公司	东风日产
东北地区	长春陆捷物流有限公司	一汽大众、一汽丰田、一汽解放
东北地区	吉林华航汽车物流有限公司	一汽轿车、一汽大众
华中地区	捷富凯—大田物流有限公司	神龙汽车
华中地区	武汉中原发展汽车物流有限公司	东风悦达起亚、成都丰田、广州丰田、上海丰田、一汽丰田、神龙富康、长安福特
西部地区	重庆长安民生物流有限公司	长安汽车、长安福特马自达、长安铃木

注：根据相关资料整理。

3. 运作模式

目前我国整车物流企业可以分为四种：一是主机厂的"企业物流"；二是由原本的主机厂的物流部门剥离出来的整车物流企业；三是靠自身发展起来的整车物流企业；四是跟随国外主机厂进入中国而来的整车物流企业。

（1）"企业物流"

这类整车物流企业是原始的整车物流企业，物流公司为主机厂的全资子公司，负责主机厂一定的物流业务，相当于"企业物流"而非"物流企业"，其典型代表有东风襄樊工贸，一汽陆捷等。

（2）由主机厂剥离出来的整车物流企业

在第三方物流发展以前，我国各个汽车主机厂主要是通过自己设立物流部门来完成汽车物流环节，汽车物流部门只服务于自己的主机厂，并且主机厂所属的物流资源也不参与竞争。第三方物流的发展逐渐渗透到汽车行业中，整车物流逐渐发展起来了，并且由于汽车市场的竞争日益激烈，对成本的控制逐渐从生产扩展到物流环节，这促进了整车物流的发展，通过改制，物流部门逐渐剥离出来处理独立的整车物流公司，这些汽车物流公司大多引进外部资源走向市场，逐渐成为第三方物流企业，其服务的对象从原主机厂扩大到其他主机厂。长安民生、安吉物流、福田物流等物流企业是这类企业的典型代表。

（3）自身发展起来的整车物流企业

这类汽车物流企业是依靠自身力量发展起来的，它们在"二级承包"甚至"三级承包"业务的残酷竞争中逐渐壮大，成为独立的第三方物流提供者，如长久物流、安达物流、中信物流等。由于不受特定主机厂的束缚，它们更多地服务于不同的主机厂，并由此形成了较为健全的汽车运输网络，有效地实现汽车物流的对流运输，它们是中国汽车物流低成本的主要推动者。

（4）国内外整车物流企业

快速增长的中国整车物流市场吸引了外资纷纷进入中国市场，它们以与国内企业合资的方式（通常是依托于从主机厂剥离出来的整车物流企业，所以这两类有所重合）参与到整车物流竞争的行列中来，如 TNT、捷富凯、美集物流、日本邮船、商船三井、日本捆包运输、日本伊藤忠商事株式会社等。

国外整车物流企业多是尾随在国外服务的主机厂来到中国的，由于在管理技术、信息技术和资本等方面具有优势，以及在国外的整车运输经验，它们更容易在华获得汽车生产商的信赖，这给国内的整车物流企业造成不小的竞争压力。

(三) 中小型轿运物流企业发展存在的关键问题及其原因分析

1. 运营成本高

（1）燃油、土地、劳动力等要素价格上涨

通过对轿运车运输成本进行分析（如图6所示），燃油成本在运输成本中约占六成。自2002年以来，我国燃油价格不断攀升。2003年，我国平均柴油价格为3.20元/升，至2011年4月7日，我国柴油平均价格已经上升到了7.79元/升，较2003年上涨了143.4%。燃油价格的提升增加了汽车物流企业的运输成本。此外，土地租金、员工工资也持续上涨，给物流企业的成本控制带来了不少压力。根据相关部门的统计，近三年来，物流行业的劳动力成本年均增长已达到了 20% 左右。

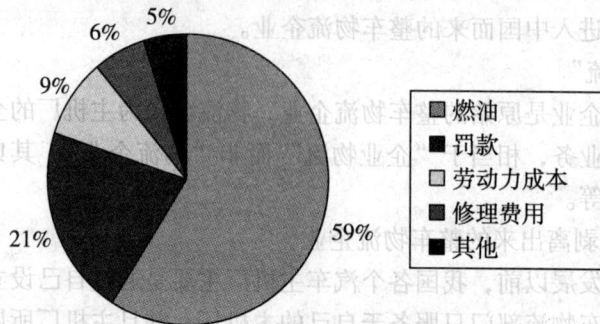

图 6　轿运车运输成本构成

资料来源：张俭. 汽车物流：持续恶化的行业环境. 中国物流与采购，2011（2）.

（2）返程空载率高

由于中国汽车物流 90% 以上靠公路运输，而公路运输汽车的空驶率高达 37%，远远高于国外情况，导致中国运输成本偏高。究其原因，主要是作为异地返程车辆寻找货源困难，如当地没有专人长时间负责承销工作，无法取得货源；返程车必须返回出发地，目的性强；返程车时效性强，不能等太长时间；很难取得货主信任等。

（3）公路罚款严重

公路运输是整车物流最主要的运输方式。而目前高速公路变成了"高价公路"。根据目前的国家相关标准，全国 93% 以上的轿运车属于超载、超限车辆。据中国物流与采购联合会测算，全国平均每辆轿运车每年要交付 2 万元罚款。《现代物流报》（2009年 1 月 14 日 A2 版）对 17 家国内较具规模的轿运企业的调查结果显示：有 94% 的轿运企业认为公路罚款现象很严重，其中 23% 的企业所遭受的罚款已经到了难以承受的地步。而在 2011 年 7 月 1 日，《公路安全保护条例》开始实施，轿运车面临的罚款将更加严重。

（4）税收负担重

目前，我国现行税收制度主要存在流转税、所得税、财产税以及行为税四大类税系，各税系中涉及物流业的有十几项税种，其中重复纳税的情况主要出现在外包业务中。从利润来看，仓储企业平均毛利率只有 3% ~ 5%，运输企业只有 2% ~ 3%，卡车运输、货代和一般物流服务的利润率下降到平均 2% 左右。重复计税对于利润微薄的物流业来说，是个沉重的负担。此外，现行营业税的税目将物流业务划分为运输与服务两大类：运输类，其中装卸、搬运执行运输业的营业税，税率是 3%，仓储、配送、代理等执行的是服务业的营业税，税率是 5%。不同环节的营业税率不一致，给企业经营带来了麻烦，也容易出现重复征税。根据央视 2 台"经济半小时"的报道，营利性好的物流企业，至少总的最后收入有一半或者一多半，或者 40% ~ 60% 是要用来纳税的，如果说是这个企业经营状况不太好，出现亏损，亏损也照样要交税的，因为营业税是只要有营业就要交税。

2. 服务种类和运输方式单一

（1）整车物流服务局限于运输、仓储等传统业务

目前我国整车物流企业所提供的服务主要是运输、仓储等传统业务。据统计，我国整车物流企业85%的收益都来自于这些基础性服务。

（2）公路运输是最主要的运输方式

目前中国90%以上的汽车整车运输份额要靠陆路运输来完成，不到10%的运输通过水路完成。据麦威调查表明，广州本田、安徽奇瑞等企业目前几乎全部依靠陆路运输，上海通用、神龙汽车等企业也只有不到10%的部分通过水路运输。而在美国整车物流中，铁路运输占50%，水路运输占20%，公路运输只占30%。

3. 物流企业之间合作不畅，运输资源没有充分利用

（1）合作不畅

现有各大物流企业各自为战、信息保密、设备利用率低，合作不畅。一些社会闲置资源拥有者则会见缝插针地抛出单程运价甚至更低的报价来获取业务，这样也对正规的价格体系形成了很大的冲击，从一定程度上导致了行业内部的恶性竞争。

（2）运输资源利用率低

除了公路汽车运输外，中国铁路运输还没有被充分利用。而铁路运输在大批量、长距离运输方面占有优势，而且安全性更高。这主要受中国运输管理体制的限制。水路运输的成本相对较低，但目前中国运输船舶的数量很少，主要受到客户的地理位置及运输线路等客观限制而导致目前水路运输较少。

4. 信息化程度低

（1）企业自身信息化程度低

纵观我国汽车物流行业信息化发展现状，不难发现，除了少数企业已经使用信息系统外，中国汽车物流信息化应用水平总体还处于基础阶段。企业间的数据交换、交流，除了极少数应用了EDI系统，更多的还是用传真加电话的传统方式进行。根据《汽车整车物流能力评价与资源整合研究》项目组的调查报告，约57%的物流企业利用电话方式来接收订单。约67%的整车物流企业建有内部网，建立外部网的比例为53%，89%的企业接入互联网。物流企业的管理信息化水平不高，利用电子商务技术进行物流运作的程度还很低。企业管理者对信息化认识不够、管理水平低、资金缺乏等都是造成企业信息化程度低的主要原因。

（2）行业缺乏整车物流信息平台

物流企业对于信息传递的标准化有着迫切需求。由于整车物流企业已经开始意识到信息系统在现代整车物流中的重要性，许多企业正在计划实施物流管理信息系统，采用各种信息技术，但是由于各个企业的信息系统不能实现有效衔接，许多数据和信息无法进行传递和共享，行业缺乏信息传递的平台。因此，在企业物流管理信息化的同时，必须要考虑各个系统之间信息传递的标准化。现代化的整车物流必须以信息技术支撑，通过物流信息系统来整合各种物流资源，构筑物流信息平台为整车物流各方提供信息集成和信息共享服务。

5. 高端物流人才缺乏

行业高端管理人才和基础操作队伍缺乏一直是汽车物流行业的两大短板，特别是高端物流人才。从各大招聘网站统计情况来看，目前物流行业中高级职位非常紧缺，不少企业在招聘物流配送总监、市场拓展总监、仓储经理、采购经理等职位时都遇到困难，招聘条件十分诱人，但合适的人很少。我国的高级物流人才缺口约50万左右，根据各大汽车物流公司的人员需求统计，汽车物流行业的人才缺口也在10万以上。一个优秀的物流企业，要求管理者必须具备较高的经济学和物流学专业知识和技能，掌握供应链中的每一门学科，精通其中1~2个学科，并且具有全局性规划能力和管理能力。

三、中小型轿运物流企业的战略选择与优化

（一）中小型轿运物流企业的战略环境分析

1. 基于宏观环境的 PEST 分析

（1）政治法律环境分析

政治法律环境是指对组织经营活动具有实际与潜在影响的政治力量和有关的政策、法律及法规等因素。一个行业的兴衰存亡在很大程度上取决于政治法规的支持与否。当前，政局稳定，法规相对规范，轿运行业面临的政治法律环境较之以前有了很大的改善，但仍存在诸多制约因素。

①政府高度重视物流业的发展。2007 年 10 月，胡锦涛同志在中国共产党第十七次全国代表大会上的报告中指出，"发展现代服务业，提高服务业比重和水平"。国务院 2009 年 3 月出台的《物流业调整和振兴规划（2009—2011 年）》明确了物流是各产业跟国内外市场相连的重要载体，振兴物流产业已上升到了国家战略高度。2009 年以来，国家颁布的与物流行业相关的政策中，最主要的就是为了加快促进物流行业的发展。"十二五"时期是我国物流业夯实产业基础、步入快速发展新阶段的重要时期，国家正在积极开展《物流业发展中长期规划（2012—2020 年）》的编制工作，明确今后时期物流业发展的基本思路、重点及方向。

②汽车物流标准化工作迈上新台阶。物流标准化是现代物流发展的基础，是提高物流效率的重要途径，在国际上物流标准化已经成为行业发展的关注焦点。据有关专家分析，我国每年在物流过程中产生的损耗大约是 3000 亿元人民币，主要原因在于物流过程时间过长、装载次数过多，造成包括资金、场地、车辆的过多浪费，导致整个资源消耗过大。目前，《汽车物流术语》、《公路运输乘用车捆绑加固技术要求》、《零部件物流塑料周转箱尺寸系列及技术参数》和《汽车物流服务评价指标》等四项国家标准已进入向社会征求意见阶段。《汽车整车物流过程质量监控要求》、《汽车物流信息系统功能及基本要求》两项国家标准制定也已启动。涉及汽车整车物流、汽车零部件入厂物流及汽车服务备件物流等领域的十几项标准已开始前期调研。

③管理分割、政出多门依然存在。根据《现代物流报》（2010 年 12 月 21 日 A3 版）的报道，94% 的行业企业及相关专家认为我国物流行业管理存在"部分分割、条块分割"现象；56% 的企业反映存在部门立法、政出多门的问题。管理分割体现在部门分割、条块分割、区域分割三个方面。虽然在国家层面，国家发改委是物流的主管部门，

但是省市一级的物流管理职能部门的归属却并不完全一致。以湖北省为例，相关主管部门就有省发改委、省经济和信息化委员会、省商务厅和省交通运输厅。而不同地区在物流发展规划上各自为政的现象普遍存在，不仅易造成重复建设，资源浪费，甚至形成市场的恶性竞争。

④物流标准和法规体系缺位。地方封锁、区域分割的行业管理体制，从侧面反映了国家层面统一的物流标准和法规体系的缺位。物流是一个复合型产业。现代物流业的发展趋势要求企业一方面要在空间上实现网络化经营，另一方面也要求企业能运用多种运输方式，降低物流成本。提高运作效率。但统一的物流法规、标准的缺失，造成物流企业受制于各地地方法规，网络化扩张频频受阻，从事多式联运必须同时向不同部门的审批单位提出申请等问题。

（2）经济环境分析

经济环境是指国家经济的总体状况，当前国民经济形势总体向好，为物流业的发展提供了良好的发展环境。

①国内宏观经济运行平稳，物流运行形势总体良好。2009 年，国家实施的一揽子经济振兴计划初见成效，国民经济形势总体回升。2009 年国内生产总值 335353 亿元，比上年增长 8.7%。2010 年国内生产总值 397983 亿元，按可比价格计算，比上年增长 10.3%。根据国家发改委、国家统计局、中国物流与采购联合会联合发布的"2010 年全国物流运行情况通报"显示，2010 年我国物流运行形势总体良好，物流需求显著增加，全国社会物流总额 125.4 万亿元，按可比价格计算，同比增长 15%，增幅比上年提高 3.7 个百分点。社会物流总费用与 GDP 的比率稳中有降。2010 年全国社会物流总费用 7.1 万亿元，同比增长 16.7%。2010 年社会物流总费用与 GDP 的比率为 17.8%，同比下降 0.3 个百分点，物流运行效率有所提高。

②汽车物流市场规模逐年扩大。近年来，我国汽车行业规模保持了快速稳定的增长。汽车行业的企业数量、从业人员和资产规模近几年都保持了较为稳定的扩张，汽车行业逐渐发展成为国民经济中一个重要支柱性产业。来自中国汽车协会的数据显示，2010 年我国汽车产销分别达到 1826.47 万辆和 1806.19 万辆，同比增长分别为 32.44% 和 32.37%，产量创下新高，而销量则一举超越美国于 2000 年的 1740 万辆销量纪录，再创全球新高。其中，基本型乘用车（轿车）市场继续保持较快增长，共销售 949.43 万辆，同比增长 27.05%，增幅与上年 48.07% 比较，回落 21.02 个百分点。作为汽车产业支撑的汽车物流行业，市场规模也继续扩大，取得了大幅增长。

③物价上涨，物流企业经营成本逐年上升。近年来油价、路桥费上涨了近 50% ~ 300%，钢材、轮胎、汽车配件等上涨 20%，而汽车运费又不断下调，导致物流公司运营成本不断增加，有的企业甚至在亏本经营。就轿运企业来说，燃油成本占运输总成本的 60%，燃油价格持续上涨给轿运企业带来了巨大的成本压力。以北京市 93 号汽油为例，2005 年 7 月 23 日价格为 4.26 元/升，至 2011 年 4 月 7 日，价格已经调整为 7.85 元/升，涨幅达 84%。近年来价格走势如图 7 所示。

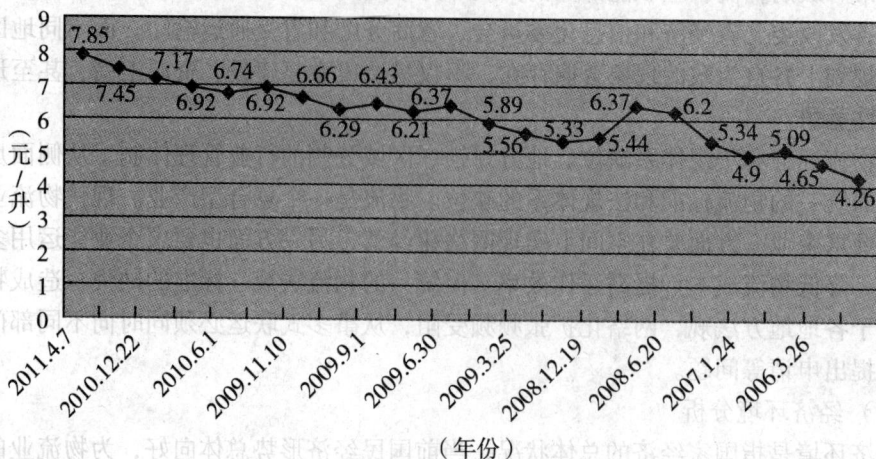

图7 北京近年93#汽油价格走势图

（3）社会文化环境分析

物流业受社会风格、文化习惯、宗教信仰等因素的影响很小，但会受到居民消费习惯的影响。随着社会经济水平的升高，普通消费者的消费习惯也在跟着改变。比如随着电子商务的飞速发展，电子商务物流将得到井喷式增长。对于汽车物流而言，日益扩大的汽车消费为汽车物流企业的发展提供了良好的环境。2010年，我国全年社会消费品零售总额154554亿元，比上年增长18.4%；扣除价格因素，实际增长14.8%。其中，汽车类增长34.8%。2010年全国共销售乘用车1375.78万辆，同比增幅为33.17%，基本型乘用车（轿车）销售949.43万辆，同比增长27.05%。

（4）技术环境分析

①物流技术高速发展，物流管理水平不断提高

随着信息技术和物流产业的发展，我国物流技术与装备有了较快的发展。各种物流运输设备数量迅速增长，物流技术日趋现代化，计算机技术网络技术在物流活动中的运用，也使得先进的物流设备系统不断出现。主要有条码技术、EDI技术、GPS导航与跟踪系统、托盘、叉车、RF射频识别技术、自动化立体仓库、包装技术与设备以及自动化分拣技术等。以GPS/GIS为例，物流企业利用GPS和GIS技术可以实时显示出车辆的实际位置，可以对重要车辆和货物进行跟踪运输。对车辆进行实时定位、跟踪、报警、通信等技术，能够满足掌握车辆基本信息、对车辆进行远程管理的需要，有效避免车辆的空载现象，同时客户也能通过互联网技术，了解自己货物在运输过程中的细节情况。

②行业信息平台建设有所突破

随着企业市场定位的稳固，以及现代信息技术的普遍应用，在全国范围内行业共享信息平台将为企业间资源整合提供保障。这一问题已经得到国家的高度关注，政府搭台、协会组织、企业参与共建全国汽车物流一体化信息网络的时代即将到来。2010年中物联汽车物流分会与长久物流已经着手开始建设全国汽车整车物流信息平台，这对整

车物流领域降低运输成本，提高运输效率，节能减排都将有积极意义。

通过对宏观环境进行 PEST 分析我们可以得出结论：当前国内经济形势以及汽车产业总体发展形势良好，这为轿运物流企业的发展提供了有利的宏观环境。对于存在的问题，轿运企业应通过科学的内部管理，尽量减轻其不利影响。

2. 基于产业环境的五力模型分析

按照波特的观点：在一个行业中存在五种基本的竞争力量，即：行业中现有企业间的竞争、新进入者的威胁、供应者讨价还价的能力、用户讨价还价的能力、替代品或服务的威胁（波特五力分析模型如图8所示）。这五种竞争力量的现状，消长趋势及其综合作用强度，决定了行业竞争的激烈程度和行业获利能力。

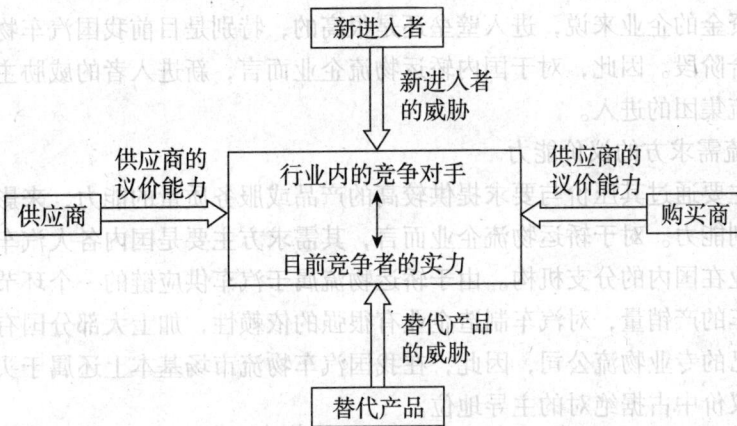

图8　波特五力分析模型

（1）现有轿运物流业的竞争强度

由于国内汽车物流行业还处于加速发展阶段，市场尚未成熟，大部分现有物流企业主要是由传统的运输和仓储公司转变而来或是大型汽车制造企业的物流部门转制而成，这些企业在拥有资产优势和资源优势的同时普遍存在其服务范围狭窄、服务规模偏小、服务对象单一和服务满意度不高等诸多问题。目前，这些企业主要还是以价格策略作为竞争的主要手段。

由于燃油价格不断上涨等因素，导致企业成本不断上升，而汽车价格又不断下调，利润率不断降低，这样汽车制造厂商不得不把控制成本作为其主要战略手段之一，并将很多压力转移到零部件供应商和物流服务商身上。可以说汽车物流市场有压力的同时也有更多的市场机遇，但中小型汽车物流企业要从中分得一杯羹，可能并不是一件容易的事。现在许多中小型汽车物流企业基本上处于亏损边缘，因为这类企业非常多，竞争很激烈，而且运输价格还在继续下跌。由于不具备规模优势，因此在这种情况下，市场面临着全面整合，许多中小企业可能被迫退出市场，但破产最快的不是小企业，而是中型物流服务商。因为中型物流商的整体运营成本较高，又难以从大型物流商那里抢到大单，而在企业运行机制上又不如小企业灵活，如做其他物流运营商的环节分包商。市场将逐步集中到实力强大的物流企业手中。

（2）潜在的新进入者的威胁

轿运物流行业进入的难度主要取决于两个方面：一是初始资金的大小，由于轿运物流需要有专门的运输车队、仓库等基础设施，并且需要构建具有规模的汽车物流网络，这些都要有强大的资金支持；二是是否可以拿到物流订单，由于轿运物流的发展和主机厂的物流需求有直接的关系，所以能否与主机厂合作将决定新进入轿运行业的企业能否成活。

从目前我国汽车行业物流的发展现状来看，整个行业还处于生命周期的成长时期，物流需求规模不断扩大，可以容纳新的轿运物流企业进入，并且我们也看到有主机厂之间合作成立专门的物流企业加入汽车物流行业（如同方环球）。但是对于一个没有基础或者是缺乏资金的企业来说，进入壁垒还是很高的，特别是目前我国汽车物流行业已经进入到了整合阶段。因此，对于国内轿运物流企业而言，新进入者的威胁主要来自国外大型跨国物流集团的进入。

（3）物流需求方的议价能力

需求方主要通过其压价与要求提供较高的产品或服务质量的能力，来影响行业中现有企业的赢利能力。对于轿运物流企业而言，其需求方主要是国内各大汽车制造企业和国外汽车企业在国内的分支机构。由于轿运物流属于汽车供应链的一个环节，其业务完全取决于汽车的产销量，对汽车制造企业有很强的依赖性，加上大部分国有汽车制造企业都拥有自己的专业物流公司，因此，在我国汽车物流市场基本上还属于买方市场，物流需求方在议价中占据绝对的主导地位。

（4）物流供应方的议价能力

供方主要通过其提高投入要素价格与降低单位价值质量的能力，来影响行业中现有企业的赢利能力与产品竞争力。国内汽车物流行业起步较晚，发展相对滞后。随着近几年国内汽车生产企业对物流需求的增加和市场竞争的加剧，物流服务已经出现了相对紧缺的态势。汽车生产企业为了降低经营成本，扩大市场份额，一方面持续降低物流服务价格，另一方面对物流服务提出了更高的要求。作为汽车物流供应商很重要的一点就是管理理念要先进，有很强的物流规划能力，能为客户解决一切所求，并能为客户带来实实在在的增值服务。而目前大多数中小型轿运物流企业很难满足上述要求，在议价中处于弱势地位。

（5）物流替代品的威胁

由于汽车物流产业的产业链较长，其涉及的方面包括运输、仓储、采购、包装、信息管理、客户管理等诸多方面，很难找到可以代替整个汽车物流产业的商品。但一些新技术的出现和运用，经济环境的变化，对于传统汽车物流已经形成了一定影响。比如电子商务的出现，对订单管理具有革命性影响；条码、电子射频技术、GPS/GIS 的运用更是改变了传统仓储和运输管理；运营成本的上升，使得运输方式和企业管理方法也在悄然发生变化。

通过五力模型分析，我们可以得出结论：轿运物流业竞争激烈，在与汽车生产企业、大型汽车物流企业的讨价还价中，中小型轿运物流企业处于弱势地位。面对持续上升的运营压力，中小型轿运物流企业要从战略高度审视自身经营环境，找到合适的发展模式，提高企业的核心竞争能力。

（二）中小型轿运物流企业的战略设计与优化

1. 公司层战略的设计与优化

（1）物流联盟合作战略

战略联盟的概念最早由美国 DEC 公司总裁简·霍普兰德和管理学家罗杰·奈格尔提出，并引起了学术界和企业界的广泛关注。它是指两个或两个以上的企业通过资源共享以改进其竞争地位和绩效的合作性安排。据统计，世界 500 强中有 60% 的企业采用了战略联盟的形式。物流战略联盟是指物流企业为了达到比单独从事物流服务更好的效果，相互之间形成互相信任、共担风险、共享收益的物流伙伴关系。

国内物流企业，尤其是中小型民营企业的自身力量薄弱，难以与大型物流企业竞争，且物流企业之间的竞争仍然停留在比较初级的价格竞争阶段，这只会带来两败俱伤的后果。因此，中小型物流企的发展方向是相互之间的横向或纵向联盟。比如核心竞争力为陆运的企业，可以和海运、铁路等方面有优势的企业结盟，彼此之间实现运输方式的紧密合作，达到多式联运的无缝链接；不同地区的轿运物流企业相互结盟，可以实现业务共享，降低返程的空载率。总之，通过建立物流战略联盟，对分散的物流资源进行有效整合，可以帮助企业降低物流服务成本，扩大物流服务的规模。通过结盟，使用统一的品牌，还可以增加客户对中小企业的信任度，因此，对于中小物流企业来说，战略联盟是在最短时间内扩大经营规模、扩展服务范围、降低经营风险和成本的有效措施。当然，组建物流战略联盟也面临着各种风险，我们应该从挑选合适的联盟伙伴、设计合理组织结构和利益分配机制、提高欺骗成本等方面加以防范。

（2）核心业务开发战略

首先在观念上要求变。轿运物流企业应更多地站在顾客即汽车主机厂的角度，从它们的切身利益出发，考虑它们需要什么样的服务。汽车主机厂物流公司的主要业务就是整车运输物流，其对整车物流的管理目标和关注重点如图 9 所示。其次要彻底改变传统物流中单纯的仓储和运输功能，而应为用户提供专业的、多方位的服务。轿运物流企业作为运输的执行者，在进行核心业务开发时，要紧紧围绕主机厂整车物流管理目标及关注重点，提供高质量、低成本的物流服务，帮助客户降低物流成本，提高客户满意度，并支持业务的可持续增长。

（3）品牌引导激励战略

先进国家物流的发展经验告诉我们，竞争激烈的物流企业要获得飞速的发展必须满足两个条件，即良好的品牌形象和服务的大众化与社会化。我国要快速发展自己的物流业务，就要尽量淡化物流业务中生产企业的概念，使国内的整车物流业务真正发展成为第三方物流，创建一个中性的、大众化的物流服务品牌。

对于中小型轿运物流企业来说，既可以通过自身的差异化经营逐步树立自己的品牌，也可以通过结成物流战略联盟，统一品牌，来帮助企业提升自身的竞争能力。但是树立强大的品牌，需要注意以下几个方面的问题：一是要建立差异性。即为企业或者企业联盟创建一个不同于其他竞争对手的独特身份，比如汽车主机厂最关心整车运输的时

业务　　　整车运输物流

管理目标　　提高客户满意度　　降低物流成本　　支持持续增长

关注重点

| 按时支付 | 支付质量 | 客户体验 | 运输成本 | 服务和管理成本 | 组织　流程　系统（产品、规模、市场、业务范围扩展） |

运营管理重点

| *运力资源规划 *及时准确的运输计划 *承运商的质量控制 | *交付产品的准确性 *质损的跟踪及考核 | *单车全流程跟踪 *例外主动通知解决措施沟通 *下单弹性（提前期、数量） | *业务的计划、执行及分析效率 *网络规划（对流车、中间库） *低成本运输方式 *满载率、拼板能力 *承运商的议价和协作能力 *运输成本的分析和考核能力 | | *运营流程、系统的标准化和规范化 *适应发展的速度、成本和前瞻性 |

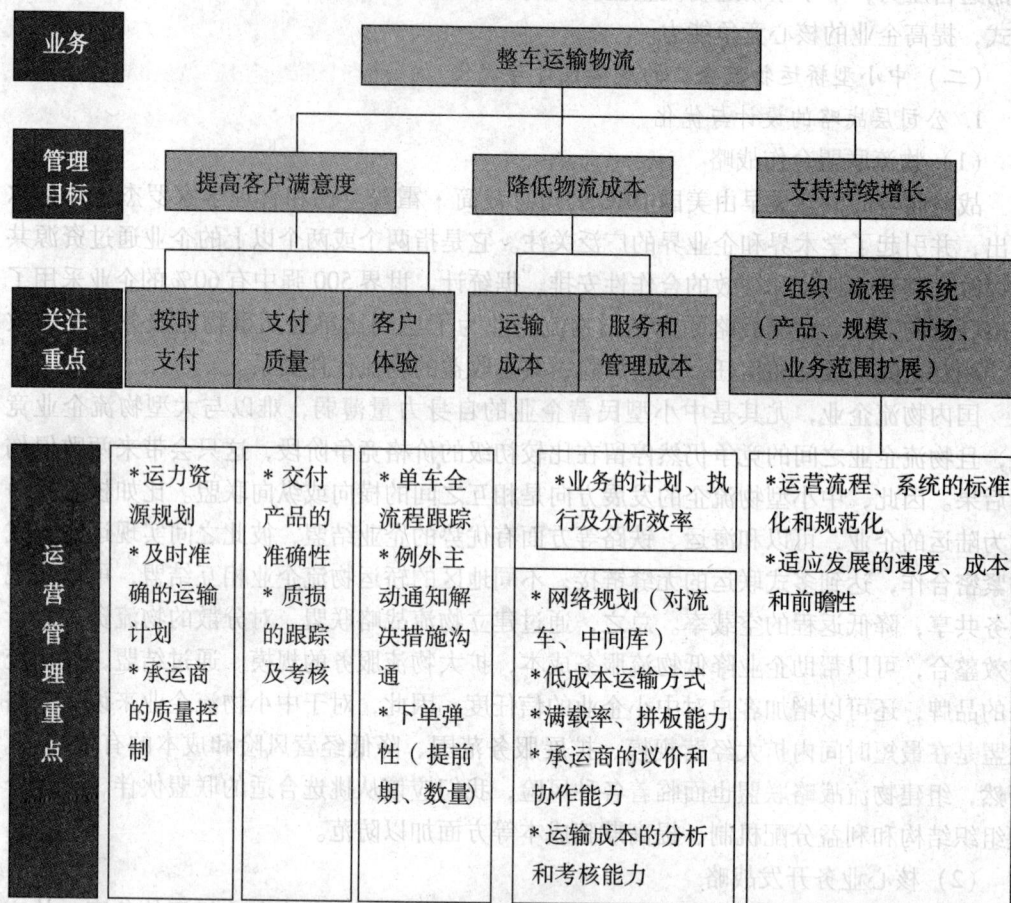

图9　整车物流的管理目标

效性和运输质量，轿运企业则可以借助信息技术实现全程运输的可视性，通过建立质量保证体系来保证物流服务的质量。二是要培植品牌的持续创新力。即企业要不断研究客户需求，并根据竞争环境的变化大胆创新，保持并不断提升企业的核心竞争能力。三是要增强品牌保护能力。特别是物流战略联盟，由于使用统一的品牌，一个联盟成员不履行规定的责任和采取机会主义行为都会导致整个联盟品牌受到影响，因此一定要注意联盟风险的防范，加强品牌保护。

（4）人才引进培养战略

人才战略的核心是培养人、吸引人、使用人、留住人。高素质人才是现代汽车物流发展的关键因素。针对目前汽车物流专业人才匮乏、管理水平较低的突出问题，首先，应当采取多种形式，加速人力资源的开发与培养。中小型轿运企业一方面要通过企业内部培训、送出去培训学习、鼓励继续教育等方式从企业内部培养员工，另一方面要大胆引进刚毕业的大学生，鼓励他们从基层做起，在实践中成长。其次，要通过薪酬、职业发展愿景等吸引高素质人才的加入。再次，要知人善任，人尽其才。无论是内部培养还是外部引进，关键还是要善于用人。优化人员配置，尽可能保证合适的人在合适的岗位做合适的事，即为知人善任；通过绩效管理，实现员工个人能力和组织能力的提升，即为人尽其才。最后，通过公平的薪酬支付和全面的员工内在需求相应，实现利益引导，达到对员工的长效激励，从而留住人才。

2. 业务层战略的设计与优化

（1）塑造企业核心竞争力

1990 年，美国著名管理学者普拉哈德和哈默尔提出了核心竞争力的概念。按照他们给出的定义，核心竞争力是能使公司为客户带来特殊利益的一种独有技能或技术。这种能力首先能很好地实现顾客所看重的价值，如能显著地降低成本，提高产品质量，提高服务效率等；其次，核心竞争力还必须是企业所特有的，并且是竞争对手难以模仿的。由此可见，品牌、专利、产品、高质量、高客户满意度都不能算核心竞争力，核心竞争力是企业永续经营、持续成长的关键。中小型轿运物流企业作为运输任务的执行者，就要在明确运输服务目标和关注重点的基础上借助现代信息技术，建立物流服务质量保证体系，强大内在的能力。通过内部挖潜来帮助汽车主机厂降低物流成本，提高客户服务质量。整车物流运输的管理目标及关注重点如图 10 所示。

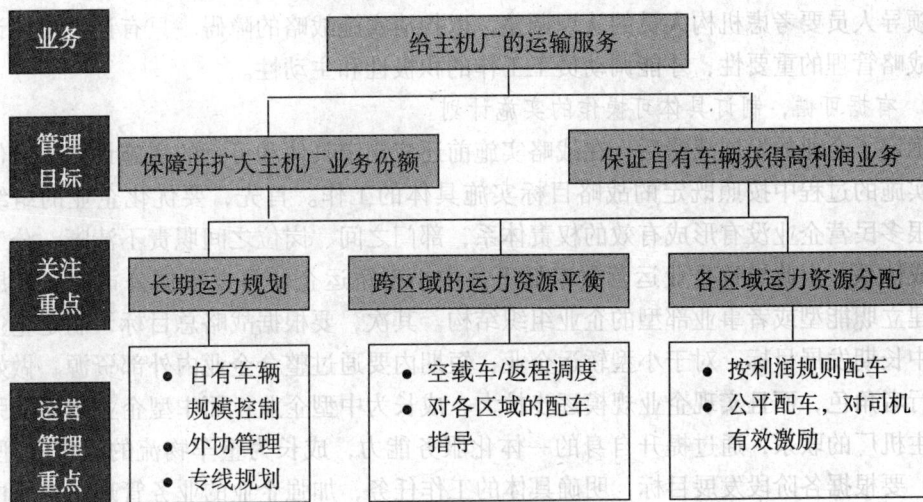

图 10　整车运输的管理目标

（2）整合社会物流资源

中小型轿运物流企业要迅速发展壮大，必须要走集约化发展的道路。在企业自身资源有限的情况下，要充分利用社会闲散轿运物流资源，实现资源整合。整合工作可以从以下三方面入手：一是运输资源的整合，包括轿运车辆、运输方式、运输路线等方面的整合；二是仓储资源的整合，主要就是通过租赁或合作经营等方式逐步建立覆盖业务地理范围的整车储运中心；三是信息资源的整合，通过与其他中小型轿运企业、大型整车物流企业、汽车主机厂实现信息交流与共享，在业务上相互合作，从而降低整车物流服务成本。

（三）企业战略实施的控制与反馈

1. 全体动员，提高员工对企业战略的认同度

企业战略是指企业根据环境的变化，本身的资源和实力选择适合的经营领域和产品，形成自己的核心竞争力，并通过差异化在竞争中取胜，解决的是企业持续发展的问题。但是一些中小型企业往往认为战略管理是大企业、大公司的事情，小企业资源短缺，缺乏对环境变化的应对措施，也就无所谓企业战略管理。或者有的中小企业业主已经意识到企业战略的重要性，但由于每天对企业的经营管理亲力亲为，无暇顾及，或者因为技能和技能不足等方面的原因，缺乏企业战略管理的能力。这些都不利于中小企业的可持续发展。

作为中小企业业主，首先应树立战略管理的意识，制定企业长期发展的目标，对企业资源进行合理规划，正确定位。其次在推进企业战略管理的过程中，也应该做好发动工作，提高员工对企业战略的认同度，通过对企业各级干部及广大员工进行培训、宣传，逐步向全体职工灌输新思想、新观念、提出新的口号和新的概念，批评某些不利于战略实施的旧观念和旧思想，使大多数人接受新的经营战略。在发动群众的过程中，要努力争取战略的关键执行人员的理解和支持，若有个别干部对新战略不理解或不支持，企业领导人员要考虑机构人员的认识调整，以扫清实施战略的障碍。只有让员工认识到企业战略管理的重要性，才能调动员工工作的积极性和主动性。

2. 有据可循，制订具体可操作的实施计划

确定了企业的发展战略后，在战略实施前还应制定具体和可行的实施计划，以便在战略实施的过程中按照既定的战略目标实施具体的工作。首先，要优化企业的组织机构。很多民营企业没有形成有效的权责体系，部门之间、岗位之间职责不清晰，分工协作不成体系，由此导致企业运营效率低下。中小型轿运企业可以根据公司业务发展情况，建立职能型或者事业部型的企业组织结构。其次，要根据战略总目标，制定企业短期及中长期发展目标。对于小型轿运企业，短期内要通过整合企业内外部资源，做好运输执行者角色，而且实现企业规模逐步扩大，成长为中型企业；而中型企业则要加强与汽车主机厂的联系，通过提升自身的一体化服务能力，成长为整车物流的组织管理者。最后，要根据各阶段发展目标，明确具体的工作任务，加强企业的业务管理。企业内部各部门要根据自身的职责，建立起规范可行的基本业务操作流程。以运输部为例，就包括整车 PDI 检测流程、发运计划与装载流程、整车在途追踪、到货接收流程、错运车辆处理程序、运输事故车辆处理流程等。通过具体的业务操作流程，既可以通过规范的操作，保证物流服务的质量，也方便对整个运输过程进行有效的管控。

3. 与时俱进，注重实施过程中的调整和变革

在战略实施的过程中，企业处所的环境也在不断变化，具体的执行也应该据实际情况适时做出调整和变革。比如金融危机期间，很多小型轿运企业濒临倒闭，大量轿运车低价转让。有的轿运企业则利用此有利时间购买大量轿运车辆，充实自身的运力资源，实现了企业规模的扩张。再比如日本地震发生后，有的日系商品车的生产几乎全面停产，为日资整车厂提供服务的轿运企业也受到了很大影响。这时轿运企业就需要对各区

域运力资源进行重新调配，通过争取其他业务、员工休假等方法降低此次自然灾害给公司运营带来的影响。当前，《公路安全保护条例》已经正式实施，轿运车辆新标准指日可待，整车物流公共信息平台正在建设之中，这些势必会影响到轿运物流的发展。中小轿运企业应依靠有利的行业发展环境，加强自身核心竞争力，在调整与变革中实现企业的可持续发展。

4. 全程控制，建立标准的评估与监控体系

要保证企业战略的实施就必须有一个标准的评估与监控体系。首先，要建立监控的标准，包括定性的和定量的评价标准。还是以运输部为例，应以定量评价为主，通过一系列指标如商品车完好率、到货及时率、运输准确率、耗油量等进行衡量。其次，对实际工作中执行情况与监控标准进行分析比较。再次，要找出其中的偏差及产生偏差的原因，采取相应的措施予以纠正。比如到货不及时，是因为交通、天气等原因导致行车缓慢，还是因为司机没有按照既定路线绕道行驶？如果是因为交通拥堵所致，就要考虑调整运输路线、更改发车时间等；如果是因为司机绕道行驶，就要通过 GPS/GIS、车辆行驶记录表等手段加强对车辆的在途监控及司机的行车管理。

四、中小型轿运物流企业战略发展模式的选择

为了帮助众多中小型轿运物流企业走出发展困境，除了政府部门要在相关行业标准、土地、税收、融资、路桥费以及信息平台建设方面采取有力举措来营造一个良好的行业发展环境外，更重要的是中小型轿运物流企业本身应该审时度势，选择适合自己的发展模式，建立起企业的核心竞争能力。

（一）合作发展模式

合作发展，就是通过与其他企业建立战略联盟关系来实现长期而稳定的合作并可以通过联盟成员间的协作，实现优势互补共同成长以达到联盟成员的共赢。

1. 合作发展的优势

（1）有利于降低企业的经营风险

物流服务由于其运作的复杂性，再加上一个企业的物流资源往往是有限的，单一的物流服务提供商根本没有办法满足物流服务的全球化与综合化发展需要，难以实现物流服务整体的有效控制与管理，难以实现物流全过程的价值和经营活动的最优化，难以实现低成本、高质量的物流服务，因而也无法使客户感到满意。而物流企业之间建立战略联盟，可以最大限度地发挥企业各自的特点，扬长避短，在未进行或无法进行大规模的融资的情况下，利用伙伴企业的优势资源完善各自的服务体系、增加物流产品的服务品种、扩大物流网络的覆盖面，有利于降低企业的经营风险。

（2）能有效降低物流成本，提高企业的竞争力

由于我国物流业存在着诸多不利因素，让这些企业进行联盟能够在物流设备、技术、信息、管理、资金等各方面互通有无，优势互补，减少重复劳动、降低成本，达到共同提高、逐步完善的目的，从而使物流业朝着专业化、集约化方向发展，提高整个行业的竞争能力。此外，物流联盟有助于物流合作伙伴之间在交易过程中减少相关交易成本。物流合作伙伴之间经常沟通与合作，互通信息，建立起来的相互信任和承诺，减少

履约风险；即使在服务过程中产生冲突，也可通过协商加以解决。

（3）应对潜在竞争者的威胁

物流企业之间的竞争是不可避免的。随着现代物流需求的增长、现代物流理念的传播，大量第三方物流企业进入市场。这些新进入者的加入会导致物流行业服务能力的扩大，但也必然引起与现有物流企业的激烈竞争，使服务价格下跌；新加入者要获得物流服务所需的资源也必然导致对有限资源的竞争，从而导致行业的获利能力下降。所以物流企业一方面可以通过与客户企业建立联盟战略来规避这一风险，另一方面也可以与现有物流企业的竞争者结成战略联盟，将威胁化解为更大的机遇。

2. 合作发展的对象及形式

（1）与大型物流企业合作

在中国，汽车销售的大区主要分布在华东、华南、东北、华北、华中、西南六大区域，这种格局非常有利于区域间物流对流的形成。中小型轿运企业可以通过与大型物流企业合作，整合物流资源让自身融入大型物流企业的业务环节内部或作为一体化物流的一个或几个环节。事实也证明，迫于价格竞争的压力，个别具有现代物流意识的汽车物流企业已进行了尝试，与同行进行了初期的合作，并取得了丰厚的利润。

中小型轿运企业与大型汽车物流企业的合作属于资源互补型的战略联盟。这种联盟的出发点在于取得优势互补和优势相长，提高市场竞争力。汽车物流资源主要包括运力资源、仓储资源、信息资源等，联盟各方根据自己所拥有的资源，找出自己的优势和劣势，寻找合适的联盟伙伴来组建战略联盟。大型汽车物流企业在业务资源、信息资源以及一体化服务能力方面具有优势，在整车物流价值链中担当物流组织管理者的角色。而占市场绝大多数的中小型轿运企业则拥有丰富的运作资源，是整车运输的执行者。两者在业务方面进行合作，能达到双赢的目的。

（2）与整车制造企业合作

在整车物流运作模式中，有的整车制造企业并没有将物流完全外包给第三方物流企业，而是由自己对整车物流进行组织管理，直接与中小型轿运企业合作，比如直接为神龙公司提供整车运输的轿运企业就有十几家。针对实行此种运作模式的整车制造企业，中小型轿运企业应通过拥有的硬件资源，为客户提供高质量、低成本的物流服务，实现与整车企业更加紧密的客户关系，比如不仅提供基本的运输和仓储服务，还包括库存控制、运输资源调度/监控、PDI检测、运输计划的编制、运输信息的回馈等全方位服务，与客户进行信息化系统对接等。中小型轿运企业与整车制造企业之间的合作大多属于契约式战略联盟，联盟双方通过签订合约来明确各自的权利义务关系。

（3）与各中小型轿运物流合作

一个中小型轿运企业的资源是有限的，核心能力也很难与大企业大公司相抗衡，但如果多个中小型轿运企业相互合作，结成战略联盟，就能实现资源共享，将"散兵游击"转变为"军团作战"，达到 $1+1>2$ 的双赢效果。

中小型轿运企业之间的合作属于竞争合作型战略联盟，是一种比较简单而普遍的战略联盟，合作的范围包括市场的共同开发和各种资源的整合等。中国汽车的生产地主要集中在上海、武汉、长春、广州、北京、天津、重庆等大城市，因此这些地区的轿运企业可以根据自身的实际情况，组建横向战略联盟，其最终目的就是实现业务对流、资源共享，有效降低回程空驶率，从而降低企业成本，提高效率。此外，不同作业环节具有比较优势的轿运企业还可以组建纵向物流战略联盟。比如核心竞争力为陆运的企业，可以和海运、空运等方面有优势的企业结盟。这样彼此之间可以实现运输方式的紧密合作，达到多式联运的无缝连接。目前，公路运输面临着高油价、高额罚款的困境，以公路运输为主的轿运企业则可以考虑与铁路、水路运输具有竞争优势的物流企业合作。

3. 合作发展应注意的问题

（1）谨慎选择和评估合作者

联盟伙伴的选择是建立企业战略联盟的基础和关键，慎重地选择合作对象是联盟顺利发展，降低战略联盟潜在风险的首要条件。评估潜在的合作伙伴时，应考虑以下几种因素：①互补性。即潜在合作伙伴联盟是否能与自己达到优势互补的目的；②相容性。指企业间的领导人之间是否相容，若彼此之间文化差异较大或企业间的领导人之间不能相处，不能彼此信任则不易联盟成功；③双赢性。是指联盟结果能使各得所需；④整合性。是指联盟后在业务或组织上能否精简，能否集合为协同竞争的整体；⑤一致性。指联盟双方在经营任务、经营理念、企业文化、管理等方面的一致性，表现为当遇到问题时，双方能够很快达成共识；⑥潜在伙伴的综合实力对等性。

（2）建立有效的信任机制

物流企业战略联盟实质是一种合作博弈的战略选择，通过合作实现竞争主体效用的最大化，而这一合作的形成最终是以相互诚信为基础的。就物流企业的联盟而言，其合作通常会经过较长一段时间的持续投入期，使得战略联盟在业务量获取上逐步形成一定的规模优势，才可能实现赢利。因此，这就要求联盟双方必须着眼于长期利益，建立互信机制，为赢得更大的市场份额奠定基础。

（3）加强电子信息平台的建设

电子信息平台主要为战略联盟中各个企业之间的信息共享提供支持。比如，一个联盟企业在开展业务时，可通过信息平台查询其他公司的仓储、运输情况，可以进行货物的跟踪，对服务的需求与供给做出快速反应等。当然，由于资源能力的闲置，有些企业没有实力去投资一些功能强大的信息系统，例如电子数据交换（EDI）、物流管理信息系统（LMIS）、全球定位系统（GPS）、企业资源计划（ERP）等。但这些企业应把一些最基本的、投资较小的信息化建设搞好，等积累到一定的资金后逐步完善自己的信息系统。

（4）尊重联盟成员的企业文化

企业文化也是结成战略联盟后将面临的主要问题之一。不同的企业有不同的文化，企业文化往往决定着企业的行为，只有企业文化大体相同的企业才有可能在行为上取得一致，从而结盟。但是，在物流企业战略联盟的建立中，难免会有企业文化之间的冲突，在这种情况下，就要求各方尊重对方的企业文化，同时找到双方或各方在文化上面的切入点，务实地解决联盟将面临的问题，在面临共同的竞争时，要保持求同存异的策略，回避次要矛盾，在共同的利益面前，利用各方的共同点来维持物流服务体系的正常运作。

（二）差异化发展

差异化指的是在同质化的产品市场中，企业为了应对激烈的市场竞争，在对目标市场进行充分调查的基础上，根据消费者消费需求的变化，通过对产品、价格、分销和促销方面制定出不同于竞争对手的策略，以达到建立比较竞争优势，取得竞争主动权的目的。

1. 差异化发展的途径

（1）服务理念差异化

物流服务的观念已越来越受到关注，与传统的物流活动相比，现代物流的最大改革不在于内容的拓展，而在于物流服务理念的确立以及物流运作方式的变化。具有代表性的物流服务新理念主要有：增值服务理念、创新服务理念、"拉式"服务理念、差异化服务理念和"一站式"服务理念。

增值服务理念是指根据客户需要，为客户提供的超出常规服务范围的服务，或者采用超出常规的服务方法提供的服务，即为客户提供物流增值服务。创新、超出常规、满足客户需要是增值性物流服务的本质特征。创新服务理念是指现代物流服务提供者运用新的物流生产组织方式方法或采用新的技术，开辟新的物流服务市场或为物流服务需求者提供新的物流服务内容。"拉式"服务理念要求企业更多地考虑客户要提供哪些服务和产品，要先了解客户的需求，然后再根据客户的要求相应地推出自己的服务和产品。这样，在收到更好地为客户服务的效果的同时也能获得较大的收益。差异化服务是现代物流企业对市场的柔性反应的集中体现，也是现代物流企业综合素质和竞争能力的体现，一般情况下，它将为企业带来比普通物流服务更高的利润回报。现代物流企业如果能根据市场需求和自身实际开发出更多适销对路的差异化物流服务产品，以确保获得更多的利润。"一站式"服务的最大优点是方便客户，其追求的目标是"让客户找的人越少越好；让客户等的时间越短越好；让客户来企业的次数越少越好"。中小型轿运企业应该超越传统物流服务模式，在服务理念上实现创新。

（2）物流服务内容和方式差异化

对于物流企业来讲，合作的前提是要保证自身差异化的竞争优势，而且这种"差异化"不容易被复制，否则很容易被别人模仿超越。目前，整车物流成本和服务水平已经成为各汽车厂商关注的重点，运输成本、运输安全和运输时效性是它们最为关注的要素。比如武汉神龙还对物流服务商施行积分管理制，使得服务商处于严格的约束机制下，运输服务质量因此有了较好的保证，厂商从而可以将大部分的精力转向降低物流成本和提高服务水平上。因此对于中小轿运企业来说，运输成本、运输安全和运输时效这三方面应是体现差异化的关键点。

在物流服务内容上，应突破传统的运输、仓储服务，努力为客户提供增值服务。对于中型轿运企业而言，企业已经具备一定的经营规模，如何从运输执行者转变为物流的组织管理者，关键就在于其是否能为客户提供一体化的物流服务，是否具备物流组织管理、策划等能力。要想成为一个第三方汽车物流公司，最起码要具备以下四个素质：首先是拥有为客户提供供应链解决方案的能力，能够为客户设计出一套成本最低、效率最高，而且操作最便捷化的流程，这个流程与供应链的上下游都可以接口。其次是要具备专业的第三方物流管理经验、管理技术，且在这个行业里面处于领先的有竞争力的水平。再次是执行能力，能够保证方案的高效运行。最后是融资能力，能够提供物流金融方面的服务。而对于小型轿运企业来说，当前的主要任务就是做好运输执行者的角色，在提供运输、仓储等基本服务的基础上，为客户提供诸如整车 PDI 检测、汽车清洗、运输实时跟踪反馈等增值服务，通过服务质量的提升增加业务收入，扩大企业的经营规模，向中型轿运企业迈进。

在物流服务的方式上，应充分利用现代信息技术，增强客户获取服务的便利性。比如对于已经运用 GPS/GIS 的轿运企业来说，要让企业自身的物流信息系统与客户的信息系统实现对接，从而实现信息的实时共享，增加整个运输过程的透明度。那些没有安装 GPS 的轿运企业，也可以借助手机及时反馈在途信息，让客户了解商品车所处的状态。再比如提供给客户的各种单据或报表，采用与客户相同或者相似的格式，方便客户获取主要信息。

2. 差异化发展应注意的问题

（1）重视市场调查

必须把科学缜密的市场调查、市场细分和市场定位作为基础，准确把握"客户需要什么"。只有以科学的市场调查为基础，才能分析满足客户差异需要的条件，再根据企业自身资源条件及市场竞争状况，研究是否具有相应的实力，目的是明确"本企业能为客户提供什么"这一主题，研究和制定本企业服务差异化策略。

（2）差异化是动态的

任何差异都不是一成不变。随着社会经济和科学技术的不同发展，客户的需要也会随之发生变化，昨天的差异化会变成今天的一般化。轿运企业要不断创新，去适应客户需要的变化，去战胜对手的"跟进"，真正做到人无我有，人有我优，人优我新，人新我特。

（3）要注意客户的反馈

任何策略实施成功于否，最终进行裁决的是客户，得不到客户的认可，再完善的策略也只不过是纸上谈兵。因此轿运企业既要加强内部管理控制，又要收集客户的意见和建议，这样企业差异化策略就能顺利实施。

（三）内涵式发展

内涵式发展是发展模式的一种类型，是以事物的内部因素作为动力和资源的发展模式。只有通过内涵式发展，才能真正提高企业的核心竞争能力，实现可持续发展。

1. 推行现代管理，提高企业效率

健全管理制度。中小型轿运企业大多为民营企业，普遍存在管理制度不健全、不完善的问题。这就要求企业要修订和完善企业的各项管理制度，并严格执行，做到制度前人人平等，改变以往经验管理的现象，达到以法治企的目的。

严格绩效管理。绩效管理的目的在于通过激发员工的工作热情和提高员工的能力和素质，以达到改善企业绩效的效果。绩效管理过程包括四个阶段：一是计划阶段，即制订绩效目标计划及衡量标准，确定目标计划的结果。二是辅导阶段，即在各自目标实现过程中，管理者通过正式的会议或非正式渠道和方法对员工进行辅导。三是评价阶段，即阶段性工作结束时，对阶段性业绩进行评价，以便能公正、客观地反映阶段性工作业绩。四是以考核为基础的个人绩效回报，即通过设定员工的 KPI，对关键业绩进行考核，并综合工作能力、工作态度等方面，以工资、奖金、福利、职权等形式对个人绩效进行回报。由此可见，绩效管理并不等同于绩效考核，前者着重于过程而非评价，着重于寻求对问题的解决而非寻找错误，其根本目的在于绩效的改进。

加强员工队伍建设。人才是企业发展的根本，高级物流人才缺乏是困扰所有物流企业的问题。作为中小型轿运企业，一方面要加强内部人才的培养，善于发现人才、利用人才；另一方面要通过多种渠道引进外部人才，以事业留人，以感情留人，以待遇留人。轿运企业要将人才问题融合到企业团队、企业文化、企业经营管理和企业发展方向中。

2. 强化创新意识，塑造核心优势

为了确保永续发展，企业首先应该找出自己真正的能力所长即核心优势。这些核心优势要么使它们排除竞争对手，要么超越竞争对手。什么是核心优势呢？核心优势是包含在企业内部，与组织融为一体的技能和技术的组合，是企业内部集体的学习能力，而不是某一个单一的、独立的技能或技术。按照这种观念，产品、技术、品牌、专利、实物资产、交往能力、团队协作、质量、生产率、客户满意度都不是核心优势。比如戴尔的核心优势实际上不是直销，而是建立在直销模式上的低成本配件供应和装配运作体系的实施能力。GE 的核心优势是 GE 的制度设计能力与强有力的战略实施能力。

中小型轿运企业作为整车运输的承运商，运输成本、运输安全和运输时效是其关注重点。但如何降低运输成本、保证运输服务质量呢？有的企业管理者认为，只要借助 GPS/GIS 等现代信息技术，就能实现上述目标。事实上，现代信息技术只是一种手段，要让现代技术的优势发挥出来，还得靠一套有效的业务运营管理系统。简单说，就是要设计企业的所有业务流程，并把所有业务流程用 1～12 月时间来编排，每个月应该做些什么，到哪个月应该达到什么效果，取得多少成绩，以加强过程控制。此外，有交通优势的企业还应该大力开展多式联运。比如武汉的轿运企业，在水路、铁路方面均有优势，就可以积极争取与武汉长航、中铁特货等物流企业开展合作，从而降低物流成本。

3. 建设企业文化，打造服务品牌

企业文化是品牌的灵魂，品牌是企业文化的载体。实践表明，知名的品牌都是依靠优秀的企业文化来支撑的。没有文化内涵的产品与品牌，是没有生命、灵魂、气质的，终归是昙花一现。因为一个真正的品牌，是企业给用户的心理感受、心理认同和精神价值，而不是单纯的物质层面的满足。实质上，企业给用户的这种精神满足，就是企业品牌中所蕴涵的文化内涵。也正因为这种文化内涵，使得品牌更有广度、更有深度、更有力度，成为企业的一笔巨大的财富。而品牌作为企业文化的载体，它时刻传播着企业的精神文化、道德伦理、哲学理念等，展示着企业的形象，表征着企业的素质与实力。

关于中小企业的品牌创立，存在很多片面的理解和误区。有人认为，大企业注重品牌，中小企业与其无关。也有人认为，中小企业由于资源有限，没有能力经营品牌，搞品牌是得不偿失。但太多的事实告诉我们，众多名牌大企业都是从小企业发展起来的。一定的知名度、较高的美誉度的名牌一定会给中小企业带来质的飞跃。从某种意义上说，中小企业更需借助创立自身品牌，来保持企业的核心竞争力。近几年，能源、原料、人工、土地等生产要素价格不断上涨，而产品在市场上的销售价格却不断下降，给企业带来了无尽的烦恼。于是部分中小型轿运企业开始意识到品牌这个无形资产的重要性。但企业的品牌建设是一个长期的过程，企业创建品牌的过程实际上是企业精神和企业文化创新的过程，凝聚了一个企业独特的文化精神和经营理念，因此不能操之过急。

五、实例分析——湖北东方物流服务有限公司企业战略优化研究

（一）公司简介

湖北东方物流服务有限公司是第一家为神龙汽车有限公司的商品车提供运输服务的物流企业。它的前身为"湖北东方运输有限公司"，是全国第一家经国家交通部于 1992 年 10 月批准成立的轿车运输企业。

公司拥有近 33000 平方米的停车场，可同时停放轿运车 150 辆。目前，公司正在运营且有完全调度和指挥权的轿运车共 83 辆，其中 50 辆为半封闭、双桥单胎、上层平板全升降轿运车。这 83 辆轿运车功能较全，车况较好，完全能满足汽车生产厂商对运输设备的要求。

公司已于 2002 年 11 月 4 日通过了中国质量认证中心对质量工作的现场考核，并获证书。轿车运输仍为公司主营业务，同时兼营仓储、道路运输信息服务等业务。目前，主要服务的客户有神龙汽车、东风本田，并连续三年荣获"东风本田商品车运输优秀承运商"的光荣称号。除此之外，公司还承运广州花都风神商品车、北京现代商品车、上海大众通用商品车、天津一汽丰田商品车、西安比亚迪商品车等。

（二）公司发展现状与问题分析

1. 企业资源分析

（1）财务资源

企业注册资本为 420 万元人民币，固定资产规模达 684 万元人民币。2009 年度企业实现收入 4892.2 万元，完成了年度目标 4500 万元，其中外协收入 3751.8 万元，自有车收入 1140.4 万元。2010 年度企业实现收入约 7000 万元人民币，比上年增长 43%。近三年来企业营业收入平均增长幅度为 15%。企业发展趋势良好。

（2）实物资源

企业可利用运输车辆 267 辆，其中自有车辆 51 辆，租用车辆 16 辆，合作车辆 200 辆，平均利用率达 90%。所有车辆中，企业有完全调度和指挥权的轿运车共 83 辆，这批车车况较好，其中 50 辆为半封闭、双桥单胎、上层平板全升降轿运车。这 83 辆轿运车功能较全，完全能满足汽车生产厂商对运输设备的要求。这批车均能装运 8 台东风本田车、8 台神龙商品车、8 台桑塔纳、8 台现代商品车、8 台广州本田车等。

企业拥有近 33000 平方米的停车场，可同时停放轿运车 150 辆，全部为租用，平均利用率为 96%。

（3）人力资源

目前，企业在职员工数为 106 人，其中中层及以上管理人员 10 人，占 10%。员工中具有大专及以上学历的人数为 27 人，占员工总数的 25%；获得物流专业机构认证的

专业物流人才 20 人，约占员工总数的 19%。

（4）网络资源

企业的业务范围覆盖省内外。目前，企业在国内的业务网点有 3 个，能付款 10 个省，多个县级市。

（5）无形资源

目前，公司自有车辆已部分安装 GPS 全球卫星定位系统，能实现对车辆的在途监控。但企业信息管理系统还没有建立。

该企业是全国第一家经国家交通部于 1992 年 10 月批准成立的轿车运输企业。已于 2002 年 11 月 4 日通过了中国质量认证中心对我司质量工作的现场考核，并获证书。是中国物流与采购联合会汽车物流分会会员单位。企业连续三年荣获 "东风本田商品车运输优秀承运商" 的光荣称号。

2. 主要竞争对手分析

据统计，武汉市约有近 20 家轿运物流企业，轿运车约 1500 辆，年运量约 117 万辆，年平均营业额达 17 亿元。其中，为神龙汽车提供整车运输的企业就有 10 多家。

武汉中原发展汽车物流公司是武汉市乃至全国轿运业知名度较高的民营物流企业。该企业系湖北省首家国家 4A 级综合物流企业，自有资产 1.2 亿元，年营业额近 3 亿元，年商品车运营量近 30 万辆，年经营产值以 30% 逐年递增；2006 年被中国交通运输协会评为 2006 年度中国物流百强企业。自 1992 年成立以来，经过近 20 年的艰苦创业和努力拼搏，已形成了以武汉为中心，辐射全国的物流网络，年承运商品车达 30 万辆。目前，公司在全国设有 4 个分公司、24 个常驻办事处、6 个商品车仓储中心，先后承运了神龙富康、海南马自达、东风悦达起亚、北京现代、吉利汽车、奇瑞汽车、重庆长安福特、东风本田、天津夏利、长城汽车等国内品牌商品车。近年来与一汽丰田、广州丰田建立了合作关系。

在市场竞争中，武汉中原发展汽车物流公司主要在三个方面取得了成效：第一，2003 年我们就对全部车辆安装了 GPS 车辆卫星定位系统，可方便、实时、快捷地在全国范围内进行车辆调度、司机管理、在途监控、信息反馈等全程现代化物流作业。2006 年又将原 GPS/GSM 产品进行了更新换代，新一代 GPS/GPRS 产品，实现了车辆轨迹回放，及网上在线查询的先进管理。第二，就是辐射全国的物流网络，使车载率达到 90%。第三，经营资质不断提高。公司先后通过了中国汽车产品认证委员会 ISO 9002：1994 和上海审核论证中心颁发的 ISO 9001：2000 质量体系认证，并荣获了 "湖北省著名企业"、"守合同重信用企业"、"诚信服务先进单位" 等荣誉称号。同时，连年被一汽丰田授予最佳承运商称号。2006 年，公司通过了中国物流标准化技术委员会的审核，评定为 4A 级综合服务型物流企业，成为湖北省首家通过审核的国家 A 级物流企业。

3. 企业内部 SWOT 分析

（1）优势（S）

①经营机制灵活。该企业为民营企业，经营方式灵活，易于转型。企业组织结构简单，制定决策速度快，信息沟通与反馈便利，能对市场变化做出快速响应。

②具有一定的稳定客源。该企业前身为运输企业，凭借本土优势和自有资源，已经与神龙公司、东本储运建立了良好的合作关系，且连续三年荣获"东风本田商品车运输优秀承运商"的光荣称号。目前，该企业与北京现代也建立了较好的合作关系，具有一定的稳定客源。

③运作资源能满足业务要求。该企业可利用运输车辆267辆，其中自有车辆51辆，有完全调度和指挥权的轿运车共83辆，这批车车况较好，完全能满足业务发展需要且部分车辆已安装GPS，能实现对车辆的在途监控。另外企业租用停车场约33000平方米，能同时停放150辆轿运车。物流设施利用率在90%以上，利用率较高。

④获得质量体系认证证书。该企业已于2002年11月4日通过了中国质量认证中心对我司质量工作的现场考核，并获证书，能较好保证物流服务质量。

（2）劣势（W）

①企业规模小，缺乏战略规划。由于企业规模小，企业管理者忙于为企业的运营管理亲力亲为，无暇顾及企业发展战略。虽然公司近年来发展势头良好，但由于缺乏中长期发展规划，对企业的发展方向没有明确的定位，会导致企业缺少发展的动力和可持续性。

②没有形成完善的业务网络，且运输方式单一。企业目前在国内的网点只有3个，而且每个网点只有少数几个甚至一个员工负责业务联络，很难保证获得大量而稳定的货源。这样会导致运输车辆在外待命时间长，返程收益率不高。公路运输仍为主要的运输方式，在高油价、轿运车车辆新标准尚未出台的背景下，单一的运输方式导致运输成本居高不下。

③信息化程度低，人才缺乏。虽然有部分车辆已经安装了GPS，但是企业仍没有建立起物流管理信息系统，信息传递主要依靠电话、传真等传统方式，沟通成本高，很难实现信息的实时共享。另外，企业急需物流信息管理、客户服务管理、综合性物理管理、运输管理等方面的中高端人才。如何吸引人、留住人，是企业目前需要着力考虑的问题之一。

④企业资金短缺，融资难。资金短缺问题一直是困扰中小企业的"心头之痛"，原因是中小企业很难贷到款。如果通过银行贷款有两种方式，一种是要有实物抵押，很少轿运企业有资格去贷款；还有一种是三家情况差不多的企业联合担保，但是每个企业的贷款需求不同，很少有企业愿意为需要高额贷款企业承担风险。

（3）机会（O）

①汽车物流业市场发展空间增长快。近年来，随着我国汽车产销量的快速增长，汽车物流行业也取得了迅猛发展。据中国汽车工业协会预测，2011年中国车市会保持10%～15%的增长，产销量有望超过2000万辆。汽车产业的高速发展为汽车物流行业提供了巨大的增长空间，作为汽车产业支撑的汽车物流行业，市场规模也继续扩大，取得了大幅增长。

②汽车生产企业作为汽车产业链的龙头，更加重视物流和供应链管理。作为市场中占主导地位的汽车生产企业，越来越多地将注意力关注到供应链和物流结构的优化，与物流企业战略关系将更加紧密。2010年国内举办的汽车物流领域相关交流活动中，汽

车生产企业参会代表数量明显增加，说明物流和供应链管理在贯穿整个产业链竞争中的作用，越来越多得到它们的关注。它们也更多参与了国家汽车物流行业研究、行业标准建设。

③价格混乱促使企业间更注重如何协调竞争，保持与主机企业良好合作，共求发展。由于轿运车标准问题，造成整车物流行业价格混乱，已经成为影响物流企业和制造企业合作、物流企业良性竞争以及行业健康发展的大问题，2010 年针对这种情况，中物联汽车物流分会与行业龙头企业安吉汽车物流公司联合启动了"汽车整车物流成本与价格动态模型"研究，旨在为行业企业良性竞争提供指导，为物流企业与汽车生产企业洽谈服务价格提供参考，为汽车生产企业物流业务外包相关费用提供参考，有助于推动汽车物流企业管理和经营的优化，进一步节约成本开支。

④汽车物流标准化、行业信息平台建设有所突破。目前，《汽车物流术语》、《公路运输乘用车捆绑加固技术要求》、《零部件物流塑料周转箱尺寸系列及技术参数》和《汽车物流服务评价指标》等四项国家标准已进入向社会征求意见阶段。《汽车整车物流过程质量监控要求》、《汽车物流信息系统功能及基本要求》两项国家标准制定也已启动。涉及汽车整车物流、汽车零部件入厂物流及汽车服务备件物流等领域的十几项标准已开始前期调研。2010 年中物联汽车物流分会与长久物流已经着手开始建设全国汽车整车物流信息平台，这对整车物流领域降低运输成本，提高运输效率，节能减排都将有积极意义。

⑤政府将全面清理各种违规收费。2011 年 6 月 10 日，交通部、发改委、财政部、监察部、国务院纠风办联合发出《关于开展收费公路专项清理工作的通知》，提出将通过一年左右时间的专项清理工作，全面清理公路超期收费、通行费收费标准偏高等违规及不合理收费，坚决撤销收费期满的收费项目，取消间距不符合规定的收费站（点），纠正各种违规收费行为。并在此基础上研究制定加强收费公路管理、降低收费标准、促进收费公路健康发展的长效机制和政策措施，确保公路交通事业更好地服务经济社会发展。这一举措将在一定程度上缓解轿运企业运营成本高的问题。

（4）威胁（T）

①国际汽车物流纷纷抢滩中国汽车物流市场。从加入 WTO 以来，国际汽车物流巨头纷纷抢滩中国，谋求中国市场，给中国本土企业带来冲击。比如 2002 年 10 月，日本日本邮船株式会社（NYK）与中远航运公司组建中远日邮汽车运输有限公司，进军中国整车物流市场；2003 年 6 月，荷兰邮政集团与上汽集团合资组建了安吉天地物流公司；2004 年 7 月，法国捷富凯与大田集团联合组建捷富凯—大田物流有限公司，主要为汽车企业提供供应和分销物流服务。

②封闭运作、区域壁垒严重。中国现有的地方保护主义壁垒致使多数汽车企业没有采用公开招投标的方式来采购物流服务。汽车物流业竞争激烈，一方面，地方保护主义致使汽车物流业务很难异地开展，另一方面，汽车物流公司投资主体都有战略布局的考虑，进行自建运输网络，封闭运作。目前绝大部分汽车制造企业都有自己控股或参股的合资汽车物流公司，一定程度上市场分割已经完毕。这种汽车制造企业和物流公司合作经营的模式，能够推进双方的战略合作，但也限制住了其他物流企业为这些汽车制造企

业提供服务。2010 年 12 月，由于市场分割、竞争无序等原因，中远物流挂牌出让其控股的北京中远汽车物流有限公司，正式全线退出汽车物流市场。

③物流基础设施建设缺乏统一规划。我国汽车产销量的快速发展是近几年的事情，与之相配套的各项基础设施的建设步伐还没有跟上汽车的发展速度。比如各港口没有专用的汽车码头等。大部分汽车整车物流提供商都是汽车制造商的下属企业，企业为了满足市场需求，自建运输网络、投资仓储设施、船舶、铁路专用线和公路运输队伍，呈现重复建设现象。

④整个行业服务水准不高，缺乏统一的行业标准和约束机制。建立适合一体化的汽车物流标准体系，是企业间合作的重要依据。而目前，我国汽车行业各企业间的服务模式和业务流程标准不一，行业标准的建设工作刚刚起步，许多标准还处于缺失状态，导致物流资源没有得到最合理利用，物流成本居高不下。中国交通运输协会汽车物流专业委员会副主任刘会民曾作出保守估计，目前全国的轿运车年罚款总额已超过 6000 万元，其根本原因是我国未制定出轿运车的标准。

⑤面临更大成本压力。我国车辆运输成本是欧洲或美国的 3 倍，全国运输汽车空驶率约 37%，其中汽车物流企业车辆运输空驶率达 37% ~ 40%，存在着回程空驶资源浪费、运输成本高等问题。在当前经济形势下，轿运物流企业面临着更大的成本压力，主要来自于两个方面：一是燃油价格持续上涨；二是高额罚款。在新的轿运车标准出台前，国家对半挂车的车长限制依然为 16.5 米。2011 年 7 月 1 日，《公路安全保护条例》正式施行。运送汽车的轿运车辆，在长宽高三项标准方面均将面临新规的考验。根据《公路安全保护条例》的规定，"指使、强令车辆驾驶人超限运输货物的，由道路运输管理机构责令改正，并处 3 万元以下的罚款。"比《中华人民共和国公路法》和《中华人民共和国公路管理条例》规定的罚款额度更高。

综上所述，湖北东方物流服务有限公司 SWOT 分析如表 3 所示。

表 3   企业内部 SWOT 分析

优势（S）	劣势（W）
S1：经营机制灵活 S2：具有一定的稳定客源 S3：运作资源能满足业务要求 S4：获得质量体系认证证书	W1：企业规模小，缺乏战略规划 W2：没有形成完善的业务网络，且运输方式单一 W3：信息化程度低，人才缺乏 W4：企业资金短缺，融资难
机会（O）	威胁（T）
O1：汽车物流业市场发展空间增长快 O2：汽车生产企业更加重视物流和供应链管理 O3：价格混乱促使企业间更注重协调竞争 O4：政府将全面清理各种违规收费	T1：国际汽车物流纷纷抢滩中国汽车物流市场 T2：封闭运作、区域壁垒严重 T3：物流基础设施建设缺乏统一规划 T4：缺乏统一的行业标准和约束机制 T5：面临更大成本压力

（三）公司战略优化与发展模式选择

1. 公司战略选择与战略重点

以上述企业内部 SWOT 定性分析为基础，我们采用定量分析法，依据内外部因素评价模型（IFE 矩阵和 EFE 矩阵）来确定湖北东方物流服务有限公司的战略重点和战略内容。

（1）内外部因素评价模型（IFE 矩阵和 EFE 矩阵）

内外部因素评价分析借助内外部因素评价模型（IFE 矩阵和 EFE 矩阵）帮助战略制定者分析、归纳和评价影响企业发展的各方面因素，从而帮助企业管理者和相关人员制定有针对性的措施发挥优势、抓住机遇、规避风险。建立 IFE 矩阵和 EFE 矩阵有以下几个步骤：

①列出在内、外部因素分析中所确认的关键因素，包括优势与劣势、机遇与挑战。

②给予每个因素以权重，其数值在 0.0（不重要）~1.0（非常重要），优势与劣势、机遇和挑战的权重之和均为 1。

③根据企业发展对各关键因素的有效反应程度进行评分。分值是 $\pm 1 \sim \pm 4$ 分分，其中 ± 4 代表反应极敏感，较敏感、敏感及轻度敏感，以此递减。优势和机遇为正数，劣势和挑战为负数。

④用每个因素的权重乘以它的得分，即得到每个因素的加权分数。

⑤将所有因素的加权分数相加，以得到总加权分数。

根据上述步骤，由 10 位行业专家、企业负责人组成讨论组，通过讨论、分析和选择，最后得到影响企业发展的内、外部关键因素总分数。具体计算如表 4 和表 5 所示。

表4　　　　　　　　　　　　影响企业发展的内部因素评价

	因素	权重平均值	评分	加权分数
优势 S	S1	0.08	3	0.24
	S2	0.15	3	0.45
	S3	0.13	4	0.52
	S4	0.12	3	0.36
劣势 W	W1	0.12	−2	−0.24
	W2	0.15	−4	−0.6
	W3	0.13	−2	−0.26
	W4	0.14	−3	−0.42
	求和 $\sum$	1		0.05

表5 　　　　　　　　　　影响企业发展的外部因素评价

	因素	权重平均值	评分	加权分数
机遇 O	O1	0.15	4	0.6
	O2	0.08	2	0.16
	O3	0.12	3	0.36
	O4	0.10	4	0.4
威胁 T	T1	0.09	−1	−0.09
	T2	0.11	−2	−0.22
	T3	0.08	−1	−0.08
	T4	0.12	−3	−0.36
	T5	0.15	−4	−0.6
求和 ∑		1		0.17

通过表4的计算可以看出，影响企业发展的内部因素总分为0.05，高于0分，说明优势高于劣势。对表5的计算可以看出，影响企业发展的外部因素总分为0.17，高于0分，说明机会高于威胁，即战略能有效利用现有的机遇并将外部挑战的潜在不利影响降至最小。

（2）计算影响企业发展的SWOT力度

在借鉴国内外相关学者研究成果的基础上，采取适当的统计调查分析工具，对已经识别出的内、外部环境要素的重要性开展评估。某一影响因素的影响力度等于权重平均值×评价分数；针对SWOT各要素，分别求和，可以得出SWOT力度。计算公式如下：

$$第 i 个因素的优势力度 Si = 权重平均数 × 评价分数$$
$$第 j 个因素的劣势力度 Wj = 权重平均数 × 评价分数$$
$$第 k 个因素的机会力度 Ok = 权重平均数 × 评价分数$$
$$第 l 个因素的威胁力度 Tl = 权重平均数 × 评价分数$$

依据上述公式进行求和，得出总优势力度、总劣势力度、总机会力度、总威胁力度。计算结果：

$$总优势力度 S = \sum Si/ns = 0.3925$$
$$总劣势力度 W = \sum Wj/nw = -0.38$$
$$总机会力度 O = \sum Ok/no = 0.38 \tag{1}$$
$$总威胁力度 T = \sum Tl/nt = -0.27$$

（3）确定企业的战略类型和强度

在对内部条件和外部环境进行匹配分析的基础上，利用思维坐标工具和强度、力度等概念将战略决策过程定量化，使S、W、O、T四要素有一定的可计量性和可比性。将战略制定过程中存在的模糊轮廓进一步明晰化，而不仅仅局限于SO（优势机会匹配）、WO（劣势机会匹配）、ST（优势挑战匹配）、WT（劣势挑战匹配）等定性的、非系统的模式，有助于企业更加有效地确定战略类型和战略重点内容。在SWOT分析中，以战略方位角 θ 识别企业发展的战略类型；以战略强度系数 ρ 判断战略强度。在战略类型和战略强度极坐标中，坐标（θ, ρ）形成以 θ 为方位角，以 ρ 为模的战略向量。

①战略方位角 θ 的含义及计算。以总优势力度 S、总劣势力度 W、总机会力度 O 和总威胁力度 T 四个变量各为半轴，构成四半维坐标系，在四半维坐标系上分别找出总优势力度 S、总劣势力度 W、总机会力度 O 和总威胁力度 T 的对应点 S1、W1、O1、T1，并用线段依次连接四点即可得到战略四边形 S1O1W1T1。根据（1）计算结果，可绘制SWOT战略四边形（如图 11 所示）。

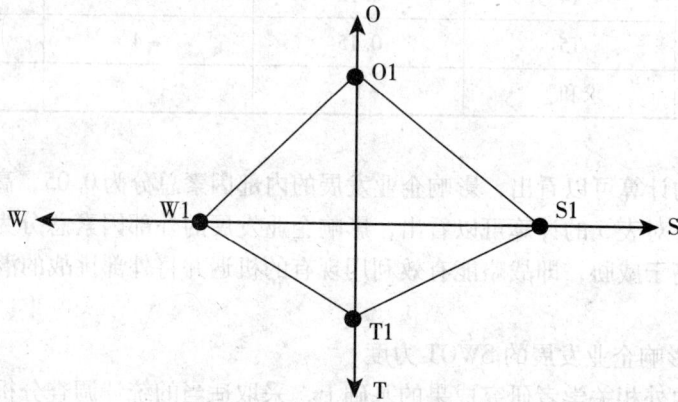

图 11　SWOT 战略四边形

对于战略四边形 S1O1W1T1，其重心坐标 P（x, y）由公式：P（x, y）＝（$\sum xi/4$，$\sum yi/4$）给出。其中 xi, yi 分别是 S1、O1、W1、T1 在战略四边形中的坐标。在此基础上，计算战略类型方位角 θ，公式：$tg\theta = y/x$，其中 $0 < \theta < 2\pi$。利用反函数求解 θ，即可根据 θ 大小来确定企业发展应选择的战略类型（如表 6 所示）。

表 6　　　　　　　战略类型方位 θ 角与战略类型的对应关系

第一象限		第二象限		第三象限		第四象限	
开拓型战略区		争取型战略区		保守型战略区		抗争型战略区	
类型	方位域	类型	方位域	类型	方位域	类型	方位域
实力型	0，$\pi/4$	进取型	$\pi/2$，$3\pi/4$	退却型	π，$5\pi/4$	调整型	$3\pi/2$，$7\pi/4$
机会型	$\pi/4$，$\pi/2$	调整型	$3\pi/4$，π	回避型	$5\pi/4$，$3\pi/2$	进取型	$7\pi/4$，2π

计算结果：战略四边形 S1O1W1T1，其重心坐标 P（x, y）＝ P（0.0125，

0.0425），根据公式求得 $tg\theta = 3.4$，查表得 $\theta \approx 2\pi/5$，位于 $\pi/4 \sim \pi/2$。

②战略强度系数 ρ 的含义和计算。对同一战略类型，既可以采取积极开拓也可以采取求稳保守的战略态势，因此对于相同的战略类型，还应确定其战略强度。战略强度有正负强度之分。正强度是外部机会与内在优势共同作用的结果，其计算公式为：$U = O1 \times S1$。负强度是外部威胁与内在劣势共同作用的结果，其计算公式为：$V = T1 \times W1$。

战略强度系数 ρ 的计算公式为：$\rho = U/(U+V)$。系数大小反映战略类型的实施强度，$\rho \in [0, 1]$。随着 U 值越大，战略强度系数增大，表明战略强度增强。以 $\rho = 0.5$ 作为临界点，当 $\rho > 0.5$ 时，可以采取开拓型战略；反之则应采取保守型战略。

根据（1）中计算结果，得出 $\rho = 0.5925$。

（4）确定企业战略重点与战略内容

由上述分析可知，该企业发展战略应定位在第一象限并且在（$\pi/4$，$\pi/2$）区域内，位于开拓型战略区域内，应采取机会型战略。同时根据战略强度系数 $\rho = 0.5925 > 0.5$，应采取积极的开拓型战略。

综合 SWOT 定性和定量分析结果，该企业当前应利用有利发展时机，积极开拓进取，可采取的发展战略主要有联盟战略、差异化战略、资源开发战略以及人才战略，即企业要以人为本，通过与其他企业开展合作，整合物流资源，为客户提供差异化的物流服务，培育企业的核心优势，并逐步树立企业品牌。

2. 公司发展模式建议

已上述企业发展战略为指导，建议企业可以走合作发展、差异化发展模式。在发展过程中，企业应该通过内涵式发展，培育企业的核心竞争优势。具体阐述详见第四部分。

3. 预期效果

通过与其他轿运企业合作，能实现低成本网络扩张，将返程车辆空载率控制在20%以内。与其他汽车物流公司的合作，可以有效增加货源，提高企业营业收入，使企业继续保持15%以上的增长幅度。

而通过自身差异化的物流服务，一方面可以帮助企业获得更多的业务，另一方面也有助于企业树立服务品牌，提高企业在行业内的知名度和美誉度。

六、结论及建议

本课题通过对中小型轿运企业的发展现状、存在的问题及原因进行 PEST 分析和五力模型分析，我们认为，当前中小型轿运企业的宏观发展环境以及行业发展环境总体向好，但与此同时，行业发展环境及企业自身也存在诸多问题。为了帮助众多中小型轿运物流企业走出发展困境，除了政府部门要在相关行业标准、土地、税收、融资、路桥费以及信息平台建设方面采取有力举措来营造一个良好的行业发展环境外，更重要的是中小型轿运物流企业本身应该审时度势，确定自身发展战略并选择适合自己的发展模式，建立起企业的核心竞争能力。

课题最后以湖北东方物流服务公司为例，通过对企业资源、竞争对手以及企业内部环境进行 SWOT 定性和定量分析，验证了之前的研究结论。

鉴于市场调研和研究时间的有限性，本课题的研究还存在一定的不足之处。今后，我们可以继续扩大研究对象的范围，在掌握更多的数据和资料的基础上，针对物流成本控制、企业合作机制、运输路线优化等问题进行更深入细致的研究。

课题组成员名单

课题主持人： 吴元佑　湖北城市建设职业技术学院副院长
　　　　　　　　中国物流学会常务理事

课题组成员： 杨爱明　湖北城市建设职业技术学院系主任
　　　　　　　　中国物流学会理事
　　　　　　　李方峻　湖北城市建设职业技术学院系副副主任
　　　　　　　　学会特约研究员
　　　　　　　曹爱萍　湖北城市建设职业技术学院讲师
　　　　　　　袁龙伟　湖北城市建设职业技术学院讲师

参 考 文 献

［1］李静宇，李超，等．整车物流供应商的五味瓶［J］．中国储运，2007（7）.

［2］罗文丽．中小企业如何逃离"同质化"［J］．中国物流与采购，2011（12）.

［3］冀松娅．中国轿车整车物流发展对策研究［J］．物流科技，2009（1）.

［4］李卫卫．轿运车：行走在超限窘境之中［N］．现代物流报，2008，4（30）.

［5］杨国民，齐慧．汽车物流业迎来发展黄金期［N］．经济日报，2011-05-06.

［6］田林，伍娜．中国汽车物流业现状及发展策略研究［J］．中国集体经济，2010（10）.

［7］张雪青．我国汽车物流发展浅析［J］．新西部，2010（5）.

［8］樊逸敏．中国汽车物流行业竞争环境简析［J］．才智，2010（12）.

［9］肖红，朱艳玲．我国中小型物流企业发展分析［J］．当代财经，2007（9）.

［10］李国旗，龚迪．中小型物流企业发展战略问题研究［EB/OL］．中国物流与采购网 http://www.chinawuliu.com.cn/cflp/newss/content1/200705/906_23018.html.

［11］方芳．第三方物流企业战略选择［J］．科技广场，2009（12）.

［12］汪鸣．货运企业战略的路径与选择［J］．物流技术与运用（货运车辆），2011（6）.

［13］孙永波．中小物流企业发展战略联盟模式研究［J］．商场现代化，2007（9）.

［14］杨胜利．汽车整车物流的发展与对策分析［J］．科技风，2010（11）.

［15］张俭．汽车物流：持续恶化的行业环境［J］．中国物流与采购，2011（2）.

［16］孔祥宁，郑建．中国整车物流行业现状［EB/OL］．物流协会 http://la.dlmu.edu.cn/ITUFO_ShowNews.asp?id=219.

［17］马增荣．我国汽车物流行业发展空间广阔［N］．经济日报，2011-05-06.

［18］颜静，张勇．汽车物流不能承受之重［J］．物流技术与运用（货运车辆），2011（5）.

［19］马增荣．汽车物流：需求增长 产销两旺［J］．中国储运，2011（3）.

［20］马增荣．丰产不丰收 汽车物流艰难前行［J］．物流技术与运用（货运车辆），2011（2）.

［21］迈克尔·波特．竞争优势［M］．陈小悦，译．北京：华夏出版社，2005.

［22］徐向艺．企业战略管理［M］．北京：经济科学出版社，2010.

［23］武玉彤．7月1日轿车运输行业将遭大规模封杀［EB/OL］．凤凰网汽车版．http：// auto. ifeng. com/roll/20110617/630580. shtml？_ from_ ralated.

［24］谢孝君．SWOT分析的定量性研究［J］．科技信息，2009（15）.

［25］袁亦男，邹平．基于SWOT模型的中小企业发展战略选择［J］．昆明理工大学学报：理工版，2007（8）.

［26］董伟，纪付容．中小物流企业问题及对策研究［J］．商业研究，2009（1）.

［27］2010—2015年中国汽车零部件行业深度评估及投资前景预测报告［R］．盛世华研企业管理公司，2010（4）.

物流上市公司核心竞争力评价指数研究[*]

内容提要："十二五"时期我国经济发展将以加快转变经济发展方式为主线，这一时期我国物流业仍将处于总量扩张期。但是，提高物流业整体发展水平，特别是提高物流企业的核心竞争力将是我国物流业发展面临的新课题。物流企业如何利用自身战略、资产、网络和品牌优势，将是企业核心竞争力培育的重点。

本课题的研究目标是建立物流上市公司核心竞争力评价指数，以便今后采用指标评价方法，对物流公司的价值进行评价。特色与创新之处在于，物流上市公司核心竞争力评价指数属国内首创，具有实际应用价值。通过评价指数，将指数评价结果转换成物流上市公司管理改进的方向。通过评价指数，将指数评价结果转换成物流上市公司的运营模式，可以提高物流公司的运营效果和经济效益，有利于物流上市公司资产的合理利用，在产出的基础上，有效产生企业效益。

20 世纪 90 年代初，随着上海、深圳证券交易所的相继开业，标志了我国证券市场的正式建立。经过二十年的发展及不断完善，我国证券市场在国民经济发展中的地位日益突出，取得的成就举世瞩目，证券市场已经成为我国社会主义市场经济的重要组成部分。

截至 2010 年 12 月底，我国境内 A 股上市公司（简称上市公司）从 1991 年的 14 家增加到了 1995 家，增长了 142 倍。上市公司的市价总值从 1992 年的 1048 亿元快速上升到了 265422 亿元，增长了 253 倍，其中流通市价总值从 1993 年的 862 亿元增加到了 193110 亿元，增长了 224 倍。从上市公司市价总值占国内生产总值的比重来看，从 1992 年到 2010 年这一比重从 3.93% 迅速提高到了 66.69%，提高幅度较大。

目前，沪深两市市价总值在全球证券市场的排名已经达到了第三位，仅次于美国和日本；上市公司的日均成交金额已经达到 2156 亿元，日均成交量相应增长到 174 亿股。与 20 年前相比，日均成交金额、日均成交量分别增长了 807 倍和 1242 倍。

一、我国证券市场总体情况及物流上市公司的成长

在我国证券市场、股票市场的快速发展过程中，物流板块究竟占据了一个什么样的位置，与我国上市公司总体呈现出一种什么样的关系，与相近的批发、零售贸易板块表现出一种什么样的竞争态势以及物流板块与大盘的增长趋势关系等方面的问题是目前我国证券市场研究尚需解决的问题。本章拟通过数据分析，对上述问题进行研究和讨论，以便得出令人信服的结论并填补这一研究领域的空白。

---

[*] 本课题（2011CSLKT008）荣获 2011 年度中国物流学会课题优秀成果奖三等奖。

（一）国民经济和社会发展各规划期大盘与物流上市公司的对比

为了全面、客观反映物流上市公司与 A 股上市公司的发展关系，我们选取了自我国证券市场创立以来"八五"至"十一五"各国民经济规划期末年作为研究的时间节点。

1. 从数量上看，物流上市公司占境内 A 股上市公司的比例基本稳定

（1）从总量对比看，物流上市公司与境内 A 股上市公司增长速度总体同步

根据 2010 年中国证监会发布的统计数据，经过数据处理与分析，在我国证券市场创立的头十年中，物流上市公司与境内 A 股上市公司的总量增长速度基本同步，前者略快于后者。自 2000 年以来，境内 A 股上市公司的总量增长速度始终慢于物流上市公司，但速度差距不大，说明近 10 年来物流上市公司与境内 A 股上市公司呈同步增长（如图1 所示）。

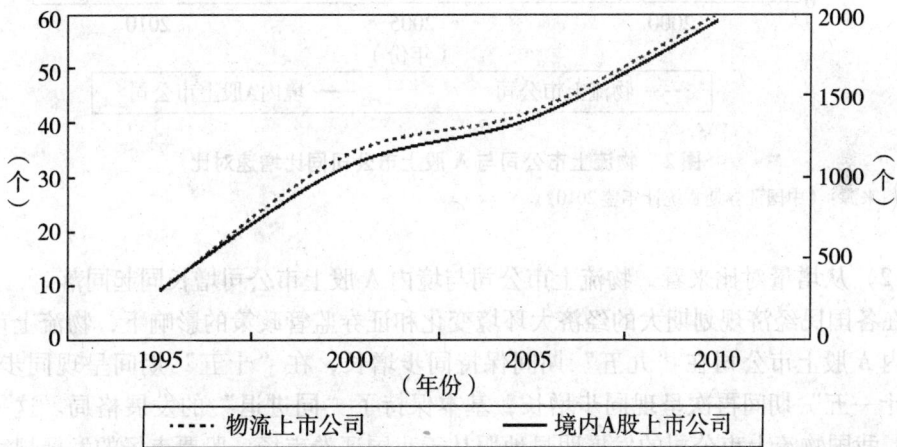

图1 物流上市公司与境内 A 股上市公司总量增长对比

资料来源：《中国证券期货统计年鉴 2010》。

我们以"八五"期末年的 1995 年作为基期，将"九五"至"十一五"期末年的 2000 年、2005 年和 2010 年与基期的同比增速作为分析对象，得出的分析结果与图 1 的分析完全相似，而且物流上市公司与境内 A 股上市公司的增长更加具有高度的一致性。说明 20 年来，我国物流上市公司与境内 A 股上市公司的发展呈现出正相关关系（如表1、图 2 所示）。

表1   各国民经济规划期末年物流上市公司与境内 A 股上市公司数量对比

各五年计划末年	物流上市公司	境内 A 股上市公司
1995 年	9	311
2000 年	34	1060
2005 年	42	1358
2010 年	60	1955

下面曲线反应的这一特点十分明显（如图 2 所示）。

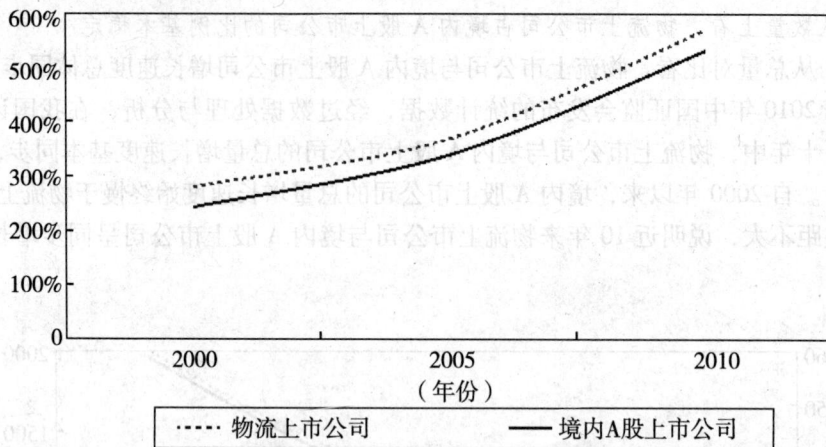

图 2　物流上市公司与 A 股上市公司同比增速对比

资料来源：《中国证券期货统计年鉴 2010》。

（2）从增量对比来看，物流上市公司与境内 A 股上市公司增长同起同落

在各国民经济规划期大的经济大环境变化和证券监管政策的影响下，物流上市公司与境内 A 股上市公司在"九五"期间保持同步增长，在"十五"期间呈现同步下降，在"十一五"期间再次呈现同步增长，基本保持了"同进退"的发展格局。这一特点说明，我国物流上市公司的发展明显地服从于我国证券市场、股票市场的发展规律（如图 3 所示）。

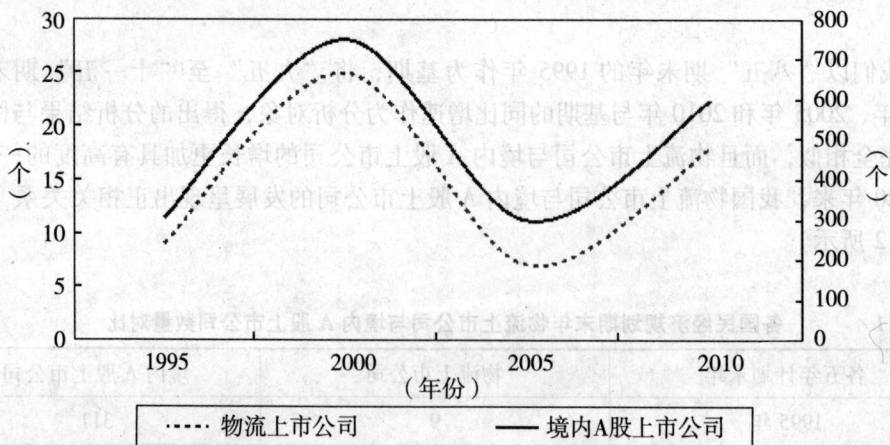

图 3　物流上市公司与境内 A 股上市公司增量增长对比

资料来源：《中国证券期货统计年鉴 2010》。

（3）从占比情况来看，物流上市公司占境内 A 股上市公司的比例基本稳定

总体来看，物流上市公司占境内 A 股上市公司的比例大致分为三个阶段。第一阶段，即快速增长阶段，从 1995 年到 2000 年占比从 2.9% 快速上升到 3.2%；第二阶段，即小幅回落阶段，从 2000 年到 2005 年占比从 3.2% 回落到 3.1%；第三阶段，即基本持平阶段，从 2005 年到 2010 年物流上市公司占境内 A 股上市公司的比例一直保持在 3.1%（如图 4 所示）。

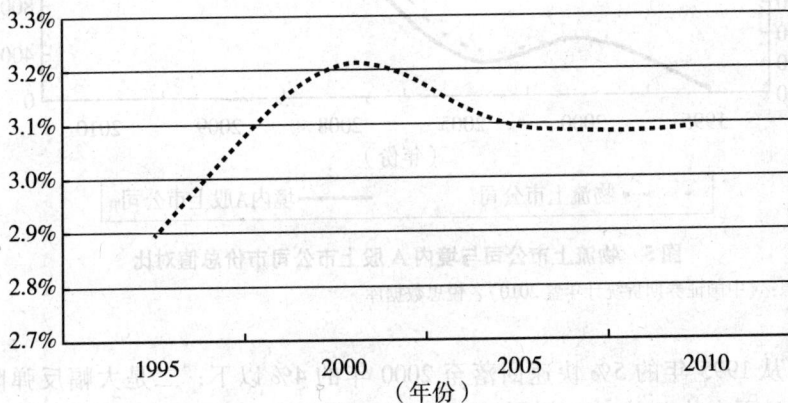

图 4　物流上市公司占境内 A 股上市公司比例

通过前面的分析不难看出，我国股票市场即"大盘"经历了"八五"期间的无序与狂热、"九五"期间的低迷与"圈钱"、"十五"期间的整顿与改革，到了"十一五"期间又呈现出由兴盛转为国际金融危机以后的下滑和结构调整。但总体来看，物流上市公司与我国境内 A 股上市公司即我国证券市场、股票市场的发展规律是完全一致的。

2. 物流板块流通市值占该板块市价总值的比例不断攀升，而物流板块占"大盘"流通市值比例变化剧烈

（1）物流板块与"大盘"市价总值不断创新高，物流板块占"大盘"市价总值比例"十一五"期间大幅下滑

如果站在历史的角度来看，"大盘"市价总值或某一行业的市价总值的增减变化主要受两个因素的影响：一是上市公司的数量变化，在我国现阶段几乎没有上市公司摘牌退市的前提下，上市公司的数量是稳步增加的；二是股票市场的行情，近年来，一年内"蒸发掉"或"催生出"几万亿元的情况屡见不鲜。而由于上市公司数量的不断增长，尤其是近几年大批蓝筹股陆续回归 A 股市场，更是在很大程度上加大了股市"潮涨潮落"带来的作用。

所以，如图 5 所示，总体来看自 1995 年（八五）以来，无论"大盘"还是物流上市公司市价总值都基本保持了快速增长的格局。特别是 2009 年，大盘和物流上市公司分别由一年前的 12 万亿元和 0.55 万元增长到 24 万亿元和近 1 万亿元，涨幅均在 100% 左右。

物流上市公司占境内 A 股上市公司市价总值比例，大体经历了三个阶段：一是快速

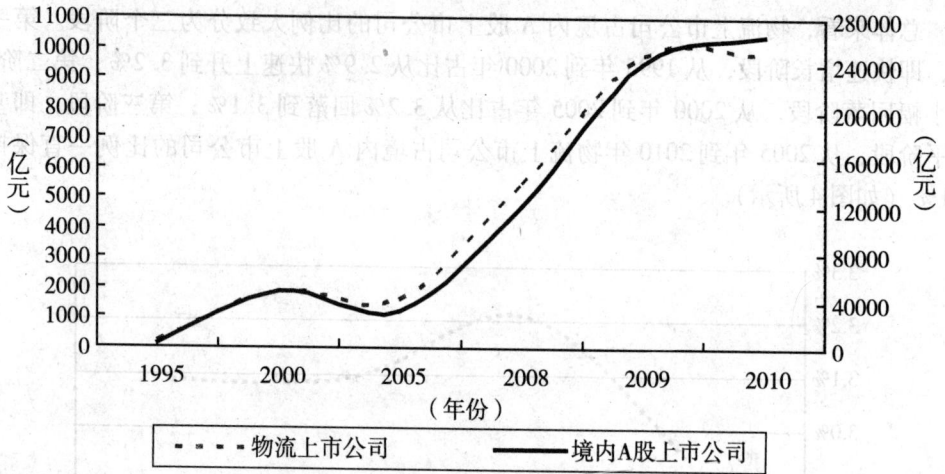

图5 物流上市公司与境内A股上市公司市价总值对比

资料来源：《中国证券期货统计年鉴2010》、锐思数据库。

回落阶段，从1995年的5%快速回落至2000年的4%以下；二是大幅反弹阶段，从2000年的4%再次冲高到2005年的5%以上；三是大幅下滑阶段，从2005年的5%下滑至2010年近3%，下降幅度比第一阶段有所加大（如图6所示）。

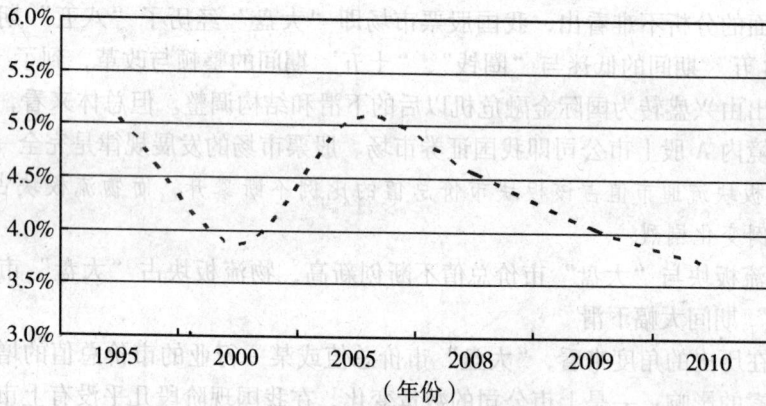

图6 物流上市公司占境内A股上市公司市价总值比例

资料来源：《中国证券期货统计年鉴2010》、锐思数据库。

（2）"十一五"期间物流板块与"大盘"流通市值增量超前期总和，物流板块占"大盘"流通市值比例变化剧烈

从流通市值方面来看，物流板块与"大盘"基本保持了相同的增长趋势。如图7所示，我们可以明显的观察出，2008年到2010年这三年物流板块和"大盘"流通市值分别增长了近三倍，增量超过了2008年前的十五年之和。

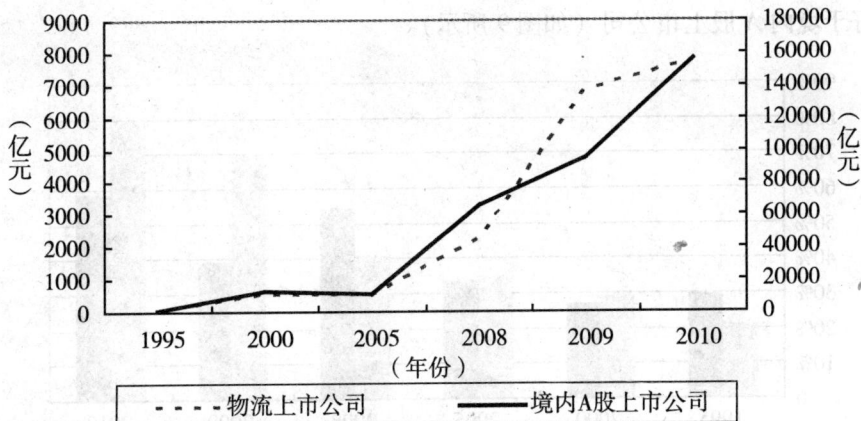

图7　物流上市公司与境内 A 股上市公司流通市值对比

资料来源：《中国证券期货统计年鉴2010》、锐思数据库。

相对于物流板块占"大盘"市价总值比例的温和的变动幅度（不过1.5%）而言，前者占后者流通市值比例的变动幅度，可谓是非常剧烈了。从2008年3.4%的最低点直接跃上了2009年7.3%的最高点，变动幅度近4%，2010年又回落至5%。据我们分析，这种前所未有的变化主要是由近几年"大小非解禁"所引发的（如图8所示）。

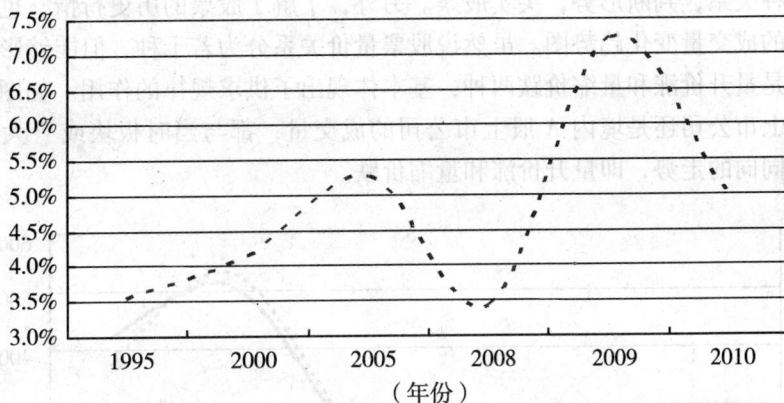

图8　物流上市公司占境内 A 股上市公司流通市值比例

资料来源：《中国证券期货统计年鉴2010》、锐思数据库。

（3）物流板块流通市值占总市值比例节节攀升，"大盘"相应比例波动较大

从物流上市公司与境内 A 股上市公司的流通市值占市价总值的比例对比来看，两者呈现出风格迥异的情形。自"八五"以来，物流上市公司的流通市值占市价总值的比例节节攀升，2010年已达80%左右，达到了1995年的近4倍。而境内 A 股上市公司的相应比例却是在2008年达到55%以后，下滑到2009年的38%，再次提高至2010年的

近60%，较同期物流上市公司的指标低20%。总体来看，说明物流上市公司的股权分置改革好于境内A股上市公司（如图9所示）。

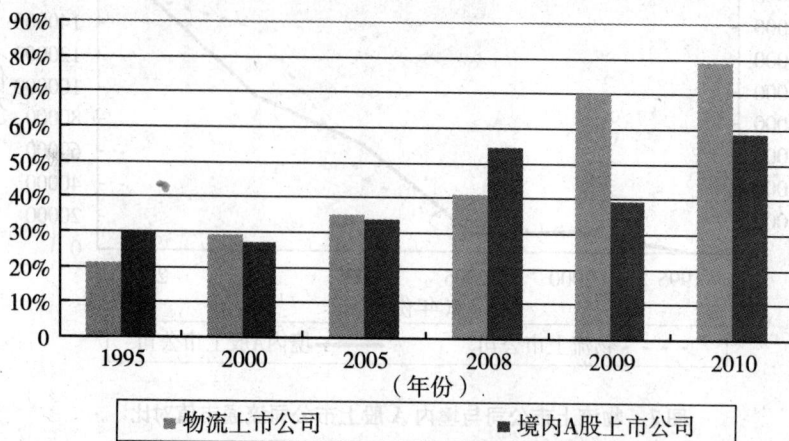

图9 物流上市公司与境内A股上市公司流通市值占市价总值比例对比

资料来源：《中国证券期货统计年鉴2010》、锐思数据库。

3. "十一五期间"，物流与境内A股上市公司成交量（额）放量增长

（1）物流上市公司与境内A股上市公司成交量同股价呈现同向走势

任何一支股票价格涨跌与其成交量大小之间总是存在一定的内在关系。投资者可以通过分析此种关系，判断形势，买卖股票。另外，了解了股票的历史行情，也能大体刻画出该股票的成交量变化趋势图。虽然说股票量价关系分为若干种，但能够影响总体形势的无外乎是量升价涨和量缩价跌两种，基本体现出了供求规律的作用。如图10所示，不论是物流上市公司还是境内A股上市公司的成交量，都与当时板块或"大盘"的行情呈现量价同向的走势，即量升价涨和量缩价跌。

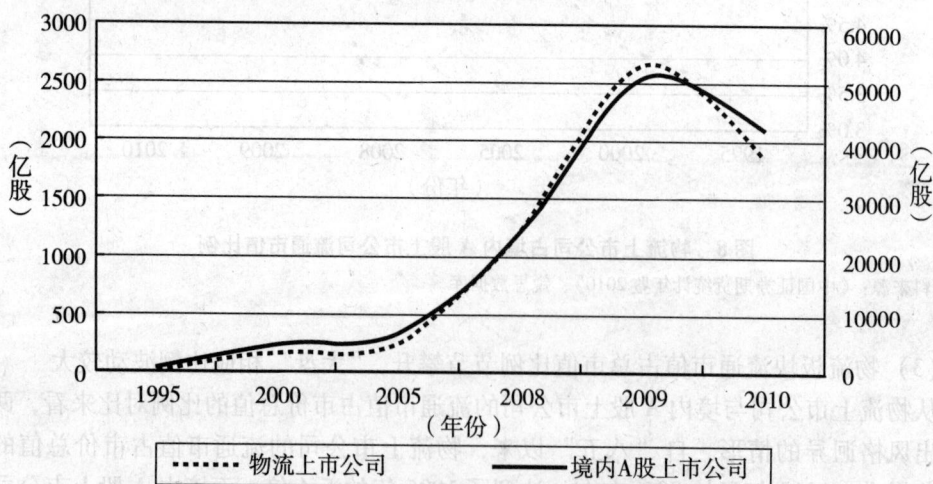

图10 物流上市公司与境内A股上市公司成交量对比

资料来源：《中国证券期货统计年鉴2010》、锐思数据库。

（2）"十一五"期间物流上市公司与境内 A 股上市公司年成交额实现"井喷"式增长

由上述对股票价量关系的研判，我们不难理解物流上市公司与境内 A 股上市公司成交额和成交量的对比图中曲线走势因何基本一致。

受 2007 年"大牛"行情的影响，2008—2010 年成交额出现了"井喷"式增长，这三年，物流上市公司与境内 A 股上市公司的年成交额和 2005 年时相比，增加了 10 ~ 20 倍（如图 11 所示）。

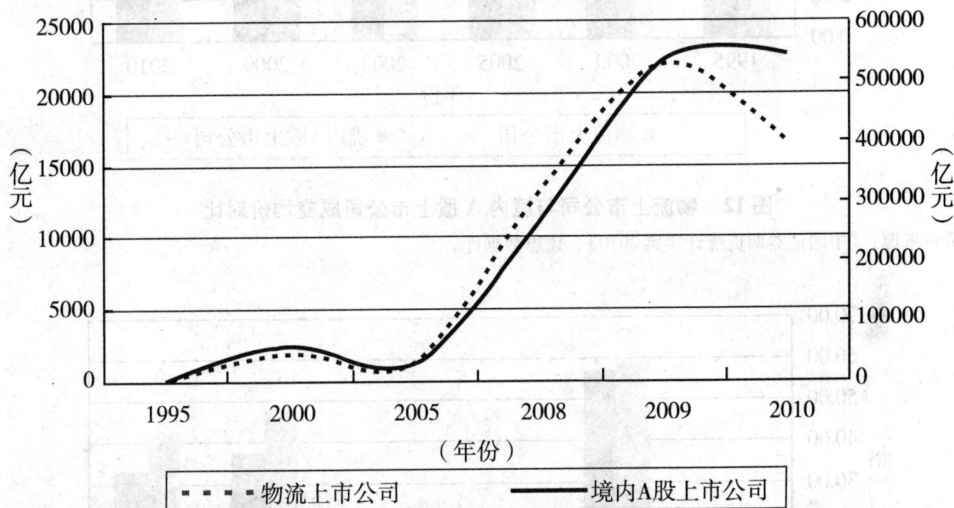

图 11　物流上市公司与境内 A 股上市公司成交额对比

（3）物流上市公司与境内 A 股上市公司成交均价差值较大

境内 A 股上市公司 2010 年成交均价 12.94 元，是"八五"以来最高值；而物流上市公司同年成交均价仅为 8.91 元，基本处于中间值。2010 年物流上市公司与境内 A 股上市公司成交均价差值为 4.03 元，仅略低于 1995 年两者的差值（如图 12 所示）。

4. "十一五"期间物流上市公司与境内 A 股上市公司市盈率处于较为合理的范围内

自"八五"以来，我国物流上市公司、境内 A 股上市公司的市盈率在大部分时期内都处于较为合理水平内的。即除 2000 年物流板块和"大盘"的市盈率突破 50 倍但均未超 60 倍以外，其余时期都在 50 倍以下。物流上市公司与境内 A 股上市公司的市盈率对比而言，除 2005 年外，其余时期皆是前者较后者高出 5 ~ 10 倍。以此为依据，说明物流上市公司价值基本没有背离其实际价值，股价亦处于相对合理的范围内（如图 13 所示）。

（二）国民经济和社会发展各规划期物流上市公司与批发零售贸易上市公司的对比

本节选取了在国民经济各行业中同物流业相关度最高的批零贸易行业作为研究对象，对物流上市公司与批零贸易上市公司从数量、市值、成交量（额）、市盈率等方面做出了较为翔实的对比。

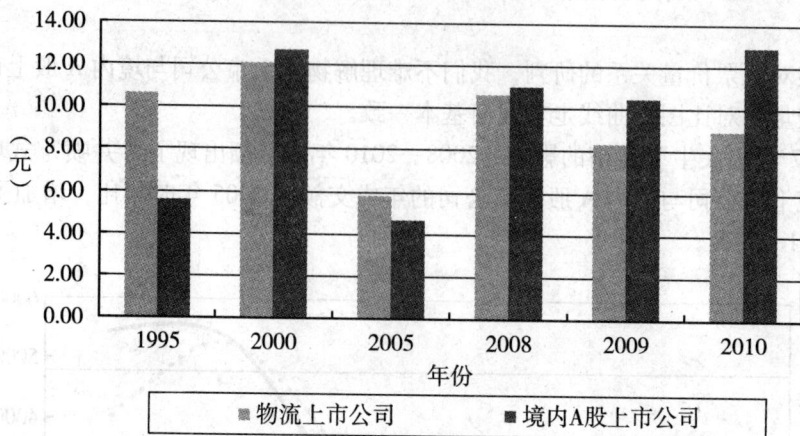

图 12 物流上市公司与境内 A 股上市公司成交均价对比

资料来源：《中国证券期货统计年鉴 2010》、锐思数据库。

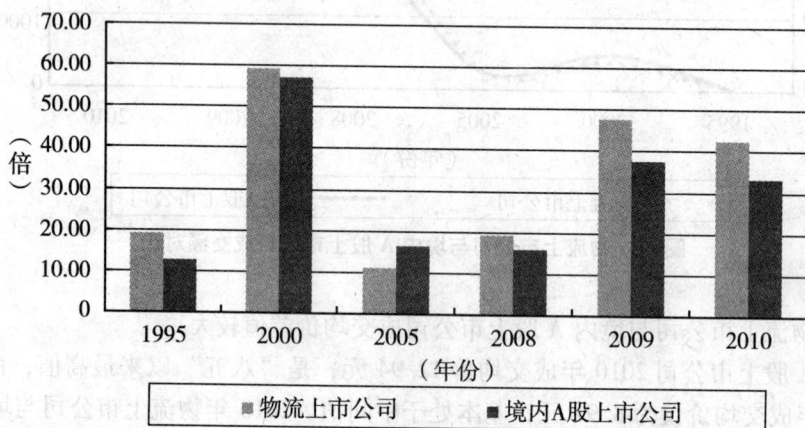

图 13 物流上市公司与境内 A 股上市公司市盈率对比

资料来源：《中国证券期货统计年鉴 2010》、锐思数据库。

1. 从数量上看，我国物流上市公司总体发展速度快于批零贸易上市公司

（1）物流上市公司与批零贸易上市公司之间差值基本稳定

自我国股市创建以来，批零贸易上市公司数量一直多于物流上市公司。近十年来，两者的差值一直稳定在 50 ~ 60 家。然而上市公司数量的差值基本保持稳定并不意味着两个板块上市公司的增长率接近（如图 14 所示）。

（2）物流上市公司同比增速大幅超越批零贸易上市公司

我们以"八五"期末年的 1995 年作为基期，将"九五"至"十一五"期末年的 2000 年、2005 年和 2010 年与基期同比增速作为分析对象，得出的分析结果与图 14 大不相同。

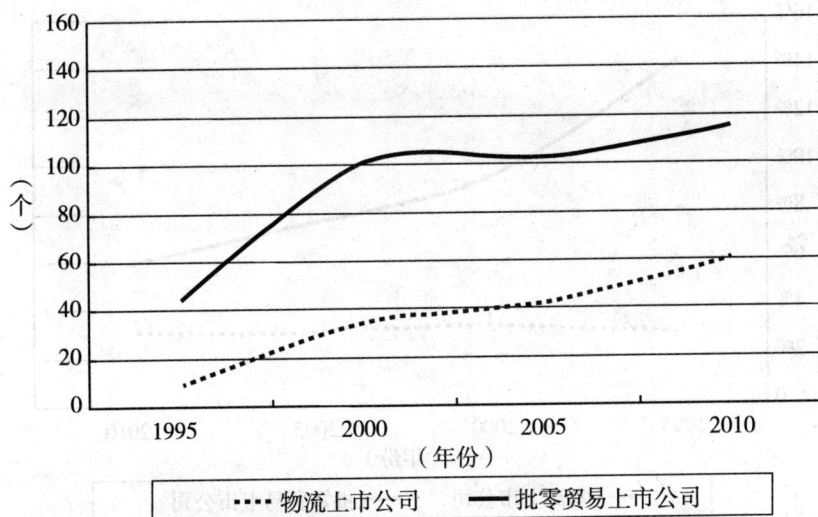

图 14　物流上市公司与批零贸易 A 股上市公司总量增长对比

资料来源:《中国证券期货统计年鉴 2010》。

物流上市公司同比增速每 5 年都在上一个新台阶, 而批零贸易上市公司与之相比, 基本处于"原地踏步"的状态。说明 10 多年来, 我国物流上市公司总体发展速度是快于批零贸易上市公司的（如图 15 所示）。

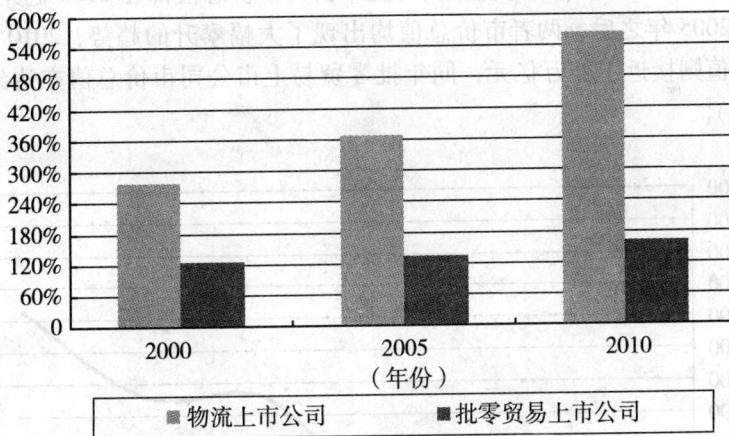

图 15　物流上市公司与批零贸易上市公司同比增速对比

资料来源:《中国证券期货统计年鉴 2010》。

（3）物流上市公司占大盘比例稳定, 批零贸易上市公司对应比例持续下滑

通过对物流上市公司与批零贸易上市公司占境内 A 股上市公司的比例进行对比（如图 16 所示）, 自"八五"时期以来, 物流上市公司占"大盘"的比例基本稳定在 3% 左右, 批零贸易上市占"大盘"的比例则从开始最高时的 14%一路下滑到"十一五"的不足 6%。这进一步解释了物流上市公司增长速度高于批零贸易上市公司。

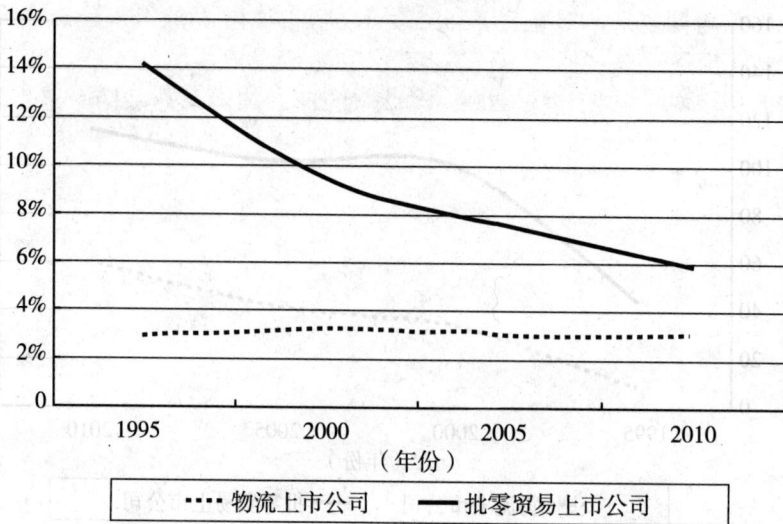

图16　物流上市公司与批零贸易上市公司占境内 A 股上市公司比例
资料来源：《中国证券期货统计年鉴 2010》。

2. 物流板块市价总值和流通市值规模均远超批零贸易板块

（1）"十一五"期间，物流上市公司市价总值大幅超越批零贸易上市公司市价总值

物流上市公司与批零贸易上市公司市价总值增长变化均以"十五"做为分界点：在 2005 年之前，物流上市公司与批零贸易上市公司市价总值都在 2500 亿元以下的区间内窄幅震荡；2005 年之后，两者市价总值均出现了大幅攀升的趋势，2010 年物流上市公司的市价总值则接近于 1 万亿元，同年批零贸易上市公司市价总值亦达到 7200 亿元（如图 17 所示）。

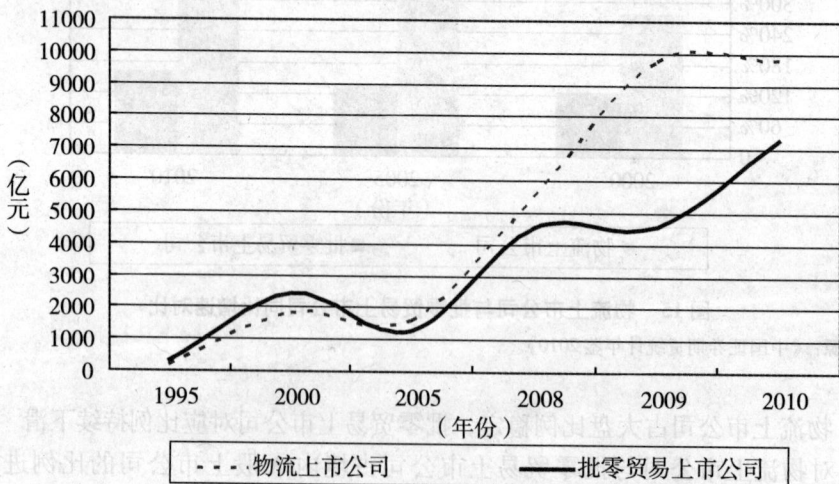

图17　物流上市公司与批零贸易上市公司市价总值对比
资料来源：《中国证券期货统计年鉴 2010》、锐思数据库。

自"八五"时期以来，物流上市公司市价总值占境内 A 股上市公司市价总值的比例，基本稳定在 4%~5%，而批零贸易上市公司市价总值占境内 A 股上市公司市价总值的比例则由 9% 以上一路下滑至 2009 年的不足 2%，2010 年小幅回升至 2.8%（如图 18 所示）。

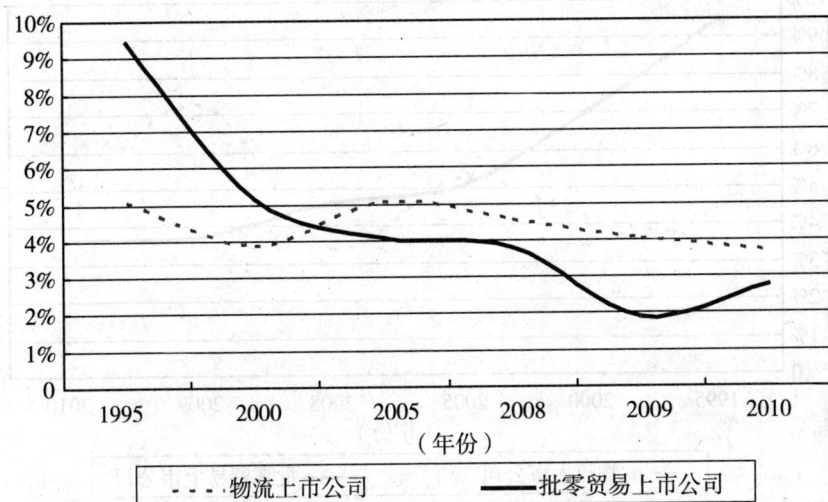

图 18　物流与批零贸易上市公司占境内 A 股上市公司市价总值比例对比

（2）物流上市公司流通市值占境内 A 股上市公司流通市值的比例起伏不定

在 2008 年之前，批零贸易上市公司流通市值一直高于物流上市公司流通市值。2009 年，物流上市公司流通市值达到批零贸易上市公司流通市值的近两倍。到 2010 年，两者差距有所缩小，但仍在 2000 亿元之上（如图 19 所示）。

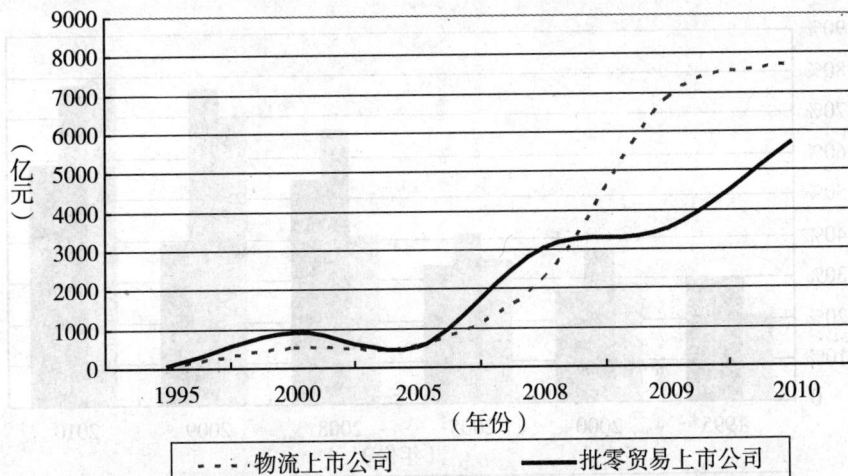

图 19　物流上市公司与批零贸易上市公司流通市值对比

资料来源：《中国证券期货统计年鉴 2010》、锐思数据库。

批零贸易上市公司流通市值占境内 A 股上市公司流通市值的比例由"八五"期间的 9.5% 逐步下降到 2010 年的 3.7%，而物流上市公司流通市值占境内 A 股上市公司流通市值的比例则出现了一系列的波动，2009 年该比例达到 7.2%，创历史新高；2010 年该比例虽有所下滑，但仍在 5% 之上（如图 20 所示）。

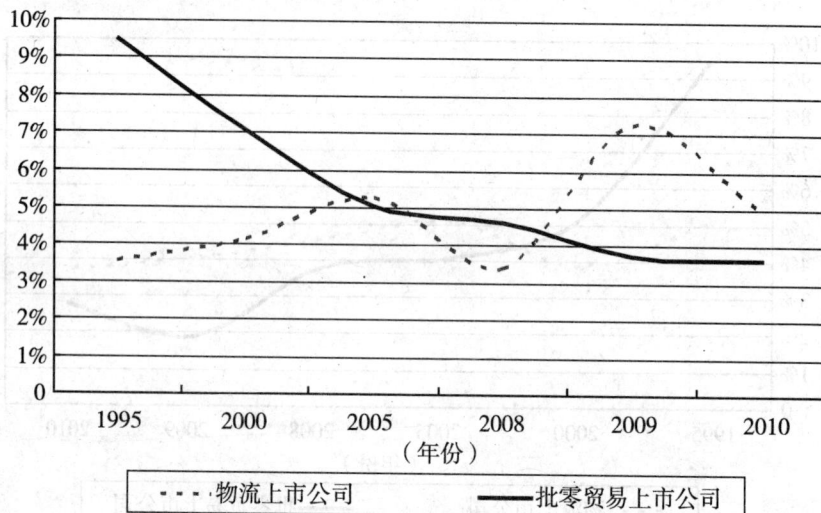

图 20　物流与批零贸易上市公司占境内 A 股上市公司流通市值比例对比

（3）物流、批零贸易板块流通市值占市价总值的比例不断提升

自"八五"以来，物流、批零贸易上市公司的流通市值占市价总值比例不断提升，2010 年均为 80% 左右，分别达到 1995 年的近 4 倍和 2.5 倍。而境内 A 股上市公司的相应比例却是在 2008 年达到 55% 以后，下滑到 2009 年的 38%，再次提高至 2010 年的近 60%，较同期物流上市公司和批零贸易公司的指标低 20% ~ 30%（如图 21 所示）。

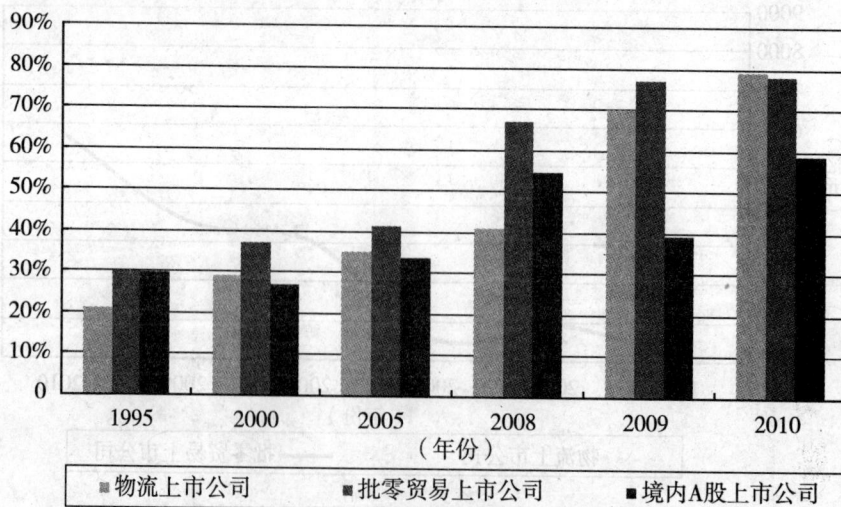

图 21　物流、批零贸易与境内 A 股上市公司流通市值占市价总值比例对比

3. "十一五期间"物流上市公司与批零贸易上市公司成交量（额）放量增长

（1）物流上市公司与批零贸易上市公司成交量波动趋势较大

根据第一节得出的结论可知，由于供求规律的作用，影响成交量总体形势的主要是量升价涨和量缩价跌两种情况。如图22所示，不论是物流上市公司还是批零贸易上市公司的成交量都受到当时"大盘"行情很大程度上的影响。在2007年"大牛市"过后，2008年物流与批零贸易上市公司成交量急转直下，2009年成交量再次增加到2008年的两倍左右。

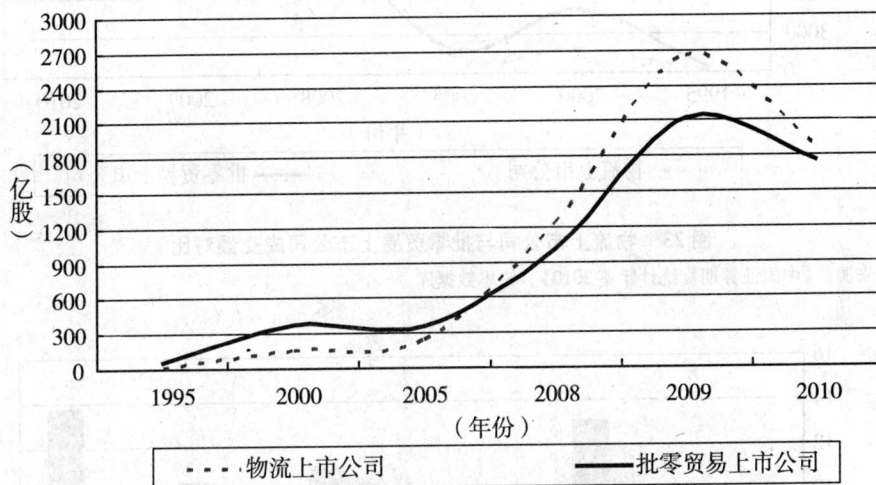

图22 物流上市公司与批零贸易上市公司成交量对比

资料来源：《中国证券期货统计年鉴2010》、锐思数据库。

（2）"十一五"期间，物流上市公司成交额总体上低于批零贸易上市公司成交额

从成交额方面来看，除2008年外，其余时期物流上市公司成交额均低于批零贸易上市公司成交额。然而物流上市公司成交量却高于批零贸易上市公司成交量，说明物流上市公司成交均价低于批零贸易上市公司成交均价。虽然如此，纵向来比，2008—2010年物流上市公司的年成交额和2005年时相比，增加了10倍~20倍（如图23所示）。

（3）2010年批零贸易上市公司成交均价高于物流上市公司约5元，为差值最高年份

批零贸易上市公司2010年成交均价接近14元，为"八五"以来最高值；而物流上市公司同年成交均价仅为8.9元，基本处于历史中间值。2010年物流上市公司与批零贸易上市公司成交均价差值为4.84元，是两者差值最高年份（如图24所示）。

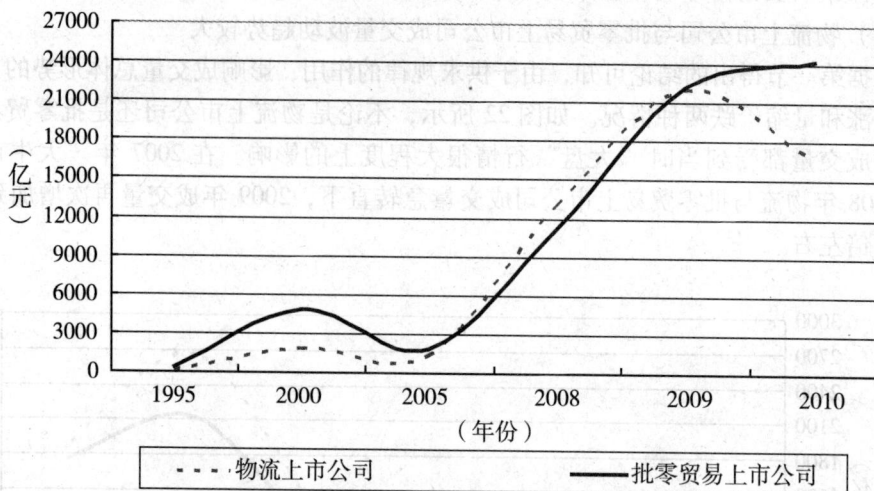

图23　物流上市公司与批零贸易上市公司成交额对比

资料来源：《中国证券期货统计年鉴2010》、锐思数据库。

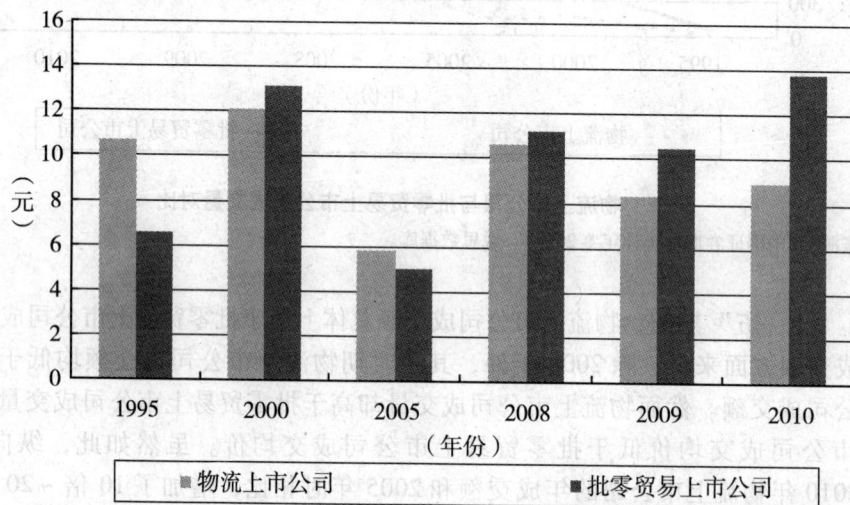

图24　物流上市公司与批零贸易上市公司成交均价对比

4. "十一五"批零贸易上市公司平均净资产收益率高于物流上市公司

在"十一五"之前，物流上市公司平均净资产收益率基本都高于批零贸易上市公司相对应的指标。自"十一五"开始，批零贸易上市公司平均净资产收益率逐步上升，而物流上市公司平均净资产收益率出现了一定程度的下降，2008年、2010年前者分别高于后者1.2%和3.1%，并且从发展趋势来看，两者间的差距有继续扩大的可能性（如图25所示）。

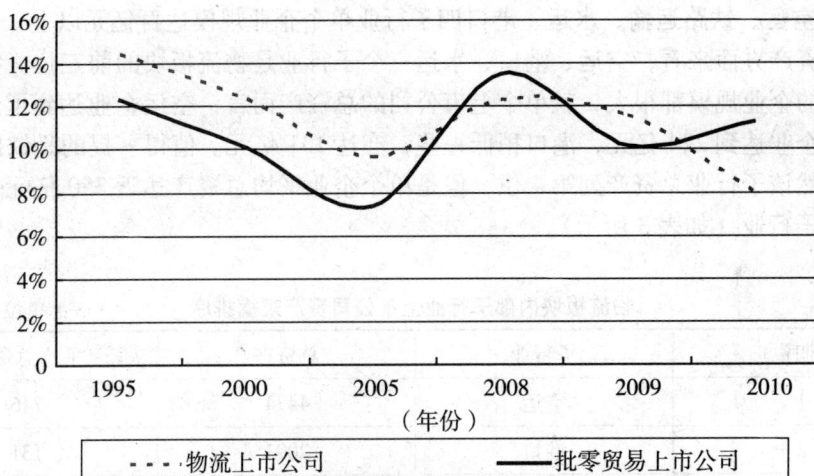

图25　物流上市公司与批零贸易上市公司平均净资产收益率对比

资料来源：《中国证券期货统计年鉴2010》、锐思数据库。

（三）物流上市公司内部子行业对比

我们依据证监会的《上市公司行业分类指引》并结合物流上市公司运营管理的实际情况将物流上市公司分为如下七个子行业：港口、水运、综合物流、空运、铁路运输、机场以及仓储。为反映物流子行业的上市公司数量、规模、市值、成交量（额）、市盈率、经营效益等方面最新情况，我们选取了2010年做为研究时间节点。

1. 物流上市公司内部子行业数量与规模对比

（1）港口、水运、综合物流分列物流上市公司内部子行业数量前三甲

截至2010年年底，在我国境内A股上市公司中，物流上市公司共有60家左右。其中，港口、水运、综合物流子行业上市公司家数占据物流上市公司子行业家数的前三强。港口、水运由于资金需求量较大，而在近年成为物流上市公司中募集资金的主要子行业。港口、水运上市公司共计30家，占物流上市公司总家数的一半。综合物流（第三方物流）上市公司虽暂列第三，但在国家有关政策鼓励、扶持之下，未来上市数量会逐步增多，预计将会成为物流上市公司中的主流（如表2所示）。

表2　　　　　　　　　　物流板块内部子行业上市公司数量排序

排序	子行业	上市公司数量
1	港口	16
2	水运	14
3	综合物流	12
4	空运	6
5	铁路运输	4
6	机场	4
7	仓储	4

资料来源：《中国证券期货统计年鉴2010》、锐思数据库。

（2）空运、铁路运输、水运、港口四子行业单个企业规模达百亿元以上

从总资产方面来看，空运、港口、水运三个子行业是物流板块的前三位。空运、水运子行业的企业规模都很大，就单个上市公司的总资产而言：空运企业达到了近750亿元。水运企业达到224亿元，港口稍低一些，亦达131亿元。值得一提的是铁路运输子行业，虽然该子行业总资产列第4位，但是单个企业平均总资产达近350亿元，远超水运和港口子行业（如表3所示）。

表3　　　　　　　　物流板块内部子行业上市公司资产规模排序　　　　　（单位：亿元）

排序	子行业	总资产	平均总资产
1	空运	4474	746
2	港口	2093	131
3	水运	3140	224
4	铁路运输	1386	347
5	综合物流	748	62
6	机场	373	93
7	仓储	119	30

资料来源：《中国证券期货统计年鉴2010》、锐思数据库。

2. 物流上市公司内部子行业市值对比

（1）综合物流、仓储子行业单个企业平均总市值垫底

空运、铁路运输、水运、港口前述四个单个企业总资产在百亿元之上的子行业，其单个企业平均总市值仍分列物流上市公司子行业单个企业平均总市值的前四位。另外位列第五的机场子行业单个企业平均总市值达120亿元。只有综合物流、仓储子行业单个企业平均总市值偏低，分别为51亿元和33亿元（如表4所示）。

表4　　　　　　　　物流板块内部子行业上市公司平均总市值排序　　　　（单位：亿元）

排序	子行业	平均总市值	子行业总市值
1	空运	475	2849
2	铁路运输	389	1556
3	水运	137	1915
4	港口	136	2174
5	机场	120	479
6	综合物流	51	613
7	仓储	33	132

资料来源：《中国证券期货统计年鉴2010》、锐思数据库。

（2）铁路运输、空运、水运子行业单个企业平均流通市值达百亿元以上

从单个企业流通市值方面来看，铁路运输、空运、水运三个子行业平均流通市值都在百亿元以上，基本此三行业的上市公司股票均为大盘股。综合物流平均流通市值只有39亿元，基本符合其现价段的行业地位（如表5所示）。

表5　　　　　　　物流板块子行业上市公司平均流通市值排序　　　　（单位：亿元）

排序	子行业	平均流通市值	子行业流通市值
1	铁路运输	374	1496
2	空运	346	2076
3	水运	127	1783
4	港口	90	1440
5	机场	80	318
6	综合物流	39	469
7	仓储	19	75

资料来源：《中国证券期货统计年鉴2010》、锐思数据库。

3. 物流上市公司内部子行业成交量以及成交均价对比

（1）综合物流总市值偏低但交投活跃

成交量基本能够反映出股票市场的活跃程度。七个物流子行业相比来看，空运、水运、港口、铁路交投非常活跃。而在市值方面处于落后位置的综合物流交投也很活跃全年成交量达217亿股（如表6所示）。

表6　　　　　　　　物流板块内部子行业成交量排序　　　　　（单位：亿股）

排序	子行业	成交量
1	空运	498
2	水运	449
3	港口	338
4	铁路运输	236
5	综合物流	217
6	机场	103
7	仓储	31

资料来源：《中国证券期货统计年鉴2010》、锐思数据库。

（2）空运、水运、港口、综合物流子行业日均成交额达100亿元以上

从成交额方面来看，空运、水运、港口、综合物流四个子行业成交额均在2500亿

元以上，即日均成交额达 100 亿元以上。在处于 2010 年股市整体表现不佳的情况下，能够达到日均百亿以上的成交额实属不易。同时也说明广大投资者对上述子行业尤其是综合物流比较关注（如表 7 所示）。

表 7　　　　　　　　　　　物流板块内部子行业成交额排序　　　　　　（单位：亿元）

排序	子行业	成交金额
1	空运	4408
2	水运	3668
3	港口	2567
4	综合物流	2556
5	铁路运输	1863
6	机场	1278
7	仓储	346

资料来源：《中国证券期货统计年鉴 2010》、锐思数据库。

4. 物流上市公司内部子行业市盈率对比

2010 年物流上市公司平均市盈率为 42.54 倍，由此来测算，铁路运输、综合物流、仓储、水运、港口基本上都未低估。看"十二五"计划重点发展的综合物流市盈率为 42.82 倍，略高于物流上市公司总体平均市盈率。只有空运和机场市盈率分别为 22.78 倍和 16.97 倍，被市场所低估了（如表 8 所示）。

表 8　　　　　　　　　　　物流板块内部子行业市盈率排序　　　　　　（单位：倍）

排序	子行业	平均市盈率
1	铁路运输	46.56
2	综合物流	42.82
3	仓储	38.57
4	水运	38.31
5	港口	36.63
6	空运	22.78
7	机场	16.97

资料来源：《中国证券期货统计年鉴 2010》、锐思数据库。

5. 物流上市公司内部子行业净资产收益率对比

在处于经济复苏过程中的 2010 年，最传统的仓储业得出了物流板块七大子行业净资产收益率的最高值。而综合物流业作为新兴行业，在经济尚未彻底走出阴霾的时期，净资产收益率仅较尚处于低谷的水（海）运业略高（如表 9 所示）。

表 9　　　　　　　　　物流板块内部子行业净资产收益率排序　　　　　　（单位:%）

排序	子行业	平均净资产收益率
1	仓储	12.47
2	机场	11.42
3	空运	9.91
4	铁路运输	8.49
5	港口	8.00
6	综合物流	7.43
7	水运	5.37

资料来源：《中国证券期货统计年鉴 2010》、锐思数据库。

二、近两年国家出台的物流业发展扶持政策及物流上市公司对政策的响应

从 2007 年 4 月 2 日美国 21 世纪金融公司向法院申请破产保护到 2008 年 9 月 15 日美国雷曼兄弟公司宣布破产，一场有史以来规模最大、影响最深，破坏程度也最为严重的国际金融危机爆发了。作为我国应对国际金融危机"一揽子计划"中的一项规划，2009 年 3 月，国务院以国发 8 号文件形式颁发了《物流业调整和振兴规划》，从 6 个方面对我国物流业的发展提出了指导性意见。

《物流业调整和振兴规划》是我国出台的第一个物流业专项规划。此后，国家发改委、财政部、商务部、工信部、交通运输部、国家税务总局、海关总署、国家民航局、国家邮政局、国家标准委以及中国物流与采购联合会分别从各自的角度提出了具体的专项扶持政策和行业建设意见。自 2009 年以来，我国已经基本形成了一个比较丰富的物流业发展政策扶持体系。

（一）我国已经出台的物流业发展扶持政策

2009 年 3 月颁发的《物流业调整和振兴规划》首次明确了物流业的内涵，提出物流业是融合运输业、仓储业、货代业和信息业等的复合型服务产业，是国民经济的重要组成部分，认为物流业涉及领域广，吸纳就业人数多，促进生产、拉动消费作用大，在促进产业结构调整、转变经济发展方式和增强国民经济竞争力等方面发挥着重要作用。

进入 21 世纪以来，我国物流业总体规模快速增长。特别是"十一五"期间，在国家政策推动下，一大批工商企业采用了现代物流理念，大多数传统物流企业开始向现代物流企业转型，形成一批新型物流企业，我国物流业的发展也取得了明显进步。但是，自 2008 年下半年以来，随着国际金融危机对我国实体经济影响的逐步加深，我国的物流业受到了严重冲击。

针对国际金融危机时期我国物流业暴露出来的问题，国家认识到，实现传统物流业向现代物流业转变不仅是物流业自身结构调整和产业升级的需要，也是整个国民经济发

展的需要。物流业的调整和振兴既是为了应对国际金融危机，更是为了今后适应经济全球化。按照这一思路，2011年6月8日国务院常务会议又通过了关于改善物流企业发展环境的8条意见，简称物流"国八条"。

1. 《物流业调整和振兴规划》提出的物流业发展重点

（1）采取有效措施，扩大国内物流市场需求

规划要求运用现代物流理念和技术，实施采购、生产、销售和物品回收物流一体化运作；布局城乡商业设施，完善流通网络，发展连锁经营，促进流通企业的现代化；发展农产品直销和配送。

（2）通过服务模式专业化，推进物流服务社会化

规划鼓励生产和商贸企业内部物流外部化，即采取外包物流管理方式；现有物流企业的服务模式专业化，向现代物流企业转型；发展现代运输方式，加强运输方式协调和运输与物流服务的融合；大力发展第三方物流。

（3）加快兼并重组，培育一批具有国际竞争力的物流企业集团

规划提出物流企业通过兼并、联合、重组方式，培育一批国际竞争力强的大型现代物流企业。大型物流企业应采用现代物流技术并提供一体化物流服务，应依托专业化中小物流企业延伸物流服务网络。

（4）采取差别化的政策，推动重点物流领域的发展

石油、煤炭、重要矿产品应重点发展采购与大宗产品运输物流；推广散粮运输和棉花大包运输；发展农产品冷链、城市统一配送；实行医药集中采购和统一配送；推动汽车和零配件物流发展；发展包装、废弃物物流。

（5）与国际接轨，加快发展国际物流、保税物流

加强主要港口、国际海运陆运集装箱中转站的多式联运物流设施建设，提高国际货物中转能力；优化口岸通关作业流程，实行申办手续电子化和"一站式"服务；建立新型保税物流监管体系；促进口岸物流向内地物流节点城市延伸。

（6）优化区域布局，合理布置物流区域、通道和节点城市

根据市场需求、产业布局、商品流向、资源环境、交通条件，重点发展九大物流区域，建设十大物流通道和一批物流节点城市，优化物流业的区域布局，形成全国性的物流网络，形成东、西、南、北、中物流区域互动的格局。

（7）根据物流需求，加强物流基础设施建设并使之相互衔接

完善综合运输网络布局，使铁路、港口码头、机场及公路无缝对接；整合现有运输、仓储等物流基础设施，盘活存量资产；合理布局物流园区，在大中城市周边和制造业基地附近合理规划、改造和建设一批现代化的配送中心。

（8）加快采用信息技术，提高物流信息化水平

建立物流信息采集、处理和服务的交换共享机制；建设行业物流公共信息平台和企业物联网；建设交通运输、铁路运输、航空运输和工商管理等政府部门公共服务信息平台。

（9）积极采用基础性物流技术，推广应用物流新技术

推广集装单元化装载技术，推行托盘化装载运输方式；发展大吨位厢式货车和甩挂

运输，推广网络化运输；推广应用条码、智能标签、RFID 等自动识别、标识技术以及电子数据交换（EDI）技术；发展可视化技术、货物跟踪技术。

2. 国家有关部委制定的专项扶持政策

（1）国家发改委出台的政策

2009 年，国家发展改革委下发了《国家发展改革委办公厅关于印发〈物流业调整和振兴专项投资管理办法〉的通知》，设立了专项资金，2010 年再一次安排了专项资金，带动了社会资金投入。

2010 年，国家发展改革委牵头的全国现代物流工作部际联席会议办公室发布了《关于促进制造业与物流业联动发展的意见》。为了组织实施示范和试点工作，发布了《关于开展制造业与物流业联动发展示范工作的通知》。

2010 年，国家发展改革委编制出台了《农产品冷链物流发展规划》，提出到 2015 年我国农产品冷链物流发展的目标、主要任务、重点工程及保障措施，要求实施冷库建设、冷链运输车辆及制冷设备等八大重点工程。

（2）财政部出台的政策

2009 年，财政部发布了《关于 2009 年服务业集聚功能区项目资金申报指南的通知》，重点支持商贸园区、物流园区的建设和升级改造项目。2010 年，财政部继续安排专项资金，重点支持商贸、物流等服务业聚集功能区的建设。

（3）商务部出台的政策

2009 年商务部下发了《关于开展流通领域现代物流示范工作的通知》，2010 年商务部、财政部联合下发了《关于农产品现代流通综合试点指导意见的通知》，2011 年商务部、国家发改委和全国供销总社发布了《商贸物流发展专项规划》。

（4）工信部出台的政策

2010 年，工业和信息化部组织编制《物流信息化发展规划（2011—2016）》，为了结合规划确定的发展方向，工信部发出了《关于开展物流信息化典型发现和试点示范工作的通知》。

（5）国家税务总局出台的政策

自 2005 年国家税务总局发布《关于试点物流企业有关税收政策问题的通知》以来，由中国物流与采购联合会推荐，国家发改委和国家税务总局确认，先后确认了 6 批营业税差额纳税试点企业。

（6）海关总署出台的政策

2009 年，海关总署决定在北京、天津等 15 个海关开展出口货物分类通关试点改革，2010 年扩大到全国 41 个海关；进口货物分类通关改革在北京、天津、大连、上海、南京、杭州、宁波等 15 个海关开展试点。

3. 国务院关于"推动物流业发展"的八项配套措施

（1）在减轻物流企业负担方面，要求扩大差额纳税试点范围

要求完善物流企业营业税差额纳税试点办法，扩大试点范围，尽快全面推广。研究解决仓储、配送和货运代理等环节与运输环节营业税税率不统一问题。完善大宗商品仓储设施用地的土地使用税政策。

（2）在加大对物流业政策支持力度方面，要求确保重点项目用地

科学制定物流园区发展规划，对纳入规划的物流园区用地给予重点保障。支持将工业企业旧厂房、仓库和存量土地资源用于发展物流业。

（3）在物流车辆通行方面，要求降低过路、过桥收费

降低过路、过桥收费，大力推行不停车收费系统。加强城市配送管理，解决城市中转配送难、配送货车停靠难等问题。

（4）在对物流企业的管理方面，要求放宽物流企业的准入条件

放宽对物流企业资质的行政许可和审批条件，逐步减少行政审批，提高审批效率。

（5）在物流资源整合方面，要求整合设施资源，加强企业合作

支持大型优势物流企业对分散的物流设施资源进行整合，鼓励中小物流企业加强联盟合作。引导行业系统内的仓储和运输设施开展社会化物流服务，支持商贸流通企业发展共同配送。

（6）在物流技术创新和应用方面，要求加强自主研发、共享信息资源

加强物流新技术自主研发，加快先进物流设备研制，制定和推广物流标准，适时启动物联网的应用示范。推进物流信息资源开放共享。

（7）在加大对物流业的投入方面，要求加大信贷支持、拓宽融资渠道

各级政府要加大对物流基础设施的投资扶持，积极引导银行业金融机构加大对物流企业的信贷支持，拓宽融资渠道。

（8）在促进农产品物流发展方面，要求发展农超对接、建立冷链物流

大力发展农超对接、农校对接、农企对接。完善农产品增值税政策，鼓励大型企业从事农产品物流业。加快建立主要品种和重点地区的冷链物流体系。

总的来看，国家和中央部委对我国物流业发展的政策导向是明确的。从上面总结的近两年来的政策指向来看，促进物流业产业结构升级，对符合物流产业结构调整方向的企业和企业投资的物流项目中央政府是给予投资、税收、土地使用、市场准入和减轻经营负担等多方面扶持的。在各项政策措施的扶持下，我国物流业的发展正在调结构、上水平，正朝着现代物流业的发展方向快速迈进。

（二）物流上市公司对扶持政策的响应

我们知道，企业为了生存和发展，就必须适应环境变化，根据环境变化调整企业的经营结构。为了寻求新的业务发展模式，企业必须全面预测未来环境变化趋势，找出企业自身具备的优势和存在的不足，根据经营方针设定新的中长期发展目标，制订应对环境变化的新的业务计划。

国际金融危机爆发以后，我国物流企业遇到了这个时间点上的环境突变条件，这种环境突变改变了我国物流业原有的发展走势，加速了结构调整和产业升级的速度，形成了市场重新洗牌的力量。但是，面对环境突变，我国的物流上市公司几乎没有人回答这种影响对本企业来说是机会还是威胁。

应该说金融危机时期环境突变的信号是明显的，为了应对国际金融危机，国家对物流调整和振兴的意图是明确的。但是总体来看，物流上市公司对国家已经出台的物流业发展扶持政策的响应是不理想的。下面以《物流业调整和振兴规划》颁布以后，物流

上市公司对该规划的响应为例进行分析。

1. 国际金融危机爆发以后，物流上市公司的决策重点

国际金融危机爆发于2007年4月2日美国21世纪金融公司的破产保护，到2008年9月15日美国雷曼兄弟公司破产达到了顶峰，2009年3月我国国务院颁发了《物流业调整和振兴规划》。上述3个时间点，是本研究选取分析样本的时间控制点。本研究以2009年3月前后各一年的时间，作为选取样本的时间控制范围，对该时间范围内全部60家物流上市公司公开发布的公告进行了统计。

为了避免给物流上市公司带来负面影响，下面将隐去具体的物流上市公司名称和决策的具体内容，按照本研究进行需要进行对物流和管理学统计（如表10所示）。

表10　　　　　物流上市公司面对金融危机和环境变化时的反应

时间控制范围	物流上市公司（家）	经营决策次数（家次）	主要决策内容（家次）	主动应对危机（家）	主动适应环境（家）
2007年4月—2008年9月 从美国21世纪金融公司破产到雷曼兄弟公司破产期间	55	58	应对危机：0 资本经营：37 业务运营：21	0	0
2008年9月—2009年3月 从金融危机高峰期到《物流业调整和振兴规划》出台	57	60	应对危机：0 资本经营：40 业务运营：20	0	0
2009年3月—2010年12月 从《物流业调整和振兴规划》出台到2010年年底发年报	60	71	应对危机：0 资本经营：42 业务运营：29	0	0
合　计	172	189	189	0	0

资料来源：2007年4月2日—2010年12月31日期间，物流上市公司公开发布的有关经营决策的公告、研究报告和有关证券公司公开披露的信息。

从上述统计的结果来看，从国际金融危机爆发到金融危机发展到高峰期阶段，我国物流上市公司仍将主要的精力放在了本企业原有的资本、业务经营方面；从金融危机高峰期到《物流业调整和振兴规划》出台阶段，没有任何一家物流上市公司主动地采取应对措施；《物流业调整和振兴规划》出台以后，物流上市公司也未进行调整公司的发展战略和应对环境变化的策略。

2. 《物流业调整和振兴规划》颁发后，物流上市公司对九大工程的响应

从这段时间物流上市公司的主要运营决策内容来看，基本上都是在关注对公司未来发展起不到决定性影响的具体经营活动方面，很少有公司根据《物流业调整和振兴规划》制定适应结构调整和产业升级的中长期的企业物流发展规划、发展战略和整体解决方案。下面以《物流业调整和振兴规划》颁发以后，物流上市公司的经营决策内容为

例，进行典型性分析（如表11所示）。

表11　　　物流上市公司的经营决策对《物流业调整和振兴规划》的响应

《物流业调整和振兴规划》鼓励发展的九大物流工程	响应程度及存在的问题		部分上市物流公司在经营决策时的一些具有口号性的提法
多式联运、转运设施工程	没有从运输方式衔接考虑项目		加快债转股，扩建航站楼
物流园区工程	没有考虑物流园区综合服务功能		建设临港物流，扩大集装箱能力
城市配送工程	尚没有上市公司涉足此物流领域		—
大宗商品和农村物流工程	想法脱离实际，管理链条太长		对接农田菜地，发展航空食品
制造业与物流业联动发展工程	只从功能考虑，没有进入供应链		进一步扩大薄板剪切加工能力
物流标准和技术推广工程	缺少物流技术应用规划		组织签订协议，租赁散装船
物流公共信息平台工程	没有优化物流经营环境的意识		构建信息平台，加快整合资源
物流科技攻关工程	上市公司物流技术研发能力较弱		—
应急物流工程	没有进入国家应急物流体系		
响应家数比例（%）	总家数：60	响应家数：9	占比：15%
响应内容比例（%）	内容：九大工程	响应：0.18	占比：2%

资料来源：2009年3月10日以来，物流上市公司公开发布的有关经营决策的公告、研究报告和有关证券公司公开披露的信息。

从2009年3月10日以来已经公开披露的物流上市公司的经营决策的内容来看，对《物流业调整和振兴规划》的实质性响应是不足的。重细节、轻战略，看眼前、略长远，重功能、忽系统是目前物流上市公司中长期发展当中存在的主要问题。在上面的统计数据当中，尽管在物流上市公司当中有15%的响应家数、有2%的响应内容，但这只是一些公司的已有做法靠上了规划的一些提法。

3. 国家专项扶持政策出台以后，物流上市公司的响应

自2009年3月10日国家颁发《物流业调整和振兴规划》以来，国家有关部委先后出台了八项物流业专项扶持政策。但是，从公开发布的公告和证券公司公开披露的信息来看，物流上市公司对政策的研究、解读所花费的精力不够，既没有读懂政策的含义，也没有挖掘出政策的含金量，在兼并重组、股权收购与转让、项目投资和实际业务运营中更没有用好、用活这些扶持政策（如表12所示）。

表12数据表明，在我国全部物流上市公司当中只有极少数的公司对《物流业调整和振兴规划》颁发以来国家有关部委出台的专项扶持政策做出了实质性的响应，得到国家政策的支持率仅为15%。但是，从单项扶持政策的覆盖率来看，尽管物流上市公司比较重视营业税差额纳税试点，通过控股子公司或项目公司取得了政策扶持，但受益节点仅有5个，占全部物流上市公司的比例不足10%。

表 12　　　　　　　　**物流上市公司对政策的响应及受益情况**

国家出台的专项扶持政策	政策覆盖面	物流上市公司获得扶持情况	
国家发改委出台的政策		上市公司家数	获得扶持家数
物流业调整和振兴专项资金	800 多个项目	60	3
制造业与物流业联动发展示范工程			
农产品冷链物流			
财政部出台的政策	200 多个项目	60	0
商贸、物流聚集功能区专项资金			
商务部出台的政策	46 个流通领域现代物流示范城市	60	0
流通领域现代物流示范工程	1200 个农村商品配送中心建设改造项目		
农产品现代流通综合试点	9 个省农产品现代流通试点		
工信部出台的政策	第一批典型发现和试点示范项目	60	1
物流信息化典型发现和试点示范工程			
国家税务总局出台的政策	593 家物流企业纳入试点范围	60	5
物流企业营业税差额纳税试点			
海关总署出台的政策	41 个海关开展出口货物分类通关试点	政策受益节点合计（个）	9
进出口货物分类通关试点	15 个海关开展进口货物分类通关试点		
政策受益节点合计（个）	2800	政策受益率（%）	15
政策受益率（%）	100		

资料来源：2009 年 3 月 10 日以来，物流上市公司公开发布的有关经营决策的公告、研究报告和有关证券公司公开披露的信息。

（三）物流上市公司对环境、政策变化反应迟缓的主要原因

尽管关于物流上市公司对环境、政策变化反应迟缓原因方面的分析文献十分有限，但是我们通过对 2009 年 3 月 10 日以来，物流上市公司公开发布的有关经营决策的公告、研究报告和有关证券公司公开披露的信息的研究分析，还是看出了端倪。此外，我们对一些典型的物流上市公司进行了实地调研，调研结果进一步佐证了我们的分析。总体来看，物流上市公司对变化反应迟缓有以下几点主要原因。

1. 缺少物流学历教育、系统培训，制约了高层管理者的视野

在 60 家物流上市公司的董事长、总经理和主管物流的副总经理等全部 180 名高管当中，具有研究生学历的有 41 人，占高管总人数的 22.8%；高级职称 28 人，占 15.6%；物流专业本科以上学历 17 人，占 9.4%。总的来看，物流上市公司高管的物流学历教育背景人员比例低是不争的事实。实地调研发现，这些公司也很少参加系统的专业物流知识培训，因而制约了高管的视野（如表 13 所示）。

表 13　　　　　　　　　　物流上市公司高层管理者的物流教育背景

物流上市公司高管的物流背景	统计与实地调研情况	物流战略视野
物流本科教育	占高管总数 9.4%	好想法难以取得董事会的同意
物流研究生教育	占高管总数 4.2%	好设想难以取得董事会的支持
高级职称	物流专业无关	难以对物流发展进行战略决策
国家一级物流职业资格	取得的人数很少	无法获得系统的物流运营知识
物流专业知识系统培训	参加的人数很少	无法获得物流前沿理论、理念
物流从业背景情况	属于物流分支	无法把握现代物流业发展趋势

资料来源：2009 年 3 月 10 日以来，物流上市公司公开发布的有关经营决策的公告、研究报告和有关证券公司公开披露的信息，及对典型企业调研收集的资料。

从外部智力角度来看，在 60 家物流上市公司当中，具有物流专业知识背景的独立董事只有 34 人，而绝大多数独立董事没有物流教育背景。其中，有些独立董事取得的是非国民教育系列的本科、研究生学历，一些独立董事来自于撤并前的有关部委，少数独立董事的所在工作单位的层次很低。更为突出的是，相当一批独立董事的年龄在 35 岁以下，从工作阅历来看很难形成战略性的思维。

2. 面对环境、政策变化，拿不出一整套解决问题的办法

从企业管理角度看，每一次外部经营环境、政策环境的变化对于企业发展来说都是一次机会。因为，每一次环境与政策变化都是一次市场重新洗牌的动力。善于抓住机会的企业，往往能够借助环境、政策变化重新设计企业的发展战略、治理结构、工作流程，通过知识管理保留成功经验、吸收先进模式、摒弃落后规制。但是，面对这种变化，我国物流上市公司却没有拿出办法（如表 14 所示）。

表 14　　　　　　　　金融危机以后我国物流上市公司的重新设计

重新设计事项	应该创新设计的内容	物流上市公司的做法
法人治理结构	引进实战派物流专家作为独立董事	认为自己就是物流专家
资本经营	收购网络化的物流资产	只进行节点项目投资
新型企业组织	建立以业务流程为导向的企业组织	仍然维系管理加作业的企业组织结构
工作流程	建立商流、物流合一的业务增值流程	只参与简单的流通加工环节
知识管理	建立超越经验主义的学习型企业	用已有思维范式以不变应万变
边界管理	建立跨越企业组织边界的管理机制	与客户企业业务流程之间存在缝隙
服务模式	采用质量功能展开法进行服务模式设计	缺少服务模式设计的方法体系
资源整合	参与制造企业供应链并联动发展	游离于供应链之外并提供一般服务
物联网与云技术	采用物联网与云技术并为客户提供货物状态信息	缺少方便客户管理的信息平台
物流联盟	兼并重组具有运营网络的专业化中小物流企业	从现有业务出发收购或出让股权

重新设计事项	应该创新设计的内容	物流上市公司的做法
客户数据	采用数据挖掘方法为客户提供整体解决方案	没有将呼叫中心投诉转换成个性化服务
绿色物流	采用太阳能、节能和中水处理技术进行设施布局	缺少实施绿色物流的方案
战略管理	将上述内容融入适应环境、政策变化的发展战略	缺少可行的中长期规划或规划内容空洞
风险管理	建立事前、事中、事后风险预警、处理、化解系统	没有建立风险应对系统

资料来源：2009 年 3 月 10 日以来，物流上市公司公开发布的有关经营决策的公告、研究报告和有关证券公司公开披露的信息。

表 14 中对"物流上市公司做法"数据项的提取来自于对公开发布的公告、证券公司公开披露的信息中全部物流上市公司的统计。统计结果表明，除几家比较好的公司以外，大多数公司或多或少存在数据项中这样那样的问题。我们知道，物流公司的经营业绩直接受到环境、政策影响。不重视适应环境、政策变化的发展规划，只注重具体项目、专项业务规划，这类公司定将受到市场冲击。

3. 满足于具体的事务性管理，忽视对现代物流业发展趋势的分析

重视细节，专注于事务性管理是好事。近两年一句流行的口头禅，就是细节决定成败。但是，在没有战略指导下满足于具体的细节管理充其量只是"只埋头拉车不抬头看路"的先进代表。如果企业的发展战略不能适应环境、政策变化，细节工作做得越好就会越背离正确的发展轨道。对于物流上市公司而言，大多数公司还没有成为"先干正确的事，再正确的干事"的智者（如表 15 所示）。

表 15　　　　我国物流业的发展趋势、面临的任务及物流上市公司关注的细节

我国物流业的发展趋势	我国物流业面临的任务	物流上市公司关注的细节
从设施建设向服务创新转变	建设适应国民经济转型发展的物流体系	关注现有物流活动效率并降低成本
建设先进的产业物流体系	支持国家对战略性新兴产业的布局	关注现有客户服务但未考虑进入产业物流
加快物流企业的战略性重组	为国家互利共赢开放战略提供手段	未把企业发展纳入国家战略中考虑
盘活和升级存量物流资产	形成资源整合和绿色环保物流体系	未考虑增量资产、存量资产的绿色环保
协调区域物流发展节奏	形成东中西互动和南北沿互补物流格局	没有在区域经济协调发展中考虑企业作用
推广应用现代物流技术	采用物联网、云计算技术并推动产业结构升级	没有制定物联网、云计算技术应用规划

资料来源：2009 年 3 月 10 日以来，物流上市公司公开发布的有关经营决策的公告、研究报告和有关证券公司公开披露的信息。

总的来看，我国大多数物流上市公司目前关注的细节和忙碌的事务与我国物流业的发展趋势、面临的主要任务是脱节的。其主要原因，一是对我国物流业的发展趋势及走向研究的不够，使公司的发展偏离了物流业的发展方向；二是对我国物流业发展面临的任务理解的不深，公司的任务与国家的任务产生了脱节。如果任由这种现象蔓延下去的话，物流上市公司将会失去核心竞争力。

4. 发展战略及规划研究人员物流素质低，把握不住企业的发展机遇

通过对 2009 年 3 月 10 日以来物流上市公司公开发布的有关经营决策的公告、研究报告和有关证券公司公开披露的信息进行分析，结合对典型物流公司的实地调研，总的来看，物流上市公司的内部研究力量是比较薄弱的，特别是有的物流公司的规划研究人员不具备物流素质，不仅匮乏专业物流知识和物流常识，有的人员甚至拒绝现代物流理念，把具体作业活动当成发展战略目标（如表 16 所示）。

表 16　　　　　　　　　一些物流上市公司对待发展机遇的态度

发展机遇	收益	损失	一些物流上市规划人员的表现
环境变化	积极应对	消极回避	金融危机与我们无关
政策变化	用好政策	忽视政策	解读不出政策的含金量
外部智力	用好外脑	自以为是	我们就是搞规划的
现代物流理念	积极接受	顽固拒绝	我们不需要两业联动
现代物流知识	认真学习	经验主义	供应链就是进销存
现代物流模式	积极采用	维持传统	商贸物流功能聚集区没用
中长期规划	适应变化	忽视变化	进一步做大做强货物通过能力
战略目标	指导作用	具体操作	必须把码头建设写入战略目标
战略措施	互利共赢	垄断排他	我们必须垄断这块市场
战略步骤	分步实施	急于求成	用 5 年的时间实现规模翻两番
战略实施	找准突破口	找错发力点	赶紧向政府要地
项目体系	支持目标	违背目标	先把这几个项目放进去再说
实施团队	学习型组织	经验型组织	这事我们以前干过

资料来源：2009 年 3 月 10 日以来，物流上市公司公开发布的有关经营决策的公告、研究报告和有关证券公司公开披露的信息，及对典型企业调研收集的资料。

通过上面对一些物流上市公司对待发展机遇的态度汇总情况来看，我们发现了物流上市公司对环境、政策变化反应迟缓的主要原因，这也是长期以来有的公司净资产收益率低的主要原因。如果说国际金融危机对公司业绩造成冲击，那么为什么好的物流上市公司和一批没有上市的物流公司在这一时期逆市而上取得了好的经营业绩？因此，不能强调客观，应多从企业内部仔细分析原因。

5. 没有建立核心竞争力指标体系，找不准企业的突破口战役

是战略行为还是经营绩效构成了企业的核心竞争力，是一个复杂的问题。如果将战略行为作为竞争力核心，我们需要考虑企业与市场的博弈能力；如果将经营绩效作为核心竞争力，我们应该找到衡量能力的财务指标。总之，需要建立一个评价企业核心竞争力的指标体系。由于没有评价指标体系，使得我国一些物流上市公司面对国际金融危机时找不准摆脱困境的突破口战役（如表 17 所示）。

表 17   **一些物流上市公司面对金融危机时的困惑**

金融危机带来的冲击及影响	一些物流上市公司的困惑	应该建立的竞争力指标
对物流合同市场产生冲击	应该如何应对	适应环境变化的战略
市场规模萎缩	如何保住市场份额	服务模式创新能力
服务价格下滑	如何避免亏损	消化成本能力
客户抱怨增多	如何留住客户	将抱怨转换成增值服务能力
现有单一功能服务受冲击	如何拓展服务功能	综合一体化、专业化服务能力
现有单一功能设施受冲击	如何拓展设施规模	区域化、腹地化、网络化能力
净资产收益率下降	如何改变单纯物流收入问题	商流、物流合一能力
股东对业绩不满意	如何提高股东价值	创造经济利润的能力
竞争对手带来过度竞争	如何给竞争对手设置进入门槛	进入高端服务、高利润区能力
竞争对手与本公司结构雷同	如何实现与竞争对手的差异化	创新设计公司的能力
客户要求个性化服务	如何具备产业、企业物流知识	组织的学习能力
将出现供应链竞争	如何增加供应链控制能力	与制造企业联动并进入增值环节
物流产业结构调整与升级	如何提升企业管理与服务水平	物联网、云计算技术应用能力
《物流业调整和振兴规划》	如何怎样用好国家政策	制定发展规划的能力

资料来源：2009 年 3 月 10 日以来，物流上市公司公开发布的有关经营决策的公告、研究报告和有关证券公司公开披露的信息，及对典型企业调研收集的资料。

表 17 给出了一些物流上市公司面对金融危机时感到困惑的问题，实际上这也是这些公司应对环境、政策变化，借助市场重新洗牌力量，抓住机遇、快速发展的能力。这种能力就是在环境不断变化当中，一家物流公司的核心竞争力。尽管这里根据这些公司的困惑，罗列了一些核心竞争力指标，但还构不成核心竞争力指标评价体系。尽管如此，仍然能够看得出这些公司存在的问题。

三、我国物流上市公司核心竞争力研究

所谓投资价值分析，是指对企业、项目和产业是否具有投资价值的研究与分析，以便为投资者的投资提供决策依据。由于这种分析的目的和对象不同，在进行具体研究时研究的内容、采用的分析框架和阐述的主要观点会有所不同，但目的是相同的，即通过系统研究、分析得出的结论和形成的研究报告都是为投资者在投资时提供决策依据的。因此，投资价值分析本身的价值就是客观。

目前，对具体的项目进行投资价值分析时，分析的内容侧重于对项目背景、宏观环境、微观环境、相关产业、地理位置、资源和能力、SWOT、市场、销售策略、财务、项目收益等进行研究。对产业进行投资价值分析时，分析的内容注重经济环境、产业结构、产业组织、产业产出、区域经济与产业发展的关系、产业升级的技术动力、产业竞争、产业政策及国家对该产业发展所持有的态度。

企业投资价值分析，特别是我国上市公司分析，一直是目前国内、国外证券、基金、投资顾问研究、咨询机构研究的重点内容，采用的分析框架体系多，发布研究报告的机构多，形成的研究报告版本多。但是，对我国物流上市公司板块的研究分析却很少。针对这一情况，本研究将物流上市公司投资价值分析作为一项过渡性的研究内容，为建立物流上市公司核心竞争力指标体系奠定基础。

（一）净资产收益率排序及物流上市公司的财务能力

总体来看，企业财务能力包括五个方面，一是收益能力，可以用资本利润率、销售利润率、成本费用率来衡量；二是经营能力，可以用资产周转率、资金周转率来说明；三是负债能力，可以用流动比、速动比、利息负担率来表示；四是生产能力，可以用资产利润率、销售利润率、人均净产值、劳动配装率来代表；五是成长能力，可以用利润增长率、销售增长率、资产增长率来解释。

为了使物流上市公司投资价值分析系统化，本研究将采用杜邦分析方法，将这些公司的主要财务指标系统地联系起来，以便说明其赢利能力和股东权益回报水平，从财务能力角度评价物流上市公司的经营绩效。由于净资产收益率是反映企业经营绩效的核心指标，直接受到运营效率、资产使用效率和财务杠杆的影响。因此，可以用该指标较好地说明物流上市公司取得经营业绩的过程。

1. 我国物流上市公司的净资产收益率排名

目前，衡量物流公司经营业绩的指标主要有两个，一个是主营业务收入，例如，近两年中国物流与采购联合会连续发布了年度中国物流企业50强，其排名的主要依据是物流公司的销售收入。再一个是物流公司的净资产收益率，例如，我国物流上市公司参与的国内A股上市公司排名和物流公司排名（如表18所示）。

表18 2010年物流上市公司净资产收益率排名和我国物流公司50强排名

物流上市公司			吻合程度	全国物流公司50强		
A股代码	最新简称	净资产收益率（摊薄）	（%）	主营业务收入（万元）	名称	排名
601111	中国国航	21.02%		10462350	中远集团	1
600897	厦门空港	20.26%		7162454	中外运长航集团	2
002492	恒基达鑫	18.78%		4460087	中国海运集团	3
600794	保税科技	18.26%		2747231	开滦国际物流	4
600115	东方航空	17.39%		1774379	中储总公司	5
000582	北海港	15.57%		1698324	厦门象屿	6
601006	大秦铁路	15.20%		1408423	中铁物资	7
000022	深赤湾A	14.68%		1116028	邯郸鼎峰物流	8
601000	唐山港	14.47%	0	1000798	中石油天然气运输	9
600650	锦江投资	13.87%		881295	河南煤化国龙物流	10
600125	铁龙物流	12.73%		875405	朔黄铁路发展	11
600012	皖通高速	12.72%		818553	中铁集装箱	12
601018	宁波港	12.58%		723561	中铁快运	13
600611	大众交通	12.15%		644007	顺丰速运	14
600018	上港集团	11.72%		607482	北京华油天然气	15
000089	深圳机场	11.13%		533148	国际货运航空	16
000088	盐田港	11.12%		515986	云南物产集团	17
000881	大连国际	9.28%		503757	中石油化工管道	18
002245	澳洋顺昌	9.09%		474219	山东海丰航运	19
600004	白云机场	8.78%		400859	重庆港务物流	20
300013	新宁物流	8.41%		397236	嘉里大通物流	21
600017	日照港	8.36%		383766	山西太铁联合物流	22
601880	大连港	8.31%	0	364401	青岛福兴祥物流	23
600676	交运股份	8.30%		302548	广东航运集团	24
600648	外高桥	8.16%		264719	中外运—敦豪快件	25
002320	海峡股份	8.10%		259192	联邦快递	26
000099	中信海直	7.49%		257226	天地国际运输代理	27
000040	深鸿基	7.14%		254967	苏州隆兴物流	28
600717	天津港	6.62%		254883	东方国际物流	29

续　表

物流上市公司			吻合程度	全国物流公司50强		
A股代码	最新简称	净资产收益率（摊薄）	（%）	主营业务收入（万元）	名称	排名
601333	广深铁路	5.86%		228619	厦门建发物流	30
600317	营口港	5.84%		226259	成都中铁西南	31
002183	怡亚通	5.80%		223642	武汉商贸控股	32
600009	上海机场	5.50%	0	198116	招商局物流	33
600221	海南航空	5.11%		195004	浙江八达物流	34
600270	外运发展	5.01%		191804	宝供物流	35
600026	中海发展	4.98%		183305	中铁特货运输	36
600190	锦州港	4.57%		180312	国药控股江苏	37
600787	中储股份	4.43%		177399	中钢国际货运	38
000905	厦门港务	4.42%		171024	青岛海尔物流	39
601008	连云港	4.33%		161955	甘肃西部物流	40
002210	飞马国际	4.01%		153086	新时代国际运输	41
601872	招商轮船	3.63%		150379	上海现代物流	42
600029	南方航空	3.46%	0	148655	唐山港远大物流	43
600279	重庆港九	3.35%		143146	南京长江油运	44
600428	中远航运	3.20%		135595	湖南一力股份	45
600119	长江投资	2.12%		134666	中货邮政航空	46
600798	宁波海运	1.58%		132680	五矿国际货运	47
000996	中国中期	1.43%		131444	上海佳吉快运	48
002040	南京港	1.38%		125863	北京宝供福田	49
600692	亚通股份	0.75%		121974	山西宝特物流	50
600575	芜湖港	0.67%				
600896	中海海盛	0.52%				
000594	国恒铁路	0.16%				
600087	长航油运	0.10%				
600077	SST百科	-9.28%				
601919	中国远洋	-17.61%				
601866	中海集运	-25.72%				
000520	长航凤凰	-39.71%				
600242	ST华龙					
600751	SST天海					

从上述两个指标排名的对比情况来看，主营业务收入在 50 亿元以上的物流 50 强公司有 18 家，净资产收益率在 10% 以上的物流上市公司有 17 家，两项排名指标导致的排名结果完全不重合。这一现象说明，销售规模大，物流公司不一定效益好，效益好的物流公司有可能市场份额或销售规模却达不到应有的水平。

这一问题是困扰物流公司评价的难题，也是本研究要解决的问题和价值所在。我们知道，物流公司如果没有销售规模，只单纯追求净资产收益率没有意义。而有了好的收益率不做大规模，公司也会失去机遇。因此，在规模的基础上实现效益，在效益的前提下扩大规模是本研究主张的评价物流公司价值的标准。

2. 物流上市公司的财务能力分析

下面以我国 A 股上市公司排名当中的公司为例，以此说明公司的财务能力。首先我们以净资产收益率排名第一的中国国航（A 股代码：601111）为例，该公司的净资产收益率为 21.02%，在物流上市公司当中排名第一。而取得这样的业绩则通过了一定的销售收入、成本发生、缴纳税赋和运营管理过程（如图 26 所示）。

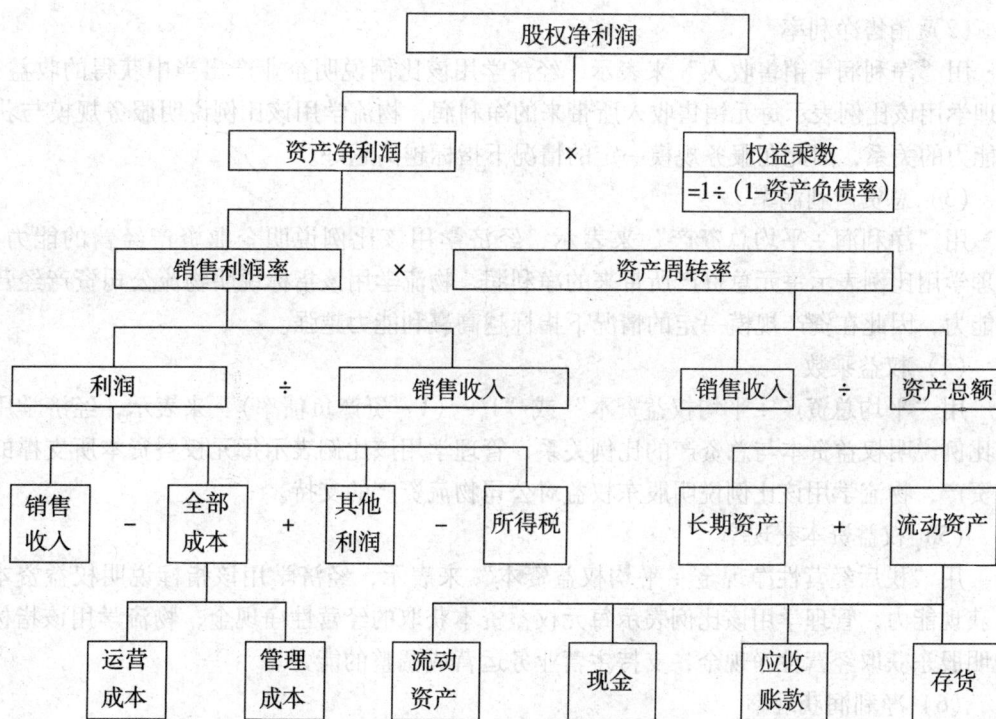

图 26　物流上市公司的财务能力

从图 26 的杜邦过程来看，以净资产收益率为核心的财务能力分析涵盖了赢利能力分析、资产运营分析和偿债能力分析，其特点是以净资产收益为起点，分别以销售收入、销售成本、销售利润和由此形成的销售利润率为第一分析路径，以资产总额、销售收入和由此形成的资产周转率为第二分析路径。

但是，如果我们按照这两条路径进行分析，就会发现，一些资产规模、经营规模、销售收入很大的公司，例如中国远洋（A股代码：601919）由于净资产收益率是负值，为－17.61%，则会被错误的认为是一家财务能力很弱的公司。因此，仅从净资产收益率来衡量物流上市公司的财务能力则将会出现很大偏差。

3. 财务指标与物流上市公司的企业管理

企业管理是财务指标表现的基础，内容包括建立现代企业制度、管理体制设计、发展战略研究、运营系统设计、运营计划制订、实际运营控制、管理技术研发、技术成果转化等诸多方面内容。由此可以看出，好的制度是企业运营的保障，发展战略决定了企业发展方向，运营管理决定了企业的产出，而先进的管理技术则决定了企业产出的效率。

（1）权益资本利润率（ROE）

用"净利润÷平均权益资本"来表示，经济学用该比例关系说明股权资本产出的效率，管理学用该比例表示股东投入每元权益资本所带来的净利润，物流学用该比例说明股东将资本投入物流公司获得收益的能力，因此ROE越大越好。

（2）销售净利率

用"净利润÷销售收入"来表示，经济学用该比例说明企业产出当中获得的收益，管理学用该比例表示每元销售收入所带来的净利润，物流学用该比例说明服务规模与获利能力的关系，因此在服务规模一定的情况下指标越高越好。

（3）总资产利润率

用"净利润÷平均总资产"来表示，经济学用该比例说明企业资产经营的能力，管理学用比例表示每元总资产所带来的净利润，物流学用该指标说明物流公司资产经营的能力，因此在资产规模一定的情况下指标越高赢利能力越强。

（4）权益乘数

用"平均总资产÷平均权益资本"或"1÷（1－资产负债率）"来表示，经济学用该比例说明权益资本与总资产的比例关系，管理学用该比例表示每元权益资本所支撑的总资产，物流学用该比例说明股东权益对公司物流资产的支持。

（5）权益资本获现率

用"税后经营性净现金÷平均权益资本"来表示，经济学用该指标说明权益资本的获现能力，管理学用该比例表示每元权益资本获取的经营性净现金，物流学用该指标说明股东获取经营性净现金，支持主营业务运营或调整的能力。

（6）净利润获现率

用"税后经营性净现金÷净利润"来表示，经济学用该指标说明经营业绩获现的能力，管理学用该比例表示每元净利润所含的经营性净现金，物流学用该指标说明物流公司的经营业绩，用经营业绩支撑目前经营和持续发展的能力。

（7）经济增加值（EVA）

用"EBIT（1－T）－WACC×平均投入资本"或"（税后ROIC－WACC）×平均投入资本"来表示，经济学用EVA说明考虑资金成本和股东权益机会成本以后的公司"超额收益"，管理学用EVA表示支付利息和股东合适报酬之后的"剩余收益"，物流学用 EVA 说明物流公司经营对股东财富增值或对股东财富损值的程度。

（8）流动比率

用"平均流动资产÷平均流动负债"来表示，经济学用该指标说明企业的流动性，管理学用该比例表示每元流动负债含有流动资产金额，物流学一方面用该指标说明物流公司债务清偿能力，另一方面说明资产的流动性或变现能力。

（9）速动比率

用"（平均流动资产－平均存货）÷平均流动负债"来表示，经济学用该指标说明企业的快速流动性，管理学用该比例表示每元流动负债中更具变现性的流动资产金额，物流学用该指标说明流动资产快速变现快速清偿债务的能力。

（10）营运资本需求量比率

用"（平均流动资产－平均流动负债）÷平均总资产"来表示，经济学、管理学和物流学对该指标的看法比较一致，认为该指标具有双重含义：一方面反映企业流动资产的变现能力，另一方面反映企业多出的流动资产占用资金情况。

通过对上述主要财务指标的重新定义，本研究找到了将财务指标与物流公司管理、运营的一些基本关系。尽管这一基本关系确立只是初创性的，但却具有创新意义。通过这种定义，本研究认为，可以通过定性、定量指标确立物流上市公司经营业绩与公司管理管理的对应关系，这将为建立评价体系提供方法路径（如表 19 所示）。

表 19　　　　　　　　**财务指标的经济学、管理学、物流学含义**

指标名称	经济学含义	管理学含义	物流学含义
权益资本利润率（ROE）	股权资本产出的效率	每元权益资本所带来的净利润	股东资本在物流公司的获利能力
销售净利率	企业产出当中获得的收益	每元销售收入所带来的净利润	服务规模与获利能力的关系
总资产利润率	资产经营的能力	每元总资产所带来的净利润	物流公司资产经营的能力
权益乘数	权益资本与总资产的比例关系	每元权益资本所支撑的总资产	股东权益对公司物流资产的支持
权益资本获现率	权益资本的获现能力	每元权益资本获取的经营性净现金	股东获取经营性净现金并支持主营业务运营或调整的能力
净利润获现率	经营业绩获现的能力	每元净利润所含的经营性净现金	物流公司的经营业绩支撑目前经营和持续发展的能力
经济增加值（EVA）	考虑资金成本和股东权益机会成本以后的公司"超额收益"	支付利息和股东合适报酬之后的"剩余收益"	物流公司经营对股东财富增值或对股东财富损值的程度

指标名称	经济学含义	管理学含义	物流学含义
流动比率	企业的流动性	每元流动负债含有流动资产金额	物流公司债务清偿能力和资产的流动性或变现能力
速动比率	企业的快速流动性	每元流动负债中更具变现性的流动资产金额	流动资产快速变现快速清偿债务的能力
营运资本需求量比率	企业流动资产的变现能力多出的流动资产占用资金情况	企业流动资产的变现能力多出的流动资产占用资金情况	企业流动资产的变现能力多出的流动资产占用资金情况

（二）物流上市公司的核心竞争力分析

企业发展离不开核心业务支持，只有围绕核心业务展开经营企业的发展才会成功。前面的研究分析表明，物流上市公司核心竞争力的形成是一个十分复杂的问题，既涉及企业的战略定位，又涉及对环境变化的适应，而且还取决于根据环境变化对公司经营结构的调整。因此，对物流上市公司核心竞争力的研究与分析既要求考虑公司的战略层面问题，也要考虑公司具体的运营层面问题。

通过前面多角度、多层次的研究与分析，物流上市公司的核心竞争力不仅要求这些公司对所在物流产业发展规律有深刻的认识，还要求这些公司对所服务的对象产业的物流需求特点有全面的了解。因此，物流上市公司仅对本企业的业务能力、运营特点有所认识是远远不够的，不但解决不了公司核心竞争力的培育问题，即使是应付眼前的经营也是力不从心，长此以往终将会被市场所抛弃。

物流上市公司核心竞争力的培育，不是要求公司没有根据的盲目进入一个新的服务领域，而是要求这些公司在现有服务领域与客户企业高度的融合，按照《物流业调整和振兴规划》的要求与服务对象产业、企业两业联动。本研究的实地调研表明，只会做码头集装箱装卸业务，不积极参与客户企业的供应联管理并提供物流增值服务的公司，即使具备了丰富的集装箱装卸经验，也找不到货源。

1. 物流上市公司核心竞争力的构成

本研究认为，物流上市公司的核心竞争力首先来源于公司的战略能力，这是开展好公司运营与经营的前提，因为"只有先干正确的事，才能正确地干事"。这就需要物流上市公司必须以环境、政策变化为依据，以服务对象产业个性化物流需求为前提，以本公司可以动员的资源为基础，实现企业与环境的耦合。

其次，物流上市公司的核心竞争力来源于公司的运营管理，包括对象产业定位、大客户选择、物流服务系统的规划设计、物流设施选址与建设、运输组织方式选择与实施、物流信息平台建设与服务、供应链系统设计与管理、客户服务系统设计与实施等。由此可以看出，运营管理是公司的产出管理（如表20所示）。

表 20　　　　　　　物流上市公司应该具备的核心竞争力要素及现状对比

要素级别	要素名称	要素内涵	应用方法	应用效果	物流公司现状
战略级	环境适应能力	环境变化研究	PEST 分析	适应变化	没有战略能力对环境适应差
		行业走势研究	产业经济分析	把握客户需求特性	
		产业结构研究	五力模型分析	制定博弈策略	
		素质能力研究	价值链分析	定位核心能力	
	目标定位能力	业务定位	主营业务选择	细分市场领跑	没有战略能力不能正确定位
		模式定位	运营模式选择	增值服务设计	
		空间定位	辐射区域选择	建立物流网络	
		速度定位	制定业绩增长目标	描述发展愿景	
		规模定位	确定资产边界	战略联盟设计	
	战略制定能力	转型决策制定	战略机遇分析	占领市场制高点	没有战略能力战略规划不足
		转型方向选择	战略目标研究	找准突破口战役	
		转型时机选择	市场需求分析	控制细分市场	
		转型方法选择	战略措施建立	建立发展体系	
	战略实施能力	选择战略实施方式	建立项目体系	物流功能完善	没有战略能力战略控制力弱
		掌握战略实施重点	建设重点项目	专业服务领先	
		评估战略实施效果	控制实施过程	物流服务稳定	
策略级	对象产业定位	确定具体的对象产业	产业物流需求分析	搞清产业物流特点	对象产业定位差对象企业定位差对象产品定位差
		确定具体的对象企业	企业物流需求分析	明确企业物流需求	
		确定具体的对象产品	产品物流特性分析	满足物流系统设计	
	辐射区域定位	提货集货半径分析	周边产业集群分析	形成发货批量	提货覆盖区域模糊发货辐射区域模糊
		到货分拨半径分析	周边生产、生活消费需求分析	形成到货批量	
		发货收货距离分析	货源地、目的地分析	形成联动效应	
	物流系统设计	设施选址分析	重心法选址	节约时间成本	设计依据不充分
		库存分布分析	公平份额法分配库存	节约库存成本	
		运输方式分析	联合运输研究	节约运输成本	
模式级	物流园区规划	功能布局研究	总体功能设计	布置总体物流功能	规划依据不充分
		设施分区研究	专业功能设计	布置专业物流功能	
		配套设备研究	设备功能选择	布置设备集成系统	

续　表

要素级别	要素名称	要素内涵	应用方法	应用效果	物流公司现状
模式级	供应链系统规划	生产系统对接研究	生产供应链设计	与生产系统联动	规划依据不充分
		商贸系统对接研究	流通供应链设计	与商贸系统联动	
		企业系统对接研究	SCOR 层次设计	与企业系统联动	
	物流信息平台规划	协同商务平台规划	物流协同服务设计	物流生命周期管理	规划依据不充分
		电子商务平台规划	商流、物流合一模式设计	商流拉动物流物流支撑商流	
		专业物流平台规划	物流作业模式设计	提高作业效率	
	物流联盟规划	优势互补型规划	强强联合设计	扩大市场规模	规划依据不充分
		兼并重组规划	进入、退出领域设计	优化物流业务	
		专业分工型规划	综合、专业服务设计	提供增值服务	
	赢利模式设计	第三方物流服务规划	客户外包物流研究	获得作业收入	无法设计赢利模式
		供应链增值服务设计	全程供应链服务研究	获得增值服务收入	
		商流、物流合一规划	商物流混合模式研究	获得贸易服务收入	
		信息平台运营规划	信息平台服务研究	获得信息服务收入	
		第四方物流服务规划	物流管理咨询研究	获得物流咨询收入	

表20 给出的物流公司应该具备的核心竞争力要素比较全面，形成了战略级、策略级和模式级三个要素层次。应该指出的是，由于目前一些物流上市公司缺乏战略级层次要素，即使这些公司注重具体的建设项目规划研究，由于没有"干正确的事"的能力，使得具体的项目规划即模式级的努力也是具有风险的。

2. 物流上市公司核心竞争力培育的重点

造成物流上市公司核心竞争力不足的主要原因是这些公司的战略能力不足，从而导致出现对环境变化适应能力差、不能正确定位战略目标、制定不出一个好的战略规划等企业管理宏观层次方面的问题。为了改变这种状况，本研究认为物流上市公司应该抓住两条培育核心竞争力的主线（如图27所示）。

从图27 物流上市公司核心竞争力培育主线揭示的规律来看，公司的战略管理能力决定了实际运营效果，战略是效果产生的指南，效果是战略实施的必然。但是，在本研究实地调研过程中，有的港航物流企业不具备战略管理能力，却大胆地规划新增集装箱吞吐能力，使港口设计能力大大超出周边腹地的货量。

根据前面的研究分析，结合目前我国物流上市公司核心竞争力的现状，本研究认为，当前我国物流上市公司核心竞争力的培育重点包括以下几个方面：

（1）发展环境与竞争机遇研究能力

学会并掌握现代企业战略管理方法，形成经济环境分析、宏观政策分析、物流业发

战略管理能力		核 心 竞 争 力		战略研究能力
战略目标定位				政策、环境、市场研究能力
战略规划制定				战略规划方法体系应用能力
对象产业定位	↓		↓	产业、企业、区域研究能力
系统规划设计				现代物流管理方法应用能力
赢利模式设计				增值物流服务模式设计能力
运营管理能力				实际运作能力

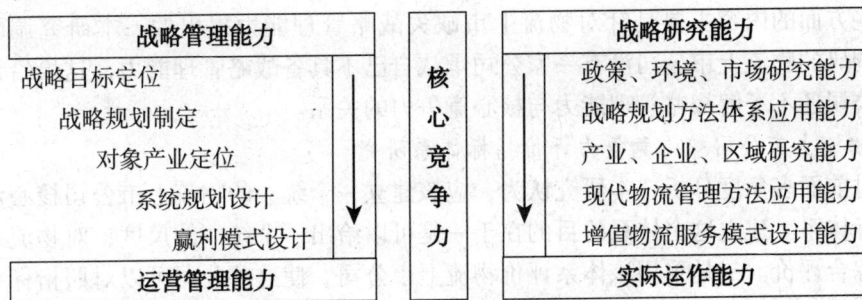

图 27　物流上市公司核心竞争力的培育主线

展趋势、对象产业与物流业两业联动关键环节的研究能力，搞清谁是本企业的竞争对手，谁可能代替本企业的位置，本企业服务的对象产业、企业是谁，本企业的物流同盟伙伴是谁，谁能够帮助本企业走出战略困境等关键问题。

（2）优劣势分析及战略定位研究能力

针对本研究调研中发现的问题，一些物流公司把近两年业绩下滑完全归咎于国际金融危机，而不与同期同类型物流公司逆市上扬业绩做对比的盲目自大心理，物流上市公司必须学会进行本企业优劣势分析，树立正确物流理念，找到自身不足、差距，只有这样才能够准确进行公司业务、模式、空间、速度定位。

（3）转型战略研究与发展规划能力

企业发展战略类型有很多，本研究之所以在扩张战略、竞争战略、职能战略、混合一体化战略、差异化战略、国际化战略、资本运营战略当中特别提出转型战略，主要是考虑"十二五"时期我国物流业将以产业升级和转型发展为主线。因此，物流上市公司必须克服惯性，掌握立足核心业务、优势资源转型方法。

（4）市场拓展研究能力

物流公司卖的是服务，服务虽然无形，却是物流公司的产品。因此，物流上市公司必须学会市场环境、服务定位、销售组织、销售渠道、服务开发、模式设计、客户服务、抱怨处理、服务水平、成本测算等诸多方面的研究能力，特别是掌握能够把客户的抱怨转化成服务模块搭建并形成订制化物流服务的方法。

（5）财务表现研究能力

本研究在调研中发现，有的物流上市公司拥有上 10 亿元的物流资产，但产出的经营业绩只有几百万的税后利润，折合到每股净资产只有不到 1 分钱的净利润，不但财务指标表现难看，而且在广大股民当中形成了不好的概念，认为物流公司不赚钱。因此，物流上市公司必须具备从财务表现看管理缺陷的能力。

（6）核心优势研究能力

一些物流上市公司学会了 SWOT 即波士顿矩阵分析方法，而且认为只要把外部环境、政策机遇、本企业优势、劣势往矩阵中一套，马上就可以确定本企业的核心竞争力，但不知道公司品牌、市场地位、价值链控制能力、行业标准制定的能力从何而来。因此，物流上市公司必须掌握核心竞争力的获取方法体系。

上面列举了一些当前物流上市公司应该尽快培育或获得的核心竞争力要素，总体来看，这些方面的内容主要是针对物流上市缺失战略管理能力提出的。本研究调研时发现，被调研的物流上市公司没有一家公司承认自己不具备战略管理能力，这恰恰说明物流上市公司还不了解战略管理能力与核心竞争力的关系。

3. 物流上市公司核心竞争力评价指标体系研究

通过前面多角度分析，本研究认为，应该建立一个统一的物流上市公司核心竞争力评价指标体系。建立这个体系的目的在于一是可以给出一个统一的尺度，对物流上市公司做出综合评价。二是采用该体系评价物流上市公司，使这些公司可以对照指标挖掘企业存在的管理问题。三是将该体系用于非上市物流公司评价，在非上市公司中找到内部管理好的企业，培育物流业的优势企业群体。

（1）TRIZ 即"创新问题解决方法矩阵"对物流上市公司管理创新的意义

TRIZ（Theory of Inventive Problem Solving）是世界最先进的解决创新问题的方法体系，由苏联发明家协会主席阿奇舒勒创立，因此英文缩写 Z 保留了俄语"解决"一词的第一个字母。TRIZ 的主要原理是，认为创新问题实际上都有成型的经验或专利技术作为解决方案，但要找到对应关系（如表 21 所示）。

表21   **阿奇舒勒矛盾矩阵外型**

参数	运动物体重量	静止物体重量	运动物体长度	静止物体长度	……	改善解
运动物体重量						
静止物体重量						
运动物体长度						
静止物体长度						
……						
恶化源						求解

表 21 中灰色部分代表对由于设备设计参数改变带来的不利条件的求解，其中对每一项具体参数的求解都是一个具体的解决方案。尽管阿奇舒勒矩阵是解决自然科学中发明和创新问题的，而且除本研究团队外，至今还没有人将其应用于管理学中的创新领域，但是本研究认为，该方法早晚将引起管理学的革命。

TRIZ 方法体系在管理学上的意义不亚于 SWOT 波士顿管理矩阵，然而世界管理学界至今没有重视该方法，其主要原因是管理学的权变性，即解决任何管理学问题的方法都不是唯一的。但是，本研究认为，管理学方法本身也有一个在具体使用中的优化问题，采用 TRIZ 解决物流上市公司管理创新容易快速地求解。

（2）物流上市公司管理创新即矛盾、问题 TRIZ 方法体系的建立

根据本研究前面的分析，目前我国物流上市公司核心竞争力不强的主要原因是很多公司在战略级、策略级、模式级三个层次核心竞争力要素中缺项，导致公司对环境变化的适应能力差、抓不住机遇、战略定位不准、市场定位宽泛、物流服务不专、赢利模式

一般，进而产生绩效不好、财务指标表现难看等问题。

为了解决这一问题，本研究在此在世界管理学界最先引进 TRIZ 方法体系，率先建立企业管理创新问题解决方法体系即 EMTRIZ（Enterprise Management Theory of Inventive Problem Solving），并在本研究中作为我国物流上市公司核心竞争力评价指标体系建模依据，具体企业管理创新 EMTRIZ 矩阵（如表 22 所示）。

表 22 物流上市公司企业管理创新 EMTRIZ 矩阵

指标恶化	财务关联指标	关联指标频次		指标改善
环境适应能力	权益资本利润率（ROE）	◇		适应变化
	销售净利率	◇		把握客户需求特性
	权益资本获现率		◇	制定博弈策略
	经济增加值（EVA）	◇		定位核心能力
目标定位能力	销售净利率	◇		细分市场领跑
	总资产利润率		◇	增值服务设计
	净利润获现率		◇	建立物流网络
	权益资本利润率（ROE）	◇		描述发展愿景
	经济增加值（EVA）	◇		战略联盟设计
战略制定能力	流动比率		◇	占领市场制高点
	速动比率		◇	找准突破口战役
	营运资本需求量比率		◇	控制细分市场
	经济增加值（EVA）	◇		建立发展体系
战略实施能力	权益资本利润率（ROE）	◇		物流功能完善
	销售净利率	◇		专业服务领先
	经济增加值（EVA）	◇		物流服务稳定
对象产业定位	权益资本利润率（ROE）	◇		搞清产业物流特点
	销售净利率	◇		明确企业物流需求
	经济增加值（EVA）	◇		满足物流系统设计
辐射区域定位	权益资本利润率（ROE）	◇		形成发货批量
	销售净利率	◇		形成到货批量
	经济增加值（EVA）	◇		形成联动效应
物流系统设计	权益资本利润率（ROE）	◇		节约时间成本
	销售净利率	◇		节约库存成本
	经济增加值（EVA）	◇		节约运输成本

续　表

指标恶化	财务关联指标	关联指标频次		指标改善
物流园区规划	销售净利率	◇		布置总体物流功能
	总资产利润率		◇	布置专业物流功能
	营运资本需求量比率		◇	布置设备集成系统
供应链系统规划	销售净利率	◇		与生产系统联动
	总资产利润率		◇	与商贸系统联动
	营运资本需求量比率		◇	与企业系统联动
物流信息平台规划	总资产利润率		◇	物流生命周期管理
	营运资本需求量比率		◇	商流拉动物流物流支撑商流
	经济增加值（EVA）	◇		提高作业效率
物流联盟规划	总资产利润率		◇	扩大市场规模
	营运资本需求量比率		◇	优化物流业务
	经济增加值（EVA）	◇		提供增值服务
赢利模式设计	权益资本利润率（ROE）	◇		获得作业收入
	销售净利率	◇		获得增值服务收入
	经济增加值（EVA）	◇		获得贸易服务收入
	流动比率	◇		获得信息服务收入
	速动比率	◇		获得物流咨询收入

从表22反映的情况来看，现代物流管理方法对于物流上市公司管理创新、经营绩效改善、财务指标表现好转和核心竞争力的培养与提高的思路相当清晰、指向性相当明确、方法相当具体，不但可以使公司通过财务指标挖掘找到物流管理上的问题症结所在，而且可以使公司通过与物流板块对比找到管理差距。

（3）物流上市公司核心竞争力评价指标体系的建立

通过物流上市公司企业管理创新EMTRIZ矩阵，我们就可以找到评价物流上市公司核心竞争力的所有关键指标，从而建立指标体系。例如，销售净利率指标本身并不能说明一家物流上市公司的好坏，但是，如果我们将其拆分成净利润和销售收入两项指标，那么这两项指标都会对公司适应环境的能力做出解释。

按照这个思路，我们可以得到支撑环境适应能力、目标定位能力、战略制定能力、战略实施能力、对象产业定位、辐射区域定位、物流系统设计、物流园区规划、供应链系统规划、物流信息平台规划、物流联盟规划、赢利模式设计等核心竞争力要素的财务指标，用财务指标说明定性的核心竞争力（如表23所示）。

表 23   物流上市公司核心竞争力评价指标及权重

财务指标名称	使用（次）	权重赋值
经济增加值（EVA）	10	23.1%
销售收入	9	20.1%
净利润	9	20.1%
平均权益资本	7	16%
平均总资产	2	4.5%
税后经营性净现金	2	4.5%
平均流动资产	2	4.5%
平均流动负债	1	2.4%
平均存货	1	2.4%
平均投入资本	1	2.4%

表 23 中，经济增加值被赋予的权重最高，这是由于物流上市公司始终都不能忘记自己对股东所承担的责任，使股东的权益不要在本公司产生机会成本。本表中各项评价指标的赋权依据是表 22 即物流上市公司 EMTRIZ 矩阵中该项指标在不同核心竞争力要素中被使用的次数，使用的次数越多，权重就越大。

四、我国物流上市公司核心竞争力评价

在前面的研究中，研究结果给出了我国物流上市公司的核心竞争力指标体系，指标参数具体包括经济增加值（EVA）、销售收入、净利润、平均权益资本、平均总资产、税后经营性净现金、平均流动资产、平均流动负债、平均存货、平均投入资本。而且根据各个指标在物流上市公司企业管理创新 EMTRIZ 矩阵中反复被使用的次数被赋予了权重，一项指标的权重代表该指标的重要程度。

然而，在具体的应用中，每一家具体的物流上市公司在每一项具体的指标的数值都需要进行排名计算，而且又需要在该项指标的全部物流上市总体排名中取得相对排名位置。这是一项相当复杂的计算过程，而且又需要建立数学模型。因此，为了使对本研究感兴趣的专家学者、物流上市公司、非上市物流企业能够掌握本课题研究成果，学会使用这一方法，下面用案例介绍本方法的使用。

所谓基本数值，即某家物流上市公司在经济增加值（EVA）、销售收入、净利润、平均权益资本、平均总资产、税后经营性净现金、平均流动资产、平均流动负债、平均存货、平均投入资本等各项财务指标的取值。这类财务指标可以从公开发布的物流上市公司公告、年报、投资价值分析报告当中方便地得到。

但是，有了这些财务指标，还不足以对物流上市公司的核心竞争力做出全面的评价。还需要对这些指标进行二次计算，以便用确切的数值找到各家物流上市公司在各项具体指标当中的排名位置。然后将各家物流上市公司在各项具体指标中的确切得分值进

行权重处理，以便确定物流上市公司的综合排名顺序。

具体计算方法，以前面提到过的在物流板块当中以净资产收益率排名第一的中国国航（A股代码：601111）和排名第56的中国远洋（A股代码：601919）为例，采用本研究提出的方法进行具体的计算。具体计算过程见下列步骤：

（一）从公告或年报当中取基本数值

首先应该注意取值的时间范围应该是同一个年度的财务数值，以便增加数值的可比性和可排序性。这里以2010年的年报为数据来源，具体取值如下：

中国国航：EVA：92.7亿元；销售收入：511亿元；净利润：49.8亿元；平均权益资本：239.6亿元；平均总资产：1061.6亿元；税后经营性净现金：69亿元；平均流动资产：71.8亿元；平均流动负债：364亿元；平均存货：9.3亿元；平均投入资本：122.5亿元。

中国远洋：EVA：-42.5亿元；销售收入：557亿元；净利润：-67.4亿元；平均权益资本：533.9亿元；平均总资产：1386.2亿元；税后经营性净现金：-58.8亿元；平均流动资产：552亿元；平均流动负债：270.7亿元；平均存货：19.6亿元；平均投入资本：102.2亿元。

（二）计算各家物流上市公司的得分值

根据上面从公告或年报中提取的基本数值，计算各家物流上市公司的得分值，具体计算方法如下：

设各家物流上市公司的综合得分值为 X_i，各家物流上市公司在各单项具体财务指标的得分值为 Y_j，各单项指标的权重为 A_j，有计算公式如下：

$X_i = \sum (Y_j \times A_j)$，其中，$A_j$ 可以从前面的权重赋值中得到，具体是：

A_1（经济增加值（EVA））＝23.1%；

A_2（销售收入）＝20.1%；

A_3（净利润）＝20.1%；

A_4（平均权益资本）＝16%；

A_5（平均总资产）＝4.5%；

A_6（税后经营性净现金）＝4.5%；

A_7（平均流动资产）＝4.5%；

A_8（平均流动负债）＝2.4%；

A_9（平均存货）＝2.4%；

A_{10}（平均投入资本）＝2.4%。

对于 Y_j，具体的取值要看各家物流上市公司在某一项具体财务指标的基本值与该项财务指标全部物流上市公司的平均值的偏差，然后确定得分值：

$$Y_j = \sqrt{Y_i^2 - [(1/60) \times \sum Y_{ij}]^2} \tag{1}$$

式中：Y_i——各家物流上市公司的在某一项具体财务指标的上的基本值；

Y_{ij}——该项指标值；

$(1/60) \times \sum Y_{ij}$——该项指标均值。

将 Y_j 代入 $X_i = \sum (Y_j \times A_j)$，就可以得到计算物流上市公司得分的数学模型，这也是本研究的评价模型：

$$X_i = \sum \left\{ A_j \sqrt{Y_i^2 - \left[(1/60) \times \sum Y_{ij} \right]^2} \right\} \qquad (2)$$

根据这一模型，我们就可以得到全部物流上市公司的得分值，即对全部物流上市的核心竞争力给出了数值。这样，我们就可以根据数值的大小进行排名，在排名当中找到某家具体的物流上市公司的排名位置，具体如表 24 所示。

（三）根据得分值对物流上市公司进行综合指标排序

根据评价模型（2），我们就可以对我国物流上市公司进行逐一的计算，最终得出每一家公司的得分值，并进行全部物流上市公司的排序（如表 24 所示）。

表 24　　　　　　　　　　　　物流上市公司综合指标排序

物流上市公司综合指标排名					净利润、销售收入排名对比		
排名	股票代码	股票名称	得分值	竞争级别	净利润	排名	销售收入
1	601111	中国国航	100	国际竞争力级	大秦铁路	1	南方航空
2	600029	南方航空	99.97		中国国航	2	中国远洋
3	600018	上港集团	99.71		上港集团	3	中国国航
4	601006	大秦铁路	99.65		宁波港	4	东方航空
5	600115	东方航空	99.49		广深铁路	5	大秦铁路
6	600221	海南航空	98.83		中海发展	6	中海集运
7	600648	外高桥	98.42		天津港	7	上港集团
8	601018	宁波港	98.31		上海机场	8	海南航空
9	601919	中国远洋	98.27		皖通高速	9	中储股份
10	600026	中海发展	98.05		大众交通	10	广深铁路
11	601333	广深铁路	97.79		深赤湾 A	11	天津港
12	600611	大众交通	97.62		深圳机场	12	中海发展
13	601866	中海集运	97.47		大连港	13	外高桥
14	600717	天津港	97.45		白云机场	14	宁波港
15	600787	中储股份	96.39		东方航空	15	中远航运
16	601872	招商轮船	96.19	国内领先级	南方航空	16	交运股份
17	600004	白云机场	95.85		盐田港	17	大众交通
18	600009	上海机场	95.64		日照港	18	长航油运
19	600087	长航油运	95.36		外高桥	19	上海机场
20	002183	怡亚通	95.16		海南航空	20	白云机场
21	600676	交运股份	95.15		招商轮船	21	怡亚通
22	600017	日照港	95.03		铁龙物流	22	日照港

物流上市公司综合指标排名				竞争级别	净利润、销售收入排名对比		
排名	股票代码	股票名称	得分值		净利润	排名	销售收入
23	600428	中远航运	94.99		锦江投资	23	外运发展
24	600012	皖通高速	94.78		厦门空港	24	唐山港
25	000881	大连国际	94.65		唐山港	25	营口港
26	601880	大连港	94.61		外运发展	26	招商轮船
27	000040	深鸿基	94.31		交运股份	27	皖通高速
28	600125	铁龙物流	94.18		营口港	28	长航凤凰
29	000022	深赤湾A	93.92		中储股份	29	大连国际
30	600317	营口港	93.84		大连国际	30	大连港
31	000089	深圳机场	93.59		锦州港	31	深圳机场
32	601000	唐山港	93.48	国内一般级	海峡股份	32	锦江投资
33	600190	锦州港	93.41		中远航运	33	铁龙物流
34	000520	长航凤凰	93.31		中信海直	34	厦门港务
35	600798	宁波海运	93.21		厦门港务	35	深赤湾A
36	000905	厦门港务	93.18		怡亚通	36	飞马国际
37	000594	国恒铁路	92.94		连云港	37	连云港
38	002210	飞马国际	92.85		保税科技	38	宁波海运
39	600650	锦江投资	92.45		澳洋顺昌	39	中海海盛
40	000099	中信海直	92.35		深鸿基	40	中信海直
41	600896	中海海盛	92.31		中海海盛	41	厦门空港
42	600270	外运发展	91.94		北海港	42	锦州港
43	000088	盐田港	91.93		恒基达鑫	43	澳洋顺昌
44	600692	亚通股份	91.54		新宁物流	44	深鸿基
45	600279	重庆港九	91.42		重庆港九	45	长江投资
46	600119	长江投资	91.38		飞马国际	46	SST百科
47	601008	连云港	91.37		长江投资	47	海峡股份
48	000996	中国中期	90.39	国内较弱级	南京港	48	重庆港九
49	002245	澳洋顺昌	90.32		ST华龙	49	亚通股份
50	600897	厦门空港	90.18		中国中期	50	盐田港
51	600751	SST天海	89.68		长航油运	51	国恒铁路
52	002320	海峡股份	89.57		国恒铁路	52	保税科技
53	600794	保税科技	89.33		亚通股份	53	北海港

物流上市公司综合指标排名					净利润、销售收入排名对比		
排名	股票代码	股票名称	得分值	竞争级别	净利润	排名	销售收入
54	600077	SST 百科	89.31		芜湖港	54	SST 天海
55	600575	芜湖港	89.28		宁波海运	55	新宁物流
56	000582	北海港	88.93		SST 百科	56	恒基达鑫
57	002040	南京港	88.67	不具备竞争力	SST 天海	57	南京港
58	002492	恒基达鑫	88.19		长航凤凰	58	芜湖港
59	600242	ST 华龙	88.12		中海集运	59	中国中期
60	300013	新宁物流	88.06		中国远洋	60	ST 华龙

从表 24 给出的数据来看，通过评价模型计算矫正了单纯用净资产收益率排名造成的误差，本研究竞争力排名有 5 个等级，分别有 5 类代表性公司：

（1）以中国国航、南方航空、上港集团、大秦铁路、东方航空、海南航空、宁波港、中国远洋、中海发展为代表的国际航空、海运和国内大型铁路运输企业已经具有在国际上竞争的优势。

（2）外高桥、广深铁路、大众交通、中海集运、天津港、中储股份、招商轮船、白云机场、上海机场、长航油运、怡亚通、交运股份、日照港等铁路运输、公路运输、航空、海运、内河航运、仓储、物流园区企业具有国内领先优势。

（3）中远航运、皖通高速、大连国际、大连港、深鸿基、铁龙物流、深赤湾 A、营口港、深圳机场、唐山港、锦州港、长航凤凰、宁波海运、厦门港务等港口、海运、内河航运、铁路运输、公路运输企业在国内具有一定竞争地位。

（4）外运发展、盐田港、亚通股份、重庆港九、长江投资、连云港、中国中期、澳洋顺昌、厦门空港、海峡股份、保税科技等港口、航空、海运、内河航运、物流园区企业在国内的竞争力比较弱。

（5）SST 天海、SST 百科、芜湖港、北海港、南京港、恒基达鑫、ST 华龙、新宁物流在国内不具备竞争力。

五、EMTRIZ 即企业管理创新矩阵对我国物流上市公司核心竞争力培育的指导意义

通过 $X_i = \sum \{ A_j \sqrt{Y_i^2 - [(1/60) \times \sum Y_{ij}]^2} \}$ 评价模型，在前面的研究中只是给出了各家物流上市的排名位置和核心竞争力的相对强弱关系。为了解决物流上市公司核心竞争力的改进或培育问题，在这里引入核心竞争力直观判断图解法，以便专家学者、物流上市公司、非上市物流企业学会使用这一方法。

根据评价模型，我们可以求出全部物流上市公司在某一项反映核心竞争力的财务指标的平均值，实际上这是该项指标在物流板块上的均值。我们以这一算法作为标准算法，就可以求出所有反映物流上市公司核心竞争力指标的各项财务指标的均值。找到均

值的目的，是以物流板块作为基准判断个股的核心竞争力。

有了判断基准，我们就可以把个股好于板块均值的正偏离财务指标作为个股的收益，把坏于均值的负偏离财务指标作为个股的损失。然后，对照前面建立的物流上市公司企业管理创新 EMTRIZ 矩阵，找到损失性财务指标恶化的原因，再从物流的解决方法中找到改善该指标的答案，从而制定个性化总体解决方案。

（一）比较个股与物流板块总体表现之间的差距

根据前面的计算，我们可以得到物流板块综合指标即经济增加值（EVA）、销售收入、净利润、平均权益资本、平均总资产、税后经营性净现金、平均流动资产、平均流动负债、平均存货、平均投入资本等核心竞争力指标的基准（如图 28 所示）。有了这个基准，我们就可以把物流上市公司的指标投影到图上。

这里，我们先选取中国国航的指标，即 EVA、销售收入、净利润、平均权益资本、平均总资产、税后经营性净现金、平均流动资产、平均流动负债、平均存货、平均投入资本等指标的评价得分，然后将各项指标与物流板块基准进行对比。这样就可以一目了然地看出中国国航的指标全部好于大盘的基准指标。

采用同样的方法，我们选取中国远洋的指标与物流板块进行对比，就会发现中国远洋的 EVA、税后经营性净现金、净利润和平均存货等指标不如物流板块基准指标，而销售收入、平均权益资本、平均总资产、平均流动资产、平均流动负债、平均投入资本等指标要远远好于物流板块基准指标（如图 29 所示）。

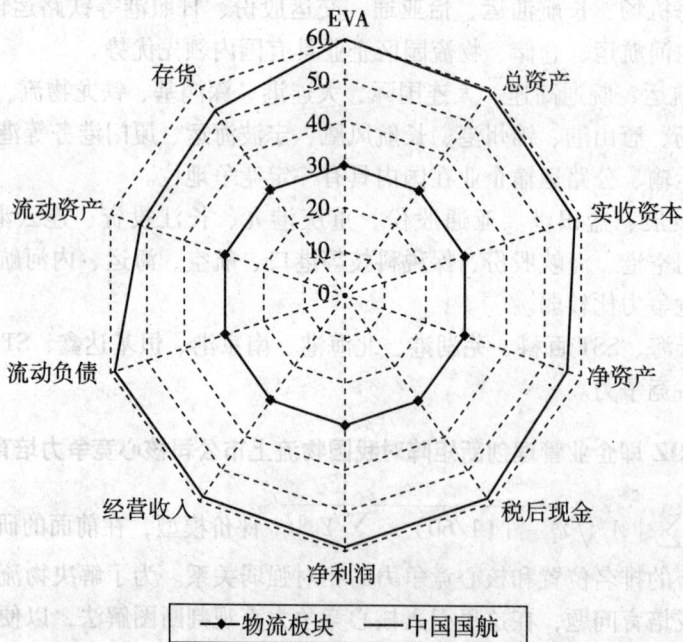

图 28　中国国航与物流板块的指标对比

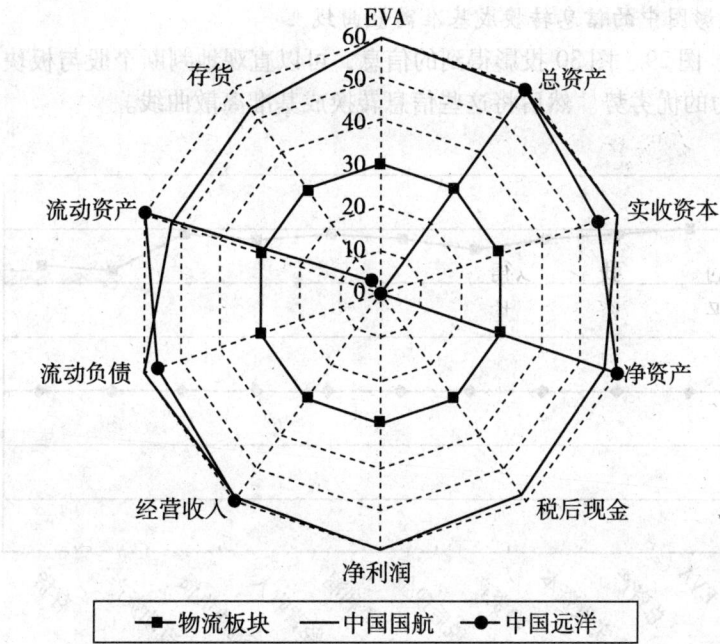

图29 中国国航、中国远洋与物流板块的指标对比

如果我们选取一家各项指标弱于物流板块基准指标的物流上市公司，例如，与ST华龙、SST百科一个竞争力级别的芜湖港（股票代码：600575），把芜湖港的各项指标投影到图上，马上就可以看出芜湖港与物流板块基准指标的差距，以及与物流上市公司当中各项指标最好的中国国航指标的差距（如图30所示）。

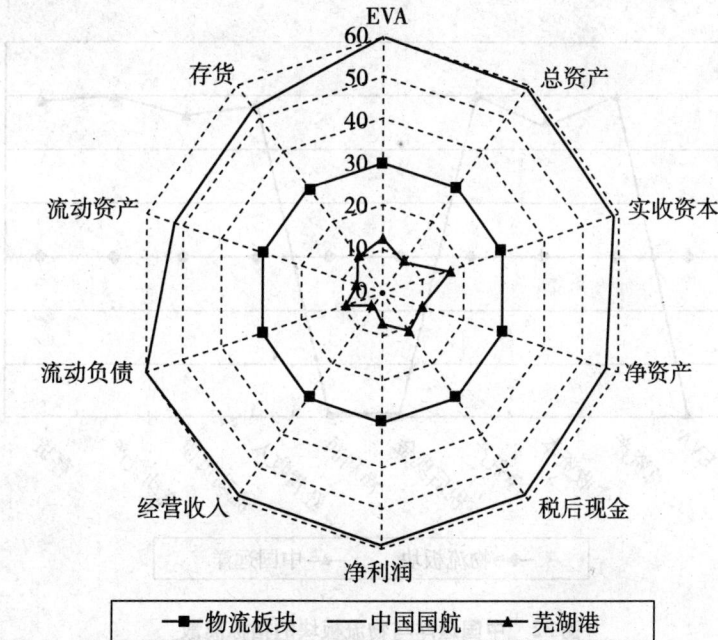

图30 芜湖港与中国国航、物流板块的指标对比

（二）将投影图中的信息转换成基准离散曲线

根据图28、图29、图30投影得到的信息，可以直观地判断个股与板块、个股与个股之间的竞争力的优劣势。然后将这些信息转换成基准离散曲线。

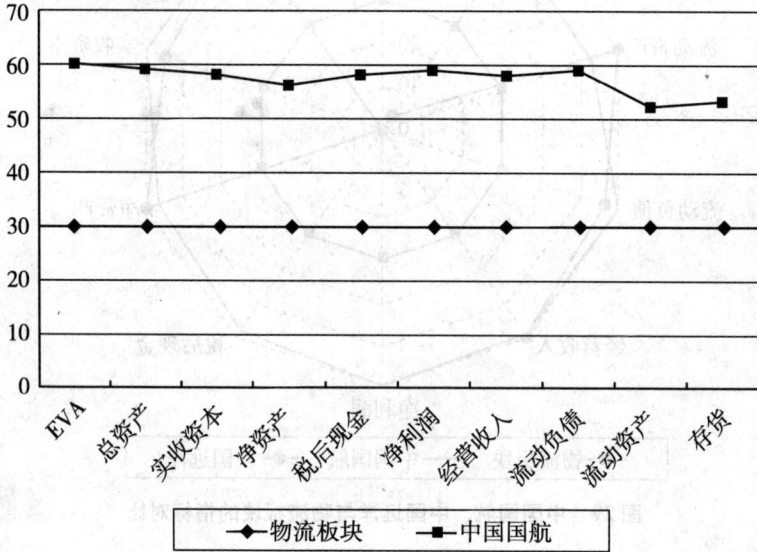

图31 中国国航与物流板块的指标离散

图31的曲线说明，中国国航的指标全部正偏离于物流板块的基准指标，该公司具有全部领先各家物流上市公司的综合评价指标和核心竞争力。

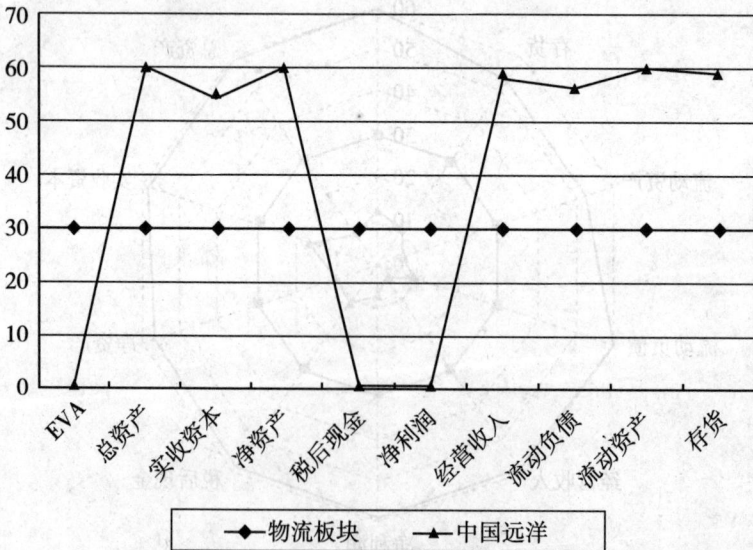

图32 中国远洋与物流板块的指标离散

图 32 的曲线说明，中国远洋的指标存在短板，有的指标正偏离于物流板块基准指标，有的指标出现负偏，但该公司仍然具有较强的核心竞争力。

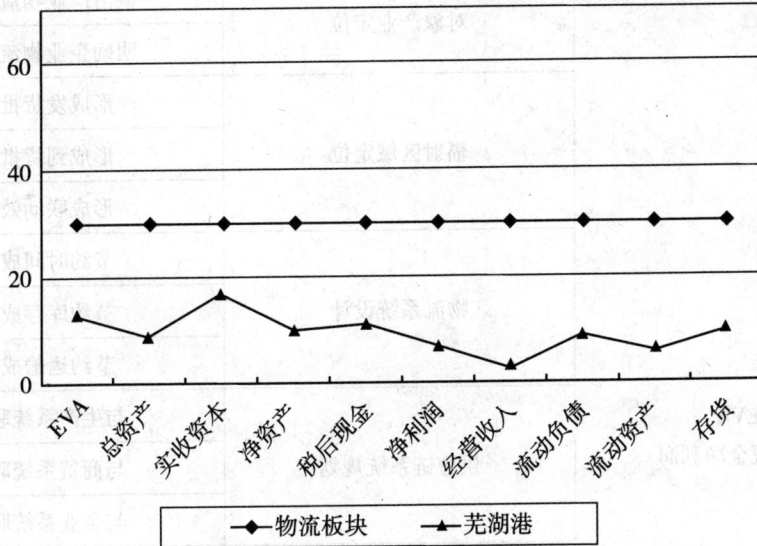

图 33　芜湖港与物流板块的指标离散

图 33 的曲线说明，芜湖港的指标全部负偏离于物流板块基准指标，甚至没有一项指标与物流板块基准指标接近，说明公司完全不具备核心竞争力。

（三）根据基准离散曲线找到改进核心竞争力的方法体系

以中国远洋为例，根据中国远洋的基准离散曲线，我们可以知道该公司的 EVA、税后现金、净利润等指标远远落后于物流板块。用什么办法解决这些指标揭示的物流企业管理问题呢，当然应该采用本研究前面建立的物流上市公司企业管理创新 EMTRIZ 矩阵，从矩阵中去找到解决问题的答案。

表 25　　　　　　物流上市公司企业管理创新 EMTRIZ 矩阵使用举例

指标恶化	管理问题	指标改善
EVA 税后现金净利润	环境适应能力	适应变化
		制定博弈策略
	目标定位能力	细分市场领跑
		增值服务设计
	战略制定能力	找准突破口战役
		控制细分市场
	战略实施能力	专业服务领先
		物流服务稳定

续　表

指标恶化	管理问题	指标改善
EVA 税后现金净利润	对象产业定位	搞清产业物流特点
		明确企业物流需求
	辐射区域定位	形成发货批量
		形成到货批量
		形成联动效应
	物流系统设计	节约时间成本
		节约库存成本
		节约运输成本
	供应链系统规划	与生产系统联动
		与商贸系统联动
		与企业系统联动
	物流联盟规划	扩大市场规模
		优化物流业务
		提供增值服务
	赢利模式设计	获得增值服务收入
		获得贸易服务收入
		获得信息服务收入
		获得物流咨询收入

通过表25物流上市公司企业管理创新EMTRIZ矩阵使用举例，我们完整地给出了我国物流上市公司核心竞争力的评价体系。其实，这个体系也是一个核心竞争力的培育方法体系。只不过由于使用的角度不同，产生的方法就会有所区别。我们希望更多的专家学者、物流上市公司能够掌握体系的基本原理。

"十二五"时期我国经济发展将以加快转变经济发展方式为主线，这一时期我国物流业仍将处于总量扩张期。但是，提高物流业整体发展水平，特别是提高物流企业的核心竞争力将是我国物流业发展面临的新课题。物流企业如何利用自身战略、资产、网络和品牌优势，将是企业核心竞争力培育的重点。

六、结束语

"十二五"时期，以物联网和云计算为代表的新一代物流技术的应用，将会明显提高物流信息的经济价值，使信息成为指导、指示、控制、监视物流系统运行状态的有效手段。物流企业的战略管理必须重视新一代物流技术对物流企业发展环境带来的机遇，这也是本研究成果今后的应用领域。

本课题的研究目标是建立物流上市公司核心竞争力评价指数，以便今后采用指标评价方法，对物流公司的价值进行评价。在研究内容方面，进行了上市公司物流行业板块分析、物流公司管理与运营指标挖掘、评价指数体系建立、评价模型建立、上市物流公司核心竞争力排名与实证分析，解决了物流公司管理与运营指标挖掘，评价模型建立中的物流核心竞争力代表性指标的筛选，指标物流管理意义的实际运用状态解释，采取了上市公司物流行业板块分析方法、物流公司投资价值分析方法、核心竞争力指标统计与提取筛选方法、评价模型数学建模方法。

特色与创新之处在于，物流上市公司核心竞争力评价指数属国内首创，具实际应用价值。通过评价指数，将指数评价结果转换成物流上市公司管理改进的方向。通过评价指数，将指数评价结果转换成物流上市公司的运营模式，可以提高物流公司的运营效果和经济效益，有利于物流上市公司资产的合理利用，在产出的基础上，有效产生企业效益。

课题组成员组成

课题主持人： 蒋　坚　北京中物研系统工程技术研究院院长

课题组成员： 贺　凯　北京中物研系统工程技术研究院院长助理

任成霞　北京中物研系统工程技术研究院副主任

蒋易霖　北京中物研系统工程技术研究院主管

吉永泽　北京中物研系统工程技术研究院主任

参 考 文 献

[1] 陆薇. 基于 TRIZ 理论的 RFID 技术在汽车物流及其供应链管理中的应用研究 [J]. 物流技术，2008 (10).

[2] 王蕊. 中国移动通信集团财务管理体制创新设计研究 [D]. 青岛：中国海洋大学，2008.

[3] 徐志刚. 基于 TRIZ 的产品创新设计研究及软件开发 [D]. 济南：山东大学，2010 (S1).

[4] 远亚丽，蒋媚. 我国物流上市公司发展评价的突变级数模型 [J]. 物流工程与管理，2010 (11).

[5] 支燕. 利用 F－O 模型对中国物流上市公司内在价值的评价 [J]. 物流技术，2005 (10).

[6] 贾炜莹，陈宝峰. 基于"Z－Score 模型"评价物流上市公司风险的实证研究 [J]. 中国乡镇企业会计，2008 (10).

[7] 李政权，胡玉柱，刘霞珍. 基于熵值法模型的物流上市公司竞争力评价研究 [J]. 生态经济：学术版，2008 (2).

[8] 汪旭晖，徐健. 基于超效率 CCR－DEA 模型的我国物流上市公司效率评价 [J]. 财贸研究，2009 (6).

[9] 张宝友，黄祖庆. 基于 DEA 的我国物流上市公司绩效实证研究 [C]. 全国第十届企业信息

化与工业工程学术年会论文集，2006.

[10] 张宝友，达庆利，黄祖庆. 基于 AHP/DEA 模型的上市物流公司绩效评价 [J]. 工业工程与管理，2008 (5).

[11] 樊宏，林健. 中国物流上市公司内在价值评价与分析——基于 DEA 的实证研究 [C]. "珠江三角洲经济发展与流通现代化"大型理论研讨会，2005.

物流配送模式创新和体系建设研究

中小制造企业共同配送及管理模式研究[*]

内容提要：本课题从供应链的角度研究了中小制造企业配送模式及其选择问题，利用合作博弈理论构建了配送博弈费用模型，通过对中小制造企业可能采取的四种配送模式费用模型的求解，提出了适用于中小制造企业的满意配送模式，即第三方配送和共同配送相结合的配送模式，为中小制造企业配送模式的选择提供可行的决策参考。以共同配送理念为指导，针对共同配送联盟的管理模式问题从分形理论角度给出自己的建议和管理策略，并对联盟的关键问题——利益分配展开了讨论，考虑了企业配送量与贡献的大小及核心企业的主导作用对利益分配的影响，从分析各企业的投入、配送量、贡献率、风险及核心企业的作用等因素入手，构建了基于合作对策理论的中小制造企业共同配送的利益分配模型，利用对策二次规划方法对模型进行了求解，并用算例验证了模型的有效性和合理性。最后，分析了中小制造企业共同配送中存在的相关问题，并提出解决问题的方法。

一、前言

（一）立项依据

1. 研究背景

现代制造企业面临缩短交货期、提高产品质量、降低成本和改进服务等新的竞争压力，所有这些都要求企业能对不断变化的市场做出快速反应。但我国的中小制造企业因为过去"大而全，小而全"模式的影响，大多拥有物流设备，若将配送业务外包，风险或成本较大。为应对竞争环境的变化，近几年来，众多中小制造企业为降低物流成本并保证或提高配送服务水平都在探索适合自己企业发展的配送模式。现在对配送模式的研究已经很多，并且已探索出一些比较成熟的模式，但面对这些配送模式，如何根据中小制造企业的自身特点进行选择是使企业困惑的一大难题。

从中小制造企业的现状分析来看，其配送并不是缺乏市场需求，也不是供给能力不足，而是管理和运作的方式仍比较传统，组织形式落后，缺乏一套能够调动起供需双方积极性，贯通整个配送网络，并实现资源有效整合的配送模式。共同配送是配送发展的趋势之一，并为发达国家广泛接受和应用，因为共同配送能增大配送作业的规模，实现配送资源快速整合，提高配送资源利用率，降低配送成本，对企业来说具有

---

* 本课题（2010CSLKT064）荣获 2011 年度中国物流学会课题优秀成果奖一等奖。

明显的经济效益。而且开展共同配送有助于减少道路的交通量，缓解交通压力，减少环境污染，具有良好的社会效益。共同配送越来越受到政府和广大中小制造企业的重视。然而，共同配送开展起来并不顺利，许多中小制造企业对如何组建共同配送联盟感到茫然，这说明共同配送的开展还需理论上的指导。研究表明，影响共同配送的几个很重要的因素是如何在参与企业之间实现共同配送利益合理分配，以及应采用何种管理模式来监督共同配送联盟的整个运营过程，能否解决这些问题将直接影响共同配送的开展。

在此背景下，本课题对中小制造企业共同配送模式进行研究，并提出三个研究主题，为中小制造企业的配送实施提供理论依据。研究主题阐述如下：

（1）针对中小制造企业在配送模式选择上的困惑，提出中小制造企业配送模式选择的研究。

（2）针对中小制造企业配送管理和运作方式的落后，提出中小制造企业共同配送的分形管理模式研究。

（3）针对中小制造企业在组建共同配送联盟上的茫然，提出中小制造企业共同配送模式下的利益分配研究。

2. 国内外配送发展及相关研究综述

（1）国内外配送发展概述

①国外配送的发展。美国的配送在世界上处于领先地位，是当经济发展到一定阶段时，企业为了提高效率、增加利润而发展起来的。实行配送物流的目的在于最大限度地压缩配送时间、降低配送成本，实现生产企业"少库存"甚至"零库存"的目标，从而降低社会生产总成本，配送已被誉为是继提高劳动生产率和原材料利用率之后的"第三利润源泉"。有资料显示，在生产资料经营中通过配送实现的份额，美国达到31%，为社会生产节约成本10%~20%。随着配送技术与手段的逐步提高，企业为了配送要求的个性化发展以及对配送实践的日益丰富，现已呈现出多种形式的配送模式，其中共同配送是一种采用广泛、影响面较大且行之有效的先进配送模式。为了在流通领域产生效益，美国已采取措施让连锁店共同组建配送中心，到目前为止，拥有各类共同批发、共同配送的企业约30多万家，其库存与配送商品的总量占各类流通渠道57%的市场份额，每年的产值达2万亿美元，已成为支撑美国国民经济的一个巨大产业。

在日本，配送也出现共同化和混载化的趋势。日本的配送需求主要来自便利店，但便利店主要是小批量、多批次的进货，采用独立配送时，成本很难控制，效率很难提高，还会导致交通拥挤，严重阻碍配送活动的顺利进行。为解决这些问题，一些企业开始探索共同配送，以期提高运输效率。通过将商品聚合起来采用共同配送，不仅可以达到小批量频繁进货的要求，还可以发挥批量效益，大大提高了货运车辆的装载率，解决了交通拥挤问题。"7—11"连锁便利店被称为是多频率小宗货物配送的代表，该便利店通过共同配送系统运送的商品大约有85%，在14年内曾将送货卡车从72辆减至12辆。此外，以准时化供应（JIT）收货方式而闻名的丰田汽车公司采用巡回办法使部件的小批供货拼箱化。根据日本财团法人运输政策研究机构在2001年做出的《关于促进同行业共同配送系统的调查报告》显示，当时正在应用共同配送的企业中有 25% 的客户企业和 5.7% 的物流企业，另外，31.4% 的客户企业和 32.5% 的物流企业虽然还没有建立共同配送的实施计划，但已经深刻认识到开展共同配送的必要性，可见共同配送具有强大的潜在需求。

以上发达国家除了配送模式有所转变之外，在配送实施的技术与政策保证等方面也有很大变化。配送作业开始转向自动化，相继采用了自动分拣技术和自动配货技术，并相应建立起自动化操作系统，如由高层货架、自动取货机、流动货架、传送带、图像识别机、计算机等组合而成的自动化配送体系；企业开始通过信息管理系统和电子传输技术来加强企业内部、企业与供应商、消费者以及政府部门的联系和沟通，使彼此的协调与合作更加地便利；电子物流在电子商务迅速发展的基础上逐渐出现，但由于缺少配送的电子商务，其商业模式只能在机房里"实施"。此外，日本政府为了促进中小企业实施共同配送，在政策上加以引导和支持，日本中心企业厅与运输省于 1993 年共同制订出《中小企业流通业务效率化促进法（中小企业物流效率化法）》，其内容从多个方面鼓励共同协会等中小企业组织共同物流，并在软件和硬件方面予以援助。

②我国配送发展的进程。我国相当多的企业由于受体制和历史包袱的影响，还保留着"大而全"、"小而全"的经营组织方式，再加上"人有不如己有"、"肥水不流外人田"的思想观念的影响，物流标准化、规范化等问题都制约着配送在国内的发展。20 世纪 70 年代，在计划经济体制下，部分企业在一些大中城市的物资部门设置一个或几个物资集中点，按客户企业的货单配货、送货，实行按需配送的供应方式，以提高产品的流通效率，这种方式被称为我国配送的雏形。20 世纪 80 年代，市场开放导致竞争的日趋激烈，物资企业为了自身的发展，开始广泛开展物资配送业务，这时，配送由自发运送发展到自觉配送。在这一阶段，制造业的竞争开始由产品竞争转向价格竞争，也就是成本的竞争。制造企业纷纷意识到要使成本降低，不但要依靠原材料价格的降低，还要靠产品的运输成本的降低，一些大型的制造企业开始探索配送模式。20 世纪 90 年代以来，制造企业普遍认同了配送能在很大程度上节约成本、提高效率，纷纷改变传统的生产方式，大力发展配送，减少企业的库存。早期，制造企业发展的配送多为自营配送，出现大量的重复建设和资源浪费，虽然这样制造企业可以很好地掌控配送的准时性，但是高昂的配送成本却使企业不堪重负。就在此时，第三方配送企业的蓬勃发展给制造企业带来了新的契机，在某种程度上使制造企业进一步降低了成本、提高了效率。于是，学术界开始探讨企业的配送模式，经过十几年的研究，不断有新的配送模式出现并被应用到企业中，企业也开始理性地选择适合自身企业特点的配送模式。

中国台湾并没有完全照搬美国和日本的配送发展模式，而是融合这些国家的配送经验和本地发展状况，创造了"本地化配送"，并根据自身需求尽量完善配送的各个环节。在技术和设备引进过程中也非常谨慎，并不一味强调自动化，而是将财力、土地、人员、已有设施设备等因素一一列出后做充分权衡。他们认为从整合到聚集是当前配送发展的趋势。在配送的初期发展阶段，物流企业凭借自身力量与外部竞争；在配送的发展阶段，如各企业通过彼此间的互助合作来与其他企业竞争；在配送的联合阶段，则是结成联盟，通过资源共享来参与竞争，通过聚集使竞争企业成为联盟的一部分，并重新整合现有的物流资源，达到双赢的目的，其本质是连接分散的网络并使其优化。台湾地区发展共同配送的思路和经验可给内地提供很好的参考。

（2）国内外配送的相关研究综述

对配送的研究始于20世纪70年代，在日本和美国研究较多，其后产生了丰富的研究成果。近年来，随着我国配送行业的繁荣和发展，不少业内人士和专家学者开始关注配送的研究，本课题从以下5个方面做相关研究的综述。

①配送研究综述。国外对配送的研究较多，对配送区域的研究从跨国配送、国内配送、区域配送、城市配送到企业配送都有较深入的探讨，对行业配送的研究以连锁企业和大型汽车制造企业为多，尤其对配送车辆优化调度等方面的研究开展得比较广泛深入，从不同角度对其进行分类和研究，目前在方法上较多采用启发式或亚启发式算法来解决优化调度问题。

国内对配送的研究主要集中于配送基本理论的探讨和对配送现状的分析，制造业以大型整车企业对汽车零部件的配送及配送中车辆路线的优化研究较多，但对于车辆调度和路线优化的研究比较晚，而且研究的系统性较差，主要利用启发式算法解决一些约束较小的理想的和简单的车辆线路的安排、调度问题，在实际操作中还有一定的困难。

②配送模式及选择研究综述。国外对配送模式的研究较少，对配送模式选择的研究较多，Mclvor运用核心能力理论认为企业的核心活动只有物流，并认为只有当企业的物流资源具有可持续性的竞争优势时，才能选择自营配送，当物流不是企业的核心能力时，应当将配送业务外包。Logan、Mason和Slack运用委托——代理理论详细研究了外包过程中的激励机制、代理费用和监控机制等问题。

国内对配送模式的研究以对配送模式的分类介绍居多，现在开始对连锁业、制造业等行业的配送运作模式进行讨论，主要集中在对连锁经营企业的配送模式和建立配送中心等问题的研究。对配送模式选择的研究较少，田宇根据交易费用理论讨论了虚拟企业物流运作方式的最佳选择是采用第三方物流。潘广锋提出衡量物流模式选择的四个因素有物流运营成本、预期经济收益、竞争力的提升和风险。

③共同配送研究综述。国外对共同配送的研究主要是从社会效益的角度出发，主要关注共同配送系统究竟能多大程度缓解交通、减轻环境污染和降低物流成本，如何减少货车的数量和配送时间、选择配送车辆的路径及配送中心的位置，分析共同配送的效果和在经济上的可行性。Nemot从共同配送的社会效益角度分析了在日本某市运作的共同配送系统。E. Taniguchi以问卷调查的方式明确了对企业来说共同配送的目的主要是降低配送成本。Q. Yamada等人提出了共同配送的车辆路径选择模型，通过考虑配送中心的最优选址来分析共同配送的效果以及在经济上的可行性。H. Ieda和A. Kimura从配送成本的角度分析了共同配送的经济效益。Voropai Nikolai I. 等人提出采用经典的Shapley值法解决共同配送的成本分摊问题。

我国对共同配送的研究大多是在借鉴国外研究与经验的基础上，集中于以下几方面的研究：西部和长三角地区共同配送体系的建立，行业物流共同配送的探讨，利用 GIS 技术设计和建立城市货物的共同配送系统，以及共同配送中心的选址、车辆调度、成本优化以及整合机制的探讨等，文献［27］对中小制造企业实行共同配送的可行性进行了探讨。

④共同配送的管理模式研究综述。有关共同配送联盟的管理模式研究主要有虚拟组织管理、公司主导型管理、外包模式等，Martin Christopher 从供应链的角度研究了配送的外包管理模式。目前对共同配送管理模式的研究还相对较少。

⑤共同配送的利益分配研究综述。国外对虚拟联盟利益分配的研究较多，对物流行业及制造行业共同配送利益分配的研究很少。Satyaveer S. Chauhan 等研究了基于收益共享的供应链伙伴关系，提出了供应商——零售商二级供应链系统的收益分配模型。Diwakar Gupta 等研究了供应商——制造商二级供应链的协作问题，假定供应商和制造商通过协商来确定收益分配比例，N. X. Jia 采用合作对策理论来解决共同配送的利益分配问题。

国内有关共同配送的利益分配问题的研究有：孔维莎将经典合作对策的 Shapley 值方法拓展到基于区间数的 Hukuhara – Shapley 值，提出了单位运价不确定情况下的成本分摊模型。王旭提出采用 Raiffa 解方法分摊共同配送成本，建立基于风险因子的 Raiffa 解成本分摊模型。张润红用解决 n 人合作对策问题的 Shapley 值法解决了共同配送企业之间的利益分配问题，并对 Shapley 值法的不足进行了修正。

（3）国内外研究现状述评

随着现代科技水平的不断提高和物流环境的不断变化，物流领域出现了许多新的理念，呈现出许多新的发展趋势，主要表现为：绿色配送、电子化的配送、第四方物流与配送，有些企业已经开始将虚拟企业和联盟的理论应用到企业的配送中，一些大的制造企业也开始考虑在配送中采用制造企业与物流企业的联动发展，以此来适应市场对配送的需求。

目前，我国对于配送的研究还未形成系统和成熟的体系，关于适合国情的配送模式仍是众说纷纭，没有统一的认识，尤其对中小制造企业配送等方面的问题还缺乏较深入的探讨。主要表现为：

①对配送模式的研究大多是针对连锁经营企业的特点建立的，关于中小制造企业的配送模式很少，并且现有对配送模式研究的前提一般是假设在某种配送模式下进行的，而企业如何选择合适的配送模式并未引起学者的关注。

②对共同配送中费用分摊和利益分配问题的研究很多，大多使用 Shapley 法、Nash 谈判模型、MCRS 法以及群体加权重心法，从不同角度给出了利益分配方案，在一定程度上反映了利益分配的公平合理性。但仍有一些缺陷：一方面从投入或风险的角度开展相应研究，未考虑各企业的配送量对利益分配的影响；另一方面大都是考虑几个物流企业实行共同配送，并假设所有参与企业具有相对对等的地位，认为任何企业组成的联盟都能赢利，显然这与现实情况有差异。

③对共同配送管理模式的研究还没引起学者的关注，企业仍然采用传统的管理模式，阻碍共同配送的发展。

本课题以中小制造企业为研究对象，借鉴国内外共同配送研究成果，针对上述研究的不足，从分析影响中小制造企业配送选择的因素出发，从供应链的角度探讨适合中小制造企业的配送模式，提出对原材料的运送采用第三方配送，对大型制造企业则采用共同配送零部件以及共同配送的管理模式——分形管理模式，弥补现有研究的不足。然而公平合理的利益分配方案是中小制造企业共同配送体系成功运行和稳定发展的关键。因此，本课题在此基础上进一步讨论中小制造企业共同配送下的利益分配问题，考虑了影响利益分配的若干因素，运用合作对策理论对共同配送的利益分配问题进行探讨，为中小制造企业发展共同配送提供一定的理论指导。

3. 研究目的和意义

中小制造企业的配送不仅需要综合市场的具体要求统筹安排，同时还要兼顾企业的总体利益，是更加社会化、多样化的复杂物流活动，但对其研究与应用还处于初级阶段，仍有许多问题值得探讨。本课题正是在这种背景下，研究中小制造企业共同配送的相关问题，研究的目的可以从三个方面阐明：

（1）提出中小制造企业配送模式的选择模型

得出中小制造企业对原材料的采购回运应采用第三方配送，对零部件的配送应采用共同配送，但这种模式也不是绝对的，为不同类型的企业根据实际情况来选择适合自身发展的配送模式提供方法。

（2）提出中小制造企业共同配送的分形管理模式

将分形理论应用于企业管理中，将各中小制造企业看做一个个分形元，结合分形元的自相似性和自组织性研究中小制造企业共同配送的分形管理模式和分形管理策略，为中小制造企业的管理提出一个新的思路。

（3）提出中小制造企业共同配送的利益分配模型

采用合作对策理论，在相对较少的前提假设下，考虑了配送量、贡献率和核心企业的作用对利益分配的影响，并用对策二次规划方法求解，期望利益分配结构趋于公平合理。

本课题的研究意义可以从以下两个方面来阐明：

（1）理论意义

共同配送作为物流领域研究的一个新课题，在理论上还没有成熟的框架。本课题以中小制造企业为研究对象，较系统研究中小制造企业配送模式的选择，研究结果突破了现有研究单一模式的思维定势；接着探讨中小制造企业共同配送时的分形管理模式，为共同配送的管理理论提供一种思路和方法；进一步对中小制造企业共同配送的利益分配等问题进行研究，在一定程度上充实和丰富了共同配送的理论，期望为中小制造企业的配送建设提供一定的理论指导和参考。

（2）实践意义

对中小制造企业来说，从原材料的采购、生产资料的运送到产成品的运送，各个环节都要有高效的配送系统来保障，建立高效的配送系统对提高企业竞争力具有重要的作用，而构建配送系统首先要选择配送模式。本课题正是从中小制造企业选择配送模式入手，得出原材料运送采用第三方配送，零部件则采用共同配送，由于第三方配送操作简单，本课题接着对共同配送的管理模式和利益分配问题进行探讨，并以江苏某中小制造企业为例验证了理论的正确。研究的结果对中小制造企业配送模式的选择和共同配送的实施具有很大的现实意义。

（二）研究方案

1. 研究目标

本课题通过对中小制造企业配送相关问题的探讨，目的是使中小制造企业在自身状况的前提下，选择适合本企业发展的配送模式，以及为处理以后发展中的问题提供理论依据。

2. 本课题的基本内容

本课题以中小制造企业共同配送模式研究为题，对中小制造企业的配送模式选择及共同配送时的管理模式和利益分配进行研究。全文共分为三部分，其中第二部分为课题的核心部分，各部分内容的安排如下：

第一部分：前言。阐述问题的提出背景，国内外配送发展及相关的研究综述，引出本课题的研究目的、意义、思路、研究方法和主要内容，同时阐明本课题的创新点。

第二部分：研究内容。共分为五节，各节内容安排如下：

第1节：共同配送的相关概念与理论背景。说明配送的含义及特点，对现有的配送模式进行分类和比较总结，并进一步介绍共同配送的含义、类型及共同配送的优势。

第2节：中小制造企业配送模式选择的分析。首先对中小制造企业做出界定，并分析中小制造企业的特点；接着分析中小制造企业配送的现状，找出存在的问题；然后分析中小制造企业发展共同配送的必要性；最后提出影响中小制造企业选择配送模式的因素，在此基础上建立中小制造企业配送模式选择模型。

第3节：中小制造企业共同配送的分形管理模式。首先阐述分形理论和企业分形管理的内涵，明确分形元的运作模式；然后具体说明共同配送的三种管理模式，对这三种模式的优劣势做出详细的对比分析；最后提出中小制造企业共同配送的分形管理模式和分形管理策略。

第4节：中小制造企业共同配送模式下的利益分配问题。首先提出影响中小制造企业共同配送时利益分配的因素；然后利用合作对策理论提出中小制造企业共同配送模式下的利益分配模型，采用对策二次规划解法求解，并用"风险补偿"思想修正分配结果。

第5节：应用研究。通过一个例子对第2节和第4节提出的两个模型的应用效果进行实例验证，证实该方法的可行性和有效性，并对中小制造企业实施共同配送提出一些建议和对策。

第三部分：结论。总结本课题各部分研究的结论，阐述研究成果对社会发展所起的作用，说明本课题的不足和进一步研究的方向。

3. 研究思路与研究方法

（1）研究思路

本课题的研究遵循从"提出问题"到"分析问题"，再到"解决问题"的思路，针对提出的三个研究问题，按照首先奠定理论基础，建立理论模型，然后进行实例验证的思维过程，其拟采用的研究路线和逻辑框架如图1所示。

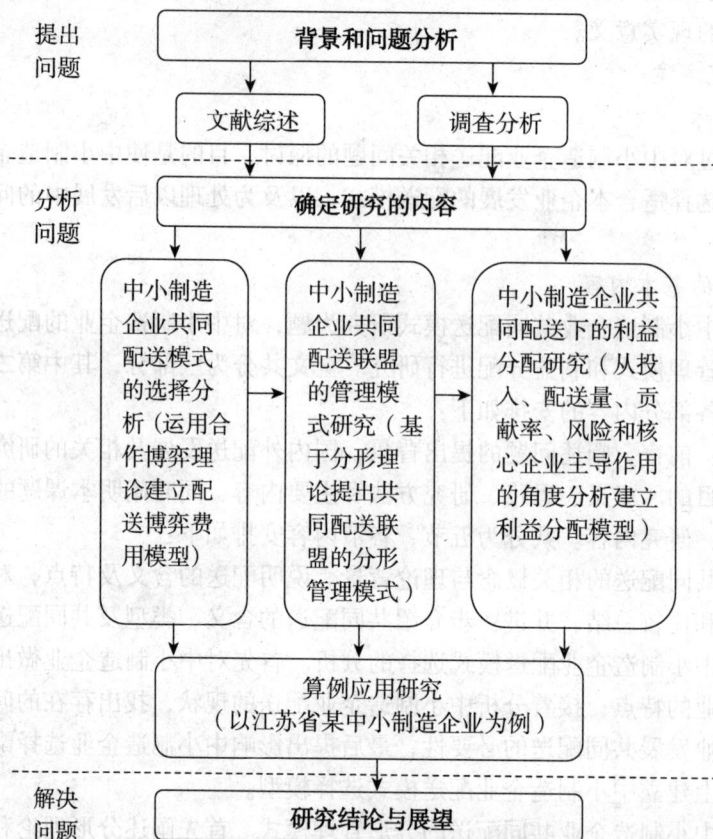

图1 本课题拟采用的研究路线和逻辑框架

首先，通过对此课题的研究背景、国内外配送的发展及研究综述的阐述总结，提出中小制造企业共同配送模式研究必须要解决的三个问题，即选择何种配送模式、选择共同配送模式后的管理模式及利益分配问题。

其次，对中小制造企业选择何种配送模式和共同配送时的利益分配问题按照理论分析建立理论模型的思路：运用合作博弈理论建立中小制造企业的配送博弈费用模型，分析中小制造企业采用不同配送模式时的配送费用，得出中小制造企业对原料的采购回运采用第三方配送，对大型制造企业所需零部件的配送应和其他相关中小制造企业联合起来实行共同配送；运用合作对策的博弈理论，建立中小制造企业共同配送联盟的利益分配模型，并用数学方法求解。对中小制造企业共同配送的分形管理模式的研究主要采用理论研究，将分形理论和企业分形管理应用于中小制造企业共同配送联盟的管理中。

再次，以江苏某中小制造企业的配送为例，将研究的理论模型与实践结合，以验证其理论的正确性和有效性。

最后，在理论和例证研究的基础上提出研究结论和存在的不足及进一步的研究方向。

（2）研究方法

①比较研究法。比较国内和国外的配送研究和实施状况，比较我国中小制造企业与国内外的配送状况，比较现有四种配送模式和共同配送的三种管理模式，为共同配送的实施发展提供借鉴。

②定量研究法。运用合作博弈理论建立中小制造企业的配送博弈费用模型，运用合作对策理论从投入、配送量、贡献率和核心企业主导作用的角度建立共同配送联盟的利益分配模型，以期得到科学合理的结果。

③算例研究法。结合江苏某中小制造企业的相关数据和理论分析中的模型，对中小制造企业配送的相关问题进行验证，为共同配送的实施提供依据。

4. 课题的创新之处

（1）本课题通过对影响中小制造企业配送模式选择的因素分析，运用合作博弈理论建立中小制造企业的配送博弈费用模型，通过分析计算中小制造企业对原料采购和零部件配送分别采用自营配送、共同配送和第三方配送时的配送费用，探寻适合中小制造企业的配送模式，研究结果突破了现有研究的单一的配送模式。

（2）本课题主要对中小制造企业实行共同配送时的利益分配进行研究，在利用合作对策理论建立利益分配模型时，增加考虑了成员企业的投入和配送量两个因素，并采用对策二次规划解法求解，在一定程度上避免了 Shapley 中对所有联盟情况的讨论，弥补了 Nash 谈判模型均等思想的局限，较好地解决了现有共同配送利益分配机制和方法上的不足。

二、研究内容

（一）共同配送的相关概念与理论背景

1. 配送的相关理论背景

（1）配送的含义

配送一词是日本在引进美国物流科学时意译的英文"Delivery"，日本学者西泽修对配送作了如下定义：配送是在发货地到消费地之间，对所有的进货物品、半成品、发货物品及库存品所做的计划、实施及管理行为。配送的目标是寻求一种最优方案，即费用较低、效率较高的方法，将原材料和成品送到目的地。配送还有一种被很多学者广泛认同的定义是：根据客户的订货要求，在配送中心或物流据点进行货物配备，并将配好的货以最合理的方式送交给客户的一种经济活动。

在我国的物流中也使用"配送"一词，并对其进行了相应的理解和定义。2001 年，我国国家质量技术监督局颁布的《中华人民共和国国家标准物流术语》中将配送定义为：在经济合理的区域范围内，根据用户要求，对物品进行拣选、加工、包装、分割、组配等作业，并按时送达指定地点的物流活动。该定义包含以下几个方面：

①配送是一种完善、高级的输送活动，是按照客户的要求，在备货和配货的基础上进行送货的。

②配送是物流活动的基本功能及有机组成部分。配送是物流的重要环节，同时，配

送还必须与物流活动的其他环节有机结合，这样才能够保证物流活动顺利地进行。

③配送要既准时又经济。配送活动是按照客户的要求进行的，客户就会对配送活动做出时间约束。客户订的货物要尽量在要求的时间范围内送到，否则配送成本将增加。

④在资源配置方面，配送活动是通过移动实体货物来实现资源的重新配置，并在重新配置资源的过程中实现其自身的价值。

（2）配送活动的特点

①配送包含"配"与"送"两个动作。"配"包括货物的分拣和搭配等过程，"送"指送货的方式和送的行为，而配送则是包括送货、拣选、加工、包装、分割、组配、运输等功能的经济活动。

②配送是以客户为服务对象的。客户处于主导地位，配送处于服务地位，因此，配送活动是根据客户的要求来进行作业的，企业必须在不损害客户利益的前提条件下实施配送才能取得赢利。

③配送更具专业性、规模性和系统性。传统配送是点对点式的运输，而现代配送是在配送中心调配和管理的核心作用下，以配送中心为据点，从配送中心到客户的运输。

④配送不能等同于物流。配送是依附于物流的一个主要功能，包含物流中的若干功能要素，但不能把配送理解成完整的物流，配送只是物流的终端。配送区别于物流的主要特征是分拣配货，也是配送的独特要求。

⑤配送是商物合一的产物。从商流来讲，配送与物流相反，是一种商业形式，是商流和物流结合的产物，而且从配送的发展趋势来看，这种紧密结合的方式也是保障配送成功的重要前提条件。

（3）配送模式

配送在我国的发展相对比较滞后，而且各地区的发展水平也不平衡，导致这一现象的因素众多并且关系极其复杂。因此，如何帮助企业选择合适的配送模式是目前的一个研究热点，因此，本课题对现有的配送模式进行了相关的分析与研究。

①自营配送。自营配送模式指由企业自身筹建并组织管理配送的各个环节的一种货物配送模式。自营配送模式的运作如图2所示。

在自营配送的过程中，企业对供应链的控制能力较强，容易密切地配合其他业务环节，从而可以将多余的资源用于企业的一些专门服务和运营管理方面。同时，自营配送还可以更好地保持企业供应链的协调、简洁与稳定。但是，自营配送要求企业具有较高的配送管理能力，自建配送中心需要完善的配送管理系统和专业的物流管理人员，而且投资规模大、周期长、占用资金多，容易引起企业资金链的中断，这些因素导致中小制造企业很难建立自己的配送中心。

我国采用自营配送比较成功的企业——鄂尔多斯集团是目前世界上最大的羊绒制品加工的企业，其每年生产加工羊绒制品行销全球30多个国家与地区。在国内，鄂尔多斯已建起绒纺织行业最大的销售网络、配送网络和信息网络，拥有遍布全国各地的销售网点2000多个，配送网络40多个，在中国的服装销售和配送网络规模中居首位。在鄂尔多斯集团的飞速发展中，自营配送在价值链管理和经营管理中发挥了非常重要的支持与保障作用，并已成功建立了二级市场配送网络。该集团旗下的20多家企业加工的产

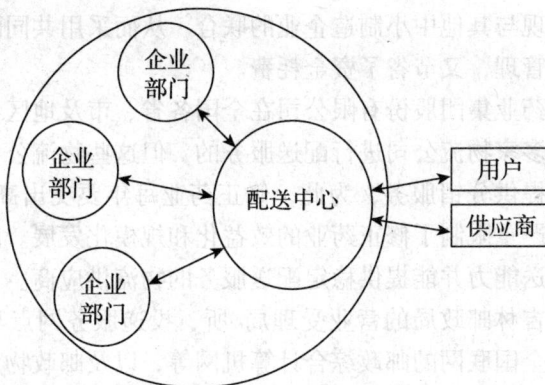

图2　自营配送模式运作图

品首先要进入总公司的配送中心进行分拣，规模庞大的一级自营配送体系按照地域、规模和经济原则完成长距离配送，将成品直接配送至全国省会城市的地区配货中心。各地区的配货中心（一般以300公里为半径设置最为经济）根据售出信息及时配货，将市场所需的产品立即配送到各网点终端，完成二级配送。

②共同配送。共同配送模式指为了提高配送效率和实现配送合理化，由多个企业联合组织实施配送活动。共同配送是经长期发展和探索优化出来的一种追求合理化的配送模式，也是影响面较大、发达国家普遍采用的一种先进的配送方式。这种配送模式将功能互补的不同行业或同行业的不同企业联合起来，通过整体、有效地配置各企业所拥有的配送资源，来提高各企业的配送能力，扩大各企业的配送规模，从而可以更高效、更便捷地为客户服务。共同配送模式的一般流程如图3所示。

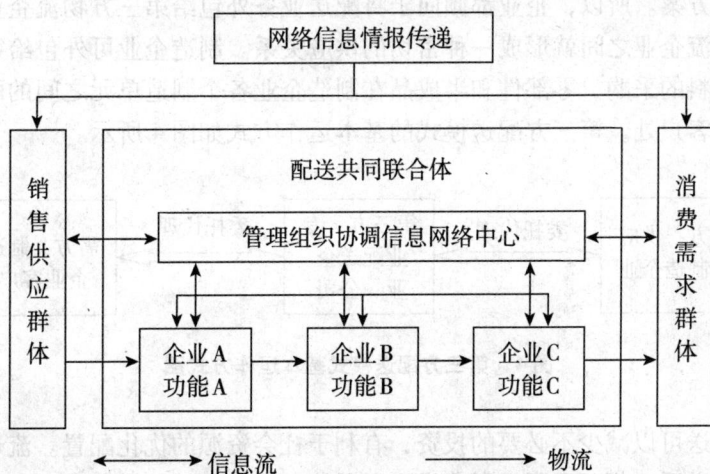

图3　共同配送模式的一般流程

共同配送适用于规模不大或者资金有限，无法实现自营配送的中小制造企业，通过共同配送模式可以实现与其他中小制造企业的联合，从而采用共同配送，这样既可以对配送业务进行控制和管理，又节省了资金耗费。

例如，吉林修正药业集团股份有限公司在全国各省、市及地区都建立了分公司和办事处，以前都是采用多家物流公司进行配送服务的，但这些物流公司的服务水平、配送能力都很低，也无法提供分销服务，为此，修正药业每年要支出高达2800万元的物流成本，这一成本投入严重限制了修正药业的效益化和规模化发展。因此，修正药业必须寻找一个具有较强配送能力并能提供稳定配送服务的物流供应商。

与此相反的是，吉林邮政局的营业受理局/所、投递服务网点与运输配送网络遍布全省各地，现已建成全国联网的邮政综合计算机网等，以及邮政物流网站、邮政仓储配送中心，并投入使用。吉林省80%的人口分布在农村和偏远地区，在邮政物流成立之初，就看到了医药行业在农村的良好的的市场发展前景。因此，邮政物流想要寻找一家医药企业，通过结合医药生产，将自身的配送业务发展起来。

基于这种需求与供给的互补，吉林修正药业集团股份有限公司与吉林邮政局签订合作协议，正式开展共同配送。吉林邮政利用已有的配送网络协助修正药业在省内各地建立配送中心，并逐步在全国各地邮政网点推广和建立修正大药房的连锁店，还负责提供从各个生产车间至经销网点的配送服务，以及由吉林省至全国各地药品批发站及分销网点的配送服务。同时，修正药业还充分利用吉林邮政的其他服务进行辅助的配送服务。目前，修正产品配送的准确率达到98%以上，物品完好率达到99%，客户满意度达到99%，信息反馈率达到100%。吉林邮政物流也把业务拓展到了全省乃至全国，在提高了资源利用率的同时，还获得了可观的经济效益。

③第三方配送。第三方配送是由供方与需方以外的物流企业提供配送服务的一种模式。在美国、日本等发达国家，第三方配送所占比例较大，能为企业提供更合理、更高效的配送解决方案。所以，企业都倾向于将配送业务外包给第三方物流企业。从而，企业与第三方物流企业之间就形成一种密切的供应关系。制造企业可外包给第三方配送的业务包括原材料的采购、零部件和半成品在制造企业各个制造单元之间的配送，以及将产成品配送到客户处。第三方配送模式的基本运作方式如图4所示。

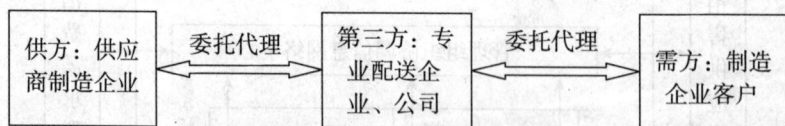

图4　第三方配送模式基本运作方式图

第三方配送可以减少不必要的投资，有利于社会资源的优化配置。流通与生产企业实行第三方配送后，都不需要投资建设配送系统、配备相关的设备和人员，不仅可以提高资源的利用率，还能降低企业消耗的成本，节约社会资源，将有限的资源集中于自己的核心业务，有利于企业的柔性化。但要注意的是，企业在享受第三方配送服务的同时，容易受到第三方物流企业的制约。按照供应链理论，因为第三方物流企业还不成熟，如果过分依赖于第三方配送，则会在供应链关系中会处于被动地位，对供应链的控制能力也会相应地减弱，甚至与客户失去联系而被淘汰出局。

④动态配送联盟。动态配送联盟指两个或两个以上的经济组织为实现特定的配送目标而采取的联合与合作的一种配送模式。在总结发达国家制造业经验的基础上，美国学者提出了动态配送联盟模式。动态配送联盟是以信息技术为基础，多个各有专长的制造企业在相互信任、共担风险、共享成果的前提下组成的临时配送联盟，配送周期结束，配送联盟自行解体。

动态配送联盟模式是一种介于自营配送和第三方配送之间的配送模式，是为了达到比单独从事配送活动取得更好的效果，通过契约形成优势互补、要素双向或多向流动的中间组织，可以降低前两种模式的风险。配送联盟具有动态性，只要合作任务结束，双方关系又变成追求自身利益最大化的单独个体。狭义的配送联盟一般存在于非物流企业之间，广义的配送联盟则包括第三方物流。

多个企业结成动态配送联盟，不仅可帮助企业降低经营风险，提高竞争力，从伙伴企业处学到物流技术和管理技巧，还能稳定合作企业的配送系统。动态配送联盟的弊端是在联盟形成后，企业对伙伴企业的依赖性会增强，也会对企业改变配送服务的行为带来困难。

（4）四种配送模式的比较分析

从稳定性角度而言，自营配送模式是在供应链中最稳定的，因为配送中心是企业的组成部分，其战略目标与企业总体目标完全一致，而且企业内部的协调比较容易。共同配送模式的稳定性次之，因为各个企业是经过慎重的选择才组成共同配送体，各个企业间的合作是长期稳定的。接下来是第三方配送模式，本课题介绍的第三方配送模式是从供应链的角度出发的，各个企业是经过一系列的供应链改造才形成的长期合作，所以，如果处于供应链关节位置的企业退出，就会导致整条供应链的断裂。稳定性最差的配送模式是动态配送联盟模式，该模式是伴随配送生命周期而形成的，配送联盟随着配送任务的结束而解体，因此动态配送联盟模式相比其他模式是短期的、不稳定的。

从经营风险的角度比较而言，风险最大的是自营配送模式，因为一个配送中心的建立和运营需要投入大量的财力和人力，而且在成立初期资金周转速度比较慢，容易导致企业资金链的崩溃。虽然其他三种配送模式较自营配送模式的风险性小，但仍存在不同程度的风险。

从信息技术的角度来看，各种模式都要靠信息技术的支撑，配送管理的实现是以高效强大的信息系统为基础的。自营配送模式的信息沟通是在企业内各部门间进行，而共同配送模式和动态配送联盟模式对信息的保密要求相对较高，第三方配送模式则极大地依赖于高效的信息平台。表1对各种配送模式进行了比较分析。

表1 四种配送模式比较表

	优势	劣势
自营配送	企业可以更好地保持协调、敏捷与稳定；能完全服务于本企业的总体经营战略；企业可以对其配送中的各个环节进行管理与监控，从而有利于保障良好的服务水平	投资规模较大、周期较长、占用资金多；容易导致企业资金链的中断；对企业的配送管理能力要求较高；需要配送管理系统的支撑和专业化的物流管理人员
共同配送	易规模化，节约配送成本；有利于企业配送资源的整合；企业对配送的控制力强；企业间的合作长期稳定	功能互补的企业不易选择；企业间的协调、信息沟通、资料保密等问题难以有效解决
第三方配送	有利于社会配送资源的充分利用；节约企业的财力和人力，从而企业的力量集中在自己的核心业务上，有利于企业的柔性化发展；第三方物流企业可以提供高效、专业化的配送服务	容易受制于第三方物流企业；企业对供应链的控制能力较差
动态配送联盟	可以降低经营风险和不确定性，提高竞争力；减少投资；获得物流技术和管理技巧；合作对象广泛	稳定性差，在构建配送联盟时需要较大的交易费用

2. 共同配送的相关理论

（1）共同配送定义

在日本，关于共同配送的定义有两种较为常见。一种是日本运输省对共同配送的定义"在城市里，为使物流合理化，在几个有定期运货客户的需求下，由一个卡车运输业者使用一个运输系统进行的配送"。另一种是日本标准工业JIS对共同配送的定义"为提高物流绩效，许多企业一起进行配送"。日本学者汤浅和夫指出共同配送打破了一个公司物流合理化的局限，多个公司联合起来，进一步实现配送合理化，是最先进的配送方式之一。共同配送的本质是集中各公司的配送量，从而提高配送车辆的利用率。

在我国，王之泰教授对共同配送作了如下定义：几个配送中心联合起来，共同制订计划，共同对某地区用户进行配送，具体执行时共同使用配送车辆的一种配送方式。他指出实行配送合理化可行的做法是实行共同配送。崔介何教授指出共同配送有两种情况：一种是几个中小型配送中心合作实行共同配送，一种是中小型生产企业之间分工合作实行共同配送。《中华人民共和国国家标准物流术语》对共同配送的定义是"由多个企业联合组织实施的配送活动"。

基于上面的讨论，可对共同配送作如下定义：共同配送是指突破单个企业的局限，并在更大范围内寻求合理化配送的方式，最终实现企业间的资源共享和优化配置，并在互信互利的基础上，优化组合不同的货物，降低配送成本，扩大配送规模，提高配送服务水平，促进社会商品的高效流通。从这个定义可看出共同配送具有以下意义：在资源共享的理念下形成企业间的联盟，各企业之间通过沟通交流达成共识，并在互信互利的基础上，通过有效地整合配送资源和各种合作方式共享有限的社会资源，达到降低运营成本和提高赢利能力的目的，进而促进商业环境的现代化，并提升社会物品的流通效率。合作企业可对共同化的配送资源相互调剂补充，尽量扩大配送规模，缩短配送距离并提高配送设施的使用率，使单位配送成本大幅下降，达到配送的效率化与合理化。

（2）共同配送类型

共同配送可分为两种：一种是根据合作企业在产业链中所处位置（上游或下游）的不同可分为以同产业或异产业企业为基础的横向共同配送模式，另一种是以流通渠道各环节中成员间共同配送为基础的纵向共同配送模式。

①横向共同配送可划分为三种：分别是同产业间的共同配送、异产业间的共同配送以及共同集配。

A. 同产业间的共同配送

同产业间的共同配送是为提高配送效率，相同产业的企业通过配送中心集中运输货物的一种方式。具体形式有两种：一是完全统一化，对包装货物及运输规格在实施共同配送之前，合作企业就要实现完全的统一，这样才能共建配送中心并购买配送设备，由共同配送中心来开展共同配送。另一种是企业各自拥有运输工具和配送中心，此时可根据配送货物量的大小，选择委托——受托的方式开展共同配送，将配送量小的货物委托其他企业来配送，而配送量大的货物则在接受其他企业委托配送的基础上实行统一配送，实现配送的效率化。

同产业间共同配送可以大幅度提高企业的配送效率，大大降低企业的运营成本，更好地满足顾客企业配送及时的要求。但在发达国家中，同产业间的共同配送发展缓慢，主要是因为配送业务的共同化以及配送信息的公开化容易造成企业机密的外泄，这非常不利于企业竞争战略的制定和实施。

B. 异产业间的共同配送

异产业间的共同配送是将不同产业的企业需要配送的物品先集中起来，通过配送中心送到客户的一种配送方式。异产业间的共同配送属于多产业结合型配送，与同产业配送相比，配送的物品范围更广泛。

异产业间的共同配送在充分发挥产业间互补优势和保证配送效率的同时，克服了同产业间的共同配送信息资源外流缺陷，使企业同时兼顾效率和战略的发展。异产业间共同配送的缺点是企业间配送成本的分摊困难，因此增加了企业间谈判所耗费的成本。特别是以中间批发企业为主导的异产业间共同配送，物品种类多样，涉及的配送费用不同，尤其在多频度配送中，每次物品配送结构变化都使费用的计算更加复杂，所以计算各批发商应分摊的配送费用非常困难。因此，确立一个合理明确的配送费用分摊计算体系对异产业共同配送的实施非常重要。

C. 共同集配

共同集配是由大型运输企业主导的合作型共同配送。在共同集配的过程中，先由大型运输企业将要配送的货物统一集中，再由合作企业或批发商指定具体的运输企业配送货物，最后由各运输企业实施配送活动。与上述两种共同配送的组织形式不同，共同集配是运输企业进行组织、管理以及调度，发挥领导的作用，所以说共同集配是运输企业主导型配送。实行共同集配的最大优点是共有配送空间、统一运输费用、降低配送成本以及支付业务合理，这也是前两种共同配送无法达到的。

②纵向共同配送可划分为两种：批发与厂商之间的配送共同化和零售与批发商之间的配送共同化。

A. 批发与厂商间的配送共同化

企业要达到配送过程的效率化，消减配送成本是非常必要的。一些厂商与批发商在削减配送成本的指导下，就配送业务和管理最大程度地达成共识，为了实现经营的效率化，双方纠正管理中不合理的地方，并相互补充不足的地方。通常情况下，厂商与批发商之间的配送共同化表现出两种形式：一种是为了强化批发配送功能并实现批发中心的效率化，力量较强的厂商代行批发商的功能，并用自己的信息网络支援批发商小批量、多批次的配送服务，也是厂商销售更多产品的必要条件。另一种是以力量较强的批发商为主，将数家厂商的产品集中起来，对零售商进行集中配送，与第一种相比更有效率，而且有利于降低配送成本。

B. 零售与批发商之间的配送共同化

零售与批发商之间的配送合作是纵向共同配送的另一种形式，这种形式有两种类型：一种是由大型零售商建配送中心，由批发商配送到各店铺的商品必须经由大型零售商的配送中心，而且批发商的数目要尽可能地少，零售商为了简化配送中心订、收货的手续，要求与之交易的批发商从专业商品经营转向多类型商品经营。另一种是在特定零售商的配送信息系统完善的前提下，由批发商建立配送中心，专门为中型零售商服务，并执行零售配送活动，这样中型零售商既可以得到因省略本企业配送中心集配商品所带来的利益，又可以充分利用零售商的配送中心达到配送的目的。

实施纵向共同配送的主要目的是降低流通各阶段的配送成本，因此，各厂商、批发商和零售商实施共同配送时，必须关注投资共同配送设施和共同信息系统的整体效果，必须充分了解参与各方的配送特征和应该承担的配送成本，在此基础上建立起完善、高效的配送信息系统。

（3）共同配送优势

共同配送是经过长期发展和探索优化出来的一种追求配送合理化的配送模式，它对企业提高配送效率、降低配送成本具有重要意义。中小制造企业为了满足市场对产品小批量、多批次、多品种和紧急性的需求，但由于自身资源的限制往往采用小规模的频繁配送方式，导致供应链构建成本大，配送费用过高，市场竞争力差。加之目前我国第三方配送处于起步阶段，不能为中小制造企业提供完善的配送服务，导致中小制造企业对第三方物流企业的配送能力产生质疑。因此，中小制造企业开展共同配送成为必然趋势且具有很多优势。

①有利于降低配送成本，提高服务水平。中小制造企业实行共同配送，共同使用配送车辆和路线，统一管理运输活动，充分利用运输资源，优化配置社会资源，从而提高车辆的装载率和周转率，并且可以实现现有物流资源的网络组织化，使其发挥网络的聚集效应，帮助企业对客户的配送需求做出快速的反应。

②有利于满足大型制造企业的配送要求。现代大型制造企业的配送要求呈现 JIT 的

特点，这样中小制造企业就面临着配送成本和配送要求都升高的双高困境，而实施共同配送则是解决多批次、少批量、及时、准确的配送要求的有效途径，能够很好地满足大型制造企业的配送要求。

③有利于优化资源配置。开展共同配送，可以有效地整合各中小制造企业的功能、设施设备、信息及网络等资源，实现对现有各种物流资源的优化配置，并合理利用。

④有利于提高运输科技含量。开展共同配送，可以促进智能机器人、自动化立体仓库、自动化分拣系统、扫描技术、条码技术、电子数据交换技术（EDI）、地理信息系统系统（GIS）和全球定位系统（GPS）等现代化装备和高新技术在交通运输领域中的应用，有利于实现配送的标准化、规范化、智能化、机械化及自动化。

⑤有利于节约社会资源。开展共同配送，可以对各中小制造企业"缺乏系统功能"的物流资源进行充分整合和利用，并避免各项设施的重复建设，能够减少社会车流总量和闹市卸货妨碍交通的现象，改善现有城市交通运输紧张的状况。

3. 本节小结

本节详细介绍了配送的相关概念和理论基础，给出本课题对配送内涵的理解，列出现有的四种配送模式并比较分析了四种模式的优劣，接着介绍了共同配送的定义、类型及发展共同配送的优势，为下面的研究内容做好了理论基础的铺垫。

（二）中小制造企业配送模式选择的分析

基于前一节中对四种配送模式的介绍比较和中小制造企业的配送特点分析，选择何种配送模式来提高配送效率，降低物流成本，对中小制造企业发展起着举足轻重的作用。本节主要分析中小制造企业配送的现状及存在的问题，从供应链的角度，针对中小制造企业自身的条件探讨其分别采用自营配送、共同配送和第三方配送时的配送成本，配送成本最小的配送模式即为适合中小制造企业的配送模式，为解决目前中小制造企业配送成本过高而投资运行现代物流能力不足的问题提供参考。

1. 中小制造企业的概念和特点

（1）中小制造企业界定

根据我国中小企业的划分标准：在工业中（即制造业中），中小型企业必须符合以下几个条件：职工人数在 2000 人以下，或销售额在 30000 万元以下，或资产总额为 40000 万元以下。其中，中型企业必须同时满足职工人数 300 人及以上，销售额 3000 万元及以上，资产总额 4000 万元及以上；其余为小型企业。

（2）中小制造企业的特点

由中小企业的定义可见，在中国这样的制造业大国中，90% 以上的制造企业都属于中小制造企业。我国中小制造企业量大面广，对国民经济的影响举足轻重。中小制造企业具有机制灵活，对市场需求响应速度快等潜在优势，但由于在内在和外在都存在许多问题，这些优势还没有很好地发挥出来，下面就针对中小制造企业的几大特点给出利用这些优势的措施。

①社会性。所谓社会性，就是在企业的运营和管理要借助于社会的力量，并实现经营管理的社会化。中小制造企业与大型制造企业不同，它因规模小、实力弱以及人才缺乏，在企业的运营和管理中只靠自己的力量是无法完成的，必须借助社会的力量，利用

社会资源，实行经营管理社会化。

②单一性。所谓单一性，就是生产和管理的内容窄而专，没有大企业全面系统，也就是说中小制造企业不一定像大制造企业那样在生产品种、组织机构、管理团队、管理思想、管理手段等方面都很好地实现，而通常在某个方面或领域有所突破，并以此来带动其他方面。从原则上来说，因为中小制造企业资源有限，只有突出自己的核心能力才能立足于市场。而对中小制造企业来说，无疑生产是核心，就应将企业的重要资源投入核心能力，将自己最强的生产业务做得更强，将自己不擅长的业务外包，或与其他企业合作达到优势互补，利用现代供应链技术降低成本，提高自己的核心竞争力。

③灵活性。从中小制造企业管理的作用上看，它最大的特点就是经营灵活性。这种经营的灵活性就是根据环境的变化迅速调整经营方向。中小制造企业信息链比较短，对市场的变化能做出快速的反应，企业决策层能在第一时间发现市场需求的变化，并能根据变化情况制定相应的对策，重新配置现有的资源，并抓住市场寻找发展机会，表现出小企业经营的灵活性。

④适应性。所谓适应性，就是在外部经济变化条件下具有应变能力。应变能力的高低反映了经营管理程度的高低。俗话说："大有大的难处"，大型制造企业就其经营组织而言，由于机构复杂、分工较细、管理业务单一化，对突如其来的环境变化往往反应迟钝。而中小制造企业由于"船小好掉头"，可以立即适应外部环境的变化。中小制造企业尤其在战略实施过程中，能够根据外部环境变化及时调整战略，避免不合适的战略导致的资源浪费和错过发展机会。相对大型制造企业，中小制造企业的决策层更加容易觉察市场的变化，及时调整策略。

⑤冒险性。从中小制造企业经营管理的新动向上看，具有投资冒险性的特点。所谓投资冒险性，就是中小制造企业经营者以企业家精神，从战略角度出发，勇于挑战知识密集型领域，敢于与大型制造企业竞争，但这种冒险投资决不是盲目性投资。但由于中小制造企业的内部管理还相对薄弱，需要有规范、先进的管理模式指导企业的顺利发展。

2. 中小制造企业配送的现状分析

（1）中小制造企业配送的现状

我国制造业的物流发展是从 20 世纪 80 年代开始的，真正的快速发展是在最近十几年的时间，进入 21 世纪以来，制造业物流仍然是我国物流发展的主力军。

2002 年，企业内部对物流的改造空前高涨，在一部分制造企业中，对物流的重视程度达到空前高度，采取的措施主要有两个：一是企业通过优化内部流程和改善信息管理，利用先进的设备和管理技术来改造物流；二是企业积极寻找战略合作伙伴来建立供应链，或者寻求与第三方物流企业合作，共同提高服务质量，降低物流成本。不仅如此，许多中小制造企业还将物流专家邀请到企业中，积极组织员工培训或专题研讨，以提升员工的管理水平和物流意识。一些大型企业已建立起自己的物流体系，以增强自身在物流市场的竞争力。但是，这些企业的供应链建设还很不完善，要真正与国内外企业竞争还有许多不可预知的困难。

在计划经济时代，我国的制造企业几乎家家都有自己的仓库和运输车队，却没有合理地利用这些物流资源，在生产过程存在很多不合理，如不合理的资源配置和工艺流程，正因为这些不合理，导致了产品成本过高、市场竞争力较弱等问题，在我国中小制造企业中，这些问题尤其明显。一部分制造企业实施了物流再造工程，在一定程度上解决了这些问题，并且效果明显。

随着第三方物流企业的发展，我国中小制造业企业也将目光投向了物流外包。《2002 年中国物流发展状况调查报告》中的数据显示：我国有 22.2% 的企业使用第三方物流模式，在一定程度上说明了第三方物流企业的队伍正在逐步扩大。同时，还要意识到，我国的第三方物流企业还处在初级发展阶段，从企业规模到配送服务质量还不够成熟，因此现在的中小制造企业并没有盲目地选择将物流外包给第三方物流企业。

在我国中小制造企业物流发展的同时，企业物流也存在进展缓慢、设备落后、信息化程度低下的现状，配送环节还是采用传统的自营配送方式。目前，我国中小制造企业的配送现状如下：

①以自营为主。目前现代物流开始起步发展的新形势下，由于缺乏全面、系统的理论指导，很多中小企业出现了"大而全、小而全"的自办物流倾向。加之中小制造企业自身的局限性，导致配送服务表现较差，运输效率较低，配送成本居高不下。

制造企业采购调达物流服务的执行主体主要是供应方，占 53%，企业自办占 40%，第三方物流机构仅占 7%。商品销售物流执行主体中，47% 是企业自办，5% 是第三方物流机构，48% 采用混办方式。这说明企业自办采购、销售物流普遍，第三方物流代理比例较低。导致其难以满足现代市场多批量、小批次、多品种、紧急性的市场需求和个性化、多样化的配送服务要求，同时又制约中小制造企业的发展。制造业重点调查企业中，内资企业各类仓储面积分别是外资企业的 4.9 倍、3.4 倍和 12.3 倍；内资企业货运车辆平均拥有量、装卸设备，分别是同期外资企业的 3.7 倍和 1.5 倍。调查结果说明，制造企业自办配送设施、设备比例较高，拥有量较大，但设施和设备均比较落后。在现有设施设备利用率方面，汽车空驶率较大，仓库面积利用率较低。此外，配送装备标准化程度低。所有这些问题造成了制造企业配送服务效率的低下。社会物流总费用居高不下，但物流企业利润率持续下滑。2009 年上半年，全国社会物流总费用为 2.52 万亿元，同比增长 4.8% 。从全国社会物流总费用构成来看，保管费用增长最快，运输费用仍占总费用的一半以上。在运输费用中，道路运输费用所占比重最高；在保管费用中，配送费用、包装费用增长最快。从这些数据可以看出和配送相关的费用增长都很快，减少了中小制造企业的可得利润。

②以外包为辅。制造业是物流业必须的需求基础，物流业是制造业发展必要的支撑条件。推进制造业与物流业联动发展，不仅是提升中小制造业核心竞争力的重要手段，也是促进配送业发展的必由之路。近年来，中小制造业企业重视流程改造，整合内部配送资源，分离外包配送业务，企业配送运作水平显著提高；物流企业针对中小制造业需求，提升改造配送功能，逐步融入中小制造企业流程，配送能力有了较大的提高。但配送外包对中小制造企业来说，还存在一些不可避免的问题。第一，我国的第三方物流企业大部分规模较小，各方面制度还不健全，相关人员的素质还有待提高，导致客户对物

流公司的服务质量很不满意，往往由于配送人员的失误造成中小制造企业的生产损失。第二，供应商为了满足客户的小批量、多批次到货要求，多数情况下发货不满一车，但将配送任务外包后，物流公司为了降低成本会在发货时采用拼车并在途中多次倒换小车，导致货物包装破损严重，零件毁损的风险增大。第三，外包配送的中小制造企业对物流公司的配送过程监管困难，虽然目前有些企业采用配送服务评价的方法来考核物流公司，但实际效果不理想。

（2）中小制造企业配送存在问题分析

从整体和长远来看，中小制造企业共同配送所带来的经济效益和社会效益是显而易见的，但是不一定对当前或短期有正面影响，其推广应用仍存在一些困难。主要表现在如下几个方面：

①组织协调难度较大。大型制造企业对零部件在时间、数量、地点和安全等方面有严格的要求，而制造所需的零部件数量众多，各有差异，要把这些要素统一协调起来并不是件很容易的事。

②商业机密容易泄漏。各参与企业的商业秘密由于共同配送易于外泄，导致很多中小制造企业不愿加入共同配送。

③存在利益分配上的矛盾。中小制造企业共同配送所实现的利益在参与各方之间进行分配时缺乏客观标准，难以做到公平合理地分摊成本及分配收益。

④缺乏主体指导者，参与企业之间在服务上存在竞争等诸多考虑。

中小制造企业共同配送的实施除了面临上述问题外，还要经历多重挑战，主要有两个方面：

①传统体制。通常情况下，配送的共同化涉及跨组织的合作，但由于我国长期以来政企不分，物流设施"条块分割"等，导致各中小制造企业沟通协调困难；从分散配送到社会化配送是企业配送模式的重大转变，中小制造企业在引入共同配送系统服务后，导致参与企业调整内部组织机构和适量裁员成为必然，部门利益和个人利益的矛盾将成为中小制造企业发展共同配送的主要障碍。

②尚未成熟的物流环境。"人有不如己有"的思想观念在企业经营中根深蒂固，在现行的税收政策下，共同配送比自营配送还要多缴纳一项赋税，导致多家中小制造企业不愿共建配送中心。在共同配送发展的初始阶段，社会的配送需求还未达到一定程度的经济规模，大型制造企业难以接受较高的配送服务价格，加之配送服务不完善，大型制造企业难以对共同配送的信誉问题放心和满意。

因此，完全实现中小制造企业共同配送模式还存在许多问题，还需要深入探讨。

3. 中小制造企业发展共同配送的分析

下面从四个方面分析中小制造企业发展共同配送的必要性和可行性。

（1）市场需求的变化

我国经济的快速发展引起社会物流量的迅猛增长，制造企业对配送的需求增加。近年来，配送发展的主要趋势是卡车运输的比重逐步提高，订货批量越来越少，运输频率越来越高，这是因为许多制造企业为了降低成本，纷纷采取无库存生产方式，对配送提出了准时送达的配送要求。

（2）中小制造企业自身的缺陷

在我国，由于"大而全、小而全"的观念影响，中小制造企业均形成了封闭型销售与供应物流网络体系，从运输车辆到仓库各种配送设施一应俱全，纷纷通过建立配送中心来满足市场的配送要求。而众所周知，配送中心投资巨大，需要投入大量的土地、建筑、设备等硬件以及软件、人力等资源。一方面，部分中小制造企业无力单独自建配送中心，而另一方面即使建立了自己独立的配送中心，因货运量有限而无法形成配送的规模效应，达不到降低配送成本的目的。并且，不同的中小制造企业各自建立配送中心后，同一地区过多的配送中心不但占用大量的土地，导致了资源过剩带来的浪费，也加剧了日益严重的交通和环境状况。

（3）第三方配送发展仍未成熟

中小制造企业由于自身技术、人才、经验等条件的限制，加之供应链物流管理能力较弱，第三方物流企业在某种程度上有效地满足了中小制造企业配送的需要。但目前我国大多数的第三方物流企业只能提供存储、运输、配送等有限的几项简单服务内容，缺乏完善的物流服务网络与系统化的物流服务，尤其是第三方配送的协同能力不足等问题，造成中小制造企业对第三方配送产生质疑。从我国第三方物流企业开展的业务出发，其服务对象主要集中在大型外资企业，如中海物流的客户主要有 IBM、三星、诺基亚等，宝供物流公司的服务对象有宝洁、雀巢、沃尔玛等。从第三方物流企业的资源利用情况来看，闲置有大量的物流园区，据统计，我国物流中心平均空置率高达 60%，资源严重浪费。从第三方物流企业的服务质量来看，中国仓储协会 2001 年的调查显示：在采用第三方物流服务的制造企业中，有 23% 对第三方物流企业的服务不满意。可见，第三方物流企业资源闲置，国内企业需求不足。此外，许多中小制造企业担心出现"配送外包黑洞"，害怕对配送业务失去控制以及外泄商业机密，这些因素都影响了中小制造企业的配送外包。尽管理论上讲，第三方配送方式具有很多优势，但由于目前我国第三方配送发展还不成熟，以及中小制造企业对其认识尚存在很大偏差，因此，现阶段第三方配送模式并非能有效改善中小制造企业的配送问题。

（4）共同配送的优势

在共同配送中，中小制造企业完全拥有对配送的控制权，这有利于企业实现内部的组织与协调管理，及时掌握客户的配送需求并迅速做出反应，进而与客户建立更密切的关系，达到令客户满意的配送服务水平。由若干个中小制造企业联合起来进行共同配送，不仅可以大大降低配送成本，还能实现共同配送企业间的优势互补，达到规模经济效益。在共同配送的车辆分派上，可以用一辆车代替原来的几辆或几十辆车，有利于城市交通状况的缓解和减少环境污染等。总而言之，中小制造企业采用共同配送，可以最大限度提高社会资源的利用效率，取得最大的经济效益和社会效益。

4. 中小制造企业配送模式选择模型

制造企业作为供应链上的节点，它的配送模式是否对企业的发展有利也同样关系到整条供应链的发展。所以，本节利用合作博弈理论建立配送博弈费用模型，通过对中小制造企业可能采取的配送模式的费用模型进行求解，分析适合中小制造企业发展的配送模式。

（1）影响中小制造企业配送模式选择的因素分析

配送模式是企业对配送所选用的基本战略和方法，不同的配送模式有不同的特点、条件要求及适用范围。中小制造企业在进行配送决策时，应根据自身的需要和资源条件，综合考虑以下主要因素，以提高企业的市场竞争力。

①物流对企业成功的影响度和企业对物流的管理能力。对中小制造企业来说，物流对企业成功的重要度很高，而企业处理物流的能力相对较低，因此可以采用第三方物流实行配送。

②企业对物流控制力要求。竞争越激烈的产业，企业越要强化对供、销渠道的控制，此时企业应采取自营物流，但作为中小制造企业，由于各方面的原因无法形成大规模的自营配送，但又不放心将其供、销渠道的控制权让给第三方物流企业。在这种情况下中小制造企业可以采用共同配送，他们利用各自的优点结成战略联盟，整合传统的配送方式，同时也没有失去对配送过程的控制力。

③企业自身所具有的物流特点。对于中小制造企业，大宗原材料的回运或产成品的分销，应利用相对固定的专业物流服务提供短渠道物流。

④企业规模和实力。中小制造企业实力薄弱，适宜外包其配送业务，或者与其他企业合作实行共同配送，降低企业的风险，节约各方面的资源，应把有限的资源集中用于核心业务上，提高企业的核心竞争力。

⑤配送系统总成本。中小制造企业在选择配送模式时应采用总成本最小的配送系统，将原材料的采购回运外包给第三方物流企业，对大型制造企业零部件的配送采用共同配送，达到配送及时、可靠及灵活，使整个供应链的配送系统总成本最小。

中小制造企业选择配送模式时需要考虑的影响因素还包括顾客需求、市场规模及区域分布、竞争者采取的模式及交通状况等。本节主要考虑中小制造企业配送能力、配送对企业的重要性、配送成本等几个较重要的因素，通过配送费用模型的建立与分析，探讨适合中小制造企业的配送模式。

（2）中小制造企业配送模式选择模型建立

假设某产成品制造企业为供应链上的核心节点，由 n 个中小制造企业为其配送产品，核心企业实行按订单设计（ETO）或按订单制造（MTO）的生产方式，中小制造企业采用独立自营配送方式，在上述前提下采用不同配送模式时的费用大小和配送模式的选择如下。

设 n 个中小制造企业的集合 $I = \{1, 2, 3, \cdots, n\}$，并用 n 维空间的一个闭凸子集 F 表示一个可行效用的支付向量集。$C = \{c_1, c_2, \cdots, c_n\}$ 为各中小制造企业单独开展配送所需的费用，$X = \{x_1, x_2, \cdots, x_n\}$ 为各中小制造企业开展共同配送时分摊的费用。

配送模式一：若 n 家中小制造企业都采用自营配送的模式从供应商那取回原材料，独立地给成品制造企业配送零部件，则企业 i 需要支付的费用为：c_i = 原料的配送费用 + 零部件的配送费用。

配送模式二：对企业 i 来说，原材料的采购采用独立配送，零部件的配送则由该企业主导，和其他几家中小制造企业联合起来实行共同配送，则其费用为 x_i 与对原料采购的配送配用的代数和。

那么如何将总费用在几家中小制造企业中进行分摊呢？这里，通过建立以下模型并求解。

因为 $X = \{x_1, x_2, \cdots, x_n\}$ 为各中小制造企业开展共同配送时分摊的费用，显然有：

$$\sum_{x_i < c_i} x_i = C(I) \tag{1}$$

其中，$C(I)$ 为中小制造企业开展共同配送时的总费用。根据纳什谈判理论，其谈判解可被定义为使纳什积 $\prod_{i \in I}(c_i - x_i)$ 最大化的唯一强有效向量 X，向量 X 是从 F 中满足对每个 i 均有 $x_i \leqslant c_i$ 的所有向量中选取的。因此，要得到 X 即求解下面的非线性规划问题：

$$\max \prod_{i \in I}(c_i - x_i)$$
$$\text{s. t.} \begin{cases} \sum_{i \in I} x_i - C(I) = 0 \\ 0 < x_i < c_i \end{cases} \tag{2}$$

设 $X = \{x_1, x_2, \cdots, x_n\}$ 是问题的最优解，则根据 Kuhn - Tucker 条件有：

$$\begin{cases} \prod_{i \in I, i \neq 1}(c_i - x_i^*) + \lambda + \mu = 0 \\ \prod_{i \in I, i \neq 2}(c_i - x_i^*) + \lambda + \mu = 0 \\ \cdots \\ -\prod_{j \in I, j \neq i}(c_j - x_j^*) + \lambda + \mu = 0 \\ \cdots \\ -\prod_{i \in I, i \neq n}(c_i - x_i^*) + \lambda + \mu = 0 \\ \sum_{i \in I} x_i^* - C(I) = 0 \\ x_i^* < c_i \\ \lambda, \mu > 0 \end{cases} \tag{3}$$

由以上方程组不难得出：

$$\prod_{i \in I, i \neq 1}(c_i - x_i^*) = \prod_{i \in I, i \neq 2}(c_i - x_i^*) = \cdots \prod_{j \in I, j \neq k}(c_j - x_j^*)$$
$$= \cdots = \prod_{i \in I, i \neq n}(c_i - x_i^*), i \neq j$$

将上式两两比较，展开并化简可以得到式 $c_i - x_i^* = c_j - x_j^*$，$i \neq j$ 成立，上式两边分别求和，得：

$$n(c_i - x_i^*) = \sum_{j \in I} c_j - \sum_{j \in I} x_j^* \tag{4}$$

注意到 $\sum_{i \in I} x_i^* - C(I) = 0$，故：$x_i^* = c_i - \dfrac{1}{n}(\sum_{j \in I} c_j - \sum_{j \in I} x_j^*) = c_i - \dfrac{1}{n}(\sum_{j \in I} c_j - C(I))$，因此，可得问题的费用分摊模型为：

$$x_i = c_i - \frac{1}{n}(\sum_{i \in I} c_i - C(I)) \tag{5}$$

由此，可以计算出各企业所应承担的费用 $X = \{x_1, x_2, \cdots, x_n\}$。

配送模式三：若企业 i 将其配送业务全部外包给第三方物流企业，则其配送费用为支付给第三方物流企业的全部费用。但会使企业现有的配送设施设备闲置，对企业来说是一种损失。

配送模式四：企业 i 由于自己有一定的配送设施，可以把原材料采购的配送业务外包给第三方物流企业，对成品制造企业零部件的配送则由该企业主导，和其他中小制造企业实行共同配送，此时的配送费用为对第三方物流企业支付的费用与 x_i 之和。

5. 本节小结

中小制造企业作为供应链上的节点，应从整个供应链的角度考虑企业的配送模式。本课题从影响中小制造企业配送的因素出发，通过定性的分析，得出中小制造企业在不建立配送中心的情况下，采用第三方配送和共同配送的配送模式是比较适合的。该配送模式，合理地整合了企业内部和外部的资源，不仅使企业的成本大为降低，同时达到了供应链管理的优化。研究结果突破了现有研究的单一的配送模式，但这种模式也不是绝对的，不同类型的企业应根据实际情况来选择适合自身发展的配送模式。对于多个中小制造企业建立策略联盟对零部件采用共同配送时，联盟的管理模式和利益分配问题将在下面各节中详细介绍。

（三）中小制造企业共同配送的分形管理模式

多个中小制造企业组建共同配送联盟对大型制造企业配送零部件是比较合理的方式，而共同配送联盟成立之后又需要有怎样的机制激励联盟成员不断促进联盟利益的进一步扩大呢？选择合适的管理模式对于整个共同配送联盟的运营相当的重要。本节主要研究各中小制造企业共同配送时的管理模式，将分形理论引入中小制造企业共同配送中，通过介绍企业分形管理的内涵和分析比较共同配送的三种管理模式，提出中小制造企业共同配送的分形管理模式，以期弥补先前三种管理模式的不足。

1. 分形理论与企业分形管理

（1）分形理论

1973 年，哈佛大学教授曼得布罗特首次提出了分形（Fractal）这一名词，意思是不规则、支离破碎等，主要用于数学中，用来解决几何问题。1977 年，曼得布罗特教授出版了《分形：形态，偶然性和维数》，这本书是分形理论的奠基之作；1982 年，他又出版了《自然界的分形几何学》，这两本著作的出版标志着分形理论的初步形成。曼得布罗特教授在 1982 年提出了分形的数学定义为：如果一个集合在欧氏空间中的 Hausdoff 维数 DH 恒大于其拓扑维数 DT，即 DH > DT，则称这个集合为分形集，简称为分形。此种为数学定义形式。曼得布罗特教授接着在 1986 年提出了分形的描述定义为：组成部分以某种方式与整体相似的形体叫分形。此种为描述定义形式。

英国的几何学家 Fclconer 在学习了分形理论后认为，应该像生物科学界定义生命一样来定义分形，主要是寻求分形的特性，而不是寻求分形的简明定义。如果将分形看做是具有某些特征的集合，并称该集合为 S，则 S 的性质主要有：

①S 具有精细结构，即在任意小的比例尺度内包含整体，类似生物全息律；

②S 具有不规则性，所以它的整体与局部都不能用传统的几何语言来描述；

③S 具有自相似性，可以是严格的自相似性，也可以是近似的或统计意义上的自相似性；

④一般的，S 在某种方式下定义的分维数通常大于 S 的拓扑维数；

⑤在多数情况下，S 的定义是非常简单的，或许是一种递归迭代方式。

后来，一些学者发现分形也存在于物理化学中，比如流体的运动。流体通过自组织由简单的层流形成湍流，比如旋涡，在形成湍流的自组织过程中，产生引子并形成吸引子区域，促进自组织形成湍流。一些学者在研究相变过程中发现分形结构有利于其自组织。从这些过程能得出：

①吸引子是一个分形元，并且是开放的系统，它是在与周围的物质相互作用时产生自组织性的。

②分形结构出现在从有序态向另一个有序态转化的过程中，是变化的桥梁，分形结构的出现有利于实现其自组织性。

③分形结构存在于动态变化的系统中，并能动态地调节自身的变化，以此适应周围的动态环境。学者们就是受到分形结构这些特点的启发，才将分形理论应用于企业组织的构造中。

（2）企业分形管理内涵

企业要在激烈的市场竞争中生存发展，就必须适应外部环境的状况及其变化。在当今的知识经济转型时代，各个国家在商品、劳务、资金及技术等方面的联系不断加强，跨国公司的数量不断增加，业务范围不断扩大，致使世界经济成为一个有机整体。由此可见，企业的经营环境发生了很大变化，可归结为四点：① 市场竞争全球化；②产品寿命大大缩短；③产品的技术含量与研发经费不断增加；④客户需求更加多样化和个性化。因此，在这新的历史条件下，虚拟资源对企业将越来越重要，员工的团结协作是企业运作的有效保障。德国的瓦内克教授在分形理论的启发下，将分形理论应用于企业的经营管理中，提出企业的分形管理模式。企业分形管理的内涵可阐述为：分形企业的每个组成部分都是独立的，这些独立的分形元拥有自主决策权，能正确处理自己在整个企业系统中的地位和作用。每个分形元都能够自由地自我优化、自我设计、自我创造和自我组织，同时又受制于整个企业任务的大环境。实施了分形管理的企业能更好地适应外部环境，及时调整其结构并快速地对外部变化作出反应。企业分形管理能使企业更快地适应瞬息万变化的市场环境，有利于企业的发展。分形企业的特点可以用图5的结构来说明。

（3）分形元的运作模式

分形元是具有一定智能和权限的自治体，并采用目标驱动机制。分形元的运作模式可以从两个方面来说明：一方面，企业内单一的分形元有特有的活动空间，并对自己的

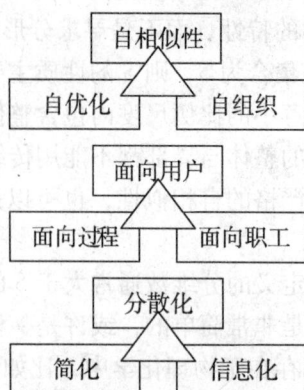

图5　分形企业的特点

发展决策拥有一定程度的自主权。另一方面，企业内部的所有分形元都高度服从企业的整体目标，这样分形元间才能进行有效的相互协作，并从整体上表现出有序性。从这两个方面可以看出，分形元不仅是执行体，也是决策体，能自主决定分形元的内部流程，也能进行自我设计和优化，以达到整体目标及适应环境变化的目的。

2. 共同配送现有管理模式分析

对于共同配送的管理，本课题认为三种模式比较典型：一种是组建虚拟组织进行管理，一种是让共同配送组织中的某个公司主导管理，还有一种是把配送业务外包给专业管理公司来运营。下面就分别对这三种模式进行一些说明。

（1）虚拟组织管理模式

虚拟组织指由两个或两个以上的经济实体为达到一定的目的，在一定时间内通过协议结成的动态联盟，通过信息和通信技术平台整合利用外部资源，达到企业的优势竞争地位。虚拟组织是一种开放式的组织结构，虽然不具有法人资格和固定的组织层次及命令系统，却具有高效完成单个企业很难完成的功能。虚拟组织对于共同配送业务的管理组织形式如图6所示。

在虚拟组织管理模式下，参与共同配送的各企业在地位上是平等的，不存在盟主的主导，各方拥有的资源和核心能力是互补的，并通过协商共同组建虚拟组织，共同开发业务管理软件来有效地管理共同配送业务。在人员配置问题上，可以根据设置的共同配送项目来配备业务负责人或一套工作班子对虚拟组织的日常运作进行维护；在共同配送的日常工作中，各个企业只需要集中精力做好自己的优势业务，同时按照合同条款的规定每天通过网络等工具对虚拟企业要求的业务和数据信息的交互进行维护。虚拟组织管理模式是以新的通信技术和手段为技术支持，超越空间和实物约束的一种较先进的管理模式，该模式以较低的成本管理充分利用了各参与企业的优势，优化配置有限的市场资源，并使联盟企业的核心竞争力增强，超越了传统的管理模式，是联盟管理的发展趋势。

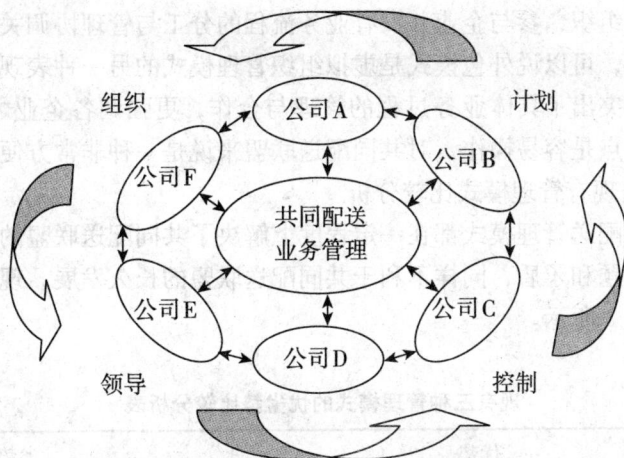

图6　虚拟企业管理模式组织图

（2）公司主导型管理模式

由于各个企业的业务范围和兴趣不同，在组建共同管理联盟时，对联盟的投入也不同，所以就需要一个核心企业的领导，通常情况下，联盟都会选择投入技术和资源最多或涉及业务范围最广或联盟的发起企业为核心来管理共同配送，这也是较为科学的管理模式选择方式。公司主导型管理模式的组织形式如图7所示。在这种管理模式下，主导企业负责构建和管理虚拟组织，制定共同配送联盟的运行规则，协调参与企业之间的关系，发生冲突时要进行合理的仲裁。公司主导型管理模式的最大特点在于职责更加明确，组织的管理决策更加高效，各方协调中的时间消耗大大缩短，但主导企业和成员企业是通过契约联系在一起的，而非核心成员企业之间则没有联系。

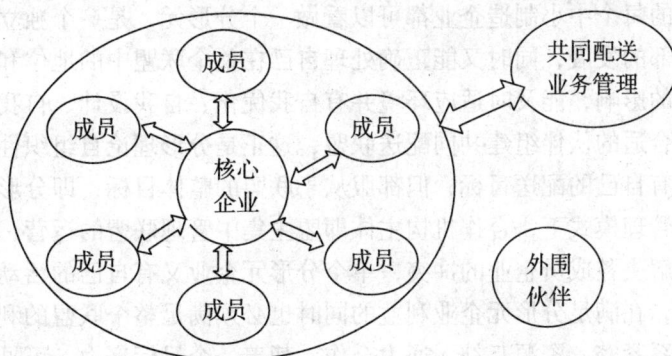

图7　企业主导式管理模式组织图

（3）外包模式

外包是企业将不具有优势的业务或功能委托给比自己更具优势的企业或组织，从而使企业更专注于自己的优势业务或功能，共同配送的外包管理模式在本质上与外包的理念是一致的。共同配送联盟在外包方式下，以委托—代理的形式通过合同将联盟的管理外包给专门的管理组织，参与企业并没有业务流程的分工与管理协调关系。这与虚拟组织管理模式很类似，可以说外包模式是虚拟组织管理模式的另一种表现形式，只不过虚拟组织管理模式更突出了具体业务过程的管理与合作，更强调各企业之间的紧密联系。外包模式的主要特点是容易操作，对共同配送联盟来说是一种非常方便的管理模式。

（4）共同配送现有管理模式比较分析

上述三种共同配送管理模式都在一定程度上解决了共同配送联盟的一些问题，但同时也产生了新的问题和矛盾，同样不利于共同配送联盟的长久发展，现将三种管理模式的优劣势比较如表2所示。

表2　　　　　　　　　　　　现有三种管理模式的优劣势比较分析表

管理模式	优势	劣势
虚拟组织管理	各参与企业地位平等、分工明确，重点负责自己的优势业务，超越了传统的管理模式，强化联盟企业的核心竞争力，优化市场的资源配置	不存在盟主，虚拟组织的组建与管理需要通过各方的协商来解决，费时费力
公司主导型管理	核心企业构建和管理联盟，协调各成员企业的关系，管理决策更高效，职责更明确，减少了在各方协调中的消耗	联盟的运行规则由核心企业制定，而且非核心成员之间没有联系，容易造成非核心成员的不满，联盟的稳定性不强
外包管理	在共同配送中没有具体业务流程的分工和管理协调关系，可集中精力发展核心业务，操作简单、方便	企业间联系不紧密，对配送的控制力减弱，不利于联盟的整体发展

见于以上分析，本课题采用企业分形管理模式来监控共同配送联盟的发展运营。参与共同配送联盟的每个中小制造企业都可以看做一个分形元，是一个独立的组织，能够自主决策企业内部的发展，同时又能正确处理自己在整个联盟中的地位和作用。由于受到外部配送需求的影响，能及时适应环境并有自我优化、自我设计、自我创造和自我组织的能力，选择合适的伙伴组建共同配送联盟，这正是分形理论自组织性的体现。同时每个分形企业都有自己的配送目标，但都服从于联盟的整体目标，即分形理论的自相似性。在企业分形管理模式下，合作机构主体即盟主集中管理联盟的运营，协调各成员企业的关系，及时解决各成员企业的冲突，单个分形元企业又有自己的活动空间，拥有一定的决策自主权，在满足分形元企业利益的同时也必须满足整个联盟的利益，这就使各成员企业之间联系紧密、资源互补、通力合作，朝着一个目标努力。可见共同配送分形管理模式是汲取了上述三种管理模式的优点，同时避免了虚拟组织管理模式下协商解决问题费时费力的缺陷，解决了公司主导型管理模式下非核心企业的不满和联盟的稳定性不强问题，加强了参与企业之间的联系和企业对配送的控制权利。总之，企业分形管理模式对处于配送需求较高的中小制造企业共同配送联盟来说，是十分有利而且有效的管理模式。

3. 中小制造企业共同配送的分形管理模式

中小制造企业共同配送联盟管理的难度远远高于对单个配送业务的管理。中小制造企业共同配送联盟基于资源互用、提高配送效率的理念以及共同配送联盟成员企业之间的自相似性，使得参与的中小制造企业可以借鉴企业分形管理模式保持自身的活力，并加强相互间的协作。

中小制造企业共同配送的实现，使参与企业可以集中精力发挥自身优势，共同促进配送业务的开展，消除原有封闭性的配送网络，共建共存共荣的环境。但中小制造企业共同配送涉及很多具体的细节问题，在实施过程中难免会出现一些困难点。首先，各中小制造企业的规模、基础设施、技术水平、客户、管理理念、服务意识等方面也存在差距，往往很难协调一致；其次，各中小制造企业配送的零件种类不同，不同零件有不同的特点，对配送的要求也不一样；最后，各中小制造企业的利益分配、费用的分摊、担忧商业机密的泄露等问题难以解决。由共同配送的内涵和分形理论可看出，以配送业务为主体的中小制造企业共同配送联盟表现出分形的自组织性和自相似性。中小制造企业的共同配送联盟是由若干相对独立的中小制造企业组成，每一参与企业都可称为一个分形元。

每个分形元都可以独立运转，并且都具有明确的目标和功能，彼此之间存在既竞争又合作的关系。分形元中还可分为若干个分形元，中小制造企业共同配送联盟也可以看成是一个大的分形元，因此，中小制造企业共同配送的实现可借鉴分形管理的模式。中小制造企业共同配送的体系结构如图8所示，该结构应是动态和开放的系统，具有很强的适应性和自我发展能力。

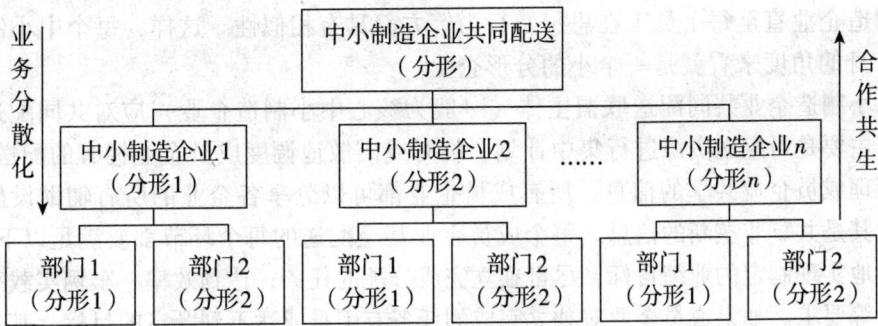

图8　中小制造企业共同配送分形体系结构

（1）中小制造企业共同配送的分形特征

①中小制造业共同配送的结构分形。在结构设置上，分形中小制造企业按照多层级和多单元原则进行，并采用相同的设计原则对各层级和单元进行非集中式的构造，各层级和单元在结构上具有自相似性，分形单元的活动空间范围及其在空间内的位置决定了分形单元间的差别。中小制造企业共同配送的结构分形首先表现为结构层次的复杂性和多样性。通常情况，中小制造企业共同配送的结构层次分为3层，从上至下依次为中小制造企业共同配送联盟、各参与中小制造企业和各中小制造企业的相关部

门。较高层次指导和监督较低层次的业务开展，同时为了保持整个中小制造企业共同配送联盟的高效管理，较低层次沿承了较高层次的组织结构和企业制度等企业特征，所以各个层次间具有很好的结构自相似性。

②中小制造企业共同配送的过程分形。中小制造企业共同配送在配送活动中还表现出复杂的过程分形。在中小制造企业的共同配送中，不仅存在反映职能分工和层次关系的结构分形，还存在健全和有效的实施机制。中小制造企业共同配送的过程分形源自于其本身的结构分形。由于中小制造企业共同配送联盟的层次结构复杂精细，其共同配送的实施同样具有相似的层次结构。这种相似性使得中小制造企业共同配送具有复杂的过程分形，表现为共同配送行为在不同层次的具体运行和执行。

③中小制造企业共同配送的功能分形。在功能上，中小制造企业的分形单元是具有一定智能和权限的自治体，分形单元之间强调自律和协同。中小制造企业不仅是执行元，还是决策元。这就提高了信息的传递效率，并能在中小制造企业共同配送整体目标下，利用自组织和分形元间的协作机制来快速反应环境的变化。功能分形来源于结构分形和过程分形，即结构分形和过程分形决定了功能分形。结构分形决定功能分形的层次性，而过程分形实现了功能分形，并决定了功能分形的外在表现。

（2）中小制造企业共同配送的分形管理

①中小制造企业共同配送分形元的自相似性。中小制造企业共同配送分形元的自相似性表现在组织结构、目标的形成及实现等方面。组织结构的自相似是参与共同配送的中小制造企业以配送过程为中心建立企业联盟的组织形式。目标自相似是各个中小制造企业的目标与共同配送联盟的目标一致。有意义的总体目标是共同配送联盟共同制定的，所有中小制造企业与之保持一致，并正确对待各自的目标。甚至要求各中小制造企业直至每个员工在思想及行为等方面具有相似性。这样，每个中小制造企业从自身的角度来看就是一个小的分形企业。

中小制造企业共同配送联盟主体（一般为核心中小制造企业）应对共同配送集中管理，主要是对配送资源进行集中计划，临时或离散地调度成员企业拥有的配送车辆，集中管理成员企业共享的信息。所有成员企业都可以分享各企业的所有辅助设施和手段，尤其是共享非垄断的信息。每个成员企业甚至配送的每个环节都要满足以下条件：要完整地实现制定的业绩目标，尽量独立完成分配的任务，达到效率、车辆实载率及服务质量等要求。如果成员企业对独立完成的任务有困难或达不到既定的目标，其他成员企业要给予相应的支持，但这种帮助一般情况下是临时的，也可以通过建立服务中心来给成员企业提供服务和支持。成员企业间要保持齐心协力，并在设定和划分具体的配送任务时将其设计成具有确定的输入输出的单元，这样，成员企业在执行时就更加地明确。

②中小制造企业共同配送分形元的自组织性。中小制造企业共同配送分形元的自组织性是以其自相似性为基础的。自组织性是各中小制造企业根据外界环境的变化对本企业的配送任务做出自规划、自协调和自管理的行为，并最终达到自优化的目的。成员企业能自我形成符合中小制造企业共同配送总体目标的战略和战术，并有利于总体目标的实现。成员企业能自我调整和优化组织结构，使共同配送的配送作业和配送过程更容易

实现快捷的优化改良。

③中小制造企业共同配送分形元的动态特性。与传统企业中的部门和加工车间等基本构件相比，中小制造企业共同配送分形企业具有一种关键的特性——活力。活力是企业对环境的千变万化做出迅速有效反应的一种能力。多数情况下，企业缺乏活力总是与其利润停涨或下降、产品所占市场份额的减少以及竞争能力的下降息息相关。中小制造企业共同配送运行的优化可以简化为依靠调动各成员企业的主动性、积极性和创新性来保障共同配送联盟对环境的适应性。

④中小制造企业共同配送分形元的信息共享和结构扁平化。中小制造企业共同配送要实现的配送任务包括集配据点集货、车辆调度与线路选择、信息交流等多个复杂环节，所以成员企业本身必须保持简洁和有序，在整个中小制造企业共同配送系统中遵守简单化的原则。中小制造企业共同配送的相似性对成员企业之间的有效沟通非常重要，相似度越高就意味着成员企业可共享的资源越多。

中小制造企业共同配送实现的基础是建立信息化平台，通过共建统一信息化平台为各成员企业提供资源、市场及技术的综合信息服务，从而提高各成员企业的技术创新能力、信息获取能力以及配送服务水平等。各成员企业存在的前提是高效的信息交流，各成员企业之间、成员企业内部及与外部环境之间都要有效的信息交流作保障。高效统一的信息平台使成员企业有可能从中小制造企业共同配送系统中独立出去，但相互间原有的动态业务合作关系不会受到任何影响。

对中小制造企业共同配送的管理采用分形管理模式，能及时、迅速地检查共同配送联盟的运行状态是否满足既定目标的要求，并对其进行及时有效的修正。它改变了企业传统的金字塔型的信息结构、复杂的计划方式和缺乏自主性的局面，而采用扁平化的组织划分、自主决策机制和有效的通信为中小制造企业共同配送的顺利实施作保障。

4. 中小制造企业共同配送的分形管理策略

(1) 中小制造企业共同配送分形元的划分

中小制造企业共同配送联盟按照相似原则划分分形元，相似原则主要表现在结构形式、经营目标和规章制度等方面。只有按此原则划分，才能保证分形元的生产过程、信息传递和活动空间具有相似性，最小化分形元间的协调成本，确保分形元间协作密切并获得竞争优势。

中小制造企业共同配送联盟具有明显的分形特征。首先，在结构上，中小制造企业共同配送联盟可以看做一个大的分形元，由若干相对独立的中小制造企业组成的，其中每个参与的中小制造企业都可称为"分形元"。从上至下依次为中小制造企业共同配送联盟、各中小制造企业和各部门，每个层级都有一定的决策自主权并能完成特定的配送任务。其次，在功能上，较高层次指导监督较低层次，较低层次服从较高层次的组织目标。因此，中小制造企业共同配送的实现可借鉴分形管理模式。中小制造企业共同配送联盟在不同层次上的分形元形成嵌套结构，而在同一层次上的分形元形成非递阶结构。

(2) 中小制造企业共同配送分形元决策自主权的界定

中小制造企业共同配送分形元接收指令后，完成自身的功能任务，分解细化由其下层分形元实现的功能并向下层传递指令，依此类推，直到整个中小制造企业共同配送最底层的分形元。在指令执行和传递过程中，上一层不对下一层的指令执行过程进行干涉，使其拥有充分的自治和自决权。为了完成功能指令，同层的分形元间可自主决定进行必要的相互协作。

（3）中小制造企业共同配送分形元之间交流机制的实现

中小制造企业共同配送分形元的相似性对分形元间的有效沟通非常重要。其相似程度越高就意味着分形元可共享的资源越多，全体分形企业都可以分享各企业的所有辅助设施和手段，尤其对共享的信息更是如此。

5. 本节小结

首先，从"分形"这一名词的来历介绍了分形理论，根据分形结构的自组织性和自相似性，结合企业管理的知识提出企业分形管理；接着详细介绍共同配送现有的三种管理模式：虚拟组织管理模式、公司主导型管理模式、外包模式，并分析了这三种管理模式的优缺点，同时汲取优点、避免缺点，本节提出了中小制造企业共同配送联盟的分形管理模式；最后详细分析了分析管理模式在中小制造企业共同配送联盟中的应用及策略，为中小制造企业共同配送的实施提供一种新的管理模式。

（四）中小制造企业共同配送模式下的利益分配问题

虽然中小制造企业共同配送联盟企业形成了一个利益共同体，但就其内部而言，各分形企业之间仍然是不同的利益个体，各个中小制造企业都在争取自身利益的最大化。这种对自身利益的保护直接反映在对其利益分配的关注上。本节将分析影响中小制造企业共同配送利益分配的因素，在合作对策理论的基础上提出中小制造企业共同配送的利益分配模型，给出求解方法并用风险因素修正分配结果，使共同经济效益在中小制造企业共同配送联盟各分形企业之间合理分配。

1. 影响中小制造企业共同配送利益分配的因素分析

中小制造企业共同配送是指在多个中小制造企业配送需求的基础上，由某中小制造企业为主导组织协调各参与企业，根据成员企业现有状况，整合和完善现有的配送系统，共同完成对大型制造企业的配送活动，从而达到共享资源，增大配送规模，降低配送成本，提高服务水平的目的。在共同配送的过程中，影响利益分配的主要因素有成员企业的资源投入、配送量、贡献率和风险损失等。

（1）资源投入

指成员企业在联盟配送实施中投入的设备、资金、技术和人力等资源，可折合成资金形式，是利益分配的主要依据。研究表明成员企业的投入程度随着其利益分配比例的提高而加大，由于无形资产无法准确量化，所以本课题只考虑有形资产的投入，并用会计账表的方法对投入进行估计和量化。

（2）配送量

主要考虑成员企业在共同配送中的配送量。各企业提供的配送量越大，对联盟发挥规模优势越有利。由于各企业每天的配送量不同，所以本课题采用某段时间的平均配送量来计算。

（3）贡献率

指成员企业为保证配送任务顺利、高效、准时地完成所付出的努力。贡献率可从以下几方面考察：企业的配送品种、完成的配送任务、网点分布、配送稳定性、包装统一性、货物周转速度等。贡献率是成员企业在提高共同配送规模化和效率化等方面贡献率的加权平均值，由联盟企业代表和专家共同协商，计算成员企业的贡献系数。

（4）风险损失

指成员企业在完成配送任务时承担风险所遭受的损失，是影响合作成功的关键，所以应按风险共担的思想对联盟企业的利益进行合理、公平的分配。

2. 基于合作对策的中小制造企业共同配送下的利益分配模型

（1）研究假设

利益分配问题是一个合作对策问题，首先需要满足合作对策的集体合理性和个体合理性原则，其次需要满足多劳多得原则。但是中小制造企业共同配送的利益分配又有其自身的特点，它的结盟、运作与管理均围绕着市场需求与机遇所确定的配送要求进行。只有成员企业共同协作完成配送任务，才能获得预期的收益。因此利益分配不仅要考虑成员企业的投入、配送量、完成配送任务所作出的贡献，还要考虑其承担的风险。基于上述分析，本课题提出中小制造企业共同配送下建立利益分配模型的两个假设条件。

①假设没有核心企业参与的联盟很难赢利，即结盟不成立。因此本课题只针对几种可能结盟来讨论其收益分配。

②信息公开。对分配方案制定的透明化是收益分配过程中的一个重要前提。由于利益分配方法不同会造成分配结果与成员企业的预期有很大差异，进而影响成员企业的积极性和相互信任的基础。因此联盟中主导企业在分配过程中应及时披露收益分配的方案、计算方法、贡献率及风险的评估方法等信息。

（2）模型描述

设中小制造企业组成的联盟企业为 $N = \{i|i=1, 2, \cdots, n\}$，其中企业 1 为具有合作优势的核心企业（设为盟主企业），$i > 1$ 为成员企业，具有共同配送体系运作所需的特定核心能力和资源，n 为中小制造企业共同配送联盟中成员企业的个数。记共同配送联盟的总体收益为 P，记 $X = [x_i]_{1 \times n}$ 为共同配送联盟的利益分配比例向量，$x_i \leq 1$ 表示成员企业 i 的利益分配比例，$p_i = Px_i$ 为成员企业 i 所获得的收益。

①集体合理性原则。将中小制造企业共同配送的利益分配问题看做是合作对策问题 $[N, V]$，N 代表共同配送联盟成员企业的集合，V 代表合作对策的特征函数。记 $V(N) = 1$ 为基于合作对策的共同配送联盟的总收益，可得出：

$$V(N) = \sum_{i=1}^{n} x_i = 1 \tag{6}$$

由式（6）可知，成员的收益之和等于整个联盟的总收益，因此该利益分配模型满足联盟利益分配的**集体合理性原则**。

②个体合理性原则。记成员企业的机会收益比例为：

$$por_i = \frac{po_i}{P} \tag{7}$$

式中，po_i 为中小制造企业 i 加入共同配送联盟所需的投入，即在不参加该联盟的情况下将会获得的机会收益。成员企业的机会收益可根据其实际投入联盟的资金数量来确定，可知 $por_i \geq 0$，并且 $P > \sum\limits_{i=1}^{n} po_i$，可以得到：

$$\sum_{i=1}^{n} por_i < V(N) = 1 \tag{8}$$

记成员企业的配送量的比例为：

$$d_i = \frac{D_i}{\sum\limits_{i=1}^{n} D_i} \tag{9}$$

式中，D_i 为第 i 家企业在共同配送时的配送量，是各企业在某段时期配送量的平均值。

考虑成员企业在联盟运行中配送量的比例及所作贡献的评价结果，即

$$V(\{i\}) = \max((d_i + y_i) \, por_i, \, por_i) \tag{10}$$

式中，y_i 为成员企业对联盟的贡献率，度量了成员企业对联盟的相对价值贡献。式（5）表示配送量比例和价值贡献系数对成员企业可能收益的最低限值进行调整，若调整后的值小于 por_i，则取 por_i，而根据合作对策理论，则有 $x_i \geq por_i$，从而该收益分配模型满足联盟收益分配的**个体合理性原则**。

③多劳多得原则。为保证集体合理性，同时应该保证 $\sum\limits_{i=1}^{n} V(\{i\}) \leq V(N) = 1$，若 $\sum\limits_{i=1}^{n} V(\{i\}) > 1$，则令

$$V(\{i\}) = \frac{V(\{i\})}{\sum\limits_{i=1}^{n} V(\{i\})} \tag{11}$$

根据合作对策理论 $x_i \geq V(\{i\})$，$V(\{i\})$ 为 x_i 的下限，从而 $V(\{i\})$ 越大，x_i 越大。由式（1）可知，$V(\{i\})$ 随 y_i 的增大而增大，因此 x_i 随 y_i 的增大而增大，可以满足联盟收益分配的**多劳多得原则**。

④可能联盟的形成。中小制造企业由于自身资源等的限制，在组建联盟时，势必要有一个核心企业来组织协调各企业的合作，从而得到更大的合作收益；其他中小企业也会考虑借助核心企业的资源来发展自己，以提高配送效率并得到更多的收益。只有包括核心企业在内的所有企业组成的联盟才是有效联盟，若没有核心企业的加入，其联盟很难赢利，即联盟不成立，这为有效联盟的形成提供了必要条件。

假设针对某一特定配送需求和市场机遇，若核心的中小制造企业与部分成员企业联合起来，组建联盟实行共同配送，而且会获得一定的利润，则称此联盟为可能联盟，记联盟企业 N 中所有可能联盟的集合为：

$$SS = \{S_j | j = 1, 2, \cdots, N_{ss}\} \tag{12}$$

式中，N_{ss} 为可能联盟的个数，S_j 为一个可能联盟，$S_j \subset N$ 且 $1 \in S_j$，即只有包含核心中小制造企业的联盟才是可能的。

记可能联盟的收益为 $V(S_j)$，可知

$$V(S_j) \geqslant \sum_{i \in S_j} por_i \qquad (13)$$

式（13）表示可能联盟的收益大于该联盟的成员企业在不联盟情况下各自的机会收益之和。且有

$$V(S_j) + \sum_{i \in (N-S_j)} por_i \leqslant V(N) = 1 \qquad (14)$$

即可能联盟的收益与其他不在联盟内的成员企业的机会收益之和应小于共同配送有效联盟的收益，反映了有效联盟的必要性。

联盟企业 N 中除了可能联盟组合 SS 外，其余联盟组合均不能产生额外收益，称为不可能联盟。记联盟企业 N 中所有不可能联盟的集合为：

$$TS = \{T_k \mid k = 1, 2, \cdots, N_{TS}\} \qquad (15)$$

式中，N_{TS} 为不可能联盟的个数；T_k 为一个不可能联盟，有 $T_k \subset N$。

记不可能联盟的收益为 $V(T_k)$，可知

$$V(T_k) = \sum_{i \in S_j} V(\{i\}) \qquad (16)$$

式（16）表示不可能联盟的收益，即各成员企业独立配送时的机会收益之和。且有

$$V(T_k) + \sum_{i \in S_j} V(\{i\}) \leqslant V(N) = 1 \qquad (17)$$

表明不可能联盟的收益与其他在可能联盟内的成员企业的机会收益之和应小于共同配送有效联盟的收益。

基于合作对策利益分配方法就是要求解合作对策模型 $[N, V]$，找到合理的分配向量 X。

3. 模型求解方法

对于多人对策 $[N, V]$ 问题，每个成员企业都希望分得的收益越多越好，若把每个成员企业的收益值视为一个目标函数，则此问题可看做是多目标决策问题。如果期望多目标决策问题的解在核内，则可转化为下列多目标规划：

$$\max F(X) = (f_1(x) = x_1, f_2(x) = x_2, \cdots, f_n(x) = x_n)^{\mathrm{T}}$$

$$\text{s. t.} \begin{cases} \sum_{i=1}^{n} x_i = V(N) \\ \sum_{i \in S} x_i \geqslant V(S), \forall S \subseteq N \end{cases} \qquad (18)$$

此多目标规划问题可以采用二次规划方法求解。具体步骤如下：

（1）确定一个理想分配向量 $U = [u_i]_{1 \times n}$，其中 u_i 为成员的理想分配，可用成员在联盟中的边际贡献值来计算

$$u_i = V(N) - V(N - \{i\}) \qquad (19)$$

（2）求解二次规划

$$\min Z = \sum_{i=1}^{n} (x_i - u_i)^2$$

$$\text{s. t.} \begin{cases} \sum_{i=1}^{n} x_i = V(N) \\ \sum_{i \in S} x_i \geq V(S), \forall S \subseteq N \end{cases} \tag{20}$$

由于经济领域内的对策问题多数是有核的，此方法的步骤（2）即能求解，求得的解的意义是指在距离意义上离理想分配点最近的点，即为模型的最优解。

4. 风险对分配结果的修正

上述的模型建立和求解中均假设成员企业承担的风险是均等的，即对于联盟企业 N，各成员承担的风险因子均为 $1/n$。显然，这种情况在现实中几乎是不可能的。因此，有必要用风险系数调整成员分得的利益，作为风险补偿，使它更符合实际。

对于中小制造企业共同配送体系的组建和运作来说，风险因素相当多，并可以层层划分。通常情况下，在定性地识别出它们后，可以聘请专家对各个风险因素打分，并用层次分析法，将这种定性判断的结果量化，确定各成员企业的风险权重。

在风险均等的情况下，单个成员获得的利益分配为 P_i。假设在共同配送过程中，合作的净利润为 P^*，实际情况中单个成员分得的利益为 P_i^*，成员实际承担的风险因子为 R_i，与均担风险因子的差值为：$\Delta R_i = R_i - \dfrac{1}{n}$，则 $\sum_{i=1}^{n} R_i = 1$，$\sum_{i=1}^{n} \Delta R_i = 0$。于是应给予该企业的实际利益分配风险补偿量为：$\Delta P_i^* = P^* \times |\Delta R_i|$。

具体修正过程如下：

（1）当 $\Delta R_i \geq 0$ 时，表示成员在实际合作中承担的风险高于理想情况，于是应增加它的利益分配，即该成员实际分得利益为：$P_i^* = P_i + \Delta P_i^*$；

（2）当 $\Delta R_i \leq 0$ 时，它表示成员在实际合作中承担的风险低于理想情况，此时应减少其利益分配，即该成员实际分得的利益为：$P_i^* = P_i - \Delta P_i^*$。

在利益分配时既考虑成员企业在经济效益产生过程中的投入、配送量、贡献，又考虑风险对分配的影响，使最后的结果趋于科学、合理。

5. 本节小结

制定合理的利益分配方案是保证中小制造企业共同配送联盟整体稳定运作和持续发展的关键，为解决此问题，本节在中小制造企业共同配送联盟分形管理模式下，考虑影响利益分配的若干因素，运用合作对策理论对共同配送各分形元的利益分配问题进行探讨。课题首先基于合作对策理论，依据分形员企业的投入大小确定其机会收益比例，用各企业的配送比例和贡献系数对其进行调整，并根据核心企业的主导作用确定可能联盟，根据利益分配原则针对几种可能联盟建立利益分配模型。在模型中考虑到各企业的投入、配送量和贡献的影响，采用对策二次规划方法求解模型，并根据"风险共担"思想对分配结果进行修正，期望利益分配结构更趋公平合理。

（五）应用研究

1. 企业背景

江苏某路面机械有限公司（以下简称：H公司）为中型制造企业，占地面积近15万平方米，现有员工1050人，其中工程技术人员210人，公司总资产30432.8万元，净资产 11859.71 万元，企业主要生产经营路面机械产品，以摊铺机械为核心产品，结合我国市场吸收消化创新，形成摊铺机械、拌和机械、养护机械和建筑机械四大系列 50 多个品种的高新技术产品群，产品销售辐射全国各地，并出口到东南亚及欧美市场。

H 公司运营产品属多品种、小批量的复杂产品，实行按订单设计（ETO）或按订单制造（MTO）的生产方式。这里以 H 公司的核心产品 A 类型摊铺机的零部件配送为例，该产品除了少数零部件自制以外，其余的大部分零部件都实施外包与外购，最后在企业本部进行产品的总装并销售，尤其在生产旺季，由于公司内部有库存控制的约束，就要求外包或外购的零部件必须在要求的时间把规定的数量送到指定的地点。该 A 类型摊铺机的主要外包零部件连轴器、发动机、牵引轴及导轨的生产合作伙伴是丹阳某配件厂（简称：A）、上海某柴油机销售公司（简称：B）、常州某配件公司（简称：C）和镇江某配件厂（简称：D）。这些生产企业的物流业务，除了自身原材料的采购运输，就是在规定的时间内提供满足 H 公司订单要求的零部件。

在该供应链上，为 H 公司提供零部件的 A 上游有两家供应商同时向其提供原材料，与 A 处于同一节点的 B、C 和 D 又同时向 H 公司配送零部件。四家零部件生产企业 A、B、C、D 对 H 公司的配送量分别为 50 吨、38 吨、10 吨和 42 吨，企业 A 从供应商 1 和供应商 2 那采购的原材料分别是 30 吨和 50 吨，其关系结构如图 9 所示。

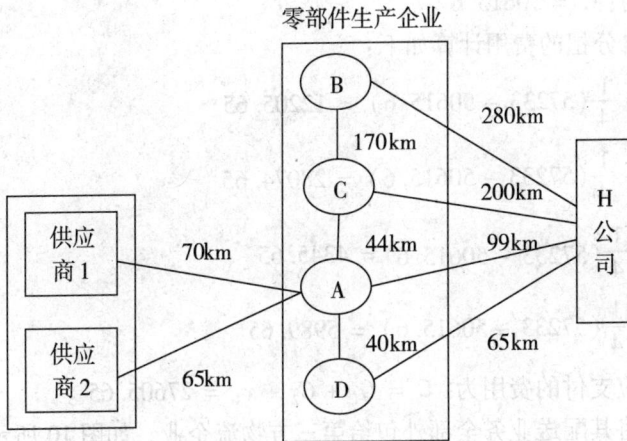

图9 供应链上零部件生产企业上下游关系

对于零部件生产企业 A、B、C、D 这一类型企业，在未建立配送中心的前提下，该如何选用配送模式，达到配送及时性和准确性的要求？假设这四个中小制造企业形成共同配送联盟对 H 公司配送零部件，此联盟中的利益又如何分配呢？下面本课题将对这两个问题给出详细的求解过程。

2. 算例应用

（1）中小制造企业配送模式的选择模式应用分析

根据上小节中的介绍，对第 2 节提出的中小制造企业的配送模式选择模型进行验证。假设配送费用的计算公式为：费用 = 吨数 × 单位运输费用 × 里程数，其中单位运输费用如表3所示。

表3 货物单位运输费 （单位：元/（吨·公里））

吨数	0 ~ 30	31 ~ 50	51 ~ 80	81 ~ 110	111 ~ 130	131 ~ 160
单位运输费用	3	2.8	2.4	2.1	1.9	1.7

现假设各零部件成产企业所使用的配送路线已达到最优。

①若四家企业都采用自营配送的模式从供应商采购原材料，同时给 H 公司配送零部件，则其费用为：

$C_A = 13860$，$C_B = 29729$，$C_C = 6000$，$C_D = 7644$，$C_1 = 6300$，$C_2 = 9100$。

四家企业给 H 配送零部件的费用为：$C' = C_A + C_B + C_C + C_D = 57233$，对企业 A 来说，其独立配送的费用为：$C = C_1 + C_2 + C_A = 29260$。

②对企业 A 来说，原材料的配送采用独立配送，对 H 公司的零部件的配送则以 A 为核心，和其他三家企业联合起来实行共同配送。

经过分析计算分别以 A、B、C、D 为中转站向 H 配送零部件的费用，得出 A、B、C 将零件先配送到 D，然后一起配送到 H 时的费用是最低的。故若四家企业开展共同配送，其配送费用为：$C = 50615.6$。

四家企业各自分担的费用计算如下：

$$x_A = 13860 - \frac{1}{4}(57233 - 50615.6) = 12205.65$$

$$x_B = 29729 - \frac{1}{4}(57233 - 50615.6) = 28074.65$$

$$x_C = 6000 - \frac{1}{4}(57233 - 50615.6) = 4345.65$$

$$x_D = 7644 - \frac{1}{4}(57233 - 50615.6) = 5989.65$$

此时企业 A 应支付的费用为：$C = C_1 + C_2 + x_A = 27605.65$。

③若企业 A 将其配送业务全部外包给第三方物流企业，如图10所示。

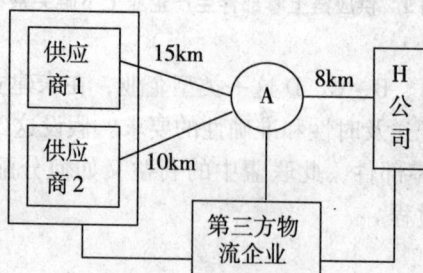

图10 采用第三方配送

其中单位运输费用如表 4 所示。则其配送费用为支付给第三方物流企业的全部费用，即 $C = C'_1 + C'_2 + C'_A$，其中：$C'_1 = 30 \times 70 \times 2 = 4200$，$C'_2 = 50 \times 65 \times 2 = 6500$，$C'_A = 50 \times 99 \times 2.8 = 13860$。

表 4	第三方配送单位运输费用表	（单位：元/（吨·公里））
里程范围	40 ~ 70 公里	71 ~ 100 公里
单位运输费用	2	2. 8

此时企业 A 所支付的费用为：$C = 24565$。

④对企业 A 来说，把原材料采购的配送业务外包给第三方物流企业，对 H 公司零部件的配送则以 A 为核心，和其他的零部件生产企业实行共同配送，如图 11 所示。

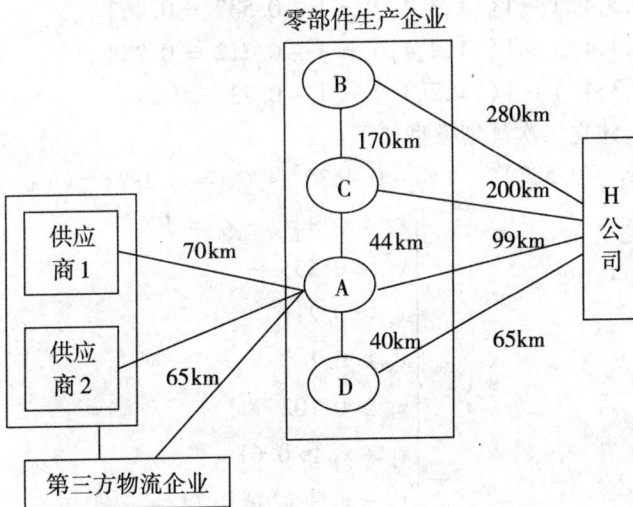

图 11 采用第三方配送和共同配送相结合

此时，企业 A 所花费的配送费用为：$C = C'_1 + C'_2 + x_A = 22905.65$。

显然，采用第三方配送与共同配送相结合的配送模式时，企业所花费的费用是最小的，即零部件生产企业应把原料采购配送的任务外包给第三方物流企业，和其他相关的中小制造企业形成联盟企业，采用共同配送的方式配送零部件，满足 H 公司配送及时准确的要求。

（2）中小制造企业共同配送利益分配模式应用分析

假设这四家中小制造企业 A、B、C 和 D（为公式编写明了，下文求解过程将 A、B、C、D 分别表示为 1、2、3、4），为满足成品制造企业 H 及时准确的配送要求，企业 A 凭借自己的优势作为核心企业，组织其他三家企业组建策略联盟来实施共同配送，并且只有 A 参与的联盟才可能赢利。由于投入的资源、对联盟的配送量、贡献及承担的风险不同，共同配送体系获得的收益该如何分配，制约着联盟企业的持续发展。现用前文中的合作对策模型进行分析。

在某利益分配阶段，从四家企业的会计账表上可计算出其对联盟的投入分别是230 万元、160 万元、100 万元和 80 万元，联盟的总收益预计达到 1000 万元。当前阶段成员的平均配送量为 50 吨、38 吨、10 吨和 42 吨，价值贡献系数经计算可得 $y_1 = 1.10$，$y_2 = 1.05$，$y_3 = 0.7$，$y_4 = 0.98$。可知 $V(N) = 1$，假设可能小联盟及经核算的估计收益为 $V(\{1,2\}) = 0.61$，$V(\{1,2,3\}) = 0.73$，其余的成员企业组合均为不可能结盟。

根据式（2）计算可得成员企业机会收益比例为 $por_1 = 0.23$，$por_2 = 0.16$，$por_3 = 0.1$，$por_4 = 0.08$；根据式（4）和（5）计算得 $V(\{1\}) = 0.335$，$V(\{2\}) = 0.211$，$V(\{3\}) = 0.1$，$V(\{4\}) = 0.102$；根据式（14）确定理想分配向量 $U = (u_1, u_2, u_3, u_4)$ 可得：

$$u_1 = V(\{1,2,3,4\}) - V(\{2,3,4\}) = 1 - 0.413 = 0.587，$$
$$u_2 = V(\{1,2,3,4\}) - V(\{1,3,4\}) = 1 - 0.537 = 0.463，$$
$$u_3 = V(\{1,2,3,4\}) - V(\{1,2,4\}) = 1 - 0.712 = 0.288，$$
$$u_4 = V(\{1,2,3,4\}) - V(\{1,2,3\}) = 1 - 0.73 = 0.27。$$

根据式（15）建立二次规划模型如下：

$$\min Z = (x_1 - 0.587)^2 + (x_2 - 0.463)^2 + (x_3 - 0.288)^2 + (x_4 - 0.27)^2$$

$$\text{s.t.} \begin{cases} x_1 + x_2 + x_3 + x_4 = 1 \\ x_1 \geqslant 0.335 \\ x_2 \geqslant 0.211 \\ x_3 \geqslant 0.1 \\ x_4 \geqslant 0.102 \\ x_1 + x_2 \geqslant 0.61 \\ x_1 + x_2 + x_3 \geqslant 0.73 \\ x_1 + x_2 + x_4 \geqslant 0.712 \end{cases}$$

可将其转化为 LP 模型，用单纯型法求解可得各成员企业的分配比例向量为 $X = (0.435, 0.311, 0.136, 0.118)$。

故成员企业按此分配比例所分配到的收益为：$P_1 = 435$ 万元，$P_2 = 311$ 万元，$P_3 = 136$ 万元，$P_4 = 118$ 万元。

考虑风险因素对分配的影响，对结果进行调整。假设用层次分析法对四个企业承担风险的评估结果为：$R = [0.246, 0.158, 0.323, 0.273]$，根据收益分配调整方法可计算出调整量为：$\Delta R_1 = -0.004$，$\Delta R_2 = -0.092$，$\Delta R_3 = 0.073$，$\Delta R_4 = 0.023$。故调整后的分配结果为：$P_1^* = 433.28$ 万元，$P_2^* = 271.44$ 万元，$P_3^* = 167.39$ 万元，$P_4^* = 127.89$ 万元。

此结果充分体现了各中小制造企业实行共同配送时的利益分配情况，达到了相互信任、共担风险、共享收益的集约化物流伙伴关系，计算结果也证明了该利益分配模型的有效性和合理性。

3. 中小制造企业共同配送实施的建议与对策

共同配送作为物流合理化和效率化的重要举措之一，已不是新鲜的事情，但是，实施起来有着严格的条件，因此中小制造企业开展共同配送就存在着较多的困难。本课题结合上节的算例分析给出中小制造企业实施共同配送在企业方面应采取的策略，并立足于中小制造企业发展共同配送的大环境下，从宏观方面和行业方面两个角度来探讨中小制造企业实施共同配送的主要策略。具体分析如下：

（1）宏观方面

共同配送的概念在我国出现还不过几年的时间，其发展还处于起步阶段，因此政府的支持是中小制造企业实施共同配送的催化剂。第一，政府对进行共同配送的中小制造企业进行补贴或给予优惠政策。比如，在共同配送中心建设中，政府可直接投资或提供低息贷款，也可在土地利用方面给予优惠政策。第二，政府通过颁布法律法规，规范物流企业运作，创造良好的市场环境。第三，政府通过制定有关优惠政策，如税收优惠、用地使用优先等鼓励中小制造企业开展共同配送，为其发展共同配送提供理想的服务平台。

（2）行业方面

制造行业可与物流行业联动发展，可以达到资源互补，互利互惠的"双赢"效果。目前，中国的物流企业无论是运输型、仓储型、货代型、综合服务型都处于成长期，由于全球金融危机的出现，而提前进入了调整期，同时集中暴露了中国制造业的弱点，各行各业都在研讨如何通过现代物流实现产业提升，提高市场竞争力与抗风险能力。这有利于物流外包，有利于物流业与制造业的互动发展。与物流企业建立长久的合作伙伴关系，使物流企业针对制造企业的具体情况，提供更加丰富、更具有个性化的服务增值服务，有利于制造企业培育自己的核心竞争力，更有利于提高整个供应链的竞争力。因此，制造企业和物流企业通过组建虚拟联盟的形式进行战略合作，双方分担风险，共享利益，实现优势互补，会给制造企业的发展带来新的活力，从长远来看，对制造企业的发展有着非常重要的意义。

（3）企业方面

各中小制造企业开展共同配送时必须要处理好以下问题：第一，合理选择合作伙伴。各中小制造企业实行共同配送时，为降低实施的难度和复杂程度，增强配送过程中的协调性，各参与中小制造企业在配送商品的特性、保管和装卸特性、配送客户的分布状态、对配送服务水平和配送数量等方面尽量具有最大程度的相似性。第二，各参与中小制造企业要统一决策。不仅要在思想认识上一致，而且必须明确管理主体，可采用分形管理思想对配送活动进行组织、管理和协调，增强中小制造企业共同配送的稳定性。第三，避免中小制造企业共同配送联盟的机密外泄。各中小制造企业在开展共同配送时，由于配送业务的共同化和配送信息的公开化容易使各中小制造企业的交易条件、顾客名单等经营机密泄露给其他企业，影响企业的经营战略。因此，中小制造企业在实行共同配送前就应采用相应的措施，维护各参与中小制造企业的利益。第四，公平的成本和利益分配机制。必须明确影响配送成本和利益分配的因素有哪些，建立公平的分配机制，保证在各中小制造企业间合理、公平地分配共同配送的成本和利益，达到成本共担，利益共享的目标。

中小制造企业除了由核心企业发起，在具有竞争性的同行之间实施共同配送外，还可以借助第四方物流企业的力量来实施共同配送。第四方物流企业在现实中相当于一个中介机构，中小制造企业可以在第四方物流企业的帮助下寻找合适的合作伙伴，而共同配送中存在的协调难题、成本分摊和利益分配等问题都由第四方物流企业处理，可以免去各中小制造企业的后顾之忧。

4. 本节小结

本节主要对课题中提出的新方法进行算例应用。选取江苏某一中小制造企业 A 公司在供应链上的关系为例，首先用第 2 节提出的中小制造企业的配送模式选择模型验证了 A 公司对原料采购的回运采用第三方配送，对零部件的配送则和其他三家中小制造企业一起采用共同配送时消耗的成本是最小的；其次用第 4 节提出的中小制造企业共同配送的利益分配模型验证了 A、B、C、D 四家企业共同配送的利益分配结果是公平、合理的；最后针对中小制造企业实施共同配送时遇到的困难从宏观、行业、企业三个层面给出具体的建议和措施。

三、结论

（一）结论

本课题从理论和实践两个方面对中小制造企业共同配送模式展开了研究和探索。通过完整的理论分析和相关研究综述，提出了中小制造企业配送模式的选择模型，从分形理论研究了中小制造企业共同配送的分形管理模式，并提出中小制造企业共同配送的利益分配模型。最后，以江苏某中小制造企业为例，对提出的两个模型进行验证，并从宏观、行业、企业三个层面给出中小制造企业实施共同配送的对策。

总而言之，本课题的主要研究结论如下所述：

1. 提出了中小制造企业配送模式的选择模型

本课题在分析了中小制造企业配送能力、配送对企业的重要性、配送成本等几个较重要因素对企业选择配送模式影响的基础上，对中小制造企业的原料采购和零部件的配送分别采用自营配送、共同配送和第三方配送时的配送费用进行讨论，对共同配送时的费用分摊问题采用纳什谈判理论求解非线性规划问题解决，最后选择配送费用最小的配送模式。该模型得出中小制造企业对原材料的采购回运应采用第三方配送，对零部件的配送应采用共同配送，前文的算例验证了此想法的正确性和实用性。

2. 提出了中小制造企业共同配送的分形管理模式

本课题从分形理论入手，引出企业分形管理的内涵：分形企业具有自我优化、自我设计、自我创造和自我组织的功能。在对现有三种共同配送管理模式分析比较的基础上，提出了中小制造企业共同配送的分形管理模式，分别从结构、过程和功能三个层面探讨了中小制造企业共同配送的分形特征，阐明了中小制造企业共同配送的自组织性、自相似性、动态性以及信息共享和结构扁平化等特点。最后提出了中小制造企业共同配送的分形管理策略，对中小制造企业共同配送的分形元进行划分，明确了分形元的运作模式和交流机制。

3. 提出了中小制造企业共同配送的利益分配模型

本课题在考虑核心制造企业的作用和信息公开的前提下，用参与中小制造企业的实际投入来确定其机会收益，并用配送量比例和价值贡献系数对成员企业机会收益的最低限值进行调整，使其满足集体合理性、个体合理性及多劳多得的原则，并只探讨可能联盟的利益分配，利用合作对策理论将此问题转换为多目标决策问题，采用二次规划方法求解，最后用风险补偿的思想对结果进行修正。前文的算例应用验证了此分配模型的有效性和合理性。

（二）课题成果对社会发展的作用

本课题的研究成果可为中小制造企业的配送发展提供可靠的理论依据，中小制造企业的发展关系着我国制造业的发展，而我国又是名副其实的制造业大国，制造业的发展是社会发展、经济发展的主要力量。同时中小制造企业采用共同配送的配送模式可以减少很多重复的人力、物力和财力，达到合理利用社会资源、减少对环境的污染的目的，在产生经济效益的同时发展共同配送和第三方配送，形成产业化。但本课题的研究也存在风险，首先研究利益分配要考虑很多因素，其中有些因素是动态不可估量的，会影响分配结果的准确性，在实际应用中要尽可能多的考虑这些因素的影响，以期计算结果接近准确。

（三）研究展望

课题的研究工作虽然取得了上述的一些成果，但随着研究的深入以及不断的总结与思考，越来越觉得所完成的工作其实只不过是一个开始，与整个研究领域相比，无论是广度还是深度，都不过是沧海一粟，并且本课题的研究在许多方面还存在不足和有待深入的地方，这也是需要进一步研究的内容。

概括地讲，研究工作的深入可以针对本课题的不足从下面几个方面进行：

（1）对中小制造企业共同配送的分形管理模式研究还停留在理论层面，因限于精力和能力，对中小制造企业自相似性的量化方法和中小制造企业共同配送的分形协作方式还未涉及，这项工作需要与数学工作者协作才能进一步深入探索。

（2）对中小制造企业共同配送的利益分配研究中，由于各参与企业的贡献很难界定，对贡献率的确定也较为困难，课题中没有对贡献率的量化，这还有待于后续研究的进一步探索。

课题组成员名单

课题主持人：赵艳萍　江苏大学工商管理学院教授
课题组成员：罗建强　江苏大学工商管理学院讲师
　　　　　　王友发　江苏大学工商管理学院讲师
　　　　　　闫　黎　江苏大学工商管理学院研究生
　　　　　　况世宝　江苏大学工商管理学院研究生

参 考 文 献

［1］郑妍．适合我国的配送模式［J］．中国市场，2003（6）：60 - 61.

［2］沈绍基．美国的配送中心及给我们的启示［J］．中国物资流通，1997（4）：12 - 13.

［3］刘佳．我国配送发展研究［D］．北京物资学院硕士学位课题，2002：26 - 32.

［4］牛东来．日本零售业物流启示录之五战略篇②共同配送［J］．商场现代化，2005（5）：24 - 25.

［5］游佳，刘飞．汽车零部件配套企业网络化配送管理系统研究与应用［J］．中国机械工程，2007，18（8）：928 - 932.

［6］安进．汽车企业集团的准时化集中生产配送系统研究［J］．运筹与管理，2007（1）：148 - 153.

［7］陈星明．制造系统供应链中物流优化调度技术及其应用研究［R］．重庆大学博士课题，2000：10.

［8］汪爱娇，柴飞．车辆路线问题的平行节约启发式算法［J］．物流技术，2003（11）：30 - 38.

［9］田宇．虚拟企业物流运作模式研究［J］．中山大学学报：社会科学版，2000，20（6）：92 - 96.

［10］潘广锋，徐静．层次分析法在企业物流模式选择中的应用［J］．山东交通学院学报，2005，13（4）：36 - 39.

［11］孙会君．我国西部地区物流配送共同化研究［J］．技术经济，2002（12）：65 - 69.

［12］陈人伟．构建以宅配便模式为基础的长三角区域小件货物共同配送体系［J］．物流技术，2005（3）：84 - 88.

［13］熊励，陈子辰，陈巍，等．汽车工业的物流协同配送策略性研究［J］．汽车工程，2003，25（2）：147 - 150.

［14］刘冲，杨忠振，宋向群．在 GIS 技术下的城市货物共同配送系统的设计与建立的研究［J］．物流技术，2006（3）：15 - 17.

［15］叶志坚．共同配送整合模式及算法研究［R］．成都：西南交通大学，2004.

［16］赵艳萍，闫黎．中小制造企业配送模式选择的研究［J］．运筹与管理，2009，18（5）：163 - 167.

［17］张润红，罗荣桂．基于 Shapley 值法的共同配送利益分配研究［J］．武汉理工大学学报，2008，30（1）：150 - 153.

［18］孙宏岭．连锁经营企业的物流效率及效益［M］．北京：中国物资出版社，2005：65 - 67.

［19］汝宜红，宋伯慧．配送管理［M］．北京：机械工业出版社，2004：1 - 40.

［20］中国质量技术监督局，中华人民共和国国家标准物流术语［R］，2001.

［21］周泉良．电子商务的物流模式研究，硕士课题，湖南大学，2003，10.

［22］林芳．我国配送模式研究，硕士课题，西南交通大学，2004，3.

［23］日道综合研究所．物流手册［M］．北京：中国物资出版社，1990：57 - 59.

［24］汤浅和夫．物流管理入门［M］．靳伟，薛宝田，李振，译．北京：中国铁道出版社，1986：133 - 145.

［25］王之泰．现代物流学［M］．北京：中国物资出版社，1998：101 - 103.

［26］王之泰．现代物流管理［M］．北京：中国工人出版社，2001：34 - 35.

［27］崔介何．物流学［M］．北京：北京大学出版社，2003：87 - 90.

［28］李京文，徐寿波．物流学及其应用［M］．北京：人民交通出版社，1987：12－17.

［29］何明珂．现代物流与配送中心：推动流通创新的趋势［M］．北京：人民交通出版社，1997：34－65.

［30］吴清一．物流管理［M］．北京：中国物资出版社，2005：131－137.

［31］桂琴．现代配送的发展现状与对策问题的研究［J］．现代管理科学，2006（12）：72－73.

［32］工业处国家发展和改革委员会中小企业司．中国中小企业发展报告［R］．机械出版社，2007.

［33］贺登才．中国物流发展报告（2007—2008）［M］．北京：中国物资出版社，2008.

［34］中国物流与采购联合会会员通讯．中国物流与采购联合会秘书处［R］．2009（18）.

［35］刘联辉，王坚强．中小制造企业协同物流模式及其实现途径［J］．物流技术，2004（11）：118－120.

［36］刘娜．配送［M］．北京：对外经济贸易出版社，2004：76－85.

［37］刘松，米文勇，何冯斌．共同配送博弈费用分摊模型［J］．物流科技，2006（12）：41－43.

［38］杨军，刘丽文．分形理论与企业生产系统组织构造［J］．管理工程学报，1998（2）：53－65.

［39］胡援．分形理论及其在管理领域中的应用［J］．同济大学学报：社会科学版，2003（2）：34－43.

［40］陈剑，冯蔚东．虚拟企业构建与管理［M］．北京：清华大学出版社，2002，18.

［41］吴育华，徐大图．分配问题的多人对策模型［J］．系统工程学报，1990，5（2）：14－22.

［42］胡欣悦．基于任务分解结构的虚拟企业利益分配机制［J］．计算机集成制造系统，2007，13（11）：2211－2216.

［43］DOW, GREGORY K. Why Capital Hires Labor: A Bargaining Perspective［J］. American Economic Review, 1993, 83（1）：118－134.

［44］WILLIAM B WERTHER. Interim management of international strategic alliances［M］. Management Decision, 1998（5）：339－345.

［45］BARBAROSOGLU, GULAY, OZGUR. Tabu Search Algorithm for The Vehicle Routing Problen［J］. Computers, Operations Research, 1999（26）：255－270.

［46］D HUISMAN, R JANS, M PEETERS, A P M WAGELMANS. Combining Column Generation and Lagrangian Relaxation［J］. Report EI2003－47, Econometric Institute, Erasmus University Rotterdam, 2003：23.

［47］D HUISMAN, R FRELING, A P M WAGELMANS. Multiple－Depot Integrated Vehicle and Crew Scheduling［R］. Report EI2003－02, Econometric Institute, Erasmus University Rotterdam, 2003：26.

［48］ANDNEA L, SILVANO M. Heuristic algorithms for the three－dimensional bin backing problem［J］. European Journal of Operational Research, 2002,（141）：410－420.

［49］MCLVOR R. A Practical Frame work for Understanding the Outsourcing Process［J］. Supply Chain Management, 2000（5）：23－29.

［50］LOGAN, MAY S. Using Agency Theory to Design Successful Outsourcing Relationships［J］. International Journal of Logistics Management, 2000（2）：21－32.

［51］MASON D S, SLACK T. Evaluating Monitoring Mechanisms as A Solution to Opportunism by Professional Hockey Agents［J］. Journal of Sport Management, 2001（15）：107－144.

［52］LANGLEY C J, HOLCOMB M C. Creating logistics customer value［J］. Journal of Business Logistics, 1992 (12): 1-27.

[53] T YAMADA, E TANIGUCHI, Y ITOH. Co – operative vehicle routing model with optimal location of logistics terminals [J]. City Logistics, 2001 (2): 139-153.

[54] SATYAVEER S CHAUHAN, JEAN – MARIE PROTH. Analysis of a supply chain partnership with revenue sharing [J]. International Journal of Production Economics, 2005, 97 (1): 44-51.

[55] DIWAKAR GUPTA, WARESSARA WEERAWAT. Supplier – manufacturer coordination in capacitated two – stage supply chains [J]. European Journal of Operational Research, 2006, 175 (1): 67-89.

[56] HOLMBERG K. Exact solution methods for incapacitated location problem with convex transportation costs [J]. European Journal of Operational Research, 1999, 114 (2): 127-140.

[57] N X JIA R YOKOYAMA. Profit allocation of independent power producers based on cooperative Game theory [J]. Electrical Power & Energy Systems, 2003, 2 (5): 633-641.

[58] MADHAV PAPPU, RAY A MUNDY. Understanding Strategic Transportation Buyer – Seller Relationships from an Organizational Learning Perspective: A Grounded Theory Approach [J]. Transportation Journal TM. 2002, 4: 134-137.

提高汽车零部件配送中心利用率与作业效率的措施研究*

内容提要：本项目主要研究提高汽车零部件配送中心空间利用率和作业效率的可实践性解决方案，分别从流程、布局、设备、储位管理四个方面进行了探讨：基于对汽车零部件物流特征分析基础上，讨论了如何优化配送中心的作业流程，以提高各作业环节的货物周转效率，减少缓存区面积需求，并以优化汽车零部件仓储配送业务中的转换包装流程优化实践案例说明如何有效减少面积需求；介绍了利用系统布局设计法对汽车零部件配送中心进行布局规划的程序和步骤，并讨论了存储区通道宽度设计和设置方法；提出了多种基于常规仓储设备的创新应用方案——多深度货架方案、多层拣选组合式货架方案、滚道传输与拣选货架的嵌套方案、空托盘返回处理方案等，并分析了其在提高空间利用率和作业效率方面的优势；最后介绍了各类储位管理策略，并总结了实用的储位指派方法。

一、绪论

（一）选题背景及研究目的

物流配送中心是现代物流网络的中的物流节点。这一节点不仅执行一般的物流职能，而且越来越多地执行指挥调度、信息处理、作业优化等神经中枢的职能，是整个物流网络的灵魂所在。随着现代物流业的不断发展，先进的物流思想层出不穷。当人们发现生产环节贡献的利润所占比例越来越小，物流环节带来的附加价值所占的比例正逐步扩大之后，仓储环节成为了人们都努力削减的重点，使得库房管理陷入了"两难境地"。现有的库房既要能够在有限的空间里处理和储存更多的商品并在有限的时间内完成数量更多的交易，又要能提供增值服务。

从供应链的角度看，尽管电子商务、供应链整合、有效顾客反应、快速反应和及时配送等经营理念发展得相当迅速，但是即使是在高度现代化地区，联系生产商和顾客的供应链永远不可能协调一致，并达到可以完全取消仓储的程度。例如，大量精益制造，JIT（Just In Time）的生产模式等被开发出来，以减少生产企业现有库存水平。但是，为了满足生产企业 JIT，各个零部件生产企业在接到企业生产进度需求后，必须在指定的时间将指定数量的零件运到指定的工位。为了保证生产企业作业的流动性，同时也让零部件企业的生产和配送流水作业，以达到降低库存成本的目的，作为生产企业的配送中心需要保有一定数量的库存，一方面保证生产线上 JIT 的需要，另一方面协调好各个零部件企业。

＊ 本课题（2011CSLKT046）荣获 2011 年度中国物流学会课题优秀成果奖一等奖。

从土地资源角度来看，随着经济的快速发展，企业的规模逐渐扩大，企业原有库房规模已经难以满足生产量增长的需要。然而，由于原有规划的局限，土地价格的上涨以及多层库房的高额成本，新库房的破土动工受到土地规模、投资资金和周边环境变化等的限制。随着城市的不断扩张，原来地处城郊有着大量土地的企业渐渐被居民建筑包围，库房面临着难以扩大规模的窘境。提高现有库房的效率成为解决问题的优选途径。

根据中国物流与采购联合会的调查，我国生产企业库存利用率较低，只有大约56%的企业库存利用率在79%以上，大量库存货物囤积，使得原本并不宽裕的库房空间更加拥挤不堪。而现有的库房利用水平也不容乐观。经调查，在拥有库房的物流与储运企业中，大约57%的企业的库房利用率在85%以上，有18%的企业库房利用率在70%~85%，有22%的企业库房利用率在50%~70%，还有3%的物流企业库房利用率在50%以下。我国企业库房利用率亟待进一步提高。

物流配送中心与传统仓库相比，既需具备货物保管的功能，同时需具备应时效性配送的功能。因此，这对如何提高配送中心面积利用率，提高仓储、配送作业的灵活性，具有非常重要的理论价值和现实意义。

本研究的目标在于寻求能保证甚至提高配送中心存取作业效率的同时，实现空间最大化利用的解决方案。本课题主要是探讨如何从流程、布局、设备、储位管理等角度来提高仓库利用率和作业效率的方法进行研究，达到提高库房作业效率，降低物流成本的目的。

（二）国内外研究现状及发展趋势

1961年美国著名规划专家Richard. Muther提出了著名的系统布置设计SLP（Systematic Layout Planning）方法，SLP法使工厂布置设计从定性阶段发展到了定量阶段。它以物流关系分析与非物流因素关系分析为主线，采用一套表达力极强的图例符号和简明表格，以物流费用最小为目标求得合理设施布置的设计技术。

目前国内的内部布局设计方法有基于Richard. Muther的系统布置设计（SLP）思想的发展及延伸。如：将传统的SLP方法进行改进，提出了动线形SLP法，在原有的程序模式上，加入了设施布置类型的确定、详细布置设计及动线分析阶段；在借鉴SLP方法的基础上，结合物流中心自身的业务运作特点，郑州大学的李玉民提出了一种适合物流中心的设施布置设计方法，并给出了其程序模式；北京科技大学的琚科昌、王转在企业物流设施布置决策中采用SLP系统布置设计思想，以物流线路最短和作业次数最少为主要评价指标，发展了通过比较适当的当量物流强度决定最优设施布局的决策方法。简化配送线路，减少配送距离，提高了效率。大连理工大学计算机研究所研究人员提出的：以并行遗传算法（PGA）为基础，提出了一种并行混合遗传算法（PHGA）可以很好地改善算法的局部搜索性能，并在布局设计中得以应用。

此外，Russell W. Goodman指出，为了高效地利用仓库（配送中心），需要考虑仓库（配送中心）与企业相关的各个方面——公司的企业战略、人力资源、作业流程、可利用的技术和设备本身。

通过安装WMS（Warehouse Management System）系统来提高生产率，提高库存精确性及加快作业速度，从而提高库房利用率。WMS系统还可以通过计划工具和流程控制的使用来减少库存水准。此外，系统提供紧密的库存和货物移动的控制，减少影响品质的处理和作业。仓库使用了该系统后可以达到高效运营，生产率能提高15%到50%甚至更多。另一个关键优点是WMS系统有能力完成复杂的交叉任务，减少无效的作业时间。WMS解决方案可紧密地适合客户的需求。因为它可跟踪库位的库存，为顾客提供严格的库存控制，使他们对库存中可供销售的产品数量更有信心。这样可降低整个的库存水平，最大化使用仓库中有效的空间。

赵晓辉等结合配送中心实际情况，对目前高层货架拣货作业过程中存在的问题进行了分析，在制订拣货单时，着重考虑了减少高层叉车使用频率及货物的库存优化管理，在设计拣货系统时，优先考虑低层货架上的货物拣选，同时也兼顾不同货位货物库存的管理和优化，使用启发式算法优化并使用C语言编程，将该算法流程嵌入WMS中，设计了WMS制订拣货单的流程，并在服装业配送中心中得到应用，取得良好效果。

商允伟、裘聿皇、刘长有研究了自动化立体仓库固定货架的货位分配问题，同时考虑货架稳定性和出入库操作的效率。并将这一问题描述为一个组合多目标优化问题，采用遗传算法对这一问题进行了求解，对交叉算子进行了改进，得到的解可兼顾货架的重心最小和要求频繁存取的物品放在能快速取到的位置上这两个优化目标。

（三）研究内容与新意

提高配送中心的利用率与作业效率对于提高汽车零部件物流服务质量和降低物流成本具有非常重要的意义。本文的主要研究内容如下：

1. 优化配送中心作业流程，减少缓存区面积需求

首先基于对汽车零部件物流特征的分析与准确把握的基础上，介绍汽车零部件物流配送中心的主要功能，讨论如何优化配送中心的作业流程，以提高各作业环节的货物周转效率，减少缓存区面积需求。

2. 汽车零部件配送中心系统布局规划

介绍了汽车零部件配送中心区域布置规划的内容、目标，以及系统化布局规划的前提——详尽的物流分析；介绍了利用系统布局设计法对汽车零部件配送中心进行布局规划的程序和步骤，并讨论了存储区通道宽度设计和设置方法。

3. 提高配送中心利用率与作业效率的设备解决方案

采用先进合理的仓储设备同样也是优化配送中心的利用率和作业效率的有效途径之一，本研究讨论了多种基于常规设备进行优化和组合的设备解决方案：

（1）介绍多深度货架方案，通过减少通道需求提高空间利用率，并分析多深度货架如何在提高空间利用率实现更高的拣选效率；

（2）多层拣选组合货架方案，充分利用上层空间；

（3）自动堆垛机提高存储空间利用率与拣选效率；

（4）滚道传输与拣选货架的嵌套方案，提高拣选效率；

（5）空托盘返回处理方案节省空间并提高作业效率。

4. 优化储位管理

介绍储位管理的基本原则，并对汽车零部件配送中心储位管理应用的范围、储位优化的方法、储位管理策略及其应用、储位指派的原则与方法进行探讨和总结。

本课题研究的新意和价值在于分析了汽车零部件配送物流的特征，提出了具体的流程优化方案，提出了多种基于常规物流设备灵活应用的创新方案，并分析论证其优越性；结合配送中心的特点介绍了优化储位管理详细方法和策略，为汽车零部件仓库和配送中心优化仓储空间和提高作业效率提供了可实践的借鉴方案。

二、汽车零部件配送中心流程优化

（一）汽车零部件物流特征分析

汽车制造工业对物流供应的要求相当高，其中零部件供应物流不但是物流系统良性运作并持续优化的最关键部分，而且也是成本最高、掌控难度最高的一个环节。汽车零部件物流具有以下特点：

1. 产品种类多

汽车制造工业生产所需的零件器材高达千万种，而为了满足顾客个性化的需求，生产多样车型，使难度已经颇高的汽车制造物流，更增添其复杂性。

2. 包装要求特殊

汽车零部件的包装要求较高，必须防锈、防尘、防磕碰，还要便于运输和生产人员的拿取，故大多数零件都采用专用工位器具包装。每日大量容器的周转、管理，使汽车零部件物流运作更加复杂。

3. 配送效率高

为了减少库存、节约成本，汽车制造企业对物流配送的质量、效率和及时性提出了新的要求。每天小批量、高频率的配送，大大增加了汽车零部件物流管理的难度。

4. 准时化要求高

目前"即时供货"、"排序供货"等先进的供货方式已在各汽车制造企业广泛应用，这对零部件供应物流提出了更高的要求。能否正确、快速地响应生产线的制造需求，已经成为衡量汽车物流运作水平高低的重要因素。

（二）物流配送中心的作业内容

入厂物流配送中心在汽车制造企业物流运作中作用极大，其核心任务是向生产车间提供及时有效的零部件配送服务。一般包括以下作业内容：

1. 进货作业

将供应商送来的货物从集装箱拖挂车、卡车上开箱、卸下，检查其数量、质量，打印并粘贴货物标识，录入到货信息，并对货物进行分类，为批次管理做好准备。

2. 流通加工

拆箱、拆包、转换包装（装入专用工位器具或塑料周转箱）、排序、贴标签等辅助作业。这些作业是提升配送中心服务质量的重要手段。

3. 仓储保管

为保证车间生产的连续稳定进行，配送中心必须存有一定的安全库存，并做好在库零部件的防护工作。

4. 分拣配送

配送中心就是为了满足车间多品种、小批量的生产需求而成立的，因此必须根据生产车间的要求进行分拣配货作业，并在指定的时间内配送到流水线的各工位。分拣配送效率是衡量物流质量的关键指标，是配送中心最重要的功能。

5. 运输作业

配送中心必须按生产车间需要的运输方式，在规定的时间内将汽车零部件安全、迅速、低成本地运输到指定地点。

6. 信息提供

向供应商提供要货信息；向生产车间及其他部门提供在库零件查询服务（如：品种、数量、状态等）；进行基础数据的收集和统计，以供管理策略制定的参考。

根据配送中心的作业内容可知，配送中心的主要活动是进货、发货、仓储、流通加工、订单拣货和配送作业。由于汽车零部件配送具有一定特殊性，配送中心还需增加周转器具返库和保管、退货作业、索赔管理等作业。

（三）优化作业流程减少仓库面积需求

作业流程优化主要是通过减少搬运和中转的次数、平顺各环节间的衔接等来减少整体流程时间，提高库存周转率，同时也减少缓存区或中转区的面积需求。在具体实践中，通常可以考虑减少重复检验和核对，取消不必要的缓存区/中转区（如分类暂存区、上架/上货位前的暂存区，做好各作业环节间的紧密衔接和作业能力匹配等措施以提高缓存区货物处理效率，减少货物在缓存区/中转区的等待时间，减少缓存区/中转区的面积需求。如通过制定有效的索赔处理流程，加快对待判定质量问题的处理，减少货物在待判区内的滞留时间，可以有效减少待索赔封存区的面积需求；通过制定有效的呆滞零件处理流程，加快对不采用的、质量破损等零件的处理，减少呆滞零件在配送中心的存放，可以将配送中心的面积用于有效周转货物作业。

调整部分流通加工作业在整体配送中心作业主流程中的次序，也可以有效地减少存储面积需求。作者在实践中通过优化汽车零部件配送业务中转换包装作业流程有效地减少了仓储配送面积需求。

零部件供应商为了提高运输效率，通常会尽量提高单包装内的货物批量。而汽车制造企业为了减少其线边库存、节约成本，要求每天小批量、高频率的配送，制定的零件上线器具装载额定数量通常只能满足几小时内的使用需求。因此，配送中心将供应商的到货包装转换为上线包装的过程，同时也是拆零的过程。经拆零后的货物包装体积通常会扩大数倍。对于转换包装在整体作业环节中的位置通常有两种方案：第一种方案，先转换包装后存储，即货物在接收入库后，直接进行转换包换包装，换成上线器具后进入货位存储。第二种方案，先存储后转换包装，即货物入库后先以到货包装入货位存储，在接收到转换包装需求后，按照需求取出其中部分原包装进行转换包装。如果配送中心距离生产车间较近，订单配送时间允许的情况下，可以在收到订单后再转换包装；如果为了最大速度响应订单配送，则需要在收到订单前提前转换出一部分上线包装进行缓存，待收到订单后进行拣选配货。图1中显示了两种流程方案的优缺点。先存储后转换包装方案减少了一次搬运环节，但是转换包装后被扩大的存储体积不仅需要更多的存储空间，同时需要占用更多的专用器具、仓储货架，同时也可能增加搬运量和搬运距离，以及增大了零件拣选的空间范围。由于汽车零部件品种多，存储量大，少批量配送原则使转换包装后包装体积扩大数倍，因此采用先原包装存储再转换包装的流程方案能有效减少仓储面积需求。

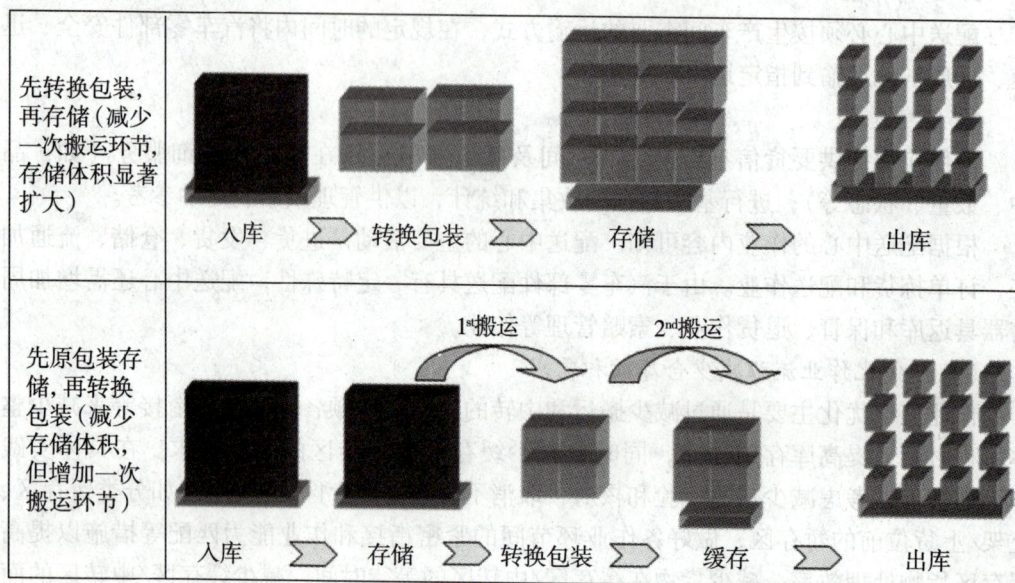

图1　两种转换包装流程示意图

三、汽车零部件配送中心布局规划

（一）物流配送中心的区域布置规划的内容

物流配送中心的区域布置和结构规划就是根据物流作业流程和物流路线，确定各功能区域的面积和各功能区域的相对位置，最后得到物流配送中心的平面布置图，确定建筑的不同形式和标准。

（二）物流配送中心区域布置的目标

物流配送中心按功能可分为进货暂存区、理货区、库存区等多个作业区域，合理地布置各个功能区的相对位置至关重要。物流配送中心区域布置的目的是：有效地利用空间、设备、人员和能源；最大限度地减少物料搬运；简化作业流程；缩短生产周期；力求投资最低；为员工提供方便、舒适、安全和卫生的工作环境。

（三）配送中心布局规划的设计前提

物流分析是系统设计的前提。物流配送中心设置的目的就是对物品进行各种处理，各种物品是物流配送中心的加工对象。因此，物流配送中心设施布局规划设计与仓储配送的货物的特征有关。物流配送中心内部布局规划首先应进行货物的特征及物流量分析。

第一，要普查物流的对象，例如零部件的包装形态（纸箱、木箱等），单件物料包装重量以及外形尺寸的最大值、最小值、平均值，根据零部件每一品种的出库量、库存量分项进行归类分析。

第二，对配送中心的物流量进行分析和预测。配送中心规模的确定取决于物流量的大小，故调查必须抓住这个重点，包括物流量的最大值、最小值和平均值，查明年间、月间、日间的变化情况。在调查清楚物流量变化的基础上，要科学地分析和预测将来的物流量，它是配送中心设计的重要依据。预测内容通常包括从运营之日起，未来几年内物流量的逐年变化情况，如品种、数量、周转率，以及使用物流量发生变化的各种因素。

第三，考察出入货的条件，包括供货商、供货方式、送货车辆（吨数、每天车辆数），每天、每小时进货件数、品种数的最大值、平均值，物料形态（以托盘为单位、以箱为单位、以盒为单位各占的百分比），配送车辆（吨数、每天车辆数次）、配送量，品种的最大值、平均值，配送要求（紧急发货量所占百分比）等。

第四，对零部件的保管形态进行研究。特别是设计高层货架以及自动化立体仓库时，必须事先确定托盘上物料的堆垛尺寸（长、宽、高）等。而确定最佳货架尺寸必须考虑影响货架尺寸的直接因素和间接因素，如图2所示。

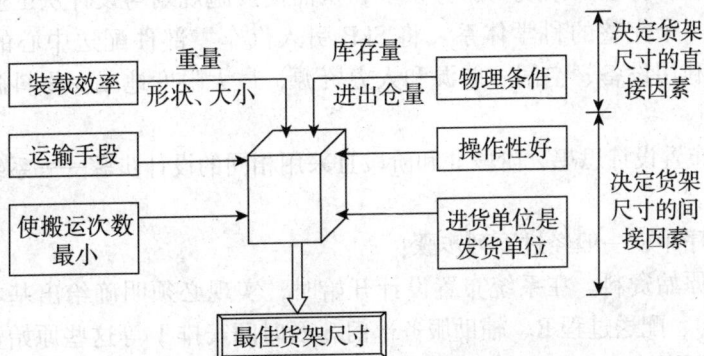

图2　决定货架尺寸的各种因素

在此基础上研究货架的空间利用率、搬动的次数、运输手段等。如选择托盘最佳尺寸时，应从以下六个方面进行考察：

（1）装载效率，根据每种零部件的形态、尺寸研究用怎样的托盘尺寸（平面尺寸、高度）效率最高；

（2）入出库的批数，入库（包括生产批数）、出库批数及其大小；

（3）运输条件，从工厂来卡车及配送车辆的装载运输效率；

（4）防止零部件倒塌的措施；

（5）操作条件，如根据配货等作业的要求，高度和大小的限制；

（6）已有托盘的尺寸和数量，研究如何有效利用。

物流中心布局规划的设计前提还包括物品流程分析。物品流程影响物流配送中心设施的选择和布局。物品进入物流配送中心的目的是为了实现各种环节的转换，即物品进入物流配送中心要经过一定程序的工序处理——流程，物流配送中心的设施布局应与物品进入物流配送中心的流程相适应。

第一，对配送中心作业的内容进行调查。作业内容包括验货的内容、所需时间、验货标准等，作业流程中包装材料和种类，托盘堆码图谱，堆码方案、配货方法、配货量、作业表，分拣的到站数、分拣量以及分拣后的处理（装托盘、笼车等）。

第二，规划配送中心总物流量流程图。在结合前述的物流量分析与实物流流程分析的基础上，绘制物流量流程图。

第三，对物流信息处理情况进行调查。要了解配送中心订货以及库存、分拣、配送等物流管理信息的处理，信息的网络形式，目前信息处理中存在的问题等。

在对配送中心进行了各项数据以及流程的调查和分析后，即可进入下一个阶段，即对配送中心进行布局规划。

（四）优化布局方法介绍

目前物流中心的设施布局规划方法主要是引用工业工程学中的设施布置理论。1961年，由R. 缪瑟提出的系统布置设计方法SLP（Systematic Layout Planning），该方法是从"工厂设计"发展而来，它使工厂布置由定性阶段发展到定量阶段，相关技术也广泛应用于各种生产系统与服务系统，从而使设施规划与设计从工业工程中分支出来，形成了一个完整的科学体系。将SLP引入汽车零部件配送中心的规划与设计中，能有效地利用设备、空间、能源和人力资源，最大限度地减少物料搬运，力求投资最低。

依照系统布置设计思想，阶段Ⅱ和阶段Ⅲ采用相同的设计步骤——系统布置设计程序，如图3所示。

在SLP程序中，一般经过下列步骤：

（1）准备原始资料。在系统布置设计开始时，实现必须明确给出基本要素——产品P、配送量Q、配送过程R、辅助服务部门S及时间安排T等这些原始资料，同时也需要对作业单位的划分情况进行分析，通过分解与合并，得到最佳的作业单位划分状况。所有这些均作为系统布置设计的原始资料。

（2）物流分析与作业单位相互关系分析。物流分析的结果可以用物流强度等级及物流相关表来表示。非物流的作业单位间的相互关系可以用量化的关系等级及相互关系表来表示。在需要综合考虑作业单位间物流与非物流的相互关系时，可以采用简单加权的方法将物流相关表及作业单位间相互关系表综合成综合相互关系表。

（3）绘制作业单位位置相关图。根据物流相关表与作业单位相互关系表，考虑每对作业单位间相互关系等级的高或低，决定两作业单位相对位置的远或近，得出各作业单位之间的相对位置关系。这时并未考虑各作业单位具体的占地面积，从而得到的仅是作业单位相对位置，成为位置相关图。

（4）作业单位占地面积计算各作业单位所需占地面积与设备、人员、通道及辅助装置等有关内容，计算出的面积应与可用面积相适应。

（5）绘制作业单位面积相关图，把各作业单位占地面积附加到作业单位位置相关图上，就形成了作业单位面积相关图。

（6）修正。作业单位面积相关图只是一个原始布置图，还需要根据其他因素进行调整与修正。此时需要考虑的修正因素包括物料搬运方式、操作方式、储存周期等，同

```
                ┌──────────────────────────────┐
                │  原始资料: P、Q、R、S、T及作业单位  │
                └──────────────────────────────┘
           ┌────────┬──────────┬────────┐
           ▼        ▼          ▼        ▼
     ┌──────────┐              ┌──────────────────┐
     │ 1. 物流   │              │ 2. 作业单位及相互关系 │
     └──────────┘              └──────────────────┘
                ┌──────────────────────┐
                │   3. 相互关系图解       │
                └──────────────────────┘
   ┌──────────────┐                  ┌──────────────┐
   │ 4. 所需面积    │                  │ 5. 可用面积    │
   └──────────────┘                  └──────────────┘
                ┌──────────────────────┐
                │   6. 面积相关图解       │
                └──────────────────────┘
   ┌──────────────┐  ⇒⇒⇒    ⇐⇐⇐  ┌──────────────────┐
   │ 7. 修正因素    │                  │ 8. 实际条件限制    │
   └──────────────┘                  └──────────────────┘

   方案X                                    方案Z
                     方案Y
                ┌──────────────┐
                │   9. 评价      │
                └──────────────┘
                        ↘ 选出的最佳布置方案
```

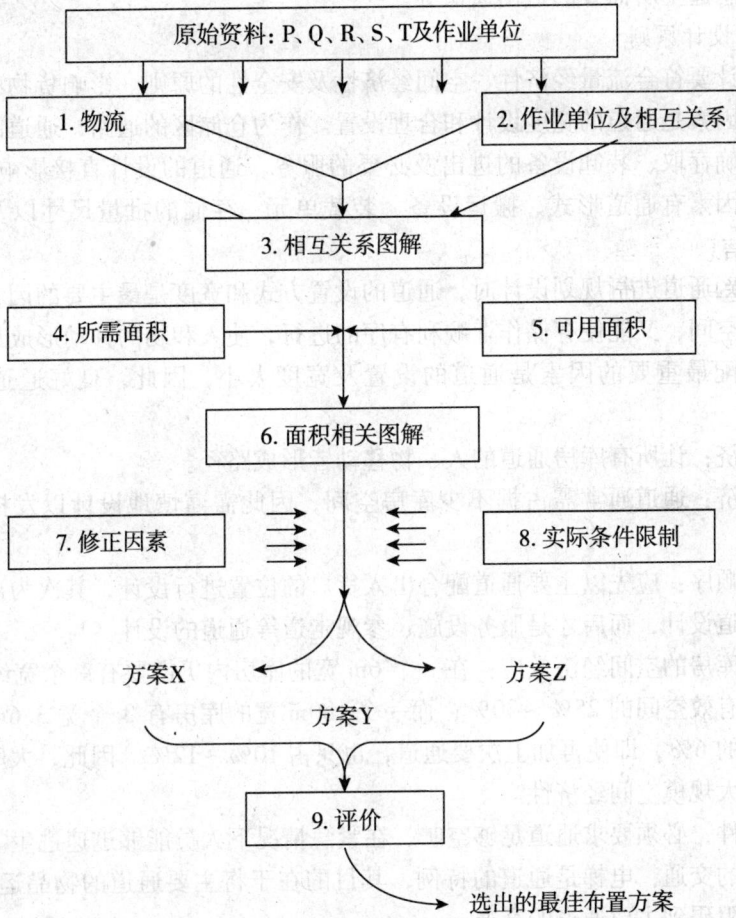

图3　系统布置设计程序图

时还需要考虑实际限制条件如成本、安全和职工倾向等方面是否允许。

考虑了各种修正因素与实际限制条件以后，对面积图进行调整，得出数个有价值的可行工厂布置方案。

（7）方案评价与择优。针对得到的数个方案，需要进行技术、费用及其他因素评价，通过对各方案比较评价，选出后修正设计方案，得到布置方案图。

依照上述说明可以看出，系统布置设计（SLP）是一种采用严密的系统分析手段及规范的系统设计步骤的布置设计方法，具有很强的实践性。

（五）存储区通道规划

1. 通道的种类

库房存储区的通道主要是用于物流仓储作业和出入库房作业的工作通道，分为主通道和存储通道。主通道连接物流中心仓储区的进出口和各作业区域，道路较宽，与码头的方向平行；存储通道是连接主通道和各作业区域内的通道，一般平行或垂直于主通道，不应与库房墙壁临近。此外还有只用于员工进出特殊区域的通道，为公共设施、防火设备或紧急逃生所需要的进出通道等。

2. 通道设计原则

通道设计要符合流量经济性、空间经济性及安全性的原则。影响货物存取作业效率的一个关键因素是通道的宽度设计和合理设置。作为仓储区的通路，通道的设计应能提供货物的正确存取、装卸设备的进出及必要的服务。通道的设计直接影响作业的效率，影响通道的因素有通道形式、搬运设备、装载单元、存储的批量尺寸以及地面负载能力等。

对存储区通道进行规划设计时，通道的设置方式和宽度是最主要的因素，怎样占用最小的库房空间，又能使存储作业顺利有序的进行，使人和物的移动形成最佳的作业动线。空间分配最重要的因素是通道的设置及宽度大小，因此，良好通道的设计要点包括：

流量经济：让所有库房通道的人、物移动皆形成路径。

空间经济：通道通常需占据不少库房空间，因此需谨慎地设计以发挥空间运用的效益。

设计的顺序：应先以主要通道配合出入货口的位置进行设计，其次为出入部门及作业区间的通道设计，而后才是服务设施、参观走道等通道的设计。

大规模库房的空间经济效应：在一个 6m 宽的库房内仍需要有一个宽约 1.5～2m 的通道，约占有效空间的 25%～30%；而一个 180m 宽的库房有 3 个宽 3.6m 的通道；只占所有空间的 6%，即使再加上次要通道，也只占 10%～12%。因此，大库房在通道设计上可达到大规模空间经济性。

危险条件：必须要求通道足够空旷，在紧急情况下人员能够迅速逃生。

楼层间的交通：电梯是通道的特例，其目的在于将主要通道的物品运至其他楼层，但又要避免阻碍到主要通道的交通。

3. 通道宽度设计

通道宽度设计根据不同作业区域、人员或车辆行走速度、单位时间通行人数、搬运物品体积等因素而定。部分通道的宽度如表 1 所示。

表1   不同通道的宽度标准表

通道种类	宽度（m）
中枢主通道	3.5～6
辅助通道	3
人行通道	0.75～1
小型台车通道	0.7
手动叉车通道	1.5～2.5（视载重而定）
叉车直角转弯通道	2～2.5（使用 1100mm×1100mm 的托盘）
窄巷道回转叉车通道	1.6～2

4. 通道设置方式

通道所占的面积比例与设置方式有关。由于存取设备和货物宽度的限制，通道的设置方式是减小通道占用面积的关键。不同的储区布置形式有不同的通道空间比例，在总面积均为 $900m^2$ 的 $15m \times 60m$ 长方形库区及 $30m \times 30m$ 的正方形库区下，通道占库房空间比例关系如表 2 所示。

表 2 通道库房利用说明

	图例（灰色为通道）	通道面积占用率	说　明
1		19%	正方形仓库常用的通道设置方式，主要适用于托盘地面存放的形式
2		20%	通常用于堆垛存储方式
3		36%	沿库房建筑内墙布置通道意味着不必要的空间浪费。"口"字形的通道使正常存储能力的 5% 将会受到影响，且影响系统的其他功能
4		40%	主要通道经过库房中央，且尽可能直穿以使起始和结束在货物进出口，且连接主要交叉通道，以有效运用作业空间
5		40%	通道用来划分作业区
6		51%	占用面积越大，直接影响仓库空间利用率

四、提高配送中心利用率与作业效率的设备解决方案

由前面所述的汽车零部件物流特征，汽车零部件配送中心的存、取与进、出作业频繁，寻求既能实现空间最大化利用，同时还能保证甚至提高配送中心存取作业效率的设备解决方案，具有非常重要的意义。下面主要介绍多种基于常规设备的改进或灵活组合

的新型设备解决方案及其优势。

（一）多深度货架提高面积利用率和拣选效率

采用多深度货架可以有效提高仓储面积利用率，对于存储量较大的托盘式货物和小料箱货物均可以采用多深度货架，表3中介绍了几种多深度货架。

表3   几种多深度货架方案

多深度滑移式托盘货架	双深度托盘货架	多深度滑移式小料架
适用于存储量较大的托盘式货物，采用常规高位货架叉车从货架的一侧入货，从另一侧取货，货架内装有托盘滑移滚道装置	适用于存储量较大的托盘式货物，采用带有伸缩叉的高位货架叉车从货架的同侧进行存取，在货叉上通常装有摄像头，安装在驾驶室内的可以方便地看到货叉和货箱的位置进行操作	适用于小包装货物存放，一侧入货，从另一侧拣选出货

采用多深度货架不仅可以有效提高面积利用效率，同时也可以提高拣选作业效率，下面以多深度滑移式小货架为例，分析比较其相对于普通货架的优势。

在此案例中，共有216个储位，存储36种物料，每种物料最多时有36个单位在架。需要说明的是：模型的规模越大，比较的结果将越明显。此案例，多深度滑移式货架相对于普通货架具有以下优势。

1. 工作效率提高

配送与拣选巷道分离，互不干涉；物流路线简单清晰，并能使操作者在拣选侧尽可能集中快速地获取所有拣选物料，最大限度地减少了入货和拣选行走距离。物料集中存储，货位目视性较好，方便库存目视管理。

2. 节约地面面积

很显然，从图4中可以看到，使用多深度滑移式货架比普通货架存储物料更集中，减少了通道需求，有效提高了面积利用率。

3. 符合先进先出的原则

最先上架的物料，最先被取出；帮助确定质量问题，保证生产过程中的每个环节不传递、积累缺陷；帮助控制出货时间。

4. 符合人机工程学

物料自动滑至拣选位置，拣选动作更加简单轻松，减少长时间操作的疲劳，同时保障了拣选货箱的持续可获取。

普通货架（背靠背排列）　　　　多深度滑移式货架

配送及拣选步行距离减少40%~70%

减少了不必要的巷道，节约地面面积达30%

6种物料在有效接触范围内　　　　36种物料一目了然

36种物料触手可及，最大限度提高操作者有效接触物料的机会

□ 货架
□ 巷道

□ 货架
□ 巷道

滑移式货架占地10，而普通货架占地12，至少节省20%的地面面积

拣货时步行时间大大减少，作业效率提高40%

步行　拣选　信息　　　　步行　拣选　信息

作业步行时间大大减少，整个操作过程效率至少提高40%

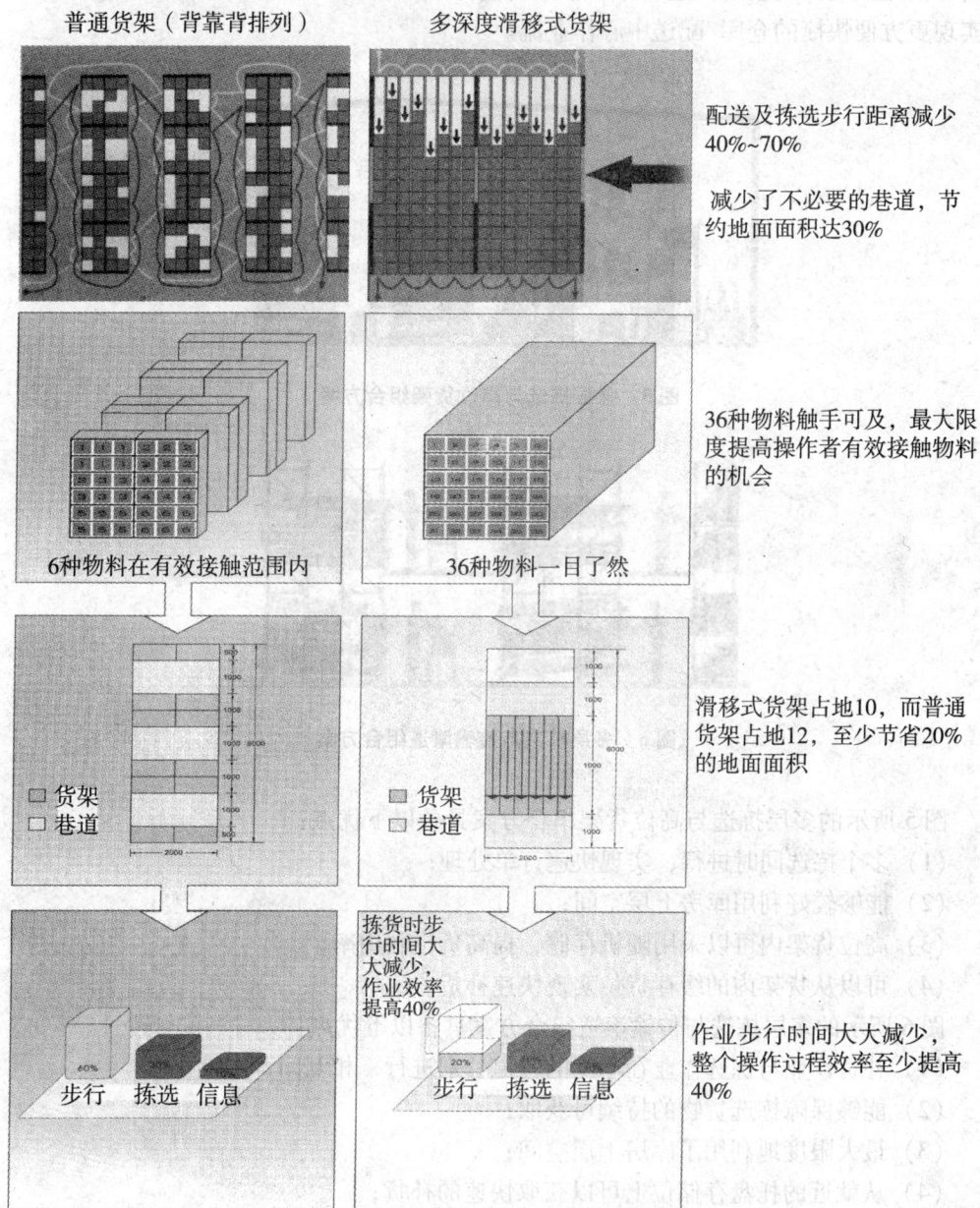

图4　普通货架与多深度货架的作业图示及其比较

多深度滑移式货架是储存配送环节中不可缺少的设备，普通货架只能单纯地满足货物摆放的需求。相比之下，多深度滑移式货架更能节约面积、提高作业效率，并能主动满足汽车零部件的先进先出要求。

（二）多层拣选方案充分利用上层空间

在多层拣选方案中，货物可以由多个订单拣选者同时进行拣选，这意味着在同一时

间内可以完成更多数量的拣选订单。多层拣选系统可以与其他货架系统进行灵活组合，以实现更方便快捷的仓库/配送中心作业流。

图 5　多层拣选与高位货架组合方案

图 6　多层拣选与传输滚道组合方案

图 5 所示的多层拣选与高位货架组合方案具备以下优点：

（1）多个拣选同时进行，实现快速订单处理；

（2）能够较好利用库房上层空间；

（3）高位货架内可以采用随机存储，提高货位利用率；

（4）可以从货架内的缓存货位实现快速补货。

图 6 所示的多层拣选与传输滚道组合方案具备以下优点：

（1）补货作业与拣选作业在不同的巷道分别进行，相互间不影响；

（2）能够保障拣选货物的持续可获取；

（3）最大限度地利用了库房上层空间；

（4）从就近的托盘存储位上可以获取快速的补货；

（5）装置在拣选通道中央的传输滚道可以实现拣选后货物的快速搬运。

图 7 所示的多层订单拣选与人工堆垛机组合方案中，借助堆垛叉车，人工可以进行不同高度货位的投货操作；通过设置多层拣选操作楼面，多个订单拣选者可以并行工作，拣选后的料箱也可以通过传输滚道直接运输至发运区。该方案具备以下优点：

（1）能够最大程度地利用库房的上层空间；

（2）分开的作业通道能够保证投货与拣选作业互不干扰；

（3）能够实现货物的快速补货；

（4）通过与传输滚道的结合提高拣选作业效率。

图 7　多层订单拣选与人工堆垛机组合方案

图 8　多层订单拣选与自动堆垛机组合方案

图 8 所示的多层订单拣选与自动堆垛机组合方案中，通过自动堆垛机进行补货，相应的库存管理系统实时监控和反映货物库存状态；通过设置多层拣选操作楼面，多个订单拣选者可以并行工作，拣选后的料箱也可以通过传输滚道直接运输至发运区。该方案具备以下优点：

（1）能够最大程度地利用库房的上层空间；

（2）通过库存管理系统实时监控库存状态，可以确保拣选货物的持续可获取性；

（3）利用计算机系统控制的自动堆垛机，可以自动快速地由缓存区向拣选货位内补货。

（三）自动堆垛机提高存储空间利用率与拣选效率

采用自动堆垛机能够有效提高空间利用效率，下面以在同样高度的仓库内，采用 2 层阁楼货架存储与采用自动堆垛机存储方式进行比较。

为了方便比较，假设两种存储方式中存储的货箱均为标准料箱 600mm × 400mm × 220mm。

在此两种存储方式中，仓储容量均为 3700 箱。在自动堆垛机货架内，货位设置为双深度。

在此案例中，采用自动堆垛机的货架存储方式比二层阁楼存储方式节省了 20% 的地面占地面积。

在采用自动堆垛机的货架存储方式中，通过在货架前端设置符合人机工程的拣选区，可以有效减少信息读取和拣选时间。订单拣选操作者无须在货架内行走和寻找货物即可完成拣选操作，因而可以显著减少拣选行走时间。

通过上述案例比较分析，可以发现采用自动堆垛机存储系统具有以下优势：

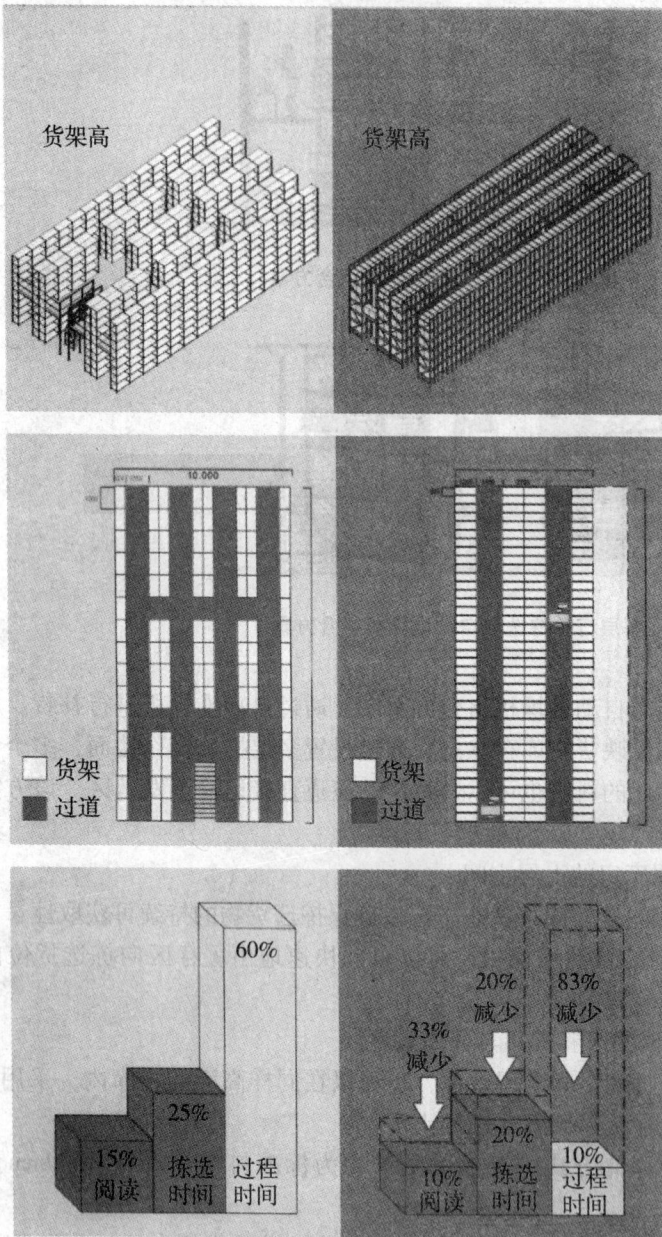

图9　自动堆垛机方案与2层阁楼存储方式的示意图及其比较

为了方便比较，假设两种存储方式中存储的货箱均为标准料箱600mm×400mm×220 mm

在此两种存储方式中，仓储容量均为3700箱。在自动堆垛机货架内，货位设置为双深度

在此案例中，采用自动堆垛机的货架存储方式比二层阁楼存储方式节省了20%的地面占地面积

在采用自动堆垛机的货架存储方式中，通过在货架前端设置符合人机工程的拣选区，可以有效减少信息读取和拣选时间。订单拣选操作者无须在货架内行走和寻找货物即可完成拣选操作，因而可以显著减少拣选行走时间

（1）极大地缩短了拣选时间；

（2）通过采用立体高位货架可以实现仓库内有效空间的最大化利用；

（3）通过采用现代化的仓储管理信息系统可以确保所有库存物品的可获取性以及持续的库存控制；

（4）由于采用自动堆垛机由机械进行存取操作，因而可以处理相对较重的存储单元；

（5）相对封闭的货架系统可以减少非授权者接触货物的机会，从而提高仓储物品的财产安全性。

（四）传输带与拣选货架的嵌套方案提高拣选效率

滚道传输因其高效率被越来越多地应用在汽车零部件配送中心取代人工搬运作业。表4中展示了拣选货架与传输滚道的几种常用组合方案。

表4   几种传输带与拣选货架的组合方案及其优点

A. 配有中央滚轴式传输带的装置是一种典型的适应产品的拣选方法。 在以订单拣选时通道中央的动力驱动的传送带经常增加2条无动力的滚轴传送器作为补充	B. 将滚轴传送器结合到货架的前端是一种理想的订单拣选的方案，比如，一个订单拣选人员收集一个特定订单上的所有物品	C. 两条滚轴传输带结合在拣选货架前端，一条为无动力传输，用于订单拣选时人工滑动料箱位置，另一条为动力传输；在货架顶端设置一条空箱传输带
优点： 操作者能够直接到达整个拣选面； 通道两侧的拣选货架可以共用一条传送带，只需很少的投资在传送系统上	优点： 易于接近所有物品； 只需很少的投资在传送系统上； 因拣选人员无须转身，能有效提高拣选效率； 拣选与补货作业分离，互不干扰	优点： 因为短的移动距离和快速的空箱返回，具备高效的拣选作业效率，极大缩短订单拣选反应时间； 拣选后的货箱无须转身可直接推入动力传送带自动运输至发运区

（五）空托盘返回处理方案节省空间并提高作业效率

在拣选配送作业中，空托盘处理作业经常会干扰正常的拣选作业，并占据整个作业时间中的很大一部分。因此，空托盘处理是需要在规划设计阶段进行重点考虑的问题。将空托盘处理装置与货架系统结合起来进行设计，可以起到事半功倍的效果，并能节省投资。下面图10介绍几种便于操作的空托盘处理方案。

图10　4种空托盘处理方案

①垂直式托盘返回方案。将拣选过程中产生的空托盘从拣选货位上拿出，侧立在旁边的单独设置的窄滑道内，通过抬升装置推滑至补货侧。在一个拣选巷道内，通常需适当设置几个这样的空托盘返回滑道，以减少空托盘处理时的行走距离。

②水平式托盘返回方案。这个方案需要在拣选货位下方设置一种低位传输滚道。当空托盘产生后，将其从拣选侧拉出，无须转身或将其推至一侧，可以将其迅速地放进拣选托盘位下方的滚道上，滑至补货通道侧。

③叠放式托盘返回方案。在这个方案中，空托盘需要在拣选货位下方设置一种低位传输滚道。当空托盘产生后，将其从拣选侧拉出，无须转身或将其推至一侧，可以将其迅速地放进拣选托盘位下方的滚道上，滑至补货通道侧。

④叠放式托盘返回方案。在此解决方案中，第一个托盘位（拣选位）是独立的单元，通过一个控制杆操纵，可以是第一个托盘的一端下落，从而使空托盘滑移至下方的斜板或带有坡度的传输滚道上，使空托盘能够从补货侧被取走。再通过将控制杆复位，第一个托盘位又重新回到初始位置被连接到货架上。此时订单拣选者可以操作托盘分离控制杆使下一个托盘货物滑动至拣选位。

五、储位优化管理

（一）储位管理的基本原则

储位管理与库存管理、商品管理一样，它们的管理方法就是原理原则的灵活运用，但储位管理就没有像库存管理、商品管理那样被定义明确，所以要了解储位管理，便首先要了解其基本原则。储位管理的基本原则有三：

1. 储存位置必须很明确的被指示出来

先将储存区域经过详细规划区分，并标示编号，让每一项预备储放的货品均有位置可以储放。此位置必须是很明确的，而且经过储位编码的，不能是边界含糊不清的位置，例如走道、楼上、角落、或某某货品旁等。很多物流中心习以为常的把走道当成储区位置来使用，这是不对的，虽然短时间会得到一些方便，但会影响作业之进出，违背了储位管理之基本原则。

2. 货品有效的被定位

依据货品保管区分方式之限制，寻求合适的储存单位、储存策略、指派法则与其他储存之考虑要因，把货品有效的配属放置在先前所规划之储位上。所谓"有效的"就是刻意的，经过安排的，例如是冷藏的货就该放冷藏库，是高流通的货就该放置靠近出口处，香皂就不应该和香烟放一起，这就是此原则的基本应用。

3. 异动要确实登录

当货品有效的被配置在规划好的储位上后，剩下的工作就是储位之维护，也就是说货品不管是因拣货取出，或因产品汰旧换新，或是受其他作业之影响，使得货品之位置或数量有了改变时，就必须确实的把变动情形加以记录，以使物料账与实数量能够完全吻合，如此才能进行管理。由于此项变动登录工作非常烦琐，仓管作业人员在忙碌工作中的"刻意惰性"，使得这个原则是进行储位管理最困难的部份，也是目前各物流中心储位管理作业成败的关键所在。

（二）储位管理的范围

在物流中心的所有作业中，其所使用到的保管区域均属于储位管理之管理范围，其范围因作业方式之不同而有下列四类保管区域之定义与区分，此四类储区为：预备储区、保管储区、动管储区、移动储区，如图11所示。

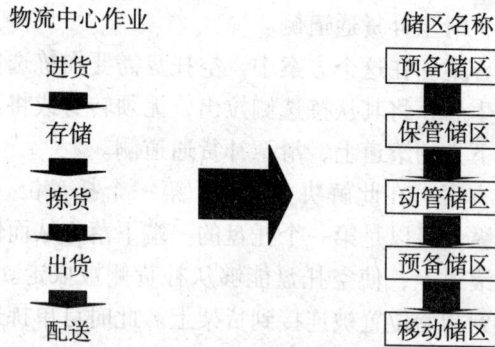

物流中心作业　　　　　　储区名称

进货　　　　　　预备储区

存储　　　　　　保管储区

拣货　　　　　　动管储区

出货　　　　　　预备储区

配送　　　　　　移动储区

图11　储位管理范围

1. 预备储区

在进货与出货作业时所使用的暂存区。此区域的主要保管功能在于进出货时，货品的暂时存放并预备进入下个保管区域，虽然货品停留在此区域的时间并不长，但若不严格管制就特别容易导致管理上的困扰。以物流中心的预备储区而言，在保管时常因"只是暂放而已"的心态，导致货品因为缺乏整理整顿的作业概念，使货品经常置放凌乱，寻找不易，甚至常有遗失或损毁的情况发生，基于上述缺失，预备储区的管理须纳入储位管理的范围中。

2. 保管储区

在存储作业时所使用的保管区域，此区域的货品大多以中长期状态在进行保管，所以称为保管储区。一般物流中心均以此区域为最大且最主要的保管区域，货品在此区域均以较大之储存单位进行保管，是整个物流中心的管理重点所在，为了让保管区域的储放容量增大，就要考率如何将空间弹性运用，以提升使用效率，为了对其摆放方式、摆放位置及存量有效的控制，应考虑到储位的指派方式、储存策略等是否合宜，并选择合适之储放设备及搬运设备配合使用，以提高作业效率。

3. 动管储区

在拣货作业时所使用的拣货区域，此区域的货品大多在短时期即将被拣取出货，其货品在储位上流动频率很高所以称为动管储区。由于这个区域的功能在于提供拣货需求，为了让拣货时间及距离缩短及降低拣错率就必须在拣取时能很方便迅速地找到欲拣取之货品所在位置，因此对于储存的标示与位置指示就非常重要，而要让拣货的顺利进行及拣错率降低，可以采用一些拣货设备来完成，例如，电脑辅助拣货系统CAPS、灯光拣选系统等，动管储区的管理方法就是这些位置指示及拣货设备之应用。

4. 移动储区

在配送作业时，配送车上的货品放置区域，此区域货品存放在移动中的车上，称之为移动储区。此区域货品较难按物品在固定有限的范围内做有效的区隔，再加上物流中心供应的客户、品项相当多，而且每家物流中心所用的出货容器均有差别，使得物流中心在进行出货作业时应对配送的路线、区域均应详细规划，方不致在配送过程中，因交通问题而延滞交货，或因移动储位上配置不佳使卸货时间变得冗长。故而"移动储位"的管理已直接影响到物流中心的服务水准。

以上四个储区，货品保管的时间长短不同，但都会流经存放保管，在物流中心要完全的掌握货品流向，就必须对这四个区域加以管理。前面已叙述过，货品自进货验收后，即开始一连串的由前一个作业区取出再放至下一个作业区。在此强调储位管理不仅是对物料停放在储位区域上进行管理，也对其移动行进时做掌握管理，这样才能达成所谓的货品处于"被保管"的状态。

（三）储存策略

储存策略主要是对储位的指派原则。良好的储存策略可以减少出入库移动的距离、缩短作业时间，甚至能够充分利用储存空间。一般常见储存策略如下：

1. 定位储放（Dedicated Location）

每一储存货品都有固定储位，货品不能互用储位，因此须规划每一项货品的储位容量不得小于其可能的最大在库量。选用定位储放的原因在于：

（1）储区安排有考虑物品尺寸及重量（不适随机储放）；

（2）储存条件对货品储存非常重要时。例如，有些品项必须控制温度；

（3）易燃物必须限制储放于一定高度以满足保险标准及防火法规；

（4）依商品属性，由管理或其他政策指出某些品项必须分开储放，例如化学原料和药品；

（5）保护重要物品；

（6）储区能被记忆，容易提取。

定位储放的优点：

（1）每种货品都有固定储放位置，拣货人员容易熟悉货品储位；

（2）货品的储位可按周转率大小或出货频率来安排，以缩短出入库搬运距离；

（3）可针对各种货品的特性作储位的安排调整，将不同货品特性间的相互影响减至最小。

而定位储放的主要缺点为：储位必须按各项货品之最大在库量设计，因此储区空间平时的使用效率较低。

总归来说，定位储放容易管理，所以总搬运时间较少，但却需较多的储存空间。所以除上述原因外，此策略较适用于以下两情况：

（1）厂房空间大；

（2）多种少量商品的储放。

2. 随机储放（Random Location）

每一个货品被指派储存的位置都是经由随机的过程所产生的，而且可经常改变；也就是说，任何品项可以被存放在任何可利用的位置。此随机原则一般是由储存人员按习惯来储放，且通常按货品入库的时间顺序储放于靠近出入口的储位。

随机储放的优点：由于储位可共用，因此只按所有库存货品最大在库量设计即可，储区空间的使用效率较高。

其缺点：

（1）货品的出入库管理及盘点工作的进行困难度较高；

（2）周转率高的货品可能被储放在离出入口较远的位置，增加了出入库的搬运距离；

（3）具有相互影响特性的货品可能相邻储放，造成货品的伤害或发生危险。

一个良好的储位系统中，采用随机储存能使料架空间得到最有效的利用，因此储位数目得以减少。由模拟研究显示出，随机储存系统与定位储放比较，可节省35%的移动储存时间及增加了30%的储存空间，但较不利于货品的拣取作业。因此随机储放较适用于下两情况：

（1）厂房空间有限，尽量利用储存空间；

（2）种类少或体积较大的货品。

3. 分类储放（Class Location）

所有的储存货品按照一定特性加以分类，每一类货品都有固定存放的位置，而同属一类的不同货品又按一定的法则来指派储位。分类储放通常按产品相关性、流动性、产品尺寸、重量、产品特性来分类。

分类储放的优点：

（1）便于畅销品的存取，具有定位储放的各项优点；

（2）各分类的储存区域可根据货品特性再作设计，有助于货品的储存管理。

其缺点：储位必须按各项货品最大在库量设计，因此储区空间平均的使用效率低。

分类储放较定位储放具有弹性，但也有与定位储放同样的缺点。因而较适用于以下情况：

（1）产品相关性大者，经常被同时订购；

（2）周转率差别大者；

（3）产品尺寸相差大者。

4. 分类随机储放（Random Within Class Location）

每一类货品有固定存放位置，但在各类的储区内，每个储位的指派是随机的。分类随机储放优点：可收分类储放的部份优点，又可节省储位数量提高储区利用率。而缺点为：货品出入库管理及盘点工作的进行困难度较高。分类随机储放兼具分类储放及随机储放的特色，需要的储存空间介于两者之间。

5. 共用储放（Utility Location）

在确定知道各货品的进出仓库时刻，不同的货品可共用相同储位的方式称为共用储放。共用储放在管理上虽然较复杂，所需的储存空间及搬运时间却更经济。

（四）储位指派法则

储存策略是储区规划的大原则，因而还必须配合储位指派法则才能决定储存作业实际运作的模式。而跟随着储存策略产生的储位指派法则，可归纳出如下几项：

1. 可与随机储放策略、共用储放策略相配合者

靠近出口法则（Closest Open Location）：将刚到达的商品指派到离出入口最近的空储位上。

2. 可与定位储放策略、分类（随机）储放策略相配合者

（1）以周转率为基础法则（Turnover based Location）

按照商品在仓库的周转率（销售量除以存货量）来排定储位。首先依周转率由大自小排一序列，再将此一序列分为若干段，通常分为三至五段。同属于一段中的货品列为同一级，依照定位或分类储存法的原则，指定储存区域给每一级的货品。周转率愈高应离出入口愈近，如图 12 所示。

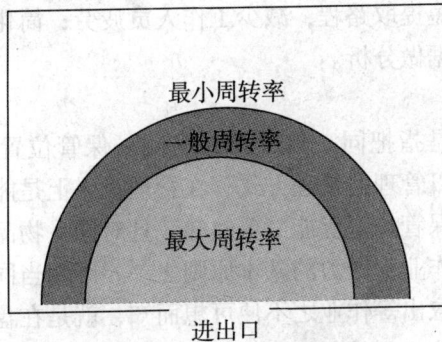

图 12　依周转率划分储区

另外，当进货口与出货口不相邻时，可依进、出仓次数来做存货空间的调整，如表 5，为 A、B、C、D、…、H 八种货品进出仓库的情况，当出入口分别在仓库的两端时，可依货品进仓及出仓的次数比率，来指定其储存位置，图 13 为此八种货品的配置图。

表 5　　　　　　　　　　A、B、C、D、…、H 八种货品进出仓库的情况

产品	进货量	进仓次数	出货批量	出仓次数	进仓次数/出仓次数
A	40 栈板	40	1.0 栈板	40	1.0
B	200 箱	67	3.0 箱	67	1.0
C	1000 箱	250	8.0 箱	125	2.0
D	30 栈板	30	0.7 栈板	43	0.7
E	10 栈板	10	0.1 栈板	100	0.1
F	100 栈板	100	0.4 栈板	250	0.4
G	800 箱	200	2.0 箱	400	0.5
H	1000 箱	250	4.0 箱	250	1.0

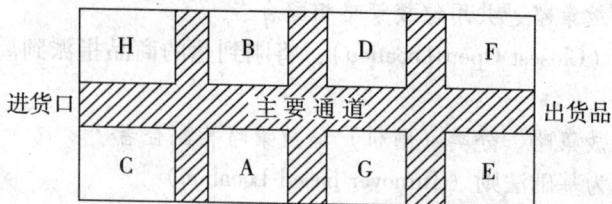

图13 进出口分离的储位指派

（2）产品相关性（Correlation）法则

商品相关性大者在订购时经常被同时订购，所以应尽可能存放在相邻位置。考虑物品相关性储存的优点：减短提取路程，减少工作人员疲劳；简化清点工作。产品相关性大小可以利用历史订单数据做分析。

（3）产品同一性法则

所谓同一性的法则，是指把同一物品储放于同一保管位置的原则。此种将同一物品，保管于同一场所来加以管理的管理方式，在管理效果上是能够期待的。

构筑作业员对于货品保管位置皆能简单熟知，且对同一物品之存取花费最少搬运时间的系统是提高物流中心作业生产力的基本原则之一。因而当同一物品散布于仓库内多个位置时，物品在储放、取出等作业之不便可想而知，就是在盘点以及作业员对料架物品掌握程度等方面都可能造成困难。

因而同一性的法则是任何物流中心皆应确实遵守的重点原则。

（4）产品类似性法则

所谓类似性的法则，是指将类似品比邻保管的法则，此法则系根据与同一性法则同样的观点而来。

（5）产品互补性（Complementary）法则

互补性高的物品也应存放于邻近位置，以便缺货时可迅速以另一品项替代。

（6）产品相容性（Compatibility）法则

相容性低的产品绝不可放置一起，以免损害品质，如烟、香皂、茶便不可放在一起。

（7）先进先出的法则

所谓先进先出（FIFO：First In First Out），是指先保管的物品先出库之意。此法则一般适用于寿命周期短的商品，同样也适用于汽车零部件管理，以避免技术更改带来的损失。

（8）叠高的法则

所谓叠高的法则，即是像堆积木般将物品叠高。以物流中心整体之有效保管的观点来看，提高保管效率是必然需求，而利用栈板等工具来将物品堆高之容积效率要比平置方式的高。但需注意的是，若在诸如一定要先进先出等库存管理限制条件很严时，一味的往上叠并非最佳的选择，应要考虑使用合适的货架或积层架等保管设备，以使叠高法则不至影响出货效率。

(9) 面对通道的法则

所谓面对通道法则,即是物品面对通道来保管,将可识别的标号、名称让作业员容易简单地辨识。为了使物品的储存、取出能够容易且有效率地进行,物品就必须要面对通道来保管,这也是使物流中心内能流畅进行及活性化的基本法则。

(10) 产品尺寸法则

在仓库布置时,我们同时考虑物品包装单位大小及由于相同的一群物品所造成的整批形状,以便能供应适当的空间满足某一特定需要。所以在储存物品时,必须要有不同大小位置的变化,用以容纳一切不同大小的物品和不同的容积。此法则的优点在于:物品储存数量和位置适当,则拨发迅速,搬运工作及时间都能减少。

一旦未考虑储存物品单位大小,将可能造成储存空间太大而浪费空间,或储存空间太小而无法存放;未考虑储存物品整批形状亦可能造成整批形状太大无法同处存放(数量太多)或浪费储存空间(数量太少)。一般将体积大的货品存放于进出较方便的位置。

(11) 重量特性法则

所谓重量特性的法则,即按照物品重量之不同来决定储放物品于保管场所之高低位置上。

一般而言,重物应保管于地面上或料架的下层位置,而重量轻之物品则保管于料架的上层位置;若是以人手进行搬运作业时,人的腰部以下的高度用于保管重物或大型物品,而腰部以上的高度则用来保管重量轻的物品或小型物品;此法则对于采用料架的安全性及人手搬运作业性有很大的意义。

3. 产品特性(Characteristics)法则

物品特性不仅涉及物品本身的危险及易腐性质,同时也可能影响其他的物品,因此在物流中心布置设计时必须要考虑。今列举五种有关货品特性的基本储存方法:

(1) 易燃物之储存:须在具有高度防护作用的建筑物内安装适当防火设备的空间,最好是独立区隔放置。

(2) 易窃物品之储存:可采用加锁之笼子、箱、柜或房间单独存放,或设置监控设备等。

(3) 易腐品之储存:要储存在冷冻、冷藏或其他特殊之设备内,且以专人作业与保管。

(4) 易污损品之储存:可使用帆布套、防尘盖等覆盖。

(5) 一般物品之储存:要储存在干燥及管理良善之库房,以应客户需要随时提取。

良好的储存策略与指派法则配合之下,可大量减少拣取货品移动的距离,然而越复杂的储位指派法则需要功能越强的管理信息系统相配合,以提高作业效率。

六、总结与展望

(一) 总结

本文主要从四方面讨论了提高汽车零部件配送中心的空间利用率及作业效率的实用

措施，主要内容如下：

（1）本文首先基于对汽车零部件物流特征的分析与准确把握的基础上，介绍汽车零部件物流配送中心的主要作业内容与流程，讨论如何优化配送中心的作业流程，以提高各作业环节的货物周转效率，减少缓存区面积需求。并以优化汽车零部件仓储配送业务中的转换包装流程优化实践案例说明如何有效减少面积需求。

（2）讨论如何优化配送中心布局以提高面积利用率：介绍了汽车零部件配送中心区域布置规划的内容、目标，以及系统化布局规划的前提——详尽的货物特性及物流量分析与流程分析；介绍了利用系统布局设计法对汽车零部件配送中心进行布局规划的程序和步骤，并讨论了存储区通道宽度设计和设置方法。

（3）提出了多种基于常规设备的改进或组合方案以实现提高配送中心面积利用率，并同时提高作业效率。文中分别介绍了多深度货架、多层拣选方案、自动堆垛机、传输带与拣选货架嵌套、空托盘返回处理等多种方案，并分别分析了各种方案在面积/空间利用与作业效率上相对于传统设备方案的优势。

（4）讨论储位优化管理的实用方法：介绍储位管理的基本原则，探讨和总结了汽车零部件配送中心储位管理应用的范围，储位管理策略及其优缺点、储位指派的原则与方法。

本课题研究的新意主要体现在以下几个方面：

（1）基于对汽车零部件配送物流的特征分析的基础上，提出了旨在优化缓存区面积的流程优化实用方法。

（2）提出了多种基于常规物流设备改进的或灵活组合的创新方案，为汽车零部件仓库和配送中心优化仓储空间和提高作业效率提供了可实践的借鉴方案。

（二）展望

本课题研究主要从流程优化、布局规划、仓储设备优化创新、储位管理优化等角度探讨提高汽车零部件配送中心的利用率和作业效率的解决方案，关于开发和利用先进、合理的物流信息技术和信息系统以提高配送中心的利用率、效率、服务质量，以及管理水平有待更深入的研究。

课题组成员名单

课题主持人：高跃峰 长春一汽国际物流有限公司规划部部长、中级工程师
课题研究员：全林花 长春一汽国际物流有限公司规划工程师、中级工程师
课题参与人：龚淑玲 长春一汽国际物流有限公司规划部室主任、高级工程师

参 考 文 献

［1］沈钱浩．物流配送中心内部布局方法研究及应用［D］．上海：同济大学，2008．
［2］樊琼．汽车制造企业配送中心的规划与设计［D］．上海：上海交通大学，2008．
［3］王洪宇．浅谈汽车物流配送中心内部的平面布置［J］．汽车实用技术，2010（5）．

［4］RUSSELL W. GOODMAN. 提高仓库效率的解决之道［J］. 中外物流，2006 - 8 - 18：75 - 77.

［5］闫成伟. 提高仓库管理效率的几种途径［J］. 科技资讯 2006（28）：162 - 163.

［6］活动货架系统可提高仓库房间的利用率［J］. 现代制造，2002（8）：78 - 79.

［7］商允伟. 自动化仓库货位分配优化问题研究［J］. 计算机工程与应用，2004（26）：16 - 17.

［8］程书强. 论配送中心的储位规划管理［J］. 中国储运. 2003（3）：50.

［9］JOSE I. Layout evaluation of large capacity warehouses［J］. Facilities, 2007, 25（7）（FILE: 34）.

应急物流配送体系的优化研究*

内容提要： 尽管当今社会科技高度发达、信息技术飞速发展，但当人们面对如突发性自然灾害、公共卫生突发性事件等"天灾"和恐怖主义、地区性军事冲突等"人祸"时仍显得力不从心。而这些突发性公共事件不仅会造成生命财产的巨大损失，还会影响社会稳定，甚至危害国家安全，给人类造成了重大甚至是毁灭性打击，对人类的生存和社会发展构成了极大的威胁。在灾害发生时，应急物资调度一直是该领域研究的热点问题。

一、研究现状

戴更新、刘春林、李连宏等人在不同的约束条件下研究了应急开始时间最短的单目标、应急开始时间最短和出救点数目最少的多目标的应急物资调度问题。但这些文献中涉及的应急物资需求量都是确定的，这在现实中是不实际的。另外，虽然有些学者建立的模型中涉及的应急物资需求量是一个区间范围，但没有考虑物资的连续消耗问题，这在应急物流中以时间效率作为第一考虑要素的现实中也是不实际的。所以我们可以考虑借鉴运筹学中的时间序列过程理论解决应急物资需求的实时预测问题。

在运筹学及相关的应用领域，时间序列过程理论似乎是对随时间动态需求模型中最灵活的。其中，如差分自回归移动平均模型（ARIMA），动态指数平滑和独立同分布（IID）模型的方法已被广泛用来处理动态需求预测的各种问题。这些研究的共同点是时变需求的预测与历史数据线性或者非线性的关系。这种非线性关系是随着时间的推移，需求的平均值将进行动态演化。特别是，以往的文献采用一阶自回归方程来处理在供应链管理现象影响下的需求演变，例如，牛鞭效应和信息共享。此外，一些研究人员考虑到需求的变化的临时异方差性，从而演变出用复杂的模型如广义自回归条件异方差（GARCH）处理动态需求预测。

与上述时间序列的需求模型相比，实时救灾需求预测必须克服更多的上述提到的由于需求不确定而引起的问题。此外，它的本质问题是源于以前的需求信息不足。如仅仅采用时间序列数据处理机制，有可能导致难以跟踪时变救济需求的模式。总之，现有的以时间序列为基础的模型不适合解决本研究中实时救济需求预测。

尽管最近应急物流管理的紧急性已越来越引起研究者的关注，但大部分先导工作似乎旨在根据合理假设下的救援需求解决救灾物资和队伍分布的问题。Yi 和 Kumar（2007）提出了一种蚁群优化（ACO）的启发式算法，将原始的应急物流问题分解为两个决策阶段：车辆路线的规划和多商品的救灾调度。其中，他们把受伤的人，车，以及

---

* 本课题（2010CSLKT193）荣获 2011 年度中国物流学会课题优秀成果奖二等奖。

救济品视为物资，然后用 ACO 启发式算法解决多商品网络流问题。基于一些理想化的假设考虑到灾害信息采集和沟通，为简化研究，Tzeng 等（2007）制定的一个模糊多目标规划法来解决相应的救济分配的问题。与其他不同的是，他们在制定多目标功能时定义了公平的满意度，用以避免在分发救济物资过程中只将救灾物资发送到某些受灾地区的严重不公平现象。考虑到在一个大规模的灾难救援的关键时期，需求动态和救援的不确定性，Sheu（2007）提出了应急物流动态响应的关键营救时期的紧急救灾需要共同分发办法。而 Sheu 的方法的特点是考虑到了救助的两个类型，包括日常消费救助（如，水和餐盒）和受灾者日常使用设备（例如，睡袋和营地）。此外，Sheu 在其提出的简化的动态需求预测模型中概念化救援需求缓冲。

因此，本研究提出了一种动态的救灾物资需求的管理模式，以解决在大型自然灾害关键救援时期由于灾区救济需求信息混乱不确定的情况下所出现的上述问题。本方法采用数据融合，模糊聚类和 TOPSIS 技术，并嵌入以下三种机制：

（1）动态救灾物资需求预测。

（2）受影响的地区分组。

（3）救灾物资需求的紧急性鉴定。

这里的关键救援期，是指灾难发生后的首 3 日，这 3 天是搜寻和营救被困人员的最关键时期。相对于以前的文献中，本救灾需求管理的方法有以下两个鲜明的特点。

该模型可以更新受灾地区内随时间推移被困人员的数量，并通过数据融合技术近似估算出随时间推移的救灾物资需求。请注意，在大规模的灾难背景下，死亡人数包括失踪人数会根据受灾程度会随时间变化而变化，同时灾区的相关信息可能随机从不同信息源传来。因此，信息质量（如准确度）和这些多种信息来源的可靠性（例如，信息更新频率）似乎是在紧急情况下无法控制的。同时考虑上述的救援需求的不确定和动态的特性，首先我们提出利用数据融合技术来处理多信息源中随机采集到的某些受影响区域的死亡人数。其次是根据相应的幸存者人数来估算实时的总的救灾物资需求。这种措施不论是在需求预测或者应急物流管理领域都属罕见。

为方便救灾物资需求动态分配和分布，此模型通过模糊聚类技术对受灾区域进行分组，然后通过 TOPSIS 方法基于组的对救济需求的紧急性进行评定。类似于物流配送和服务的客户分类的概念，本研究提出一种基于模糊聚类的模型来对这些受影响的地区进行分组，然后使用 TOPSIS 来确定的每个组的救灾需求紧迫性。相较于以前的文献，我们此处面临的主要挑战是无法访问相关的信息。典型的客户分类方法通常使用客户订单和需求特征为基础进行数据分析，与之不同的是，对任何影响的区域分组或识别与这些受影响区域相关的救济需求紧迫性的数据并不容易获得。而这些相关信息需要从错综复杂的瞬时数据和现场报告统计中完善出来。因此，我们主张混合使用人工智能（AI）和多准则决策（MCDM）方法来动态推断在不确定性影响下各影响区域组在每个时间间隔时变救援需求的紧迫性。其中，被鉴定出来的在给定时间间隔内有高紧迫性的受影响区域组将被安排优先接受救济，以方便实时应急物流管理。

二、模型的制定

假设一个大规模的灾难发生，如地震和海啸，此灾难对受灾区域有不同程度影响并需要营救行动以及救灾物资。为了应对来自灾区的紧急救援需求，本课题研究提出的动态救灾物资需求管理机制，允许预测时变救灾物资的需求，并确定实时评定各受灾区域的救灾需求的紧迫性。此外，考虑到被困生还者的救济需求的紧迫性，目前的研究范围为日常消费救济（例如，水和餐盒）类别，需求可能随每天的不同时间段而变化。

基于上述先决条件，本课题研究用如下所示三个假设来合理化此模型。

（1）受影响的地区（以 I 表示）的数量和相应的地理关系已经提供。本研究假设这些资料可以很容易地通过先进的灾难检测技术，如卫星和地理信息系统（GIS）获取。

（2）对于每个受影响的区域，相应的社会经济统计资料（例如，人口规模和构成），在发生灾难后可以获取。在一般情况下，这些数据是从现有的政府数据库获取。

（3）随时间变化的某给定受影响区域内的需要救济的需求和幸存者数量高度相关。

基于上面的假定，我们提出了一个动态的救灾物资需求管理方法，它涉及三个递归机制，包括：①动态救济需求预测；②受影响的地区分组；③基于区域的救济需求紧迫性鉴定。第一机制的主要目是通过多源信息对每个受影响区域的累计死亡人数进行更新，以便根据受困幸存者人数估算区域的救济需求。在第一个机制中根据区域累计死亡人数而做出的预测输出将作为第二机制中的输入来进一步的对区域进行分组，然后在机制③中对由地区为基础的救济需求紧迫性进行鉴定。通过与救济分配功能集成，本方法促使上述三个机制递归，其中从该方法的输出在每个时间间隔更新一次，实现了应急物流运作的互补协同效应，如下图所示。

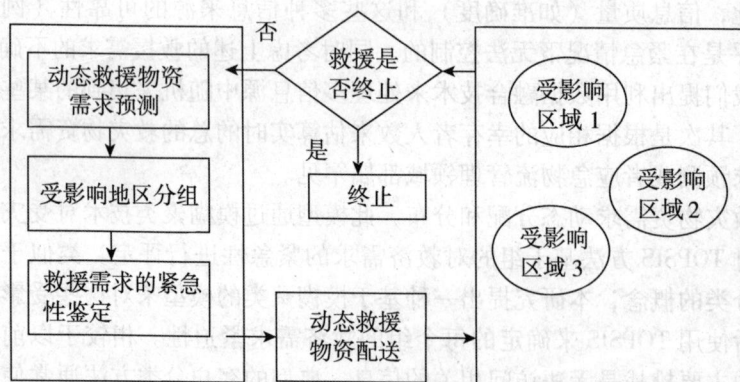

应急物流运作的互补协同效应

请注意，提出的三个机制，包括动态救灾需求预测，受影响的地区分组和分配优先识别非常重要尤其是在应急物流资源（例如，提供救济，车辆和服务器）紧缺时，这种紧缺通常发生在一个大规模的灾难之后。

（一）动态救济需求预测

此机制的目的是通过两个计算程序来预测给定的时间间隔内每个受影响区域内的时变救灾物资需求：

（1）更新的累计死亡数；

（2）救灾需求的近似值。

我们对执行这两个程序的理由是，救济需求的主要用户是被困幸存者，可以通过用给定受影响区域内的相应的人口总数减去死亡人数来估算。一旦在某一受影响地区内的瞬时数量是确定的，那么救援需求的总量要求也就可以很容易地预测。

然而，每个受影响的地区累计死亡人数准确的信息在灾难之后并不容易收集。在实践中，多源可能提供现场的紧急情况下的不确定的信息。从而形成了多感应数据融合问题 1，它依赖于复杂的融合过程，通过结合来自多个来源的数据，提高信息的准确性。

继多感应融合的一般原则后，我们提出一种基于熵的加权技术，它包括以下程序：信度建模，数据分类，熵估计，权重估计，加权数据融合来融合多源中的实时死亡数据。假定每个受影响的区域（由 i 表示），有 j_i 个信息源类型（例如，现场记者，地方公共部门和私人救援队），它们相互独立的提供区域内观察死亡数即时的数据信息（由 $x_{ji}^k(t)$，$\forall j_i$ 和 $k = 1, 2, \cdots, K_{ji}(t)$）。其中，$K_{ji}(t)$ 代表给定区域 i 在时间间隔 t 内给定类型的信息源 j_i 提供的数据点总数。要制订信息的信度，让我们进一步假定给定区域 i 在时间间隔 t 内，某给定类型的信息源 j_i 的每个数据点（由 $x_{ji}^k(t)$）会遵守高斯过程有时变中间值（$u_{ji}(t)$）以及方差（$\xi_{ji}^2(t)$）。然后，使用上面定义的高斯过程，我们指定的一个 M 层的信息可信强度用以测量所收集的数据的可靠性并对它们进行语言水平的数据分类。其中，高斯曲线下的区域表示当可信度层级为 M 时，某级别下信息可信的概率，此概率也可以通过相应的累积密度函数的公式（$F_{x_{j_i}}(\cdot)$）来计算并以 $u_{ji}(t)$ $\pm (m-1)\xi_{ji}(t)$ 和 $u_{ji}(t) \pm m\xi_{ji}(t)$ 为边界。因此，如果

$$u_{ji}(t) \pm (m-1)\xi_{ji}(t) \leq x_{ji}^k(t) < u_{ji}(t) + m\xi_{ji}(t) \vee u_{ji}(t) - m\xi_{ji}(t)$$
$$\leq x_{ji}^k(t) < u_{ji}(t) - (m-1)\xi_{ji}(t), \forall (i, j, t) \tag{1}$$

那么某给定的数据点（$x_{ji}^k(t)$）被指定为层级 M。

接下来是熵的估计。首先，利用公式（1），我们可以估算给定区域 i 在时间间隔 t 内，某给定类型的信息源 j_i 在信息可信度层级为 m 时的后验概率为（$p(m|x_{ji}^k(t), k = 1, 2, \cdots, k_{ji}(t))$）。

$$p(m|x_{ji}^k(t), k = 1, 2, \cdots, k_{ji}(t)) = \frac{o_{ji}^m(t)}{k_{ji}(t)}, \forall m \tag{2}$$

式中，$K_{ji}(t)$ 代表提供受影响的地区 i 中在给定的时间间隔 t 内由 j_i 型信息源提供的数据点的总数，$o_{ji}^m(t)$ 代表 $K_{ji}(t)$ 个数据中分配到当信息信任强度层级为 m 是数据点的数量，因此，$\sum_{m=1}^M o_{ji}^m(t) = K_{ji}(t)$。然后，用熵公式，术语熵（$H_{ji}(t)$），来测量给定总信任强度的不确定性概率。$H_{ji}(t)$ 由下式给出：

$$H_{ji}(t) = -\sum_{m=1}^M p(m|x_{ji}^k(t), k = 1, 2, \cdots, K_{ji}(t))\log[p(m|x_{ji}^k(t), k = 1, 2, \cdots, K_{ji}(t))],$$
$$\forall (i, j, t) \tag{3}$$

值得注意的是，根据 Shannon 的熵属性，$H_{ji}(t)$ 是与某一信息源的不确定性程度成正比。信息的不确定性越小，熵越小。

在公式（3）中给出熵的估计公式后，下一个步骤是为信息源确定适当的权重（$w_{j_i}(t)$，$\forall j_i$）来融合加权的多源的数据。在此模型中，我们采用团队共识的方法来估算这些加权值，以反映相应信息源的信息的可靠性。也就是说，具有较高的熵（即更多的不确定性）的信息源收到较小的权重。为了获得最佳的权重值分配给每一个信息源，权重估算问题可由以下公式来实现。

$$\min \Omega_i(t) = \sum_{ji=1}^{J_i} w_{ji}^2(t) \times H_{ji}^2(t), \forall i \tag{4}$$

$$\text{s. t.} \sum_{ji=1}^{J_i} w_{ji}^2(t) = 1 \text{ and } w_{ji}^2(t) > 0, \forall i \tag{5}$$

因为上述问题可用拉格朗日函数的形式改写，并用库恩—塔克条件解决。因此，我们可以很容易地推导出 $w_{ji}^*(t)$ 的最佳的方案为

$$w_{ji}^*(t) = \frac{1}{H_{ji}^2(t) \sum_{ji=1}^{J_i} H_{ji}^{-2}(t)}, \forall ji \tag{6}$$

然后给定受影响区域 i 在给定时间间隔 t 内的累计死亡人数（$X_i(t)$）可以由以下公式进行估算。

$$X_i(t) = \sum_{ji=1}^{J_i} w_{ji}^*(t) \times u_{ji}(t) \tag{7}$$

至此，所有即时死亡人数可通过多源信息融合模型，即时更新给定受影响区域 i 在给定时间间隔 t 内幸存者数量（$S_i(t)$）来预测，公式如下：

$$S_i(t) = \delta_i - X_i(t), \forall i \tag{8}$$

式中，δ_i 代表受影响区域的现有人口，我们假设事先可以从相应的地方政府社会经济数据库找到。一旦 $S_i(t)$ 被估计出来，我们可以通过上述第四个假设以及安全库存的概念计划给定受影响区域 i 在给定时间间隔 t 的即时救济需求（$D_i(t)$）。安全库存是为了避免在各个受影响区域内救援需求大于救援供给的现象。因此，我们建议的动态救济需求预测模型可由下公式表示：

$$D_i(t) = a \times S_i(t) \times \overline{L} + z_{1-\alpha} \times VAR_i(t) \times \sqrt{L} \tag{9}$$

式中，a 是一个参数表示受影响区域 i 内每个幸存者平均每小时需要救济的需求，$\overline{L}$ 是一个参数预先设定分发救济物资到给定受灾区域的交货时间上限，该上限可以由系统决策者预指定；$z_{1-\alpha}$ 代表当时变救援需求短缺的容忍度为 a 时的各自的统计值。$VAR_i(t)$ 代表与受影响的区域 i 在时间间隔 t 内的临时变化性，可由以下公式得出：

$$VAR_i(t) = \sqrt{\frac{\sum_{\varepsilon=0}^{t=1} \left[D_i(t-\varepsilon) - \overline{D_i}(t) \right]^2}{t}} \tag{10}$$

$\overline{D_i}(t)$ 表示随时间变化的预测救援需求的平均值，可由以下公式得出：

$$\overline{D_i}(t) = \frac{\sum_{\varepsilon=0}^{t=1} D_i(t-\varepsilon)}{t} \tag{11}$$

值得注意的是，在公式（9）中，在 $\overline{L}$ 期间的潜在救灾物资短缺量为 $z_{1-\alpha} \times VAR_i(t) \times \sqrt{L}$。这种提法源于安全库存的概念，它被广泛用于正常库存控制。其中，考虑到救灾

物资短缺的概率（α）和对受影响区域的分发救济物资进展的上线（$\overline{L}$）的上限的因素，下面的救灾物资需求条件成立。

$$P(\overline{L} \leq a \times S_i(t) \times \overline{L} + z_{1-\alpha} \times VAR_i(t) \times \sqrt{L}) = 1 - \alpha \qquad (12)$$

上述用以解决救援需求短缺的简化处理方法经营在应急救援的情况下是合理的。特别是，该模型考虑在关键救援时期数据处理和物流分资源分配上所花费的时间。这也说明我们考虑在救援发放进展上限（$\overline{L}$）比仅考虑可变的交货时间更加合理，因为仅考虑可变的交货时间为动态救济需求预测模型带来了不确定性。

（二）受影响区域分组

为方便救援需求的分配，这一阶段的目标是通过拟议多准则模糊聚类技术对受灾地区进行分组。这种机制对与动态分配应急物流动态资非常重要，特别是在救灾供给和相应的物流资源小于大规模灾后的需求情况下更为重要。

模糊聚类改编自经典的聚类方法，不仅适用于数据压缩也适用于数据分类。与传统的聚类边界清晰、指定基准分配到一个特定的集群相比，模糊聚类技术更加灵活。在现实中，许多实际情况下很难准确界定集群之间的边界。此外，一些数据点可能属于多个具有不同程度的可能性集群，如本课题研究中所展示的受影响区域受损程度的特征时也会很难界定。

因此，我们提出了一个多准则模糊聚类方法来执行相应的受影响的地区分组机制。这种救济需求处理措施为紧急后勤执行带来好处，不仅为有效地识别区域的救济需求的紧迫性，还可以迅速分配可用资源以已响应不同群体的各种救助需求。我们指定如下五个标准来对受影响地区进行分组。

（1）$e_i^1(t)$ 代表随时间变化的预计的受困幸存者人数和当地人口在给定的区域 i 在给定的时间间隔 t 内的比率，其中 $e_i^1(t)$ 可以通过公式 $e_i^1 = \dfrac{S_i(t)}{\delta_i}$ 得出。直观上，$e_i^1(t)$ 的值如果大则表示相应的受影响区域内的救济需求也紧急。

（2）$e_i^2(t)$ 代表给定的受影响区域 i 内的人口密度，可由公式 $e_i^2 = \dfrac{\delta_i}{Area_i}, \forall t$ 计算得出，其中 $Area_i$ 是某给定受灾区域的表面测量。通常情况下，给定受影响区域如果人口密度较高，大规模灾难后潜在的损害可能更大，因此应分配较高的紧急救援和救济。

（3）$e_i^3(t)$ 代表体弱人口，例如，儿童和老人，在给定受影响区域 i 给定时间间隔 t 内相对于总受困人口数的比例。据有关研究表明，被困灾民生存概率，根据他们的身体条件和受伤严重度随时间降低，而其中儿童和老人可作为体弱群体，救援需求为最迫切。因此，相应的比例在确定救援需求优先级时也应该考虑。

（4）$e_i^4(t)$ 表示当前时间间隔 t 和最先救济到达某受影响区域 i 的时间差。需要注意在应急物流的实际操作中，这个标准可能会依赖于之前的对于救灾物资和发放的决策；上述中时间差越长，相关的受影响区域的救援需求越迫切。

（5）$e_i^5(t)$ 是指建筑物的破坏情况，如在给定的受影响区域 i 给定时间间隔 t 内观察到建筑物严重或彻底破坏。一般来说，建筑物的破坏情况可能反映了对被困人员的生存概率的灾害影响的严重程度。因此，相对严重的建筑损坏可能表示从相应的受影响地区有更紧迫的救灾需求。在上述五个标准中，$e_i^1(t)$、$e_i^2(t)$、$e_i^3(t)$ 是定量测量，通过收集到的数据包括相应的当地人口，表面措施，以及预测的死亡数量来测量。与此相反，$e_i^4(t)$ 和 $e_i^5(t)$ 可能不容易量化特别是在紧急情况下，并在一定程度上必须依靠语言的测量。

根据上述标准的特性，本课题研究将其视受影响区域分组为多准则模糊数据分类问题。设 $E_i(t)$ 为受影响区域 i 的 5×1 的紧迫性标准矢量，公式如下：

$$E_i(t) = \left[e_i^1(t), e_i^2(t), e_i^3(t), e_i^4(t), e_i^5(t) \right]^{\mathrm{T}} \tag{13}$$

与此相对应，上述五个标准嵌入 $E_i(t)$ 来评估给定受影响区域 i 内的救援需求的紧迫性。然而，由于在紧急情况下局势混乱和处理数据时间有限，使用语言来测量这些标准必不可缺。在此我们设计的五个语言术语来方便测量这五个标准"非常高"，"高"，"中等"，"低"和"非常低"（即 VH，H，M，L，VL）。因此，我们有 $\Psi[e_i^n(t)]$ 来表示对每个给定受影响区域在给定时间间隔 t 内对嵌入 $e_i^n(t)$ 的标准 $E_i(t)$ 的语言测量。

下面本文借用了 Sheu 的观点来开发一个基于模糊聚类的算法，该算法进行 3 次连续的程序：①二进制转换，②模糊关系矩阵的生成，③聚类。首先，算法把嵌入到 $E_i(t)$ 中的对标准的语言测量转换成二进制代码，其中每个语言标准由 4 位二进制代码表示，例如，"0000" 表示语言术语"非常低"，"1111" 则为"非常高"。因此，某给定语言紧迫性标准 n 的语言测量 $\Psi[e_i^n(t)]$ 可被转换成与有以下 4 位（即 $\sigma_{i,\ell}^n(t)$ 其中 $\ell = 1, 2, 3, 4$）的二进制代码（$\Psi_i^n(t)$），如下公式所示：

$$\Psi_i^n(t) = \left[\sigma_{i,1}^n(t), \sigma_{i,2}^n(t), \sigma_{i,3}^n(t), \sigma_{i,4}^n(t) \right], \forall (i, n, t) \tag{14}$$

为方便在实际应用中的数据处理，关于 $\sigma_{i,\ell}^n(t)$ 的标准化程序已经给出建议，由相应的 $\sigma_{i,\ell}^n(t)$ 按以下公式给出 $\widetilde{\sigma}_{i,\ell}^n(t)$ 标准值的建议。

$$\widetilde{\sigma}_{i,\ell}^n(t) = \frac{\sigma_{i,\ell}^n(t) - \overline{\sigma}_\ell^n(t)}{STD\left[\hat{\sigma}_\ell^n(t) \right]}, \forall (i, \ell, n, t) \tag{15}$$

$\overline{\sigma}_\ell^n(t)$ 和 $STD\left[\hat{\sigma}_\ell^n(t) \right]$ 分别是 $\sigma_{i,\ell}^n(t)$ 的相应均值和标准差。然后，通过下式我们得出标准化的二进制紧迫性标准（$\widetilde{\Psi}_i^n(t)$）

$$\widetilde{\Psi}_i^n(t) = \left[\widetilde{\sigma}_{i,1}^n(t), \widetilde{\sigma}_{i,2}^n(t), \widetilde{\sigma}_{i,3}^n(t), \widetilde{\sigma}_{i,4}^n(t) \right], \forall (i, n, t) \tag{16}$$

由于受影响区域 I 的数量在第一个假设中已经假设，而 $\widetilde{\Psi}_i^n(t)$ 已由之前的步骤估算得出，随时间变化的 $I \times I$ 模糊相关矩阵（$F(t)$）已估算出来，其中 $F(t)$ 的每个元素（$f_{p,q}(t)$）表示受影响地区 p 和 q 之间的相互关系。$F(t)$ 和 $f_{p,q}(t)$ 的数学形式由下式给出：

$$F(t) = \begin{bmatrix} f_{11}(t) & f_{12}(t) & f_{13}(t) & \cdots & f_{1I}(t) \\ f_{21}(t) & f_{22}(t) & \cdots & \cdots & \vdots \\ f_{31}(t) & \cdots & \cdots & \cdots & \vdots \\ \vdots & \vdots & \vdots & \vdots & \vdots \\ f_{I1}(t) & \cdots & \cdots & \cdots & f_{II}(t) \end{bmatrix}_{I \times I} \tag{17}$$

$$f_{p,q}(t) = 1 - \frac{1}{\beta} \sqrt{\sum_{n=1}^5 \sum_{\ell=1}^4 \left[\widetilde{\sigma}_{p\ell}^n(t) - \widetilde{\sigma}_{q\ell}^n(t) \right]^2} \tag{18}$$

其中 β 表示一个参数用于预定义为 $f_{p,q}(t)$ 上下边界如分别为 1 和 0，j 代表一个给定的位代码。同样值得注意的是，方程（17）和（18）中，$F(t)$ 是一个对称矩阵。根据模糊聚类技术的基本原理，估计的模糊相关矩阵 $F(t)$ 应需要合成操作，这样条件 $\tilde{F}(t)$。$\tilde{F}(t) = \tilde{F}(t)$ 成立，其中 $\tilde{F}(t)$ 代表 $F(t)$ 的复合模糊关系矩阵。为获得 $\tilde{F}(t)$，一个就 $F(t)$ 的每个给定元素（例如 $f_{p,q}(t)$）的最大—最小合成操作固定程序提出如下 $f_{pq} = \max_{i=1}^{I}\{\min[f_{pi}(t), f_{iq}(t)]\}$。上述固定操作要等到上述条件满足才能进行，即 $\tilde{F}(t) \circ \tilde{F}(t) = \tilde{F}(t)$。

下一步根据估计模糊相关矩阵（$F(t)$）的元素（$f_{p,q}(t)$）把受影响区域聚类成几个组。此聚集分组功能需要每隔一定的时间间隔执行一次，直到关键抢救时期结束。要执行这个机制，需要下面四个计算步骤。

步骤 0：初始化计算迭代。令 $t = 1$，设置列的搜索索引 $\vartheta = 1$；输入复合模糊相关矩阵 $\tilde{F}(t)$；开始从 $\tilde{F}(t)$ 的第一列（用 $\tilde{f}_1(t)$ 表示）迭代，令 $p = \vartheta$。

步骤 1：在给定受影响区域内 p 内，删除 $\tilde{F}(t)$ 中和 $p(\tilde{f}_p(t)^T)$ 相关的行。需要注意的是一旦此受影响区域为目标区域，就不在需要在给定时间间隔 t 内对目标区域进行重新聚类分组。因此该算法将 $\tilde{f}_p(t)^T$ 行从 $\tilde{F}(t)$ 中删除简化了聚类分组的过程。

步骤 2：找到 $\tilde{f}_p(t)$ 中的最大元素（用 $\hat{f}_{pq}(t)$ 表示），然后按顺序执行以下聚类步骤。

（1）如果 $\hat{f}_{pq}(t) > \lambda_1$，将受影响区域 q 分配到目标受影响区域 p 的同一组。并删除 $\tilde{F}(t)$ 中和 $q(\tilde{f}_p(t)^T)$ 相关的行，其中 λ_1 是一个预先确定的临界值。否则回到步骤 2 并继续通过上述原则检查 $\tilde{f}_p(t)$ 的下一个元素直到没有元素满足上述聚类分组条件。如果这样从 $\tilde{F}(t)$ 中删除 $\tilde{f}_p(t)$，因为所有的 $\tilde{f}_p(t)$ 元素都已经考虑了。

（2）如果在这个阶段有影响的地区被分配，那么让所有的分配区域成为目标区域（即，令 $p = q$），并返回到步骤 1 来处理与这些目标地区相关的 $\tilde{F}(t)$ 中的元素。否则，令 $p = \vartheta$，并返回到步骤 1，继续下一个受影响区域的聚集分组过程。

步骤 3：当没有列存在时，终止受影响地区的分组算法。否则，回到步骤 1 进行下一次迭代。

（三）救灾需求紧迫性鉴定

这一阶段的主要目的是利用 TOPSIS 这一个著名用于排列备选方案优先顺序的多准则决策（MCDM）方法来确定每个聚集的受影响区组 G 的救济需求的紧迫性。TOPSIS 基本思想是最首选方案不仅仅是和理想的解决方案有最短的距离，还要和反理想的解决方案有最长的距离。从上述 TOPSIS 概念来所，本课题研究开发了相应的决策规则通过评估加权的紧迫性标准向量的相对重要性来确定受影响的区域组的救济需求的紧迫性。下面总结了以 TOPSIS 为基础的决策规则所涉及的主要步骤。

第 1 步，制定评估矩阵

假设通过上述聚类分组过程识别出在给定时间间隔 t 内有 G 个受影响的地区组。然后，我们可以有一个（$G \times 5$）评估矩阵（$\theta(t)$）如下式：

$$
\theta(t) = \begin{bmatrix} \theta_1^1(t) & \theta_1^2(t) & \cdots & \theta_1^5(t) \\ \theta_2^1(t) & \cdots & \cdots & \theta_2^5(t) \\ \vdots & \vdots & & \vdots \\ \theta_G^1(t) & \theta_G^2(t) & \cdots & \theta_G^5(t) \end{bmatrix}_{G \times 5} \tag{19}
$$

在公式（20）中，每个给定的元素 $\theta_g^n(t)$ 代表着某给定受影响地区组 "g" 的某给定的紧迫性标准 n 的平均值，可通过下式计算：

$$
\theta_g^n(t) = \frac{\sum_{\forall i_g \in g} e_{i_g}^n(t)}{N_g}, \forall g \tag{20}
$$

式中，i_g 代表 g 组内的任何受影响地区，N_g 表示属于该组的受影响地区的数字。考虑到这些紧迫性标准的不同的测量尺度，该方法执行一个标准化的程序来验证以下多准则评估过程。因此，每一个 $\theta(t)$ 的给定的元素 $\tilde{\theta}_g^n(t)$ 将进一步规范为 $\tilde{\theta}_g^n(t) = \dfrac{\theta_g^n(t)}{\sum_{g=1}^{G} \theta_g^n(t)}$。

第 2 步，估算标准的权重

在这一步，我们通过熵理论来估算标准的权重。首先，根据以前的资料，某紧迫性标准 n 的熵值（$\eta_n(t)$）可由下式推导得出：

$$
\eta_n(t) = -\sum_{g=1}^{G} \tilde{\theta}_g^n(t) \log[\tilde{\theta}_g^n(t)], \forall n \tag{21}
$$

通过公式（6）我们可以有相应权重（$\bar{w}_n(t)$）由下式得出：

$$
\bar{w}_n(t) = \frac{1}{[\eta_n(t)]^2 \sum_{g=1}^{G} [\eta_n(t)]^{-2}}, \forall n \tag{22}
$$

第 3 步，指定标准化的迫切性标准（$\tilde{\theta}_g^n(t)$）的上下边界

在此，我们将 TOPSIS 使用的"理想的解决方案"和"反理想的解决方案"术语替换为"上边界"和"下边界"来表示的紧迫性标准的界限。因此，这些标准化的紧迫性标准的上下边界（即 $\bar{A}$ 和 $\underline{A}$）的相应设置分别由下面的两个公式给出：

$$
\bar{A} = \{\max_g(\tilde{\theta}_g^n(t)) \,|\, g = 1, 2, \cdots, G; n = 1, 2, \cdots, 5\} = \{A_n^+ \,|\, n = 1, 2, \cdots, 5\} \tag{23}
$$

$$
\underline{A} = \{\min_g(\tilde{\theta}_g^n(t)) \,|\, g = 1, 2, \cdots, G; n = 1, 2, \cdots, 5\} = \{A_n^- \,|\, n = 1, 2, \cdots, 5\} \tag{24}
$$

第 4 步，通过所有紧迫性标准的上下边界分别计算各受灾地区组的欧氏空间分离

也就是说，对于每个受影响的地区组 g，$\bar{A}$ 和 $\underline{A}$ 的总的欧氏空间分离（$\overline{C_g}(t)$ 和 $\underline{C_g}(t)$）计算方法为：

$$
\overline{C_g}(t) = \sqrt{\sum_{n=1}^{5} [\bar{w}(t)(\tilde{\theta}_g^n(t) - A_n^+)]^2}, \forall g \tag{25}
$$

$$C_g(t) = \sqrt{\sum_{n=1}^{5} \left[\bar{w}(t)(\tilde{\theta}_g^n(t) - A_n^-) \right]^2}, \forall g \qquad (26)$$

第 5 步，计算给定受影响的地区组给定受影响的地区 g 组的相对紧迫性指数（$\xi_g(t)$）

$$\xi_g(t) = \frac{C_g(t)}{C_g(t) + \underline{C_g}(t)}, \forall g \qquad (27)$$

基于以上五个计算步骤的 $\xi_g(t)$ 估算，我们可以对这些受影响的地区组的救援需求的相对紧急性进行排序，以方便救灾需求配给和分发。需要注意的是上述两个嵌入到本方法论中的动态机制包括救济需求预测和识别救济需求紧迫性，它们可以每个时间间隔递归执行直至应急物流运作终止。

三、结束语

本课题研究提出了一个救灾物资的需求管理模型来动态响应大规模的灾害的紧急情况下的受灾群众的救援需要。该模型包括三个主要机制：

（1）动态救济需求预测。

（2）受影响的地区分组。

（3）决定救济需求的紧迫性。

在这项研究中所使用的方法包括多源数据融合，模糊聚类和 TOPSIS。通过多源数据融合技术估算累计死亡人数后，可预测各给定受影响区域的随时间变化的救援需求，然后使用模糊聚类的方法对这些受影响地区进行分组，最后通过 TOPSIS 鉴定组的救济需求的紧迫性。

该模型不仅允许估算不确定和混乱状况下的实时救济需求，而且根据对受影响区域的救济需求紧迫性程度的鉴定结果动态分配救济需求。这种动态的救济需求管理机制在以往的文献中很少发现。

尽管如此，救济需求管理的性能仍然有很大的潜力。首先，值得注意的是，该模型用于救济需求管理，是应急物流运作决策工具，其中政府是此模型中真正的决策者。不过，有可能与当地慈善团体以及非政府组织分享预测来救济需求信息以便协调救济供应链，这可能投入更多的研究。此外，可以将更先进的技术纳入框架，不仅改善救济需求预测系统的性能，而且可以提高受影响区域分组和优先级鉴定。与动态的救灾供给和资源分配机制的整合方法也值得研究。这种模型的扩展在实现应急物流管理的最终目标尤其重要。

课题组成员名单

课题主持人： 周海英　广东科学技术职业学院教研室主任

课题组成员： 郑克俊　广东科学技术职业学院副教授

　　　　　　于桂芳　广东科学技术职业学院讲师

　　　　　　喻　晓　广东科学技术职业学院工程师

曾娟子　广东科学技术职业学院助教

参 考 文 献

［1］戴更新，达庆历．多资源组合应急调度问题的研究［J］．系统工程理论与实践，2000，23（9）：52-55.

［2］何建敏，刘春林，尤海燕．应急系统多出救点的选择问题［J］．系统工程理论与实践，2001，8（11）：89-93.

［3］刘春林，何建敏，施建军．一类应急物资调度的优化模型研究［J］．中国管理科学，2001，9（3）：29-36.

［4］刘春林，盛昭翰，何建敏．基于连续消耗应急系统的多出救点选择问题［J］．管理工程学报，1999，13（3）：13-16.

［5］李连宏，王永军，李俊峰，等．多资源非恒定消耗应急调度优化模型研究［J］．北京理工大学学报，2006，26（15）：157-160.

［6］刘北林，马婷．应急救灾物资紧急调度问题研究［J］．哈尔滨商业大学学报，2007，15（3）：3-17.

［7］ABIDI, M A, GONZALEZ, R C. Data Fusion in Robotics and Machine Intelligence ［J］. Boston, MA, Academic.

［8］AKSELROD, D, SINHA, A, KIRUBARAJAN, T. Hierarchical Markov decision processes based distributed data fusion and collaborative sensor management for multitarget multisensor tracking applications. In: Proceedings of IEEE International Conference on Systems ［J］. Man and Cybernetics, 7-10, October, 2007, Montreal, Canada.

［9］AVIV, Y. A time-series framework for supply chain inventory management ［J］. Operations Research 51（2）：210-227.

［10］BAGANHA, M P, COHEN, M A. The stabilizing effect of inventory in supply chains ［J］. Operations Research 46（3）：72-83.

［11］BASIR, O A, SHEN, H C. Sensory data integration: a team consensus approach. In: Proceedings of IEEE International Conference on Robotics and Automation ［J］. vol. 2. 12-14, May, 1992, Nice, France, pp. 1683-1688.

［12］BEZDEK, J C. Fuzzy mathematics in pattern classification. Ph. D. Thesis ［D］. Cornell University, USA, 1973.

［13］CHEN, S J, HWANG, C L. Fuzzy Multiple Attribute Decision Making Methods and Applications ［J］. Springer-Verlag, New York, 1992.

［14］CHEN, F, DREZNER, Z, et al. Quantifying the bullwhip effect in a simple supply chain: the impact of forecasting, lead times, and information ［J］. Management Science 26（3）：436-443.

［15］CHIU, Y-C, ZHANG, H. Real-time mobilization decisions for multi-priority emergency response resources and evacuation groups: model formulation and solution ［J］. Transportation Research Part E, 2007, 43（6）：710-736.

［16］SHANNON, C EA mathematical theory of communication ［J］. The Bell SystemTechnical Journal, 1948, 27（July）：379-423.

［17］SHEU, J-B. A novel dynamic resource allocation model for demand-responsive city logistics distribution operations ［J］. Transportation Research Part E, 2006, 42（6）：445-472.

[18] SHEU, J - B. An emergency logistics distribution approach for quick response to urgent relief demand in disasters [J]. Transportation Research Part E 43 (6): 687 - 709.

[19] SHIONO, K, KRIMGOLD, F. A computer model for the recovery of trapped people in a collapsed building: development of a theoretical framework and direction for future collection. In: Proceedings of the International Workshop on Earthquake Injury Epidemiology [D]. The Johns Hopkins University, July, 1989.

[20] TZENG, G - H, CHENG, H - J, HUANG, T D. Multi - objective optimal planning for designing relief delivery systems [J]. Transportation Research Part E 43 (6): 673 - 686.

[21] YI, W, KUMAR, A. Ant colony optimization for disaster relief operations [J]. Transportation Research Part E 43 (6): 660 - 672.

区域物流规划和发展研究

成都经济区物流一体化形成机理与实现途径研究*

内容提要： 为进一步提升成都经济区的影响力、辐射力，在区域竞争中占据主动，顺应区域经济发展的潮流。2010 年 1 月，成都、德阳、绵阳、眉山、雅安、资阳、遂宁、乐山 8 市签署了《成都经济区区域合作框架协议》，提出从 11 个方面进行专题合作，共同推动成都经济区的建设。至此，成都经济区的范围得到进一步明确，区域合作有了实质性进展。成都经济区内物流、交通、通信设施齐备、经济总量大、商贸服务水平高、人口众多，在西部地区，具备率先实现物流一体化的先决条件。

本文在分析区域经济与区域物流一体化发展的良性互动关系的基础上，从区域经济学、物流学、管理学角度，从理论上就区域物流一体化形成的动因与动力机制、形成机理与演化规律进行了研究，提出了区域物流一体化发展需要经历的四个阶段。以此作为理论基础，通过全面分析成都经济区社会经济发展总体情况及基本特征、物流业发展现状及基本特征，明确了成都经济区物流一体化发展所处的阶段及主要制约因素，揭示了成都经济区物流一体化发展的动因，提出了成都经济区区域物流一体化发展的总体战略框架。在战略框架的指引下，提出成都经济区物流一体化建设应分为三个阶段，对每个阶段的建设时间、主要指标及具体目标进行了任务分解，为成都经济区区域物流一体化形成提出了可操作性的具体建议。期望本文的研究有助于认识区域物流一体化形成的内在规律，认清成都经济区物流一体化发展的基本现状，能够为政府在推动区域经济一体化及区域物流一体化的发展提供借鉴与参考。

一、绪论

改革开放以来，我国城市（区域）经济发展取得了举世瞩目的成就，一大批城市的社会经济发展水平达到国外发达国家的水平，为支撑我国社会经济的发展作出了突出贡献。但是在经济发展过程中，东部、中部、西部地区的发展差距有日益扩大的趋势、同一省份之间的不同城市之间的发展不均衡、同质竞争的现象呈愈演愈烈的态势。为实现构建和谐社会的发展目标，城市之间的共同合作、共同发展已经成为各级政府在推动经济发展中的共识。

2009 年，在应对金融危机的背景下，国务院批复了 8 个上升为国家战略的区域发展规划，获批准的数量超过前 4 年的总和，具体包括：《关中—天水经济区发展规划》、《江苏沿海地区发展规划》、《横琴总体发展规划》、《辽宁沿海经济带发展规划》、《促

* 本课题（2011CSLKT195）荣获 2011 年度中国物流学会课题优秀成果奖二等奖。

进中部地区崛起规划》、《黄河三角洲高效生态经济区发展规划》、《甘肃省循环经济总体规划》、《鄱阳湖生态经济区规划》。另外，2009 年，国务院还批复了 2 个规划纲要和 2 个建议意见，分别为《珠江三角洲地区改革发展规划纲要（2008—2020 年）》、《中国图们江区域合作开发规划纲要》和《关于支持福建省加快建设海峡西岸经济区的若干意见》、《国务院关于推进海南国际旅游岛建设发展的若干意见》。

2010 年，为进一步加快转变经济发展方式，促进经济长期平稳较快发展和社会和谐稳定，国务院出台了《全国主体功能区规划》，其中就国家层面优化开发区域、重点开发区域、限制开发区域及禁止开发的区域进行了详细说明，明确了未来我国区域发展的重点与方向，也进一步指明了未来我国社会经济发展的重要实现途径是区域经济的协调一体化发展。

（一）问题的提出

随着经济全球化的发展和城市化进程的加速，以大城市为核心的都市圈已经成为最具竞争优势的区域发展模式与空间组合形式，促进都市圈发展的动力是区域一体化，其实质在于区域经济的一体化，一体化的本质在于基础设施一体化条件下的人流、物流、信息流、技术流、资金的自由流动，发挥市场在经济和资源配置中的重大作用。在区域经济一体化的进程中，物流交通基础设施的建设往往成为一体化发展的基础及先决条件。例如：北美在 20 世纪 80 年代成立北美经济圈后，区域经济开始明朗起来，物流即是其经济圈内最早实行横向合作的行业之一；欧盟辖区国家间形成了统一的物流市场后，四通八达的交通网络，聚散快捷的航运枢纽，国民待遇的市场规则，使区域内资源共享，优势互补，最终使欧洲区域经济走上了快车道。为了推动亚特兰大区域一体化的进程，亚特兰大成立了相应的区域委员会，其主要任务分为五个部分：交通、社区服务、总体规划、开发服务和支持服务。交通方面的规划包括环绕亚特兰大的 I–285 公路、哈特斯费尔德亚特兰大国际机场以及该区域的铁路通勤系统。

国内主要经济区的建设经验表明，区域发展与区域合作是一体化建设的实现途径。例如：长三角经济区为推动区域经济一体化，建立了长三角区域制度合作长效机制，出台了《长三角地区道路运输一体化发展议定书》、《关于推进长三角地区道路货运（物流）一体化发展的若干意见》、《长三角区域信息化"十一五"合作规划》等措施。为探索区域发展的成功经验，国家发展和改革委员会批准了《珠江三角洲地区改革发展规划纲要（2008—2020 年）》，赋予珠江三角洲地区发展更大的自主权，支持率先探索经济发展方式转变、城乡区域协调发展、和谐社会建设的新途径、新举措。

物流业作为国务院十大产业振兴规划的唯一一个服务业，在促进产业结构调整、转变经济发展方式和增强国民经济竞争力等方面发挥着重要作用，有利于促进区域间协调和可持续发展。物流业的一体化建设是实现区域合作与区域发展所不可逾越的环节，也是经济区区域合作的重要内容。

作为国家批复的成渝经济区的重要组成部分以及成渝统筹城乡改革综合试验区，为进一步提升成都市及周边区域的影响力、辐射力，在区域竞争中占据主动，顺应区域发展的潮流。2010 年 1 月，成都、德阳、绵阳、眉山、雅安、资阳、遂宁、乐山 8 市签署了《成都经济区区域合作框架协议》，提出从 11 个方面进行专题合作，共同推动成都经济区的建设。至此，成都经济区的范围增加为 8 市，在区域合作的难度进一步加大的同时，区域合作迈出实质性进展。成都经济区内物流、交通、通信设施齐备、经济总量大、商贸服务水平高、人口众多，具有实现物流一体化的先决条件，通过深入研究成都经济区物流一体化的形成机理，确定成都经济区物流一体化的战略框架，提出推动成都经济区的物流一体化发展的实施措施，能够支撑成都经济区的健康、协调、可持续性发展。

本问题的提出主要基于以下几个方面的考虑：

（1）从理论上看，关于区域物流一体化的形成、发展、演化，区域经济与区域物流一体化的互动关系，区域物流一体化的政府政策与工作机制问题认识不清、理论不完善，容易造成资源的低效率利用、难以实现物流一体化与产业链一体化、区域经济一体化的良性协同发展。

（2）从现实上看，区域经济一体化下的物流产业发展、中西部地区承接东部地区产业转移所需的物流配套服务、产业的转型与升级发展所需的物流技术与模式创新发展，无不需要区域物流一体化的模式、机制的支撑。否则，区域经济一体化的目标不能实现、产业转移的效率不能提高、产业转型与升级的步伐不能加快。

（二）国内外研究综述

国外对于物流一体化的研究包括：物流一体化、供应链一体化两个方面。1962 年，著名的管理学家彼得·德鲁克在《财富》杂志上发表了题为《经济的黑色大陆》一文，他将物流比作"一块未开垦的处女地"，强调应高度重视流通及流通过程中的物流管理，自此物流活动被企业逐渐开始重视起来。为了降低物流成本，许多公司设立专门的物流部门来统一组织物流业务。Stock，J. R. 和 Lambert，D. M 将物流管理作为企业的重要战略，分析了物流一体化在降低成本方面的巨大作用。Shah，S. K（1989）以 Douwrands. Inc 公司为例，详细分析了公司在重构物流分销系统一体化后取得的巨大收益。Shapiro，J. F.（1992）利用总成本分析以及优化工具定量化分析了物流管理一体化带来的巨大收益。James F. Robeson（1994）在专著 *The logistics handbook* 中系统分析了物流一体化的演进过程，讨论了物流一体化概念的发展、物流一体化引起高度关注的原因、物流一体化演变的三个阶段。

美国著名物流管理专家 BOWERSOX Donald J.、CLOSS David J.（1996）在专著中开篇就对物流一体化的构成、运作过程进行了详细分析，并将物流管理作为供应链一体化的运作过程。亚太物流联盟主席、澳大利亚著名的物流专家指出，物流一体化就是利用物流管理，使产品在有效的供应链内迅速移动，使参与各方的企业都能获益，使整个社会获得明显的经济效益。

Mark S. Fox 等（1993）系统总结了加拿大多伦多大学企业一体化研究所对于供应链一体化的研究成果，提出了供应链一体化的目标与战略框架。GrahamC. Stevens（1993）基于制造企业的视角，提出为增加产业链价值、增加销售，传统的物流过程必须有效整合，实现供应链一体化，为此，必须从操作层、运作层及战略层进行各项业务的协调。Gordon Stewart（1997）在分析供应链一体化评价与考核工具 SCOR（the supply chain operations reference model）发展历史及主要内容的基础上，认为 SCOR 是评价制造业供应链一体化管理的第一个完整的体系。Scott J. Mason、P. Mauricio Ribera（2003）分析了在电子商务环境下，实现供应链管理中仓储和运输系统的整合的重要价值。Zaheeruddin Asif（2005）提出利用 RFID 技术来实现供应链一体化的可行性及技术方案。Bernd Scholz – Reiter（2010）提出在全球供应链中整合制造和物流系统的实施措施。

国外关于物流一体化、供应链一体化的已有研究表明，物流一体化、供应链一体化的概念及结构已经清晰，实现物流及供应链一体化的技术多样化，既有常用的组织及流程再造，又有 SCOR 分析工具，信息技术在其中的作用也日益显现。但是物流及供应链一体化的应用领域，主要在部分行业，如食品行业、IT 行业、零售行业等。对于特定区域范围的一体化研究尚不多见，这是由于国外的行政区划之间的经济联系阻隔较少，经济自由度高所决定的，由于市场机制的作用，国外的区域物流一体化在潜移默化中就逐渐形成了。

在我国，由于不同城市之间各类经济活动受到诸多机制、体制的约束，尚不能实现物流、资金流、信息流的自由流动，以及我国物流管理的机制、体制尚未完全理顺，这些均导致了我国的区域物流一体化进程较为缓慢。近些年来，由于区域经济一体化的进程的加快，进一步推动了区域物流一体化的发展与理论研究。国内学者在区域物流一体化研究方面，主要从长江三角洲经济区、珠江三角洲经济区、长株潭城市群经济区、京津冀经济区、山东半岛经济区以及武汉城市圈经济区等六个区域对物流一体化的必要性、实施内容、实现途径及措施等方面进行研究，具体如表 1 所示。

表 1   **国内关于区域物流一体化的主要研究文献**

研究对象	作者及年份	论文题目	主要内容
长江三角洲经济区	钱廷仙（2006）	长三角物流一体化的推进	物流一体化障碍与措施分析
	沈阳（2009）	长江三角洲物流产业一体化效应研究	物流一体化实现途径与建议
	陶进，姚冠新（2005）	长三角区域物流一体化与区域经济一体化互动机理及规划探讨	区域物流与区域经济互动机理、区域物流规划的现存问题及基本思路
	刘辉（2008）	长江三角洲物流一体化的实现途径研究	物流一体化实现途径与建议
	揭毅（2008）	长三角物流一体化建设对策研究	物流一体化网络构件的对策
珠江三角洲经济区	后锐，朱福良（2006）	经济全球化环境下泛珠三角区域物流一体化动因及其模式研究	物流一体化动因与模式
	梁金光，靳文舟，罗钧韶（2009）	构建珠三角物流一体化构想	物流一体化的思路和框架、主要任务

续 表

研究对象	作者及年份	论文题目	主要内容
长株潭城市群经济区	张思军（2006）	长株潭物流一体化战略探讨	物流一体化的战略意义、有利条件、面临的困难及建议
	李葵模，曹东（2010）	长株潭物流一体化建设与湖南经济发展的思考	物流一体化协同发展的关键问题、协同效应
	彭云飞，邓勤，欧阳国梁（2009）	"两型社会"建设与区域物流一体化战略框架构建——以长株潭为例	区域物流一体化战略框架、建议
	曾玲燕（2008）	长株潭城市群物流一体化发展规划研究	物流一体化发展基础理论、影响因素与发展趋势、节点规划及政策建议
京津冀经济区	韩向雨，刘洋，申金升（2009）	京津冀区域物流一体化发展若干思考	京津冀区域物流合作的现状及对策建议
	焦文旗（2008）	京津冀区域物流一体化研究（课题）	京津冀区域物流一体化必要性及可行性分析、文化因素分析、障碍因素分析
山东半岛经济区	王鑫（2010）	山东半岛经济区物流现状分析及现代物流一体化发展研究	山东半岛物流存在的不足及发展的优势和机遇、物流一体化的发展策略
武汉城市圈经济区	徐国虎（2009）	武汉城市圈区域物流一体化障碍因素分析	物流一体化障碍因素
温台区域物流一体化分析	吴翔宇（2008）	温台区域物流一体化分析	物流一体化的可行性分析、制约因素、措施

从表1的分析可以看出，区域物流一体化的研究已经成为国内学者关注的热点，研究的焦点主要集中在物流业一体化的可行性、制约因素、模式、影响因素、实现途径与对策，但是对区域物流一体化的形成的动力机制、形成机理及演化规律等基础理论的研究尚显不足，难以全面解释物流一体化在区域经济功能区发展中的重要作用，不利于物流一体化下的具体措施的制定与实施。

（三）课题研究理论与现实意义

本课题研究的理论与现实意义主要包括以下两个方面。

1. 理论意义

通过成都经济区物流一体化基础理论研究，有利于完善区域物流一体化的动力机制、形成机理与演化机制等理论研究、有利于揭示区域经济发展与区域物流一体化的互动关系，其次，通过成都经济区物流一体化实现途径的研究，有利于完善区域物流一体化发展的政府治理模式的研究，从而为区域物流理论体系的完善与发展提供理论支撑。

2. 现实意义

通过成都经济区物流一体化现状与特征的研究，能够为成都市经济区内各城市各类物流基础设施（包括物流园区、物流中心、货运场站、物流通道）的规划、建设与管理提供支撑，有利于形成科学的技术规范与管理模式，从而降低区域物流的运作成本，进一步提高物流对产业发展的支撑作用。通过成都经济区物流一体化战略框架与实施对策的研究，有利于统一协调区内各城市物流管理的体制、机制，有利于协调各类政策措施，形成发展合理，有利于加快物流市场的培育、壮大物流企业，提高物流产业发展水平，推动物流产业与区域经济的良性互动发展。

（四）主要研究内容与技术路线

本课题的研究主要分为几个工作阶段：

（1）研究区域物流一体化发展的基础理论，重点揭示区域物流一体化与区域经济之间的相互作用关系、区域物流一体化的动力机制、形成机理与演化规律。

（2）全面分析成都经济区物流一体化发展的现状，归纳总结物流一体化发展的阶段及主要障碍、基本特征。

（3）系统提炼成都经济区物流一体化发展的动因与战略框架，在发展现状分析与特征的基础上，揭示成都经济区物流一体化形成的动因。

（4）提出成都经济区物流一体化的实现途径。具体分为三个阶段，分析区域物流一体化实现的主要举措。

本课题的技术路线如图1所示。

二、区域物流一体化基础理论分析

物流业是区域经济发展的基础保障，其水平与质量一定程度上反映了整个区域经济运行的效益与效率，也是衡量区域经济竞争力的重要指标之一。物流一体化是物流产业组织形式成熟与发展的产物。基础条件是第三方物流高度发达、社会物流需求充分释放、物流供给设施协调统一；运作过程是通过专业化的物流管理人员及作业人员，利用合适的物流设施、设备，按照标准化的操作流程，完成各项物流服务；目标是整合各项物流资源，实现物流系统协同、有序与高效。

区域物流包括了区域内部与区域之间两个空间范畴。它的一般含义是指在一定的区域范围内，以大中型城市为中心，以区域经济规模和范围为基础，结合物流辐射的经济范围，将区域内外的各类物品从供应地向接受地进行有效的实体流动。根据区域物流基础设施条件，将多种运输方式及物流节点有机衔接，并将物流基本活动有机集成，以服务于本区域的经济发展，提高本区域物流活动的水平和效率，扩大物流活动的规模和范围，辐射其他区域，提高本区域的综合经济实力。

区域物流一体化不仅是区域经济一体化的重要内容，更是推动区域经济一体化发展的重要手段，其主要作用在于降低区域内物流运行的交易成本和商务成本，促进区域内

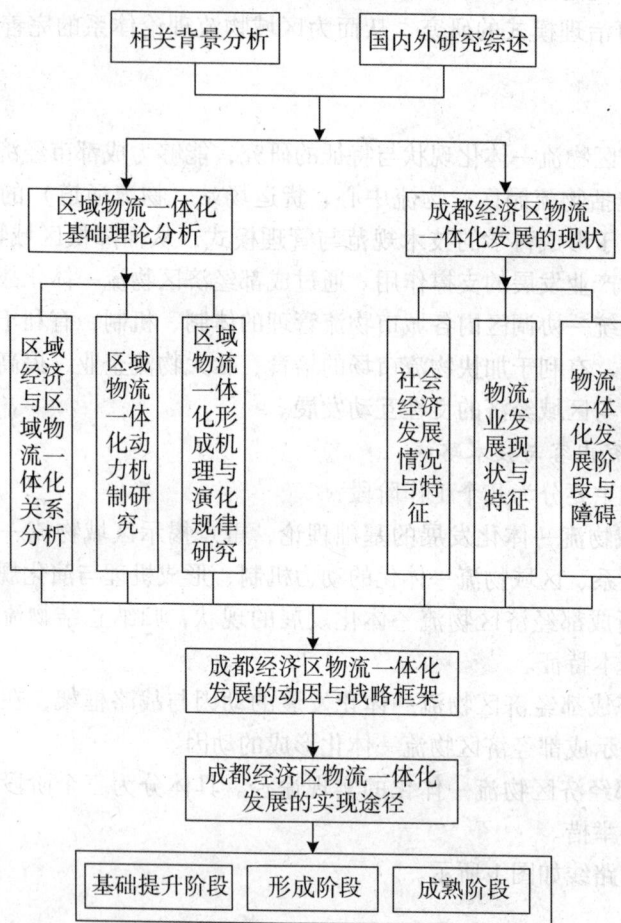

```
┌──────────────┐   ┌──────────────┐
│  相关背景分析  │   │ 国内外研究综述 │
└──────┬───────┘   └──────┬───────┘
       └──────────┬───────┘
       ┌──────────┴──────────┐
┌──────┴────────┐    ┌───────┴─────────┐
│  区域物流一体化  │    │  成都经济区物流    │
│  基础理论分析   │    │ 一体化发展的现状   │
└──────┬────────┘    └────────┬────────┘
```

图1 本课题研究主要技术路线

打破割据和封锁，实现资源的优化配置和经济的协调发展，建立一个网络化的大区域市场体系，提高整个区域经济运行的速度和效益。

区域物流一体化发展将促使区域内一系列资源要素的流动和整合，有助于区域内物流及相关企业之间沟通与合作，扩大企业的规模经济效益，形成区域竞争优势。另外，区域经济的一体化发展，区内的产业结构优化调整，现代产业模式不断涌现，对物流业的服务要求日益增强，进而要求打破区域内部的行政阻隔、技术阻塞以及基础设施的阻隔，实现区域物流一体化发展。因此，需要区域经济一体化与区域物流一体化的发展是相互促进、互为支撑的，同时区域物流一体化又是区域经济一体化中不可缺少的组成部分。要认清区域物流一体化的基础理论，必须要从区域经济一体化的理论出发，揭示区域物流一体化发展的动力机制、形成机理，进而剖析其演化规律。

（一）区域物流一体化与区域经济一体化的互动关系分析

区域经济一体化的名词最早出现是在20世纪40年代的西欧。对于区域经济一体化一词的定义，经济学家艾尔·阿拉格有过这样的描述："到了1950年，专门研究国际贸易的经济学家们赋予这一名词（区域经济一体化，International Economic Integration）一项明确的定义，特别指将不同经济实体结合成较大经济区的一种事务状态或者一种过程。今天这个名词的用法也仅限于这一含义。更具体地说，国际经济整合能消除参与国之间的所有贸易障碍，并建立一定的合作的协调的机制。后者完全依赖于一体化采取的具体形式。"美国经济学家贝拉·巴拉萨在其名著《经济一体化理论》一书中对"经济一体化"的定义也做了明确的阐述："经济一体化既是一个过程，又是一种状态。就过程而言，它包括采取种种措施消除各国经济单位之间的歧视；就状态而言，则表现为各国间各种形式差别的消失。"巴拉萨的这一定义在西方经济学中具有经典性意义。此后许多经济学家关于区域经济一体化的解释，基本上是围绕着"过程"和"状态"而展开的。巴拉萨把经济一体化的进程分为四个阶段：贸易一体化，即取消对商品流动的限制；要素一体化，即实行生产要素的自由流动；政策一体化，即在集团内达到国家经济政策的协调一致；完全一体化，即所有政策的全面统一。

由此可以看出，关于区域经济一体化的讨论，国外主要关注的是国与国之间或地区与地区之间的一体化发展，代表性的区域一体化组织有北美自由贸易区、欧共体和亚太经济合作组织。本文讨论的区域经济一体化是指国内的不同城市之间、不同省份之间围绕着一个或多个共同发展的目标，通过发展规划、基础设施、信息服务、发展政策、技术标准等全方位的合作，打破设施、政策、技术、服务等各类阻隔，实现区域内的要素的自由流动，降低物流成本、交易成本，提高整个区域的竞争力，实现区域社会经济的共同发展的一种过程或状态。

按照区域经济发展的本质与一般规律，要素禀赋的差异以及由此导致的集聚效应是推动区域经济一体化的核心、分工与专业化是区域经济一体化的重要推动力、区域经济发展的均衡发展是区域经济一体化的外在表现。

在区域经济发展的初期，区域内的不同城市之间的要素禀赋的差异在集聚效应及规模经济的作用下，通过分工与专业化，产生了要素向特定区域的大量集聚，进而形成了同类企业的集聚以及同一产业链的集聚，这三种类型的集聚在政策的引导下，在区域内的不同城市之间形成了各具特色的经济功能区。

在区域经济发展的中期，不同城市之间的各个经济功能区由于发展速度的差异、专业化水平的差异，相互之间差异进一步的扩大，区域经济发展的不均衡状态产生。这种不均衡的状态，导致了规模集聚的不经济、地区资源承载力的下降。

在区域经济一体化发展阶段，区域之间的不均衡发展在扩散效应、产业结构的优化升级等共同作用下，走向分工与合作，实现均衡发展，最终实现了区域经济的一体化，主要表现形式有产业的协同、政策的协同以及信息的协同等。

在区域经济的发展的不同阶段，物流产业一直置身其中，在区域经济发展的初期，各城市由于物流要素的差异，形成了不同的物流产业集群（主体为物流企业）。在区域经济发展的中期，为支撑不同特色的经济功能区的发展，各城市形成了独具特色的物流通道、物流节点及物流信息网络。地区间的物流服务体系在区域经济不平衡的状态下，常常表现为通道不畅、节点间的同质竞争以及相互间的信息不能有效共享，并由此加剧了区域经济发展的不平衡程度。在区域经济一体化的发展进程中，物流业为了支撑产业的协调、政策的协同以及信息的协同，自身发生着深刻的变化，这种变化促使了服务模式一体化、设施体系一体化、政策体系一体化、信息网络一体化、产业链一体化等，最终形成区域物流一体化发展。

因此，区域经济一体化与区域物流一体化是一种相互促进的良性互动关系，具体如图2所示。

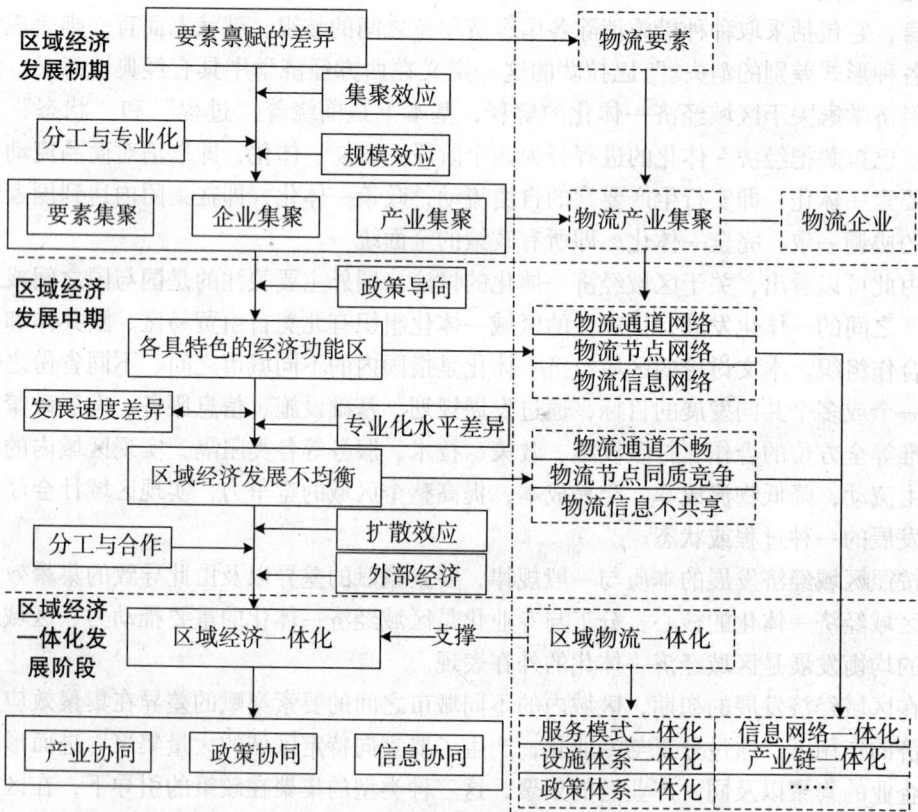

图2　区域经济一体化与物流一体化的互动关系

（二）区域物流一体化的动力机制分析

物流业的产业特性是生产性服务业，其主要作用是服务于国民经济各行业，为此，物流业的设施、设备、作业流程、标准规范必须满足来自各种产业的物流需求的特性，通过与各种产业的融合发展、协同发展来实现自身的发展与壮大。目前，产业链、供应链的一体化是产业发展的方向，为此，作为服务业的物流业同样需要实现自身的一体化发展。另外，作为物流业重要组成部分的物流企业主体之间，在满足日益增长和变化的物流需求时，规模及质量不断提升的同时，为最大限度的降低物流作业成本、提高资源利用效率的过程中，在相互互补、协同的合作过程中，发展成为一种竞合发展关系。为了适应这种关系，对企业之间的战略规划、运营规划、操作流程及相应的服务模式在相互融合，并走向一体化。

因此，区域物流一体化发展的动力可以归结为内生和外在两大动力，内生动力是物流业作为生产性服务业的服务特性，外在动力是物流需求特性。

1. 区域物流一体化发展的内生动力

物流产业的服务特性，决定了物流产业需要融合发展，这种融合体现在两个方面，一是内部融合，二是外部融合。

内部融合是指为了满足各种产业的全程服务需求，物流产业自身的设施设备、技术装备及作业流程需要统一标准，实现无缝链接，以实现全程物流服务的要求。

外部融合是指物流产业的流程、标准、规范、模式需要与外部的生产环节相融合，以减少物流与其他产业之间的阻隔，做到主动对接、主动服务。

内外部融合往往是同时进行的，最终实现的就是物流业与其他产业的联动发展。

2. 区域物流一体化发展的外在动力

物流需求是社会经济活动特别是制造与经营活动所派生的一种物的移动和储存的服务需求。物的流动的服务需求是由于社会生产与社会消费的需要，它受生产力的分布、资源与生产资料的分布、生产制造过程、消费的分布、仓储运输布局等因素的影响。物流需求的主要特性表现为派生性、复杂性、时效性、地域性。

物流需求的派生性说明物流业的需求是一种产业需求，与物流业的产业属性的要求是相一致的。物流需求的复杂性说明需求呈现一定的规律性，又有随机性。这无疑增加了物流业的服务难度，要求物流企业之间需要相互合作，才能降低这种随机性的影响。物流需求的时效性和地域性决定了物流节点、物流通道、物流服务网点必须是广阔的，这就要求物流服务主体的设施布局、通道建设、网点建设需要同力合作，形成一种互补关系。

当然，为了满足有特征规律的物流需求，物流服务主体在合作的同时，还需要相互竞争，促进物流业服务水平的提高。只有物流企业之间建立这种良性的竞合关系，才能实现高水平的区域物流一体化。

区域物流一体化的动力机制如图3所示。

图3反映了区域物流一体化发展的动力是在内生的产业属性所决定的融合发展和外在的物流需求特性所导致的竞合发展的共同作用（流入）下，通过物流产业的协同性、动态性、互补性的传导，输入流程、信息的标准化以及设施、设备的规范化，以及服务模式的一体化，最终促成区域物流的一体化形成，并由此匹配物流业的产业属性以及满足相应的物流需求。这种流入、传导、流出、反馈通过不断往复，来增强并稳固这种一体化的关系。

（三）区域物流一体化的形成机理与演化规律

物流一体化的表现形式有企业内部物流一体化、供应链物流一体化、区域物流一体化。企业内部物流一体化是物流一体化发展的初级阶段，强调将企业内部与物流相关的原材料的采购、物料的管理、生产制造、销售、分配等各项活动的管理进行统一管理，实现采购、生产、销售与物流作业的协调统一。供应链物流一体化是物流一体化发展的中级阶段，是在企业之间的竞争演变为供应链之间竞争的条件下，强调企业专注核心业务，将企业的经营活动与上游供应商和下游分销商紧密合作，拓展产业链条的广度与深

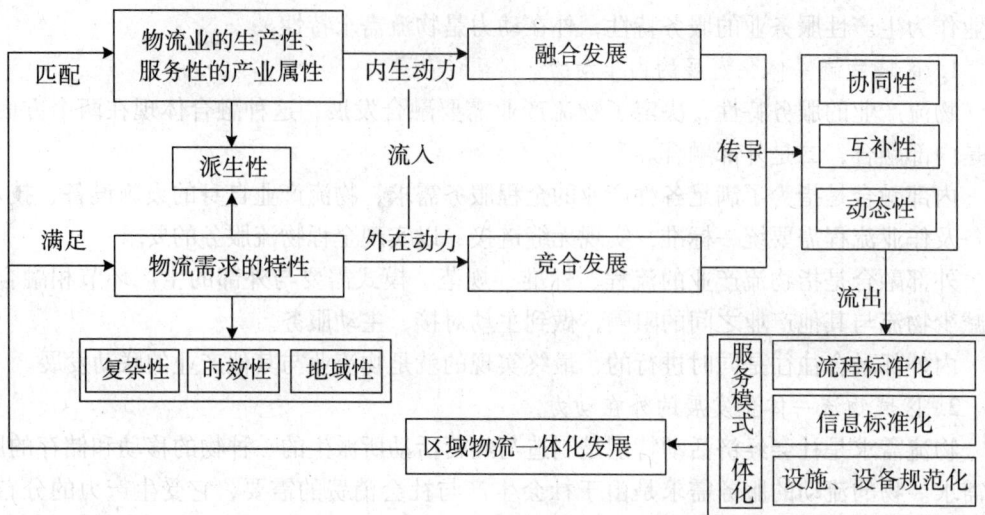

图 3　区域物流一体化发展的动力机制

度，实现供应链的一体化管理。区域物流一体化是物流一体化发展的高级阶段，是社会物流一体化的典型形式。区域物流一体化是在区域协调发展和资源节约型、环境友好型社会建设的形势下，在企业内部物流一体化和供应链物流一体化的基础上，强调社会资源的合理配置与优势互补，物流软硬件条件的标准化与集成化、物流政策的协调统一，提升区域物流的整体竞争力，实现物流产业社会、经济效益的最大化。

区域物流一体化是物流一体化发现的最高阶段，它的发展本身融合了企业内部物流一体化、供应链物流一体化。在区域物流一体化的动力机制作用下，区域物流一体化会经历自我发展、相互竞争、竞合发展、融合发展四个阶段。

1. 自我发展阶段

这是一种以自我需求为中心的发展阶段，这个阶段的特点是物流需求不大、需求量稳定、需求结构简单，需求类型以自营物流为主、社会化物流需求显现不充分。在此环境下，制造、商贸企业按照自身的发展要求、战略定位、服务模式建设物流基础设施、配置设施设备，以此来满足企业自身的物流需求，专业化的第三方物流企业发展开始涌现，但不是物流市场的服务主体。各级政府按照自身的区位条件、产业需求，制定符合自己发展需求的物流产业政策、规划物流节点与物流通道，由此来形成自身的物流服务体系。这个阶段属于区域物流一体化的萌芽阶段，物流活动的效率与效益有所提升，但是不容易出现规模经济。

2. 相互竞争发展阶段

这是一种以自我为主，不断拓展外部服务的发展阶段，这个阶段的特点是物流需求量稳步上升，需求结构开始动态变化，需求类型从自营物流为主，向社会化物流转变，专业化物流服务开始出现。在此环境下，专业化的第三方物流公司开始大量出现，物流业务从公司内部剥离出来，各类物流公司开始整合社会资源、合理配置设施设备来满足外部的物流需求，由于服务功能、业务范围的趋同性，物流企业之间出现竞争关系。各级政府站在立足自身、辐射周边的战略要求，制定物流发展政策，规划物流节点与物流通道、打造物流信息平台，期望成为该地区的物流中心。这个阶段的物流一体化往往表现为企业内部的物流一体化，即企业通过整合物流相关业务部门，成立物流运作部或成立单独的物流公司。这个阶段属于区域物流一体化的雏形阶段，物流活动的效率与效益不断提升，规模经济、专业化分工所导致的第三方物流企业大量涌现、物流基础设施建设步伐加快，物流产业快速发展。

3. 竞合发展阶段

这是一种你中有我、我中有你的协同发展阶段，这个阶段的特点是物流需求快速增加、需求结构复杂且不稳定，需求类型为社会化物流占据主导地位，专业化物流服务体系基本形成。在此新形势下，大量的兼并、重组、战略合作在物流公司之间大量出现，物流企业在制定发展战略、整合物流资源时，注重差异化发展，并关注流程、模式的标准化，构建全程物流服务来实现供应链的一体化，物流企业之间走向竞争与合作共存的发展阶段。各级政府间通过沟通、协商的多种方式，协调各自的物流发展战略，并调整物流相关政策，科学规划物流节点与物流通道，共同构建区域性物流信息平台，共同打造成为各具特色的物流集群。这个阶段的物流一体化往往表现为供应链的一体化，即各类物流企业，围绕着服务完整产业链，提供全程物流服务，共同合作，相互配合，成立跨企业间的合作组织。这个阶段属于区域物流一体化的发展阶段，物流活动的效率与效益快速提升，物流企业的规模不断壮大、物流市场日渐成熟，物流企业数量稳中有降，物流基础设施建设走向理性，物流产业健康、快速发展。

4. 融合发展阶段

这是一种相互融合、共同发展阶段，这个阶段的特点是物流需求充分释放、需求结构复杂且很不稳定，需求类型为社会化物流占主导地位，专业化物流服务体系形成。在此新环境下，物流企业集团成为物流市场的服务主体，物流企业与服务的制造业、商贸业等建立全面战略合作关系，全程物流解决方案成为物流服务的主要类型，物流作业流程、服务模式高度统一，企业之间的合作大于竞争。各级政府间建立定期的物流发展沟通与协商机制，共同制定物流发展战略、物流政策，并在物流节点、物流通道与信息平台的建设过程中，注重互补、互通，最大限度的减少行政阻隔，共同提高区域物流竞争力。这个阶段的物流一体化属于区域物流的一体化形成阶段，它融合了企业物流一体化、供应链一体化、物流政策一体化、物流作业流程一体化等多种方式、多种形式，城市之间、城乡之间的物流活动效率与效益日益增强，物流企业集团大量涌现、物流市场成熟发展，物流产业保持快速、健康、协调发展。

在以上四个发展阶段过程中，企业自建的物流体系、城市规划的物流网络体系，在物流节点以及物流通道的强化、消退、新增特性以及企业之间的竞争、合作、兼并、重组机制的作用下，形成区域物流一体化体系，其演化规律如图4所示。

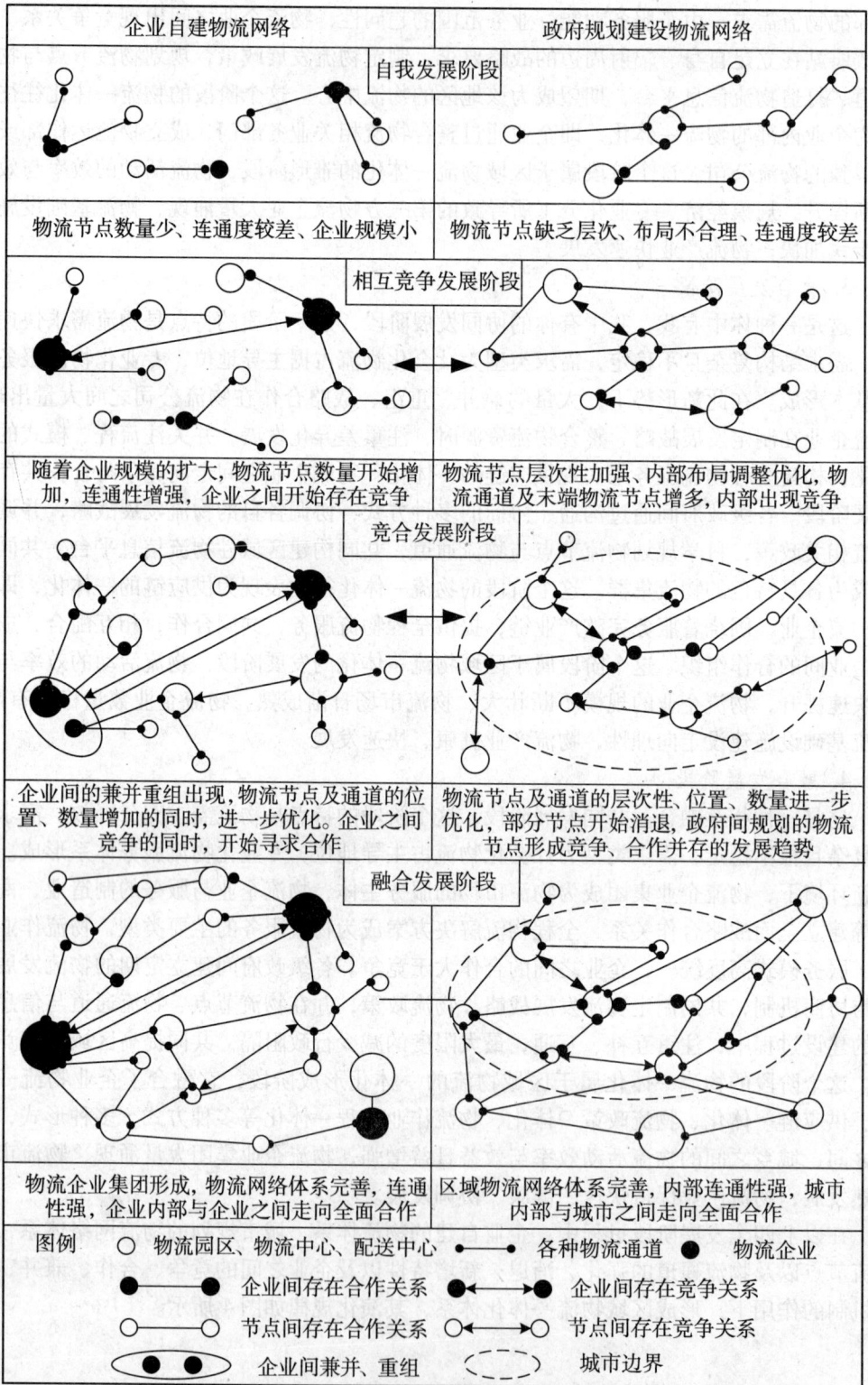

企业自建物流网络	政府规划建设物流网络
自我发展阶段	
物流节点数量少、连通度较差、企业规模小	物流节点缺乏层次、布局不合理、连通度较差
相互竞争发展阶段	
随着企业规模的扩大，物流节点数量开始增加，连通性增强，企业之间开始存在竞争	物流节点层次性加强、内部布局调整优化，物流通道及末端物流节点增多，内部出现竞争
竞合发展阶段	
企业间的兼并重组出现，物流节点及通道的位置、数量增加的同时，进一步优化。企业之间竞争的同时，开始寻求合作	物流节点及通道的层次性、位置、数量进一步优化，部分节点开始消退，政府间规划的物流节点形成竞争、合作并存的发展趋势
融合发展阶段	
物流企业集团形成，物流网络体系完善，连通性强，企业内部与企业之间走向全面合作	区域物流网络体系完善，内部连通性强，城市内部与城市之间走向全面合作

图例　○ 物流园区、物流中心、配送中心　●—● 各种物流通道　● 物流企业
●—● 企业间存在合作关系　　●◄—►● 企业间存在竞争关系
○—○ 节点间存在合作关系　　○◄—►○ 节点间存在竞争关系
⬭（● ●）企业间兼并、重组　　　城市边界

图4　区域物流一体化演化的四个阶段

三、成都经济区物流一体化发展现状与特征分析

成都经济区作为国务院重点建设的成渝经济区的重要组成部分，其发展与形成经历了多个阶段：

（1）2006年1月，四川省"十一五"规划明确提出要根据资源条件、地理区位和发展潜力，在充分发挥各地区特色与优势、保护和引导好各地区加快发展积极性的前提下，通过发展经济和人口转移，逐步形成特色突出、优势互补的成都、川南、攀西、川东北、川西北生态5大经济区。其中，成都经济区包括成都、德阳、绵阳、眉山、资阳等五市，如图5所示。

图5　四川省"十一五"规划确定的五大经济区

（2）2006年3月，成都、眉山签订了"成都经济区"提出后的首个区内城市间合作协议。之后，眉山市6区县与成都12个区市县先后建立合作关系。

（3）2008年4月，成都、资阳召开区域合作联席会并举行有关合作协议签字仪式，合作开发成资工业集中发展区、三岔湖，议定了《成都—资阳区域合作工作协调机制》。

（4）2010年1月30日，成都经济区区域合作联席会召开第一次会议上，成都、德阳、绵阳、雅安、眉山、资阳、遂宁、乐山八市共同签署了《成都经济区区域合作框架协议》，提出从发展规划、基础设施、重大产业、环境保护、科技工作、文化和旅游、

金融、市场环境、公共服务和社会保障、社会管理、开放合作等 11 个方面加强区域合作。

（5）2010 年 1 月 31 日，资阳、眉山正式接入区号 028。

（6）2010 年 4 月，成都、德阳、绵阳、遂宁、乐山、雅安、眉山、资阳八市共同签署了《成都经济区劳动保障区域合作框架协议》，8 月再签《成都经济区劳动保障区域合作社会保险工作框架协议》。

自此，成都经济区形成，包括成都、德阳、绵阳、遂宁、乐山、雅安、眉山、资阳等行政区划范围（如图 6 所示）。截至 2009 年年底，区内拥有常住人口 3720.4 万人，占全省总人口的 45.5%；幅员 8.6 万平方公里，占全省的 17.7%；经济总量 8373 亿元，约占四川省的 59.2%，是四川乃至西部地区腹地面积最广、聚集人口最多、经济总量最大、社会发展水平最高的区域。成都经济区地处平原，初步形成了较为完善的综合交通体系，商贸业及物流业发展在西部地区处于领先水平。

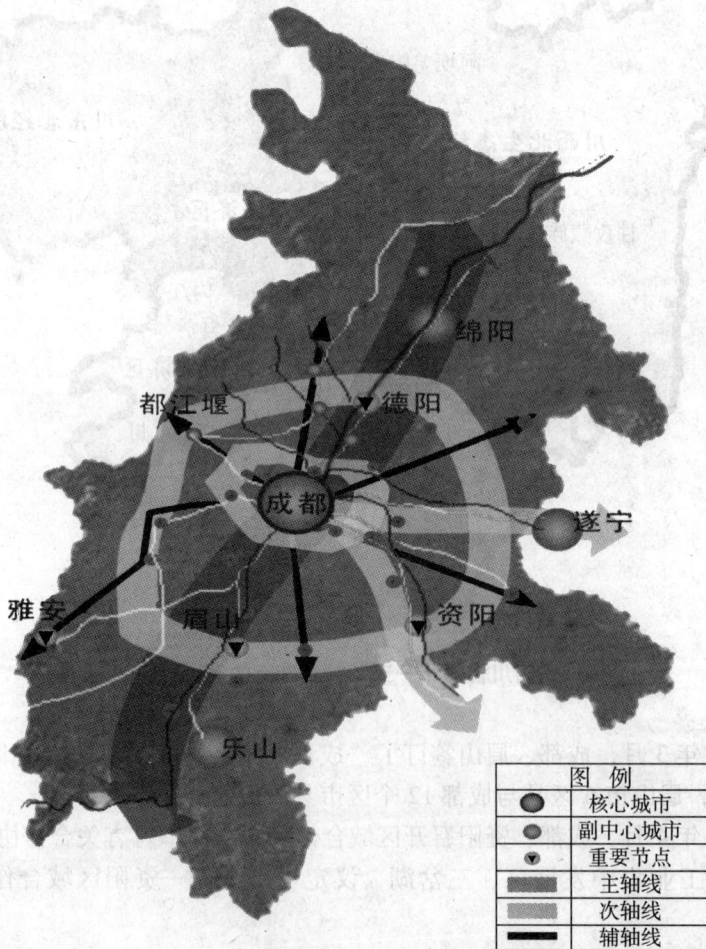

图 6　成都经济区总体开发格局图

（一）成都经济区社会经济发展现状及特征分析

为全面了解成都经济区内各城市社会经济发展的总体情况，从 2006—2009 年地区生产总值及增速、三次产业结构及其变化、社会消费品零售总额、支柱产业、主要工业园区等方面进行具体分析。

1. 地区生产总值及增速

成都经济区八市的地区生产总值从 2006 年的 5187.74 亿元，增加到 2009 年的 8372.97 亿元，年均平均增速接近 18%，经济发展速度保持平稳快速发展趋势，有力克服了 2008 年汶川地震带来的不利影响。其中，成都市的经济总量超过 50%，超过其他 7 市的总合，呈现"1＋7"的经济发展总体格局，如图 7 所示。

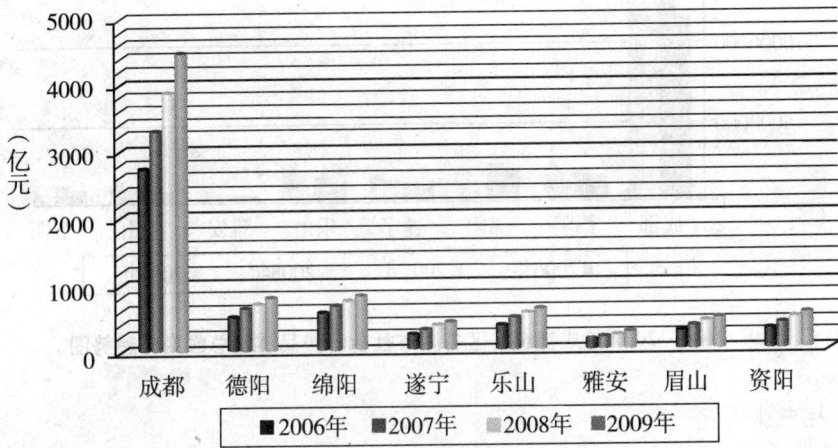

图7　2006—2009 年成都经济区内各城市地区生产总值变化趋势图

2. 三次产业结构及其变化

成都经济区的三次产业总值由 2006 年的 738.64：2373.9：2075.22 调整为 2009 年的 1021.45：3998.56：3352.96，第二产业增加值提高 2%，第一产业增加值减少 2%，较四川省 16：47：37 的产业结构，成都经济区的产业结构进一步优化，如图 8 所示。

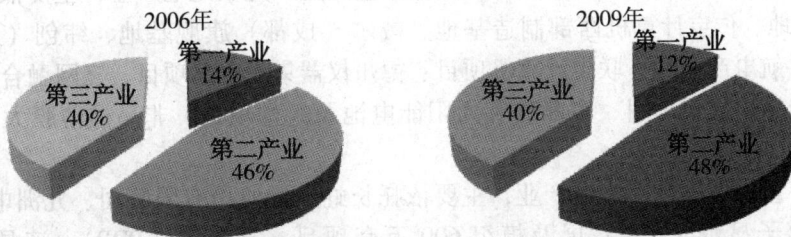

图8　成都经济区三次产业结构变化趋势图

3. 社会消费品零售总额

成都经济区八市的社会消费品零售总额从 2006 年超过 2000 亿元，增加到 2009 年的 3513 亿元，年均增速超过 19%，表明城乡居民消费势头强劲，其中，成都市的社会消费品零售总额接近 60%，与其作为西南地区的商贸中心的地位相一致，如图 9 所示。

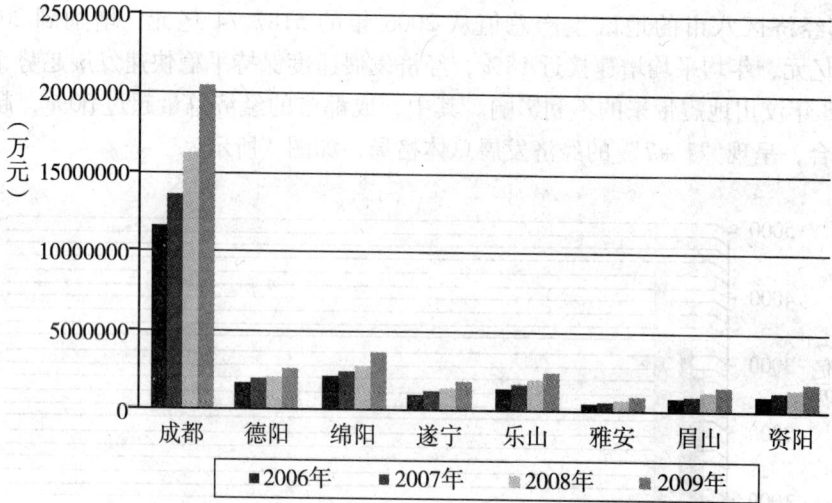

图 9　2006—2009 年成都经济区各城市社会消费品零售总额变化趋势图

4. 支柱产业情况

成都经济区是四川省乃至全国的电子信息产业、装备制造产业、汽车产业、化工产业、服装鞋业产业的重要基地。各城市结合自身产业实际，形成了具有独特优势的支柱产业。

（1）电子信息产业

主要集中在成都经济区内的成都、绵阳、乐山、遂宁和区外的广元市。2010 年四川的规模以上电子信息制造业的销售产值是 1440.12 亿元，增幅为 45.3%，全国排名第 9 位。预计到 2015 年四川省电子信息产业有望主营收入超过 1 万亿元，2010 年，仅有江苏和广东两地产值突破万亿。

成都市重点发展集成电路、软件及服务外包产业、光伏光电产业，主要依托富士康（成都）基地、仁宝计算机西部制造基地、戴尔（成都）旗舰基地、纬创（成都）基地、中电科航电产业园、联想计算机项目、德州仪器集成电路项目、三网融合业务传送网络、无线城市建设项目、多晶硅和太阳能电池及组件项目、非晶硅薄膜太阳能电池项目。

绵阳市重点发展数字家电产业，主要依托长虹电器股份有限公司、九洲电器集团，重点发展离子显示（PDP）屏及模组 600 万套项目、等离子（PDP）、液晶（TFT—LCD）等平板电视产业以及数字电视设备、网络产品及集成项目。

乐山市重点发展物联网电子元器件产业，包括射频识别装置、红外感应器、全球定位系统、激光扫描器等信息传感设备，主要依托乐山菲尼克斯半导体有限公司、乐山飞舸模具公司、长飞光纤光缆、乐山无线电股份有限公司、研成科技公司的分立半导体电子元器件、精密电子模具、光纤光缆、半导体硅整流器件研发、射频识别（RFID）应用技术研发项目。

遂宁市重点发展微电子产业，主要依托立泰电子、金湾电子、大雁科、尚明达机电的电子封装模、电子框架材料以及封装、测试、应用项目。

（2）装备制造产业

主要集中在成都经济区内的德阳、资阳、成都市以及区外的自贡、泸州、宜宾。四川的装备制造业在全国占有十分重要的地位，形成了较好的基础和较强的实力，主要集中在机械、电子、冶金、化工、军工等行业。2010年，四川省装备制造产业产销保持同步增长，全年累计完成工业总产值4918亿元，比上年增长33.5%，与2005年相比增长3.4倍，年均增速34.5%，占全省工业总产值的比重达21%。按照规划，到2012年，四川省装备制造产业工业增加值达到1730亿元。到2015年，达到2810亿元。到2020年，达到5600亿元。

德阳市重点发展大型发电成套设备及输变电设备产品、重型机械及容器产品、大型工程施工成套设备产品、大型石油天然气钻采成套设备及煤炭综采设备产品链，主要依托中国第二重型机械集团公司、东方电机股份有限公司、东方汽轮机有限公司、川油宏华公司。

资阳市重点发展机车车辆产品，主要依托中国南车集团资阳机车有限公司。

成都市重点发展航空航天成套装备、大型工程施工成套装备、大型发电成套设备，主要依托成飞集团、成都发动机（集团）有限公司、成都成工工程机械股份有限公司、成都神钢工程机械（集团）有限公司。

（3）汽车产业

主要集中在成都经济区内的成都、绵阳、资阳、德阳。2010年，四川省生产汽车整车25.9万辆，与2009年相比，增长33.7%。预计到2015年，完成200万辆整车产能布局，形成150万辆整车产能，整车产量达到100万辆；汽车制造产业完成工业总产值2500亿元。

成都市重点发展轿车及SUV产品链、中轻型、重型载货车制造产品链、汽车发动机及关键零部件产品链，主要以依托一汽大众成都公司、吉利汽车成都基地、沃尔沃中国西部工厂、成都王牌汽车等整车生产制造基地。

绵阳市重点发展整车、发动机和零部件产品链，主要依托华晨汽车南方基地、富卓集团、中国重汽绵阳基地、川汽富临。

资阳市重点发展中轻型、重型载货车制造产品链，主要依托南骏汽车、汽广西玉柴、韩国现代资阳基地。

德阳市重点发展主要生产轻型卡和工程车产品链，主要依托福田汽车基地。

（4）化工产业

主要集中在成都经济区内的成都、德阳、乐山以及川东北、川南部分城市。按照规划，到2010年，四川省石化产业将实现销售收入2235亿元，工业增加值787亿元，同比均增长19%，到2015年，全省油气化工产业工业增加值达到1250亿元。到2020年，全省油气化工产业工业增加值超过 2300 亿元。

成都重点发展石油化工产业，主要依托成都石化基地彭州园区 1000 万吨炼油、100 万吨芳烃、80 万吨乙烯大型炼化一体化项目，加快建设四川石化产业基地。

德阳市依托以川化控股集团、龙蟒集团、四川宏达、四川鑫峰、川投化工等企业，重点打造硫磷钛及精细化工产业基地，乐山市重点打造盐磷化工生产基地。

（5）服装鞋业

主要集中在成都经济区内的成都市，重点依托投资 30 亿元的成都万贯服装产业园项目、投资 300 亿元的华茂服装产业园以及武侯区武侯鞋都、崇州园区，打造服装、鞋帽产业料。按照规划，到 2010 年，主营业务收入达 220 亿元，年均增长 28% 以上。

5. 重点工业园区情况

成都经济区内各城市围绕着支柱产业及潜力产业，形成了一系列有代表性的产业园区。

在电子信息产业方面，成都高新技术开发区集成电路产业园、软件及服务外包产业园销售收入达到 1400 亿元，绵阳高新技术开发区、绵阳经济开发区数字家电产业园产业规模超过 300 亿元。

在装备制造产业方面，德阳经济开发区发电设备产业园、资阳机车产业园、广汉经济开发区石油机械装备产业园等园区规模超过 150 亿元。

在化工方面，成都彭州石化产业园销售收入超过 500 亿元，遂宁大英县工业集中发展区石化产业园销售收入达到 200 亿元。

在航空航天方面，航空航天高技术产业基地（成都民用飞机产业园、成都航空机载设备产业园）销售收入达到 100 亿元。

在汽车制造方面，成都经济技术开发区汽车产业基地（园区）销售收入达到 1100 亿元，资阳南骏汽车工业园、绵阳汽车产业园、德阳汽车产业园销售收入超过 100 亿元。其中，有代表性的重点工业园区如表 2 所示。

表 2　　　　成都经济区重点工业园区基本情况

城市	园区名称	所在区域	定位
成都市	成都高新技术开发区	高新区	电子信息、生物医药制造及相关生产性服务业
	成都经济技术开发区	龙泉驿区	汽车和工程机械制造业及相关配套生产性服务业
	成都石化基地	彭州市	石油化工制造业
德阳市	德阳经济技术开发区	旌阳区	装备制造、新材料
	广汉经济开发区	广汉市	石油机械制造、医药食品
绵阳市	绵阳高新技术产业开发区		电子信息、汽车制造
	绵阳经济开发区	涪城区	电子信息、化工
	绵阳工业园区		电子信息、新材料

城市	园区名称	所在区域	定 位
遂宁市	遂宁市创新工业园	船山区	电子和电工机械专用设备制造、饮料食品
	遂宁经济开发区		电子信息、生物技术
	中国西部国际工业物流港		现代物流
	遂宁大英县工业集中发展区		化工、纺织
乐山市	乐山市高新技术开发区	高新区	硅材料及光伏、电子和电工机械专用设备制造
雅安市	雅安工业园区	名山县	新材料、金属加工机械制造
眉山市	眉山铝硅产业园区	东坡区	铝、硅产业及深加工
	眉山金象化工产业园区		天然气化工、硝基化工
资阳市	资阳经济开发区	雁江区	汽车零部件、医药加工
	资阳机车产业园		机车车辆及零部件制造业
	南骏汽车产业园		载货汽车及零部件制造业
城市共建	成都—眉山工业集中发展区	彭山县	化工、机械加工、机电一体化、食品工业
	成都—资阳工业集中发展区	简阳市	汽车零部件为主的机械加工业、新型建材

成都经济区社会经济发展的主要特征表现为：

1. 经济发展势头强劲、产业结构不断优化

2006—2009 年，区内各城市地区生产总值，除了遭受地震损失较为严重的德阳、绵阳市以外，平均速度均保持在 15% 以上，其中，资阳市的速度达到了 20% 以上。从产业结构来看，在人均 GDP 突破 3000 美元后，三次结构的比例达到 12：48：40，与库兹涅茨提出的人均 GDP 突破 1000 美元以及钱纳里提出的人均 GDP 在 2000～4000 美元的标准十分贴切，说明成都经济区尚处于工业化中期，这个阶段的时间取决于产业发展的质量、效率与服务业发展的质量、效率，是产业发展的关键时期，决定着成都经济区是否能够较快的走向一个新的高度（如表 3 所示）。

表 3　国外典型产业结构变化的一般趋势

代表人物	人均 GDP（美元）	第一产业	第二产业	第三产业
库兹涅茨（1971）	70	45.8	21.0	33.2
	150	36.1	28.4	35.5
	300	26.5	36.9	36.6
	500	19.4	42.5	38.1
	1000	10.9	48.4	40.7

代表人物	人均GDP（美元）	第一产业	第二产业	第三产业
	<300	48.0	21.0	31.0
	300	39.4	28.2	32.4
钱纳里（1989）	500	31.7	33.4	34.6
	1000	22.8	39.2	37.8
	2000	15.4	43.4	41.2
	4000	9.7	45.6	44.7

注：库兹涅茨模式的人均GDP为1985年数据。钱纳里模式的人均GDP为1980年数据。

2. 产业链协同发展初见成效

区内已形成以成绵乐遂电子信息产业带、成德资装备制造产业带、成德绵资汽车产业带、成乐绵硅产业带、成遂服装鞋业产业带，产业协同发展趋势明显，产业集聚与扩散效应得到了充分体现。

3. 支柱产业基础不牢固、优势不突出

区内已形成的电子信息产业、装备制造产业、汽车产业、化工产业、服装鞋业等支出产业，在产值、产品链、品牌效应、配套能力方面与东部地区尚有一定差距，优势不突出。

4. 区域发展不平衡、差异化趋势不显著

区域经济发展的不均衡现象较为突出，从经济总量及重点工业园区布局上看，形成了成都一家独大，德阳、绵阳为第二梯队，乐山、资阳、雅安、遂宁、眉山为第三梯队的发展格局。同时，各城市之间在产业发展方面，虽然在部分产业发展已形成链状发展的态势，但是同质化趋势仍然显著，产业间的合作、协同发展尚未完全形成、差异化趋势不显著。

（二）成都经济区物流业发展现状及特征分析

成都经济区地处平原，初步形成了较为完善的综合交通体系，商贸业及物流业发展在西部地区处于领先水平。可以从物流业发展的主要统计指标、物流业管理机制、政府在促进物流业发展方面的具体政策措施、物流设施、物流企业等方面反映成都经济区物流业发展的现状及特征。

1. 物流业发展主要指标

根据2010年国家发展和改革委员会最新发布的《社会物流统计核算与报表制度》的核算要求，参照已经面向社会发布物流业统计报告的山东省、深圳市的物流业统计情况，对成都经济区的物流业运行指标进行比较分析，如表4所示。

表4   成都经济区物流业运行指标纵横向对比

物流业运行指标	四川（2009）	山东（2009）	成都经济区（2009）	深圳（2008）
社会物流总额（亿元）	28153.9	86425.5	17173.9	23696.35
占全国的比例（%）	2.9	8.9	1.7	2.6
社会物流总费用（亿元）	2814.3	—	1744.8	1178.39
占全国的比例（%）	4.6	—	2.9	2.1
物流业增加值（亿元）	815.74	2292.1	515.1	734.52
占全国的比例（%）	3.5	9.9	2.2	3.7
物流业固定资产投资额（亿元）	1492.46	1742.8	914.7	—
占全国的比例（%）	6.4	7.5	3.9	—
AAAA级及以上物流企业数	6	49	4	—
全国百强物流企业数	2	10	0	—

资料来源：各地统计年鉴以及山东省、深圳市物流业统计报告

从表4中的数据可以得出以下基本特征：

（1）四川省物流业发展主要技术指标距离地处东部的山东而言，还存在较大差距。社会物流总额占到全国社会物流总额2.9%，社会物流总费用占到全国的社会物流总费用4.6%，占据四川省经济总量的19.8%，高出全国平均水平1.7%。

（2）成都经济区是四川省物流业发展较为成熟的地区，物流业发展的社会物流总额、社会物流总费用以及物流业增加值占到四川省的比例在61%~65%，高出其经济总量占四川省经济总量比例2%~6%。在大型物流企业方面，成都经济区目前有4家，四川省有6家。

（3）成都经济区与地区沿海的深圳市相比，2009年成都经济区的经济总量为8373亿元，2008年深圳市经济总量为7806亿元，两者相当。在社会物流总额方面，成都经济区低于深圳市6522亿元；在社会物流总费用方面，成都经济区高出深圳市566亿元；在物流业增加值方面，成都经济区低于深圳219亿元。总体而言，成都经济区物流业发展水平离深圳有一定差距，特别是社会物流成本偏高，物流产业产值偏低。

2. 管理机制

在成都经济区中，成都、德阳、绵阳、遂宁、雅安、资阳、眉山均已经完成的物流业发展专项规划，明确了物流产业发展的机制，乐山正在制定物流业发展专项规划。区内城市对于物流业发展规划，由市委常委会讨论通过后向外部发布，对于重点物流项目总体规划、控制性详细规划，交由市规划委员会讨论通过后实施。成都经济区已初步形成市级现代物流发展领导小组/开发建设领导小组/市政府主要领导分管—市发改/交通/商务牵头单位—各区县发改/交通/商务机构或物流园区/中心专门管理机构的管理机制。具体如图10所示。

从图10可以看出，成都市的物流业管理机制最为健全，成立了成都市物流业发展

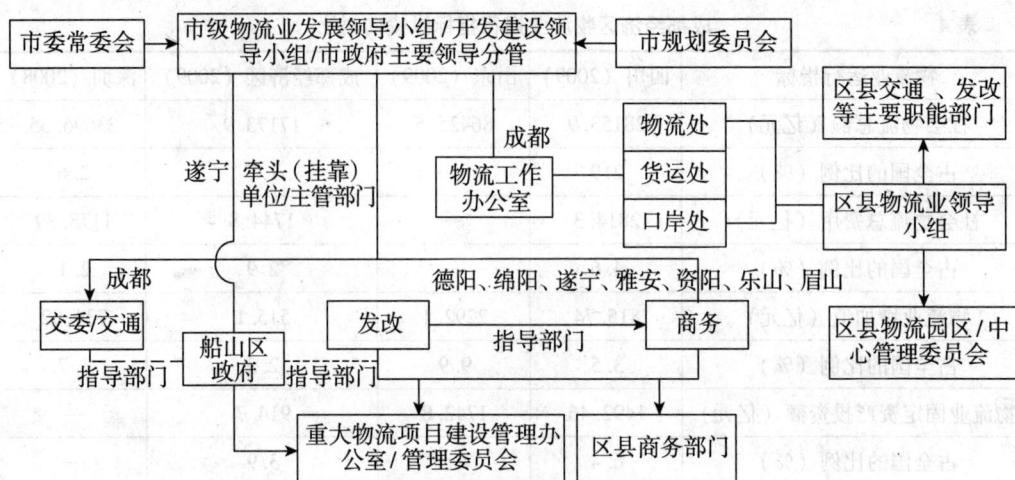

图10 成都经济区内物流业管理机制

领导小组，并设立了物流工作办公室，设立了三个处室来共同推进物流各项工作，成都市大多数区县还成立了区（县）物流业领导小组，规划了重点物流项目的区县还成立了物流园区/物流中心管理委员会负责项目的招商引资及推进基础设施建设等工作。遂宁市设立了市级物流园区开发建设协调小组，并将船山区政府作为重点物流项目建设的具体负责单位，下设有物流园区管理委员会，其他5个城市，均将商务部门作为牵头单位，来推进物流业的整体发展。

3. 物流产业政策

产业政策是政府为了实现一定的经济和社会目标而对产业的形成和发展进行干预（规划、引导、促进、调整、保护、扶持、限制等）的各种政策的总和。对于成都经济区而言，成都市出台的物流产业政策最为完备，主要包括《成都市现代物流项目用地实施意见》、《成都市人民政府关于加快推进现代物流业发展的意见》、《成都市现代物流业发展规划纲要》、《成都市重点物流项目确认暂行实施办法》、《成都市现代物流业发展专项资金管理办法（试行）》、《成都市农资物流体系建设实施方案》，具体有支持性的土地、财税、规费、工商审批、资金政策、企业及通道扶持政策以及引导性的技术推广、人才培养、品牌培育政策。

遂宁市为促进中国西部现代物流港开发建设，出台了《遂宁市中国西部现代物流港开发建设与招商引资优惠政策》和《关于重点物流企业和项目入驻遂宁中国西部现代物流港认定管理办法》；雅安市出台了《雅安市川西物流中心建设规划》；绵阳市出台了《绵阳市区域性物流中心发展规划》。

成都经济区所在的德阳、绵阳、雅安、资阳、眉山等市，在服务业发展规划、商贸流通业发展规划以及物流业发展专项规划中，对物流业发展的有关政策进行了阐述，但是都尚未出台系统性、针对性强的物流产业推进或实施办法，遂宁市仅针对重点项目出台了比较完备的物流产业政策。

4. 主要物流节点

按照成都经济区内各主要城市的物流发展规划以及四川省西部物流中心建设规划的

相关方案，成都经济区内各城市的主要物流节点规划建设情况如表5所示。

表5 成都经济区内主要物流节点

城市	节点名称	所在区域	定位
成都	成都航空物流园区	双流区	建设服务四川、辐射西部、连接世界的枢纽型西部航空物流港
	成都国际集装箱物流园区	青白江区	依托成都铁路集装箱中心站，建设服务四川、辐射西部、通达全球的枢纽型集装箱内陆港
	成都青白江物流园区	青白江区	依托成都铁路枢纽大弯货站，建设服务四川、辐射西部、通达全国的枢纽型铁路散货集散地
	成都新津物流园区	新津县	依托成都铁路枢纽新津货站，建设服务川南、辐射西南、通达全国的枢纽型铁路散货集散地
德阳	黄许物流园区	旌阳区	除满足德阳市工业生产所产生的物流需求外，更承担着辐射周边，集散物资的重要功能
绵阳	新皂物流园区	涪城区	重点满足绵阳市工业以及生产、生活资料所需的物流需求
	龙门物流园区	涪城区	重点满足农产品交易所需的物流需求
	石塘物流园区	涪城区	重点满足现代商贸服务所需的物流需求
遂宁	中国西部国际工业物流港	船山区	建成集普通货运、集装箱运输、现代仓储、配送、中转及装卸搬运、综合信息服务为一体的多功能的现代物流基地
乐山	乐山棉竹物流园	市中区	以普通仓储为中心的专业性汽车配件、辅料和汽车销售市场；以气调仓储为中心的小食品、奶冻品、冷冻食品及地方名小食品批发市场
雅安	华峰物流园区	雨城区	集交易、流通加工、仓储、运输、冷链物流服务一体化的物流园区
眉山	中心物流园区	东坡区	汽车整车及零部件、医药、电子、食品等行业高端供应链物流服务为重点
	仁寿物流园区	仁寿县	以电子、机械、医药等行业基础及高端物流服务为重点
	青龙物流园区	彭山县	为机械、建材、轻纺、石化等行业提供基础及高端物流服务
资阳	沱东物流园区	雁江区	—
	侯家坪物流中心	雁江区	面向资阳城区、辐射周边，逐步发展为区域性物流中心
	养马物流中心	简阳市	依托成都·资阳工业发展区，承接成都东南方向的大量物流，使之成为成都物流中心建设的重要组成部分

资料来源：四川省以及成都经济区内各城市物流业、综合交通规划、商贸流通业规划

物流园区、物流中心是现代物流发挥的重要载体，成都市经济区内的重点物流节点的建设已初见成效，形成了一批在国内具有较强影响力的物流园区，例如：成都国际集装箱物流园区、中国西部国际工业物流港等。

5. 物流企业

据统计，2005 年四川省从事物流的企业超过 5000 家，其中第三方物流企业 200 多家。一批原有的国有物流企业通过重组改制和业务转型向现代物流发展，已成为全省物流市场的骨干力量。一批全国较为知名的物流企业和外资大型物流企业在成都设立办事机构、分公司，物流网点逐步延伸至全省主要城市。多种所有制、不同经营规模和各种服务模式的物流企业构成了各具特色的物流企业群体。

2009 年，四川省现代物流协会和四川省物流统计工作办公室共同组织了对省内的物流企业的调查，按照物流主营业务收入的大小，提出了四川省物流企业 50 强，其中，成都经济区内的物流企业占据了 29 家，接近 60%。如表 6 所示。

表 6　　　　　　　　　　成都经济区内主要物流企业

城市	排名	名称	企业性质	主营业务	备注
成都	1	成都中铁西南国际物流有限公司	国有独资	从事物流和商贸经营等业务。铁路物流运贸经营业务和战略装车点的运营管理	AAAA 级物流企业
	2	中铁二局集团物资有限公司	国有独资	主要以物资供应管理、贸易、仓储、运输、加工、配送、装卸、包装、物流咨询及方案优化设计等为发展方向的现代化企业	中铁二局集团子公司
	4	四川省邮政速递物流有限公司	国有独资	集仓储、封装、配送、加工、理货、运输和信息服务于一体的综合性物流企业	中邮物流子公司
	5	四川通宇物流有限公司	民营企业	提供运输、代理、仓储、装卸配送、加工整理、设备租赁、汽车修理、物流策划等物流一体化服务的大型综合物流企业	AAAA 级物流企业
	7	四川远成物流发展有限公司	民营企业	运输、仓储、装卸、搬运、包装、流通加工、配送、信息处理、物流方案策划等全方位物流服务功能	5A 级物流企业（母公司）
	13	四川金桥物流有限公司	民营企业	以公路运输、航铁运输、仓储服务和配送服务为核心业务的综合性物流企业	
	14	四川杜臣物流有限公司	民营企业	为工业制造业、商贸业、农业等行业客户提供高效供应链一体化服务的专业第三方物流企业	
	19	四川航天天盛物流有限责任公司	国有独资	金属材料销售、销售、运输、仓储、流通加工、配送等为主业的现代物流企业	AAA 级物流企业

城市	排名	名 称	企业性质	主营业务	备注
成都	20	四川西联钢铁有限公司	民营企业	集钢铁贸易、仓储、钢材加工、配送、信息、电子交易为一体的钢铁企业	
	25	成都铁路西南特货国际有限公司	国有控股	经营川、黔、渝"两省一市"铁路冷藏（鲜活、易腐）、大件（长、大、笨及阔大货物）等特货的运输代理、国际联运等业务	AAA级物流企业
	26	招商局物流成都物流有限公司	国有独资	招商局物流在成都的分支结构，主要从事综合物流服务	5A级物流企业（母公司）
	29	东方电气集团大件物流有限公司	国有独资	以大件物流为核心，同时开展货物配送、仓储等业务的一家大型专业物流公司	AAA级物流企业
	34	四川中网通信发展有限责任公司	国有控股	以市场为导向、面向信息通信业的现代商贸、物流、技术支持综合服务企业	
	38	四川金科达物流有限公司	民营企业	铁路与公路专线快运、航空运输、货运代理、仓储、配送、包装服务的综合型物流企业	
	42	四川农资集团蜀龙物流有限公司	国有控股	集铁路运输、五定班列、集装箱班列、汽车运输、仓储、物流配送于一体综合性物流服务商	
	50	成都市雄峰物流有限公司	国有控股	主要从事散装水泥及其他散装粉粒物资运输及销售任务	
绵阳	6	四川长虹民生物流有限公司	国有控股	普通货运、货物专用运输（集装箱）、货运代理，仓储服务、货物配送、物品包装及分装、国际货物运输代理业务	AAAA级物流企业
	35	绵阳市奔驰物流有限公司	集体所有	以公路运输为主，运输网络覆盖全国各地	AAA级物流企业
德阳	8	二重万路运业有限公司	国有独资	大件货物运输为主，集汽车销售及维修、铁路运输，铁路建设等功能为一体的综合性企业	二重机械集团下子公司
	24	德阳飞龙运业有限公司	民营企业	以大件设备运输为主业，集普通货物、集装箱运输、"铁路、公水"联运、货物仓储的综合服务型物流企业	AAA级物流企业
	27	德阳市中大运业有限公司	民营企业	公路货运、货运配载、汽车、摩托车配件销售等为主要经营业务	
	48	德阳旌城运业有限公司	民营企业	—	

续　表

城市	排名	名　称	企业性质	主营业务	备　注
眉山	10	四川眉山顺达汽车运输有限公司	民营企业	集汽车销售、维修、危险品货物运输、普通货物运输于一体	AAAA级物流企业
	46	眉山市姜氏物流有限公司	民营企业	以公路运输为基本业务，同时承接货物存储、搬运吊装、提供货运信息	AAA级物流企业
	47	眉山同盛物流有限公司	民营企业	普通货运，危险货物运输，设备吊装，汽车修理，物资装卸，汽车配件销售，仓储	
乐山	18	峨眉山峨胜物流发展有限公司	民营企业	从事袋装水泥、散装水泥及其他货物运输的专业物流公司	
资阳	32	四川川橡天发物流有限公司	民营企业	以普通货运、危险货物运输、大件运输、集装箱运输、仓储为主，兼营货运中介服务、物流策划、汽车维修及国际货代	AAA级物流企业
雅安	36	四川华峰物流有限公司	民营企业	现代物流服务、建筑材料、仓储运输等	AAA级物流企业
遂宁	39	四川蓬溪国家粮食储备库	国有独资	粮油，食品，饲料，百货	

资料来源：各公司网站及宣传材料

从表6可以看出，成都市是集中物流企业最多的区域，占据了区内29家中的16家，德阳市有4家、眉山市有3家、绵阳市有2家，其他城市各1家。从企业性质来看，国有企业占据13家，集体所有制企业1家、民营企业15家。从物流企业的等级来看，5A级2家（来自母公司）、4A级4家、3A级8家。

成都经济区内的物流企业主要来源于中央国有大型企业在川设立物流分支机构，四川省国有企业分离物流业务，四川省传统运输、仓储、贸易企业转型发展，各地国有企业改制重组，部分公路运输为主营业务的企业是近十年发展壮大形成的，在全国具有极强竞争力、品牌效应显著的川内5A级企业还没有，与成都经济区的物流业发展水平不相匹配。

（三）成都经济区物流一体化发展的阶段及主要制约因素

按照区域物流一体化形成机理与演化规律的分析，区域物流一体化发展分为四个阶段，分别为萌芽阶段、雏形阶段、形成阶段、成熟阶段。

从成都经济区社会经济和物流业发展现状及特征的分析可以看出：

（1）从物流市场的组织主体，物流企业来看，成都经济区内的物流企业基本已从自我发展阶段走向竞争发展阶段，企业物流一体化初步形成，少部分企业从竞争发展走向竞合发展阶段，但是企业的数量多、规模不大、缺乏具有影响力的物流企业集团，物流企业之间的差异化发展表现不足，处于区域物流一体化的雏形发展的后期，正集聚力量向区域物流一体化形成阶段迈进。

（2）从物流市场的主要载体，物流节点来看，成都经济区内的物流节点规划、建设主要立足各自城市的发展战略，自我发展，存在相互竞争的态势。但是，眉山、资阳两个城市在物流节点建设中已经向成都市开始对接，而且这种趋势在"十二五"阶段将表现的更加明显，区域内的其他城市也开始有意识的与成都开始对接、融合发展，物流基础设施的一体化处于区域物流一体化发展的形成阶段的初期。

（3）从物流市场的服务主体，物流需求来看，由于成都经济区内人均 GDP 在 3000～3500 美元，国外发达地区的经验表明，在人均 GDP 达到 7000～10000 美元这个区间后，物流需求大量释放，对物流供给主体的要求越来越高。因此，成都经济区尚未进入物流需求快速释放的发展阶段，物流需求的不足将影响区域物流一体化的进程，预计到"十三五"末期，成都经济区内物流需求将快速释放，而区内的成都市，在"十三五"初期，预计将率先进入需求快速释放的发展阶段，率先带动区域物流一体化的快速发展。因此，从物流需求量来看，成都经济区物流一体化尚处雏形阶段，尚未进入形成阶段。

（4）从物流市场的供需主体的融合程度，即物流业与制造业、商贸业的联动发展关系来看，成都经济区内的电子信息产业、汽车制造业、食品制造业以商贸业中的建材、钢材、汽车摩托车配件市场中率先表现出两者的良性互动发展关系，但是在其他产业中，这种融合发展的态势还不明显，物流供需融合的程度还不够。造成这一现象的主要原因是制造业、商贸业尚处于粗放化发展阶段，对物流服务的需求主要表现为运输、仓储、配送等基本物流功能，对全程物流服务、供应链管理等链式服务的要求还表现的不充分，导致其与物流业发展的紧密度不够，不能实现两者的良性互动发展。实践证明，只有现代制造模式、现代商贸模式才会呼唤现代物流业的高质量发展，才能实现两者的融合互动发展。因此，从产业间的联动发展关系来看，成都经济区物流一体化发展尚处形成的初期阶段。

（5）从物流市场的重要推动力量，物流业发展的机制、体制、产业政策来看。由于物流业的发展涉及多个行业、多个部分，因此，要推进物流业的一体化发展约束条件众多，机制、体制的障碍诸多。虽然成都经济区已经签订了《成都经济区区域合作框架协议》，提出从发展规划、基础设施、重大产业、环境保护、科技工作、文化和旅游、金融、市场环境、公共服务和社会保障、社会管理、开放合作等 11 个方面加强区域合作，并在部分领域已经取得了实质性的突破。但是，仅仅在发展规划、基础设施、重大产业发展均涉及物流业发展的问题，没有明确提出物流一体化的问题。因此，从政府在推动区域物流一体化发展的力量来看，成都经济区物流一体化发挥正处于形成的初级阶段。

总体而言，成都经济区物流一体化发展处于形成阶段的初期，距离区域物流一体化的成熟阶段尚有较长的路要走，造成这一原因的主要障碍，既有客观存在的经济总量不高、物流需求不足、物流企业规模不大、服务水平不足、物流节点协同不够，也有主观存在的政府间物流发展协调机制未完全形成、物流业现有管理机制、体制不通畅的问题。

为推动成都经济区物流一体化进程，政府与市场的力量同样重要。其中，保持经济协调可持续发展、加快结构优化升级与产业成链发展、有效释放物流需求、加快物流企业集团化发展、科学规划物流设施、构建物流一体化协商机制是其中的关键环节。

四、成都经济区物流一体化的动因与战略框架

区域物流一体化的动力机制的分析表明，任何经济区的物流一体化发展，均有着其内外部的推动力。这些推动力要克服障碍与阻隔，必须建立科学、合理的区域物流一体化战略框架，为实现区域物流一体化发展提供战略支撑。

（一）成都经济区物流一体化的动因

虽然成都经济区物流一体化的发展面临诸多障碍，但是经过长时间的发展与积累，区域物流一体化已经处于形成的初级阶段，而且这种发展的势头不可阻挡，这是由区内的产业发展特征、物流需求特征以及外部政策所共同决定的。

1. 政策驱动

区域协调发展和资源节约型、环境友好型社会建设是区域物流一体化的外在驱动力，也是《中共中央关于制定国民经济和社会发展第十二个五年规划的建议（草案）》和国务院《物流业调整和振兴规划》的具体要求，更是《成都经济区区域合作框架协议》的主要内容。区域协调发展的内涵是区域合作与共同发展，实现形式是区域经济一体化，主要途径是产业发展一体化，区域物流一体化是服务业发展一体化的重要组成，同时又是促进第一、第二产业发展一体化的润滑剂。资源节约型、环境友好型社会建设的内涵是强调节能减排、低碳、资源共享，实现人与自然、人与社会的和谐、可持续发展。区域物流一体化的主要目标是实现资源共享和整合利用，通过物流基础设施一体化、物流信息平台标准化、物流作业及物流设施、设备专业化，提高设施、设备利用率，降低社会物流成本，提高物流服务水平，实现节能减排和低碳的要求，满足人民日益增长的物资和精神文化需要。

2. 需求驱动

需求是物流一体化建设的内在动力，脱离了实际及潜在的物流需求，物流一体化的发展与建设都是空中楼阁。首先，成都经济区区内部的物流需求的充分释放以及承接外部区域的中转物流需求是物流一体化建设的主要物流来源。通过成都经济地区各城市在物流基础设施建设、物流信息平台建设上协调分工、物流产业政策上步调一致、物流企业发展上共同培育，成都经济区的物流资源才能发挥最大效用，地区间的物流成本才能合理降低、企业的物流服务水平及辐射范围才能有效提高、物流基础设施的运营效率才能充分发挥，高水平、低成本、宽领域、广区域的物流服务体系才能真正实现，而这正是社会化物流需求释放的重要保证，也是增强外部物流需求吸引力的重要手段。

其次，成都经济区要实现物流产业的协调发展，必须构建物流大通道、消除区域间信息阻隔，降低区域物流壁垒，实现物流软硬件条件的集成利用，这也是区域物流一体化的出发点和主要途径。

3. 产业驱动

产业结构的优势互补和物流软硬件条件集中使用是区域物流一体化的内在驱动力。

首先，成都经济区内各城市优势与主导产业各异，容易形成产业链条，更有利于资源的优势互补。区域内各产业的合作以及产业链条的一体化、产业集聚力的形成，需要区域物流一体化来实现物资、信息的快速流转，以实现区内资源的优化配置，提高区域综合竞争力。其次，成都经济区地处平原，要实现物流产业的发展，必须构建物流大通道、消除区域间信息阻隔，降低区域物流壁垒，实现物流软硬件条件的集成利用，而这正是区域物流一体化的出发点和主要途径。

（二）成都经济区物流一体化的战略框架

在政策、需求与产业的共同驱动下，为实现成都经济区物流一体化，必须确定合理的战略框架。在战略框架的指引下，共同开展各方面的具体工作。

1. 外部经济区域的物流产业与政策是区域物流一体化发展的基础条件

与成都经济区紧密关联的成渝经济区、关中—天水经济区乃至珠三角经济区以及四川省的社会经济发展以及物流业总体水平是成都经济区物流一体化的重要外部条件。准确判断外部经济区的社会经济发展、物流产业的发展现状、趋势与特征是找准自身定位的关键。

成渝经济区发展目标是建成西部地区重要的经济中心、全国重要的现代产业基地、深化内陆开放的试验区、统筹城乡发展的示范区和长江上游生态安全的保障区。关中—天水经济区的总体目标定位是建设成为西部及北方内陆地区的"开放开发龙头地区"，"以高科技为先导的先进制造业集中地，以旅游、物流、金融、文化为主的现代服务业集中地，以现代科教为支撑的创新型地区，领先的城镇化和城乡协调发展地区，综合型经济核心区，全国综合改革试验示范区"。珠三角经济区的战略定位是探索科学发展模式试验区、深化改革先行区、扩大开放的重要国际门户、世界先进制造业和现代服务业基地及全国重要的经济中心。

为此，成都经济区在物流业发展定位中要注意与重庆、西安的差异化发展，要吸取广州、深圳、珠海等地物流业在构建科学发展模式与优化产业结构方面的经验与做法，要支撑成渝经济区西部地区经济中心的建设，要服务现代产业基地的建设，要探索新模式、新技术，特别是要构建低碳物流模式、推行以物联网技术为核心的新型物流信息技术，要构建城乡物流一体化体系，为统筹城乡发展作出贡献。

四川省一直重视物流业的发展，出台了一系列物流业发展的政策措施，物流业在四川承接产业转移方面发挥了重要作用。四川省物流业发展政策是成都经济区物流一体化实现的政策支撑。作为四川省重点建设的五大经济区之首，成都经济区的物流一体化发展过程中措施、手段必须贯彻落实四川省物流业的政策方针，并制成四川省西部物流中心的建设，起到示范作用。

《四川省西部物流中心建设规划》和《四川省第三方物流体系建设规划（2009—2012年）》对成都经济区物流业发展的具体要求包括：

物流节点建设方面，加快包括成都市在内的四园区、四中心的重点物流园区、物流中心建设力度，加大招商引资力度，加快引入第三方物流企业入驻经营；

物流产业集群体系构建方面，以成都、绵阳、遂宁市为中心，加快培育和壮大科技、电子信息等优势产业配套的物流集群；以德阳、自贡市为中心，加快培育和壮大重装物流集群；以遂宁、南充、达州、广元市为中心，加快培育和壮大油气化工物流集群和特色农产品物流集群；以成都、攀枝花市为中心，加快培育和壮大钢铁钒钛制品物流产业集群。

物流企业壮大培育方面，重点引进世界 500 强企业和全球著名跨国物流企业来川设立物流服务外包后台服务中心，推进四川省第三方物流企业与国内外先进企业的合作。加强第三方物流企业知名品牌的保护，鼓励第三方物流企业申请认定四川省著名商标、中国驰名商标和申请国家 A 级物流企业评估认证。力争 2A 以上的第三方物流企业达到 30 家以上。

物流技术运用与信息平台建设方面，以统一采用规范的电子货单为重点，建立公路物流信息平台。以加强信息发布为重点，完善铁路、水运和航空物流信息平台。在整合专业物流信息平台的基础上，加快建设四川省物流综合信息平台。支持第三方物流企业推广应用先进技术、设备和物流标准，推动第三方物流企业信息化建设，提高信息化程度。

物流业管理机制方面，各市（州）应设立与"现代物流发展工作联席会议制度"类似的协调机构，及时解决当地物流发展中的有关问题。

以上政府措施为成都经济区物流一体化建设的主要工作指明了方向，也为区域内物流产业的差异化、协同发展提供了政策支撑。

2. 科学的管理协调机制和完备的物流业政策体系是区域物流一体化发展的组织保障

由于物流产业的多行业属性，覆盖了铁路运输行业、公路运输行业、航空运输行业、水路运输行业、管道运输行业、包装行业、邮政行业、装卸行业、电信行业、商贸流通业等，由此导致了物流业的管理机制必须是跨行业、跨部门的，物流业的产业政策也必须由多部门共同制定、协调执行。

2005 年，我国已形成了由国家发改委、商务部、交通部、铁道部等 15 个部门和行业协会组成的全国现代物流工作部级联席会议制度，加强对全国现代物流工作的综合组织协调。

2009 年出台的《物流业调整和振兴规划》也进一步明确要加强对现代物流业发展的组织和协调，在相关部门各司其职、各负其责的基础上，发挥由发展改革委牵头、有关部门参加的全国现代物流工作部际联席会议的作用，研究协调现代物流业发展的有关重大问题和政策。各省、自治区、直辖市政府也要建立相应的协调机制，加强对地方现代物流业发展有关问题的研究和协调。目前，我国已初步形成了以国家—省（直辖市）为主体的物流业管理体制。但是，在少数省市，仍然是由交通运输厅、商务厅作为物流业的管理部门，与国家现有的发改委作为牵头部门的协调机制不一致。在市一级层面，多头管理、交叉管理的问题仍然比较普遍，许多城市的物流管理主要集中在发改、商务、交通部门，没有明确的牵头部分，致使许多工作难以实质性推动。这些问题，在成都经济区也有表现的比较突出。

在物流产业政策的制定方面，自 2001 年以来，我国先后出台了涉及多部门的促进物流业发展的主要政策有 6 个，国务院出台的规划有 1 个。具体如表 7 所示。

表 7   **中国物流业发展的主要政策**

时间	部门	政策	意义
2001 年	原国家经贸委、交通部等六部委	《关于加快我国现代物流发展的若干意见》	提出现代物流发展的指导思想和总体目标
2002 年	国家经贸委、交通部、海关总署、国家质检总局等六部委	《加快发展我国集装箱运输的若干意见》	加强全国集装箱运输工作的综合组织与协调，加强基础设施建设，大力推动多式联运
2004 年	国家发改委、商务部等九部委	《关于促进我国现代物流业发展的意见》	从税收政策、土地政策、市场秩序等方面明确了物流产业发展政策取向
2009 年	国务院	《物流产业调整和振兴规划》	提出物流业发展的十大主要任务和九大重点工程，指明了物流业发展方向
2009 年	交通运输部等五部门	《关于促进甩挂运输发展的通知》	协调解决试点过程中存在的实际问题，为甩挂运输发展创造良好的外部环境
2010 年	全国现代物流工作部际联席会议办公室	《关于促进制造业与物流业联动发展的意见》	落实鼓励联动发展的政策措施

以上均表明了我国物流产业管理机制和政策体系的跨部门、跨行业特性。

对于成都经济区而言，为推动区域物流一体化进程，必须建立跨市域间的物流管理协调机制，具体形成可以为成都经济区物流发展联系会议制度，该会议可由各市的物流业发展第一负责人轮流担任会议召集人，定期召开会议协商解决区域之间物流业发展的重要问题。在联席会议制度下，可建立相应的管理办公室负责日常工作。另外，为推动物流发展联席会议制度下的发改、交通、商务系统的物流业各项工作的贯彻落实，区内的各城市在物流产业的管理职能方面应进行相应调整，减少部门职能交叉、重复，以便各相关部门能实现业务的完全对接。在物流产业政策的制定方面，可借鉴长三角经济区的相关做法，出台《成都经济区物流一体化发展规划纲要》、《关于推进成都经济区物流一体化发展的若干意见》等具体政策文件，落实联席会议制度的达成的共识，以实现物流一体化发展。

总体而言，区域物流一体化的实现主体是各级政府、中介组织及各类企业，各级政府的主要任务是负责物流产业政策的制定与实施、统筹重点物流基础设施建设、健全物流市场管理模式与手段等，中介组织的主要任务是维护企业合法权益、实施行业调查与统计，并为行业发展规划、产业政策的制定提供合理化建议等，各类企业的主要任务是实现企业内部物流一体化、供应链物流一体化，大力发展第三方物流；主要目标是物流资源的合理配置；实现范围是区域物流一体化，包括城市物流一体化、城乡物流一体化；实现内容是产业政策一体化、物流规划一体化、物流基础设施一体化、物流信息标准化、物流设施、设备及作业标准化。

因此，成都经济区物流一体化的战略框架如图 11 所示。

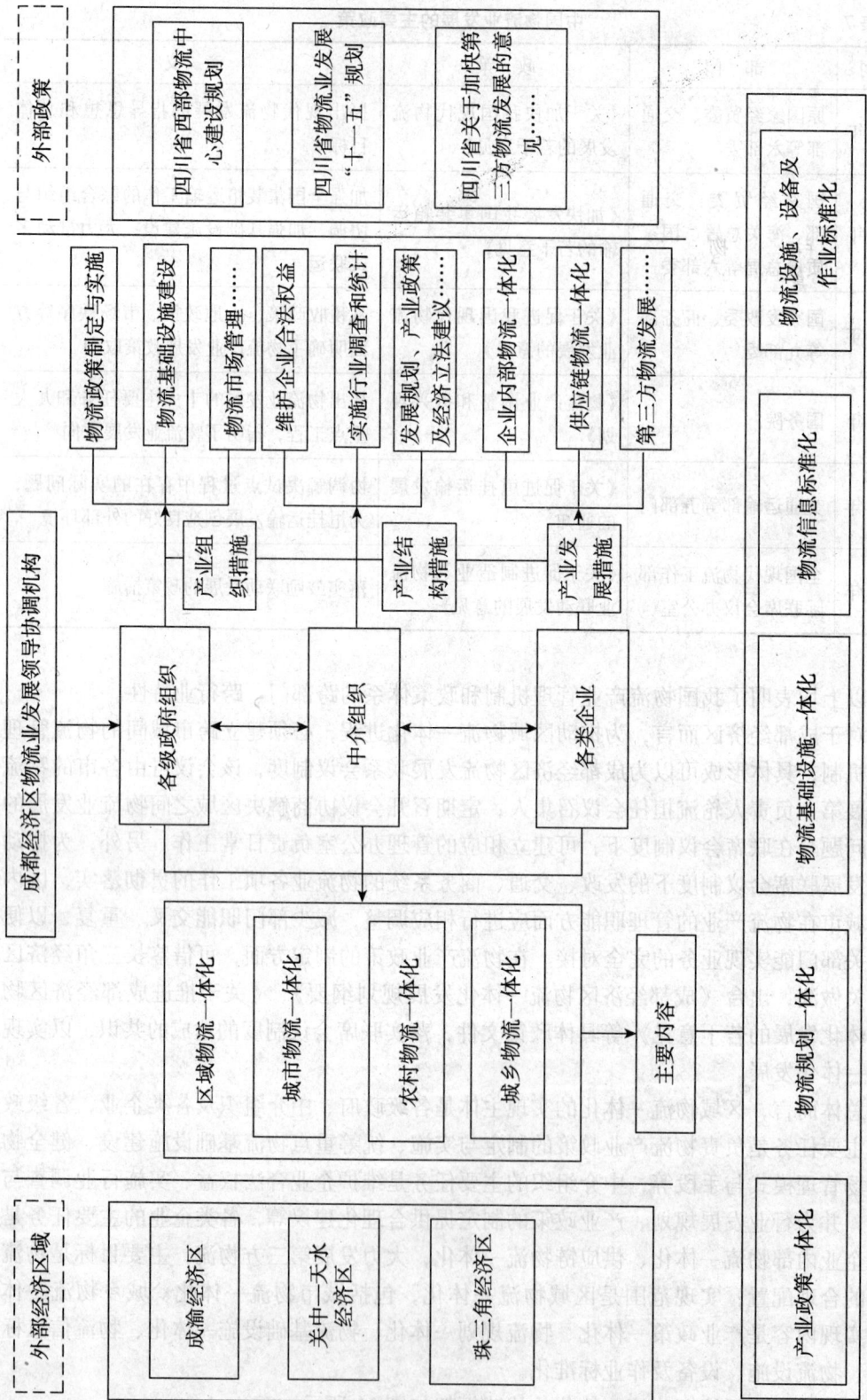

图11 成都经济区物流一体化战略框架

五、成都经济区物流一体化的实施对策与建议

为加快成都经济区物流一体化发展进程，加强物流产业对区域经济及承接产业转移的支撑力度，尽快解决成都经济区物流业发展中存在的物流业产值不高、物流需求释放不充分、物流成本偏高、大型物流企业少、物流管理体制不一致、物流政策措施不健全、区域物流发展不均衡等问题，建议在成都经济区物流一体化战略框架的指引下，分三个阶段推动区域物流一体化发展与建设工作。

（一）基础提升阶段对策与建议

建设期为：2011—2020 年，主要目标为实现区域物流一体化从形成初期发展到形成中期，主要指标为区内产业结构与物流业发展联动发展取得实质性突破、物流成本占 GDP 比例下降到 16% 以下、社会化物流服务比例提高到 50% 以上、一批具有较强竞争力的物流产业集群形成、区域物流一体化工作机制初步建立、产业政策、物流规划实现一体化发展，城市物流一体化形成。

为实现以上目标，可从三个方面开展具体工作：

1. 区域社会经济发展方面

通过承接东部地区产业转移以及自身产业结构调整，进一步优化产业结构，夯实优势工业基础，提升制造业运行质量与水平，发展现代制造工艺；强化特色农业发展优势，通过现代加工、冷链物流服务，提高产品附加值；转变商业流通业发展方式，推行电子交易、流通加工、物流配送及信息服务于一体的现代商贸流通发展，从而提升三次产业的水平。

继续保持经济稳定、快速增长，不断增强成都经济区经济总量，为物流需求的快速释放奠定坚实基础。首先，重点要按照四川省"7＋3"工业发展规划的要求，按照区内各城市工业发展的具体部署及规划要点，协调一致、形成合力，优化产业布局、形成优势互补、互有特色的优势产业集群，实现区内各城市之间的均衡发展；其次，要大力调整经济发展方式，降低能源消耗、减少对环境的破坏，走低碳发展之路。

2. 物流业发展方面

第一，依托重点工业园区、物流园区、大型商贸流通市场及骨干制造企业，加强现代制造、现代商贸、现代农业与物流业的联动发展；第二，要通过培育区内重点物流企业与引进区外大型物流集团相结合的办法，做大做强物流企业，形成企业集团；第三，要通过强化物流服务、降低物流成本等多种形式，引导工业、农业、商贸业物流需求合理释放，提高社会化物流服务比例；第四，要在《成都经济区区域合作框架协议》下，增设物流一体化的内容，成为第 12 个专题，并作为成都经济区区域合作联席会议的主要议题，组建由各市物流业主管市领导以及各市物流业主管部门或牵头单位主要负责人形成的跨区域物流一体化发展领导小组，共同研究并协调物流一体化发展重要事项，实现与其他 11 个专题的衔接，参与周边重要经济区的物流合作，建立成都经济区物流业一体化发展专家咨询小组，为物流一体化建设提供决策咨询服务；第五，要在各地区物流规划过程中，加强沟通合作，重点就物流产业政策、物流设施布局、物流通道建设、公共物流信息平台建设等方向协调一致，形成以成都为中心，各城市相互支撑、互为发

展的差异化物流发展规划，并在此基础上，编制《成都经济区物流一体化发展总体规划》，明确成都经济区物流发展的目标、模式及具体措施，并出台产业政策一体化、物流规划一体化推进措施，进行任务分解，落实到具体单位。

3. 外部合作方面

正确处理成都经济区物流一体化与四川省四大经济区的关系、处理好与成渝经济一体化发展之间的关系，争取成为区域经济发展的示范者、领头羊，为四川省乃至成渝经济区的经济发展提供支撑。

（二）优化完善阶段对策与建议

建设期为：2021—2025 年，主要目标为实现区域物流一体化从形成中期到形成末期，主要指标为区内产业结构与物流业发展融合发展、物流成本占 GDP 比例下降到13% 以下、社会化物流服务比例提高到 60% 以上、物流产业集群与工业集群相适应、区域物流一体化工作机制建立、物流基础设施、物流信息、物流流程等实现一体化发展、城乡物流一体化体系形成。

为实现以上目标，可从三个方面开展具体工作：

1. 区域社会经济发展方面

区内各城市要将社会经济发展的重心从城市转向农村，彻底打破城乡二元结构，实现城乡一体，提高城镇化水平。尤其是要提高特色农业及县域企业的水平与质量，加强农村物流基础设施、商贸网点建设，降低城乡经济发展与配套服务的差距，呈现城乡协调发展。

另外，要继续保持经济稳定、快速增长，不断增强成都经济区经济总量，特别是要加快现代服务业的发展，由此来支撑工业运行水平与效率的提升，要进一步调整经济发展方式，注重田园城市、和谐乡村的建设，实现工业与环境、资源，人与自然的和谐发展。

2. 物流业发展方面

第一，要在现代制造、现代商贸、现代农业与物流业的联动发展基础上，加强完整供应链体系的建设，形成你中有我、我中有你，不可分割的融合发展。第二，要鼓励物流企业之间的强强联合、资源共享，提高物流企业的发展质量，要进一步提高物流企业的技术装备水平、人员素质，形成一批在国内外具有一定影响力的物流企业集团，要加强物流园区、物流中心等重要节点在承担社会化物流服务中的作用，引导物流企业如园经营，提高物流企业的集约化水平。第三，要在《成都经济区区域合作框架协议》和《成都经济区物流一体化发展总体规划》下，进一步出台物流基础设施建设、物流流程规范、物流信息平台建设的一体化推进措施，进行任务分解，落实到具体单位。重点是要共同推进重点物流项目建设，主要是在跨区域铁路、公路、水运航道及机场建设方面、重点物流园区建设方面、重点公共信息平台建设方面，统筹利用资源、减少项目的低水平重复建设，实现项目定位、服务对象、服务区域的协同化，最大限度的提高重点物流项目的运行效率，降低资源浪费。要进一步整合力量，形成合力，积极争取国家及相关部委有关政策支持。主要是在物流企业 A 级企业申报、物流企业税收试点企业申报、物流业调整和振兴专项投资资金申报、农村物流服务体系发展专项资金、国家财政部服务业发展专项资金申报、物流示范城市、物流示范园区、物流示范企业申报，甩挂运输试点地区或企业申报；制造企业和物流企业联动发展试点企业省申报方面相互协调，互相合作，最大限度的拓展成都经济区物流发展环境。

3. 外部合作方面

首先，成都经济区的社会经济、物流业发展要加强与周边的重庆、西安等地的协作，特别是在出海通道建设、区域性物流通道建设、物流政策制定、重点项目建设方面，要签订战略合作协议，以打通成都经济区的外部通道、降低各种要素阻隔，提高区域经济发展的辐射力；在产业发展过程中，要注重周边区域的各种需求，以实现物资的快速周转，提高物流业发展的辐射水平。其次，要加强与东部地区的对接，特别是在承接产业转移过程中，要有所为、有所不为，在引入工业企业的同时，还要引入配套的物流企业及其他下游产业，实现产业链的整体引入，而不是单个节点的引入，由此为区域经济与物流业发展注入强劲动力，带动物流业服务水平的提升。

（三）成熟阶段对策与建议

建设期为：2025 年—，主要目标为实现区域物流一体化进入成熟期，主要指标为区域物流一体化形成、各类要素自由流动、行政阻隔基本消失、物流成本占 GDP 比例下降到 10% 以下、社会化物流服务比例提高到 80% 以上、区域物流一体化工作机制不断优化、城市间、城乡间、农村物流一体化体系形成。

为实现以上目标，可从三个方面开展具体工作：

1. 区域社会经济发展方面

区内各城市社会经济发展的主要任务是进一步优化产业布局、提升产业效率、探索新型发展模式、打破区域之间与区域内部对商品流通、要素流通的限制，最大限度地降低对社会经济发展的行政干预，充分发挥市场的调节作用，实现区域经济发展一体化。

2. 物流业发展方面

在物流业与现代制造、现代商贸、现代农业与物流业融合发展的基础上，进一步完善物流服务的支撑服务功能，促进供应链一体化与产业链一体化的融合发展，形成区域物流一体化服务体系。首先，要构建以大型物流企业集团为核心的物流一体化服务网络，丰富和完善物流服务的形式与内容，加强不同服务网络之间的无缝链接；进一步强化物流一体化服务网络的重要物资载体，物流节点和物流通道的运营管理，提高物流节点的服务效率、技术配置，加强发挥各种物流通道之间的衔接，实现区域物流运行网络的一体化发展。其次，要不断丰富和完善在《成都经济区区域合作框架协议》和《成都经济区物流一体化发展总体规划》的内容与工作机制，建立跨区域的物流一体化实体机构，并赋予其相应的职能与权力，督察、检察并落实区域物流一体化建设的各项工作与成果，将区域物流一体化发展的更为成熟、更具竞争力。

3. 外部合作方面

首先，成都经济区要作为整体，积极参与跨区域的社会经济发展、物流一体化的建设工作，形成跨区域间的协同发展，特别是要加强与泛珠三角地区、长三角地区的物流合作，学习先进地区物流业发展的经验，不断调整自身的区域物流一体化建设内容与发展目标。其次，要通过合作，提高成都经济区物流业的影响力、辐射力，提高区域物流竞争能力。

六、结论

区域物流一体化的形成与发展既是必然的，也是偶然的。必然性体现在区域经济一体化的发展、物流业的产业属性决定了企业内部、相同产业之间、园区内、城市内部、城市之间以及城乡之间的物流业发展会存在相互合作关系，并向物流一体化方向发展。偶然性体现在区域物流一体化发展的速度、规模、水平、质量取决于政府的产业政策、经济发展的水平与质量、关联区域的物流业发展水平等诸多因素，这些因素的优劣对于区域物流一体化是否形成、形成到何种程度、什么时间形成起着关键影响。因此，对于成都经济区的物流一体化发展而言，既要认清这种必然性，又要理解其他外部因素的作用，只有两者相互起来，成都经济区的区域物流一体化发展才能早日实现，成都经济区区域经济一体化才能到来。

课题组成员名单

课题负责人：李国旗　西南交通大学交通运输与物流学院博士、讲师
课题组成员：刘思婧　西南交通大学交通运输与物流学院博士研究生
　　　　　　　张　令　西南交通大学交通运输与物流学院硕士

参 考 文 献

［1］王忠伟. 城乡物流一体化的内容体系的战略探讨——以成都市为例 ［J］. 中国商贸，2009（17）：109－110.

［2］黄福华，周敏. 对构建东北亚共同物流体系的思考 ［J］. 中国流通经济，2007，7：16－18.

［3］梁金光，靳文舟，罗钧韶. 构建珠三角物流一体化构想 ［J］. 交通企业管理，2009（6）：28－29.

［4］赵习频. 基于区域经济的区域物流体系研究 ［D］. 湖北：武汉理工大学，2003.

［5］濮帅. 江苏区域物流一体化模式研究 ［J］. 江苏商论，2009，7：57－58.

［6］焦文旗. 京津冀区域物流一体化必要性及可行性分析 ［J］. 商业时代，2008，18：15－18.

［7］韩向雨，刘洋，申金升. 京津冀区域物流一体化发展若干思考 ［J］. 综合运输，2009（4）：36－39.

［8］后锐，福良. 经济全球化环境下泛珠三角区域物流一体化动因及其模式研究 ［J］. 广东工业大学学报：社会科学版，2006，6（6）：31－34.

［9］王鑫. 山东半岛经济区物流现状分析及现代物流一体化发展研究 ［J］. 江苏商论，2010（4）：53－54.

［10］吴翔宇. 温台区域物流一体化分析 ［J］. 现代企业，2008（1）：43－44.

［11］徐国虎. 武汉城市圈区域物流一体化障碍因素分析 ［J］. 物流工程与管理，2009，31（12）：47－48.

［12］李威松. 物流一体化的成因研究 ［J］. 企业经济，2004，4：38－39.

［13］陶进，姚冠新. 长三角区域物流一体化与区域经济一体化互动机理及规划探讨 ［J］. 商场

现代化，2005（11）：310 – 311.

[14] 华中科技大学公共管理学院. 论物流区域化发展与区域经济一体化 ［EB/OL］. http：// www. shenyang. gov. cn/web/assembly/action/browsePage. do？channelID = 1240220661088&contentID = 1294732905788，2011，6，12.

[15] 叶健. 辽宁促进区域物流一体化 打造东北亚物流枢纽节点 ［EB/OL］. 辽宁日报，2008，6，12.

[16] 百度百科. 区域经济一体化，http：//baike. baidu. com/view/92189. htm ［EB/OL］. 2011，5，20.

[17] 李光辉. 区域经济一体化理论的形成与发展 ［EB/OL］. http：//www. yanbiancom. gov. cn/show. php？bid = d_ shangwu03&no = 1，2011，6，12.

[18] 张锦. 物流规划原理与方法 ［M］. 成都：西南交通大学出版社，2009.

[19] 李昱. 成都电子信息产业攻略 ［EB/OL］. 21 世纪经济报道，2011，3，24.

[20] "十二五" 四川将建三大装备制造基地 ［EB/OL］. 成都日报，2011，6，24.

[21] 张洁莹. 江苏省产业结构分析 ［J］. 河北农业科学，2009，13（6）：116 – 118.

[22] 苏东水. 产业经济学 ［M］. 北京：高等教育出版社，2001.

[23] 彭云飞，邓勤，欧阳国梁. "两型社会" 建设与区域物流一体化战略框架构建 ［J］. 经济地理，2009，29（10）.

[24] 百度百科，物流一体化 ［EB/OL］. http：//baike. baidu. com/view/992764. htm，2010 – 11 – 5.

[25] 德国物流园区协会，西南交通大学. 成都市现代物流发展规划 ［R］. 2004.

[26] 袁奇峰. 从美国区域协作看珠江三角洲一体化 ［A］. 广东第七届改革论坛论文集，2009.

[27] 李国旗. 成都经济区物流一体化：动因与战略框架研究 ［A］. 第一届成都经济区发展与建设论坛，2010.

[28] 国家发展和改革委员会. 珠江三角洲地区改革发展规划纲要（2008—2020 年）［C］. 2008.

[29] 成都市人民政府. 成都市国民经济和社会发展第十二个五年规划纲要 ［EB/OL］. 2011，4，2.

[30] 成都市人民政府. 成都市装备制造业集群发展规划（2008—2017 年）［EB/OL］. 2008.

[31] 四川省人民政府办公厅. 四川省产业园区（产业集中发展区）产业发展规划指导意见（2009—2012 年）［EB/OL］. 2009.

[32] 四川省经济委员会. 四川省工业 "7 + 3" 产业发展规划纲要 ［EB/OL］. 2009.

[33] 四川省人民政府. 四川省国民经济和社会发展第十二个五年规划纲要 ［EB/OL］. 2011.

[34] 郝寿义. 区域经济学原理 ［M］. 上海：上海人民出版社，2007.

[35] JIUH – BIING SHEU, YI – HWA CHOU, CHUN – CHIA HU. An integrated logistics operational model for green – supply chain management ［J］. Transportation Research Part E, 2005（41）：287 – 313.

[36] E POWELL ROBINSON, JR LI – LIAN GAO, STANLEY D MUGGENBORG. Designing an Integrated Distribution Systemat DowBrands, Inc ［J］. INTERFACES, 1993, 23（3）：107 – 117.

[37] ANA MEJIAS – 5ACALUGA, J CARLOS PRADO – PRADO. Integrated Logistics Management in the Grocery Supply Chain ［J］. The International journal of Logistics management, 2002, 13（2）：67 – 77.

[38] MARK S FOX, JOHN F CHINGLO, MIHAIi BARBUCEANU. The Integrated Supply Chain Management System ［R］. University of Toronto, 1993.

[39] JEREMY F SHAPIRO. Integrated Logistics Management, Total Cost Analysis and Optimization Modelling ［J］. International Journal of Physical Distribution & Logistics Management, 1993, 22（3）：33 – 36.

[40] GRAHAM C STEVENS. Integrating the Supply Chain [J]. International Journal of Physical Distribution & Logistics Management, 1989, 19 (8): 3 – 8.

[41] C M HARLAND. Supply Chain Management: Relationships, Chains and Networks [J]. British Journal of Management, 1996, 7, Special Issue: 63 – 80.

[42] JIUH – BIING SHEU. Locating manufacturing and distribution centers: An integrated supply chain – based spatial interaction approach [J]. Transportation Research Part E, 2003 (39): 381 – 397.

[43] MARTHA C COOPER, DOUGLAS M lAMBERT, JANUS D PAGH. Suppiy Chain Management: More Than a New Name for logistics [J]. The International journal of Logistics management, 1997, 8 (1): 1 – 13.

基于比较视角下的辽宁区域物流
竞争力的分析与评价[*]

内容提要：本文以省级行政区域划分为界定，通过建立反映区域物流竞争力的指标体系，利用主成分分析法进行评价，深入分析我国区域物流发展现状。比较辽宁省区域物流竞争力在全国各省中的位置，指出影响辽宁省区域物流竞争力的主要因素，提出全面提升辽宁省区域物流竞争力的对策。

一、绪论

（一）课题的研究背景与意义

关于区域物流与区物流竞争力的界定，目前在我国还没有统一的定义。不同学者从不同角度进行了定义。本课题组认为，区域物流是指在区域范围内的一切物流活动，包括运输、保管、包装、装卸、流通加工和信息传递等功能实体性的流动以及物流过程中各环节的物品运动。这里的区域范围可以是国内、省内或城市内，甚至可以是城市内部的特定区域。而竞争力则是参与者双方或多方的一种角逐或比较而体现出来的综合能力。区域物流竞争力是指不同区域间的物流活动经过角逐或比较而体现出来的综合能力。

从世界范围看，物流对经济发展的重要贡献已为许多国家的实践证实，区域经济增长的实现要求区域内、区域之间物质、信息的交流与交换，因此，区域物流对区域经济的增长具有重要贡献。反过来，区域经济的增长又产生对现代物流的需求，从而拉动现代物流的发展。世界银行在其2000年的研究报告《中国：服务业发展和中国经济竞争力》中指出，在中国有4个服务性行业对于提高生产力和推动中国经济增长具有重要意义。它们分别是物流服务、商业服务、电子商务和电信，其中物流服务占服务业比重最大。

目前世界发达国家的物流成本占GDP的比重基本都在10%以下，而我国为16.7%，中国现代物流快速发展的背后仍然存在较多的问题，其中物流统计水平、物流标准化水平都非常落后，从而导致我国有关物流产业的经济统计资料极度缺乏。辽宁省作为老工业基地，近几年来经济发展迅速，但物流成本占GDP比重高达20%以上，严重制约了辽宁经济的发展。因此，大力发展物流业是辽宁省以至于全国经济协调发展的客观需要。

然而，目前辽宁省还没有一套完整的物流统计体系，特别是迄今为止，辽宁省区域物流竞争力的研究还很少见，因此通过本课题的研究，可以将现代物流与区域经济

* 本课题（2010CSLKT044）荣获2011年度中国物流学会课题优秀成果奖二等奖。

的理论充分应用于辽宁老工业基地经济建设的实际，详细分析辽宁省物流发展的现状及在全国所处的水平，建立适应于我国物流产业发展的区域物流竞争力水平评价指标体系，科学有效地对各区域物流的竞争力水平进行合理的分析与评价，对于辽宁物流业的发展及总体经济效益的提升具有重要意义。本课题对于辽宁物流业和总体经济建设具有一定的指导意义，可以为物流业的发展及政府相关部门制定行业及经济政策提供参考，同时在一定程度上也可以推动全国区域物流的发展，全面提升区域物流的竞争力。

（二）课题的国内外研究现状及述评

随着经济的快速发展，现代物流服务业在区域经济的发展中起着越来越重要的作用，目前，尽管对区域物流有不少研究，但很少有人涉及区域物流竞争力水平分析及相应的评估指标及评估方法的研究，将其应用于区域物流发展实际的就更少。

目前，国外发达国家对物流竞争力的研究侧重于企业层面，主要为企业发展提供对策。而关于区域物流系统及竞争力研究，涉及的不是很多。主要从全球性物流资源配置与协调、交通布局、区域物流与区域经济的关系、区域物流综合发展等方面进行研究。例如：Tanjguchi 等（2000）从城市区域范围内，利用交通仿真动力学模型，定量研究经济增长、运输需求以及道路拥挤和环境污染等之间的相互关联；Tage Skjott Larsen 等（2003），以 1994 年丹麦政府和瑞典政府的共同决策建立的 Oresund 大桥为对象，建立经济数量模型，分析地区性物流基础设施对区域经济的发展作用等。

在我国，对区域物流竞争力的研究起步较晚，许多方面还不够完善，但近几年来已经越来越为国内的学者所重视。如：高秀丽等在 2010 年以广东省为例从区域物流竞争实力和区域物流竞争潜力两个维度构建了区域物流竞争力评价模型，并运用主成分分析法和熵值法相结合的方法进行客观赋权合成，进行了区域物流竞争力的评价研究；刘秉镰、王燕等撰写的《区域经济发展与物流系统规划》中对区域物流的竞争力从比较视野下进行了深入分析；王圣云、沈玉芳在《我国省级区域物流竞争力评价及特征研究》中，对我国区域物流的发展进行了动态分析，并对区域物流竞争力的特征进行了研究；杨明华、张青木于 2009 年在《区域物流竞争力与区域经济互动关系实证研究》中以江苏为例，通过数里模型，具体分析了苏南、苏中、苏北三大区域物流竞争力对经济的影响；赵英姝在《我国区域物流能力评价指标体系构建研究》中，全面系统地构建了评价指标体系。王杨，陈晶于 2010 年在《区域物流产业竞争力水平评价研究》中，运用主成分分析法，构建了区域物流产业竞争力评价指标，从纵向对区域物流产业竞争力水平进行了评价分析。

另外还有一些针对部分省市的各自特点，针对区域物流竞争力对经济发展的促进作用进行研究，如：浙江省、河南省、黑龙江省等。

（三）课题研究的主要内容及方法

1. 课题研究的主要内容

本课题以省级行政区域划分为界定，通过建立反映区域物流竞争力的指标体系，利用主成分分析法进行评价，深入分析我国区域物流发展现状，比较辽宁省区域物流竞争力在全国各省中的位置，指出影响辽宁省区域物流竞争力的主要因素，提出全面提升辽宁省区域物流竞争力的对策。具体如下：

第一，分析全国以及辽宁省区域物流发展现状；

第二，建立反映区域物流竞争力的评价指标体系；

第三，确定区域物流竞争力的评价方法，利用主成分分析法对全国各省区域物流竞争力进行综合评价；

第四，在对全国各省区域物流竞争力进行综合评价的基础上，深入分析辽宁省区域物流竞争力在全国中的水平，分析其影响因素，指出影响辽宁省区域物流竞争力的关键因素；

第五，提出全面提升辽宁省区域物流竞争力的对策。

2. 课题研究的方法

课题将物流理论、产业经济学、区域经济学以及数理分析方法进行了综合运用，在省级行政区域的视角下，对辽宁省区域物流竞争力方面进行深入研究，通过实际调研和查阅《统计年鉴》等方式获得基本数据，对辽宁省区域物流竞争力在全国的总体水平及其影响因素进行深入分析，并根据分析结果指出制约辽宁省区域物流竞争力的关键因素，提出具体的全面提升辽宁区域物流竞争力的对策。从方法上，本课题采用理论分析与实证研究相结合的方法，既有数理模型、计量方法，又有定性研究；既有静态分析，又有动态分析。

（四）课题的创新之处

本课题系统地提出反映辽宁区域物流竞争力的指标体系，确定评价方法，指出影响辽宁区域物流竞争力的主要因素，根据分析的结果，提出具体的全面提升辽宁区域物流竞争力的措施。

课题的创新之处如下：

第一，建立反映省级区域物流竞争力的指标体系；

第二，将区域物流竞争力的指标体系与评价方法应用于辽宁区域物流的实际，进行实证分析；

第三，指出影响辽宁区域物流竞争力的主要因素，提出全面提高辽宁区域物流竞争力的对策。

（五）课题研究的不足及应进一步改进之处

1. 反映区域物流竞争力的评价指标体系需进一步完善

由于目前我国反映区域物流的统计指标还没有系统的建立起来，有些数据难以查询，如物流对环境的影响等相关方面的指标，考虑到统计数据的缺失，指标体系的设计具有一定的局限性。

2. 实证分析的具体内容有待于进一步拓展

目前本课题主要从静态数据方面进行了分析，动态方面的数据较少，随着研究的深入性还可以从动态角度进行深入研究。

3. 数据资料方面的影响

由于个别数据收集的难度较大，历史资料不全，在分析时，对分析效果具有一定影响。

二、辽宁区域物流发展的总体状态

（一）我国物流业发展总体状态

近几年来，随着我国经济的迅速发展，物流业发展迅速。2010 年，全国社会物流总额达 125.4 万亿元，同比增长 15%，比上年提高 3.7 个百分点，物流业实现增加值 2.7 万亿元，按可比价格计算，比上年增长 13.1%，比上年提高 2.5 个百分点。2010 年，物流业增加值占全部服务业增加值的比重为 16.%，占 GDP 的比重为 6.9%。物流运作总体效果有所提高。

我国物流业发展环境逐渐好转。政治、经济政策、社会文化等诸多因素从各个方面支持、鼓励和促进了我国物流业的发展。中央和地方政府相继建立了推进现代物流业发展的综合协调机制，出台了支持现代物流业发展的规划和政策，成效显著。

我国物流业供给能力显著提高。交通设施规模迅速扩大，为物流业发展提供了良好的设施条件。截至 2010 年年底，全国铁路营业里程 85517.9 公里，高速公路通车里程 65055 公里。物流园区建设初见成效，仓储、配送设施现代化水平不断提高，一批区域性物流中心正在形成。物流设施设备及物流信息化建设有了突破性进展，物流发展潜力巨大。

但是，与国外物流业高度发达相比，我国物流业的总体水平仍然偏低，发展不够平衡。全社会物流运行效率偏低，社会物流总费用较高；很多企业受传统观念的影响，实行"大而全"、"小而全"的运作模式，不仅影响了该企业的核心竞争力，而且也造成了物流企业的需求不足，物流基础设施能力不足，物流市场还不够规范，标准化水平低，先进的物流运作模式较少，不能充分满足市场需求。

（二）辽宁省区域物流的发展现状

辽宁处于东北亚地区的中心地带，辽宁省是中国东北经济区和环渤海经济区的重要结合部，是东北三省和内蒙古自治区通向世界的窗口，是中国东北地区进行对外贸易的重要渠道。从辽宁省地理位置来看，发展区域物流具有得天独厚的优势。

改革开放以来，辽宁经济的长足发展带动了其区域物流产业（包括交通运输、邮电、仓储和批发零售等行业）的迅速发展。辽宁，是东北地区与国内其他地区连接的通道，拥有全国最密集、最现代化的铁路交通网，公路四通八达。作为东北地区唯一的出海口，辽宁优良港口众多，是东北经济圈的重要和中心省份。同时，辽宁身处环渤海经济圈和东北亚经济圈，是东北地区最大的交通枢纽和商品集散地，其辐射人口达 1.2 亿，明显的区位优势为辽宁发展现代物流业提供了良好的区位条件。

辽宁的物流园区布局集中，产业集聚，部分园区具有保税功能和保税仓库，能够实现国内多式联运与国际多式联运的合理衔接，优化城市配送，提高物流运作的规模效益。主要的物流园区有：沈阳苏家屯物流园区、大连大孤山半岛国际物流园区、锦州辽西区域（渤海）物流园区、丹东鸭绿江国际物流园区、营口口岸物流园区、沈阳保税物流中心。这些物流园区极大地提高了物流运作的竞争能力，促进了辽宁区域经济的发展。

随着老工业基地的振兴，辽宁装备制造业快速发展，制造业物流总额在社会物流总额中所占比重最大并逐年提高，但不容忽视的问题是，制造业物流中很多部分是由制造业本身来完成的，课题组调研的企业中，绝大部分原材料物流由企业自身和供应方承担，而由供求双方以外的第三方物流企业承担的不足1/5。产品销售物流中由第三方物流企业承担的仅为1/5，中小企业委托第三方物流代理的比例更小，其自理物流的能力也相对更低。而美国、日本、德国由第三方物流企业承担的制造业物流业务量已经占60%以上。这说明辽宁省仍有很大的差距，同时也具有很大的潜在发展空间。

辽宁现有规模以上物流企业600多家，主要由三部分构成，即国际物流企业、由传统运输、储运及批发贸易企业转变形成的物流企业以及新兴的专业化物流企业。其中5A级企业只有两家。很多企业设施落后，供给企业运输能力要远远小于需求企业运输需求规模，物流设施利用率低，综合能力较弱。因此，全面提升辽宁区域物流竞争能力对辽宁经济发展具有重要意义。

三、辽宁区域物流竞争力的评估

(一) 辽宁区域物流竞争力评价指标体系的确立

反映区域物流竞争力的指标体系是非常复杂的，考虑到数据的可获性本课题从区域物流环境竞争力指标、区域物流供给竞争力指标、区域物流发展竞争力指标以及区域物流竞争潜力指标这四个方面来进行综合评价。

1. 区域物流环境竞争力指标

区域物流环境竞争力指标是反映影响区域物流竞争力的区域环境因素，它决定了区域物流的需求能力与发展条件。

物流需求是指在一定区域内全社会对区域物流服务提供的有支付能力的需求。指一定时期一定区域内社会经济活动对生产、流通、消费领域的原材料、成品和半成品、商品以及废旧物品、废旧材料等的配置作用而产生的对物品在空间、时间、作业量和费用方面的要求。区域物流的发展条件主要指区域政治、经济政策、社会文化等条件。考虑到数据的可获性，这一指标主要包括：地区生产总值、社会消费品零售总额、城镇居民全年家庭收入、按境内目的地和货源地划分的进出口总额、交通运输、仓储、邮政业固定资产投资。具体如下：

(1) 地区生产总值

地区生产总值是指本地区所有常住单位在一定时期内生产活动的最终成果。地区生产总值等于各产业增加值之和。该项指标可以反映该地区经济发展的总规模和总水平，从而间接反映了经济发展对物流发展的推动作用和保障力度。

(2) 社会消费品零售总额

指各种经济类型的批发零售贸易业、餐饮业、制造业和其他行业对城乡居民和社会集团的消费品零售额和农民对非农业居民零售额的总和。该项指标反映通过各种商品流通渠道向居民和社会集团供应生活消费品来满足他们生活需要的情况。它能够在反映区域经济发展程度的同时，也能够反映区域物流的发展水平以及对区域物流发展的需求。

(3) 城镇居民全年家庭收入

该指标指家庭成员得到的工薪收入、经营净收入、财产性收入、转移性收入之和，但不包括出售财物收入和借贷收入。

（4）按境内目的地和货源地划分的进出口总额

目的地进口额指进口货物的消费、使用或最终抵运地的实际进口额；货源地出口额指出口货物的产地或原始发货地的实际出口额。

（5）交通运输、仓储、邮政业固定资产投资

固定资产是指企业使用期限超过 1 年的房屋、建筑物、机器、机械、运输工具以及其他与生产、经营有关的设备、器具、工具等。交通运输、仓储、邮政业固定资产投资是以货币形式表现的在一定时期内交通运输、仓储、邮政业建造和购置固定资产的工作量以及与此有关的费用的总称。

2. 区域物流供给竞争力指标

物流供给竞争力是指向社会提供的区域物流服务的资源状况的竞争能力。现代物流的供给指标主要包括两大方面，其一为现代物流的基础设施的提供能力，其二为经营服务能力。基础设施这一指标包括公路场站、港口、铁路货站、机场、管道储罐及其公路、航道、铁路、航线、航班、管道等集疏运网络和公共信息传递网络；而经营服务能力这一指标则包括第三方和第四方物流服务企业数量，特别是国际著名物流服务企业数量、经营规模、适应现代物流各种类型的运输、仓库和堆场储存能力、服务网络、服务水平、对客户需求的满足程度等。考虑到数据的可获性，主要选取从事交通运输、仓储、邮政业职工人数、铁路、公路、内河运输里程数、民用汽车拥有量、长途光缆线路长度以及互联网宽带介入端口数。具体如下：

（1）从事交通运输、仓储、邮政业职工人数

该指标是指在交通运输领域工作的、仓库领域工作的以及邮政业工作的符合一定条件的员工的人数总和。

（2）铁路、公路、内河运输里程数

该指标反映相关物流运输工具在完成物流过程中的运输这一环节时，即人和物借助交通工具的载运，产生有目的的空间位移时，所累积的总里程数，是反映交通运输能力的主要指标。

（3）民用汽车拥有量

指报告期末，在公安交通管理部门按照《机动车注册登记工作规范》，已注册登记领有民用车辆牌照的全部汽车数量。

（4）长途光缆线路长度

指为通信用的长途光缆铺设的线路总长度。

（5）互联网宽带介入端口数

指用于接入互联网用户的各类实际安装运行的接入端口的数量，包括 xDSL 用户接入端口、LAN 接入端口以及其他类型接入端口等。

3. 区域物流发展竞争力指标

区域物流发展竞争力指标是反映区域物流总体发展实力的综合竞争能力指标。与区域物流的供给相比，它更侧重于提供物流服务的能力与水平，包括货物周转量、货物运输量、旅客周转量、旅客运输量、邮电业务量、规模以上港口货物吞吐量以及 5A 级以

上企业数量。具体如下：

（1）货物（客）周转量

指在一定时期内，由各种运输工具运送的货物（旅客）数量与其相应运输距离的乘积之总和。该指标可以反映运输业生产的总成果，同时也是编制和检查运输生产计划，计算运输效率、劳动生产率以及核算运输单位成本的主要基础资料。

（2）货物（客）运输量

指在一定时期内，各种运输工具实际运送的货物（旅客）数量。该项指标是反映运输业为国民经济和人民生活服务的数量指标，同时也是制订和检查运输生产计划、研究运输发展规模和速度的重要指标。

（3）邮电业务量

指以货币形式表示的邮电企业为社会提供各类邮电服务的总数量，该项指标是用于观察邮电业务发展变化总趋势的综合性总量指标。在统计上分别按邮政业务总量和电信业务总量来进行。邮电业务总量是以各类业务的实物量分别乘以相应的不变单价，得出各类业务的货币量后再加总求得。

（4）5A级以上企业数量

根据国家《物流企业分类与评估指标》（GB/T 19680—2005）国家标准对物流企业的经营状况、设备设施建设、信息化水平、人员素质、客户综合服务情况、运营网点、市场开发、客户群开发和维护、物流服务方案设计及实施进行详细的调查评估，包括如资产、资源、设备设施、经营财务、人员素质、信息化水平、统计、安全、技术管理制度以及 ISO 9001：2000 质量管理体系等 16 项"硬指标"将物流企业按照国家标准化管理委员会和国家质量监督检验检疫总局 2005 年颁布实施的《物流企业分类与评估指标》（GB/T 19680—2005）进行评估，依次从高到低分为 5A、4A、3A、2A、1A 五个等级。本课题从中选取 5A 级的企业数量。

（5）规模以上港口货物吞吐量

沿海港口是指位于海沿岸，具有一定设施和条件，供船舶停靠、旅客上下、货物装卸、生活物料供应等作业的港口。规模以上港口货物吞吐量指经由水路进、出港区范围，并经过装卸的货物数量。按货物流向分为进港吞吐量和出港吞吐量，按货物贸易性质分为内贸和外贸吞吐量。按货物的类别分，可根据现行的交通行业标准《运输货物分类和代码》分类。（因数据主要来源于 2010《中国统计年鉴》，因此对以上统计指标的解释主要参考 2010《中国统计年鉴》）

4. 区域物流竞争潜力指标

区域物流竞争潜力是指从发展的观点来看待区域物流竞争力，该项指标反映区域物流竞争力的发展潜力。主要包括：货物周转量增长率、旅客周转量增长率以及物流业从业人员增长率。

具体指标体系如表 1 所示。

表1	物流评价指标体系	
一级指标	二级指标	
区域物流环境竞争力指标	国内生产总值	
	社会消费品零售总额	
	城镇居民全年家庭总收入	
	按境内目的地和货源地划分的进出口商品总额	
	仓储、运输、邮政业固定资产投资	
区域物流供给竞争力指标	从事交通运输、仓储、邮政业职工人数	
	铁路长度	
	内河长度	
	公路长度	
	民用汽车拥有量	
	长途光缆线路长度	
	互联网宽带接入端口数	
区域物流发展竞争力指标	货物周转量	
	货物运输量	
	旅客运输量	
	旅客周转量	
	5A级以上企业数量	
	规模以上港口货物吞吐量	
	邮电业务量	
区域物流竞争潜力指标	货物周转量增长率	
	旅客周转量增长率	
	物流业从业人员增长率	

（二）辽宁区域物流竞争力评估方法的选择

本课题采用主成分分析的方法对辽宁区域物流竞争力进行综合评价。主成分分析法是利用降维的思想，将多个指标化为少数几个综合指标的一种多元统计方法。它客观、真实，排除了人们主观因素的影响。它可以用尽量少的综合指标代替众多的原始数据，并尽可能多地反映原始数据所提供的信息。其具体步骤如下：

第一步：为消除原始数据不同单位量纲的影响，对评价指标原始数据的归一化处理。得到的相关矩阵为：

$$X = \begin{bmatrix} x_{11} & x_{12} & \cdots & x_{1n} \\ x_{21} & x_{22} & \cdots & x_{2n} \\ \vdots & \vdots & & \vdots \\ x_{m1} & x_{m2} & \cdots & x_{mn} \end{bmatrix}$$

第二步：计算相关系数矩阵：

$$R = \begin{bmatrix} x_{11} & x_{12} & \cdots & x_{1n} \\ x_{21} & x_{22} & \cdots & x_{2n} \\ \vdots & \vdots & & \vdots \\ x_{m1} & x_{m2} & \cdots & x_{mn} \end{bmatrix}$$

并计算 R 的特征方程 $|R - \lambda I| = 0$ 的 n 个特征值，$\lambda_1 \geqslant \lambda_2 \geqslant \cdots \geqslant \lambda_n$。

第三步：计算特征值的方差贡献率：

$$P_i = \frac{\lambda_i}{\sum\limits_{i=1}^{m} \lambda_i}$$

第四步：计算特征值的累积方差贡献率：

$$E = \frac{\sum\limits_{k=1}^{m} \lambda_k}{\sum\limits_{i=1}^{m} \lambda_m}$$

将 $E \geqslant 80\%$ 时取前 k 个成分为该研究问题的主成分。

第五步：以方差贡献率为权重系数，计算评价对象的综合得分。

$$F = \sum_{k=1}^{j} \alpha_k F_k$$

式中，α_k 为第 k 个主成分的方差贡献率，F_k 为第 k 个主成分。

（三）辽宁区域物流竞争力的综合评价

根据 2010 年《中国统计年鉴》及中国物流与采购联合会网站等查询的数据，指标体系中各指标值如表 2 所示。

数据归一化处理后，运用主成分分析法对辽宁区域物流竞争力进行综合评价，具体如表 3 和表 4 所示。

表 2　区域物流竞争力评价指标原始数据

省份	GDP	社会消费品零售总额	城镇居民全年家庭总收入	按境内目的地和货源地划分进出口商品总额	交通运输邮电业从业人数	铁路长度	内河长度	公路长度	民用汽车拥有量	规模以上港口货物吞吐量	长途光缆线路长度（公里）
北京	12153.0	5309.9	30673.7	8708704.9	569541.0	1169.5		20755.0	368.1		3717.0
天津	7521.9	2430.8	23565.7	7203487.7	126371.0	781.5	88.5	14316.0	130.0		3110.0
河北	17235.5	5764.9	15675.8	4026727.8	305884.0	4880.3		152135.0	395.8	63053.3	29925.0
山西	7358.3	2809.0	14983.2	9332262.2	244837.0	3536.3	467.1	127330.0	206.0		26096.0
内蒙古	9740.3	2855.3	16951.4	946370.9	194606.0	8074.2	2402.8	150756.0	150.1		42626.0
辽宁	15212.5	5812.6	17757.7	6984732.0	345986.0	4229.3	413.0	101117.0	242.1	44805.8	23997.0
吉林	7278.8	2957.3	15155.2	1183308.5	175430.0	3913.5	1456.3	88430.0	123.7		20161.0
黑龙江	8587.0	3401.8	13689.9	1336087.2	291735.0	5756.1	5130.5	151470.0	160.2		41304.0
上海	15046.5	5173.2	32403.0	27332902.3	371500.0	317.7	2226.1	11671.0	147.1	49467.5	4297.0
江苏	34457.3	11484.1	22494.9	36593194.0	361144.0	1655.6	24223.7	143803.0	436.8	10843.2	32137.0
浙江	22990.4	8622.3	27119.3	21071173.2	305075.0	1678.2	9703.2	106952.0	431.7	57684.3	22955.0
安徽	10062.8	3527.8	15691.9	1565521.2	176237.0	2849.9	5595.7	149184.0	167.4		23674.0
福建	12236.5	4481.0	21692.4	8123951.9	190597.0	2109.7	3245.3	89504.0	159.3		19553.0
江西	7655.2	2484.4	15047.2	1383093.8	178498.0	2712.4	5637.9	137011.0	107.1		21589.0
山东	33896.7	12363.0	19336.9	16352215.5	369192.0	3685.7	1012.2	226693.0	553.5	62027.8	30067.0

省份	GDP	社会消费品零售总额	城镇居民全年家庭总收入	按境内目的地和货源地划分进出口商品总额	交通运输邮电业从业人数	铁路长度	内河长度	公路长度	民用汽车拥有量	规模以上港口货物吞吐量	长途光缆线路长度（公里）
河南	19480.5	6746.4	15408.0	1506824.4	314121.0	3949.2	1266.7	242314.0	316.1		36431.0
湖北	12961.1	5928.4	15698.1	1767293.5	348139.0	2980.2	8247.4	197196.0	168.3		29242.0
湖南	13059.7	4913.7	16078.1	1160739.3	258113.0	3693.0	11495.4	191405.0	167.6		35218.0
广东	39482.6	14891.8	24116.5	63198852.4	623271.0	2478.6	11843.7	184960.0	658.9	51335.5	45710.0
广西	7759.2	2790.7	17032.9	1355990.1	204087.0	3126.0	5433.0	100491.0	119.9		36525.0
海南	1654.2	537.5	14909.3	848318.2	47289.0	387.3	343.0	20041.0	30.6	5507.5	803.0
重庆	6530.0	2479.0	16990.1	771708.8	152635.0	1317.7	4331.5	110950.0	90.9		11143.0
四川	14151.3	5758.7	15323.8	2151569.6	283163.0	3257.9	10720.4	249168.0	284.7		77292.0
贵州	3912.7	1247.3	13793.4	272716.4	109249.0	1982.7	3442.3	142561.0	91.4		28612.0
云南	6169.8	2051.1	15680.3	745742.6	175992.0	2474.8	2531.9	206028.0	189.1		33978.0
西藏	441.4	156.6	14979.0	28875.1	10840.0	525.5		53845.0	14.8		20419.0
陕西	8169.8	2699.7	15311.3	867299.7	234129.0	3319.5	1065.7	144109.0	146.3		26489.0
甘肃	3387.6	1183.0	12918.0	448459.9	117491.0	2435.4	913.8	114000.0	65.8		30106.0
青海	1081.3	300.5	14150.3	71709.6	39849.0	1676.9	329.5	60136.0	24.4		25550.0
宁夏	1353.3	339.3	15550.8	196133.0	36330.0	890.0	116.9	21805.0	31.5		9885.0
新疆	4277.1	1177.5	13602.2	1612534.6	122775.0	3673.4		150683.0	101.5		38403.0

续 表

省份	互联网宽带接入端口数（万个）	货运量	货物周转量	客运量	旅客周转量	5A级企业数量	邮电业务量	运输仓储邮政业固定资产投资	货运量万人增长率	客运量万吨增长率	从业人员增长率
北京	563.2	20469.8	731.6	129533.5	361.3	7.0	970.1	662.5	-0.002708	0.038228	0.186148
天津	184.5	42323.9	9605.6	23336.8	250.2	5.0	390.1	183.7	-0.399951	0.022784	0.138119
河北	724.0	123065.4	6405.2	77772.6	1043.3	5.0	1199.8	1026.2	-0.808554	0.064531	0.156203
山西	377.7	109534.4	2390.4	36474.4	352.1		635.1	735.9	-0.838648	0.008194	0.018872
内蒙古	179.8	113916.0	4116.9	22077.3	360.0	5.0	551.3	786.4	-0.793856	0.100152	0.043514
辽宁	596.8	135054.8	7753.9	95504.6	840.7	2.0	965.1	757.6	0.112972	0.059842	-0.020336
吉林	288.1	34771.0	1167.3	58580.1	426.6	2.0	525.9	423.8	0.117855	0.045524	0.035725
黑龙江	367.4	54208.2	1644.7	43365.1	466.3	3.0	697.2	651.8	0.004306	0.043249	0.041658
上海	662.4	76669.3	14372.6	9571.1	157.0	12.0	1034.7	882.8	-0.091597	0.125088	0.348335
江苏	1092.5	152581.2	4675.3	200713.2	1370.8	3.0	1812.9	1020.2	0.092116	0.094502	0.083709
浙江	947.3	151565.9	5659.9	199067.8	1103.2	4.0	1736.7	1008.7	0.089530	-0.082124	0.244970
安徽	471.9	196653.6	6321.7	141228.6	1302.6		703.4	460.1	0.091494	0.092747	0.103461
福建	471.8	58163.3	2471.3	75008.7	465.7	5.0	999.2	885.4	0.016810	0.044980	0.117353
江西	281.8	86057.2	2334.2	70495.6	790.1		592.7	382.0	0.063323	0.069825	0.084132
山东	1028.9	284085.8	11022.2	234563.9	1601.3	9.0	1676.6	1032.5	0.161491	0.09218	0.129539
河南	693.2	169942.1	6154.0	144203.1	1615.1	2.0	1278.6	583.8	0.227543	0.108570	0.035944

续 表

省份	互联网宽带接入端口数（万个）	货运量	货物周转量	客运量	旅客周转量	5A级企业数量	邮电业务量	运输仓储邮政业固定资产投资	货运量万人增长率	客运量万吨增长率	从业人员增长率
湖北	433.3	78983.7	2566.4	94333.7	938.9	4.0	841.8	767.4	0.098526	0.073953	0.052364
湖南	389.9	128921.0	2513.3	140572.3	1233.4	3.0	900.4	1027.8	0.109999	0.072526	0.082108
广东	1733.4	169652.8	4769.7	418938.4	1886.8	7.0	4149.1	1596.2	0.190817	-0.118396	0.124040
广西	402.4	94465.8	2337.2	68593.0	787.3		694.3	602.3	0.136458	0.078373	0.114450
海南	77.3	18392.7	792.5	40735.2	139.3		192.0	186.4	0.201735	0.073314	0.042779
重庆	291.7	68566.4	1650.5	113981.0	410.1		490.9	643.4	0.075331	0.067920	0.013829
四川	507.7	118252.9	1590.5	220020.3	1004.7	4.0	1173.1	1250.0	0.030808	0.074668	0.095489
贵州	163.6	34803.3	926.0	64918.5	406.6		465.6	397.2	0.064567	0.594085	0.089385
云南	247.1	46038.6	867.6	35556.2	376.1		679.0	570.9	0.030362	0.048660	0.164538
西藏	15.7	942.8	35.3	7844.3	30.0		53.0	82.4	0.279953	0.144123	0.126000
陕西	273.9	92557.1	2218.6	84302.6	680.6		746.6	599.5	0.108566	0.108831	0.129024
甘肃	121.4	26605.4	1619.5	49967.9	495.9	1.0	361.8	155.0	0.120670	0.087061	0.070972
青海	32.8	9874.5	364.2	10071.4	85.5		90.8	124.1	0.083317	0.068728	0.093191
宁夏	38.9	29241.8	750.4	12629.3	91.8		120.0	90.1	0.117723	0.064136	0.115718
新疆	175.1	45046.1	1255.9	29885.7	386.7	1.0	462.6	339.9	-0.022589	-0.088649	0.374937

注：部分数据进行了简单处理。

表3   总的方差贡献率

Component	Initial Eigenvalues			Extraction Sums of Squared Loadings		
	Total	% of Variance	Cumulative %	Total	% of Variance	Cumulative %
1	11.198	50.901	50.901	11.198	50.901	50.901
2	3.512	15.964	66.865	3.512	15.964	66.865
3	1.960	8.911	75.776	1.960	8.911	75.776
4	1.156	5.257	81.032	1.156	5.257	81.032
5	0.882	4.010	85.042			
6	0.868	3.946	88.988			
7	0.572	2.602	91.590			
8	0.495	2.251	93.840			
9	0.336	1.526	95.366			
10	0.240	1.090	96.456			
11	0.212	0.963	97.419			
12	0.144	0.655	98.074			
13	0.132	0.599	98.673			
14	0.101	0.461	99.134			
15	0.073	0.333	99.467			
16	0.046	0.210	99.677			
17	0.033	0.148	99.825			
18	0.021	0.097	99.922			
19	0.008	0.037	99.959			
20	0.006	0.027	99.986			
21	0.002	0.010	99.996			
22	0.001	0.004	100.000			

Extraction Method: Principal Component Analysis.

表4   特征向量

	Component			
	1	2	3	4
X1	0.977	0.005	-0.046	0.087
X2	0.982	0.009	-0.072	0.060
X3	0.524	-0.763	-0.036	-0.100

	Component			
	1	2	3	4
X4	0.819	−0.317	−0.263	−0.116
X5	0.852	−0.105	0.055	−0.147
X6	0.157	0.627	0.645	−0.137
X7	0.565	0.262	−0.457	−0.133
X8	0.461	0.785	0.111	0.044
X9	0.947	0.015	0.040	−0.025
X10	0.691	−0.342	0.273	0.222
X11	0.347	0.755	0.092	−0.269
X12	0.979	−0.060	−0.090	0.003
X13	0.781	0.279	0.212	0.348
X14	0.541	−0.430	0.431	0.429
X15	0.879	0.201	−0.322	−0.003
X16	0.834	0.394	−0.098	0.209
X17	0.651	−0.491	0.333	−0.020
X18	0.943	0.012	−0.154	−0.120
X19	0.892	0.094	0.149	−0.171
X20	0.030	0.034	−0.801	0.259
X21	−0.316	0.139	−0.042	0.638
X22	0.139	−0.566	0.076	−0.270

Extraction Method：Principal Component Analysis.

a　4 components extracted.

由表 3 和表 4 可以得到，前 4 个主成分量的累计方差贡献率已经达到 81%，基本上反映了原来的信息。

取样本的主成分如下：

$Z1 = 0.977X1 + 0.982X2 + 0.524X3 + 0.819X4 + 0.852X5 + 0.157X6 + 0.565X7 + 0.461X8 + 0.947X9 + 0.691X10 + 0.347X11 + 0.979X12 + 0.781X13 + 0.541X14 + 0.879X15 + 0.834X16 + 0.651X17 + 0.943X18 + 0.892X19 + 0.030X20 − 0.316X21 + 0.139X22$

$Z2 = 0.005X1 + 0.009X2 − 0.763X3 − 0.317X4 − 0.105X5 + 0.627X6 + 0.262X7 + 0.785X8 + 0.015X9 − 0.342X10 + 0.755X11 − 0.06X12 + 0.279X13 − 0.43X14 + 0.201X15 + 0.394X16 − 0.491X17 + 0.012X18 + 0.094X19 + 0.034X20 +$

$$0.139X21 - 0.566X22$$

$$Z3 = -0.046X1 - 0.072X2 - 0.036X3 - 0.263X4 + 0.055X5 + 0.645X6 - 0.457X7 + 0.111X8 + 0.040X9 + 0.273X10 + 0.092X11 - 0.09X12 + 0.212X13 + 0.431X14 - 0.322X15 - 0.098X16 + 0.333X17 - 0.154X18 + 0.149X19 - 0.801X20 - 0.042X21 + 0.076X22$$

$$Z4 = 0.087X1 + 0.060X2 - 0.1X3 - 0.116X4 - 0.147X5 - 0.137X6 - 0.133X7 + 0.044X8 - 0.025X9 + 0.222X10 - 0.269X11 + 0.003X12 + 0.348X13 + 0.429X14 - 0.003X15 + 0.209X16 - 0.02X17 - 0.12X18 - 0.171X19 + 0.259X20 + 0.638X21 - 0.270X22$$

$$Z = 0.50901Z1 + 0.15964Z2 + 0.08911Z3 + 0.05257Z4$$

上式中系数详见表3，表4。

根据上式得到的排序结果如表5所示。

表5   辽宁区域物流竞争力评价结果

排序结果	省份
1	广　东
2	山　东
3	江　苏
4	河　北
5	浙　江
6	上　海
7	四　川
8	内蒙古
9	辽　宁
10	河　南
11	山　西
12	湖　南
13	湖　北
14	北　京
15	安　徽
16	福　建
17	黑龙江
18	天　津
19	广　西

排序结果	省份
20	江　西
21	陕　西
22	云　南
23	新　疆
24	重　庆
25	吉　林
26	甘　肃
27	贵　州
28	青　海
29	宁　夏
30	海　南
31	西　藏
辽宁省各项指标的综合排序结果	9

（四）评价结果分析

1. 影响区域物流竞争力的主要因素指标

综上，由表 3 和表 4 可以得到，前 4 个主成分量的累计方差贡献率已经达到 81%，基本上反映了原来的信息。第一主成分与国内生产总值、社会消费品零售总额、境内按目的地和货源地划分的进出口商品总额、交通运输邮电业从业人数、规模以上港口吞吐量、货运量、客运量、邮电业务量、仓储运输邮政业固定资产投资等指标有关，大致反映了区域物流环境竞争力及区域物流发展竞争力指标这两项综合因素。第二主成分和第三主成分与铁路长度、公路长度、长途光缆线路长度等指标有关，大致反映了区域流供给竞争力这一综合指标。第四主成分与客运增长量与货运增长量有关，反映了区域物流竞争潜力指标。因此，我们可以认为影响区域物流竞争力的指标中，主要指标如下：

反映区域物流环境竞争力的主要指标，包括国内生产总值、社会消费品零售总额、境内按目的地和货源地划分的进出口商品总额、仓储运输邮政业固定资产投资。

反映区域物流发展竞争力指标，包括规模以上港口吞吐量、货运量、客运量、邮电业务量。

反映区域物流供给竞争力的主要指标，包括铁路长度、公路长度、长途光缆线路长度。

反映区域物流竞争潜力指标，包括客运增长量与货运增长量。

2. 影响辽宁区域物流竞争力的主要因素分析

从总体结果来看，辽宁区域物流竞争力综合评价在全国各省份中位居第9，从全国范围来看还是比较先进的，但从 GDP 前 15 名的省份比较而言却位于中间并偏后。进一步做如下分析：

从区域物流环境竞争力指标来看，辽宁省的国内生产总值、社会消费品零售总额、城镇居民全年家庭总收入、境内按目的地和货源地划分的进出口商品总额、仓储运输邮政业固定资产投资在全国 GDP 前 15 名的省份中的排序分别为第 7 位、第 7 位、第 8 位、第 8 位、第 12 位，如图 1 所示，因此可以得出辽宁物流在环境方面还是很有竞争力的，只是仓储运输邮政业固定资产投资方面相对落后，而该项指标是反映区域物流环境竞争力的主要指标之一，这说明辽宁在老工业基地建设中具有强大的物流需求，但在政策方面还应该具有足够的支持力度，政府应该增加该方面的投资。

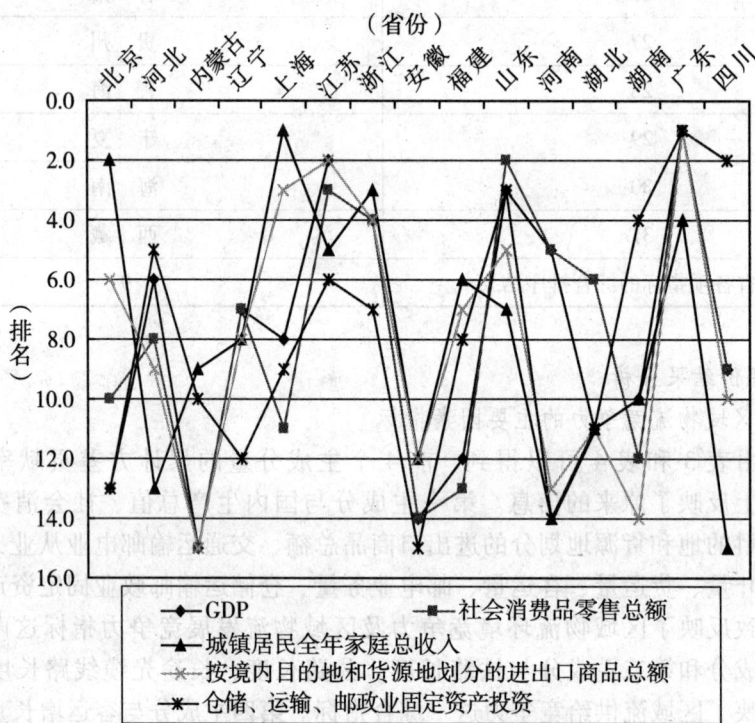

图 1　物流环境竞争力指标图

从区域物流供给竞争力指标来看，交通运输仓储邮政业从业人数、铁路长度、内河长度、公路长度、民用汽车拥有量、长途光缆线路长度、互联网宽带接入端口数分别位于第 6 位、第 3 位、第 13 位、第 12 位、第 9 位、第 10 位、第 8 位，如图 2 所示，说明辽宁省物流供给竞争能力不强，除铁路较发达外，其他都位于中等偏后，物流总体供给效果不明显。而从前面的分析可以得到，公路长度和长途光缆线路长度同样是反映区域物流供给竞争力的主要指标，因此，应该加强这方面的基础设施建设。

从物流发展竞争力指标来看，货物周转量、货运量、旅客周转量、客运量、5A 级以上企业数、规模以上港口吞吐量、邮电业务量，分别位于第 3 位、第 7 位、第 11 位、第 14 位、第 13 位、第 6 位和第 10 位，如图 3 所示，其中货运量、货物周转量和规模

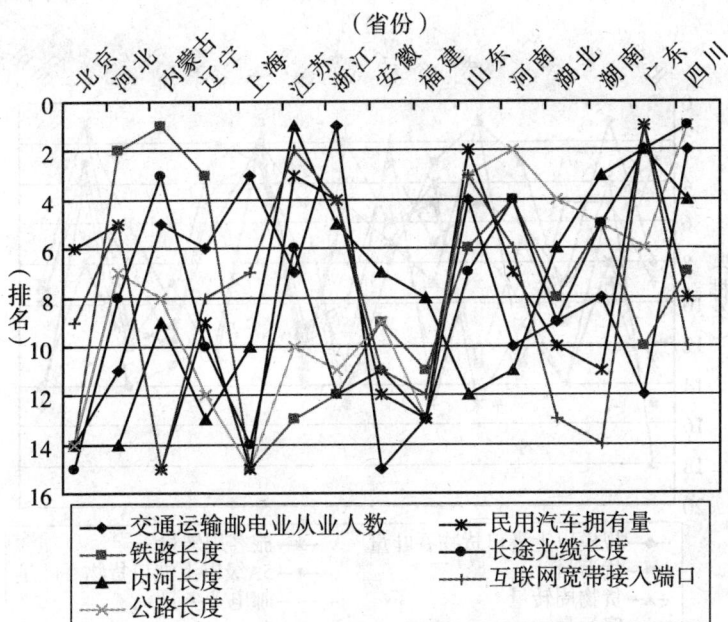

图 2 物流供给竞争力指标图

以上港口吞吐量比较大，排名较靠前，这几项指标实际上是反映区域物流发展的综合指标，它们与物流供给与需求因素具有一定的相关性，而另四项指标排序非常落后，说明辽宁区域物流的综合竞争实力较弱，还不能满足辽宁经济建设的需要。

从区域物流竞争潜力指标来看，客运量增长率、货运量增长率、物流业从业人员增长率分别位于第 11 位、第 4 位、第 15 位，如图 4 所示，说明竞争潜力总体还是较弱。这里，虽然货运量增长率较快，但这一综合指标与辽宁区域经济建设的迅速发展密切相关，说明辽宁区域经济建设拉动了物流业的发展。

四、提升辽宁现代区域物流竞争力的对策分析

针对以上分析，对提升辽宁区域物流竞争力提出以下措施。

（一）完善物流基础设施建设，促进区域物流一体化

从前面分析中可以看出，从区域物流供给竞争力指标来看，辽宁区域物流供给竞争能力不强，交通运输、信息系统等基础设施还不够发达。因此，应进一步完善交通运输体系，加强物流信息系统建设。

从交通网络来看，辽宁已拥有全国一流的铁路、高速公路网络，形成以高速公路为主骨架，国省干线和县乡公路辐射衔接的公路网格局，但与其他省市相比，境内公路营运里程、内河航道里程均较落后。因此，应完善交通运输基础设施建设，特别是交通枢纽地区的公路建设。辽宁中部城市群实现现代物流一体化具有良好的基础，它以沈阳市为中心，辐射到鞍山、抚顺、本溪、营口、辽阳、铁岭等主要城市，可以通过综合运输网络、物流园区、物流公共信息平台以及物流标准、制度的建设，建立涵盖铁路、公

（省份）

北京 河北 内蒙古 辽宁 上海 江苏 浙江 安徽 福建 山东 河南 湖北 湖南 广东 四川

排名

图例：
- ◆ 规模以上港口货物吞吐量
- ✳ 旅客周转量
- ■ 货运量
- ● 5A级以上港口货物吞吐量
- ▲ 货物周转量
- ＋ 邮电业务量
- ✕ 客运量

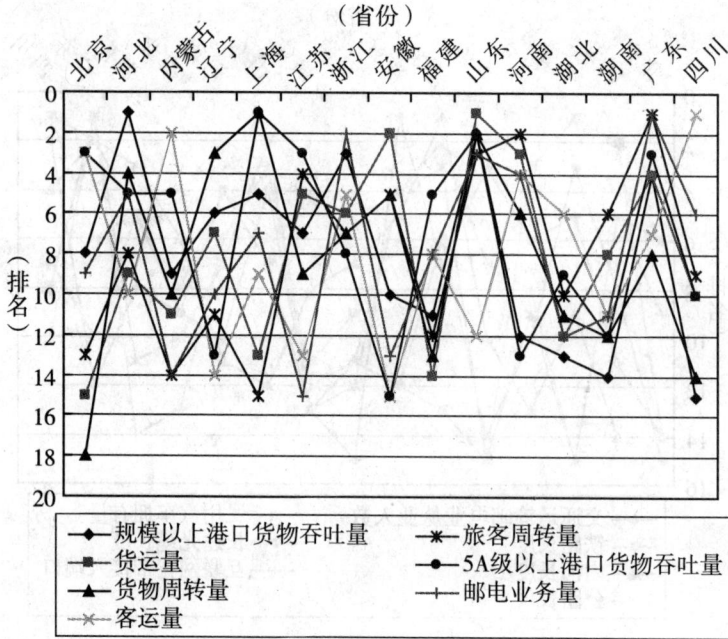

图3　物流发展竞争力指标图

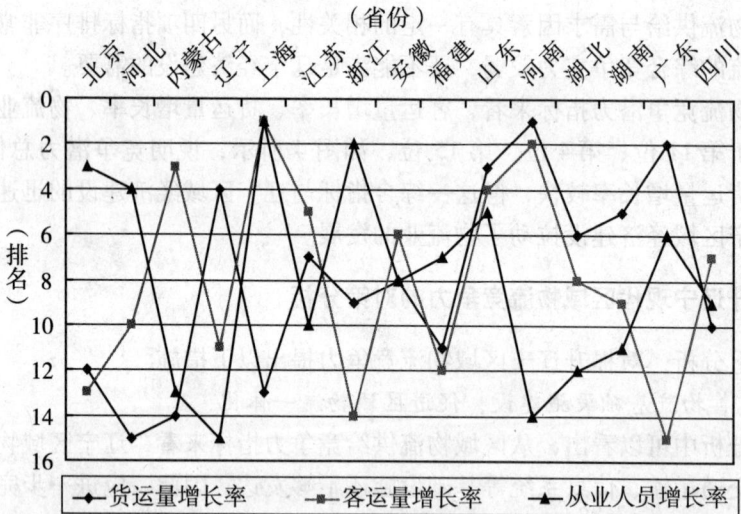

（省份）

北京 河北 内蒙古 辽宁 上海 江苏 浙江 安徽 福建 山东 河南 湖北 湖南 广东 四川

排名

图例：
- ◆ 货运量增长率
- ■ 客运量增长率
- ▲ 从业人员增长率

图4　物流竞争潜力指标图

路、民用航空、管道运输、海上运输等多种运输方式的综合立体交叉运输网络。同时积极采取措施，加快实施进关出海、连接周边省区的通道建设。

从物流信息化方面来看，应全面整合省内物流信息网络资源，建立物流公共管理信息平台和物流信息交换平台。建设能够将港口、海关、交通运输、电信、物流中心等信息平台链接到一个公共信息平台上的物流信息基础平台；增强物流信息的收集、处理能力，缩短物流信息交换与作业时间，增加操作的透明度和可信度，提高物流信息化、网络化水平。还可以进一步整合沈阳、大连及东北物流信息资源，建设东北物流公共信息平台，实现商流、物流、信息流三者的统一。增强互联网光缆铺设密度，把电子商务与物流完全结合起来，利用互联网发展网上批发、购物、配送市场等。

借助交通网络和信息系统构筑区域物流一体化。根据经济建设的需要在沿海和内地建设现代化物流专业园区，以沈阳、大连等城市为中心，组建物流园区、仓储配送中心，如沈阳的铁西装备制造物流园区、东部沈海汽车物流园区和西部张士综合物流园区以及铁西、张士、沈海、孤家子、北站、桃仙、浑南、小韩屯等物流中心；为进一步促进产业集群的发展，还可以产业集群为依托构筑物流体系，专门为该产业集群的制造业提供物流服务。如在沈阳，可以沈鼓为核心，对沈阳汽压机、水泵、空压机等企业进行整合，形成为石化工业服务的产业链条，专业的物流企业深入到产业链内部，与该产业链中上下游企业结成密切的伙伴关系，为各企业提供专业服务。这样可以充分整合资源，构建区域物流发展平台，促进辽宁区域物流一体化发展。

注重港口物流建设，发展具有涵盖物流产业链所有环节特点的港口综合服务体系。目前，辽宁拥有全长 2290 公里海岸线，占我国海岸线总长 12%，分布在辽宁、营口、锦州、葫芦岛、盘锦、丹东等城市。因此，应该加强主要港口的投资力度，实行港口资源整合，如大连、丹东、锦州等主要港口应进行深入合作，强化综合运输体系的建设，增强集装箱吞吐能力、港口现代化设施装备能力。

（二）采取积极有效措施推动制造业与物流业深度联合

从前述分析可以看出，辽宁的区域物流环境竞争力指标中，工业总产值、社会商品零售总额、城镇居民全年家庭总收入等主要指标均名列前茅，这说明老工业基地制造业建设对物流业有着强大的需求，但从总体物流发展来看，不容乐观。由于诸多原因导致相当一部分制造业还不愿意把自己的物流全部委托给物流企业，这样既影响了制造业的发展，也造成了物流市场的需求不足。为此，两业联动发展是全面振兴辽宁老工业基地、发展辽宁经济的必然选择。

为进一步做好联动工作，政府应在政策上给予引导和支持。政府从宏观层面创建有利于两业联动发展的环境，积极鼓励制造业与物流企业合作。帮助企业建立起利益共赢与风险共担的理念，出台二者联动的产业引导政策和各项支持政策，在资金、税收等方面给予鼓励，从而为联动发展创造条件。

组建公共信息平台，从价值链角度促进两业的深度合作也是两业联动必不可少的。辽宁是装备制造业基地，拥有相当多的制造业产业集群，物流企业可深入到产业集群内部，以产业集群为依托构筑物流体系，借助互联网建立信息交换平台，专门为该产业集群的制造业提供物流服务。并且从供应链角度整合上下游企业的物流活动，从而使物流业从原材料、零部件供应、生产制造、产品销售、物流配送等环节与制造业进行深度合作，满足飞速发展的制造业的需求。

（三）注重培育、发展具有核心竞争力的物流企业

区域物流竞争力的发展，物流企业是关键。企业的经营理念、运作效率、服务方式

与水平、技术设施与装备都与竞争能力密切相关。从前面分析可以看出，经全国物流企业综合评估委员会会议审定通过，共评出的 5A 级以上企业中，辽宁省仅有两家，在全国总体评估中较落后，这说明辽宁的物流企业总体竞争实力较弱，因此，必须大力发展具有较强的物流服务能力与综合实力的现代物流企业。

首先，整合中小物流企业，发挥各自特色，提升综合实力和总体水平，即从供应链角度出发，对供应链节点上的企业加以整合，形成能够为整个供应链服务的综合物流公司，或对供应链中同一节点上的几个企业加以整合，甚至结成战略联盟，发挥各自特色，增强整体实力，扩大企业规模。其次，选择一批具有一定竞争实力的物流企业，加强引导、扶持，促进其加快发展。如沈阳公路主枢纽集团、大连交运集团等一些已经具备一定物流服务水平和管理水平的大型运输、仓储企业加速向物流领域转变，尽快形成竞争优势，成为辽宁物流发展的领先者。再次，积极引进国内外知名第三方物流企业，吸引大型外资跨国物流、货代企业进入辽宁省，从而带动辽宁省物流技术和物流管理水平全面提高，全面提升辽宁物流企业的竞争能力。

（四）建立健全适应区域物流发展的政策体系

物流政策的制定，必须由坚持政府主导，全面统筹，整体布局的原则。研究制定能够适应社会主义市场经济体制和现代区域物流业发展要求的物流管理制度，规范物流业的市场准入、竞争行为以及相关技术标准，为经营者提供良好的市场环境。

充分发挥行业协会在提升区域物流竞争力中的作用，鼓励辽宁省和各市物流协会、行业协会等中介机构的快速发展，使它们真正成为沟通政府与企业的桥梁和纽带。政府职能部门可以将一些职能授权给行业协会，使行业协会能够协助行业管理部门及时制定切实可行的物流业发展政策，如建立物流信息统计分析体系，实施物流标准化等，督促企业贯彻执行各项管理规章制度，为企业提供指导和服务。辽宁省也可以借鉴上海等地的做法，开展促进现代物流业发展的联席会议，组织协调与吉林省、黑龙江省的宏观物流业务，并积极促进省内各城市间的联席会议的开展与实施，从而推进辽宁现代区域物流持续健康的发展。

五、结论

本课题将物流理论、区域经济学以及数理分析方法进行了综合运用，从区域物流环境竞争力、区域物流供给竞争力、区域物流发展竞争力以及区域物流竞争潜力等方面设立了评价区域物流竞争力的指标体系，运用主成分分析法对辽宁省区域物流竞争力进行了深入研究与评价，确定了影响辽宁区域物流竞争力的主要指标。从总体结果来看，在全国 31 个省份中，辽宁区域物流竞争力位于第 9 位，比较靠前，但与 GDP 相比较来看，在 GDP 前 15 名的省份中，还不够理想。因此，经过比较分析，辽宁省应从完善物流基础设施建设、促进区域物流一体化、采取积极有效措施推动制造业与物流业深度联合、注重培育和发展具有核心竞争力的物流企业、建立健全适应区域物流发展的政策体系等方面出发采取措施，提高辽宁区域物流竞争能力。

课题组成员名单

课题主持人： 李　虹　沈阳工程学院系副主任、教授
课题组成员： 沈艳丽　沈阳工程学院教研室主任、副教授
　　　　　　殷向阳　中深集团总经理、高级工程师
　　　　　　贲立欣　沈阳工程学院讲师
　　　　　　王　强　沈阳工程学院认证中心主任、高级工程师

参 考 文 献

［1］张义龙．区域物流与经济资源最佳利用的理论方法、技术与应用［M］．北京：科学出版社，2010，5.

［2］邵扬．物流业对中国经济增长的影响研究［D］．吉林：吉林大学，2009，6.

［3］崔晓迪．区域物流供需耦合系统协同发展研究［D］．北京：北京交通大学，2009.

［4］何景师，桂寿平，范明明．基于因子分析的区域物流竞争力分析［J］．中国集体经济，2010，8：115－116.

［5］欧阳小迅，黄福华．区域物流竞争力评价指标、方法和实证——以湖南省为例［J］．湖南商学院学报，2010（4）：69－74.

［6］肖艳，白桦，蔡媛媛．我国区域物流竞争力评价研究［J］．现代商贸工业，2009（1）：105－106.

［7］周善忠，刘伟．物流统计指标体系研究［J］．中国统计，2006（11）：15－19.

［8］鲁楠．辽宁现代物流业发展的对策研究［D］．武汉：华中科技大学，2006.

［9］高秀丽，王爱虎．区域物流竞争力综合评价体系及实证研究［J］．工业工程与管理，2010（8）：41－45.

［10］冯耕中．现代物流与供应链管理［M］．北京：首都经济贸易大学出版社，2003.

［11］http：//baike. baidu. com/view/191162. htm.

［12］http：//wenku. baidu. com/view/a72f31ee5ef7ba0d4a733bbb. html.

［13］http：//www. chinawuliu. com. cn/.

［14］http：//www. chinalawedu. com/falvfagui/fg22016/137786. shtml.

［15］HERBERT G GRUBEL, MICHAEL A WALKER. Service Industry Growth：Cause And Effects［M］. Fraser Institute，1989.

宁波市打造全国性物流节点城市路径研究[*]

内容提要： 本课题研究以国家《物流业调整和振兴规划》为指导，立足全国性物流节点城市和国际物流重要节点的要求，深入分析全国性物流节点城市的内涵、要求，明确宁波市建设全国性物流节点城市的重要意义。分析宁波作为全国性物流节点城市在浙江省、长三角区域的优势和不足，明确发展的机遇和挑战。从转变港口发展模式、完善物流基础设施、拓展贸易物流网络、完善供应链物流服务、推进产业优化升级、发展第四方物流市场、提升自主创新能力和创新政府服务模式等方面，提出建设全国性物流节点城市的重大问题。

一、概述

（一）课题背景

2009 年 3 月 10 日，国务院印发《物流业调整和振兴规划》，提出重点发展九大物流区域，建设 21 个全国性物流节点城市。其中，长江三角洲物流区域以上海、南京、宁波为中心，全国性物流节点城市包括宁波。国家在战略层面上赋予了宁波在振兴现代物流产业中的重要使命，是宁波进一步提升以港口物流为主体的现代物流业的历史机遇。2010 年，浙江省下发《浙江省物流业发展三年行动计划》，宁波市印发《加快现代物流业发展打造全国性物流节点城市实施意见》，明确提出推进全国性物流节点城市建设，更好地发挥现代物流业在推进发展方式转变和产业转型升级中的支撑引领和推动提升作用。

"十二五"时期，宁波将实施"六个加快"发展战略，加快打造国际强港，加快构筑现代都市，加快推进产业升级，加快创建智慧城市，加快建设生态文明，加快提升生活品质，到"十二五"末，要不断增强港口综合服务功能，基本建成全国性物流节点城市，更加巩固亚太地区重要国际门户和上海国际航运中心主要组成部分的地位。

同时，《长江三角洲地区区域规划》明确宁波要发挥产业和沿海港口资源优势，推动宁波—舟山港一体化发展，建设先进制造业基地、现代物流基地和国际港口城市；《浙江海洋经济发展示范区规划》指出宁波—舟山要建成海洋经济核心示范区，要加快发展"三位一体"港航物流服务体系，加快现代物流业发展。宁波现代物流业的发展、全国性物流节点城市的建设面临难得的发展机遇，因此，充分利用国家有关政策，发挥宁波的区位和港口优势，加快研究宁波打造全国物流节点城市的路径，具有十分重要的意义。

---

* 本课题（2010CSLKT092）荣获 2011 年度中国物流学会课题优秀成果奖三等奖。

（二）研究内容

（1）根据浙江省建设"港航强省"、发展"海洋经济"的战略，立足全国性物流节点城市、长三角物流区域中心和国际物流重要节点的要求，深入分析全国性物流节点城市的内涵、要求，明确宁波市建设全国性物流节点城市的重要意义。

（2）调查宁波物流业发展现状和环境，分析宁波作为全国性物流节点城市在浙江省、长三角区域的优势和不足，明确发展的机遇和挑战。

（3）基于相关分析，对接省、市有关规划，从转变港口发展模式、完善物流基础设施、拓展贸易物流网络、完善供应链物流服务、推进产业优化升级、发展第四方物流市场、提升自主创新能力和创新政府服务模式等方面，提出建设全国性物流节点城市的主要路径。

（4）根据宁波现代物流业发展的内外部条件及外部有关要求，按照全国性物流节点城市建设的目标，制定和完善各项配套政策措施。

（三）研究方法

利用实地调研法，综合分析全国性物流节点城市建设要求和宁波现状，结合宁波的经济规模、产业结构、物流产业的发展实际和对外合作基础，研究如何建设全国性物流节点城市。整个调研工作将在整体综合设计与评估的基础上进行，并将综合运用访谈法、观察法、开口与闭口问卷、宏观指标与主观指标评估等方法；通过逻辑推演与对比分析的方法，制定出打造全国性物流节点城市的相关重大问题。

（四）研究依据

（1）《物流业调整和振兴规划》（国发〔2009〕8号）；

（2）《长江三角洲地区区域规划》（发改地区〔2010〕1243号）；

（3）《浙江海洋经济发展示范区规划》；

（4）《浙江省物流业发展三年行动计划》（浙发改经贸〔2010〕162号）；

（5）《加快现代物流业发展　打造全国性物流节点城市实施意见》（甬政办发〔2010〕163号）；

（6）《宁波市国民经济和社会发展第十二个五年规划纲要》。

二、全国性物流节点城市内涵及意义

（一）要求

1. 区位的枢纽要求

物流节点城市以地理位置为前提，地理位置的差异性和客观性是形成物流节点城市最基本的条件。从区位角度看，物流节点城市应是国家综合性的交通枢纽，是国家综合运输大通道的重要交汇点。同时，物流节点城市是联系其他各个城市的枢纽，良好的交通基础设施和便捷的海、陆、空运输条件是它们与外界进行交流沟通的基础。

我国的物流节点城市首先必须是全国铁路、公路、航空兼具的综合性重要交通枢纽，在物流发展格局中，应当具有承东启西、贯通南北的重要作用。完善、便捷、发达的铁路、公路、空港交通优势，使节点城市的物流运作更加紧密、高效。

2. 设施的完善要求

物流是集运输、存储、装卸、搬运、包装等功能于一体的实体流动过程，因此物流节点城市应该具备完善的基础设施。由于其功能上的综合性，这些基础设施不仅包括硬件上要解决不同物流功能之间的衔接，也包括从软件上解决信息流、资金流的衔接，即物流设施的软、硬件设施都要完善。

设施完善首先表现为硬件上物流功能之间的衔接要流畅。规划良好的路网结构可以将各物流节点互联互通，形成分工明确、便捷通达、运转高效的物流体系，使商品流动毫无障碍；其次是物流管理系统软件上的衔接，即信息和资金的充分流动。物流系统的管理设施和机构基本集中设置于物流节点之中，物流节点是集管理、调度、信息和物流处理为一体的物流综合设施。在全球信息化步伐不断加快的背景下，不仅要求物流节点城市的信息和资金流动畅通无阻，更要求高效、快捷，从而使整个物流系统的运作快速且有序。这就要求物流管理的软件设施不仅要完善，而且在国内甚至国际上要具有先进性。

3. 功能的综合要求

物流节点是物流网络中连接物流线路的接点之处，要求具有所有或大部分的物流基础功能要素：如运输、仓储、配货、包装、装卸、分货、集货、流通加工等。除基础功能外，服务整合与网络优化功能也是两项重要的功能。

服务的整合功能可以充分发挥其对各种物流活动进行组织、协调、衔接的作用，将原本可能在几个物流节点完成的上述服务在一个物流节点空间范围内有机的整合起来，即通过物流业务功能的空间集聚，为客户提供多功能的综合一体化服务。物流网络的优化功能是一种重要的系统能力，起着重要作用。

4. 需求的规模要求

物流节点城市客观上要求依托城市所在地以及周边辐射地区的经济基础，形成足够的物流需求规模。一般来说，只有物流需求达到一定规模，才能凸显节点城市的必要性。即需求规模越大，物流节点城市的物流处理能力、物流转运功能和物流综合服务能力也会不断加强，形成一定的规模经济效应。

物流节点的规模与物流需求量的大小也有较大关系。由于物流节点是为企业物流服务的，而物流企业的行为又基本上取决于物流市场的需求状况，因此可以认为市场需求的大小直接决定了物流节点的规模。而物流量需求大小受国内生产总值（GDP）的影响。在其他因素不变的情况下，一般 GDP 越大，物流量需求也相应越大，同时也表现为物流节点规模的加大。相反，若城市物流需求规模太小，达不到最低集聚效应要求，相对收益来说，物流费用会大大增加，节点城市的作用也会大大减弱。

5. 产业的集聚要求

产业集聚是指组建物流节点，将多个物流企业集中在一起，发挥整体优势和规模优势，实现物流企业的专业化和互补性，同时，这些企业还可共享一些基础设施和配套服务设施，降低运营成本和费用支出，获得规模效益。也就是说，物流节点城市的产业集聚可以带来集约互补功能、转运衔接功能以及辐射拉动等功能，可以产生极化效应，可以带动相关产业的发展，从而带来地区经济的发展。

产业的集聚可以为物流的发展带来一个规模化、专业化发展。物流节点城市的产业集聚发展到一定程度，即制造业和贸易得到了充分的发展和扩张，则该城市的物流产业也相应地会形成规模化发展趋势；同时，分工发达和地域上的临近性使得集群企业普遍摒弃"大而全"、"小而全"的发展模式，向专业化方向发展。而分工的精细化使得企业之间的物流联系越来越复杂，从而物流外包会越来越频繁，集群区域的物流体系可以为集群产业的发展提供良好的物流服务平台。

6. 配套服务的优势

物流节点城市除了提供物流服务与物流管理，与之配套的其他服务也要同步发展。例如行政管理与服务等软环境的改善等。一方面物流节点在政府支持下可以为运营单位提供一体化运作的物流公共支持系统服务，如设立综合服务中心、维修保养厂、加油站、清洗站等设施，并提供信息、咨询、保安、车辆、设施维护、设备维修、加油、物流废料处理等配套服务；另一方面，物流节点内的运营单位可以开展诸如通关、保税、法律、结算、需求预测、咨询、培训、技术开发等增值服务。

配套服务能力的强弱在某种程度上直接决定着物流节点城市的竞争力。一般来说，配套服务好说明作为物流节点的城市物流转运能力强，服务竞争力强；反之则竞争力弱。

7. 对外接口的通畅性

物流节点城市具有广大的吸引与辐射范围，对国家乃至国际物流网络的合理布局、顺畅链接及高效运行都具有全局性的作用和影响，发挥这种作用，离不开对外接口的通畅性。

对外接口的通畅性是指物流节点城市与外界进行的联系畅通无阻。一个物流节点城市的对外联系必须是多维且快速的。从国际上其他物流城市的发展经验来看，通畅性不仅要求陆上运输如铁路、公路等线路四通八达，可以随时与周边国家进行及时衔接或转运，而且要求港口、航空与国际上其他城市的往来也畅通无阻且高效快捷。

8. 转运衔接的一体化

衔接功能是指把物流节点城市作为整个区域物流系统的节点，将周边地区物流线路联结成一个系统，使各个线路通过节点城市的作用变得更为贯通而不是互不相干。转运功能则指通过与不同等级物流节点的有效衔接，将本地运往其他地区的货物化零为整组织发送，或将其他地区进入本地的部分货物化整为零组织运送，完成货物的集散作业；同时开展货物分拨、集装箱中转、集装箱拼装拆箱等业务。

转运衔接的一体化运作是通过有效衔接各种运输方式，开展以国际集装箱为主的水、陆、空多种运输方式的联合运输和联运中转等业务，实现无间断、无阻隔的流水线式转运，以及与国际其他城市之间的快速衔接。

9. 信息协调的无缝性

在物流系统中，每一个物流节点都是物流信息发生的点，这些点是物流信息产生收集、分析、处理、传输的主要发源地、集中地和处理场所。物流节点城市是整个物流系统或与节点相接物流的信息传递、收集、处理、发送的集中地。若几个这样的信息点和物流系统的信息中心结合起来，便成了指挥、管理、调度整个物流系统的信息网络，这是一个物流系统建立的前提条件。这种信息作用在现代物流系统中起着非常重要的作用，也是复杂物流储单元能联结成有机整体的重要保证。

物流节点城市不仅是货物的集散中心，同时也是信息的集约中心。这不仅表示要根据物流进入情况及时通知物流部门，以便于相关部门进行快速、高效运作；也指要及时发布本市物流运作情况，更新物流信息，以便于实现信息在国内及国际其他物流合作城市之间的完全对接和共享。

10. 管理指挥的高效率

物流系统的管理设施和指挥机构往往集中设置于物流节点之中，因此，物流节点城市是集管理、指挥、调度、信息、衔接及货物处理为一体的物流中枢。整个区域物流系统的运转有序化和高效率的水平取决于该物流节点城市的管理职能实现的情况。在城市物流管理体系中，物流控制中心是使物流各项功能有效协同高效运行的调度指挥和掌握全局服务项目、业务量、服务质量、货物动向、车辆状态、运营成本等的控制机构。

管理指挥的高效率是在物流节点上通过流通加工来满足个性化需求和做到"物尽其用"。一般是通过集装箱、托盘等集装处理，实现整个"门到门"运输，使之成为一体；或者通过一定的库存来调节和调剂，通过配货等货物处理来实现配送或者 JIT 供应，等等。这些都可以使整个物流系统得到优化，管理更具效率。

（二）内涵

全国性物流节点城市是指在全国具备良好的交通区位优势、较高的物流发展水平、广泛的物流辐射能力，在引领和加深地区之间物流领域合作、引导物流资源跨区域整合和为区域物流一体化服务等方面发挥积极作用的城市。它具有丰富的内涵，从区位上看，全国性物流节点城市是国家综合性的交通枢纽，具有良好的交通基础设施和便捷的海、陆、空运输条件；从功能上看，全国性物流节点城市具有高度发达的现代物流业，可提供高效的国际和国内物流服务，具备了运输、仓储、中转、分拨、配送、加工、信息处理等综合服务功能；从作用上看，全国性物流节点城市是大规模物流、商流、信息流、资金流的集散地，具有广大的吸引和辐射范围，能够有效带动周边区域实体经济和物流产业的联动发展；从战略上看，全国性物流节点城市对国家甚至全球物流网络的合理布局、顺畅链接和高效运行都具有全局性作用和影响。

（三）意义

1. 打造全国性物流节点城市是宁波落实党中央、国务院保增长、扩内需、调结构战略部署的迫切需要

现代物流业对服务和支撑其他产业的调整与发展、扩大消费和吸收就业，促进产业结构调整和转变增长方式、增强国民经济竞争力等方面具有重要作用。《物流业调整和振兴规划》明确宁波要加快打造全国性物流节点城市，《长江三角洲地区区域规划》提出宁波要建设现代物流基地，《浙江海洋经济发展示范区规划》指出要加快"三位一体"港航物流服务体系发展。宁波作为我国重要国际港口城市，对内是江海联运枢纽，对外是远东国际航线要冲，具备良好的现代物流业发展基础，加快打造全国性物流节点城市，是党中央、国务院赋予宁波市的重要使命，是国家保增长、扩内需、调结构战略的客观需要。

2. 打造全国性物流节点城市是宁波提升产业结构、转变发展方式、增强城市国际竞争力、实施"六个加快"战略的迫切需要

发展现代物流业，打造全国性物流节点城市，可以加快建成亚太地区重要的国际港

口物流中心和资源配置中心，加快打造国际强港；可以促进金融业等现代服务业的全面进步，增强现代服务业的综合竞争力，推动二、三产业联动发展，加快推进产业升级；可以提升物流业组织化程度和信息化水平，加快智慧物流建设，加快创建智慧城市。因此，必须迅速壮大现代物流业规模、优化现代物流业结构、提升现代物流业的影响力和带动力，加快打造全国性物流节点城市，这是宁波提升产业结构、转变发展方式、增强城市国际竞争力、实施"六个加快"战略的迫切需要。

3. 打造全国性物流节点城市是实现宁波传统物流业加快向现代物流业转型，推进宁波现代化国际港口物流城市建设的需要

经过多年培育与发展，宁波市物流业已取得了较快进步，目前正处于传统物流业向现代物流业的转型过渡时期。物流基地的运作水平、物流企业的信息化程度、先进物流管理技术的普及应用等方面与宁波建设现代化国际港口物流城市的目标存在一定差距。打造全国性物流节点城市将进一步为宁波市营造良好的物流发展环境，构建物流发展平台，推进企业物流信息化建设，加快以港口物流为核心的现代物流体系的成熟，从而提高宁波港的国际竞争力，推进宁波现代化国际港口物流城市建设。

三、宁波物流业发展现状

（一）发展现状

近些年来，宁波市物流业规模持续扩大，发展质量明显提高，已成为宁波经济发展的重要支撑和新的经济增长点。

1. 物流业经济规模快速增长，产业地位得到确立和巩固

"十一五"时期，宁波市物流业快速发展，2010 年全市物流总额达到 1.5 万亿元，年均增长 15.4%；物流业增加值达到 506.9 亿元，年均增长 17.4%；物流业增加值占地区生产总值比重 9.9%，占服务业比重达到 24.6%，进一步确立和巩固了宁波市优势产业和现代服务业主导产业的产业地位。物流运作效率明显提高，物流总成本占 GDP比重下降到 17.83%，比 2006 年下降 1.5 个百分点，相当于新增社会经济效益 75 亿元，有力地支持了国民经济发展和发展方式转型。

2. 物流产业体系初步形成，港口物流水平再创新高

"十一五"时期，宁波市已初步形成以港口物流为龙头，制造业物流、城市配送物流、空港物流和专业物流等为配套的物流产业体系。以港口联盟建设、省内外"无水港"建设、海铁联运发展为重点，依托不断拓展的港口经济腹地，加快发展集装箱物流、保税物流、大宗商品物流等港口物流，港口发展水平进一步提高，2010 年宁波港域货物吞吐量达到 4.1 亿吨，集装箱吞吐量达到 1300 万标准箱。宁波—舟山港一体化进程加快，2010 年宁波—舟山港货物吞吐量达到 5.7 亿吨，超越上海港成为世界第一大港；集装箱吞吐量达到 1314.4 万标准箱，排名跃升至中国大陆港口第三位，全球第六位。

3. 物流通道网络不断完善，物流装备水平明显提高

加快推进公路网建设，"一环六射"高速公路主骨架基本形成、"八横五纵三沿海"干线公路及综合枢纽场站加快建设。铁路进入加速成网阶段，甬台温铁路建成通车，萧

甬铁路直达镇海、北仑港区，与甬台温、浙赣、沪杭、杭宣等干线铁路网相接，为海铁联运等多式联运发展创造条件。水路吞吐能力增强，"十一五"时期新增万吨级以上码头泊位 31 个，新增货物吞吐能力约 1.4 亿吨，其中新增集装箱泊位 12 个，新增集装箱吞吐能力约 720 万 TEU。空港发展形成突破之势，机场等级达到 4E 级，共开通航线 51 条，年货邮行量达到 8.1 万吨。物流装备水平大幅度提高，全市货运车辆 7.8 万辆，59 万吨位；集装箱车辆 9975 辆，29 万吨位；"大、特、新"船舶加快发展，沿海船舶营运运力总规模达 458 万载重吨，居全省第一，万吨轮比重超过 70%。

4. 物流园区初见规模，物流集聚水平不断提高

梅山保税港区按照瞄准国际"自由港区"定位，加快建设和运营，一期工程封关运作，2 个 10 万吨级集装箱码头投入运营，累计完成投资超过 50 亿元；招商引资进展顺利，累计引进物流、贸易、金融等企业 800 家。镇海大宗货物海铁联运物流枢纽港以液体化工、煤炭、钢材、木材、再生金属、有色金属等大宗货物交易市场为依托，以存储、配载和运输方式转换为手段，正加快建设华东及中西部大宗货物资源配置中心和集散中心。宁波经济技术开发区现代国际物流园区已引进中外运、前程物流等一批知名物流企业落户，正在形成依托港口的高端国际物流园区。空港物流园区已建成 10 万平米的标准仓库和 1 万平米的商务楼，仓库出租率已接近 95%，栎社保税物流中心（B 型）已经封关运作。北仑邬隘集装箱海铁联运中心站工程已获国家批复，即将开工建设。宁海物流中心完成一期建设，配送中心和果蔬市场投入运营，金属材料市场、五金机电市场即将完工。

5. 物流企业蓬勃发展，物流运作能力显著提高

全市实际从事物流相关业务的企业超过 5000 家，注册资本超过 600 万元以上的第三方物流企业超过 100 家。A 级以上的物流企业超过 70 家，其中 4A 级物流企业 6 家，3A 级物流企业 40 家。世界排名前 20 位的船公司和 FedEx、UPS、TNT、DHL 等国际知名快递企业、物流巨头及物流投资商落户宁波。本土物流企业实力得到进一步壮大，涌现出一批营业额达数亿元甚至几十亿元的本土物流企业。物流企业一体化运作能力显著提高，开展运输、仓储、配送、加工、代理中两项业务以上的综合型物流企业较"十一五"初增长了 3 倍，75% 的企业涉及运输业务，并逐步向仓储、配送、代理等业务延伸，初步形成了一支门类齐全、运作高效、竞争充分的市场主体。

6. 信息化水平显著提高，智慧物流建设条件日趋成熟

第四方物流市场于 2009 年年初正式投入运营，建立交易、金融、政务服务"三合一"的物流平台，构建了银行与平台运营商的"双主体"运作模式，2010 年已经吸引 6850 家企业加盟运作，年信息发布总量达 72 万条，网上交易额突破 10 亿元，大大激发了物流市场微观主体活力。先进物流技术、设备在各种物流业务中得到应用，新增集装箱车辆 GPS 安装率达 100%；条码技术在各种物流业务中得到普遍应用，RFID 技术在宁波港码头得到良好应用，集装箱车辆在码头闸口的通过时间由 2 分钟降到 30 秒以下。

7. 政务服务水平明显提高，物流业发展环境明显优化

通关单联网核查、港区卡口智能化系统和出口货物电子装箱单系统、空港通关中心和快件监管中心等一批政务建设项目积极推进，区域整体通关环境明显提升。密集出台

了宁波港海铁联运政策、第四方物流市场系列政策、现代贸易物流企业扶持政策、打造全国性物流节点城市实施意见、现代物流示范企业扶持政策等多项政策，物流业政策环境持续改进。组织物流企业申报国家税收试点，组织重点物流项目申请国家资金支持，取得良好效果。举办了甬港经济合作论坛、"重庆·宁波周"、"新加坡·宁波周"、"港澳·浙江周"等物流专题推介活动，促进与国内外重点城市的物流交流与合作。加强了与国家相关部门的沟通衔接，成功获批梅山保税港区，正推进镇海液化品保税物流中心（B型）申报。与铁道部签订了部市合作协议，深化了合作机制。

（二）宁波打造全国性物流节点城市优势

宁波打造全国性物流节点城市具有良好的优势条件，突出体现在以下四个方面：

1. 地理区位独特

从全球来看，宁波地处太平洋西岸，濒临经大西洋东海岸（英法等国）—地中海—苏伊士运河—红海—非洲东海岸—西亚—印度洋—马六甲海峡—南中国海—日本海—北太平洋—美国西海岸的国际主航道。该航道线上集中了鹿特丹、安特卫普、新加坡、中国香港、釜山和洛杉矶等主要国际大港，承担着国际货物贸易量的60%以上和全球60%～70%的集装箱运输。宁波港与中国香港、基隆、釜山、大阪、神户等大港间航线均在1000海里之内，至美洲、大洋洲、波斯湾、东非等地港口在5000海里左右，区位条件优势明显，具备发展国际中转大港的良好条件。

从全国来看，宁波地处我国大陆海岸线的中部、南北海运航线与长江黄金水道的"T"形交汇处，是江海联运和国际远洋航线的紧密结合部。北仑—金塘核心水域北距上海吴淞口130海里、青岛433海里、秦皇岛683海里，南距厦门476海里、广州824海里。地理位置适中，内外辐射便捷，不仅可便捷连接沿海各个港口，而且通过江海联运，沟通长江、京杭大运河，直接覆盖整个华东地区及经济发达的长江流域。

从省内来看，宁波—舟山港是浙江省"一体两翼"沿海港口布局体系的"一体"，是浙江省实施"港航强省"战略的核心平台。以宁波—舟山港为中心的300公里半径扇面几乎覆盖了浙江全省各主要经济区域，尤其是杭甬运河、杭州湾跨海大桥等交通大动脉的建成，更加方便了宁波—舟山港和全省腹地的联系，进一步凸显宁波—舟山港在全省物流体系中的龙头地位。

2. 资源条件优越

宁波港地理位置优越，港口条件优良，天然航道平均水深30～100公尺，虾峙门航道最浅处为22.5公尺，30万吨级船舶畅通无阻，北仑港区北面有舟山群岛为天然屏障，形成天然的避风挡浪屏障和半封闭式港湾，港口的作业天数达350天以上，是船舶锚泊和发展仓储、堆场、物流和临港工业的理想场所。

3. 腹地需求强劲

宁波港直接腹地为浙江省，间接腹地覆盖上海、江苏、安徽、江西、湖南、湖北、重庆、四川等长江沿线地区。其经济腹地尤其是长三角地区经济发达、综合优势突出，是我国经济总量规模最大、实力最强和最具发展活力的经济区。腹地内强劲的物流需求为宁波港口发展奠定了坚实的基础和依托。

4. 品牌优势显著

上海国际航运中心的品牌优势。宁波—舟山港是上海国际航运中心的重要组成部分，以上海为中心、以江浙为两翼的上海国际航运中心建设自 1995 年党中央国务院决策实施以来，经过 10 余年的发展，已经成为全球航运体系的重要枢纽。随着国发〔2009〕19 号文的出台，上海国际航运中心建设必将进一步加快，品牌优势必将进一步凸显，从而为宁波—舟山的新一轮跨越发展提供了良好的宏观战略品牌优势。

宁波—舟山港一体化的品牌优势。2006 年 1 月 1 日，经省政府和交通部批准，宁波—舟山港管理委员会挂牌，正式启用宁波—舟山港名称，并确定了"统一管理、统一规划、统一建设、统一品牌"的发展方向。这是国内第一个真正实现一体化的两个大港，通过一体化运作，不仅可以促进两港资源整合、优势互补，迅速跻身世界一流综合性大港，更让宁波—舟山港成为我国乃至全球港口界的一个响亮品牌，从而为宁波—舟山港域物流业的快速发展提供了坚实的基础。

（三）与全国性物流节点城市差距

1. 物流功能发展不平衡，国内物流运作能力急待提高

物流业市场结构应是合理分工，细分市场，形成综合的第三方物流企业、专业的运输型、仓储型等物流企业分工合作的产业形态，各类物流企业面向细分的市场培育核心能力，形成分工合作的物流服务体系。宁波物流企业数量多，规模小，提供的物流服务同质化明显，集中在常规物流服务的提供，增值服务能力较弱。当前宁波市物流功能发展的基本矛盾是重操作，轻服务；重个体，轻联合；重企业外部物流，轻企业内部物流。物流功能发展不平衡突出表现在物流功能的结构方面，一是物流基本功能与配套功能发展的不平衡，如在物流园区能提供仓储、运输、装卸搬运、配送等基本物流功能的硬实力较强，而促进物流产业链整体发展所需的金融、保险、法律、研发、信息、咨询等配套服务功能不健全或不完善，这种软实力的不足制约了为客户服务的整体能力和效率；二是物流的基础功能与高端功能发展的不平衡，即仓储、运输、配送等物流基础作业功能与高端的物流管理、物流供应链的咨询、规划、方案设计等物流服务增值功能的不平衡；三是公共服务物流功能与专业服务物流功能发展的不平衡，宁波市物流企业缺乏主动深入客户物流运营实际分析规划各种不同物流问题，提供定制化的物流解决方法与运营能力。打破物流发展不平衡的关键是培养物流企业能力，而集聚在物流园区、物流基地等物流节点的物流企业以国内中小物流企业或宁波本地民营企业为主，因此急需提高它们的物流运作能力。

2. 跨模式联运体系正在建设，能力水平尚未体现

现代国际物流发展的一个重要标志是国际多式联运的发展和运作，宁波具备发展多式联运的基本条件。宁波的跨模式联运体系海铁联运已经开始建设，但能力水平尚未全面体现，其他方式的联运体系也需要不断完善。第一，当前以发展北仑国际集装箱海铁联运中心站及配套物流园区、镇海大宗货物海铁联运物流枢纽港为核心的跨模式多式联运建设处于起步阶段，多式联运的运营范围小、规模小、比例低、效率低。当前省内仅有义务和温州开通海铁联运服务的沿海快线，省外有南昌集装箱班列，未来还应继续开拓中西部城市的物流市场，实施海铁联运西进战略，虽然今年开通沿海快线海铁联运服务后业务量预计全年将达一万标箱，但是与宁波每年超过 1000 万的标箱的规模相比还远远不够，占全年集装箱吞吐量、周转量的比例较低，相对于国外成熟的海铁联运服

务，网络体系缺乏、软硬件平台不完善、贸易体系不发达、市场运营主体不足、机制政策力度不够导致运作效率低下。第二，跨模式联运体系不健全，当前还是发展以海铁联运方式为主，其他各种联运方式，如公铁联运、水水中转、陆空联运方式还未启动或提及，还处于理论研究层面，物流园区、保税区、物流基地的各种运输模式转换的枢纽作用还未体现。第三，跨模式联运体系的运作能力还主要是围绕港口到港口范围，与发展门到门的运作能力还有很大距离。

3. 海、空国际物流、保税物流融入全球网络的程度有待加深

宁波在海、空国际物流、保税物流方面与大型港口物流城市的交际接轨还有待提高，进一步增强跨市域、跨省域、跨国界以及跨部门的合作。宁波在打造亚太国际重要门户，全面融入上海国际航运中心建设，推进宁波国际贸易展览中心、国际航运中心、国际金融中心建设为目标的前提下，需要宁波作为全球物流网络的重要节点城市积极融入全球供应链的一体化构建过程，全球市场化同样也是全球化资源配置，当前宁波的海、空国际物流与全球其他重要节点城市的对接方面缺乏规范的沟通协调机制，相互协作的范围和深度局限于政府层面的经验交流与引导，上下游企业特别是大型物流企业集团在参与全球供应链网络的构建于运营中的创新模式还有待探索，此外宁波海、空国际物流能力不足也成为制约融入全球网络的重要因素，特别是空港国际物流才开始起步，配套的政策、设施和服务能力都无法满足全球网络化的要求。在海关特殊监管场所（保税仓库及出口监管仓库、保税物流中心）和海关特殊监管区域（保税区、保税物流园区、出口加工区、综合保税区、跨境工业区和保税港区）运营的保税物流业务也由于各场所、区域之间的功能重叠导致恶性竞争、功能定位不准确导致物流集约化程度不足、相互之间及港口之间的通关与保税政策不完善导致物流运转不便利都制约着参与国际物流业务的竞争能力，这些需要在组织体制方面进行创新。

4. 物流运作、服务和管理的信息化智能化水平需要进一步加强

物流企业对自身的信息化未来发展缺乏规划，对信息化的理解不深，缺乏覆盖整个企业的全面集成的信息系统。在国外物流企业得到广泛使用的条码技术、FRID、GPS/GIS 和 EDI 技术在宁波物流企业的应用不够理想。同时，信息化对企业运营环节的渗入层次较低。宁波市物流企业以中小民营企业为主，这些中小物流企业在信息技术的认识上存在误区，资金投入上不足，过于强调眼前利益。首先，对物流信息技术的认识上还处于物流信息的采集、传输、共享层次，认为有了条码技术、POS 系统或一个简单的仓储管理系统或运输管理系统就可以了，在这方面应用的比例也不足三分之一，在物流信息智能化处理或优化软件应用层次上比例不足 5%，采用的信息技术起点低。其次，民营企业在物流软件投资方面明显落后长三角其他城市，强调机制的灵活性以及机会的把握代替了靠信息技术的应用来获得长久的竞争力，再加上信息技术投资较大、个性化程度较高、见效时间较长、收益较难测算等特点，在信息化使用特别是高端信息技术的应用方面投资缺乏热情。在物流人工成本越来越高的环境下，未来由于缺乏信息化智能化技术将会面临更大的困难。最后，物流信息技术智能化技术应用不均衡，港航大企业在物流信息化技术智能化技术投入方面明显超出中小企业，投资力度很大，政府层面也在大力推动和主导第四方物流信息平台建设，这也与中小物流企业的投资意愿形成鲜明

对比。

5. 区域间物流需求和运作有待加强

物流需求以本地物流需求为主，跨区域的物流需求和运作水平较低。以宁波港为例，近年来宁波港国际集装箱货运规模主要还是依靠浙江省内的箱源，并与同处长三角的上海港的腹地重叠，形成了竞争关系。据统计，除矿石、原油外，集装箱箱源90%来自于浙江省。就深层次原因分析，首先，宁波港作为货物吞吐量全球第四、集装箱吞吐量全球第八的大港起到连接海上物流和内陆物流，辐射国际和国内两个市场的枢纽作用，但是便于物流往来及快速通关的集疏运体系建设相对滞后，在与上海港竞争中失去部分腹地货源。其次，有助于大力减少物流成本、优化物流运输方式的多式联运特别是集装箱海铁联运的配套设施建设、港口与铁路规划的衔接、信息技术的配套、作业部门之间的协作、铁路与港口管理部门的制度安排等都有待加强，对于扩大传统腹地，吸引省外货源，除了已有萧甬铁路和甬台温外，急需建设吸引中西部货源的甬金铁路以及吸引长三角地区货源的杭州湾铁路。再次，运输服务方面有待创新，核心问题是区域通关体制还需改革，如何打破行政区域规划条件下促进海关监管方式创新，需要强化和推进内陆省份的"无水港"建设，继续发挥港口物流在城市和区域经济发展的集聚和辐射效应。最后，区域间资源的合理配置、物流通道合理规划以及物流企业主动服务的意识都成为影响区域物流需求与运作的因素。

（四）面临的形势

纵观国内外发展环境，宁波市全国性物流节点城市建设处于重要战略机遇期，既面临难得的发展机遇，也面对诸多风险挑战。

从国际环境看，随着经济全球化的发展和我国融入世界经济的步伐加快，全球采购、全球生产和全球销售的发展趋势为宁波市国际物流发展提供了广阔的发展空间。同时，受金融危机影响，国际竞争更加激烈，贸易保护主义抬头，不确定因素增多，宁波市物流节点城市发展将面临更大的需求压力。

从国内环境看，国务院《物流业调整和振兴规划》确立宁波为全国物流节点城市和长三角区域物流中心之一，给予了宁波物流业较高的发展平台。同时，也赋予了宁波在调整与振兴物流产业、促进物流业平稳较快增长的新使命，受周边城市物流发展的激烈竞争影响，宁波市在打造全国物流节点城市过程中将面临巨大的挑战。

从区域环境看，《长江三角洲地区区域规划》明确了宁波市建设成为先进制造业基地、现代物流基地和国际港口城市的战略定位，《浙江海洋经济发展示范区规划》明确了以宁波—舟山港海域、海岛及其依托城市为核心区，以环杭州湾产业带为北翼，打造成为引领长三角海洋经济发展的重要平台。长三角区域经济一体化和浙江海洋经济的两大国家战略，为宁波市物流业提供了前所未有的发展机遇。同时，作为上海国际航运中心的主要组成部分、浙江省海洋经济战略的实施龙头，受制于物流金融、航运服务等物流服务方面的发展不足，在参与建设上海国际航运中心、建设"三位一体"港航物流服务体系过程中将面临巨大的挑战。

从宁波实际看，宁波市国民经济将保持持续、快速和稳定增长，预计地区生产总值到"十二五"末达到1万亿元，年均增长10%，国民经济的健康运行为物流业的快速发展提供了良好的外部环境和巨大的现实需求。宁波市将构筑以中心城六区为核心，以余慈地区和宁波杭州湾新区为北翼、以奉化宁海象山为南翼、以卫星城和中心镇为节点的网络型都市区，城市框架不断扩大，中小城市和农村地区的经济发展为宁波市物流发展提供了更加广阔的发展空间。同时，市"十二五"规划纲要明确提出了加快打造国际强港、加快构筑现代都市、加快产业转型升级、加快创建智慧城市、加快生态文明建设、加快提升生活品质等"六个加快"战略部署，宁波市物流业作为全市经济社会发展的重要组成部分，在物流强港、推进区域物流发展、带动产业转型升级、智慧物流发展、生态物流建设、物流配送服务提供等方面，将肩负着更为艰巨的任务，同时受制于自身物流发展水平不高，将面临着巨大的挑战。

四、宁波打造全国性物流节点城市重大问题

（一）宁波港口大而不强的问题

从整体上看，宁波港已经成为了一个世界级的大港，在全国乃至全世界的经济发展中扮演着越来越重要的角色。但是，与世界强港相比，宁波市港口还存在较大差距。

1. 基础设施建设比较薄弱，发达的集疏运网络尚未建成

宁波港口码头的基础设施总量不足，结构性矛盾突出，大型专业化深水泊位尤其是集装箱泊位不足，铁矿石、原油、煤炭的接卸码头建设相对滞后。临港物流园区需求导向不够明确，物流节点功能雷同，园区之间、场站之间竞争激烈。港口集疏运体系存在比例失调和网络连通不畅等问题。集装箱运输过多地依靠公路，而沿海和内河没有充分利用，海铁联运的发展刚刚起步。宁波港集装箱水水中转的比例仅有16%，与新加坡港90%、香港港80%、上海港43%、鹿特丹港40%等相比差距很大。

2. 港口高端服务能力偏弱，航运、金融、信息等配套服务欠缺

目前宁波在金融、信息、保险、航运交易、船舶供应、船员接待等方面服务严重不足，专业化、规模化发展的程度都偏低。

金融方面，目前宁波没有专门以船舶贷款为主业的银行，大部分资本是通过民间个人房产抵押从银行贷款等方式投入航运业。信息方面，宁波港的信息与电子口岸建设存在多头管理、各自使用的现象，还没有真正实现信息共享、协同管理。

3. 港城一体化进程缓慢，港口与城市协调发展的压力大

港城空间布局缺乏统筹规划，土地资源紧张，存在港城相互争地的现象，港口生产对城市环境、交通等带来的压力不断增大。港口对城市就业、税收和经济贡献度均不同程度低于世界几大港口的平均水平。同时，城市产业层次较低，缺乏金融、保险、咨询等高端服务业，专业人才匮乏，对港口发展的支撑作用不强。

（二）物流企业小而散弱的问题

1. 物流企业综合服务能力偏低，整体规模偏小

宁波物流相关企业不同程度呈现着"小、散、弱"的局面，大型规模企业偏少，营业收入超过10亿元的物流企业不超过15家，全国百强物流企业尚无一家。大多数企业服务功能比较单一，基本停留在运输、仓储、装卸等传统环节，流通加工、商贸配送、物流金融拓展不够，物流增值服务能力比较薄弱，供应链管理水平低，能够提供综

合性一体化物流服务的企业不多。同时，价格竞争仍是物流企业主要的竞争手段，导致许多物流企业利润率偏低，发展后劲不足。

2. 物流企业信息技术水平低下，运作效率不高

宁波按照现代企业制度管理的物流企业比例不高，信息化运作程度较低，先进技术应用较少，大部分只运用信息化进行简单的单证和表格的处理，未运用支持企业管理、决策和运作的信息系统，无法使信息化运作在企业管理、技术提升、资源整合方面发挥巨大作用，造成物流资源利用率低下，物流效率不高。

3. 第三方物流企业较少，专业化水平不高

宁波第三方物流企业缺乏，运作模式落后，专业化服务能力和一体化服务能力滞后。医药物流、冷链物流、汽车物流、电子商务配送等专业第三方物流供给能力不足，国际、国内知名第三方物流企业引进较少，总部企业、骨干企业、特色企业合理结构尚未形成。物流企业在区域、全国的影响力不够。

（三）资源配置能力不高的问题

1. 物流资源整合效率不高

物流园区建设滞后，物流企业比较分散，物流组织化程度不高，导致物流仓储设施闲置与紧缺并存、仓储周转率低下，运输工具空载率居高不下，物流资源整合利用效率不高。

2. 宁波缺少具有世界影响的贸易物流集团和大宗商品交易平台，商品交易制度和交易模式亟待创新和完善

高端消费品的流通营销网络尚未建成，重点大宗商品在区域和全球范围内缺乏市场定价权。专业市场与物流企业之间的联系不够紧密，物流对贸易的支撑能力还不够强。同时，部分交易市场受土地、经营资质等限制，发展规模偏小。宁波船舶交易市场，年交易额不到5亿元，与伦敦、中国香港的数百亿船舶交易额相比，几乎微不足道。

（四）辐射带动力不够的问题

1. 区域辐射能力不够

宁波物流企业以服务本地、本省企业为主，对周边区域和周边省份的服务不多、辐射不够。物流企业需要进一步在长三角、全国范围完善网络，加强对周边区域、全国范围的辐射能力。

2. 产业带动效应不强

由于物流企业服务水平、服务能力有限，直接影响了工商企业物流服务外包的意愿，导致物流服务社会化水平不高、自营物流服务较多，不利于工商企业的分工和精细化管理，物流企业对制造业、商贸业、农业等产业带动作用还不够强。

五、打造全国性物流节点城市指导思想、原则和目标

（一）指导思想

以邓小平理论和"三个代表"重要思想为指导，深入贯彻落实科学发展观，根据国务院《物流业调整和振兴规划》的要求，着眼于打造亚太重要国际门户，以国际强港为核心，以第四方物流发展为契机，以信息技术、标准化和服务支撑为手段，以多式

联运、资源配置、服务优化、产业联动为路径，着力构建"一港三心四平台"的现代物流业格局，逐步形成"立足宁波，依托浙江，服务长三角，辐射中西部，对接海内外"的现代物流体系，将宁波打造成为全国优秀的物流节点城市、亚太地区国际物流枢纽，为宁波建设现代化国际港口城市、具有区域资源配置功能和高端物流增值功能的全球性物流枢纽城市，发挥先导保障作用。

（二）基本原则

1. 坚持统筹发展

优化物流存量资源，全面统筹港口与城市、城区与乡村、开发区与一般区域的物流发展，构建布局合理、层次清晰、分工明确、联系紧密、运转高效的现代物流网络，努力形成结构优化、整体提升的现代物流发展新格局。

2. 坚持合理布局

结合物流市场需求空间分布特征，以提高物流效率和优化城市布局为目标，加强对现有物流设施资源的整合、开发和利用。坚持改造、扩建、整合和新建相结合，以现有资源整合提升为主，适度布局新节点，努力形成布局合理、高效有序的现代物流发展新格局。

3. 坚持整合联动

加快推进多式联运，重点突破海铁联运瓶颈，协调发展公、铁、水、航空等多种运输方式，努力形成以港口物流为龙头，海、陆、空港物流协调发展的现代物流发展新格局。

4. 坚持开放合作

抓住经济全球化、长三角一体化以及宁波市被列入全国性物流节点城市的有利时机，开放兴业、开放强业。积极推动物流链内部各环节的融合，促进物流业与制造业、物流业与商贸业联动发展，不断扩大物流领域国际、国内开放水平，努力形成全方位对外开放的现代物流发展新格局。

5. 坚持"三力合一"

发挥政府主导力、企业主体力和市场配置力，突出政府公共服务功能，发挥企业在物流市场中的主体作用，根据物流市场需求，规范和引导物流布局，实现物流资源配置的市场化运作，努力形成企业、市场、政府有效联动，全社会合力推进的现代物流发展新格局。

6. 坚持绿色集约

广泛应用先进技术改造和提升传统物流业，促进物流一体化运作，提高物流效率，加强危化品物流管理，发展绿色物流，建设低碳经济，努力形成绿色集约的现代物流发展新格局。

（三）目标

总体目标：通过5年的努力，把宁波打造成为长三角重要的综合物流中心城市、全国性物流节点城市。形成具有科学合理的管理协作机制，先进完善的硬件设施、优质优惠的软件环境，产业集群和规模效应凸显，辐射能力强大的多层次物流体系，逐步成为重要的区域贸易中心、物流节点示范基地和物流的产学研及人才培育中心。

1. 物流节点体系进一步完善

建设完善梅山保税港区、宁波集装箱海铁联运物流园区、镇海大宗货物海铁联运物流枢纽港、宁波空港物流园区、中国塑料城物流基地、宁波陆港物流中心等重点物流园区和基地。

2. 物流业规模进一步提升

物流业增加值年均增速保持在10%以上。物流业的社会化、专业化水平明显提高，争取引进培育若干家服务水平高、国际竞争力强的大型第三方物流企业，社会物流总费用占GDP的比重持续下降。

3. 物流集聚辐射能力进一步增强

以宁波为中心、以长三角南翼为基本腹地、辐射长三角其他区域的物流功能网络基本形成，全省综合交通物流枢纽地位进一步凸显，物流资源的集聚能力明显增强。物流骨干企业全国经营的格局初步形成，部分物流功能开始辐射全国。

4. 现代物流技术全国领先

初步建成功能齐全、开放共享的区域和重点行业物流信息平台。物流条码（BC）、电子数据交换（EDI）、射频技术（RF）、全球定位系统（GPS）等物流技术得到普及和应用。信息技术和网络技术在物流领域的应用水平全国领先。

5. 现代物流政策环境良好

物流产业发展的相关政策措施得以完善，建立市场准入、财政扶持、税费优惠、融资支持、用地保障、人才培养、诚信建设、营运管理等支持现代物流业发展的政策，形成统一开放、公平竞争、规范高效、区域协调、符合国际惯例的物流业发展环境。

六、主要路径

（一）转变港口发展模式，建设国际一流强港

1. 优化港口资源配置

坚持走内涵式港口发展道路，系统整合岸线、航道、码头和堆场资源，完善港内交通和集疏运体系，综合运用先进技术和管理等方法，整体提高港口通过能力。加快建设深水航道和锚地，适度扩大北仑、大榭港区规模，重点发展梅山保税港区和穿山港区，续建和新建一批大型化、专业化、现代化的深水码头，加快建设大榭、穿山、梅山、镇海港区等一批深水码头，缓解矿石、煤炭等散货和通用杂货码头紧张、公用原油码头缺乏状况，实现集装箱码头与散杂货码头协调发展。以规划为引导，优化北仑港区空间布局，推进业主码头合作与开放经营；整合现有码头岸线资源，加固改造和扩建镇海、北仑港区老旧码头，重点实施北仑港区煤炭泊位改造工程，同步扩建后方堆场和储罐等设施，充分挖掘现有码头潜能。加快建设宁波—舟山港条帚门15万吨级航道和东霍山等一批锚地工程；建设梅山保税港区15万吨级进港航道，加快实施石浦港区下湾门航道改建工程；适时启动虾峙门南北锚地改造，尽快缓解港口锚地紧张状况。

2. 完善港口物流功能

着力提升国际航运服务能力和水平，构建大宗商品和国际集装箱物流体系。以建设西太平洋沿岸地区主要国际铁矿石和液体化工基地为目标，强化物流金融、船舶交易、

信息平台等航运服务功能，构建国际铁矿石和液体化工产品物流系统。以国家战略油品储备基地和油品接卸中转物流基地建设为重点，积极实施沿海油品接卸码头和储备设施项目，构建油品物流系统。以"上控资源、中控储运、下控网络"为手段，着力提高煤炭供应链控制能力，构建煤炭物流系统。以集装箱吞吐量千万级标箱规模为基础，积极完善国际集装箱综合物流功能，加快拓展港口腹地，构建国际集装箱物流系统。以梅山保税港区为核心，加快与其他海关特殊监管区域联动发展，建设具有国际采购、国际中转、国际配送、国际转口贸易和保税仓储等综合功能的保税物流系统。

3. 提升港口开放水平

积极融入上海国际金融中心和国际航运中心建设，提升港口对外开放水平。加快宁波—舟山港一体化发展，推进浙江港口群建设，布局沿江"卫星港"，构建以宁波—舟山港为核心、干支结合、层次分明、通江达海的港口联盟。完善内陆无水港布局，重点推进海铁联运和水水中转的发展，巩固省内市场，拓展中西部腹地。深度开发远洋航线，优化航线结构，增大国际班轮航班密度，密切与世界港口合作。强化"外向带动战略"，吸引更多国际知名船公司在宁波设立地区分公司，促进宁波港与国外港口在资本运作、码头建设、航线开辟、物流服务等方面的合作，提升国际一流深水枢纽港地位。

(二) 完善物流基础设施，建设全国性多式联运中心

1. 推进物流通道工程

适应经济全球化的要求，加大宁波港国际航道、航班的开发力度。加快机场基础设施建设，开发国际国内航线，增大航班密度，提升空港发展能级。加快疏港公路建设，加快建成绕城高速东段、象山港大桥及接线、穿山疏港高速，新建三门湾大桥及接线、杭州湾大桥杭甬高速连接线、杭甬高速复线一期，配合推进六横大桥宁波接线项目前期工作，尽快形成"一环六射"疏港高速主骨架网络，实现港口集疏运由普通道路向高速公路为主的转变；新建、改扩建沿海中线、环象山港公路等地方干线公路，同步实施干线公路路面大中修工程，支撑疏港高速公路建成前的港口集疏运需求较快增长。加快疏港铁路建设，重点建设铁路货运北环线、大榭及穿山港区铁路支线、宁波北站和铁路集装箱中心站等项目，扩建北仑铁路支线，规划建设甬金铁路、跨杭州湾铁路，加快形成"五线一枢纽"铁路布局，实现主要港区通达铁路，分流日益繁重的公路交通压力。加快疏港内河建设，充分利用已建成的杭甬运河二期工程，配套建设余姚东港区二期、城西港区一期工程、高桥物流园区码头工程，推进海河联运，发挥内河集疏运的优势和潜能。

2. 加快物流节点建设

加快推进物流节点设施建设，强化转运和综合服务功能，构建由国际物流园区、区域物流中心和城乡配送中心组成、区域布局合理、功能分工互补的物流节点网络。重点建设依托海港和空港、服务于国际贸易的梅山保税港物流园区、北仑国际集装箱海铁联运中心站及配套物流园区、镇海大宗货物海铁联运物流枢纽港、宁波空港物流园区等国际物流园区。建设依托专业市场、服务于国内贸易的宁海物流中心、杭州湾新区物流中心、宁波陆港物流中心等区域物流中心。建设依托交通区位、服务于城乡消费的城西港区物流中心、奉化火车站物流中心、象山物流中心等城乡配送中心。

3. 构建综合运输体系

构建以港口、物流园区等物流设施为中心、交通运输网络为支撑的综合运输体系。坚持部市合作，建立铁道部、宁波市及内陆中心城市海铁联运城市联盟，加快开发海铁联运市场。依托港口联盟，开展沿海集装箱水水中转业务。开发长江沿线经济腹地，发展江海联运。发展航空货运，实现空港与海港联动发展。优化运输结构，提高铁路、水路集疏运比例。完善甩挂运输、双重运输和多式联运组织，实现多种运输方式的无缝链接。改善口岸环境，完善物流配套服务体系，提高通关效率。

（三）拓展贸易物流网络，建设全国重要资源配置中心

1. 培育各类市场载体

强化重点物资和重要商品的集散和贸易功能，加快建设战略资源中转交易基地、重要石化产品生产定价基地、优势商品内外贸采购基地、区域资本融通合作基地和区域创新资源集聚基地等"五大基地"。重点整合建设镇海液体化工产品交易市场、镇海煤炭交易市场等15个市场，集聚发展液体化工、煤炭、铁矿石、钢材、木材、塑料、粮油、镍金属、铜等大宗商品交易，做大做强液体化工、塑料、有色金属、钢材四大交易品种，突破发展铁矿石、进口煤炭、镍金属等交易品种，力争形成若干个在长三角、全国乃至全球有影响力的交易市场。统筹规划建设一批大宗商品储运基地和交割仓，提升现有四大中远期交易市场功能；发展油品、铁矿石、煤炭现货即期交易，积极争取国家支持，逐步向现货中远期和期货交易发展，实现大宗商品的价格发现、套期保值和资产配置等功能。

2. 壮大贸易物流集团

鼓励贸易物流企业联合重组，增强统一采购和营销服务能力，为区域中小企业提供高效的物流服务。引导贸易物流企业再造业务流程，提升物流管理能力，独立设置并剥离营销体系成为社会化、专业化物流企业。鼓励文具、模具、家电、服装等具有区域特色经济优势的块状经济区域组建总部型贸易物流大集团。支持贸易物流企业创新营销模式和组织方式，提高物流效率。

3. 健全贸易物流网络

支持内外贸企业到国内大中城市建立直销中心，开设经营网点，开展连锁经营，完善贸易物流网络。鼓励大型骨干企业拓展国内市场，扩大宁波产品的销售。支持各类企业到国外设立营销网点、直销基地和交易中心，以及联合设立境外专业营销网络，建设具有自主性的国际营销网络。促进外贸企业积极参加外贸产品内销活动，逐步建立国内直接营销、网络营销等内销服务网络和物流体系。支持营销公司和物流企业推进电子化进程，把建立直销窗口和营销网络、网上交易和网下交易有机结合起来，打造集商品交易、物流配送、门店管理、售后服务于一体的电子商务平台。

（四）立足特色块状经济，建设优势产业供应链管理中心

1. 实施供应链管理战略

把握全球经济一体化背景下跨国供应链不断向亚太新兴地区转移的战略机遇，做大做强优势产业链，创新区域资源配置和发展模式。支持优势产业链企业提升高端服务水平，实施供应链管理战略，增强供应链控制能力。加快产业供应链和区域供应链管理能

力建设，扶持培育一批具有较强国际竞争力和服务辐射力的供应链管理企业，增强供应链竞争力。强化供应链企业联盟，促进链上物流企业向原料采购、生产管理、分销、分拨配送、逆向回收等环节和领域融合渗透，降低供应链物流成本。

2. 优化特色产业供应链

以特色经济和块状经济为依托，促进优势产业供应链各环节企业联动发展，不断优化供应链，增强优势产业竞争力。选择一批具有较大规模和影响力的生产制造企业和物流企业开展联动示范，促进制造业与物流业联动发展。鼓励生产制造企业加强采购、生产、销售等环节的物流整合，通过优化业务流程，扩大物流外包。支持制造业企业在流程再造基础上分离、分设物流企业，逐步向第三方物流企业转型。支持供应链上物流企业开展合资、合作，重组提升第三方物流企业。

3. 扩大供应链开放合作

举办物流专题推介活动，推进与重点城市的合作。通过甬港经济合作论坛、"重庆·宁波周"、"新加坡·宁波周"等形式，推进地方合作、港口联盟和"无水港"建设，着力拓展经济腹地。加强与周边城市合作，促进物流基地联动发展、物流业务融合发展。配合大部制改革进程，加强各部门的合作与协调，整合政策和管理资源，形成"大物流"管理体系。推进物流业与其他行业的合作，促进各行业联动发展。鼓励优势产业供应链企业开放管理技术、物流网络和服务能力，加强跨地区、跨部门、跨产业合作，实现优势互补、强强联合，形成多赢的合作机制。

（五）推进产业优化升级，建设物流总部经济发展平台

1. 促进总部企业集群

集成政策资源，加强分类指导，构建和完善以总部型物流企业集团为主导，中小物流企业专业化配套、集群化发展的新型产业组织结构。吸引国际知名物流企业和国内大型物流企业在本市设立总部或分支机构。实施品牌总部企业培育工程，发展和扶持一批管理先进、具有市场竞争优势的龙头骨干物流企业。改造提升中小规模的传统运输、仓储等企业，通过股份合作、兼并、联合、重组、引资等方式，不断扩大专业性物流公司规模，形成集群效应，为物流总部经济发展提供支撑。推行制度化管理、标准化运作、专业化发展和品牌化建设，做专、做精物流链中的各个环节，提高物流总部经济运行效率。

2. 发展专业物流体系

依托宁波本地特色产业和物流需求，以总部型物流企业为主导，推进重点专业物流体系建设。发展粮食物流体系，培育和壮大专业粮食物流主体，重点加大对粮食批发市场、粮食运销企业、物流配送企业和大型食品连锁超市的扶持力度。发展医药物流体系，完善现有的药品集中招标采购网络，鼓励医药企业通过医药配送中心统一采购、统一配送。发展生鲜农产品冷链物流体系，加强生鲜农产品冷链物流的整体规划和建设。发展汽车物流体系，引入供产销一体化物流模式，建立更为科学、合理的汽车综合配送网络。发展危险化学品物流体系，制定危化品专用线路规划，建立大型危化品物流基地，实现快捷运输、集中交易、专业存储、严格监管的一体化物流服务。发展城市配送物流体系，完善公共配送中心、中转分拨场站和城市配送通道等设施的规划布局，加强

城市配送的交通管理，提高城市配送效率。

3. 拓展物流增值服务

以总部型物流企业为主导，拓展物流增值服务，推动物流行业创新发展。通过供应链管理、新技术应用和信息化建设等手段，开拓仓单质押、订单管理、采购执行、方案设计、电子商务等高附加值物流服务内容，形成一批物流新业态。依托区域块状经济，以塑料、金属、家电等专业交易市场为平台，开发流通加工、物流金融等增值服务。依托梅山保税港区，以加工贸易为支撑，开发离岸金融、保税物流以及国际中转、国际转口贸易等增值服务。依托第四方物流平台，以信息化、数字化为手段，拓展电子商务模式下的物流方案设计、策划、咨询等增值服务。依托新技术、新设备、新材料，引导物流企业提供低碳化物流服务，发展安全物流、绿色物流、逆向物流等，促进资源节约与循环利用。

（六）发展第四方物流市场，建设物流资源共享平台

1. 完善第四方物流平台功能

推进第四方物流平台建设，增强电子政务和电子商务功能，完善第四方物流公司和银行"双主体"运营机制，简化流程，促进网上交易持续增长。支持第四方物流公司与金融企业合作开发金融产品，鼓励开发具有市场引导和资源整合作用的产品，支持平台增值服务功能建设。加快现有政策的评估和修订，提高政策法规的有效性和针对性，建立先进会员奖励等制度。

2. 提升第四方物流市场能级

利用技术和政策手段，促进市场重组和优化，支持企业服务外包，吸引基于信息和技术的各类贸易项目和市场延伸到第四方物流平台，提高市场集聚度。扩大参与信息发布的群体，提高物流信息发布的有效性和准确性，构建广泛、多层面供需信息集聚的基础性资源市场。加快典型性项目的开发，发挥样板示范作用，吸引企业参与共建。吸收具有供应链管理能力的物流企业，利用平台资源延伸服务，提高平台的资源整合能力。加快与各类信息平台、交易平台的有效对接，实现互联共享，合作共赢。

3. 扩大第四方物流市场影响

拓展市场腹地，确立第四方物流市场在全省物流信息平台中的重要地位，通过服务链延伸、市场营销、企业联盟等多种方式，扩大服务区域。加快第四方物流市场建设，深化和完善"政、产、学、研"联动机制，鼓励人才引进和技术创新。加大物流、资金流、信息流和商流整合力度，培育提升第四方物流市场供应链管理能力，构建面向国内外，能满足一体化物流需求的资源整合、优化和共享平台，促进第四方物流市场全面、可持续发展。

（七）提升自主创新能力，建设物流科技人才支撑平台

1. 开发应用物流技术

加强物流新技术的开发和应用，鼓励企业采用先进的仓储运输、装卸搬运、分拣包装等技术和装备。加强对物流信息关键技术的研究和开发，推广应用条码技术、射频识别技术、物联网等物流新技术，扩大宁波港无线射频识别（RFID）技术应用的示范效应，促进全省RFID管理中心建立。加快信息技术在物流企业中的应用，扶持一批专业

物流信息服务企业，全面提高物流信息化水平。优化运输组织方式，推广应用甩挂运输、双重运输等先进高效的运输组织方式。支持物流科研工作，鼓励重点物流企业与院校、科研单位、咨询机构等进行多种形式的合作，提高物流企业自主创新能力。

2. 建立物流标准体系

制定地方物流标准体系，推广《第四方物流市场信息标准》，争取上升为国家标准。制定和推广《浙江省交通物流业 RFID 技术应用标准》、《中塑仓单交易服务标准》等标准。组织实施一批对物流产业发展和服务水平提升有重大影响的地方物流标准，鼓励关系社会民生的有关行业率先制定和使用化工、医药、危险品、食品冷链、农产品等物流作业和物流服务地方标准。加强区域物流标准联合研制，选择融合度高、产业共性需求强的物流信息领域，加快标准化合作试点，拓展物流标准化应用范围。鼓励企业采用标准化的物流计量、物流分类、物品标识、物流设施装备、工具器具、信息系统和作业流程等，加快物流作业、管理和服务标准的推广应用。

3. 引进培育物流人才

落实市人才培养和引进政策，加快物流人才培养和引进。鼓励高等院校开展物流专业多层次学历教育，培养现代物流管理人才和专业技术人才，重点培养高层次物流人才。开展在职培训，加强职业技能教育，促进物流人才培养的国际合作，重点培训商贸、运输、仓储等物流企业高层管理人员。加强高校毕业生就业培训。规范和推进物流领域职业资格认证，形成完善的物流职业资质论证体系。完善人才引进机制，大力引进高层次物流人才。

（八）创新政府服务模式，建设物流发展保障平台

1. 完善配套服务体系

全面融入上海国际航运中心建设，推进以宁波国际贸易展览中心、国际航运服务中心、国际金融服务中心等为依托的航运服务集聚区建设。进一步完善集展示、展览、采购、金融服务、交易等为一体的贸易物流平台。提升具有港航、物流、船货代理、金融、保险、法律事务、商务、信息等多种功能的航运服务平台，完善航运服务体系。重点发展航运交易和航运金融两大主导产业，以及通关服务、航运信息、航运代理和货运服务四大基础产业。深化口岸大通关建设，探索"港口联盟"、内陆"无水港"便捷通关模式，拓展区域大通关合作。

2. 打造物流政策高地

建立物流产业政策体系，发挥政策综合效应。完善物流业用水、用气价格形成机制，实现与一般工业同价。实施国家物流企业税收试点工作办法，落实对纳入试点名单物流企业的税收政策。落实国家、省、市有关物流企业税费优惠及土地保障政策。加大对市重点物流项目、物流人才培育、物流标准化推进、物流新技术应用、物流信息化建设等资金支持力度。落实市政府及相关部门出台的扶持第四方物流市场各项政策。逐步统一各县（市）区关于物流业发展的各项优惠政策。鼓励金融机构支持物流产业发展。争取国家赋予上海"两个中心"建设的优惠政策。探索建立海铁联运综合试验区。

3. 增强政府监管能力

调整充实物流业的管理机构，理顺物流管理体制，完善协调机制，形成推进合力，

逐步解决发展过程中的重点难点问题。统筹物流业发展规划，科学制定各项区域和专业物流发展规划，形成由市级规划为统领、市级各部门和各县（市）区相关规划为支撑的市物流规划体系。整合市行业协会等中介服务组织，充分发挥物流行业中介组织的自律、服务和维权作用。加强工商、质检、公安等职能部门对物流市场秩序的监管，构筑功能完善的社会化服务监管体系。制定物流业统计指标体系，开展物流信息的收集和评价工作，加强物流统计信息的预测和分析。开展物流业发展考评工作。

七、保障措施

（一）安排专项资金，加大直接投资力度

在现有的 3000 万元物流专项资金基础上，加大财政资金的扶持引导力度，设立物流节点发展专项资金，在法律、政策许可范围内给予物流节点项目一定程度倾斜，对企业贷款给予一定的贷款贴息。对引进有助于物流节点发展的大项目，加大土地、水、电等要素资源的保障力度和资金、税收的扶持力度。

（二）增加融资补助，鼓励成立担保机构和投资基金

对于物流节点项目的融资，补贴利息 30%。允许物流企业将融资费用全部列入财务费用在税前扣除，以减轻其税收负担。建立支持保税物流企业贷款的专业担保机构，鼓励行业协会凭借其公信力和中立性，联合有实力的企业，建立面向物流企业的专业担保机构。采用"贷款平台＋担保平台＋群众组织"的模式，形成行业"互保"、"联保"机制。开展物流产业投资基金试点，配合国家物流业调整和振兴规划，投资于符合规划的物流基础设施建设和运营项目，已经发育成熟、但暂时还不能上市的物流企业，以及企业重组、并购等资金需求。

（三）加大地方税收扶持

参照第四方物流扶持政策对于税务登记在市地税局直属分局的物流企业、贸易企业，3 年内其营业收入、利润总额形成的地方财力部分，按 60% 返还给企业主体。具体办法由市物流办、市财政局牵头落实。

（四）对于物流的技术改进给予补助

对从事物流业务的公共物流信息平台和保税物流技术改进项目给予补助，补助力度在市现代物流业发展引导资金管理办法基础上增加 10%。即：物流企业信息系统的补助按项目实际总投资（不含土建）的 40% 以内确定；物流中心内物流企业的物流高新技术应用项目的补助，按实际总投资的 30% 以内确定，单个项目的补助额最高不超过 110 万元，第三方物流企业物流项目中的单个项目补助额最高不超过 170 万元。

（五）简化企业准入手续

市工商部门在办公场所、注册资金、前置条件等方面，给予适当放宽，扶持物流以及其他配套服务企业投资入驻各物流节点区域。开辟登记服务"绿色通道"，提供指导，当场办结。坚持"放宽市场准入，精简审批权限，实施便企服务"原则，积极支持各类入区的企业稳定发展。

（六）加强物流节点基础交通网络建设

完善覆盖宁波物流节点区域的集疏运网络，尤其是梅山保税港区等重要物流节点的

基础设施和集疏运体系的建设，重视水水联运、海铁联运能力的提升，通过规划开发新的线路以提高货运效率，增加物流的通过能力。

（七）加强物流人才引进与培育

市人事局、市劳动保障局、市物流办要加强对物流专业人才的引进和培训，提高物流管理和操作人员的业务水平。进一步完善人才引进政策，对引进的物流中高级技术人员与高级管理人员，可享受市引进人才政策规定的相关待遇。保税物流推进和人才培训等经费的补助，由各保税区域按实际需要每年年初提出预算，报市财政局审核同意后拨付。

（八）规范行业管理

发挥宁波市物流行业协会的推动作用，规范对物流行业的管理；开创行业特色交流平台，定期公布和发送协会信息及政府的各项物流政策法规，组织物流项目开发，协助提供其所需的相关资源等。发挥宁波市现代物流业发展领导小组的行业主管作用，制定保税物流产业发展所需的各项政策和规划，着力改善发展环境。

课题组成员名单

课题负责人：周昌林　宁波市现代物流规划研究院副院长、研究员
课题组成员：戴东生　宁波市现代物流规划研究院副主任、经济师
　　　　　　林　杨　宁波市现代物流规划研究院经济师
　　　　　　赵　娜　浙江万里学院副教授

绿色物流与低碳物流研究

物流系统中的碳足迹管理研究[*]

内容提要：本课题基于低碳经济和物流系统理论，面向供应链中各类利益相关主体，将碳足迹概念引入物流领域，作为衡量物流系统低碳程度的量化标尺，以此为核心开展研究工作，以期为物流系统碳排放优化管理提供定量基础。研究以物流系统中碳足迹的计量→评价→改进为主线，依次对物流系统碳足迹计算、碳足迹分析、碳足迹标杆管理和物流系统碳足迹管理信息系统等方面进行研究，取得了一些研究成果，主要有物流系统碳足迹计算、物流系统碳足迹分析、物流系统碳足迹标杆管理研究、物流系统碳足迹管理信息系统研究四个方面，形成较为系统的研究体系，也取得了初步的研究成果。但仍存在不足之处，在很多方面还需要深入和扩展，最关键之处在于"顶天立地"的"立地"。研究应与具体实践工作相结合，在实践中检验、提高、完善和升华，这是我们进一步研究的动力。

一、概述

（一）研究背景

自 2009 年年底哥本哈根全球气候大会，"低碳"成为关注焦点，随之低碳物流的研究也风生水起。在短短一年的时间里，以"低碳物流"为关键字搜索的直接文献，中文已有几十篇，英文虽少有直接文献、但出现大量相关文献。众多文献中，有的从低碳物流的概念、内涵、发展瓶颈和对策建议等方面进行了研究；有的从低碳经济大背景下，探讨了低碳物流的演进路径、管理方法和实现途径；有的研究了低碳物流的运作理论和策略等；还有些文献进行了有针对性的研究，如第三方逆向物流供应商的低碳评价指标等方面的研究，利用信息技术如 RFID 技术等发展智能低碳物流的探讨等。这些研究从不同角度、不同层面对低碳物流进行了多方位的分析和探索，为进一步的研究奠定了良好的基础。但由于低碳物流的研究才刚刚起步，低碳物流的实践也处于探索阶段，这一研究领域还存在着许多重要课题有待挖掘。通过对已有文献的深入分析，发现这些研究多是源于绿色物流的研究思路，从概念上、宏观层面的定性分析和讨论。但从低碳物流概念本身来看，"低碳"既是其限定词也是其核心特征。如果将"低碳"的测量、评价和改进等研究作为研究的核心和基础，既使低碳物流的研究具有微观层面定量分析基础，也使其更具有可操作性和针对性。因而，本课题将碳足迹作为"低碳"的直接衡量变量引入低碳物流研究，通过碳足迹管理研究为低碳物流的定量研究奠定基础。

＊ 本课题（2011CSLKT015）荣获 2011 年度中国物流学会课题优秀成果奖一等奖。

碳足迹（carbon footprint）源于生态足迹（ecological footprint），英国议会科学和技术办公室和天空广播公司较早提出这一概念，其基本内容是标示一个人或者团体的"碳耗用量"。联合国《2007—2008 年人类发展报告》引入了碳足迹这一概念，许多组织还开发出了针对个人的碳足迹计算器。近些年，国外学者开展了有关碳足迹的研究，巴雷特（Barrett）分析了房屋的碳足迹，克里斯托弗（Christopher）分析了美国家庭的碳足迹，约翰逊（Johnson）对叉车利用两种不同能源产生的碳足迹进行了比较，保罗（Paul）针对美国的 10 种碳足迹计算器进行了对比研究，肯尼（Kenny）运用 6 种碳足迹模型对爱尔兰进行了研究。目前，有关物流业碳足迹的研究尚未见到公开发表的成果。但是，西方发达国家政府和企业已在相关政策和战略项目方面做了大量工作，有些甚至已经进入实践阶段。英国是最早使用碳标签的国家，该国大型超市连锁店"埃斯科"与英国政府出资设立的碳基金组织"Carbon Trust"合作，准备对 7 万种商品实施碳标签项目，在商品的包装上明确标明二氧化碳排放量，并计划为企业提供碳足迹的支援服务。2008 年，由欧美金融保险和证券领域的 385 家机构组成的气候变化金融组织发表了题为"碳信息披露项目"的报告书，"二氧化碳排放量的算定"是其重要一项，包括二氧化碳排放量的算定方法、直接排放量的算定方法、间接排放量的算定方法和实际算定值等。2009 年 1 月，碳信息披露项目组织 CDP 联合世界经济论坛和"可持续发展的世界经济学者会议"设立了"碳信息披露标准评议会"，在欧美和日本的会计协会的支援下，该组织正在研究制定如何将企业的气候变化信息作为会计信息加以披露的国际规则，这一标准将成为低碳经济时代评价企业活动的新价值标准，将成为低碳经济时代企业竞争力的新指标。2008 年 7 月，日本经济产业省设立了"碳足迹制度实用化普及推进委员会"，开始以物流业、制造业为对象研究制定商品生命周期特别是供应链中的二氧化碳排放量的算定方法、评价形式与表示规格。同时，日本还设立了"日本碳足迹制度国际标准化对应委员会"积极参与国际标准化组织的有关碳足迹制度的国际标准化制定的工作。IBM 联合日本欧姆龙公司开拓低碳物流新领域，在 2009 年 4 月共同发表了有关物流领域二氧化碳排放量的计量、管理、减排的全套解决方案。在碳足迹计算方面，政府间气候变化专门委员会（IPCC）发布了 2006 年国家温室气体清单指南和国家温室气体清单优良作法指南和不确定性管理，虽是从国家层面给出了温室气体测算的方法及一些问题的解决方法，并对这些研究成果的实践应用做了规范、确定了优良作法，但其基本原理在一定程度上具有普遍意义。英国标准协会（BSI）联合 CARBON TRUST 和英国环境、食品和乡村事务部（Defra）制定和发布的《PAS 2050 规范》和《PAS 2050 规范》使用指南，在借鉴和参考 IPCC 研究成果的基础上，从更具体的流程、操作层面对产品碳足迹的相关概念、计算方法和其中涉及一些重要问题及解决思路等进行了较详细地分析研究。此外 CARBON TRUST 在 2007 年还发布了碳足迹测量方法，研究了产品碳足迹计算流程及具体细节，还给出一些实践案例应用。这些相关的国际组织、国家机构以及非政府组织的研究，沿着从宏观到微观、从概述到具体、从一般到特定领域的发展脉络，为本课题提供了可供借鉴的研究基础和思路，可以这样认为，本课题也处于碳足迹研究的这条发展轨迹上，是将这些基本原理与物流系统结合起来，对这一特定领域的碳足迹进行研究。

在社会实践中，欧美、日跨国公司不但在公司内部进行碳管理，为了消减产品的生命周期中的二氧化碳的排放量，已经开始要求其供应商必须提供零部件相关碳排放量的详细计划。近年，珠江三角洲一些工厂主经常遇到欧美客户在采购时要求提供产品碳排放量数据，多数企业不知如何计算。物流业也存在同样的问题，目前缺乏各种物品物流中的碳足迹计量，难以对低碳物流做定量评价。关于低碳经济下的供应链和物流管理研究尚处探索阶段。而低碳物流研究尤其是低碳物流中碳足迹的测量分析研究能够为物流业的节能减排提供理论和数据支撑，对于构建支撑低碳经济的现代物流具有重要意义。因而，目前本课题研究具有重要的理论和现实意义。

（二）研究目标

本课题基于低碳经济和物流系统理论，向供应链中各类利益相关主体，以物流系统中碳足迹的测量—评价—改进为研究主线，对物流系统中碳足迹管理进行研究。针对物流过程的主要作业环节构建碳足迹计算模型，用于物流系统中碳足迹基础数据的采集和计算；基于低碳理念和物流系统碳足迹基础数据，构建低碳物流评价指标体系，定量评定物流系统的低碳水平；利用标杆管理思想和优化方法，对低碳物流系统优化和改进提供定量参考依据；结合信息系统理论，构建低碳物流碳足迹管理信息系统平台，实现对物流在碳足迹测量及改进优化工作的信息化，为物流系统的低碳化提供辅助决策工具。

（三）研究内容和研究方法

1. 研究内容

课题基于低碳经济和物流系统理论，面向供应链中各类利益相关主体，将碳足迹概念引入物流领域，作为衡量物流系统低碳程度的量化标尺，以此为核心开展研究工作。课题研究以物流系统中碳足迹的计量—评价—改进为主线，依次对物流系统碳足迹计算、碳足迹分析、碳足迹标杆管理和物流系统碳足迹管理信息系统等方面进行研究，具体如下：

（1）物流系统碳足迹计算

依据《PAS 2050 规范》使用指南中碳足迹计算过程对物流系统中碳足迹计算进行研究，详细探讨了每一步骤的工作内容、要点及原则等。作为供应链的重要组成部分，物流的相关利益主体比较复杂，各方因目的不同对碳足迹数据的要求在形式上和实质上都有很大差异。在研究过程中也需要针对可能出现的特殊问题如碳排放分摊问题等进行了分析，探索解决方法以及数据的不同应用形式的配套措施。

（2）物流系统碳足迹分析

物流系统碳足迹分析的目的是评价物流系统碳排放水平、确定系统中碳足迹排放重点领域，为碳足迹优化做准备。为此，首先引用关键类别的概念描述碳排放重点领域，研究了确定物流系统碳足迹关键类别的定量和定性方法，并利用 ABC 分类分析法对关键类别进行识别和分析。其次，以活动概念为中心，研究基于碳排放的活动识别和优化。最后，利用指标体系研究，对物流系统碳足迹指标体系的构建原则、指标选取方法和依据、指标体系的构建、评价方法以及优化等方面进行研究，用以对碳足迹评价和优化。

（3）物流碳足迹标杆管理

标杆管理是非常重要的一种管理方法，比较适于当前物流系统碳足迹的管理。为此，在课题研究中将其作为物流系统碳足迹管理的主要方法。在对标杆管理进行概述性研究的基础上，然后分析碳足迹标杆管理的内涵，确定碳足迹标杆管理的步骤，对其中关键步骤进行研究。并且还重点研究碳足迹内部标杆管理以及确定内部标杆的方法。

（4）物流系统碳足迹管理信息系统

适应信息社会和网络社会的要求，将信息系统理论和信息技术应用于物流系统碳足迹管理，研究这一工作的信息化、自动化和智能化。课题着重研究构建物流系统碳足迹管理信息系统的基本目标、基本结构，并对主要概念模块进行分析，对系统构建的关键问题从问题域和技术域进行研究。

2. 研究方法

在深入把握国内外低碳经济、碳足迹和物流领域已有研究成果的基础上，以低碳物流为指导思想，将物流理论、低碳理念和碳足迹计量融合在一起，结合中国现状，开展低碳物流碳足迹计算和分析的关键方法和关键技术研究。课题将采用文献检索与分析、实践考察调研、关键技术与关键方法研究、专家咨询和相关数据资料搜集整理相结合的研究方法。具体技术路线如图1所示：

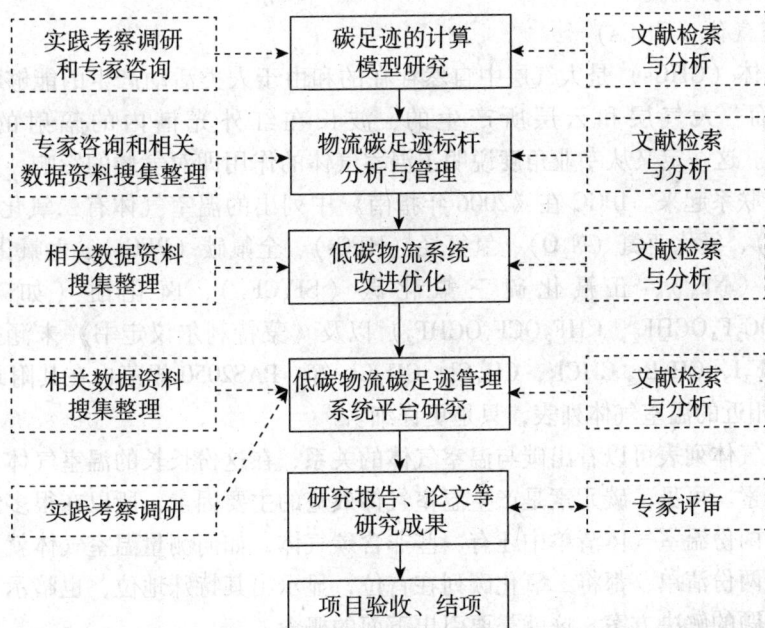

图1　研究技术路线图

（1）在相关文献检索分析的基础上，对物流系统主要作业环节开展实践调研和理论分析，研究计量其"活动数据"的一般方法和规律。在国内外相关文献资料分析和对低碳领域专家咨询的基础上，汇总分析碳足迹的计算方法，进而开展针对物流领域碳足迹计算方法的研究。

（2）在低碳经济大背景下，在对物流系统充分调研分析的基础上，构建低碳物流系统评价指标体系，借鉴综合评价理论和方法，开展低碳物流评价模型和方法的研究。

（3）在相关文献检索分析、相关数据搜集整理并就有关数据、方法等向专家进行咨询的基础上，充分吸取相关领域的研究成果，开展物流碳足迹标杆管理和低碳物流系统优化研究。

（4）在对相关文献检索分析和相关数据资料搜集整理以及实践考察调研的基础上，以利用信息系统理论和信息技术工具等对前面研究成果进行信息化为目标，全面开展构建低碳物流碳足迹管理系统平台的研究。

（5）撰写研究报告。开展专家评审，并根据反馈意见修改成果、通过评审结项。

二、物流系统碳足迹计算

（一）碳足迹相关概念

碳足迹是英国议会科学和技术办公室和天空广播公司率先提出，用于表示"碳耗用量"。但如果仅将碳足迹限定在"碳耗用量"这一狭隘内涵，并不能完全反映出对全球气候的影响。结合近年来公众对低碳的关注焦点和国际权威组织以及有影响力的组织对相关问题的界定，本文以人类活动"影响全球气候"为着眼点，从以下几个概念对碳足迹的内涵进行剖析。

1. 温室气体（GHGs）

温室气体（GHGs）是大气层中自然存在的和由于人类活动产生的能够吸收和散发由地球表面、大气层和云层所产生的、波长在红外光谱内的辐射的气态成分（PAS2050）。这一定义从专业角度说明了温室气体的作用即对气候的影响，并没有将温室气体与碳联系起来。IPCC 在《2006 年指南》中列出的温室气体有二氧化碳（CO_2）、甲烷（CH_4）、氧化亚氮（N_2O）、氢氟烃（HFCs）、全氟碳（PFCs）、六氟化硫（SF_6）、三氟化氮（NF_3）、五氟化硫三氟化碳（SF_5CF_3）、卤化醚（如 $C_4F_9OC_2H_5$、$CHF_2OCF_2OC_2F_4OCHF_2$、$CHF_2OCF_2OCHF_2$）以及《蒙特利尔议定书》未涵盖的其他卤烃，包括 CF_3I、CH_2Br_2、$CHCl_3$、CH_3Cl、CH_2Cl_2 等。PAS2050 规范也在其附录 A 中列出了与 IPCC 相近的温室气体列表，只是更详细。

从温室气体列表可以看出碳与温室气体的关系，在这份长长的温室气体名单中绝大多包含碳元素。可见，碳元素是产生温室气体效应的主要因素，所以在很多情况下将两者等价。但两份温室气体清单中还有一些非含碳气体，如何测量温室气体就成为一个问题。而观察两份清单，都将二氧化碳列在首位，显示出其特殊地位，也暗示了一种温室气体测量问题的解决方案。这就需要引出下面的概念。

2. 全球增温潜势（GWP）

IPCC 的定义是计作排放到大气中的 1 千克 GHG 在一段时间（如 100 年）内的辐射效力与 1 千克 CO_2 的辐射效力的比值。PAS2050 的定义是将单位质量的某种 GHG 在给定时间段内辐射强迫的影响与等量 CO_2 辐射强度影响相关联的系数。

目前应用 GWP 计算排放气体影响的标准做法是，将二氧化碳的 GWP 值定为 1，其他气体的 GWP 按相对于源自化石碳源的二氧化碳的 GWP 值表示。IPCC 还提供了各种温室气体在 100 年期间的全球增温潜势清单。

3. 二氧化碳当量（CO_2e）

PAS2050 参照标准 BS ISO 14064 - 1 将其定义为在辐射强迫上与某种 GHG 质量相当的二氧化碳的量。该定义给出了 GHG 的二氧化碳当量的计算公式：

$$GHG - CO_2e = GHG \times GHG - GWP$$

即：GHG 的二氧化碳当量等于给定气体的质量乘以它的全球增温潜势。二氧化碳气体的二氧化碳当量为 1，二氧化碳之外的温室气体按其单位辐射强迫换算成二氧化碳当量值，换算时采用 IPCC 定义的 100 年全球增温潜势。

在解释上述三个概念后，碳足迹就比较容易理解了。综上所述，碳足迹是个人、组织、活动或产品直接或者间接导致的温室气体排放总量，这个总量是以各类温室气体的二氧化碳当量计量，以体现其全球增温趋势。

（二）碳足迹基本计算方法

根据碳足迹定义，其直接计算方法是，先测出相关活动所产生的温室气体 GHG 排放量（质量），然后用排放量乘以相应的全球增温潜势 GWP 值转换成 CO_2 当量。但该方法是一项资源密集型工作，需要专门仪器设备，要求人员具有很强的专业技能，且工作量大，目前尚不具备大范围应用的条件。为了平衡投入成本与产出效益，充分利用社会专业化分工，还需要引入活动数据和排放因子两个概念。

活动数据 AD（Action Data）是引起温室气体排放的人类活动发生程度的信息，依据活动的性质采用相应计量单位；排放因子 EF（Emission Factor）是单位活动引起的温室气体排放量，以二氧化碳当量计量，体现出活动的全球增温趋势强度。

如果排放因子 EF 是活动引起的多种温室气体排放量的加权值，则碳足迹 CF（Carbon Footprint）计算公式为

$$CF = AD \times EF \tag{1}$$

如果活动排放出多种温室气体 GHG，每种 GHG 都有其相应排放因子 EF，则碳足迹 CF（Carbon Footprint）的计算公式为

$$CF = AD \times \sum_i EF_i \tag{2}$$

公式（1）和（2）虽然简单，却是计算碳足迹的基础和核心。计算各类组织、产品等的碳足迹的常用思路是：先利用活动分析法将其分解成一系列能够测量的活动，分解的同时要考虑能够获得活动的排放因子，然后利用公式（1）或（2）计算出每一活动的碳足迹，最后加和得到总的碳足迹。当然，在计算过程中还会遇到更复杂的情况，处理方法后面章节再述。

活动数据 AD 是多样的，比如公司车辆油耗的碳排放，油耗量可以作为活动数据，每单位被消耗油料排放温室气体的二氧化碳当量就是排放因子。如果公司没有车辆油耗量数据，还可以将车辆油耗开支或车辆行程距离作为活动数据，再依据油料价格或者每公里油耗计算出油耗量，排放因子不变。通过这个简单案例可以看出，采用不同的活动，计算的精度和准确性会有不同，实际情况要视数据的可获得性以及计算目标等的具体要求而定。

排放因子 EF 可以取样直接测量，但由于直接排放测量所要求的专业性和高投入，

排放因子最好采用公开的数据。公开数据来源非常多，IPCC 在其发布的《国家温室气体清单优良作法指南和不确定性管理》中列出了常见的数据来源，有：国家统计机构、部门专家和利益相关组织、其他国内专家、IPCC 排放因子数据库、其他国际专家、出版统计资料的国际组织（如联合国、欧盟统计局或国际能源署、经济合作与发展组织和国际货币基金组织等）、参考图书馆（国家图书馆）、环境类著作、期刊和报告中的科技论文、大学、上网搜索有关组织和专家、《联合国气候变化框架公约》缔约国提交的国家清单报告等。在实际应用时，要充分考虑活动数据、碳足迹计算目的等多方面因素的具体要求，选用合适的来源。

（三）碳足迹计算一般过程

综合 IPCC、BSI 和 CARBON TRUST 等机构发布的研究成果，将计算产品、服务或业务流程碳足迹的过程分为 5 个基本步骤。如图 2 所示：

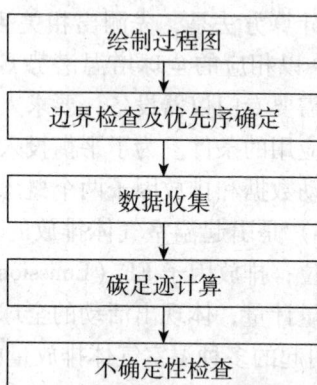

```
┌─────────────────────┐
│      绘制过程图        │
└─────────────────────┘
          │
┌─────────────────────┐
│   边界检查及优先序确定   │
└─────────────────────┘
          │
┌─────────────────────┐
│      数据收集         │
└─────────────────────┘
          │
┌─────────────────────┐
│      碳足迹计算        │
└─────────────────────┘
          │
┌─────────────────────┐
│     不确定性检查       │
└─────────────────────┘
```

图2 碳足迹计算的一般过程

步骤1 绘制产品生命周期或系统业务流程的过程图，从原材料到处置，包括所有的材料流、能量流和废物流；步骤2 边界检查，确定计算碳足迹的范围，并进行初步计算和定性分析，以帮助确定优先序；步骤3 收集整个生命周期或业务流程所有阶段的材料用量、活动和排放因子的数据；步骤4 以公式（1）和公式（2）为基础计算碳足迹；步骤5 评价碳足迹的精确性。这5 个步骤并非完全是直线式、瀑布式的，在步骤之间可以返回更新，如到步骤2 后，还可以根据步骤2 获得的新信息反馈给步骤1，更新和完善过程图等。

1. 步骤1：过程图绘制

目的是确定对所选产品、服务或业务有贡献的所有材料、活动和过程，绘制出过程图。过程图是整个碳足迹计算过程的起点，并为指导收集数据和计算碳足迹提供参考。

为了绘制过程图，首先要根据领域知识、利用现有数据进行深入研究，将所选产品或实体的功能单位进行分解（如分为原材料、包装等）。要着眼于最重要的输入，然后确定各自的输入、制造过程、储存条件和运输要求。在实践中，随着对过程认识的提高，不断深化和完善过程图有很大好处，可以识别更多优先序和热点。

目前，物流系统碳足迹比较可行的是计算"从大门到大门"碳足迹，最多只包括从供应商处收到产品到将产品运送到一个新组织这一段的碳足迹。所以，这是一种既不同于"从摇篮到坟墓"的方法，也不同于"从摇篮到大门"的方法。在绘制过程图时，要注意这一特征。

2. 步骤2：边界核查及优先序确定

（1）边界

边界定义了碳足迹计算的范围，即哪些阶段、输入和输出应纳入计算，《BS ISO 14025》概述的产品种类规则（PCR）给出具有参考价值的边界确定规范。

确定边界的关键原则是列入所有的"实质性"排放，所谓"实质性"排放是指超过过程图涉及的所有排放1%的任一来源的排放。但非实质性排放源的总的比例不得超过总碳足迹的5%。当然，实际应用时可以根据具体情况进行判断。

此外，还有一些可以排除在外的情况，如PAS2050规定的输入过程的人力、消费者到零售点的交通以及动物提供的运输等。在确定边界以及改进过程图时应该考虑这些，并注意归档。

（2）实质性和优先序

通过使用估值和即时获取的数据（参见步骤3），判断一个排放源是否为实质性的，为工作的部署和配置提供有益参考。

不过，本步分析仅是较低精度的估算。目标是预先确定哪里是重点，使下一步数据收集更有针对性。同时，还能够初步确定排放"热点"，后面章节还会对此作进一步说明。但要清醒地认识到，这种分析还不够严谨，无法获得认证，无法用于外部声明，或者用于内部分析和横向比较。

3. 步骤3：数据收集

（1）数据质量

根据步骤2确定的优先序按照一定的规范开始收集具体数据，以便能够更准确地计算碳足迹。为了保证碳足迹的准确性、再现性及可比性，所用数据应该考虑时间覆盖面、地理特点、技术覆盖面、信息准确性、精确性、完整性、一致性、再现性以及数据来源（如初级或次级数据等）等方面。

管理学大师德鲁克强调，收集数据的精确度必须同被衡量的事务相称。怀特海提醒人们要防止"虚假的具体性危险"，如果被衡量对象的准确程度只能在一定的幅度之内，如50%~70%的幅度之内，那么计算到小数点以后第六位，并不能使之更为精确，这就是一种"虚假的具体性"，非但不精确，反而会使人产生误解。此外，成本曲线显示精度的小幅提高往往会导致成本的大幅度增加，在成本和收益上也不合理。

总之，原则是尽可能使用现有的质量最好的数据，以减少偏差和不确定性。可考虑研究一个综合数据质量不同属性的评分框架，为数据选择提供参考依据。

（2）数据类型

计算碳足迹需要两类数据：活动水平数据和排放因子。活动水平数据是指过程图中涉及的所有材料和能源（如物料输入和输出、能源使用、运输等）。

排放因子是一种联系，将活动数据转换成温室气体排放量："单位"活动水平数据排放的温室气体数量。

活动水平数据和排放因子可来自初级或次级数据：初级数据是指针对具体过程图由内部或者是由过程相关的其他人所做的直接测量；次级数据是指不针对具体产品的外部测量，但是一种对同类过程或材料的平均或通用测量（如行业协会的行业报告或汇总数据）。

初级活动水平数据应具有代表性，一般情况下，尽可能多地使用初级活动水平数据，这类数据能够更好地反映实际排放情况，有助于找到提高效率的真正机会。

凡无法获得初级活动水平数据或者初级活动水平数据质量有问题（例如没有相应的测量仪表）时，有必要使用直接测量以外其他来源的次级数据。在某些情况下，次级数据可能更为可取，如温室气体的全球增暖潜势、各种能源导致的电力排放、每升燃料排放和每种车型每公里运输的排放量等。

（3）数据来源

有关数据库正在不断得到开发和更新，可以根据应用目标选择数据库、获取合适的数据。

对于次级数据，《PAS 2050 规范》建议优先使用现有其他来源且经过检验的 PAS 数据，其次使用经同行评审过出版物中的数据，以及其他合格来源（如国家政府、联合国正式出版物和由联合国支持的机构的出版物）的数据。

（4）记录

为了使碳足迹计算透明、可重复，应对用于进行排放评价的所有数据来源和任何假设都详细记录。对外通报碳足迹时，边界详情、使用概要和所有数据来源均应予以披露，便于透明。有了足够的数据，可以开始进行数据汇总，并计算碳足迹。

4. 步骤 4：碳足迹计算

碳足迹的公式是过程图中所有活动的所有材料、能源和废物乘以其排放因子之和，计算本身只是将相应排放因子与活动水平数据相乘即可（参见公式（1）和公式（2））。

为确保所有输入、输出和废物流均被计入，PAS 2050 提出了计算碳足迹的"质量平衡"原则，其基本概念是输入过程或活动的总质量应与输出过程或活动的总质量相等。这一原则虽然是针对以实体产品为产出的业务提出的，同样也适用于诸如物流以服务为产出的业务流程。

如果说活动图是将实体或服务化为一系列可测量活动的分解过程，是"自上而下"的过程，那么碳足迹计算则是以计算具体活动碳足迹为基础的汇总过程，是"自下而上"的过程。

实际计算涉及多个步骤，但有了前几步的坚实基础，这一步的工作相对简单。不过，在计算过程中还有一些事项需特殊处理。如延时排放、碳存储、可变供应链或活动图的重新计算、碳排放的分配等问题，这些问题的处理方法在前文"碳足迹计算中的相关问题"中。

5. 步骤 5：不确定性检查

碳足迹的不确定性分析是一种对精度的衡量，目标是衡量碳足迹结果中的不确定性并使其最小化。不确定性分析有利于：

（1）碳足迹的比较和决策具有更高的可信度；

（2）确定数据收集的重点；

（3）更好地认识碳足迹模型——如何运行、改进以及运行结果的评价；

（4）通报结果时可以向内外部人员提供有关碳足迹的确凿性信息。

不确定性分析较为复杂和专业，常用的方法有误差传播和蒙特卡洛模拟等。

一旦发现不确定性的来源，则可考虑利用下列方法减少不确定性：

（1）用质量好的初级数据替代次级数据，如：用输电线路电表的实际测量数据替代某个估算的电力消耗系数；

（2）采用质量更好的次级数据，即：更有具体针对性、更接近或更完整的数据；

（3）改进用于计算碳足迹的模型，使之对事实更具有代表性，如：分阶段估算代替总体估算；

（4）另外还需要同行专家对碳足迹进行一次评审或认证。

但是，并非初级数据的不确定性总是低于次级数据，有时对于某个特定过程或排放源，需用不确定性评估来判定是采用初级数据还是次级数据，见前文步骤 3。

（四）碳足迹计算中的相关问题

步骤 4 碳足迹计算部分列出了一些在碳足迹计算时可能会遇到需特殊处理的问题，本节研究在物流系统中对这些问题的解决方案。

1. 延时排放

一般评价期为 100 年，不能将那些因长期使用（如灯泡）或在最终处置阶段随时间推移产生的排放物视为排放物的一次性释放。因此，必须对这些排放物进行计算，以体现评价期内排放物在大气中的加权平均时间。

在产品形成之后，《PAS 2050 规范》方法对 100 年期间产品在生命周期内的 GHG 排放影响作出评价，详见该规范附件 B。

2. 碳存储

碳存储一般发生在原材料等实物物质，需要计入碳存储的基本原则是只有当使用的材料中储存了原本已有或已发生的碳储存之外、另外增加的碳时，才可以计算碳存储，即从碳排放量中扣除这部分。具体计算方法，详见《PAS 2050 规范》附件 C。

3. 重新计算

为计算碳足迹确定了基础范围和规范，一般情况下严格遵循其规定进行碳足迹计算即可，但有时仍需要按照前文步骤重新设计。由于各种原因（如意外的供应中断、计划中的过程改进，或者是不同的季节造成原材料和运输路线发生变化），物流活动或工作内容可能频繁发生变化。一般的日常性的变化应该在绘制过程图时就预先考虑，并在过程图上体现出来，过程图是计算碳足迹的基础，所以这类变化并不会影响碳足迹计算。由于实际情况的复杂性，还有大量无法在绘制过程图时考虑进来的变化，如果对这些变化会对碳足迹计算造成较大影响，就需要重新计算。归纳起来，有以下三类可能会对物流碳足迹产生较大影响的变化：

（1）物流活动或过程上出现的临时性、意外变化，如果导致碳足迹变化（包括增长和减少）超过一定比例（如 PAS 规定 10%），且持续时间超过一定期限如 3 个月，则需要再次评估计算碳足迹。

（2）物流系统有计划的变化，如果变化导致碳足迹变化超过一定比例如5%，且持续时间超过一定期限如3个月，则需要再次评估计算碳足迹。

（3）物流系统中的变化是固有的、无法预见的，在某些情况下，物流系统本身不会发生变化，但其碳足迹会产生变化，即物流系统碳足迹随着时间推移会发生变化，则应在一个时段内收集数据，时间长度足以建立该系统的碳足迹平均值，以确保计算期间的结果具有代表性。

4. 碳排放的分配

企业成本可以分为三种类型：第一种是可变成本，随着产量的变化而变化的成本，如生产某种产品所需要的原材料费用或生产中的直接劳动力成本等。第二种是固定成本，即根据法律或者过去的决策，企业承诺必须投入的成本，如创建新工厂的贷款利息、维护工厂运营的费用、房产税和保险费等。第三种是管理费用，即研发、广告和促销、管理人员开发以及现场销售人员的各项活动等所花费的费用。这些费用既不是由生产水平决定的，也不是由过去的投入决定的，而是由当前的管理决策决定的。与此相对，碳排放也可以分为三类：第一类是与可变成本相对应的直接碳排放，随着产品产量或活动的变化而变化，如产品运输的碳排放与运输的产品质量和运输距离等成正比。第二类是与固定成本相对应的固定资产碳排放，这类往往是已发生的碳排放，如仓库在建设过程中发生的碳排放，由于建设仓库是为了存储商品，所以其建设的碳排放应该算在存储商品中。第三类是与管理费用相对应的管理碳排放，是管理活动如研发、广告和促销、管理人员开发以及现场销售人员的各项活动等所产生的碳排放。三类碳排放的名称用于表明了与三类相对应成本的关系，可能命名并不严格。不过三类碳排放都需要按照一定规则将排放量分配到相关的产品、服务或活动。

只要为某个特定产品的生命周期做出贡献的某个过程产生一种以上的有用产品，即：某个共生产品或副产品，而非废物，则需要对排放进行分配。共生产品具有经济价值并可出售，有鉴于此，共生产品代表其他的分离产品。

"分配"涉及把某个单一过程产生的 GHG 排放划分给该过程的不同输出部分。《PAS 2050 规范》对以下分配方法作了规定：

将该过程细分为若干个子过程，每个子过程只有一项输出。

如果做不到，则应扩展系统，以便包括替代产品的影响（如：因某个与产品相关的过程也发电而可避免外界供电）。

当这些避免措施既不可能，也非切实可行时，则应把 GHG 排放按照共生产品的经济价值比例进行分配（经济分配），除非《PAS 2050 规范》另有规定。

（1）运输

当该产品连同其他产品一并运输时，运输产生的各种排放则根据物理质量或体积（无论哪一种构成制约因素）进行分配。

（2）再利用和再制造

产品生命周期 GHG 排放总量（不包括产品的使用阶段）除以该产品预期的可再利用次数，包括与为使该产品能被再次利用所需的任何再生产有关的各种排放。然后，上述值再加上一次使用阶段的各排放量，最后得出某个产品的碳足迹，它仅占产品生命周期排放的一部分，需再加上一个完整使用阶段的那些排放。

三、物流系统碳足迹分析

（一）关键类别分析

关键类别的概念源于 IPCC，"是指那些在国家清单体系中处于优先位置的源类别，对它的估算极大地影响着国家直接温室气体总体清单，这种影响可以分别或同时体现在排放绝对水平和排放趋势这两个方面。"本文将关键类别引入物流系统，将 IPCC 设定的目标和范围改为物流系统碳排放，其内涵相同。关键类别对于物流系统具有两类重要作用：确定减排重点和提高测量质量。从排放水平看，关键类别占极大比重；从排放趋势看，关键类别对未来排放有极大影响。将测量和计算碳足迹的有限资源优先配置到关键类别，如将专业人员和设备投入关键类别碳排放测量，采用更精确但更复杂且需大量基础数据的计算方法，能够更有效地提高物流系统碳足迹测量精度。将减排资源优先配置到关键类别，如重新对关键类别进行优化设置，能够更有效地降低物流系统碳足迹。

1. 确定关键类别的定量方法

确定关键类别的定量方法是将物流系统的各类源类别与物流系统总排放在水平和趋势之间的关系进行量化计算，根据结果数据值确定物流系统关键类别。IPCC 给出了方法 1 和方法 2 两种方法。方法 1 用于确定状态，方法 2 增加了不确定性因素。

（1）方法 1

定量计算不同源类别对物流系统碳排放水平。如果有多期数据，可以计算各种源类别的排放水平和趋势；如果只有 1 期数据，就只计算排放水平。

水平估计用源排放与总排放的比值表示，公式如下：

$$L_{x,t} = E_{x,t}/E_t \tag{3}$$

式中：$L_{x,t}$——源类别水平估计，为 t 年源 x 的水平估计；

$E_{x,t}$——源类别排放，为 t 年源类别 x 的排放估算；

E_t——总排放，为 t 年物流系统总排放。

趋势估计需要多期数据，考虑排放的变化趋势，即在定量计算公式中增加了表示变化趋势的变量。变化趋势变量有多种表达方式，这方面大量可供借鉴的研究成果，如拉氏指数、帕氏指数和曼奎斯特指数方法等。IPCC 给出的计算公式为：

$$T_{x,t} = L_{x,t} \cdot \left| \left\{ \left[(E_{x,t} - E_{x,0})/E_{x,t} \right] - \left[(E_t - E_0)/E_t \right] \right\} \right| \tag{4}$$

式中：$T_{x,t}$——源类别趋势对总排放趋势的贡献，被称为趋势估计，用绝对值的形式表示。

$L_{x,t}$——来自式（3）。

$E_{x,t}$、$E_{x,0}$、E_t 和 E_0——含义与式（3）相同，t 和 0 分别表示评估当期和基期。

式（4）用源类别排放变化与总排放变化的差即相减，表示变化趋势变量或系数，称为减法形式；还可以用两者的比值即相除表示，称为除法形式，公式如下：

$$T_{x,t} = L_{x,t} \cdot \left| \left\{ \left[(E_{x,t} - E_{x,0})/E_{x,t} \right] / \left[(E_t - E_0)/E_t \right] \right\} \right| \tag{5}$$

式中各变量含义同式（4）。

减法形式和除法形式的计算结果在绝对值上不同，但在序数表示形式上相同，减法形式判断的基准（即源类别排放与总排放变化趋势相同情况）是0，而除法形式判断的基准是源类别排放水平 $L_{x,t}$。

两式还需注意除数为零的情况：

1）式（4）和（5）中比值的被除数用的是基期值 $E_{x,0}$，如改用当前值 $E_{x,t}$ 可以减少出现0的概率；

2）$E_{x,t}=0$，如某类别评估期排放为零或接近0，则改用式（3）仅进行水平估计；

3）当总排放变化为0即 $(E_t - E_0)/E_t = 0$ 时，无法应用除法形式，应改用减法形式。

还需要确定阈值，根据阈值确定是否为关键类别。如水平或趋势估计大于阈值的源类别，就可以划为关键类别。阈值的确定具有一定的艺术成分，应根据划分关键类别的目的而定。更具体的应用见后面 ABC 分类分析。

（2）方法2

由于不确定性对碳排放的测量和减排重点的确定有显著影响，为此，方法2计算时考虑了不确定性，但随之数据要求更高、约束条件更严格。

方法2也分为水平估计和趋势估计，只是在计算公式中加入了不确定变量进行综合考量。

水平估计公式：

$$LU_{x,t} = L_{x,t} \cdot U_{x,t} \tag{6}$$

趋势估计公式：

$$TU_{x,t} = T_{x,t} \cdot U_{x,t} \tag{7}$$

式中 $LU_{x,t}$ 和 $TU_{x,t}$ 分别是考虑不确定性的水平估计和趋势估计，$L_{x,t}$ 和 $T_{x,t}$ 是用方法1计算的确定状态下的水平估计和趋势估计，$U_{x,t}$ 是相关源不确定性（用概率表示）。

2. 确定关键类别的定性方法

定性方法的依据是步骤1的成果——过程图，根据一定原则对过程图中过程或活动进行分析判断，确定关键类别。IPCC 提出定性分析应重点在排放水平、趋势和不确定性等方面的判断上，具体有：

（1）减缓技术与工艺：如果某个源类别的排放因为减缓技术或工艺的使用而明显减少，就应将这些源类别确定为关键源类别，以确保这些源类别处于优先位置，并得到高质量的排放估算。

（2）预期的高排放增长：如果预计未来某个源类别的排放将有明显的增长，应将这些源类别确定为关键源类别，其中一些源类别应用公式（4）或公式（7）进行趋势估计，另外一些则根据未来的趋势估计来确定。高排放可以从绝对水平也可以从相对水平，有时，相对水平更具有可靠性。

（3）高不确定性：要关注一些高不确定性的源排放，在一些情况下很可能会将高不确定性源排放列为关键类别，因为这类源排放会对碳足迹测量质量产生较大影响。

（4）非期望的低或高排放：这可能是不确定性的一种表现，也可能是某种尚未发现的原因所产生的作用。无论哪种情况，都会对碳足迹的测量和减排重点的确定有重要的启示作用。

根据汉斯－克里斯蒂安·波佛尔提出的物流成本重要性假说，本文提出依据距离和产品类型两方面的四个假设，初步确定碳足迹的关键类别：

（1）需采购或销售的货物的市场距离越远，运输的碳足迹在物流中所占比重越大。因为随着距离的增加，运输消耗的能源也随之增加，能源消耗的碳排放也会增加。

（2）货物的密度或包装密度越大，货物的碳足迹所占的比重就越小。这主要体现在货物在仓储和运输上的优势，这类货物能够更合理地利用仓储空间，使相对仓储碳排放呈下降趋势；在运输空间也能得到更好的利用，可承运的量就增大了，相对的运输碳排放也就降低了。

（3）货物的价值/重量比或价值/体积比越高，货物的碳足迹所占的比重越小。与波佛尔提出的成本假说不同，这类货物在仓储和运输上均具有减排优势。

（4）货物的危险性或敏感性越高，其碳足迹所占的比重越大。因为相对于无危险或不太敏感的货物，那些有毒、易爆、有放射性、敏感或易腐烂的货物所需的仓储和运输条件较高，导致碳排放量增加。比如，新鲜水果和冷冻食品必须用特殊的运输工具运输，并且储存在特殊的仓库中，都会额外产生碳排放。

以上仅是定性确定关键类别的思路，用于初步确定碳排放关键类别。充分理解了这些思路的背后逻辑和原则，有助于演化出更多、更灵活、更实用的方法。

3. ABC 分类分析法

关键类别是对物流系统碳足迹测量和减排有重大影响的源类别，重大影响的基准就是阈值。在资源配置方面会倾向于关键类别，对于影响在阈值以下的非关键类别部分则未加考虑。这无论是从资源配置还是从源排放方面，都缺乏系统地、整体地分析和考量。为了解决这一问题，本文引入 ABC 分类法。

ABC 分类法的依据是 20/80 原理，即 20% 的资源贡献 80% 的产出、其他 80% 的资源仅贡献剩余 20%。当然实际应用时，并非完全照搬这一标准。所以，将其描述为更一般的形式为：小部分资源会贡献大部分产出，大部分资源仅贡献小部分产出。对于物流系统碳排放而言，就是按照 20/80 原理对源类别进行分类，分类的依据可以是各源类别对总排放的贡献（如水平估计），也可以根据分类目的选择不同依据（如趋势、不确定性等）。分类的标准则是在前文中提到的阈值，如 20/80 原理的 20% 资源和 80% 贡献就是分类的阈值或标准。可见，前文的关键类别识别方法可以作为 ABC 分类法的基础。

ABC 分类法通常做法是，将物流系统源类别分为三类，每一类有不同的资源配置和管理策略。以下是一种常用的 ABC 执行策略：

A 类代表前 5% ~ 10% 的源类别，排放占总排放的 50% 或者更多。这部分源类别需要得到更多的资源配置和管理关注，对这部分的改善和提高会使整个物流系统碳足迹的测量质量和减排有显著成效。

B 类代表接下来的 50% ~ 70% 源类别，通常占剩余排放的绝大部分。类似于 A 类源类别，对 B 类的资源配置和管理也需要较为关注，但由于其数量太多而无法、实际上也没必要像 A 类那样得到优先资源配置和大量管理关注。

C 类代表剩余的 20% ~45% 源类别，只占总排放很小的比例。对这部分的配置资源和管理应当尽可能简单，因为用在这部分源类别上的时间和资源对于整个系统只会产生很小的收益影响。当然这一原则也并非绝对，因为这种分类并未分析各类源类别间关系，如果某个 C 类源类别对于某个或某些 A 类源类别会产生重大影响进而对整个系统产生较大影响，那么这个 C 类源类别就应当获得较重点关注。

在实际应用时可根据具体情况进行修正，如将上例中的百分比数字改为合适的阈值，将排放水平比例改为适当的评估标准或指标，甚至连分类也不必仅限于 ABC 三类。但无论如何变化，应始终遵循 ABC 分类法的核心思想——把大部分资源集中到对于系统绩效（测量质量和减排效果）最核心的少量源类别上。

（二）基于活动的分析

基于活动的碳足迹分析的原理是：将物流业务分解为一系列活动，这些活动导致碳排放，通过追溯碳排放产生的源头，为提高碳足迹测量和确定碳排放关键类别等碳足迹分析管理奠定基础。

根据碳足迹计算公式（前文二（二）中公式（1）和公式（2）），计算碳足迹需要活动 AD 和排放因子 EF 数据。有很多途径可以获得 EF 数据，IPCC 还提供了一个开放的 EF 数据库，与活动相连的 EF 数据在不断增加，也越来越能够满足不同需要。充分利用这些公开的、权威的数据，有利于计算的碳足迹得到更广泛的认可，也便于碳足迹排放主体间进行横向比较，发现不足以改善提高。

因为 EF 与活动绑定在一起，所以 EF 的选择与活动选择相互影响。只有所选择活动的 EF 能够得到，也只有 EF 的活动能够测量或用可以接受的处理方式获取，才能应用碳足迹基本公式。如果 EF 数据采用公开数据，在碳足迹计算式中 EF 就变成了参数，而 AD 则成为可以影响计算结果的控制变量，AD 是物流企业为了达到物流服务目标所从事活动的计量，所以对 AD 的分析、控制和优化与物流服务目标和碳排放都有重要的关系，关键类别确定的定性方法就是以活动为中心提出的几条判断准则。

1. 活动识别

本文的活动（Activity）源于"基于活动管理"（Activity - based Management，ABM）概念，ABM 的概念最早是用来帮助管理成本。如果 ABM 涉及的与成本有关的活动同时也是产生碳排放的直接来源（有与之相关联的 EF），那么 ABM 可以同时对两者进行优化。

活动是拥有广泛内涵和外延的概念，在本课题研究范畴内，我们定义了两类活动：经济活动和资源活动。经济活动是以经济单位计量的活动，资源活动是以资源计量的活动。对物流系统而言，典型的经济活动是用费用或收益表示的物流活动，如订单、运输、库存、装卸搬运、包装、仓储以及信息等的费用或收益；资源活动是用资源消耗或其他活动单位表示的物流活动，如运输里程或油耗、机器运行时间、包装材料消耗量等。一般来说，资源活动与碳排放的关系更直接，但数据比较难获得；经济活动与碳排放具有间接关系，但传统上企业有较完备数据记录，数据比较容易获得。

过程图的绘制为活动识别奠定了基础，识别活动的焦点是提高对运营的理解。基于过程图的活动识别顺序是过程—活动—任务，过程以及过程的结合是为了实现系统目标

（在本文即是物流系统的碳足迹优化），而过程又由一个或多个活动组成，活动还可以细分成一个或多个作业。

在物流系统中，识别活动首先关注关键业务。例如对于某物流企业，确定其仓库为关键业务，那么就要先将仓库业务进行分解，如分解为收货、发货和储存等几个过程。对这些过程再进一步分解，比如储存可能又包括货物称重、测量和检验等。重复这一分解过程，直到识别出所有的活动。其基本思想是逐步检查和分解每一物流功能，直到追溯到物流系统碳排放的所有源头即活动为止。

由于活动的类型非常多，其用途和特征也大不相同，所有活动确定不是机械的，而是具有权变特征、比较灵活、需要具体情况具体分析。不过也有一些相对普遍的原则需要注意：

（1）数据可获得性。确定的活动要能够测量，无论是精确的测量还是可接受精度的处理。如测算运输过程中碳排放，可以将燃料消费量作为活动，也可以将运输里程作为活动，但无论选哪个，都要确保活动数据能够获得。两者比较，燃料消费量要比运输里程更精确，但这并不能构成必然选择燃料消费量的理由。

（2）成本经济性。获得活动数据的成本不应大于使用数据的收益。在低碳物流系统中，利用数据产生的收益包括声誉、形象等无形收益和经济绩效等有形收益。如果纯粹从减排角度，则是应该将获得活动数据的成本限定在预定或可接受范围之内。比如上例，一般来说，燃料消费量所需收集的数据较多、成本要高。不过，如果要提高运输里程的精度，其成本会随之提高。

（3）目的导向性。测量碳足迹的目的在很大程度上决定了采用哪些数据，如果为了准确测量，就需要精度很高的数据；如果为了对碳足迹的优化，对数据精度的要求相对要低一些；如果为了在经济收益前提下的减排，则需要使用与经济绩效相关的一些活动，比如财务报表中的一些指标，但在计算碳足迹时，需要将这些财务指标进行处理，得到与碳排放或 EF 有关的活动，来计算碳足迹；如果为了将碳足迹数据向外发布，就需要选择与发布对象相关的数据，如要向全球发布，则最好选择全球认可的数据如IPCC 数据，要向全国发布，则可以采用国内的权威、公开数据，要在行业内比较，则可以选择行业发布的一些数据。不同的数据可能有较大的差别，所以要根据目的选择合适的数据。

3. 活动优化

活动分析就是通过系统地研究活动以及活动之间的关系，在确保完成系统目标情况下，消除不必要的活动、优化活动及活动组合，实现系统的帕累托改进。

活动分析最基本的作用就是能够确定碳排放产生、发展和检验方式，对于用经济手段等其他分析容易忽略的一些产生碳排放的领域或活动，在活动分析中能够变得非常清晰。

对活动的分析包含了两方面：一是活动质量的提高，从某种意义上是对活动对应的碳排放系数 EF 的优化，这一般需要技术方面的提高，如相同货物运输相同距离油耗的降低或者使用排放量低的优质油品，会使其碳排放降低，而降低的原因是 EF 降低了。二是活动数量的减少，这则是对过程图分析优化的结果，需要用到图论等工具。数量减少既可能是某活动强度的降低，也可能是构成业务的活动链的优化，使活动冗余减少等。如将同样数量货物从同一仓库运输到同一家零售商，选择合适的路线会使油耗降低、排放减少；经过企业过程重组（BPR）优化和准时生产（JIT）分析设计，越库配送就将比通过仓库减少了装卸搬运、储存等活动，无疑会使排放减少。

在活动分析方面，哈默等提出的 BPR 固然为活动优化提供了分析思路和优化工具。不过对活动分析在微观层面更具体的、更有针对性的思想和工具应该可以追溯到肇始于泰勒的科学管理。我们认为，科学的范式包括其思想、方法和工具或许对于活动这类具有操作层面的研究更为有力和直接。这种研究从学科意义上应属工业工程范畴，针对物流系统碳足迹的研究还有待实例验证，作为以后进一步研究的内容。

（三）物流系统碳足迹分析指标体系

前两部分分别从关键类别和活动两个角度进行分析，如果要对碳足迹进行较全面的分析和评价，还需要用到综合评价理论和方法。而综合评价的基础就是指标体系，利用一套系统的指标体系，能够像平衡计分卡（The Balanced Score Card，BSC）一样打破单一指标评价的局限性，能够对系统有全面的评价和判断。同时，在指标体系层次性基础上还可以运用类似管理驾驶舱等技术和工具，对系统某一或某些方面进行诊断、定位和警示，为管理决策提供有力支持。

1. 评价指标的选取方法和依据

由于碳排放的来源渠道不同，它不仅来源于具体物流活动，也来源于物流活动消费的原材料，不仅受到物流活动中各类技术、工具、管理以及活动链条耦合度等的影响，还受到人员低碳意识和外部政策等因素的影响，在指标选取时应该考虑能够同时反映内部因素和外部因素。不过，鉴于本研究的着重点，在指标选取时仅限于关注内部因素，指标选取主要依据过程图绘制和碳足迹计算的分析。

（1）指标选取方法

为了确保指标选取的系统性和全面性，依据物流系统碳排放的特点，借鉴会计对资产或成本的核定方法，本文将指标分为变动排放指标和固定排放指标两类。需注意，无论哪种指标都是以过程图作为分析基础。

A. 变动排放指标分析：类似于会计中的变动成本，碳排放与物流活动成正相关关系，定量关系如公式（3）和公式（4）。只有相关的物流活动发生，如货物运输，才有碳排放产生，而且碳排放量随着货物运输的重量、里程等变化。这类指标的选取着眼于物流系统中的活动，无论是基础指标如具体活动像货物运输或仓储等的碳排放，还是合成指标如单位活动的碳排放等，都是对活动的直接反应或简单处理产生的。

B. 固定排放指标分析：类似于会计中的固定成本，其基本特点是碳排放量在一定范围或时期内与物流活动量无关，包括一些在物流活动前已经产生的碳排放，如物流系统基础设施建设（仓库、运输设施等）产生的碳排放，这些碳排放是为了之后物流系统的正常运行，且并不会随以后物流活动的变化而变化；还有些更为具体或深入的分析，如运输过程中由于运输设备如车辆自身的重量，即便是没有运输货物也会有一定的碳排放，如果这部分影响比较大且易于测量，为了使得分析和评价更深入和准确，可以考虑将这部分设计一些固定排放指标和变动排放指标。

（2）指标选取领域主要依据

由于物流系统碳足迹评价指标数量众多、内容庞杂，对指标选取提出较高要求：选取指标既要尽量简单、易操作，又要准确地反映系统状况、不失真。因此，如何选取领域或重要物流活动至关重要。在这方面可以充分利用前面的研究成果，依据关键类别和ABC 分类选取碳排放源。

A. 关键类别碳排放源的评价指标选取。需要特别关注，尽可能选用较全面、准确的指标。一般来说，物流系统中的关键类别碳排放源集中于运输、仓储以及物流消耗材料方面。其中运输不仅是物流系统的关键类别排放源，还在整个社会碳排放中占据较大比例，如国际能源署（IEA）2009 年二氧化碳报告中，2007 年交通运输的碳排放占全球碳排放总量的 23%。

B. 非关键类别碳排放源的评价指标选取。尽量选取简单、总体性和宏观性的指标，注意控制该部分的评价成本。同时，还要注意这类指标与关键类别的联系，如信息技术的广泛应用，使物流信息处理部分碳排放增加，但将减少运输和仓储部分碳排放，一般地，减少量要远大于增加量。所以，在选取评价指标时，要考虑到类似的因素，为评价和分析提供数据和基础。

2. 物流系统碳足迹指标体系的构建

目前有关物流系统指标体系的构建已有大量公开文献和研究成果，这些文献和研究的视角比较多，有从国家或地区宏观层面、也有从企业微观层面，有从财务绩效视角、也有以平衡记分卡 BSC 为核心的系统视角。通过分析这些研究文献，充分利用已有成果，作者认为构建物流系统碳足迹指标体系最简洁的方法莫过于综合已经比较成熟的指标体系，遵循一定的原则和依据，在每一项指标加入碳排放因素后逐一进行分析，如果没有特别意义则舍去，如果具有碳排放意义则形成新指标。最后，形成的这些新指标构成了新的指标体系——物流系统碳足迹指标体系。

不过在本课题中，我们将采用一种基于本研究体系的自洽方法：以碳足迹和碳排放为核心，以碳足迹基本计算公式为基础，以物流活动为线索，综合考虑前文讨论的碳足迹计算中的相关问题如延时排放、碳存储、碳排放的分配等，构建物流系统碳足迹指标体系。当然，以这种方法构建的指标体系可以与上段提到方法的结果相比较，相互补充和完善。本课题研究尚未涵盖，可以作为以后的进一步研究。

以碳足迹和碳排放为核心，就是所有的指标都是与碳排放直接相关的指标，也就是说构建的指标应该是一种合成指标。以碳足迹基本计算公式为基础，就需要考虑反映两个因素的指标，即有关活动 AD 和排放因子 EF 的指标。活动分为经济活动和资源活动两类。两类活动是对应于一个实际基础活动的两个方面，在优化和分析时具有不同的指导意义。因此，在构建指标时，需要全面考虑这两类活动，构建能够反映两类活动的两套或多套指标。排放因子 EF 与活动紧密相关，指标的确定相对容易，但测量的专业性很强，有条件的企业或组织可以安排对本组织的基础资源活动分类测量，以提高碳足迹数据的准确性和精确性。但正如前文所述，在很多情况下，采用公开的、权威的 EF 数据更为可取。本课题旨在分析、评价物流系统运作状况，所以提倡采用公开 EF 数据。所以，在指标体系中不涉及有关 EF 的指标构建，仅将其作为常数。

在研究物流系统的碳排放时，还有一些特殊情况需要予以专门考虑，在依据前面的分析思路构建指标时就会漏掉或忽略这些情况。这些特殊的、典型的、具有代表性的问题已在前文中进行了讨论。在构建指标时，最重要、最常见的是碳排放的分配问题。既然是分配，就必然遇到分配什么，确定了分配什么，分配问题就转化为选择分配方法和策略的问题，这就是一个相对简单的问题了。确定需要分配的碳排放如同会计中确定固定资产一样，需要确定碳排放源的范围和周期，而这些工作具有一定的主观性，在目前尚没有类似会计中关于固定资产折旧标准的情况下，在发布指标值时应将分配的策略和方法一起发布。

由于不同物流企业所包含的物流活动以及物流活动的执行方式差异很大，所以本课题指标体系构建的研究不是针对特定的物流企业，而是基于一般性物流工作内容。按工作任务划分物流系统或活动，可以分为订单管理、仓储管理、仓库、包装和运输。依据物流工作任务，初步构建碳足迹指标如表1所示：

表1　　　　　　　　　　　　物流系统碳足迹指标体系

物流活动	变动排放指标	固定排放指标
订单管理	订单传递碳排放 订单整理碳排放 订单安排执行碳排放 收集和发运货物碳排放 开具发票碳排放	订单一般管理活动碳排放 某一时期物流信息系统碳排放
仓储管理 （库存管理）	货物订购碳排放 库存补充碳排放 货物储存碳排放	仓储一般管理活动碳排放 仓库建设时碳排放 仓库正常运行碳排放
仓库	货物入库碳排放 货物拣选碳排放 货物包装碳排放 货物出库碳排放	仓库一般管理活动碳排放 仓库货物整理碳排放 仓库建设时碳排放 仓库日常运行碳排放 仓库自动化系统日常运行维护碳排放
包装	包装材料应用一次碳排放 包装辅助材料碳排放 完成包装活动的碳排放	循环包装材料初次形成的碳排放 包装设备的日常运行维护碳排放
运输	不同目的地的货物运输碳排放 不同运输工具的货物运输碳排放 运输里程的碳排放	运输系统日常维护管理碳排放

在这里仅对这些指标做一般意义上的探讨。上表所列指标是基础指标，其值是绝对量；可以根据需要对这些指标进行处理形成合成指标，如将订单传递碳排放指标与订单

数量或订单金额等数据结合在一起，可以形成单位订单传递或一定金额订单传递的碳排放指标，该合成指标值是相对量。同时，应用这些指标也有两种方式。一是能够在物流实际运作中直接测量这些指标的值，这时可以对这些指标进行合成处理以及为了更多目的而进行更深入的处理等，而合成处理类似于第二章讨论过的碳排放系数 EF；二是难以直接测量指标值，能够直接测量的是与指标相联系的活动的值，这时就需要用到第二章讨论的碳排放系数 EF，根据不同的应用和目的选取不同来源的 EF，计算指标值，然后在此基础上可以进行更深入地分析处理。

3. 低碳物流系统评价方法

直接利用前述指标就可以形成对物流企业或物流系统碳足迹某一方面的认识和判断，但这犹如盲人摸象，这些判断仅仅是对大象的象腿的粗细、尾巴的长短、象鼻的灵活性等的局部判断。要想形成对物流系统碳足迹这头大象的整体判断，还需要综合运用这些指标，利用已经成熟的综合评价方法，本文仅对相关方法做一般性描述。

根据综合评价方法，利用物流系统碳足迹指标体系进行综合评价，分为两个步骤：第一步是对指标值进行类似归一化或无量纲化处理，将绝对值转化为相对值、将不可比较值转化为可比较值；第二步是利用综合评价方法对第一步处理过的指标值进行综合计算，形成对物流系统总体判断值。

（1）指标值的处理方法

前述指标体系虽然多为碳排放量，但这些绝对量无法构成判断或综合评价的基础，也不能进行简单的综合运算，需要对其进行标准化处理。一般地，指标有正向指标和逆向指标，需对逆向指标进行正向化处理。具体处理如下：

A. 指标的正向化处理：对逆向指标可以通过如下公式进行正向化处理。

$$x^* = \frac{1}{x}$$

式中：x 为逆向指标的原始数值，x^* 为该指标的正向化指标值。对于适度指标，则可以运用下面公式进行正向化处理：

$$x^* = \sqrt{(x - x^0)^2}$$

式中 x 和 x^* 同上，x^0 为该指标的适度值，可以参照下一章研究的标杆。通过上述数值正向化处理，所有的指标就能体现出该指标的数值越大，反映该物流系统低碳化水平越高。

B. 指标的无量纲化处理。通过对指标的正向化处理，各指标的离散程度发生了很大变化。同时，虽然前述指标都是碳排放的绝对量，但与之相联系的物流活动差异很大，使得各指标间的数值大小缺乏可比性。为了提高指标数值的可比性，可以对所有指标进行无量纲化处理。指标无量纲化处理最简单也最常用的是归一化方法，如下公式所示：

$$x = \frac{x^* - x^*_{\min}}{x^*_{\max} - x^*_{\min}}$$

上式 x 为指标归一化后的值，x^* 为该指标的正向化指标值，$x^*_{\min}$ 和 $x^*_{\max}$ 为该指标的最大值和最小值（一般与标杆管理中标杆的选择相关）。

（2）综合评价方法

综合评价方法的研究已相对成熟，由于本课题研究的限制，本文仅简单讨论操作简单、适用范围较广的评价方法且尚待实证分析。具体实证和更复杂、适用的方法研究留待后续项目研究。

A. 德尔斐法（Delphi）

从某种程度上，Delphi 法是确定各指标权重的定性方法。指标权重是各指标在整个指标体系中相对重要性的数量表示。一般情况下，很难对各指标的权重做出客观、科学的量化。Delphi 法是通过综合多方相关咨询专家意见，来确定低碳物流指标体系中各指标的权重。

B. 层次分析法（AHP）

AHP 可用于对低碳物流指标体系和 Delphi 法各专家确定的各指标的权重进行处理和一致性检验，通过检验后对指标值进行综合合成最后评价值。指标值综合合成方法有很多，常用的有线性加权合成法、乘法合成法、加乘混合合成法等。

由于 Delphi 法是利用各领域专家对指标权重的主观判断，所以所形成的判断矩阵有可能存在着逻辑上的不一致，AHP 法利用一致性检验等系列工具进行相关检验，保证逻辑上的一致性。此外，AHP 方法本身是一个框架，在这个框架中可以利用概率、模糊等运算，得到被评价系统的综合评价值。

4. 物流系统碳足迹优化

物流系统的定量优化大多是从经济效益角度构建优化模型，出于简化和易处理方面的考虑，常用线性规划模型。再利用已非常成熟的线性规划求解法得到优化方案，并且还可以对线性规划模型中的参数、资源等进行灵敏度分析，进一步研究优化方案的适用范围。

本文仅在此做定性的思路性探讨。研究在以经济效益为核心的优化模型基础上，融入低碳元素后，优化模型的改变以及求解方法。低碳元素融入模型的两种方法：一是进入约束条件，一是进入目标函数。

（1）约束条件

以物流系统上述指标体系依据逻辑关系组成碳排放计算式，并与限定的碳排放量一起组成约束方程，作为上述优化模型的新增约束条件，形成新的优化模型。其他工作与前述求解和分析方法相同，既可以求出新的优化方案，也可以对新增约束方程进行资源的灵敏度分析，研究优化方案的适用范围。

类似包络定理，很显然，新的最优值不会优于原最优值，即新的优化方案要不优于原优化方案。这是在理想状态，实现低碳化要付出的必要代价。但在实践中，并不必然。因为，低碳化类似于 JIT 技术，也会对物流系统进行瘦身和精简，有助于在经济效益和服务质量方面提高竞争力。

（2）目标函数

一般情况下，作为市场主体的物流企业是不会将碳排放作为优化的目标函数的。因此，本文的研究着眼于在以经济效益为目标的基础上，再考虑碳排放的优化模型。多目标规划是一种解决方法，但多目标规划实质上确定了各个目标间的优先顺序。再次考量前述模型，新的解决思路是：

①先在不考虑碳排放的情况下，依据传统的优化方法（以经济效益为目标）构建物流系统的优化模型，求解最优方案和最优解；

②保留原有约束条件，将原优化模型的目标函数小于最优值组成不等式方程作为新增约束条件，将碳排放作为目标函数，建立新的优化模型；

③利用最优模型求解方法，计算出新优化模型的最优方案和最优解。在一般情况下，这就是碳足迹最优化方案。根据第一步的求解，新构建优化模型的约束条件实际为第一步的最优可行解，所以这一步的重点是进行灵敏度分析，分析的重点是对新增约束条件即最优值的灵敏度分析，可以考察在适度牺牲经济利益时，对碳排放会有多大影响。

四、物流系统碳足迹的标杆管理

（一）标杆管理概述

1. 标杆管理的起源及发展

标杆管理（Benchmarking），又叫基准化管理、对标管理。起源于 20 世纪美国企业学习日本企业的运动中。是在 20 世纪 70 年代末由美国施乐公司首先提出，后经美国生产力与质量中心系统化和规范化，并得到广泛应用。目前，标杆管理已与企业再造、战略联盟一起成为 20 世纪 90 年代三大管理方法。

施乐公司实施标杆管理成功后，摩托罗拉、IBM、杜邦、通用、美孚等著名公司纷纷仿效，开始实施标杆管理，成功地获取了竞争优势。至此，西方企业开始把标杆管理作为企业获得竞争优势的重要思想和工具，通过标杆管理来优化企业实践，提高企业经营管理水平和市场竞争力。

据统计，目前全球 500 强企业中有近 90% 的企业应用了标杆管理。那些通过标杆管理取得了突破的企业，其投资回报在五倍以上。如今标杆管理的使用范围已经超出了企业，很多非营利机构也开始积极采用标杆管理。

2. 标杆管理的内涵

（1）标杆管理的概念

美国生产力与质量中心对标杆管理的定义是：标杆管理是一个系统的、持续性的评估过程，通过不断地将企业流程与世界上居领先地位的企业相比较，以获得帮助企业改善经营绩效的信息。

这个定义并不全面、深刻，标杆管理不仅仅是个信息评估过程，它还涉及规划和组织实施的过程，本质上是一个定点赶超的学习程序。企业不断寻找和研究一流公司的最佳实践，并就关键绩效指标和行为，将自身和这些行业领先企业之间进行比较评价，分析关键绩效差距的形成原因，在此基础上，企业对关键业务流程进行重新思考和改进，从而创造出企业最佳实践的程序与方法，以提高企业的经营业绩。

（2）标杆管理的作用

标杆管理为企业提供了明确的奋斗目标，以及追求不断创新的思路，是发现新目标以及寻求如何实现这一目标的一种手段和工具，具有较强的可操作性。它有着其他管理工具所不具备的优势，如竞争性学习、模仿创新、追踪性目标、速度性优势和战略性战术等。

（3）标杆管理的实现机理

标杆管理的绩效改善是通过战略制定、成长路线、设定目标、增进学习、激励士气、持续改进、全面提升和绩效评估八大机理实现的。

3. 标杆管理的类型

（1）内部标杆管理。以企业内部操作为基准的标杆管理，是最简单且易操作的标杆管理方式之一。辨识内部绩效标杆的标准，确立内部标杆管理的主要目标。单独执行内部标杆管理的企业往往持有内向视野，容易产生封闭思维。因此在实践中，内部标杆管理应该与外部标杆管理结合起来使用。

（2）竞争标杆管理。以竞争对象为基准的标杆管理。竞争标杆管理的目标是与有着相同市场的企业在产品、服务和工作流程等方面的绩效与实践进行比较，直接面对竞争者。这类标杆管理的实施较困难，原因在于除了公共领域的信息容易接近外，关于竞争企业的信息也不易获得。

（3）职能标杆管理。以行业领先者或某些企业的优秀职能操作为基准，找出达到同行最好的运作方法而进行的标杆管理，标杆的基准是外部企业（但非竞争者）及其职能或业务实践。由于不是直接竞争者，合作者往往较愿意提供和分享技术与市场信息。不足之处是费用高，有时难以安排。

（4）操作性标杆管理。这是一种注重企业整体或某个环节的具体运作，找出达到同行最好的运作方法。从内容上可分为流程标杆管理和业务流程管理。流程标杆管理以最佳工作流程为基准，业务标杆管理通过比较产品来评价自身的竞争地位。

4. 碳足迹标杆管理

碳足迹管理是以碳排放为核心的管理，是在社会经济发展新形势下的一种新的管理活动，既可能是企业或组织迫于外部压力而做出的被动选择，也可能是为了适应外部环境而主动做出的抉择。无论哪种情况，对于执行碳足迹管理的企业或组织来说，都有很少或没有可供借鉴的先例和经验。所以，碳足迹管理更多的是借鉴一般管理理论、方法、工具和其他相关管理活动的经验，是一种集探索和干中学为一体的活动，距系统性、全局性的管理还有很长的路要走。目前情况下，作为碳足迹管理的先驱，比较切实可行的是采用"自下而上"、"从局部到全局"的方法。标杆管理作为现代管理的前沿方法，能够满足物流系统碳足迹管理的要求。因此，本文将物流系统碳足迹管理限定在标杆管理上。

据前节所述，竞争性标杆管理以竞争对手为基准，从事一般管理对象的企业或组织尚难以获得竞争对手的信息，对于本来就缺乏先例和经验的物流系统碳足迹管理来说，获取所需信息就更加困难；职能标杆管理虽然在获取所需信息方面较竞争性标杆管理有一定优势，但仍面临与竞争性标杆管理相同的问题，即便克服了这些困难仍存在着费用高的困境；操作性标杆管理在信息需要方面与竞争性标杆管理和职能标杆管理类似，其所需信息在某种程度上综合了这两种标杆管理所需的信息，其区别仅在管理的操作层面上；而内部标杆管理关注的是内部绩效，以企业内部操作为基准，所需信息和管理活动都在企业可控之下，是当前情况下最适于物流系统碳足迹管理的标杆管理，因此，对其研究更具现实意义。当然，在条件允许的情况下应该综合运用内部标杆管理和外部标杆管理乃至其他管理理论、方法和技术等，以达到更好的管理绩效。

（二）碳足迹标杆管理的一般流程

1. 标杆管理的一般流程

在一般管理过程的基础上，实践中的标杆管理已经形成了一整套逻辑严密的实施步骤。根据美孚公司标杆管理的实践，将标杆管理从准备到实施分为涵盖标杆管理关键步骤的"四部曲"：标杆准备、标杆规划、标杆比较和标杆实施。标杆准备包括明确标杆目标、组建标杆小组和形成标杆管理计划；标杆规划包括确定标杆管理的范围、确定内外标杆和确定标杆资讯源；标杆比较包括资讯的收集和整理、确定标杆管理指标、确定绩效差距和绩效差距成因分析；标杆实施包括拟定未来的最佳实践、构建 KPI 体系、制定并实施改革计划和评估与重新校标。

标杆管理的先驱和最著名的倡导者——施乐公司的罗伯特·开普则将标杆管理活动划分为五个阶段：

第一阶段，确认标杆管理的目标。确认对哪个流程实施标杆管理，确定用于做比较的企业，挑选、训练及管理标杆学习团队，决定收集资料的方法并收集资料。

第二阶段，收集与分析数据，确定标杆。包括实地调查、数据收集、数据分析、与自身实践比较找出差距、确定标杆指标，为企业找到改进的目标。

第三阶段，整合。标杆管理需要企业内部各方面的参与协作。

第四阶段，行动。企业开展系统学习和改进，这是实施标杆管理的关键。

第五阶段，监控、评估与提高。对结果进行评估，重新调校标杆，进行持续的标杆管理。

2. 碳足迹标杆管理关键步骤

以信息为中心对标杆管理进行抽象分析，物流系统碳足迹标杆管理的关键步骤有：

（1）确定实施标杆管理的活动

以前文步骤 1 绘制的过程图为依据，以第三章关键类别的确定和活动分析为基础，以物流系统低碳管理总体目标为指导原则下，对相关物流过程进行分析，必要时可以依据指标体系，明确各类物流活动对碳足迹的影响程度，初步确定实施标杆管理的物流活动。为初步确定，是因为此时尚未进一步确定该活动是否符合实施标杆管理的具体条件，比如相关标杆信息的可获得性等。不过，在前文内部标杆管理中可以看到，实施内部标杆管理会对标杆管理的要求进一步放松。

（2）选择标杆

标杆的选择应依据匹配性、可比性和可行性原则。匹配性是标杆管理的基础，指物流活动与其标杆在外部环境和内部范围等方面具有一致性，并非也不可能做到完全一致，但要符合物流系统低碳管理总体目标对一致性要求；可比性是标杆管理的关键，指物流活动与其标杆在绩效上（此处为碳足迹）要能够比较；可行性是标杆管理的保障，包含两个方面含义，一是标杆比较可行，二是标杆管理实施可行，二者缺一不可。标杆比较属于标杆管理的分析阶段，能够确定标杆管理实施目标；标杆管理实施属于标杆管理的执行阶段，用以确保标杆管理实施目标可以实现。

（3）制定标杆管理实施方案

根据管理过程学派或管理职能学派比较公认的观点，管理具有四大职能：计划、组织、领导和控制。控制职能与标杆管理具有很大的相似性。控制是根据反馈的（结果）信息与计划中的相应信息比较，如果出现超出一定范围的偏差，研究偏差出现的原因，制定对相关活动进行调整的方案，以纠正偏差，使管理活动达到预定目标。如果计划或预定目标信息是标杆管理的标杆，反馈信息为实施标杆管理的活动的信息，两者比较是为标杆比较，研究出现偏差原因和制定调整方案则对应制定标杆管理实施。可见，标杆管理是一类特殊的控制活动，作为一类特殊控制的标杆管理也早已经融入管理职能之中。不过，由于标杆管理具有其独特性，控制职能理论及实践仅能为其提供一般意义上的理论依据和指导，尚无法满足其独特性的要求。但标杆管理的制定标杆管理实施方案这一步与控制职能的制定控制方案或调整方案这一工作相比，相似性大于差异性，属于同质工作。所以，对制定标杆管理实施方案来说，已有可供参考的成熟理论和大量实践经验。

须注意，在上述关于控制的描述中所提及的制定调整方案，特意指出是针对"相关活动"，这意味着并不一定是反馈信息的源活动。对制定标杆管理实施方案的启示是，不能局限于实施标杆管理的活动，要有整体意识，放宽思路，并且要深入分析，挖掘出与标杆差距的实质原因，不要表面现象所迷惑。这本质上是由于实施标杆管理的活动处于一个更大的系统中，在本文是物流系统。所以，在制定标杆管理方案时最重要的是要有系统的思想和全局的视野，避免头痛医头脚痛医脚、形成局部最优而全局次优的方案。

（三）物流系统碳足迹内部标杆管理

德鲁克在其管理学百科全书式巨著《管理：使命、责任、实务》中有一段经典论述："使企业始终能够更接近于充分发挥其潜力的最优化状态。即使那些最成功的企业，如果用它的潜力来衡量，那么它所取得的绩效水平往往还是比较低的。其中，这里所说的潜力，是指把各种努力和资源结合起来本来可能获得的最大经济效果。这项工作并不是创新。它实际上只是从企业的目前状况出发并提出这样一些问题：'理论上的最佳状况是什么？是什么妨碍了企业达到这种最佳状况？使企业不能从其资源和努力中获得最大化收益的限制与制约因素在哪里？'"。这段话是对内部标杆管理的最好标注，如果把这段话中的"最大经济效果"改为碳足迹或碳排放，完全适用于物流系统碳足迹内部标杆管理。这段精彩论断还指出了内部标杆管理最重要的问题——"理论上的最佳状况"，即标杆的确定问题。根据对这一问题的不同解决方法，本章研究基于生产线科学和基于 DEA 的两种实现方法。

1. 基于生产线科学方法的内部标杆

本方法依据霍普教授在其著作《供应链管理》和其与斯皮尔曼合著《工厂物理学》中研究生产线的思想和方法，并以此命名。这两本著作的研究类似于物理学或更早的欧几里得几何学，从几个基本概念、简单定理和假设出发，通过定量化的逻辑分析和数学模型推导，构造一套完整的、自洽的理论体系。所以，第二本书名冠以"物理学"，第一本书还有一副标题为"获取竞争优势的科学方法"以体现其研究的特点——科学范式。其理论中的内部标杆管理，除以科学方法定量确定"理论上的最佳状况"之外，还给出了确定标杆的更实用方法。要充分理解这一方法，需要对其体系有系统地认识。但在本课题研究中，我们仅从几个相关概念出发进行简单分析。

（1）最佳情况绩效

就是德鲁克所说的"理论上的最佳状况"，这一概念的含义很明显。在生产线科学中给出的计算方法很简单，将整个生产线的产出流量 TH 或循环时间 CT 作为产出（目标），生产线由系列工作地组成，对工作地活动测量可以得出一系列参数——瓶颈速率 BNR、原始流程时间 RPT 和在制品数 WIP（详见霍普教授著作），计算用以标识最佳情况绩效的产出流量和循环时间的公式如下：

$$TH \leqslant \min \{WIP/RPT, \ BNR\}$$

$$CT \geqslant \max \{RPT, \ WIP/BNR\}$$

如果将生产线视为进行标杆管理的物流活动，这一物流活动还可以再划分为系列子活动（相当于工作地），在以碳足迹和碳排放为目标，测量出物流活动的 BNR、RPT 和 WIP，可以计算出最佳情况下的碳足迹即最小碳足迹。

如果将最佳情况绩效作为标杆，与实际物流活动的碳足迹进行标杆比较，实施内部标杆管理，那作为内部标杆管理最关键的标杆确定就完成了。不过，正如本章开头引用德鲁克的论述指出的，潜力或最佳情况绩效往往是难以达到的。如果仅将其作为标杆，虽能起到绩效提高的作用，但长期采纳，则可能会挫伤士气，反而可能会适得其反。为了平衡，引入下面的概念。

（2）最差情况绩效

与最佳情况绩效相对照，其通俗的解释是，每一部分的绩效都有一个范围，实际执行时是各组成部分在其绩效最差的情况下。注意，这里不一定是每一部分都运行在其绩效最差的情况。因为作为一个整体即系统的一部分，各部分之间具有一定的相互影响关系，各部分同时绩效最差能够形成实际可运行状态是一种极端情况，大多情况并不成立。计算用以标识最差情况绩效的产出流量和循环时间的公式如下：

$$TH \geqslant 1/RPT$$

$$CT \leqslant WIP \times RPT$$

与最佳情况绩效分析相似，将生产线视为进行标杆管理的物流活动，再将其划分为系列相当于工作地的子活动，在以碳足迹和碳排放为目标，测量出物流活动的 BNR、RPT 和 WIP，可以计算出最差情况下的碳足迹即最大碳足迹。

实际运行中，最差情况与最佳情况一样属于极端情况，很难出现。最差情况是非常糟糕的，但是它也不是衡量实际系统的一个实用标准，实际系统并不需要非常接近最差情况才有足够的改进空间。所以，对最差情况绩效的测量更多的是与最佳情况绩效一起组成坐标系，以衡量和标识实际运行绩效水平。不过，还有一个更实用的概念。

（3）实际最差情况绩效

实际最差情况（PWC）能够提供一个更现实的改进点，根据生产线科学，PWC 假设了下列三种情况：

①平衡生产线：生产线里的所有工作地都有着相同的产能。

②单服务器工作地：所有工作地都只有一个服务器，因此一次只能处理一个工件。

③中等偏高的变动：每一个工作地的工件流程时间变动都很大，流程时间的标准差和流程时间的平均值相等，即所有流程的变异系数（CV）等于1。

在这三种情况下，实际最差情况绩效计算公式为：

$$TH_{PWC} = WIP / (WIP + CWIP - 1) \times BNR$$

$$CWIP = BNP \times RPT$$

式中的符号与前相同。TH_{PWC}为实际最差情况绩效。同前两项所述，将这一公式和参数应用于物流系统碳足迹同样适用。

用 CF_B、CF_W、CF_{PWC} 分别代表最佳情况、最差情况和实际最差情况的碳足迹，则其关系为 $CF_B < CF_{PWC} < CF_W$。由于实际碳足迹 CF_P 不会出现小于 CF_B 或大于 CF_W 的情况，所以这一关系划分出两个区域：第一个区域为 $CF_P < CF_{PWC}$，第二个区域为 $CF_P > CF_{PWC}$。如果将 CF_{PWC} 作为内部标杆，判断将会非常简单且包含较多信息：第一个区域为好区，改进空间不大或改进的投入产出比较低；第二个区域为坏区，改进空间较大或改进的投入产出比较高。充分利用这一关系，对各种实施标杆管理的物流活动进行分析和排序，可以确定需改进活动的优先级。这一方法的优点是所需数据少，最多为三个参数，对物流活动的划分等都在企业内部进行，容易控制、便于应用。不足之处或难点是对物流活动的划分除需专业领域知识外，还要考虑到与碳足迹的关系。

这三个概念虽是针对与生产线相对照的某一物流活动进行分析和解释而提出的，但针对更大的范围如物流系统，三者也同样适用。其区别是对更大范围如物流系统的分解需根据具体情况而确定，且分解时也要充分考虑到其中需要测量的参数，但计算原理不变。

2. 基于 DEA 方法的内部标杆

标杆用于与实际绩效进行比较，明确实际系统的差距。可见，标杆本身就是一种有效的绩效，且最好是系统在运行过程中曾出现的情况。标杆的这种特征非常符合数据包络（DEA）方法的要求，本节尝试分析用 DEA 方法确定标杆。

（1）DEA 概述

DEA 法是 1978 年著名运筹学家 A. Charnes、W. W. Cooper 和 E. Rhodes 在一篇重要论文中提出的。DEA 算法主要用在多输入、多输出的系统模型中，对于评价相同（相似）类型部门或决策单元（DMU）间相对有效性问题，具有突出优势。在评价这些 DMU 的绩效时，比较好的处理方式是根据经济学的成本——效益模型，把它看做是具有多个输入（越小越好）和多个输出指标（越大越好）的多目标决策问题。对应于物流系统碳足迹来说，如果将碳足迹作为一个输出指标与经济输出指标结合在一起，就构成综合考虑碳排放与经济绩效的多目标决策问题，这也充分印证了 DEA 方法是对线性规划的一种应用和发展；如果将碳足迹作为唯一输出指标，则为单目标决策问题。但无论哪种情景，需要对碳足迹指标进行处理才能使其具备前述输出指标的特征，即越大越好。DEA 作为研究物流系统碳足迹的工具，无论是单目标还是多目标 DEA 模型，都已有比较成熟求解的方法。

（2）DEA 与内部标杆

对于应用于标杆管理的 DEA 来说，决策单元（DMU）的选择决定了其标杆管理的类型。从内部选择 DMU，就是内部标杆管理；从外部选择 DMU，则为外部标杆管理。可见，DEA 既可用于内部标杆管理也可用于外部标杆管理。

作为外部标杆管理的 DEA 已有研究给出了其实施过程：首先对若干内部决策单元（DMU_M）进行有效性判断，根据相对有效性原则，初选出部分绩效较好的几个决策单元（DMU_J）；其次利用调查、网上查阅等方法，收集同类或相似部门的最佳工作绩效指标与数据，建立标杆单元（DMU_0）；最后将数个有效单元与 DMU_0 用 DEA 算法进行再比较，进一步选出有效决策单元（DMU_g）。但由于该方法标杆单元的组成数据均为拼凑起来的"绩优"数据，"筛选"出的 DMU_g 基本绩效条件可能会很高，其结果将会导致企业很难或根本做不到选出标杆的绩效水准，可能会出现与前文中选用最佳情况绩效作标杆的相似结果。因此，有必要通过计算求解出一组合理的虚拟决策单元 DMU_0。

作为内部标杆管理的 DEA，其实施比用于外部标杆管理简单的地方在于第一步，对有效决策单元（DMU_J）进行排序，选出绩效最佳的作为标杆。但这种简单应用 DEA 的做法也存在着局限性：即相对有效性问题。所谓相对有效性，是指在对相同（相似）部门间进行评估时，对部门间的绩效进行比较，最后选出绩效最好者作为 DEA 有效决策单元，因此就会存在所评价的部门本身的绩效并不是很好，但根据 DEA 算法，仍然能够评价出相对 DEA 有效的结果，这与实际评价要求不一致。意指选出了不符合要求的标杆，特别是低水平的标杆，会导致标杆管理的效果不明显。针对这一问题，我们给出简单、直觉的解决思路是：根据以往经验和趋势，对有效决策单元即标杆的绩效按一定比例提高，作为一个新的虚拟 DMU，然后与其他 DMU 进行 DEA 计算，判断其他 DMU 的有效性，确定与标杆的差距。

五、物流系统碳足迹管理信息系统

（一）基本目标

物流系统碳足迹管理信息系统是应用管理信息系统理论和信息技术，对物流中有关碳足迹的相关基础数据进行采集、传输、存储、计算、分析等处理，对物流活动的碳排放进行有效监测和评价，并实现其工作的自动化和信息化，提高物流的低碳管理水平。

该系统基于低碳经济和低碳物流理论，以物流过程中碳足迹的测量、标识、分析和评价为主要内容，对物流活动的感知测定、碳足迹的计算、评价分析以及优化等业务流程进行梳理、分析和重组，利用管理信息系统理论和物联网技术，设计面向供应链各类利益相关主体的物流碳足迹分析系统，实现物流碳足迹的数据采集、分析评价的信息化，为低碳物流系统的改进和优化提供决策参考，以促进低碳物流信息化的研究。

（二）基本结构

虽然目前国内在物流过程中碳足迹计算和运用信息技术的物流碳足迹分析系统方面的研究尚属空白，但由于信息系统理论和信息技术等的研究已相对成熟，因此，本系统的设计应充分利用这些研究成果。基于此，本文借鉴管理信息系统的最新研究成果尤其是决策支持系统的新理论和新技术，并结合碳足迹和物流行业的研究实践，提出物流系统碳足迹管理信息系统的基本结构如图 3 所示。

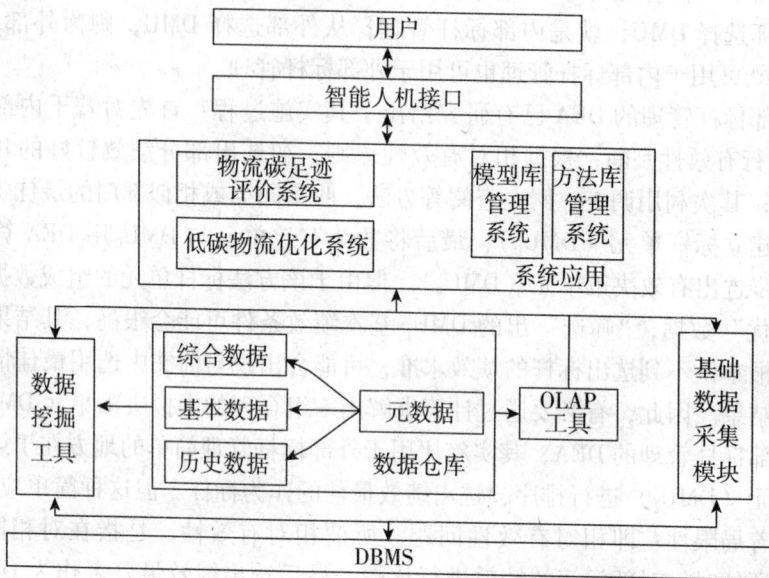

图 3　物流系统碳足迹管理信息系统基本结构图

图 3 仅为系统框架示意图，系统组件间的一些复杂关系很难用简单的图形描述清楚。如方法库系统，既会被模型库系统调用（低碳物流系统优化模型或定量分析模型需要调用方法库中的方法进行计算），也会被基础数据采集模块调用（如碳足迹基础数据需要调用方法库中的方法对直接采集的物流活动基础数据进行计算处理等）。因此，图 3 的主要目的是根据独立性原则——模块间耦合度低、模块内聚集度高的原则，刻画出物流碳足迹分析系统的组成结构，并大略描述各部分间的关系。

系统框架中引入了数据仓库、数据挖掘和 OLAP 等一些决策支持系统中的重要技术，有的文献称其为决策支持系统发展的新兴技术，其实这些技术的研究已有很多年，其实践应用也相对成熟。如数据仓库的基础是数据库，是在数据库的基础上为了决策支持的需要发展起来的一项新技术，其实质是将大量的用于事务处理的数据库中的数据进行清洗、抽取和转换，按决策主体的需要重新进行组织，目前主流数据库如 Oracle、SQL Server 等都增加对存入其中的数据进行清洗、抽取和转换等功能，支持将其数据转入数据仓库的技术实现；数据挖掘和 OLAP 技术是面向决策支持的、基于数据库和数据仓库的技术，一些大型软件公司如 IBM 也早已在其应用服务器中增加了支持数据挖掘和 OLAP 的软件模块。因此，本系统结构中的这些组件既可以利用已经成熟的商业系统软件结合本系统的特殊需要进行设置，也可以在本系统中有针对性地进行设计、开发和实现。

（三）功能模块

由图 3，物流系统碳足迹管理信息系统包括智能人机接口、数据挖掘、数据仓库、OLAP、数据库管理系统、基础数据采集模块、物流碳足迹评价系统、低碳物流优化系统、模型库管理系统和方法库管理系统等。前文已经对决策支持系统的三大重要的技术——数据挖掘、数据仓库、OLAP 进行简要说明，从本质上智能人机接口、数据库管理系统、模型库系统和方法库系统与前述三大技术类似，是决策支持系统的通用技术模块。因此，本部分只对与具体应用相关的基础数据采集模块、物流碳足迹评价系统和低碳物流优化系统三个模块加以说明。

1. 基础数据采集模块

基础数据采集模块是以物流主要作业环节——运输、储存、包装、装卸搬运、流通加工和物流信息为数据采集依据，根据各作业环节的特点——运输环节依据运输线路布局与系统规划、交通运输状况、运输环节、不同的交通运输方式和使用不同燃料的交通工具等；储存环节依据仓储地址、布局、面积利用状况等；包装环节依据包装材料和资源消耗等；装卸搬运环节依据作业地点、距离和使用的设备设施等；流通加工环节依据加工活动，如分割、计量、分拣、刷标志、拴标签、组装等；物流信息环节依据物品状态的动态跟踪、信息传递、处理方式以及所使用的设备设施等，计量、采集其间发生的"活动数据"（AD）。这些数据是本系统最原始的数据，系统的基础数据就是根据这些原始数据，利用方法库中合适的碳足迹计算方法，计算出来的各物流作业环节产生的碳足迹，根据不同研究尺度，标识出各物流作业环节及整个物流过程中留下的碳足迹，作为进一步分析、评价和优化的基础，也为"碳标签"制度的实施提供数据支持。

"研究尺度"是王微等提出的，将碳足迹应用研究分为不同尺度的碳足迹研究与特定产业/部门的碳足迹分析，研究尺度又包括个人/产品、家庭、组织机构、城市、国家等。据此，本文的研究应该是特定产业/部门的碳足迹研究，是物流行业的碳足迹研究。从研究尺度角度，本文又是面向组织机构，针对特定的物流企业或组织。在这一研究尺度上，我们又进一步对其分析，可以分为两个维度：一个是面向物流作业环节，即上述的物流主要作业环节；另一个维度是面向物流对象，即处于物流系统中的以计量单位表示的具体产品或货物。这些研究尺度和维度，对系统的各模块有深刻的影响，尤其对于数据库管理系统模块和基础数据采集模块有直接的影响。包含尽可能多的研究尺度和维度，有利于增强系统的功能和应用范围。

2. 物流碳足迹评价系统

根据物流系统碳足迹基础数据，从面向物流作业环节的维度，对物流活动各作业环节产生的碳足迹进行评价，并利用图形、表格等直观形式展现出来，以确定产生碳足迹的关键环节，为低碳物流系统在物流作业环节方面的优化提供支持。从面向物流对象维度，对以具体计量单位表示的货物在物流中产生的碳足迹进行评价，并利用图形、表格等直观形式展现出来，以确定产生碳足迹的关键货物，为货物的"碳标签"增加物流过程的碳足迹数据提供支持。通过对综合各维度的碳足迹的分析评价，能够充分发挥所采集的基础数据的作用，提高为物流的低碳优化提供支持的能力。

该模块还应能够生成碳足迹评价报告，既可以从总体角度也可以从不同维度，生成一个碳足迹评价报告模板，节省用户编写分析报告的时间。用户可以根据实际情况向模板中添加数据，也可根据数据生成柱状图、饼图等图表。系统生成的评价报告应选用比较流行的编辑软件如 Word 文档形式，便于用户对评价报告的编辑。这些评价报告既可以用作企业内部的绩效考核、决策参考等的依据，也可以根据需要对数据做适当处理后对外发布，如应对目前已出现的"欧美日等跨国公司要求其供应商必须提供零部件相关碳排放量的详细计划"的需要。

3. 低碳物流优化系统

物流碳足迹评价系统的评价结果从各种角度显示出来的在碳排放方面占有较大比例的物流环节和货物，从某种程度上也是低碳物流优化的关键之处。但要将其作为低碳物流优化的依据，还需要根据系统的基础数据，选择系统模型库中合适的优化模型进行计算，如用动态分析模型计算出物流系统时间路径，提出实际可行的改进建议。物流系统改进和优化可以是物流系统温室气体排放量为目标的单目标优化问题，更符合实际情况的是考虑物流的经济效益、服务水平等传统目标和温室气体排放的低碳物流目标的多目标优化问题。因此，系统模型库应能够提供多种模型，具有在不同目标函数和约束条件下求解出物流系统发展路径的能力，以辅助用户做出在温室气体排放方面对物流系统实施帕累托改进的决策，减少碳足迹的产生。

（四）关键问题

物流碳足迹分析系统作为一类特殊的决策支持系统，涉及决策支持系统的一些通用部件和技术，如数据仓库、数据挖掘、OLAP和智能人机接口等，这些技术已有大量较为成熟的理论和应用可供参考。因此，本部分关于物流碳足迹分析系统的关键问题不对其赘述，而将研究重点放在与物流和碳足迹等具体应用相关的一些关键问题上。

1. 基础数据的采集和传输

基础数据的准确性对于任何系统都是最基础的要求，本系统也不例外，碳足迹基础数据的质量将直接影响物流碳足迹分析和低碳物流优化的正确性和合理性。原始数据采集的自动化和信息化是实现基础数据准确性的有效措施，但也是数据采集领域的难题。幸运的是，物联网和RFID技术的迅速发展和应用推广为解决这一难题提供了契机。传感感知是物联网产业链的基础，指的就是原始数据的采集，结合物流行业的特点应用RFID对原始数据如物流活动数据自动采集，已有大量可供参考的案例。由于分布式技术的发展，原始数据的采集点和处理中心往往是分离的，因此将原始数据从采集点传输到处理中心即传输的工作日渐突出，传输通信被认为是物联网产业链的保障，传输尤其是移动传输也是物联网中的一个难点。可见，在本系统的基础数据采集模块中应该充分借鉴和利用物联网和RFID技术的研究成果，将其与不同的物流活动环节有效结合。同时实现基础活动采集和传输的自动化和信息化，将有利于简化系统操作、提高系统准确性、扩大系统应用范围。

2. 碳足迹计算方法的选择

碳足迹基础数据是依据物流活动和选择合适的碳足迹计算方法计算出来的，因此，碳足迹计算方法的选择直接关系到基础数据的准确性。目前主要有两类依据生命周期评价基本原理的碳足迹计算方法：一是"自下而上"方法，以过程分析为基础；二是"自上而下"方法，以投入产出分析为基础。这些计算方法有着各自的适用条件和范围。碳足迹计算方法虽然发展迅速，但现有方法还存在一些不足和缺陷。如现在最常用的过程分析法，在碳足迹计算边界的确定、数据甄选、各种碳排因子的选取等方面有待进一步研究和完善。因此，应在改进和修正现有碳足迹计算方法的同时，继续开展新的计算方法如混杂分析的研究，提高碳足迹基础数据的准确性。可见，如何提高碳足迹计算方法的准确度和透明度，研究适于物流领域中不同尺度和维度的碳足迹计算方法将是一项重要的研究内容。

3. 碳足迹分析评价

分析评价需要有一定的标准，这在系统内部相对比较容易解决，而对外部则要困难得多，标准的不一致会使分析评价结论不具可比性。目前在碳足迹分析评价方面尚没有公认、统一标准的情况下，在系统的模型库和方法库中应该尽量多地涵盖当前主要的分析评价模型和方法，并对每一种模型和方法的碳足迹计算边界、各种碳排放因子等方面加以详细说明，作为评价报告的一部分和评价结果一起输出，以便用户和利益相关者对分析评价结论有较准确和客观地判断。

六、总结与展望

（一）总结

本课题以物流为应用背景、以碳足迹为中心，研究了物流系统中碳足迹的管理问题。由于缺乏直接针对本课题主题的研究资料，我们参考了大量相关领域的研究文献。因此，本课题报告建基于大量相关领域研究成果，以物流系统碳足迹测量为主线，沿着物流系统碳足迹计算、物流系统碳足迹分析、物流系统碳足迹的标杆管理以及物流系统碳足迹管理信息系统这一思路构建了本课题的研究体系，包括以下几个方面：

（1）将 IPCC 关于国家温室气体清单及优良做法的规范引入物流系统，从概念、计算方法、计算模型以及物流系统碳足迹计算中需要注意的一些问题进行较广泛地分析研究。确定了物流系统碳足迹计算范式，为物流系统碳足迹管理尤其是定量管理奠定了基础。

（2）将物流系统碳足迹分析工作分成物流系统关键类别分析、活动分析、物流系统碳足迹指标体系的构建以及评价等几个方面。从水平和不确定方面研究了确定关键类别的定量方法，并利用关键活动、ABC 分类方法等定性研究了关键类别的定性方法。定性研究了活动的概念以及基于碳足迹的活动分析。研究了物流系统碳足迹指标体系的构建，并初步构建了简单的指标体系和简单的评价方法。

（3）物流系统碳足迹管理概念非常大、涉及面也很广，本课题仅从标杆管理的角度研究了这一主题。在论述了标杆管理的一般概念和碳足迹标杆管理的一般流程后，本文着重研究了物流系统碳足迹内部标杆管理，引入生产线科学方法和 DEA 方法来确定内部标杆。

（4）最后，在前几部分研究的基础上，我们利用信息系统理论和信息技术对建立物流系统碳足迹管理信息系统进行了探索。确定了物流系统碳足迹管理信息系统的基本结构，对其功能模块以及功能模块间关系进行了分析，并对这一信息系统构建过程中的一些关键问题进行了初步研究。

（二）展望

就本文研究体系而言，虽具有一定的完整性和系统性，但仍难免挂一漏万，有待以后的研究来补充。对本课题已研究的内容而言，由于时间所限，大都是逻辑层面的推理和分析，还需要进一步的数理演绎和实证分析。具体有以下内容可作为进一步研究的主题：

（1）对具体物流企业进行实践调研和实地考察，深入分析其业务流程和活动，验证和完善报告中的碳足迹计算和分析方法。

（2）物流系统碳足迹分析中的指标体系是基于已有物流文献构建的示例，还需要根据大量物流实践进行细化。在没有大量实例情况下，可以与上例合并，针对具体实例先构建有基于特例的指标体系。

（3）标杆管理尤其是内部标杆管理确定内部标杆的两种方法具有逻辑可行性，下一步应构建数理模型，进行公式推演和定量分析，并结合具体实例进行验证和完善。

（4）物流系统碳足迹管理信息系统综合利用信息系统理论和信息技术工具，不同企业具有不同特点，下一步应基于具体案例进行针对性研究，充分利用信息技术和信息系统最新成果，开发出具有实用价值的信息系统，为物流实践创造价值、积累经验。

以上是拘于本报告体系内的一些研究展望，由于物流系统碳足迹、低碳物流的研究刚刚起步，其研究主题颇为广泛，在本文的研究体系之外还有大量需要研究的领域。根据我们在本课题研究的体会，应该在研究方法和研究思路上有所创新和突破。关键是广泛参考已有研究成果，密切联系实践，这样研究才能既有理论的传承和发展，又有实践的应用和反馈，理论知识只有与实践相结合才具生命力。

课题组成员名单

课题主持人：田志勇　北京物资学院讲师

课题组成员：刘丙午　北京物资学院校长助理、教授　中国物流学会常务理事

霍灵瑜　北京物资学院讲师

李俊韬　北京物资学院副教授

参 考 文 献

［1］李鹏，黄继华，莫延芬，等．昆明市四星级酒店住宿产品碳足迹计算与分析［J］．旅游学刊，2010，25（3）：27 - 34.

［2］郭运功，汪冬冬，林逢春．上海市能源利用碳排放足迹研究［J］．中国人口·资源与环境，2010，20（2）：103 - 108.

［3］鲍健强，苗阳，陈锋．低碳经济：人类经济发展方式的新变革［J］．中国工业经济，2008，241（4）：153 - 160.

［4］金涌，王垚，胡山鹰，等．低碳经济：理念·实践·创新［J］．中国工程科学，2008（9）.

［5］李蜀湘，陆小成．中国低碳物流金融支持模型研究［J］．中国流通经济，2009（2）：27 - 30.

［6］戴定一．物流与低碳经济［J］．中国物流与采购，2008（21）：24 - 25.

［7］罗文丽．"低碳经济"影响物流业——访中国物流与采购联合会副会长戴定一［J］．中国物

流与采购，2010（1）：44 - 46.

［8］翟学魂. 低碳经济下的物流管理［J］. 中国物流与采购，2010（22）：74 - 76.

［9］赵奕凌. 低碳经济背景下我国物流绿色演进的路径思考［J］. 华南理工大学学报：社会科学版，2010，12（5）：10 - 12.

［10］谢水清. 低碳经济趋势下我国物流业发展面临的问题及对策［J］. 商业时代，2010（31）.

［11］蔡林海. 低碳经济［M］. 北京：经济科学出版社，2009.

［12］董千里，董展，关高峰. 低碳物流运作的理论与策略研究［J］. 科技进步与对策，2010，27（22）：100 - 102.

［13］王艳，李作聚. 浅谈低碳物流的内涵与实现途径［J］. 商业时代，2010（14）.

［14］于一秀，邱灿华. 我国低碳物流问题研究［J］. 广西财经学院学报，2010（10）：63.

［15］王乐鹏，黄鹄绩，等. 智能低碳物流发展策略探讨［J］. 商业经济，2010（11）：1 - 2.

［16］弓宪文. 基于平衡记分卡的物流企业关键业绩指标体系设计［J］. 江苏商论，2007（7）.

［17］杜道华，郑国华，张力敏. 适于两型社会的绿色物流评价指标体系的构建［J］. 物流工程与管理，2011，202（33）.

［18］汉斯 - 克里斯蒂安·波佛尔. 物流管理［M］. 北京：北京出版社，2009.

［19］小保罗·R. 墨菲，唐纳德·F. 伍德. 当代物流学［M］. 北京：中国人民大学出版社，2009.

［20］DAVID J. BLOOMBERG，STEPHEN LEeMAY，JOE B. HANNA. 物流学［M］. 北京：清华大学出版社，2004.

［21］魏拴成，张静植. 标杆管理——企业获取竞争优势的新方法［J］. 企业活力，2003（7）.

［22］王晓林，陈子辰. 标杆管理中大小标杆量化分析［J］. 浙江大学学报：工学版，2006，40（8）.

［23］周吉林. 管理现代化方法介绍——标杆管理（之一）［J］. 金山企业管理，2006（4）.

［24］周吉林. 管理现代化方法介绍——标杆管理（之二）［J］. 金山企业管理，2007（1）.

［25］周卓儒，王谦，李锦红. 基于标杆管理的 DEA 算法对公共部门的绩效评价［J］. 中国管理科学，2003，11（3）.

［26］杨文培，姚任. 现代企业管理新方略：标杆管理［J］. 煤炭经济研究，2004（9）.

［27］KENNY T，GRAY N F. Comparative performance of six carbon footprint models for use in Ireland［J］. Environmental Impact Assessment Review，2009，29（1）：1 - 6.

［28］PAUL P J，AnNNE C S，JAMES H C，et al. A comparison of carbon calculators［J］. Environmental Impact Assessment Review，2008（28）：106 - 115.

［29］JOHN B，THOMAS W. A comparative carbon footprint analysis of on - site construction and an off - site manufactured house［R］. SEI & ISAUK Research Report，2007（4）：1 - 13.

［30］CHRISTOPHER LW，SCOTT MH. Quantifying the global and distributional aspects of American household carbon footprint［J］. Ecological Economics，2008（66）：379 - 391.

［31］ERIC J. Disagreement over carbon footprints：A comparison of electric and LPG forklifts［J］. Energy Policy，2008，36（4）：1569 - 1573.

［32］http：//www. ipcc - nggip. iges. or. jp/index. html，2006 IPCC Guidelines for National Greenhouse Gas Inventories.

［33］http：//www. bsigroup. com/en/Standards - and - Publications/How - we - can - help - you/Professional - Standards - Service/PAS - 2050/，PAS 2050：2008 - Specification for the assessment of the life cycle greenhouse gas emissions of goods and services.

［34］http：//www. bsigroup. com/en/Standards – and – Publications/How – we – can – help – you/Professional – Standards – Service/PAS – 2050/，Guide to PAS 2050：How to assess the carbon footprint of goods and services.

［35］CARBON TRUST. Insights from Simple Models. 2007，3.

［36］CARBON TRUST. Product carbon footprinting：the new business opportunity experience from leading companies，2005.

［37］CARBON TRUST. The carbon emissions generated in all that we consume. 2005.

基于铁路快运网络的一体化低碳物流服务模式研究[*]

内容提要: 我国物流业发展较为粗放,社会化、专业化水平比较低,在一定程度上造成了能耗的增加和能源的浪费。本课题基于铁路快运网络,运用现代信息技术、供应链管理理论和现代物流发展创新实践,设计出产、供、运、储、销等一体化物流服务方案,研究提出一体化低碳物流服务模式,并以此整合资源,扩展业务空间,最大限度实现铁路快运网络价值,对于提升铁路快运企业物流服务能力,推动制造业等产业与物流业融合发展,实现节能减排的目标具有重要意义。

铁路快运企业开展一体化低碳物流服务有利于引导传统铁路运输企业向现代物流企业和供应链一体化物流服务商转型,依托铁路运输优势把业务向供应链上下游延伸,开展多元化经营和物流增值服务,为社会提供高质量、低排放、低污染的物流服务,逐步形成功能完善、便捷高效、节能环保、经济安全的铁路快运物流品牌。

一、国内外物流业发展状况与趋势

(一)国内物流业发展情况

1. 物流业的内涵

现代物流业是通过对传统运输、仓储等的协调、优化配置和整合基础上形成的一种新兴业态,不追求局部功能和环节的最优,而是追求全过程的整体最优。物流产业的出现使得运输、仓储等物流环节之间的传统界限被打破。现代通信技术和互联网的广泛使用,使得"物"在运输、仓储、装卸搬运和流通加工等过程中的信息得以及时掌握和反馈,使企业有能力通过信息的获取、处理和控制来对各种分立物流资源的整合,形成专业性的物流服务能力。

2. 物流业的基本特点

(1)对相关物流资源的整合性

物流产业是一个新兴产业,各产业部门由以往的物流活动内部化,逐步转化为物流活动的外部化和社会化,是从社会总收益、总成本、总流通费用的角度出发,降低流通成本、交易成本及减少流通环节。因此,物流产业是建立在与国民经济各产业部门资源整合的基础之上,将社会较为零散的物流资源进行重组与整合,为社会各产业部门提供具有个性化、标准化的物流服务。

(2)与国民经济各部门具有高度耦合性

物流产业与国民经济各产业部门之间的高度耦合,主要体现在物流产业的产生与发展

---

* 本课题(2011CSLKT001)荣获 2011 年度中国物流学会课题优秀成果奖三等奖。

是随着社会对物流活动的大量需求而形成的；社会需要专业化的物流服务，需要物流产业提供规范化、标准化、个性化的物流服务，包括国民经济发展的各个产业部门及组织。

（3）劳动密集

物流业还无法实现全部物流作业过程的自动化，仍需要大量的管理与作业人员。例如，需要大量的货车司机、仓储管理人员、装卸搬运人员、接取送达人员、物流信息技术操作人员以及能够提供一体化物流服务的设计人员等。

（4）资本密集

物流服务涵盖了国民经济各个领域，需要大量的基础设施、物流设备和从业人员。特别是随着全球经济一体化的进展，客户的需求不再满足于提供单一的物流服务，需要个性化和一体化的物流服务，对物流设施、设备和人员的投入都需要大量的资金，需要引入先进的物流技术。

3. 我国发展现代物流业的重要性

（1）保持经济增长的重要力量

近年来，我国社会物流总额保持了年均超过20%的高速增长，对国民经济增长有较强的拉动作用。2010年，我国物流业增加值占GDP得比重为6.9%，也就是说，物流业每增加约14.5个百分点，就可以带动GDP增长1个百分点。

（2）扩大内需的有力支撑

在保障性安居工程、农村民生工程、交通基础设施建设等扩大内需的投资计划实施过程中，现代物流是必不可缺的基础环节和保障条件。

（3）调整结构的有效途径

2010年中国物流业增加值为2.7万亿元，占服务业增加值的比重为16%，成为经济增长的重要牵引力之一。与发达国家相比，目前我国服务业的比重和发展水平仍然偏低，特别是生产性服务业发展滞后，不仅加剧了经济发展中的资源能源消耗和生态环境压力，对经济发展方式的转变、工业发展水平的提升也产生了明显的抑制。

（4）增加就业的重要渠道

我国就业矛盾突出，已经成为影响经济发展和社会稳定的重大问题。调查表明，服务业增加值每增长一个百分点，平均增加的就业岗位是第二产业的5倍，成为吸纳就业的主渠道。

4. 我国物流业发展政策环境

随着经济体制改革的深化，国民经济进入高速发展时期。我国工商企业不断提出新的物流需求，传统的运输、仓储、货代及批发贸易企业等转变成专业化的物流企业，由提供单一服务向提供多功能服务转变，并投资建立现代化仓库、集装箱货场，为发展现代物流业提供设施、技术和信息保障。

2001年3月，国家经贸委等六部委联合印发《关于加快我国现代物流发展的若干意见》。2003年12月，温家宝等领导同志在全国政协提交的《关于我国现代物流情况的调研报告》上作出重要批示。2004年8月，经国务院批准，国家发改委等9部门联合发布《关于促进我国现代物流业发展的意见》。2005年2月，经国务院批准，由国家发改委牵头，组建了"全国现代物流工作部际联席会议"。2006年3月，十届全国人大四次会议批准的《国民经济和社会发展"十一五"规划纲要》提出，"大力发展现代物流业"。现代物流的产业地位在国家层面得到确立，我国现代物流业进入全面快速、持续稳定发展的新阶段。2009 年 3 月，国务院《物流业调整和振兴规划》的出台，标志着第一个国家层面的物流发展规划得到确认，成为物流业的新的里程碑。

2011 年 6 月，国务院总理温家宝主持召开国务院常务会议，研究部署促进物流业健康发展工作，提出推动物流业发展的 8 项政策措施。随着"国八号"等各项政策措施的深入实施，仍有一些相关配套性政策却迟迟未能出台，一些不适应物流业发展的政策问题进一步显现。

5. 我国物流企业结构

我国物流市场上形成了由多种所有制、不同经营规模和服务模式构成的物流企业群体。一是原有的国有物流企业加快重组改制和业务转型，如中远物流、中海物流、中外运物流、中邮物流、中国储运、中铁快运和招商局物流等；二是加速发展的民营物流企业，如宝供物流、顺风速运、远成物流、长久物流、南方物流、九州通集团等；三是一批生产或商贸企业的物流部门，以原有业务为基础向社会扩展，形成具有专业特色的物流供应商，如海尔物流、安得物流以及大庆油田、开滦煤矿的物流公司等；四是世界知名的跨国物流企业，如美国联邦快递、联合包裹等。

6. 物流基础设施

改革开放以来，国家加大了对交通、能源等基础设施的投资力度。到 2010 年年底，全国铁路营业里程达到 9.1 万公里，里程长度居世界第二位。全国公路总里程突破 400 万公里，其中高速公路 7.41 万公里，居世界第二位，"五纵七横"12 条国道主干线提前 13 年全部建成。2010 年年底，全国港口拥有生产用码头泊位 31634 个。

物流园区建设快速发展，仓储、配送设施现代化水平不断提高，一批区域性物流中心正在形成，货运服务、生产服务、商贸服务和综合服务等多种类型的物流园区不断投入运营。

我国物流业在信息化改造、公共信息平台建设、信息技术的应用等方面进展明显。以行政监管为职能的信息平台建设稳步推进，行业物流信息化平台开始出现，物流枢纽信息平台建设取得实效，公路配货信息平台在减少车辆空驶、提高运输效率方面发挥了重要作用。

7. 2009—2015 年我国物流业需求

2009—2015 年，我国正处于调整经济结构、转变经济发展方式的关键时期，尤其是 2009—2011 年这三年，更是我国落实十大产业振兴的关键三年。现代物流业作为生产性服务业，不断向生产、建设、商贸等领域延伸，是调整经济结构、转变经济发展方式的重要内容。可以预见在国家政策积极引导以及社会需求拉动下，2009—2015 年，我国物流产业将迎来一个快速发展的新时期，物流产业在促进国民经济快速健康发展中将发挥重要作用。2015 年，我国 GDP 预计将达到 515295 亿元，社会物流总额规模将达到 162 万亿元，社会物流费用将达到 66057 万亿元，全社会物流业增加值将达到 3.1 万亿元左右。（数据来源：中国重点物流课题报告 2010）

2009—2015 年，拉动我国物流产业需求的因素有很多，我国物流产业将迎来一个快速发展的新局面。

（1）经济保持快速增长、工业结构加快优化升级，直接产生强大物流需求。

（2）城镇化进程加快、消费结构升级，拉动物流需求快速增长。城市具有产业和人口集中、规模经济效应、集聚效应、辐射效应显著等特点，在国民经济发展中发挥着重要作用。2009—2015 年，我国城镇化进程将继续加快。预计到 2015 年将达到 55% 以上。

（3）国家重大发展战略为物流产业发展带来新机遇。国家关于促进区域协调发展、建设社会主义新农村和建设资源节约型、环境友好型社会等重大战略构想，为实现物流业发展带来了新的机遇。在实施区域发展总体战略过程中，现代物流业将成为西部开发、东北振兴和中部崛起的一项重要内容。在建设社会主义新农村过程中，需要有与之配套的物流服务体系，"三农"物流将获重视，并将得到大力发展，在发展循环经济过程中，再生资源也将具有广阔发展前景。

（4）产业政策导向有利于改善物流产业发展的宏观环境。根据《物流业调整和振兴规划》，我国现代物流业将重点发展九大工程，这对于各地区、各相关部门、各有关企业和行业协会推动物流业发展，有了基本的定位，指明了发展的方向。

（二）国外物流发展状况及趋势

1. 国外物流发展进程

国外物流发展大体经历了四个阶段：

第一阶段：20 世纪初至 50 年代

20 世纪初，在北美和西欧一些国家，随着工业化进程的加快以及大批量生产和销售的实现，人们开始意识到降低物资采购及产品销售成本的重要性。单元化技术的发展，为大批量配送提供了条件，同时也为人们认识物流提供了可能。从实践发展的角度来看，1941—1945 年第二次世界大战期间，美国军事后勤活动的组织为人们对物流的认识提供了重要的实证依据，推动了战后对物流活动的研究以及实业界对物流的重视。

第二阶段：20 世纪 60 至 70 年代

20 世纪 60 年代以后，世界经济环境发生了深刻的变化，科学技术的发展使物流逐渐为管理学界所重视，企业界也开始注意到物流在经济发展中的作用，将改进物流管理作为激发企业活力的重要手段。这一阶段是物流快速发展的重要时期。

第三阶段：20 世纪 70 至 80 年代

这一时期物流管理的内容从企业内部延伸到企业外部，物流管理的重点已经转移到对物流的战略研究上。

第四阶段：20 世纪 90 年代以来至今

随着新经济和现代信息技术的迅速发展，现代物流的内容不断地丰富和发展。同时，信息技术特别是网络技术的发展，也为物流发展提供了强有力的支撑，使物流向信息化、网络化、智能化方向发展。

2. 国外物流业发展特点

（1）美国强调企业"物流管理"

美国商贸流通和生产制造企业十分重视现代物流能力的开发。从 20 世纪 50 年代物流发展初期的"实物配送"（Physical Distribution）阶段，到80年代的"物流"（Logistics）阶段，再到供应链管理阶段（Supply Chain Management），一直将物流战略作为企业商务战略的核心组成部分予以高度重视，物流理念在企业广为普及。

（2）日本强调社会"物流系统"

日本自从1963年从美国引进"物流"概念后，即开始受到企业和政府的高度重视。日本主要突出了"物流系统"的观念，强调从社会角度构筑人性化物流环境，体现可持续发展的理念，延伸内容至与物流相关的交通系统等领域，突出物流作为社会功能（Social Function）系统对循环型社会发展的贡献。这在很大程度上超越了企业的行为空间，因此政府在整个物流发展方面的推动作用十分显著，规划引导力度较大。

（3）欧洲物流业的发展经验

在物流产业发展上，欧洲和美国走在世界的前沿，但是欧洲的物流业发展与美国相比，呈现出了不同的特点。欧洲新技术发展和产业合并打破了传统的物流分割经营模式。配送中心越来越多，配送里程越来越长，空运和公路、铁路运输进一步加强协调。由于采用了先进的物流传输技术、条码扫描技术，欧洲物流配送中心的货物处理量很大，物流规模大，功能强。

3. 国外物流业发展的主要趋势

（1）物流服务拓展

物流服务已经逐步将加工、保税、仓储、金融、保险乃至报关、通关、商检、卫检、动植检、中转等业务统一进来，把整个商贸流通过程作为一个完整的领域来进行通盘考虑和经营。

（2）物流服务过程延伸

物流服务的过程经历了"港口到港口"、"门到门"和"货架到货架"等几个阶段，其过程在逐步延伸。由于生产企业需要实行"即时供货"和"零库存"，以加速资金和货物的周转利用，物流业将生产之前的计划、供应也逐渐包括在自己的服务范围之内，使服务过程向前延伸。

（3）物流服务覆盖面不断扩大

交通工具、信息系统的不断创新，使物流业相应地扩大了自己的覆盖面。近年来，跨国家、跨地区、跨城市的物流服务都有了较快发展。

（4）第三方物流作用日趋显著

"第三方物流"是指为发货人和收货人提供专业物流服务的第三方企业。物流服务公司在货物的实际移动链中并不是一个独立的参与者，而是代表发货人或收货人来执行，物流运营实现了专业化、科学化，与物流需求者之间建立更紧密、有效的联系。

（5）电子物流发展

电子商务迅速发展，使电子物流快速发展。企业或个人通过网络与外界沟通，实现网上购物与结算，这种网上直通的方式使企业能迅速、准确、全面地了解客户需求信息，进一步实现最优的生产模式和物流业务。

二、低碳物流发展形势与机遇

全球气候变暖严重影响人类环境和自然生态，导致水资源失衡、农业减产、生态系统严重损害，对人类可持续发展带来了巨大冲击。据预测，到 2050 年世界经济规模比现在要高出 3～4 倍。IPCC 评估报告的结论是：为实现全球温度上升的控制目标，未来10～20 年必须扭转碳排放增长趋势，2050 年必须低于目前排放水平甚至减半。

国内一次性能源需求、尤其是对石油的需求不断增加。目前，我国石油消耗量仅次于美国，居全球第二。2010 年，我国一次能源消费量为 32.5 亿吨标准煤，同比增长了6%，我国能源消耗强度仍偏高，是美国的 3 倍、日本的 5 倍。2009 年，中国原油进口量 1.99 亿吨，进口依存度首次超过 50%；2010 年，中国原油进口量达到 2.39 亿吨，进口依存度将进一步上升到 53.7%；2011 年上半年我国原油对外依存度达到 54.8%，较 2010 年又上升 1 个百分点。我国能源产业风险及发展压力仍进一步加大，大力推动节能减排，发展低碳物流已成为我国物流业发展的趋势和必然选择。

我国物流业发展处在初级阶段，物流业的技术装备大多数处于较低水平。仓库、码头、装卸工具以及运输工具整体规模小、不配套，管理与经营模式落后。企业发展"低碳物流"要付出较大的成本，对于市场压力大的物流企业来说，他们还不具备这种基础条件和实力。

在 2009 年"哥本哈根全球气候大会"上，作为世界上第二大能源消费国和第一大温室气体排放国，中国政府承诺"到 2020 年单位 GDP 碳排放比 2005 年下降 40%～45%"，这预示着中国经济将踏上整体低碳转型之路，低碳经济发展成为聚焦点。要求我们通过以低碳经济发展为导向、生产低碳产品、减少碳排放，为社会生产健康、安全、低碳的产品和服务，同时对生态进行保护。

（一）我国低碳物流现状

我国物流业发展较为粗放，社会化、专业化水平较低，经济增长所付出的物流成本较高，造成了能耗的增加和能源的浪费，极不适应目前国家推行的低碳经济运行模式。

1. 缺乏有效政策引导

物流活动因其特点需跨越不同的行业和地区，而管理却分属于不同的职能部门，如交通运输、铁道、民航、邮政、商务等。由于行政职能和利益等诸多原因，各职能部门对现代物流缺乏统一的战略思想和整体规划，力量分散，导致物流活动监管不到位，甚至出现"管理真空"，造成物流资源的分散和浪费。低碳政策与法律法规滞后，目前关于低碳物流发展的法律法规还有待继续出台与完善，特别是亟待制定与推出适用于低碳物流的技术法规与标准。

2. 能源消耗及污染排放大

相关数据显示，全世界的能源消耗中，交通运输约占四分之一。我国交通设施不发达，物流成本提高、能源消耗大，实行低碳物流的发展，交通运输行业是节能减排的重中之重。公路运输一直是我国最重要的物流运输方式之一，其对能源消耗大，且存在着汽车尾气污染。在我国大中型城市，汽车尾气排放已成为主要的大气污染源，一辆轿车一年排出有害废气比自身重量大 3 倍。

物流活动从开始到结束的全部流程，包括各种运输机械、仓库储存、装卸搬运、包装、流通加工、信息传输、废弃物处理等环节都有碳的产生和排放，其中运输环节的碳排放量位居第一。

3. 废弃物污染严重

每年约有 500 万吨的废钢铁、20 多万吨有色废金属、1400 万吨的废纸及大量的废塑料、废玻璃等没有很好的回收与处理。"物流"涵盖了运输、配送、仓储、包装、装卸、流通加工等一系列服务，在这一整条服务链中，每一环节都会产生废弃物，这些废弃物如果没得到合理的利用或处理，会带来环境污染。在商品流通过程中，易爆、易燃、危险品、化学品在商业储存中保管不当，或运输中遭遇意外事故，都可能会造成对环境的污染。

4. 低碳物流设施与设备及技术落后

低碳物流的关键是低碳技术的研发和推广，目前面临的困难很多，特别是核心技术绝大多数被发达国家所掌控。与发达国家相比，我国的物流技术水平还有一定差距，提高物流信息化是现代物流的基础，也是提高物流效率的前提。而目前在我国 EDI、射频技术、GPS 技术等在物流行业中还未得到大范围地推广和应用，造成机动车空载率高，也增加了无效的碳排放。

5. 节能减排任务艰巨

由于物流活动涉及生产、加工与制造、五大运输系统、各种仓储设施、废弃物回收与处理，实施节能减排任务艰巨。

6. 专业人才不足

虽然我国物流从业人员群体规模较大，但是物流从业人员素质普遍较低。多数物流企业中物流操作岗位的从业人员主要来源于传统的搬运、装卸等岗位。教育资源分散，院校地域分布不均，加上专业师资缺乏、教师水平差别大、物流教学手段落后，一定程度上影响了物流人才的培养。

（二）低碳物流发展形势与机遇

2010 年我国全社会物流费用支出占国内生产总值的比重为 17.8%。粗放和低效率的物流模式，造成了能耗的增加和能源的浪费。我国物流业的问题主要表现为空驶率高、重复运输、交错运输、无效运输等不合理运输现象较为普遍，各种运输方式衔接不畅，仓储利用率低，物流设施重复建设现象严重，物流信息化程度低等。我国政府承诺到 2020 年单位国内生产总值二氧化碳排放比 2005 年下降 40%~45%，发展低碳物流势在必行。

我国物流业发展既要面对燃油价格持续上涨的压力，还要面对市场竞争、服务要求提升及发展低碳物流的压力。铁路作为一种占地少、效率高、排放低的绿色运输方式，尤其是随着我国铁路快速发展和技术装备水平的迅速提高，在推动国民经济发展并给人们的出行带来极大方便的同时，也为推动低碳物流发展带来了新的机遇。

交通运输业的石油消费量仅次于工业，占总消耗量的 30% 左右，预计到 2020 年将上升至 50% 左右。根据日本有关机构近年来统计，各种交通运输工具平均每人每公里能耗，高速铁路为 571J，普通铁路为 403J，公共汽车为 584J，小轿车为 3310J，飞机为 2999J。如果以普通铁路每人公里能耗为 1，则高速铁路为 1.42，公共汽车为 1.45，小轿车为 8.2，飞机为 7.44。在货运方面，铁路运输的低能耗优势则更加明显。据国内有关资料显示，铁路电力牵引单位运输周转量能耗约为内燃牵引的 38%，

2009 年国家铁路完成百万吨公里运输周转量能源消耗折合标准煤 5.3t，2010 年又进一步下降到 4.94t 标准煤，我国铁路以占行业不到 10% 的能源消耗，完成了占行业约 50% 的运输周转量。随着铁路电气化改造、新建线路投入使用及大功率机车大量投入使用，电力牵引比例逐步提升，铁路运输能耗水平还将进一步降低，铁路运输低碳、节能的优势将更加突出。

利用铁路开展低碳运输具有明显优势。2010 年全国铁路营业里程达到 9.1 万公里，比上年增加 5660.7 公里、增长 6.6%，里程长度升至世界第二位。复线里程 3.7 万公里，比上年增加 4292.4 公里、增长 12.9%，复线率 41.1%，比上年提高 2.3 个百分点；电气化里程 4.2 万公里，比上年增加 6811.5 公里、增长 19.1%，电化率 46.6%，比上年提高 4.9 个百分点。西部地区营业里程达到 3.6 万公里，比上年增加 3212 公里、增长 9.8%。

2010 年，国家铁路（不含控股合资铁路）运输企业能源消耗折算标准煤 1615.73 万吨，比上年增加 18.18 万吨、增长 1.1%。单位运输工作量综合能耗 4.94 吨标准煤/百万换算吨公里，比上年减少 0.36 吨标准煤/百万换算吨公里、降低 6.8%。单位运输工作量主营综合能耗 4.00 吨标准煤/百万换算吨公里，比上年减少 0.28 吨标准煤/百万换算吨公里、降低 6.5%。

主要污染物排放量：国家铁路（不含控股合资铁路）运输企业化学需氧量排放量为 2169.2 吨，比上年减少排放 45.18 吨、降低 2.0%。二氧化硫排放量为 3.92 万吨，比上年减少排放 0.10 万吨、降低 2.4%。

此外，国家铁路（不含控股合资铁路）绿化里程达 3.63 万公里，比上年增加 0.10 万公里、增长 3.0%。（资料来源：2010 年铁道部统计公报）

中铁快运公司作为铁道部直属专业运输企业，作为网络化、资源型物流企业，拥有全部铁路行李、包裹运输资源及铁路行邮、行包快运专列运输资源，包括铁路旅客列车行李车 2000 多辆、铁路专用货车 5000 多辆，2000 多个经营网点遍及国内 700 个大中城市，年发送量 1400 多万吨。伴随着我国铁路的快速发展以及城镇化、工业化的发展进程，将迎来更广阔发展机遇，并在推动未来低碳物流发展中发挥更加重要作用。

1. 发挥铁路低碳运输优势，促进节能减排

根据有关资料，国家铁路单位运输周转量能耗呈逐年下降趋势，每完成 1 百万吨公里运输周转量折合标准煤能耗从 2003 年到 2010 年每年分别为 7.32 吨、6.65 吨、6.48 吨、6.12 吨、5.78 吨、5.6 吨、5.3 吨、4.94 吨，国家铁路完成百万吨公里运输周转量能源消耗还不到公路货运的十分之一，并且随着铁路技术装备水平的提高和电力牵引比例的上升，铁路运输能耗标准将进一步降低。中铁快运目前的年铁路运输周转量约 290 亿吨公里，按铁路运输能耗为公路货运的 10% 计算，如果这些货物转由公路运输，将多消耗能源折合 138.33 万吨标准煤。

2. 采取多种措施推动节能降耗

低碳物流主要包括集约资源、低碳运输、低碳仓储、低碳包装四部分内容，在积极推动低碳运输发展的同时，中铁快运在集约资源和推动低碳包装方面也进行了积极尝试并取得明显成效。采取优化行李车运输方案等技术措施，并加大货源组织力度，使行李

车载重利用率提高10%以上，在运输资源投入没有增加的情况下，实现了运输效率和经营效益的提升。先后开发投入使用两种可折叠式运输专用包装箱并获得国家专利，代替传统的纸箱等运输包装，每月使用周转约2万箱次，在保证运输安全的同时，节省了大量包装材料。根据国家对汽车排放标准要求，根据企业发展要求采购符合排放标准车辆，淘汰排放超标车辆，两年来更新汽车近千辆。

3. 以低碳全程物流服务支援西藏经济发展

西藏地区地域辽阔、环境保护要求高、经济发展对外依存度高，为最大限度发挥青藏铁路的强大运输能力和辐射作用，支援西藏经济发展，中铁快运在铁道部支持下，充分发挥自身网络资源优势和物流服务能力，先后承担了5100西藏冰川矿泉水、西藏青稞啤酒两个企业产品的全程物流服务和铁路系统总经销，年运输量达到20万吨左右，在以低碳物流方式服务西藏经济发展的同时，将源自西藏的宝贵天然、绿色饮品销往全国各地，促进了西藏就业、税收和经济发展。

三、我国物流企业发展特点及趋势

（一）由传统运输、仓储企业转型的物流企业发展特点

1. 传统运输、仓储企业转型物流企业的兴起

我国传统物流企业在计划经济时期，作为资源的配置者及国家计划的执行者，促进了国民经济的发展，但随着改革开放的不断深入和市场经济体系的建立，传统物资流通企业的体制结构远远落后于时代发展的要求。同时这类企业还要面临国外大型物流企业和国内新兴第三方物流企业的冲击，迫于外部压力和企业可持续发展的要求，原来从事单一运输或仓储服务的传统企业通过不断扩大业务领域，提高综合服务能力，发展转型成为大型物流企业。

向现代物流转型的传统运输和仓储企业，包括：以传统运输（航空、公路、铁路、水运）为基础的物流企业，如中国远洋运输（集团）总公司、中国海运（集团）总公司，中国对外贸易运输（集团）总公司等；以仓储（配送）为基础的物流企业，如中国物资储运总公司；以货运代理为基础的物流企业，如华润物流有限公司（前身是华夏货运）、中外运下属的货代企业；以邮政为基础的物流企业，如中邮物流。这些企业都在不同程度上进行了综合物流运作模式的探索实践。

这类物流企业在发展过程中，不断地扩大经营范围和服务对象，走市场化经营道路，在服务产品上也是积极拓展。由传统的运输仓储企业转型的物流企业中具有代表性的有中国物资储运总公司、中国邮政速递物流公司、各省市的交通运输集团等。其经营主要是利用传统物流业务范围内积累的优势，向综合物流企业发展。

2. 传统运输、仓储企业转型物流企业的特点

由传统运输仓储企业转型物流企业的主要优势在于拥有较为完善的运输、仓储网络，与政府有良好的关系和雄厚的固定资产，并且有稳定的客户和良好的信誉。

（1）资产量大，在国内市场占有巨大的市场份额

例如中远拥有和经营各类远洋船舶达600艘，1700万载重吨，约占全国远洋商船队总吨位的75%，成为全球最大的船公司之一。自中国汽车运输总公司加盟中远集团，

中远的陆路运输实力大增，现拥有集装箱中转站和堆场 51 个，面积 162 万平方米，为国内最大的陆上货运机构，特别是公路大件运输、陆上集装箱运输均位居国内同行之首。

（2）提供全过程物流服务

通过运用现代信息技术，为客户设计合理的物流方案，整合内、外部资源，为用户提供揽货，订仓，报关，报验，保险，接运，集装箱拼、装、拆箱，仓储及配送服务。组织全程代理，实现"门到门"服务。

（3）拥有全国性的实物物流网络和完善的信息系统

中邮物流通过整合邮政与社会运输资源，建立了基于八大集散中心的五大物流配送区域，并通过 31 个省级分拨中心，通达全国 31 个省、300 多个城市、1800 多个县，覆盖深度至 5~6 级城市。

（4）具有大型货物运输为主的工程项目物流运作能力

山东交运集团在"十五"期间承运百吨以上大型货物 600 余台次，货物最长 45 米，最宽 13 米，最高 25 米，最重 380 吨。

（5）信誉度较好，有较为稳定的客户

例如中储主要为电子通信设备、日用消费品、家用电器等提供仓储、配送及相关服务，现已成为雀巢、LG、海尔、TCL、澳柯玛、长虹、康佳、厦新电脑、易初莲花等国内外厂商和大型连锁超市的地区配送中心。

（二）由生产制造企业剥离的物流企业发展特点

从发展趋势看，工业化进程决定了中国经济的发展在相当长的一段时间内仍需要制造业的发展来支撑。这就必然要求不断提高制造业发展的水平、质量和效率。总体来看，我国制造业的技术水平与国外相比差距不过 5 年，有些行业的技术水平甚至已经达到国际先进水平。而我国制造业物流水平仅相当于国外 20 世纪 80 年代中期水平，如果不加快提升制造业物流水平，就会严重制约我国制造业又好又快地发展，也会影响我国工业化的进程和国民经济的健康发展。

具有一定规模的制造业企业在长期经营中拥有自己的物流设施，如运输、仓储和装卸搬运设备，把这些资源剥离出去，组建专业的物流公司，与企业保持稳定的合作伙伴关系。此外，闲置的运力资源还可为社会上的其他企业提供物流服务，增加企业的收入。这类企业中具有代表性的有海尔物流和宝供福田物流。

（三）提供供应链服务的第三方物流企业发展特点

1. 第三方物流企业的兴起

随着经济的快速发展、科学技术水平的提高以及工业化进程的加快，大规模生产、大量消费使得经济社会中的物流规模日趋庞大和复杂，传统的、分散进行的物流活动已远远不能适应现代经济发展的要求，现代企业更注重高价值生产模式，更强调速度、专业知识、灵活性和创造性，把企业资源集中于使他们真正区别于竞争对手专业和技能的核心业务上，而把其他重要但不是其核心业务的职能（如运输、仓储、分拣、配送等物流环节）外包给专业的物流服务商并与这些企业保持密切的合作关系，从而使自身的运作水平得到提升，提高了企业的经济效益。

由于这种变化趋势，一种以适应制造企业客户需求的新形势的物流服务——第三方物流企业应运而生。第三方物流企业的产生和发展是社会经济发展到一定阶段、社会分工不断细化的产物，第三方物流是独立于供需双方，为客户提供专项或全面的物流系统设计或系统运营的物流服务模式。

第三方物流自20世纪80年代在欧美等工业发达国家开始出现，以其独特的魅力受到了企业的青睐，并得到迅猛的发展，如今完善的第三方物流企业能够提供货主所需要的所有环节的物流服务。

2. 第三方物流企业基本服务功能

第三方物流（Third party logistics）是在物流渠道中由中间商提供的服务，中间商以合同的形式在一定期限内，提供企业所需的全部或部分物流服务。第三方物流提供者是一个为外部客户管理、控制和提供物流服务作业的公司，通过提供一整套物流活动来服务于供应链。由于企业向专业化方向发展，第三方物流企业依靠现代化的物流设施、设备、技术工具以及人力资源的合理配置，为客户提供综合性的专业化物流服务。

（1）运输

运输的目的是改变物品的空间位置。物流组织者依靠运输克服生产地与需求地之间存在的空间距离问题，创造了商品的空间效用。对运输活动进行管理时，组织者应选择技术、经济效益最好的运输方式或联运组合，合理地选择运输线路，以满足运输的安全、迅速、准时和低成本要求。

（2）储存

储存也被称为保管，是为了克服生产和消费在时间上的不一致所进行的物流活动。物品通过储存以满足客户的需求，从而产生了时间效用。储存借助各种仓库、堆场、货棚等完成物品的保管、养护和堆存作业，以便最大限度地减少物品使用价值的下降。

（3）装卸搬运

装卸搬运是衔接物品的运输、储存、包装、流通加工等各环节而进行的活动，以改变物品的存放地点、支撑状态或空间位置为目的的机械或人工作业过程。

（4）包装

包装具体包括产品的出厂包装，生产过程中制成品、半成品的包装以及在物流过程中的换装、分装和再包装等。

（5）流通加工

流通加工是在物品从生产地向消费地的流动过程中，为了促进销售、维护产品质量、实现物流的高效率所采取的使物品发生物理或化学变化的功能。目的是为了更有效地满足消费者的需要，更好地衔接产需。

（6）配送

配送是按用户的需求在物流节点完成分货和配货等作业后，将配好的货物送交收货人的物流过程。

（7）信息处理

物流信息在物流各环节的相互连接中起协调作用。对物流信息的管理要求组织者建立有效的信息系统和信息传送渠道，合理地进行信息收集、汇总和统计，以保证物流活动的可靠性和及时性。

3. 第三方物流企业特点

（1）第三方物流是合同向导的一系列服务

传统的物流公司只限于一项或一系列的物流功能，第三方物流则是根据合同条款规定的要求，而不是临时要求，提供多功能，甚至是全方位的物流服务。第三方物流企业提供的服务有基本业务、附加值业务以及高级物流服务。

（2）第三方物流企业具有信息网络化优势

第三方物流企业在物流运作方面的优势主要来源于信息，具备信息上的优势，能在市场行情、物流资源、价格、制度和政策等方面具有超越客户的优势。信息技术实现了数据的快速、准确传递，提高了仓库管理、装卸运输、采购、订货、配送、发运、订单处理的自动化水平，使订货、仓储、运输、流通加工实现一体化；企业可以更方便地使用信息技术与物流企业进行交流和协作，企业之间的协调和合作有可能在短时间内迅速完成。

（3）第三方物流企业具有专业化优势

第三方物流企业由于业务量比较大，可以实现专业化，例如运输、仓储、装卸、搬运、包装、信息处理等都可以实现专业化运作。

（4）服务个性化

第三方物流企业可以根据不同货主企业业务流程、产品结构、顾客需求特征、竞争需要等方面的不同要求，提出针对性强的个性化服务和增值服务。

（5）第三方物流企业具有规模效益

第三方物流企业最基本的特征是集多家企业的物流业务于一身。物流业务的规模扩大了，可以让企业的物流资源，包括人力、物流、财力等资源得到充分的利用，发挥最大的经济效益。

（6）第三方物流企业具有系统协调能力

第三方物流企业在自己所占有的供应商群及其各自的客户群中进行协调活动，这些协调活动包括：①联合调运活动，打破各个供应商、各个客户群之间的界限，在这些供应商、客户群之间统一组织运输。②统一组织配送，进行联合配送。③在自己的系统内部调剂供需，使客户之间形成新的更合理的供需关系。④统一批量化作业，例如订货、质检、报关、报审等，实行批量化作业可以节省时间，提高工作效率。

（四）电子商务、连锁商业等新商业模式对物流企业的影响

电子商务和连锁经营等新商业模式的发展产生了巨大的物流需求，为物流业的发展提供了更广阔的市场。

1. 电子商务模式

现行的电子商务产生了几种主要的经营模式：

（1）B2B（Business to Business）

即企业对企业的电子商务（Business to Business，B to B 或 B2B），是通过 Internet 或专用网方式进行的电子商务活动。B2B 电子商务的功能包括供应商管理、库存管理、生产计划、配送管理、销售管理、信息传递、文档交易、支付管理等。其主要特点是有着

大批量的资金流、物流的产生和转移。

（2）B2C（Business to Customer）

即企业对消费者的电子商务（Business to Consumer，B to C 或 B2C），企业通过 Internet 为消费者提供一个新型的购物环境——网上商店，消费者通过网络在网上购物、在网上或网下支付。由于 Internet 具有信息海量、搜索简便等特点，消费者可以很方便地找到自己所需要的商品，或者通过网络阐述并发放自己的个性化订单，B2C 电子商务是开展得比较广泛的一种形式，具有巨大的发展潜力。

（3）C2C（Customer to Customer）

消费者与消费者之间的电子商务（Customer to Customer），它主要借助一些特殊的网站在个人与个人之间开展事务合作或商业交易，如网上物品拍卖、网上跳蚤市场等。此时企业所扮演的只是第三方的角色，负责通过 Internet 将双方联系在一起，企业只收取一定的中介费，或者也可以替双方的物品交换或资金的流通提供服务。

2. 电子商务对现代物流的影响

电子商务时代，物流业会越来越强化。传统的物流和配送企业需要建造大面积的仓库，而现代物流企业通过强大的物流信息管理功能，可将散置在各地分属不同所有者的仓库通过网络系统连接起来，使之成为虚拟仓库，进行统一管理和调配使用。这提高了物流效率，降低了物流成本，优化了库存配置，又刺激了社会需求，有利于宏观调控，从而提高整个社会的经济效益。

电子商务对现代物流具有重大的影响，主要表现如下：

（1）物流企业逐渐强化，物流业的地位大大提高

电子商务是一次高科技和信息化的革命，其必然导致产业大重组，可能实际上使得社会上的产业只剩下两类行业，一类是实业，包括制造业和物流业；一类是信息业，包括服务业、信息处理业等。物流企业会越来越强化，是因为在电子商务环境里必须承担更重要的任务：物流企业成了代表所有生产企业及供应商对用户的唯一最集中、最广泛的实物供应者。物流业成为社会生产链条的领导者和协调者，为社会提供全方位的物流服务。

（2）电子商务将改变物流企业的经营形态

在传统经济活动中，物流企业之间存在着激烈的竞争，这种竞争往往是以依靠本企业提供优质服务、降低物流费用等方面来进行的。在电子商务时代，这些竞争内容虽然依然存在，但有效性却大大降低了。原因在于电子商务需要一个全球性的物流系统来保证商品实体的合理流动，对于一个企业来说，即使它的规模再大，也是难以达到这一要求。

另外，传统的物流活动不管是以生产为中心，还是以成本或利润为中心，其实质都是以商流为中心，从属于商流活动，因而物流的运作方式是紧紧伴随着商流来运动。而在电子商务下，物流的运作是以信息为中心的，信息不仅决定了物流的运动方向，而且也决定着物流的运作方式。

（3）物流供应链变化

传统物流要求每一个节点都需要或多或少的库存，也就必须得建设一定的仓库以作存储用地，不但浪费了空间、金钱，而且还使得货物的流通周期无形中加以延长，造成

流通速度减慢，使资源造成不必要的浪费。电子商务时代，缩短了供应链的长度，企业和商业销售方式及最终消费者购买方式的转变，使得送货上门等业务成为一项极为重要的服务业务，促使了物流行业的兴起。

（4）第三方物流将在电子商务环境下得到极大发展

电子商务的跨时域性与跨区域性，要求其物流活动也具有跨区域或国际化特征。

3. 连锁经营模式

当今列入世界零售业前十位的大公司，如美国的沃尔玛（Wal - Mart）、西尔斯（Sears），欧洲的家乐福（Carrefour）、麦德龙（Metro），日本的大荣（Daiei）、伊藤洋华堂（Ito - Yokado）等，年销售额都在200亿美元以上。它们在经营上虽差别各异，但都实行连锁经营。

连锁经营和超级市场，被称为是"现代流通革命"的两大标志。20世纪中期以后，现代连锁经营在发达国家取得普遍成功。从国际经验看，商品流通对生产的指导和促进作用越来越大。不论是何种经济和社会制度的国家，没有现代化的大流通，就不可能有现代化的大生产。

连锁经营一般是指经营同类商品或服务的若干个经营单位，以一定形式组成一个联合体，通过对企业形象和经营业务的标准化管理，实行规模经营，从而实现规模效益。

4. 连锁经营模式对现代物流的影响

连锁经营把零售经营与满足自己需要的物流活动以"联购分销"的方式有机的结合在一起，实现了经营上的规模效益。对现代物流有以下影响：

（1）物流活动比较集中

连锁零售企业的配送是把各连锁店的采购、仓储、运输等活动集中起来，按照各门店的需要对商品进行分类、整理、配装后，再送交各门店。

（2）商品的进货价格变化比较快

通常情况下，连锁零售企业经营的快速消费品的价格会随着市场供需情况的不同有较快变化，同时生产商或零售商的频繁促销也会引起经常性的价格变动。

（3）配送量波动大，订货频率高，时间要求较严格

零售企业的销售量受随机因素和其他人为因素（如促销）影响较大，造成门店的配送量波动大。对于仓储空间等资源有限的门店，一般要依靠提高配送频率来满足需求，有些小型便利店甚至要求一天送货两次，而且配送过程有时间窗限制，如限定某个时段到货。

（4）商品种类繁多，配送和仓储要求多样化

连锁零售业（尤其是大型综合超市）销售的商品的品种繁多，涉及食品、日用品、家居装饰等，因此对配送和仓储的要求呈现多样化的趋势。如对于冷冻食品在运输和仓储过程中要有严格的卫生和保温措施——食品冷链物流，而对于易碎易压物品（如电器、高档的玻璃制品等）在仓储和运输过程中也要有专业的操作和运输要求。

（5）物流增加值多

连锁零售企业实行集中采购和批量进货，每次进货量大，因此一般供货商都以大包装供货，而连锁门店销售时要拆零，有时还因特殊需要，要对货物进行简单加工，因此

连锁零售企业的物流系统要具备拆零、分拣、包装和简单加工等功能，增加了物流活动的附加值。

（6）退货与商品的更换比较频繁

在销售过程中，所有损坏、变质、过期、过季的商品，门店都可能与供应商联系退货或者更换。同时商家增加新品、淘汰旧品的频率也很高，也会造成大量的退货和更换。

这些特点使得连锁零售企业要求现代物流企业有更快的反应、更复杂全面的技术和信息支持。

（五）我国物流企业发展新趋势

我国未来物流企业向专业化、信息化、集约化、协同化、全球化、提供供应链管理和低碳化的趋势发展。

1. 物流服务专业化

主要体现在两方面：一是在企业中，物流管理部门作为企业一个专业部门独立地存在着并承担专门的职能，随着企业的发展和企业内部物流需求的增加，企业内部的物流部门从企业中游离出去成为社会化的专业化物流企业；二是在社会经济领域中，出现了专业化的物流企业——第三方物流企业，提供着各种不同的物流服务，并进一步演变成为服务专业化的物流企业。

2. 物流服务信息化

信息是物流系统的灵魂，互联网技术所推动的信息革命使得物流企业的发展产生了巨大的飞跃。物流信息化表现为物流信息的商品化、物流信息收集的数据库化和代码化、物流信息存储的数字化等。

部分物流企业的技术装备已具有相当高的水平，已形成以信息技术为核心，以运输技术、配送技术、装卸搬运技术、自动化仓储技术、库存控制技术、包装技术等专业技术为支撑的现代化物流装备技术格局。

3. 物流的集约化与协同化发展

物流活动和规模进一步扩大，物流企业向集约化与协同化发展。具体表现为规划建设物流园区；物流企业的兼并与合作。物流功能实现一体化运作，并且实现多种运输方式之间的联合。

4. 服务优质化

由于对物流服务水平的要求越来越高，为物流企业的发展提供了广大的市场。为客户提供更优质的服务是物流企业的发展趋势，物流服务优质化趋势代表了现代物流向服务经济发展的进一步延伸，表明物流服务的质量正在取代物流成本，成为客户选择物流服务的重要标准之一。

5. 提供供应链管理服务

以客户为中心的经营理念不仅改变了企业的生产方式，也改变了企业的资源配置模式。在消费者大多要求提供产品和服务的前置时间越来越好的趋势下，供应链管理通过生产企业内部、外部及流通企业的整体协作，大大缩短产品的流通周期，加快了物流配送的速度，从而将客户个性化的需求在最短的时间内得到满足。

6. 物流企业全球化

互联网技术的出现，加速了全球经济一体化进程，致使企业的发展趋向国际化、全球化。跨国企业可以根据自身发展战略与世界各地的经济、政治条件，在不同国家设立制造基地和经营总部，其目的是取得最小的运营成本和最大的市场份额。

7. 物流低碳化

随着生态经济与可持续发展思想的提出，物流企业必须考虑环境问题，需要从环境的角度把物流管理系统改进成环境共生型。低碳物流是指在物流过程中抑制物流活动对环境造成危害的同时，实现对物流体系的净化和优化，从而使物流资源得到充分的利用。在我国，低碳物流正日益受到广泛和高度的重视，不少企业使用"低碳"运输工具，采用低碳包装，使用可降解的包装材料，提高包装废弃物的回收再生利用率；开展低碳流通加工，以规模作业方式提高资源利用率，减少环境污染。

四、中铁快运发展现状

（一）快运网络发展

1. 中铁快运网络布局

中铁快运以铁路旅客列车行李车及行邮、行包快运专列为主要运输工具，辅以汽车接运和送达。在设有快运服务机构的城市，能够提供门到门服务，客户足不出户就可以得到运输咨询、上门取货、包装仓储、货物承运及到达送货全过程服务。中铁快运的服务网络由如下几个子网组成：

（1）铁路行包运输网（如图1所示）

2011 年 1 月全国开行的铁路旅客列车上挂运行李车 1155.5 对，其中直通列车 762 对，管内列车 393.5 对及 848 个铁路行包办理站，覆盖全国主要大中城市的铁路行包快运运输网，具有安全、准时、快捷等特点，如表1所示。

表1　　　　　　各分公司直通/管内行李车运能情况统计表　　　　（单位：对）

分公司	直通列车	管内列车
哈尔滨	46	67
沈阳	52	94
北京	109	53
太原	21	11
呼和浩特	17	6
郑州	31	19
武汉	33	2
西安	34	8.5
济南	35	15
上海	115	35

分公司	直通列车	管内列车
南昌	39	8
广州	62	28
南宁	25	—
成都	77	24
昆明	24	2
兰州	19	5
青藏	10	2
乌鲁木齐	13	14
总计	762	393.5

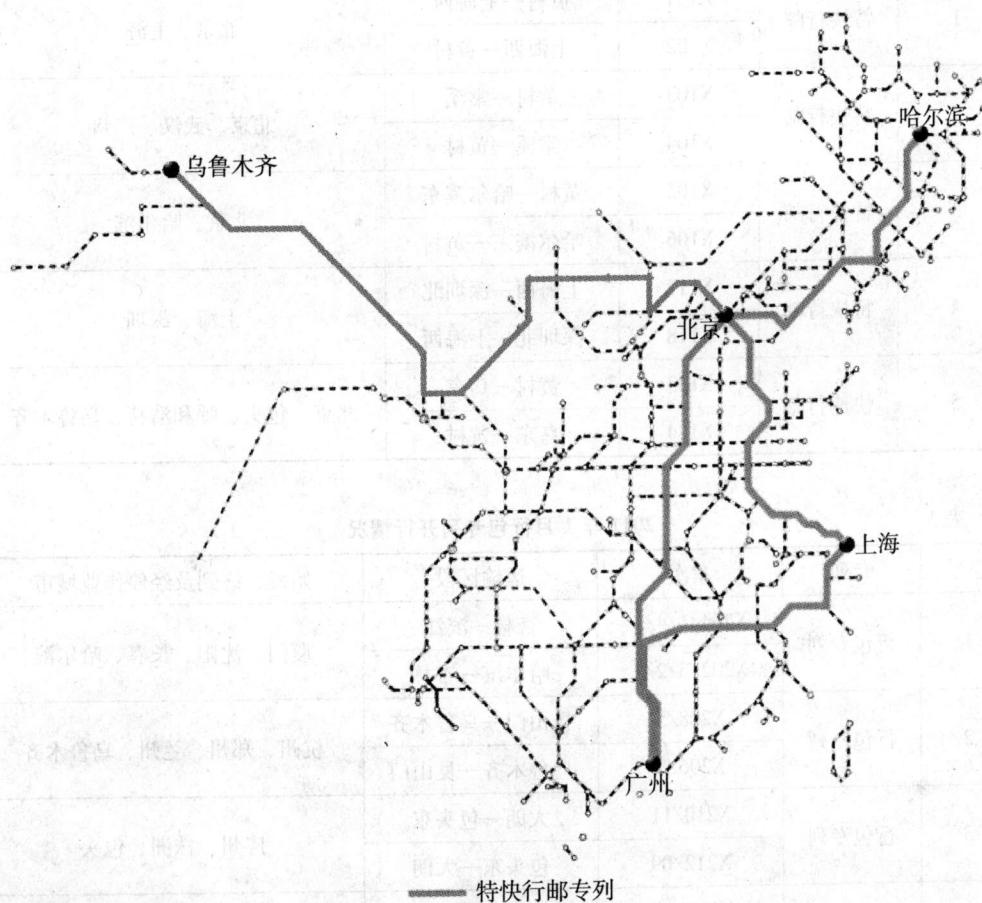

图1　铁路行邮专列网络图

（2）快捷运输网

2011 年 1 月共开行 5 对行邮专列（如表 2 所示），其中特快行邮列车 4 对，每列车编组 19 辆，每辆车标记载重 23 吨，每列车载重为 437 吨，最高运行时速为 160 公里；快速行邮专列 1 对，每列车编组 18 辆，每辆车标记载重 45 吨，每列车的载重为 810 吨，运行时速为 120 公里；开行 18 对行包专列（如表 3 所示），平均编挂辆数为 21 辆，车辆均为标记载重 45 吨的 P65 型快运棚车，每列行包专列平均载重可达 945 吨，运行时速为 120 公里。根据市场需求和铁路网建设不断完善，快捷运输网开行列车数量和市场覆盖范围可进一步增加。

根据行邮、行包列车的开行及作业方式，行邮专列采用 25T 专用车底，多为一站直达；行包快运专列采用普通货车车底，多在中途进行甩挂作业。

表 2   2011 年 1 月行邮专列开行情况

序号	专列	车次	运输区段	始发、终到及经停作业城市
1	特快行邮	X101	黄村—上海西	北京、上海
		X102	上海西—黄村	
2	特快行邮	X103	黄村—棠溪	北京、武汉、广州
		X104	棠溪—黄村	
3	特快行邮	X105	黄村—哈尔滨东	北京、哈尔滨
		X106	哈尔滨东—黄村	
4	特快行邮	X117	上海西—深圳北	上海、深圳
		X118	深圳北—上海西	
5	快速行邮	X183	黄村—乌东	北京、包头、呼和浩特、乌鲁木齐
		X184	乌东—黄村	

表 3   2011 年 1 月行包专列开行情况

序号	专列	车次	运输区段	始发、终到及经停作业城市
1	行包专列	X204/1/4/1	杏林—滨江	厦门、沈阳、长春、哈尔滨
		X202/3/2/3	哈尔滨—杏林	
2	行包专列	X208/5	艮山门—乌鲁木齐	杭州、郑州、兰州、乌鲁木齐
		X206/7	乌鲁木齐—艮山门	
3	行包专列	X210/11	大朗—包头东	广州、株洲、包头
		X212/09	包头东—大朗	
4	行包专列	X218/5	棠溪—沈阳东	沈阳、北京、长沙、广州
		X216/7	沈阳东—棠溪	

序号	专列	车次	运输区段	始发、终到及经停作业城市
5	行包专列	X227/6	柯桥—成都东	杭州、株洲、重庆、成都
		X225/8	成都东—乔司	
6	行包专列	X234/1/4	柯桥—大红门	杭州、北京
		X233/2/3	大红门—柯桥	
7	行包专列	X238/5	乔司—哈尔滨	杭州、嘉兴、上海、常州、沈阳、长春、哈尔滨
		X236/7	哈尔滨—乔司	
8	行包专列	X243	乔司—昆明东	杭州、义乌、株洲、贵阳、昆明
		X244	昆明东—乔司	
9	行包专列	X247/6/7	三眼桥—昆明南	广州、昆明
		X248/5/8	昆明南—三眼桥	
10	行包专列	X251/4/1/4	大朗—胶州	广州、青岛
		X253/2/3/2	胶州—大朗	
11	行包专列	X258/5/8/5/8	东孚—黄村	厦门、石家庄、北京
		X257/6/7/6/7	黄村—东孚	
12	行包专列	X268/5/8	大朗—成都东	广州、株洲、怀化、贵阳、遵义、重庆、成都
		X267/6/7	成都东—大朗	
13	行包专列	X271/4/5	棠溪—南翔	广州、杭州、上海
		X276/3/2	南翔—棠溪	
14	行包专列	X278	大朗—南仓	广州、株洲、武汉、郑州、石家庄、天津
		X277	南仓—大朗	
15	行包专列	X287	黄村—成都东	北京、郑州、西安、宝鸡、成都
		X288	成都东—黄村	
16	行包专列	X296/7	大朗—乌鲁木齐	广州、株洲、西安、宝鸡、兰州、乌鲁木齐
		X298/5	乌鲁木齐—大朗	
17	行包专列	X308/5	棠溪—拉萨西	广州、株洲、武汉、郑州、西安、兰州、西宁、格尔木、拉萨
		X306/7	拉萨西—棠溪	
18	行包专列	X318/5/8	东孚—成都东	厦门、株洲、重庆、成都
		X317/6/7	成都东—东孚	

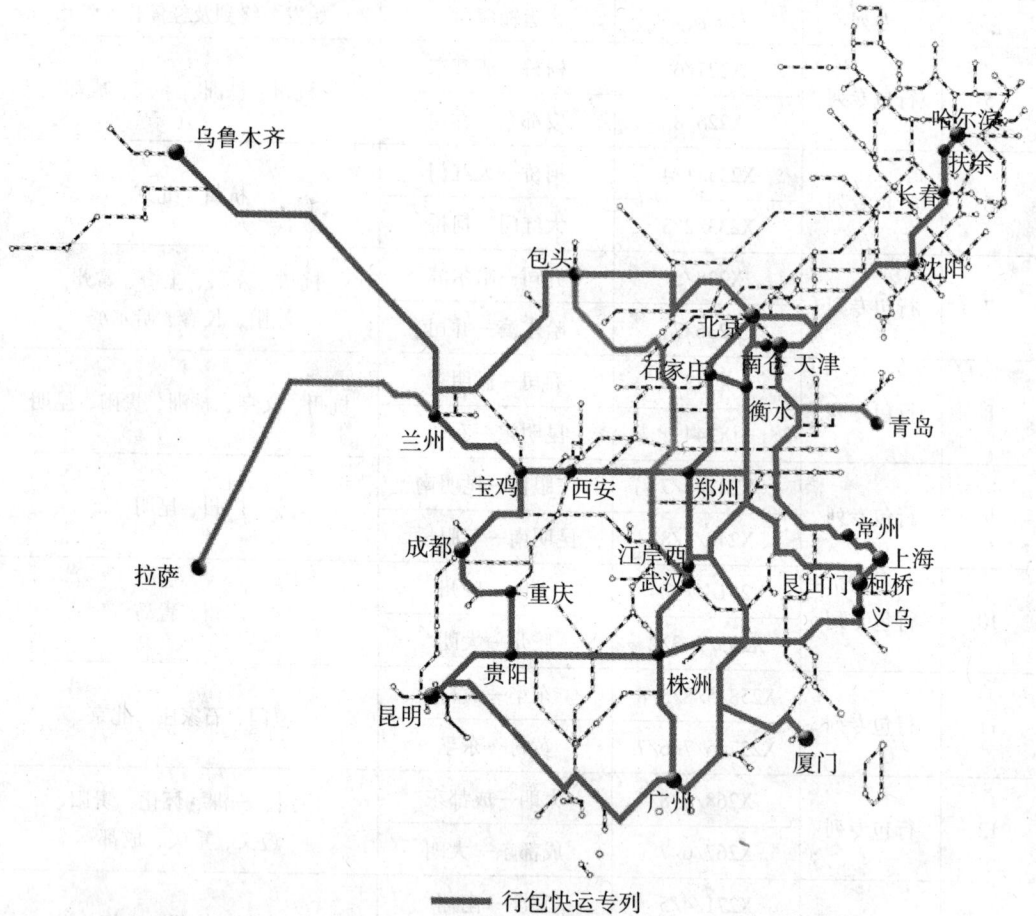

图 2　铁路行包专列运行径路图

（3）经营网络

中铁快运在全国设有 18 家分公司，在全国 700 多个城市（含部分县、开发区）设立 2000 多个营业部和营业网点，构成覆盖全国 31 个省、自治区、直辖市主要大中城市的经营网络。经营网络构成要素为：

①直管站：办理快运业务、普包业务、行李业务；

②非直管站：办理快运业务；

③无轨城市：城市无铁路车站办理业务，需要转运至附近铁路办理站；

④市内网点：该城市有快运办理站，每日集货上站或自行上站；

⑤周边城市：该城市没有办理发送业务，但通过分包转运有快运到达业务。

（4）区域配送网

中铁快运配送服务网络覆盖全国 1000 多个大中城市（含部分县、开发区）。

（5）信息网

中铁快运公司已建设覆盖所有分公司、营业部、行包基地、行包作业站、分拨中心网络仓库和经营网点的物流信息化平台，满足生产经营，管理决策和客户服务的需要，向社会提供全面的物流信息服务。

2. 中铁快运信息网络状况

中铁快运主干网络采用虚拟专网，简称 VPN（Virtual Private Network），是建立在以国际互联网 Internet 为公用网络上的虚拟专用网络。公司将 VPN 设备安装在总部和分支机构中，使得各个机构利用本地宽带线路低成本且安全地连接在一起，为信息系统数据传输建立起安全便捷的通道。

中铁快运网络由总公司、分公司、营业部及网点三级结构组成。主营业务的数据传输及日常办公信息处理是网络的主要功能，网络的设计、规划由总公司统一管理，日常运营由总公司信息部、分公司信息部及网络建设分包商合作完成。中铁快运建立自己的 VPN 网络，实现了公司广域网管理的高控制性，尤其是基于安全基础之上的控制。

中铁快运总公司实现了与铁道部办公网的连接，能够实现与铁道部之间的视频会议、办公电子邮件的发送和接收及调度和车辆系统的信息查询。部分分公司建立了与当地铁路局的网络连接，实现了业务信息的实时查询。

（二）基于铁路快运网络提供的物流服务

经过短短三十多年时间，快运业已经发展成为世界经济不可或缺的一个行业。铁路货物运输具有不受天气影响、污染少、稳定、安全、运费低廉、运量大等优点，并且铁路网络遍布全国。由于铁路货运具有以上优点，因此发展铁路快运业务具有非常重要的现实意义和经济价值。

20 世纪 90 年代以来，随着我国改革开放步伐的加快和经济建设的发展，产品结构逐步升级、优化。铁路快运企业本着安全、准时、快捷、全天候的原则，负责全国铁路行李、包裹运输及快运货物专列经营管理，为全国 1000 多个主要城市提供门到门运输、包装、仓储、配送等物流服务。随着产成品货物的品类增加，货物运输轻型化和高附加值比重增大的趋势逐步显现。例如成功运作了 5100 矿泉水、西藏青稞啤酒、上汽通用五菱配件、联想、云南白药等多个物流项目，在创造了良好的经济效益同时，积累了丰富的物流服务实践经验。

（三）铁路快速发展带来的影响与机遇

1. 经济快速发展

改革开放 30 多年来，特别是 21 世纪的头十年，中国的经济呈现出快速发展的势头，近年来 GDP 的增长呈现迅猛上升的势头，随着中国现代化的进程加快，这一变化趋势还将继续下去。经济的快速发展需要运输的坚强支撑，而铁路快运网络这一铁路的重要基础设施在这种形势下也将获得强大的发展动力。

2. 产业结构优化调整

中国仍处在工业化发展的中期阶段，经济总量的 70% 来自第一和第二产业。长期实施出口拉动的经济增长战略，导致制造业比重高达 50%。由于过分依赖制造业，中国对外面临不断加强的贸易保护主义的压力，对内面临日益严重的资源和环境制约以及生产过剩的困扰，对经济可持续发展构成了潜在威胁。

服务业具有资源消费少、环境压力小、市场适应性强、就业率高等特点，是中国经济结构调整的主要方向。在世界发达的经济体中，服务业占 GDP 的比重在 60% 以上，美国更是达到了 70%。服务业发展之所以达到如此规模，一个重要原因是新型服务业的发展起到了重要的支撑作用。

在我国进行产业结构优化和调整的进程中，大力推进节能减排是一项关键举措。2010 年 3 月，国务院出台了《中央企业节能减排监督管理暂行办法》，并由国务院国有资产监督管理委员会对中央企业节能减排实行分类监督管理。按照企业能源消耗及主要污染物排放情况，将中央企业划分为三类，而交通运输位列重点类企业。国家大力倡导节能减排，也给效率高、低能耗的铁路快运网络的发展创造了优越的发展条件。

3. 区域经济协调发展

我国经济发展呈现出三个龙头，即以北京、天津为代表的环渤海经济区域，以上海、江苏、浙江为代表的长三角经济区域和以广州、深圳为代表的珠三角经济区域。与此同时，中部崛起，西部大开发的进程亦在推进。有学者指出，"十二五"区域规划将以缩小地区差距为主要目标，向中部、西部等经济欠发达地区倾斜，我国区域经济整体呈现协调发展的趋势。

4. 铁路客货分线后运能大幅度提高

2008 年 10 月 31 日，国务院正式颁布《中长期铁路网规划（2008 年调整）》。新规划要求铁路网要进一步扩大规模，完善结构，提高质量，快速扩充运输能力，到 2020 年全国铁路营业里程达到 12 万公里以上，复线率和电化率分别达到 50% 和 60% 以上，主要繁忙干线实现客货分线，基本形成布局合理、结构清晰、功能完善、衔接顺畅的铁路网络，运输能力满足国民经济和社会发展需要，主要技术装备达到或接近国际先进水平。

全国铁路网主要繁忙干线部分实现客货分线，东部路网结构得到优化，西部路网规模有较大发展，新线建设和既有线扩能改造将提高铁路网运输能力并扩大路网覆盖范围，目前行包运能紧张状况将有所缓解，必将诱发新的行包运输需求；客运专线的建设实现客货分流，使原有线路将富余出一部分运能，而客运专线建设的地区经济较发达，富余出的运能也能承担更大的行包运输需求；同时，装备水平的提高和提速通道的建设，能使行包货物送达速度大大提高。因此，新调整的路网规划与建设对行包运输量的增长具有重要促进作用。

随着全球经济向低碳模式转变，以及节能减排和能源供应压力的日益加大，铁路这种更加节能环保的运输方式将扮演更重要的角色，快速发展的高速铁路成为中国在城镇化、工业化发展进程中的必然选择。高速铁路的快速发展，铁路技术装备水平的迅速提高，使我国铁路逐步实现从短缺向基本适应的转变，高速铁路的发展在给人们出行带来极大方便的同时，也为低碳物流的发展带来了新的机遇与选择。

5. 高速铁路发展为推动低碳物流发展创造了外部环境条件

大力发展高速铁路，实现客货分线运输，把既有线运输能力腾出来满足货运需求，可以极大地提高我国铁路的综合运输能力和运输效率，为推动低碳物流发展创造外部环境条件。到 2020 年，我国铁路营业里程将达到 12 万公里以上，其中新建高速铁路将达到 1.6 万公里以上，铁路快速客运网将达到 5 万公里以上，连接所有省会城市和 50 万人口以上城市，覆盖全国 90% 以上人口。铁路在充分满足旅客运输、原材料及大宗物资运输需求的同时，将在构建国家综合交通与物流服务体系、推动低碳物流发展中发挥更大作用。

已经建成投入运行的高速铁路，在提升铁路综合运输能力方面已经发挥出明显作用。据有关方面统计，武广高速铁路的开通使京广线南段的年货运能力增加 8760 万吨，而京津、武广、石太、郑西、京沪等高速铁路的通车，可使我国铁路的年货运能力增加近 3 亿吨。随着新建高速铁路陆续建成投入运营，铁路这种耗能低、污染小的"绿色交通工具"在社会综合交通运输与物流服务体系中的骨干地位和作用将更加强化，在保障产业安全、推动低碳经济发展中的作用将得到更充分体现。

高速铁路为铁路专业物流发展带来新的市场机遇。作为综合服务性产业，物流在过去更多被简单地当做单一的运输或仓储服务，被当做第三利润源而千方百计压低成本，现代物流业对于推动产品与服务创新、完善商业模式、创造供应链价值、提升竞争优势等方面的作用一直没有得到足够的重视，单一的运输、仓储服务业利润已经被一再挤压。由于运能无法满足需求，铁路专业物流发展主要停留在运输、配送、仓储、分拨等基础服务阶段，对于更具价值的供应链管理、金融物流、电子商务物流、经销物流等很少涉及，没有形成应有市场影响力和份额。高速铁路的发展、铁路货运能力的不断释放，以及 18 个铁路集装箱中心站、33 个集装箱专办站等铁路专业物流服务基础设施的陆续建成投入使用，使铁路专业运输企业大范围提供适应市场需求的物流服务新产品成为可能，铁路运输这一安全、准时、快捷、大运力、低排放的低碳物流资源，将给我国铁路专业物流业发展带来新的市场机遇。

6. 铁路运输效率不断提升

2010 年铁路货运机车日车公里 489 公里，延长 2 公里、增长 0.4%；货运列车平均总重 3467 吨，提高 76 吨、增长 2.2%；货运机车日产量 135.0 万吨公里，提高 6.4 万吨公里、增长 5.0%。全国铁路日均装车完成 157277 车，比上年增加 11954 车、增长 8.2%；国家铁路货车平均静载重完成 63.1 吨，提高 0.5 吨；国家铁路日均卸空车达到 135247 车，比上年增加 13155 车、增长 10.8%。货车周转时间完成 4.48 天，缩短 0.20 天。

7. 货运运输组织技术发展迅速

铁路货物运输组织技术也将有进一步的发展，这主要体现在以下方面：

重载：中国铁路重载运输，通过采用大功率交流传动机车、大轴重和低自重货车、列控同步操纵等技术，极大地提高了铁路在中长距离、大宗货物运输市场的竞争力。

高速：随着中国高速铁路的建设，客货分离的趋势日渐明显，同时既有线提速已经历了六次，使现有的货运速度大幅提升，铁路货运向高速化的方向不断迈进。

装备技术水平提高：新型高性能车辆的建设，双层集装箱的使用，这些先进的装备，为铁路货运的组织提供更优化的方案。

8. 铁路现代物流发展

铁路发展现代物流，具有五大优势：一是统一的全国铁路路网体系，为发展现代物流提供了网络化的基础设施。二是遍布全国的铁路仓储设施设备，为发展现代物流提供了基本的物质条件。三是发达的路网通信能力和铁路运输信息系统，为发展现代物流提供了共享的信息资源。四是完善的规章制度、管理技术和经验丰富的技术人才，为发展现代物流提供了重要的职工队伍。五是大运量、低运价、全天候、持续均衡运输，为发展现代物流提供了最重要的经营基础。

现代物流是经营者运用系统思想对物资流动的全过程及相关环节进行全面优化和调整的过程。实践证明，发展现代物流离不开运输系统的大力支持，铁路应当在发展现代物流中充分发挥自己的优势。铁路作为国民经济大动脉、国家重要基础设施和大众化交通工具，在我国经济社会发展中的地位至关重要。"十二五"期间，现代物流产业将成为国民经济新的增长点和支柱产业。未来5年，国内快运业的年增长率将达到25%。"加快建立社会化、专业化、信息化的现代物流体系，大力发展现代物流业"，是国家"十二五"规划纲要中提出的明确目标。铁路发展方式的加快转变和铁路生产力布局的调整，对铁路行包运输组织方式和经营管理提出了更高要求。特别是一大批高速铁路的陆续开通，铁路货运能力得到较大释放，中铁快运将迎来难得的发展机遇。与此同时，如何适应经济社会发展需要和人民群众多种层次的运输需求，兼顾社会效益和经济效益，努力提升服务质量，打造充满活力的现代化铁路物流企业，中铁快运又面临着前所未有的挑战。

五、基于铁路快运网络的一体化低碳物流服务模式研究

提出一体化低碳物流服务模式的起因是随着低碳革命的深入，在哥本哈根环境大会后，我国越来越重视绿色环保，加上碳排放问题在全球范围内凸显，人类社会必将转向以"低能耗、低污染、低排放"为代表的全新模式。物流业是高端服务业的代表，也是能源消耗的大户，必须走低碳发展模式，通过物流环节的一体化衔接运作，向低碳物流、绿色物流转型。

通过对国内外物流业发展状况与趋势的分析，结合低碳物流发展面临的形势与机遇，以铁路运输低碳优势和铁路快运企业提供物流服务现状为基础，研究提出基于铁路快运网络的一体化低碳物流服务模式与方案。基于铁路快运网络的一体化低碳物流服务就是充分利用铁路快运网络覆盖范围广、运输能力强、低碳环保的优势，积极发展多种运输方式联运，提高物流组织效率和信息化管理水平，推动资源优化、整合与协作，推动低碳包装、低碳仓储技术与设备发展。建立和逐步完善行业标准，建立适应行业企业合作及信息对接的公共物流信息平台，通过客户、社会物流企业与铁路快运企业的广泛合作，抑制物流过程对环境造成的危害，使物流资源得到充分的利用。其目标是将环境管理思想贯彻到物流业的各个子系统，加强物流业中环保、运输、包装、装卸搬运、流通加工等各个环节的环境管理和监督。

（一）铁路快运企业开展一体化低碳物流可行性分析

（1）铁路快运企业（中铁快运）已经形成了功能比较完善、覆盖范围广泛的快运物流服务网络。能够提供订单处理、运输、包装、仓储、配送（公路汽车配送）、信息处理等服务，能够提供全程一体化的物流解决方案，例如中铁快运成功运作上汽通用五菱、5100 等多个全程物流服务项目。

（2）依托铁路快运网络，充分发挥铁路运输安全、准时、快捷、全天候的独特优势，特别是在中长距离运输、区域分拨和一体化快运物流领域形成了独特的行业优势，铁路快运企业积累了丰富的服务经验和大量的行业客户，在服务行业大客户方面也创新形成了比较成熟的服务模式和一定市场优势，塑造了良好的服务品牌。

（3）经过多年市场化经营，铁路快运企业服务体系、服务模式逐步完善。一是具备了比较完善成熟的信息系统和信息服务体系；二是建立了"95572"全国统一服务电话、"365×24"的客户服务中心平台等，中铁快运"95572"短信平台已成功投入运营，面向全国各省市县的中国移动、中国联通和中国电信的全部用户，通过该平台，中铁快运将在第一时间向发货人和收货人发送货物发收信息；三是多年经营形成了比较好的品牌形象和市场影响力。

（4）高速铁路和客运专线发展为客货分线运输创造了条件，即有线运输能力得到释放，可以极大地提高我国铁路的综合运输能力和运输效率，为推动低碳物流发展创造了外部环境条件。

（二）可能途径与方式

（1）完善运输网络，开发多层次的铁路快运物流服务产品。整合铁路行李车运输网络、铁路行包快运专列运输网络、铁路物流中心网络、公路运输网络及经营网络，完善一体化铁路快运网络功能；坚持做好干线运输，进一步挖掘行李车潜力，优化行李车资源配置，提高行李车静载重；增加行邮专列、行包专列和精品班列的开行班次，在完善行包快运网络的同时，大幅度提高网络运送能力和覆盖范围；提高仓储设施的利用率，优化运输径路，开展共同配送。

（2）结合市场及客户需求，设计出满足不同运送时限、运送批量、增值服务要求的系列化服务产品，满足不同客户个性化服务需求。

（3）细分市场客户群体，有针对性地开展市场营销，积极介入客户企业的采购、生产、销售全过程。

（4）依托铁路中长距离运输优势和网络资源，为 IT、汽配、图书、日用品等行业目标客户，提供整体物流解决方案，提供采购、运输、仓储、包装、流通加工、配送、信息处理等一体化物流服务，创新服务模式。

（5）大力发展项目物流、合约物流。依托网络、品牌等优势，进入分销、加工、商贸物流、金融物流等领域，提升一体化物流运作能力。

（6）围绕重点客户开展客户关系管理，向供应链上下游延伸服务链条，构造具有竞争优势的供应链。

（7）借鉴电子商务和连锁经营企业的成功运作模式，进军经销、电子商务等新兴服务领域，完善网上购物平台。

（三）一体化低碳物流全程服务的基本特征

一体化低碳物流全程服务的基本特征可从环境保护、企业成本、服务质量等几个方面考虑。

1. 提供物流服务一体化

传统的功能型物流企业运作模式往往是单一功能的，即提供的物流服务功能只是单一的、标准的，往往无法满足客户需要的包括采购、订单处理、供应链管理等的增值服务和个性化服务，从而迫使客户所需要的物流业务不得不寻找几家，甚至十几家功能型物流企业来共同承担。相比之下，一体化物流不仅能提供仓储、运输、装卸搬运、包装、流通加工、信息处理等基本物流服务，而且还能提供采购、订单处理、货款回收与结算、物流系统设计与规划方案的制定等增值性服务，以及按客户特定的业务流程，设计一整套完善的供应链解决方案。客户面对的是一体化物流服务供应商，由它全面负责组织、管理、协调"一站到位"的系列化物流服务的全过程。

2. 提供物流服务运作流程无缝化

一体化物流是一个集多系统，借助互联网和信息平台，通过标准、规范制度等机制要素，将节点企业内部供应链和节点企业之间的供应链有机集合起来，实行管理一体化、服务标准化、业务规范化，从而成为一个无缝链接的运作整体。例如，一体化物流能够很好地根据物流服务需求方的采购、生产、销售计划和业务流程，设计、选择最佳的物流运作方案，按时、按量、按品种、保质送达所需的生产地点，并按客户要求把生产制造商生产的产品经过运输储存、装卸搬运、运输包装、配送等环节，送到客户的分销中心或直接运送到各地的零售店。

3. 物流服务组织网络化

一体化物流通过物流经营组织、物流业务组织、物流资源组织和物流信息组织，按照网络方式在一定市场区域内进行规划、设计和具体实施，最终在服务市场区域内形成一个由物流干线网络、区域配送网络和市区配送网络构成的三级物流网络体系，包括无形网络和有形网络。以中铁快运为例，运用遍及全国的经营网络和铁路行李车、行邮、行包专列资源提供网络化的物流服务。

4. 提供低碳物流服务

基于铁路快运网络的一体化低碳物流服务模式，充分发挥铁路低碳运输优势，将物流各环节一体化连接起来，减少中转环节，促进节能减排。国家铁路完成百万吨公里运输周转量能源消耗还不到公路货运的十分之一，并且随着铁路技术装备水平的提高和电力牵引比例的上升，铁路运输能耗标准将进一步降低。我国铁路以占行业不到10%的能源消耗，完成了行业约50%的运输周转量，铁路具有运力大、成本低、低碳环保等多种比较优势。

（四）基于铁路快运网络的一体化低碳物流服务方案

基于铁路快运网络的一体化低碳物流服务方案的建立首先需要低碳物流管理机制。把低碳企业、低碳管理、低碳运营等融入铁路物流业的各个环节，加强物流业低碳意识培养，树立低碳经营理念，严格控制高耗能、高排放物流业发展，实施促进低碳物流发展的机制、政策和激励措施，促进物流业向低碳化方向发展。

铁路运输企业开展低碳一体化物流服务，需要对物流全程进行考虑，对物流过程中所产生碳足迹的分析和研究，大致可以得出以下几种一体化低碳物流的实现思路。

1. 物流资源集约化

低碳物流的本质内容是实现物流资源的最大化、最有效利用。通过对现有和规划中的物流资源的整合、优化实现集约化，企业可以大大提高物流资源的利用率，减少消耗和浪费。例如配送中心的规划和建设，如果打破过去的小单位和地区分割的管理模式，实现合理的集约化，就可以实现资源的更充分利用，提高配送整个体系的效率。配送中心对车队的经营管理，如果能实现合理的集约化，也必然可以减少空置车辆和空驶里程，实现资源的最大化利用，这些都将有效地减少碳排放。

2. 减少单位吨公里运输工作量碳排放

吨公里是货运的基本计量单位。减少单位吨公里的碳排放，实际上就是设法减少运输工具的单位油耗或单位排放。例如使用电力机车、环保的配送车辆，及时淘汰高能耗、高排放车辆等。使用更清洁的燃料和能源也拥有非常好的前景，例如在装卸搬运时使用电动叉车等。另外，尽可能采用多式联运方式，选择低排放运输模式也能够产生明显成效。

物流车辆是低碳物流发展的一个重要瓶颈，在低碳经济的倡导下，国家发改委正在推出发展低碳物流的政策，如未来500公里以上的货物运输尽量使用铁路。这对公路运输来说，也是面临的新挑战，电动车、新型燃料汽车和装卸搬运工具将逐渐进入物流业。

随着燃油成本比重的加大，国家对排放管理的加强，企业管理者应该与时俱进，把企业社会责任作为重要考量。另外，车辆的维护和管理水平也是实现低碳的重要因素。

3. 减少无效的吨公里

优化供应链管理以减少无效的吨公里。一个运输企业，如果能很好的组织货源、合理调度、减少空驶可以大大增加效益，同时也减少了无效的吨公里所带来的碳排放。对于大型企业和复杂的物流体系，如能对其供应链网络进行优化，根据配送产品需求合理地设计配送中心和仓库的位置和数量，可以在保证其供应链网络畅通的同时，大大地减少无效的吨公里。

在许多情况下，减少无效的吨公里只需要物流管理人员具有高度的环保意识和丰富的管理经验即可做到。然而在较为复杂的物流体系中，它往往需要在掌握大量业务数据和规则的基础上，对现有的物流配送网络进行建模和分析，从而得出最科学、最优化的方案。

共同取货和配送是解决我国物流企业营业网点和配送设施利用率低、布局不合理、重复建设等问题的最好方式，可以有效提高车辆的实载率，减少了无效的吨公里，在促进低碳物流运输方面具有明显的效果。

4. 非运输工具方面的减排

这方面，包括降低仓储和配送中心能耗（如空调、照明和办公设备的能耗），以及减少在设备、包装方面的间接碳足迹（如采用绿色包装等）。仓库管理中也有许多可以减排的思路，例如通过货物在仓库中的合理布局和装卸计划，减少货物的装卸和移动频次，利用有效的库存控制来提高周转率等。

另外，采用绿色逆向物流的方式，对损坏报废产品或包装进行回收，进行循环和再利用，也是低碳物流的一种重要实现方式。

（1）采用集装化的多式联运模式

公路运输是我国物流干线配送的主要运输方式，和其他运输方式比较，它又是碳排放和成本比较高的一种方式。研究表明，货运（吨公里）对环境造成的污染强度，公路是铁路的 10 倍左右，更远高于水运。而铁路和水运的缺点是无法实现门到门服务，因此在干线运输中，可以长途采用铁路或水路运输，两终端的衔接和货物集输则以公路运输为主。

多式联运的问题在于装卸和倒货，而"集装单元化运输"可以较好地解决此难题。使用统一的托盘、集装袋等单元化装载运输方式，通过统一管理和调配，尽可能避免频繁的装卸搬运。

（2）科学调度和计划装载

科学调度和计划装载不仅关系到碳排放，更直接关系到配送体系的成本和经济效益。科学调度和计划装载能够取得实效的关键在于现有车队的管理体制和管理思路。

5. 仓储和配送中心低碳化

（1）降低照明、空调和设备能耗

主要是指仓库在设计和日常管理中的节能减排。例如，中远公司的北京仓库采用 FRP 采光板代替灯光照明，在仓库的主要工作时间内（白天）可以达到节能减排效果。按每平米 1W 的照明标准，2 万平米的仓库在夏季每月可以节电 4800 度。

（2）包装材料的绿色化和回收

包装材料的绿色化和回收涉及制造企业包装材料设计时的绿色考虑，还涉及与运输包装的密切配合。

6. 实现成本、服务质量及排放的最佳权衡

低碳物流是一项涉及企业利益重新分配和流程再造的变革，必须在企业社会效益和经济效益的各要素之间找到一个平衡。

（五）一体化低碳物流服务方案的流程创建

铁路快运企业作为大型的第三方物流企业，研究基于铁路快运网络的一体化低碳物流服务模式与方案。需从物流服务的每个环节进行考虑，以一体化服务为核心构建流程。

1. 采购

采购是物流企业从供应市场获取产品或服务作为企业资源，保证生产制造企业生产及经营活动正常开展的一项企业经营活动。一体化低碳物流服务就要充分发挥第三方物流企业的优势，为企业做好原材料或半成品的采购业务。

为了帮助生产制造企业解决大批量的原材料和库存对经营成本的影响，一体化低碳物流服务方案采用供应链机制下的采购模式。物流企业根据生产制造企业提供的需求信息结合自身的库存信息及时的反馈给原材料供应商，及时补货，客户需求产生订单，订单驱动生产，生产驱动原材料采购，避免了过剩采购造成的货物积压和资源能源消耗。这样基于客户订单需求的采购过程就形成了一体化低碳物流系统采购环节。基本采购流程如图 3 所示。

2. 运输

运输在一体化低碳物流服务中处于重要地位，物流服务过程中的碳排放量主要由运输环节产生，铁路长途运输可以有效减轻大型货车长途运输所造成的环境和生态的负面

```
┌──────────────┐
│  采购需求分析  │
└──────┬───────┘
       ↓
┌──────────────┐
│  资源市场分析  │
└──────┬───────┘
       ↓
┌──────────────┐        ┌──────────────┐     ┌──────────────┐     ┌──────────────┐
│  制订采购计划  │──────→ │  准备订单计划  │───→ │  计算订单需求  │───→ │  制订订单计划  │
└──────┬───────┘        └──────────────┘     └──────────────┘     └──────────────┘
       ↓
┌──────────────┐
│  供应商选择    │
└──────┬───────┘
       ↓
┌──────────────┐        ┌──────────────┐     ┌──────────────┐     ┌──────────────┐
│  采购计划实施  │──────→ │  联系供应商    │     │  贸易洽谈      │     │  到货验收      │
└──────┬───────┘        ├──────────────┤     ├──────────────┤     ├──────────────┤
       ↓                │  签订购货合同  │     │  运输进货      │     │  支付货款      │
                        └──────────────┘     └──────────────┘     └──────────────┘
┌──────────────┐        ┌──────────────┐     ┌──────────────┐
│  采购过程监控  │──────→ │  采购流程的效率 │───→ │ 采购资金的支付 │
└──────┬───────┘        └──────────────┘     └──────────────┘
       ↓
┌──────────────┐
│  采购评价      │
└──────────────┘
```

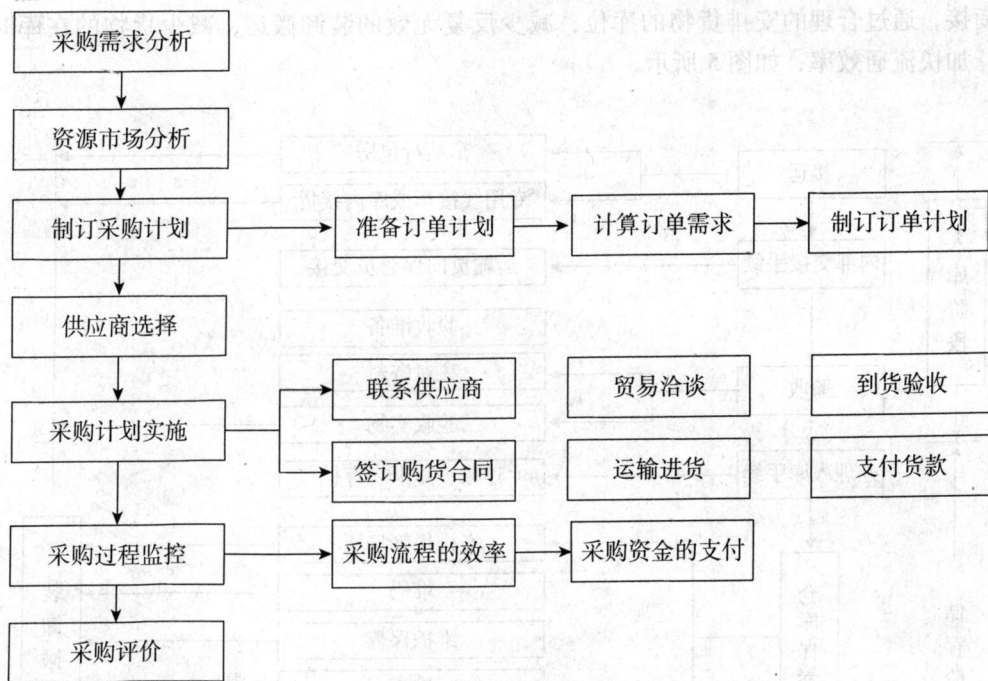

图3　一体化低碳物流采购流程

影响。因此，实现运输的有效衔接，开展公铁联运，提高配送中心在运输中的作用，是实现一体化低碳物流的重要措施。借鉴德国铁路物流的有效做法，开展公铁联运，合理安排两种运输方式的职责，中长途运输尽量采用铁路运输，两端货物集结和配送采用的是汽车运输，如图4所示。

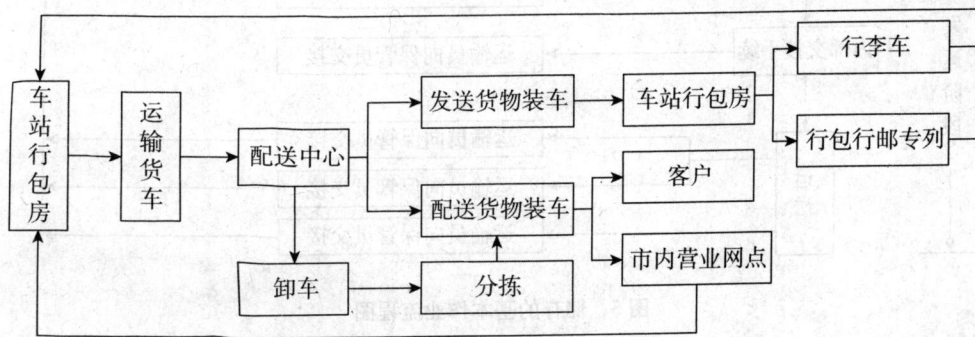

```
┌────┐    ┌────┐    ┌──────┐    ┌──────────┐    ┌──────────┐       ┌────────┐
│车站│    │运输│    │配送中心│──→│发送货物装车│──→│车站行包房 │──────→│ 行李车  │
│行包│──→│货车│──→│        │   └──────────┘   └──────────┘       ├────────┤
│房  │    └────┘    └──┬─┬──┘                                      │行包行邮专列│
└────┘                │ │                                          └────────┘
  ↑                    │ └──→┌──────────┐    ┌──────┐
  │                    │     │配送货物装车│──→│ 客户  │
  │                    │     └──────────┘    ├──────┤
  │               ┌────┴─┐                    │市内营业网点│
  │               │ 卸车  │───→┌──────┐       └──────┘
  └───────────────┤      │    │ 分拣  │
                  └──────┘    └──────┘
```

图4　一体化低碳物流服务运输流程

3. 储存

低碳储存是发展一体化低碳物流服务重要的一环。储存对流通中的货物进行检验、保管、加工、集散和转换运输方式，并解决了供需之间和不同运输方式之间的衔接，提供场所价值和时间效益。一体化低碳物流服务要完善储存的功能，做好与其他相邻环节的衔接，通过合理的安排货物的库位，减少反复无效的装卸搬运，减少货物的在库时间，加快流通效率，如图5所示。

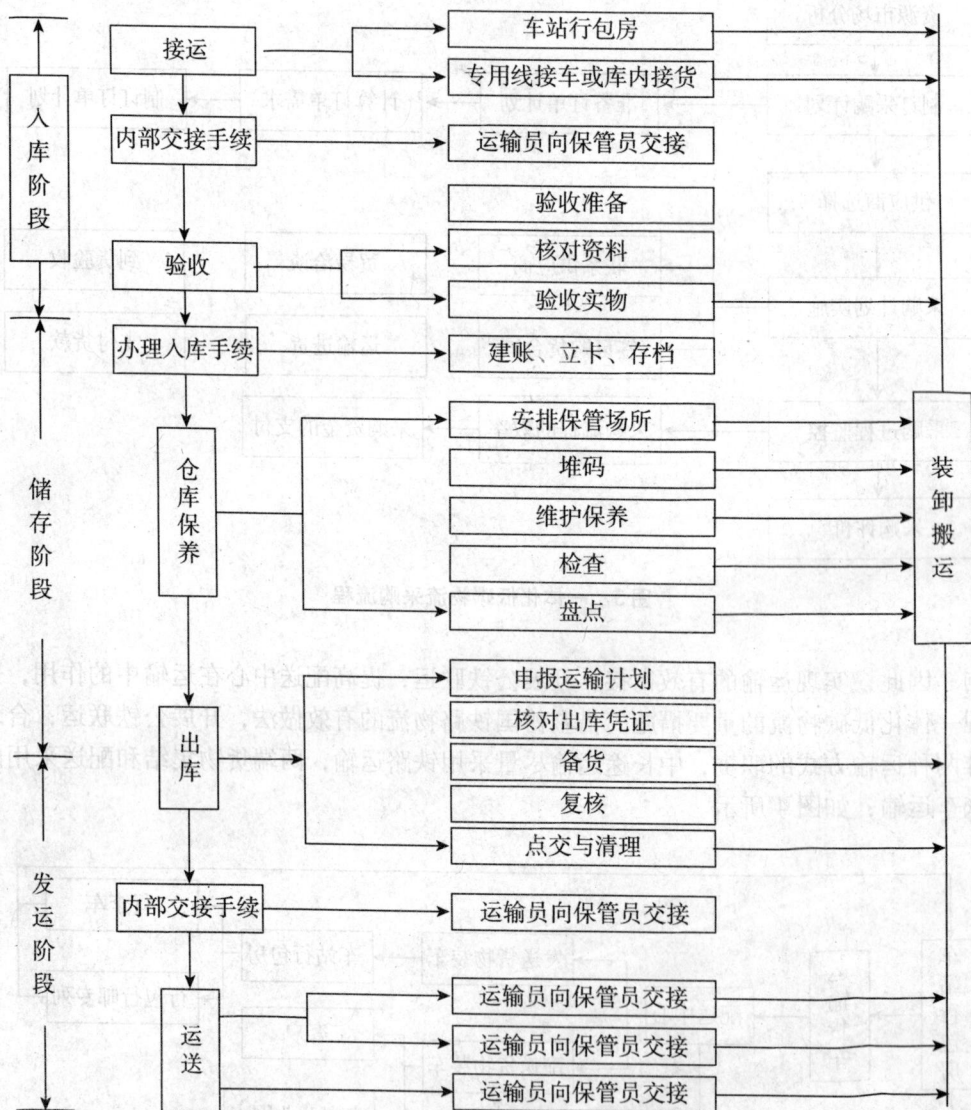

图5　储存的基本作业流程图

"上汽通用五菱项目"是中铁快运探索建立物流总包模式的一个典型。该项目拥有仓储配件2万余种，2010年实现物流收入2300万元。目前，中铁快运计划对现有的集装箱中心站快运作业区仓储设施进行规划使用，引入大型生产制造商；加强仓储基地建设，通过新建、优化仓库内部设计，完善仓储业务流程，努力提高仓储管理现代化水平。

4. 流通加工

流通加工是某些产成品从生产领域向消费领域流动的过程，对产品进行再加工。例如根据需要施加包装、分割、计量、分拣、刷标志、栓标签、组装等作业。流通加工是物流活动中增值较多的部分，流通加工中还涉及低碳包装，在满足包装强度的前提下减少不必要的包装材料。此外，还可以考虑包装材料的重复利用。

为开发包装市场，中铁快运正在积极探索建立铁路行包运输标准体系，建立包装收入经营指标，开发包装新产品，根据货源品类和实际需要，研发包装器材、耗材，强化组织管理。

5. 配送

借鉴电子商务和连锁经营的配送模式，结合铁路快运网络物流和配送模式的特点，开展一体化低碳配送服务模式。首先，按照客户对商品种类、规格、品种搭配、数量、时间、送货地点等各项要求，进行分拣、配货、集装、车辆调度、路线安排的优化等工作。配送具有不同于传统送货的现代特征，不但是送货，在活动内容中还有分拣、配货配车等工作。一体化物流配送同时还与订货系统紧密相联系，以信息技术为支撑，配送系统得以建立和完善。生产和流通企业可以依靠配送中心的准时配送或即时配送压缩库存，节约储备资金，降低储备成本。配送中心的基本物流作业流程如图6所示。

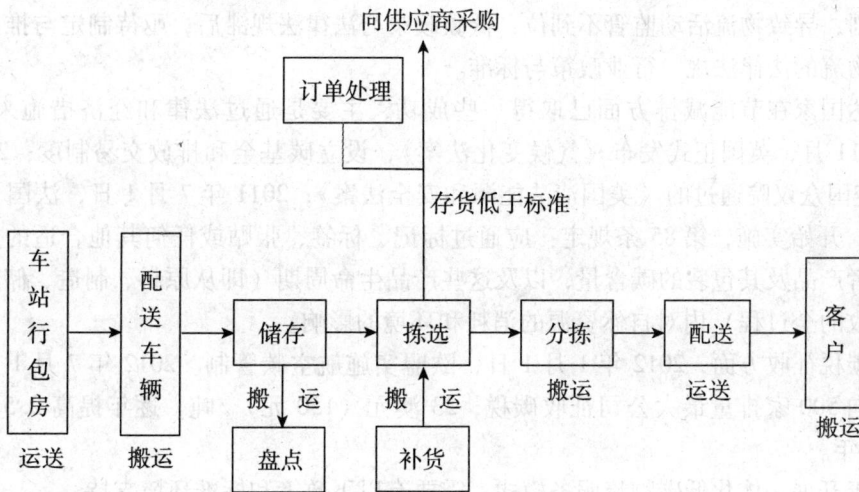

图6　一体化低碳配送中心作业流程图

6. 客户服务

以客户需求为导向，在销售前、销售中、销售后三个部分，通过和客户联系、收集客户信息，了解客户需求，提供解决方案，满足客户的需求。中铁快运正在着力整合实体物流网和"中铁快运网"，充分利用"两网"叠加效应，向客户提供全程物流的解决方案，变跟进服务为超前服务，变满足需求为开发需求，为客户量身定做物流服务方案，不断丰富"站到站"、"站到门"、"门到门"等服务内容，以多样化的产品抢占市场。

7. 逆向物流

逆向物流与正向价值链反向，实现对有缺陷或废旧的产品、原材料进行价值恢复和有效利用，对中间库存、最终产品及相关信息从上游消费地到下游消费地的有效实际流动进行科学的计划、组织、管理与控制。

图 7 为一体化低碳物流服务模式总结构图：

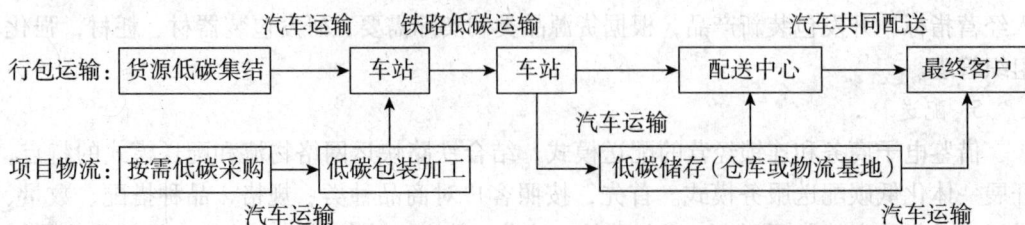

图7　一体化低碳物流服务模式总框架图

（六）一体化低碳物流服务模式实施建议

1. 外部政策环境支持

针对我国一体化低碳物流的发展现状，交通运输系统各部门对现代物流缺乏统一的整体规划，导致物流活动监管不到位，低碳政策与法律法规滞后，亟待制定与推出适用于低碳物流的法律法规、行业政策与标准。

发达国家在节能减排方面已取得一些成功，主要是通过法律和经济措施来实现。2008 年 11 月，英国正式发布《气候变化法案》，设立碳基金和排放交易制度；2009 年 6 月，美国众议院通过的《美国清洁能源和安全法案》；2011 年 7 月 1 日，法国《新环保法案》开始实施，第 85 条规定：应通过标记、标签、张贴或任何其他合适的方式告知消费者产品及其包装的碳含量，以及这些产品生命周期（即从原料、制造、储运、废弃到回收的全过程）内对自然资源的消耗和环境的影响。

在碳税征收方面，2012 年 1 月 1 日，欧盟实施航空碳管制。2012 年 7 月 1 日，澳大利亚向 500 家排量最大公司征收碳税，23 澳元（150 元）/吨，逐年提高 2.5%，直到 2015 年。

对于开展一体化低碳物流服务模式，需要有以下政策和标准环境支持。

（1）完善法律和政策导向。环境监督和管理机构可建立碳排放监控和低碳评价体系。对于在节能减排方面业绩突出的物流企业予以表彰奖励，对于排放不合格的企业坚决进行处理。

我国在节能减排、促进低碳发展方面已经制定和颁发了一系列的行政法规，主要有：

①《关于开展节能减排财政政策综合示范工作的通知》（财建〔2011〕383 号，财政部、国家发改委，2011 年 6 月 22 日）；

②《"十二五"节能减排综合性工作方案》（国家应对气候变化及节能减排工作领导小组，2011 年 7 月 19 日）；

③《"十二五"节能环保产业发展规划》（待）；

④《中国温室气体自愿减排交易活动管理办法（暂行)》（待)；

⑤《关于加快推行合同能源管理促进节能服务产业发展意见》（国办发〔2010〕25号，2010年4月2日)。

（2）交通运输系统各部门加强合作，通过开展联运和包装统一标准，托盘统一标准，减少或避免货物跨运输方式之间的中转环节、重复包装和无效装卸搬运。

（3）鼓励有条件的企业向一体化低碳型高新技术物流企业转型，对于购置和使用低碳物流设备的企业提供贷款补贴或优惠。在税收方面，切实减轻低碳型物流企业税收负担，政府加大对节能物流基础设施投资的扶持力度，对符合条件的重点高新技术物流企业的运输、仓储、配送、信息设施和物流园区的基础设施建设给予必要的资金扶持。

（4）促进物流配送车辆便利通行。统筹发展以普通公路为主的体现政府普遍服务的非收费公路和以高速公路为主的收费公路。大力推行不停车收费系统，避免收费站无效停车碳排放的产生。按照依法、高效、环保的原则，研究制定城市配送管理办法，确定城市配送车辆的标准环保车型，禁止将客运车辆改装为货运车辆，有效解决城市中转配送难、配送货车停靠难等问题。

（5）鼓励整合物流设施资源。支持大型优势物流企业通过兼并重组等方式，对分散的物流设施资源进行整合；中小物流企业加强联盟合作，创新合作方式和服务模式，优化资源配置。

（6）推进一体化低碳物流技术创新和应用。加强一体化低碳物流新技术的自主研发，重点支持货物跟踪定位、无线射频识别、物流信息平台、智能交通、物流管理软件、移动物流信息服务等关键技术攻关。

（7）发挥行业协会在促进物流企业间合作的桥梁作用。

2. 提高企业低碳物流技术装备水平

随着物流现代化的不断发展，装卸搬运设备将会得到更为广泛的应用。从一体化低碳物流服务需求对设施设备的要求来看，应加快物流标准化进程，开发、引进新技术、新装备和多类型设备来适应货物要求。

3. 完善信息管理系统建设

一体化低碳物流服务信息管理系统是以计算机技术和网络通信技术为核心的各种技术以及在集成式物流中的各种管理系统共同组成的信息与通信系统。以计算机信息系统、卫星通信系统、全球卫星定位系统（GPS）、地理信息系统（GIS）等为基础。

一体化物流信息管理系统可以为用户提供交互式、适时的数据交换服务。借助于物流信息平台，一体化低碳物流成员间的业务流程将数据化、电子化，并实现有效的衔接，从而推动物流信息的互动，物流被转化为灵活控制的信息流。

一体化低碳物流服务模式信息系统的主要功能模块的设计如图8所示。

（1）客户管理模块

客户管理是指铁路快运企业以一定成本了解客户、满足客户的要求和保持客户，建立企业与客户的长期稳定的合作关系，实现从客户更高的满足中获利的目标。在这一过

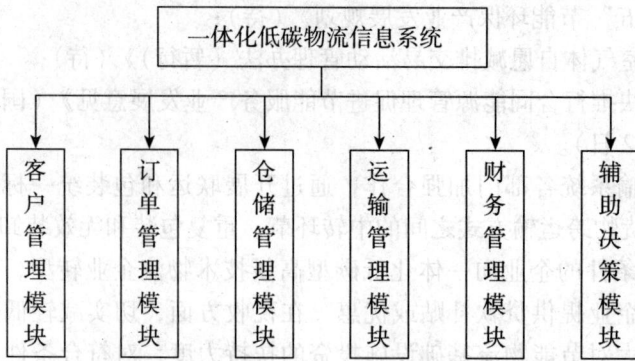

图8　集成式物流信息系统模块划分

程中，通过信息技术有效地对大客户和项目物流客户进行分类管理，为客户提供更快捷和周到的服务，降低经营成本，使客户在合作的过程中得到了更多的服务与优惠。客户管理功能模块如图9所示。

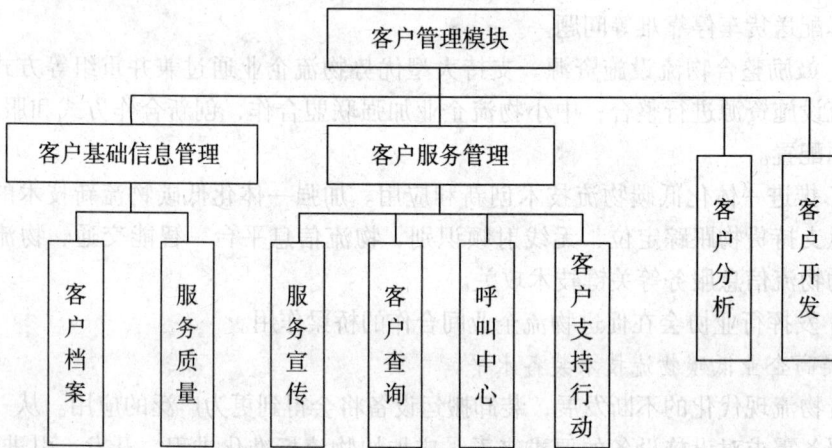

图9　客户管理功能模块

（2）订单管理模块

铁路快运企业客服部门接到客户订单后，检查订单要求是否全部有效；确定订单信息是否完全；提请信用部门审查客户的资信情况；提请会计人员记录有关来往账目；根据货物描述及客户要求，进行服务的合理策划与设计等。订单管理功能模块如图10所示。

（3）仓储管理模块

仓储管理模块是对库存商品进行全面的管理，包括商品管理、入库管理、出库管理、库存盘点等部分。仓储管理功能模块如图11所示。

（4）运输管理模块

运输管理模块主要完成运输方案设计，包括铁路、公路、联运方案。不同方案的比

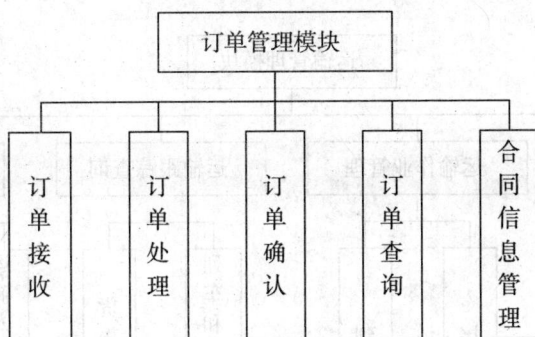

图 10　订单管理功能模块

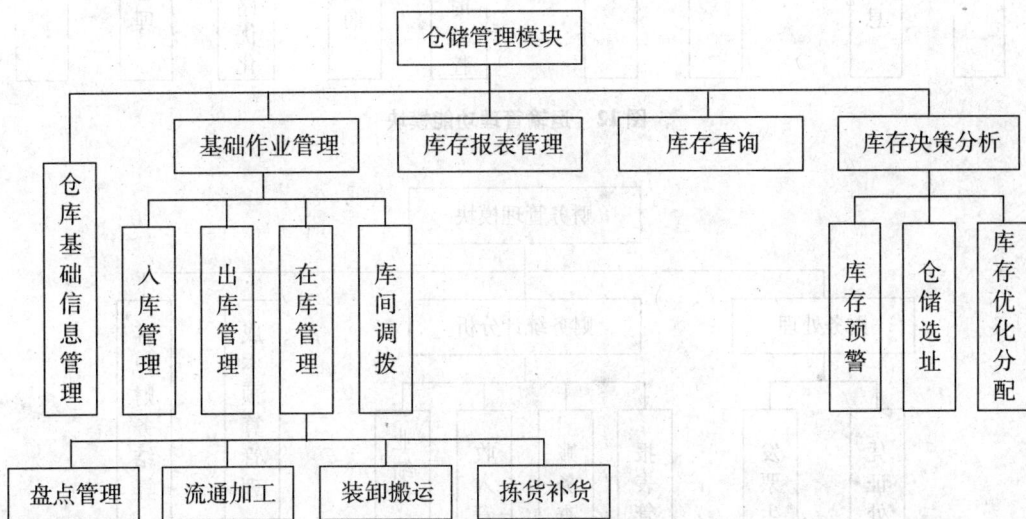

图 11　仓储管理功能模块

较、选择，建立运输线路选择的模型，有关运输线路数据的收集，编制运输计划，运输市场运价走势分析，运输调度，运输报表设计、成本分析等。运输管理功能模块结构如图 12 所示。

（5）财务管理模块

财务管理模块用来分析库存、生产计划、订单等，以及财务处理和统计，提供客户财务结算功能，并对企业的收入和成本进行统计分析。财务管理功能模块如图 13 所示。

（6）辅助决策模块

辅助决策模块具备一定的数据挖掘能力，如利用 OLAP（在线分析处理）技术，进行数据采集和分析，并透过数据反映企业运营存在的问题。辅助决策功能模块如图 14 所示。

信息化管理系统的建设促进了铁路快运企业一体化低碳物流服务的顺利开展，实现了对实物流和信息流的实时控制，使物流各环节有效衔接，为低碳物流服务模式提供了技术支持。

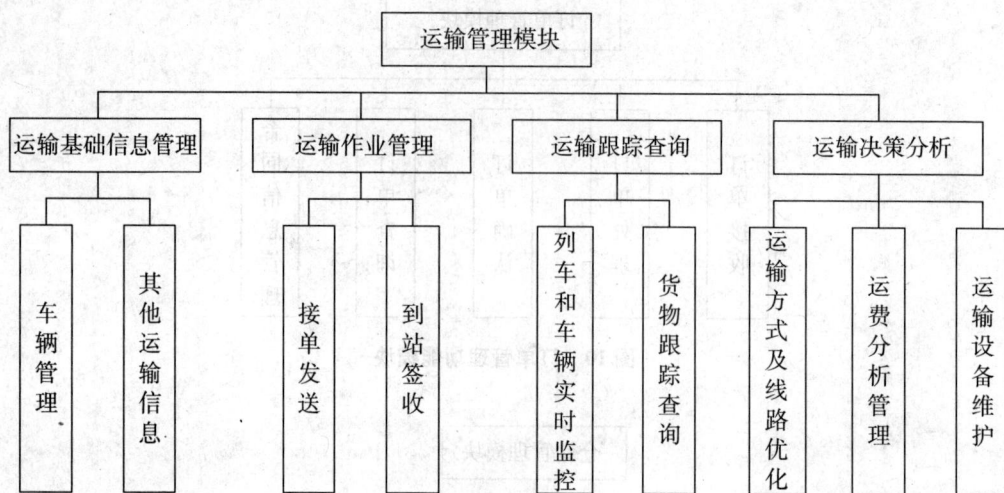

图 12　运输管理功能模块

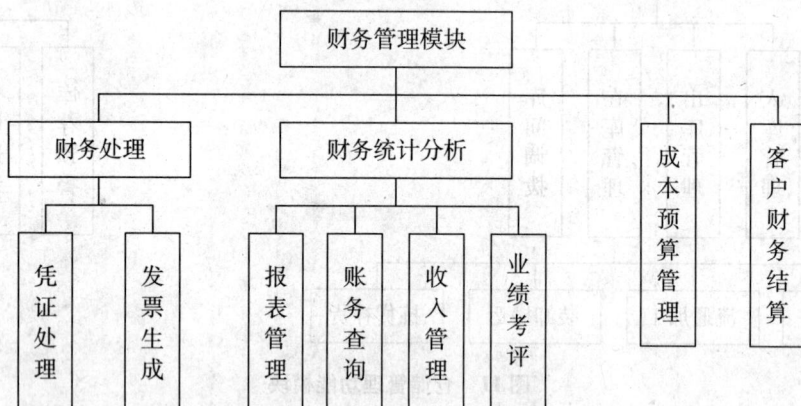

图 13　财务管理功能模块

4. 建立一体化电子商务服务平台

基于铁路快运网络的一体化低碳物流服务模式的完善还需要加快建立电子商务、物流、信息一体化服务平台。铁路企业发展电子商务，首先要建立电子商务网上交易平台，利用互联网的网络资源和电子商务的有利环境进行网上经营，为企业的发展拓展业务。

通过电子商务和物流信息一体化服务平台，用户可以在家中或办公室中足不出户方便快捷的完成网上购物和货运办理流程。如中铁快运"95572"短信平台成功投入运营，面向全国各省市县的中国移动、中国联通和中国电信的全部用户。客户应用平台交易，在一定程度上降低了客户的出行频率，降低了交通工具的碳排放。

中铁快运于 2011 年 3 月 26 日正式运营"中铁快运商城"。"中铁快运商城"实行"三免"：对所有企业免收店铺入驻费、免收店铺管理费、免收销售差价，是中铁快运

```
┌─────────────────────┐
│     辅助决策模块      │
└─────────────────────┘
```

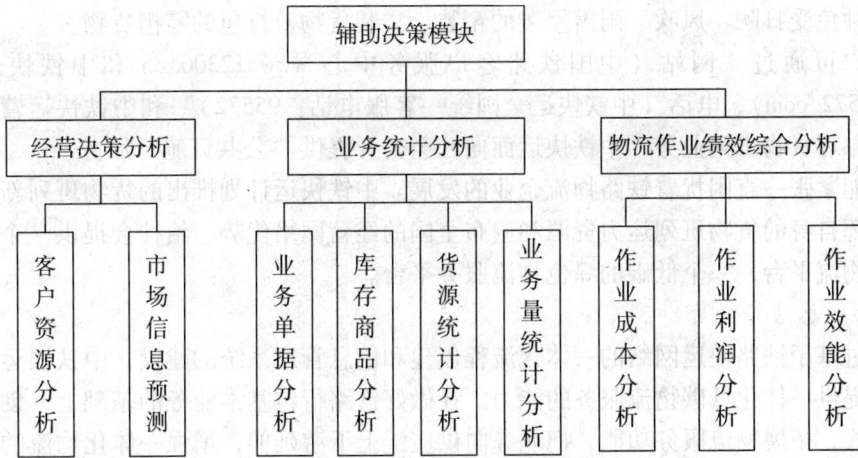

图 14　辅助决策功能模块

公司创新发展方式、延伸物流服务产业链条、拓展市场的新尝试，是铁路专业运输企业向现代物流企业转型的创新实践。该平台同时经营本企业商贸一体化物流服务商品，仅西藏青稞啤酒年销售就达到数万吨。

　　5. 建立开放式快运货物班列订舱平台

　　中铁快运组织开行的行邮、行包专列每年运量达到 1000 万吨，全部采用中、长距离铁路运输，年运输周转量达到 200 多亿吨公里，除自身经营外，还为中国邮政集团公司及其他物流企业提供服务。现将其整体纳入快运货物班列，向全社会提供"运量大、速度快、全天候"的铁路货物快速低碳运输服务平台，面向社会各界用户提供公开订舱服务。其中，原特快行邮专列 8 条更名为特快货物班列，原 2 条快速行邮专列及 38 条行包快运专列更名为快速货物班列。

　　特快货物班列使用 25T 型行李车和邮政车编组，利用行包基地和客、货运站场、设备，整列装载行李、包裹和邮件。25T 型行李车容积 160 立方米，标记载重 23 吨，应用了很多新技术和新设备，如行车安全监控系统、视频监视系统等。特快货物班列一般编组 19 辆，全列额定总容积约为 2800 立方米，额定总载重约为 400 吨。在北京—哈尔滨，北京—上海，北京—广州，上海—深圳之间往返运行，途中无装卸作业，运行可达到时速 160 公里/小时。

　　快速货物班列按照旅客列车运输方式组织，使用 PB 型代用棚车和 P65 型货车编组，利用行包基地和客、货运站场、设备，整列装载包裹等小件货物。PB 型代用棚车容积141.2 立方米，标记载重 45 吨；P65 型货车容积 135 立方米，标记载重 40 吨。快速货物班列编组最多为 36 辆，最少为 10 辆，全列额定总容积 1400 立方米～5000 立方米，额定总载重 450 吨～1600 吨。在哈尔滨—厦门，乌鲁木齐—杭州，广州—包头，沈阳—广州，杭州—成都，哈尔滨—杭州，北京—杭州，杭州—成都，广州—青岛，北京—厦门，武汉—昆明，成都—广州，上海—广州，天津—广州，北京—乌鲁木齐，成都—北京，广州—乌鲁木齐，广州—拉萨，成都—厦门，长春—杭州之间往返运行，途中经由大站有装卸作业，运行速度可达到 120 公里/小时。行包专列车辆改善了装载条件，适用于各种免受日晒、风吹、雨雪侵袭的箱装、袋装货物及打包的零担货物。

客户可通过"网站（中国铁路客户服务中心 www.12306.cn 和中铁快运官网 www.95572.com）、电话（中铁快运全国统一客服电话：95572）"和中铁快运营业网点等方式办理货物班列业务，中铁快运面向社会公开提供"公共订舱"服务。

运能紧张一直困扰着铁路物流企业的发展。中铁快运计划推出的货物班列新产品将充分发挥自身的货物班列运力资源和遍布全国的经营网络优势，给社会提供一个公共铁路快运物流平台，一个低碳的绿色物流服务平台。

（七）总结

通过基于铁路快运网络的一体化流程创建和信息管理系统的建设，中铁快运已初步具有了提供一体化低碳物流服务的能力。在做好铁路行包基本业务的基础上，创新物流服务模式，拓展物流服务功能，把业务向供应链上下游延伸，增强一体化物流的服务能力，完善公共服务平台，面向社会提供综合物流服务和供应链全面解决方案，逐步形成功能完善、技术先进、便捷高效、节能环保、经济安全的铁路现代物流企业社会形象。

中铁快运作为铁道部直属运输企业，在能源资源日益紧张的形势下，承担了物流企业节能减排的社会责任和义务，开展"低能耗、低污染、低排放"的一体化低碳物流服务模式。不仅是响应国家促进节能减排、发展低碳经济的倡导，也是企业自身转变发展方式，由传统铁路运输企业向现代物流企业和一体化服务供应商转型的有益尝试。

课题组成员名单

课题组负责人： 尚尔斌　中铁快运股份有限公司企业管理部部长
中国物流学会常务理事
课题组成员： 宋立军　中铁快运股份有限公司企业管理部高级项目经理
刘鹏程　中铁快运股份有限公司企业组织部项目经理
汤新洲　北京交通大学交通运输学院
王建建　北京交通大学交通运输学院

碳税对物流业的影响及应对策略研究[*]

内容提要： 物流业是现代服务业的重要组成部分，是各国优先发展的产业之一，但同时也是能源消耗大户和碳排放大户。物流的各个环节都对生态环境产生影响，尤其是运输环节。据 DHL International 资料显示，物流业的 CO_2 排放占欧盟总 CO_2 排放量的 11%，而货物运输和仓储分别占物流业 CO_2 排放量的 93% 和 7%。另外，交通运输的能源消耗占全世界总能源消耗的 26%（2005 年数据）。

在全球气候变暖的大背景下，国际社会广泛呼吁发展低碳经济，"碳税"、"碳关税"、"碳标签"等概念被提出和受关注。碳税（carbon tax）作为环境税的重要组成部分，是一些发达国家已采取的碳减排措施。碳关税（carbon tariff）本质上属于碳税的边境税收调节。边境税收调节包括对进口产品按照国内税率征收碳税，而对出口产品免除国内碳税以保持国际竞争力。中国是"世界工厂"，又是出口大国，在"反倾销"等发达国家贸易壁垒后，"碳关税"正成为一道新的壁垒。"碳关税"等因环保而加征的惩罚性税收措施，必然牵连到与制造业相关的所有产业，也将顺着供应链传导，从出口加工到国际贸易到物流服务等。

欧盟国家的碳税实施较早。最早开征碳税的瑞典、芬兰、丹麦、荷兰、英国构成了欧盟内部的"碳税俱乐部"，目前德国、意大利、瑞士、挪威、捷克等许多国家也开始征收碳税。我国为提高能源利用效率，减少温室气体排放，目前正在探讨碳税的必要性和可行性，设计碳税实施框架。一旦开征必将对物流业带来不小的冲击。碳税与碳关税对我国经济的影响已引起学者的关注，在碳税与碳关税对我国制造业及国际贸易的影响方面研究成果颇丰，然而，对物流业的影响方面还有待深入。

本项目研究碳税对物流业的影响及应对策略。旨在通过系统梳理物流业与生态环境的相互关系，碳税与碳关税的内涵及对物流业的作用机理等，探讨碳税压力下物流业的应对策略。课题的研究对促进我国低碳经济下低碳物流的发展将具有现实指导意义。

一、碳税与节能减排

地球目前正在经历着近万年来前所未有的气候变化，我们每个人也能从极端天气、飓风海啸、冰川融化中感受到气候变化带来的影响。中国作为发展中国家，为应对气候变化，面临着国际和国内的双重压力。随着工业化和城市化进程的加快，我国对能源的需求日益增加，再加上重化工特点以及能源利用率的低下，使我国成为仅次于美国的世界第二大 CO_2 排放国，并呈快速增长趋势，这使我国在国际气候谈判中承受着来自发达

---

* 本课题（2011CSLKT049）荣获 2011 年度中国物流学会课题优秀成果奖三等奖。

国家要求中国减排的巨大压力。与此同时，我国正在积极推进节能减排工作。控制温室气体排放，发展低碳经济已成为国家政策和重大发展战略。"十二五"节能减排规划制定了明确的节能减排指标，国内减排压力加大。开征碳税是促进节能减排的有效经济手段之一，也将是我国应对国际气候变化和国内节能减排的环境政策创新。

（一）碳税与碳关税的内涵

1. 碳税、碳关税相关概念

（1）碳税

碳税（carbon tax），即 CO_2 排放税，是指针对 CO_2 排放所征收的一种环境税。它以环境保护为目的，通过对化石燃料（煤炭、汽油、柴油、航空燃油、天然气等）按照其碳含量或碳排放量进行征税，旨在实现减少化石燃料消耗和 CO_2 排放，减缓全球变暖。

与碳税相关的概念有能源税、环境税、消费税等。能源税一般泛指对各种能源征收的所有税种的统称，包括国外征收的燃油税、燃料税、电力税以及我国征收的成品油消费税等各个税种，在有些国家，能源税也直接作为一个税种的名称出现。环境税的范围更广，一般泛指为实现一定的环境保护目的而征收的所有税种的统称，它既包括能源税和碳税，也包括其他与环境保护相关的税种，如硫税（二氧化硫排放税）、氮税（氮氧化物排放税）、污水税和固体废弃物税等。在目前的消费税里面，有专门针对汽油、柴油的征税，对汽油、柴油分别按 0.2 元/升、0.1 元/升征收消费税，对小汽车按排气量大小实行差别税率。

这些概念比较起来，既相互联系又存在一定的区别，但都对节约资源、减少排放、保护环境有着共同的作用。

（2）碳关税

碳关税（carbon tariff）一般是指对高耗能的产品进口征收特别的 CO_2 排放关税。主要针对进口产品中的碳排放密集型产品，如铝、钢铁、水泥、玻璃制品等产品而征收的关税税收。这个概念被认为最早出现于 2007 年 1 月，法国前总统希拉克要求美国签署《京都议定书》和《后京都议定书》时，警告美国如果不签署该协议，则会对进口自那些不签署《京都议定书》的国家的产品征收碳关税。2007 年 11 月，法国现任总统萨科齐再次重申了碳关税的提议，并于 2009 年 6 月将碳关税的讨论升级，建议考虑把碳关税作为控制温室气体排放的一种机制，保护在欧盟排放交易机制（EU ETS）下的欧盟企业。

美国是温室气体的头号排放大国，拒绝签署《京都议定书》，却提出要向未加入碳排放体系的国家征收"边界调节税"。2009 年 6 月 22 日，美国众议院通过的《美国清洁能源安全法案》规定，2020 年起美国将对包括中国在内的不实施碳减排限额国家进口产品征收高额惩罚性关税。

目前，欧盟正着手对企业可能遭受的损失进行评估，积极推动开征航空航海排放税。2009 年 8 月 22 日，欧盟公布了 2000 多家进出欧盟及在欧盟内部航线飞行的航空公司名单，将于 2012 年开始对其征收排放税。

商务部的一份碳关税调研报告显示，在碳关税及技术性碳壁垒的影响下，我国出口将减少逾20%，碳关税已然上升为发达国家在低碳经济时代布局新霸权的工具。

2. 征收碳税的理论基础

从环境经济学原理分析，征收碳税的理论基础是环境外部性理论。环境外部性，也称环境的负外部性或环境不经济性，是指在生产或消费中，企业或消费者的活动对环境产生了污染和破坏等不利影响，而不承担相应的责任。解决环境外部性的途径是要求企业或消费者负担相应的污染和环境破坏的成本。

英国经济学家庇古认为，政府可以通过税收或补贴等形式来对市场进行干预，使外部成本内部化，实现私人最优与社会最优的一致。例如对于生产者，一方面由政府对造成负外部性的生产者征税，限制其生产；另一方面，给产生正外部性的生产者补贴，鼓励其扩大生产。政府根据污染造成的危害对排污者征税，以税收的形式弥补私人成本和社会成本之间的差距，将污染的成本加到产品的价格中去，这种税收又被称之为"庇古税"（Pigovian Taxes）。

因此，本质上碳税是一种"庇古税"。通过对 CO_2 排放者征税，使产品价格中包含因 CO_2 排放而产生环境破坏、气候变暖等行为的成本。"庇古税"偏重效率原则，基于中性立场，引导资源的合理配置和优化，实现帕累托最优。

3. 征收碳税的原则和基本方法

根据征税原则的不同，环境税可以有三种不同的征税方案：

（1）根据"受益者付费"原则进行普遍征收的"一般环境税"。

（2）根据"污染者付费"原则征收的"污染排放税"。

（3）根据"使用者付费"原则征收的"污染产品税"。

碳税是环境税的一种，针对 CO_2 排放征税，是污染者付费原则下的"污染排放税"。

从纳税环节看，碳税可以在能源使用链条的一个或者多个环节征收，但不同环节征税的效率和可操作性不同。可在能源的最终使用环节征收，即谁排放 CO_2 谁缴税，纳税人一般为下游的经销商或消费者（企业或居民）；也可在生产环节征收，纳税人为石化能源生产加工精炼企业或批发企业，最终使用者承担的是价格转移过来的税负。

碳税税率一般依据 CO_2 排放量或 CO_2 当量按比例征收，也可采用累进税率。CO_2 实际排放量作为征税依据，在理论上最为合理，但在技术上设计监测等问题不易操作。在实践中更多地是采用 CO_2 的估算排放量作为计税依据，即根据煤炭、成品油等化石燃料的含碳量测算出 CO_2 的排放量。《IPCC 国家温室气体清单指南》提供了 CO_2 排放量估算的基准方法：

$$CO_2 \text{排放量} = \text{化石燃料消耗量} \times CO_2 \text{排放系数}$$
$$CO_2 \text{排放系数} = \text{低位发热量} \times \text{碳排放因子} \times \text{碳氧化率} \times \text{碳转化系数}$$

在税收优惠方面，为了减少对能源密集型工业和面临较强国际竞争的企业的负面影响，或者是保护低收入居民，以及出于同其他减排政策综合使用的考虑，可建立税收减免与返还机制。

（二）国内外碳税政策现状

1. 国外碳税政策实施情况

碳税常常得到经济学家和国际组织的推崇。在实践中，碳税最先在北欧国家实施。

1990 年芬兰率先开始实施碳税，并与瑞典、挪威、荷兰和丹麦等先行者，构成了欧盟内部的"碳税俱乐部"。1992 年由欧盟推广，目前已有阿尔巴尼亚、捷克、丹麦、爱沙尼亚、芬兰、德国、意大利、荷兰、挪威、瑞典、瑞士和英国等国家开征碳税或气候变化相关税。欧洲之外，美国、加拿大、日本等国也相继开征碳税。施行碳税国家的基本情况如表 1 所示。

表 1　　　　　　　　　　　施行碳税国家基本情况

施行国家	碳税税率（每吨 CO_2 排放量）及减免与退税
丹麦	12.10 欧元，对居民和不同企业实行不同税率 工业、电力免税，汽油、天然气和生物燃料免税
芬兰	20 欧元 工业生产中作为原材料的产品或航空/海洋运输中所用燃料减免；电力生产中大部分燃料免税；天然气碳税是递减式的税率
荷兰	14.59 欧元 主要是依据用途决定是否免税。出口煤的燃料环境税可退税，能源管制税按条件自动退税，对应税能源设置缴税上限，超出部分可退税
挪威	汽油 41 欧元，轻、重燃料油分别为 24 与 21 欧元 陆上天然气的使用不征税；矿物油、浆纸行业和鱼粉产业税率减半；航空、海运、深海捕鱼及北海供应舰队也免税；水泥和轻质多孔黏土集料生产中作为还原剂和原料的煤炭和焦炭不征税
瑞典	107.15 欧元 ①工业减免税。1991 年，工业交纳 50% 的碳税，高能耗工业全免；1993—1997 年，仅交纳 25% 的碳税，取消了制造和商贸园艺的能源税，能源密集工业进一步降低碳税；1997 年后，工业碳税提高到 50%，企业支付能源税总额设置上限，后因恶意逃税和高管理成本于 1995 年取消。②发电用燃料没有任何税。③船、飞机和火车机车所用燃料也免税
意大利	累进税制，5.2 欧元~68.58 欧元
德国	1999 年首先对摩托车燃料、轻质燃料油、天然气和电力征税。后来对摩托车燃料油和电力的税率有所增加。从 2000 年开始对重质燃料油征税
瑞士	最高税率是每公吨 CO_2 征税 210 瑞士法郎（相当于 160 美元）
英国	天然气，13 欧元；煤，7 欧元；电，14 欧元 气候变化税使企业和公共部门能源使用的名义成本增加了 15%，但是达到协议规定的能源效率提高目标的企业可以享受 80% 的税收折扣，只付 20% 即可

施行国家	碳税税率（每吨 CO_2 排放量）及减免与退税
美国	2006 年 11 月，科罗拉多州的大学城圆石市成为美国首个通过碳税法规的城市。依居民和企业用电量的多少，随同电费按比例缴纳碳税。同时规定购买风力发电的用户无须缴纳此税
加拿大	加拿大 BC 省从 2008 年 7 月起开征碳税，即对汽油、柴油、天然气、煤、石油以及家庭暖气用燃料等所有燃料征收碳税，不同燃料所征收的碳税不同，而且未来 5 年燃油所征收碳税还将逐步提高。2012 年的目标税率为 14.62 欧元
日本	2400 日元/吨碳（约 655 日元/吨 CO_2） 减免措施：排放大户如果努力进行减排，减免 80%；钢铁、焦炭等行业生产所用煤炭免税；煤油减免 50%；渔船用燃料免税

在 OECD 国家大量使用经济工具的 10 多年来，强调利用租税方式来保护环境，即是所谓的"绿色税制改革"，主要在维持税收中立性及产业竞争力不受负面影响为前提，广泛推行环境相关税制，或考虑取消有害环境的各种补贴措施，再将创造或衍生的新增收入，用于调降社会保障保费或是其他扭曲性质的租税。

欧盟在开征碳税的同时，还开展碳排放交易。2003 年通过"排放交易指令"，2005 年启动"排放交易体系（Emissions Trading Scheme，ETS）"。碳税（Carbon Tax）和碳排放交易体系，以及即将实施的碳关税（carbon tariff），三种低碳经济主要政策性工具相互关联，目标都是服务于欧盟对国际社会的 CO_2 减排承诺：相较 1990 年的排放值，2050 年实现温室气体减排 80% ～ 90%。欧盟排放交易体系覆盖了 11000 个主要能源消费和排放行业的企业（例如，电力、钢铁和水泥），运行七年来，该系统包括了欧盟境内 55% 的 CO_2 排放量，其中 35% 来自能源工业，20% 来自制造业。2012 年 1 月 1 日起，欧盟将正式把航空运输业纳入碳排放体系，覆盖面可望增加至 60%。剩余的 40% 主要是境内公路运输、海运、商业和民居等 CO_2 排放，短期内无法纳入配额限制，所以欧盟一直试图通过碳税来限制这些部门的 CO_2 排放，但一直没有能够建立起统一的碳税。

2. 我国的碳税政策研究现状

在面临气候变化和节能减排的国际国内双重压力下，中国正在酝酿碳税政策。2009 年 11 月 26 日，在哥本哈根气候变化大会前夕，中国向世界做出了负责任的承诺：到 2020 年我国单位 GDP CO_2 排放比 2005 年下降 40% ～ 45%。与此同时，将完善财政、税收、价格、金融等政策措施。碳税作为节能减排的有效政策工具，开始提上议事日程。同时，碳税也被认为是应对美国叫嚣的碳关税的良策。目前，有两个课题组正在研究制定我国碳税政策，即国家发改委和财政部成立联合课题组开展"中国碳税税制框架设计"，国家环保部与国家税务总局联合研究制定"应对气候变化的中国碳税政策框架"。两个课题组拟定的碳税方案如表 2 所示。

表 2　　　　　　　　　　　　　我国碳税政策研究方案

碳税方案	发改委与财政部碳税课题组	环境部与国税局碳税课题组
税率方案	建议 2012 年开征碳税；先征收企业，暂不对个人征税。碳税在起步的时候，每吨 CO_2 排放征税 10 元；到 2020 年，碳税的税率可提高到 40 元/吨，建立税率的动态调整机制。碳税最终应该根据煤炭、天然气和成品油的消耗量来征收	2012 年征收碳税税率为 20 元/吨，2020 年提高到 50 元/吨，2030 年再提高到 100 元/吨。国家将利用碳税收入的资金建立国家专项基金，用于提高能源效率、研究节能新技术
实施目标	将碳税作为环境税的一个税目征收	尽快试探性出台对煤、石油、天然气等石化燃料消费的碳税政策，依据循序渐进的原则，逐步形成我国的碳税税制，促进国家节能减排目标的落实和温室气体排放的控制，扩大我国在国际社会的影响力，表明我国在应对全球气候变化和环境保护方面的坚定立场，赢得在国际谈判上的主动权
设计原则	一方面，通过制定碳税政策建立健全有利于能源资源节约和环境保护的税收激励和约束限制并重的机制，促使企业降低能源消耗，提高能源利用效率，减少温室气体排放。另一方面，通过税收收入，建立可再生能源发展基金或用于提高能效等方面研究，实现税收的激励功能	
征税对象	向大气中排放 CO_2 的所有单位，包括国有企业、集体企业、私有企业、外商投资企业、外国企业、股份制企业、其他企业和行政单位、事业单位、军事单位、社会团体及其他单位 个人暂时不作为纳税义务人	
计税依据	结合中国实际情况，建议对产生 CO_2 的煤、石油、天然气等化石燃料按含碳量测算排放量作为计税依据	
减免政策	为了保护我国产业在国际市场的竞争力，可根据实际情况，在不同时期对受影响较大的能源密集型行业建立健全合理的税收减免与返还机制。但是，能源密集型行业享受税收优惠必须有一定的条件，如与国家签订一定标准的 CO_2 减排或提高能效的相关协议，作出在节能降耗方面的努力。另外，对于积极采用技术减排和回收 CO_2，例如实行 CCS（碳捕获和储存）技术，并达到一定标准的企业，给予减免税优惠。根据我国现阶段的情况，从促进民生的角度出发，对于个人生活使用的煤炭和天然气排放的 CO_2，暂不征税	对能源密集型行业实行低税率或税收返还制度

从已透露的研究成果来看，应该说总体目标是一致的，都是希望碳税的征收不能过多地影响我国产业的国际竞争力和过度降低低收入人群的生活水平，同时能够对纳税人的 CO_2 减排行为形成激励，所以提出短期内应选择低税率、对经济负面影响较小的碳税，然后逐步提高，并建立税收优惠和返还机制。

在具体税率上两者略有不同。环境部碳税课题组设计的具体税率方案为：2012 年征收碳税税率为 20 元/吨，2020 年提高到 50 元/吨，2030 年再提高到 100 元/吨。如果按照 20 元/吨征收碳税，2012 年我国碳税收入为 400 亿元左右，约占中国 GDP 的 0.1%；当 2020 年碳税征收为 50 元/吨时，碳税收入为 1800 亿元左右。并建议国家可以利用碳税收入的资金建立国家专项基金，用于提高能源效率、研究节能新技术、开发低排放的新能源、实施植树造林等增汇工程项目以及加强有关的科学研究与管理，促进国际交流与合作等。发改委碳税课题组认为应该从比较低的税率开始，可能先从 10 元或者 20 元开始，然后动态调整逐渐升到 50 元、100 元、200 元，让企业有一个逐步适应的过程。

我国征收碳税具有必要性和可行性，但由于担心碳税对经济增长造成的负面影响，以及企业的接受程度，到目前为止政府还没有正式出台碳税政策。面对严峻的节能减排目标任务，包括碳税在内的环境税必将被提上议事日程。碳税的征收必将增加国内企业的成本，给国内企业造成一定的压力，但应该看到这同时也给企业带来了积极应对和发展的机遇。

（三）碳税实施的"双重红利"

碳税是减少排放成本的有效工具，其主要的一些负面影响可通过税收设计和产生的财政收入的使用进行补偿。碳排放税是基于市场的手段，一旦政府设置了税率，排放密集型商品将有较高的市场价格或更低的利润。因此，市场的力量会自发地以成本有效的方式工作，以减少排放量。更确切地说，税收有两种激励效应：一种是"直接效应"，通过提价，刺激节能措施，能源效率投资，燃料和产品交换，并在经济的生产和消费结构中发生变化；另一种是"间接影响"，通过对征的财政收入的再循环，通过改变投资和消费模式，增强先前的影响。

根据财政收入的再循环，碳税可能会产生一些除碳减排以外的收益。这些额外的收益，可分为两大类：

（1）"环境的双重红利"：减少碳排放量可能会伴随当地污染减少。

（2）"经济的双重红利"：通过减少扭曲性税收，再循环碳税收入，可能对经济增长、就业或技术发展产生积极影响。

关于环境的双重红利，评估碳减排关联的额外环境利益的经济学研究较少，主要是由于以货币形式量化它们很困难。评价那些额外的利益存在较大不确定性，甚至对碳减排自身的利益评估存在更大的不确定性，这使政治上的关注焦点转向了经济双重红利问题。

事实上，如果进行收入中性的财政改革，碳税可以在经济上无成本执行，因为它们实现了一个强的经济双重红利，除了降低排放以外，更高的 GDP 或就业，在政治上的可接受性得到增加。"双重红利（Double Dividend）"理论提出后，被很多经济学家所接受，但目前仍存在一些争议。然而，根据碳税在欧盟的实践和事后评估，为碳税政策实施后的环境和经济效应提供了实证数据。

1. 碳税政策实施的环境效应

实施碳税的主要原因是其实现环境目标的潜力，特别是减少 CO_2 排放，同时提高经济效率。此外，由于减少 CO_2 的排放量与化石燃料消耗紧密关联，当地的空气质量可能会有所改善，这就是"环境的双重红利"。Pearce 等人（1996）发现，对额外的环境效益的估算范围很大。在某些情况下，这种次级环境效益可能因此补偿了碳税的部分成本。据估算，次级环境效益在挪威可抵消约三分之一的初始削减费用。

然而，碳税对排放的实际影响不能预先知道。事实上，如果税率设定在较低的水平（相对于边际减排成本），或者能源需求对价格变动不怎么敏感（即它是缺乏弹性的），那么排放量不会减少到足以达到某一减排目标。即使在这种情况下，碳税的环境效益，不应只根据其短期效果判断，税收对排放量的长期影响可能比其短期影响更大，因为生产部门和消费者行为有足够的时间来适应新的条件。经合组织国家中，长期的能源价格弹性为 $-0.3 \sim -1.2$；而在运输部门，长期对汽油消费的价格弹性估计为 $-0.65 \sim -1.0$，对行驶公里数的价格弹性为 $-0.1 \sim -0.4$（EC，1997）。碳税的环境效益还取决于其他两个因素：

（1）碳税财政收入的使用。碳税财政收入可以用于补贴可再生能源，也可用于能源节约和研究与开发方面的投资。在欧洲，只有三个欧盟成员国选择补贴可再生能源，另一些国家则用于能源节约（EC，1997）。对于环境效益，预计对可再生能源补贴比对能源节约补贴会更好些。

（2）碳税的征税环节。如果税收被放在能源供应链的"上游"，原则上存在对价格信号做出反应的广泛市场选择。此外，由于排放源很少，监测成本会相对较低。但是，税基也包括非排放活动（OECD，1996）。例如，化石燃料也用于非燃料使用，不排放 CO_2 到大气中。

也有一些其他因素可能会在一段时间内减少碳税的环境效益，例如：

（1）通货膨胀的存在，税率随着时间的推移可能会失去其部分真正价值。然而，即使一个恒定的税率有时会与未来的排放削减量增加一致，因为采用了更便宜的减排新技术，或者它纠正了以前存在的市场失灵。所有已实施碳税的北欧国家已建立碳税税率对通货膨胀的指数，使价格信号扣除物价因素保持恒定。此外，英国已经推出了"道路燃料升降器（road fuel escalator）"，扣除物价因素每年增加 6% 的汽车燃料消费税。

（2）新污染者进入市场会造成碳排放量增加，从而税率应相应增加，以继续提供足够的动力来实现一个给定的减排目标。然而，由于税率在行政上是固定的，它不会自动改变（在政治上频繁修改税率非常困难），碳税的环境效益随着时间的推移可能会降低。

评估已实施碳税的环境效益的实证研究相当有限（OECD，1997），但为数不多的评估研究表明，碳税在减少 CO_2 排放量方面是一种有效手段：

（1）由瑞典环境保护局（SEPA）实行的瑞典 CO_2 税的评估研究得出结论，认为 CO_2 税"与瑞典环境政策一致，有助于减少 CO_2 排放"（SEPA，1997，p.52）。

（2）挪威统计局的研究人员发现，碳税对 CO_2 总排放量的减排效应在 1991—1993 年为 3%~4%，效果最显著的是造纸工业，如果没有该税，造纸行业的油耗要增加 21%。税收对中间产品和政府服务部门的影响分别是 11% 和 10%，对其他部门影响较小。

（3）荷兰住房、空间规划和环境部（1997）评估指出 2000 年荷兰能源调节税可减少 1.5% 的国内总的 CO_2 排放量。

（4）丹麦财政部（1996）估计其能源税制度对碳减排的影响，2000 年将减少约 4.7% 的 1988 年水平的 CO_2 排放量。1999 年的评估报告表明，2005 年企业排放的 CO_2 将减少 3.8%，相当于 230 万吨。其中的一半功劳应该归功于碳税，另一半是财政补助和自愿减排协议计划的功劳。

（5）对德国的一项研究显示，截至 2002 年年底，CO_2 减排量将超过了 700 万吨，同时会创造 6 万个新的就业岗位。另一项对能源税效果的研究显示，有清晰的证据表明实现了预期的生态效果，包括能源耗费的降低以及 CO_2 的排放到 2005 年将下降 2%~3%。该研究也表明，能源税对劳动力市场有正面影响，创造了 25 万个新的就业岗位。

2. 碳税政策实施的经济效应——对竞争力的影响

竞争力（Competitiveness）是指国民经济、一个生产部门，或一家公司在国内和世界市场出售其商品和服务的能力。在企业层面，竞争力可更精确地定义为企业维持或增加国际或国内市场份额和赢利能力的能力。企业的竞争力是受"微观"因素如成本结构、产品质量、商标、服务和物流网络，和"宏观"因素如汇率和贸易制度的影响。

碳税的影响反映在公司的成本结构，因此，只有一个因素影响竞争力。碳税将意味着成本增加，对此企业以不同的方式作出反应，包括：

（1）通过较高的价格转移成本给消费者，取决于市场结构。

（2）尽量减少产品的碳含量。这取决于对碳税（即税率和收入循环）和在生产过程中的能源替代的激励。

（3）逃避税款，把生产（排放）安置在其他国家。

当然，竞争力的影响只有在如果环境政策对竞争企业施加了不同程度的成本时才会发生。碳/能源税可能在企业间施加不同的履约成本，因为国家有不同的政策，国内企业之间的规则不同，或者仅仅是因为企业有不同的特定的碳强度，替代可能性和贸易水平。

假定不是所有的企业可以以同样的方式作出反应，碳/能源税可能会导致在竞争损失或竞争优势，依具体情况而定。然而，竞争力的损失往往更明显和短期，而竞争优势可能更难以量化，主要是长期积累。竞争优势常常根据"波特假说"来阐述，认为设计合理的环境政策可以触发创新和生产效率的提高，可能给非管制企业带来绝对优势。这一假说是基于有效的环境法规，从而加强了它的经济手段，如碳/能源税超过指挥和控制措施。

对碳/能源税竞争亏损的实证研究表明，碳/能源税不产生显著影响。例如，Grossman 和 Krueger（1994）发现，现有的证据并不支持这一假设，在"环境标准"上的跨国差异是国际贸易的全球模式的重要决定因素。Jaffe 等（1995）回顾了美国现有的研究，同样判断认为试图测量"环境监管"对净出口、总的贸易流量以及工厂选址决策的影响研究已经有了估算值，要么很小，统计学不显著，要么模型设定试验不稳定。OECD（1996，1997）得出结论认为环境税对成本和价格的影响非常小，而且，这些影响都比较难以与其他变化进行区分（如工资和汇率的变化）。关于产业转移，已有一些证据，能源密集型的民族和多国公司（如石油精炼、铝、水泥）选择了将投资和生产转移到其他国家，尤其是发展中国家。OECD（1993）表示，更愿意在国外投资或削减产能的公司是那些由于整体经济环境而遭受竞争困难的行业，那里的环境成本占新的投资成本较高份额。不同环境政策国家之间的贸易自由化也可增加再分配。然而，未来环保标准的不确定性可能会阻碍外国投资，降低再分配倾向（Zamparutti 和 Klavens，1993）。

关于碳税可能存在的竞争优势，现有的研究都没有再次证实这一假设。例如，Romstad（1998）发现，北欧纸浆和造纸行业的环保法规还没有产生任何竞争收益。然而，他们也发现，环境规制是无效率的，这不符合波特假说。波特假说更可能对在首次执行严格的环境政策的国家内出售减排技术的产业有效。在这种情况下，环保产业的蓬勃发展至少部分是由于环境监管的结果。

在设计碳税方面，影响竞争力的因素主要包括：

（1）"征税点"，即在生产链的哪里应用税收。原则上，税收征收点不会改变其对价格的影响。但税收征收点具有对税收的感知效果，由此影响其可接受性。此外，征收点的选择可能取决于成本和监测的可行性（OECD，1996）。在实践中，在不同水平上应用税收。

（2）"边境税调节"。在这种情况下，出口将收到退款，而进口将根据国内碳税税率被征税。当然，这对于非能源产品是微妙的，因为它们的碳（能源）含量可能难以计算。此外，边境税调节应与世界贸易组织（WTO）规则相一致（Baron，1996）。

（3）"碳税财政收入再循环"。可以考虑几种可能性，包括使用财政收入以减少公司税或对节能投资的税收抵免。当然，这取决于收入如何被在循环，一些公司可能会比其他公司更受益。例如，减少劳工税将最有利于劳动密集型企业。

（4）"免税，退税限额"。已经推出了碳/能源税的大多数国家，如丹麦、瑞典和挪威，给予能源密集型产业比家庭更低的一个税率。当然，为了达到既定的减排目标，对某些公司或行业降低税率将降低碳税的经济效益，需要提高其他部门的碳税税率。例如，Böhringer 和 Rutherford（1997）发现，与免税额有关的损失可能是巨大的，即使免税部门在整体经济活动和碳排放量中所占份额很小。备选的再循环选项，如对出口和能源密集型部门的工资补贴，可在就业方面产生较好结果，成本低于免税。但是，消除免税对那些从中赢利的部门来说可能是高成本的。例如，Godal 和 Holtsmark（1998）估计，在挪威 CO_2 税制中取消免税和由一个统一的针对所有 CO_2 排放量的 CO_2 税来替代它们，将减少排放密集型产业 18% 的利润。

3. 碳税政策实施的社会效应——对分配的影响

分配（Distributive）的含义可以说是有关碳税政治议程的一个重大问题。事实上，近年来的发达国家财政政策历史表明，实施那些落到穷人头上的税收有很大的阻力。因此，即使碳税是一种具有成本效益的工具，其成本分配似乎是决定可接受性的一个基本因素。

碳税的分配影响可在不同的层面来衡量，如不同收入群体家庭之间的分配；不同家庭类型；农村和城市家庭，以及不同世代之间。现有的大多数研究侧重于测量不同收入群体之间的分配影响。

乍看之下，人们认为碳税是倒退的，即它们摊到穷人的比例更多，因为低收入家庭花费在能源上可用收入超过高收入家庭。然而，真实情况并非如此，影响碳税分配的因素相当复杂，至少取决于四个方面：

（1）"家庭支出结构"，其中包括直接购买能源（如取暖油、煤、天然气和汽车燃料），而且还包括购买商品，其生产需要能源（例如生产小汽车在生产过程需要大量化石燃料）。事实上，由于家庭有不同的开支模式，并非在同一收入水平的家庭将以相同的方式受到影响。

（2）"实际由谁来承担税负"，即通过提高能源和产品的价格，碳税是否会完全传递到消费者身上，是否要降低化石燃料生产者的赢利和工人工资。碳税单方面实施将可能通过国内价格的上涨而导致向所有消费者征税（OECD，1996）。

（3）"环境质量改善的利益分配"。事实上，对碳税总体分配的影响不仅取决于对成本的分配，而且也取决于环境效益是如何在人口间分配。有两种与碳/能源税相关的环境利益：一是减少 CO_2 排放量，从而减少了气候变化损害。气候变化减缓和预防带来的利益是全球性的和长期的，因此可以按比例在某个特定国家的人群中分配。二是减少化石燃料的消耗，可带来"次级"环境利益，即改善当地空气质量，减少颗粒物、氮氧化物和二氧化硫等空气污染物的排放。这些污染物对人类健康、生态系统、能见度、材料等产生影响。相对于减缓和预防气候变化带来的利益，"次级"环境利益将主要在短期内和地方/区域水平上产生。因此，它们将在人口中不均地分配，如在农村和城市家庭间。然而，还缺乏关于碳税的成本和利益分配方面的研究，主要是由于利益的高度不确定，尤其是难以货币形式来测量。

（4）"碳税收入的使用"可以"事后"弥补最终的"倒退"影响。由此，再分配选择的范围可以从一次性再分配计划向劳动力和增值税（VAT）（扭曲）税收的减少等延伸。

从实证研究结果表明，碳税通常是"倒退"的，但比开始预期的要少（Barde，1997；OECD，1997）。例如，IPCC（1996）审核的七项研究中，有四项研究表明碳税是"倒退"的，而其他研究显示了可能的比例或累进的影响。这一结果也得到了不同国家研究机构的证实。这些研究显示，碳税整体的弱倒退效应来自于家庭能源税，而运输燃料的征税对大多数欧盟国家具有弱的进步效果。

不过，对发展中国家或转型经济国家中碳税的分配影响还少有研究。为数不多中的一个，Shah 和 Larsen（1992）表明，巴基斯坦碳税的影响甚至可以有适度的进步。碳税收入再循环可以补偿一些倒退影响。这有两种情况：

（1）财政收入对人口的"一次性再分配"。这样的计划对分配影响是正确的，因为最低收入将比高收入家庭获得相对于他们的收入较高的数额，然而，这项计划可能会对宏观经济变量产生负面影响，如价格和就业。

（2）"劳动税"减少"所得税"降低，或者"改变社会保障系统"，如增加住房福利和基于经济状况调查的社会福利。这些选项比一次性再分配在减轻再分配效果方面具有更好的结果。然而，这些措施需要结合其他的再分配政策，其目标针对那些不直接受益于这种减税的社会群体，如养老金领取者和失业者。

另一个可能的减少分配影响的补偿措施是税收设计。例如，能源，特别是家庭能源，仅在超过一定上限被征税，使每家每户都有一个免税的能源津贴。这个想法是基于满足必要的能源需求量。在该上限以上，能源将被梯度征税以维持减少能源消耗的激励效果。荷兰已实施能源调节税，对某些低收入消费者提供完全的税收豁免。

这项计划也可应用在交通运输部门，因为也存在城市家庭和居住在没有良好的公共交通系统的郊区家庭之间的分配问题。然而，应考虑行政成本。

二、物流与生态环境

英国政府首席科学顾问戴维·金爵士曾在2006年警告说，如果各国政府不抓紧行动的话，全球平均气温将在本世纪末上升3摄氏度，有可能造成全球4亿人处在饥荒边缘，甚至12亿~30亿人的生存地也将被海水淹没；即使根据最乐观的估计，地球大气中 CO_2 的浓度在本世纪末也将达到19世纪工业革命前的两倍，即550ppm，从而使地球平均气温上升3摄氏度；各国科学家一直用电脑模型预测地球气温在未来100年里会上升多少，一般的估计是上升2.5摄氏度~10.4摄氏度，造成这一差距的原因是看人类能在多大程度上控制温室气体排放。

政府间气候变化委员会（IPCC）指出欧洲的平均气温在过去100年里增加了大约1.2摄氏度，这是1000年来的最大增幅。此外，20世纪90年代被认为是过去150年来最暖的十年，温度的上升预计仍将继续。这些气候变化归因于人类活动排放的气溶胶和温室气体。欧洲环境署（EEA）则声称，即使在1990年和2001年间温室气体排放量下跌2.3%，欧洲联盟及其成员国将无法实现"京都议定书"设定的2008—2012年的目标，主要是因为运输排放量的增加，特别是公路运输。在过去的20年间，欧盟运输量增加超过了GDP（如图1所示）。

尽管我国所有机动车辆中只有5.5%用于运输行业，但运输部门仍然占全国石油消费总量的30%以上。近十多年来，伴随GDP的高速增长，我国货物运输量也在不断增长（如图2所示）。我国承诺到2020年降低单位GDP能耗达40%~45%，对运输部门提出了更严格的要求，以减少能源消耗和温室气体（GHG）排放。

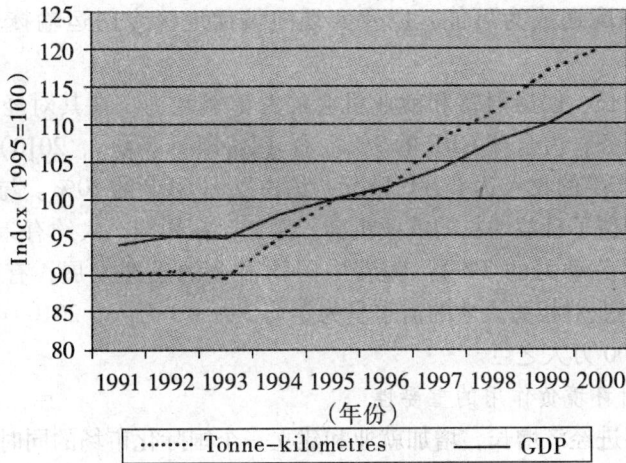

图 1　货运量与 GDP（欧盟）

数据来源：www. eea. eu. int，2004 – 11 – 08

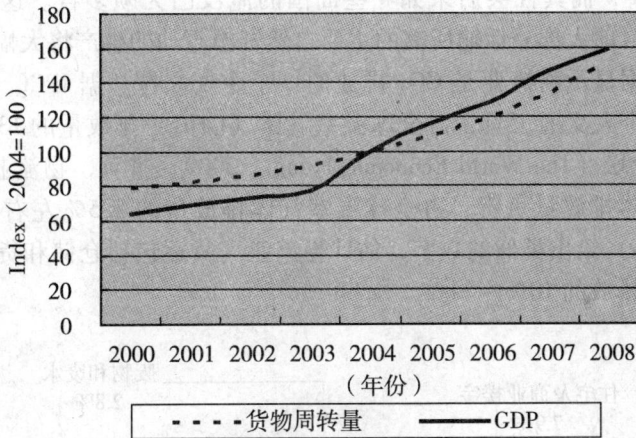

图 2　货运量与 GDP（中国）

数据来源：中国统计年鉴 2009

当前，物流的重点已从降低成本扩展到了更高的灵活性、更优的服务、更短的响应时间和提高收益等方面，并作为首要竞争手段。随着人们对环境问题尤其是气候问题的日益关注，以及作为物流业重要内容的运输部门的减排压力，物流管理领域也在越来越多地关注物流与环境之间关系的问题，这方面一般被称为绿色物流。

（一）物流业在实现低 CO_2 排放和经济发展两方面具有同等的战略重要性

1. 物流对经济的推动作用

我们生活在相互间高度关联的世界中，购物及讨价还价或国际业务只需点击鼠标就能完成，运输和物流业的作用越来越重要。物流及运输公司不仅帮助完成原材料和日用品的采购，也对产品的装配和仓储，以及把成品推向市场起关键作用。物流通过实物网络连接人和市场，如同互联网的虚拟网络一样重要。它能实现在精确的时间窗口内使急需的小部件的全球配送成为可能，以及实现向偏远地区专门运输拯救生命的疫苗和药品。

物流是经济增长、创造财富和就业机会的关键驱动力。在其对经济的直接贡献方面，物流和快递服务，占全球 GDP 的 9% 左右（Logistics Today，2010）。仅在欧盟，物流部门在 2009 年产生的收入达 1 万亿欧元，约占欧洲 GDP 的 10%。与此同时，运输和物流部门为全球创造了日益增长的就业机会。例如，在德国，大约有 260 万人受雇于物流行业（约占全国劳动力的 7%）。随着中国物流业的迅速发展，有资料显示，截至 2010 年，中国物流业对相关人才的需求量为年均 2 万 ~3 万人，2010 年中国的物流从业人员缺口估计达 600 万人之巨。

2. 改善物流对环境负作用的重要性

关注物流业促进经济增长，增加就业和建立一个国际化市场的同时，必须同样认识到物流业对全球贸易与运输的环境影响，尤其是对气候变化的贡献。物流促进了世界各地的经济繁荣，当前也需要物流业帮助推动生态可持续的、低碳的经济发展。

Nicholas Stern（2007）清晰地描述了气候变化带来的经济后果，估计成本占全球 GDP 的 5% ~20%，而其社会后果如一些岛国的淹没已无须多言。这种气候变化的情景，甚至不包括目前大部分运输所需的主要自然资源石油的生产将大幅下降。

一系列的数据显示物流业是 CO_2 排放的一个主要来源。据 IPCC（2007）的数据，运输包括货运和个人交通工具，占全球温室气体（GHG）排放量的 13.1%（如图 3 所示）。世界经济论坛（The World Economic Forum，2009）推算，物流业每年应对约 2.8 兆公吨的温室气体排放量负责，占全球温室气体排放量的 5.5% 左右（如图 4 所示）。McKinnon（2010a）给出类似的数字，估计物流业（货运包括仓储和货物搬运）占世界能源相关的 CO_2 排放的 10% ~11%。

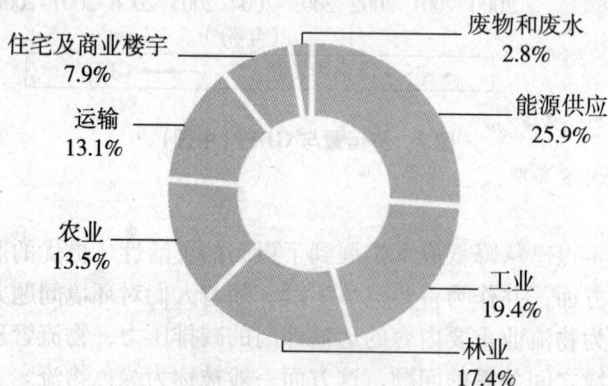

图 3 各部门排放温室气体所占份额

注：数据是指 2004 年依据 CO_2 当量的人为温室气体排放总量（林业包括砍伐森林）

来源：IPCC，2007

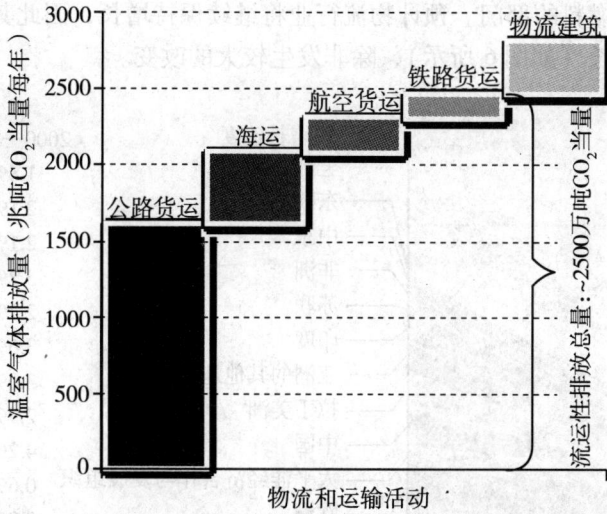

图4 物流活动的温室气体排放

来源：WEF，2009

公路货运大约占物流和运输部门总排放的60%，超过1500兆吨的CO_2当量的排放量。评估每吨公里的排放量，空运是碳最密集的运输方式，即使是新一代的飞机预计也只能减少20%的燃料消耗。最具碳效率的机动运输方式是铁路和海运（如图5所示）。

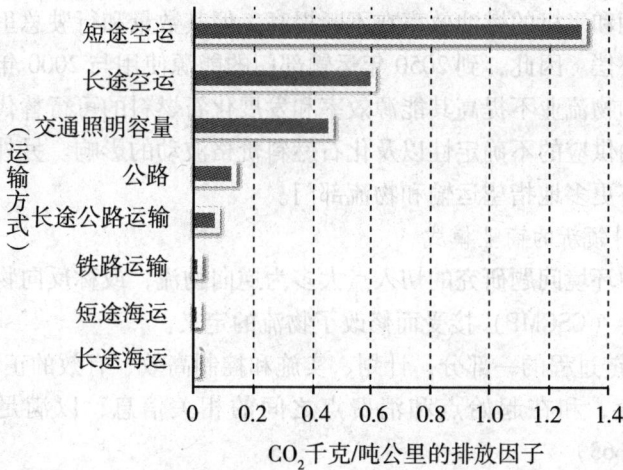

图5 各种运输方式的碳强度

来源：WEF，2009

近十年来，交通运输部门的温室气体排放量比其他任何使用能源的部门以更快的速度增加。全球化和经济增长推动了对物流需求的增长，截至目前，在很大程度上物流还是一个依赖于化石燃料的部门。预计物流行业将继续保持增长，因此其能源消耗和温室气体排放量也将增长（如图6所示），除非发生较大的改变。

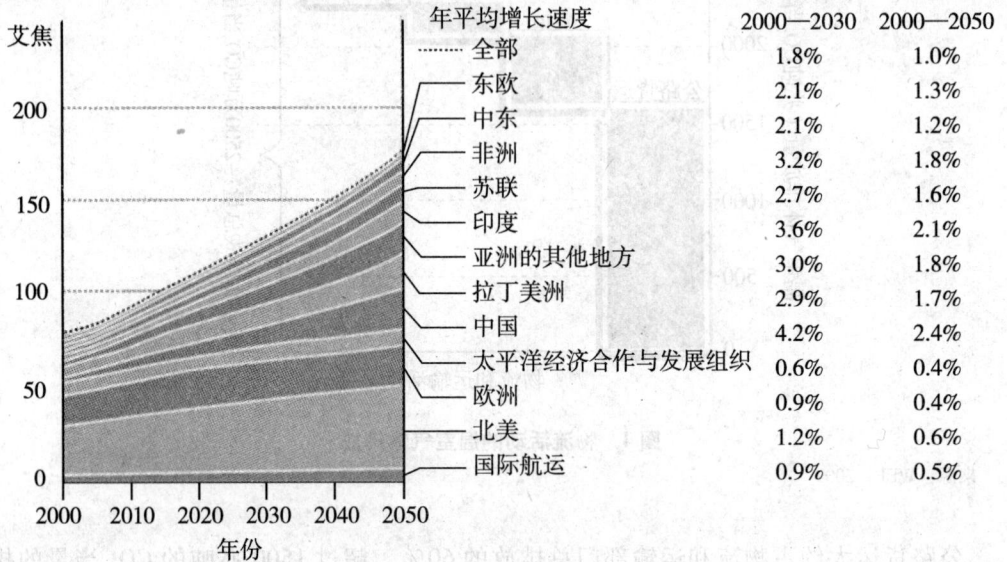

	年平均增长速度	2000—2030	2000—2050
全部		1.8%	1.0%
东欧		2.1%	1.3%
中东		2.1%	1.2%
非洲		3.2%	1.8%
苏联		2.7%	1.6%
印度		3.6%	2.1%
亚洲的其他地方		3.0%	1.8%
拉丁美洲		2.9%	1.7%
中国		4.2%	2.4%
太平洋经济合作与发展组织		0.6%	0.4%
欧洲		0.9%	0.4%
北美		1.2%	0.6%
国际航运		0.9%	0.5%

图6　全球不同地区的运输能源

来源：WBCSD，2004（WBCSD，World Business Council for Sustainable Development ——世界可持续发展工商理事会）

虽然商用车辆和飞机的燃油效率在不断提高，但其数量和行驶总里程的增加超过了这些收益带来的补偿。因此，到2050年运输部门的能源使用与2000年相比预计将超过两倍。如果运输和物流业不提高其能源效率和发展化石燃料的可行替代品，那么接下来将更容易遭受石油供应的不确定性以及化石燃料价格波动的影响。另外，各国政府的温室气体减排目标将更多地指望运输和物流部门。

3. 低碳物流引领新的商业模式

对物流领域中环境问题研究的切入点大多为逆向物流，或称反向物流，这已被供应链管理专业委员会（CSCMP）接受而修改了物流的定义。

"物流是供应链过程的一部分，计划、实施和控制高效、有效的正向和反向的货物、服务的流动和储存，和在起始点和消费点之间的相关信息，以满足客户'要求'"。（CSCMP，2005，p63）

大多数关于物流"有效"或"高效"的定义仍然是指通过成本和服务之间的平衡来获得最大利润。由于政府监管的加大，国际认证标准的发展，以及消费者需求的改变给许多企业带来了很大的压力，促使企业必须考虑纳入环境哲学（Melnyk 等，1999）。环境问题对物流具有重要意义，Wu 和 Dunn（1995）指出物流管理者面临的主要挑战之一是如何将环境管理原则纳入他们的日常决策过程中。

高效的物流系统与环境问题相结合，即为绿色物流。Wu 和 Dunn（1995）认为，为了使物流系统对环境负责，传统的物流成本最小化和利润最大化的观点，需要包含一个新的目标，即最小化总的环境影响。此外，作者把绿色物流看做是波特价值链概念中的一部分（如图 7 所示）。

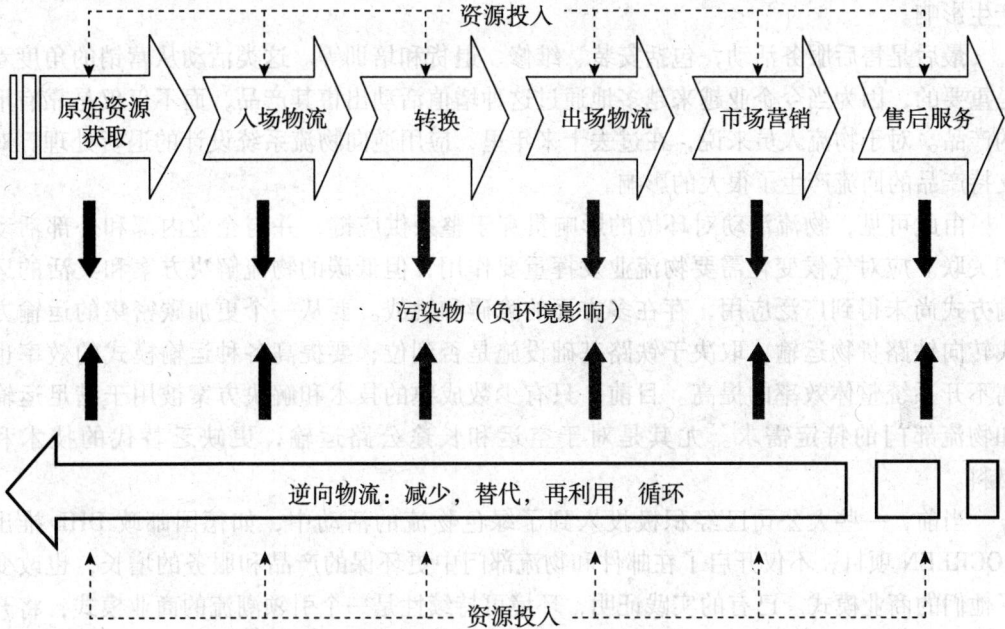

图 7　影响物流系统的环境影响的决策过程（Wu 和 Dunn，1995）

Wu 和 Dunn（1995）认为，供应链最佳效率和环境目标之间存在一个平衡，因此，要求检验企业供应链的每个元素（物流决策）对系统的环境性能有何影响。原材料采购涵盖了采购原材料相关的活动，由于有更多的消费者具有日益增强的环保意识，企业需要重新评估是否从便宜的供应商购买还是转向提供环境可持续材料的供应商购买。国际认证标准，例如 ISO 14000，发挥了重要作用，要求供应商符合一定的环境指南，才能有资格供应给求购公司。

入厂物流是指一家企业如何接收、存储和搬运购买的原材料。企业必须权衡到什么程度货运应当进行拼装，尽管拼装总能提高车辆效率。拼装对环境有利，也节约了资金，但也意味着需要较长的交货时间，从服务的角度看是不利的。其他决策因素还包括承运人选择、模式选择和回程管理等。

库存管理和包装问题从环保角度也具有重要性。当前很多企业按照及时生产（JIT）理念运作，更低的库存水平和更频繁的交付，从而增加了道路拥堵，对环境产生负面影响。然而，通过内部化库存决策模型中 JIT 解决方案对环境的影响，企业可以寻找一种组合办法来平衡库存成本和环境影响之间的关系。

与出厂物流相关的活动包括集中、存储和给客户配送货物以及仓储、物料处理、网络规划和管理、订单处理，以及车辆调度和路由选择。入厂物流涉及原材料，而出厂物流关心产成品从生产者通过配送系统向客户的流动。这里需要权衡的是，例如，配送系统应如何设计使其符合总体战略目标，或应如何处理第三方物流的安排。

企业的物流运作也受营销策略的影响，包括企业选择的营销渠道和期望的服务水平。企业希望拥有的服务水平，例如客户的交货时间，对企业配送系统采用的运输方式产生影响。

最后是售后服务活动，包括安装、维修、退货和培训等。这类活动从营销的角度看是重要的，因为当今企业越来越多地通过这种增值活动出售其产品，而不仅仅是靠有形的产品。对于物流人员来说，在过去十来年里，应用逆向物流系统设计的退货处理，对支持产品的回流产生了很大的影响。

由此可见，物流活动对环境的影响贯穿于整条供应链，并与企业内部和外部活动相关联。应对气候变化需要物流业发挥重要作用，但低碳的物流解决方案和灵活的运输方式尚未得到广泛应用，存在多方面的障碍和挑战。要从一个更加碳密集的运输方式转向铁路货物运输，取决于铁路基础设施是否到位；要提高各种运输模式的效率也离不开系统整体效率的提高。目前，只有少数成熟的技术和解决方案被用于满足运输和物流部门的特定需求。尤其是对于空运和长途公路运输，更缺乏替代的技术和燃料。

当前，一些大公司已经积极投入到了绿色物流的活动中，如德国邮政 DHL 推出 GOGREEN 项目，不仅开启了在邮件和物流部门中更环保的产品和服务的增长，也改变了他们的商业模式。已有的实践证明，环境可持续性是一个引领潮流的商业模式，将开辟新的市场机会和面对未来的挑战。它也可以通过引进更高效的流程和减少自然资源的投入，来削减成本。

（二）现代物流的"绿色悖论"

然而，当前大多数的物流系统设计时考虑更传统的物流平衡，如运输与库存，入厂与出厂物流，运输成本与交付时间，以及客户服务与物流成本（Wu 和 Dunn，1995）。现代高效的物流系统在某种程度上是以与环境责任相冲突的方式进行设计的，使物流染上"绿色"不是很容易的。另外，全球化和全球物流也在不同程度地把高污染向欠发达地区转移而损害环境。

Rodrigue 等（2001）指出"绿色"和"物流"之间的基本矛盾，即存在现代物流的"绿色悖论"，使得环境成本外部化。可从 6 个不同的维度来进行分析。

第一个悖论，成本，是指成本的外部性。物流系统的效率是按照给定服务水平下的物流活动所产生的成本来衡量的；但效率的提高往往是在供应链的不同部分实现的，一般而言是以对环境和社会带来更高的负担为代价的。

当前的趋势是，各国政府试图逐渐让实际使用者支付基础设施的使用成本，但物流活动通常不支付使用基础设施的全部费用。因此，物流经营者往往使用污染程度最严重、最不节能和基础设施最密集的运输方式来增加配送速度。

20 世纪 80~90 年代，交通运输网络的物理结构发生了实质性的变化，轴—辐结构成形，这是第二个悖论。通过实施枢纽（轴），可以降低成本，提高效率，但这个解决方案对环境带来巨大压力。如图 8 所示,轴—辐结构把环境压力集中在局部区域,而且这类结构以机场、港口和铁路终端的形式占据大量的土地。

"时间就是金钱",任何形式的更短的交货时间和效率往往有着紧密关联（Christopher, 1998）。时间是第三个悖论。为了减少配送系统的交货时间,企业往往选择更快的运输方式,故航空和公路交通显著增加,而这些模式往往能源效率最低和污染排放最多。与此同时,新技术使企业能够实施更有效的物流解决方案,例如以 JIT 的方法来减少时间。然而,这些解决方案只能通过航空和公路运输来实现,而这些模式从环保角度看却不是最佳的选择。

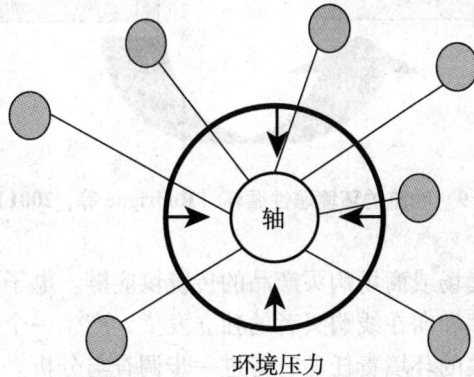

图 8　轴—辐（hub - and - spoke）结构的环境压力（Rodrigue 等, 2001）

此外,如果企业可以实现快捷的交付,那么将较少受空间的约束,由此配送系统也逐渐从分散转向集中化,关注的重点也从地理距离转变为了"时间距离",但这已导致运输的吨 - 公里总额增加。Rodrigue 等（2001）称之为"物流的环境恶性循环（Environmental Vicious Cycle of Logistics）",如图 9 所示。企业向客户提供更高水平的服务,促使客户增加精度更高、交货时间更短的服务需求。这种需求最终将波及整个行业,导致具有时间通胀特征的市场条件。

第四个悖论是可靠性。物流成本与向客户提供满意服务的目标相关,可靠性是其中一个重要的目标。如果企业要确保客户收到完好的产品,很可能选择对产品损害可能性最小的运输模式,与时间要素一样,当涉及可靠性时,空运和货车运输成为了受企业青睐的运输模式。

高效的物流使企业能够缩短交货时间和提高其可靠性,由此对仓库的存货需求有所下降,这是第五个悖论。很多企业都在减少他们仓库的存货,使其转变为在途货物。McKinnon 和 Woodburn（1996）指出,在 1978—1990 年,10 个主要食品制造商的仓库总数减少了 44%。这种趋势仍在继续,根据 Browne 和 Allen（1994）的调查,1989—1992 年仓库数下降到了 13.5%。这种变化进一步促进环境的退化,因为这些外部成本并没有通过物流业来补偿,而是由整个社会承担。

第六个悖论涉及电子商务的增长和由此带来的配送系统物理结构的变化。电子商务

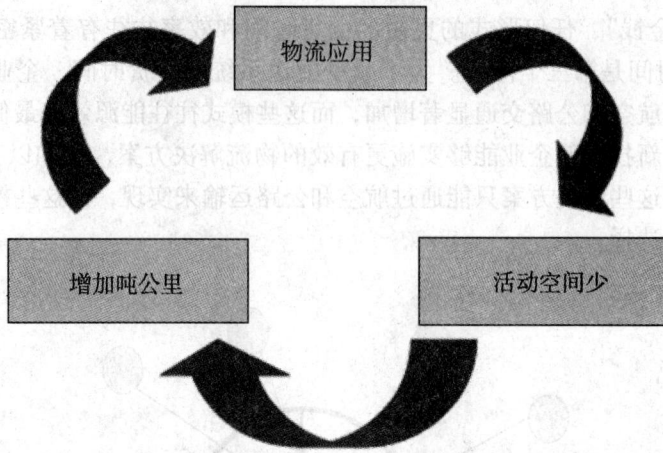

图9　物流的环境恶性循环（Rodrigue 等，2001）

正在改变消费者逗留大卖场或商场购买产品的传统供应链。电子商务系统的运作依赖于大都市区外围的大型仓库和向在线购买者的独立发货，产生一个分散的配送系统。对于新兴的电子商务和它相关的环境责任还有待进一步调查与分析。

所有这些悖论对物流的环境影响研究很重要，同时也说明了物流业中讨论环境问题的复杂性和必要性，需要从物流决策的不同层次来分析对环境的影响程度。McKinnon 和 Woodburn（1996）就有关货物运输的物流决策提出四种不同水平，具有分层特征：

（1）物流系统的物理结构：这个级别的决策包括工厂、仓库和货运场站的位置和数量，这些决策决定了如何体现一个公司的基础设施建设。

（2）采购及配送模式：这些决策处理如何采购产品或谁来分包公司的生产合同，以及如何配送其成品等问题。这些决策决定了公司与供应商、分销商和客户的交易环节。

（3）货物流的排程：将上述交易环节通过生产和配送的计划和排程转移到货运流的决策。

（4）运输资源的管理。上述决策明确了运输管理者在其日常的运作中需要处理哪些参数，例如决定使用什么类型的车辆等决策。

许多绿色物流措施是在最低层次上削减了每车公里的外部性。但是，这些措施的有益作用常常被更高层次的决策所抵消或否定，如集中化仓储、从更远的供应商采购产品或更多的即时补货，通常会增加总的车公里数。因此，企业有必要就他们的活动对货物运输的影响和相关的外部性有更全面的认识。

在较低层次上使企业的物流运作绿色化，需要对企业的管理文化和战略重点作一些改变。即使在物流的较低层次上存在显著的减少排放可能性，减少生产和配送中运输量的主要潜力还在于更高的组织水平上。

三、低碳物流趋势及碳税作用分析

随着社会上对环境问题意识的不断提高，对绿色物流的需求也越来越强，可持续性的经济驱动力也越来越重要，碳税等政策手段的出台也将进一步推动物流的"脱碳"。

（一）物流低碳化是必然的趋势

1. 消费者（客户）的行为变化

在市场经济中，消费者的购买偏好决定了产品的市场机会。今天，世界各地的人们不仅关注气候变化，也越来越多地采取行动，支持更加环境友好的行为。德国邮政 DHL 市场研究服务中心（MRSC）对全球 6 个主要市场：印度、中国、美国、巴西、英国和德国进行了一个在线绿色趋势调查。调查结果显示，最常见的行动是进行废弃物分类，减少一次性物品的消费，选择更环境友好的运输模式和减少小汽车使用等。

调查结果也证实了可持续性已经成为一个重要的购买标准：一半的消费者表示，在未来十年他们将更支持有绿色解决方案的公司而不是更便宜的供应商。许多接受调查的企业客户也期望，终端消费者将进一步改变他们的行为，其中有超过半数预计在未来几年内，他们的大部分客户会更支持拥有绿色运输/物流解决方案的公司而不是使用较便宜的解决方案的公司。另外，59% 的企业客户估计，其产品的绿色运输将是未来赢得客户的一个决定性因素。

德国邮政 DHL 通过 GOGREEN 项目的实施，由对 DHL 开拓的绿色产品需求的急剧上升而证实客户对低碳物流服务需求的日益增长。当德国邮政 DHL 于 2007 年 1 月在达沃斯世界经济论坛上发起 GOGREEN EXPRESS 时，DHL 成为了行业中首家提供碳中性发货选项的快递服务供应商。2010 年 UPS 也推出了碳中和（carbon neutral）服务产品。

GOGREEN 服务，首先计算所有与运输有关的 CO_2 排放量，然后通过第三方的碳减排项目进行补偿，这些项目是得到认证和具有高质量标准。使用 GOGREEN 的大部分发货量的增加来自企业客户，这些客户认为这有利于他们自己的碳减排计划。

2. 消费者对透明碳信息的需求

然而，消费者目前还很难辨别什么是环境可靠的选择。例如，关注环保的消费者倾向于选择本地生产的食品，以避免运输排放，但排放量的计算并非如此简单：虽然食品运输到消费者的距离是一个重要因素，但其他变量，如运输方式，来自食品生命周期的排放，温室大棚、农药和人工灌溉的使用等也很大程度地影响了食品的碳足迹。这不仅表明了物流过程在提供更低碳产品中具有关键作用，也突出了对低碳产品包含清晰的、透明的碳足迹信息的需要。只有提供碳信息的透明度，才能真正赋予消费者选择的权利。目前只有部分产品的信息容易获得，例如，家用电器和汽车的能源消耗在显著位置上刊登广告，而大多数情况下，产品的能源消耗和生态友好信息是不容易看到的。

欧盟生态标签（Eco-label）又名"花朵标志"，"欧洲之花"，是于 1992 年出台的一种自愿性生态和付费标签制度，虽然生态标签使用及申请价格不菲，申请标准也较为严格，但初衷在于鼓励生产厂商向消费者展示其产品的绿色环境性能。经过十多年的发展，"生态标签"已经逐渐被欧盟消费者所认可，加贴"生态标签"商品的受欢迎程度也逐渐增高。该标签目前已对超过 3000 种产品如清洗剂、纸张和鞋等授予生态标签。

碳标签，即碳足迹标签，是又一个提供商品碳信息的新趋势，它是把商品在生命周期中所排放的温室气体排放量在产品标签上用量化的指数标示出来，以标签的形式告知消费者产品的碳信息，从而引导消费者选择更低碳排放的商品，最终达到减排的目的。确切地说，碳标签是产品背后碳减排技术水平的体现。

目前世界已有 12 个国家和地区立法，要求其企业实行碳标签制度，全球有 1000 多家著名企业将"低碳"作为其供应链的必需，沃尔玛、IBM、宜家等均已要求其供应商提供碳标签。英国率先推出了碳标签做法，于 2007 年专门成立了碳基金，鼓励向英国企业推广使用碳标签。英国最大超市特易购目前已在 500 多种产品上加贴了碳标签。日本从 2009 年 4 月也开始试行碳标签制度，截至 2011 年 2 月 16 日，日本碳标签制度的产品种类已扩大至 94 类，广泛涉及加工食品、轻工和部分机电产品。于 2011 年 4 月起正式实施农产品碳标签制度，要求摆放在商店的农产品通过碳标签，碳标签制度执行范围将由现有的加工食品扩大至整个农产品类别。法国已颁布"新环保法"，宣布从 2011 年 7 月起，所有在法国销售的产品必须提供"碳足迹"标签。从 2011 年年初开始，欧盟及韩国等地的客户已要求企业提供产品"碳足迹"的相关数据。

这意味着，发达国家消费者开始优先选择低碳产品。国际标准化委员会关于"碳足迹"标签的国际标准 ISO14067 已完成草案的拟定，计划于 2011 年发布实施。一旦"碳足迹"认证国际标准出台，商品加注碳标签将不可避免。对于企业来说，给碳排放贴标签需要进行全面的碳审计和承担由此带来的成本。所有企业将必须进行全面的供应链碳审计，需要引入碳核算和控制。

（二）低碳物流的经济价值

应对气候变化需要政府监管和强制性环保绩效标准的实施等措施，但更离不开企业的自愿参与，积极加入迎接减少 CO_2 排放量的挑战。对于企业的自愿参与，增加低碳方面的投资，必须具有经济上的可行性。

事实上，根据埃森哲咨询公司（2007）的一项研究，87% 的受访 CEO 认为，企业要想赢利，可持续性非常重要，既能增加销售收入，也能降低生产成本。德国邮政 DHL 的绿色趋势调查显示，对企业客户，绿色物流将变得更加重要，既有"无形"的理由，如公司声誉或企业社会责任，也有经济上的原因，能节约成本。

1. 客户需求增长带来的销售收入增加

根据 DHL 的绿色趋势调查，有 51% 的终端消费者受访者表示他们会支持绿色物流供应商，57% 的企业客户受访者表示，他们支持更绿的超过较便宜的。可见，企业对推动低碳物流发展的作用不容忽视。另外，政府部门在创造对低碳物流需求方面的作用也不能低估。国家和地方政府通过政府绿色采购和投资绿色产品来推动低碳产品需求的增长。例如，我国环保总局和财政部联合发布的《环境标志产品政府采购实施意见》和首批《环境标志产品政府采购清单》，于 2008 年 1 月 1 日起在全国实施，将有力地推动高效节能的绿色产品的发展。

绿色低碳已成为成功塑造公司声誉及其品牌的关键因素。品牌效应将进一步驱动对绿色产品的需求。尤其是对于跨国公司，塑造公司声誉及其品牌已延伸至整条价值链。因此，企业会千方百计地维护自己的声誉，"绿洗（green - washing）"概念也由此应运而生。绿色和平组织是这一概念推动者的先驱。早在 1992 年，绿色和平国际就发布了 Kenny Bruno 撰写的《绿色和平"绿洗"指南》（"The Greenpeace Guide to Greenwash"）。"绿洗"，可以理解为无论是企业、政府、政客甚至是非政府组织，在卷入环境丑闻后，通过各种手段来制造利于环境保护的正面形象，以企图脱离或者掩盖环境丑闻，并赢得公众和决策者的支持。"绿洗"概念的出现，说明非政府组织和公众都渴望评估企业在环境方面是否符合所阐述的实践活动。如有不实，通过媒体的高度关注，信息通过网络平台的即时传播，这种有争议的行为很容易影响到对公司产品的需求。

例如，在了解了有关公司对环境有害的做法（埃森哲，2007）后，91% 的客户会考虑改变他们的购买习惯。同样，对于企业而言，被视为可持续或绿色企业也很重要。调查表明，员工有明显的偏好在具有可持续性的公司工作。世界领先的招聘平台 monster. com 的调查显示，超过 90% 的年轻专业人员表示，他们会更倾向于绿色公司工作。在 DHL 的绿色趋势调查中，有 52% 的受访者表示，在未来十年中，他们将偏爱具有绿色/可持续性的雇主，超过其他公司，中层和高层管理人员的受访者中，这个数字甚至高达 65%。

因此，可持续性方面不断增长的重要性将进一步推动公司提供低碳产品和塑造自己的低碳流程。这将是企业竞争力的一个重要体现。

2. 低碳化高能效带来的成本节约

实施环境友好的实践活动，也将产生显著的成本节约。只是初始投资在起步阶段会增加成本，但长期地可以从每年产生的运营成本节省来补偿这一投资成本。特别是能源效率措施，对节约成本具有关键作用。据专家估计，在美国，到 2020 年不同行业部门的能源成本可减少 14% ~ 22%（National Academy of Sciences 等，2009）。

对于物流业，凭借效率措施肯定会显著节约成本。在 DHL 的绿色趋势调查中，节约成本是使用绿色运输和物流服务的又一个重要原因，与公司声誉或企业社会责任具有同等的重要性。运输（包括客运）占全球石油消费量的 61%（IEA & OECD，2009），因此提高运输的燃料效率对降低物流成本至关重要，燃料已成为物流服务的主要成本驱动因素。从风险管理的角度看这些措施在未来也将变得越来越重要：37.6% 的风险管理者把燃料/电力的可获得性和价格（Fuel / power availability & price）看做企业未来最高风险之一（Ceres，2010），如图 10 所示。

（三）碳税等政策手段对低碳物流发展的驱动作用

1. 驱动低碳物流发展的政策选择

尽管全球仍致力于达成应对气候变化的一致行动和全面方法，许多旨在限制运输碳排放的监管措施已在世界各地执行。管制已成为推动绿色物流产业的一个重要驱动力。走向绿色物流业需要政府管制，包括绿色税收、激励或其他形式的监管等，而且未来的监管环境会更加严厉，并青睐于提供绿色产品的公司。

政治/监管环境	74.3
监管责任	41.1
燃料/电力供应和价格	37.6
自然灾难	37.1
雇员招聘和保留	35.1
IT系统和安全	35.1
金融监管	31.7
气候变化规律	31.2
利率/货币风险	27.7
供应链中断	27.2
信贷供应	23.3
流感大流行	22.3
水的供应和质量	22.3
运输	16.8
知识产权管理	14.9
物理气候变化的影响	14.9
董事会	7.4

百分比　0%　10%　20%　30%　40%　50%　60%　70%　80%　90%　100%

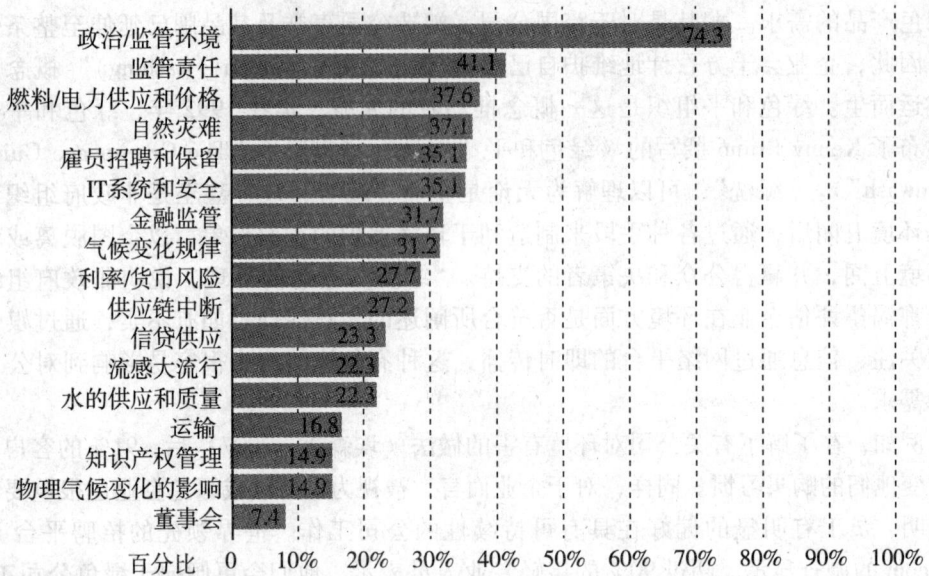

图10　风险管理者对企业应对气候变化的最高风险关注点

各国政府使用各种政策工具来实现其减排目标，针对运输和物流业碳足迹的政策措施，一般可以分为三类：传统的监管手段，以市场为基础的经济手段和基础设施的手段。

（1）传统的监管手段

传统的监管手段包括限制各类活动或禁止某些产品的生产/使用的所有限制性措施。

①排放标准和燃油效率标准是典型的传统监管手段。排放标准设置了可释放的碳排放量限制，而车辆的燃油效率标准，要求制造商控制其车辆的燃料消耗，从而间接减少释放的碳排放量。

②领跑者标准方法关注那些实用的最好的实施案例，并把这一表现设置为未来的最低标准。这种管制甚至可以针对特定的汽车零部件（例如，最节能的空调、灯光、润滑剂或性能最好的轮胎成为最低标准）。日本是领跑者标准方法应用范围最广的国家，如果其客运和货运车辆不能满足这些标准，生产商将面临制裁。自从1998年引进领跑者燃油效率规则以来，日本的客车平均燃油效率已显著提高。截至2004年，已提高22.4%。

③车辆进出限制使某些类型的车辆被排除在中心城区，或者设置低排放区域，指定排放标准，规定必须满足标准的车辆才被允许进入该区域。两者都是地方一级的政策，要么避免在中心城区排放，要么鼓励使用低排放的运输选择，从而减少道路交通的排放量。

（2）经济手段

与传统的监管手段相反，经济或市场手段在本质上不是抑制性的，而是一种激励机制。通过货币刺激鼓励参与者减少排放，确保生产者和消费者在其所有决策中纳入遏制碳的目标。

①碳排放交易方案是设置总排放量限制，并发布相应的污染定额。企业可以降低自己的排放量，或从已经成功地减少排放的公司购买多余的定额。虽然交易机制不能保证一个稳定的价格发展（使政府和企业决策复杂化），这种灵活的方法确保减排目标可以非常有效地实现。世界上最大的排放权交易计划之一，是欧盟排放交易体系（EU ETS），包含了许多国家和各个部门。2012 年 1 月开始，航空业将作为第一个与运输相关的行业被纳入 EU ETS。

②碳税是对化石燃料的燃烧征收的税收。由此，它们可减少碳密集型燃料的使用。相比限额和交易计划（cap – and – trade schemes），其实是降低了所有关联价格的波动，但不能保证减碳的具体数额。税收具有保证价格稳定的优势，但它也是非常难以确定什么样的价格足以改变人们的行为，从而使得很难准确地实现减排目标。

③通过财政支持促进低碳技术奖励碳减排贡献者，并鼓励投资于碳效率。一些政府通过支持购买混合动力、电动或其他低排放车辆来影响需求。美国的"经济刺激法案"有数十亿美元的资金，用于支持与物流业相关的能源效率活动，例如，开发和生产电动汽车，8 亿美元用以支持生物燃料的研究和开发，和大规模的生物炼油项目。

基于市场的方法，使生产者可以灵活地调整来适应税收或排放总额，并有效地发挥他们的专长，因此，它们在实现环境目标时将更有效。另外，市场方法设立激励机制，使受影响的各方将或多或少地根据他们所面临的成本减少排放。更妙的是，那些高出平均成本的人，购买额外的额度或支付更多的税收总是比在任何系统做有效努力寻求行政补助相关的立法成本花费更少。因此，他们的特殊情况使减排尤其昂贵的那些人付出代价，在生产上获得成功而不是寻求补助，如果他们所面对的成本不成比例或过高的，那么他们必须做。这种动力是偏爱市场方法的第二个原因：他们在实现环境目标方面更为有效。

（3）基础设施和市场自由化工具

基础设施的有效维护、使用和管理对运输效率有重要影响。

①对运输基础设施的投资，公路、铁路线、港口和机场，不仅是运输的使能因素，也是帮助运输和物流服务供应商实现运营效率的最佳水平的一个先决条件。容量限制和基础设施瓶颈，导致很多不必要的碳排放的交通堵塞和浪费的弯路。

②市场壁垒，妨碍了不同运输部门的运输能力被充分利用。例如，欧盟去除沿海道路运输的限制，形成共同运输政策，可显著减少空车行驶，而铁路系统的全面开放和国家铁路基础设施更好的互连不仅能提高国家铁路货运的使用，也能提高跨境边界的铁路货运。2008 年 1 月开通的北京和汉堡之间的这条连接中国和欧洲的铁路线，也是朝这个方向迈出的重要一步。超过 10000 公里的旅程，经过六个国家，大约需要 15 天，只是海运时间的一半。市场壁垒现象在我国各省市间同样广泛存在，是阻碍运输效率的一个重要因素。

③基础设施的次优管理也阻碍了一些交通方式释放其全部潜力。例如，近几十年来，国界造成的欧洲分散的空域管制导致了空中交通拥堵和延误。欧盟的"单一欧洲天空二号"计划有望优化欧洲空域的组织，碳排放量节省估计可达 12%。同样，美国正

在实施的空中交通管理系统，被称为 NextGen（Next Generation Air Transportation System）。借助卫星技术，旨在显著提高美国空中交通管制的效率，从而促进了碳排放量的大幅减少。

因此，投资基础设施，取消交通运输部门的市场壁垒和基础设施更好的行政管理，不仅支持货物的无缝流动，同时也提高整体的运行能力。与此同时，这些工具对物流绿化起着重要的推动作用。

2. 碳税实施对物流企业成本和投资策略的影响

根据"碳税实施的双重红利"章节中所述，碳税实施具有环境的双重红利和经济的双重红利，因此，碳税在经济上可以无成本执行。但对于企业而言，碳税无疑会增加企业的成本，一是增加减排成本，二是为能源消耗支付税费。根据欧盟实施碳税国家的实践经验，为使增加碳税的可接受性，关键在于对碳税收入的管理。通常提供碳税财政收入再分配（"循环"）的几种形式，使碳税不会成为政府一般开支计划和预算过程的一部分。碳税财政收入再循环的形式有：

（1）"财政收入中性"。来自碳/能源税的财政收入用来减少其他税收，使政府财政状况没有改变，总体税负保持不变。总的基本原则是将税收从经济"货物"（像工作、收入或财产）转移到环境"公害"（如污染）。如：减少家庭和企业所得税或财产税等税收。

（2）"专用性"，意味着碳/能源税的财政收入被用于资助特定的环境计划（如环境基金、环境规划或研究与发展活动）。

（3）"补偿措施"。财政收入被用于补偿受税收影响最大的一些群体。例如，通过一次性再分配纠正对低收入家庭的一些负面影响，同时，对减排技术的补贴可以弥补污染者的额外减排成本。

财政收入的再循环，使碳税产生了除碳减排以外的"双重红利"。碳税是一种基于市场的手段，一旦政府设置了税率，排放密集型商品将有较高的市场价格或更低的利润。因此，市场的力量会自发地以成本有效的方式发挥作用，以减少排放量。也可以说，税收有两种激励效应："直接效应"，通过提价，刺激节能措施，增加能源效率投资、燃料和产品交换，并在生产和消费结构中发生变化；"间接影响"，通过财政收入的再循环，改变投资和消费模式强化直接效应。

由此可见，碳税对企业成本的影响很大程度上取决于碳税的再循环设计。巨大的前期投资是很多企业减碳所面临的一个主要困难，而且减碳投资一般只能在长期内得到回报。然而，在碳税政策实施之前，已经有一些政府的激励机制可以帮助企业承担部分的投资负担。如退税（折扣）政策，可补偿用高效节能的替代品取代老旧设备所需的部分投资。此外，还有各种补贴、对绿色企业的减税，或对非可持续企业的处罚等。

碳排放量的价格标签，将大大改变投资条件，环境状况将是投资决策的重要组成部分，同时可持续性将成为公司的关键绩效指标，息税前利润需要扣除碳成本。一旦引入碳税政策，必将改变企业的投资策略，以有利于企业内部转向低碳流程。可以有几种策略：

（1）首先，更长的回报期：资本投入到绿色项目会降低预期回报率，回报期会比传统投资项目更长，或者预期营运利润（息税前利润）要考虑碳成本。企业文化也需要接受和支持稍长的投资回报期，能在突破性技术上进行必要的投资。

（2）其次，追加预算：绿色投资能在财政上得到奖励，或得到对可持续投资的追加投资预算。这些追加预算对 R&D 项目非常重要，可以开发新技术，使其适应物流业的特定需求。

（3）最后，企业间协作：研发是一项长期的任务，一般不能按常规的投资类别进行评估。由于这些 R&D 项目大多具有很大的成本和风险，可以通过企业之间的协作努力来投入，并通过政府的支持得到进一步的激励，以发展未来具有高效削减 CO_2 排放的新技术。

引入碳定价，不仅会改变企业的投资决策，更有数量庞大的"责任投资"（Responsible Investments，RI）的资金会关注具有可持续性的企业，在他们的投资决策中包括环境、社会和管理标准，强调他们对世代的公平和面向未来的商业惯例的重视。国际上一些评级机构也已将企业的可持续性纳入评级标准中。ASSET4（Reuters）和 Risk Metrics（MSCI 摩根士坦利资本国际）这两家评级机构已经制定了公司的可持续性评估方法，除了财务方面，还考虑各种社会、环境和管理相关的因素。此外，还有更多关注气候的评级，开发了以碳足迹、能源效率和技术轨迹等因素为基础的企业碳 Beta 测试版（Riskmetrics，2010）。

在一份科隆大学关于责任投资对投资组合绩效影响的分析中，对根据环境、社会和管理实践列为同行最佳的公司进行投资，与可持续性评价较低的公司相比，业绩可以高出 8% 左右（Kempf & Osthoff，2007）。根据 DHL 绿色趋势调查也表明，大多数人会倾向于投资具有绿色/可持续性的公司。

（四）小结

在低碳约束下，企业应该自觉"碳约束"，以最小化碳税等政策手段给企业带来的影响。归纳起来，碳税下企业进行积极"碳约束"的成本包括碳减排成本和能源使用的税费支出，但收益也是多方面的，最终将使企业走上可持续发展的道路。这多方面的收益包括：

1. 成本免除

无论是国外已实施的碳税还是我国正在设计的碳税框架，都主张税收减免和收入返还原则。例如，我国正在研究的碳税框架提出"通过税收收入，建立可再生能源发展基金或用于提高能效等方面研究，实现税收的激励功能"，这可以帮助企业承担部分的减排投入成本。

2. 降低成本

企业选择低碳，努力减少能源使用量和提高能源使用效率，从而降低成本。英国碳信托 8 年来与英国上千家企业合作的经验显示：至少 20% 的能源节省是可以轻而易举的取得。另外，据专家估计，在美国，到 2020 年不同行业部门的能源成本可减少 14% ~ 22%（National Academy of Sciences 等，2009）。

3. 良好的声誉并受投资者青睐

客户在选择供应商时，公司的声誉始终是一个重要的因素，提供可持续性方面的领先解决方案，本身就是一个销售驱动力，同时它也提高了公司对受过良好教育的求职者的吸引力。引入碳定价，不仅会改变企业的投资决策，更有数量庞大的"责任投资"资金会关注具有可持续性的企业。

4. 更多的顾客

客户需求在增长，同时对更绿的物流解决方案支付额外费用也有了一定的准备。终端消费者和企业客户的需求对推动低碳物流发展的作用不容忽视。另外，政府部门在创造对低碳物流需求方面的作用也不能低估。国家和地方政府通过政府绿色采购和投资绿色产品来推动低碳产品需求的增长。

5. 低碳商机

到 2015 年，低碳产品及服务的市场价值将超过 7 万亿美元；斯特恩报告指出，全球低碳发展的商机巨大，现在花费 1% 的 GDP 即可解决将来至少要花 5% ~ 20% 的 GDP 来解决的问题。2009 年 8 月 19 日，国际非营利机构气候组织（The Climate Group）在北京发布了题为《中国清洁革命Ⅱ低碳商机》的报告。报告指出中国正在快速成长为低碳产品和服务等领域的世界领跑者，存在于这些领域的商业投资和经济机会雏形渐显；当然，巨大的市场潜力仍有待激发，以及中国发展低碳经济必须突破两个瓶颈——技术的研发推广和融资渠道的拓宽。

四、低碳约束下的物流发展策略

尽管成本和速度仍是目前评判物流运作的主要标准，但从前面章节的分析可见这方面已发生一些变化，环境可持续性正在作为第三个维度被一些全球领先企业纳入决策过程中。如何将环境可持续性标准转化到企业运作中，什么样的解决方案可以减少能源的消耗、排放和浪费？这仍是很多企业面临的一个难题。下面将从系统层面和技术层面两方面来分析低碳约束下的物流发展策略：从系统层面上，即为整体优化解决方案；从技术层面上，将关注各种运输方式的创新技术和仓库解决方案。

（一）系统层面的物流发展策略

系统解决方案，如配送网络的绿色设计或路由管理优化等措施，是削减 CO_2 排放的重要战略。下面将沿供应链的采购、制造及配送流程进行分析。

1. 采购策略

每个行业多少都需要采购，从采购原材料到采购零部件。例如，飞机 75% 的部件需要采购，这意味着有超过 600 万个零件必须被运送到组装点。因此，在整个产品生命周期中，采购占相当高比例的碳排放，而且这个比例随着新的"全球采购"趋势而增长。在 20 世纪 80 年代和 90 年代，相对恒定的燃料价格和技术的进步，使运输更加便宜，使企业能够管理全球网络和采用离岸外包模式。

货物的"全球"移动，降低了产品的总成本，但增加了碳排放和燃料需求。据专家预测，确定未来采购策略的关键变量（劳动力套利、燃料价格和碳成本）正向矛盾方向发展。虽然劳动力套利有望继续，但石油价格的上涨，可能导致采购战略范式的转变。2008 年，埃森哲显示，油价上涨已经对汽车制造商生产用的铸造零件的到岸成本[①]产生了影响。

区域采购不仅有经济影响，也有环境影响。将商品从世界的另一端运到本地使用，即使经济上可行，也将产生高昂的环境代价。例如，对于西欧的汽车企业来说，到东欧的近岸生产也将比从亚洲运送零件更加成本有效。西欧的汽车企业在东欧采购替代亚洲采购，运输距离将从 5000 公里减到 700 公里，只是从亚洲采购的货物运输模式主要是海运，而在欧洲主要以卡车为主，因此，节省的 CO_2 排放量仅 5 百万吨。尽管如此，从亚洲采购的时效性货物则依靠空运，近岸能节省 2000 万吨的 CO_2。

另外，订货系统也存在改进余地。只是，目前关于 JIT、快速反应（QR）等订货策略是否对环境有负面影响还不是很确定，企业在运用这些策略时需要全面评估，可能对不同的企业会有不同的结果。

2. 制造策略

在生命周期评估中，制造业通常占排放总量的 25% 左右（World Economic Forum，2009）。与物流相关的主要有两个方面：延迟策略和包装。另外，使产品更小更轻，便于装卸和运输。

延迟策略是企业有效满足客户要求的一种手段，企业往往生产和运输基本产品，然后在客户点附近按需定制。延迟策略可以节约成本，几乎是与大规模生产相同的效率来生产客户定制产品。该解决方案还可以节省精力，减少储存和吨公里，所有这些都有利于企业的可持续性。例如，日本汽车在不来梅港的客户定制化，所有客户选项在当地得到满足，如真皮内饰、无线电装置、涂料颜色、遮阳篷等。

包装设计是又一重要方面，所运货物的重量和体积是受包装材料的设计和构造影响的。每年有 253 吨包装被用于全球消费性行业，其中约一半是纸张，一半是塑料。纸的生产需要约 700 万棵树。可持续包装方案由此将对整个供应链的碳减排作出重大贡献。包装使用的两个主要领域运输和仓储也将产生不同程度的改善。制造过程可以通过去除包装而显著减少 CO_2 排放。包装设计技术包括包装减量化、轻量化和替代材料的使用等。

合理地拼箱，使包装更小，不仅可以减少使用材料，还可提高装载单元的利用率，从而降低运输和仓储成本。来自世界经济论坛的专家估计这方面每年可节省高达 125 吨的 CO_2。

3. 配送策略

配送策略主要涉及网络设计，仓库和货物转运点的地理分布，以及多式联运，即用于连接网络节点，包括仓库和生产场地的运输方式。

4. 网络设计

优化网络设计，包括节点和相互联系的运输流，可以显著降低成本和碳排放。从可持续性观点来看，网络设计面临着两个矛盾的目标：一方面，拥有最低的库存和仓储 CO_2 排放量，另一方面，达到最低的运输 CO_2 排放量。网络设计就是要在这两方

---

① 到岸成本（the landed cost），是采购、运输、仓储和配送原材料、半成品和产品的总成本。

面寻找一个平衡点。提高配送网络可持续性，一种方式是创建集货中心和多用户仓库，它可以提高运输的负荷因子，同时保持仓储成本最低。另外，还有更高的绩效，更短的响应时间，和减少 CO_2 排放。一个典型的例子是英国希思罗机场，为了减少交通拥堵和碳排放，希思罗机场签约 DHL 管理其集货中心。通过整合一周 700 次入站交付到 300 次出站运行，该中心实现了显著的环境和运营效益。2008 年，通过 DHL 车队的统一交货共节约 218000 公里，总计减少 158000 公斤 CO_2 排放量，并显著减少拥堵。

5. 多式联运

不同运输模式的每吨公里 CO_2 排放量分别为：一架飞机平均每吨公里排放 CO_2 1.2 千克，而船舶每吨公里排放的 CO_2 少于 0.02 千克。可见，海运的排放约为飞机的 1% ~ 2%。有效的模式规划不仅可以显著削减 CO_2 排放量，也可削减其他排放，如氮氧化物和噪声。因此，考虑采用哪种模式时，就应采取更全面的观点。目前，铁路和公路运输的结合在不断增加。从公路转移部分运输工作量到铁路有很大的潜力，特别是距离超过 500 公里时，但这需要大量投资，使得对大多数企业的运营是可行的和成本有效的。

6. 路由管理

目前绝大部分的陆路运输是通过公路完成的。路由和调度所有这些车辆是一个非常复杂的过程。优化运输路线，不仅能显著节约成本，也保护了环境。一些物流公司已经开发了动态车辆路由软件，与早期的路由系统相比，考虑了实时信息，并能及时调整路线。动态路由规划系统能计算出最有效的投递路线，管理交通拥堵，少走弯路，即时订单管理，使送货员在他们的绕行线上实现互换发货和加快交货。可以根据全天出现的交通数据和新订单来调整这条路线。其结果，可以提高生产力，显著削减公里数和 CO_2 排放，同时提高服务质量。据估计，如果路由规划系统得到有效使用，配送车辆的数量可以减少 15%。使用负载规划和路由规划的计算机软件包，与人工规划相比，车公里数可降低 5% ~ 10%，CO_2 排放减少达 10% ~ 15%。

7. 容量管理

今天物流业面临的问题之一是资产的未充分利用，包括卡车、火车和集装箱。我国卡车的空驶率估计达 40%，欧盟也有约 25% 的卡车公里是空驶（Eurostat，2007）。空驶，不仅造成经济上的浪费，也带来环境成本。因此，增加卡车的负载因子不仅可以改善碳足迹，也能节约成本。但是，企业在最小化物流总成本时需要在装载/拼装时间与装载量之间作一权衡。

车辆的负荷因子，通常在 40% ~ 60%。如果能有更多的负荷被合并，进行拼装运输，那么道路运输对环境的影响几乎可以减少一半。负荷因子的增加，不仅会减少发货次数，也将减少总油耗，当负荷因子从 50% 增加至 100% 时，燃油消耗仅增加 20%。与拼装有关的还有回程装载。2009 年，DHL 发起了一项倡议以减少这些空驶公里和由此产生的 CO_2 排放量，主要通过增加回程装载，培训调度员以优化容量利用率，并安装实时信息工具以监控车辆的可用性来实现。

空驶背后的原因是多种多样的：采购、销售和物流之间的协调性差，需求波动性，不可靠的交付排程，车辆尺寸和重量限制，车辆和产品的不相容性，货物处理的要求，及时交货和地域管制等。然而燃油价格的上涨正迫使企业更加重视车辆的利用率，单个公司提高其利用率是有限的，竞争对手和同一供应链的成员之间合作，将互惠互利。

（二）技术层面的物流发展策略

虽然配送网络的重新设计、运输方式的优化等，可以显著改善物流的 CO_2 足迹，但如果没有作业流程的改变，尤其是没有采用新的、更高效的技术，物流行业也不会成为一个低碳部门。物流运作中 CO_2 减排的两个关键点是货物如何传递和如何存储，即运输车辆和仓库的效率问题。此外，员工的参与也起着重要的作用。一些研究认为削减运输排放的关键是关注汽车发动机的改进和改用绿色气体。车辆技术水平方面在过去的几十年已经有了相当大的改进。例如，多年来对各类发动机的立法要求越来越严格，由表3所示，已经对减少排放量起到了积极的作用。

1. 公路货运

到目前为止，还没有哪项突破性的现有技术，可以消除全部的油井到车轮的排放（well - to - wheel emissions）而使运输部门彻底转变。然而，结合已用的或接近市场成熟性的技术，可以实现显著的 CO_2 减排。这些技术大部分集中在公路运输。

表3	发动机的欧洲标准				（单位：g/kWh）
立法标准	时间	NO_x	PM	HC	CO
Euro I	1993	9.0	0.40	1.1	4.5
Euro II	1996	7.0	0.15	1.1	4.0
Euro III	2001	5.0	0.10	0.7	2.1

（1）混合动力汽车

混合动力汽车结合传统发动机与高压电机来支撑内燃机性能。电机储能靠内燃机来充电。在物流方面，混合动力系统特别适用于有许多停靠站和每天行驶里程较低的城市运输小货车（7.5～12吨），预计能源效率可获利15%～25%，相比每天行驶里程高的长途运输或重型卡车只有2%～6%。由于可观的燃料节省和相对较低的资本支出，混合动力系统预计在大规模生产的条件下有较好的经济利益。

（2）电动汽车

电动汽车将对物流业产生重大影响。首先，它们增加了城市夜间配送的潜力，噪声将不再是夜间配送的一个问题。在系统水平上，这也将扁平化白天（当拥堵是一个主要问题时）和夜晚（当大多数道路是空的）之间基础设施的使用。其次，物流企业运行的电动车辆大型车队将成为未来智能电网的重要组成部分的强有力候选者：电池将在低需求期间（如夜间）或在电力高供应阶段（例如，强而稳定的风）充电。如果存在高需求，但能源供应低，车辆将作为能量来源（只要它们不是在同一时间运行）。因此，物流业将不仅是物流服务的供应商，也将成为国家智能能源基础设施的一部分。

电动动力系统有可能结束运输部门对化石燃料的依赖。然而，物流公司大规模采用电动汽车的主要障碍是高的初始投资，其购置成本，与等效的传统货车或卡车相比通常高出一倍。此外，充电设施的可用性也是一个问题。需要在集货中心或仓库安装充电站，以便能够通宵给车充电。最后，采用政府和企业间的协作方式，是突破这一障碍的需要。

插件式油电混合动力汽车（the plug – in hybrid vehicle）是一种中间过渡类型，它可从电网充电，只要电力存储持续，没必要恢复到燃料。与混合动力汽车相比，从电网给电池充电可减少约50%的燃料消耗。由于完全电力驱动的程度取决于电池的容量，插件式油电混合动力汽车的电动发动机将主要用于在高停靠密度的市区运输，这也将减少市中心走走停停交通的噪声水平。

然而，即使电动汽车有望被大规模使用，其减少CO_2排放量的潜力可能仍然受到电力生产继续依赖化石燃料的制约。因此，以电网为基础的能源混合结构是电动汽车可持续性的关键。如果电动汽车被提供100%的绿色能源，它们将是无排放的。然而，以德国和英国目前基于网格的能源组合结构为例，也只有30%的CO_2排放削减的可能。

（3）燃料电池汽车

燃料电池是最古老的电能转换技术之一，早在1893年就已发明。不过，燃料电池被视为未来很有前途的动力系统，其中的水和热量是电力生产的唯一副产品。燃料电池车可结束对石油的依赖，因为氢可以从风能和太阳能生产，在使用时可以100%减少CO_2排放量。即使氢是从其他初级资源如天然气、煤或生物质生产的，燃料电池汽车的油井到车轮的排放量与传统汽车相比要低得多。

然而，由于其成本较高，技术不确定性，燃料电池汽车的未来仍不明朗。每辆车的投资超过传统车辆购置成本的约六倍，由于缺乏对价格和氢消耗的可靠估计，节省成本的潜力仍未知。这项技术的投资受到许多不确定性和技术限制的阻碍，包括：

①缺乏氢基础设施，燃料电池汽车的使用范围有限；

②车上储氢，仍然是技术上最具挑战性的障碍之一；

③在生产/储存与处理两方面，氢的安全仍然是一个问题。

由于许多问题有待解决，需要进一步研发，用于物流运作的燃料电池汽车估计在2030年之前不太会有市场。

（4）替代燃料

燃料也是企业减少运输环境影响的主要方法之一。然而，替代燃料更加昂贵，并且能量密度较低，这会降低车辆的行驶里程范围。由此，一些专家认为燃料的改进在将来不会有很大影响，除非有效的激励机制等落实到位。

①压缩天然气（CNG）

替代燃料真正向前迈出第一步是在1995年，推出了以天然气为动力的车辆。汽油发动机改装为压缩天然气（CNG）来运行，结合了柴油低CO_2排放和汽油发动机低颗粒物/氮氧化物排放的优点，还降低了运行噪声。然而，CNG汽车进展有限的部分原因是：CNG发动机初始投资高（€4000～€5000，根据车型和大小）；由于高油耗和额外的维护费用，节约潜力有限；有效载荷能力的损失等。目前正在测试新一代车辆的排放水平和燃料消耗，但由于CNG车辆仍然依赖化石燃料，今后的重点将是可再生燃料。

②生物燃料

目前只有第一代生物燃料可用，包括生物柴油和乙醇，来自产油的植物，如油菜子、棕榈树、麻疯树、大豆、玉米或其他植物性物质。第一代生物柴油是使用称为生物质到液体（BTL）的不同化学过程生产的，与以前的生物燃料相比，将产生更低的排放，并可削减 CO_2 40% ~ 60%，但估计在 2015 年之前不会达到市场成熟。

在某些情况下，生物燃料也可被混合使用，则不需要进行汽车改装，也就没有初始投资。另外，可变成本（即燃油价格）和传统发动机也相差不大。一些国家已经启动激励方案，并设定具体的目标以促进生物燃料的使用。然而，对于生物燃料最关键的问题仍然是：对粮食安全的影响和全生命周期下生物燃料对温室气体排放、土地利用的变化（如森林转化为耕地）、生物多样性的影响及其他社会影响。

目前，科学家正在想方设法从纤维材料生产生物燃料，这将预示着第二代生物燃料的来临。在 BTL 化学过程中使用废弃物（包括食物废弃物），非食物的纤维素和木质纤维材料（如藻类），其主要优点是它们可以在非农业用地上生长，因此与粮食产品较少有竞争性。

③沼气

用沼气代替化石燃料的 CO_2 排放量可减少 80% 以上。然而，目前补充燃料的基础设施入口很有限，缺乏在天然气网络中进行沼气配送的监管框架。目前，北欧国家沼气的使用已相当普遍，2008 年沼气已达到市场成熟。然而，使用沼气需要的车辆高额追加投资成本（厢式货车约 €4000，重型卡车约 €25000），与 CNG 相比燃料价格明显更高。不过，由于其高的排放削减潜力（包括全球和当地），和它的分散生产和可获得性，对物流公司也许是最有前途的解决方案——尤其是对用于邮件或快递投递的城市车队和卡车。

④氢

氢既可用于燃料电池，也可用于火花点火发动机。汽油发动机也可通过改型而使用氢并无须作重大改动。氢的优点是其每单位重量高的含能量和高可燃性，给发动机提供动力没有 CO_2、微粒或硫的排放。如果太阳能或风能被用来生产氢气，可以 100% 减少 CO_2 排放。但目前经济上还缺乏可行性，以及在移动应用中的安全储氢仍然是最关键的挑战。因此，专家估计还需要五年以上时间才能使氢汽车走向市场的成熟。

（5）提高传统燃烧系统的能源效率

虽然从长远来看创新的燃烧和燃料技术对解决气候变化问题是有必要的，但现阶段许多还没有市场，达到规模化市场的潜力可能还需要几十年。短期内制造商的计划主要集中在现有的发动机和动力系统上。例如，根据麻省理工学院的预测，传统汽油和柴油动力系统两者的能源效率将逐步提高。到 2035 年，在未改变尺寸和性能水平的情况下，以汽油为动力的轻型卡车有望提高 37% 的燃油效率，同时柴油轻型卡车提高 50%（Bandivadekar 等，2008）。因此，传统汽车的技术改进仍将是一个关键因素。

（6）车身设计

车辆的重量和尺寸对燃料消耗和温室气体（GHG）排放有着很大影响。更轻的材料和改变车身设计可以带来很好的收益。许多汽车零部件可以以相对较低的成本来缩减尺寸，车辆重量减少 20%～35% 是可行的，可以减少油耗 12%～20%（Bandivadekar 等，2008）

另外，也可优化容量。欧洲正在开展更长和更重车辆的试点项目，希望通过组合不同的现有拖车和半挂拖车，创建一个更长、更重的车辆组合，以减少道路上的车辆数目。这将通过合并一辆车的投递货物来创建更高的装载容量。通过降低总的卡车流量，排放量有望减少。不过，卡车的尺寸可能会与当前的基础设施（如回旋处及桥梁等）不匹配。然而，依靠专用网络和道路（港口的腹地连接，轴—轴运输）会带来巨大收益。

（7）空气动力学

空气动力阻力是卡车温室气体排放的主要来源。例如，一辆重型卡车高速公路行驶约 40% 的燃料消耗是由于空气动力阻力（Transport 和 Environment，2010）。因此，根据现有设备，中等速度下，优化卡车的空气动力学设计可以提高燃油效率 10%～20%，更高的速度，如高速公路上行驶时它将更加重要。

依据油耗和内部装载空间，欧洲正在开发一种泪珠状的新型卡车设计。泪珠状拖车驾驶室高度为 4 米～4.5 米，并降低了后排高度。全侧裙设计有助于最小化空气动力阻力。尽管投资成本比常规卡车高 €10000，但由于减少了燃料消耗，摊销期只需两年半。另外，CO_2 效率增加约 11.3%，在负载方面与目前的供应商网络和车队车辆完全兼容。然而，现有的基础设施，尤其是那些桥梁过低的地方如欧洲大陆等对泪滴卡车不适合。一些国家对车辆尺寸也有自己的监管标准，在运营方面，如叉车作业时也因高度问题而带来风险。目前，德国邮政 DHL 正在英国使用泪滴卡车，取得了积极的成果。

（8）生态驾驶系统

驾驶员的驾驶习惯是影响燃油效率的单一最大因素。对于一辆小客车，影响油耗可高达 25%（Laurell，1985），因此司机培训是降低燃油消耗和排放量的快速和有效的方式。生态驾驶就是通过影响驾驶员行为而降低油耗的技术。例如：

①公布油耗和排放水平可增加司机对其驾驶行为影响的认识；

②"起动助理"提醒驾驶员在适当的地方关闭汽车发动机，并使它启动得更快；

③"换档指示器"建议应选择的档以最大化燃油效率。

生态驾驶培训可以减少高达 20% 的燃料消耗，然而，因为司机往往遵循其旧习惯，长期效果为 7% 左右（Kompfner 和 Reinhardt，2008）。德国邮政 DHL 的邮件部门使用"钻石驾驶员"方案，通过车辆上安装的传感器收集驾驶行为信息，如横向和纵向的加速度，收集到的数据被转移到网络中心处理。只有驾驶员可以上网查看或打印他们的报告，并收到关于如何能长期提高驾驶行为的反馈信息。

2. 海运、空运和铁路货运

海运、航空和铁路等行业由于设施更新节奏较慢，投资高，以及基于租赁及租船等经营模式，所以这些行业在技术创新方面不如道路运输突出。但是，由于它们占全球货运量的大部分，它们的发展趋势对全球碳减排影响很大。

海运创新，集中在推进系统、替代燃料和加强流体动力学设计。大部分船舶采用燃烧船用油的柴油发动机，因此它们具有高的减少污染潜力。目前，与道路运输相反的是，混合动力技术还不能用于船舶，而燃料电池技术已有商业应用，减少了海船所造成的当地和区域的排放问题。然而，到目前为止海上燃料电池还没有大规模生产，其障碍主要是增加的资本支出及燃料电池的使用期短，和它们在海上应用的可靠性问题。

在过去几十年里由于主要技术的改进，飞机能源效率有了显著提高，但这些更多地已经被航空旅行和航空货运的整体增长所抵消。对于像德国邮政 DHL 这样的大型综合物流服务供应商，航空运输是其 CO_2 排放的主要来源。这方面主要可以通过提高容量利用率，优化网络结构来解决，还可以通过使用更现代化的飞机来解决。然而，飞机的生命周期往往超过 30 年；用于货运甚至会更长，因此，机群的更新速度非常缓慢。

虽然火车是今天碳排放最少的运输方式之一，但铁路货运速度较慢，它的噪声污染也严重影响了周边社区。频繁的停靠以及耦合和去耦导致平均时速低至 6 公里/小时。显著的改善依赖于更好地利用铁路基础设施和专用的铁路货运走廊。

3. 仓库能源效率

仓储是任何物流网络的重要组成部分，其功能包括存储、分拣、包装、直接换装、拼装等。据估计，仓储建筑物占货运部门碳排放量的 13% 左右（World Economic Forum，2009）。对于企业来说，仓库能源使用的效率和经济性不仅有利于节省成本，而且也有助于减少碳足迹。仓库节能主要涉及电力和照明、供暖和制冷系统和本地能源生产。

（1）电力和仓库照明

物流设施中高达 80% 的电力消耗通常来自照明，因此，这方面的优化具有显著的环境影响。例如，一个 400 W 的高压钠灯泡，连续运行一年，预计产生 1.69 吨 CO_2 当量（CO_2e）（Wyatt，2007），乘以仓库中这种灯泡数量，很快就能知道其巨大的减排潜力。提高仓库照明的能源效率，其实比较简单：

一是要定期清洁灯泡，可以提高效率。研究表明，两年积聚的灰尘相当于降低 50% 的光亮度，从而增加 15% 的经营成本（Carbon Trust，2007）。二是，使用最新的实用照明技术，回报期约三至四年，在很多情况下，还可以再持续近两年，可根据电价和区域设备和安装成本来定。德国邮政 DHL 在其德国一个仓库的试点项目，通过将灯泡从 T8 改变为 T5，节约能源 40%，在某些情况下可节省高达 70%。三是有效地利用日光，是节能的一个方向。四是，安装运动探测器和照片传感器可用于转向灯和灯光的自动关闭和调节，从而减少浪费。

在减少耗电量和运营成本之前，还需要获得有关能源消耗的信息。使用智能电表，实施能源监测和碳足迹系统，不仅可以测量消耗了多少电，还可以知道是在什么时候被消耗的。

（2）仓库供暖和制冷

确保仓库所需的温度，从冷冻肉的 -10℃ 到消费品的 20℃，对仓库的 CO_2 足迹影响很大。由于大多数仓库需要供暖和制冷系统，提高仓库 CO_2 效率的一个重要途径是采用最先进的供暖系统，另外，还需要全面隔热。

然而，在实践中，这些措施的实施却有难度。例如，供暖和制冷系统不完全隔离，如果不改进建筑物的绝热性而改变供暖系统，那作用就很有限。另外，更重要的是大多数企业只是租用仓库。由于更好的隔热或供热技术的投资需要相当长的回收期，无论是租户或业主没有动力来投资这些措施。因此，需要建立仓储相关行为者的激励机制，提高仓储能源效率。

（3）本地能源生产

能源的本地生产，使仓库运营商可以显著减少 CO_2 排放。光伏板和小型风力发电机还不很经济，但结合补贴和其他政府激励，它们可以缩短投资回收期。当地理位置优越时，大型的、实用级风系统在没有政府的激励措施下运营回收期在 8~12 年内。再与生物质热相结合，有望实现以可接受的成本产生较低的生命周期排放量。

可见，管制在此起着重要的作用。英国的"默顿规则（Merton Rule）"（Energy Saving Trust，2007），就是要求企业至少 10% 的能源必须就地使用可再生能源。这项政策预计使人口 15 万的市区城镇每年可节碳 350 吨。

市场化的解决方案，可以使仓库以一个更可持续的方式运作。通过能源节约、供热和制冷系统以及替代能源使用等，与一般的 15 年老仓库相比可少排放 70% 的 CO_2（Prologis，2007）。

（三）小结

物流业要实现显著的碳减排，不仅有赖于采购和制造策略，更多地是要依赖于货物配送。优化配送网络设计，使用正确的运输模式和有效的管理负载容量和路由都是非常有效地削减 CO_2 排放量以及成本的手段。

在运营方面，也有大量的优化杠杆可用。从增加仓库的能源利用效率，到现有车辆的空气动力学改善，再到环保驾驶系统的使用。另外，混合动力汽车已进入试点项目阶段。

展望未来，现有的或接近市场成熟的解决方案和技术的组合，将是运输和物流部门削减排放水平的关键所在。但是，要实现彻底改变还有待时日，还面临着众多挑战，主要包括：

（1）最重要的是不确定性。物流创新研发投入很大，企业往往不能凭自己的力量来承担高成本。替代能源和化石燃料未来价格的不确定性，以及缺乏成本节省的可靠估计是常规技术优先的两个主要原因。

（2）此外，厂家开发新技术往往首先针对大众消费市场，如混合动力汽车。在物流领域不能实现规模经济，使处于起步阶段的技术，单位成本较高。新技术的推出还需要有相应的基础设施到位，使其能够加油或储能。

（3）需要有效的激励机制才能加快新型车辆的引进速度。

五、结论

物流业是 CO_2 排放的主要来源之一。运输，包括货运和个人交通占全球温室气体排放的 13.1%。物流业每年约排放温室气体 28 亿吨，占全球温室气体排放量的 5.5% 左右。其中公路货运排放超过 15 亿吨，约占物流和运输部门总排放的 60%。物流业，包括货运、仓储和货物搬运等约占世界能源相关的 CO_2 排放的 10% ~ 11%。货物运输方式中，空运是碳最密集的运输方式，铁路和海运是最具碳效率的运输方式。因此，发展低碳物流已成为各国实现节能减排目标的重要途径之一。

在当今全球一体化经济中，物流业又是就业机会和经济增长的主要驱动力，物流创造了大约 9% 的全球 GDP。供应链和物流过程已经深深嵌入到了不同行业和部门的价值创造中。然而，以"快速"、"灵活"等为特点的现代物流发展趋势与物流"脱碳"化之间还存在诸多矛盾，可以称之为现代物流的"绿色悖论"。概括起来，主要有六个方面的悖论：物流成本的外部性、轴—辐结构的环境压力、缩短交货时间与碳密集运输方式、提高可靠性与碳密集运输方式、减少库存与增加运输量，和电子商务的增长以及由此发生的配送结构变化带来的环境影响等。可以说，物流促进了世界各地的经济繁荣，同时也需要物流来帮助走向一个生态可持续的、低碳的经济发展道路。物流业在实现低 CO_2 排放和经济发展两方面具有同等的战略重要性。

为应对气候变化带来的严峻挑战，各国政府使用各类政策工具来实现碳减排目标。碳排放交易体系、碳税等以市场为基础的经济手段纷纷出台。碳税是对化石燃料的燃烧征收的税收。根据已经实施碳税国家的实践经验，实施碳税除了实现减少 CO_2 排放目标以外，还具有"双重红利"，包括经济的"双重红利"和环境的"双重红利"。环境的"双重红利"为减少碳排放量可能会伴随当地污染减少；经济的"双重红利"为通过减少扭曲性税收，再循环碳税收入，可能对经济增长、就业或技术发展产生积极影响。然而，碳税的实施，无疑会增加物流企业的成本，一是增加减排成本，二是支付燃料使用的税费。

如何应对碳税带来的成本压力？寻求低碳物流解决方案才能有效应对碳税带来的成本压力。将环境责任纳入企业决策中，改变投资策略，支持较长的投资回报期，追加绿色投资预算，加强企业间合作共同推进新技术应用。由此，通过提高能源使用效率和减少能源使用量而降低成本，同时获得相应的税收减免和补贴等激励来补偿前期较大的成本投入。另外，由于终端消费者和企业客户对低碳产品需求的增长，一方面使企业收入随之增长，另一方面，也促使企业为能给消费者提供透明信息，积极进行全面的供应链碳审计（涉及碳核算、控制和管理），由此还将进一步吸引风险投资。因此，在碳税等政策压力下，尤其是在此类政策到位之前，企业更要积极地改变其投资策略，有利于企业内部转向低碳流程。

物流决策的不同层次对环境的影响程度不同，因此，需要从系统层面和技术层面两方面来探讨低碳物流的实现途径。系统层面上，可以沿着供应链的采购、制造和配送等链条环节提出整体优化解决方案。采购策略影响着运输方式和运输距离；制造环节主要是产品延迟策略影响运输和仓储，以及产品的包装设计影响包装材料和运输容量等；配送策略主要涉及网络设计、路由管理、运输模式组合和容量管理等方面影响碳排放。为进一步将物流行业转变为一个低碳部门，需要有作业流程的改变，尤其是需要采用新的、更高效的技术。物流低碳技术应用主要涉及新型车辆技术和绿色替代能源，以及仓库的照明和供暖与制冷系统等。

然而，当前物流低碳化还存在诸多障碍。分析其原因主要有：

（1）经济危机。这应该是 CO_2 削减措施动力不足的主要原因。许多企业仍然面临着经济危机中的生存问题，他们只能注重成本降低，而不能兼顾 CO_2 减排。

（2）现金为王。大部分企业不太关注投资回收期较长的投资，另外，由于经济危机，许多企业缺乏现金，必须对其投资政策非常谨慎。只要 CO_2 减排没有立竿见影的回报，在经济不景气的时候它们将不会成为短期投资政策的一部分。

（3）许多企业把环境责任当做是某一部门的职责，而不是跨部门甚至是整条供应链的管理。各部门仍然以单独的成本和服务水平关键绩效指标进行管理，缺乏企业各部门和业务单元之间的真正合作，更谈不上供应链各企业之间的合作。例如，供应商与采购接触，客户与销售接触，而这些部门的目标又不尽相同，不利于真正的合作，不能实现供应链的真正价值。采购的重点是降低成本，不是合作或削减 CO_2 排放量。

尽管存在上述种种原因，许多降低成本的措施也带来 CO_2 削减，只是企业将失去更大的 CO_2 减排机会。企业需要在成本最优和 CO_2 减排最优之间寻求平衡。有研究表明，可以在成本次优的情况下实现更多的 CO_2 减排。一旦碳税等政策措施到位，碳排放被真正定价，那么企业必须兼顾降低成本的内部压力和 CO_2 减排压力。

中国政府承诺到 2020 年单位 GDP 减少 40% ~ 45% 的能源消耗。这对运输部门提出了更严格的要求。2010 年，中国的货运量超过了 240 亿吨，是美国的两倍，并且货运周转量以年均 14% 的幅度增加，货运物流对中国未来经济增长将起到重要的推动作用。目前，中国卡车数量占车辆总数只有 4%，却占交通污染排放的 57%，并且中国卡车的数量以接近 10% 的速度增长。因此，节能和提高能效是中国货运行业更具有竞争力的一个关键因素，有助于实现经济和环境的双赢。

然而，总体上中国企业对碳排放的认识还远远不足。商道纵横的 CDP（碳信息披露项目）连续三年调查内地和中国香港按流通市值计算的 100 强上市公司，发送调查问卷，请他们回答自身碳排放的问题。2009 年，这 100 家公司中只有 11 家填写了问卷，18 家上市公司提供相关信息。低于全球调查问卷。其中大部分公司不清楚气候变化与其日常经营、发展战略有何相关性。2010 年，有 13 家上市公司填写了问卷，26 家提供了相关信息，41 家没有回复，20 家拒绝参与。这是历年来中国公司 CDP 参与度最高的一次，问卷质量也有所提升。

从过去三年碳信息披露调查的情况来看，中国上市公司对气候变化的认识逐渐加深，态度越来越积极，披露的信息也越来越多。但与国际市场特别是 FTSE 500 相比，中国上市公司对碳信息披露项目的回应程度仍然偏低，信息披露的质量也有待提高。多数公司缺乏相应的温室气体排放数据采集体系，真正能够提出明确的减排计划目标的公司寥寥无几。今后，企业面临碳减排的政策监管将更加严格。碳信息披露是企业走向低碳的第一步，那些敢于进行碳信息披露的企业，最有机会抓住低碳经济的发展机遇。

课题组成员名单

课题主持人：罗如新　复旦大学上海物流研究院副教授
课题组成员：张三敏　上海物流学会学术部长

参 考 文 献

［1］苏明，傅志华，许文，等．我国开征碳税问题研究［J］．经济研究参考，2009（72）：2 －17.

［2］张昕宇．"碳关税"的性质界定研究［J］．求索，2010（9）：28 －30.

［3］蔡博峰，杨妹影．日本碳税方案勾勒低碳蓝图［J］．环境保护，2009（22）：71 －73.

［4］http：//www. rednet. cn 2006 －04 －18.

［5］BARANZINI A，GOLDEMBERG J，SPEAK S．A future for carbon taxes［J］．Ecological Economics 32（2000）：395 －412.

［6］PEARCE，D W et al．The Social Costs of Climate Change：Greenhouse Damage and the Benefits of Control［J］．1996.

［7］SCHNEIDER，S H，GOULDER，L H．Achieving low － cost emissions targets［J］．Nature 389（4 September）：13 －14.

［8］BöHRINGER，C，RUTHERFORD，T F．Carbon taxes with exemptions in an open economy：a general equilibrium analysis of the German tax initiative. J. Environ. Econ［J］．Manage. 1997，32：189 － 203.

［9］HOUGHTON J T，et al．Climate change 2001：The scientific basis，Contribution of Working Group I to the Third Assessment Report of the Intergovernmental Panel on Climate Change（IPCC）［M］．Published for the Intergovernmental Panel on Climate Change，Cabridge University Press，Cabridge，UK.

［10］KLAUS，P，KILLE，et al．The Top100 of Logistics［M］．DVV Media Group，Hamburg.

［11］STERN，N．The Economics of Climate Change［M］．The Stern Review，Cambridge University Press，Cambridge.

［12］MCKINON，A．Environmental Sustainability. A New Priority for Logistics Managers，In：McKinnon，A. et al. ：Green Logistics. Improving the Environmental Sustainability of Logistics［J］．Kogan Page Limited，London，3 －30.

［13］WORLD ECONOMIC FORUM（2009），Supply Chain Decarbonization，The Role of Logistics and Transport in Reducing Supply Chain Carbon Emissions［OL］，Available at：http：//www. weforum. org/pdf/ip/Supply Chain Decar bonization. pdf.

［14］MELNYK，S A，STROUFE，R，MONTABON，F，et al．TJ（1999），Integrating environmental issues into material planning："green" MRP［M］．Production and Inventory Management Journal，Volume 40，Number 3.

［15］WU，H，DUNN，S．Environmentally responsible logistics systems［J］．International Journal of Physical Distribution and Logistics Management. Vol. 25，No. 2.

［16］CHRISTOPHER，M．Logistics and Supply Chain Management［M］．Pitman Publishing，London，UK.

［17］MCKINNON，A C，WOODBURN，A．Logistical restructuring and freight traffic growth：an empirical assessment ［J］. Transportation, Number13.

［18］BROWNE, M, ALLEN, J. Logistics and Distribution Trends in the Food Manufacturing Industry ［R］. Transport Studies Group, University of Westminster, London, UK.

［19］Climate Change Risk Perception and Management: A Survey of Risk Managers ［R］. A Ceres Report, Sponsored by Zurich.

［20］KEMPF, A, OSTHOFF, P. The Effect of Socially Responsible Investing on Portfolio Performance ［R］. Centre for Financial Research, University of Cologne.

［21］BANDIVADEKAR, A, BODEK, K, et al. On the Road in 2035, Reducing Transportation's PetroleumConsumption and GHG Emissions ［J］. MIT Laboratory for Energy and the Environment, Cambridge (Mass.).

附　录

关于授予"2011年度中国物流学会
课题优秀成果奖"的通告

物学字〔2011〕13号

2011年3月，中国物流学会《关于下达"2011年中国物流学会研究课题计划"的通知》（物学字〔2011〕5号文）共确定212个课题列入研究课题计划。截至第十次中国物流学术年会成果评审时，共收到结题报告198个，数量超过上届，质量高于往年。

为保证评审工作公开、公平、公正进行，确保评审质量，学会从理事和特约研究员中公开选拔了15位专家组成评委会。根据《第十次中国物流学术年会优秀成果奖评审办法》的规定，经上海海事大学教育部部级科技查新工作站对参评报告进行科技查新，所有参评报告按照匿名、分组、限量和交叉回避的方式发至各位评委，按照统一标准进行评审。通过评委个人、评委小组和评委会三个层次筛选把关，采取评分、排序、提出评审意见、投票和比较酝酿等多个程序，并在中国物流与采购网、中国物流学会网对拟表彰的课题进行了公示。

最终决定对100个课题授予"2011年度中国物流学会课题优秀成果奖"（获奖率50.5%）。其中：一等奖11个（获奖率5.6%），二等奖23个（获奖率11.6%），三等奖66个（获奖率33.3%）。

现予以通告表彰。

附件：获奖课题名单

二〇一一年十月二十六日

附件：

获奖课题名单

（共100个）

一等奖课题（11个）

1. 课题编号：2011CSLKT015

课题名称：物流系统中的碳足迹管理研究

承担单位：北京物资学院

课题主持人：田志勇

课题组成员：刘丙午、霍灵瑜、李俊韬

2. 课题编号：2010CSLKT063

课题名称：逆向供应链合作模式的选择研究

承担单位：江苏大学

课题主持人：贡文伟

课题组成员：陈骏、葛翠翠、黄海涛、施国洪

3. 课题编号：2011CSLKT128

课题名称：农副产品冷链物流服务体系的构建与综合评价研究——以湖北省为例

承担单位：武汉理工大学

课题主持人：刘明菲

课题组成员：周梦华、马俊、乐婷

4. 课题编号：2010CSLKT064

课题名称：中小制造企业共同配送及管理模式研究

承担单位：江苏大学

课题主持人：赵艳萍

课题组成员：罗建强、王友发、闫黎、况世宝

5. 课题编号：2011CSLKT023

课题名称：物联网环境下农产品封闭供应链研究

承担单位：南开大学现代物流研究中心

课题主持人：焦志伦

课题组成员：陈力颖、王海鹏

6. 课题编号：2011CSLKT071

课题名称：关系嵌入性对上下游供应链协同合作绩效的影响研究

承担单位：浙江工商大学

课题主持人：伍蓓

课题组成员：陈子侠、王琴

7. 课题编号：2011CSLKT067

课题名称：宁波港口腹地城市海铁联运综合比较优势评价研究

承担单位：宁波市现代物流规划研究院

课题主持人：杭明升

课题组成员：贺向阳、戴东生、程亮、贾可

8. 课题编号：2011CSLKT034

课题名称：军事物流需求预测方法研究——以车辆装备维修器材为例

承担单位：军事交通学院

课题主持人：蔡志强

课题组成员：邵宏、王亮、王凤忠、张春和

9. 课题编号：2011CSLKT113

课题名称：设立中国物流企业互保机制的研究

承担单位：青岛远洋船员职业学院

课题主持人：苏同江

课题组成员：孙翠霞、高伟、王瑞亮、陈向东

10. 课题编号：2011CSLKT046

课题名称：提高汽车零部件配送中心利用率与作业效率的措施研究

承担单位：长春一汽国际物流有限公司

课题主持人：高跃峰

课题组成员：全林花、龚淑玲

11. 课题编号：2011CSLKT150

课题名称：现代粮食物流协同体系及机制建设研究

承担单位：长沙金霞经济开发区管理委员会

课题主持人：袁政国

课题组成员：张中文、刘素华、罗珍、伍隽

二等奖课题（23个）

1. 课题编号：2010CSLKT162

课题名称：快递业应急管理系统协同机制研究

承担单位：湖南商学院

课题主持人：陆杉

课题组成员：黄福华、欧阳强斌、赵中平、李玉蕾

2. 课题编号：2011CSLKT056

课题名称：一类供应链生命周期合作关系研究

承担单位：江苏科技大学经济管理学院

课题主持人：王利

课题组成员：赵盼红、黄颖、金辉、游益云

3. 课题编号：2011CSLKT052

课题名称：基于柔性生产的生产物流平衡策略研究

承担单位：上海理工大学

课题主持人：钱芝网

课题组成员：孙海涛、孙浩、钱宏荣

4. 课题编号：2011CSLKT151

课题名称：食品供应链风险识别、度量与管理研究

承担单位：湖南商学院工商管理学院

课题主持人：周敏

课题组成员：黄福华、李坚飞、赵中平、欧阳小迅

5. 课题编号：2011CSLKT102

课题名称：鄱阳湖生态经济区生猪绿色供应链运作模式研究

承担单位：九江学院

课题主持人：甘筱青

课题组成员：高阔、胡凯、丁雄、范敏、黄西洋

6. 课题编号：2011CSLKT012

课题名称：物流企业持续成长模型及机理研究

承担单位：北京物资学院

课题主持人：魏国辰

课题组成员：宋晓欣、杨宝宏、冯华、葛立清、杨莉

7. 课题编号：2010CSLKT160

课题名称：供应商管理库存协调策略研究

承担单位：湖南科技大学

课题主持人：全春光

课题组成员：程晓娟、何琼、曾剑云

8. 课题编号：2011CSLKT117

课题名称：郑州国际物流园区产业规划研究

承担单位：河南工业大学管理学院

课题主持人：刘哲

课题组成员：王焰、宋庆波、李凤廷、陈红军、孙先富

9. 课题编号：2011CSLKT205

课题名称：关中——天水经济区物流一体化总体布局研究

承担单位：西安交通大学经济与金融学院、西安邮电学院

课题主持人：郝渊晓

课题组成员：朱长征、郭永、杨乐、王敬、郑广文、康俊慧、王茜、郝婷

10. 课题编号：2011CSLKT202

课题名称：超大分拣量卷烟（含非烟）配送物流中心系统规划设计研究

承担单位：云南财经大学

课题主持人：宋志兰

课题组成员：冉文学、许剑梅、王家鹏、刘胜春、李婷、张培、于洋

11. 课题编号：2011CSLKT197

课题名称：ERP 软件及物流仿真技术在制造业物流信息化中的综合应用研究

承担单位：西南财经大学天府学院

课题主持人：段华薇

课题组成员：马常松、吕峻闽、何华

12. 课题编号：2010CSLKT040

课题名称：基于动态性多目标的应急物流保障体系设计和协调优化模型研究

承担单位：东北大学

课题主持人：戢守峰

课题组成员：喻海飞、张川、金玉然、何家强

13. 课题编号：2011CSLKT177

课题名称：制造工厂内仓储配送物流仿真模型研究

承担单位：广州风神物流有限公司、上海交通大学中美物流研究院

课题主持人：方彦兵、董明

课题组成员：董明、章信开、吴迪、陈焕群

14. 课题编号：2010CSLKT069

课题名称：苏北区域物流功能定位与协同发展研究

承担单位：淮阴工学院

课题主持人：周凌云

课题组成员：罗建锋、喻小贤、赵钢、张清

15. 课题编号：2011CSLKT159

课题名称：基于EPC技术的药品应急物流配送体系构建研究

承担单位：湖南现代物流职业技术学院

课题主持人：米志强

课题组成员：杨曙、王武、刘丽军

16. 课题编号：2010CSLKT193

课题名称：应急物流配送体系的优化研究

承担单位：广东科学技术职业学院

课题主持人：周海英

课题组成员：郑克俊、于桂芳、喻晓、曾娟子

17. 课题编号：2011CSLKT011

课题名称：关于我国货物运输的空间分析研究

承担单位：北京物资学院物流学院

课题主持人：姜旭

课题组成员：马晓丽、耿辛

18. 课题编号：2010CSLKT044

课题名称：基于比较视角下的辽宁区域物流竞争力的分析与评价

承担单位：沈阳工程学院

课题主持人：李虹

课题组成员：沈艳丽、殷向阳、贲立欣、王强

19. 课题编号：2011CSLKT195

课题名称：成都经济区物流一体化形成机理与实现途径研究

承担单位：西南交通大学

课题主持人：李国旗

课题组成员：刘思婧、张令

20. 课题编号：2011CSLKT139

课题名称：军民融合视角下第三方物流动员准备研究——以武汉中百集团股份有限公司为例

承担单位：军事经济学院襄樊分院基础部

课题主持人：余建平

课题组成员：黎明、何志斌、胡强、宋丽华

21. 课题编号：2011CSLKT120

课题名称：河南省先进制造业与物流联动机制的数学模型构建与效率分析

承担单位：洛阳理工学院

课题主持人：余亚辉

课题组成员：夏新颜、李振平、周良、闫海

22. 课题编号：2011CSLKT184

课题名称：生产者延伸责任制度下的消费类电子产品逆向物流运作模式研究

承担单位：中山职业技术学院

课题主持人：黄新谋

课题组成员：许彤、邹俊舟、吴晓志、彭盛开

23. 课题编号：2011CSLKT147

课题名称：中小型轿运物流企业战略优化与发展模式研究

承担单位：湖北城市建设职业技术学院

课题主持人：吴元佑

课题组成员：杨爱明、李方峻、曹爱萍、袁龙伟

三等奖课题（66 个）

1. 课题编号：2011CSLKT190

课题名称：广西北部湾经济区城市群物流经济联系空间结构及发展模式研究

承担单位：钦州学院

课题主持人：隋博文

课题组成员：朱芳阳、王景敏

2. 课题编号：2011CSLKT026

课题名称：从信息化到智能化——基于 SOA 架构的现代物流企业服务管理研究

承担单位：天津科技大学经济与管理学院

课题主持人：张亮

课题组成员：张俊、李杨、林挺、檀柏红

3. 课题编号：2011CSLKT204

课题名称：西安国际陆港辐射带动效应研究

承担单位：西安国际港务区管委会

课题主持人：强晓安

课题组成员：李平伟、陈菊红、李钊、王孝奎、刘珂、薛雨桐、宋晶、黄鹏

4. 课题编号：2011CSLKT073

课题名称："TPL"高校速递新模式研究与实践

承担单位：浙江交通职业技术学院物流研究所

课题主持人：孙秋高

课题组成员：方照琪、薛燕、奚孟、宣玲玲、陈艳

5. 课题编号：2011CSLKT093

课题名称：基于价值链的钢材流通服务商发展策略研究

承担单位：厦门象屿集团有限公司

课题主持人：陈方

课题组成员：刘登贤、林志勇、刘宝全、黄昕、林建兵、孙瑜潞、卓薇

6. 课题编号：2011CSLKT185

课题名称：沿海外向型经济区域物流业转型升级和竞争力提升研究——以广东省为例

承担单位：东莞职业技术学院

课题主持人：何景师

课题组成员：欧卫新、朱佳俐、戴航

7. 课题编号：2011CSLKT208

课题名称：武警部队应急物流运作机制研究

承担单位：武警工程学院军事经济系

课题主持人：刘俊

课题组成员：窦金社、李龙刚

8. 课题编号：2011CSLKT145

课题名称：军民融合的军事物流体系研究

承担单位：军事经济学院襄樊分院训练部

课题主持人：王平

课题组成员：黎明、杨群方、万承贵、涂成波

9. 课题编号：2010CSLKT091

课题名称：宁波集装箱场站转型升级策略研究

承担单位：宁波市现代物流规划研究院

课题主持人：金曙光

课题组成员：魏枫、汪小京

10. 课题编号：2011CSLKT008

课题名称：物流上市公司核心竞争力评价指数研究

承担单位：北京中物研系统工程技术研究院、北京中经博泰物流管理顾问有限公司

课题主持人：蒋坚

课题组成员：贺凯、任成霞、蒋易霖、吉永泽

11. 课题编号：2011CSLKT074

课题名称：航运企业融资风险分析与融资决策的研究

承担单位：浙江交通职业技术学院物流管理研究所

课题主持人：方照琪

课题组成员：孙秋高、徐秦、凌海生

12. 课题编号：2011CSLKT175

课题名称：仓储管理信息系统的研究、开发与应用

承担单位：广州风神物流有限公司

课题主持人：吴峻

课题组成员：方彦兵、章信开、吴荣树、胡云

13. 课题编号：2011CSLKT058

课题名称：航空客运市场结构研究

承担单位：南京工业职业技术学院

课题主持人：秦殿军

课题组成员：刘晓明、谈慧、周立军、胡进

14. 课题编号：2010CSLKT207

课题名称：关于大型国有物流企业发展战略的研究

承担单位：成都亿博物流咨询有限公司

课题主持人：谢勤

课题组成员：王智超、杨娟、刘陟、李通

15. 课题编号：2010CSLKT197

课题名称：基于珠三角西岸的中山保税物流发展策略研究

承担单位：中山职业技术学院

课题主持人：许彤

课题组成员：蒋明霞、冯佳、吴晓志、黄新谋

16. 课题编号：2011CSLKT206

课题名称：区域物流公共信息平台可持续发展问题研究——以陕西省为例

承担单位：西安邮电学院

课题主持人：方静

课题组成员：陈建校、朱长征、武小平

17. 课题编号：2011CSLKT085

课题名称：基于网络分析法（ANP）的物流服务供应商选择研究

承担单位：浙江经济职业技术学院现代物流研究所

课题主持人：张东芳

课题组成员：王自勤、王伟、王庆

18. 课题编号：2011CSLKT183

课题名称：珠三角地区对外贸易与物流关系的实证研究

承担单位：罗定职业技术学院经管系

课题主持人：周启良

课题组成员：何志昂、赵柳村、潘意志、李志军

19. 课题编号：2011CSLKT100

课题名称：福建国际物流货代企业发展研究

承担单位：福建师范大学信息技术学院

课题主持人：陈言国

课题组成员：曾丽华

20. 课题编号：2011CSLKT001

课题名称：基于铁路快运网络的一体化低碳物流服务模式研究

承担单位：中铁快运股份有限公司

课题主持人：尚尔斌

课题组成员：宋立军、刘鹏程、汤新洲、王建建

21. 课题编号：2011CSLKT201

课题名称：制造企业集团供应链管理模式研究

承担单位：云南财经大学商学院

课题主持人：解琨

课题组成员：李严锋、冉文学、宋志兰

22. 课题编号：2011CSLKT013

课题名称：中国物流企业的分类分级研究

承担单位：北京物资学院商学院

课题主持人：肖为群

课题组成员：魏国辰、杜红平、杨宝宏、陈霞

23. 课题编号：2010CSLKT084

课题名称：内贸不定期船增收节能优化方案的研究

承担单位：浙江交通职业技术学院

课题主持人：徐秦

课题组成员：方照琪、孙秋高、凌海生、陈忠飞

24. 课题编号：2010CSLKT090

课题名称：宁波国际集装箱海铁联运腹地拓展研究

承担单位：宁波市现代物流规划研究院

课题主持人：戴东生

课题组成员：贺向阳、程亮、金曙光、贾可

25. 课题编号：2011CSLKT174

课题名称：基于投入产出的广东物流业与制造业联动发展研究

承担单位：广东工业大学管理学院

课题主持人：李松庆

课题组成员：苏开拓、梁碧云

26. 课题编号：2011CSLKT123

课题名称：中原地区农村物流社会化研究

承担单位：商丘职业技术学院

课题主持人：陈勇

课题组成员：朱占峰、杨紫元、孙志洁、刘秀英

27. 课题编号：2011CSLKT061

课题名称：军事物流军民融合发展的方式创新研究

承担单位：徐州空军学院

课题主持人：周丽华、郑金忠

课题组成员：马明琮、郭军、耿广龙

28. 课题编号：2011CSLKT132

课题名称：武汉城市圈物流产业链构建研究

承担单位：武汉纺织大学

课题主持人：范学谦

课题组成员：戴正翔、柯宗俊、王世庚、熊国荣

29. 课题编号：2011CSLKT091

课题名称：公共物流信息平台采纳影响因素研究——以安徽公共物流信息平台为例

承担单位：安徽大学商学院物流科学与工程系

课题主持人：汪传雷

课题组成员：吴海辉、胡潇潇、孙华、汪涛

30. 课题编号：2011CSLKT080

课题名称：浙江农产品供应链结构优化的动力模式与路径选择研究

承担单位：浙江经济职业技术学院

课题主持人：罗兴武

课题组成员：范小青、王锋、王燕红、游蓓蕾、徐莹

31. 课题编号：2011CSLKT009

课题名称：物流公共信息平台车货撮合交易信用评价机制研究

承担单位：北京明伦高科科技发展有限公司、解放军装甲兵工程学院

课题主持人：黄惠良

课题组成员：纪红任、张雷、胡志鲜、李书友

32. 课题编号：2011CSLKT086

课题名称：基于第三方服务的随机进出库管理研究——以钢铁物流园区为例

承担单位：浙江经济职业技术学院物流研究所

课题主持人：赵燕

课题组成员：谢永良、张东芳、姚文斌、吴劲松

33. 课题编号：2011CSLKT161

课题名称：基于物联网技术的中部地区农产品绿色物流体系研究

承担单位：湖南现代物流职业技术学院、长沙合力企业管理有限公司

课题主持人：何建崎

课题组成员：谭新明、文俊、陈瀚、王朝晖

34. 课题编号：2011CSLKT049

课题名称：碳税对物流业的影响及应对策略研究

承担单位：复旦大学上海物流研究院

课题主持人：罗如新

课题组成员：张三敏

35. 课题编号：2011CSLKT170

课题名称：珠海港集装箱运输发展战略研究

承担单位：北京师范大学珠海分校物流研究所

课题主持人：王冬良

课题组成员：郑平、黄文忠、曲向华、刘汝建

36. 课题编号：2011CSLKT033

课题名称：动态交通网络配送路径优化问题研究

承担单位：军事交通学院军交系

课题主持人：海军

课题组成员：李鹏、王海威、王春颖

37. 课题编号：2011CSLKT138

课题名称：基于多分辨率的军事物流仿真体系研究

承担单位：军事经济学院

课题主持人：刘筱兰

课题组成员：赵宇亮、尚立

38. 课题编号：2010CSLKT046

课题名称：集装箱航运物流网络应急协同机制研究

承担单位：上海金融学院

课题主持人：王晓光

课题组成员：王梁雨生、郭湖斌、汪元峰、邹仲海

39. 课题编号：2010CSLKT125

课题名称：大中城市脆弱性及突发事件应急物流研究

承担单位：河南工业大学管理学院

课题主持人：张念

课题组成员：周晓丽、张红丽、洪运华、丁四波

40. 课题编号：2010CSLKT036

课题名称：基于供应链融资的物流企业风险控制与效益拓展

承担单位：天津滨海职业学院

课题主持人：王爽

课题组成员：刘慧彬、翟玲、陈彧

41. 课题编号：2010CSLKT092

课题名称：宁波市打造全国性物流节点城市路径研究

承担单位：宁波市现代物流规划研究院

课题主持人：周昌林

课题组成员：戴东生、林杨、赵娜

42. 课题编号：2011CSLKT133

课题名称：武汉市汉口北商贸物流枢纽区发展研究

承担单位：武汉商业服务学院现代物流研究所、中国物流学会产学研基地（商贸物流）

课题主持人：熊文杰

课题组成员：胡天然、易晓飞、易兵、陈琛

43. 课题编号：2011CSLKT105

课题名称：基于"产融一体"供应链管理商业模式创新研究

承担单位：青岛现代物流供应链管理研究发展中心

课题主持人：段沛佑

课题组成员：李萌、李美燕、于冰心、贾嘉

44. 课题编号：2011CSLKT027

课题名称：第三方物流企业顾客资产管理与价值提升问题研究

承担单位：天津科技大学经济与管理学院

课题主持人：高东芳

课题组成员：张慧敏、田广

45. 课题编号：2011CSLKT042

课题名称：基于沈阳"新都心"的沈北新区物流集聚与辐射发展研究

承担单位：辽宁现代服务职业技术学院、辽宁经济职业技术学院

课题主持人：刘玉强、黄静

课题组成员：刘安华、商金红、曹军、张润卓

46. 课题编号：2011CSLKT158

课题名称：我国区域综合性物流基地协同发展研究

承担单位：湖南工业职业技术学院

课题主持人：颜浩龙

课题组成员：李蜀湘、谢勇、方贝贝、黄成菊

47. 课题编号：2011CSLKT090

课题名称：浙江省民营快递企业发展状况的实证调查与研究

承担单位：湖州职业技术学院现代物流研究所

课题主持人：曾益坤

课题组成员：周宁武、徐寿芳、马秀丽、俞芬

48. 课题编号：2010CSLKT020

课题名称：城市物流规划流程与方法研究

承担单位：北京城市学院

课题主持人：杜文龙

课题组成员：范文晶、张凯巍

49. 课题编号：2011CSLKT003

课题名称：物流企业服务运作中的风险识别与控制

承担单位：中铁快运股份有限公司

课题主持人：柴滨

课题组成员：王来、宋志男、常丹、董捷

50. 课题编号：2011CSLKT186

课题名称：佛山物流业发展策略研究

承担单位：佛山职业技术学院

课题主持人：唐永洪

课题组成员：黄坚、平海、李建恩

51. 课题编号：2011CSLKT037

课题名称：基于供应链一体化的河北省沿海港口物流服务发展研究

承担单位：河北联合大学

课题主持人：李南

课题组成员：杜丽娟、刘嘉娜、刘新立、王晓巍

52. 课题编号：2011CSLKT156

课题名称：湖南省产业结构调整对物流发展影响研究

承担单位：湖南交通职业技术学院

课题主持人：邹敏

课题组成员：杨光华、谢明、胡正、刘春桃

53. 课题编号：2011CSLKT211

课题名称：依托内陆港建设　推进大庆地区物流产业升级研究

承担单位：大庆油田物资公司

课题主持人：薛世明、冯士友

课题组成员：尹宏、王成、杨晓红、朱常辉、李连军

54. 课题编号：2011CSLKT149

课题名称：关于高职院校物流概论类课程开设与教学研究

承担单位：湖北城市建设职业技术学院

课题主持人：蔡改成

课题组成员：许丰恺、周建亚、牟屹东、贾玉泉

55. 课题编号：2011CSLKT050

课题名称：物联网核心技术领域专利态势分析——以 RFID 和 MEMS 传感器技术

为例

承担单位：上海海事大学物流情报研究所

课题主持人：张运鸿、张善杰

课题组成员：吕长红、李军华、李宝奕

56. 课题编号：2011CSLKT082

课题名称：浙江物产供应链业务核心竞争力耦合研究

承担单位：浙江经济职业技术学院

课题主持人：黄燕东

课题组成员：王自勤、殷宝庆、游蓓蕾、芮宝娟

57. 课题编号：2011CSLKT084

课题名称：物联网技术在港口物流信息化的应用研究

承担单位：浙江经济职业技术学院现代研究所

课题主持人：王伟

课题组成员：杨朝辉、孙敏芝、葛高丰、余建海

58. 课题编号：2010CSLKT122

课题名称：基于分布式工作流技术的第三方物流信息系统集成研究

承担单位：南昌航空大学

课题主持人：周玲元

课题组成员：彭本红、冯良清、武海燕

59. 课题编号：2011CSLKT006

课题名称：我国农产品供应链创新模式研究——以"农餐对接"为例

承担单位：中国社会科学院财贸所

课题主持人：宋则

课题组成员：孙开钊

60. 课题编号：2011CSLKT051

课题名称：现代化工物流服务与运作研究

承担单位：上海第二工业大学

课题主持人：杨涛

课题组成员：张三敏、李荷华、陈志刚、钟原

61. 课题编号：2010CSLKT117

课题名称：江西省物流公共信息平台建设典型问题研究

承担单位：华东交通大学

课题主持人：甘卫华

课题组成员：李春芝、郜文杰、张蕊、詹跃跃

62. 课题编号：2010CSLKT013

课题名称：危险化学品废物管理的物流研究

承担单位：北京物资学院

课题主持人：金伟

课题组成员：张建耕、尹洧

63. 课题编号：2011CSLKT154

课题名称：物联网技术在交通运输物流中的应用研究

承担单位：湖南交通职业技术学院

课题主持人：谢明

课题组成员：邹敏、杨光华、熊憬、彭宁

64. 课题编号：2010CSLKT189

课题名称：珠海港江海联运前景分析

承担单位：北京师范大学珠海分校

课题主持人：郑晗

课题组成员：彭磊、韦巍

65. 课题编号：2011CSLKT121

课题名称：低碳经济下物流集聚区发展模式研究

承担单位：洛阳理工学院

课题主持人：韩小改

课题组成员：夏新颜、张骥、张志鹏、赵丽娜

66. 课题编号：2011CSLKT078

课题名称：加快"宁波—舟山港"港口经济转型升级的对策研究

承担单位：浙江工商职业技术学院

课题主持人：梁春梅

课题组成员：贺舟舰、朱莉莉、俞世泳